2017

鄭州年鑑

ZHENG ZHOU YEAR BOOK

郑州市人民政府 主办　郑州市地方史志办公室 编

方志出版社
Publishing House of Local Records

郑州市政区图

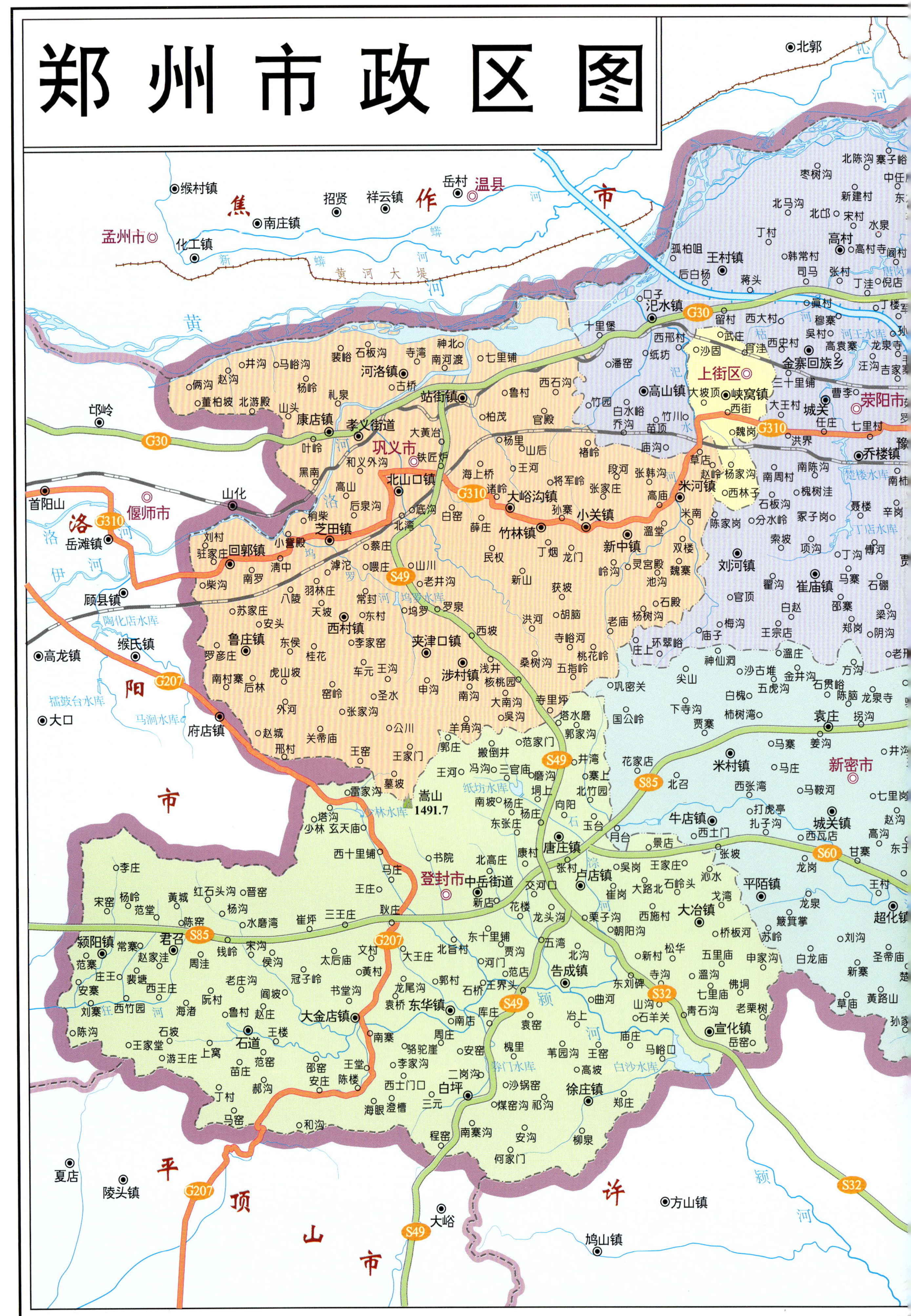

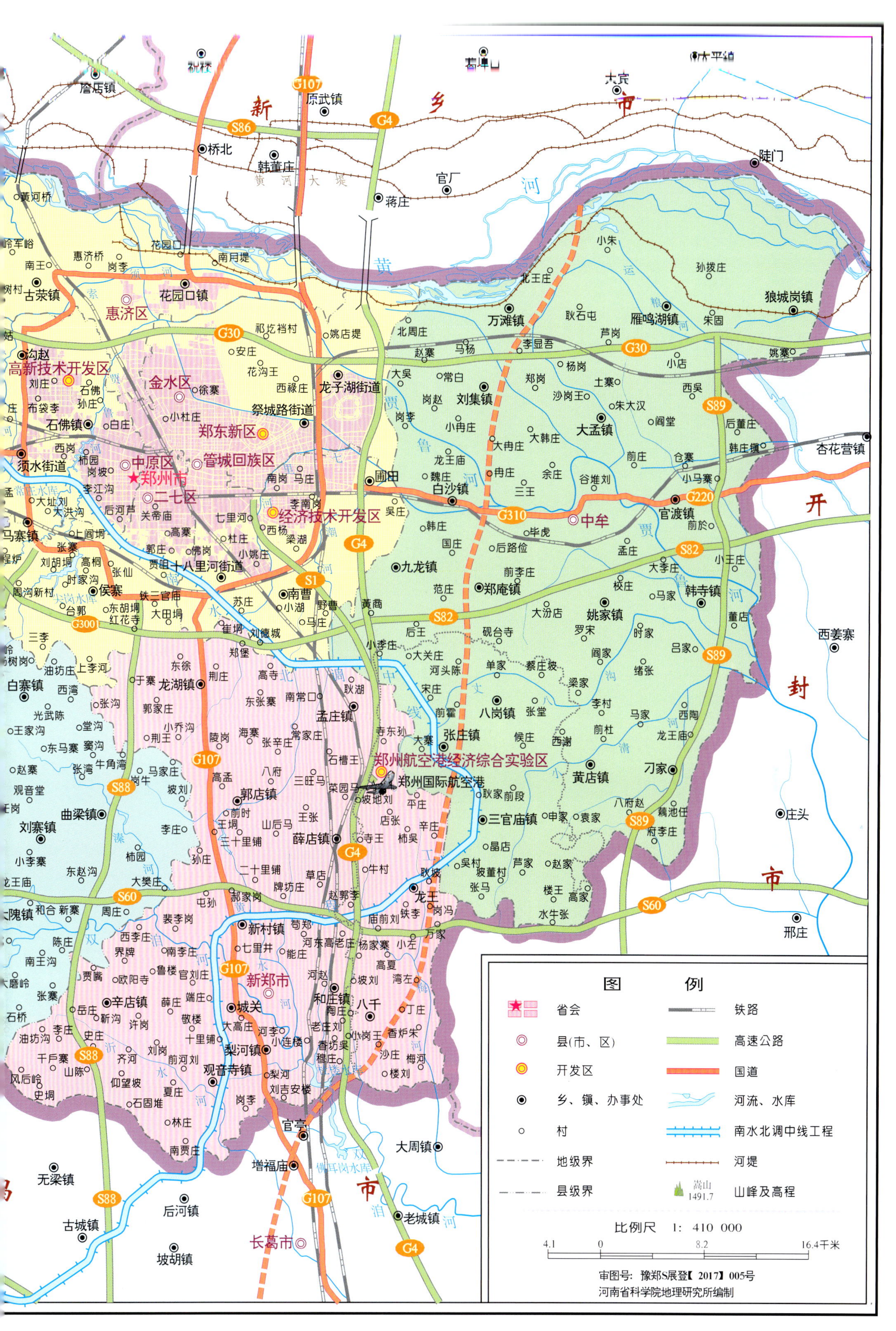

新
乡
市
开
封
市
原武镇
桥北
韩董庄
官厂
蒋庄
陡门
大宾
黄河大堤
黄河
黄河桥
花园口
南月堤
惠济桥
岗李
南王
古荥镇
花园口镇
惠济区
祁圪垱村
姚店堤
沟赵
高新技术开发区
安庄
花沟王
刘庄
石佛
孙庄
金水区
徐寨
西禄庄
龙子湖街道
布袋李
小杜庄
祭城路街道
石佛镇
白庄
郑东新区
须水街道
西岗
柿园
岗坡
中原区
管城回族区
郑州市
李江沟
二七区
南岗
马庄
圃田
大址刘
大洪沟
后河芦
关帝庙
李南岗
经济技术开发区
吴庄
七里河
西杨
梁湖
马寨镇
上阎垌
高寨
杜庄
小姚庄
张寨
郭庄
佛岗
刘胡垌
高桐
张仙
贾咀
十八里河街道
周沟新村
时家沟
侯寨
铁三官庙
南曹
小湖
野曹
黄商
苏庄
台郭
东胡垌
红花寺
大田垌
马庄
三李
崔垌
刘德城
郑堡
东徐
荆庄
高寺
耿湖
油坊庄
上李河
白寨镇
西湾
于寨
龙湖镇
东张寨
南常口
孟庄镇
光武陈
张沟
郭家庄
王家沟
堂沟
小乔沟
荆王
陵岗
海寨
常家庄
张辛庄
东马寨
窦沟
牛角湾
赵寨
张湾
马家庄
石槽王
观音堂
岗牛
坡刘
高孟
八府
三旺马
菜园马
曲梁镇
郭店镇
前时
王垌
山后马
王张
坡地刘
刘寨镇
李庄
三十里铺
薛店镇
寺王
小李寨
柿园
孙庄
东赵沟
大樊庄
二十里铺
草店
牛村
龙王庙
牌坊庄
赵郭李
屯孙
郝家岗
和合新寨
周庄
裴李岗
新村镇
苟郑
庙前刘
陈庄
西李庄
七里井
河东高老庄
杨家寨
南王沟
界牌
南李庄
能庄
大磨岭
贾鲁
欧阳寺
鲁楼
官刘庄
新郑市
河赵
坡刘
湾左
张寨
辛店镇
端庄
和庄镇
岳庄
薛庄
城关
陶庄
八千
丁庄
石桥
新沟
许岗
敬楼
老庄刘
李庄
大高庄
河李
油坊沟
史庄
小连楼
小岗王
香炉朱
十里铺
香坊吴
千户寨
齐河
刘岗
梨河镇
沙庄
梅河
山陈
前河刘
穆庄
仰望坡
观音寺镇
梨河
楼刘
风后岭
夏庄
刘吉安楼
史垌
石固堆
岗李
林庄
官亭
南贾庄
大周镇
无梁镇
增福庙
佛耳岗水库
后河镇
古城镇
老城镇
长葛市
坡胡镇
小朱
孙拨庄
北王庄
狼城岗镇
雁鸣湖镇
万滩镇
耿石屯
芦岗
朱固
北周庄
李显吾
赵寨
马杨
小店
姚寨
大吴
常白
杨岗
郑岗
土寨
西吴
岗赵
刘集镇
沙岗王
朱大汉
阎堂
后董庄
岗李
小冉庄
大孟镇
大韩庄
大冉庄
杏花营镇
龙王庙
前庄
仓寨
韩庄镇
魏庄
冉庄
余庄
谷堆刘
小马寨
白沙镇
三王
中牟
官渡镇
前於
韩庄
毕虎
国庄
后路俭
孟庄
小王庄
九龙镇
前李庄
大李庄
范庄
郑庵镇
校庄
马家
韩寺镇
大汾庄
姚家镇
董店
后王
砚台寺
罗宋
时家
西姜寨
小李庄
大关庄
吕家
阎家
河头陈
单家
蔡庄坡
绪张
宋庄
梁家
前霍
八岗镇
张堂
李村
马家
西陶
寺东孙
大寨
张庄镇
候庄
西谢
前杜
龙王庙
郑州航空港经济综合实验区
郑州国际航空港
刁家
耿家前段
黄店镇
平庄
八府赵
藕池任
店张
三官庙镇
申家
袁家
庄头
辛庄
府李庄
柿吴
晶庄
吴村
芦家
赵家
耿坡
坡董村
张马
楼王
高家
龙王
岗冯
铁李
水牛张
邢庄
万家
高夏
G107
G4
G30
G310
G220
S86
S89
S82
S1
G3001
S88
S60
S88
图例
省会
铁路
县(市、区)
高速公路
开发区
国道
乡、镇、办事处
河流、水库
村
南水北调中线工程
地级界
河堤
县级界
嵩山
1491.7
山峰及高程
比例尺 1: 410 000
4.1
0
8.2
16.4千米
审图号：豫郑S展登【2017】005号
河南省科学院地理研究所编制

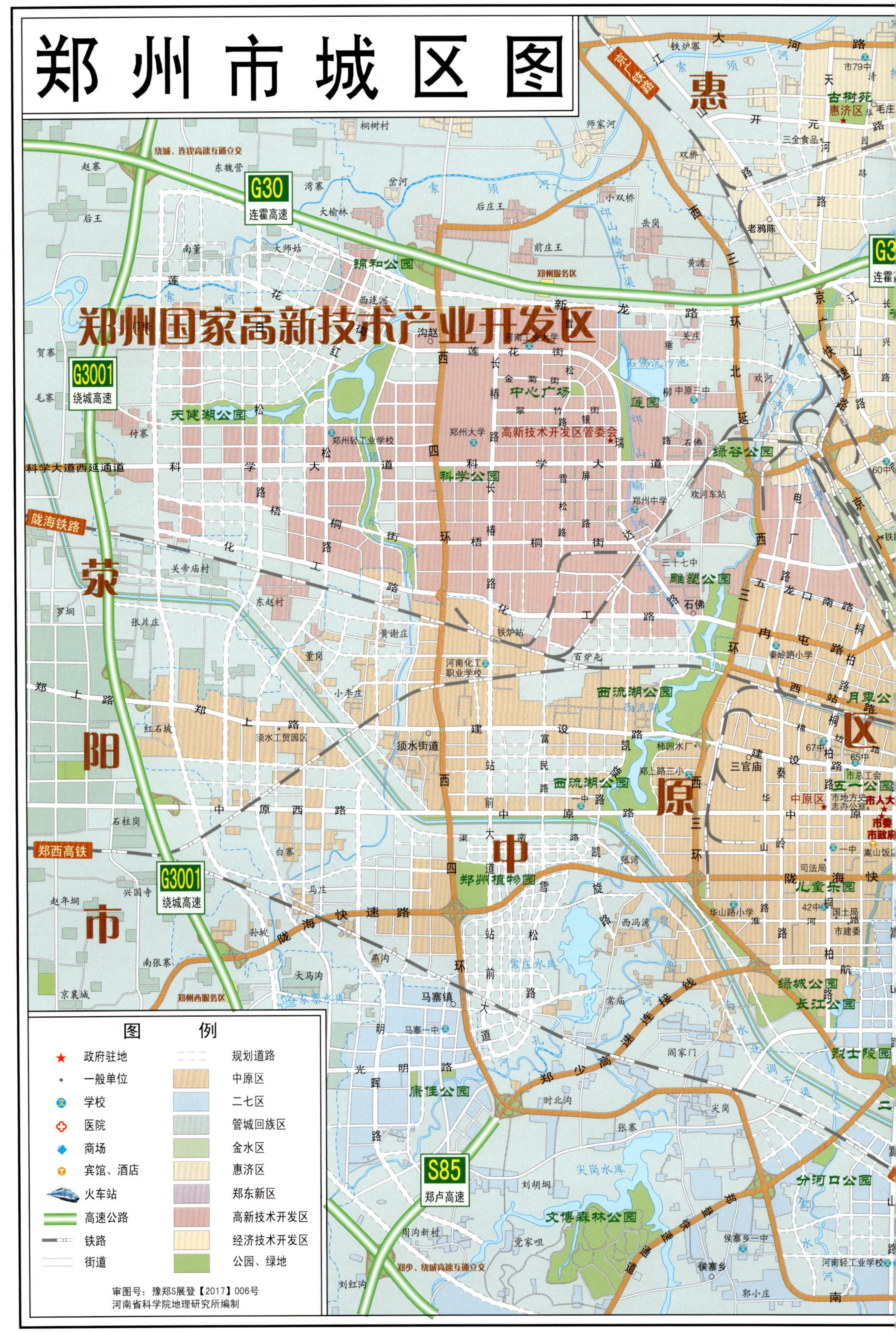
郑州市城区图
郑州国家高新技术产业开发区
惠济区
荥阳市
中原区
G30
连霍高速
G3001
绕城高速
S85
郑卢高速
陇海铁路
郑西高铁
京广铁路
绕城、连霍高速互通立交
郑少、绕城高速互通立交
郑州服务区
郑州西服务区
天健湖公园
锦和公园
中心广场
莲园
绿谷公园
科学公园
雕塑公园
西流湖公园
郑州植物园
碧沙岗公园
儿童乐园
绿城公园
长江公园
烈士陵园
康佳公园
文博森林公园
分河口公园
古树苑
郑州大学
郑州轻工业学校
河南工业大学
高新技术开发区管委会
郑州中学
河南化工职业学校
中原区
市人大
市委
市政府
科学大道
西三环
西四环
中原西路
陇海快速路
郑上路
建设路
化工路
桐柏路
须水街道
马寨镇
侯寨乡
尖岗水库
常庄水库
图例
政府驻地
一般单位
学校
医院
商场
宾馆、酒店
火车站
高速公路
铁路
街道
规划道路
中原区
二七区
管城回族区
金水区
惠济区
郑东新区
高新技术开发区
经济技术开发区
公园、绿地
审图号：豫郑S展登【2017】006号
河南省科学院地理研究所编制

新乡市
金水区
郑东新区
管城回族区
国家郑州经济技术开发区
G30 连霍高速
G4 京港澳高速
S1 机场高速
G107
京广高铁
郑徐高铁
陇海铁路
郑开大道
郑汴物流通道
刘江互通立交桥
龙湖
如意湖
森林公园
郑州之林
惠济公园
文化公园
文博广场
动物园
人民公园
紫荆山公园
商城公园
世纪欢乐园
航海广场
净馨公园
凌绣公园
郑新公园
西吴河公园
七里河公园
体育公园
三角公园
启明广场
中心广场
滨河公园
金沙湖高尔夫俱乐部
国际会展中心
郑东新区管委会
会展宾馆
省政府
省委
省政协
省人大
市政协
市政府
管城回族区
金水区
郑州东站
郑州火车站
郑州东服务区
经济开发区管委会
河南农业大学
河南财经政法大学
河南中医药大学
华北水利水电学院
郑州航空工业管理学院
河南经贸职业学院
黄河科技学院
郑州大学
郑大工学院
中州大学
黄河博物馆
省博物馆
省人民医院
市图书馆
中铁联营郑州中心站
富士康集团
日产汽车
郑州果树研究所
东风渠
贾鲁河
龙湖外环
龙湖内环
如意东路
众意路
金水东路
金水路
农业路
黄河路
花园路
中州大道
陇海快速路
南三环
南四环
航海路
京广快速路
经开第十五大街
前程大道

郑州市交通图
北郭
温县
缑村镇
招贤
祥云镇
南庄镇
焦
作
市
孟州市
化工镇
新蟒河
黄河大堤
黄
河
至乌鲁木齐
邙岭
陇海铁路
首阳山
偃师市
洛
山化
岳滩镇
顾县镇
郑西高铁
陶化店水库
缑氏镇
高龙镇
府店镇
大口
阳
市
平
顶
山
市
夏店
陵头镇
大峪
许
方山镇
鸠山镇
至吉隆坡
至新加坡
至重庆
巩义市
康店镇
孝义街道
站街镇
河洛镇
石板沟
寺湾
南河渡
七里铺
杨岭
礼泉
古桥
俩沟
黑南
北山口镇
芝田镇
回郭镇
驻家庄
小营殿
清中
涉沱
苏家庄
天坡
西村镇
坞罗水库
鲁庄镇
东侯
罗彦庄
后林
窑岭
外河
赵城
关帝庙
公川
王窑
李家窑
夹津口镇
涉村镇
王沟
西坡
核桃园
羊角沟
坞罗
罗泉
常封
山川
老井沟
大峪沟镇
竹林镇
小关镇
新中镇
米河镇
高庙
张家庄
孙寨
将军岭
王河
山后
柏茂
官殿
大黄冶
铁匠炉
白窑
民权
新山
龙门
洪河
胡脑
寺峪河
五指岭
巩密关
寺里坪
塔水磨
国公岭
下寺沟
柿树湾
岭沟
池沟
杨树沟
环翠峪
神仙洞
尖山
刘河镇
崔庙镇
王宗店
庙子
白赵
郑岗
方沟
金井沟
翟沟
索坡
双楼
马寨
傅河
石硼
袁庄
拐沟
姜沟
新密市
米村镇
北召
西张湾
马鞍河
七里岗
城关镇
西瓦店
牛店镇
打虎亭
扎子沟
西土门
张坡
王家庄
平陌镇
甘寨
龙泉
大冶镇
戈湾
西施村
簸箕掌
松华
申家沟
佛垌
刘沟
圣帝庙
黄路山
宣化镇
岳窑
汜水镇
上街区
高山镇
峡窝镇
荥阳市
乔楼镇
王村镇
高村
北邙
韩常村
孤柏咀
口子
十里堡
西邢村
纸坊
潘窑
竹园
乔沟
苗顶
竹川
魏岗
洪界
任庄
草店
杨家沟
槐树洼
石板沟
聂楼
丁店水库
金寨回族乡
大顶
大王村
三十里铺
吉家寨
北陈沟
中任
水泉
蒋头
张村
倪店
留村
武庄
西史村
高寨
河王水库
丁楼
穆寨
沿黄快速通道
中原路快速通道
陇海路快速通道
登封市
中岳街道
唐庄镇
卢店镇
告成镇
东华镇
大金店镇
颍阳镇
君召
石道
白坪
徐庄镇
嵩山
1491.7
少林水库
纸坊水库
少林
塔沟
雷家沟
墓坡
王河
郭庄
三官庙
磨沟
花家庄
井湾
寨上
北竹园
向阳
玉台
月台
吴岗
东张庄
书院
北高庄
康村
西十里铺
玄天庙
马庄
王庄
交河口
栗子沟
朝阳沟
东十里铺
五湾
北沟
东刘碑
曲河
山沟
青石沟
庙庄
苇园沟
王窑
白沙水库
郑庄
祁沟
柳泉
何家门
程窑
三元
二岗沟
周庄
库庄
袁窑
石桥
袁桥
南寨
李家沟
王堂
陈楼
安庄
郝沟
海眼
丁村
上窝
石坡
王家堂
鲁村
王楼
刘寨
裴塘
范寨
常寨
周洼
钱岭
老庄沟
阎坡
书堂沟
冠子岭
文村
大王庄
北旨村
耿庄
河门
三王庄
崔坪
水磨湾
红石头沟
黄城
杨岭
李庄
狂河
颍河
前门水库
S237
S314
G30
G310
S49
S232
X050
X019
X052
X040
X034
X025
X058
G207
S85
S316
S60
X038
X020
X016
X046
X048
S323
S32
X044

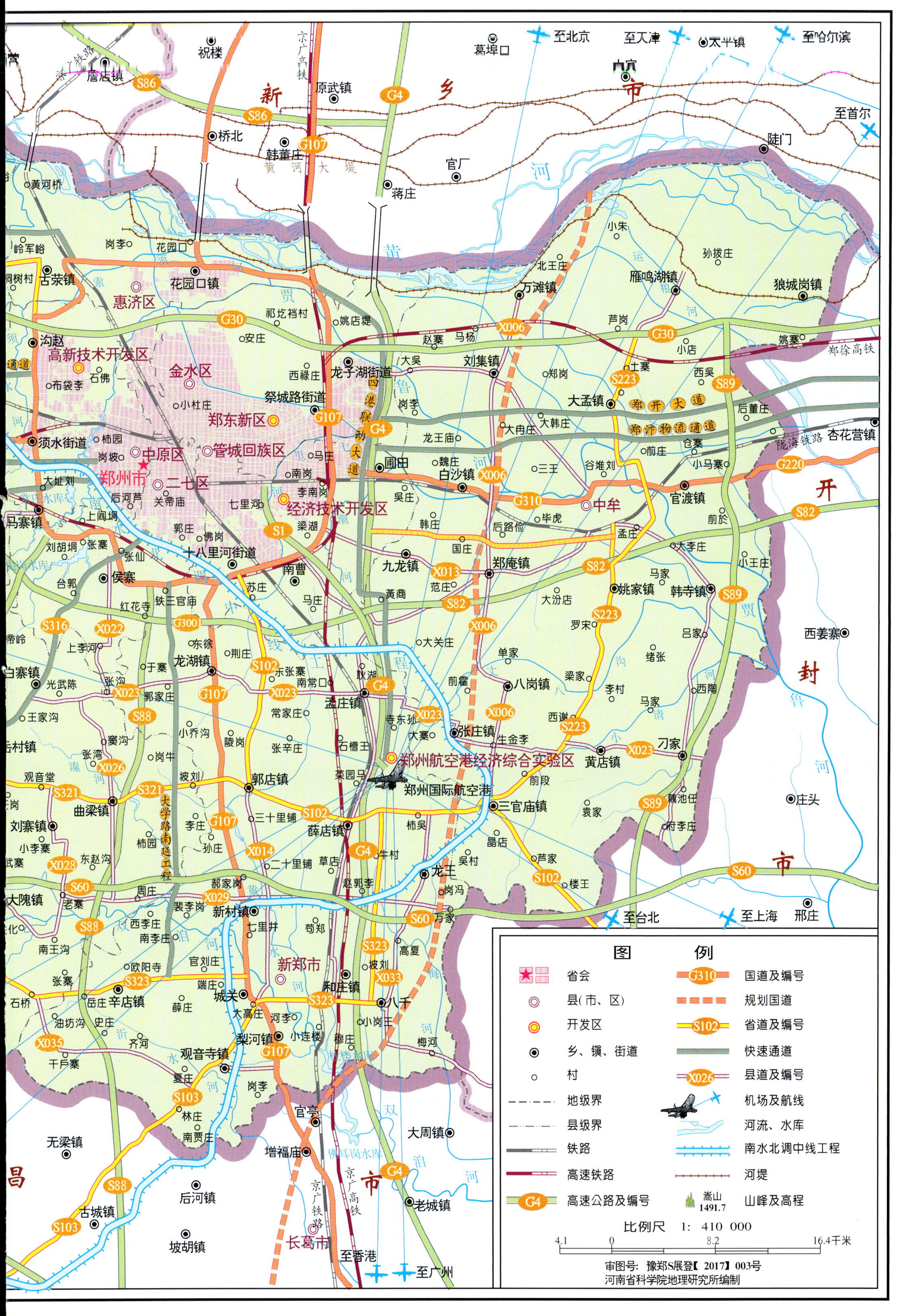

至北京
至天津
至哈尔滨
至首尔
太平镇
葛埠口
祝楼
詹店镇
原武镇
新
乡
市
桥北
韩董庄
黄河大堤
官厂
陡门
蒋庄
黄河桥
岗李
花园口
花园口镇
古荥镇
惠济区
万滩镇
雁鸣湖镇
狼城岗镇
孙拨庄
北王庄
小朱
祁圪垱村
姚店堤
安庄
沟赵
高新技术开发区
金水区
龙子湖街道
刘集镇
大孟镇
郑开大道
郑汴物流通道
郑东新区
祭城路街道
须水街道
中原区
郑州市
管城回族区
二七区
圃田
白沙镇
中牟
官渡镇
杏花营镇
开
经济技术开发区
马寨镇
十八里河街道
南曹
九龙镇
郑庵镇
姚家镇
韩寺镇
侯寨
龙湖镇
八岗镇
西姜寨
封
孟庄镇
张庄镇
郑州航空港经济综合实验区
郑州国际航空港
黄店镇
刀家
庄头
郭店镇
曲梁镇
三官庙镇
刘寨镇
薛店镇
龙王
大隗镇
新村镇
新郑市
和庄镇
八千
辛店镇
城关
梨河镇
观音寺镇
官亭
大周镇
无梁镇
增福庙
后河镇
古城镇
老城镇
坡胡镇
长葛市
至香港
至广州
至台北
至上海
邢庄
郑徐高铁
陇海铁路
京广高铁
京广铁路
大学路南延工程
四港联动大道
图例
省会
县(市、区)
开发区
乡、镇、街道
村
地级界
县级界
铁路
高速铁路
高速公路及编号
国道及编号
规划国道
省道及编号
快速通道
县道及编号
机场及航线
河流、水库
南水北调中线工程
河堤
山峰及高程
嵩山 1491.7
比例尺 1: 410 000
4.1 0 8.2 16.4千米
审图号：豫郑S展登【2017】003号
河南省科学院地理研究所编制

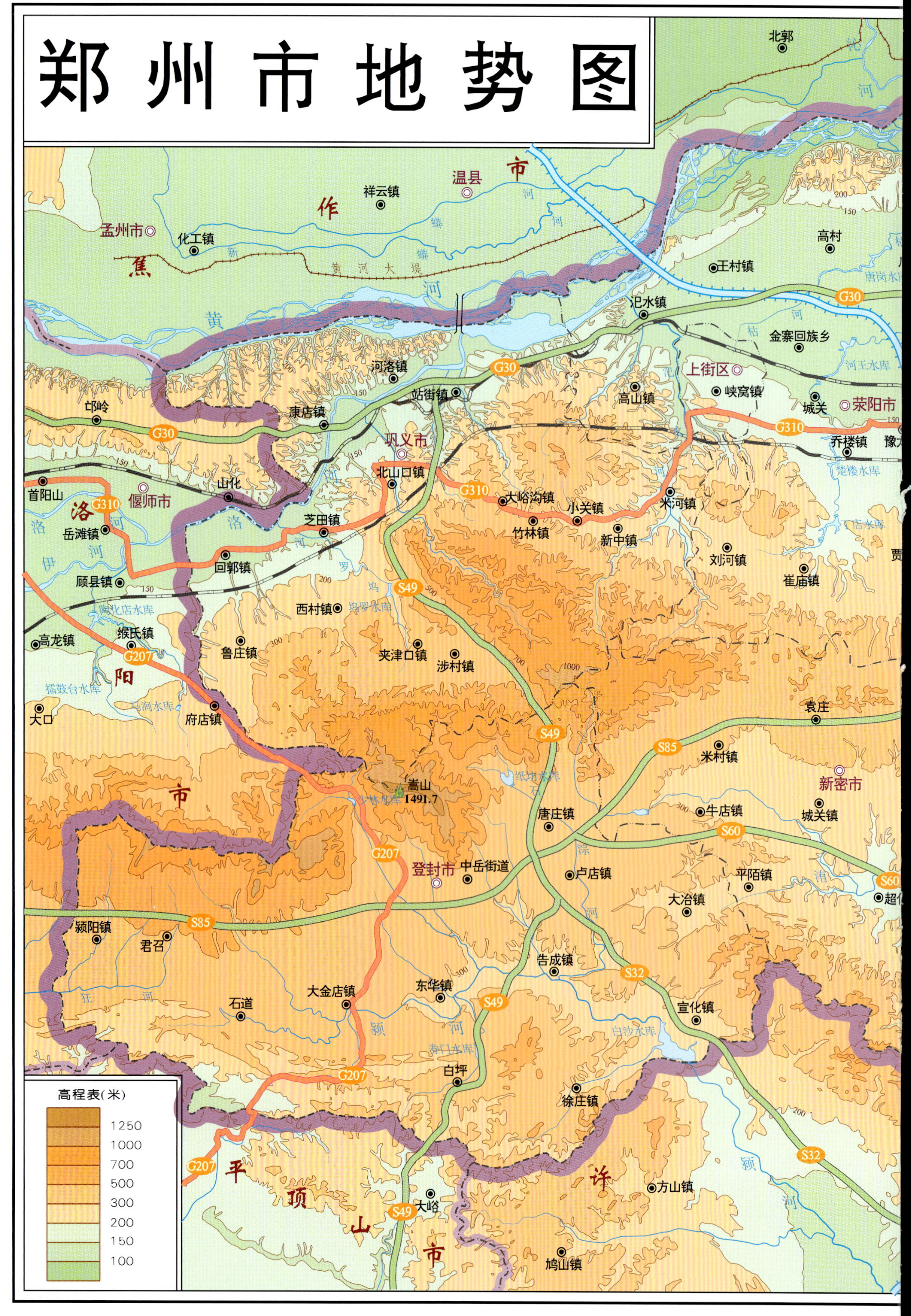

郑州市地势图
北郭
沁河
温县
作
市
祥云镇
孟州市
焦
化工镇
新蟒河
黄河大堤
黄河
高村
王村镇
G30
氾水镇
金寨回族乡
河洛镇
上街区
峡窝镇
高山镇
荥阳市
城关
邙岭
康店镇
站街镇
巩义市
G310
乔楼镇
首阳山
偃师市
洛
山化
北山口镇
大峪沟镇
小关镇
米河镇
洛河
岳滩镇
芝田镇
竹林镇
新中镇
伊河
回郭镇
刘河镇
崔庙镇
顾县镇
S49
西村镇
坞罗水库
高龙镇
缑氏镇
鲁庄镇
夹津口镇
涉村镇
G207
阳
大口
府店镇
袁庄
S85
米村镇
新密市
市
嵩山
1491.7
唐庄镇
牛店镇
城关镇
S60
登封市
中岳街道
卢店镇
平陌镇
大冶镇
颍阳镇
君召
告成镇
S32
东华镇
石道
大金店镇
宣化镇
颍河
白沙水库
白坪
徐庄镇
平顶山市
许
方山镇
大峪
鸠山镇
高程表(米)
1250
1000
700
500
300
200
150
100

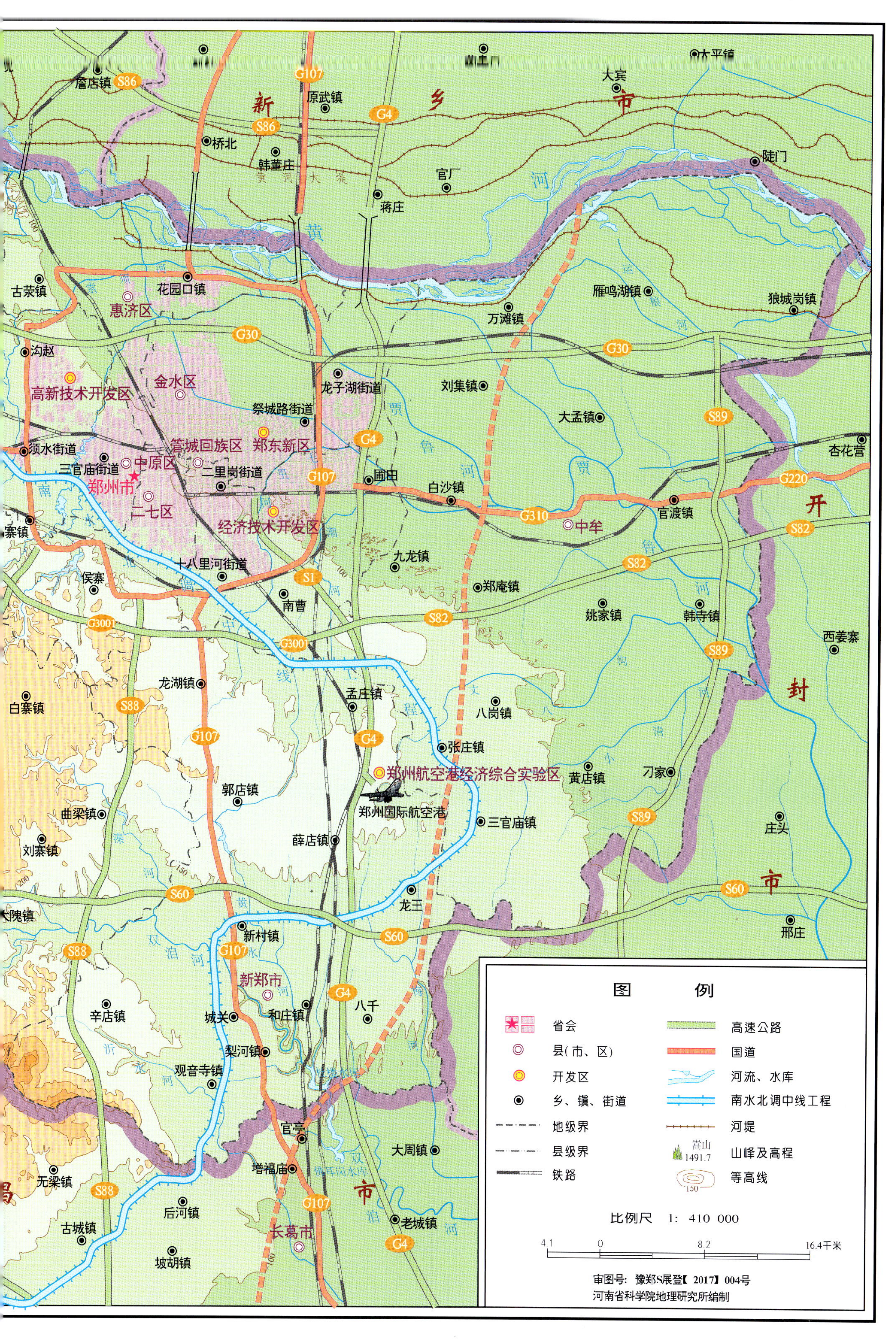

新乡市
开封市
郑州市
詹店镇
原武镇
大宾
大平镇
桥北
韩董庄
黄河大堤
官厂
陡门
蒋庄
黄河
古荥镇
花园口镇
惠济区
万滩镇
雁鸣湖镇
狼城岗镇
沟赵
高新技术开发区
金水区
龙子湖街道
刘集镇
祭城路街道
大孟镇
管城回族区
郑东新区
须水街道
三官庙街道
中原区
二里岗街道
圃田
白沙镇
杏花营
二七区
经济技术开发区
中牟
官渡镇
贾鲁河
十八里河街道
九龙镇
郑庵镇
侯寨
南曹
姚家镇
韩寺镇
西姜寨
龙湖镇
孟庄镇
八岗镇
白寨镇
张庄镇
郑州航空港经济综合实验区
黄店镇
刁家
郭店镇
郑州国际航空港
三官庙镇
曲梁镇
薛店镇
刘寨镇
庄头
龙王
新村镇
邢庄
新郑市
辛店镇
城关
和庄镇
八千
梨河镇
观音寺镇
官亭
增福庙
大周镇
无梁镇
后河镇
长葛市
老城镇
古城镇
坡胡镇
南水北调中线工程
双洎河
G107
G4
S86
G30
G310
G220
S82
S89
S1
G3001
S88
S60
图例
省会
县(市、区)
开发区
乡、镇、街道
地级界
县级界
铁路
高速公路
国道
河流、水库
南水北调中线工程
河堤
嵩山 1491.7
山峰及高程
150
等高线
比例尺 1: 410 000
4.1 0 8.2 16.4千米
审图号：豫郑S展登【2017】004号
河南省科学院地理研究所编制

编辑说明

一、《郑州年鉴》以马克思列宁主义、毛泽东思想、邓小平理论、“三个代表”重要思想、科学发展观、习近平新时代中国特色社会主义思想为指导，认真学习宣传贯彻党的十九大精神，坚持辩证唯物主义和历史唯物主义立场、观点和方法，继承和发扬我国优秀文化传统，积极服务郑州市国家中心城市建设大局，客观翔实地记述郑州市在经济建设、政治建设、文化建设、社会建设、生态文明建设方面的发展状况，力求达到思想性、资料性、科学性的统一。

二、《郑州年鉴》是郑州市人民政府主办、郑州市地方史志办公室承办的地方综合年鉴。该鉴是系统记述本行政区域自然、政治、经济、文化、社会等方面情况的年度资料性文献，旨在为机关、企事业单位等组织及外来投资者和社会各界人士了解郑州、宣传郑州、建设郑州提供丰富翔实的地情资料。

三、《郑州年鉴》以出版年号为卷次名称，自1985年创刊以来，每年出版一卷，本卷年鉴是总第33卷。

四、《郑州年鉴》采取分类编辑法，按篇目、类目、分目、条目的结构组成内容体系。全书以不同字体、字号区别不同层次。条目标题均加【 】表示，大事记收录的条目前均加△表示。为方便读者检索，《郑州年鉴》正文前设置总目、中英文目录；正文后设置主题词索引、表格和示意图索引、彩图插页索引。主题词索引标目按汉语拼音声母音序分类排列，表格和示意图索引及彩图插页索引按页码顺序排列。

五、《郑州年鉴》2017卷设有特载、市情概要、大事记、国家战略、党政机构、社会团体、法治、军事、农业与农村工作、水利、工业经济、交通运输业、商贸流通、旅游业、银行保险业、邮电通信业、财政税务、城乡建设与管理、生态与环境保护、经济监督与管理、文化事业、新闻出版与传媒、科技教育、卫生体育、社会事业、园区建设、县（市）区、统计资料、附录等29个篇目。全书除文字内容外，还收录了反映部门工作、行业发展、城乡新貌、重要成绩等方面的彩色图片。

六、《郑州年鉴》所辑录的内容由市直各部、委、办、局，各县(市)区及部分驻郑单位组织提供，均经各供稿单位审核，资料真实可靠。“统计资料”由郑州市统计局提供，内文条目中的数据由各供稿单位提供，部分条目中的数据因统计口径等原因可能与统计资料中的数据不相符合，在引用本书的有关数据时，应以“统计资料”为准。

七、《郑州年鉴》在组稿、编撰、印刷、发行过程中得到各有关部门和领导的大力支持，资料收集和初稿撰写人员付出了艰辛努力，在此一并谢忱。本卷《郑州年鉴》中的疏漏和错误之处，敬请专家和读者批评指正。

郑州年鉴编辑部

2017年12月

郑州年鉴编纂委员会

名誉主任　　马　懿

主　　任　　程志明

副 主 任　　靳　磊　舒安娜　刘　东

　　　　　　王顺生　董继锋

委　　员　（以姓氏笔画为序）

万永生　郑州市统计局局长

马　军　郑州市惠济区区长

马志峰　新郑市市长

王效光　荥阳市市长

牛瑞华　郑东新区党工委副书记、管委会常务副主任

文广轩　郑州市科学技术局局长

朱　军　郑州市地方史志办公室主任

刘　睿　郑州市财政局局长

孙淑芳　巩义市市长

苏建设　郑州市二七区区长

李自强　郑州航空港经济综合实验区（郑州新郑综合保税区）党政办公室副主任

李金勇　郑州高新技术产业开发区党工委副书记、管委会常务副主任

李晓雷　郑州市中原区副区长

李陶然　郑州市教育局局长

李雪生　郑州经济技术开发区党工委副书记、管委会常务副主任

杨东方　郑州市发展和改革委员会主任

杨金军　登封市代市长

余遂盈　郑州市商务局局长

张红伟　新密市市长

范建勋　郑州市工业和信息化委员会主任

虎　强　郑州市管城回族区区长

周亚民　郑州市农业农村工作委员会主任

耿勇军　郑州市上街区代区长

柴　丹　郑州市人民政府副秘书长

梁远森　郑州市城乡建设委员会主任

楚惠东　中牟县代县长

魏　东　郑州市金水区区长

郑州年鉴编辑部

主　　编	朱　军
常务副主编	梁豫生
副 主 编	范鹏飞
编　　辑	贾建英　蒋晓娜　刘　恒　程天天
图片摄影	张　永　河　宁　陈　靖　李利强　许大桥 马　健　丁友明　周　甬　李　焱　宋　晔 王秀清　唐　强　白　韬　王　颂　李俊生 周常剑　魏　燕　马秋芬　王怡雯
装帧设计	王　娜

郑州年鉴各县（市）区编辑组

巩义市

组　长　刘军杰（副市长）
副组长　路培育（市史志办主任）
组　员　魏小艳

新密市

组　长　史启新（市委常委、市委办主任）
副组长　杨　洋（副市长）
组　员　王西林　樊彩凤　程淑青　杨留洋

登封市

组　长　康红阳（市委常委、市政府党组副书记）
副组长　吕宏军（市史志办主任）
组　员　雷省委　白少丹　鲍丽丽　郜悟棋

新郑市

组　长　王智明（市委常委、常务副市长）
副组长　李俊鹏（市政府办主任、法制办主任）
组　员　王　昱　杨　航

荥阳市

组　长　丁文霞（市委常委、常务副市长）
副组长　南必成（市史志办主任）
组　员　李建民　刘朝阳　袁　磊　闫春燕
　　　　张华东　赵宏杰

中牟县

组　长　李慧芳（副县长）
副组长　李有忠（县政府办主任）
组　员　雍　超　张海军　王　辉

金水区

组　长　杨　洁（区委常委、常务副区长）
副组长　杨宇峰（区政府党组成员、区政府办主任）
组　员　窦　凯　何全星

二七区

组　长　黄卫红（区政府党组成员）
副组长　刘　琴（区史志办主任）
组　员　胡　雷

管城回族区

组　长　史　伟（副区长）
副组长　常　凯（区史志办主任）
组　员　徐　宁　王　忠　何　蕾　王海霞
　　　　张　硕

中原区

组　长　于　珊（副区长）
副组长　任　莉（区史志办主任）
组　员　赵志平　尹园园

惠济区

组　长　李伟光（区委常委、常务副区长）
副组长　黄国彦（区政府办主任）
组　员　丁明伟　徐玲玲

上街区

组　长　虎荣鑫（区委常委、常务副区长）
副组长　周伟杰（区政府办主任）
组　员　周昱宏　李永长

国家中心城市建设

聚焦发展
JUJIAO FAZHAN

▲2016年8月1日，省委书记、省人大常委会主任谢伏瞻，省委副书记、省长陈润儿等省领导在郑州航空港经济综合实验区智能终端（手机）产业园调研

◀2016年4月28日，省委书记、省人大常委会主任谢伏瞻陪同湖北省党政考察团到经开区考察

◀2016年4月17日，省委书记、省人大常委会主任谢伏瞻带领全省重点项目暨产业集聚区建设观摩组到经开区观摩

▶2016年12月3日，省长陈润儿到荥阳市中车造修基地调研

▶2016年4月21日，省长陈润儿到经开区调研

▶2016年12月3日，省长陈润儿到新密市调研

谋划全局

MOUHUAQUANJU

▲2016年7月29日，省委常委、市委书记马懿深入中牟县调研

◀2016年9月1日，省委常委、市委书记马懿深入中原区、郑东新区等地，调研全市重点工程建设工作

◀2016年11月18日，省委常委、郑州市委书记马懿深入新密市调研脱贫攻坚和基层党建工作

▶2016年7月6日，市委副书记、代市长程志明到航空港实验区督导重点项目

▶2016年7月5日，市委副书记、代市长程志明到经开区调研

▶2016年8月6日，市委副书记、代市长程志明调研环保工作

谋划全局

MOUHUAQUANJU

▲2016年8月30日，市人大常委会主任白红战带领部分常委会组成人员到二七区调研“四项重点工作”

◀2016年9月8日，市人大常委会主任白红战调研华南城项目进展情况

◀2016年11月30日，市人大常委会主任白红战和部分驻郑全国、省人大代表赴周口开展集中视察

▶2016年7月7日，市政协主席王璋带领部分市政协委员视察防汛工作

▶2016年10月11日，市政协主席王璋参加市政协十三届十七次常委会调研活动

▶2016年8月4日，市政协主席王璋主持召开市政协文史馆筹备会

1 航空港
2 郑欧班列开通
3 国际物流中心—航空经济
4 金融中心
5 黄河科技学院大学生走出双创综合体
6 丙申年黄帝故里拜祖大典
7 CBD总部经济
8 宽阔的人行道
9 金水区楼宇经济

郑州银行　中国农业银行河南省分行　中国人民银行郑州中心支行　中国银行河南省分行　华夏银行郑州分行

中铁联集
郑403
热烈祝贺
郑欧国际铁路货运班列
顺利开通

际
出
港
International
Departures
海关监管
3

7

8

9

1 中原路生态廊道

2 郑州市蓝天工程

3 郑州东站

4 T2航站楼

5 四通八达的嵩山路立交

6 郑州北环立交

⑦ 智能终端（手机）产业园

⑧ 邮政业投递更加快捷

⑨ 不断创新的郑州新大方重工科技

⑩ 海尔郑州创新产业园生产线

⑪ 光学材料等产业加速向航空港实验区转移

⑫ 台湾生物科技园

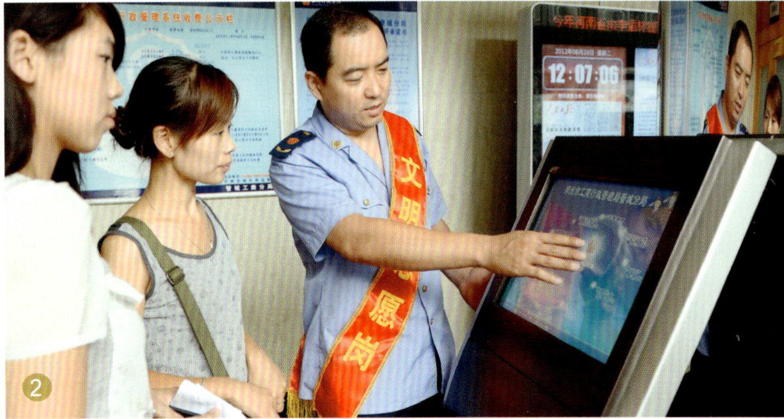

1 跨境贸易

2 管城工商局打造现代服务型管理模式

3 机场服务能力和运营水平提升

4 综合保税区申报大厅

5 新社区一角

6 升龙国际

7 华南城

8 郑州引黄灌溉龙湖调蓄工程

9 东风渠

① 民族大团结

② 轻歌曼舞

③ 风中少林

④ 禅宗少林

① 扶贫搬迁安置学校

② 小学课本循环利用为山村孩子排忧解难

③ 土地流转后原地再就业的农民

④ 关爱进城务工人员子女健康

⑤ 工商人员检查食品市场

⑥ 日益便利的社保服务办事大厅

⑦ 爱心捐助

⑧ 爱心超市

新型城镇
XINXINGCHENGZHEN

伟岗新居
1

2

3

4

5

6

1 合村并城后的佛岗社区
2 城中村改造
3 惠济区双桥村农民别墅
4 巨大变迁后的祥和社区
5 京广快速路
6 农业路高架
7 郑州城区商代王都城池
8 登封中岳庙
9 三大帝王陵之宋陵
10 中国现存最早的观星台
11 郑开城际铁路
12 地铁1号线二期通车

1 郑开城铁

2 三环快速

3 机场高速与南三环互通立交

4 整修后的道路

5 城市公交

6 立体停车场

7 空中停车场

1 新型社区

2 中华北路

3 优美的社区环境

4 郑州市刘湾水厂

5 自来水水质监测

6 阅览室、健身房等公共设施

7 新型农村社区超市

产业优化

CHANYE YOUHUA

7

8

9

10

1 格力生产车间
2 现代产业规模升级
3 现代信息化网络
4 郑州煤机新产品研发
5 海尔空调生产线
6 郑州市新能源汽车平台
7 8 宇通客车生产线
9 日产汽车生产线
10 郑州华晶金刚石股份有限公司智能化选料车间

① 休闲农业

② 蓬勃发展的高效农业

③ 特色种植——滩区牧草种植

④ 希望的原野

⑤ 郑东新区会展中心农产品展示

6 文化创意旅游业

7 会展活动

8 互联网在行业服务中得到广泛应用

9 窗口行业推广标准化服务

10 中国（郑州）产业转移系列对接活动展会

1. 中大门保税直购体验中心商品区
2. 新建成的中大门国际购物公园3号馆
3. 跨境贸易买卖全球
4. 黄河科技学院双创综合体
5. 黄河科技学院众创空间
6. UFO众创空间
7. 自贸区办事大厅
8. 郑州东站海关监管区
9. 河南保税物流中心
10. 郑州机场出口货运
11. 中大门保税直购体验中心

把世界最好的工厂搬到你身边
比邻跨境
Bilin Cross border
Prairie Naturals中国官方唯一授权总代理
欢迎您
2
3

9

10

中大门
保税直购体验中心
BONDED COMMODITY O2O SHOPPING CENTER
11

① 港区智能终端产业园

② 河南省电子商务产业园

③ 中国（河南）自由贸易试验区

④ 智能手机生产线

⑤⑥ 在上街区举办的郑州航展

⑦ 郑州东站

⑧ 农业路高架与中州大道互通式立交

⑨ 高速列车驶离郑州东站

⑩ 中州大道陇海路立交

5

6

7

8

9

10

生态建设
SHEGNTAI JIANSHE

① 游园

② 龙湖宜居教育城

③ 生态长廊东风渠

④ 公园

⑤ 蓝天工程

⑥⑦⑧ 农村人居环境改善

⑨ 郑州之林＋中州大道

⑩ 环境优美的居民社区

1 北湖湿地公园

2 城市生态水域

3 四港联动大道生态廊道

4 尚岗杨公园

5 郑东新区龙湖

6 魏河分水口

7 尖岗水库

8 园博园南大门

9 如意湖

10 植树造林

11 涵养水源

12 北湖湿地公园生态水系

总　目

目 录

特 载

市情概要

自然环境

建置与区划

人口状况

发展综述

组织机构

大事记

国家战略

国家中心城市建设

中国（河南）自由贸易试验区

郑洛新国家自主创新示范区

郑州航空港经济综合实验区

国家各类口岸建设

中国（郑州）跨境电子商务综合试验区

中欧班列（郑州）

党政机构

中国共产党郑州市委员会

综 述

重要会议

重要活动

纪检监察工作

组织工作

宣传工作

统战工作

政策研究

精神文明建设

编制管理

老干部工作

党史工作

党校工作

郑州市人民代表大会

综　述

人大会议

监督工作

郑州市人民政府

综 述

重要会议

重要活动

人力资源和社会保障

外事与侨务工作

对台工作

信访工作

农工党郑州市委员会

九三学社郑州市委员会

社会团体

工　会

共青团

妇女联合会

科学技术协会

归国华侨联合会

工商业联合会

慈善总会

红十字会

残疾人联合会

社会科学界联合会

文学艺术界联合会

法治

政法委及综治

立法

法治政府建设

公安

检 察

法 院

司法行政

仲 裁

军 事

郑州警备区

武警郑州市支队

人民防空

农业与农村工作

综 述

扶贫开发

种植业

水产业

畜牧业

林 业

农业机械化

水 利

水利建设

南水北调

黄河治理

工业经济

综 述

电力工业

食品工业

煤炭工业

烟草工业

交通运输业

铁 路

综 述

郑州车站

郑州东站

郑州北站

郑州客运段

公路运输业

综 述

道路运输生产

城市公共交通

交通行业管理

交通企业

轨道交通

航空运输业

河南省机场集团有限公司

中国南方航空河南航空有限公司

商贸流通

商业贸易

供销合作

粮油购销

会展业

投资促进

旅游业

综 述

旅游管理

旅游促销

黄河生态旅游风景区

银行保险业

人民银行

工商银行

农业银行

建设银行

中国银行

郑州银行

中国人寿保险

泰康人寿保险

邮电通信业

邮 政

市容环境卫生

数字化城市管理

火车站地区管理

公用事业

城市供水

城市燃气

集中供热

城市环境雕塑建设

生态与环境保护

环境保护

园林绿化

气象服务

防震减灾

污水处理

经济监督与管理

发展计划管理

国土资源管理

工商行政管理

审计监督

物价管理

质量技术监督管理

安全生产监督管理

国有资产监督管理

食品药品监督管理

民营经济管理

市场发展工作

统计工作

海关工作

文化事业

社会文化

丙申年黄帝故里拜祖大典

文物管理

档案工作

地方史志工作

图书发行

新闻出版与传媒

新闻出版

郑州报业集团

郑州人民广播电台

郑州电视台

科技 教育

科 技

教 育

综 述

基础教育

中等职业教育和成人社区教育

高等教育

民办教育

师资队伍建设

教育管理

卫生 体育

卫生与计划生育

体 育

社会事业

民生工程

城乡居民生活

爱国卫生运动

民 政

民族与宗教

园区建设

郑州航空港经济综合实验区（郑州新郑综合保税区）

郑东新区

郑州经济技术开发区

郑州高新技术产业开发区

产业集聚区

县（市）区

巩义市（河南省直管县）

新密市

登封市

新郑市

荥阳市

中牟县

金水区

二七区

管城回族区

中原区

惠济区

上街区

统计资料

附 录

人物 荣誉榜

2016年全国“五一劳动奖状”获得集体

2016年全国“五一劳动奖章”获得者

2016年全国“工人先锋号”获得集体

2016年河南省“五一劳动奖章”获得者名单

2016年河南省“五一劳动奖状”获得单位名单

2016年河南省“工人先锋号”获得集体名单

法 规

重要文件目录

索 引

CONTENTS

Social Groups

Rule by law

Military affairs

Agriculture and Rural Work

Water conservancy

Industry Economy

Transportation Industry

Commerce and Trade Circulation

Tourism Industry

Bank Insurance Industry

Post and Communication Industry

Finance Tax Affairs

Urban and Rural Construction and Management

Ecological and Environmental Protection

Economic Supervision and Management

Culture Undertaking

Press and Publication Media

Science and Education

Health and Sports

Social Undertakings

Park Construction

County(city) District

Statistics

Appendix

Index

在市委经济工作会议上的讲话

省委常委、市委书记　马　懿

（2017年1月10日）

今天这次会议，主要任务是贯彻落实中央、省委经济工作会议精神，总结成绩、分析形势，安排部署2017年的经济工作，动员全市上下坚定信心、把握大局、抢抓机遇、担当责任，以更加奋发有为、苦干实干的精神状态，努力开创郑州发展的新局面，在推进国家中心城市建设进程中迈出坚实步伐。

前不久召开的中央经济工作会议、省委经济工作会议，在深入分析当前发展形势的基础上，对全国和全省今年的经济工作进行了全面部署。习近平总书记的重要讲话，总揽全局、站位高远，具有很强的思想性、战略性和指导性，是指导我们做好当前和今后一个时期经济工作的纲领性文献。李克强总理对今年经济工作的部署，方向明确、任务具体、重点突出、措施有力。谢伏瞻书记、陈润儿省长的讲话，贯彻中央经济工作会议精神，提出了切合河南实际的经济工作整体思路和战略举措，并强调要全力支持郑州建设国家中心城市，这对我们来讲是极大的鼓舞和鞭策。我们要深入学习贯彻中央和省委经济工作会议精神，紧密结合实际，谋划好、推进好郑州的发展。

下面，根据市委常委会研究的意见，我讲四个方面。

一、关于去年的工作

去年是“十三五”开局之年，是市县乡三级党委换届之年。一年来，我们深入学习贯彻习近平总书记系列重要讲话精神，认真贯彻党中央治国理政新理念新思想新战略，在省委、省政府的正确领导下，准确把握郑州发展的阶段特征、主要矛盾和重点任务，坚持在持续中完善、在持续中提升、在持续中发展，着眼长远、科学谋划，形成了推进郑州发展的实践体系，经过全市上下的共同努力，实现了经济社会的持续健康发展，各项工作都取得了较好的成效。

第一，我们提出了以“一枢纽一门户一基地四中心”为支撑、加快向国家中心城市迈进的奋斗目标。这一目标的提出，站位全局、顺应时势，切合了中央以中心城市为带动推进区域均衡发展和实施“一带一路”战略扩大内陆开放的政策导向，切合了国家以中原城市群和长江中游城市群南北呼应共同支撑中部崛起的战略规划，切合了省委省政府以郑州为龙头、引领中原城市群发展、带动河南参与国内外竞争的战略意图，切合了郑州以米字形高铁为特征、在国家经济地理中的中心地位提升、在“一带一路”战略中支撑作用凸显的发展大势。这一目标提出后，经过多方积极争取和推进，得到了国家和省委、省政府的高度重视和充分认可，国务院最近批复的《促进中部地区崛起“十三五”规划》和《中原城市群发展规划》，已经明确支持郑州建设国家中心城市；省委把郑州建设国家中心城市写入省十次党代会报告，使这一目标上升为国家的战略、全省的战略，极大地鼓舞了人心、振奋了人心，对郑州必将产生重大而深远的历史影响。

第二，我们确立了“四重点一稳定一保证”工作总格局及其目标原则。这一总格局，体现了“五位一体”总体布局、“四个全面”战略布局和五大发展理念，体现了总书记关于河南要打好“四张牌”的殷切期望，体现了实事求是、遵循规律、因地制宜的指导思想。新型城镇化方面，我们深化认识中央、省委“以人为核心”推进城镇化的内涵要求和政策导向，准确把握郑州城乡承载功能不足、拆迁安置任务艰巨、城市建管水平亟待提升的阶段性特征，着眼于与“十二五”工作的连续性、持续性，把阶段性工作重心由过去的“以拆开路、以拆促建”转到“以建为主、提升品质、扩大成效”上来，紧紧围绕中心城市现代化国际化、县域城镇化、城乡一体化，突出中心城市承载能力和形态品质提升、依托县城和有产业支撑的中心镇加快人的城镇化、推进基础设施和公共服务向农村延伸覆盖“三大任务”，全力加快建设步伐。大棚户区改造按照既定目标更加科学有序，一批重点难点村强力突破，拆迁改造规范稳妥，安置房建设全面提速提质；轨道交通路网体系规划、建设时序进一步优化，建设进度明显加快；商都历史文化区保护开发、市民公共文化服务区建设、贾鲁河治理等重点工程都取得了重大进展；大“井字+环线”快速路网体系基本形成，一大批水电气暖路工程建成投用。各县城组团和中心镇以规划为引领，加快基础设施和公共服务设施布局，吸纳力、承载力明显提升。广大农村以交通道路为先导的基础设施和公共服务一体化步伐加快，农村人居环境得到进一步改善，全市城镇化率提高到71%。产业发展方面，我们认真贯彻中央以新发展理念为指导、以供给侧结构性改革为主线、以稳中求进为总基调、适应经济发展新常态的经济政策框架，准确把握郑州由工业化中期向后期过渡的阶段特点，提出了“做强先进制造业、做大现代服务业、做优都市农业，构建以先进制造业为支撑、以现代服务业为主导的现代产业体系”，稳增长、保态势、调结构取得了明显成效。工业中四大战略性产业的比重达到48.6%，服务业对经济增长的贡献率达到63.1%。在宏观经济下行压力加大、环境约束加大的情况下，预计全年生产总值增长8.5%，分别高于全国全省平均水平1.8个百分点和0.5个百分点；全社会固定资产投资突破7000亿元；地方财政一般公共预算收入在全面实施营改增、地方税收减少的情况下突破1000亿元，为全省发展作出了更大贡献。开放创新方面，我们牢牢抓住国家“一带一路”战略机遇和“双创”政策机遇，坚持走以开放促创新、以创新促开放的发展路子，加快推进内陆开放高地和创新中心建设，促成了中国（河南）自贸区、国家自主创新示范区、跨境电子商务综合试验区、“双创”示范基地、大数据综合试验区、通用航空产业综合示范区等国家级试点相继落地、启动建设；枢纽地位进一步巩固，郑徐高铁通车运营，航空旅客年吞吐量突破2000万人次、在全国的位次明显前移，货运量跃居国内机场第7位；航空港实验区继续保持强劲发展态势，经开综保区获批，中欧（郑州）班列实现每周去四程、回四程常态化运营，开行班数增长61%，跨境电子商务业务量、交易额分别由2015年的5000万单、40亿元增加到2016年的8000多万单、60亿元；口岸建设继续保持全国内陆城市领先水平，“智汇郑州·1125聚才计划”在国内外形成较大影响，“区位+枢纽+开放功能”的优势更加凸显，呈现出国内外优质资源加快集聚、新的动能加快形成的良好态势。生态建设方面，我们深刻把握新时期人民群众对生态环境的强烈需求，深入贯彻绿色发展理念，把生态建设作为最普惠的民生，进一步增强统筹协调推进经济发展和环境保护的意识，围绕“大生态、大环保、大格局、大统筹”，谋划推进全域生态建设，动员组织全市上下持续开展大气污染防治攻坚战，不断完善和严格落实环保治理措施，联防联治、标本兼治、精准调控，空气质量得到了进一步改善，空气综合指数在全国重点监测的74个城市中排名退出了后5位，完成省定目标，各项生态工程建设加快推进，城市绿地面积不断拓展，水体质量有了新的改善。维护社会平安稳定方面，我们针对郑州稳定工作的特殊性，把平安稳定工作摆在全局工作的基础地位，以全面推进依法治市为引领，以“解决问题、少出问题”为原则，依托网格化管理，创新基层社会治理，健全矛盾问题排查化解常态化机制，完善立体化治安防控体系，社会平安稳定的基础更加扎实。全面从严治党强化党建保证方面，我们深入贯彻中央、省委全面从严治党各项部署，完善全面从严治党主体责任体系，从严从实抓“两学一做”学习教育、抓用人导向、抓正风肃纪、抓反腐倡廉，以市县乡党委换届为契机，促进了各级领导班子建设，维护了良好的政治生态，各级党组织的战斗堡垒作用和广大党员的先锋模范作用得到进一步发挥。

第三，我们明确了坚持目标导向、问题导向和“创优势、增实力、补短板、能抓住”的工作方针。坚持把“两个导向”“十二字”的工作方针作为认识问题、谋划工作的方法论，不违背规律、不脱离发展阶段、不急于求成、不搞“一刀切”，因地制宜制订经济社会发展“四大重点”工作三年行动计划，实施项目化推进，从国家中心城市等一系列国家战略规划的落地实施，到重大基础设施项目、产业项目的建设推进，到涉及民生的教育、卫生、就业、社保、扶贫等工作的有力推进，让人民群众感受到了郑州实实在在的变化。

第四，我们建立了“党委加强领导，政府充分履职，人大政协共同参与的责任明晰、工作有序、运转高效”的工作推进机制。各级党委“总揽全局、协调各方”的领导核心作用得到了加强，各级政府及部门依法履行宏观调控、市场监管、社会管理、公共服务、环境保护的行政职能，各级人大、政协围绕中心、履行职责，方方面面的主观能动性得到了发挥，在全市上下形成了心齐、劲足、风清、气正的良好氛围。

一年来，全市各级党组织团结带领人民群众拼搏进取、攻坚克难、扎实工作，呈现出了发展稳中有进、产业加快转型、城乡面貌持续改善、民生事业协调发展、城市地位形象不断提升的好态势、好趋势。实践证明，我们贯彻中央决策精神和省委、省政府工作部署，对郑州发展的谋篇布局，符合郑州的发展实际，符合人民群众的利益，是切合实际、行之有效的。我们要坚定信心，保持定力，坚持既定工作部署不动摇、不折腾、不懈怠，持续发力、深化提升、埋头苦干，相信一定能够推动郑州的发展迈上更高的台阶。

二、关于机遇和挑战

综合分析我们当前面临的形势，总的看，机遇与挑战并存，机遇大于挑战。从宏观形势看，虽然世界经济的复杂性、不稳定性、不确定性将进一步凸显，全球贸易持续低迷，保护主义加剧，我国新常态下结构性矛盾突出，经济下行压力仍然较大，但我国在世界大变局中的大国崛起趋势更加明显，中央适应引领经济新常态的经济政策框架有力有效，全国经济稳中向好，我国仍然处于可以大有作为的战略机遇期。从郑州的情况看，我们正处于蓄势崛起的重要历史关口，面临着继铁路枢纽建设、省会迁建之后，又一个具有划时代意义的重大历史发展机遇期。《促进中部地区崛起“十三五”规划》明确了郑州建设国家中心城市的目标定位；中原城市群上升为国家重点支持发展的全国七大城市群之一；我省正在制订《建设郑州大都市区的指导意见》，构建以郑州为中心涵盖开封、新乡、焦作、许昌的“一带四”郑州大都市区发展格局，着力打造中原城市群的核心区。同时，继航空港实验区之后，国家自主创新示范区、中国（河南）自贸区、跨境电子商务综合试验区、大数据综合试验区、通用航空产业综合示范区、全国交通综合枢纽示范工程城市等国家战略规划、试点平台相继落地，郑州当前的国家政策叠加优势在全国城市中屈指可数。

这些政策机遇给郑州的发展至少带来了四个方面的利好：一是有利于提升郑州乃至河南在国内外发展格局中的战略地位。国家中心城市是在全国具备较强引领、辐射、集散功能的城市，是承担一定国家功能、跻身国际竞争、肩负国家使命、展示国家形象的大都市。国家中心城市的属性和职能，决定了郑州未来在国家格局中举足轻重的地位和作用，意味着国家将会把更多的功能、平台和资源向郑州倾斜，也意味着更多国际性资源要素会向郑州汇聚。二是有利于推进郑州的制度创新，更好发挥郑州“区位+枢纽”优势，加快国际化步伐。国家的政策支持更多是赋予了我们先行先试的制度创新自主权，为我们在国家、省有关部门支持下，共同打造国际性枢纽、抢占对外开放制度高地、建设中西部门户城市，创造了有利条件、形成了攻坚合力。三是有利于郑州拓宽发展空间，提升区域性资源要素整合和利用效率。中原城市群总面积28.7万平方公里、总人口1.58亿人，2015年经济总量5.56万亿元，仅次于长三角、珠三角、京津冀三大城市群；郑州大都市区“一带四”区域占全省国土面积的8.7%，集聚了全省近20%的人口和超过30%的经济总量。依托中原城市群和郑州大都市区的广阔腹地，以郑州为核心的区域性资源优势、市场优势、劳动力优势在全国将会更加凸显，郑州作为中心城市的辐射带动能力和资源集聚效应将会不断显现。四是有利于提升社会预期，增强各界对郑州发展的信心。国家和省围绕郑州建设国家中心城市，明确了郑州国际性枢纽、国际物流中心、国家经济中心、科技创新中心、国际交往中心等一系列定位，展现了郑州发展的美好愿景，对内凝聚了人心、提振了信心，对外扩大了影响，郑州正被越来越多的人所看好。

但是，我们更要清醒地认识到，国家、省支持郑州建设国家中心城市的同时，更赋予了郑州推进“一带一路”建设、支撑中部崛起、引领带动中原城市群发展的期望和重托，对郑州来讲，是机遇，更是挑战。与这一定位相比，我们的发展还有不少明显的短板，突出表现在五个方面：一是产业结构不优，综合竞争力亟待提升。我市的经济总量在全国35个大中城市中排第15位，相比其他国家中心城市，不到重庆的50%，仅是武汉、成都的70%；现代服务业主导作用还不突出，工业较大但不强，传统资源型产业占工业的比重仍在40%以上。我们必须要有“盛名之下，其实难副”的危机感和紧迫感。二是城市基础承载力不足。基础设施和公共服务设施建设严重滞后于城市的快速发展，“大城市病”问题依然突出。三是科技创新能力不足。与周边的武汉、长沙、西安等城市存在较大差距。四是生态环境约束加剧。郑州的环境容量已经严重饱和，按照国家环境控制性指标逐年递减、不断消化存量、控制增量的政策导向，生态环境已经成为郑州经济社会发展的硬约束，如果不加快产业转型、不提高生态环境承载力，郑州的发展将难以为继。五是经验能力明显欠缺。郑州是一个由县城发展起来的内陆新兴城市，郑州的快速发展也就近二三十多年的事，我们在特大城市管理、社会治理、资源配置、共享发展、开放合作等方面都存在着经验积累不够、现代领导能力不足等问题。能否解决好这些问题，在全国这一轮战略布局中抓住机遇而不丧失机遇，担负起国家使命而不贻误大局，是对我们的现实考验。全市上下一定要增强责任感、紧迫感，视机遇为挑战、变压力为动力，拿出比别人更拼搏的精神、更艰辛的付出，努力实现比别人更好更快的发展。

三、关于2017年经济工作

2017年，是中共十九大召开之年，是实施“十三五”规划的重要一年，是落实国家对郑州新定位、新规划的起步之年，做好今年的工作意义重大。

总的指导思想是：全面贯彻中共十八大和十八届三中、四中、五中、六中全会精神，更加紧密地团结在以习近平同志为核心的党中央周围，深入贯彻习近平总书记系列重要讲话精神和党中央治国理政新理念新思想新战略，落实习近平总书记调研指导河南提出的打好“四张牌”要求，统筹推进“五位一体”总体布局和协调推进“四个全面”战略布局，以新发展理念为引领，以提高发展质量和效益为中心，以推进供给侧结构性改革为主线，以建设国家中心城市为总目标，持续深化“四重点一稳定一保证”工作总格局，持续坚持“两个导向”“十二字”工作方针，把握“稳中求进”总基调、“奋发有为”总要求，突出项目带动、项目化推进，统筹做好稳增长、促改革、调结构、防风险、惠民生各项工作，努力实现经济平稳健康发展和社会和谐稳定，以优异成绩迎接中共十九大胜利召开。

落实这一指导思想，我们要在思想上统一三个方面的认识，突出抓好七个方面的工作。

统一三个方面的认识：第一，要把思想统一到“稳中求进” 总基调、“奋发有为”总要求上来，鼓足发展干劲。稳中求进，是中央适应把握引领经济新常态确定的经济工作总基调。“稳”是前提、是基础、是大局，包括增长要稳、预期要稳、市场要稳、社会大局要稳；“进”是方向、是目标、是发展的根本要求，是在稳增长、调结构、防风险基础上更有质量、更有效益、更可持续的发展。这是我们经济工作的基本遵循。同时，统筹考虑郑州肩负的建设国家中心城市的历史使命和省会城市的责任担当，以及面临的补齐短板、增强国家中心城市功能的紧迫任务，我们必须突出“奋发有为”，必须以更高的标准、更加积极进取的精神态度推进工作，力争“进”得更好更快。全市上下都要按照“稳中求进”总基调、“奋发有为”总要求来谋划工作、部署工作、推动工作，保持强烈的责任感、事业心，鼓足干劲、务求实效。第二，要把思想统一到今年的预期发展目标上来，争取更好发展成效。关于今年的预期发展目标，市政府前期作了深入论证，市委常委会在研究讨论时，根据中央、省委确定的预期目标，把我市经济增长的目标定为9%左右，比全国、全省的预期目标分别高2.5个百分点和1.5个百分点。主要有三个方面的考虑：一是虽然宏观经济下行压力仍然较大，自身转型发展也存在不少困难、需要留有空间，但我市去年一批新的产业项目建成投产，工业经济企稳回升态势明显，一些新兴行业发展势头较好，经过努力是可以实现这一目标的。二是与国家中心城市地位相比，郑州的最大问题是发展不足的问题，高于全国、全省的平均增速，是加快自身发展的需要，也是履行中心城市责任、为全国全省作贡献的需要。三是目标体现了市场预期，保持一定的增速，也是增强各界对郑州发展信心的需要。因此，综合考虑，大家感到9%左右的增速切合郑州实际，体现了稳中求进、奋发有为的基调和要求，在实际工作中我们还要努力争取更好的结果。第三，要把思想统一到项目带动这一工作方法上来，以项目为抓手统领全年经济社会发展。推进经济社会发展的最终落脚点在项目。在大的目标方向确定之后，抓项目就是抓落实、抓推进、抓具体。今年工作主旋律就是大抓项目、抓大项目，突出项目带动，通过项目推进促建设、强投资、调结构、惠民生、求提升、转作风，通过项目推进看干部的精气神、看干部的作风、看干部的综合本领、看干部的工作实效。各级各部门要紧紧围绕新型城镇化、产业发展、开放创新、生态建设“四大重点”工作，抓住现阶段的主要矛盾、抓住支撑战略目标实现的现实任务、抓住符合“稳中求进、奋发有为”要求的大事要事、抓住与群众生产生活密切相关的实事难事，分层级梳理筛选项目，建立项目台账，挂图作战，对表督查，倾斜人力、物力、财力，创新投融资机制、项目运作机制、服务保障机制，确保定一项、干一项、成一项，以项目推进带动全局发展。

突出抓好七个方面的工作，就是牢牢抓住经济社会发展“四大重点”工作，结合建设国家中心城市的新要求，再聚焦、再深化，努力在七个方面下功夫、求突破。

（一）聚焦枢纽建设，着力构建支撑国家中心城市的大交通格局。枢纽是郑州的最大比较优势，是国家战略选择郑州的主要考量。发挥好郑州的枢纽作用，也是国家在对郑州的各项规划中摆在第一位的定位要求。因此，抓好枢纽建设，巩固郑州的枢纽地位，是郑州发展的头等大事，必须集全市之力加快推进。重点要抓好三个层面的谋划和建设：一是站位国家中心城市，加快建设国际性枢纽，全力保障和推进米字形高铁网建设、国际国内航空网加密覆盖和高速公路网完善升级，抓好航空基地公司培育和中欧（郑州）班列拓展延伸，加强与国内外大型货代企业、物流集成商的合作，支持郑州铁路局物流体系规划和建设，加快完善“空铁公海”四港一体多式联运体系，不断巩固郑州枢纽在国内外运输体系中的地位和优势。二是站位中原城市群和“一带四”大都市区，主动对接、积极推进与周边城市交通的互联互通，以高速公路、快速路、城际铁路为骨架，打造大都市区互为衔接、层次清晰、快速便捷的区域交通网络，发挥好中心城市的核心带动作用。三是着眼于市域布局优化、内部畅通，加快推进以轨道交通为引领的公共交通体系和以快速路网为骨架的通道体系建设，轨道交通今年要新开工9条线路，确保运营里程达到94公里以上，同时论证建设四环快速化等一批路网骨架工程。

（二）聚焦基础建设，加快新型城镇化步伐。城镇化是现代化的必由之路，是现阶段释放有效需求、扩大有效投资、促进发展转型、解决“三农”问题、提升城市综合承载力的重要举措。预计2016年我市城镇化率可达到71%，武汉、长沙2015年分别为79.3%和74.4%，南昌2015年也已达到71.6%。制约我市城镇化发展的根本症结在于产业支撑不够、基础设施欠账多、布局不合理、承载能力不足。过去几年我们是“以拆开路、以拆促建”，为城镇化发展奠定了基础；现在大规模拆迁之后，我们当前的紧迫任务就是要结合群众安置、拆后建设，加快基础设施改造提升和布局优化，带动人口和产业的合理分布、有序流动，完善承载功能，提高城镇化质量。大家要切实把思想统一到“以建为主、提升品质、扩大成效”这一阶段任务上来，加快推进中心城市现代化国际化、县域城镇化、城乡一体化步伐。要把拆迁群众安置工作摆在更加重要的位置，已改造拆迁村庄的安置房要在确保品质和质量的前提下，今年全部启动，加快建设进度，确保2018年安置任务大头落地。要抓住我省实施百城建设提质工程的机遇，围绕“补好欠账、布好新局”，大力实施基础设施扩容提升工程，加快城市综合管廊和城市海绵体建设，基本解决中心城区、县域组团水电气暖供应和污水垃圾处理能力不足问题。集中力量抓好商都历史文化区、古荥大运河文化区、二砂文化创意产业园、百年德化老街和二七塔区域、市民公共文化服务区等重点区域开发，提升城市品位，完善城市功能。坚持产城融合、服务配套，加快四个开发区、三个城市新区、各县城组团和中心镇功能复合构建，带动中心城区外疏和农村人口就近转移。大力推进基础设施和公共服务向农村延伸，实施一批特色村镇打造工程，切实改善农村人居环境。

（三）聚焦稳增长、强投资、优结构，加快构建以先进制造业为支撑、以现代服务业为主导的现代产业体系。产业是经济的根基，是城市实力的体现。没有产业的支撑，国家中心城市地位就没有说服力。目前我市的产业发展既面临着总量不够的问题，更面临着结构不优、后劲不足的问题。制造业方面，我市多处于产业链的中低端，工业增加值率仅为22.4%，低于武汉的28.3%、长沙的30.6%、合肥的24.2%；工业投资增速自2013年初开始首次低于10%，并不断下滑，2016年出现负增长，占固定资产投资的比重由2013年的30.9%下降到21.2%。第三产业2016年增速达到11%，主要拉动力量在金融业和房地产业，其中房地产对三产增长的贡献率达到21.7%。可以说，产业发展效益不高、有质量的产业投资乏力是我们当前面临的突出问题。我们必须投入更大精力、下更大功夫抓产业项目，围绕项目来组织推进今年的经济工作，以项目带动产业投资增长、投资结构优化。重点抓好三件事：一是抓招商引资、引进大项目。各开发区、县（市）区都要把招商引资、项目引进牢牢抓在手中，围绕主导产业梳理谋划项目，盯紧盯牢那些具有战略性、带动性的大项目，依托产业集聚区、服务业“两区”，创新招商机制，加大工作力度。目前，郑州国家中心城市定位的集聚效应正在逐步显现，要抓住机遇，积极对接，争取上汽、中铁盾构等重大项目落地。二是抓实体经济，实施好战略企业培育和高成长性小微企业发展计划，落实好国家、省“放管服”改革措施，加大减税、降费、降要素成本、优审批服务工作力度，推动实体经济加快发展、提高效益。三是抓新经济培育，推进“互联网+”行动，做好网络经济、枢纽经济、口岸经济、健康经济的文章，以新技术、新业态、新模式引领产业转型升级。同时，要高度关注房地产业，因地施策，加强调控，确保平稳健康发展。

（四）聚焦平台打造，抢占开放创新高地。开放创新是发展的根本动力，是适应引领经济新常态、推进动力转换、抢占区域发展制高点的战略途径。国家、省先后把航空港实验区、自贸区、自主创新示范区、跨境电子商务综合试验区、“双创”示范基地、大数据综合试验区、通用航空产业示范区等“牌子”放在了郑州，给予了我们宽松的政策环境、有力的平台支持，我们没有理由在国家这一轮开放创新上落后于内陆其他城市，也有责任把这些“牌子”和平台做好做实，为全国全省开放创新作出贡献。开放方面，要立足于枢纽优势的发挥，依托自贸区、航空港、国际陆港、海关特殊监管区和各类功能性口岸，围绕投融资便利化、贸易交往便利化、物流组织便利化、监管服务便利化，深化制度创新，完善配套服务体系，建设国内一流的自由贸易园区，尽快确立“买全球、卖全球”的网购商品集疏中心地位，不断扩大中欧（郑州）班列的国际影响力，广泛开展国际化经贸、人文合作交流，确保“引进来”“走出去”取得更加广泛的成果。创新方面，要以国家自主创新示范区建设为载体，突出创新平台打造、创新主体培育、创新要素保障，引导各类资金投入孵化器、加速器，推动重大科技专项和科技成果转化，促进产业产品升级。要坚持在开放中创新，加大引才引智引平台力度，重点抓好与中科院系统有关合作项目的推进。要优化创新创业环境，严格落实产权保护制度，弘扬企业家精神，激发全社会的创新创业活力。

（五）聚焦绿色发展，坚持不懈地抓好生态环境治理和建设。环境问题已成为影响我市经济社会发展的重大瓶颈问题，也是当前群众最为关切的重大民生问题。去年在全市上下共同努力下，我们实现了“退出后五”的省定目标，但形势依然十分严峻，与群众的期望还有很大差距，落实今年省定控制性指标的任务非常艰巨，我们要下更大决心、采取更严厉的措施，持续打好这场硬仗。要按照“大生态、大环保、大格局、大统筹”的原则，突出抓好“治”和“建”两个方面的工作。在“治”上，要实行更严格的环境保护制度，深化、细化、常态化推进污染物综合防治和精细化调控，重拳整治死角盲区，大力推进“电代煤”“气代煤”的清洁能源替代，确保空气质量不断好转，统筹做好水污染、土壤污染治理工作。要严格落实建设工地“6个100%”要求，严格落实精细化调控措施，但也不能搞“一刀切”的休克疗法，以安置房建设为代表的民生项目事关群众生活，在抓好达标施工的基础上，要重点保障、重点推进建设，不能简单化的一停了之。在“建”上，要全面推进森林生态、湿地生态、流域生态、农田生态、城市生态“五大生态体系”建设，贾鲁河治理、园博园建设要如期完工，确保今年生态环境有一个大的改善，生态承载能力有一个大的提升。

（六）聚焦防风险惠民生，确保社会和谐稳定。经济下行压力越大，经济情况越复杂，出现风险的可能性越大，保障民生的任务也就越重。营造良好社会环境、迎接十九大胜利召开，是我们应有的政治担当。要按照守住底线、突出重点、完善制度、引导舆论的思路，深入细致做好社会托底工作。一是扎实办好民生实事。坚决打赢脱贫攻坚战，按照不漏一户、不落一人的要求，确保实现全面脱贫。着力促进就业创业，完善以创业带就业扶持政策，积极开发就业岗位，让群众就业更充分、更有质量。要加快完善教育、医疗、养老设施布局，深化教育、医疗体制改革，切实提高服务保障水平。落实好社会保障、医疗保障、住房保障改革措施，进一步健全社会救助体系，做好特殊群体工作，确保困难群众基本生活有保障。二是着力化解稳控重大风险隐患。就郑州来讲，最突出的问题有两个：一个是非法集资问题，经济相对发达，经济越下行，这方面的问题越突出，过去积案化解难度大，新的案件还在不断出现，大家一定要高度重视，坚持依法处置、依法治理，尽量减少群众损失，抓好过程稳控，坚决守住不发生区域性系统性风险的底线。再一个是群众安置问题，我们多数安置房正在建设之中，还有大量群众处于过渡安置状态，不仅群众生产生活不方便，而且给社会管理造成很大隐患，如果处理不好，很容易出现连锁性、区域性问题。而且下一步的建设还会涉及不少拆迁工作，希望各级要切实把群众工作做细做实，防止引发不稳定问题。三是抓好安全稳定工作。前不久发生在登封的煤矿事故、管城的商场火灾等事故再次给我们敲响了警钟。大家一定要始终绷紧安全稳定这根弦，发挥好网格化管理机制的作用，加大各类安全隐患、矛盾纠纷的排查化解力度，坚持好领导接访包案、“一岗双责”等制度，确保社会大局平安、和谐、稳定。

（七）聚焦深化提升，切实做好国家中心城市建设谋划工作。国家中心城市是全国城镇体系中处于高层级的城市，对比现在的一线城市，无论是现有发展水平，还是工作谋划水平，我们都存在不小差距。目前，国家正在研究制订支持郑州建设国家中心城市的指导意见，我们要不等不靠，积极主动，对郑州的发展、对各项工作进行再谋划、再提升、再深化。各级各有关部门要立足于融入国际、服务全国、带动中原城市群，坚持“两个导向”“十二字”工作方针，结合郑州的特点和短板问题，突出枢纽带动力、综合承载力、产业竞争力、开放创新驱动力、文化影响力和社会治理能力建设，深入研究郑州建设国家中心城市的战略支撑、战略路径、战略举措，边谋划边推进，加快建设步伐。

四、关于加强和改善党对经济工作的领导

经济工作是党的中心工作，加强和改善党对经济工作的领导，把好方向、管好全局、做好决策、强化保证，确保中央、省委决策部署在郑州落地生根，是各级党委（党组）的政治责任。各级党组织要牢固树立“四个意识”，不断强化“抓好党建是最大政绩、推动发展是第一要务”的思想，把深化全面从严治党、加强党的建设成效体现到推动经济社会发展上。

（一）要持续完善工作推进机制。坚持“党委加强领导、政府充分履职、人大政协共同参与的责任明晰、工作有序、运转高效”的工作推进机制，各级党委要发挥好“总揽全局、协调各方”的领导核心作用，切实加强对经济工作的研究谋划和组织推进。党委加强领导不是包办包揽，要充分发挥好方方面面的主观能动性，支持政府充分履职、依法履职，支持人大、政协等方面的力量积极参与中心工作、服务中心工作，形成推进工作的整体合力。工作中要严格落实民主集中制，坚持“四个服从”，坚决落实好中央、省委的决策部署，坚决落实好集体的决定，提高民主决策、科学决策水平和落实执行效率。

（二）要不断提高现代化领导能力。要加强学习研究，适应建设国家中心城市的新需要，主动加快知识更新，优化知识结构。尤其要深刻把握以习近平同志为核心的党中央治国理政的新理念新思想新战略、中央适应经济新常态的经济政策框架，深刻把握中央、省委省政府对郑州的新定位、新谋划、新要求，有针对性地跟踪学习相关现代知识和技术，不断提高运用先进理念和科学方法推进经济发展、管理社会事务的能力。要注重掌握国际动态、国际惯例，学习吸收先进地区经验，不断拓宽国际化视野、增强现代化意识。要有更加

开放的胸怀和气魄，海纳百川、兼收并蓄，能够听得进方方面面的意见和建议，诚邀接纳来自四面八方的人才，广泛开展与国内外的共赢合作。

（三）要大力弘扬求真务实的工作作风。目标任务确定之后，关键就是要抓落实。强调以项目为抓手，核心也是为更好地推进落实。市委、市政府推进工作不搞“一刀切”，给县（市）区更多自主权，是为了让大家能够结合实际、有序不乱、有力有效地按照市委、市政府部署抓好推进落实。希望每一位同志都要有强烈的责任感、事业心，对本地区、本部门在全局中的责任担当、自身发展中的主要矛盾和任务做到心中有数，尽心尽力、尽职尽责抓好工作。各级各部门要精减会议，少开会、开短会，减少不必要的活动，把精力集中到抓项目、抓落实、抓具体上。各级领导干部要带头深入基层、深入一线、深入项目，真正沉下去，掌握工作情况，协调解决问题，督促推进工作，在抓项目、抓落实中体现素质、能力和作风。

（四）要进一步营造干事创业的浓厚氛围。各级党组织要持续抓好“两学一做”学习教育，增强广大党员干部的党员意识，发挥好先锋模范作用。要坚持正确的用人导向，用好那些政治坚定、干事创业、敢于担当、作风扎实、实绩突出的干部，建立容错纠错机制，加大正向激励引导，保护好干部干事创业的积极性。要驰而不息反“四风”、正党风，抓好中央八项规定精神的落实，深入整治懒政怠政、为官不为问题，始终保持反腐败高压态势，维护好心齐、劲足、风清、气正的政治生态和良好氛围。

做好今年的工作意义重大、任务艰巨。我们要更加紧密地团结在以习近平同志为核心的党中央周围，在省委、省政府的坚强领导下，抢抓机遇，奋发有为，扎实工作，切实肩负起建设国家中心城市的历史使命和省会城市的责任担当，以优异成绩迎接中共十九大胜利召开！

政府工作报告

——在郑州市第十四届人民代表大会第五次会议上

市长　程志明

（2017年4月9日）

各位代表：

现在，我代表市人民政府向大会报告工作，请予审议，并请各位政协委员和其他列席人士提出意见。

一、2016年工作回顾

2016年是我市现代化进程中具有重要意义的一年。市十一次党代会提出了“率先在全省全面建成小康社会，加快现代化进程，向国家中心城市迈进”的奋斗目标，为我市未来发展绘就了蓝图、指明了方向。过去的一年，面对国内外复杂多变的发展环境和经济下行压力持续加大的严峻形势，在省委、省政府和市委的坚强领导下，全市上下牢记使命、同心同德，深入贯彻习近平总书记系列重要讲话精神，认真落实中央、省委、市委重大决策部署，牢固树立新发展理念，主动适应经济发展新常态，统筹推进“四大重点”工作，经济社会持续平稳健康发展，较好完成了市十四届人大三次会议确定的目标任务，实现了“十三五”良好开局。

一大批事关全局的节点性、标志性、奠基性大事要事取得重大突破，加快现代化进程、在全省率先全面建成小康社会的基础更加坚实、支撑更加有力、前景更加广阔！

——发展质量效益稳步提高。初步统计，全市生产总值完成7994.2亿元、增长8.4%，分别高出全国、全省1.7个、0.3个百分点，省会经济首位度19.9%；地方财政一般公共预算收入突破千亿元大关、达到1011.2亿元、增长14.3%，高出全省6.3个百分点，占全省的32.1%；固定资产投资完成6998.6亿元、增长11.3%；社会消费品零售总额完成3665.8亿元、增长11.3%；进出口总值完成550.3亿美元，占全省的77.3%，继续位居中部省会城市首位，为全省发展大局作出了积极贡献！

——战略支撑更加坚实。中国（郑州）跨境电子商务综合试验区、郑洛新国家自主创新示范区、中国（河南）自贸区、国家大数据综合试验区、国家通用航空产业综合示范区、国家交通综合枢纽示范城市等国家战略规划和平台相继落地，郑州的国家政策叠加优势在全国城市中屈指可数。尤其是国家明确提出支持郑州建设国家中心城市，必将对郑州乃至河南的发展产生重大而深远的影响！

——产业转型升级步伐加快。以先进制造业为支撑、以现代服务业为主导的现代产业体系加快构建，三次产业比由2015年的2.1：49.5：48.4调整为2.0：47.3：50.7，第三产业占比超过第二产业，实现了历史性突破。

——综合交通枢纽地位持续强化。郑徐高铁通车运营，郑万、郑合高铁加快建设，郑济、郑太高铁开工建设，米字形高铁网加快成形。新郑机场旅客吞吐量首次突破2000万人次、居国内机场第15位，货运量45.7万吨、跃居国内机场第7位。

——畅通郑州工程建设取得重大进展。轨道交通2号线一期投入运营、城郊铁路一期和1号线二期开通试运营，运营总里程达到93.6公里。西三环北延、东三环高架、农业路快速化、南三环高架东延二期等重大交通工程建设取得突破，中心城区“井字+环线”快速路网体系基本形成。

——群众生活水平不断改善。精准扶贫扎实有效，全市脱贫3.39万人、退出贫困村119个，荥阳、新郑、中牟全部脱贫，脱贫攻坚三年行动计划大头落地；公共财政继续向民生领域倾斜，民生支出1031.2亿元、增长18.4%，占公共财政预算支出的78%，省市民生实事全面完成；城镇居民人均可支配收入33214元、增长6.8%，农民人均可支配收入18426元、增长7.6%。人民群众获得感持续增强。

一年来，我们重点做了以下工作：

（一）调结构、转方式，现代产业体系加快构建。把调结构作为产业转型升级的主攻方向，聚焦提质增效，着力推动结构调整和产业转型升级。新型工业化加快推进。扎实推进电子信息、汽车、高端装备等产业基地建设，规模以上工业增加值完成3215.4亿元、增长6%，七大工业主导产业完成工业增加值2294.9亿元、增长7.8%，汽车产业首次突破千亿元，千亿级产业集群达到5个。高新技术工业增加值占工业增加值的43%，成为制造业发展的重要力量。“互联网+”指数居全国城市第14位，获批开通国际通信专用通道，入围中国信息化城市15强。现代服务业增长迅猛。现代金融、商贸物流、文化创意旅游等提质增速，服务业增加值完成4057.1亿元。郑东新区金融集聚核心功能区累计入驻金融机构288家，中原金控、九鼎金融租赁等新兴非银行金融机构迅猛发展，成功举办首届中国（郑州）国际期货论坛，金融集聚核心功能区的影响力和辐射力进一步增强。全市金融业增加值占现代服务业的20%。电子商务完成交易额4900亿元、增长33%。会展经济稳步发展，入选中国会展最具办展幸福感城市。以创建“国家全域旅游示范区”为带动，接待国内外游客8933.6万人次、增长13.2%，旅游总收入1053.9亿元、增长13.7%。市场外迁成效显著，市场资源有效整合，新建成市场集聚区1046.5万平方米，社会累计投资达500亿元。现代都市农业加快发展。国家级、省级龙头企业分别达到13家、62家，农业产业化集群达到29个。首批6万亩都市生态农业示范园基本建成。新增可追溯标准化“菜篮子”生产基地2万亩，新建和改造提升标准化农贸市场30家，农产品质量安全监测合格率稳居全国前列。产业集聚区和服务业“两区”加快建设。全市产业集聚区对工业增长、投资拉动的贡献率分别达到51.1%、35.6%；服务业“两区”主营业务收入完成1544.9亿元、增长10%，从业人员达到31万人。郑东新区中央商务区成为全省首个六星级服务业“两区”。

（二）抓关键、激活力，重点领域改革持续深化。聚焦落实标志性、关键性改革举措，发展内生动能进一步释放。围绕供给侧结构性改革，突出“去降补”政策落实，减少无效和低端供给，原煤、钢材产量分别下降21.7%和14.5%；关闭煤矿61家，占全省的61%；市区商品住房去库存任务全部完成，价格过快上涨势头得到初步遏制，房地产市场宏观调控成效显著；企业降成本有力有效，累计为企业减负45.3亿元。围绕破解体制机制瓶颈，国家“互联网+政务服务”示范工程成功申建，进一步简政放权，对160项行政审批事项中涉及的中介服务事项进行全面梳理。“五证合一、一照一码”、“先照后证”全面实行，信息共享全面推进，事中事后监管不断加强，商事登记制度改革深入推进。围绕优化市场要素配置，营改增试点全面推开，涉企资金基金化改革和金融体制改革深入推进。新增新三板挂牌公司60家、占全省41%，全市挂牌上市公司达到184家，新增资本市场融资600亿元。扎实推进投融资体制改革，进一步拓展社会资本投资渠道和领域，加快推动政府和社会资本合作模式项目落地。制订实施市级禁止类和限制类清单，开展企业投资项目管理负面清单试点，PPP模式投资1818亿元，已落地699亿元。地方政府融资平台市场化转型取得积极进展。围绕解决民生需求，农村综合改革、文化、教育和医药卫生体制改革等事项稳步推进。国企改革、财税体制改革持续深化。

（三）提品质、扩成效，新型城镇化建设协调推进。把“以建为主、提升品质、扩大成效”作为战略重点，加快推进城市现代化国际化、县域城镇化和城乡一体化。新型城镇化新三年行动计划全面实施。郑东新区、上街区、高新区、中原区、金水区基本实现全域城镇化，全市城镇化率71%。登封、新密入选国家新型城镇化第三批综合试点。大棚户区改造和安置房建设成效突出，货币化安置率逐步提高，74个安置房项目启动桩基施工，49个安置区实现群众回迁，累计回迁群众13.2万人。82个“三级三类”市民服务中心开工建设。入选国家传统村落名录4个、省级传统村落名录16个。城市交通基础设施建设扎实推进。以轨道交通为重点的公交都市建设加快推进，轨道交通3号线一期、5号线等进展顺利，快速公交形成“5主65支”运营网络；嵩山南路、花园路等一大批道路完成整修。智慧交通建设取得突破。新建公共停车泊位7.1万个。中心城区承载能力持续增强。新建改建供水管网125公里，新增燃气用户12万户、供热面积1052万平方米，侯寨水厂、双桥污水处理厂建设顺利推进，马头岗污水处理厂二期和郑州新区污水处理厂基本建成投用。入选国家综合管廊试点城市和省级海绵城市试点城市。城市精细化管理持续提升。以整治“四乱”为抓手，以“四区一环十五路”为重点，强力推进631条支路背街综合整治，城市环境较好改善。

（四）植优势、增后劲，开放水平和创新能力持续提升。大力推动开放创新，以开放创新促转型、促发展。开放水平不断提升。航空港实验区加快建设，机场二期全面建成投用，开通客运航线186条、全货机定期航线34条；以智能终端等产业集群为抓手，手机总产量2.6亿部，全球重要的智能终端（手机）研发制造基地初具规模；成功获批全国双创示范基地；通航“郑州制造”、郑州航展渐成品牌，通航产业发展基地逐步形成。郑州新郑综保区三期封关运行，进出口总值居全国海关综保区第一位。中欧（郑州）班列开行251班，载货量、满载率等综合实力持续位居全国前列。汽车、肉类、活牛、邮政等特种功能性口岸稳定运营，粮食、药品等口岸加快建设，河南国际贸易“单一窗口”上线运行，跨境电商交易额实现翻番。经开综保区成功获批。大力开展精准招商，引进市外资金1680亿元，实际利用外资37.2亿美元。科技创新取得重大突破。荣获国家促进科技和金融结合试点城市，高新区被认定为国家首批科技服务业试点区域，获批国家知识产权示范园区，企业孵化能力跃升至全国第2位。政府主导的20个创新创业综合体建成527.6万平方米，全市孵化器、众创空间达到151家。中科院过程所郑州分所、郑州信大先进技术研究院、三磨所国家重点实验室等建设稳步推进。“智汇郑州·1125聚才计划”年度任务圆满完成。科技进步对经济增长贡献率达61%。

（五）重防治、促统筹，生态文明建设扎实推进。坚持发展、保护两手抓，综合施策、标本兼治，强力推进生态建设和环境治理。蓝天工程深入实施。坚持大气污染防治深化、细化、常态化，统筹推进燃煤、扬尘、机动车等污染治理，全市空气质量优良天数达到159天、同比增加21天，PM10、PM2.5平均浓度分别下降14.4%、18.8%，综合指数在全国74个重点监测城市排名退出后五位，全省大气污染防治工作年度考核获得优秀、名列前茅。生态绿化扎实推进。植树造林10.3万亩，市区新建绿地1529万平方米，“两环三十一放射”建成生态廊道362公里、累计绿化面积3261万平方米；建成公园游园34个，第十一届园博会园博园、南水北调生态文化公园等加快建设，“一环一渠三网”生态景观带基本建成。生态水系加快建设。贾鲁河综合治理、牛口峪引黄工程开工建设，环城生态水系循环、石佛沉砂池至郑州西区生态供水工程加快推进。农村人居环境持续改善。创建省级生态县（市）1个、生态乡（镇）2个、生态村6个。

（六）惠民生、增福祉，社会事业全面进步。坚持发展为民，弥补民生短板，努力实现经济与社会发展相互促进、良性互动。就业和社会保障工作持续加强。全市新增城镇就业14.9万人，农村劳动力转移就业9.5万人；发放创业担保贷款10.6亿元。城镇居民医疗保险与“新农合”实现并轨，城乡居民养老保险参保228.8万人；首批机关事业单位养老保险参保登记21.6万人。城乡低保、农村五保连年提标，全年保障8.8万人，实现动态管理下的应保尽保。新开工棚改住房12.4万套，保障性住房基本建成5.2万套；落实公租房预分配制度，分配入住1万多套。社会事业全面发展。全市新建、改扩建幼儿园39所；市区新建、改扩建中小学校36所，新增学位5万余个；市区义务教育阶段学校接收随迁子女新生入学5万余人。一大批优质医疗资源项目投入使用。新增社会办养老机构8家、新建社区养老服务中心示范点20个，新增养老床位2600多张。“四个中心”建设加快推进，现代公共文化服务体系建设迈出新步伐，公共文化设施实现全覆盖。谋划启动商都历史文化区、古荥大运河文化区等文化片区建设；配合文化部推动“二十四节气”成功申报联合国教科文组织人类非物质文化遗产代表作名录。成功举办中欧政党高层论坛经贸对话、丙申年黄帝故里拜祖大典、国际少林武术节、国际旅游城市市长论坛、首届中国考古学大会和首届“楚河汉界”世界棋王赛等大型活动。我市荣膺“全国双拥模范城”七连冠。积极防控风险维护稳定。更加注重用法治思维和法治方式推进社会建设。平安郑州建设扎实推进，视频监控体系基本实现“全覆盖、无盲区、大通联、高效用”。打击严重暴力犯罪绩效、破获命案积案全国领先。信访维稳形势总体向好，突发事件应急处置能力持续提升。重拳打击和分类处置非法集资，扎实开展安全生产大检查、打非治违和专项整治，全力保障食品药品安全，社会大局和谐稳定，人民群众安全感和满意度持续提升。

（七）转作风、提效能，政府自身建设不断加强。深入开展“两学一做”学习教育，严格执行中央八项规定精神及省市若干意见，全市会议费下降48.7%，公车购置及运行费下降60.8%。自觉接受人大监督、政协民主监督和社会监督，办理省人大建议、省政协提案62件，市人大议案6件、建议565件，市政协提案801件，除《关于加强城市管理提高城市管理水平的议案》市人大常委会未通过外，其他议案、建议和提案全部办结，满意率99%以上。加强重点领域立法，切实提升政府立法水平，制订政府规章5部，提请市人大常委会审议地方性法规2部。严格落实“一岗双责”，持续整治懒政怠政为官不为，强化行政监察和审计监督，加大廉政建设和反腐败工作力度，专项治理发生在群众身边的不正之风和腐败问题，一批违法违纪人员受到惩处。

加强社会主义核心价值观教育，社会文明程度不断提高。国防教育、国防后备力量及人民防空建设持续加强，我市被评为“全国人防工作先进城市”。外事、侨务、对台、民族、宗教、统计、档案、史志、气象、地震、社科、红十字会、对口支援新疆哈密等工作，都取得了新的成绩。

各位代表！过去一年成绩来之不易，这是党中央、国务院，省委、省政府和市委坚强领导的结果，是市人大、市政协大力支持的结果，是全市人民奋力拼搏的结果。在此，我代表市人民政府，向广大工人、农民、知识分子、企业家，向人民解放军指战员、武警官兵、公安民警及社会各界人士致以崇高敬意！向关心支持郑州发展的港澳台同胞、海外侨胞和国际友人表示诚挚感谢！

我们也清醒认识到：发展不足仍是郑州最大的实际，保持经济较快发展面临较大压力；产业核心竞争力不强，新旧动力转换仍需时日，转型升级任务艰巨；在更宽领域、更高层次参与全球资源要素整合的能力还不强，国际竞争力、国际知名度还有待进一步提升；创新基础相对薄弱，高层次的科教机构和创新型、开放型人才不足；城乡发展方式粗放、城市综合承载力不足，基础设施建设仍滞后于城市的快速发展，城乡二元结构、“大都市病”问题亟待解决；生态环境约束加剧，大气、水、土壤污染等环境问题仍然突出，系统推进绿色低碳发展的措施还不够；与人民群众生活密切相关的就业、教育、医疗等公共服务供给还没有得到有效解决；政府职能转变仍需深化，依法行政水平、政务服务效率、社会治理能力和城市管理能力亟待提升；一些领域的不正之风和腐败问题尚待根除。对此，我们一定千方百计加以解决，决不辜负人民的期望和重托！

二、2017年工作指导思想和主要预期目标

今年是中共十九大召开之年、供给侧结构性改革的深化之年，是我们贯彻落实国家对郑州新定位、新规划的起步之年，做好政府工作意义重大。

综合判断，今年外部环境依然错综复杂，世界经济仍在深度调整，不稳定不确定因素增多，总体仍延续疲弱复苏态势。国内经济运行也存在不少突出矛盾和问题，产能过剩和需求结构升级矛盾突出，经济增长内生动力不足，金融风险隐患有所聚集等，都将对我们的发展带来一定影响。但同时我们也要看到，中央应对能力强、政策回旋余地大，保持宏观政策连续性，深入推进供给侧结构性改革，出台促进中部地区崛起“十三五”规划、中原城市群发展规划，明确提出支持郑州建设国家中心城市，为我们提供了有利的发展氛围和难得的政策机遇；经过近一个时期尤其是“十二五”以来的发展，我市交通区位、人力资源、产业基础、开放载体平台等传统优势加速向综合优势转化。新一轮科技革命和产业变革蓬勃兴起、供需关系正在发生深刻变化，为我们推进产业发展和结构调整提供了更多的市场机会。市十一次党代会提出了“一枢纽一门户一基地四中心”的奋斗目标，确立了“四重点一稳定一保证”的工作总格局，全市上下形成了心齐、劲足、风清、气正的良好氛围。只要我们牢牢把握这一轮郑州发展的重要战略机遇期，持续强化龙头、引领和支撑“三大作用”，真抓实干、负重前行，就一定能够推动经济社会持续健康较快发展，在全省、全国大局中抢占发展制高点、赢得战略主动权！

今年政府工作的指导思想是：全面贯彻中共十八大和十八届三中、四中、五中、六中全会精神，更加紧密地团结在以习近平同志为核心的党中央周围，深入贯彻习近平总书记系列重要讲话精神和党中央治国理政新理念新思想新战略，落实习近平总书记调研指导河南提出的打好“四张牌”要求，统筹推进“五位一体”总体布局和协调推进“四个全面”战略布局，以新发展理念为引领，以提高发展质量和效益为中心，以推进供给侧结构性改革为主线，以建设国家中心城市为统揽，持续深化“四重点一稳定一保证”工作总格局，持续坚持目标导向和问题导向及“创优势、增实力、补短板、能抓住”工作方针，把握“稳中求进”总基调、“奋发有为”总要求，突出项目带动、项目化推进，统筹做好稳增长、促改革、调结构、防风险、惠民生各项工作，努力实现经济平稳健康发展和社会和谐稳定，以优异成绩迎接中共十九大胜利召开。

主要预期目标是：生产总值增长9%左右，一般公共预算收入增长9%左右，固定资产投资增长12%左右，规模以上工业增加值增长8%左右，社会消费品零售总额增长10%左右，进出口总值增长3%左右，实际利用外资基本持平，常住人口城镇化率提高1.6个百分点左右，城乡居民收入增长与经济增长基本同步，居民消费价格涨幅2%左右，节能减排、环保等约束性指标完成上级下达任务，发展质量效益明显提高，结构性改革取得实质性进展。

贯彻指导思想，实现预期目标，做好政府工作，我们将坚定不移地做到“五个必须”。一是必须切实增强“四个意识”，坚决维护党中央权威。始终在思想上、政治上、行动上同以习近平同志为核心的党中央保持高度一致，切实增强政治意识、大局意识、核心意识、看齐意识，严守政治纪律，坚守政治定力，坚定跟着党的令旗走，党中央制定的方针政策必须执行，党中央确定的改革方案必须落实。二是必须坚持新发展理念，以发展

理念转变引领发展方式转变。适应引领把握发展新常态，把“创新、协调、绿色、开放、共享”新发展理念落实到经济社会发展全过程、各领域、各环节，努力走出一条更高质量、更有效率、更加公平、更可持续的发展道路。三是必须坚持“以人民为中心”的发展思想，增进人民福祉、促进人的全面发展。政府一切工作都是为了人民，受人民之托、为人民打工。把增进人民福祉、促进人的全面发展作为发展的出发点和落脚点，抓住群众最关心最直接最现实的利益问题，带着责任和感情做好民生工作，持续提高人民群众的幸福指数，让人民在共建共享中有更多获得感。四是必须坚持改革发展稳定协调推进，营造良好发展环境。持续深化供给侧结构性改革，坚决打好“三去一降一补”攻坚战；全面深化重点领域和关键环节改革，充分释放发展动力和活力；持续强化社会治理创新，坚持底线思维，着力防范化解各类风险，努力维护社会大局和谐稳定。五是必须坚持以项目为抓手，统筹推进“四大重点”工作。突出项目带动、项目化推进，通过项目推进促建设、强投资、调结构、惠民生、求提升、转作风，通过项目推进实现“四大重点”工作的新突破，实现郑州综合承载力、产业竞争力、开放带动力、创新驱动力、文化影响力和社会治理能力全面提升。

三、2017年重点工作

做好今年的政府工作，我们将按照市十一次党代会确定的“四重点一稳定一保证”的工作格局，统筹谋划、协同推进、综合施策、精准发力，努力完成全年目标任务。重点抓好以下工作：

（一）科学推进新型城镇化，着力为国家中心城市建设筑牢空间支撑。紧紧抓住国家中心城市建设重大机遇，瞄准目标，正视差距，坚定信心，加强对指标体系、发展路径、战略重点等发展规划的研究，高起点规划、高标准建设、高效率推进。当前，我们将围绕“城市现代化国际化、县域城镇化、城乡一体化”主线，按照“以建为主、提升品质、扩大成效”的要求，不断提升城乡环境质量、群众生活质量和城市综合竞争力。

加快推进城市现代化、国际化。坚持规划引领优化布局，强化城市设计，推动城市设计精品化、人文化，加快推进主城区有机更新、生态修复、内涵提升，加快东部新城区、南部新城区、西部新城区开发建设，打造复合型现代化新城区。进一步强化国际化现代化立体综合交通枢纽地位。继续加快国家航空一类口岸、铁路一类口岸和国际陆港、多式联运体系建设，配合做好米字形高铁、机场至高铁南站等城际铁路建设，构建枢纽型、功能性、网络化的现代综合交通运输体系。持续推进畅通郑州工程。以城市道路交通关键节点工程建设为带动，力争开工建设6号线、8号线一期等8条轨道交通线路；加快推进5号线、3号线等6条线路建设；开工建设四环快速化等一批重大交通工程，确保东三环（107辅道）高架部分、南三环东延二期等建成通车；加快中原西路等22条常规公交专用道建设，新增新能源或清洁能源公交车500台以上，公共交通机动化出行分担率达到国内城市一流水平。大力实施棚户区改造。严格按照安置房建设的目标任务，坚持高标准建设，新开工棚户区改造住房10.3万套以上，基本建成保障性住房7万套，进一步提高货币化安置率，确保今年回迁群众35万人以上。让更多回迁群众告别棚户区，让广大人民群众在住有所居中创造新生活！全面提升城市品质。围绕宽带中国、智慧城市、“互联网+”及大数据等试点载体，加快推进“城市大脑”建设。以新型智慧城市、海绵城市、地下管廊建设为引领，统筹地下建设与地上建设，解决“逢雨必涝”“马路拉链”等群众反映强烈的现实矛盾和问题；加大城市给排水、电力、燃气、供热等建设力度，拓展和提升城市综合承载力。加快建设商都历史文化区、古荥大运河文化区、二砂文化创意园、百年德化文化复兴工程等一批历史文化街区、文化景观和国际化风情小镇，抓好市民公共文化服务区等重点片区建设。深化城市管理体制改革，坚持标准化、精细化、品质化、智慧化贯穿城市管理全过程，提升城市设施和人居环境的现代化、国际化水平。大力开展爱国卫生运动和健康城市建设，确保顺利通过国家卫生城市届满复审和全国文明城市考评。深化区域联动发展与合作。突出郑州在中原城市群中的核心带动作用，推进与开封、新乡、许昌、焦作等周边毗邻城市融合发展，加快基础设施互联互通，推动资源共享、生态共建、产业互动，着力构建组合型大郑州都市区，为加快形成带动周边、辐射全国、连通国际的中原城市群核心区奠定坚实基础。

加快推进县域城镇化。深入贯彻全省百城建设提质工程动员会精神，着力抓好培育主导产业、提高综合承载力、改善公共服务水平等关键环节，按照卫星城的标准，加快新郑、新密、荥阳、登封等试点城市提质工程建设。更加注重以人为本，完善土地、财政、社保等配套政策，实现农民和市民权益互联互通，让农村转移人口“进得来、留得住、过得好”。统筹推进县城交通道路、水电气暖、垃圾和污水处理等基础设施建设，逐步强化县城、组团新区以及产业集聚区的城市功能。加快推进区位明显、基础较好、潜力较大的18个中心镇建设发展，增强集聚功能，发挥节点支撑作用。大力发展县域经济，积极承接产业转移，培育壮大产业集群，促进形成资源集约、产城互动、生态宜居、文明和谐的新型城镇。

加快城乡一体化发展步伐。因地制宜、量力而行，先期培育一批产业形态特色鲜明、美丽环境和谐宜居、传统文化彰显特色、设施服务便捷完善、体制机制充满活力的特色小镇。健全城乡一体化体制机制，促进城乡公共资源均衡配置，推进基本公共服务和社会服务网络向农村覆盖，形成结构合理、区域协调的城乡一体化发展新格局。持续改善农村人居环境，以实施农村生活垃圾分类集中处理工程为抓手，通过市县两级共同治理，建立起“村收集、乡转运、县（市）集中处理”的垃圾处理系统；大力实施农村生活污水集中处理工程，加大投入，分期建设，努力实现生活污水集中处理全覆盖。持续开展美丽乡村建设试点，着力建设一批“宜居、宜业、宜游”美丽乡村，努力实现村村有特色，处处有美景！

（二）扎实推进结构调整，着力为国家中心城市建设夯实产业基础。聚焦主导产业和实体经济，顺应需求特别是消费需求新趋势，以加快新旧动能转换、提升供给体系质量效率为中心，加快结构调整步伐，向结构要市场、向结构要动力、向结构要效率。

做强先进制造业。适应市场变化，立足产业基础，加大投资力度，坚定不移调高技术水平、调强制造能力、调优产业结构、调长产业链条，以提高质量和核心竞争力为中心，建设中国制造强市。大力推进电子信息、汽车、装备制造、生物医药等七大产业基地建设，力争电子信息产业产值达到3500亿元，汽车产业产值达到1200亿元，装备制造业产值达到2000亿元。改造提升铝及铝精深加工、现代食品、品牌服装及现代家居等传统产业，重塑传统产业发展新优势。积极创建“中国制造2025”城市试点，全面提升郑州制造竞争力，启动市级制造业创新中心建设，重点在高端装备、新材料等领域争取1—2家企业列入省级制造业创新中心培育企业。加快“中国地铁产业城”建设，积极筹建信息安全产业园，加快中原物联网体验中心建设，努力争取国家智能制造专项和试点示范项目。

做大现代服务业。加快推进金融机构集聚和服务模式、产品、业态创新，继续办好中国（郑州）国际期货论坛，支持郑州商品交易所拓展新的交易品种，促进发展大宗商品国际贸易，提升以郑东新区为主体的区域性金融中心集聚辐射功能。依托国家现代物流创新发展试点城市建设，不断完善国际航空物流园区、国际陆港等示范园区功能，培育电子商务、快递等行业物流。推进国家服务外包示范城市建设，大力培育服务贸易和服务外包本土品牌。加快推进大围合区域市场外迁工作，进一步整合市场资源，增强核心业态的竞争力和影响力。继续做好“国家全域旅游示范区”创建工作，支持登封建设中国少林功夫国际旅游目的地，推进文化旅游产业加快发展。紧紧把握“房子是用来住的、不是用来炒的”定位，坚持因地施策，库存量大的区域把去库存和促进人口城镇化结合起来，去化周期短的区域坚持“稳价放量”，加大土地供应，强化市场监管，促进房地产市场平稳健康发展。以“文化创意+”为引领，大力发展休闲娱乐、影视动漫等创意产业。扩大服务业消费需求，重点支持科技服务、金融服务、通用航空、服务外包、健康养老、家居服务等新兴产业，推广文化、体育、绿色等消费模式。力争新增挂牌上市公司30家以上，电子商务交易额和网络零售额增长18%，服务业增加值增长10.5%，固定资产投资增长16%。

做优现代都市农业。以农业供给侧结构性改革为主线，培育农业农村发展新动能，提高农业综合效益和竞争力。围绕创建国家农业可持续发展试验示范区，进一步提升农业的生态保障功能，围绕主城区周边调整农业种植结构，大力发展花卉、苗木、林果、牧草等生态农业和生态林业，着力构建主城区生态圈。把增加绿色优质农产品供给放在突出位置，进一步增强“菜篮子”保障能力，深入推进都市生态农业示范园建设，着力打造农业产业化集群，力争新培育市级产业化龙头企业10家、市级以上集群达到30个，实现休闲农业营业收入35亿元。积极配合办好全国农产品加工业发展和农业品牌创建推进大会。

大力发展网络经济。贯彻落实网络强国战略、国家大数据战略及国家“互联网+”行动计划，以统筹电子政务集约化建设为抓手，深化信息技术在经济社会各领域的广泛应用，推进网络强市建设。大力发展大数据经济、智慧经济、分享经济、创意经济等新经济，加快推进郑东新区龙子湖大数据产业基地、高新区大数据应用产业园建设，着力打造国家大数据综合试验区核心区。加快“北斗云谷”千亿科技城建设。重塑产业链、供应链、价值链，拓展发展新经济，加速制造业智能化服务化、现代都市农业智慧化精准化、服务业品质化高端化，让产业拥抱互联网，插上腾飞的翅膀！

全面加强质量和品牌管理。以提高质量和核心竞争力为中心，强力推进标准引领、质量提升、品牌带动“三大工程”，建设质量强市。弘扬企业家精神，引导企业发扬工匠精神，启动郑州工业品牌认定工作，推动郑州速度向郑州质量转变、郑州制造向郑州创造转变、郑州产品向郑州品牌转变。

加快推进产业集聚区和服务业“两区”建设。实施产业集群提质、重大项目增效、科技创新提升、要素支撑保障、产城互动发展“五大工程”，稳步提升产业集聚区建设水平，力争全年固定资产投资达到2800亿元，实现规模以上工业主营业务收入8500亿元。推动服务业“两区”壮大产业规模，形成集群发展优势，提升业态档次，增强品牌集聚和市场竞争力，力争固定资产投资完成400亿元，超百亿元产业集群达到6个。

（三）持续推进开放创新，着力为国家中心城市建设集聚发展动能。把开放作为在经济下行情况下抢占制高点、提升竞争力的重要抓手，把创新作为发展动力转换、调整经济结构的根本路径，以开放促创新，以创新促开放，着力拓展发展空间，增强发展动能。

作为不临海、不临江、不沿边的内陆城市，我们一定要以海纳百川的姿态，高效务实的作为，敢为人先的锐气，勇于担当的干劲，围绕建设中西部对外开放门户，深度融入“一带一路”战略，充分发挥国家战略政策叠加优势，大力发展更高层次的开放型经济！

强力推进航空港实验区建设。以“龙头带动、集群配套、创新协同、链式发展”为路径，以八大产业集群为抓手，大力发展以智能终端产业为代表的现代产业基地，力争智能手机产量达到3亿部，企业主营业务收入突破4000亿元，超百亿元工业企业4家以上。大力推进全国双创示范基地建设，尽快形成一批可复制、可推广的“双创”经验，着力打造“中国创客城”。

大力推进自贸区建设。积极推进商事、监管、金融“三项制度创新”和投融资、贸易、物流、监管服务、人员往来“五大便利化”。加快推进自贸区制度改革、体制机制创新和综合服务大厅、国际贸易“单一窗口”建设，深入推进关检合作，积极推行负面清单，扎实做好上海自贸区“28+6+19”成功经验复制推广，着力把郑州片区建设成为中国（河南）自贸区全方位深化改革引领区、多领域扩大开放先行区和中部地区经济社会与政府转型的示范区。

大力发展枢纽经济。加快国际航空货运枢纽建设，组建基地航空公司，增开国际航线，增加国际航班班次。密切与国际陆港、中欧（郑州）班列协调合作，实现“一带一路”国家和地区物流体系全覆盖，力争机场旅客吞吐量2250万人次、货运量53万吨。大力发展通用航空，以郑州通航试验区为基地，以郑州航展为品牌，构建以上街机场为平台的通航机场群网，加快国家通用航空产业综合示范区建设。尽快启动国际陆港二期建设。加快中欧（郑州）班列覆盖北欧线和南欧线的核心枢纽建设，实现班列线路持续延伸和拓展，逐步将班列物流优势转化为国际贸易优势，力争全年开行300班以上。着力促进海关特殊监管区整合提升，推动郑州新郑综保区转型升级，力争年度出单量突破180万单；加快整合出口加工区和河南保税物流中心，推进经开综保区验收运营。大力推进跨境电子商务综合试验区建设，加快线上“单一窗口”综合信息服务、线下综合园区、人才企业孵化“三大平台”建设，着力打造互联网+商贸流通现代化示范区。

大力发展口岸经济。加强口岸经济研究，强力推动口岸经济发展。加快汽车、肉类、澳洲活牛、粮食等口岸配套设施建设，推动水果、冰鲜水产品和食用水生动物等口岸年内实现规模化运营，争取药品、植物种苗等口岸申建获批。完善“一站式”大通关服务体系，打造“四港联动、多式联运”综合服务平台；加强与丝绸之路经济带沿线城市、长江经济带、京津冀和东北地区等跨区域关检合作，推动海关“一带一路”区域通关一体化和检验检疫全国通关一体化。

持续开展精准招商。围绕主导产业定位，瞄准国内外500强和行业龙头企业，借助黄帝故里拜祖大典、豫港经贸合作等重大活动，谋划招商引资项目不少于100个。全面落实“五职”招商责任制，确保73个“五职”项目当年签约、当年开工。积极招大引强选优，力争全年新引进“四力”型项目50个、引进市外域内资金增长5%。加快优化开放环境，在法定范围内制订招商引资优惠政策，提高综合服务能力，加快打造市场化国际化法治化营商环境，让郑州成为权力下放最多、管的最少、服务最优的投资热土！

同时，大力实施“走出去”“引进来”战略。鼓励优势企业到境外开展产能、装备制造合作、承包工程等，实施跨境并购，参与国际竞标。围绕城市国际化，有序推进服务业对外开放，推进科技、教育、文化、医疗卫生等领域开放合作。

把创新放在发展全局的核心位置，以郑洛新国家自主创新示范区建设为统领，深入推进大众创业万众创新，加快打造中西部地区创新高地。

加快国家自主创新示范区建设。全面加快推进实施体制机制改革和政策先行先试，以“一区四园”为载体和龙头，谋划建设“中原科创谷”，力争示范区内万人发明专利拥有量达到27件，技术合同成交额年增长12%以上，高新技术产业产值占规模以上工业总产值60%以上。

突出科技创新的支撑作用。围绕产业链部署创新链，在我市智能终端、轨道交通装备、精密机械制造、超硬材料、北斗导航、大数据、物联网、新能源汽车、新材料、信息安全等领域，实施一批重大科技专项；依托盾构及掘进技术国家重点实验室、中船重工713所、中国电子科技集团第27研究所、郑州机械研究所、郑州大学等科研院所和高等院校组建产业技术创新战略联盟，培育一批科技创新龙头企业，突破一批关键共性技术，促进产业转型升级，提高产业发展支撑力，推动产业向价值链中高端迈进。强化创新主体培育，支持企业组建国家和省级研发机构，引导企业加大研发投入，增强技术研发能力，形成技术领先优势，培育科技型企业达到3000家，新增高新技术企业150家，实现高新技术产业产值突破8000亿元。推动国家专利审查协作河南中心、国家技术转移河南中心、国家知识产权服务业集聚发展试验区、中科院软件所郑州分所等项目建设。积极做好大连理工大学重大装备制造郑州研究院、华中科技大学郑州智能装备研究院等项目签约并启动建设。认真谋划中科院电工所、中科院光电研究院等中科院系统院所和中国空间技术研究院来郑设立分支机构，力争新建产业技术创新研究院3个。发挥创新创业综合体示范带动作用，在政府主导的20个综合体中建立科技综合服务平台，实现与部门、孵化器（众创空间）、高校、科研院所、企业之间的交流互动。加快科技成果转移转化，推动区域协同创新发展。

加强科技人才队伍建设。深入实施“智汇郑州·1125聚才计划”，力争全年新引进领军人才和高层次紧缺人才200名、领军型创业团队20个，汇聚“两院”院士、国家“千人计划”、“万人计划”等顶尖人才20名，认定一批行业技术领域院士工作站。加强与科技部对接，筹划建立国家科技领军人才创新驱动中心。大力实施本地优秀人才素质提升、全民技能振兴、海外人才聚焦三大工程，加快形成具有郑州特色的人才政策体系。

（四）突出生态建设和环境治理，着力为国家中心城市建设提供宜居宜业环境。以“大生态、大环保、大格局、大统筹”为基本要求，坚持“治”“建”并举，坚持源头治理和末端治理并重，深入实施生态环境治理三年行动计划，着力构建森林、湿地、流域、农田、城市五大生态系统，加快建成国家生态文明先行示范区。

持续开展大气污染防治攻坚战。牢固树立打“持久战、攻坚战”意识，努力推动防治工作从末端治理向源头减排的转变。在继续强化末端治理的同时，围绕源头治理实施“四个一批”，即淘汰一批、转型一批、转移一批、替代一批。大力推进气代煤、电代煤，全市燃煤锅炉基本完成拆改，削减煤炭消费总量，煤炭占能源消费总量比重降到65%以下。坚决淘汰落后产能，推进钢铁、水泥、化工等重点行业清洁生产。实施第五阶段国家机动车污染物排放标准；完成黄标车和老旧车辆淘汰任务，市政环卫车辆优先更新为新能源或清洁能源汽车，市区60%的燃油公交车更换为新能源或清洁能源汽车；全面遏制扬尘污染，强化施工监管，必须做到开工前“六个到位”、施工中“七个100%”，按规定安装远程视频监控和PM10现场检测设备并接入市监控中心；强化餐饮油烟、垃圾治理；持续做好秸秆禁烧和烟花爆竹禁放工作。完善重污染天气应急应对机制，依据预警等级，迅速启动应急预案，落实应急措施。推进全民治污、依法治污、科学治污、精准治污，确保完成省定目标任务。治理雾霾人人有责，贵在行动、成在坚持。我们相信，通过全社会不懈努力，蓝天必定会一年比一年多起来！

切实抓好水生态文明建设。响应省政府提出的“郑州城区几条河流三年内能下河游泳”的指示，坚决打好水污染防治攻坚战，坚持“全域水系、循环水系”理念，以水量倍增和扩水增湿工程为重点，积极推进生态水源工程，完成环城生态水系循环工程、石佛沉砂池至郑州西区生态供水工程建设；牛口峪引黄工程主体基本建成，西水东引等水源工程加快推进。强力推进贾鲁河、索须河综合治理等河湖生态景观提升工程，实施郑东新区水系连通和新郑市水系连通工程；启动南水北调中线新郑段、航空港区段调蓄工程；加快黄河湿地公园后续工程、郑汴中央湿地公园等项目建设，启动荥阳、中牟、郑东新区、金水区、惠济区等沿黄有关区域的湿地修复建设。强力攻坚，抓好河流截污治污工程，把确保水质达标、治理黑臭水体、保障饮水安全作为攻坚重点，建立“河长制”，一河一策、精准治污、水陆统筹，系统推进水污染防治、水生态保护和水资源管理工作。

持续加快生态绿化建设。围绕重塑“绿城”形态风貌，扎实推进中心城区绿色生活圈、城区外围生态隔离圈、市域边界森林组团防护圈、黄河沿岸森林屏障带“三圈一带”和“一环、一路”生态景观带建设，完成森林资源培育和林业产业种植11.5万亩。加快侯寨森林公园、郑州市森林公园、石桥湿地公园、中牟黄河湿地鸟类保护区等大型主题森林公园和湿地公园（保护区）建设。启动建设14个生态保遗项目。建成园博园，精心筹办第十一届园博会；扎实推进中心城区“300米见绿、500米见园”公园绿地建设工程，建成公园游园24个，市区新建绿地800万平方米以上。我们将努力积累更多生态财富，构筑可持续发展的绿色长城！

同时，大力推进土壤污染治理，实施化肥、农药使用量零增长行动，开展土地重金属污染治理和修复，保护提升耕地质量。

全面节约和高效利用资源。研究制订能源总量预算管理实施办法和预留指标管理办法，探索建立碳排放权初始分配制度和交易市场，加强能源总量和能耗强度双控，落实国家、省统一部署的主要污染物排放总量控制，配合做好碳排放权初始分配，鼓励企业积极参与全国、全省碳排放权交易，推动用能权有偿使用和交易试点相关工作开展。持续推进工业、交通、建筑、公共机构等重点领域节能减排。积极发展循环经济和高效、低耗、绿色、环保的生态产业，推动环境保护与经济发展相生共赢。

（五）全面深化重点领域和关键环节改革，着力为国家中心城市建设激发强大活力。围绕破解经济社会发展中的深层次问题、处理好政府和市场关系，充分发挥市场在资源配置中的决定性作用和更好发挥政府作用，实施一批标志性、引领性、突破性的重大改革举措，使改革红利加快转化为发展活力。

深化供给侧结构性改革。继续实施《郑州市推进供给侧结构性改革总体方案（2016—2018年）》，全面落实农业、制造业、服务业供给侧结构性改革专项行动方案，进一步梳理推进“三去一降一补”需集中出台和落实的改革举措，打好组合拳，使各项改革措施同向发力，努力实现有效供给水平明显提高，过剩产能稳妥有效化解，落后产能基本淘汰，实体经济活力明显增强，各类风险得到有效管控，基础设施和民生事业短板得到有效弥补，结构调整取得重大进展，经济质量和效益显著提高，发展的平衡性、包容性、可持续性不断增强。

持续深化政务体制改革。加大“放、管、服”力度，启动实施政务服务集成化提供改革。加快市级政务服务集中办事大厅建设，力争10月份投入运行。推进实体办事大厅与网上服务平台融合，加快政务信息资源互认共享，力争年底前全市50%以上的政务服务事项实现网上办理。健全完善并联审批机制，将与建设项目并联相关的水、电、气、暖等公共服务事项一并纳入并联审批。深化行政审批制度改革和清单制度改革，进一步“减证便民”，优化审批流程和环节，提高审批效能。加快行政审批服务标准化建设，加强中介服务管理，试点推行“同城通办”，全面推行政务服务“一口受理”、四级联动，坚决除烦苛之弊、施公平之策、开便利之门，着力打通“最后一公里”，让群众共享改革成果！

深化投融资体制改革。明确政府投资范围，建立定期评估调整机制，优化投资方向和结构，依法发起设立政府引导、市场化运作的各类投资基金，鼓励政府和社会资本合作，发挥政府投资的引导和带动作用。确立企业投资主体地位，试点企业投资项目承诺制，探索以政策性条件为引导、企业信用承诺、监管有效约束为核心的管理模式。依托多层次资本市场，大力发展直接融资，支持有真实经济活动支撑的资产证券化，优化金融资源配置，更好服务投资兴业。

全面深化国有企业改革。以增强企业活力为中心，以提高国有资本配置和运营效率为目标，分类推进市属国有企业改革。商业一类国企实行公司制股份制改革，13家市属工业国有企业全面实现国有股权整体退出，僵尸企业及时出清；商业二类国企，保持国有资本控股地位，支持非国有资本参股；平台类公司向投资控股公司或资本经营公司转变；公益类国有企业采取国有独资经营或推进投资主体多元化方式进行改革。加快探索市管企业中市管人员和市场化聘用人员的分类管理，推行市场化、契约化、扁平化管理，不断增强国有经济和国有企业的综合实力。

加快推进农村产权改革。研究落实承包土地“三权分置”办法，完成农村土地承包经营权确权登记颁证工作。稳步推进农村集体经营性资产权股份合作制改革，健全农村产权交易服务体系，积极开展农村产权交易工作。继续深化水利、林业、供销等领域改革。

同时，我们将加快推进信用体系建设，优化企业投资经营环境，深入推进财税体制、商事制度、金融支持小微企业等改革。我们将毫不动摇地鼓励支持引导非公有制经济发展，引导民间资本优先进入先进制造业、基础设施、现代服务业、现代农业、信息产业等领域。进一步完善知识产权保护等方面的政策措施，增强非公有制经济发展信心。我们将着力营造“亲”、“清”政商关系，构建政府履职尽责、支持民营企业发展、民企遵纪守法、自觉规范经营的良好局面！

（六）切实保障和改善民生，着力为国家中心城市建设营造和谐稳定社会环境。以“人民对美好生活的向往”为目标，以实施重点民生工程为抓手，加快健全基本公共服务，持续增强人民群众现实获得感。

强力推进脱贫攻坚。完善扶贫攻坚联动机制，坚持问题导向，聚焦薄弱环节，推动精准脱贫各项政策措施落地生根。落实“两年脱贫攻坚、后续巩固提升”的要求，完成易地扶贫搬迁4800人、整村推进20个，在全省率先实现“贫困村全部退出、扶贫对象全部脱贫”，确保扶贫对象与全市人民一道迈入全面小康！

稳定扩大就业。就业是最大的民生。实施就业优先战略，激发大众创业活力，推动创业带动就业。加强对灵活就业、新就业形态的支持，突出做好高校毕业生、去产能企业分流职工、农村富余劳动力三大群体就业工作，做好军转干部、退役士兵接收安置工作，做好农民工返乡创业、城镇就业困难人员和登记失业人员等帮扶工作。发放创业担保贷款10亿元，新增城镇就业13万人、农村劳动力转移就业7万人，零就业家庭动态为零，城镇登记失业率控制在4%以内。我们将牢牢抓住就业这一民生之本，让人民在劳动中创造财富，在奋斗中实现人生价值！

织密社会保障网。全面完成机关事业单位养老保险制度改革，整合城乡居民医疗保险，适度提高基本养老金标准、城乡居民医保财政补助和个人缴费标准。围绕法定人群全覆盖，实施全民参保登记行动计划，扩大社会保险参保覆盖面。进一步提高城乡低保、农村五保等补助标准，落实特困人员供养制度，切实兜住困难群体民生底线。认真做好农村“三留守”人员关心关爱工作。支持社会福利和慈善事业发展，大力发展老龄事业。持续深化计划生育服务管理改革，确保全面两孩政策平稳实施。

繁荣发展社会事业。全力推进学前教育惠民发展工程，继续实施学前教育三年行动计划。加快普及高中阶段教育。推动义务教育均衡发展，通过市区两级联动，有序做好市区高中外迁和中小学建设工作，确保新建、改扩建市区中小学校30所、新增学位3万个以上。发展现代职业教育，依托已成立的两个职教集团，深化校企合作。推动高等教育加快发展，支持郑州大学创建“双一流”大学。通过与国内外知名高校合作办学，加快培养我市急需的航空、高端制造、金融、物流等专业人才。我们要大力发展人民满意的教育，以教育现代化支撑城市现代化，使更多孩子成就梦想、更多家庭实现希望！加快区域医疗中心建设，着力打造国家区域儿童医疗中心。继续深化医药卫生体制改革和计划生育服务管理改革，在推进公立医院改革、推动分级诊疗、发展社会办医、促进优质资源下沉、保障妇幼健康等方面迈出更大步伐。大力推进国家食品安全示范市创建。紧紧围绕华夏历史文明传承创新中心建设目标，继续深化国家公共文化服务体系示范区建设，深入推进文化惠民工程，大力实施文艺精品创作工程，完善市场体系，壮大文化产业，加快市民公共文化服务区“四个中心”、郑州数字文化馆、公共文化数字云平台和城市24小时自助图书馆等项目建设，努力使文化发展成果覆盖城乡、惠及全民。大力发展新型全民健身设施和体育场地建设，打造城市社区“15分钟健身圈”，使更多人享受运动快乐、拥有健康体魄！

防范化解各类风险隐患。加快平安郑州、法治郑州建设，更加注重用科技、法治和创新手段抓好社会治理，建立立体化、信息化社会治安防控体系。时刻绷紧安全生产弦，突出道路交通、消防火灾、食品药品等重点领域综合治理，加强防灾减灾救灾工作，确保人民群众生命财产安全。深化信访制度改革，压实信访工作责任，引导群众依法理性有序表达诉求。加强互联网管理，持续打造清朗网络空间。建立完善社会风险评估机制，加强矛盾纠纷排查化解，努力从源头上预防群体性事件和个人极端案（事）件的发生，确保社会大局和谐稳定。

我们将以群众最急、最愿、最盼为先导，努力办好交通出行、市容环境、就业创业、教育医疗、食品安全、大气污染防治等十件重点民生实事，让城市更美好，市民更舒心，百姓更幸福！

加强国防动员、国防后备力量和人民防空建设，推动军民融合深度发展。支持驻郑解放军、武警部队建设，深化“双拥”共建工作。依法管理民族宗教事务，促进民族团结进步。全面做好统计、审计、地方志、外事侨务、对台事务、档案管理、文物保护、防震减灾、对口支援新疆哈密等工作。支持工会、共青团、妇联、工商联、科协、文联、社科联等群团组织工作。

四、加强政府自身建设

加快建设国家中心城市，迫切需要我们主动顺应时代发展新趋势，牢固树立新发展理念，准确把握郑州发展新方位，不断满足人民群众新期待，提升郑州治理体系和治理能力的现代化水平，加快建设法治、高效、廉洁政府。

（一）坚持依法行政，建设法治政府。全面贯彻国家法治政府建设实施纲要和郑州实施方案，坚决落实中央关于各级政府重大决策出台前向同级人大报告的规定，把依法行政、依法办事贯穿政府决策、执行全过程。加大政务公开力度。创新普法教育机制，深入推行“七五”普法，强化政府工作人员尊法学法守法用法意识，坚持科学决策、民主决策、依法决策，自觉运用法治思维和法治方式深化改革、推动发展、化解矛盾、维护稳定，营造更加公平、正义、开放的发展环境，让法治的阳光照耀政府的权力，照亮每个公民的生活！

（二）全面履职尽责，建设高效政府。推进“两学一做”学习教育常态化制度化，把履职尽责、落实见效贯穿工作始终，全面提升政府效能和工作水平。坚持守土有责，守土尽责，面对矛盾敢于迎难而上，面对失误敢于承担责任，坚持实干苦干，对于确定的工作任务和目标，说干就干，干就干好。严格监督考核，加强激励约束，强化失职追责，推动各级公务人员全面履职，担当尽责。同时，建立容错纠错免责机制，为敢于担当的干部担当，为敢于负责的干部负责。认真落实公务员分类改革政策，持续深化公务员教育培训，推动政府工作人员加强学习、提高素质，切实提高履职尽责能力，与人民群众同心协力，以实干推动发展，以实干赢得未来！

（三）持续改进作风，建设廉洁政府。把纪律和规矩挺在前面，认真执行《关于新形势下党内政治生活的若干准则》和《中国共产党党内监督条例》。严格执行中央八项规定精神和省市若干意见，驰而不息纠正“四风”，确保“三公”经费零增长。巩固专项治理成果，深化懒政怠政、为官不为等集中专项治理，抓好整改规范、重点评议、建章立制等工作，确保各项治理工作取得实效。保持清正廉洁本色，落实党风廉政建设主体责任和“一岗双责”，持续正风肃纪，加强行政监察和审计监督，重拳整治侵害群众利益的不正之风和腐败问题，以廉洁从政的实际成效取信于民。

各位代表！作为人民的政府，我们一定自觉接受人民的监督，依法接受人大及其常委会法律监督和工作监督，主动接受政协民主监督，严格执行人大及其常委会决定，认真办理人大代表建议议案和政协委员提案，广泛听取民主党派、工商联、无党派人士、人民团体和社会各界意见，自觉接受社会监督和舆论监督，让行政权力始终在法治轨道下运行！

各位代表！梦想照亮未来，奋斗铸就辉煌。郑州发展已站在新的历史起点上，让我们更加紧密地团结在以习近平同志为核心的党中央周围，在省委、省政府和市委的坚强领导下，不忘初心、继续前进，务实重干、克难攻坚，以豪情开启新征程，以实干谱写新篇章，为持续增进民生福祉，为率先在全省全面建成小康社会，加快现代化进程，加快推进国家中心城市建设而努力奋斗，以优异成绩向中共十九大胜利召开献礼！

市情概要

自然环境

【概况】 郑州市地处黄河中下游和伏牛山脉东北翼向黄淮平原过渡的交接地带，地理坐标为北纬34° 16'—34° 58'、东经112° 42'—114° 14'。郑州市是河南省省会，位居河南省中部偏北，东接开封，西依洛阳，北临黄河与新乡、焦作相望，南部与许昌、平顶山接壤，辖区东西长135—143公里，南北宽70—78公里，面积7446.2平方公里，占全省总面积的4.5%。

【地质地貌】 郑州地区地质构造复杂，西部为嵩山、箕山隆起区，东部为开封、大金店坳陷区。地壳发展的5个历史时期形成的地层单元在郑州地区均有出露，有“五世同堂”美称的中岳嵩山已被命名为世界地质公园。

郑州地区现代地貌结构的基本轮廓是西部多山地丘陵，占总面积的2/3弱；东部多平原，占总面积的1/3强。基本地势由西南向东北倾斜，呈阶梯状降低，山地、丘陵、平原分界明显。在总土地面积中，山地2377平方公里，占31.9%；丘陵2255平方公里，占30.3%；平原2815平方公里，占37.8%。

【山脉水系】 郑州市境内的山脉多分布在京广铁路线以西、交结于登封、巩义、荥阳、新密、新郑5市边界一带。主要山脉有嵩山、箕山、邙山、具茨山、五指山等；著名山峰有少室山主峰连天峰、太室山主峰峻极峰、箕山老婆寨、五指岭鸡鸣峰、始祖山风后岭等。

郑州市地跨黄河、淮河两大流域。黄河流域面积1830平方公里，占全市总面积的24.6%；淮河流域面积5616.2平方公里，占全市总面积的75.4%。境内有大小河流124条，流域面积较大的河流有29条，其中黄河流域6条，淮河流域23条。过境河流有黄河、伊洛河，其中黄河在郑州市境内河长160公里，堤防71.42公里。

【矿产资源】 郑州市矿产资源种类丰富，已发现各类矿产36种，占全省的1/3。探明储量的16个矿种分别为煤、铝土矿、铁矿、硫铁矿、熔剂灰岩、耐火黏土、冶金用石英岩、水泥配料用灰岩、水泥配料用砂岩、天然油石、锂、镓、陶瓷土、水泥配料用黏土、水泥配料用黄土、冶金用白云岩等。全市有大型矿床11处，中型矿床69处，小型矿床120处。全市矿产资源探明保有储量潜在价值为3010.64亿元，单位国土面积（每平方公里）矿产资源潜在价值为4043.19万元。

郑州市矿产资源储量巨大，煤矿累计探明储量55.26亿吨，保有储量50.66亿吨，探明储量位居全省第一。铝土矿累计探明储量14209.7万吨，保有储量12825.6万吨，储量位居全省第一。耐火黏土矿累计探明储量12080.1万吨，保有储量11504.1万吨，储量位居全省第一。溶剂用灰岩累计探明储量13429万吨，保有储量12168.9万吨。金属锂累计探明储量和保有储量均为5617吨；金属镓累计探明储量和保有储量均为6932吨。

【气候气象】 郑州市地处中原腹地，属北温带大陆性季风气候，冷暖气团交替频繁，春夏秋冬四季分明。冬季漫长而干冷，雨雪稀少；春季干燥少雨多春旱，冷暖多变大风多；夏季比较炎热，降水高度集中；秋季气候凉爽，时间短促。全年平均气温15.6℃；8月最热，月平均气温25.9℃；1月最冷,月平均气温2.15℃。全年平均降雨量542.15毫米，无霜期209天。全年日照时间约1869.7小时。

【生物资源】 郑州市植物资源十分丰富，主要包括农作物、林木、花草、药材和菌类植物等，约有184科、900属、1900多种，乔木、灌木、草本植物皆有，遍布于山区、丘陵、平原及河谷地带；植物区系划分上属于暖温带落叶阔叶林植被型。郑州地区动物区系属于华北动物区系。动物资源中西部山地丘陵区动物种类和数量较多，森林动物资源较丰富；东部平原地区以小型动物为主，饲养动物资源丰富，兽类较贫乏。鱼类资源中江河平原区鱼类占优势，以鲤科鱼类最多。

郑州市市花为月季（1983年3月确定），市树为法桐（2007年9月确定）；土特产主要有黄河鲤鱼、新郑大枣、中牟大蒜和西瓜、河阴石榴、荥阳柿子、新密金银花、嵩山芥片等。

（玉　生）

建置与区划

【概况】 至2016年年底，郑州市共辖金水区、二七区、管城回族区、中原区、惠济区、上街区6个区和巩义市、新密市、登封市、新郑市、荥阳市、中牟县5市1县，总面积7446.2平方公里，人口972.4万人。

【建置沿革】 1948年10月郑州解放，人民政府实行市县分设政策，在郑县城区设立郑州市，下辖第一、第二、第三区，面积5.23平方公里，人口16.4万人。

1949年12月，郑县的104个自然村、3.6万人划归郑州市管辖，在原设3个区的基础上，郑州市新设第四、第五区。1950年4月，为统一领导四郊的工作，郑州市撤销第四、第五区，设立郊区。1953年1月，为贯彻民族区域自治政策，郑州市设立回族自治区；同年3月，为适应大规模城市建设需要，经政务院批准，原郑县大部和荥阳县、成皋县一部划归郑州市管辖。

1954年10月，河南省会由开封迁到郑州，郑州市遂成为全省政治、经济、文化中心。1955年10月，郑州市城区行政区划调整，将第一、第二、第三区分别更名为陇海区、二七区、建设区。1956年，郑州市将回族自治区更名为金水回族区。1958年4月，为大力发展工业，将荥阳县马固镇和巩县小关一带的河南铝业公司采矿区划归郑州市管辖，并在此处设立郑州市上街区；同年8月，郑州市将金水回族区与陇海区合并为管城区；同年12月，经国务院批准，开封专区西部的荥阳县、巩县、登封县、密县、新郑县划归郑州市管辖。1960年6月，郑州市撤销建设区，新设中原区、金水区。1961年12月，荥阳县、巩县、登封县、密县、新郑县复归开封专区管辖。1966年，郑州市管城区更名为向阳区。1971年11月，荥阳县划归郑州市管辖。至此，郑州市共辖6个区、1个县，即二七区、金水区、中原区、向阳区、郊区、上街区和荥阳县。

1981年11月，郑州市向阳区更名为向阳回族区。1982年1月，为解决城市蔬菜供应问题，郑州市设立金海区。1982年12月，为加强矿区开发与管理，郑州市在密县境内设立新密区。1983年7月，郑州市向阳回族区更名为管城回族区。1983年8月，为实行市带县体制，将开封地区所辖的巩县、登封县、密县、新郑县、中牟县划归郑州市。至此，郑州市共辖中原区、二七区、金水区、管城回族区、郊区、上街区、金海区、新密区8个区和荥阳县、巩县、登封县、密县、新郑县、中牟县6个县。

1987年2月，郑州市撤销郊区、金海区、新密区，新设邙山区。1991年6月，经国务院批准，撤销巩县，设立巩义市（县级）。1994年4月，经国务院批准，撤销荥阳县、密县，设立荥阳市（县级）、新密市（县级）。1994年5月，经国务院批准，撤销新郑县、登封县，设立新郑市（县级）、登封市（县级）。2004年5月，郑州市邙山区更名为惠济区。

（玉　生）

【行政区划】 2015年12月26日，经省政府批准，撤销管城回族区十八里河镇，实行城市管理体制；2016年2月5日，郑州市人民政府批复。

2016年10月25日，经郑州市人民政府第50次常务会议审议通过了中原区行政区划调整方案，同意调整须水、西流湖办事处行政管辖区域增设柳湖和莲湖街道办事处。2016年11月16日正式批复。

2016年11月29日，经省政府批准，同意登封市唐庄乡撤乡建镇；2016年12月29日，郑州市人民政府正式批复。

截至2016年年底，郑州市共辖12个县（市）区，其中，县级市5个、县1个、市辖区6个；另有4个非行政区：郑州航空港经济综合实验区（已上升为国家战略），郑州高新技术产业开发区（国家级），郑州经济技术开发区（国家级），郑东新区（城市新区）。全市共有87个街道、74个镇、15个乡。2016年年底，各县（市）区所属乡、镇、街道办事处情况如下：

中原区共辖1个乡、1个镇、14个街道。分别是：沟赵乡，石佛镇，桐柏路街道、绿东村街道、棉纺路街道、三官庙街道、汝河路街道、秦岭路街道、林山寨街道、建设路街道、中原西路街道、航海西路街道、须水街道、西流湖街道、柳湖街道、莲湖街道。

二七区共辖1个乡、1个镇、14个街道。分别是：侯寨乡，马寨镇，五里堡街道、蜜蜂张街道、大学路街道、建中街街道、淮河路街道、福华街街道、一马路街道、铭功路街道、解放路街道、德化街街道、长江路街道、京广路街道、嵩山路街道、人和路街道。

管城回族区共辖2个乡、10个街道。分别是：南曹乡、圃田乡，北下街街道、南关街道、陇海马路街道、二里岗街道、城东路街道、西大街街道、东大街街道、紫荆山南路街道、航海东路街道、十八里河街道。

金水区共辖19个街道。分别是：文化路街道、东风路街道、南阳新村街道、南阳路街道、大石桥街道、经八路街道、花园路街道、人民路街道、未来路街道、北林路街道、丰产路街道、杜岭街道、龙子湖街道、祭城路街道、凤凰台街道、兴达路街道、丰庆路街道、国基路街道、杨金路街道。

上街区共辖1个镇、5个街道。分别是：峡窝镇，济源路街道、新安路街道、中心路街道、工业路街道、矿山街道。

表1　　2016年郑州市行政区划情况一览表　　单位：个

县（市）区	乡	镇	街道
中原	1	1	14
二七	1	1	14
管城	2	0	10
金水	0	0	19
惠济	0	2	6
上街	0	1	5
中牟	1	15	3
荥阳	3	9	2
新郑	3	9	3
新密	1	12	3
登封	3	9	3
巩义	0	15	5
合计	15	74	87

惠济区共辖2个镇、6个街道办事处。分别是：花园口镇、古荥镇，刘寨街道、老鸦陈街道、长兴路街道、迎宾路街道、新城街道、大河路街道。

中牟县共辖1个乡、15个镇、3个街道。分别是：刁家乡，韩寺镇、白沙镇、官渡镇、狼城岗镇、万滩镇、张庄镇、大孟镇、九龙镇、黄店镇、郑庵镇、雁鸣湖镇、八岗镇、姚家镇、刘集镇、三官庙镇，东风路街道、青年路街道、广惠街街道。

巩义市共辖15个镇、5个街道。分别是：米河镇、新中镇、小关镇、竹林镇、大峪沟镇、站街镇、康店镇、北山口镇、西村镇、芝田镇、回郭镇、鲁庄镇、夹津口镇、涉村镇、河洛镇，新华路街道、孝义街道、永安路街道、杜甫路街道、紫荆路街道。

荥阳市共辖3个乡、9个镇、2个街道。分别是：城关乡、高村乡、金寨回族乡，乔楼镇、豫龙镇、广武镇、王村镇、汜水镇、高山镇、刘河镇、崔庙镇、贾峪镇，索河街道、京城路街道。

新密市共辖1个乡、12个镇、3个街道。分别是：袁庄乡，牛店镇、平陌镇、超化镇、大隗镇、苟堂镇、刘寨镇、白寨镇、岳村镇、来集镇、城关镇、米村镇、曲梁镇，西大街街道、青屏街街道、新华路街道。

新郑市共辖3个乡、9个镇、3个街道。分别是：城关乡、八千乡、龙王乡，辛店镇、观音寺镇、梨河镇、和庄镇、薛店镇、孟庄镇、龙湖镇、郭店镇、新村镇，新建路街道、新烟街道、新华路街道。

登封市共辖3个乡、9个镇、3个街道。分别是：君召乡、石道乡、白坪乡，颍阳镇、大金店镇、卢店镇、告成镇、大冶镇、宣化镇、东华镇、唐庄镇、徐庄镇，嵩阳街道、少林街道、中岳街道。

（张向军）

人口状况

【概况】 2016年年末，郑州市常住人口972.4万人，比2015年增加15.5万人、增长1.6%；占全省常住总人口的10.2%，比上年提高0.1个百分点。

2016年，全市出生人口116436人，比上年增加18150人，出生率12.07‰；死亡人口52476人，比上年增加8993人，死亡率5.44‰。人口自然增长率6.63‰。

【人口构成】 按性别分，2016年年末，郑州市常住人口中男性人口495.3万人，比上年增加6.5万人、增长1.8%，占总人口的50.9%；女性人口477.1万人，比上年增加9万人、增长1.4%，占总人口的49.1%。性别比为103.8：1，比上年下降0.6个百分点。

按城乡分，全市城镇人口690.6万人，比上年增加23.7万人、增长3.6%；乡村人口281.8万人，比上年减少8.2万人、下降2.8%。郑州市城镇化率达到71%，比上年提高1.3个百分点，城镇化水平比全国和全省水平分别高出13.7和22.5个百分点。

表2

2016年年末人口基本情况一览表

市及县（市）区	总户数（户）	总人口（人）			城镇化率（%）
		合 计	女 性	城镇人口	
郑州市	2916623	9723868	4771004	6905891	71.02
中原区	255091	761628	375202	691101	90.74
二七区	270469	792475	394091	713386	90.02
管城区	184170	555149	270580	477373	85.99
金水区	442754	1286457	620602	1175436	91.37
上街区	46118	138359	70519	126377	91.34
惠济区	92257	291531	146564	214013	73.41
中牟县	123765	493198	242160	238412	48.34
巩义市	250349	827897	410638	449134	54.25
荥阳市	176260	620980	307016	332969	53.62
新密市	221819	806921	397247	450746	55.86
新郑市	168974	635790	323427	357505	56.23
登封市	183196	701432	343196	376108	53.62
经济开发区	82102	246306	115271	209803	85.18
高新开发区	93479	272032	131936	230547	84.75
郑东新区	189537	623577	299550	408879	65.57
航空港区	136283	670136	323005	454017	67.75

表3

2016年年末人口自然变动情况一览表

市及县（市）区	年平均人口（人）	出生人口（人）	死亡人口（人）	出生率（‰）	死亡率（‰）	自然增长率（‰）
郑州市	9646402	116436	52476	12.07	5.44	6.63
中原区	756458	8561	3291	11.32	4.35	6.97
二七区	786960	9562	4069	12.15	5.17	6.98
管城区	550572	7287	2692	13.24	4.89	8.35
金水区	1369873	16099	5918	11.75	4.32	7.43
上街区	137572	1683	890	12.23	6.47	5.76
惠济区	288770	3260	1409	11.29	4.88	6.41
中牟县	487278	6272	3123	12.87	6.41	6.46
巩义市	825748	10058	5078	12.18	6.15	6.03
荥阳市	618385	7848	3842	12.69	6.21	6.48
新密市	805303	8955	4695	11.12	5.83	5.29
新郑市	646261	8059	3903	12.47	6.04	6.43
登封市	697874	9812	4397	14.06	6.30	7.76
经济开发区	233293	2783	970	11.93	4.16	7.77
高新开发区	259853	2908	1068	11.19	4.11	7.08
郑东新区	547039	6056	2541	11.07	4.65	6.43
航空港区	635164	7233	3523	11.39	5.55	5.84

（黄　飞）

发展综述

【经济总量及结构】　2016年，郑州市完成生产总值8114亿元，比上年增长8.5%；人均生产总值84114元，比上年增长6.5%。其中第一产业增加值156.4亿元，增长3.0%；第二产业增加值3796.9亿元，增长5.8%；其中全部工业增加值3331.6亿元，增长5.7%；建筑业增加值467.3亿元，增长7.6%；第三产业增加值4160.7亿元，增长11.4%。交通运输、仓储和邮政业增加值437.4亿元，增长4.7%；批发和零售业增加值615.4亿元，增长8%；住宿和餐饮业增加值274.4亿元，增长7.0%；金融业增加值882亿元，增长20.5%；房地产业增加值478.7亿元，增长9.8%；营利性服务业增加值653.4亿元，增长13.1%；非营利性服务业增加值814.7亿元，增长9.9%。非公有制经济完成增加值4789.2亿元，增长7.3%，占生产总值的比重为59%。年末，全市城镇化率达到71%，比上年提高1.3个百分点。

【农业与农村经济】　2016年，郑州市粮食总产量161万吨，比上年下降4.3%；其中夏粮产量81.8万吨，下降4.4%；秋粮产量79.2万吨，下降4.2%。全年棉花产量2224吨，下降11.6%；油料产量14.7万吨，下降4.3%；蔬菜总产量259.7万吨，下降5.1%；水果总产量27.3万吨，下降1%。肉类总产量25.2万吨，下降1.9%；禽蛋20.1万吨，下降12.7%；水产品产量15.1万吨，增长1.1%；牛奶产量32.1万吨，下降25.2%。

全年粮食作物播种面积341千公顷，比上年下降1.9%；其中夏粮播种面积169.1千公顷，下降1.7%；秋粮播种面积171.9千公顷，下降2.1%。蔬菜种植面积62.5千公顷，下降3.1%；油料种植面积40.9千公顷，下降5.2%；棉花种植面积2.3千公顷，下降17.9%。

全年完成林业育苗面积3.5千公顷，比上年增长38.4%；中、幼林抚育面积3.2千公顷，比上年增长10.9%；造林面积5.4千公顷，增长55.1%；四旁植树627万株，下降8.5%。义务植树360万人次，下降0.3%；义务植树1360万株，下降0.1%；退耕还林40.3千公顷。拥有森林公园24个，其中国家级2个；生态廊道建设437.9公里。

全年农田新增有效灌溉面积2.5千公顷，比上年下降77.4%；新增节水灌溉面积14.9千公顷，增长71.2%；综合治理水土流失面积267.5千公顷，下降1%。年末，全市农业机械总动力433.1万千瓦，比上年末下降25.6%。农用拖拉机12.5万台，比上年下降1.5%；全年农村用电量42.8亿千瓦时，比上年增长15.5%。化肥施用量（折纯）22万吨，比上年下降0.4%。

【工业和建筑业】　2016年，郑州市规模以上工业企业完成增加值3215.4亿元，增长6%；其中高技术产业完成增加值449.8亿元，增长13.6%。分经济类型看，国有企业完成增加值419.4亿元，比上年增长8.4%；集体企业完成增加值25.1亿元，增长11.4%；股份制企业完成增加值2140.7亿元，增长5.8%；其他类型完成增加值126.2亿元，增长5%。分轻重工业看，轻工业完成增加值755.6亿元，增长2.8%；重工业完成增加值2459.8亿元，增长6.8%。七大主导产业完成增加值2294.9亿元，比上年增长7.8%；总量占规模以上工业增加值的71.4%。

主要工业产品产量有升有降，其中移动通信手持机（手机）25754.4万台，增长30.6%；汽车产量58.5万辆，增长13.8%；新能源汽车2.7万辆，增长29.1%；铝材498.2万吨，增长10.6%；磨具68.6万吨，下降3.5%；钢材产量536.1万吨，下降14.5%；速冻米面食品产量128.2万吨，增长5%；耐火材料制品产量3294.5万吨，下降1.7%；服装产量2.2亿件，增长2.5%；水泥产量2168.2万吨，下降0.6%；卷烟1528.1亿支，下降8.7%；电力电缆22.3万千米，下降6.1%。

全年规模以上工业企业完成主营业务收入14001.7亿元，比上年增长3.5%；实现利税1490.1亿元，下降0.9%；实现利润1066.7亿元，增长4.8%；产销率达到96.6%。

全市建筑业完成总产值2891.1亿元，比上年增长6.5%；完成增加值438.3亿元，比上年增长7.8%。建筑施工企业施工房屋面积25323.5万平方米，增长9.1%；竣工房屋面积4829.4万平方米，增长11.8%。

【固定资产投资】 2016年，固定资产投资完成6998.6亿元，比上年增长11.3%。在固定资产投资中，国有及国有控股单位完成投资2294.1亿元，增长34.1%；民间投资完成4479.3亿元，下降0.7%。分产业看，第一产业完成投资82.4亿元，下降2.3%；第二产业完成投资1486亿元，增长0.9%；工业投资完成1485.3亿元，增长0.9%；第三产业完成投资5430.2亿元，增长14.8%。基础设施投资完成1254.2亿元，下降3.3%；产业集聚区完成固定资产投资2426.1亿元，增长10.2%。

全年固定资产施工项目2283个，计划总投资10390.3亿元，比上年下降4.5%；新开工项目1474个，计划总投资3589.2亿元，比上年下降10.1%。

全年房地产开发投资完成2778.9亿元，比上年增长38.9%；其中住宅投资1916.4亿元，增长43.2%。商品房屋施工面积14230万平方米，比上年增长31.5%；其中住宅施工面积9603.7万平方米，增长32.4%。商品房新开工面积5287.2万平方米，增长86.6%；其中住宅3596.3万平方米，增长81.3%。商品房屋竣工面积1455.2万平方米，增长35.2%；其中住宅1056.3万平方米，增长57.5%。房屋实际销售面积2859.2万平方米，增长50.6%；销售金额2333.9亿元，增长63.1%；待售房屋面积349万平方米，下降26.9%。

【国内贸易】 2016年，郑州市完成社会消费品零售总额3665.8亿元，比上年增长11.3%。分城乡看，城镇消费品零售额3079亿元，增长11.2%；乡村消费品零售额310.1亿元，增长11.8%。分行业看，批发业零售额404.6亿元，增长15.1%；零售业零售额2462.6亿元，增长10.3%；住宿业零售额21.3亿元，增长1.5%；餐饮业零售额500.5亿元，增长13.6%。

全年限额以上批发和零售业零售额1763.7亿元，比上年增长9.1%。其中粮油、食品类117.3亿元，增长9.5%；服装、鞋帽、针纺织品类152.6亿元，增长3.6%；金银珠宝类44亿元，增长9.1%；日用品类71.6亿元，增长13%；五金、电料类22.9亿元，增长64.2%；家具类13.5亿元，增长18.4%；石油及制品类144亿元，增长5.3%；汽车类783.2亿元，增长7.6%；煤炭及制品类10.3亿元，下降0.7%。限额以上住宿餐饮业营业额127.5亿元，比上年增长5.7%。

【对外经济】 2016年，郑州市直接进出口总额550.3亿美元，比上年下降3.5%;其中进口233.3亿美元，下降9.5%；出口317亿美元，增长1.5%。在出口总额中，一般贸易出口38.9亿美元，下降1.7%；加工贸易出口275.8亿美元，增长1.9%；机电产品出口293.2亿美元，增长2.2%；高新技术产品出口276.4亿美元，增长2.5%。

全年新批外资企业72个，比上年增加14个，增长24%。合同利用外资额42.7亿美元，增长240.1%；实际利用外商直接投资40.3亿美元，增长5.4%；引进境内域外资金1742.8亿元，增长4.4%。

全年境外投资额13.9亿美元，比上年增长50.1%。

全年跨境电子贸易走货量8233万包，比上年增长58.6%；货值62.5亿元，增长51.8%。

【交通、邮电和旅游】 2016年，郑州市交通运输业各种运输方式完成货运周转量686.4亿吨公里，比上年增长5.8%。其中铁路176.8亿吨公里，增长2.5%；公路494.8亿吨公里，增长6.6%；航空14.7亿吨公里，增长24.2%。完成货运量22038万吨，增长3.8%；其中铁路2750万吨，增长0.9%；公路19269万吨，增长4.2%；航空19万吨，增长15.7%。

全年交通运输业各种运输方式完成客运周转量311.9亿人公里，比上年增长2.6%。其中铁路138.2亿人公里，增长4%；公路107.7亿人公里，增长2.2%；航空65.9亿人公里，增长0.8%。完成客运量16361万人，比上年下降5%；其中铁路4875万人，增长12%；公路11007万人，下降12.4%；航空479万人，增长3.5%。

郑州新郑国际机场全年完成货邮吞吐量45.7万吨，比上年增长13.2%；旅客吞吐量2076.3万人次，增长20%。郑欧班列开行251班，比上年增长60.9%，运送货值12.9亿美元，增长80.6%。

全年完成邮电业务总量427.1亿元，比上年增长61.5%。其中邮政业务总量86.9亿元，增长36.4%；电信业务总量340.2亿元，增长69.5%；快递业务总量42375万件，增长46.5%。移动电话用户年末达到1373.4万户，增长2.1%,本年新增移动电话用户121.1万户，下降64.2%；年末互联网用户358.2 万户，比上年增长49.3%。

年末全市汽车拥有量达到272.4万辆，比上年增长10.4%；其中个人拥有256.4万辆，增长12.8。在汽车拥有量中，轿车155.3万辆，增长12.7%；其中个人拥有量136.3万辆，增长12.8%。

全年实现旅游总收入1053.9亿元，比上年增长13.7%;来郑旅游人数8933.6万人次，比上年增长13.1%；其中国际旅游人数48.1万人次，增长3.6%；国内旅游人数8885.5万人次，增长13.2%。年末全市共有旅行社290家，星级酒店38个，A级旅游景区41个，AAAA级以上景区14个。

【财政、金融证券和保险】 2016年，郑州市完成地方财政总收入1619.5亿元，比上年增长13.7%；地方财政一般公共预算收入1011.2亿元，增长14.3%；其中税收收入723.3亿元，增长13.8%；市本级收入418.5亿元，增长15%。在地方财政一般公共预算收入中，个人所得税34.5亿元，增长17.7%；企业所得税124.9亿元，增长10.2%；增值税169.4亿元，增长0.8%；营业税129.6亿元，增长41.1%；契税76.8亿元，增长56.5%；房产税18.9亿元，下降2.6%。

全年地方财政一般公共预算支出1321.6亿元，比上年增长19.1%。其中一般公共服务支出96.9亿元，增长13.9%；城乡社区支出467.2亿元，增长60%；教育经费支出155.4亿元，增长5.3%；医疗卫生与计划生育支出86.3亿元，增长6%；科学技术支出21.7亿元，增长21.6%；社会保障与就业支出86亿元，增长10.5%；公共安全支出53.1亿元，增长28.3%；农林水事务支出63.5亿元，下降11.4%。

年末，全市金融机构各项存款余额19000.7亿元，比上年末增加2064.5亿元，增长12.2%；其中住户存款余额6297.6亿元，增加602.1亿元，增长10.6%。金融机构各项贷款余额15422.4亿元，增加2762.9亿元，增长21.8%。

全年全市有2家企业上市，分别为

正商GMRE公司、郑州安图生物工程股份有限公司，首发融资7.2亿元，截至2016年年底，全市上市企业已达44家。全市“新三板”挂牌企业140家，其中新增60家。

全年全市保险公司保费收入463.4亿元，比上年增长36.9%。其中财产险收入136.6亿元，增长18.5%；人身险收入326.7亿元，增长46.4%。

【科学技术和教育】 2016年，郑州市共组织实施科技项目909项，比上年下降9.7%；其中省级以上项目188项，下降43.9%；市级项目721项，增长7.3%。拥有国家工程技术研究中心6个，省级工程技术研究中心201个，比上年增加13个。拥有省级重点实验室26个；国家级创新型试点企业4家，省级创新型试点企业134家，比上年增加25个；拥有国家级企业技术中心18个，省级企业技术中心343个，比上年增加22个。获得国家科技进步奖8项，省级科技进步奖30项。

全年，专利申请量达到37411件，增长41.7%；授权量17884件，增长10.9%。全年共签订技术合同6768份，增长47.2%；技术合同成交金额达150.2亿元，增长15.4%。

年末，全市共有研究生培养单位9个，招生8265人，比上年增长5.5%；在校研究生23274人，增长5.5%；毕业3824人，增长11.9%。全市普通本专科院校56所，招生27.9万人，比上年增长8.3%；在校学生88.9万人，增长7.9%；毕业23.4万人，增长8.8%。中等职业技术教育学校118所，招生10.9万人，下降2.8%；在校学生28.8万人，增长3.3%；毕业8.6万人，增长3.4%。普通高中122所，招生6.5万人，下降0.8%；在校学生18.8万人，增长2.1%；毕业5.9万人，增长0.5%。普通初中306所，招生12.1万人，比上年增长7.3%；在校学生34.4万人，增长5%；毕业10.6万人，增长3.7%。普通小学932所，招生15.2万人，比上年增长4.9%；在校学生83.2万人，增长5.2%；毕业11.7万人，增长6.8%；小学适龄儿童入学率达100%。幼儿园在园幼儿36.8万人，比上年增长2.9%。全市共有专任教师16.0万人，比上年增长7.4 %；其中高等学校4.6万人，增长11.3 %；普通中等职业学校1.1万人，增长2.1 %；普通中学4万人，增长5.7%；普通小学3.8万人，增长6.4%；幼儿园2.4万人，增长7.1%。

【文化、卫生和体育】 2016年，郑州市共有艺术表演团体16个，公共图书馆15个,文化馆14个，博物馆31个，综合档案馆13个，已开放各类档案58.7万卷（件）。广播电台2座，电视台2座。全市广播、电视人口覆盖率达100%，有线电视用户197.6万户。拥有全国重点文物保护单位74处；国家级非物质文化遗产名录6个。

年末，全市共有卫生机构3963个，比上年增长1%；拥有床位8.6万张，增长11.7%；其中医院、卫生院317个，下降3.9%；拥有床位8.1万张，增长12.4%。全市共有卫生技术人员9.5万人,增长11.5%；其中执业医师、执业助理医师3.3万人，增长10.1%；注册护士4.7万人，增长14.9%。疾病预防控制中心、防疫站16个，卫生技术人员546人；妇幼卫生机构15个，卫生技术人员4264人。专科疾病防治医院2个，卫生监督检验机构16个，监督机构卫生技术人员382人。乡镇卫生院99个，卫生技术人员4729人，床位4908张。

全年共获得世界冠军7个，全国冠军16个，获得各类比赛金牌267枚。全市新增全民健身路径工程100条，新增村级农民体育健身工程290个。体育彩票销售点达到1877个，比上年增加94个；销售体育彩票28.1亿元，增长17.4%。

【城市建设、环境保护和安全生产】 2016年，郑州市建成区面积443平方公里。城市新铺设自来水供水管道59.3公里,新扩建城市道路122.8公里，面积405.5万平方米。全年全社会用电量502.9亿千瓦时，比上年增长0.5%，其中工业用电量298.2亿千瓦时，下降5.3%；城乡居民生活用电量83.6亿千瓦时，增长11%。供水总量达37259万立方米，日供水能力190.9万立方米。污水处理率达到98%，日污水处理能力154.4万立方米，垃圾粪便无害化处理率达到100%。

全年新开公交线路42条，更新、增加公交车辆600辆，年末实有公交车6230 辆，城市公交客运量达9.1亿人次，其中BRT客运量1.5亿人次。

全市建成区绿地率35.5%、绿化覆盖率40.4%、人均公园绿地面积7.6平方米，全市有公园94个，广场20个，游园285个、园林单位、园林小区1254个。

全市禁燃区面积达到452.6平方公里，比上年增长95.9%。市区空气质量优良天数159天，比上年增加21天；治理污染企业817个，可吸入颗粒物（PM10）年平均浓度143微克/立方米，比上年下降14.4%，可吸入颗粒物（PM2.5）年平均浓度78微克/立方米，下降18.8%。

全年规模以上工业增加值能耗降低13.2%。综合能源消费量1785.3万吨标准煤，比上年下降8%；其中轻工业112.5万吨标准煤，下降6.2%；重工业1672.8万吨标准煤，下降8.1%。

全年共发生伤亡事故622起，比上年下降70.3%；造成死亡98人，下降2%；亿元GDP安全生产事故死亡率0.012人，下降14.3%；事故直接财产损失3984.2万元，增长5.8%。

【人口、人民生活和社会保障】 2016年，郑州市总人口972.4万人，比上年增长1.6%；其中女性474.7万人，增长1.4%；男性497.7万人，增长1.8%。城镇人口690.6万人，增长3.6%；乡村人口281.8万人，下降2.8%。全市全年出生人口11.6万人，增长18.4%；人口出生率12.07‰。死亡人口5.3万人，增长20.7%；死亡率5.44‰。全年净增人口6.4万人，增长16.6%；人口自然增长率6.63‰。

全年居民人均可支配收入28039元，比上年增长6.8%;其中城镇居民人均可支配收入33214元，增长6.8%；人均消费性支出23210元，比上年增长9.8%。农村居民人均可支配收入18426元，比上年增长7.6%；人均消费性支出13595元，比上年增长12.5%。

全年城镇居民消费价格比上年上涨2.3%。食品烟酒价格上涨2.3%；其中畜肉价格上涨11.4%，蛋类下降1.7%，鲜菜上涨8.2%。居住价格上涨6.9%；生活用品及服务价格上涨0.4%；医疗保健格上涨2.7%；教育文化和娱乐上涨0.7%；交通和通信下降1.9%；衣着价格上涨0.2%。

年末，全市从业人员589.9万人，比上年增长5.9%，其中城镇从业人员353.4万人，增长10.1%。全年城镇新增就业人员14.9万人，下降0.4%；下岗失业人员实现再就业4.6万人，下降4.1%,农村劳动力转移就业9.5万人，下降6.4%。年末城镇登记失业率1.9%。

全市民生福利总指数为104.6%，比上年提高4.6个百分点。

全年城镇居民享受政府最低生活保障18644人，比上年下降17%；发放最低生活保障金10638万元，下降7.3%；农村居民享受最低保障7.5万人，发放最低生活保障金2.1亿元，下降12.3%。全市参加失业保险181.9万人，比上年增长14.9%；年领取失业保险金者15833人。参加城镇职工基本养老保险370.9万人，比上年增长11%；其中职工339.4万人，增长11.8%；离退休人员31.6万人，增长3.5%。城镇职工参加医疗保险总人数为176万人，比上年增长6.7%；其中职工145.8万人，增长7.8%；离退休人员30.3万人，增长2%。

年末，全市提供住宿的社会服务机构118个，比上年下降9.9%；其中养老服务机构89个，下降2.2%；拥有床位数19191张，下降2.3%，其中养老服务机构15069张，增长1.2%。建立社区服务中心110个，社区服务站272个。接受城乡医疗救助7.5万人次，比上年下降29.4%；发放城乡医疗救助金5442万元，增长3.2%。

全年社会销售福利彩票15.1亿元，比上年增长6%；筹集社会福利资金9199万元，下降29.1%；接受社会捐赠409万元，下降14.1%。

（统计公报）

组织机构

中共郑州市委

书　记　吴天君（5月免）
　　　　马　懿（5月任）
副书记　马　懿　胡　荃（6月免）
　　　　程志明（5月任）
　　　　靳　磊（9月任）
常　委　吴天君（5月免）
　　　　马　懿　程志明（5月任）
　　　　胡　荃（6月免）
　　　　靳　磊（9月任）
　　　　郭锝昌（9月免）
　　　　孙金献（9月免）
　　　　王　哲（5月免）
　　　　薛云伟（8月免）
　　　　王跃华　黄保卫
　　　　张建慧（5月免）　张延明
　　　　王德山　周富强（9月任）
　　　　焦豫汝（女，5月任）
　　　　王　鹏（9月任）
　　　　张俊峰（9月任）
　　　　杨福平（9月任）
秘书长　胡　荃（9月免）
　　　　靳　磊（9月任）
常务副秘书长　姜现钊
副秘书长　刘旭光（兼）　张志泉
　　　　李伟革　李建伟
　　　　王海江

纪律检查委员会

书　记　郭锝昌（9月免）
　　　　周富强（9月任）
副书记　岳希荣（女）　葛震远
　　　　周　英
秘书长　高希浩（9月免）
　　　　程　洋（9月任）
纪委常委　高希浩（9月免）
　　　　刘进国（9月免）
　　　　高建中（9月免）
　　　　冯忠信
　　　　高　志（9月任）
　　　　郭秋丽（女，9月任）
　　　　吴　蔚（女，9月任）
　　　　程　洋（9月任）

·市委工作部门·

办公厅

主　任　姜现钊
副主任　张红军　宋林杰（2月免）
　　　　李红轩（2月任）
　　　　祖武斌（2月任）
纪检员　张满满（女）

组织部

部　长　高建慧（女，2月免）
　　　　焦豫汝（女，5月任）
常务副部长　李喜安
副部长　白　云（女）
　　　　戴春枝（女，兼）
　　　　朱河顺

宣传部

部　长　王　哲（9月免）
　　　　张俊峰（9月任）
常务副部长　徐西平
副部长　宋建国（2月免）　裴保顺
　　　　王丽艳（女）
　　　　石大东（2月任）
文明办主任　裴保顺
文明办副主任　邓智柏　薛士岭
　　　　姬月莲（女）
　　　　尚　杰
　　　　黄红雨（女）

统战部

部　长　王跃华（9月免）
　　　　杨福平（9月任）
常务副部长　李俊超
副部长　潘新红（女）
　　　　王　丽（女）　王　新
　　　　牛满仓（2月任）
纪检员　程　炜
台湾事务办公室主任
　　　　潘新红（女，兼）
台湾事务办公室副主任
　　　　欧阳军　曹东梅（女）
　　　　赵旭昌　唐国庆

政法委

书　记　黄保卫
常务副书记　杨昆峰
副书记　李华云　司久贵　侯保卫
　　　　马晓霞（女，2月任）
政治部主任　马晓霞（女，2月免）

政策研究室

主　任　李建伟
副主任　汤清典　左巧変（女）
　　　　王庆先
纪检员　崔剑波

机构编制委员会办公室

主　任　吴志强
副主任　王学军　王晓燕（女）
　　　　王信军　王曙光
纪检员　孙　玄

市直属机关工委

书　记　刘旭光（兼）
副书记　王永福　朱　光　李书英
纪工委书记　范兴辉
委　员　刘　宁　钟孝君

·市委直属事业单位·

档案局

局　长　徐宏杰
副局长　贾欣营　李永强　靳林中
纪委书记　谢枝彤（女）

市委党校

校　长　胡　荃（兼，6月免）
　　　　靳　磊（兼，9月任）
常务副校长　姚芸来
副校长　叶光林（女）

郑州报业集团

党委书记、社长、董事长　石大东
党委副书记、总编辑　张子明
党委副书记、总经理　许　聪（女）
郑州日报社总编辑　张子明（兼）
郑州晚报社总编辑　程玉峰
副社长、副总经理　张明俊　张　永
中原网总编辑　张新彬
副总编辑　刘春兰（女）
纪委书记　卢士海

·部门管理机构·

老干部局

局　长　李建国
副局长　战文胜　邢万顺　卢国祥
　　　　郭　愿
纪检员　赵　华（女）

机要局

局　长　陈　杰
副局长　朱培龙

保密委员会办公室（国家保密局）

主　任（局　长）　张淑娥（女）
副主任（副局长）　李春鑫　郭　哲

·办公厅领导的事业单位·

党史研究室

主　任　薛稳定
副主任　王宗民　李红霞（女）
　　　　杨洪良　孙红旗　高　峰
纪检员　秦凤云（女）

郑州市十四届人大常委会

主　任　白红战
副主任　周长松
　　　　舒安娜（女，土家族）
　　　　赵明恩　赵武安　王广灿
　　　　王贵欣　赵新中　王铁良
　　　　范　强
秘书长　王福松
副秘书长　李金鹏　张　辉
　　　　姜朝红（女，2月免）
　　　　杨郑安（回族）
　　　　李永茂　龚华章
委　员（共38人，按姓名笔画为序）
　　　　马斐颖（女）　王中立
　　　　王东升　王竹强　王超斌
　　　　毛鸿雁（女）　龙同胜
　　　　白宇宙（2月免）　任广林
　　　　刘庭杰　李金鹏
　　　　李学章（11月免）

李树生（2月免）
李　艳（女，回族）
李蝴蝶（女）　吴卫平
吴予红（女）
沈丕黎（女）
张义德（2月免）　张子亮
张文随　张艳华（女）
张　辉　尚守道　周荔青
郑友军　郑福有　赵学庆
赵顺舟　姜朝红（女）
黄国甫　常绪东
崔豫琳（女）
阎铁成　焦大宏
温润琴（女）
翟桂红（女）　樊少楠

市人大法制委员会

主任委员　吴卫平
副主任委员　李　艳（女，回族）
　　罗　丽（女）
委　员　王　青（女）　张文随
　　张　辉　赵学庆
　　姜朝红（女）
　　崔豫琳（女）
　　阎铁成　靳四梅（女）

·市人大常委会工作机构·

办公厅

主　任　李金鹏
副主任　于　鸿（女）
　　张国宏（2月任）

法制工作委员会

主　任　李　艳（女，回族，2月任）
副主任　韩广道（2月任）

内务司法工作委员会

主　任　樊少楠

经济工作委员会

主　任　宋柏松（2月免）
　　郑福有（2月任）
副主任　郑福有（2月免）
　　李永祥（1月免）

教育科学文化卫生工作委员会

主　任　张义德（2月免）
　　姜朝红（女，2月任）
副主任　梅　青（女，2月免）

城乡建设环境保护工作委员会

主　任　邢建新（2月免）
　　张子亮（2月任）
副主任　张子亮（2月免）
　　曹进元（4月免）

农村工作委员会

主　任　任广林
副主任　刘　华（女，4月免）

选举任免代表联络工作委员会

主　任　阎铁成
副主任　蔡军龙　张慧娴（女，兼）

民族侨务外事工作委员会

主　任　沈丕黎（女）
副主任　王联民（2月免）

预算工作委员会

主　任　龙同胜
副主任　王韶蓓（女，2月免）

郑州高新技术产业开发区工作委员会

主　任　郑友军
副主任　吴永昭　宋旭光
　　时连渠（11月免）　张家德

郑州经济技术开发区工作委员会

主　任　温润琴（女）
副主任　徐惠俐（女）
　　席　挺　王华耀

郑州航空港经济综合实验区（郑州新郑综合保税区）工作委员会

主　任　常绪东

郑东新区工作委员会

主　任　王竹强
副主任　郇松章　李汉志

研究室

副主任　张国宏（2月免）

信访室

主　任　张文随
副主任　崔永勋

（胡凯林）

郑州市人民政府

市　长　马　懿（5月免）
　　程志明（10月任）
副市长　孙金献（9月免）
　　王跃华（10月任）
　　薛云伟（8月免）
　　张俊峰（9月免）
　　杨福平（9月免）　沈庆怀
　　刘　东（女）　黄　卿
　　李喜安
秘书长　袁三军
常务副秘书长　李国强
副秘书长　冯卫平　张　吉　商建东
　　李　杰　赵红军　翟　政
　　李建霞（女）　薛永卿
　　袁聚平
　　谷宏伟（11月任）

·市政府工作部门·

办公厅

主　任　袁三军
副主任　史根有　张晓英（女）
　　牛满仓（2月免）
　　张丽华（女）
纪检组长　张晓英（女，兼）

发展和改革委员会

主　任　李书峰（11月免）
　　杨东方（11月任）
党组副书记、副主任
　　魏　东（6月免）
副主任　范建华　夏　扬　饶卫军
　　李福科　刘志敏
　　王　敏（2月任）
　　王保来（2月任）
纪检组长　刘雅琳（女）

物价局

局　长　杨虎臣（11月免）
常务副局长　朱巨亚
副局长　郑德邦　朱孝忠　王为民
　　王丽英（女）　王新田
纪检组长　赵　涵（女）

教育局

局　长　李陶然
常务副局长　刘鹏利
副局长　葛　飞　田保华　张大龙
　　曾昭传
纪委书记　马新安

科技局

局　长　文广轩
党委副书记　乔英奎
副局长　任　灿　李大群
纪委书记　许新明

工业和信息化委员会

主　任　范建勋（2月任）
党组副书记　刘延龄
副主任　巫怀民　杜设亮　张士成
　　谷振风　郜东辉
纪检组长　王　东

民族事务委员会

主　任　杜敏生（1月任）
副主任　刘佩伦　雷建生　周建军
纪检组长　李伟国

公安局

局　长　沈庆怀
常务副局长　张书军
党委副书记、政治部主任
　　李　珂（女）
副局长　张　保　陈友军　罗永生
　　李奎业　张武清
纪委书记　王晓宁（女）

监察局

局　长　岳希荣（女）
副局长　李留宪　郭秋丽（女）
　　邹　鹭（女）

民政局

局　长　谢霜云

党组副书记　吴同欣
副局长　刘鲁豫　杨杭军　袁　杰
　李淑萍（女）　张铁山
　张国强
纪检组长　郎克俊

司法局

局　长　周顺杰
党委副书记　张予琳（女）
副局长　席现军　申德礼　黄耀欣
　焦占坤（2月任）
纪委书记　刘德林
政治部主任　赵永良（2月任）

财政局

局　长　刘　睿
党组副书记　刘　健
副局长　石　歆　丁二勇
　张予红（女）
　樊玉涛（2月任）
纪检组长　周亚东

人力资源和社会保障局

局　长　戴春枝（女）
党组副书记　王翠玲（女，2月任）
副局长　娄渊胜　张　伟
　卞　薇（女）　王松亭
　申顺建（2月任）
纪检组长　杨海权

国土资源局

局　长　吕安民
党组副书记　邱应厚
副局长　崔留森　陈思格　李五云
　王　敏（8月任）
　张国兴（8月任）
纪检组长　吴振华（女）

安全生产监督管理局

局　长　李元中
副局长　潘建华　朱建勋　丁清卫
　郭项峰　时富宗
纪检组长　房志伟

城乡建设委员会

主　任　陈　新（11月免）
　梁远森（11月任）
党组书记　杨虎臣（11月任）
党组副书记　高永振（2月免）
　张春喜（2月任）
副主任　金建新　王立新
　梁远森（11月免）
　杨　琦　曲　标　李俊铭
纪检组长　丁启豹

住房保障和房地产管理局

局　长　李德耀
副局长、党组副书记　宋建伟
副局长　高胜利　王修安　杨智威
　赵鲜玲（女，2月任）
　苗吉寅（2月任）
纪检组长　雷　鸣（女）

城乡规划局

局　长　杨东方（11月免）
　袁聚平（11月任）
党委副书记　曹晓苗
副局长　许　振　李成祥　陈国清
　牛建军
纪委书记　丁剑波

交通运输委员会

主　任　吴耀田
党组副书记　曹培林
副主任　陆秀玲（女）　魏　予
　李　刚
　王　乐（女，2月任）
纪检组长　刘　宇（女）

城市管理局

局　长　赵新民
党委副书记、副局长
　司同义（2月免）
党委副书记　李　平
副局长　魏天亮　郭克河
　翟月修　尚学振
　王润洲（12月免）
　张建彬（10月任）
纪委书记　闫卫平

环境保护局

局　长　潘　冰
党组副书记　郑淑敏（女）
副局长　李俊杰　李春德　韩松涛
　赵　凯
纪检组长　冯锦岭

农业农村工作委员会

主　任　周亚民
党组副书记　楚万青
副主任　李新有　董　锐　马占军
　吴　蒙　宋俊英（女）
　曹东坡
纪检组长　张玉成

畜牧局

局　长　蔡仲友
副局长　李文波　郑保华　张军峰
　徐宝龙
纪委书记　赵富荣

水务局

局　长　史传春
党组副书记　武拥军（6月任）
副局长　孙　黎（女）　胡文杰
　卢守富　高国振
　刘德坡
纪检组长　黄永成

林业局

局　长　崔正明
党组副书记　宋万党（2月任）
副局长　张卫东　牛培玲（女）
　李佳刚　毛亚军（2月任）
纪检组长　刘跃峰

商务局

局　长　余遂盈
党组副书记　陈　彦（女）
副局长　张海亮　林继民　刘天启
　曹宏伟　郭　磊
纪检组长　李连生（7月免）

文化广电新闻出版局

局　长　王霄鹂（女，2月免）
　宋建国（2月任）
党组副书记、常务副局长　许凤鸣
副局长　朱晓东　董　娣（女）
　吴安德　张文书
　范守艾
　宁凤丽（女）　李德专

卫生和计划生育委员会

主　任　付桂荣（女）
党组副书记　张文艳（女）
副主任　兰维娜（女）　李长友
　原学岭　许迎喜　段新国
　陈　勇
纪检组长　张智光

爱卫办

党组书记　付桂荣（女）
主　任　司同义（2月任）
副主任　许付华　张中建　吴孔宝
　薛铁山　张士东
纪检组长　王书广

食品药品监督管理局

局　长　周　铭
党组副书记　李竖亚
副局长　闻清涛　邹庆明　韩黎民
　张　萍（女）　祁红亮
　张松安　张五超（11月免）
　刘涪江　孙景莉（女）
　闫荣魁
纪检组长　裴广战

审计局

局　长　冯明杰
副局长　徐　平（女）　桑富强
　于士营　乔德宁
纪检组长　赵　军

体育局

局　长　李庆山
副局长　张国防　周朝晖　张家富
　赵　君
纪检组长　杜国政

统计局

局　长　万永生
副局长　韩彦北　祝遵刚
　孙玉平（2月任）
纪检组长　王停军

旅游局

局　长　张杰锋
副局长　何宏波　刘根成　李明伟
　胡家安

纪检组长　刘海青（女）

粮食局

局　长　刘啸峰
党委副书记　魏来圈
副局长　张旭东　张世然　胡光程
　　李彦斌（2月任）
纪委书记　王喜胜

信访局

局　长　韩俊远
副局长　李应旺　冯　明　王随府
　　田书黎　金爱江　牛宏浩
纪检组长　霍训军

外事侨务办公室

主　任　蔡玉奇
副主任　刘培林　张树忱
　　黄改玲（女）
纪检组长　马国立

法制办公室

主　任　张江涛
常务副主任　李文德
副主任　李惟锋　牛承志
　　胡以杰（2月任）
纪检组长　张金生

人民防空办公室

主　任　李幸福
副主任　许晓常　项忠阳　石如善
纪检组长　王作伟

文物局

局　长　任　伟
党组副书记　李　峰
副局长　王　杰　汪文道　任晓红
　　闫凤岗
纪检组长　胡　鹏

园林局

局　长　张胜利
党组副书记　赵景尧
副局长　姚喜民　许学清　祖应军
　　张　强
纪检组长　郭书君

国有资产监督管理委员会

主　任　李秀山
党委副书记　黄名坤
副主任　李中正（2月免）　岳启明
　　郭耀伟　刘学银　于东启
　　孟庆平（2月任）
纪委书记　苏海平

工商行政管理局

局　长　吴凤军
党组副书记、副局长　赵小林
副局长　张元龙　陈传建　江　洪
　　刘　勇
纪检组长　黄　静（女）

质量技术监督局

局　长　何增涛
党组副书记、副局长　张建庄
副局长　职玉森　尚建国　王拥军
　　李海陆
纪检组长　刘国权

·市政府直属事业单位·

煤炭管理局

局　长　柴栓庆
副局长　徐建林　王少宗　王国占
　　王志远（10月免）　师志刚
　　黄保臣　丁振庆
纪检组长　马海红（女）

住房公积金管理中心

主任、党组副书记　朱蜀辽
党组书记　赵　伟（女）
副主任　薛佩玲（女）　罗　鸣
　　李力刚　刘帮成　史保金
纪检组长　尹丙申

机关事务管理局

局　长　王　微
党组副书记　韩　勇
副局长　姚希岗　常　利　李洪建
　　王新涛　孙建军
纪检组长　姚　光

接待办公室

主　任　范建勋（2月免）
　　宋林杰（2月任）
副主任　彭起信　陈培民　白建军
　　李建军
纪检组长　朱海平

供销合作社

主　任　刘五一
党组书记　张　杰
监事会主任　宫建国
副主任　贾耀刚　丁庆彪
　　常建青　杨燕青
　　苏现民　赵文生
纪检组长　李国书

地震局

局　长　王红梅（女）
党组书记、副局长　于　明
副局长　苏海敏　刘明强
　　刘佑军（2月任）
纪检组长　蒋炎平

地方史志办公室

主　任　张群保
副主任　王丹东
纪检组长　吴相武

建设投资总公司

副总经理　秦广远　沈建焜　付立文
党委副书记　孙喜顺

市场发展局

局　长　田跃平
副局长　唐文革　罗黎明　房广明

仲裁委员会办公室

主　任　杨爱玲（女）
副主任　柴　青（女）
　　谷　青（女）　李红武
　　崔工作

·市政府派出机构·

郑州航空港经济综合实验区（郑州新郑综合保税区）

党工委书记　张延明
党工委副书记、管委会主任
　　马　健
党工委副书记　法建强
管委会副主任　万正峰　张春阳
　　马锁文（9月免）
　　常继红（女）
　　王广国（兼，2月免）
　　王春山
　　蔡　红（5月任）

郑东新区

党工委书记、管委会主任
　　张建慧（5月免）
　　王　鹏（9月任）
党工委副书记、管委会常务副主任
　　吴福民
党工委副书记　马安庄
管委会副主任　周定友　周军营
　　王新宇　陈平山
　　郭程明
管委会主任助理　魏宁娣（女）
　　李　晗（女）
纪工委书记　孟祥岭

高新技术产业开发区

党工委书记、管委会主任
　　赵书贤
党工委副书记、管委会常务副主任
　　牛瑞华
党工委副书记　李金勇
管委会副主任　张静伟　王　军
　　王宏伟　姚五洲
　　郝军峰　贾有林
纪工委书记　张良才

经济技术开发区管委会

党工委书记、管委会主任　崔绍营
党工委副书记、管委会常务副主任
　　史占勇
党工委副书记　李雪生
副主任　张春喜（3月免）　王义民
　　孙　兵　李国立
　　师淑君（女）　杨　光
　　马　良
纪工委书记　武　斌

火车站地区管委会

党委书记、管委会主任　王鲁明

党委副书记、管委会常务副主任　郝国军
管委会副主任　冯现朝　韩道俊
　王　伟　白清志
纪委书记　丁占清

黄河生态旅游风景区

党工委书记、管委会主任　雒国栋
党工委副书记　李振兴
管委会副主任　马玉林　杜振宇
　胡　春　成才旺
　李宗建
纪工委书记　王建军

·市政府驻外办事机构·

市政府驻北京联络处

主　任　张党权
副主任　常宏瑞

市政府驻广州办事处

主　任　张泽宏
副主任　刘　刚　王忠文

市政府驻上海联络处

主　任　王　强

·省市双重管理机构·

国家税务局

局　长　刘　峰（1月任）
副局长　马松伟　李　巍
　王　平（女）　高建彪
　刘向阳（3月任）
纪检组长　刘丽玲（女）

地方税务局

局　长　李新峰
党组副书记、副局长　李雷鸣
副局长　白嵩峰　宋　山
　冯　霖（女）
纪检组长　韦　鑫

烟草专卖局（公司）

局　长（经理）　李广良（8月免）
　蒋中民（8月任）
副经理　邱国旺（1月免）　施鹏跃
　曹华琴（女，1月免）
　司军鹏（12月任）
　潘红亭（女，6月免）
副局长　张敬邦
纪检组长　李长银（8月免）
　孟红新（8月任）

河南省邮政公司郑州市分公司

总经理　张战军
副总经理、纪委书记
　李　平（女，12月免）
副总经理　刘　涛（10月任）
　梁　斌（12月任）
　王　辉　范克洲
纪委书记　梁　斌（兼，12月任）

供电公司

总经理　张中青
副总经理　杨好忠　杨保灿（6月任）
　刘发展（8月免）
　杜利民（1月免）
　李智敏　胡玉生（6月任）
　林　慧（1月任）
纪委书记　牛中宏

政协郑州市第十三届委员会

主　席　王　璋
副主席　张建国　朱专兴　张冬平
　李新有　张民服　崔　凡
　李玉辉
　吴晓君（女，满族）
　王顺生　薛景霞（女）
党组副书记　王跃华　张建国
秘书长　陈松林
副秘书长　谭　哲　汤　燕（女）
　陈　斌　王松涛　李海铁
常务委员（106人，按姓氏笔划排）
丁吉豹　于素云（女，2月免）
马　军（回族，2月免）　马金营
马晓宇（女）　马新海　牛培玲（女）
王文浩　王巧荣（女）　王红梅（女）
王　丽（女）　王志民　王志坚
王秀霞（女）　王顺生　王跃胜
王琳琳（女）　王新荣（女）　王　璋
韦传彬　付全立　毋心灵（女）
白　云（女）　白金尧　刘月楼（女）
刘旭光　刘　阳　刘忠明　孙中党
孙景莉（女）　孙　黎（女）
安惠萍（女）　朱专兴　朱泽州
朱润生　汤　燕（女）　严　璐（女）
何艳丽（女）　吴晓君（女，满族）
吴营昌　张之鹏　张冬平　张民服
张玉笋　张红垒　张自福　张志泉
张京祖（女）　张建国　张　英
张春香（女）　张洛通　张铁秀
张　强　李大文　李元中（2月免）
李文凡　李玉辉　李华云　李国强
李建伟　李忠仁　李政军　李洪太
李留宪　李富玲（女）　李　琳
李新有　李献峰　李　群　李　磊
杨保成　杨惠春　汪德峰　连林昌
陈松林　周朝晖　尚建国
岳希荣（女）　罗会军　郑方燕（女）
郑高飞　施　展　胡文杰
胡华敏（女）　赵文瑛（女）
赵克新（回族）　赵思群（2月免）
郝　伟（女）　徐　平（女）
袁小杰　郭　良　郭耀伟　高　峰
崔　凡　阎书刚　黄万新　葛　飞
睢踉尚　虞　婕（女）　路志欣
翟俊霞（女）　谭　哲　潘新红（女）
薛景霞（女）　魏新立

·市政协工作机构·

办公厅

主　任　谭　哲
副主任　丁言兆　徐　莹（女，回族）

调研室

主　任　张　英
副主任　邢　进（2月免）
　金　武（2月任）

提案委员会

主　任　李献峰
副主任　李建云（女，3月免）
　张灵芝（女）
　张沄龙　张志泉（兼）
　李国强（兼）
　崔正明（兼）
　李政军（兼）
　师艳军（兼）

经济委员会

主　任　李忠仁
副主任　李福科（兼）
　郝　伟（女，兼）
　赵永录（兼）
　张楸枫（女，兼）
　刘仁和（兼）

农业委员会

主　任　杨传文（3月免）
　郭　良（11月任）
副主任　郭　良（11月免）
　陈金城　鹿社先（12月免）
　楚万青（兼）
　蔡仲友（兼）
　胡华敏（女，兼）
　郭　竞（兼）
　牛培玲（女，兼）

人口资源环境委员会

主　任　高　峰
副主任　杨合法　李春德（兼）
　李锦湘（兼）
　吕安民（兼）
　王少宗（兼）
　姚希岗（兼）

教科文卫体委员会

主　任　刘炳辰（3月免）
副主任　张德印（10月免）
　虞　婕（10月免）
　刘艳秋（女）
　张大龙（兼）
　张文艳（女，兼）
　钟海涛（兼）
　李富玲（女，兼）
　严　璐（女，兼）

社会和法制委员会

主　任　王志坚
副主任　侯艳芳（女）
　王志民（兼）
　李留宪（兼）
　李　磊（兼）

民族和宗教委员会

主　任　朱润生
副主任　杨国怀　刘佩伦（兼）
　　　　阎书刚（兼）
　　　　王朝晖（兼）
　　　　马彦峰（兼）

文史资料委员会

主　任　李洪太
副主任　何　洁（女）
　　　　韩国河（兼）
　　　　任　伟（兼）
　　　　关国锋（兼）
　　　　李志强（兼）
　　　　安惠萍（女，兼）

港澳台侨和外事委员会

主　任　刘月楼（女）
副主任　董建山　潘新红（女，兼）
　　　　赵思群（兼）
　　　　张杰峰（兼）
　　　　李新岭（兼）
　　　　吕　剑（女，兼）

委员管理联络委员会

主　任　张春香（女）
副主任　赵先玲（女）
　　　　白　云（女，兼）
　　　　王　丽（女，兼）
　　　　王保军（兼）
　　　　王丽娟（女，兼）
　　　　李文凡（兼）
　　　　朱泽州（兼）
　　　　牛雷莉（女，兼）

城市建设委员会

主　任　张京祖（女）
副主任　刘国正（1月免）
　　　　曹培林（兼）
　　　　杨卫民（兼）
　　　　马新海（兼）
　　　　曲　标（兼）
　　　　高胜利（兼）

拜祖大典组委会办公室

主　任　董建山（2月任）

（李　杰　韦慧君）

民主党派

民革郑州市第十二届委员会

主任委员　刘　东（女）
副主任委员　张自福
　　　　　　牛培玲（女）
　　　　　　刘五一
　　　　　　王巧荣（女）
秘书长　张　路

民盟郑州市第十二届委员会

主任委员　朱专兴
副主任委员　王志昂　李蝴蝶（女）
　　　　　　郝　伟（女）　张洛通
　　　　　　王新荣（女）
秘书长　宋喜玲（女）

民建郑州市第十四届委员会

主任委员　张冬平
副主任委员　孙　黎（女）
　　　　　　崔豫琳（女）
　　　　　　刘忠明　李政军
　　　　　　于　珊（女）
秘书长　崔豫琳（女，兼）

民进郑州市第四届委员会

主任委员　张民服
副主任委员　徐　平（女）
　　　　　　赵学庆　汪德峰
　　　　　　张　强
秘书长　赵学庆（兼）

农工党郑州市第六届委员会

主任委员　李新有
副主任委员　吴予红（女）　李顺兴
　　　　　　孙中党　李凤芝（女）
　　　　　　郑方燕（女）
秘书长　师艳军

九三学社郑州市第五届委员会

主任委员　舒安娜（女）
副主任委员　郑高飞　王秀霞（女）
　　　　　　李　琳　刘崇怀
　　　　　　李秋红（女）
秘书长　郑高飞（兼）

（杨飞雁　石　林　沈开伟）

郑州市中级人民法院

院　长　于东辉
副院长　李广湖　王志民
　　　　刘玉华（女）
　　　　李保甫　赵永纯　石志军
政治部主任　高延安
纪检组长　闫金丽（女）

（张　巍）

郑州市人民检察院

检察长　刘建国
党组副书记、常务副检察长
　　　　宋　楠
副检察长　朱专兴　赵光南　范　俊
　　　　　宋　超　苏长明　孙　武
政治部主任　丁　力
纪检组长　司永军

（范传斌）

郑州市群众团体组织

总工会

主　席　赵新中
党组副书记、常务副主席　赵顺舟
党组副书记　陈观壤
副主席　施　展　张建涛　林增志
　　　　赵志新
纪检组长　李成先

共青团郑州市委员会

书　记　张艳华（女）
副书记　李　磊　任　莉（女）

妇女联合会

主　席　马斐颖（女）
副主席　侯淑玲（女）王　超（6月免）
纪检组长　周宇红（女）

文学艺术界联合会

主　席　钟海涛
党组书记　徐大庆
副主席　马素芳（女）
　　　　程韬光　贾伟东
纪检组长　李国昌

归国华侨联合会

主　席　吕　剑（女）
纪检组长　李卓瑜（女）

残疾人联合会

理事长　杨惠春
常务副理事长　程广平
副理事长　周长信　陈　卓（女）
　　　　　王军辉
纪检组长　吕　源

社会科学界联合会

主　席　赵思群
党组副书记、副主席　宫银峰
副主席　许颖杰　秦贤卿　马　飞
纪检组长　梁晓冬

科学技术协会

主　席　吴予红（女）
副主席　张福清　马国明　崔光伟
　　　　王世珍（女）　曲海涛
纪检组长　王　前

红十字会

会　长　刘　东（兼）
常务副会长　刘光访
副会长　韩孝坤（女）　汤　震
　　　　杨　威

工商联

主　席　薛景霞（女，兼）
党组书记　王　新（兼）
驻会副主席　李清四　王清祥
　　　　　　许元浩
秘书长　李清四（兼）

驻郑部属及省属单位

·交通机构·

郑州铁路局

局　长、党委副书记　何　元
党委书记　杨伟军
副局长　吴翠珑　胡绍海（3月免）
　　　　陆彦彬　王国建　李学章
　　　　李　晋（3月任）

李保成（3月任）
党委副书记　剧凯锋
纪委书记　戴　弘

郑州车站

站长、党委副书记　张会清
党委书记、副站长　刘治华
副站长　于佩离　王予刚　彭　辉
邵运江（1月免）　王静涛
薛言琦
纪委书记　张春林

郑州北车站

站长、党委副书记　刘　霆（3月免）
张浩民（3月任）
党委书记　谭影舟
副站长　麻克君　李坤营　李庆华
黄培源　齐　悦（1月免）
王卫华（1月免）
纪委书记　高建生

郑州东车站

站长、党委副书记　余效月
党委书记、副站长　陶建强（3月免）
冯兴宽（8月任）
副站长　刘伟宇　荆宇鹏
郭守营（1月免）　李兴新
白　斐
党委副书记　杨延明
纪委书记　蔡清峰

郑州客运段

段长、党委副书记　高书仁
党委书记、副段长
童永强（11月免）
杨道兴（11月任）
副段长　程　勇　田　鹏　马　强
张志超　李　斌　王卫东
吴新光（1月任）
张春霞（女）
党委副书记　尚新校
纪委书记　谢永峰

·金融机构·

中国人民银行郑州中心支行

行　长　徐诺金
副行长　庞贞燕（女）　周　波
王深德　朱培玉
崔晓芙（7月任）
纪委书记　谭志洪（2月任）

中国工商银行河南省分行营业部

总经理　夏宗福（1月免）
王晓东（1月任）
副总经理　姜　林（12月免）
荣卫民　刘明辉
买艳芳（女，11月免）
刘建民　周素玲（女）
徐春柯（11月任）
纪委书记　崔朝东

中国农业银行河南省分行营业部

总经理　周贵恒
副总经理　李传民　苏　军
李炳英（女）　王　军
魏少华（女）
李　光（9月任）

·保险机构·

中国人寿保险股份有限公司郑州市分公司

总经理　淡新虎
副总经理　高德胜　李新生
刘浩燕（女）　王铭方
杨　婷　庞朝辉

·其他单位·

郑州市黄河河务局

局　长　朱松立
副局长　申家全（7月免）
蔡长治　秦金虎
纪检组长　刘　巍（7月任）

郑州银行

董事长　王天宇
行　长　申学清
监事长　范大路（3月免）
赵丽娟（女，6月任）
副董事长　张荣顺（6月免）
党委副书记、副行长　夏　华
副董事长　冯　涛（8月任）
副行长　白效锋　郭志彬
纪委书记　赵麦城
行长助理　孙海刚　张文建
总会计师　毛月珍（女）

中国人民解放军郑州警备区

司令员　尚守道　大校
政　委　王德山　大校
副司令员　韩世联（3月免）　大校
张义清　大校
副政委　苏理明　大校
参谋长　董继锋　大校
政治部主任　王家和　大校
后勤部部长　祁贵云　上校

（孙亚威）

中国人民武装警察部队郑州市支队

支队长　李　斌　大校
第一政委　沈庆怀
政　委　黄延平（5月免）　大校
胡尊锋（5月任）　大校
副支队长　陈　杰　上校
王巍涛　上校
参谋长　王海军　上校
政治部主任　师现钊　上校
后勤部部长　禹云魁　中校

（赵梦溪）

大事记

1月

1日

△郑州市覆盖市、县（市）区、乡（镇）办、村（社区）的政务服务网在全省率先开通，实现一网打通上下四级、一网覆盖五张清单、一网集合六大功能，这标志着郑州市转变政府职能、推进简政放权实现新突破。此次开通的政务服务网是“五单一网”改革重要内容之一，拥有行政审批、便民服务、政务公开、效能监察、资源共享、咨询投诉六大功能。

2日

△郑州市委、郑州市政府召开大棚户区改造、大气污染治理及城市精细化管理观摩推进会。会议要求全市上下深入学习贯彻中央城市工作会议精神，落实省委、省政府科学推进新型城镇化的决策部署，落实好市委、市政府决策部署的各项重点工作，努力走出一条具有郑州特色的城镇化和城市发展道路。市领导马懿、胡荃、白红战、郭锝昌等副市级以上领导干部参加观摩或出席会议。会前，与会人员对中原区、惠济区、经开区、管城区、火车站地区管委会的大棚户区改造、大气污染治理和城市精细化管理工作进行观摩。会议下发《城市精细化管理20项重点工作分解落实推进方案》。

5—10日

△郑州市委十届十三次全体（扩大）会议召开。会议全面贯彻中共十八届五中全会、中央经济工作会议和省委九届十一次全会、省委经济工作会议精神，总结成绩，分析形势，研究“十三五”时期发展、国际商都建设和2016年经济工作，动员全市上下牢记责任、抢抓机遇、发扬成绩、乘势而上，主动适应新常态、积极引领新常态，为实现在全省率先全面建成小康社会、率先开启现代化建设新征程“两个率先”目标，建设国际商都而努力奋斗。市委副书记、市长马懿就《郑州市国民经济和社会发展第十三个五年规划纲要（讨论稿）》《郑州建设国际商都发展战略规划纲要（讨论稿）》向全会作说明，并回顾总结2015年经济社会发展情况，安排部署2016年及今后一段时期经济社会发展工作。

6日

△郑州成为跨境电商综合试验区。国务院常务会议召开，决定在天津、上海、重庆、合肥、郑州、广州、成都、大连、宁波、青岛、深圳、苏州12个城市新设一批跨境电子商务综合试验区，用新模式为外贸发展提供新支撑。

7日

△郑州国际陆港跨境通平台正式运营。在郑州国际陆港多式联运海关监管中心，700单来自欧洲和韩国的进口商品顺利清关直达派送车辆。这标志着郑州国际陆港跨境通平台和“郑欧商城”一般集货模式跨境电商平台顺利完成测试，进入正式运营阶段。

8日

△《郑州日报》推出的新闻客户端——“郑州观察”上线公测。至此，由官方微博、官方微信和《郑州观察》客户端构成的党报新媒体平台以矩阵之势正式亮相。

△郑州市政府与绿地控股集团签署全面战略合作框架协议。双方就新型城镇化建设、城市基础设施建设、新区开发及大棚户区改造等多个领域达成合作协议。郑州市副市长张俊峰和绿地集团副总裁田波分别代表双方签订《全面战略合作框架协议》。

10日

△由郑州市纪委承办的新编廉政历史剧《九品巡检暴式昭》郑州专场在省人民会堂举行。该剧由省纪委、省委宣传部、省直工委、省文化厅联合打造。市领导胡荃、王璋、郭锝昌等与近千名市直机关党员干部观看演出。

△郑州首开至沈阳高铁。上午7点09分，郑州东至沈阳北G1286次列车，满载千名旅客，离开郑州东站，开向沈阳。从郑州东站出发只需7个多小时便可抵达沈阳，与原来最快的普通列车相比，时间节省一半左右。

13日

△郑州市召开科学推进新型城镇化工作专题会议。会议指出，全市各级各部门要认真汲取郑大四附院违法强拆事件的教训，进一步提高思想认识，强化法治意识，加快建立健全依法保障下充分协商、良性征迁机制，科学推进以人为核心的新型城镇化，促进经济社会更科学、更有序发展。市领导马懿、胡荃等出席会议。

15日

△作家张一弓追悼会在郑州市殡仪馆举行。全国政协教科文卫体委员会副主任、中华豫剧文化促进会会长、河南省政协原主席王全书，省委常委、宣传部部长赵素萍与社会各界人士一起送别这位土生土长的河南作家。2016年1月9日下午，张一弓在河南省人民医院逝世。

16日

△全球跨境电子商务产学研联盟在郑州成立。该联盟由中国经济贸易促进会、中国西促会西部经济研究院、河南省供应链管理协会、郑州大学、河南大学、河南工业大学、郑州轻工业学院、河南保税物流中心等单位共同发起成立。通过产学研机构的高度融合，旨在为跨境电商提供与行业协会、企业、院校和学术机构合作式优质服务。

△经过近7年升级改造，郑州市大河村遗址博物馆迎来“升级”后的首批

观众。大河村遗址位于郑州市东北部、连霍高速与中州大道交叉口东南角，是一处包含仰韶文化、龙山文化和夏、商时期文化的大型古代聚落遗址。

△郑州市拥军慰问团慰问海军郑州舰官兵，并成立"海浪花"慈善基金。慰问仪式上，在全体官兵的见证下，郑州市慈善总会和郑州舰现场签订"海浪花"慈善基金协议，宣布基金成立并完成捐赠。"海浪花"慈善基金是由郑州市慈善总会发起并与郑州舰共同捐赠的，将用于帮助困难官兵和困难群众。

18日

△三大电商物流项目在郑州航空港开建。顺丰电商产业园、普洛斯空港物流园、港投物流园项目集中开工仪式在郑州航空港实验区举行。相关项目建成后将形成标准化、高水平的物流产业集聚区域。顺丰电商产业园项目总建筑面积20万平方米，普洛斯空港物流园项目总建筑面积10.6万平方米，河南港投物流有限公司港投物流园项目总投资2亿元，建筑面积4.3万平方米。

21日

△由郑州市纪委和郑州电视台联合创作的大型廉政主题栏目《清风茶社》正式开播，这也是河南省首个廉政主题谈话类节目。"清风茶社"是郑州市党风廉政建设的一个特色品牌，在全省乃至全国都有较高的知名度和影响力。

24日

△国内具有自主知识产权的首台双X撑靴式TBM（硬岩掘进机）在郑州成功下线并完成验收工作。该台设备由中铁装备集团自主研制，也是目前国内自主研制最小直径的硬岩掘进机。双X撑靴式TBM开挖直径为3.53米，组装全长达235米。

△2016年春运从1月24日开始至3月3日结束，共40天。春运期间，郑州汽车站首次实施实名制购票乘车。

26日

△郑东新区举行省市重点项目集中开工仪式，6个项目集中开工，总投资约135亿元。此次集中开工的6个重点项目位于龙湖、龙子湖、白沙三大区域，分别是金融智谷项目、中美河南美尔健康管理与康复治疗中心项目、中国人保大厦项目、宏泽实业生物医药研发中心项目、黄河科技学院护理学院迁建项目与郑东新区白沙商业中心项目。

28日

△河南省进口物资公共保税中心集团有限公司（简称河南保税集团）与中国信息技术行业巨人中国普天集团签约仪式在经开区举行。签约现场，河南保税集团分别与中国普天集团签署战略合作协议，与中国普天信息产业股份有限公司签订信息技术项目合作协议，与中国普天物流技术有限公司签订了物流项目合作协议。

2月

1日

△国网郑州供电公司6个重点项目集中开工建设。6个项目分别为：220千伏芦河输变电工程、220千伏未央输变电工程、110千伏南仓输变电工程、110千伏南城输变电工程、110千伏武庄变电站扩建工程、110千伏京襄变电站扩建工程，总投资5.11亿元。

2日

△全市城市精细化建设管理20项重点工作讲评推进会召开。郑州市委副书记、市长马懿就重点工作进行安排部署。市领导胡荃、白红战等及部分副市级以上领导出席会议。市委副书记、市委秘书长胡荃，市委常委、副市长薛云伟，副市长张俊峰、杨福平、黄卿分别对公共文明素养提升工程、交通秩序整治、大棚户区改造、畅通郑州工程、工业企业市场外迁、停车场建设、大气污染治理、房地产去库存、县以下新型城镇化建设、生态水系及生态廊道建设等20项重点工作进行点评和部署。

5日

△郑州市政府第39次常务会议召开，原则通过《关于进一步深化商事制度改革释放经济发展活力的意见》。

14日

△中央电视台"感动中国"2015年度人物揭晓，国家一级演员、豫剧名家王宽"卖唱"养育6名孤儿，当选"感动中国"2015年度人物。继2013年大爱仁医胡佩兰、2014年大爱亲邻陇海大院之后，郑州市连续三年成功推出三位"感动中国"大爱人物，成为全国所有城市中唯一一个连续三年"诞生""感动中国年度人物"的城市。

15日

△郑州市10个重点项目在二七区集中开工，总投资379亿元。此次集中开工的盛润运河城国际广场、金博大城商业中心、滨河花园实验小学等10个项目，涵盖商业综合体、现代食品制造和教育等方面，年内计划完成投资96亿元，项目建成后将有效提升二七区主导产业和公共服务设施水平。

16日

△高新区中国移动（河南郑州）数据中心、110千伏万科输变电工程等8个项目集中开工，总投资88.6亿元。

20日

△郑州市第十四届人大常委会第十五次会议召开。市人大常委会主任白红战主持会议。会议听取并表决通过市政府关于2015年政府投资项目计划执行情况和2016年计划的报告、郑州市人大常委会关于批准郑州市2016年度政府投资项目计划的决议。

23日

△政协郑州市第十三届委员会第三次会议开幕。郑州市政协主席王璋代表政协郑州市第十三届委员会常务委员会向大会作工作报告。

24日

△郑州市第十四届人民代表大会第三次会议开幕。郑州市人民政府市长马懿代表市政府向大会作政府工作报告。

28日

△历时五天的郑州市第十四届人民代表大会第三次会议在省人民会堂闭幕。会议经表决，通过关于郑州市人民政府工作报告的决议、关于郑州市国民经济和社会发展第十三个五年规划纲要的决议、关于郑州建设国际商都发展战略规划纲要的决议、关于郑州市2015年国民经济和社会发展计划执行情况与2016年计划的决议、关于郑州市2015年财政预算执行情况和2016年财政预算的决议、关于郑州市人民代表大会常务委员会工作报告的决议、关于郑州市中级人民法院工作报告的决议、关于郑州市人民检察院工作报告的决议等八个决议。会议经表决，通过了郑州市十四届人大有关专门委员会主任委员、副主任委员、委员名单。表决通过的市十四届人大专门委员会组成人员进行宪法宣誓，这在郑州市人代会历史上尚属首次。

△市长马懿主持召开市政府第40次常务会议，原则通过《郑州市降成本优供给推进实体经济持续健康快速发展的若干意见》。

3月

7日

△郑州市入围十大幸福城市。"2016《中国经济生活大调查》数据发布之夜"在中央电视台财经频道播出，现场发布《中国经济生活大调查》大数据，向全国"幸福感城市十强"颁奖。入围城市中郑州排名第四。

9日

△郑州市民政局、财政局、人社局和公安局四部门联合印发《郑州市高龄津贴发放管理暂行办法》，将给80岁以上的老人发放津贴，最少每人每月100元，最高为300元。

11日

△郑州市政府出台《关于加快推进大围合区域市场外迁工作的实施意见》，计划用3年时间，将绕城高速、黄河大堤、万三公路以内大围合区域的80家商品交易市场全部外迁或转型提升，借此拓展城市发展空间，缓解城区交通压力，促进传统产业升级。

12日

△郑州·封丘精准扶贫项目推介会在郑东新区举办。推介会上，思念食品股份有限公司、三全食品股份有限公司、好想你枣业股份有限公司、河南太龙药业股份有限公司等11家企业与封丘县人民政府签订投资合作意向协议书。

16日

△十二届全国人大四次会议闭幕，会议批准“十三五”时期规划纲要。其中，“加快郑州航空港经济综合实验区建设”被写进“十三五”时期规划纲要。

△总投资约85亿元的中牟汽车产业集聚区25个项目集中开工。25个项目中，济宁高科股份有限公司防爆电动车项目总投资10亿元，2017年将全部建成投产。建成后年产1.5万辆防爆电动车，可实现年销售收入120亿元，年创利税9亿元，解决就业人口1300人。

19日

△郑州市召开规范整治出租车营运市场秩序工作会议。会议要求，要依法严厉惩处非法营运，依法规范出租车市场，不断提升郑州出租车整体服务水平，最大限度为群众出行提供便利，为提升郑州市文明形象增光添彩。市领导马懿、胡荃等出席会议。

20日

△郑州市豫剧院大型现代豫剧《都市阳光》，应邀在北京民族文化宫展演。这台戏是一部以当代农民工为表现主体的现代戏。国家发展和改革委员会副主任连维良、文化部艺术司副司长吕育中等和首都各界群众、各行业农民工代表观看演出。

23日

△由郑州银行发起成立的河南九鼎金融租赁股份有限公司正式开业。

26日

△郑州国际文化创意产业园举行16个项目集中签约仪式。集中签约的16个项目分别是：泰迪熊协会项目、中国文谷项目、碧桂园商业综合体项目、海昌极地海洋公园项目、砂之船奥特莱斯项目、华豫兄弟动漫产业园项目、河南报业文化传媒产业园项目、河南律师服务园项目、中原数字出版基地项目、华中电力设计研究院研发中心项目、中机实源设计大厦项目、UA五方设计中心项目、书院中国基金会项目、艺界·创想空间研究中心项目、联合丽格国际医疗项目、悦榕庄酒店项目。

△经开区举行2016年一季度重大项目集中开工暨郑州国际陆港汽车进口口岸开工仪式。国际陆港汽车口岸作为此次开工仪式的主会场，与设在国际物流园区的中国药村、美邦、申通速递项目和滨河国际新城绿地项目的分会场同步举行开工仪式。此次开工项目共79个，总投资221亿元。郑州国际陆港汽车进口口岸项目占地面积9.47公顷，总投资5.6亿元。

27日

△2016中国郑开国际马拉松赛在郑开大道和郑东新区鸣笛开跑。本届郑开马拉松赛，共吸引了32个国家和地区的4.9万名选手参赛。

29日

△中铁装备集团入围中国质量奖提名奖，成为郑州市首个获中国质量奖提名奖的企业。第二届中国质量奖颁奖大会在北京人民大会堂举行，第二届中国质量奖获奖组织和个人名单揭晓。此次河南省有3家企业获得中国质量奖提名奖。中国质量奖是中国质量领域的最高荣誉，下设中国质量奖和中国质量奖提名奖，每两年评选一次。

30日

△零点起，为河南民航快速发展作出重要贡献的郑州机场T1航站楼暂时停用。早上8点28分，南京至郑州的MU2759航班平稳降落在机场北跑道，航班顺利停靠在T2航站楼236号廊桥，成为最后一批13家客运航空公司在T2航站楼转场运营后降落的第一个航班。全天共有460架次的航班停靠在T2航站楼，这标志着机场T2航站楼三个阶段的转场全部结束。

△国务院常务会议召开，会议决定在现有11个国家自主创新示范区基础上，再新设河南郑洛新、山东半岛、辽宁沈大3个国家自主创新示范区。郑洛新国家自主创新示范区，依托郑州、洛阳、新乡3个国家高新区，举全省之力将其建设成为具有较强辐射能力和核心竞争力的创新高地。

4月

1日

△2016年全市环保工作会议召开。会议要求，要认清新形势，贯彻新理念，坚定信心，克难攻坚，明确责任，强化措施，确保环境治理各项任务落到实处，坚决打好环境质量改善的攻坚战。市领导胡荃等参加会议。

5日

△郑州市召开考察学习贵阳市和贵安新区大数据发展经验座谈会，要求全市上下树立大数据观，倡导数据文化，用大数据思维谋划发展、推动工作，以建设国家互联网骨干直联点城市、下一代互联网示范城市为载体，加快大数据中心建设，突出政务服务、社会管理、产业发展、群众生活四大领域的大数据发展应用，努力开创郑州大数据发展新局面。市领导马懿、胡荃等参加会议。

△郑州市全民技能振兴工程成果展暨2016年技能人才宣传月在绿城广场拉开帷幕。启动仪式上，公开表彰30名郑州市突出贡献高技能人才和100名郑州市优秀技师。

8日

△由河南省人民政府、中国国际贸易促进会、中国人民对外友好协会共同主办，以“创新、协调、绿色、开放、共享”为主题的第十届中国（河南）国际投资贸易洽谈会暨内陆开放高地创新论坛在郑州国际会展中心轩辕堂开幕。第十届全国人大常委会副委员长许嘉璐，河南省委书记、省人大常委会主任谢伏瞻，省委副书记、省长陈润儿，中国公共外交协会会长、外交部原部长李肇星，全国政协常委、经济委员会副主任、中国工业经济联合会会长李毅中，台湾两岸共同市场基金会荣誉董事长、两岸企业家峰会台湾理事长萧万长出席开幕式。谢伏瞻宣布第十届中国（河南）国际投资贸易洽谈会开幕，陈润儿、中国国际贸易促进会副会长卢鹏起、中国人民对外友好协会副会长户思社、萧万长先后致辞，河南省委副书记邓凯主持开幕式。

9日

△“新郑黄帝故里海峡两岸交流基地”授牌仪式在黄帝故里举行。中台办、国台办主任张志军，河南省政协主席叶冬松，全国台联副会长杨毅周等出席授牌仪式。

△丙申年黄帝故里拜祖大典在新郑市黄帝故里景区举行，来自海内外的近万名来宾齐聚祖根圣地，礼拜人文始祖轩辕黄帝，祈福民族昌盛、祖国繁荣、世界和平。丙申年黄帝故里拜祖大典由河南省人民政府、政协河南省委员会、国务院台湾事务办公室、中华全国归国华侨联合会、中华全国台湾同胞联谊会、中华炎黄文化研究会联合主办，郑州市人民政府、政协郑州市委员会、新郑市人民政府承办，主题延续保持为“同根同祖同源，和平和睦和谐”。参加拜祖大典的领导和嘉宾有：全国政协副主席、民盟中央常务副主席陈晓光，十届全国人大常委会副委员长、中华炎黄文化研究会会长许嘉璐。中共中央台湾工作办公室、国务院台湾事务办公室

主任张志军，中华全国归国华侨联合会主席林军，中华全国台湾同胞联谊会副会长杨毅周等主办单位领导。西藏、宁夏等省、自治区、直辖市相关领导。台湾两岸共同市场基金会荣誉董事长萧万长，台湾中华文化总会会长刘兆玄，台湾海峡两岸民意交流基金会董事长饶颖奇。中共河南省委书记、省人大常委会主任谢伏瞻，中共河南省委副书记、省长陈润儿，河南省政协主席叶冬松等河南省四大班子领导；郑州市四大班子领导及社会各界代表。来自中国港澳台地区的嘉宾及来自美国、英国、法国等30多个国家和地区的海外侨胞代表。

13日

△全省文化产业发展观摩团100余人，在省委常委、宣传部部长赵素萍，副省长张广智的带领下，先后到唐人街文化广场、大象融媒新闻岛、郑州报业集团、郑州华强文化科技有限公司等省会优秀文化产业园区、企业进行现场观摩。省文化体制改革和发展工作领导小组成员单位负责人，18个省辖市和10个省直管县宣传部部长、主管文化工作的副市长（副县长），各宣传部分管副部长、文产办主任等参加观摩。

△郑州市入围中国网络零售百强市。在今天闭幕的2016中国国际电子商务博览会上，中国国际电子商务中心和中华全国商业信息中心联合发布“2015中国区域网络零售发展综合指数”，河南省入围全国网络零售发展综合指数前十行政区，排名全国第9位；郑州市入围中国网络零售百强市，位列全国第19位。

16日

△郑州报业集团投拍的百集系列剧《百家姓·起源故事》在横店影视城正式开机投拍。作为首部弘扬姓氏文化的百集电视剧，《百家姓·起源故事》筹备初期就得到广泛关注，霍青、倪大红等百位明星公益出演更是在演艺界掀起寻根问祖热潮，并得到海内外华人广泛响应。

17日

△河南省委书记、省人大常委会主任谢伏瞻带领全省重点项目暨产业集聚区建设观摩组第一组到郑州，考察郑州市重大项目和产业集聚区建设工作。谢伏瞻一行深入项目建设工地、车间，详细了解郑州市产业集聚区主导产业与产业集群发展、产城互动、基础设施建设等情况，认真听取有关情况汇报，充分肯定郑州市重大项目建设和产业集聚区发展取得的突出成绩。

19日

△登封市与中建七局签订合作框架协议，打造嵩山论坛（唐庄）生态文化示范区。“唐庄生态文化示范区”定位为中部国际山水论坛小镇、国际养生休闲慢谷和生态文明示范基地。工程预计总投资200亿元，建设嵩山论坛起步区、综合配套服务区、文化产业拓展区、健康养生休闲区和生态农业体验区五大片区。整个片区建成后，将作为嵩山论坛永久性会址。

26日

△“一带一路”阿里巴巴1688郑州进口货源平台全国合作首发仪式在郑州举行。此次与郑州合作是阿里巴巴1688进口货源平台首次与“一带一路”节点城市开展的合作。首发仪式上，郑州经开区与阿里巴巴集团签订相关合作协议。

5月

5日

△郑州跻身中国服务外包示范城市。商务部、发改委、教育部等九部委联合下发《关于新增中国服务外包示范城市的通知》，将中国服务外包示范城市数量从21个增加到31个，郑州、沈阳、青岛等10个城市被确定为中国服务外包示范城市。

8日

△郑州市市直机关公务用车制度改革取消车辆首场拍卖会在郑州国际会展中心举行。此次共有100辆汽车参加拍卖，成交率为100%，总成交价524.8万元，比起拍价186.56万元多出338.24万元。

9日

△由亚洲象棋联合会、中国象棋协会、荥阳市政府、河南天伦旅游发展有限公司联合主办的第十九届亚洲象棋锦标赛暨第二届亚洲象棋嘉年华启动仪式在荥阳举行，为期三天。中国国家体育总局棋牌运动管理中心副主任、世界象棋联合会第一副主席、亚洲象棋联合会第一副会长、中国象棋协会会长陈泽兰，亚洲象棋联合会副会长刘恭豪，欧洲象棋联合会副会长鲁道夫·莱德，亚洲象棋联合会秘书长林关浩，欧洲象棋联合会副会长濮方尧等，亚洲象棋联合会17个成员国中的15个国家、地区的代表，及7位象棋特级大师和多位大师级人物共同参加启动仪式。启动仪式包括象棋文物藏品展、象棋大师车轮战、象棋教育成果展、象棋文化展、国际少年象棋交流、象棋文化产业园规划展、象棋人工智能对决暨象棋软件设计大赛等7项活动。

10日

△“智汇郑州·1125聚才计划”2015年度创新创业领军人才（团队）引进暨2016年度人才项目引进发布会在郑州国际会展中心举行，标志着郑州市新一年引才计划全面启动实施。发布会上，省市领导向2015年度入选的101个团队和个人现场发放入选证书和项目产业化扶持资金。

11日

△郑州市首本不动产权证书颁发仪式在市不动产登记中心办事大厅举行，市委常委、常务副市长孙金献出席仪式并颁发证书。

△全市首批基层公务员晋升职级。首批确定1667名基层公务员职级晋升。其中，晋升正处级15人，晋升副处级319人，晋升正科级75人，晋升副科级1258人。

12日

△郑州航空港实验区成为国家首批大众创业万众创新示范基地。国务院办公厅印发《关于建设大众创业万众创新示范基地的实施意见》，确定首批共28个双创示范基地，包括北京市海淀区、郑州航空港经济综合实验区等17个区域示范基地，清华大学等4个高校和科研院所示范基地，海尔集团公司等7个企业示范基地。

13日

△生物芯片北京国家工程研究中心在郑州设立基地。生物芯片北京国家工程研究中心郑州市中医院基地揭牌仪式在市中医院举行。活动当天，生物芯片北京国家工程研究中心与郑州市中医院签署战略合作协议。

15日

△郑州市再添3个全国“最美家庭”。在“国际家庭日”当天，全国妇联寻找“最美家庭”活动评选结果揭晓，郑州市3个家庭榜上有名，分别是“卖唱育孤”的王金宽家（王金宽别名王宽）、“热心公益志愿服务”的张明磊家、“真情拥军二十四载”的刘永芳家。

16日

△郑州工程技术学院举行揭牌仪式，标志着该校正式升格为本科院校。郑州工程技术学院的前身——中州大学，创建于1980年，是经国家教育部批准，郑州市人民政府创办的一所公办全日制综合性普通高等学校。

21日

△首届中国考古学大会（2016·郑州）在黄河迎宾馆开幕，为期3天。这是我国首次举办的大规模国际性考古学术会议。来自国内高等院校、科研院所及美国、英国、埃及、印度等10多个国家和地区的近400名专家学者聚集一堂，就中国考古学和世界考古学的发展、考古学领域重点和前沿课题进行深入探讨和交流。中共中央委员、中国社

会科学院党组书记、院长王伟光，国家文物局局长刘玉珠，河南省委常委、郑州市市长马懿，副省长张广智等出席会议。

24日

△以“旅游·城市互联互通的纽带”为主题的旅游专题研讨会在郑州举行，来自国家旅游局、河南省政府、联合国世界旅游组织、世界旅游业理事会、亚太旅游协会、世界各地旅游城市以及各界代表500余人，围绕“一带一路”旅游合作创新、全域旅游发展、城市旅游文化传承、城市旅游便利化等议题进行深入研讨，并达成《郑州共识》。

25日

△作为2016中国（郑州）国际旅游城市市长论坛亮点活动之一，“旅游+文化”分论坛在郑州举行。河南省副省长张广智，亚太旅游协会首席运营官戴龙，孟加拉民航和旅游部部长拉希德·汗·梅农，苏丹红海州州长阿里·艾哈迈德·阿布德卡迪尔，马来西亚吉隆坡市副市长阿卜杜勒·萨马德，郑州市委常委、副市长薛云伟等出席论坛。张广智致论坛开幕词。

26日

△2016中国国际摄影艺术节暨中国第16届国际摄影艺术展览在郑州开幕。来自海内外的上千名摄影名家和摄影艺术爱好者齐聚郑州，共享光与影的艺术盛宴。第十一届全国政协副主席白立忱，中国文联党组成员、副主席、书记处书记李前光，河南省第九届政协副主席刘其文，河南省政府党组成员、省文化体制改革和发展工作领导小组副组长路国贤，中国摄影家协会主席、分党组书记王瑶，中国艺术摄影学会主席杨元惺，中国文联理论研究室主任庞井军，郑州市委副书记程志明等出席开幕式。

27日

△中国（郑州）第二届国际创新创业大会暨跨国技术转移大会在郑州国际会展中心开幕。全国政协副主席、科技部部长万钢，河南省省长陈润儿，省政协主席叶冬松，清华大学副校长、中国科学院院士施一公，中国工程院院士印遇龙，科技部副部长阴和俊，中国科协副主席、中国工程院院士赵沁平，北京大学校务委员会副主任海闻，河南省委副书记邓凯，省委常委、郑州市委书记马懿，河南省副省长徐济超，郑州大学校长、中国工程院院士刘炯天等出席会议。郑州市领导程志明、王璋等参加开幕式。来自美国、英国、俄罗斯、德国等36个驻华使领馆外交官，美国硅谷地区10个城市市长，40多个国家有关嘉宾，国内100余所知名高校及科研院所、技术转移机构专家学者，以及国际国内500强企业、各路创客、投融资机构共两万人参会。此届大会由河南省政府主办，郑州市政府、河南省科技厅承办。

28日

△中国匈牙利项目对接专场活动在郑州国际会展中心举行。郑州市委常委、统战部部长王跃华，匈牙利驻华大使馆一等秘书郝淡雅等出席活动。

△中国（郑州）第二届国际创新创业大会暨跨国技术转移大会新能源及新能源汽车专场、材料基因组专场会议举行，多个项目成功签约。两场活动分别由中牟县政府、荥阳市政府承办。新能源及新能源汽车专场活动中，“中牟汽车产业集聚区院士专家服务中心”揭牌，技术转移项目、众创空间建设项目、大学生双实双创基地建设项目等9个项目签约。材料基因组专场活动签订郑州材料基因研究院、桐木改性技术研发等5个材料科研和成果转化项目。

△第十届中国（武汉）国际园林博览会闭幕式在武汉园博园长江文明馆举行。闭幕式上，郑州市委常委、郑州航空港实验区党工委书记张延明正式接过中国国际园林博览会会旗。第十一届中国（郑州）国际园林博览会将于2017年9月在郑州航空港实验区开幕。

30日

△国家第二批促进科技和金融结合试点城市名单揭晓，郑州市入选，并位居全国9个入选城市之首。

6月

2日

△全国政协副主席马飚率调研组莅临郑州，对郑州市农作物秸秆综合利用情况进行专题调研。马飚一行到新郑市憨农合作社，深入麦收一线，同当地干部群众进行交流，实地了解郑州市农作物秸秆综合利用情况。

12日

△郑州市委常委会议召开，传达学习贯彻全国政法队伍建设工作会议精神，研究郑州市贯彻落实意见。会议强调，要准确把握习近平总书记对政法队伍提出的“信念坚定、执法为民、敢于担当、清正廉洁”的要求，切实加强政法队伍思想政治建设、素质能力建设和纪律作风建设，确保政法队伍忠诚可靠、素质过硬、风清气正；坚持从优待警，严格落实好上级有关政策，不断提高政法干警服务发展、维护稳定的能力。

13日

△郑州市召开专题会议安排部署推进豫京战略合作工作。会议强调，推进实施与北京市的合作项目建设是豫京战略合作的重要组成部分，各级各部门要充分利用此次战略合作平台，对照台账强责任，细化任务抓落实，严格督导求实效，确保各项任务顺利推进。

14日

△由民建中央、工业和信息化部、河南省人民政府共同主办的2016中国(河南)非公有制经济发展论坛在郑州开幕。本届论坛的主题是“非公有制经济创新发展与中部崛起”。全国人大常委会副委员长、民建中央主席陈昌智，全国政协副主席、民建中央常务副主席马培华，河南省委副书记、省长陈润儿，河南省政协主席叶冬松，工业和信息化部副部长冯飞等出席开幕式暨主题演讲，并共同见证合作项目签约。来自全国30个省、自治区、直辖市民建组织负责人、民建会员代表、专家学者、企业界人士等近1600人出席本届论坛。开幕式后进行主题演讲和项目签约仪式，80个重大项目现场签约，总投资额803亿元。

15日

△中国（河南）非公有制经济发展论坛郑州产业项目推介会举行。郑州市各县（市）区、开发区共集中发布推介项目398个，项目资金总计2954亿元，涉及装备制造、战略新兴、现代物流、现代金融、科技服务、文化旅游、健康、信息服务等多个产业。郑州市委副书记、代市长程志明出席推介会并致辞。

△全市脱贫攻坚推进会召开，传达贯彻全省脱贫攻坚第一次推进会精神，对脱贫攻坚工作进行再动员、再部署、再加压。会议印发《中共郑州市委办公厅、郑州市人民政府办公厅关于开展脱贫攻坚督导工作的通知》《贯彻落实〈中共郑州市委、郑州市人民政府关于深入落实精准扶贫打赢脱贫攻坚战的实施意见〉分工方案》。

16日

△河南省政协主席叶冬松率省政协常委视察团莅临郑州，视察中国(郑州)跨境电子商务综合试验区建设发展情况。省政协副主席史济春、梁静等参加视察。视察团一行先后到航空港经济综合实验区中部国际电子商务产业园、“空港跨境”跨境商品展示交易中心和郑东新区电子商务大厦，了解郑州跨境电子商务发展情况，并召开座谈会，听取相关部门关于郑州跨境电子商务发展情况的汇报。

△郑州高新区管委会与亿达发展有限公司举行郑州亿达科技新城项目签约仪式。该项目总投资约30亿元，是高新区获批国家自主创新示范区之后引进

的首家高科技园区运营管理综合体。

18日

△市反恐办在绿城广场开展“郑州反恐、警民同行”主题宣传活动。同日，河南省首家反恐专业微信平台“郑州反恐”微信公众号上线。

△以“文旅·荟天下”为主题的2016金橙文化旅游产业峰会在郑州举行。河南省副省长张广智，郑州市副市长刘东等出席会议。平安银行行长邵平、华谊兄弟董事长王中军、宋城集团董事局主席黄巧灵、完美环球董事长池宇峰、Star VC创始人任泉等来自全国各地的500余位知名文旅企业及投资机构的掌舵人受邀参加此次峰会。峰会期间，平安银行与河南省人民政府共同发起成立400亿元文化旅游产业发展基金，并签订战略合作协议及深化合作备忘录；“平安文旅荟”正式与郑州国际文化创意产业园签约进行战略合作。

△东区两大运动公园投用。郑东新区“新发展杯”2016年首届体育嘉年华活动举行，标志着位于高铁东站附近石武客专片区篮球公园和位于龙湖区域西运河东岸的足球公园正式投入使用。其中，篮球公园包含8个篮球场、3个网球场、1个极限轮滑场、1个五人制足球场；足球公园包含两个11人制标准足球场。

21日

△郑州进口澳大利亚活牛口岸第一批次158头屠宰用牛由大型货机运抵郑州机场，标志着郑州进口澳大利亚活牛口岸正式投用。

△郑州航空港实验区科锐工业园开建。北京科锐配电自动化股份有限公司能源互联网战略合作签约暨空港科锐工业园项目开工仪式在郑州航空港实验区举行。该工业园项目计划总投资11亿元，总建筑面积约25万平方米，主要建设智能化配电设备生产中心、维修中心、大数据运营监控中心以及能源综合利用的示范工程等。

△全国建筑装饰行业百强企业——康利达装饰股份有限公司在全国中小企业股份转让系统（俗称“新三板”）敲钟开市，成为河南省首家在“新三板”挂牌的建筑装饰企业。当日，该企业母公司——康利达集团捐出100万元用于资助郑州市特困大学生。

22日

△河南省人大常委会副主任刘满仓带领部分驻豫全国人大代表莅临郑州，就郑州市化解过剩产能和降本增效工作开展专题调研。调研组一行先后到登封市君召乡、唐庄乡，实地察看郑州磴槽集团金岭煤业有限公司、郑州发祥铝业有限公司等企业运行情况，并听取相关工作汇报。

23日

△河南机场集团、郑州铁路局、河南城际铁路公司在郑州机场签订战略合作协议，三方将充分发挥民航和铁路各自的优势，完善综合交通运输体系结构，实现旅客在空铁之间无缝衔接和快速换乘。

24日

△郑州市政府召开第三次廉政工作暨全市推进简政放权放管结合优化服务改革电视电话会议，贯彻落实国务院、省政府相关会议精神，总结回顾郑州市廉政工作及简政放权、放管结合、优化服务改革情况，部署下一阶段重点工作。

25日

△长征七号成功首飞，重要部件郑州制造。我国全新研制的长征七号运载火箭，在新建的海南文昌航天发射场发射升空，成功将载荷送入预定轨道。而为长征七号此次首飞提供新一代垂直度调整设备、68.2%电连接器的，是郑州航天电子技术有限公司，“郑州制造”再为我国航天事业发展作出贡献。

30日

△贾鲁河综合治理工程开工动员会在金水区杨金路与107辅道交叉口举行，标志着贾鲁河综合治理工程正式开工建设。

7月

1日

△庆祝中国共产党成立95周年大会在北京人民大会堂举行。会上，郑州市1人荣获全国优秀党务工作者称号、1个基层党组织荣获全国先进基层党组织称号，分别是河南圆方集团党委书记、董事长薛荣和金水区北林路街道鑫苑社区党总支。

2日

△郑州市两园区入选首批国家示范物流园。根据国家发展和改革委、国土资源部、住房和城乡建设部《关于开展示范物流园区工作的通知》要求，中国物流与采购联合会组织专家对各省、自治区、直辖市报送评审合格的29个首批国家级示范物流园区名单公示结束。河南保税物流中心和郑州国际航空物流园入选。

△郑州航空港区跨境电商企业——河南世航之窗供应链有限公司与韩国b&b集团、韩方thecoglobal公司在郑州航空港跨境电商示范园举行合作签约仪式。这标志着韩国最大的高端化妆品生产企业——韩国b&b集团将落户郑州航空港，也是选择在郑州建设生产基地的首家韩国知名化妆品企业。

5日

△郑州市委常委会议召开，传达学习全省大气污染防治攻坚战动员会议精神，研究郑州市贯彻落实意见。会议强调，各级各部门认识要再提高，责任要再强化，措施要再精准，坚持任务兑现、措施兑现、责任兑现，坚定不移落实省委、省政府确定的目标要求，确保全市空气质量不断好转。

12日

△郑州中原网络传媒股份有限公司创立大会召开，标志着郑州报业集团在媒体融合转型、混合所有制改革中迈出重要一步，至此中原网的媒体资产证券化运作正式启动。这对郑州、河南乃至全国的文化产业改革都具有里程碑式的意义。

△中国互联网协会、工业和信息化部信息中心在北京召开2016年中国互联网企业100强发布会暨百强企业论坛，会上发布2016年中国互联网企业100强榜单。郑州市3家企业上榜。河南锐之旗信息技术有限公司排名第62位，河南中钢网电子商务有限公司排名第65位，郑州悉知信息科技股份有限公司（世界工厂网）排名第81位。

18日

△郑州直通罗马包机航线开通，成为郑州首条直通欧洲的包机航线。晚9时许，由意大利勒奥斯航空公司执飞的罗马至郑州航班顺利抵达郑州机场。

19日

△第三届“创青春”中国青年创新创业大赛河南分赛暨第二届“创赢未来”全国大学生创新创业大赛启动仪式在金水科教园区河南外包产业园举行。启动仪式上，金水区为新吸纳的4家大学生创业园授牌。

20日

△全市新型城镇化建设暨城市工作会议在市青少年宫召开。会上下发市委、市政府《关于加强城市规划建设管理工作的实施意见》《关于深入推进新型城镇化建设的意见》《畅通郑州白皮书（2016—2018）》及《郑州市提升县级城市管理水平三年行动计划》。

△全市生态环境治理暨大气污染防治工作推进会召开。会议深入贯彻中央第五环境保护督察组督察河南省工作动员会、全省大气污染防治攻坚战动员会精神，对以大气污染防治为重点的生态环境治理工作进行再动员、再部署。

△18时37分，随着D274次列车沿着郑州至徐州客运专线（简称郑徐高铁）徐州至大湖联络线下行线驶入徐州东站，标志着郑徐高铁徐州至大湖联线

正式通车，郑徐高铁正式引入徐州枢纽。郑徐高铁成功引入徐州枢纽后，将有利于开通运营郑徐高铁和京沪高铁之间高铁动车进路优化。

22日

△郑州市委、市政府与郑州海关举行工作座谈会暨合作备忘录签署仪式。河南省委常委、郑州市委书记马懿，郑州海关关长孙玉宁，市委副书记、代市长程志明等出席仪式。

△工信部中国电子信息产业发展研究院（赛迪集团）下属的赛迪顾问股份有限公司（简称赛迪顾问）发布“赛迪百强榜——县域经济100强（2016）”榜单。郑州四县市上榜。其中，新郑市仍居全国百强县市河南榜首，全国排名第58位，巩义市列第82位，荥阳市列第86位，新密市列第95位。

27日

△以国家发改委副主任张勇为组长的国务院促进民间投资第一督导组对郑州市促进民间投资工作开展专项督导。

△在北京举行的第六届中外会展项目合作洽谈会上，郑州国际会展中心获“2016金五星优秀会展场馆奖”。

28日

△郑州新大方重工科技有限公司自主研发的起吊高度达到110米的风电起重机正式交付出厂，用于江西赣州天排山风电场建设，这也是国内起吊高度最高的风电机。

△科技部公布首批国家专业化众创空间示范名单，以河南汉威电子股份有限公司为依托主体的传感器国家专业化众创空间——位于郑州高新区的河南汉威电子“漫威众创空间”名列其中。

29日

△在北京举行的全国双拥模范城（县）命名暨双拥模范单位和个人表彰大会上，郑州市第七次荣膺全国双拥模范城称号。

△郑州市政府召开安全生产委员会全体（扩大）会议，学习贯彻习近平总书记、李克强总理关于加强安全生产工作的重要指示批示精神，总结上半年全市安全生产工作，安排部署下半年全市安全生产重点工作。

8月

1日

△河南省委书记、省人大常委会主任谢伏瞻，省委副书记、省长陈润儿，省政协主席叶冬松与省四大班子部分领导到郑州航空港经济综合实验区调研。谢伏瞻一行先后到智能终端（手机）产业园、友嘉（河南）精密机械产业园项目工地、菜鸟网络中国智能骨干网仓储物流中心、富士康航空港科技园、综保区口岸作业区、机场西货运区进行了察看，并主持召开郑州航空港经济综合实验区建设工作汇报会，先后听取省航空港实验区领导小组、郑州市航空港实验区领导小组、航空港实验区党工委管委会和省机场集团的工作汇报。

3日

△第四届郑州国际街舞大赛颁奖典礼在郑州第七中学体育馆举行。中国舞蹈家协会分党组书记、驻会副主席、秘书长罗斌，中国文联出版社社长朱庆，文化部中国世界民族文化交流促进会会长马小枚，文化部《中国文化报》副总编赵忱，中国传媒大学外国语学院党总支书记李众，中国歌剧舞剧院艺术指导夏广兴等，郑州市领导薛云伟等出席颁奖仪式并为获奖选手颁奖。

△清晨6点30分，经过1200多名施工人员连续7个小时昼夜奋战，郑徐客专引入郑州东枢纽的关键连接设备6#道岔插铺完毕，这也是郑徐客专与京广高铁、郑西高铁互联互通系统工程的收尾项目。该项目完成后，郑徐客专实现了与京广高铁、郑西高铁、郑开城铁、郑机城铁在郑州东高铁枢纽直接（不进站）互联互通，也标志着郑徐高铁大型要点施工项目全部完工。

8日

△郑州市政府第47次常务会议召开，原则通过《关于在公民中开展法治宣传教育的第七个五年规划（2016—2020年）》《关于促进科技和金融结合的意见》《关于建设郑洛新国家自主创新示范区实施方案》和《关于贯彻落实〈国家创新驱动发展战略纲要〉的实施意见》。

11日

△中央军委国防动员部部长盛斌到郑州市调研征兵和非公有制企业武装工作。盛斌一行察看郑州市第二人民医院二七区征兵体检工作，并与应征青年和家长亲切交流互动。在郑州宇通公司，盛斌一行观看企业宣传片，参观了部分生产车间和产品。在随后举行的座谈会上，盛斌听取郑州市征兵工作基本情况和宇通公司武装部、民兵组织建设等情况汇报以及基层武装部、非公有制企业代表的意见和建议。

12日

△河南省政协主席叶冬松率省政协视察团到郑州视察大气污染治理工作。视察团一行先后到市城市管理局、中原区和昌澜景在建工地、郑州裕中能源有限责任公司、郑州瑞泰耐火科技有限公司、郑州金星啤酒有限公司等处，详细了解郑州市大气污染治理情况，并召开座谈会，听取相关部门关于大气污染防治工作汇报及部分政协委员对大气污染防治工作的建议。

14日

△北京时间今日凌晨，郑州籍运动员董栋在里约奥运会男子蹦床项目中，摘得1枚银牌。从2008年北京奥运会获得铜牌开始，到2012年伦敦奥运会圆梦夺金，再到里约奥运会摘得银牌，董栋成为在奥运会上获得奖牌最多的蹦床运动员。

16日

△我国发射世界首颗量子科学实验卫星，郑州制造为其搭建信号传输“高速公路”。凌晨1时40分，在酒泉卫星发射中心，长征二号丁运载火箭成功将我国自行研发的世界首颗量子科学实验卫星“墨子号”送入预定轨道。郑州航天电子技术有限公司为卫星研制生产全套51根电缆和卫星所用90%以上的电连接器，打造整星信号电路传输的“高速公路”。

17日

△郑州成立河南省首个专门用于帮扶困难党员的专项基金。郑州市民政局、郑州慈善总会共同发起的“郑州市困难党员帮扶基金”正式成立，民政局、慈善总会、爱心企业党组织纷纷行动起来，首次注入善款157540元。

18日

△8时30分，G55398次高铁列车从郑州东站缓缓驶出，郑徐客专按图运行试验拉开帷幕。

19日

△中国晚报工作者协会第31届年会（简称“晚协”）在郑州举行。来自全国各地189家晚报社社长、总编辑齐集一堂，共商传媒融合发展大计。会议决定成立“中国晚报工作者协会新媒体发展委员会”，发布《中国晚协媒体融合郑州宣言》，启动河南十八省辖市融媒体“新闻云”。中华全国新闻工作者协会党组副书记、书记处书记高善罡，中国晚协会长任欢迎出席开幕式并致辞。河南省委常委、郑州市委书记马懿出席开幕式并讲话。

△郑州市轨道交通2号线一期工程正式开通试运营，加上2013年通车的1号线一期工程，郑州从此迈入双线地铁运营时代。

21日

△中国中部电子商务港首期四大项目——香港商会大厦、京港大厦、金融风情小镇、中非跨境电商城在郑州航空港实验区港尉新区奠基。中国中部电子商务港总占地面积5平方公里，主要依托郑州航空港独特的区位优势，以香港工商总会、中国企业家领袖联合会等

平台，致力于打造中原地区最大的物流基地和电子商务交易平台。其中，先期由中国九环（香港）投资控股集团携手中国京粤港投资控股集团、中国国际经贸投资集团、深圳河马资本管理有限公司等国内知名企业共同投资兴建的香港商会大厦、京港大厦、金融风情小镇等项目计划总投资60亿元。

△以“安全保障、创新引领”为主题的2016中国电动汽车百人会夏季论坛在郑州举行，来自行业主管部门、中国工程院、汽车制造企业等领域权威专家出席论坛，围绕电动汽车安全、技术与政策走势展开交流研讨。在高层论坛上，河南省副省长张维宁、中国电动汽车百人会理事长陈清泰先后致辞。论坛还对外发布了中国电动汽车百人会研究成果——《电动汽车安全报告》。

22日

△工信部正式批复同意建设郑州互联网国际通信专用通道。郑州市成为继杭州、重庆、南京、武汉、宁波等城市之后全国第14个获批建设国际通信专用通道的城市。国际通信专用通道是为疏通企业国际互联网业务需求，以园区为接入单位、以企业为服务对象的信息通信基础设施，是实现企业本地网络到国际互联网出入口直连的专用通道，由工信部根据有关要求审批，由三大基础电信运营企业负责建设和运营。

23日

△河南省副省长王艳玲到中牟县调研医改工作。王艳玲一行先后到大孟镇卫生院、大孟镇土寨卫生所、县妇幼保健院，就县域医改、签约服务、369人才工程等工作开展情况进行实地调研。随后，召开座谈会，中牟县就医改情况进行专题汇报。

24日

△郑州市政府第48次常务会议召开，原则通过《郑州市人民政府关于建设中国制造强市的若干政策》。

△郑州市与欧盟中国经济文化委员会签订战略合作框架协议。郑州市委常委、副市长薛云伟，欧盟中国经济文化委员会秘书长谢建中等参加签约仪式。

25日

△全市科技创新暨国家自主创新示范区建设动员大会在嵩山饭店召开。郑州市委副书记、代市长程志明就全市科技创新和国家自主创新示范区建设进行动员部署。市委常委、常务副市长孙金献宣读《郑州市人民政府关于授予李高鹏同志第六届郑州市科学技术特别贡献奖的决定》和《郑州市人民政府关于2016年度郑州市科学技术奖获奖项目的通报》。

△“郑州市荣膺全国双拥模范城七连冠”挂牌仪式在市政府办公楼前举行。驻军官兵和全市各界群众代表共600人参加仪式。

△郑州市政府与中国移动河南公司签订“智慧城市”大数据云计算中心建设战略合作框架协议。

△河南省委常委、郑州市委书记马懿，市委副书记、代市长程志明在郑州会见奇酷互联网科技深圳有限公司总裁祝芳浩一行。会见结束后，郑州航空港经济综合实验区与奇酷公司举行有关项目签约仪式。

△郑州市十四届人大常委会第二十一次会议闭幕。会议表决通过市政府关于郑州市2016年上半年国民经济和社会发展计划执行情况的报告、关于《郑州市大气污染防治条例》贯彻执行情况的报告；表决通过郑州市2015年财政决算和2016年1—6月份财政预算执行情况的报告。

△郑州市政府下发《关于加快国家区域性会展中心城市建设意见》，提出郑州建设“国家区域性会展中心城市”五年发展目标及打造“国际会展名城”的中长期发展目标。

△郑州市委、市政府召开“十三五”时期轨道交通建设专题会议。会议强调，要全力加快轨道交通建设，不断提高城市公共交通出行分担率，建设公交都市，完善城市功能，加快推进城市现代化国际化步伐。

26日

△郑州市委、市政府召开大气污染防治、新型城镇化建设新三年行动计划工作推进会。会议要求，全市上下要认真学习贯彻省长陈润儿的督查讲话精神，坚持深化、细化、常态化推进大气污染防治工作，加快推进新型城镇化新三年行动计划实施，确保空气质量持续好转、新型城镇化建设取得更大成效。

27日

△在27日举行的2016中国500强企业高峰论坛上，中国企业联合会、中国企业家协会连续第15次向社会发布“中国企业500强”名单。郑州市两企业入围，郑州宇通集团有限公司位居第342位，登封电厂集团有限公司位居第490位。

△国家卫计委副主任王国强、国家卫计委疾控局局长于竞进率国家卫计委调研组，到郑州市就免疫规划工作进行调研。调研组一行先后到郑州人民医院预防接种门诊、南阳新村社区卫生服务中心预防接种门诊、市疾控中心等地调研疫苗采购及预防接种工作情况。随后，召开座谈会，听取市卫计委关于郑州市免疫规划工作的汇报。

29日

△郑州四县（市）登榜全国工业百强。工业和信息化部直属研究机构——中国信息通信研究院在北京正式发布《2016年中国工业百强县（市）发展报告》。河南九县（市）上榜，郑州市新密、荥阳、新郑、登封入围。

31日

△郑州进境粮食指定口岸项目在郑州铁路集装箱中心站海关监管区内动工开建。郑州进境粮食指定口岸是我国获批设立的首个不沿海、不沿边、不沿江的内陆粮食口岸。其中，一期占地2.73公顷，建筑面积3000平方米，投资1500万元，项目选址在郑州铁路集装箱中心站内，将建中转仓、截留仓、熏蒸区、视频监控系统、信息化系统、检疫检测实验室等；二期占地16.53公顷，投资5亿元，项目位于经开区经北四路以南、第十六大街以西、经北一路以北、第十四大街以东，将重点探索进口粮食保税加工、期货交割、配额交易、跨境电商等更多创新业态，积极打造国内外知名的进口粮食交易分拨中心。

△两个互联网医疗项目落户航空港。河南互联网医院与国际互联网肿瘤会诊中心项目在郑州正式签约。这两个“互联网+医疗”项目将连接国内外医疗资源，让人们在家中即可选择专家远程看病。

△国家发改委正式批复《新建郑州至济南铁路可行性研究报告》，河南省“米”字形高速铁路网最后一“点”终于敲定。根据规划，郑济高铁将于2020年建成，通车后郑州至济南仅需1个多小时。

9月

1日

△河南省委副书记、省长陈润儿到郑州市调研工业大气污染防治工作。陈润儿一行实地察看郑州市高新区的郑州泰祥热电公司热电机组超低排放改造和环保监控等情况，听取该公司基本情况及工业大气污染防治工作情况汇报。陈润儿指出，大气污染防治工作是与人民群众“同呼吸、共命运”的大事，要让蓝天白云成为常态。

△郑州安图生物工程股份有限公司在上海证券交易所举行上市仪式。安图生物是郑州市医药生物产业的领军企业，主要从事体外诊断试剂及仪器研发、生产、销售，承担“863”计划等多项国家、省、市重大科研项目。

2日

△全市对外开放工作大会在嵩山饭店召开。会议强调，全市上下要抢抓自贸区获批建设机遇，进一步扩大对外开放，全面提升城市国际化水平，努力开创郑州对外开放新局面，加快郑州向国家中心城市迈进步伐、推进国际商都进程。

3日

△郑州试点刑事案件认罪认罚从宽制度。全国人大常委会今日表决通过决定，授权最高人民法院、最高人民检察院在18个城市开展刑事案件认罪认罚从宽制度试点工作。两高将会同有关部门根据这一决定，制订试点办法。试点期限为两年。18个试点城市分别是北京、天津、上海、重庆、沈阳、大连、南京、杭州、福州、厦门、济南、青岛、郑州、武汉、长沙、广州、深圳、西安。

6日

△郑州出口加工区B区通过国家验收。受国家联合验收组委托，郑州海关与河南出入境检验检疫局、省发改委等10个单位组成联合验收组，经过现场评审后，一次性通过对河南郑州出口加工区B区的验收。

△中国（郑州）全球水果供应商航空论坛在郑州新郑国际机场举行，来自国际知名水果进出口商、航空货运企业、物流企业及新闻媒体的嘉宾200余人参会。这是河南自贸区获批后首个民生类航空盛会，来自智利、美国、加拿大等国的近50家国外水果商参会。

△全市政法信访稳定暨平安建设工作会议召开。会议要求，要进一步提升全市政法信访工作水平，推进依法治市、平安郑州建设，为加快郑州向国家中心城市迈进、推进国际商都进程营造良好的社会环境、法治环境。

7日

△第七届中航国际通用航空发展（郑州）论坛暨2016年客户峰会在郑州举行。此次论坛以“创新、变革、可持续发展”为主题，来自国家有关部委、民航总局、中航工业等单位以及全国通航厂商、运营商和服务商等多家企业的220多名代表参加论坛。中国航空技术国际控股有限公司副总裁张辉，郑州市委副书记、代市长程志明，美国科特勒咨询集团董事局主席米尔顿·科特勒分别致辞。

△国网河南省电力公司与郑州市政府签署“十三五”时期电网发展合作框架协议。省委常委、市委书记马懿，市委副书记、代市长程志明，省电力公司总经理侯清国等出席签约仪式。程志明、侯清国分别代表郑州市人民政府和省电力公司签订合作框架协议。

△全市大气污染防治专项整治推进会召开，对郑州市小散乱差专项整治工作进行再动员、再部署。会议下发《郑州市大气污染专项整治工作督导互查考核方案》。

9日

△2016中国（郑州）国际期货论坛在郑州国际会展中心开幕。中国证券监督管理委员会副主席方星海，中央政策研究室原副主任、中国国际经济交流中心副理事长郑新立，交通银行副行长沈如军，国务院发展研究中心市场经济研究所原所长、研究员任兴洲，中国证监会期货监管部主任冉华等国家相关部门负责人及专家学者出席论坛。河南省副省长张维宁，郑州市委常委、常务副市长孙金献出席论坛。芝加哥商交所集团董事总经理兼亚太区主管柯睿慈，诺贝尔经济学奖得主、美国经济学家迈伦·斯科尔斯出席论坛。此次论坛主题为“把握新常态 开创新格局”，由郑州市人民政府、郑州商品交易所、芝加哥商业交易所联合主办。

10日

△郑徐高铁正式载客运营。6时31分，由郑州铁路局担任客运任务的G1908次列车由郑州东站开出，向徐州方向驶去，标志着郑徐高铁正式开通运营，同时意味着我国东部和西部高铁首次实现直连。从郑州到徐州行程缩短到1.5小时左右，郑州到上海行程缩短至4小时左右。

14日

△全市煤炭行业化解过剩产能推进会召开，动员全市各级各有关部门加大力度、加快进度，狠抓落实，确保完成全年煤炭行业化解过剩产能任务。

15日

△郑州制造助力天宫二号飞天。22时04分，举世瞩目的“天宫二号”成功飞天，而发射“天宫二号”火箭所用46.8%的电连接器是由位于郑州的企业——航天693厂生产。

18日

△2016年河南省“全国科普日”郑州主场活动暨科普中原云上线仪式在郑州市科技馆举行。

19日

△2016“创响中国”巡回接力郑州站活动在郑州国际会展中心启幕。中国科学院院士、中国科学技术协会副主席沈岩，河南省副省长徐济超，郑州市副市长刘东等出席启动仪式。2016“创响中国”巡回接力是全国“大众创业万众创新活动周”的预热活动，先后由全国首批17个“双创”区域示范基地所在省、直辖市或地方政府主办。郑州站是继广州、杭州、上海等城市之后的第12站。启动仪式上，沈岩向刘东授予“创响中国”会旗。

19—23日

△由郑州市纪委组织拍摄的5集大型廉政历史人物电视纪录片《正气贯古今》在中央电视台纪录频道播出。

21日

△最高人民法院党组成员、纪检组组长刘海泉一行莅临郑州市，视察郑州法院工作。刘海泉一行首先到新密法院米村法庭，实地察看“五小工程”、便民设施和廉政建设等情况，随后到郑州市中级人民法院参观大审判法庭、廉政文化建设展示区及“清风茶社”。

23日

△由郑州市政府主办，市工信委、市发改委、市科技局、市财政局、北京青年报业集团、南方报业传媒集团、郑州报业集团协办的“首届中国（郑州）新能源汽车及智能驾驶峰会暨河南新能源汽车展览交易会”在中原国际博览中心开幕。来自国内新能源汽车产业界、学术界、媒体界，以及地方主管部门代表近800人出席峰会。

25日

△中共郑州市第十一次代表大会在省人民会堂开幕。马懿代表中共郑州市第十届委员会向大会作题为《抢抓机遇 担当使命 加快发展 为向国家中心城市迈进而努力奋斗》的报告。

28日

△历时四天的中共郑州市第十一次代表大会在省人民会堂闭幕。会议通过《中国共产党郑州市第十一次代表大会关于中共郑州市第十届委员会工作报告的决议》《中国共产党郑州市第十一次代表大会关于中共郑州市纪律检查委员会工作报告的决议》。

△中共郑州市第十一届委员会第一次全体会议在嵩山饭店举行。会议选举产生新一届市委领导班子。马懿同志受中共郑州市第十一次代表大会主席团的委托主持会议。新当选的十一届市委常委是：马懿、程志明、靳磊、王跃华、黄保卫、张延明、王德山、周富强、焦豫汝、王鹏、张俊峰、杨福平。马懿当选为市委书记，程志明、靳磊当选为市委副书记。

29日

△河南省委常委、郑州市委书记马懿主持召开中共郑州市第十一届委员会第一次常委会议。会议就市委常委分工和围绕“四重点一稳定一保障”工作格局建立“党委加强领导、政府充分履职、人大政协共同参与的责任明晰、工作有序、运转高效”的工作领导推进机制进行研究。

10月

1日

△位于中牟县境内的郑州海宁皮革城正式投入运营。郑州海宁皮革城项目总投资约8亿元，用地面积约10.4公

顷。继2011年10月新乡海宁皮革城入驻河南后，郑州海宁皮革城是海宁中国皮革城挺进中原的第二站。

10日

△第八届全国小城镇篮球邀请赛开幕式在新密举行。本届赛事由国家发展改革委城市和小城镇改革发展中心主办，新密市政府承办。来自河北、江苏、福建、山东、青海等省份城镇的12支代表队参加比赛。

12日

△郑州市委副书记、代市长程志明在郑州会见宝能集团、前海人寿董事长姚振华一行。会见后，郑东新区管委会与宝能集团签署战略合作协议。

△市十四届人大常委会召开第二十二次会议，决定任命王跃华为郑州市人民政府副市长。会议还决定，接受孙金献、薛云伟辞去郑州市人民政府副市长职务的请求，并报郑州市第十四届人民代表大会第四次会议备案。孙金献、薛云伟因工作变动，本人提出辞去郑州市人民政府副市长职务。

△“郑州造”直径12.14米土压平衡盾构机再创国内之最。由中铁装备集团联合中铁六局集团共同研制的土压平衡盾构机在郑州下线。该台设备刀盘直径达12.14米，是目前应用于国内铁路隧道最大直径的土压平衡盾构机。此设备的制造，填补了我国在大直径土压平衡盾构领域研发的空白，也标志着我国正式突破超大直径土压平衡盾构机设计与制造中的一系列关键技术。

13日

△郑州市举行2016第九个郑州慈善日活动仪式暨第三届郑州慈善风云榜颁奖典礼，现场募集善款1.72亿元，再创郑州市慈善日设立以来募集善款新高。

△为期4天的第二十二届郑州全国商品交易会在郑州国际会展中心开幕。河南省副省长赵建才出席开幕式并宣布开幕，郑州市委副书记、代市长程志明致辞，副市长黄卿主持开幕式。此届郑交会参观人数接近21万人次，展会在国际化、专业化、便民服务、绿色办会等方面，较往届都有很大的提升，境外企业的参展规模更是创下历届之最。此届郑交会由省政府主办，市政府、省商务厅承办。展览面积8万平方米，其中室内展览面积6.5万平方米，按照区域和行业划分境外商品、跨境电商、消费电子等11个商品展区，参展商品数万种。此届郑交会在国际招商方面取得成效，境外展区参展面积1.3万平方米，占室内总面积的20%。境外商品展区汇集来自英国、波兰、比利时、德国、西班牙、丹麦、塞浦路斯、牙买加、韩国、澳大利亚等20多个国家的数万种商品。

13—14日

△全国人大常委会副委员长艾力更·依明巴海率全国人大常委会安全生产法执法检查组一行到郑州，开展安全生产法执法检查。检查组一行先后到河南电子口岸服务中心、综保区跨境商品展示交易中心、智能终端（手机）产业园、郑州宇通客车股份有限公司、郑州煤矿机械集团股份有限公司、中国中铁装备集团股份有限公司、郑州国际陆港开发建设有限公司，实地检查并听取汇报。

15日

△全国大城市电视台联盟体工作委员会年会在郑州召开，来自37个大城市电视台的台长、副台长、频道总监等齐聚郑州，共同探讨城市台的创新与突围之道，携手同行、共谋发展。郑州市委常委、宣传部部长、副市长张俊峰参加会议并致辞。

△韩国橘子工厂项目落户郑州航空港。世航之窗、韩国橘子工厂及韩国德镐国际三方战略合作签约仪式在世航之窗旗下企业——郑州航空港实验区跨境电商示范园举行。按照合作协议，以跨境电商示范园为桥头堡，韩国橘子工厂将在中国中部地区加速拓展市场，计划年内在河南再开店5至10家。

16日

△第十一届中国郑州国际少林武术节在“天地之中”登封开幕。全国政协副主席齐续春出席开幕式并宣布武术节开幕。河南省委副书记、省长陈润儿，国家体育总局副局长高志丹，省委常委、宣传部部长赵素萍，省委常委、市委书记马懿，省军区司令员卢长健，副省长张广智，省政协副主席龚立群等出席开幕式。国家体育总局武术运动管理中心主任张秋平，国际奥委会委员、香港奥委会主席霍震霆，以及国际武联官员，厄瓜多尔、塞尔维亚等国驻华使馆官员，友好城市代表出席开幕式。开幕式由武术节组委会主任、省体育局局长张文深主持。市领导程志明、靳磊、白红战、张俊峰、尚守道等出席开幕式。市委副书记、代市长程志明致欢迎辞。此届武术节为期5天，由国家体育总局武术运动管理中心、中国武术协会、河南省体育局和郑州市人民政府主办。活动安排包括群众武术展演、武术竞赛、武术段位培训、论文报告会和闭幕式等。

△首届楚河汉界世界棋王赛决出棋王。首届楚河汉界世界棋王赛在河南荥阳黄河之南、鸿沟之边的广武山上举行。河南省副省长张广智，国际奥委会委员、世界象棋联合会主席霍震霆，省体育局局长张文深，市委副书记、代市长程志明，国家体育总局棋牌运动管理中心副主任、世界象棋联合会第一副主席、中国象棋协会主席陈泽兰，欧洲象棋联合会副主席鲁道夫·莱德，北美洲象棋联合会会长郑勤霖，亚洲象棋联合会秘书长林关浩等出席开幕式。首届楚河汉界世界棋王赛由世界象棋联合会主办，中国象棋协会、河南省体育局、郑州市人民政府承办，郑州市体育局、荥阳市人民政府、河南天伦集团协办。经过5个多小时的对弈，棋手郑惟桐一举夺冠。

△“丝路名人郑州行暨爱上郑州——2016郑州城市形象海外推广活动”正式启动。柬埔寨新闻部副部长谢占波立波，郑州市委常委、宣传部部长、副市长张俊峰等出席启动仪式。在此次郑州城市形象海外推广活动中，来自老挝、柬埔寨、缅甸的媒体名人及中国国际广播电台东南亚中心记者一行在郑州进行为期一周的采访活动。

17日

△河南省政协副主席史济春、龚立群、梁静率省政协视察团一行莅临郑州，视察南水北调中线沿线水质保护工作。视察团一行先后到中原西路南水北调生态廊道示范段、南水北调中原西路23号泵站、南水北调穿黄工程等地，详细了解郑州市南水北调中线沿线水质保护工作。

△郑州市决战“十三五”时期轨道交通建设动员会举行。会议指出，郑州轨道交通建设要创造“五个一流”，即：一流的工程速度、一流的工程质量、一流的工程安全、一流的运营水平、一流的服务保障，为郑州市实现“两个率先”、加快推进国际商都建设、向国家中心城市迈进提供坚强支撑。

18日

△全国人大农业与农村委员会副主任委员郭庚茂带领全国人大农委调研组到郑州开展调研活动。调研组一行先后到航空港实验区智能终端（手机）产业园、园博园B区地下商业施工现场、菜鸟网络中国智能骨干网项目现场、新郑国际机场T2航站楼和GTC换乘中心进行实地调研，并听取相关工作汇报。

20日

△郑州市第十四届人民代表大会第四次会议闭幕。会议选举程志明为郑州市人民政府市长。

△历时5天的第十一届中国郑州国际少林武术节闭幕。市领导靳磊、王璋等出席闭幕式。市委副书记、市委秘书长靳磊致闭幕词。此届少林武术节，共有来自68个国家和地区的200多个团队、2300多名选手参加。在此届武术节的武术竞赛项目中，东道主郑州市派出两支代表队共40名选手参赛，共获35个一等奖、22个二等奖和21个三等奖。

21日

△郑州市委举行中心组（扩大）学习会，邀请全国政协常委、民建中央副主席、政协上海市第十二届委员会副主席、民建上海市委主委周汉民围绕自贸区建设作专题报告。河南省政协副主席、民建省委主委龚立群等应邀参加学习会。郑州市委副书记、市长程志明主持学习会。白红战、王璋等在郑的市委中心组成员参加学习会。

△郑州大学第三附属医院暨河南省妇幼保健院新区医院开工奠基仪式在中牟县举行。郑大三附院新区医院位于中牟县绿博文化产业园区，郑开大道以南、紫襄路以西、富贵四路以北、牡丹五街以东，地处郑开大道城市功能拓展轴中部。医院规划建筑面积约21.4万平方米，规划建设床位999张。

25日

△河南省委常委、郑州市委书记马懿在郑州会见由卢森堡议会法律委员会主席、绿党党团主席薇薇安·罗斯切特带领的卢森堡多党代表团一行，双方就进一步加强经贸等领域的合作进行深入交流。

△郑州市政府第50次常务会议，原则通过《郑州市2016—2017年度冬季大气污染防治工作方案》和《郑州市重污染天气应急预案》。

26日

△郑州市委、市政府召开全市重点工作观摩讲评暨“四重点一稳定一保证”工作推进会。会议要求，全市上下要认真贯彻落实市十一次党代会精神，紧紧围绕“四重点一稳定一保证”工作总格局，建立完善“党委加强领导、政府充分履职、人大政协共同参与的责任明晰、工作有序、运转高效”的工作推进机制，努力确保市十一次党代会确定的目标任务顺利实现。市委副书记、市长程志明就当前重点工作进行全面部署。

△国家统计局总经济师李晓超带领国务院第三次全国农业普查督查组莅临郑州，督查第三次全国农业普查工作。督查组一行先后到荥阳市广武镇、荥阳市统计局，实地察看普查工作准备情况，详细了解机构组建、设备装备、活动宣传、“两员”选聘等工作落实情况。

27日

△郑州市委常委会议召开，传达学习省委组织部关于中组部检查组选人用人反馈意见通报暨整改工作动员会、整改交办事项工作会精神，研究郑州市贯彻落实意见。

△郑州市委、市政府与郑州铁路局举行工作座谈会，就深化合作有关事项进行充分沟通协商，达成广泛共识。座谈会上，双方分别通报重点项目建设情况，并就有关项目建设需要解决的问题进行协商。

28日

△“嵩山论坛——华夏文明与世界文明对话”2016年会在郑州国际会展中心开幕。全国人大常委会副委员长张宝文出席论坛并致辞。日本前首相鸠山由纪夫，河南省人大常委会副主任蒋笃运，副省长、嵩山论坛组委会主任张广智，省政协副主席梁静，北京大学高等人文研究院院长杜维明，中国社科院学部委员、国家金融与发展实验室理事长李杨，中国文物学会副会长李季，中国国际文化交流中心秘书长丁奎淞，北京大学校务委员会副主任、北京大学汇丰商学院院长海闻等出席论坛。2011年诺贝尔经济学奖获得者托马斯·萨金特，美国天普大学对话研究院创始人雷奥纳多·斯维德勒，印度哲学研究理事会会长西德什瓦尔·拉姆斯瓦尔·巴特等国外专家学者出席论坛。省政府党组成员、省文化体制改革领导小组副组长路国贤，省委宣传部常务副部长王耀等，郑州市委常委、宣传部部长、副市长张俊峰，市人大常委会副主任周长松，市政协副主席薛景霞等出席论坛。

△国务院安全生产委员会第五巡查组延伸巡查郑州市动员会召开，巡查组组长李世明出席会议并讲话。市委副书记、市长程志明主持会议并做表态发言。市委常委、常务副市长王跃华代表市政府汇报全市安全生产工作情况。

29日

△为期两天的“嵩山论坛——华夏文明与世界文明对话”2016年会闭幕。来自世界各国各地学者专家、智库界、企业界嘉宾围绕“转化与创新：迈向对话文明”主题，在嵩山脚下举行一场激荡思想、启迪智慧的交流，取得丰硕成果，在国内外引起广泛关注。河南省副省长、嵩山论坛组委会主任张广智出席闭幕式并致辞。省文化厅厅长、嵩山论坛组委会副主任杨丽萍主持闭幕式。郑州市委常委、宣传部部长、副市长张俊峰出席闭幕式。中国国际文化交流中心秘书长丁奎淞，俄联邦政府金融学院哲学系主任、俄罗斯哲学学会第一副会长、俄罗斯生态研究会会员亚历山大·尼·丘马科夫教授，德国特里尔大学汉学系教授卜松山，中央党校哲学教研部人文研究室主任、嵩山论坛组委会主任乔清举，中国资源卫星应用中心主任、国际宇航科学院院士徐文，欧盟中国城市发展委员会主席张毅，三全集团董事长陈泽民等分别进行了主旨演讲并参加闭幕式。

△郑州市政府召开全市冬季大气污染防治工作会议，通报前一阶段大气污染防治工作情况，对全市冬季大气污染防治工作进行安排部署。

30日

△备受市民关注的郑州旅游年卡今日全面启动发行。这也是郑州市首次发行旅游年卡，市民只需花费100元就可游览27家景区。

11月

6日

△全国政协文史和学习委员会副主任李家祥、孙庆聚带领全国政协专题调研组一行莅临郑州，就大运河申遗成功后的保护和利用情况进行专题调研。调研组一行先后到大运河通济渠郑州段中州大道东段、大运河通济渠郑州段天河路东段以及惠济桥，实地察看大运河沿岸文化风景，听取相关工作人员汇报，详细了解大运河申遗成功后的综合保护利用情况。

7日

△中央学习贯彻中共十八届六中全会精神宣讲团宣讲报告会在郑州举行。中央宣讲团成员、中央政策研究室副主任潘盛洲作题为《新形势下加强和规范党内政治生活 加强党内监督的根本遵循》的报告，河南省委书记、省人大常委会主任谢伏瞻主持报告会。

△2016中国（郑州）产业转移系列对接活动在郑州国际会展中心开幕。河南省省长陈润儿、工业和信息化部部长苗圩、中国工程院院长周济共同启动开幕装置，并见证项目签约。省委常委、省政府党组副书记翁杰明主持开幕式。莫桑比克马普托省省长雷蒙多·迪翁巴，中国工程院副院长田红旗，省委常委、郑州市委书记马懿，副省长徐济超、赵建才、张维宁等出席开幕式暨签约仪式。开幕式前，与会领导与嘉宾一起参观了第九届郑州国际汽车展览会暨首届新能源智能汽车展览会。

△工业和信息化部部长苗圩莅临郑州调研。苗圩一行到宇通客车新能源工厂，详细了解宇通新能源客车的研发、生产、市场占有率等有关情况。

10日

△郑州市委常委（扩大）会议召开，传达学习省十次党代会、十届省委第一次全体会议和十届省委常委会第一次会议精神，研究部署郑州市贯彻落实意见。

11日

△郑州首条洲际直飞航线首航。四川航空公司和河南机场集团在郑州新郑国际机场T2航站楼出发厅举行仪式，加拿大联邦参议员胡子修、加拿大BC省列治文市议员、代市长区泽光专程到郑州参加仪式。上午12时许，河南省副省长赵建才宣布：“河南郑州至加拿大温哥华洲际航线正式开通。”一个多小时后，郑州—温哥华首个航班3U8501从

郑州新郑国际机场起飞，直达温哥华机场。该航班为一周两班。

△郑州市委、市政府召开全市经济社会发展四个重点工作推进领导小组工作汇报会。会议强调，全市上下要牢固树立以人民为中心的发展思想，让人民群众有更多的获得感。

12日

△郑州航空港实验区跨境电商示范园南美馆正式对外开放，标志着在提速融入“一带一路”倡议背景下，郑州航空港外向型经济发展掀开新的一页。

△河南省首家通用航空产业创客中心在郑州成立。未来该中心将围绕地区通航产业发展，搭建一个技术、信息、人才与资金交流互助的平台。

△郑州市入选全国服务外包示范城市。今日，财政部、国家税务总局、商务部、科技部、国家发展改革委五部门联合发布通知，10个新增服务外包示范城市可享受技术先进型服务企业所得税优惠。通知明确，适用这一税收优惠政策的城市包括沈阳、长春、南通、镇江、福州（含平潭综合实验区）、南宁、乌鲁木齐、青岛、宁波和郑州10个新增中国服务外包示范城市。

13日

△国家技术转移郑州中心运营机构揭牌仪式暨2016中国（北京）跨国技术转移大会郑州对接会举行，标志着国家技术转移郑州中心正式进入运营阶段。位于郑东新区的国家技术转移郑州中心是继北京中关村之后，科技部批复设立的全国第二家区域性国家技术转移中心。仪式上，河南省中原技术转移中心有限公司作为国家技术转移郑州中心的运营机构，分别与国际技术转移协作网络（ITTN）和中国技术产权交易所签约。

15日

△郑州市委常委会议召开，传达学习贯彻中央第五环保督察组督察河南情况反馈会及全省大气污染防治攻坚战第三次推进会精神，研究郑州市贯彻落实意见。

16日

△按照河南省委统一安排和部署，省委宣讲团在郑州市举行中共十八届六中全会精神首场报告会。省委常委、市委书记马懿出席并主持报告会。省委宣讲团成员、省委副秘书长、省委省直工委书记李恩东作十八届六中全会精神宣讲报告。程志明、靳磊、王璋等在郑的副市级以上领导干部出席报告会。

△由孔子学院总部、国家汉办、美国大学理事会和河南省教育厅汉语国际推广办公室主办，郑州市教育局承办的“汉语桥——美国校长访华之旅”中美校长交流会在郑州第四十七中学举行。美国大学理事会官员、27位美国中小学校长和学区负责人访郑交流。美方与郑州第九中学、郑州第四十七中学等学校建立了友好学校关系，并现场签署17份谅解备忘录，双方将在增进师生交流，合作开设汉语课程等方面进一步加强合作。

△河南省委常委、省纪委书记任正晓一行到郑州市，就深入推进全面从严治党、加强党风廉政建设情况进行调研。省委常委、市委书记马懿全面介绍郑州经济社会发展和市委履行党风廉洁主体责任情况，以及在推进“四重点一稳定一保证”方面所做的工作。

17日

△郑州市政府第51次常务会议，原则通过《郑州市“十三五”时期电动汽车充电基础设施发展规划》《郑州市加快电动汽车充电基础设施建设若干政策》《郑州市行政审批中介服务事项清单目录》和《郑州市完善法律援助制度的实施意见》。

18日

△郑州首班汽车整车进口专列接车仪式在郑州铁路集装箱中心站举行。80辆进口汽车“包下”郑欧班列抵达郑州，这标志着郑州汽车整车进口口岸进入新的里程碑式发展阶段。此次郑州汽车整车进口专列是我国所有中欧班列中载运进口汽车货值最大、数量最多的一班返程班列，共拉载77辆路虎揽胜和3辆宾利飞驰，货值达1.2亿元。

19日

△团市委设立的郑州首家以婚恋交友为主题的青春家园成立。

20日

△“只有”主题演艺公园落户郑州文创园签约仪式暨艺术论坛在郑州举行。河南省委常委、郑州市委书记马懿，副省长张广智，市委副书记、市长程志明等，著名导演王潮歌，建业集团董事长胡葆森，著名作家李佩甫、郑彦英、孙荪等出席签约仪式。该项目由王潮歌导演与河南建业集团共同打造，规划占地约26.67公顷。

22日

△郑州市教育局公布《关于做好气象灾害红色预警响应停课安排工作的通知》，明确相关预警标准及响应措施。

24日

△河南省副省长徐济超带领省科技厅、财政厅、航空港领导小组办公室等单位负责人到郑州高新区，调研国家自主创新示范区建设发展情况。徐济超一行先后到万特电器、新天科技、郑州机械研究所、信大先进技术研究院，详细了解企业研发、销售和产学研合作等情况。

25日

△郑州市十四届人大常委会第二十三次会议闭幕。会议表决通过郑州航空港经济综合实验区关于主导产业集聚发展情况的报告、市政府关于郑州市现代农业技术推广工作情况的报告、郑州市人民代表大会常务委员会关于在全市开展第七个五年法治宣传教育的决议、郑州市人民代表大会常务委员会关于全市县（市）区、乡（镇）两级人民代表大会换届选举时间的决定、郑州市第十四届人民代表大会代表变化情况的代表资格审查报告。会议还表决通过有关人事任免案，并向新任命人员颁发任命书。新任命人员举行宪法宣誓仪式。

△市政府办公厅印发《郑州市建设中国制造强市若干政策实施细则》，将“政策”分为奖励资金类和扶持措施类，每年3月底前完成申报受理，5月底前办理完毕。执行期限为2016年1月1日至2018年12月31日。

28日

△郑州市委常委会议召开，传达贯彻全国、全省社会治安综合治理创新工作会议精神，研究郑州市贯彻落实意见。

29日

△郑州市政府第52次常务会议，听取关于落实国务院第三次大督查和中央第五环境保护督察组反馈意见整改工作情况汇报，安排部署整改工作，原则通过全市深化国企改革“1+N”配套文件。

30日

△30日起，轨道交通1号线二期工程与运营的1号线一期工程全线贯通试运行，在工作日早晚高峰时段采用大小交路套跑运行。这标志着1号线二期试运行工作进入新阶段。

△由中国卫星遥感领域的泰斗、中科院院士童庆禧发起的国内首个“空间遥感大数据院士工作站”落户郑州，为精准农业、减灾防损提供科研保障。“郑州空间遥感大数据院士工作站”由中国科学院、河南云保遥感科技有限公司携手打造，落户于郑州经济技术开发区。

12月

5日

△郑州、开封两市在郑州召开郑汴一体化深度发展工作对接会。双方一致表示，要牢固树立“两市一家亲、携手共发展”理念，任务共担，携手并

进，继往开来，共同努力开创郑汴一体化深度发展新局面、新境界。河南省委常委、郑州市委书记马懿主持会议。开封市委书记吉炳伟，开封市委副书记、市长侯红，郑州市委副书记、市长程志明等出席会议。

6日

△全球“四大”会计师事务所之一的安永正式落户郑州。安永华明会计师事务所（特殊普通合伙）郑州分所以及安永（中国）企业咨询有限公司郑州分公司正式成立。这意味着郑州企业可以在家门口享受到国际化水准的审计税务、上市等服务。这也是首家进驻河南的全球“四大”会计师事务所。

7日

△市委、市政府召开郑州市创建国家食品安全示范城市动员会。河南省委常委、郑州市委书记马懿主持会议。省食药监局副局长余兴台出席动员会并讲话。市委副书记、市长程志明作动员讲话，副市长黄卿对郑州市创建工作进行系统安排部署。

8日

△郑州市委常委会议召开，研究贯彻全国、全省国有企业党的建设工作会议精神，中央巡视组巡视“回头看”反馈意见整改落实，贯彻中央、省农村精神文明建设会议精神，中央环境保护督察组反馈意见整改落实等工作。

9日

△河南省委常委、郑州市委书记马懿带领相关部门负责人到新密市约访下访，与上访群众面对面交流，现场研究解决疑难信访案件。新密市委书记蒿铁群等和新华路街道、牛店镇、来集镇、矿区服务中心、煤炭局等相关单位负责人参与群众接访。

△郑州市委、市政府与河南省国土资源厅召开工作座谈会，就不动产登记、耕地占补平衡、城镇空闲土地核查处置、国土资源执法监察等工作进行交流。省委常委、市委书记马懿，省国土资源厅厅长朱长青出席并讲话。市委副书记、市长程志明主持座谈会，市委常委、常务副市长王跃华介绍相关情况。

12日

△由郑州市政府、河南省科技厅、民建河南省委、河南省工商联支持，天明集团主办的第二届中国创客领袖大会暨双12中国创客日活动在郑州国际会展中心举行，大会倡议将郑州打造为中国创客城，成为中国创新创业的一片沃土。河南省委原书记徐光春，省委常委、郑州市委书记马懿，副省长徐济超，省政协副主席龚立群，国务院参事室新闻顾问、中央文史馆馆员赵德润，中国发明家协会副会长兼秘书长余华荣等出席大会。郑州市委副书记、市长程志明等参加大会。徐济超代表省政府致辞。中国创客领袖大会主席、天明集团董事长姜明致开幕词。与会嘉宾共同见证了《中国双创》书籍首发、河南青少年创客教育平台启动、中国创客微电影首映、未来商业领袖基金设立、中国创客爱心扶贫捐赠等仪式。由大会组委会联合凤凰网、亚布力中国企业家论坛、正和岛、创业邦、财视传媒等机构共同评选的“2016首届中国创客十大年度人物”在大会现场揭晓并颁奖，洪泰基金创始合伙人盛希泰、正心谷创新资本创始人林利军、微医集团创始人廖杰远、传播达人汇理事长张刚、中科金财创始人朱烨东、滴滴出行创始人程维、三全集团创始人陈泽民、新浪微博CEO王高飞、秦朔朋友圈创始人秦朔、优客工场创始人毛大庆当选首届十大年度人物。中国创客领袖大会组委会与首届中国创客十大年度人物共同发起倡议：把郑州打造成中国创客城，建设中国创客博物馆，创办中国创客大学。大会组委会与郑州航空港实验区签署了打造中国创客城战略框架协议。天明集团、优客工场、UFO众创空间三家企业签订战略合作协议。大会由中央电视台著名主持人张泽群主持。中国创客领袖大会联合主席、凤凰网CEO、凤凰卫视COO刘爽为大会致闭幕词。

14日

△郑州制造获中国好设计金银奖。由中国创新设计产业战略联盟、中国机械工程学会、光华设计基金会共同主办的2016中国创新设计大会在北京人民大会堂召开。来自郑州的中铁工程装备集团的“超大断面矩形顶管机”和郑州新大方重工科技有限公司承担的河南省重大科技专项“山地风电安装起重机”分别荣获2016“中国好设计”金奖和银奖。

15日

△河南省委常委、郑州市委书记马懿为全市领导干部上廉洁党课，开展“双节”前廉洁谈话。市领导程志明、靳磊、白红战、王璋等出席会议。

△郑洛新国家自主创新示范区核心区——郑州高新区举行12个重大产业项目集中签约仪式，总投资达255亿元。这标志着高新区在建设国家自主创新示范区，打造北斗云谷、千亿科技城道路上迈出重要一步。

16日

△郑州市政府第53次常务会议，原则通过《郑州市湿地保护条例（草案）》和《郑州市社会信用体系建设规划（2016—2020年）》。

17日

△以“中原的产业并购与一带一路”为主题的首届中原并购大会在郑州举行，数百位专家、学者与企业家共聚一堂，共商以资本为纽带的产业转型升级。河南省委常委、常务副省长翁杰明，郑州市委副书记、市长程志明出席会议并致辞。中国人民银行原副行长苏宁，中国保监会原副主席周延礼，中国并购公会创始会长王巍、会长尉立东等出席开幕式。本次活动由省金融办、省工信委、省工商联、郑州市政府与中国并购公会联合主办。600余位来自国内外装备、商贸、科技等各类机构与企业的代表以及并购领域重要机构代表与会讨论。会上，郑州国控产业发展投资公司与中国并购公会还签约成立百亿级中原海外并购基金，重点投向智能制造领域，为河南省产业并购增添生力军。

19日

△郑州大学医学科学院国际化示范学院正式揭牌。郑大成为中西部地区首个入选国家高等院校“国际化示范学院推进计划”的地方高校。高等院校“国际化示范学院推进计划”由国家外国专家局、教育部于2014年联合启动。这一计划以建设世界一流大学为目标，在高校院系成建制聘请外国专家，建立国际教学试验区，采用国际先进教学、管理模式，培养造就创新型人才。

20日

△河南省首批宅基地A类复垦券拍卖会在郑州举行。244家房地产企业报名参加竞拍活动，最后105家房地产企业将首批409.91公顷宅基地A类复垦券全部以封顶价每亩30万元价格买走。拍卖所得将全部返还贫困县，部分增值收益经核算后将直接打入易地搬迁群众一卡通账户内。

△上午10时许，随着郑州市委副书记、市长程志明，河南省通信管理局局长宋灵恩共同点亮水晶球，郑州互联网国际通信专用通道正式开通运行。这标志着郑州市拥有通达国际互联网的直连高速通道，信息集散中心和通信网络交换枢纽地位进一步得到巩固和提升。郑州互联网国际专用通道建设516G带宽能力，先期开通100G，共布设郑东新区、航空港区、经开区、高新区、金水区5个节点，将有效助力郑州国际电子商务、跨境物流、服务外包等外向型产业加快发展。

23日

△郑州航空港区“双创”示范经验向全国推介。国家发改委在北京举行专题新闻发布会，邀请郑州航空港经济综合实验区等六家示范基地向与会媒体介绍国家“双创示范基地”建设情况。

△市政府印发《郑州市“十三五”时期电动汽车充电基础设施发展规划》，对未来五年郑州市电动汽车充电基础设施进行规划。

△郑州入选中国会展最具办展幸福感城市。“2016会展产业展洽会暨第七届中国国际会议产业周”在国家会议中心闭幕。在本次展洽会上，经过网络投票，郑州市获授“中国会展最具办展幸福感城市”称号，这是继2016年荣获“中国优秀会展城市”“中国会展名城”“中国最具竞争力会展城市”之后，郑州在全国会展业取得的又一项荣誉。

26日

△郑州志愿服务指数全国居首。中国慈善联合会在北京发布第四届“中国城市公益慈善指数”。郑州市慈善综合指数位居全国第13名，中部地区第2名，其中，志愿服务指数居全国第1名。在综合指数排行榜前50名中，郑州市荥阳慈善总会位居第36名。

27日

△“互联网+政务服务”郑州全国排名第二。在北京举行的2016中国“新型智慧城市”峰会上，主办方——中国互联网协会、新华网、“蚂蚁金服”联合发布《中国新型智慧城市·蚂蚁模式》白皮书，同时发布全国335个城市“互联网+”社会服务指数排名。郑州在“互联网+政务服务”方面表现出色，以339.18分位居全国第二。

28日

△最高人民法院第四巡回法庭在郑州市揭牌，开始正式办公。最高人民法院党组书记、院长周强，河南省委书记谢伏瞻出席揭牌仪式并讲话。周强、谢伏瞻共同为第四巡回法庭揭牌，第四巡回法庭全体法官举行宪法宣誓仪式。周强、谢伏瞻和河南省委副书记、省长陈润儿考察第四巡回法庭诉讼服务中心、审判法庭等，并在座谈会上听取最高人民法院副院长、第四巡回法庭庭长景汉朝关于巡回法庭有关情况的介绍，与巡回法庭干警和有关方面代表进行座谈交流。

△郑州被确定为全国春运重点联络城市。2017年全国春运电视电话会议召开，交通运输部将郑州、北京、沈阳、上海、阜阳、福州、厦门、济南、武汉、广州、成都、重庆等12个城市确定为春运重点联络城市。春运期间，交通运输部将建立部、省、市联动工作机制，及时了解掌握重点城市春运工作动态。

△中原城市群发展规划获国务院批复。国务院发布《关于中原城市群发展规划的批复》，这意味着中原城市群跻身国家级城市群之列，河南省再添一个国家战略。国务院在《批复》中指出，原则同意《中原城市群发展规划》。

29日

△郑州市人大常委会接受吴天君辞去郑州市十四届人大代表职务的请求。根据代表法有关规定，吴天君的郑州市第十四届人民代表大会代表资格终止。

30日

△郑州市召开《郑州国家自主创新示范区发展规划纲要（2016—2025）》专家论证会。市委副书记、市委秘书长靳磊，省科技厅副厅长刘保民出席会议。副市长黄卿主持会议。

国家战略

国家中心城市建设

【概况】 国家中心城市提出的背景和内涵。2007年，原建设部上报国务院的《全国城镇体系规划（2006—2020年）》首次提出“国家中心城市”的概念。综合全国城镇体系规划内容、各级政府部门和专家学者的研究成果，国家中心城市是指在经济、政治、文化、社会等领域具有全国性重要影响、并能代表本国参与国际竞争的主要城市，它是国家战略区域或全国性经济中心，是全球产业链分工体系的重要功能节点，具有较强的管理、控制、整合和创新功能，在全国城镇体系中具有核心控制作用，在全球城市体系中具有重要功能节点作用的特大中心城市。

国家中心城市确定的三大原则。一是坚持与国家战略布局相统一。二是坚持与全国区域发展相协调。三是坚持区域分工合作、产业互补的原则。

国家中心城市呈现的五大特征。一是强大的聚集作用。二是雄厚的经济实力。三是突出的文化创新能力。四是完备的网络辐射体系。五是良好的生态环境。

国家中心城市具备的七大功能。一是经济集聚功能。二是空间辐射功能。三是综合枢纽功能。四是对外开放功能。五是文化创新功能。六是管理服务功能。七是生态保护功能。

郑州建设国家中心城市的重大意义。一是有利于强化郑州在国家发展大局中的带动力。二是有利于进一步强化郑州在国家发展大局中承东启西、贯通南北的战略支撑。三是有利于进一步强化郑州在国家发展大局中的区域服务功能。四是有利于打造内陆开放高地，服务和参与“一带一路”建设。五是有利于加快新旧动能转换，带动中原经济区和中部地区供给侧结构性改革。

【郑州建设国家中心城市战略谋划】 2016年10月，省委书记谢伏瞻在省十次党代会上明确提出：“以建设国家中心城市为目标，将郑州建成国际性现代化综合交通枢纽、中西部地区对外开放门户、全国重要的先进制造业和现代服务业基地；提升区域经济、金融、商贸、科技文化中心地位，推动周边城市与郑州融合对接，推进郑汴一体化深度发展，加快郑新、郑许、郑焦融合发展，建设组合型大都市地区，提升对全省发展的辐射带动能力”。为深入贯彻党中央、国务院和省委、省政府的重大决策部署，抢抓机遇，加快发展，省委常委、市委书记马懿先后主持召开市委议事会、市委常委会，明确要求全市上下要紧紧抓住建设国家中心城市这一重大历史机遇，深入研究郑州建设国家中心城市的基础条件、战略定位和发展方向，立足国家中心城市应具备的基本功能，结合郑州担当的国家使命、区域使命、城市使命，对标分析，精准发力，再梳理、再谋划、再提升，补短板，聚动能，切实加快国家中心城市建设步伐。全市上下全面贯彻落实中央、省委、市委重大决策部署，围绕《国家发展改革委关于支持郑州建设国家中心城市的指导意见》提出的7个领域、18条要求，着眼于“提升优势、补足短板、壮大规模、完善功能”，对建设国家中心城市工作进行深度谋划、深入研究。

【郑州建设国家中心城市指导思想】 郑州建设国家中心城市指导思想就是要坚持以国家中心城市建设为统揽，以航空港实验区建设为引领，以“大枢纽、大物流、大产业，建设国家中心城市”的“三大一中”为路径，以开放创新为动力，以全面加强党的建设为保证，新型城镇化、产业发展、生态建设协调推进，加快国家中心城市建设步伐。

【郑州建设国家中心城市总体目标】 郑州建设国家中心城市总体目标就是要加快建设“一枢纽一门户一基地四中心”，即国际性现代化综合立体交通枢纽、中西部对外开放门户、全国重要的先进制造业基地、国际物流中心、国家区域性现代金融中心、具有国际竞争力的创新创业中心、华夏历史文明传承创新中心，在引领中原城市群一体化发展、支撑中部崛起和服务全国发展大局中作出更大贡献。

【郑州建设国家中心城市战略举措】 郑州建设国家中心城市战略举措就是要重点“提升六个力”。一是提升枢纽带动力。发挥“多区叠加”优势，做实“多区联动”平台，加快完善“空铁公海”四港一体多式联运体系，抓好基地航空公司培育和中欧（郑州）班列拓展延伸，努力建成国际化现代化综合交通枢纽和全国内陆地区功能完善、集疏便捷、综合成本优势突出、多式联运的物流中心，不断提升郑州能级和综合服务功能。二是提升综合承载力。重点围绕优化完善大都市空间布局、提升基础设施的现代化智能化、公共服务的国际化优质化，构建森林、湿地、流域、农田、城市五大生态系统，推进城市功能提升、设施配套、科学管理更符合现代化国际化要求。三是提升产业竞争力。按照省委书记谢伏瞻提出的“发展现代服务业，做强高端装备制造业，构建郑州大都市战略支撑产业体系”和省长陈润儿提出的“技术向尖端化发展、产业向高端化发展、质量向顶端化发展”的要求，聚焦电子信息、汽车与装备制造、现代金融商贸物流、文化创意旅游、都市生态农业五大战略产业，着力做强先进制造业、做大现代服务业、做优都市农业，发展壮大新一代智能终端、电子核心基础部件、智能制造装备、生物医药、高端合金材料等产业，同时做好VR、增材制造、新能源等一批战略新兴产业的谋划研究和招商引资，加快发展网络经济、枢纽经济、口岸经济、健康经济，不断提升在全球供应链和价值链中的地位。四是提升开放创新驱动力。开放方面，紧紧围绕"买全球、卖全球"目标，融入"一带一路"战略，适应引领经济新常态、推进动力转换、抢占区域发展制高点，着力打造中西部对外开放门户。创新方面，以国家自主创新示范区建设为载体，围绕产业链、创新链、人才链、资本链、政策链"五链"统筹，推进郑州"黄河创新谷"建设，引进国内外高水平大学和国家级科研院所在郑设立分支机构、技术产业研究院、中试基地，打造具有国际竞争力的创新创业中心。五是提升文化影响力。充分挖掘和利用郑州历史文化底蕴深厚的比较优势，坚持"在继承中发展、在发展中继承"，着力在传承保护历史文脉、发展壮大文化产业、深化对外文化交流上做文章，切实把文化资源传承好、保护好、宣传好、解释好，实现传统文化的创造性转化、创新性发展，进一步提升郑州在全球华人中的影响力。六是提升社会治理能力。全面推进以"放、管、服"改革为核心的法治政府建设，全面提升社会治理的社会化、法治化、智能化、专业化水平，把各方面的制度优势转化为发展优势，让广大群众在国家中心城市建设中有更多的获得感。

（李林晓　陈　琨）

中国（河南）自由贸易试验区

【概况】　中国自由贸易试验区是政府全力打造中国经济升级版的重要举措，其核心是营造一个符合国际惯例的，对内外资的投资都具有国际竞争力的国际商业环境。中国的自由贸易试验区既是国际贸易业务创新引领区、国际投资新规则试验区，也是政府职能转变的试验区，它是试验以开放促改革，以改革促转型发展的国家战略区域。

2013年8月22日，党中央、国务院决定设立中国（上海）自由贸易试验区，成为中国第一个自由贸易试验区。2014年12月12日，党中央、国务院决定设立中国（广东）自由贸易试验区、中国（天津）自由贸易试验区、中国（福建）自由贸易试验区。2016年8月31日，党中央、国务院决定设立中国（辽宁）自由贸易试验区、中国（浙江）自由贸易试验区、中国（河南）自由贸易试验区、中国（湖北）自由贸易试验区、中国（重庆）自由贸易试验区、中国（四川）自由贸易试验区、中国（陕西）自由贸易试验区。

【河南自贸区郑州片区空间布局和功能定位】　根据国家对河南自贸试验区"两体系一枢纽"的功能定位，郑州市组织商务、规划、国土和相关区块，制订上报郑州片区空间布局方案。片区面积73.17平方公里，涵盖经开区、郑东新区和金水区3个区块，面积分别为41.22平方公里、31.67平方公里和0.28平方公里。郑州片区在促进交通物流融合发展和投资贸易便利化方面推进体制机制创新，加快建设贯通南北、连接东西的现代立体交通体系和现代物流体系，将郑州片区建设成为服务于"一带一路"建设的现代综合交通枢纽、全面改革开放试验田和内陆开放型经济示范区，承载引领中原发展、支撑中部崛起的使命，加快推进国家中心城市建设。

【综合服务中心建设】　以打造国际化、市场化、法治化营商环境为目标，57天建成设施先进、功能完善的综合服务中心。大厅1层和2层总面积3673平方米，装修改造、设备调试、工作人员全部到位，经综合业务、职业礼仪、应急处理培训和模拟演练，已开展业务咨询受理、名称核准服务等试运营工作，完全满足业务办理需求。综合服务中心入驻部门17个，设办事窗口67个，梳理入驻事项211项，其中，行政审批类事项69项、公共服务类事项128项、其他事项14项，业务办理时长均有不同程度的压缩。初步整合商事登记、税务服务、外籍人士相关业务三类"一口受理"事项149项，占事项总数的71%。

【综合服务中心功能优化提升】　制订综合服务中心设置、运营、管理和完善提升方案，不断优化业务流程，整体水平全面提高。一是提升服务质量。按照限时办结的要求，进一步压缩事项办结时限，明确办事流程及责任人，实现定岗定责；进一步加强并联业务之间的协同性，优化部门间衔接流程，确保"一口受理"事项在部门之间平稳传递；开展"容缺受理"方面的复制及创新探索，形成郑州片区办事亮点。二是优化提升智能化支撑系统。进一步完善系统功能，以国际化为导向，筹备开发智能化系统英文版，实现双语显示、双语广播；开发办事人员身份识别系统、郑州片区电子地图等功能软件，提高办事效率；开通综合服务中心微信公众号和预约叫号系统App，方便群众办事。三是规范提升运营管理。进一步规范综合服务中心办事流程和标准化水平，加强人员业务素质培训，设立政务监督员，建立首席服务官制度和值班主任制度，做好周边交通组织和导引指示工作，进一步优化美化综合服务中心环境。

【片区实施方案编制】　全面贯彻落实河南自贸试验区总体方案，结合郑州片区发展情况，完成片区实施方案，经反复征求意见、专题会议研讨、市政府常务会议研究，修改完善后按时报送省自贸办。方案确定郑州片区发展的指导思想、战略定位、发展目标、功能布局、主要任务、创新措施和保障机制等内容，围绕智能终端、高端装备及汽车制造、生物医药等先进制造业，现代物流、国际商贸、跨境电商、现代金融服务、服务外包、创意设计、商务会展、动漫游戏等现代服务业，梳理出30个领域195条政策措施，涵盖加快政府职能转变、扩大投资领域开放、推动贸易转型升级、深化金融领域开放创新、增强服务"一带一路"建设的交通物流枢纽功能等内容，体现了系统化、集成化、本地化、具体化的试验方向和创新宗旨。

【产业招商】　紧紧围绕郑州片区功能定位和建设目标，研究策划重点基础功能项目、梳理优势产业项目，健全完善产业信息库、客商资源库、目标企业库、策划项目库"四库"建设，稳步推进招商推介工作。郑州片区内有企业2万多家，入驻世界500强71家、国内500强81家、行业10强52家。在片区筹备过程中，有上百家企业明确表示入驻意愿，并办理注册或变更手续。

（李林晓　陈　琨）

郑洛新国家自主创新示范区

【概况】　国家自主创新示范区是指经中华人民共和国国务院批准，在推进自主创新和高技术产业发展方面先行先试、探索经验、作出示范的区域。自2009年国务院批复建设中关村国家自主创新示范区以来，截至2016年，国务院批复建设17个国家自主创新示范区。

郑州市从2014年开始着手编制《郑州市创建国家自主创新示范区方案》，深化实施开放创新双驱动战略，加快科技体制机制改革，探索推行国家自主创新示范区试点经验和激励科技创新的政策措施，推动郑州创新发展形成新模式、新机制、新格局、新优势。2015年3月，经省委、省政府研究决定，以郑州、洛阳、新乡三市国家高新技术产业开发区为依托，申请国家自主创新示范区。根据省委、省政府统一部署，郑州市制订《郑州市创建郑洛新国家自主创新示范区方案》。2015年10月，综合郑州、洛阳、新乡三市创建方案，省政府向国务院上报《河南省建设郑洛新国家自主创新示范区整体方案》申请。2016年3月30日，经国务院常务会议研究，同意郑洛新国家高新区建设国家自主创新示范区，4月5日，国务院正式下发《关于同意郑洛新国家高新区建设国家自主创新示范区的批复》。

【示范区建设谋划】　2016年4月，国务院批复同意建设郑洛新国家自主创新示范区。郑州市委、市政府紧紧围绕省委、省政府工作部署，对照国家自主创新示范区建设要求，着力谋划自主创新示范区建设。制订《郑州国家自主创新示范区建设实施方案》，委托高端战略咨询机构编制《郑州市建设国家自主创新示范区发展规划纲要》，做到四个明确：一是明确战略定位。将自主创新示范区打造成为开放创新先导区、技术转移集聚区、转型升级引领区、创新创业生态区、创新创业人才密集区、科技与金融结合实验区。二是明确空间布局。按照“一谷一中心、五区二十园”的格局，规划建设“黄河创新谷”（名称暂定），推进建设国际技术转移中心，以郑州高新区为核心区，以航空港区、郑东新区、经开区、金水区为辐射区，带动全市20个重点科技园区发展。三是明确发展路径。即“一主线、两动能、五统筹、多联动”，具体是以提高自主创新能力为主线，以开放式创新、内生式发展为两大动能，通过“产业链、创新链、人才链、资本链、政策链”五链统筹，实现自主创新示范区与航空港实验区、河南自贸区、跨境电子商务综试区、国家大数据综试区、国家知识产权创意试点园区、服务外包示范区、双创示范基地等多区联动发展。四是明确发展目标。到2020年，示范区每万人有效发明专利拥有量超过36件，研发支出占生产总值的比重达到5%，科技进步贡献率达到66%。

【科技创新政策环境营造】 郑州市制订实施一系列推进自主创新示范区建设的政策意见。一是实现对科技型企业研发费用补助全覆盖，对投资科技型中小企业的天使投资基金、创业投资基金，按比例给予风险补助，对315家科技型企业补助研发费用1.2亿元。二是对政府主导的大学、科研院所在郑设立分支机构的，在用地、基本建设投资等方面给予支持；对科技企业孵化器、大学科技园、众创空间等创新创业载体给予补贴。三是将核心区土地出让金全额返还用于核心区基础设施建设，在用地指标上对示范区给予重点保障。四是实施“智汇郑州·1125聚才计划”，引进一批创新创业高端人才和产业急需的高科技人才。2016年政府投入2.63亿元，带动企业及社会投入4.6亿元，引进人才（团队）101人（个），其中“两院”院士4人，国家“千人计划”“万人计划”专家22人，海外领军人才48人。全市建立院士工作站79家，柔性引进院士86人，拥有常驻“两院”院士13人，“千人计划”专家42人。

【自主创新能力提升】 自主创新示范区建设启动以来，各项创新指标大幅度增长。2016年，全市专利申请量3.7万件，增长43.6%，占全省的38.8%；专利授权量1.8万件，增长11%；万人发明专利拥有量达到8.7件。荣获国家科学技术奖9项、省科技进步奖187项，科技进步对经济增长的贡献率达到61%。新增高新技术企业210家，高新技术企业总数达到765家。建成各类研发中心2149家，其中国家级35家、省级624家。建立各类科技服务机构724家。

（李林晓 陈 琨）

郑州航空港经济综合实验区

【概况】 2013年3月7日，郑州航空港经济综合实验区发展规划获得国务院批复，是全国唯一国家级航空港经济综合实验区，也是河南省五大国家战略重要组成部分。实验区位于郑州市东南方向25公里，规划批复面积415平方公里，是集航空、高铁、城际铁路、地铁、高速公路于一体，可实现“铁、公、机”无缝衔接的综合枢纽。作为国家批准的第一个以航空经济为引领的国家级新区与中原经济区的核心增长极，通过政策创新、体制创新与模式创新，承接国内外产业转移，发展航空物流、航空偏好型高端制造业和现代服务业，建设成为一座联通全球，生态宜居、智慧创新的现代航空大都市。

2007年10月，为加快郑州国际航空枢纽建设，河南省委、省政府批准设立郑州航空港区。2010年10月24日，经国务院批准正式设立郑州新郑综合保税区，成为中部地区第一个、全国第13个综合保税区。2011年4月，根据中央编办批复精神，经河南省委、省政府批准设立郑州新郑综合保税区（郑州航空港区）管理委员会，为省政府派出机构。2012年11月17日，国务院批准《中原经济区规划》，提出以郑州航空港为主体，以综合保税区和关联产业园区为载体，以综合交通枢纽为依托，以发展航空货运为突破口，建设郑州航空港经济综合实验区。2013年3月7日，国务院批准《郑州航空港经济综合实验区发展规划（2013—2025年）》，标志着全国首个航空港经济发展先行区正式起航。2013年5月，河南省委、省政府根据国务院批复批准设立郑州航空港实验区党工委、管委会，与原管理机构进行套合。航空港实验区管委会为河南省政府派出机构，规格正厅级，实行“市管为主，省级扶助”领导管理体制，在管理范围上实施“职能”与“区域”全覆盖。实行“两级三层”管理体制：两级即省级负责宏观指导规划、决策管理、协调服务及与国家机关联络沟通；郑州市负责组织领导、具体实施、督促落实。三层分别为省航空港实验区领导小组、郑州市航空港实验区领导小组、航空港实验区党工委和管委会。航空港实验区管委会有14个内设机构、6个派出机构，下设13个办事处、1个社区服务中心。

【战略规划及战略平台】 2013年3月7日，国务院批准《郑州航空港经济综合实验区发展规划（2013—2025年）》，航空港实验区作为国家战略，明确“国际航空物流中心、以航空经济为引领的现代产业基地、内陆地区对外开放重要门户、现代航空都市、中原经济区核心增长极”五大战略定位。

2016年1月6日，中国（郑州）跨境电子商务综合试验区进入国家综合试点。航空港实验区通过综合试验，培育完善的跨境电商产业体系，建设郑州跨境电子商务综合试验区创新示范先行区。

2016年3月，郑州航空港经济综合实验区列入《中华人民共和国国民经济和社会发展第十三个五年规划纲要》，规划纲要指出：加快郑州航空港经济综合实验区建设，支持发展内陆开放型经济。

2016年3月30日，郑洛新国家自主创新示范区获国务院批复，并提出重点发展智能终端等高端装备产业集群和新一代技术产业群，而航空港实验区作为河南智能手机等新兴产业的集聚区，在享受政策红利的同时，将进一步推动自主创新示范区发展。

2016年5月13日，国务院下发《关于建设大众创业万众创新示范基地的实施意见》，郑州航空港经济综合实验区入选国家首批双创示范基地，也是河南省唯一国家级区域性双创示范基地。9月，经国家发改委批准的郑州航空港国家双创示范基地范围划定，包括航空港区和郑州经开区全域，共计573平方公里。

2016年8月31日，河南自贸区正式获批。自贸区整体方案落地之后，航空港实验区在复制上海自贸区的17项优惠政策基础上，还可以更直接、更便利地复制、创新，比如关税和金融领域等。

2016年10月8日，国家发展改革委、工业和信息化部、中央网信办发函批复，同意河南省建设国家大数据综合试验区。随着航空、铁路、公路、港口信息在郑州航空港实验区加速汇聚，航空港实验区将形成河南省国家大数据综合试验区的“数谷”。

2016年12月，国务院批复同意《促进中部地区崛起“十三五”规划》，规划明确提出“支持郑州航空港经济综合实验区打造多式联运国际物流中心和以航空经济为引领的现代产业基地。”

（李林晓 陈 琨）

国家各类口岸建设

【汽车整车进口口岸】 2014年7月1

日，国务院办公厅批复郑州铁路口岸为汽车整车进口口岸。2014年9月25—26日，海关总署、工业和信息化部、商务部、质检总局组成联合验收组，对郑州铁路汽车整车进口口岸基础设施和监管设施进行验收。2014年11月18日上午9点，搭载首批进口汽车（两辆路虎）的郑欧回程班列抵达郑州集装箱中心站。2016年3月26日，郑州汽车整车进口口岸的运作实体——郑州国际陆港进口汽车口岸项目举行奠基仪式。

2016年，郑州汽车整车进口口岸进口整车396辆，同比增长幅度超过60%；征税税款1.6亿元，同比增长93.7%。车型日趋多样化，包括路虎、奥迪、宝马、标致、宾利等。郑州汽车整车进口口岸项目（二期）稳步推进，进一步完善相关基础设施，构建更加完善的汽车产业链。

【进口肉类指定口岸】 2013年12月30日，国家质检总局批复同意郑州依托航空港和郑欧班列设立进口肉类指定口岸，为内陆首家“空港+陆港”型进口肉类口岸。2015年8月20日，通过国家质检总局正式验收。2015年10月26日16时25分，装载3.032吨澳大利亚冰鲜牛肉的华航CI0054航班从澳大利亚飞抵郑州新郑国际机场。这是河南进口肉类指定口岸获批后首次直接进口肉类产品，标志着我国首个不沿海、不沿江、不沿边的内陆进口肉类指定口岸正式启用。2015年12月5日，我国首批整机88.3吨澳大利亚冰鲜牛肉经郑州肉类口岸入境，自此河南进口肉类指定口岸由小批量试运行进入常态化大批量进口。2016年1月19日，来自美国的21个集装箱，525吨冷冻猪肉抵达漯河查验区，标志着河南进口肉类指定口岸整体启动运行。2016年，共进口肉类产品10025吨，货值2500万美元。

【澳洲活牛进口屠宰口岸】 2014年11月17日，中国和澳大利亚签署《自由贸易协定意向书》，约定澳大利亚每年将向中国出口100万头活牛，价值约53亿元人民币。2015年4月17日，国家质检总局批复同意郑州设立澳洲活牛进口屠宰口岸。2015年11月25日，正式通过国家质检总局验收组验收。2016年1月8日，澳大利亚动物福利协会一行到航空港实验区就相关业务开展能力进行评估，并对人员进行培训。2016年6月21日，装载第一批次158头屠宰用牛的大型货机抵达郑州新郑国际机场，标志着郑州航空港实验区澳大利亚进口屠宰活牛指定口岸正式启动。

【邮政转运口岸】 2015年5月15日，河南省与中国邮政集团签订战略合作协议，计划利用郑州航空、铁路综合物流集疏优势，将郑州打造成为继北京、上海、广州、深圳之后的全国第五国际邮件转运口岸，集中周边省份符合直封直航条件的国际邮件从郑州进、出、转。2015年5月4日，郑州—新西伯利亚航线首航成功，郑州至俄罗斯航空邮路正式开通，北京、上海、广州等国内13个地区发往新西伯利亚的邮件以总包形式调运至郑州，从郑州直航俄罗斯。2016年，累计进出口邮件1647.29万件，同比增长87%,其中出境包裹1466.92万件、进境180.37万件。

【进境粮食指定口岸】 2014年12月12日，国家质检总局批复同意郑州设立进境粮食指定口岸。2016年8月31日，郑州进境粮食指定口岸项目开工仪式在郑州铁路集装箱中心站海关监管区内举行。郑州进境粮食指定口岸项目（一期）选址于郑州铁路集装箱中心站西侧，占地2.73公顷，投资额1500万元，将依托郑州铁路口岸现有条件，高规格新建中转仓、截留仓、熏蒸区、检验检疫实验室等专用设施。

【食用水生动物口岸】 2015年9月，国家质检总局派出专家组对郑州机场进境食用水生动物指定口岸进行考核验收。2016年，进口食用水生动物102批次，共2224.125吨。

【进口水果指定口岸】 2008年1月14日，质检总局批准同意郑州新郑机场成为进口水果指定口岸，但由于需求不足，一直未启用。2014年6月19日，台湾的AE0993航班降落在新郑国际机场，机上载有芒果和凤梨两种水果共计100件，进境水果指定口岸正式启用。2016年，进境水果676批次，共4104.982吨。

【进口冰鲜水产品指定口岸】 2014年12月，郑州机场进口冰鲜水产品口岸正式列入指定口岸名单。2016年，进境冰鲜水产品92批次，共366.628吨。

【口岸申建】 2016年，郑州市积极申建植物苗木花卉口岸、药品进口口岸，申建工作持续进行中。

（李林晓 陈 琨）

中国（郑州）跨境电子商务综合试验区

【概况】 2012年8月11日，根据国家发改委办公厅下发的《关于开展国家电子商务试点工作的通知》，郑州跨境贸易电子商务服务试点（以下简称郑州试点）正式获批，河南省委、省政府和郑州市委、市政府把郑州跨境电子商务试点工作作为内陆城市扩大对外开放的一项重大战略举措，列为省、市重点工作。2016年1月12日，国务院下发《国务院关于同意在天津等12个城市设立跨境电子商务综合试验区的批复》，同意在郑州设立跨境电子商务综合试验区。2016年5月3日，省政府下发《关于印发中国（郑州）跨境电子商务综合试验区建设实施方案的通知》。2016年6月16日，市政府下发《关于印发中国（郑州）跨境电子商务综合试验区核心区建设行动计划（2016—2018年）的通知》，为全面推进跨境电商综合试验区建设，早日实现“买全球，卖全球”目标，向前迈进重要的一步。

【综试区核心区改革发展】 按照“以郑州跨境贸易电子商务服务试点聚集的产业区域为核心引擎”“郑州经济技术开发区为创新示范先行区”的总体布局，确定“多模式、多区域、多平台”的工作思路，成立加快推进中国（郑州）跨境电子商务综合试验区建设工作领导小组，广泛学习借鉴全国各地综试区先进经验，研究出台相关产业配套扶持政策。首创“电子商务+行邮监管+保税中心”的通关监管模式（海关监管代码1210），并在全国复制推广。打造通关、通检、通商等多功能合一的信息化综合服务平台，在全国率先实现“三个一”“双随机”“秒通关”。聚集一大批跨境电子商务企业，业务模式和业务量领先全国。2015年11月27日，郑州试点正式通过国家有关部委的验收，并获得验收组的高度评价。

【企业集聚】 聚美优品、网易考拉、唯品会、小红书、蜜芽宝贝、香港莎莎、有棵树、菜鸟、新西兰邮政、DHL、中通国际、中国邮政等1350多家境内外知名企业相继在试验区入驻、备案。阿里巴巴一达通项目达成合作意向，对接大龙网、京东商城等重点电商。同时，把政策优势和目的地产业优势相结合，把平台优势和目的地区位优势、贸易优势相结合，实现业务拓展。同时，与国内40多家园区签订业务合作推广协议，并与俄罗斯、比利时、芬兰等国家达成出口合作意向。

【业务拓展】 2013年7月15日，试验区开始实货测试，截至2016年年底，跨境电子商务零售进出口（B2C）业务累计验放进出口货物1.34亿单，进出口交易总额103.6亿元。其中，2014年，全区跨境电子商务零售进出口45.9万单，交易额0.95亿元；2015年实现5001.6万单，同比增长107倍，进出口交易额38.8亿元，同比增长近40倍；2016年实现8290.3万单，同比增长65.75%，进出口交易额64亿元，同比增长64.95%，缴纳关税6.32亿元，同比增长440.17%。截至2016年年底，进口商品来自世界56个国家，出口商品发往125个国家。

【配套基础设施建设】 一是实施中国（郑州）跨境电子商务综合试验区核心区域3.51平方公里总体规划。航海路（朝凤路至经开第十一大街）沿线企业的搬迁、改造工作，航海路以北、第十大街两侧21.13公顷土地的建设工作，留学生创业园建设工作等已启动。二是加大配套设施建设力度。河南保税物流中心园区各类查验、仓储设施建筑面积由8.4万平方米增加至50万平方米。三是跨境电商企业推进海外仓建设。在俄罗斯、比利时、美国、匈牙利、澳大利亚6个国家建设海外仓。

【跨境电商综合信息服务平台监管】 一是该平台建设积累4年多的实践经验，操作性强、单位时间通关量大，技术水平和服务能力均全国领先。"秒通关"设计处理能力达到500单。二是该平台实现海关、国检、公安、银行等4个监管服务部门互联互通，较好地满足了政府监管和企业服务的各类业务需求。三是根据2016年国家有关部委跨境电商4.8新政监管要求，及时完成信息系统更新迭代，确保业务量稳步增长。四是计划在2017年1月1日，完成28家企业切换至海关总署统一版系统。

【政策制度持续创新】 一是按照郑州市跨境电子商务三年行动计划，着力在出口业务、智能监管、沟通机制、综合服务等方面加大探索、重点突破，并制订出口符合产业发展特点的创新扶持政策。二是作为首创的跨境电子商务中大门O2O体验中心，是线上线下交易模式的融合，与海关对接，实现现场自提的功能，给顾客全新的购物体验。三是探索设立跨境电子商务双创基地，培养创业人才，培育创新企业。

（李林晓　陈　琨）

中欧班列（郑州）

【概况】 中欧班列是指按照固定车次、线路、班期和全程运行时刻开行，往来于中国与欧洲，以及"一带一路"沿线各国的集装箱国际铁路联运班列。凭借安全快捷、绿色环保、受自然环境影响小等综合优势，中欧班列成为国际物流陆路运输的骨干方式，为服务中国对外经贸发展，贯通中欧陆路贸易通道，推进国家"一带一路"建设提供运力保障。全国有21个城市组织开行，包括郑州、武汉、成都、重庆、西安、义乌等，郑州市组织开行的中欧班列又称郑欧班列。

【运营主体】 郑州国际陆港开发建设有限公司作为班列运营主体，成立于2013年4月，股东为郑州经济技术开发区建设投资有限公司和河南物资集团。陆港公司主营郑欧班列开行、公铁联运、海铁联运，以及国内配送、国际货代、报关报检代理、物流信息化系统开发、跨境贸易电子商务等。

【班列线路】 郑欧班列起始站为郑州，分2条线路，第1条经阿拉山口出境，沿途经哈萨克斯坦、俄罗斯、白俄罗斯、波兰，最终抵达德国汉堡，全程10214公里；第2条经二连浩特口岸出境，沿途经蒙古、俄罗斯、白俄罗斯、波兰，最终抵达德国汉堡。回程班列起始站为汉堡，路线一致。

【班列编组】 郑欧班列全程需经2次换轨，中国和波兰、德国等欧盟国家的铁轨宽度1435毫米，哈萨克斯坦、俄罗斯、白俄罗斯等独联体国家的轨道宽1520毫米。换轨站为：哈萨克斯坦多斯托克（出境）/中国阿拉山口（入境）；波兰马拉舍维奇（出境）/白俄罗斯布列斯特（入境）。每趟班列最低搭载41个集装箱，极限运载能力为60个集装箱/列，途中可以在前述4个站点加挂或卸下集装箱。郑州陆港公司自备普通货运集装箱约2000个冷藏箱近200个。2016年7月开始，每周出境3班，回程3班。

【货物集疏】 郑欧班列对接中国沿海八大港口，实行空、海、公、铁多式联运。境内集疏以郑州为枢纽，辐射20余个省、直辖市，超过1000家企业；境外集疏以汉堡为枢纽，共计辐射20余个国家120余个城市。

【运行价位】 郑欧班列国内段，中国铁路总公司向陆港公司收费1.0美元/箱公里；国外段，境外各铁路公司向陆港公司收费0.6—0.8美元/箱公里。

【业务范围】 郑欧班列开展整箱包柜、拼箱、沿途各国站点自由上下集装箱、冷藏运输、邮件快件运输、国际中转、海铁联运等多元服务。

【合作方式】 郑州陆港公司与俄铁、哈铁、德铁、波铁等境外铁路公司或其下属代理人直接建立合作关系，最大程度降低中间成本，成为全国唯一一家实现"自主操作境内外组货、自主报关报检、自主选择物流承运商和自主选择境外物流分拨商"的平台单位。

【运贸一体】 通过前期在班列运营中积累的各类信息和资源，陆港公司成立专门的国际贸易部，针对我国市场需求大、盈利空间足的热销商品，与西欧、中东欧和中亚等国家的相关企业建立较为稳定的供货体系，并依托郑欧班列的高效运输优势和郑州跨境贸易电子商务综合服务平台，创建"线上+线下"于一体的"郑欧商城"电子商务运营平台。郑欧商城线上服务平台实现常态化运营，并先期引进50余家企业入驻。

【班列运营】 郑欧班列实现双向集输、均衡往返常态化开行，综合竞争力在中欧班列中继续处于领先地位。在国家推进"一带一路"建设工作领导小组办公室印发的《中欧班列建设发展规划（2016—2020年）》中，郑州市被列为国内中欧班列邮件运输线路5个始发站之一，郑欧班列成为全国开行班列中唯一实现双通道（阿拉山口西通道、二连浩特中通道）、双向常态（每周"去四回四"）运行的班列。

截至2016年年底，郑欧班列累计开行507班，货值24.88亿美元。主要运载货类包括：汽车整车、飞机材料及零部件、IT产品、机电产品、医疗器械、高档食品、化妆品等生产资料、生活用品，共计1300多种。货源分布：河南省内货物约占20%，省外货源约占80%（长三角、珠三角、环渤海等地货源占64%，日韩等亚太国家货源占16%）。与境内外中铁、波铁、哈铁、白俄铁等铁路公司，与中远、中海、中外运、中韩轮渡等海运公司，与俄罗斯空桥航空公司、卢森堡货运航空公司、中国南方航空公司等20多家航空公司，与德国德迅、美国UPS、俄罗斯TEL、富士康等110余家一线物流企业建立紧密、长远、良好的合作关系，合作伙伴超过1700家，形成境内外"双枢纽"物流集疏体系。载货量、境内集货辐射地域、境外分拨范围均居中欧班列前列，并拓展"郑欧班列+多式联运""郑欧班列+国际贸易"等独有的运营模式，成为丝绸之路经济带沿线上最活跃的铁路物流载体和陆上贸易通道。

全面实施"运贸一体"发展战略，创新开展过境中转业务，拓展国际贸易、冷链物流等业务。创新"互联网+"模式，推动"郑欧商城"电商平台和线下实体展销体验中心正式运营，引进50余家企业入驻，实现"线上+线下"运贸一体化。2016年，"郑欧商城"线上线下销售额超过1000万元，单月最高销售实现200多万元。郑欧班列示范带动效应逐步凸显，郑欧国际铁路货运班列"一干三支"铁海公多式联运项目获批第一批"国家多式联运示范工程"，与俄铁、德铁等境外铁路公司直接建立合作关系，成为全国唯一一家"自主操作境内外组货、报关报检、选择物流承运商和境外物流分拨商"的班列。

（李林晓　陈　琨）

党政机构

中国共产党郑州市委员会

综 述

【概况】 2016年，中共郑州市委全面贯彻中共十八大和十八届三中、四中、五中、六中全会精神，深入贯彻习近平总书记系列重要讲话精神和党中央治国理政新理念新思想新战略，坚持“五位一体”总体布局和“四个全面”战略布局，牢固树立创新、协调、绿色、开放、共享的发展理念，按照打好“四张牌”的要求和省十次党代会、省委全会、省委经济工作会议的安排部署，团结带领全市人民，克难攻坚、干事创业，推动郑州经济社会发展和党的建设取得新的进展。

全年实现全市生产总值7994.2亿元，比上年增长8.4%；一般公共财政预算收入1011.2亿元，比上年增长14.3%；规模以上工业增加值3215.4亿元，比上年增长6%；社会固定资产投资6998.6亿元，比上年增长11.3%；社会消费品零售总额3665.8亿元，比上年增长11.3%；城镇居民人均可支配收入33214元，比上年增长6.8%；农民人均纯收入18426元，比上年增长7.6%。2016年，郑州市被国务院确定为国家中心城市，城市知名度进一步提升。

10月26日，市委、市政府召开全市重点工作观摩讲评暨“四重点一稳定一保证”工作推进会

【新型城镇化建设】 2016年，郑州市把握郑州阶段特征，坚持“以建为主、提升品质、扩大成效”工作思路，大力推进以人为核心的新型城镇化，全市城镇化率由2015年的69.69%提升到71%。城市现代化国际化加速推进，米字形高铁网雏形初现，中心城区“大井字+环线”快速路网体系基本形成，强力攻坚商都历史文化街区等重点区域拆迁改造，综合签约率达到97.4%。大力推进贾鲁河综合治理，疏挖土方2000余万立方米，占总任务量的70%。庙李、陈寨、柳林、须水等重点难点城中村拆迁改造任务基本完成。拆迁群众的安置房建设、轨道交通建设、市民公共文化服务区“四个中心”建设全面提速，基础设施运行和管理体系不断完善，城市精细化管理不断深化，82个“三级三类”市民服务中心开工建设；大力提升县城、新市镇（中心镇）基础设施和公共服务功能，推进中心城区优质医疗、教育资源向县域延伸，县域城镇化水平明显提升；全域交通路网体系建设加速推进，城乡一体化格局显现。

【供给侧结构性改革】 2016年，郑州市把调结构作为产业转型升级的主攻方向，聚焦提质增效，三次产业比由2015年的2.1∶49.5∶48.4调整为2.0∶47.1∶50.9。做强先进制造业，加快推进电子信息、汽车、高端装备等产业基地建设，七大工业主导产业完成工业增加值2260亿元、增长7.3%，“互联网+”指数居全国城市第14位。做大现代服务业，现代金融、商贸物流、文化创意旅游等提质增速，服务业增加值完成3000亿元；郑东新区金融集聚核心功能区新增金融机构 23家，已累计入驻288家。做优都市农业，现代都市农业加快推进，培养壮大一批国家级、省级农业龙头企业和农业产业化集群。

【全面深化改革】 2016年，郑州市围绕破解体制机制瓶颈，“五单一网”、商事登记制度等深入推进，市本级党政机关公务用车改革基本完成；围绕优化市场要素配置，营改增试点全面推开，涉企资金基金化改革和金融体制改革深入推进；围绕完善现代市场体系，农村集体经济体制改革、资源性产品价格改革、公共资源交易平台、社会信用体系建设等深化推进；围绕解决民生需求，实现城乡居民医保与农村居民医保并轨，就业、医疗卫生、教育、文化、国企等各项改革有序推进。

【扩大对外开放】 2016年，郑州市深度融入“一带一路”战略，加快推进国际航空物流中心建设，初步实现沿线国家和地区物流体系全覆盖。加快航空港实验区建设，郑州机场旅客吞吐量首次突破2000万人次，航空货运量居全国机场第7位，手机总产量约占全球1/7；中欧班列（郑州）开行班列各项运行指标继续保持全国领先；海关特殊监管区域功能日益完善；跨境电子商务业务量保持全国领先地位；引进市外资金1680亿元，实际利用外资37.2亿美元、增长5.4%；进出口总值完成570亿美元，位居中部省会城市第一；成功举办中欧政党高层论坛经贸对话、丙申年黄帝故里拜祖大典、中国国际少林武术节等大型活动，郑州的影响力进一步提升。

【创新驱动发展】 2016年，郑州市制订完善郑州国家自主创新示范区建设各项推进政策，深入推动大众创业万众创新，成功举办中国（郑州）第二届国际创新创业大会暨跨国技术转移大会，荣获国家促进科技和金融结合试点城市，航空港区被认定为国家“双创”示范基地；政府主导的创新创业综合体加快建设，新建一批产业技术创新研究院、产业技术创新战略联盟和国家级研发中心；深入实施“智汇郑州·1125聚才计划”，高层次科技人才队伍不断壮大；科技创新综合实力持续提升，科技进步贡献率达到61%。

【美丽郑州建设】 2016年，中共郑州市委坚持把事关群众利益的事放在心上、抓在手中，围绕让人们生活更方便、更舒心、更美好来谋划实施工作。围绕精准扶贫、精准脱贫这一基本方略，加强领导，明确责任，细化措施，狠抓落实。研究出台《关于深入推进精准扶贫打赢脱贫攻坚战的实施意见》和各行业部门脱贫攻坚实施方案，形成“1+19”扶贫政策体系。探索实施“N+2”精准脱贫模式，落实“转、扶、搬、保、救”等举措，全年共下达财政专项扶贫资金40374万元、其中市本级资金37011万元，224个专项扶贫项目进展顺利，年内实现脱贫3.4万人、退出贫困村119个，三年脱贫攻坚任务2016年大头落地。持续办好省、市民生十件实事，全市财政民生支出1031.2亿元、增长18.4%，占全市财政支出比重78.03%；新增城镇就业14.58万人，农村劳动力转移就业9.55万人；新建（改扩建）幼儿园39所、中小学校30所；大力推进公共卫生和医疗事业发展，一批优质医疗资源项目投入使用；全面加强社会保障体系和保障能力建设，城乡低保标准及五保供养标准持续提高；深入推进文化惠民工程，推动文化事业繁荣发展。围绕大气污染防治集中攻坚，深入贯彻落实全省大气污染防治攻坚部署，构建党政同责、一岗双责的治理责任体系，完善联防联治、区域防控机制，全年空气质量优良天数达158天、同比增加22天，实现“退出全国74个重点监测城市排名后5位”的目标；以建设国家生态文明先行示范区为目标，按照“大生态、大环保、大格局、大统筹”总要求，深度谋划和推进森林、湿地、流域、农田、城市生态体系建设；贾鲁河综合治理、环城生态水系循环工程、石佛沉砂池至郑州西区生态供水工程、牛口峪引黄工程等生态水系重点工程加快建设；巩固国家森林城市创建成果，大力推进森林生态城建设、林业生态提升、生态廊道建设等重点工程。高标准推动园博园建设，圆满完成年度邀展和建设任务。严格落实领导接访制度，大力推广“网上信访”，进一步拓宽了群众信访渠道；扎实开展安全生产大检查、打非治违专项整治，全力保障食品药品安全；扎实推进平安郑州建设，预测预警预防各类风险能力不断增强，全市社会大局持续稳定。

【全面从严治党】 2016年，中共郑州市委突出从严治党这个主线，牢固树立党建工作是第一责任、最大政绩的意识，坚持思想建党和制度治党相结合，以改革创新的精神全面加强和改进党的建设。

（一）坚持从严抓教育，不断强化理想信念。围绕深入学习贯彻中共十八大和十八届三中、四中、五中、六中全会精神和习近平总书记系列重要讲话精神，不断强化思想理论武装。加强对各级党委中心组学习的动态化管理，提升理论学习的制度化、规范化水平。组织开展“百姓宣讲直通车”等活动，推动党的理论创新成果深入人心。大力弘扬社会主义核心价值观和优秀传统文化，不断增强“四个自信”。精心组织庆祝中国共产党成立95周年等重大主题宣传。认真落实党委（党组）意识形态工作责任制，牢牢把握意识形态工作的领导权、主动权。坚持党管媒体原则，科学引导舆论热点，不断净化网络空间。持续深化全国文明城市创建，着力增强文化软实力、培育文明新风尚，市民文明素质和社会文明程度进一步提升。

（二）坚持从严抓纪律，把纪律规矩挺在前面。认真落实《关于新形势下党内政治生活的若干准则》《中国共产党党内监督条例》《中国共产党廉洁自律准则》《中国共产党纪律处分条例》，自觉运用好监督执纪“四种形态”，让咬耳扯袖、红脸出汗成为常态，2016年全市共谈话函询802件（次）。持续抓好中央八项规定精神的贯彻落实，坚持抓常、抓细、抓实，紧盯“四风”新形式新动向，加大专项治理和惩戒问责力度。2016年，全市共查处违反中央八项规定精神问题231起，党政纪处分257人。

（三）坚持从严抓用人，树立正确的干部导向。强化党委的领导和把关作用，规范选人用人机制，净化选人用人风气，坚持从经济社会发展主战场和工作一线选拔干部，平稳调整了一批市直县处级领导干部。加强年轻干部历练培养，选派一批优秀干部到发达地区或经济社会发展一线挂职锻炼。把严格监督贯穿选人用人各个环节，持续破除“四唯”取人，防止干部“带病提拔”。优化干部成长路径和用人环境，健全多元正向激励体

12月15日，全市2016年度落实全面从严治党主体责任述责述廉会议召开

系和容错纠错机制，激励干部担当作为。加大对中央巡视组反馈的超职数配备干部问题的整改力度，基本完成消化任务。

（四）坚持从严抓基层，夯实党建基层基础。全面推行县（市）区委书记抓党建述职评议考核，推进“分类定级、晋位升级”，持续整顿软弱涣散村党组织，加强非公企业、社会组织、国有企业、机关和学校的党建工作。开展党费收缴专项整治，补缴党费1.02亿元。规范党员组织关系管理，与1.89万余名失联党员取得联系。对全市各级“两代表一委员”中党员违法违纪情况全面排查清理，提高“两代表一委员”的公信力。

（五）坚持从严抓惩处，推进党风廉政建设。深化主体责任落实和压力传导，强化追责问责，坚定不移扛稳抓牢做实政治责任。坚持无禁区、全覆盖、零容忍，始终保持惩治腐败高压态势。2016年，全市纪检监察机关共立案1674件、党政纪处分1783人，其中因落实“两个责任”不力被责任追究案件92件、党政纪处分32人。全市检察机关立案侦查贪污贿赂案件232件383人、渎职侵权案件70件143人，全市法院系统一审审结贪污贿赂案件309件506人、渎职侵权案件65件129人。强化巡察监督，完成2个城市区的常规巡察和4所院校、扶贫领域10个市直单位的专项巡察，全面启动县（市）区委巡察工作。

（刘跃亭 朱必洋 马 焱 翟景伟 左雨龙）

重要会议

【市委十届十三次全体（扩大）会议】 2016年1月5—10日，市委十届十三次全体（扩大）会议召开。会议由市委常委会主持。会议的主要任务是全面贯彻中共十八届五中全会、中央经济工作会议和省委九届十一次全会、省委经济工作会议精神，总结成绩，分析形势，研究“十三五”时期发展、国际商都建设和2016年经济工作。

会议听取了市委副书记、市长马懿就《郑州市国民经济和社会发展第十三个五年规划纲要（讨论稿）》《郑州建设国际商都发展战略规划纲要（讨论稿）》作的说明；讨论《市委常委会2015年工作报告》；审议讨论《郑州市国民经济和社会发展第十三个五年规划纲要（讨论稿）》《郑州建设国际商都发展战略规划纲要（讨论稿）》和《中共郑州市委、郑州市人民政府关于做好2016年经济工作的实施意见》，表决通过了《中国共产党郑州市第十届委员会第十三次全体会议决议》。

会议充分肯定2015年市委常委会工作。一致认为市委常委会以全球化视野、国际化眼光、现代化思维，积极作为新常态，干成了一系列具有奠基性、战略性、标志性的大事要事，主要经济目标圆满完成，郑州在全国全省发展格局中的地位和形象显著提升。

会议指出，“十二五”时期市委、市政府团结带领全市人民，较好完成了“十二五”规划的主要目标和任务，创造了许多宝贵经验和精神财富，主要体现在三个方面：一是“先”，就是把握大势，遵循规律，结合郑州实际创造性贯彻落实中央和省委决策部署，突出规律性、前瞻性、科学性，主动作为，先行先试，抢占先机。二是“实”，就是坚持“全国找坐标、中部求超越、河南挑大梁”，突出目标导向、问题导向，坚持谋事实、创业实、作风实，干实事、下实功、求实效。三是“正”，就是坚持党要管党、从严治党，以党风带政风促民风，以科学的发展路子凝聚共识和力量，以严格的考核奖惩树立正确导向，以党员干部的率先垂范带动全市上下干事创业、争强抢先，呈现出路子正、导向正、风气正的好局面、好氛围。

会议指出，“十三五”时期既是郑州“爬坡过坎、攻坚转型”的关键期，更是“抢抓机遇、奠定基础、确立地位”的决胜期。全市上下要认清形势，抢抓机遇，在适应新常态、引领新常态上积极作为、厚植优势；要牢记责任，科学定位，切实把思想统一到实现“两个率先”、建设国际商都的宏伟目标上来，确保在全省率先全面建成小康社会、率先开启现代化建设新征程。

会议提出“十三五”时期郑州市经济社会发展目标，即坚持“全国找坐标、中部求超越、河南挑大梁”，以在全省率先实现全面建成小康社会、率先开启现代化建设新征程“两个率先”为统领，力争提前三年，生产总值、居民可支配收入较2010年指标实现翻番，率先全面建成小康社会。到2020年，在全面建成小康社会的基础上，部分区域和领域初步实现现代化，消除城乡之间、城市内部“两个二元结构”和农村贫困人口、城市贫困人口“两个贫困”人口问题，综合竞争力跨入国内城市第一方阵，初步建成自然之美、社会公正、城乡和谐的现代田园城市，实现国际商都规划2020年的阶段目标。

会议指出，今后五年要重点构建“十大体系”，即国际化现代化立体综合交通大枢纽体系，“买全球、卖全球”大物流体系，智慧化、国际化、高端化大产业支撑体系，统筹城乡协调发展大都市城镇体系，与国际接轨国内领先大开放体系，科技创新链、人才支撑链、全民创业链“三链融合”大创新体系，自然之美、田园风貌、绿色低碳大生态体系，以人为本、共建共享大民生保障体系，具有国内外影响力、亲和力、感染力大文化体系，高质高效、公平正义、责任有序大服务体系。

会议指出，郑州建设国际商都，要牢牢把握“一带一路”建设重大机遇，力争到新中国成立一百年时把郑州打造成为以国际物流中心为基础的国际性工商业中心城市，建成国际化大都市。全会提出郑州建设国际商都的战略重点：一是加快建设通达全球的国际物流中心，二是加快构建高端高质的现代产业体系，三是加快塑造国际知名的现代化大都市文化。

会议指出，2016年全市工作总的要求是：贯彻“创新、协调、绿色、开放、共享”的发展理念，落实中央提出的“三去一降一补”任务，按照省委“调中求进、改中激活、转中促好、变中取胜”的要求和“稳增长、促改革、调结构、强基础、惠民生、防风险”的部署，以“大开放、大创新、大建设、大管理”为主线，深化提升“三大主体”工作，为实现“两个率先”、建设国际商都奠好基、起好步。

会议强调，做好2016年的经济工作，要认清形势，明确目标，抢抓机遇；突出重点，把握关键，统筹兼顾。特别要抓好开放带动增优势、创新引领转动力、深化改革激活力、多轮驱动抓投资、协调发展强支撑、绿色发展提品质、共享发展惠民生等重点工作。实现既定目标，必须加强和改进党的领导，强化政治组织保障。各级党委（党组）要认真履行“党要管党、从严治党”的政治责任，坚持围绕中心工作抓党建，在推进中心工作中建好党、管好党。

【市委十届十四次全体（扩大）会议】 2016年6月27日，市委十届十四次全体（扩大）会议召开。会议由市委常委会主持。会议表决通过了《关于召开中国共产党郑州市第十一次代表大会的决议》。

会议指出，要提高思想认识，做好党代会筹备工作。要严肃换届纪律，确保换届工作风清气正。

会议强调，各级各部门要加强调查研究，围绕“坚持一个基调、把握发展方向、突出四大重点、强化一个保障”，谋划好发展蓝图和行动计划。坚持一个基调，就是在以往工作特别是“十二五”发展的基础上持续推进，在持续中提升、持续中完善、持续中发展。把握发展方向，就是要按照“五位一体”总体布局和“四个全面”战略布局，贯彻“五大发展理念”，以国际商都建设为统揽，以航空港实验区建设为引领，以“三大一中”为路径，以开放创新为动力，新型城镇化、产业发展、生态建设协调推进，加快向国家中心城市迈进的步伐。突出四大重点：一是新型城镇化。要紧紧围绕中心城市的国际化、县域城镇化、城乡一体化，科学有序推进新型城镇化，以新型城镇化带动“三化”协调发展。二是产业发展。围绕做强先进制造业、做大现代服务业、做优都市农业，结合供给侧结构性改革，实施项目化推进，在产业转型、结构优化上迈出更大步伐，做大做强郑州的产业支撑。三是开放创新。坚持以开放促创新、以创新促开放，努力打造内陆城市对外开放高地和具有国际影响力的中原创新创业中心。四是生态建设。要把大气污染治理和生态建设放在更加突出的位置，坚持深化、细化、常态化推进，确保空气质量不断好转、生态环境持续改善。同时，要把“以人为本、民生优先”的原则贯彻各项工作始终，统筹各项民生社会事业发展，让人民群众有更多的获得感。强化一个保障，就是要严格落实“党要管党、从严治党”政治责任，全面加强党的思想建设、组织建设、作风建设、反腐倡廉建设和制度建设，不断提高党的建设科学化水平，为实现各项目标任务提供坚强政治组织保障。

会议强调，全市上下要按照千方百计保增长、精心组织党委换届、持续抓好新型城镇化重点工作、深化大气污染治理、抓好安全稳定等五项重点工作的部署，结合“两学一做”学习教育，抓好各项工作落实，努力取得更大的成效，以实际行动迎接市十一次党代会的胜利召开。

【市委十届十五次全体（扩大）会议】 2016年9月19日，市委十届十五次全体（扩大）会议召开。会议由市委常委会主持。

会议审议通过了十届市委工作报告（讨论稿）和市纪委工作报告（讨论稿），十一届市委委员、候补委员和市纪委委员候选人预备人选建议名单，以及中共郑州市第十一次代表大会主席团成员建议名单，《中共郑州市第十届委员会第十五次全体扩大会议确定出席中共河南省第十次代表大会候选人预备人员圈选办法（草案）》，圈选确定了郑州市出席中共河南省第十次代表大会代表候选人预备人选。

会议决定了中共郑州市第十一次代表大会的召开时间。明确市十一次党代会的主要任务是：认真总结市第十次党代会以来的工作，研究确定今后五年的奋斗目标和主要任务；选举产生中共郑州市第十一届委员会和中共郑州市纪律检查委员会；选举产生郑州市出席省十次党代会代表。

在圆满完成会议各项议程后，马懿指出，要切实增强召开好市十一次党代会的责任感，进一步明确市十一次党代会的主要任务，切实加强对大会的组织领导，切实把全市上下的思想统一到党代会确定的各项决策部署上来、力量凝聚到实现新的目标任务上来。

【中国共产党郑州市第十一次代表大会】 2016年9月25—28日，中国共产党郑州市第十一次代表大会举行。大会的主题是：高举中国特色社会主义伟大旗帜，深入学习贯彻习近平总书记系列重要讲话精神，全面总结市十次党代会以来的工作，明确未来五年的主要任务，动员全市各级党组织、广大党员和干部群众，抢抓机遇，担当使命，加快发展，为率先在全省全面建成小康社会、加快现代化进程、向国家中心城市迈进而努力奋斗。

9月25日上午，中国共产党郑州市第十一次代表大会开幕式在省人民会堂举行。会议应出席代表494人，因病因事请假6人，实到488人，符合规定人数。马懿代表中共郑州市第十届委员会向大会作了题为《抢抓机遇 担当使命 加快发展 为向国家中心城市迈进而努力奋斗》的报告。

马懿在报告中总结回顾了市十次党代会以来五年的工作，指出今后五年工作的指导思想是：高举中国特色社会主义伟大旗帜，深入学习贯彻习近平总书记系列重要讲话精神，认真落实党中央治国理政新理念新思想新战略，按照“五位一体”总体布局和“四个全面”战略布局，全面贯彻创新、协调、绿色、开放、共享的发展理念，以国际商都为统揽，以航空港实验区建设为引领，以“三大一中”为路径，以开放创新为动力，以全面加强党的建设为保障，新型城镇化、产业发展、生态建设协调推进，确保率先在全省全面建成小康社会，加快现代化进程，加快向国家中心城市迈进。

马懿指出，国际商都是郑州发展的长远战略方向，国家中心城市是建设国际商都的现实目标。要经过五年努力，围绕国家中心城市这一目标，基本建成“一枢纽一门户一基地四中心”：即国际性现代化综合立体交通枢纽、中西部对外开放门户、全国重要的先进制造业基地、国际物流中心、国家区域性现代金融中心、具有国际竞争力的中原创新创业中心、华夏历史文明传承创新中心。努力实现“六个显著提升”：一是综合竞争力持续增强，经济发展质量效益显著提升，进入全国经济总量万亿城市行列，综合竞争力迈入全国城市第一方阵。二是都市区形态更加完善，城市功能显著提升，开放式的郑州都市区框架基本形成，服务带动中原经济区发展的极核作用明显增强。三是生态环境明显改善，可持续发展能力显著提升，使天蓝、地绿、水清成为常态，建设生态良好的宜居宜业城市。四是治理体系更加完善，民主法治文明程度显著提升，社会更加安定团结、文明和谐。五是社会事业协调发展，人民生活水平显著提升，让人民生活更有保障、更有尊严、更加幸福。六是党的建设不断加强，执政能力和领导水平显著提升，各级党组织的战斗力、凝聚力、号召力进一步增强。

马懿指出，为实现今后五年的奋斗目标，完成新的历史任务，要把握好五个原则：一是坚持以全面建成小康社会、全面深化改革、全面依法治国、全面从严治党“四个全面”战略布局为统领。二是坚持以五大发展理念为指导，以新的发展理念统筹推进“五位一体”建设。三是坚持以郑州航空港实验区、河南自贸试验区、郑洛新国家自主创新示范区三大国家战略规划实施为突破。四是坚持以“四

9月25日，中国共产党郑州市第十一次代表大会开幕

重点一稳定一保障”为总抓手，突出新型城镇化、产业发展、开放创新、生态建设“四大重点”工作，夯实稳定基础，强化党建保障，抓纲带目推进郑州发展。五是坚持以求实重效为准则。

马懿从十个方面对今后五年经济社会发展工作进行阐述。一是全力建设国际性现代化综合立体交通枢纽，构筑竞争新优势。二是坚持城乡统筹，加快新型城镇化进程。三是聚焦主导产业，加快构建现代产业体系。四是以航空港实验区和自贸试验区建设为引领，打造内陆开放高地。五是以国家自主创新示范区建设为载体，着力提高创新驱动发展能力。六是坚持绿色发展，着力改善生态环境。七是全面深化改革，培育体制机制新优势。八是全面依法治市，加快推进民主法治建设。九是加强文化建设，提升城市竞争软实力。十是坚持共享发展，让人民群众有更多获得感。坚决打赢脱贫攻坚战。

马懿强调，实现今后五年的奋斗目标，各级党组织要切实担负起“党要管党、从严治党”的政治责任。一是抓好学习型党组织建设，强化思想政治引领。二是加强干部队伍建设，提高现代化领导能力。三是突出服务型基层党组织建设，夯实党的执政基础。四是坚持党管人才原则，建设高素质人才队伍。五是严肃党内政治生活，营造良好政治生态。六是严肃党的政治纪律和政治规矩，坚持不懈加强作风建设。七是加强反腐倡廉建设，保持队伍的纯洁性。

2016年9月28日上午，中国共产党郑州市第十一次代表大会在省人民会堂闭幕。会议应到代表494人，实到489人，符合规定人数。根据大会选举办法和计票结果，68名中国共产党郑州市第十一届委员会委员候选人、12名候补委员候选人和40名中国共产党郑州市第十一届纪律检查委员会委员候选人、65名郑州市出席省十次党代会代表候选人分别当选为中国共产党郑州市第十一届委员会委员、候补委员和中国共产党郑州市第十一届纪律检查委员会委员、郑州市出席河南省十次党代会代表。会议通过《中国共产党郑州市第十一次代表大会关于中共郑州市第十届委员会工作报告的决议》和《中国共产党郑州市第十一次代表大会关于中共郑州市纪律检查委员会工作报告的决议》。

大会对十届市委工作报告给予高度评价，充分肯定十届市委的工作，同意报告对今后五年的工作部署。大会指出，要全力建设国际性现代化综合立体交通枢纽，构筑竞争新优势；坚持城乡统筹，加快新型城镇化进程；聚焦主导产业，加快构建现代产业体系；以航空港实验区和自贸试验区建设为引领，打造内陆开放高地；以国家自主创新示范区建设为载体，着力提高创新驱动发展能力；坚持绿色发展，着力改善生态环境；全面深化改革，培育体制机制新优势；全面依法治市，加快推进民主法治建设；加强文化建设，提升城市竞争软实力；坚持共享发展，让人民群众有更多获得感。实现今后五年的奋斗目标，必须以改革创新的精神全面加强和改进党的建设，不断提高执政能力和领导水平，锻造各项事业的坚强领导核心，为经济社会发展提供政治保证。

大会充分肯定市十次党代会以来中共郑州市纪律检查委员会的工作。要求全市各级纪律检查委员会要深化标本兼治，践行纪挺法前，聚焦监督执纪问责，协调推进作风建设、反腐倡廉建设和纪检监察机关自身建设，经过五年的不懈努力，使广大党员干部的党章党规党纪意识进一步增强，不敢腐、不能腐、不想腐的有效机制不断巩固，干部清正、政府清廉、政治清明的良好局面持续优化，党风政风和社风民风持续向善向好，人民群众的获得感和满意度进一步提升。各级党委要切实履行全面从严治党主体责任，继续加强对纪律检查工作的领导和支持。

大会完成各项议程后，马懿发表重要讲话。他强调，把蓝图变为现实，一要牢记使命、担当责任，始终保持强烈的责任感和使命感。二要把握工作总格局，抓纲带目，以重点突破带动全局。三要坚持科学的工作方法和工作原则，实事求是、务求实效。四要树牢以人民为中心的发展思想，汇聚起推进郑州发展的强大合力。

【中国共产党郑州市第十一届委员会第一次全体会议】 2016年9月28日，中国共产党郑州市第十一届委员会第一次全体会议举行。会议选举产生了新一届市委领导班子。马懿受中国共产党郑州市第十一次代表大会主席团的委托主持会议。第十一届市委委员、候补委员出席会议。

按照选举办法规定，委员们先差额选举出了12名十一届市委常务委员会委员，等额选举出了市委书记、副书记。新当选的十一届市委常委是：马懿、程志明、靳磊、王跃华、黄保卫、张延明、王德山、周富强、焦豫汝、王鹏、张俊峰、杨福平。马懿当选为市委书记。程志明、靳磊当选为市委副书记。

选举结束后，会议通过中国共产党郑州市纪律检查委员会第一次全体会议选举结果的报告，新当选的市纪委委员列席会议。

市委书记马懿发表重要讲话。他指出，新一届市委将不辱使命、不负重托，拼搏进取、扎实工作，全面完成市十一次党代会确定的目标任务，努力开创郑州发展的新局面。第一，要自觉加强理论武装，打造政治坚定的领导集体。第二，要坚持发展第一要务，打造担当进取的领导集体。第三，要坚持民主集中制，打造团结干事的领导集体。第四，要牢记党的宗旨，打造执政为民的领导集体。第五，要坚持从严从实，打造清正廉洁的领导集体。

【市委常委会议】 2016年1月4日，市委常委会议召开，传达贯彻落实中共十八届五中全会、中央经济工作会议和省委九届十一次全会、经济工作会议精神，研究《郑州市国民经济和社会发展第十三个五年规划纲要（讨论稿）》和《郑州建设国际商都发展战略规划纲要（讨论稿）》。会议指出，“十三五”时期既是郑州“爬坡过坎、攻坚转型”的关键期，也是“抢抓机遇、奠定基础、确立地位”的决胜期，形势更为复杂，任务更为艰巨，必须切实增强责任感和紧迫感，以更加科学务实的态度、积极主动的作为，适应新常态、引领新常态，主动担当，履职尽责，不负重托。全市上下要积极抢抓航空港实验区和中原经济区两大战略机遇，深入实施开放创新双驱动战略，以建设国际商都为统揽，以新型城镇化为载体，以构建中高端现代产业体系为支撑，确立国际综合交通枢纽和物流中心、“一带一路”核心节点城市、全球智能终端（手机）制造基地“三个地位”，确保实现在全省率先全面建成小康社会、率先开启现代化建设新征程的“两个率先”目标，力争综合竞争力进入全国城市第一方阵，为建设国际商都、国际大都市奠定坚实基础。

2月3日，市委常委会议召开，传达学习贯彻省十二届人大五次会议、省政协十一届四次会议精神，研究郑州市贯彻落实意见。会议强调，贯彻省“两会”精神，要强化“两种意识”，坚定“两个率先”目标，抓好七个方面工作谋划和推进。强化“两种意识”，就是要强化率先意识、带动意识，履行好郑州的“双重”责任，确保郑州各项工作都引领全省、领跑全省、走在全省最前列，发挥好辐射带动作用。坚定“两个率先”目标，就是坚定在全省率先全面建成小康社会、率先开启现代化建设新征程，力争综合竞争力进入全国第一方阵，完成国际商都规划2020年阶段任务的“十三五”时期发展目标。抓好七个方面工作谋划和推进：一是围绕三年实现地区生产总值突破万亿元的目标，推进经济发展提质增效；二是围绕建设航空大都市的目标，推进开放功能提升、开放水平上台阶；三是围绕供给侧结构性改革，按照“全面跟进、部分引领”的要求，推进产业结构上层次；四是围绕“品质提升、塑造形象”，推进以精细化建设管理为标志的新型城镇化提升；五是围绕“两个作用”发挥、提高全要素生产率，深化体制创新；六是围绕“大众创业、万众创新”，在动力转换上抢先布局；七是围绕现代化社会治理体系构建，深化提升网格化管理和“4+4+2”党建制度体系建设，进一步提高服务群众的工作水平。

2月19日，市委常委会议召开，传达学习贯彻省领导航空港实验区调研讲话精神，研究郑州市贯彻落实意见。会议指出，全市上下一要肯定成绩，坚定信心；二要认清阶段、提高站位，把思想统一到省委省政府关于“实验区的建设已经到了向更高发展目标迈进、更好更快推进、发挥更大带动作用的新阶段”这一判断和要求上来；三要明确方向、把握重点，按照建设国际化、现代化综合交通枢纽、中原地区“一带一路”倡议支点和开放门户等要求，坚定不移地抓好贯彻落实；四要认清责任、担责履责拼上去，始终保持争分夺秒、拼尽全力的精神状态。要认真谋划实验区“十三五”时期发展，制订好具体推进的专项工作方案，抓好十个专项工作的落实：一是以航空铁路“双枢纽”战略实施提升综合交通枢纽地位；二是围绕“四港一体”体制机制完善，在国际物流中心建设上实现新突破；三是加快推进跨境电子商务；四是持续提升郑欧班列规模和品牌效应；五是千方百计加快重大产业项目建设；六是持续加大招商引资力度；七是以自由贸易区申建为引领，全力推进各类口岸和海关特殊监管区域建设和功能发挥；八是在推进大通关体系建设上实现新突破；九是加快城市功能完善和形态塑造；十是深化体制创新、增强发展活力，在全市、全省发挥好引领示范作用。

3月18日，市委常委会议召开，传达学习贯彻全国“两会”精神和省委常委（扩大）会议精神。会议强调，要以全国“两会”精神为指导，以各项工作走在全省全国前列为目标，推进郑州更好更快发展。一是要围绕2018年迈入“万亿俱乐部”，全力抓好经济运行，保持在全国城市中的先进位次；二是要以打造“一带一路”核心节点城市为目标，持续争取政策、拓展功能、巩固地位，全力打造综合枢纽和开放平台，确保在全国形成不可替代的优势；三是要推动城乡统筹发展，努力在全国率先解决两个“二元结构”问题，为郑州长远可持续发展奠定基础；四是要抓好以“三个转变”为核心的现代产业体系构建；五是要加快推进“双创”工作，把郑州打造成为全国创业的热土、创新的高地；六是要抓好体制机制改革，坚持问题导向、目标导向，谋划一批有利于更好发挥“两个作用”、释放生产力、提高全要素生产率的改革事项。要加强政策研究，抓紧研究梳理党和国家“十三五”时期发展和2016年工作部署中新的目标定位、新的政策突破、新的工程布局、新的试点项目，争取更多的政策支持、项目倾斜和试点落地。要加强宣传工作，利用各种媒体，加大宣传力度，营造学习贯彻全国“两会”的浓厚社会氛围。

3月22日，市委常委会议召开，传达贯彻全省环境保护工作会议精神，研究郑州市贯彻落实意见。会议指出，全市上下要牢固树立经济发展、项目建设不以破坏环境、污染大气为代价的理念，切实加大工作力度，坚决遏制和扭转大气污染形势严峻的局面。要坚持“党政同责、一岗双责”，严格落实环境保护工作各项措施；探索创新大气污染治理方式方法，突出精准治理；充分调动广大群众参与的积极性，全力打好大气污染恶化阻击战，确保空气质量实现明显好转。

3月28日，市委常委会议召开，传达学习贯彻全省领导干部会议和省委常委会议精神，研究郑州市贯彻落实意见。会议要求，要贯彻好省委会议精神，突出抓好当前各项重点工作。一是突出抓好经济运行工作，重点抓好市场形势较好的产业扩能增效、拖累点转化、固定资产投资、房地产业健康发展、降成本优供给支持实体经济发展的政策落实，确保全年目标实现。二是持续抓好社会稳定和安全生产工作，确保不发生重大突发性不稳定事件和安全事故。三是全力推进以城市精细化建设管理20项重点工作为带动的新型城镇化建设。四是加强对供给侧结构性改革的政策研究和组织推进。五是抓紧推进全面深化改革和关系长远发展的重要工作谋划。切实做好航空港经济综合实验区体制机制创新示范区建设，“四港一体”“多式联运”体制机制完善，自贸区申建和跨境电子商务综合试验区建设等工作。六是切实抓好“双创”工作，营造创新创业浓厚范围。七是抓好近期重要会议活动筹办工作，展示好郑州形象。八是切实加强党的建设。会议强调，要坚持问题导向，深入调研督查，确保各项工作落实。

4月20日，市委常委会议召开，传达学习全省产业集聚区建设工作会议精神，研究郑州市贯彻落实意见。会议要求，要突出工作重点，加大工作力度，提升郑州发展的领先水平。重点抓好七个方面的工作：一是突出抓好经济运行工作，确保全年目标实现，努力为全省多作贡献；二是进一步强化亮点工作，加快航空港区、郑东新区、经开区、高新区等开发建设，发挥好引领作用，为全市全省发展提供支撑；三是推进县（市）发展实现新突破，强化项目带动、项目支撑，加快形成发展热潮；四是全力推进以城市精细化建设管理20项重点工作为主要内容的新型城镇化各项建设；五是以国家自主创新示范区建设为契机，强力推进“双创”工作；六是切实抓好“大稳定”工作，确保社会大局和谐稳定；七是抓好以脱贫攻坚为重点的各项民生工作，让人民群众有更多的获得感。会议强调，要落实全面从严治党政治责任，以市县乡党委换届和“两学一做”学习教育为契机，切实加强党的建设，促进中央、省、市各项改革措施、政策意见、工作部署有效落实。

5月9日，市委常委会议召开，听取全市大气污染防治工作进展情况汇报，研究部署下一步工作。会议指出，全市上下要紧紧围绕省委书记谢伏瞻提出的精准治理、科学治理、依法治理、综合治理“四个治理”要求，突出工作重点，坚持“两手抓、两手硬”，进一步完善方案、强化措施、着力提升、确保实效。精准治理，就是调度要精准到天、精准到点、精准到人，运用大数据思维分析把握污染指数变化规律，有针对性地制订治理措施。科学治理，就是要提高治理的技术手段和方法水平，总结行之有效的措施，积极学习外地先进经验，充分发挥专家咨询委员会作用，探索创新治理方法，提高工作的实效性。依法治理，就是要严格执法、严格依法办事，严格依法惩治污染大气环境的各类违法行为。综合治理，就是要充分运用行政的、经济的、法律的、科技的手段，坚持长短结合，多策并举，多管齐下，长短结合，提高治理的统筹性和系统性。

5月31日，市委常委会议召开，传达学习贯彻全省脱贫攻坚第一次推进会议精神，研究郑州市贯彻落实意见。会议要求，全市上下要坚定目标，即坚定2016年脱贫攻坚任务大头落地、2017年全面脱贫的目标不动摇。突出精准，即贯彻中央和省委、省政府精准扶贫的精神，把握脱贫冲刺阶段的工作方法，做到“三个精准”：一是精准识别。抓好建档立卡“回头看、再核实”工作，不能落下一户贫困户。二是精准施策。因地制宜，逐村逐户研究脱贫具体办法；高度重视、切实解决好扶贫搬迁的后续生计问题，确保群众“搬得出、稳得住、能致富”。三是精准管理。加强过程管理、动态管理，脱贫一个、验收一个、销号一个，确保每一个帮扶对象真正脱贫、稳定脱贫。会议强调，要加强领导，落实责任。加强对驻村工作队和驻村第一书记的管理，强化平时考核，充分发挥好驻村工作

6月12日，市委务虚会议召开

队的作用。要创新脱贫攻坚体制机制，制订完善各项相关政策，充分调动各方力量积极参与，形成合力。

6月1日，市委常委会议召开，传达学习贯彻全国全省党校工作会议、全省党委（党组）意识形态工作责任制座谈会、全省宣传文化系统学习贯彻习近平总书记在哲学社会科学工作座谈会上重要讲话精神专题会议精神，研究郑州市贯彻落实意见。会议要求，要深化对新时期加强党校工作重要性的认识、对“党校姓党”这一根本原则的认识、对党校主业主课的认识及对党校围绕中心、服务大局的认识，进一步加强党委对党校工作的领导，各级各有关部门形成合力，共同推进党校工作上台阶上水平。会议强调，要充分认识加强意识形态工作的极端重要性和现实紧迫性，管好导向、守好阵地、发挥好作用、认清责任、加强领导，在理论研究、思想引领、解疑释惑、氛围营造、凝心聚力上提升水平、扩大成效，推进意识形态工作有序有效开展。

6月12日，市委常委会议召开，传达学习贯彻全国政法队伍建设工作会议精神，研究郑州市贯彻落实意见。会议强调，要准确把握习近平总书记对政法队伍提出的“信念坚定、执法为民、敢于担当、清正廉洁”的要求，坚持从严要求、从严教育、从严管理、从严监督，切实加强政法队伍思想政治建设、素质能力建设和纪律作风建设，坚持从优待警，不断提高政法干警服务发展、维护稳定的能力。各级各部门要强化稳定意识、责任意识，持续加大对各类不稳定因素的排查化解力度；要严格落实“属地责任”和领导干部“一岗双责”，着眼源头治理，进一步完善党委领导、政府负责、社会协同、公众参与的社会治理格局。

7月5日，市委常委会议召开，传达学习全省大气污染防治攻坚战动员会议精神，研究郑州市贯彻落实意见。会议要求，一是认识要再提高，全市上下充分认识全市大气污染防治形势的严峻性和任务的艰巨性。二是责任要再强化。要按照分级管理、属地为主，党政同责、一岗双责、失职追责的原则，理顺压实各级各部门的责任。三是措施要再精准。要坚持问题导向，突出精准治理，在深化、细化、常态化上下功夫，建立问题台账销号制度，确保大气污染防治取得明显成效。四是坚决兑现到位。坚持上下联动、全民行动，将各级党委政府、牵头主管部门和相关企业的奖惩与大气污染防治目标任务相挂钩，严格执纪执法，加大问责力度，以严格的问责确保任务兑现、措施兑现、责任兑现。

7月5日，市委常委会议召开，传达学习贯彻习近平总书记“七一”重要讲话精神，安排部署全市贯彻落实工作。市委书记马懿强调，学习贯彻习近平总书记“七一”重要讲话精神，要在四个方面统一思想、抓好落实。一要提高思想认识，增强抓好学习贯彻的自觉性和主动性。二要领会精神实质，用讲话精神武装头脑、指导实践。三要抓好学习宣传，组织党员干部原原本本地学习，真正学深、悟透、用好。四要联系实际抓好贯彻落实。要以讲话精神为指导，结合党委换届，做好工作谋划，围绕“以国际商都为统揽，以航空港实验区建设为引领，以‘三大一中’为路径，以开放创新为动力，新型城镇化、产业发展、生态建设协调推进，加快向国家中心城市迈进的步伐”的总体思路，突出新型城镇化、产业发展、开放创新、生态建设“四大重点”和强化党的建设根本保障，制订好三年行动计划；要把学习成果转化为推进当前工作的强大动力，突出千方百计保增长、精心组织党委换届、持续抓好新型城镇化重点工作、深化大气污染治理、抓好安全稳定“五项重点工作”，强化措施，狠抓落实，确保取得更好的成效。

8月2日，市委常委（扩大）会议召开，传达学习省委书记谢伏瞻、省长陈润儿等省领导航空港实验区调研讲话精神，研究郑州市贯彻落实意见。会议指出，全市上下要深刻理解把握讲话精神，正确认识实验区正处于紧要关口、爬坡过坎关键阶段的严峻形势，围绕“放大优势、形成规模”的阶段任务，突出重点，抓住关键，在“十三五”期间着力完善提升、固化优势、形成枢纽。一是抓好产业培育。坚持高端化、特色化、国际化、航空偏好型发展方向，突出智能终端制造、精密装备制造、生物医药、以国际物流中心为带动的现代服务业和口岸经济的培育，尽快形成规模优势、集群效应。二是完善城市功能配套。围绕航空都市建设，加快推进全域城镇化，突出抓好征迁群众安置工作和基础设施配套建设，尽快展现出国际化新城区的形态风貌。三是抓好枢纽和口岸建设。统筹推进航空、铁路、公路枢纽等基础设施建设，完善口岸功能，加快开放载体平台建设，不断巩固和扩大“四港一体”多式联运综合枢纽优势；四是深化体制机制创新，加快航空港实验区体制机制创新示范区建设，不断深化行政管理体制、要素保障机制、科技创新体制、社会管理体制等改革，以改革增活力、促发展。

8月2日，市委常委会议召开，

7月5日，市委常委会议召开

研究全面从严治党主体责任深化年实施方案。会议听取关于《全面从严治党主体责任深化年实施方案》起草情况的汇报。会议指出，全市上下要深化认识，强化看齐意识，把思想统一到中央和省委的要求部署上来，切实增强在党言党、护党、管党、治党的政治责任感，积极主动推进全面从严治党主体责任深化年各项工作落实。要把握实质，抓好关键。一要把握好"全面"这个基本要求，二要紧扣"严"这一标准，三要抓住"治"这个关键。要加强领导，抓好实施。要强化各级党委（党组）主要负责人"第一责任人"的责任，强化各级班子成员"一岗双责"的责任，层层建立责任清单和工作台账，按照实施方案确定的6个重点方面，逐一查摆、深刻剖析，深入整改，完善制度。纪检系统要发挥监督责任，开展好专项督查，加大问责力度，通过及时问责促各级履职尽责。

8月15日，市委常委会议召开，传达学习贯彻全省依法治省暨平安建设工作会议、全省政法委书记座谈会、全省政法机关服务省委省政府重点工作推进会议精神，研究郑州市贯彻落实意见。市委书记马懿强调，全市上下要认真学习贯彻全省会议精神，把法治建设和平安建设摆在突出位置，牢固树立以人民为中心的发展思想，强化法治引领，创新工作机制，全面提升平安郑州、法治郑州建设水平，确保社会大局和谐稳定，为郑州的持续健康发展提供有力保障。会议要求，要立足于"少出问题、解决问题"，坚持从源头上预防和化解各类矛盾。"少出问题"，关键是要把维护人民群众的利益放在首位，始终坚持依法执政、依法行政、依法办事，不断提高依法治市水平。"解决问题"，重点要完善问题矛盾化解的常态化制度机制，确保各类矛盾和问题"发现在早、防范在先、处置在小"。

9月29日，中共郑州市第十一届委员会第一次常委会议召开。会议就市委常委分工，以及围绕"四重点一稳定一保障"工作格局建立"党委加强领导、政府充分履职、人大政协共同参与的责任明晰、工作有序、运转高效"的工作领导推进机制进行研究。市委书记马懿指出，市委常委要带头加强自身建设，围绕做好"五个表率"（政治坚定的表率、担当进取的表率、团结干事的表率、执政为民的表率、清正廉洁的表率），共同勉励、共同提升。他强调，当前的机遇和挑战并存，郑州的发展任务繁重，常委一班人要迅速进入角色，抓好工作推进落实。一是抓好市十一次党代会精神的学习宣传和贯彻落实工作，把党代会确定的目标任务落到实处；二是高度重视稳增长、保态势工作，研究制订有针对性的措施，确保全年有一个更好的发展成效；三是抓好重点项目建设，为当前稳增长提供支撑，为下一步发展奠定基础；四是持续抓好以大气污染防治为重点的生态建设，确保空气质量不断好转、生态环境不断改善；五是高度重视和切实抓好稳定工作，确保社会大局和谐稳定；六是切实加强党的建设，为经济社会发展提供坚强政治保障。

10月27日，市委常委会议召开，传达学习省委组织部关于中组部检查组选人用人反馈意见通报暨整改工作动员会议、整改交办事项工作会精神，研究郑州市贯彻落实意见。会议强调，一要坚持问题导向，对全市近三年来在党的建设、干部选用等方面的巡视整改工作进行认真回顾总结，全面梳理排查存在的问题，把问题找准找透。二要建好台账，形成专案。对排查出来的问题分类建立台账，制订整改专案，落实责任，对账销号，确保件件整改到位。三要完善制度，规范提升。进一步探索完善相关制度，把制度建设落实到从严治党的全过程，用制度管权管人管事。会议要求，要加强领导，以上率下。市委整改工作领导小组和选人用人专项整改工作领导小组要做好方案制订、组织推进、督促检查等工作；市委常委要率先垂范，认真履行"一岗双责"。

11月10日，市委常委（扩大）会议召开，传达学习中共十八届六中全会精神，对全市学习宣传贯彻落实工作进行研究部署。会上，马懿领学《习近平总书记在十八届六中全会上关于〈新形势下党内政治生活的若干准则〉和〈中国共产党党内监督条例〉的说明》，程志明、靳磊、白红战、王璋、王跃华、周富强、赵新中、吴晓君等四大班子部分领导作了学习体会发言。会议强调，学习中共十八届六中全会精神，要在四个方面深化认识。一是深刻领会确立习近平同志为全党核心的重大意义，坚定维护核心的政治自觉和行动自觉；二是深刻领会全面从严治党、推进党的建设新的伟大工程的现实紧迫性，强化全面从严治党的责任担当；三是深刻领会新形势下严肃党内政治生活、加强党内监督的重要性，确保《新形势下党内政治生活的若干准则》《条例》规定落到实处；四是深刻领会以领导干部这一关键少数为重点的鲜明导向，发挥好领导干部的示范表率作用。会议要求，要把握重点，明确方向，坚决把全会精神落到实处。一要把握好坚定理想信念这个首要任务；二要把握好纪律严明这个重要内容；三要把握好始终与人民群众保持血肉联系这个根本要求；四要把握好民主集中制这个重要制度保障；五要把握好严格党的组织生活这个重要抓手；六要把握好加强对权力运行制约与监督这个重要举措。全市各级党组织要把学习宣传贯彻落实十八届六中全会精神作为当前的首要政治任务，党员领导干部要带头提高认识、深入学习、宣传贯彻，组织广大党员干部把学习贯彻全会精神与"两学一做"学习教育相结合，与推进当前各项工作相结合，以学习贯彻促工作，以工作成效检验学习成果。

11月10日，市委常委（扩大）会议召开，传达学习省十次党代会、十届省委第一次全体会议和十届省委常委会第一次会议精神，研究部署郑州市贯彻落实意见。市委书记马懿强调，全市上下要切实把思想和行动统一到省委要求部署上来，坚定向国家中心城市迈进的目标，发挥好龙头带动作用，不断深化提升"四重点一稳定一保证"工作总格局，以强烈的责任感和事业心，坚持抓好党建

11月10日，市委常委（扩大）会议召开

是最大政绩、推动发展是第一要务，努力把郑州的事情办好，开创各项工作新境界，为中原更出彩作出省会城市应有贡献。会议指出，省十次党代会明确河南省未来五年的总体要求、目标任务和主要举措，省委书记谢伏瞻在郑州代表团的讲话，对郑州的发展提出更高的期望和要求，进一步明确郑州的发展定位、发展目标和发展路径。全市各级党组织一要深化认识过去五年发展的显著成效，进一步坚定在省委领导下实现中原更出彩的信心；二要深化认识省委对河南未来五年工作的新谋划、新部署，进一步明确努力方向；三是要深化认识郑州的责任担当，进一步增强责任感、事业心。会议要求，要坚定目标，发挥作用，深化提升工作总格局，不断扩大工作成效。坚定目标，就是要坚定加快向国家中心城市迈进这一目标；发挥作用，就是要按照省委书记谢伏瞻对郑州的指示精神，突出率先发展、提升地位和带动全省、服务全省，切实发挥好龙头带动作用；深化提升总格局，就是要对照省委决策部署，对“四重点一稳定一保证”工作总格局进一步深化研究、着力提升，争取更大的工作成效。会议强调，要集中精力，切实抓好当前各项工作。一是抓好十八届六中全会精神和省、市党代会精神的学习宣传贯彻工作；二是抓好稳增长、保态势工作；三是抓好重点工程建设；四是抓好安置房建设和群众回迁安置工作；五是抓好招商引资工作；六是抓好以大气污染治理为重点的大生态建设；七是抓好社会稳定和安全生产工作；八是及早做好明年工作谋划。

11月15日，市委常委会议召开，传达学习贯彻中央第五环保督察组督察河南情况反馈会及全省大气污染防治攻坚战第三次推进会精神，研究郑州市贯彻落实意见，市委书记马懿强调，全市上下要认真贯彻五大发展理念，肯定成绩、坚定信心、强化责任、强化措施，不断提升大气污染防治工作的精细化、科学化水平，确保实现全年治理目标任务，推进空气质量持续好转。会议指出，要对照中央第五环保督察组反馈郑州的问题，拉出问题清单，建立工作台账，明确整改措施和时间节点，不折不扣地抓好整改落实。要围绕完成全年省定目标任务，抓住年底前的有效时间，细化落实各项工作措施，突出治理难点和关键点，科学施策，精准发力，切实解决治理不彻底、不到位问题，确保治理全覆盖、无盲区。要根据冬防特点，强化应急管控措施，实行市、县、乡三级联动，切实提高管控的精准性和有效性。要加大督导、执法、处罚、问责力度，形成全社会共同参与、齐抓共管的良好氛围。要正确处理大气污染防治与重点工程建设之间的关系，坚持一手抓大气污染治理，一手抓重点工程建设，严格落实建筑工地“七个100%”措施，实现工程建设与环境保护两手抓、两手都要硬。

11月28日，市委常委会议召开，传达贯彻全国、全省社会治安综合治理创新工作会议精神，研究全市贯彻落实意见。市委书记马懿强调，要进一步强化“促一方发展、保一方平安”的政治责任，坚持法治理念，突出重点，把握关键，深化创新全市社会治安综合治理，为率先全面建成小康社会、加快现代化进程、向国家中心城市迈进创造和谐稳定的社会环境。会议要求，要突出重点，把握关键，提升水平。要突出三项重点，一是抓好综治中心规范化建设，促进各级综治部门更好发挥职能作用；二是完善矛盾纠纷多元化解联动机制，确保“发现在早、防范在先、处置在小”；三是加强社会治安防控体系建设，从源头上预防和减少各类违法犯罪活动。要依托网格化管理，突出“四化”建设，一是着力提高社会治理的社会化水平，努力形成社会治理的合力；二是着力提高社会治理的法治化水平，立足于从根本上依靠法治处理问题、化解矛盾、维护秩序，党委政府带头依法办事，引导人民群众合法表达诉求、依法维护权益；三是着力提高社会治理智能化水平，提高预测预警预防能力；四是着力提高社会治理专业化水平，重点抓好专业人才队伍建设，推进相关业务部门职责、职能向基层网格下沉。要层层落实责任，确保工作实效，推动形成党委领导、政府主导、社会协同、公众参与、法治保障的良好局面。

12月8日，市委常委会议召开，研究贯彻全国全省国有企业党的建设工作会议精神，中央巡视组巡视“回头看”反馈意见整改落实，贯彻中央、省农村精神文明建设会议精神，中央环境保护督察组反馈意见整改落实等工作。会议要求，要切实增强抓好国有企业党的建设的使命感、责任感、紧迫感，把握方向、突出重点，紧紧围绕解决党的领导、党的建设弱化、淡化、虚化、边缘化问题，全面提高新形势下全市国有企业党的建设工作水平。要加强领导，形成党委统一领导、有关部门齐抓共管、企业党组织履职尽责的党建工作格局。会议指出，全市上下要把中央巡视组巡视“回头看”反馈意见整改工作作为深化全面从严治党、加强党的建设、发挥好党的领导核心作用的重要契机，提高认识、端正态度，列出整改清单、建立整改台账、分类推进整改、按时完成任务，推动全市党的建设迈上新台阶、取得新成效。会议强调，要坚持以社会主义核心价值观为引领，以“美丽乡村·文明家园”建设为主题，以乡风民风美起来、人居环境美起来、文化生活美起来为目标，以文明村镇创建活动为抓手，充分发动群众、依靠群众，推动移风易俗，树立文明乡风，深化文明素质教育，让文明新风融入农村生产生活各个方面。各相关部门要各负其责、各司其职，向农村倾斜力量、倾斜资源，形成推进的合力。要高度重视中央第五环境保护督察组反馈意见整改工作，切实抓好反馈意见的整改落实，正确处理环境保护与发展的关系，坚持新型城镇化、产业发展、生态建设协调推进，一方面要以更大力度推进环境达标、节能减排，倒逼高耗能、高污染企业转型发展，规范各类建设和生产行为；另一方面要加强生态建设，着力提高城市生态承载能力、自净能力，确保生态环境持续改善，促进经济社会的可持续发展。

11月15日，市委常委会议召开

12月19日，市委常委会扩大会议召开，传达学习中央经济工作会议精神和省委常委会扩大会议精神，研究郑州市贯彻落实工作。会议强调，贯彻中央经济工作会议精神，要谋划好2017年的工作。要紧紧围绕建设国家中心城市这一目标，坚持新型城镇化、产业发展、开放创新、生态建设和社会大局平安稳定、全面从严治党强化党建保证的“四重点一稳定一保证”工作总格局，坚持目标导向、问题导向和“创优势、增实力、补短板、能抓住”的工作方针，充分发挥“党委加强领导，政府充分履职，人大政协共同参与的责任明晰、工作有序、运转高效”的工作领导推进机制作用，抓住机遇、主动作为、扩大成效。要突出“稳中求进、奋发有为”的总基调，坚持以项目为抓手、项目化推进，通过项目推进促建设、强投资、调结构、惠民生、求提升、转作风。会议要求，要抓好中央经济工作会议精神的学习贯彻。一要抓好传达学习，切实把思想和行动统一到中央会议精神上来；二要抓好工作谋划，把五大发展理念、中央适应经济新常态的经济政策和重要举措融入落实到郑州各项工作之中；三要抓好当前重点工作，切实抓好稳增长保态势、困难群众生活关怀、大气污染防治、社会稳定、安全生产等工作，确保全年各项工作有更好的成效。

【全市领导干部会议】 2016年5月24日下午，全市领导干部会议召开。省委副书记邓凯出席会议并作重要讲话。省委组织部常务副部长谢玉安出席会议并宣读省委决定：马懿任中共郑州市委书记；程志明任中共郑州市委委员、常委、副书记。

会议强调，此次市委、市政府主要领导的变动，是全市政治生活中的一件大事，实现顺利交接和平稳过渡，对于继续保持郑州市经济社会发展的良好局面十分重要。希望全市广大干部切实把思想统一到省委决定和要求上来，自觉讲政治、顾大局，全力支持马懿、程志明的工作，共同开创郑州工作的新局面。要认清形势任务，持续保持郑州经济社会发展的良好态势。要保障和改善民生，着力增强人民群众的现实获得感。要加强队伍建设，提供各项事业发展的有力保障。要严格遵规守纪，营造风清气正的良好环境。

市委书记马懿表示，担任郑州市委书记深感使命光荣、责任重大。当前，郑州正处于“十三五”时期规划起步、全面建成小康社会决胜的关键期。同时，也处于爬坡过坎、攻坚转型的紧要关口，改革发展稳定任务艰巨而繁重。全市上下要坚定正确的政治方向，坚持正确的发展路子，牢固树立以人民为中心的发展思想，扛稳抓牢全面从严治党的责任。

【党建重要会议】 市委党务工作大会 2016年2月22日，市委党务工作大会召开。会议指出，全市各级党务部门和广大党务工作者要紧紧围绕实现“两个率先”、建设国际商都这一大局，突出全面从严治党这一主线，不断提升党务工作保障大局、保障发展的能力和水平。组织工作要突出“搞培训、提素质，选干部、配班子，育人才、聚贤能，抓基层、打基础”四大主业求提升、求实效。一是以“两学一做”学习教育为载体，强化思想建党；二是以市县乡领导班子换届为契机，优化干部队伍；三是以服务型基层党组织为目标，推进“双基”建设；四是以“智汇郑州·1125聚才计划”为抓手，强化人才支撑。宣传工作要围绕提升服务力、影响力、生产力，弘扬主旋律、把握主动权、汇集正能量，营造良好舆论氛围和思想文化支撑。一是深化对习近平总书记系列重要讲话精神的学习教育；二是营造良好舆论氛围；三是巩固提升城市文明程度和道德水平；四是推进文化事业和文化产业大发展。统战工作要牢牢把握大团结大联合主题，精心组织开展“凝心聚力‘十三五’时期行动”和“凝聚力建设行动”，为郑州经济社会发展凝聚共识、凝聚力量。政法工作要强化法治的引领作用，依托网格化管理长效机制这个载体，确保政治稳定、社会稳定、信访稳定，不断深化司法体制改革。全市党办系统要深入贯彻习近平总书记“五个坚持”要求，发扬“忠诚、认真、严谨、保密”的作风，不断提高服务保障中心工作的能力和水平；党校系统要坚持党校姓党根本工作原则，突出主业主课，发挥好马克思主义理论教育主阵地作用；群团工作要突出政治性、先进性、群众性，夯实基层基础，扩大有效覆盖，创新工作载体，最大限度地为经济社会发展凝聚力量；政策研究、党史研究、机构编制等工作要围绕中心、服务大局，充分发挥各自优势，作出更大贡献。

市委中心组理论学习会 2016年3月4日，市委举行中心组理论学习会，传达学习习近平总书记在中央政治局“三严三实”专题民主生活会、省部级主要领导干部学习贯彻中共十八届五中全会精神专题研讨班和党的新闻舆论工作座谈会上的系列重要讲话精神，学习《中国共产党地方委员会工作条例》，研究贯彻落实措施。会议指出，要坚定不移地向党中央、向习近平总书记看齐，坚决做到“四个自觉”，当好践行“三严三实”的表率。一要自觉坚定正确政治方向，作讲政治的表率；二要自觉落实党中央决策部署，作服务大局的表率；三要自觉履行好党交付的职责，作敢于担当负责的表率；四要自觉严格要求自己，作遵纪守规的表率。

5月9日，市委举行中心组（扩大）“两学一做”集中学习会，学习习近平总书记关于“打铁还需自身硬”、全面从严治党的重要讲话精神，传达《中共中央办公厅关于部分党员领导干部在谈话函询中不如实向组织说明情况典型案件及其教训的通报》。会议强调，全市各级党组织都要按照“两学一做”“基础在学、关键在做”的要求，按照中央、省委、市委统一部署，组织开展好党章党规和系列讲话的学习，牢固树立“四个意识”，坚定从严治党的决心，保持严抓严管的力度不减，巩固和发展全市“风正、气顺、心齐、劲足”的良好政治生态，为实现“两个率先”、建设国际商都、进入全国城市第一方阵提供坚强政治组织保障。

全市“两学一做”学习教育工作会议 2016年4月22日，全市“两学一做”学习教育工作会议召开，学习贯彻习近平总书记系列重要讲话特别是关于“两学一做”学习教育的重要指示精神，落实中央、省委相关会议精神，对郑州市“两学一做”学习教育工作进行安排部署。会议指出，要认真贯彻中央、省委要求部署，提高思想认识，坚定自觉地抓好“两学一做”学习教育。一是要从习近平总书记重要指示和中央、省委的部署中深化认识开展好“两学一做”学习教育的重要性，切实把思想和行动统一到中央和省委的要求部署上来。二是要从群众路线教育实践活动和“三严三实”专题教育取得的成效中深化认识开展好“两学一做”学习教育的必要性，坚决克服厌战懈怠情绪和消极应付心理，既要坚持标准不降、力度不减，更要深化提升、全面拓展。三是要从全市党员干部队伍存在的突出问题中深化认识开展好“两学一做”学习教育的紧迫性，持续拧紧发条、深化教育、加压整改，真正把学习教育抓好、抓实、抓到位。会议要求，要坚持问题导向，扎实推进“两学一做”学习教育。一要以解决思想认识问题为根本，夯实“学”这个基础，筑牢思想根基；二要以查改自身突出问题为重点，抓住“做”这个关键，做到“四讲四有”；三要以发现解决工作落实过程中的问题为抓手，体现“促”这个目的，扩大发展成效。要加强组织领导，确保“两学一做”学习教育取得实效。

庆祝中国共产党成立九十五周年大会 2016年6月27日上午，郑州市庆祝中国共产党成立九十五周年大会在郑州青少年宫隆重举行。市委书记马懿出席大会并讲话。代市长程志明主持大会。市领导白红战、王璋、郭锝

6月27日，郑州市庆祝中国共产党成立95周年大会举行

昌、孙金献、王跃华、黄保卫、张延明、王德山、焦豫汝等出席大会座。市委常委、组织部部长焦豫汝宣读表彰决定。马懿在讲话中回顾了中国共产党走过的95年光辉历程，总结了郑州人民投身革命和社会主义建设事业的光荣历史以及取得的巨大成就。他要求，各级党组织和广大党员干部要深刻认识新时期党建工作面临的新形势，切实增强“党要管党、从严治党”的责任感、紧迫感和自觉性，围绕中心、服务中心、保障中心，以“4+4+2”党建制度体系建设为重点，切实加强党的各项建设。一是要以“两学一做”学习教育为抓手，打牢“学”这个基础，突出“做”这个关键，体现“促”这一目的，筑牢思想根基，增强行动自觉，以更好的工作成效检验和体现学习教育的成果。二是要以党委换届为契机，坚持好干部标准选好人用好人，配强建强领导班子，完善组织制度，严肃换届纪律，切实加强各级领导班子和干部队伍建设。三是要以网格化为载体，全面推进区域化党建，持续开展好基层党组织“分类定级、晋位升级”的活动，严格党员队伍管理，加强基层服务型党组织建设，夯实基层基础。四是要持续深化党风廉政建设，加强警示教育，强化政治纪律和政治规矩，保持反腐败高压态势。同时，按照“三个区分开来”的要求，保护那些作风正派又敢作敢为、锐意进取的干部，鼓励他们更好地干事创业。五是要强化责任、加强领导，确保全面从严治党各项任务落到实处。各级党委（党组）特别是一把手要牢固树立“抓好党建是本职、不抓党建是失职、抓不好党建是不称职”的理念，努力形成聚精会神抓党建、促发展的浓厚氛围。

全市党校工作会议　2016年12月8日，全市党校工作会议召开。会议深入贯彻全国、全省党校工作会议精神，分析研究全市党校工作面临的形势和任务，部署当前和今后一个时期全市党校工作。市委书记马懿指出，贯彻落实习近平总书记的重要讲话精神，加强和改进新形势下的党校工作，必须毫不动摇地坚持“党校姓党”这一根本原则，贯穿于党校一切教学活动、科研活动和办学的始终。一要坚持正确的政治方向不动摇；二要聚焦主业主课，把党的理论教育和党性教育摆在更加突出的位置；三要紧贴中心工作，着力推进党校科研能力提升和科研成果转化；四要抓好师资队伍建设，为提高党校工作整体水平奠定基础。要强化党委主体责任，加强和改善党委对党校工作的领导。各级党校要增强主角意识和主动精神，高标准、严要求抓好党校工作；各级各部门要大力支持党校工作，促进全市党校建设水平全面提升，推进全市党员干部队伍素质能力提升。

廉洁党课暨“廉洁双节”谈话会　2016年12月15日，市委书记马懿为全市领导干部上廉洁党课，开展“双节”前的廉洁谈话。马懿要求全市各级党员领导干部，要常修为政之德，打牢思想根基；常思贪欲之害，保持警钟长鸣；常怀敬畏之心，严于修身律己；常念严管之责，强化责任意识。各级党委（党组）特别是党委（党组）书记要切实增强党要管党的政治自觉，全面落实主体责任。一要坚持领导带头，二要突出抓早抓小，三要从严追责问责。“双节”即将到来，希望全市领导干部在抓好廉洁自律的同时，更加关心基层、关心群众，切实做好城乡困难群众、特殊群体走访慰问、帮扶救助等工作。

【新型城镇化建设重要会议】　全市新型城镇化建设暨城市工作会议　2016年7月20日，全市新型城镇化建设暨城市工作会议召开。会议要求，要切实把思想和行动统一到“以建为主、提升品质、扩大成效”的阶段任务上来，把建设摆在首要位置，以各项建设提速提质，推动新型城镇化更好更快发展。要把握新型城镇化发展方向，坚持4个原则，突出抓好6项重点工作。把握新型城镇化发展方向，就是要贯彻“创新、协调、绿色、开放、共享”的发展理念，以国际商都为统揽，以航空港实验区建设为引领，以“三大一中”为路径，以开放创新为动力，坚持“一主一城三区四组团26个新市镇”多中心、网络化、开放式的郑州都市区空间布局，把“以建为主、提升品质、扩大成效”作为战略重点，加快推进城市国际化、县域城镇化、城乡一体化，不断提升郑州城乡环境质量、人民群众生活质量和城市综合竞争力，在全省率先全面建成小康社会，率先开启现代化建设新征程，加快向国家中心城市迈进步伐。坚持4个原则，就是工作推进中要坚持“遵循规律、科学有序”“以人为本、依靠群众”“产业支撑、功能复合”“保护生态、传承文化”原则，在原则性问题上澄清认识、统一思想、形成自觉。突出抓好6项重点工作，一是全力加快拆迁群众安置，二是推进以轨道交通为重点的公交都市建设和城市功能提升，三是抓好县城和中心镇功能完善提升，四是加快以基础设施和公共服务向广大农村延伸为重点的农村生产生活生态改善，五是深化以大气污染防治为重点的生态建设，六是深化以人为核心的新型城镇化政策创新。会议强调，全市上下要统一思想，统一步调，形成合力，集中攻坚，确保新型城镇化新三年行动计划顺利实施。要健全领导机制，弘扬法治精神，加强人才培养，深化改革创新，全力推进新型城镇化建设。

大气污染防治、新型城镇化建设新三年行动计划工作推进会　2016年8月26日，市委、市政府召开大气污染防治、新型城镇化建设新三年行动计划工作推进会，贯彻落实省委副书记、省长陈润儿督查郑州市大气污染防治工作讲话精神，对大气污染防治攻坚战和新型城镇化新三年行动计划推进工作进行安排部署。市领导马懿、程志明、白红战、孙金献、张延明、王德山、焦豫汝、马健及在郑副市级以上领导干部出席会议或参加观摩督查。市委副书记、代市长程志明对大气污染防治、新型城镇化建设等工作进行安排部署。关于大气污染防治工作，程志明要求，要迅速开展集中专项整治摸底调查，限期完成清理取缔专项整治，扎实做好整治后的长

7月20日，全市新型城镇化建设暨城市工作会议召开

参与开发和建设。五是要处理好市级与区级的关系。坚持上下联动、协调作战，发挥好市级和区级两个方面的积极性。六是要处理好既好与又快的关系。既要坚持高标准做好规划设计，以一流的规划引领建设，不留遗憾；又要不靠不等、积极行动，围绕已确定实施的项目，抓好拆迁安置等前期工作。市委副书记、代市长程志明指出，历史文化名城和历史文化街区保护与规划建设工作是一项难度很大、要求很高的系统工程，必须把握“规划先行、正确保护、积极利用、各级联动、既好又快”的原则，在做好规划引领的同时，确保严格实施规划，既重“形”更重“神”，既重视“面”也重视“点”，在保护的前提下适度合理开发建设，充分发挥历史文化名城和历史文化街区的经济价值、社会价值和历史文化价值。

远发展规划；完善机制，推进治理深化、细化、常态化；统筹兼顾，强力推进大气污染防治攻坚战；加强督导，狠抓各项工作落实；强化引导，鼓励社会监督和公众参与，坚决打赢攻坚战。关于新型城镇化建设工作，程志明要求，要围绕新三年行动方案进行深度谋划，进一步深化完善行动方案，突出本地本行业特色，重点在加大基础设施建设力度、提高城市综合承载力、完善各项公共服务、提升人居环境等方面下功夫；要切实抓好安置房建设，坚持规划先行，科学把控安置房建设时序，把握节奏，分批补偿，确保群众按时回迁。要解放思想，加大投融资力度，基础服务向农村延伸。省委常委、市委书记马懿指出，全市上下要认真贯彻落实省长陈润儿督查讲话精神，正视差距，深化认识，强化措施，进一步深化、细化、常态化推进大气污染防治工作。要责任再强化，确保每一个污染源、每一个污染行为都有人管、有人对其负责；执法再加强，确保依法行政、执法到位；措施再细化，把治理任务精确到“点”、标准细化到每一个生产行为；制度再完善，进一步完善激励机制、约束机制、监督机制，充分动员广大群众、新闻媒体参与监督，形成推进大气污染防治的社会氛围。要全面排查治理死角、盲区、短板，切实抓好集中整治。马懿强调，要围绕“以建为主、提升品质、扩大成效”的阶段任务，按照项目化推进的要求，集中力量抓好新型城镇化新三年行动计划的实施。各中心城区重点要围绕安置房建设、市民文化中心建设、历史文化街区打造、轨道交通建设、贾鲁河治理等重点工作，强化责任，细化节点，确保各项重点工作有序有效推进。各县市要加快推进县城、组团新区、中心镇承载功能提升，加快实施以交通道路为带动的基础设施、公共服务向农村延伸覆盖各项工程，促进新型城镇化取得更大成效。

全市历史文化名城和历史文化街区规划建设专题会议 2016年8月10日，省委常委、市委书记马懿主持召开历史文化名城和历史文化街区规划建设专题会议，听取郑州历史文化名城和历史文化街区规划建设、商都历史文化区保护利用、商都历史文化区起步区建设等情况汇报，就相关问题进行研究部署。市领导程志明、孙金献、张俊峰、杨福平等出席会议。马懿强调，全市上下要把城市历史文脉的传承和文化特色的彰显贯穿到城市规划、建设、管理的方方面面，以各层级历史文化保护区、特色街区、特色小镇建设为抓手，建设具有历史文脉、文化内涵、时代气息的现代化城市。他要求，在商都历史文化区等文化遗址保护和开发中要重点处理好“六大关系”：一是要处理好全域与局部的关系。要全面系统梳理完善全市历史文化名城保护与开发整体规划，明确整体文化定位和重点片区文化特色。在此基础上，近期要以商都历史文化区为重点，加快完善规划，集中力量组织实施。二是要处理好保护与开发的关系。要统筹文物遗址保护、历史文脉传承、文化特色彰显和综合开发利用，坚持文化产业、商业、旅游业一体开发，实现保护与开发综合效益的最大化。三是要处理好起步与整体的关系。商都历史文化区建设要坚持整体规划、分步实施的原则，有序推进核心区、整片区开发，展现出商城文化的形态风貌和内涵品质。四是要处理好政府与市场的关系。政府重点做好规划制订、拆迁安置、机制创新等工作，充分发挥好市场主体作用，引导社会资本积极

【产业发展重要会议】 **中国（郑州）跨境电子商务综合试验区建设工作动员大会** 2016年6月18日，市委、市政府召开中国（郑州）跨境电子商务综合试验区建设工作动员大会。市领导马懿、程志明、孙金献、薛云伟、马健等出席会议。市委副书记、代市长程志明强调，一要提高站位、统一思想，坚定信心，进一步增强责任感和紧迫感，瞄准“三中心一高地”建设目标，全力打造郑州跨境电子商务“三平台七体系”，探索走出一条以跨境电子商务带动产业发展，带动企业转型升级的新路子。二要把握形势，开阔视野，统筹推进工作落实。将郑州综试区打造成为内陆特色鲜明、投资贸易便利、监管服务高效、法制环境规范、商业模式领先、产业优势突出的中西部外向型经济示范区。三要强化保障，务实推动，切实担负起郑州的“双重”责任。省委常委、市委书记马懿要求，要紧盯目标，持续创新。继续发扬敢于担当、勇于创新的精神，对监管、服务、商务、企业经营模式等各个方面的创新，政府都要坚决支持、积极推进。各级各部门要发挥郑州“区位+综合枢纽”的比较优势，共同打造“成本低、效率高、功能优”的跨境网购交易集疏体系，探索形成更多可复制、可推广的创新成果。要强化责任，主动作为。把综试区建设作为郑州发展的又一战略突破口，集全市之力加以推进。市领导小组要切实加强组织领导，主动担责履责、对接协调、推进落实；各开发区、县（市）区要按照“一核两区多园”的布局，找准定位，明确方向，积极探索创新；各级各部门要服从服务综试区建设大局，对涉及综试区的工作，主动服务、保障和推进。会议印发了中国（郑州）跨境电子商务综合试验区建设工作行

6月18日，中国（郑州）跨境电子商务综合试验区建设工作动员大会召开

动计划（2016—2018年）。

全市产业发展暨半年经济运行工作会议 2016年8月5日，全市产业发展暨半年经济运行工作会议召开。会议总结全市产业发展成就，分析当前形势，安排部署当前和今后一个时期的产业转型升级工作。会议明确了今后一个时期全市产业转型升级的指导思想：全面贯彻"创新、协调、绿色、开放、共享"五大发展理念，以国际商都为统揽，以航空港实验区建设为引领，以"三大一中"为路径，以开放创新为动力，围绕"做强先进制造业、做大现代服务业、做优都市农业"，突出"现代服务业主导、先进制造业支撑、开放创新驱动、融合集聚发展"，聚焦电子信息、汽车及装备制造、现代金融商贸物流、文化创意旅游、都市生态农业"五大战略产业"，以重点产业项目的引进、建设、培育为核心，以科技创新、商业模式创新和体制机制创新为支撑，推动发展动力从要素驱动向创新驱动转变、发展方式从规模速度粗放型向质量效率集约型转变、产业结构从中低端向中高端转变，为加快向国家中心城市迈进奠定产业基础。

省委常委、市委书记马懿强调，全市上下要充分认识产业在区域竞争发展中的决定性地位和作用，切实增强加快产业发展的责任感和使命感。要准确把握发展阶段，明确产业发展的方向、目标与重点。要强化机制，在产业发展、产业投资上下更大的功夫。一要加大招商引资力度，持续谋划和引进"四力"型项目；二要着力优化发展环境，持续深化改革，激发活力，促进"大众创业、万众创新"，集聚发展动能。三要强化产业发展、项目推进机制，按照"四级三层一统筹"的原则，上下联动、协力推进各类各层次产业项目尽快落地、尽快投产、发挥效益。他要求，既要准确判断形势，坚定发展信心；又要增强危机感，确保经济增长不滑出合理区间，确保外界对郑州发展的预期不改变、企业投资的信心不降低，就业民生、社会大局稳定不受影响。要长短结合，综合施策，特别要抓好政府投资和民间产业投资，解决好当期增长和长远发展的问题，处理好发展与环境保护的关系，加强重点企业、重点行业、重点区域经济运行监测，强化服务保障和要素保障，促进经济社会发展不断向好，力争完成全年目标任务。

关于产业发展，市委副书记、代市长程志明要求，一要肯定成绩，认清形势，把握趋势。二要明确方向，找准路径，突出重点，加快产业转型升级。做强先进制造业，着力打造制造强市；大力发展新兴优势业态，切实做大现代服务业；坚持绿色生态特色发展，努力做优都市农业。三要加强领导，完善机制，形成合力，确保目标任务落到实处。关于经济运行，程志明要求，一要深入分析，科学研判，正视问题；二要紧盯目标，综合施策，精准发力；三要积极作为，周密部署，强力推进。扎实做好当前七项重点工作：切实抓好经济运行监测分析、全面加快航空港实验区建设、坚决打赢大气污染治理攻坚战、强力推进精准脱贫扶贫、全力做好防汛工作、稳定提升风险防控水平、上下联动抓好统计入库等，确保圆满完成全年的目标任务。

会上还印发了《中共郑州市委、郑州市人民政府关于加快产业转型升级再造发展新优势的实施意见》，《郑州市建设中国制造强市三年行动计划（2016—2018）》等3个行动计划。

【开放创新重要会议】

中国（郑州）第二届国际创新创业大会暨跨国技术转移大会 2016年5月27—28日，中国（郑州）第二届国际创新创业大会暨跨国技术转移大会在郑州国际会展中心举办。全国政协副主席、致公党中央主席、科技部部长万钢，省委副书记、省长陈润儿，省政协主席叶冬松，科技部副部长阴和俊，中国科协副主席赵沁平，省委副书记邓凯，省委常委、市委书记马懿，副省长徐济超等出席开幕式。马懿在致辞中表示，郑州市深入实施开放创新双驱动战略，全市国民经济实现了持续健康快速发展，社会事业全面进步。郑洛新国家自主创新示范区的获批建设，是郑州实现改革创新和经济发展方式转变的重大机遇。希望通过本次大会，向国内外宣传展示郑州创新创业环境，掀起郑州大众创业万众创新高潮，努力把郑州打造成适合创业、适宜创新的城市，抢占丝绸之路经济带创新创业新高地。

本次大会由省政府主办，郑州市人民政府和省科技厅承办。来自美国、英国、俄罗斯、德国等36个驻华使领馆外交官，美国硅谷地区10个城市市长，40多个国家有关嘉宾，国内100余所知名高校及科研院所、技术转移机构专家学者，以及300多家国际国内500强企业、上市企业，2000多家中小微企业，3000多人的各路创客，500多家金融、券商、投融资机构、科技服务机构等共计2万余人参会。在两天的会议期间，举办了2016年郑州创业大赛、4个国际专业论坛、8个国际专业技术交流专场、8个跨国技术转移对接专场等总计23个重要系列活动。有2000多项国内外技术成果参加技术交流，1000多项创新创业项目参加路演、交流、对接；有包含中欧国际技术转移郑州中心、中澳（郑州）创新中心在内的10多项重大项目揭牌。

全市科技创新暨国家自主创新示范区建设动员大会 2016年8月25日 全市科技创新暨国家自主创新示范区建设动员大会召开。会议深入贯彻落实全国、全省科技创新大会精神和全省郑洛新国家自主创新示范区建设动员大会精神，回顾总结"十二五"全市科技创新工作，对国家自主创新示范区建设进行动员部署，安排部署下一阶段工作。市领导马懿、程志明、白红战、郭锝昌、孙金献、王跃华、张延明等出席会议。

市委副书记、代市长程志明就全市科技创新和国家自主创新示范区建设进行动员部署。他要求，要肯定成绩，正视问题，切实增强做好科技创新工作的责任感和紧迫感。要明确目标，突出抓好9个方面的工作，即着力加快国家自主创新示范区建设、着力加快"双创"载体平台建设、着力强化企业创新主体地位、着力构建科技

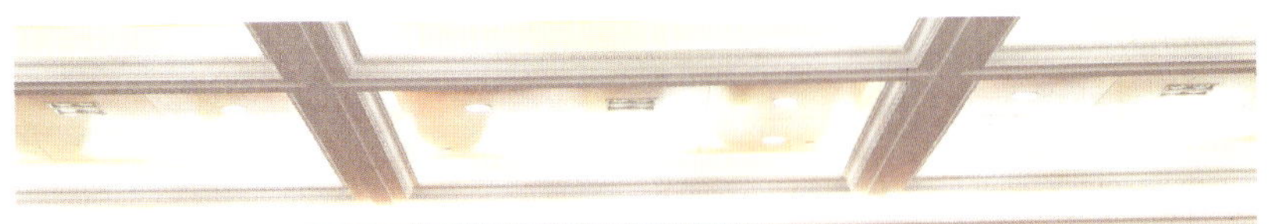

8月25日，全市科技创新暨国家自主创新示范区建设动员大会召开

创新链和服务链、着力培养与造就创新创业科技人才、着力促进科技与金融融合发展、着力加快科技成果转移转化、着力推进科技开放创新步伐、着力加快国家知识产权示范市建设。要强化保障，完善机制，切实抓好各项工作的贯彻落实。

省委常委、市委书记马懿在讲话中指出，郑洛新国家自主创新示范区的建设，既为实施创新驱动战略提供了难得的历史机遇，更赋予为同类地区探索路子、为全省科技进步提供支撑的重大责任。全市上下要把科技创新摆在更加重要的位置，尽快补齐短板、创造优势、作出示范，为郑州长远发展奠定基础。他要求，要理清思路，突出重点，营造良好的创新创业生态环境。科技创新工作要以市场为导向，发挥好政府和企业“两个作用”。政府部门重点要抓好四件事，一是搭建好科研机构与企业合作的平台，推进“产学研政用”协同创新，切实解决好科技投入、成果转化、市场衔接等关键问题；二是不断完善市场环境、法治环境、政策环境，形成功能完善、服务高效、保障有力、尊重人才、崇尚创新的创新创业生态；三是坚持市场导向，适应发展趋势，深化以适应市场新事物、新模式发展需求的体制机制创新；四是以开放的胸怀、开放的眼界推进创新，积极引进各类创新型人才、创新服务平台。广大企业、科研院所、高等院校要着眼于巩固市场地位、培育发展优势，加大科研投入，加强技术合作，充分发挥好科技创新主力军作用。

全市对外开放工作大会　2016年9月2日，全市对外开放工作大会召开。市委副书记、代市长程志明要求，下一步对外开放工作中，要紧紧围绕当前和今后一个时期的目标任务，突出抓好六项重点工作。一是突出抓好开放平台国际化，培育开放竞争优势，大力推进国际航空货运枢纽建设，加快推进国际陆港建设，着力提升中欧班列（郑州）品牌效应，加快整合海关特殊监管区，加快推进河南自贸区（郑州片区）建设，积极融入“一带一路”战略。二是突出抓好口岸通关国际化，加快推动口岸建设，积极构建大通关体系，大力发展口岸经济，扩大口岸经济规模。三是突出抓好经济贸易国际化，增强城市发展实力，开展精准招商招大引强选优，推动外经贸提质增效升级，推动本土企业加快“走出去”。四是突出抓好服务功能国际化，增强城市发展活力，建设国际商贸名城、国际物流枢纽城市、国际化区域金融城市、国际会展名城、国际旅游目的地城市、国际文化名城，强化国际交往合作。五是突出抓好人才科技国际化，凝聚产业发展合力，积极引进和培育国际化人才，强化与国际科研机构合作，加快推进郑洛新国际自主创新示范区核心区建设。六是突出抓好生活配套国际化，补齐城市发展短板，提升城市规划国际化水平，完善国际化配套功能，提升市民素质国际化。

省委常委、市委书记马懿指出，全市上下要坚持目标导向、问题导向，突出重点，厚植优势。各级各有关部门要紧紧围绕“融入‘一带一路’，打造内陆开放高地”的总目标，在全市开放大局中找准位置、担当责任，着力抓好四个方面的工作：一是突出“枢纽+口岸”，打造与沿海相当、直接对接国际的开放平台；二是突出“通道+经贸”，打造高水平的开放载体；三是突出“开放+创新”，围绕自贸区建设推进制度创新，提升开放合作的层次；四是突出“环境+服务”，不断完善城市的国际化功能和服务配套，营造有利于国内外生产要素集聚的发展环境。他强调，要提升能力，加强领导，完善机制。各级领导干部要主动加强学习研究，拓宽国际化视野，掌握国际贸易规则，提高现代领导能力，更好地适应扩大开放和城市国际化发展的需要。市商贸物流和对外开放工作领导小组要做好统筹协调，整合资源、集中力量，抓好体制创新、政策引导和重大项目推进。各开发区、县（市）区要把开放工作放在全局重要战略位置，将实施开放带动战略作为推进区域发展的重要抓手，主动谋划、抢抓机遇、大力推进，确保对外开放三年行动计划顺利实施、取得更大成效。

【生态建设重要会议】　郑州市环保工作会议　2016年4月1日，郑州市环保工作会议召开。会议指出，各级各部门要深刻认识新形势新任务新挑战，把大气污染治理作为环境质量改善的重中之重，突出抓好“控尘、控煤、控企、控车”四大关键。同时，水污染治理方面要抓好污水的全收集、全处理，坚决打好污染防治攻坚战。会议要求，各级各部门要明确责任，强化措施，确保环境治理各项任务落到实处。一要做到强化党政同责、一岗双责；二要创新工作机制，市级对县级、县级对乡镇，一级对一级开展综合督察，把问题解决在基层；三要强化督导考核问责，加强对“党政同责、一岗双责”环保职责落实的督察，对责任制落实情况及目标任务完成情况进行考核；四要凝聚工作合力，不断完善党委政府负责、环保部门统一协调、有关部门综合治理的环境管理体系。

全市生态环境治理暨大气污染防治工作推进会议　2016年7月20日，全市生态环境治理暨大气污染防治工作推进会议召开。会议指出，对以大气污染防治为重点的生态环境治理工作，要认识再提高、责任再强化、措施再过硬、办法再精准。坚持“分级管理、属地为主，党政同责、一岗双责、失职追责，管行业必须管环保、管业务必须管环保、管生产经营必须管环保”原则，坚持长短结合、标本兼治，加强生态基础建设，严格落实环境准入、资源有偿使用、生态补偿等制度，加快产业结构调整、发展方式转变。会议要求，一要提高认识，精心准备，全力做好中央环保督察保障工作；二要认清形势，正视问题，进一步增强生态环境治理的责任感和紧迫感，持续在深化、细化、常态化上下功夫；三要突出重点，精准施策，坚决打赢生态环境治理特别是大气污染防治攻坚战；四要明确任务，压实责任，确保生态环境治理取得实效。

【其他重要会议】　全面深化改革领

导小组第六次会议 2016年3月22日，市委全面深化改革领导小组第六次会议召开，传达学习贯彻中央、省委全面深化改革领导小组会议精神，总结2015年改革工作，研究2016年市委全面深化改革工作要点。会议要求，全市上下要在思想认识上再深化，坚定不移推进改革攻坚。要全面推进、重点突破，深化推进改革攻坚。要坚持问题导向、目标导向，突出抓好具有标志性、引领性、关键性的重点改革任务，形成郑州的改革特色和亮点。要完善工作推进机制，确保各项改革举措落到实处。要进一步完善领导小组和分项小组推进改革的领导机制、运行机制和督察督办机制，确保及时高效地完成各项任务。要把落实上级改革方案和政策措施作为2016年全市深化改革的重要内容扎实推进。

8月9日，市委召开党外人士座谈会

全市脱贫攻坚推进会议 2016年6月15日，全市脱贫攻坚推进会议召开，传达贯彻全省脱贫攻坚第一次推进会议精神，分析脱贫攻坚形势，对脱贫攻坚工作进行再动员、再部署、再加压。市委书记马懿在讲话中指出，对脱贫攻坚的认识要再提高。全市上下要清醒认识郑州脱贫攻坚工作面临的形势和任务，切实解决思想松懈、工作方式不适应、责任落实不到位等问题，不折不扣完成脱贫任务。脱贫攻坚措施要再精准。精准识别，集中精力扎实开展建档立卡“回头看”，确保不漏一户、不落一人；精准施策，结合实际，因地制宜、因人而异，落实“转、扶、搬、保、救”措施；精准管理，特别是在退出上要精准，强化动态、过程管理，建立完善的退出机制，切实做到应扶尽扶、应退则退、扶要见效、退有保障。脱贫攻坚责任要再强化。研究制订全市脱贫工作考核办法，层层传导压力，层层落实责任；驻村工作队要认真履行帮扶责任，找准工作定位，积极发挥作用；强化干部作风建设，严格扶贫资金监管，切实做到阳光扶贫；搭建有效平台，广泛组织动员社会力量参与脱贫攻坚，形成扶贫合力。

党外人士座谈会 2016年8月9日，市委召开党外人士座谈会，向市各民主党派、工商联负责人和无党派人士代表通报上半年有关工作情况，听取意见建议。市委书记马懿主持会议并讲话。代市长程志明通报上半年经济社会发展情况及下半年经济工作安排，市委常委、市纪委书记郭锝昌通报上半年全市党风廉政建设情况，市委常委、统战部部长王跃华参加座谈。马懿在讲话中指出，各民主党派、工商联、无党派人士要进一步发挥作用、贡献力量。一是要统一思想，把握方向，共同开创全市统一战线和多党合作事业发展的新局面；二是要围绕中心、服务大局，在推动全市经济社会发展上发挥更大作用；三是各民主党派、工商联要以换届为契机，切实加强自身建设，不断提高政治把握能力、参政议政能力、组织领导能力、合作共事能力和解决自身问题的能力。他强调，全市各级党委要高度重视统战工作，切实解决好民主党派、工商联和无党派人士在工作中遇到的困难和问题，为他们参政议政和民主监督创造更好条件、提供有效保障。

全市政法信访稳定暨平安建设工作会议 2016年9月6日，全市政法信访稳定暨平安建设工作会议召开。省委常委、市委书记马懿要求，要把握“一个总体要求”、坚持“两个导向”，构建“三个一”体系，突出“五项重点”，全面提升法治建设、平安建设水平。把握“一个总体要求”，就是要坚决贯彻落实习近平总书记和党中央关于政法信访稳定工作的系列重要指示精神，把维护社会大局稳定作为基本任务，把促进社会公平正义作为核心价值追求，把保障人民安居乐业作为根本目标，坚持严格执法、公正司法，切实加强和改进政法工作，维护人民群众切身利益，全面提升依法治市水平，为加快向国家中心城市迈进提供有力保障。坚持“两个导向”，就是坚持目标导向、问题导向，突出“平安郑州”和“法治郑州”的建设目标，把“少出问题、解决问题”作为衡量工作的检验标准，最大限度地预防和减少矛盾问题的发生，努力把已出现的矛盾问题解决在萌芽状态。构建“三个一”体系，一是树牢一个理念，即以人为本、以人民为中心的发展理念；二是突出一个引领，即法治引领；三是完善一套机制，即矛盾问题预防排查化解常态化机制。突出“五项重点”，一是抓好政治安全，二是抓好社会治安，三是抓好信访稳定，四是抓好公共安全管理，五是抓好网络舆论引导。他强调，要加强和改进党的领导，强化组织保证。各级党委、政府要把法治建设、平安郑州建设摆在全局工作的重要位置，健全党政主要领导负总责、分管领导具体负责、其他班子成员“一岗双责”的领导体制，自上而下完善目标责任制；各级党委政法委要善于运用党委“总揽全局、协调各方”的领导方式开展工作，突出管方向、建机制、抓队伍、强考核，推进党委对政法信访稳定工作的决策部署有效落实；要坚持从严治警，突出思想政治建设、业务能力提升和纪律作风建设，不断提高政法队伍的政治素质、职业素养、专业水平和拒腐防变能力；要持续抓好司法体制改革、执法规范化建设、司法监督体系创新，促进公平公正廉洁执法，树立好政法战线和政法队伍的良好形象；各级各有关部门要坚持从优待警，关心爱护干警特别是基层一线干警，落实好各项从优待警政策。

创建国家食品安全示范城市动员会 2016年12月7日，市委、市政府召开郑州市创建国家食品安全示范城市动员会。会议要求，全市上下要以创建国家食品安全示范城市为载体，促监管提升、促民生改善、促环境优化、促产业发展，全面提升全市食品安全治理能力和保障水平，加快建设与国家中心城市发展相适应的食品安全保障体系，增强人民群众对食品供应的安全感、满意度。要切实增强做好创建国家食品安全示范城市的责任感和使命感，围绕方案，提高标准，全面落实创建国家食品安全示范城市工作责任。要通过创建达到三个目标：一是建立健全与新形势相适应的食品安全保障体系；二是规范和优化郑州的食品市场环境，树立郑州食品安全的良好形象；三是充分发挥郑州市的食品生产加工、各类食品口岸和交通物流的优势，突出“安全、优质、便捷”，加快建设全国食品生产和流通的集散地，做大做强食品产业。

全面深化改革领导小组第七次会议 2016年12月20日，市委书记马懿主持召开市委全面深化改革领导小组第七次会议，传达学习中央和省委全面深化改革领导小组有关会议精神，听取市委全面深化改革工作总体推进情况汇报和部分重点改革事项进展情况汇报，对下一步改革工作进行研究部署。市领导程志明、靳磊、白红战、王璋、王跃华、张延明、焦豫汝、张俊峰、杨福平等出席会议。马懿指出，全市上下要把思想认识统一到中央、省委的要求上来，坚定信心、保持定力，坚持把改革贯穿工作全过程、各领域，持续深化、持续突破、持续提升，努力打造与国家中心城市发展需要相适应的新体制、新机制。要把握方向，突出重点，精准发力，深化推进。一是做实“规定动作”，积极跟进落实国家和省已确定的改革事项；二是做好“自选动作”，持续推进重点领域和关键环节的改革突破。他要求，要加强领导，强化责任，狠抓落实。全市各级党委（党组）要增强“四种意识”，切实担负起贯彻落实中央和省委重大改革举措的政治责任，发挥好“总揽全局、协调各方”的领导核心作用，加强组织领导，配强工作力量，加大推进力度。市直职能部门和各县（市）区要坚持双重负责、条块结合，形成合力。

（刘跃亭 朱必洋 马 焱 翟景伟 左雨龙）

重要活动

【艾力更·依明巴海到郑州调研】 2014年10月13—14日，全国人大常委会副委员长艾力更·依明巴海率全国人大常委会安全生产法执法检查组一行莅临郑州，开展安全生产法执法检查。

检查组一行先后到河南电子口岸服务中心、综保区跨境商品展示交易中心、智能终端（手机）产业园、郑州宇通客车股份有限公司、郑州煤矿机械集团股份有限公司、中国中铁装备集团股份有限公司、郑州国际陆港开发建设有限公司，实地检查并听取汇报。艾力更·依明巴海介绍此次执法检查的有关情况，对河南和郑州经济社会发展取得的成就和贯彻实施安全生产法等方面工作给予肯定，并希望河南和郑州继续加强和改进监管执法，加强农村等基层安全防控，多出经验和成效，全面提升安全保障能力。

【马飚到郑州调研】 2016年6月2日，全国政协副主席马飚率调研组一行莅临郑州，对郑州市农作物秸秆综合利用情况进行专题调研。

马飚一行来到新郑市憨农合作社，深入麦收一线，同当地干部群众进行交流，实地了解郑州市农作物秸秆综合利用情况。调研组表示，郑州立足市情，积极探索，为推动秸秆综合利用提供了一些好的经验和做法，可以在进一步实践的基础上进行推广。

【陈政高到郑州调研】 2016年4月24日，住房和城乡建设部部长陈政高、副部长陆克华一行到郑东新区，就城市规划建设情况进行实地调研。

陈政高一行先后到千玺广场、如意湖畔、西运河公园海绵城市技术应用示范区和CBD副中心综合管廊施工工地等实地参观郑东新区的城市建设新技术、新面貌，对郑州市及郑东新区在城市建设、生态环境等方面所取得的成绩给予充分肯定和赞扬。他指出，郑州市在今后工作中，要对城市规划建设的政策一以贯之，进一步完善市政基础设施，提高城市综合承载能力，深化环境综合治理；进一步提升城市园林绿化水平，加快建设生态园林城市，打造美丽宜居家园。

【苗圩到郑州调研】 2016年11月7日，工业和信息化部部长苗圩莅临郑州调研。调研中，苗圩对郑州市出台一系列扶持新能源汽车研发、推广和产业化发展的做法给予高度评价，对郑州市在新能源领域取得的经济效益、社会效益给予充分肯定。他希望郑州市抢抓机遇，坚定不移实施开放创新战略，大力推进产业转型升级，为国家新能源汽车可持续发展、制造业整体水平提升作出新的更大的贡献。

【省领导到郑州航空港经济综合实验区调研】 2016年2月17—18日，省委书记、省人大常委会主任郭庚茂，省委副书记、省长谢伏瞻，省政协主席叶冬松与省委、省人大、省政府、省政协四大班子部分领导共赴郑州航空港经济综合实验区等地进行调研。郭庚茂强调，要抓好关键、改革创新，通过提升工作水平来加快航空港实验区建设进程。一是建设抓完善。推进交通枢纽建设，加快形成多式联运的国际化现代化的综合交通枢纽，形成中原地区融入“一带一路”建设的战略支点和开放门户。二是能力转业绩。进一步完善各项基础能力，提升在国际国内同行业中的位次。三是指标促目标。把各项业务即期指标转化为经济社会综合效益和效应的战略目标，进一步厚植产业优势，形成相互促进、相互配合、融为一体的链式关系。四是创新增活力。推进体制创新、模式创新、技术创新，解决便利化的问题、提高效率，解决融资问题、降低财务成本。谢伏瞻对郑州航空港经济综合实验区取得的成绩给予充分肯定。针对航空港实验区的建设和发展，谢伏瞻强调，一要加强产业培育。重点围绕建设“智能终端产业集群以及航空物流、精密机械、大宗商品、跨境贸易电子商务、生物医药五大千亿级产业集群”发展目标，以重点建设项目为抓手，进一步壮大主导产业；要瞄准新技术、新业态、新模式，积极发展其他航空偏好型产业；加大集群招商力度，抓好签约项目落地，确保再引进一批制造业、服务业龙头企业和标志性项目。二要加快城市建设。要高水平推进城市功能区连片综合开发，尽快建成航空都市框架，为发展高端产业、引进高端人才提供高品质的宜居宜业环境；要加快公共服务设施建设，不断完善城市综合服务功能。三要加强城市管理。开展精细化管理，推进管理力量下沉，突出重点，聚焦关键，加快解决关乎城市形象的问题，着力完善服务功能，大力推广智慧城市，按照大都市的标准创新城市管理模式，提升航空港实验区城市形象。

8月1日，省委书记、省人大常委会主任谢伏瞻，省委副书记、省长陈润儿，省政协主席叶冬松与省四大班子部分领导到郑州航空港经济综合实验区调研，检查2016年以来工作进展情况，研究解决存在的困难和问题。谢伏瞻强调，郑州航空港经济综合实验区正处在爬坡过坎的关键阶段和紧要关口，必须正视困难、保持定力。要充分认识到航空港实验区发展的良好态势没有变也不能变，在全省发展大局中的地位和作用没有变也不能变，省委、省政府大力推进实验区建设的决心没有变也不会变。要攻坚克难、创新有为。一要着力聚焦高端产业。加快发展高端装备制造业、现代服务业。二要着力扩大投资。发挥政府投资和民间投资两个作用，突出工业投资和基础设施投资两个关键，抓好新引进项目和已签约项目落地两个重点。三要着力发挥机场和口岸能力。不断完善配套、拓展功能、强化集疏，使现有航线网络和口岸能力充分发挥出来、载体平台充分运转起来。同时，要进一步完善航空物流网络，扩大多式联运规模，加快推进粮食口岸建设，以集疏能力和通关优势集聚产业。四要着力创新体制机制。在投融资体制改革、营造良好营商环境、创业创新上走在前列，特别是要大力推进人才体制改革和政策创新。五要着力提升城市综合服务能力。强化规划引领、高标准建设、精细化管理，不断提升城市精细化、规范化、数字化、法治化管理水平。陈润儿在讲话中充分肯定航空港经济综合实验区建设取得的成绩，并对做好下一步工作提出希望和要求。他指出，要着力抓重点，突出抓好航空枢纽建设，带动形成中部综合交通体系。要把完善航空枢纽功能配套作为重点，做好和周边特别是和郑州市区交通的互联互通，尽快形成综合交通体系；要突出抓好实验区的功能配套，带动形成综合承载能力；要突出抓好特色产业培育，带动形成区域经济优势，发挥航空港优势，形成航空港区域经济特色；要着力抓创新，抓好融资模式创新、土地储备创新和管理体制创新；要加快拆迁安置，抓好社会管理，搞好协调服务，加快实验区建设步伐。

【谢伏瞻到郑州考察】 2016年4月17日，省委书记、省人大常委会主任谢伏瞻带领全省重点项目暨产业集聚区建设观摩组第一组到郑州，考察重大项目和产业集聚区建设工作。

谢伏瞻一行深入项目建设工地、车间，详细了解郑州市产业集聚区主导产业与产业集群发展、产城互动、基础设施建设等情况，认真听取有关情况汇报，充分肯定郑州市重大项目建设和产业集聚区发展取得的突出成绩。谢伏瞻勉励企业和相关部门负责人，进一步增强加快重大项目和产业集聚区建设的紧迫感和主动性，突出产业特色，在提升水平特别是促进集群发展上做文章，为建设“先进制造业大省、高成长服务业大省、现代农业大省、网络经济大省”，实现富民强省、河南振兴、中原崛起作出更大贡献。

【陈润儿到郑州调研】 2016年4月21日，省长陈润儿先后深入郑东新区、郑州经济技术开发区，通过实地察看、观看视频、听取汇报等方式，亲身感受郑州开放发展成就，详细了解郑州规划布局、功能定位、发展变化等情况。他强调，郑州市推进国际化发展要注意把握好三个方面，一是完善城市规划，使其更符合国际化的建设要求。二是把握建设重点。首先是人才的国际化，不仅要引进领军人才，更要培养发挥好人才团队的作用；其次是企业的国际化，进而带动城市的国际化；其三是功能的国际化，通过培育、引进一批国际化学校、国际化医院、国际化社区，满足未来居住人群个性化、差异化、特色化的需求。三是全面提升水平。“十三五”期间，郑州市要在经济贸易的国际化、公共服务的国际化、社会管理的国际化、市民素质的国际化方面全面提升，使城市的治理能力、管理水平更好地适应参与国际竞争、走向国际市场、开辟国际合作的发展要求。

【焦作市党政考察团到航空港实验区考察】 2016年2月2日，焦作市党政考察团到航空港实验区，先后考察郑州机场T2航站楼、GTC换乘中心、河南电子口岸中心、郑州新郑综合保税区、世葡国贸、欧洲制造之窗等地。经过考察，郑州航空港实验区管委会与焦作市人民政府正式签署战略合作框架协议。根据协议内容，双方将充分发挥两地资源、产业、资金、人才、技术、信息、物流等优势，互通信息，取长补短，突出推介招商项目，重点在交通、高端制造、电子商务、商贸物流等领域加强交流合作，共同推进两地在产业项目、人才交流、招商引资等多个领域提速发展。

【湖北省党政考察团到郑州考察】 2016年4月28日，中共湖北省委书记、省人大常委会主任李鸿忠，中共湖北省委副书记、湖北省人民政府省长王国生率党政考察团到郑州考察。考察团先后到郑东新区、经开区，深入会展中心、河南保税物流中心、郑州国际陆港等进行实地考察，听取郑州市总体规划、交通枢纽规划、对外开放及新型城镇化建设情况介绍，并就交通枢纽规划建设、跨境电子商务、金融集聚区和郑欧班列运营、对外开放等方面与有关负责人进行深入交流。考察团称赞郑州市积极抢抓国家“一带一路”战略机遇，在跨境电子商务上先行先试，勇于探索，创新体制机制，适应经济新常态、发展方式转得快，形成了不少可复制可推广的模式，非常值得学习借鉴。

【新乡市党政考察团到郑州考察】 2016年6月6 日，中共新乡市委书记舒庆、新乡市人民政府市长王登喜率领新乡市党政考察团到郑州市参观考察。考察团先后来到位于经开区的河南保税物流中心中大门保税直购体验中心、普洛斯（郑州）物流园、海尔市场创新产业园，位于新郑市的华南城、孟庄镇鸡王社区实地考察。考察团表示，郑州市加快转型发展，创造了很多值得学习和借鉴的经验和做法。郑洛新国家自主创新示范区的获批，是新乡发展的难得机遇，新乡市提出“借势航空港，共建大都市，承担大功能，形成大合力”，希望通过此次考察，认真学习郑州经验，借力发展，积极融入以郑州为中心的复合型大都市建设中，进一步加快新乡发展步伐。

【开封市党政考察团到郑州考察】 2016年6月15日，开封市委副书记黄道功带领党政考察团到郑州考察现代农业。考察团高度评价了郑州市推动现代农业发展中的经验、做法及成效，一致认为，郑州市围绕现代田园城市目标，以新型城镇化为引领，加快转变农业发展方式，大力发展都市生态农业，推动了一二三产业融合发展，为经济社会持续稳定发展提供了有力支撑。

【石家庄市党政考察团到郑州考察】 2016年12月6日，石家庄市委副书记张泽峰率领石家庄市党政考察团到郑州参观考察。考察团分两组分别到中牟县和郑东新区，实地参观考察郑州国际文化创意产业园及其安置区项目、中牟县规划展览馆、贾鲁河生态治理工程、中某县解放路特色商业街区改造项目和郑州东站、郑东新区规划展览馆、郑东新区中央商务区、地铁5号线CBD站、郑东新区金融集聚核心功能区、龙湖湿地公园等处。张泽峰表示，石家庄党政考察团此次到郑州市考察受益匪浅，也拉开全面向郑州市学习和对标的序幕，进一步加强两地县（市）区和市直部门之间的对接交流，面对面、点对点、线对线地沟通学习，取长补短，共同进步。

【鹤壁市党政考察团到郑州考察】 2016年12月13日，鹤壁市委书记范修芳、市长唐远游率领鹤壁市党政考察团到郑州航空港经济综合实验区，先后参观考察河南电子口岸服务中心、综保区跨境电子商务保税物流中心、菜鸟网络中国（郑州）智能骨干网、郑港办事处谷庄村安置区、台湾科技园、梅河综合治理工程、智能终端（手机）产业园等处，了解郑州航空港实验区外向型经济、综合保税区建设、电子信息产业、现代物流等工作。同时，鹤壁市与航空港实验区签订战略合作框架协议，双方将在多个领域深化合作、共谋发展。

【郑州市党政考察团赴贵安新区和贵阳市学习考察】 2016年3月31日，郑州市党政考察团到贵州省贵安新区和贵阳市，就大数据发展、城乡一体化建设等进行学习考察。考察团一行先后到中国电信云计算贵州信息园、贵安星湖云社区、平寨社区等地，详细了解贵安新区规划建设、产业发展、智慧城市建设等方面的经验。考察团表示要认真学习贵安新区的先进理念和做法，解放思想，开阔视野，提高站位，进一步完善提升郑州都市区“三化”协调空间布局规划，加快编制中心城区、县域组团、新市镇、新型社区和历史文化特色风貌村的建设导则，提升城乡建设水平，加快新型城镇化步伐。

【郑州市党政考察团赴洛阳市学习考察】 2016年4月17日，郑州市党政考察团到洛阳考察产业集聚区、服务业“两区”和城乡一体化示范区建设工作。考察团先后考察洛阳市城乡一体化示范区水生态建设、中航锂电、洛阳机器人智能装备、洛阳单晶硅集团电路级硅抛光片、正大国际商业广场等重点项目和园

区，并听取洛阳市生态水系布局、产业集聚区建设，以及智能装备制造、新材料、电子商务等产业发展介绍。考察团一行表示，洛阳在经济社会发展上有许多好的思路、理念和措施，生态水系布局、产业集聚区建设、产业结构调整等方面成效显著，值得郑州市学习借鉴，郑州市将进一步加强与洛阳市的互补合作。

【重要来访活动】 2016年3月11日，中国中铁股份有限公司总裁张宗言一行到郑州考察，与郑州市就进一步深化战略合作进行了深入洽谈，达成广泛共识。

3月29日，中国建筑第七工程局有限公司董事长陈颖一行到郑州考察，与郑州市就进一步加强合作取得了广泛共识。

4月12日，全国工商联副主席、浙江传化集团董事长徐冠巨一行到郑州考察，与郑州市就进一步加强合作进行深入洽谈，达成广泛共识。

4月25日，沙特前内政部商务顾问、IEC国际经验公司董事长沃丽德·本木萨尔德亲王和中国友协经济合作委员会主任王公照、中汇华翼通用航空投资管理中心董事长杨敏一行到郑州访问，与郑州市就加强合作进行了深入洽谈。

5月9日，参加“智汇郑州·1125聚才计划”发布会的“两院”院士、国家“千人计划”专家代表和猎头、基金、风投、投融资公司负责人代表到郑州访问，与郑州市就人才引进、创新合作等问题进行了亲切友好的交流。

6月29日，浙商银行行长刘晓春一行到郑州考察，与郑州市就深化金融合作进行了深入洽谈。

7月12日，年富集团董事长李文国一行到郑州考察，与郑州市就年富集团智能终端供应链金融平台及生产项目合作进行深入洽谈。

7月28日，新华社河南分社社长孙志平一行到郑州访问，与郑州市就进一步加强宣传、深化合作进行了深入交流。

8月25日，奇酷互联网科技深圳有限公司总裁祝芳浩一行到郑州考察，与郑州市就进一步深化合作进行了深入沟通。

9月14日，杉杉控股董事局主席郑永刚一行到郑州考察，与郑州市就进一步在新材料、新能源、金融服务、服装制造等领域加强合作、实现互利共赢和共同发展进行了深入交流。

10月21日，亚布力中国企业家论坛创始人兼主席、元明资本创始人兼董事长田源，天明集团创始人兼董事长姜明一行到郑州考察，与郑州市就深化健康项目合作进行了深入洽谈。

10月25日，解放军郑州联勤保障中心主任贾全林、政委刘向东到郑州访问，与郑州市就联勤保障问题进行了深入交流。

10月25日，由卢森堡议会法律委员会主席、绿党党团主席薇薇安·罗斯切特带领的卢森堡多党代表团一行到郑州访问，与郑州市就进一步加强经贸等领域的合作进行了深入交流。

11月6日，紫光集团董事长赵伟国一行到郑州考察，与郑州市就加强信息技术产业合作进行了座谈交流。

11月3日，由意大利共和国众议院议员雷米希奥·切罗尼等人组成的意大利经贸考察团到郑州进行经贸文化考察，与郑州市就在更广泛领域开展交流合作等事宜进行了深入会谈。

（刘跃亭 朱必洋 马 焱 翟景伟 左雨龙）

纪检监察工作

【概况】 2016年，全市各级党组织深入学习贯彻习近平总书记系列重要讲话精神，坚持党要管党、从严治党，切实担负起全面从严治党的政治责任。全市纪检监察机关牢牢把握全面从严治党这条主线，紧紧围绕监督执纪问责这项主业，以落实“两个责任”为重点、以深化“三转”为保障、以监督执纪“四种形态”为导向，着力推进全市党风廉政建设和反腐败工作。全市各级党组织管党治党主体责任明显增强，中央八项规定精神和省委省政府若干意见、市委市政府20条规定得到有效落实，党的纪律建设得到全面加强，腐败蔓延势头得到坚决遏制，党内政治生活呈现新的气象。

【落实管党治党责任】 2016年，全市各级党组织坚守政治红线，纪律规矩更加严明。各级纪检监察机关认真落实市委“主体责任深化年”工作部署，协助市委细化主体责任清单，召开落实全面从严治党主体责任述责述廉会议，经开区、新密市、惠济区、市国资委等10个党组织主要负责人述责述廉，并接受质询和民主评议。认真贯彻执行《中国共产党问责条例》，对党的领导弱化、党的建设缺失、全面从严治党不力、“四风”和腐败问题频发等进行严肃问责，全年共有113名党员领导干部受到责任追究。围绕产生郑州市第十一次党代会“一代表、两委员”和县（市）区党委、纪委领导班子换届，会同组织部门联合开展换届纪律风气督导，严把代表“入口关”、选举“组织关”和全程“监督关”，营造了风清气正的换届环境。2016年，市纪委回复党风廉政意见征求函565人次。组织对大气污染防治、食品药品安全、重点项目建设、安全生产等重点工作开展监督检查，加大对失职渎职、懒政怠政等行为的查纠力度，全年全市查处生态环境损害、安全生产事故等责任追究案件129起、问责355人，确保了中央、省委、市委的重大决策部署贯彻到底、执行情况问责求效，积极营造执行有力、服务高效、遵规守纪、保护担当的干事创业氛围。

【作风建设】 2016年，全市各级纪检监察机关坚决纠正“四风”，党风政风持续好转。市纪委将落实中央八项规定精神、纠正“四风”作为重要政治任务，聚焦党员领导干部这个“关键少数”，紧盯享乐奢靡和隐形变异的不正之风。紧盯重要节点，节前教育提醒、节中监督检查、节后问责通报，不断压缩不良风气的生存空间，“节日病”得到有效遏制。抓严格执纪，对巡察、信访举报和执纪审查中发现的“四风”问题线索深挖细查，对改头换面、规避组织监督，顶风违纪、不收敛不收手的快查严处，坚决遏制反弹回潮。抓专项治理，对领导

2月22日，中共郑州市纪委十届六次全体（扩大）会议召开

干部违规在社团组织兼职取酬、违规收送红包、出入会所和隐蔽场所吃喝、懒政怠政为官不为等突出问题开展集中整治，强化纪律的刚性约束。抓通报曝光，对违反中央八项规定精神受到党政纪处分的人员，一律点名道姓公开通报曝光。2016年，全市调查核实违反中央八项规定精神问题线索231件，党政纪处分257人。

【执纪审查】 2016年，全市各级纪检监察机关践行“四种形态”，执纪审查效果凸显。把全面从严的要求贯穿监督执纪问责全过程，正确把握运用监督执纪“四种形态”，坚决减少腐败存量、着力遏制腐败增量。坚持抓早抓小，综合运用批评教育、诫勉谈话、通报批评、组织处理、纪律处分等手段，提升执纪审查的综合效果。全年全市纪检监察机关处置反映党员干部问题线索5049件、同比增长215%，其中，谈话函询802件、同比增长622.5%。给予党纪轻处分1125人、占党纪处分总人数的79.6%；党纪重处分288人、占党纪处分总人数的20.4%。

围绕遏制腐败蔓延势头的目标任务，高压反腐做到力度不减、节奏不变、尺度不松。全年全市纪检监察机关接受信访举报13075件次，初核问题线索3740件，同比增长181.8%；立案1674件，同比增长20.3%；党政纪处分1783人，同比增长19.1%。其中，处分县处级干部64人、乡科级干部330人，严重违纪涉嫌违法移送司法机关23人。市纪委立案审查了郑州航空港经济综合实验区规划与国土资源局原局长荆姣、市盐业局原局长张子建、市城市管理局原副局长王润洲等一批严重违纪案件。

规范涉嫌违法犯罪党员纪律处分工作，建立执纪审理意见反馈联席会议制度，开展审理案件质量评审考核，认真做好申诉复议复查工作，执纪审理的整体质量和效率进一步提升。充分发挥反腐败协调小组作用，集中清理全市党员和国家工作人员持有身份证、出国（境）证件，全面排查失联、外逃、出走党员和国家工作人员，加大追逃力度，密织防逃追逃“天网”。

【巡察监督】 2016年，全市各级纪检监察机关牢牢把握政治巡察定位，突出坚持党的领导，聚焦全面从严治党，巡察利剑作用彰显。紧紧围绕党的领导、党的建设、全面从严治党、党风廉政建设和反腐败工作，采取“板块轮动”方式，对上街、管城2个区、中州大学等4所高校和20个市直单位党组织开展巡察，重点检查落实“两个责任”、执行党的纪律和选人用人等情况。2016年，巡察发现违反“六项纪律”方面的问题439个，移交、转办问题线索和问题事项535件。注重巡察成果运用，定期跟踪问题整改情况，推动被巡察单位即知即改、立行立改、全面整改。针对巡察中发现的普遍性、领域性、体制性问题，向市委提出涉及体制机制方面的意见建议16件，巡察监督的综合效果初步显现。

【“小微腐败”查处】 2016年，郑州市严查“小微腐败”，群众获得感不断增强。坚决查处基层不正之风和腐败问题，通过问题线索集中排查、突出问题挂牌督办、重点领域专项治理，把压力传导到县乡，把责任压实到基层。对基层侵害群众利益的问题线索“清仓起底”、建立台账、交办督办，全年查处“小微权力”腐败问题513件，党政纪处分571人，并对其中9起典型案例26人进行了通报曝光。针对纪检监察业务范围内重复次数多、反映时间长、久拖不决的典型问题，实行领导包案、协作区领办等方式，全年有效化解疑难信访积案134起。重点整治贪污挪用、截留私分、虚报冒领扶贫资金等行为，严查在“三资”管理、土地征收、拆迁补偿工作中“雁过拔毛”、强占掠夺等问题，全年查处农村党员干部676人。

【教育预防】 2016年，全市各级纪检监察机关深化教育预防，廉洁氛围日趋浓厚。市纪委组织全市党员干部收看《永远在路上》电视专题片和《九品巡检暴式昭》《张伯行》等优秀廉政剧目；拍摄的纪录片《正气贯古今》、制作的大型廉政动画片《警醒》，分别在央视和河南卫视播出；组织开展廉政微电影、公益广告、漫画大赛活动，创办《清风茶社》电视廉政访谈节目，用好郑州廉政网、“清风郑州”微信微博新媒体平台，引导崇廉拒腐的社会风尚。围绕廉洁从政、廉洁用权，编发学习手册，组织廉政知识测试，强化党规党纪意识；围绕廉洁修身，在全市领导干部中开展拒绝兼职取酬、收受红包礼金、出入隐蔽场所等个人承诺；围绕廉洁齐家，组织家规家训家书征集评选系列活动，以家风建设助力作风涵养。

落实“四会一课”廉政教育制度，组织党委（党组）书记上廉政党课，开展节前廉政提醒、任前廉政谈话，集中收看典型案例警示教育片；突出以案说纪，把“一案双书”和处分决定宣布有机结合，选取严重违纪违法、违反中央八项规定精神典型案件，在发案单位开展警示教育40余场，增强了执纪审查的治本功效。

开展准则、条例专题学习教育，制订惩防体系建设任务清单和工作台账，督促落实党政主要领导干部“五不直管”规定，推行工程建设项目廉政告知书制度，构建“告知、教育、承诺、监督”四位一体的廉政风险防控机制；落实《河南省构建新型政商关系暂行办法》，营造“亲”“清”政商关系，推动反腐倡廉向非公企业和社会领域延伸。

【自身建设】 2016年，全市各级纪检监察机关坚持严管厚爱，自身建设稳步推进。圆满完成十一届市纪委和县（市）区纪委换届，专职从事纪检工作的纪委委员比例明显提高，市县纪委领导班子结构得到优化；持续深化“三转”，县（市）区纪委内设机构调整基本到位，监督执纪力量得到充实；开展优质案件集中观摩评审，加强纪检监察干部综合业务培训，全年累计培训调训3400余人次。开展纪检监察干部作风纪律集中检查、涉案暂扣款物清理清查，规范借用人员管理，严格落实对外履职介绍信制度，扎紧监督执纪权力的制度笼子。认真核实反映纪检监察干部问题线索，严防“灯下黑”。全年全市受理反映纪检监察干部问题线索103起、同比上升129%，初核30起，谈话函询67人，党政纪处分17人（1人被移送司法机关追究刑事责任），进一步了纯洁纪检监察干部队伍。

（熊　枫）

组织工作

【概况】 2016年，市委组织部全面落实中央和省、市委部署，紧贴中心大局，聚焦主责主业，聚力大事难事，狠抓规范提升，推动组织工作取得新进展、新成效。

紧抓“两学一做”学习教育契机，深入开展“三学三抓”活动，坚持从严治部，狠抓规范管理，锤炼严实作风，打造过硬队伍，树立良好形象，组织部门自身建设得到加强。强化理论学习，提高政治站位。围绕“两学一做”主题，编印10余本学习资料，采取部领导带头讲党课、每周五举办组工大讲堂、支部“三会一课”集中学习研讨、个人自学等形式，深入学习习近平总书记系列重要讲话精神，以及中共十八届五中、六中全会精神和省、市党代会精神，进一步强化政治意识，站稳政治立场。强化班子建设，发挥带头作用。认真抓好中心组学习，严格落实民主集中制原则，注重强化部务会的领导把关作用，部务会成员带头学、带头干、带头严，以身作则、率先垂范、以上率下，营造“心齐、风正、气顺、劲足”的工作氛围。强化队伍建设，狠抓规范管理。深入开展以“学理论、学政策、学业务，抓作风、抓规范、抓效能”为主要内容的“三学三抓”活动，组

市委组织部试点开展主题党日活动

织机关全体干部到大别山干部学院、红旗渠干部学院、市委党校等参加集中培训，增强政治素养和业务能力。持续加强组工干部从严管理，严格请销假制度，制订借调人员管理办法，规范工作流程和标准，提高部机关的整体运行质量和效率。坚持开门评部，通过多种形式广泛征求意见建议，积极整改干部群众反映的问题，着力打造"阳光组工"。强化廉政建设，确保风清气正。认真落实廉政责任，层层签订党风廉政承诺书，持续加强党性党风党纪教育，坚持主要领导党风廉政建设专题党课制度、重要节假日廉政谈话制度、干部任前谈话制度，时时处处教育提醒，促使组工干部筑牢拒腐防变的思想防线。

【"两学一做"学习教育】 2016年，郑州市强化思想建党，"两学一做"学习教育扎实有效。作为学习教育牵头部门，市委组织部坚持精心谋划、科学安排、强化督查，推动学习教育取得实实在在的效果。坚持向深处学。把学习贯彻习近平总书记系列讲话精神作为首要政治任务，采取专家辅导讲座、中心组专题研讨、支部集体学习等形式，分级分类抓好学习，广大党员干部"四个意识"进一步坚定。创新学习载体，制作"两学一做"动漫片，开展网上重走长征路、重温入党誓词、电视知识大赛等活动，建立信息平台为20万余名党员过政治生日，增强了学习效果。坚持向严处改。把解决问题贯穿始终，全市共查摆问题6.6万个，80%以上得到有效解决。聚焦党员队伍建设薄弱环节，扎实开展组织关系集中排查、党费收缴专项检查、党组织按期换届专项整治等，将1.89万名失联党员纳入正常管理，稳妥处置不合格党员1370名，推动1296个基层党组织按期换届。坚持向实处做。精心组织纪念建党95周年系列活动，分层举办先进模范事迹报告会，评选"最美党员"，使党员学有榜样、做有标杆。河南圆方集团党委书记薛荣被评为全国优秀党务工作者，全市有35名优秀个人和33个先进基层党组织受到省以上表彰。开展"六查六促""万名党员助环保、万名党员助脱贫"等活动，实现学习教育与中心工作两手抓、两促进。

【市县乡党委换届工作】 2016年，市委组织部认真贯彻中央和省、市委部署，精心组织推进，把紧用人关口，严肃换届纪律，确保市县乡党委换届高质量完成，省委领导和省委督导组给予高度评价。（1）强化组织领导。发挥党委总揽全局、协调各方作用，明确领导班子调整原则，绘制换届工作流程图、党代表推选流程图，确保选任过程公开透明、规范有序，避免了跑找要现象。（2）从严从高把关。严格审查代表资格条件，确保代表推选质量；改进考察办法，通过深度谈话、推优比选、延伸考察、严格核查、综合研判，多维立体考察干部，做到考真考准考实。（3）注重选优配强。着眼发展需要，坚持人岗相适、人事相宜，一批基层经验丰富、干部群众认可的干部进入县乡党委领导班子，近80%的县（市）区新进常委担任过乡镇（街道）党政正职，班子结构得到进一步优化。（4）严肃换届纪律。坚持教育在先、警示在先，层层压实责任、签订承诺书，认真落实"四必看、四必谈、四必训"要求，组织观看警示片《镜鉴》《警钟》13万余人次，不间断开展换届风气督查，营造了风清气正的环境。从省委督导情况看，广大干部群众对换届风气普遍满意，反映这是"多年来风气最好的一次"。

【干部教育管理】 2016年，郑州市坚持长管长严，干部教育管理日趋规范。抓实干部管理基础性工作，组织3000多名县处级干部报告个人有关事项，并做好随机抽查和重点核查；开展干部人事档案专项审核，纠正"三龄两历"信息10767人；严格出国（境）管理，"当干部就要接受严格约束"的理念逐步深入人心。加大消超工作力度，2014年中央巡视反馈的超职数配备干部消化任务基本完成。加强换届后领导班子建设，对新任干部进行谈心谈话，带领县（市）区委书记到兰考拜谒焦陵，促使县乡党委班子以良好状态履职尽责。举办专题培训班83期，提升党员领导干部的专业能力。

【基层党建工作】 2016年，郑州市突出问题导向，注重精准施策，坚持大抓基层，补齐工作短板，推动各领域基层党建实现全面提升。郑州市基层党建工作先后在全省农村、非公、国企等党建会议上做典型发言。（1）严格党建责任落实。树立大党建理念，发挥党建办职能作用，建立县乡党委书记抓党建责任台账，实行党建工作月报制度，严格党建工作督导考核，推动基层党建各项任务落地生根。（2）统筹推进各领域党建。农村党建工作建立市、县、乡"三级抓村"机制，推广村级在线管理平台，出台并落实《农村干部激励保障办法》，破解农村党建难点问题。社区党建工作全面推进区域化党建，加强党员综合服务中心建设，组建街道"大工委"100个、社区"大党委"683个，提升社区党建服务引领作用。机关党建工作顺利完成168个党组的清理规范，积极开展"五抓一创"活动，提升机关党建制度化、规范化水平。"两新"组织党建工作实施"321工程"，创建孵化基地、示范基地、教学基地，建好党建指导员、党建宣讲团两支队伍，健全培优推优机制，扩大党的有效覆盖。国企党建工作实施"双融双提双促"战略，国企党组织的领导核心、政治核心作用逐步提升。（3）规范党员日常管理。严格落实"两级预审""两级备案"制度，提高党员发展质量。推动在职党员到社区报到活动，4.7万余名机关党员到社区参与志愿服务。强化驻村第一书记管理，实现以党建引领促精准扶贫，《河南日报》对郑州市做法进行专题报道。

【人才工作】 2016年，郑州市加快引才聚才，高层次人才队伍不断壮大。围绕郑州发展急需紧缺人才，持续推进"智汇郑州·1125聚才计划"，面向海内外发布人才公告，全年共受理申报人才团队268个，其中诺贝尔医学奖获得者2人、院士16人、"千人计划""万人计划"专家48人，人才引进的数量和质量实现历史性突破，郑州人才品牌效应初步显现。统筹抓好各类人才资源开

郑州市农村基层党建工作推进会召开

发，评选148名专业技术拔尖人才，全市人才队伍不断壮大。

（高卫有）

宣传工作

【概况】 2016年，全市宣传思想文化系统全面贯彻中共十八大和十八届三中、四中、五中、六中全会精神，深入学习贯彻习近平总书记系列重要讲话精神，加强思想理论武装，理想信念基础更坚实；落实工作责任制，意识形态安全更牢固；强化正面宣传，舆论引导成效更明显；加强网络监管，互联网空间更清朗；深化核心价值引领，大爱郑州氛围更浓厚；坚持为民惠民，群众文化生活更丰富。通过积极作为、真抓实干，为全市经济社会发展提供有力的思想引领、舆论推动、精神激励和文化支撑。

【思想理论建设】 2016年，全市宣传思想文化系统围绕中共十八大和十八届历次全会精神、习近平总书记系列重要讲话精神，以及省、市党代会重大工作部署的学习宣传贯彻，切实加强思想理论武装。（1）精心组织中心组学习。紧紧围绕中央和省委重大理论观点、重大战略思想、重大工作部署，紧密结合“两学一做”学习教育和全市经济社会发展实际，开展思想理论学习。全年市委中心组共集中学习8次，超过省委规定每年不少于6次的学习次数。（2）广泛开展理论宣讲活动。组织成立郑州市中共十八届六中全会精神宣讲团和“两学一做”学习教育宣讲团，组织开展“百姓宣讲直通车”“社科知识大篷车进基层”等各类宣讲活动1000余场，宣讲工作覆盖广泛，收到良好效果。（3）深入开展哲学社会科学研究交流。完成《郑州文化都市区建设问题研究》《郑州建设国家自主创新示范区问题研究》等重点研究课题。成功举办“嵩山论坛”2016年会，120余位国内外政界、学界、企业界嘉宾围绕“转化与创新：迈向对话的文明”主题展开交流互鉴，取得丰硕成果。

【意识形态工作】 2016年，全市宣传思想文化系统始终坚持正确的政治方向，做到守土有责、守土负责、守土尽责，牢牢把控好意识形态工作的领导权、话语权。（1）严格落实意识形态工作责任制。召开郑州市哲学社会科学暨意识形态责任制工作会议，对全市意识形态工作进行专门部署。将意识形态工作落实情况纳入年度党委（党组）考核，纳入市委巡查内容，切实保障意识形态责任制落到实处。（2）切实加强阵地建设和管理。探索出台《郑州市新闻媒体意识形态阵地管理制度》《郑州市举办报告会、研讨会、讲座、论坛管理制度》《郑州市各级各类学校意识形态阵地管理制度》《郑州市互联网意识形态阵地管理制度》，初步形成意识形态阵地管理的制度体系。（3）积极做好舆情监控、引导和斗争。主动加强日常研判引导，抓住重要时间节点，提前加强舆情汇集分析研判。及时引导处置突发网络舆情，避免重大舆论危机发生。

【新闻宣传和舆论引导】 2016年，全市宣传思想文化系统紧紧围绕市委、市政府的工作大局，坚持团结稳定鼓劲、正面宣传为主的方针，为全市经济社会发展营造良好的舆论氛围。（1）主题宣传浓墨重彩。“两会”期间，在北京组建郑州全媒体新闻中心，开启两会报道新模式，获得社会各界的好评。省、市党代会期间，聚焦大会主题，大力宣传全市经济社会发展成就和美好前景，进一步凝聚全市人民的思想共识。继续做好“我看十二五，郑州这五年”大型系列报道。成功策划报道“两学一做”学习教育和“三对照三检查”主题教育实践活动。策划组织了“网上重走长征路”健步走竞赛活动，参与干部群众近40万人。（2）对上宣传力度空前。2016年，《人民日报》、新华社等中央主流媒体在重要版面、重点时段报道郑州35篇（次），《河南日报》等省主流媒体重点报道郑州近200篇（次），从不同角度充分展示全市经济社会发展的突出成果。（3）突发舆情引导有效。2016年，妥善处置了出租车司机砸专车事件、郑大四附院违章建筑被强拆事件、中原路塌方事故等重大突发舆情。对省内外媒体不实报道，及时组织市属媒体特别是新媒体积极引导，用事实说话，以正视听。

【对外宣传】 2016年，全市宣传思想文化系统以黄帝故里拜祖大典、国际少林武术节、首届中国考古学大会、2016中国（郑州）世界旅游城市市长论坛、嵩山论坛、中国（郑州）国际园林博览会等重大活动等为契机，积极接待国外、境外及中央级媒体来郑采访活动，提高郑州在海内外的影响力。多渠道开辟外宣新平台，充分发挥外宣官方网站“郑州之窗”、微信公众号“遇见郑州”的宣传推介作用。

【网络宣传管理】 2016年，全市宣传思想文化系统坚持依法治网管网，大力加强网络宣传管理，互联网空间进一步清朗。（1）切实加强网络监管。建立郑州市互联网违法和不良信息举报平台。强化对新闻网站监督管理。推进属地内微信公众号登记备案。开展惩治整治网络违法犯罪“净网”专项行动，全年清理违法有害信息6329条。（2）持续传播网上正能量。组织网评员围绕十八届六中全会、省十次党代会、市十一次党代会、大气污染治理、航空港建设等热点话题适时开展评论引导。组织开展“省会网络媒体网上看郑州”系列宣传活动，充分展现郑州良好形象。（3）不断完善队伍机制建设。持续推进网络评论员队伍建设，推动成立“中原网络达人联谊会”，进一步扩大与域外网络意见人士的交流与合作，在重大突发舆情引领中取得较好的舆论效果。对全市各县（市）区、市直各部门、群团组织、重点企业网络信息安全工作的主管领导、负责人240余人进行专业培训，提高网络工作素养。

【核心价值观培育】 2016年，郑州市围绕培育和践行社会主义核心价值观，大力开展道德模范评选宣传活动，全面提升市民文明素质。持续推进社会主义核心价值观主题示范公园、广场、社区建设。在城市出入市口等显著部位设置

10月16日，第十一届中国郑州国际少林武术节在登封开幕

核心价值观景观雕塑群6个。召开“大爱之城 郑州现象”理论研讨会，深刻探讨“郑州现象”产生的文化背景和必然因素。深化“我推荐、我评议身边好人”活动，2016年全市共有8人荣登中国好人榜，王宽家等3个家庭当选全国文明家庭。

【文明创建工作】 2016年，郑州市以全国文明城市创建为统领，扎实开展文明创建工作，全面提升社会文明程度。不断深化全国文明城市创建工作，深入实施市民公共文明素养提升行动，大力推进“细胞创建工程”，将全国文明城市创建工作与文明单位、文明城区、文明社区（村镇）、文明家庭、文明校园创建直接挂钩，实现创建工作广泛覆盖、全面参与、常态长效。

【志愿服务工作】 2016年，郑州市志愿服务工作影响广泛。成立郑州市志愿服务项目援助慈善基金，初步建立涵盖政府礼遇、精神激励、政策倾斜、物质奖励4个层面的激励回馈体系，受到中央文明办调研组充分肯定。广泛开展“五个争做”活动，扩大学雷锋志愿服务的覆盖面。2016年全国志愿服务“4个100”先进典型评选表彰活动中，郑州市1名志愿者、1个志愿服务组织和1个社区成功入选。阿卡迪亚社区“三社联动”机制得到中宣部部长刘奇葆的充分肯定。

【未成年人思想道德建设】 2016年，郑州市不断深化未成年人思想道德建设。在全市中小学校普遍开展“认星争优，做美德少年”和中华经典诵读等活动。全年全市有4名学生荣获“河南省美德少年”称号。广泛开展“我们的节日”系列活动。持续加强阵地建设，大力推动未成年人心理健康辅导站、乡村学校少年宫、城市学校少年宫等场所建设，为全市未成年人健康成长和全面发展提供广阔舞台。

【公共文化服务】 2016年，郑州市深入贯彻落实习近平总书记在文艺工作座谈会上的重要讲话精神，加快现代公共文化服务体系建设步伐，持续推动文化繁荣发展。加强重大文化工程项目建设，积极推进市民公共文化服务区“四个中心”建设。持续实施文化惠民工程，组织“舞台艺术进乡村、进社区千场演出”，走进400余个行政村、社区，完成1000场演出任务，受益群众100多万人次；放映公益电影近2.3万场、观影人员达390万人次。积极推进非物质文化遗产保护工作，2016年全市19个项目入选第四批省级非遗项目名录。

【群众文化活动】 2016年，郑州市群众文化活动精彩纷呈。“出彩郑州”、第三届群众文化艺术节等系列文艺活动市县联动，参与群众上百万人次。“文明河南、欢乐中原”活动深受群众欢迎。“情韵郑州”系列活动深入开展。举办庆祝建党95周年文艺汇演13场，在广大党员中叫响郑州“红七月”。第四届中国（郑州）国际街舞大赛完美收官，国内外影响力不断扩大。第16届中国国际摄影艺术节暨国际摄影艺术节展成功举办。“戏曲进校园”活动列入全省试点，开局良好。

【文化精品创作】 2016年，郑州市文化精品创作亮点不断。黄帝故里拜祖大典献礼微电影《回家》获得第十二届中美电影节“金天使”奖。《黄帝史诗》入选2016全国弘扬社会主义核心价值观动漫扶持计划。曲剧《新版白兔记》《啼笑皆非》等项目入选“省艺术发展专项资金扶持项目”，豫剧现代戏《朝阳城》、歌曲《汉字》入选省委宣传部“中原文艺精品重点工程”。成功举办“第四届郑州本土电影展映月”活动，展映本土电影9部，展映场次60余场，吸引观众1万余人次。

【文物保护利用】 2016年，郑州市文物保护利用成效显著。以郑州大遗址片区战略规划为牵引，大力推进“六大特色片区”建设。继续做好“天地之中”等世界文化遗产的动态信息及监测预警系统建设。推进运河遗产博物院和荥阳故城、纪信庙、大运河沿岸节点展示项目等遗产保护管理工作。强力推进商都历史文化区、古荥大运河文化片区、二砂文化创意产业园、百年德化步行街二期红色旅游片区建设。成功举办首届中国考古学大会，实现对郑州历史文化的有力推介。

【文化体制机制改革】 2016年，郑州市持续推进文化体制机制改革，完成《郑州市深化文化体制改革实施方案》中规划的26项重点任务。不断加大政策支持力度，修订《郑州市市级文化产业专项资金管理暂行办法》，对2013年以来专项资金使用情况进行集中督查，更加科学有效地引导文化产业健康发展。

【文化产业发展】 2016年，郑州市文化产业发展成效凸显。郑州国际文化创意产业园、“天地之中”文化旅游专业园区、中原科技创新文化产业园等初步形成“文化+创意”“文化+旅游”“文化+科技”项目集聚发展的良好态势。由于推进文化产业发展成绩突出，郑州市受到省委、省政府通报嘉奖。

【媒体融合发展】 2016年，郑州市媒体融合发展全力突破。郑州报业集团融媒集群指挥中心和“融媒体新闻超市”，受到省内外媒体界的广泛关注。郑州人民广播电台旗下融媒体平台蜻蜓FM联手小小说文化公司打造的星光小小说网络电台正式开播，是国内首个以小小说为核心产品的互联网类型化广播。郑州电视台实现微信公众号的在线直播。中原网成功上市，成为省内首家挂牌上市的新闻媒体。

【干部队伍建设】 2016年，全市宣传思想文化系统以“两学一做”学习教育为契机，不断强化自身建设，营造干事创业良好氛围。（1）调整优化党组织建设。至年底，中共郑州市委宣传部共组建了19个基层党支部，部直属机关党委服务管理的党员人数达到621名。（2）全面提高队伍建设水平。以市委办公厅名义印发《关于加强基层宣传思想文化工作的意见》，进一步强化

市委宣传部与郑州师范学院共建传播学院签约仪式

宣传思想文化工作基层队伍、阵地保障。组织系统各单位和部机关各处室结合业务实际，深入开展调查研究和创新经验总结，不断提升工作水平。在部机关党员干部中开展“四学”综合素质提升工程，着力提升部机关党员干部政治素质、业务素质、公文素养和实用技能。先后组织开展文化改革发展培训、文艺工作培训、调研和舆情信息工作培训、新闻发言人培训等一系列培训，全面提升了系统干部队伍的综合素养。

（汤理科　陈天培　张玉华）

统战工作

【概况】 2016年，全市统战系统认真学习中共十八大、十八届三中四中五中六中全会精神和习近平总书记系列重要讲话精神，深入贯彻《中国共产党统一战线工作条例（试行）》以及中央、省委、市委统战工作会议精神，牢牢把握大团结大联合主题，围绕中心、服务大局，发挥优势、凝聚力量，真抓实干、开拓创新，为郑州经济社会持续健康发展和加快向国家中心城市迈进提供广泛的力量支持、作出应有的贡献。

认真贯彻落实中央、省委关于统一战线重大决策部署，努力推动统一战线各领域工作全面发展。市委成立统一战线工作领导小组，进一步明确党委、统战部和各有关部门的职责任务。5月，省委统战工作领导小组调研检查组到郑，就郑州市贯彻落实中央省委关于统一战线一系列重大决策部署情况进行调研检查。省委常委、市委书记马懿对全市贯彻落实情况非常重视，在省委调研组检查后及时组织召开会议进行研究分析，明确由市委办公厅、市委组织部、市委统战部和市编办等部门牵头抓好问题的整改落实。各县（市）区均成立统一战线工作领导小组，出台加强统战工作的文件。全市各级统战部门认真开展学习宣传活动，举办多场专题讲座、辅导报告会及培训班，利用微信、网站，以及在报刊设置专栏、制作展板等形式宣传统战知识，使全市各级党政干部、统战干部和广大统一战线成员全面系统学习统一战线的新思想、新观点、新要求，达到统一思想、形成共识的目的，有力地促进中央、省委、市委关于统一战线一系列重大决策部署在郑州市的贯彻落实。立足统战工作职能作用，在统战系统各单位和统一战线成员中大力开展“凝聚力建设行动”，围绕国家中心城市建设，积极服务“双招双引”，全力助推创新创业，广泛开展精准扶贫，为郑州经济社会发展和加快向国家中心城市迈进发挥独特作用。同时，在各县（市）区委统战部、市直统战系统各单位开展统一战线工作综合评价，将贯彻落实中央、省委和市委关于统一战线工作的一系列重大决策部署和开展“凝聚力建设行动”作为重要考评内容，以量化考评的形式督导各单位抓好工作落实，推动全市统战工作各领域全面发展，全市大统战工作格局基本形成。全市统一战线呈现出团结和谐、积极向上、生动活泼的良好局面。

【“同心”实践行动】 2016年，市委统战部牵头组织全市“同心”实践行动工作联席会议13个成员单位、19个支持单位，汇聚统战力量，整合统战资源，依托“同心”实践行动平台，全力助推新型城镇化和扶贫攻坚工作，助推全市经济社会持续健康发展。针对“同心”实践基地登封市唐庄乡的具体情况，突出项目带动，发动联席会议各参与单位采取向上申请、项目扶持等方式，先后投入资金3000余万元，为24个行政村解决农村灌溉用水问题，建设4个山区特色经济项目，开辟14条生产生活道路，有力促进扶贫攻坚工作。联席会议各参与单位结合自身业务特点，注重智力扶持，积极开展法律知识培训、“同心助学”活动、送医、助教、送文化等惠民活动26次，赠送各类图书6700余册，开展“舞台艺术进乡村进社区”4次；各民主党派市委组织送书画进校园、助学金发放、农村教育烛光行动等系列活动16次。各县（市）区都建立“同心”实践基地，广泛调动统一战线力量参与民生改善和新型城镇化建设。“同心”实践行动覆盖面和影响力不断扩大，得到群众的称赞，在社会上产生了良好的反响。

【多党合作和政治协商】 2016年，郑州市充分发挥统一战线在协商民主中的重要作用，全面提高多党合作和政治协商水平。

（一）进一步加强政党协商。按照中共中央《关于加强政党协商的实施意见》的要求，年初，中共郑州市委印发《中共郑州市委同民主党派无党派人士2016年政党协商计划》，明确年度协商的主要内容、协商形式、时间安排和保障措施，政党协商的内容得到进一步丰富，形式和程序进一步规范；召开党外人士座谈会、市“十三五”时期规划座谈会、人事协商座谈会等，征求对“十三五”时期规划、经济社会运行情况、市十一届委员会、纪律检查委员会人事安排的意见建议等，为市委领导决策提供参考。结合全市统战工作实际，中共郑州市委印发《各民主党派郑州市委直接向中共郑州市委提出意见建议制度（试行）》《郑州市各民主党派工商联无党派人士意见建议落实反馈制度（试行）》，规范了政党协商中的知情反馈机制，进一步健全和完善郑州市协商民主制度。全年在各类政党协商活动中形成意见建议65条，汇集整理后，市委主要领导批示，市委督查室纳入督办范围，部门进行落实。市委统战部按照市委统一安排部署，开展社会主义协商民主调研，组成市委政党协商调研组到各民主党派市委就加强政党协商民主建设情况开展调研，起草全市实施意见初稿。

（二）积极支持民主党派履行职能。坚持“党委出题、党派调研、政府采纳、部门落实”机制，中共郑州市委印发《市委办公厅转发2016年各民主党派重点调研课题的通知》，为民主党派调研创造良好的条件。4月至10月，市委统战部6次协助做好各民主党派中央、省委在郑州市开展考察调研工作，推动交流合作项目开展，服务全市经济社会发展。3月至11月，先后20余次协助各民主党派开展考察调研，通过实地调研、座谈交流，形成调研报告14篇，其中8篇调研报告报送市委领导，民革市委《关于积极有序推进郑州市分级诊疗工作的建议》的调研报告，得到省委常委、市委书记马懿和市长程志明的批示。积极开展民主监督调研，形成《民主党派履行民主监督职能的研究》调研报告，就研究和探索健全民主党派民主监督工作的方法和机制、进一步提升民主党派民主监督实效提出对策。不断拓宽民主党派民主监督的渠道，召开全市特约价格监督员聘任会议，聘请10名民主党派、无党派人士担任特约价格监督员。进一步发挥民主党派的作用，利用多种形式开展各类社会服务活动30余次，为服务精准扶贫、精准脱贫，全面建成小康社会贡献力量。

（三）协助民主党派加强自身建设。3月至12月，市委统战部举办3次各民主党派、工商联、无党派代表人士联合中心组集中学习活动，各民主党派先后组织8次各类培训活动，学习中国共产党领导的多党合作和政治协商制度，以及统一战线方针政策等，提高民主党派骨干成员素质。协助民主党派做好组织发展和成员教育管理工作，完善基层组织工作考评、领导班子谈心会等内部管理和监督制度，进一步健全各项工作机制。积极协助各民主党派做好市级组织换届筹备和基层组织换届工作。

【非公经济领域统战工作】 2016年，全市统战系统着力加强教育引导和鼓励支持，不断促进非公有制经济健康发展和非公有制经济人士健康成长。

（一）以守法诚信为重点，深入开展理想信念教育活动。深入学习习近平总书记在全国政协民建、工商联界委员联组会上的重要讲话精神，结合理想信念教育活动印发了《郑州市以"守法诚信、坚定信心"为重点深入开展理想信念教育实践活动工作方案》，并立即召开了全市四大班子领导和各级工商联商会负责人参加的座谈会，把习近平总书记重要讲话精神融入教育实践活动中，推动非公有制经济健康发展。各（县）市区均制订实施方案、召开动员会，并结合当地实际采取多种措施，推动教育实践活动深入开展。2016年，全市共有14515名非公经济人士参加教育实践活动，开展形势政策教育154次，法律服务活动267次，解决非公有制企业困难、问题771个。组织500余名非公经济人士参加"新三板训练营""2016金融与投资机会"高端论坛、2016年第三期非公有制经济人士培训班等活动，加深全市民营企业家对当前经济形势的认识，提高他们发展企业的信心和管理水平。

（二）以评选表彰为牵引，促进非公有制经济人士健康成长。按照市委统一部署，2月至5月，在全市非公经济人士中开展第二届评选优秀建设者活动。成立由市委统战部牵头，市人社局、工商局、中小企业局、工商联等有关单位参加的评选工作领导小组，加强对评选工作的组织领导。通过各参评单位推荐、领导小组初审、网络投票评选、组织综合考评、评选名单公示等步骤，从各县（市）区工商联、行业（异地）商会推荐的200名候选人中，评选出47名优秀建设者，市工商联微信客户端网上投票窗口累计投票428433票，访问次数4986084次。此次评选活动，涉及面广、影响范围大、群众参与率高，在非公有制经济人士中产生较大影响，进一步坚定非公有制经济人士勇于创业、坚守底线、守法经营的信念。

（三）以履行社会责任为导向，积极引导企业深入开展"百千万"活动。深入开展以"百企帮百村精准扶贫、帮扶千名贫困学子、帮扶万人就业"为主要内容的"百千万"活动。印发《关于"百企帮百村"精准扶贫实施意见》，对"百企帮百村"精准扶贫工作进行全面安排部署，引导民营企业积极参加"百企帮百村"精准扶贫工作，共结成"企村帮扶对子"111对，帮扶项目92个；在"帮扶千名贫困学子"活动中，513个非公有制企业帮扶2284名贫困学生；在"帮扶万人就业"中，1745个非公有制企业提供就业岗位28958个，实际安排就业12318个。

【民族宗教工作】 2016年，全市统战系统坚持依法管理，全力维护民族宗教领域和谐稳定。认真贯彻中央、省委民族工作会议精神，持续深入开展民族团结进步创建活动，联合市委宣传部、市民委等五部门，命名郑州市第二批民族团结进步示范单位18个。持续加大对少数民族聚居地的帮扶力度，对涉及民族事业的19个项目进行扶持，下拨市级少数民族补助费247万元，加强少数民族聚居地区道路、电力线路、学校等基础设施建设。编撰《民族宗教政策法规选编》《郑州市民族宗教行政执法实用手册》各150册，发放到民族宗教干部、少数民族群众和信教群众手中，引导全市少数民族群众自觉维护民族团结，为全市社会稳定和经济发展作贡献。

持续开展和谐寺观教堂创建活动，坚持民族宗教联席会议和抵御防范校园传教渗透工作联席会议制度，持续推进基督教私设聚会点依法治理试点工作。先后组织召开5次专门协调机制联席工作会议，对全市抵御利用宗教渗透工作进行安排部署，保障全市宗教领域的稳定。进一步推动宗教团体和宗教界人士自身建设，培训宗教团体、场所负责人和宗教界代表人士、宗教教职人员1000余人。

5月，中共中央政治局常委、全国政协主席俞正声到河南调研，实地考察郑州市第七中学、郑州北大清真寺和清华园路天主堂，了解少数民族内高班办学规模、经费投入和师资力量，场所的日常管理、宗教活动、学习培训以及对外交流开展情况，对郑州市民族宗教工作给予高度评价。

【港澳台及海外统战工作】 2016年，全市统战系统突出内引外联，认真做好港澳台海外统战工作。在省市统一部署下，高标准、高质量完成丙申年黄帝故里拜祖大典的嘉宾邀请及接待工作，期间成功举办"海峡两岸电影展"，搭建起郑州台湾两地电影事业沟通的桥梁，邀请中国国民党前主席连战、前副主席蒋孝严、鸿海集团总裁郭台铭、中华统一促进党主席张馥堂等多件书画作品参展"丙申年黄帝故里拜祖大典海内外华人名家书画作品展"。4月8日，召开郑州市海外联谊会换届大会暨郑州市海外联谊会第五届一次理事大会。4月8—9日，中央台办主任张志军视察郑州台商大厦，充分肯定台商对大陆经济发展贡

7月20日，省民委主任贾瑞琴等考察郑州市民族工作

4月9日，美国河南联合总商会参加黄帝故里拜祖大典

献和郑州台商大厦的地位；在“海峡两岸交流基地授牌仪式”上，亲自为黄帝故里授予国家级匾牌。郑州市海外联谊会赴法国、英国进行为期8天的推介招商活动，通过加强与国外华人社团组织的联系，增进海外华人华侨与郑州人民的感情。

在精准化服务郑州台商、亲商安商方面，开展“台商看郑州”系列活动，多次召开台商政策资讯会，组织开展“台生看郑州”和“2016海峡两岸（郑州）首届教育高峰论坛”等活动，建立与首都高校台湾青年联系沟通的管道，组织安排多批次“台生来郑实习”，架起与台湾优质教育资源合作交流的平台，厚植郑台两地交流交往基础。在扩大影响、增进了解方面，接待200多位来自全国的台资企业协会会长及台办主任莅郑参访，为郑州市招商引商拓宽渠道、搭建平台。全年共接待来郑台胞56个团队、764人次，应邀赴台项目32个126人次，新批准“郑州市对台交流基地”10家。

【党外代表人士队伍建设】 2016年，全市统战系统着眼统一战线可持续发展，切实加强党外代表人士队伍建设。市委统战部与市网信办、市司法局党委联合下发《关于开展全市新媒体从业人员统战工作的实施意见》和《关于加强全市律师行业统战工作的实施意见》，加强对新阶层人士统战工作的领导和指导。进一步加大对党外代表人士的培训力度，在市社会主义学院举办郑州市党外青年干部、党外骨干成员和无党派人士、新阶层人士培训班，培训158人；市委统战部与市总工会在湖南大学联合组织举办第二期新的社会阶层人士（“两新”组织负责人）、非公企业经营者工会知识培训班，培训105人；在省社会主义学院举办郑州市宗教界代表人士第二期培训班，培训36人。继续调整完善人物库，按照“政治坚定、业绩突出、群众认同”的党外代表人士基本标准和要求，调整充实400人的无党派人士、400人的新阶层人士人物库、400人的归国留学人员人物库、60人的新媒体从业人员人物库，党外代表人士的整体素质得到提升。

9月6日，市人大常委会评议组视察郑州市民族团结进步创建工作

【统战信息宣传】 切实做好统战信息、宣传、调研工作，努力扩大统战工作影响力。在“根在中原”网站转发省委统战部《“根在中原”网站信息工作考评办法》，制订2016年度统战信息宣传工作考核办法和全市统一战线理论政策研究课题计划，加强统战信息干部的业务培训，调整充实信息工作人员，举办办公室工作暨信息工作培训班和信息工作推进会，强化统战工作宣传，在全市统战系统开展贯彻落实中央、省委、市委统战工作会议精神和《条例》文件新情况新问题调研。全年共编印《郑州统战信息》18期，被省委统战部采用20条，被中央统战部采用3条，在《人民政协报》《中华工商时报》《中国统一战线》等报纸杂志上发稿43篇，宣传郑州统一战线各领域工作亮点和特色。注重“根在中原”网站信息报送工作，全年向省委统战部上报信息1328篇，采用584篇，用稿量位于全省前列。

（胡晓林）

政策研究

【概况】 2016年，市委政研室（改革办）紧紧围绕市委中心工作和发展大局，不断强化责任意识、大局意识，在以文辅政、服务决策和推动改革方面，主动作为、积极作为，圆满完成了市委、市政府交办的各项工作任务，为推动全市经济社会发展贡献重要力量。

坚持“党要管党、从严治党”的方针，紧紧围绕“服务中心、建设队伍”两大核心任务，以创建“学习型、服务型、节约型、创新型、务实型、廉洁型”机关为目标，认真学习《中国共产党廉洁自律准则》《中国共产党纪律处分条例》等党内法规，积极开展“两学一做”学习教育，努力建设一支政治强、业务精、纪律严、作风正、讲奉献、勇于开拓创新的高素质干部队伍，塑造“勤政创新、务实高效”的机关新形象。2016年，市委政研室被评为省级精神文明先进单位。

【以文辅政】 2016年，市委政研室（改革办）站位全局、服务大局，以文辅政取得新突破。把文稿服务作为决策服务的重要抓手，紧贴市委工作思路，加强和改进文稿服务，高质量完成一批市委重要文件、文稿，较好地为市委市

政府决策服务。围绕完善提升全市发展思路，贯彻落实市委务虚会精神，起草《关于郑州经济社会发展的几点思考》，对全市发展总体思路和新型城镇化建设、现代产业体系构建、开放创新工作、大气污染防治及生态建设等重点工作进行初步谋划，得到省委常委、市委书记马懿的肯定。根据市委重点工作部署，抽调业务骨干全程参与郑州市第十一次党代会报告起草工作；参与郑州国际化枢纽城市战略研究及规划编写工作，组织召开座谈会，起草《郑州国际化枢纽城市发展思路及建议》会议交流材料；参与全市“三个转变”专题研究；代拟市委文件5篇。根据市政府做好《郑州市“落实省长要求、加快推进城市国际化、全面提升竞争力”行动计划》编制工作的部署，针对如何提升郑州国际化营商环境进行深入思考，组织编写《全面营造国际化营商环境专项工作方案》。积极配合郑州市中心工作，加入生态郑州规划组，参与起草《郑州国家中心城市生态建设规划（2016—2025）》。

【调研工作】 2016年，市委政研室（改革办）围绕全市发展的战略性问题、重大问题和社会热点问题，突出重点、精心选题，深入调查研究，进一步拓宽调研广度与深度，形成一批调研成果，充分发挥智囊参谋作用，助推发展取得新成效。围绕国家中心城市建设，完成《郑州加快向国家中心城市迈进的思考建议》《着力打造内陆开放新高地——加快河南自贸区郑州片区建设的思考建议》《加快郑州口岸经济发展的思考建议》《郑州在推进郑洛新自主创新示范区建设中的对策与建议研究》《关于加强郑州市历史文化街区保护与发展的调查与研究》等报告。围绕新型城镇化建设，完成《郑州推进新型城镇化应处理好六个关系》《郑州市县域城镇化调查研究报告》《郑州加快推进城乡一体化的思考和建议》《郑州加快推进城市国际化对策研究》等系列调研报告。围绕产业转型升级，完成《“十三五”时期郑州市积极承接产业转移的思考与建议》《郑州市加快打造国家区域性现代金融中心的调查与思考》《关于加快郑州“互联网+物流+金融”产业融合发展的思考与建议》等报告。其中，《加快郑州口岸经济发展的思考建议》得到市长程志明的批示；《郑州加快向国家中心城市迈进的思考建议》得到市委副书记靳磊的批示。

【信息服务】 2016年，市委政研室（改革办）办好载体、注重实效，信息服务取得新提升。一是《聚焦省会》《改革简报》《改革专报》《调查研究》《中部动态》成果丰富。全年编发《聚焦省会》36期、《改革简报》17期、《改革专报》25期、《调查研究》14期、《中部动态》36期，为市委科学决策提供准确、快捷、具有参考价值的信息服务。二是《郑州工作》持续提质。2016年共出版《郑州工作》12期、约130万字，编辑稿件395篇，在传递市委声音、反映基层工作、营造舆论氛围方面发挥了积极作用，进一步展现“全国十佳期刊”品牌形象。三是完成全市优秀调研成果汇编评审。组织开展2015年全市调查研究先进单位和先进个人暨优秀调研成果评选表彰工作，共评选出62个调查研究先进单位、85名调查研究先进个人、103篇优秀调研成果。同时，2016年全市调查研究先进单位和先进个人暨优秀调研成果列入郑州市表彰计划。

【推进改革】 2016年，市委政研室（改革办）加强协调、主动作为，全面深化改革顺利推进。坚持把改革工作放到更加重要位置，切实强化责任担当，认真谋划研究，较好地发挥市委改革办对全市全面深化改革工作的参谋、服务、协调、宣传、督导作用。全年组织市委全面深化改革领导小组会议3次，研究审议有关改革方案10余件。起草印发《2015年全市全面深化改革工作总结》《市委全面深化改革领导小组2016年工作要点》及责任分工等重要文件8件。着眼推动改革工作的规范化管理、常态化运行，重点健全台账管理制度、督导督办制度、重大专题调研制度等3项制度，全年开展督察督办2次，督察事项200余项，下发督导督办通知100余件。为进一步营造改革的良好氛围，利用互联网平台，开设“中共郑州市委改革办”网站及“郑州改革”微信公众号，至年底发表改革要闻、公告通知、专家解读等内容402篇。积极报送改革信息，全年共向省级以上媒体报送全面深化改革信息文章100余篇，其中中央改革办、中央政法委、省委改革办、省农办等单位先后刊发郑州市重要改革信息20余篇（中央改革办刊发1），信息报送量与采纳量均居全省前列。

（王永涛 田 迪）

精神文明建设

全国文明城市创建工作

【长效机制建设】 2016年年初，采取现场交办的方法，对重点责任单位逐一交办任务，签订《省会创建全国文明城市工作目标责任书》，明确创文工作任务、具体标准和完成时限，确保创建工作的常态长效。实行文明城市创建工作与文明单位创建管理挂钩制度。印发《关于对在届各级文明单位实行问题提示、警告、限期整改、撤销等动态管理措施的通知》《关于以培育和践行社会主义核心价值观为主线进一步加强社区（村）镇精神文明创建工作的通知》等文件，把深化全国文明城市创建工作与文明单位管理、文明社区（村）镇创建直接挂钩。连续两年把《全国文明城市测评体系》的工作指标纳入领导班子和个人的绩效考评，纳入全市各级经济社会发展的总体布局，与经济社会发展等工作同步规划、同步部署、同步落实、同步检查、同步考核。

【创建氛围营造】 充分利用新闻媒体、网络媒体、建筑工地、公园广场、公共交通运载工具、城市户外固定广告牌、楼宇电视、LED大屏幕等载体媒介，广泛刊载刊播社会主义核心价值观、“讲文明树新风”、文明河南建设、全国文明城市创建等内容的公益广告，进一步推动公益广告宣传工作的制度化、规范化和常态化。市属媒体按照市委宣传部、市文明办要求，长期在重要版面、重要时段、重要频率频道开设了《文明郑州》《做文明人 办文明事》《创建文明城市 构建和谐社会》等专题专栏，广泛宣传报道践行社会主义核心价值观、精神文明建设、深化全国文明城市创建的基本知识、工作亮点、探索创新情况，常态化褒扬文明守礼、凡人善举，曝光不文明行为。各基层单位积极发挥主观能动性，除用好道德讲堂、文化讲堂、市民学校、老年大学、善行义举榜等宣传阵地之外，还充分利用标语横幅、景观作品、宣传栏、提示牌、口袋书、宣传册、社区（村镇）小报、文化墙等形式，广泛宣传社会主义核心价值观和文明创建知识。组织开展“市民文明素质、城市文明程度双提升，志愿者在行动”主题实践活动，引导志愿者积极参加深化提升全国文明城市创建工作。截至年底，全市各市直单位、文明单位、民间团体共发动志愿者5万余人早晚高峰在全市各街巷、交通路口、公交站台、公园、广场等场所开展公共文明引导志愿服务。

【市容整治】 协调有关部门持续推进城市精细化管理，坚持问题导向，突出车辆乱停乱放、占道经营及突店经营、垃圾乱堆乱放、小广告乱贴乱发等“四乱”治理。整治后，机动车辆乱停乱放案件数量环比下降66.62%，非机动车乱停乱放案件数量环比下降85.56%，占道经营案件数量环比下降96.56%。特别是CBD区域车辆乱停乱放问题、火车站地区和省人民医院周边交通拥堵秩序混乱问题、二七广场地区脏乱差问题、经七路经八路纬二路占道经营问题，得到有效治理，市容环境秩序明显好转。

（张元魁）

公共文明素养提升行动

【工作机制建设】 2016年年初，以市委市政府名义出台郑州市公共文明素养提升三年行动计划（2016—2018），确定了6种宣传教育手段、6项实践养成活动、6项需规范管理工作等18个专项工作。市委市政府成立由市委书记、市长任组长，市委常务副书记任执行组长，市四大班子相关领导任副组长的领导小组。对工作推进实行严格的考核制度，依据《郑州市公共文明素养提升行动日常管理考评制度》《郑州市公共文明素养提升行动专项工作牵头单位季度考评办法》，确立周报、月讲、季评等制度。坚持每月下旬召开讲评推进会，印发《重点工作提示》，明确月度工作重点，为整体工作推进奠定良好的基础。

【宣传教育工作】 编写、印发了《郑州市公共文明基本常识通俗读本》100多万册，组织开展公共文明基本常识进机关事业单位、进社区（农村）、进企业、进学校、进工地、进商场门店、进景区等“七进”活动，全市各地累计开展1.2万余场次系列宣传教育活动。组织开展道德模范推荐评选及学习教育活动，6人入选中国好人榜，开展郑州市第四届道德模范评选表彰活动，评选出道德模范41人、文明市民90人。在全市各地、市直有关单位持续开展道德模范故事汇巡演、感动中国人物先进事迹巡回报告、道德讲堂示范课巡讲等“三巡”活动，先后在全市巡回宣讲30余场，受教育群众达2.6万人，取得了良好的成效。组织开展公共文明基本常识有奖竞答、知识竞赛、演讲比赛等“三项竞赛”活动，参与单位1000余家，参与人数20余万人，将宣传教育活动不断引向深入。通过道德讲堂、专题讲座、传统文化教育、市民学校、演讲比赛等等广泛开展“学礼仪、行礼仪”学习教育活动2200场次，受众110万人。在政府网站、微博、微信、手机客户端等开辟专栏，设置微话题，定期刊登公共文明基本常识内容，此外，通过户外广告、显示屏、街道楼宇等多种形式大力宣传文明礼仪知识，努力做到常识普及、人人皆知。市科协、市科技局、市司法局积极组织有关部门广泛开展各种宣传教育活动，努力提高城乡居民科学素养和法治素养。

【“六个文明”建设】 文明服务引风尚：市直机关工委结合“两学一做”学习教育，组织党员干部开展“争创红旗窗口”活动，以先进个人、先进事迹带动文明服务意识和行为的提升。文明执法树形象：市委政法委、市法制办组织开展“文明执法，树立良好形象”主题活动，大力弘扬依法执法、文明执法、和谐执法、廉洁执法理念。文明经营入人心：“3·15”期间，市工商局联合市质监局、市商务局等多部门在全市各地集中开展“新消费，我做主”主题活动，取得了良好的社会效果。文明旅游添风采：市旅游局利用节假期、国家旅游日等时间节点，大力开展文明旅游宣传和旅游市场整治活动。文明餐桌显成效：市商务局、市食药局通过文明餐饮街区创建、食品安全集中检查等活动，大力推进文明餐桌行动。文明交通促规范：市公安局利用官方微博、微信等平台常态发布各类交通信息、安全提示，有效促进文明交通活动的开展。

【管理提升工作】 结合城市精细化管理、大气污染防治、县级城市管理提升等工作，持续开展市容环境、交通秩序、城乡环境等管理整治。城管等部门集中开展对占道经营、突店经营和露天烧烤经营等扰民问题的集中治理。突店经营、占道经营和露天烧烤等问题得到基本遏制，投诉率同比大幅度下降。1—10月郑州市空气质量明显改善，虽11月取暖季开始后有所反弹，但全年空气质量优良天数仍明显优于上年。市政府办公厅研究制订《郑州市加强城市管理不文明行为整治制度建设工作考核方案》，明确考核对象、考核内容及考核标准。

（张元魁）

郑州市公共文明基本常识“七进”活动启动仪式暨感动中国先进事迹专场宣讲

志愿服务制度化工作

【队伍建设】 截至2016年年底，郑州市共有各类注册志愿者75万余人，志愿服务组织2427个。2016年1月，在全国志愿服务“4个100”先进典型评选表彰活动中，郑州市1名志愿者、1个志愿服务组织和1个社区成功入选。4月，经层层推荐、审核等环节，评选出2015年度全市优秀志愿服务组织10个、优秀志愿者100名。加强教育培训，建立志愿者培训联盟，由郑州师范学院、郑州工程技术学院、郑州旅游职业学院、郑州幼师、市委党校、郑州市社区大学和全市28支专业志愿服务支队承接具体培训业务。培训联盟师资库保有师资力量64人，确立培训课程50门。组织开展“2016年博爱家园——红十字应急救护志愿者培训”等专业领域志愿服务培训，培训红十字救护员2204名。各县（市）区培训工作稳步推进，金水区举行以“社工+志愿者”联动模式为主要内容的骨干志愿者培训会，以绿城社工为代表的49个社工团队签订《2017公益合作爱心约定书》，共同打造郑州社会工作与志愿服务联动体。

【项目运作机制】 全市各级各类志愿服务组织策划实施志愿服务项目331个，其中政府参与购买项目46个。实施郑州市第二届志愿服务项目资金援助工程，通过初审、复审和终审的20个项目顺利签约，总援助金额167.1万元。组织项目管理专家、注册会计师、执业律师等组成的项目督导组重点对受援项目活动实施情况、资金使用情况等进行实地督导。受援项目“互联网时代的盲侠”“最后一次见面”荣获第三届河南青年志愿服务项目大赛金奖，受援项目“爱心书摊”被命名为“2016年度河南省全民终身学习活动品牌”。

【回馈激励机制】 初步建立涵盖四层（精神激励、政策倾斜、物质奖励、政府礼遇）13项内容的激励回馈体系，中央文明办调研组到郑就志愿服务嘉许回馈机制建设开展调研时，对该项工作给予充分肯定。成立郑州市志愿服务项目援助慈善基金，解决全市2013年以来实施的志愿服务项目资金援助工程的后续资金来源问题，善款到位后可持续向具有创新性、可复制性的本土优秀志愿服务项目提供资金援助。

【志愿服务水平提升】 组织开展“志愿郑州·爱满商都”志愿服务知识竞赛决赛，直接参与各县（市）区、市直机关组织的初赛、复赛的志愿者达5500余人。按照“六有一落实”的标准，郑州市共建成“文明使者”志愿服务站617个，其中社区站点455个。引导推动各站点依托“志愿郑州”管理服务平台，规范开展志愿者招募注册、培训管理、激励回馈等。“志愿郑州”网站发布新闻285篇，“志愿郑州”“双微”平台发布新闻315篇。积极同各级各类新闻媒体互动，多项工作引发中央、省、市级媒体关注。

【基层志愿服务】 2016年4月24日，中共中央政治局委员、中央书记处书记、中宣部部长刘奇葆来郑视察郑东新区阿卡迪亚社区，对其以“三社联动”为特点的站点日常运营和服务提供模式给予肯定。从郑州基层社区及单位“走出来”的优秀志愿者李桂玲、最佳志愿服务组织老年雷锋团、最美志愿服务社区二七区康桥华城社区成功入选全国志愿服务“四个100”先进典型。以“白玉兰志愿服务队”为依托的中原区郑州市中心医院、开创360服务模式的二七区淮河社区、创建“明星志愿者工作室”的管城区西大街、引进优秀社工组织的郑东新区阿卡迪亚社区等“文明使者”志愿服务站顺利通过全省优秀站点考核。“志愿郑州”平台建设持续推进。升级了“志愿郑州”管理服务平台系统功能，继续探索信息化管理的新形式，在保证志愿者参与度的情况下，着力打造覆盖全市的管理员体系，全市新增注册志愿者近3万人。

【大型志愿服务活动】 连续四年在春节前后组织开展了“温暖回乡路，共铸留守情——春运期间关爱外来务工人员志愿服务活动”，举行“大爱之城·志愿郑州——郑州市2016年学雷锋志愿服务主题实践活动启动仪式”，组织开展“文明河南我先行，聚力点亮微心愿”全市党员志愿服务活动，承办“做志愿表率·为党旗增辉——河南省暨省会党员学雷锋志愿服务进社区集中服务月”活动启动仪式。活动开展以来，全市累计开展8300多次丰富多彩的党员学雷锋志愿服务进社区集中服务月活动，直接参与党员5万余人次，受益群众65万余人次。组织开展“市民文明素质、城市文明程度双提升，志愿者在行动”活动，以市民文明素质和城市文明程度提升为重点，广泛开展“五个争做”活动，引导志愿者积极参加社会管理，扩大学雷锋志愿服务的覆盖面，为深化提升全国文明城市创建工作作出贡献。

（张元魁）

诚信建设制度化工作

【工作机制建设】 2016年7月，全市诚信建设根据工作需要由市统计局转为由市发改委牵头，以便工作衔接。特别是为加快推进国家信用建设示范城市创建工作，专门成立郑州市创建国家信用建设示范城市工作领导小组，制订下发《郑州市创建国家社会信用体系建设示范城市工作方案》和工作任务分解，明确每项创建任务的具体工作内容，牵头单位和配合单位，以及完成时限，为推进创建工作夯实基础。建立信用建设联席会议制度，定期协调解决工作中存在的突出问题。首次将个人诚信状况纳入文明单位考核评价体系，被法院列入失信被执行人名单的，作为考核评价的一票否决事项，有力震慑失信败德行为。

【法规制度建设】 出台《郑州市推进诚信建设制度化的实施意见》《郑州市社会信用体系建设实施意见》《郑州市诚信红黑榜发布制度（试行）》《郑州市社会信用体系建设工作制度》《郑州市企业信用信息征集管理制度》《郑州市企业失信惩戒联动实施办法（试行）》等政策制度文件，并与全市党务政务公开、“五网一单”制度改革，市场经济制度监管、惩治处置非法集资等多项规章制度互为支撑，标志着全市诚信建设法规制度体系基本成型。《郑州市运用大数据加强对市场主体服务和监管的实施方案》《郑州市关于在行政管理事项中使用信用记录和信用产品实施办法》形成相对完善的信用体系建设政策体系，带动郑州成为国内信用立法先行城市之一。《郑州市社会信用体系建设规划（2016—2020）》已通过专家评审，正在修改完善。

【信息平台优化】 郑州市社会信用信息平台初步搭建，该平台包括“成员单位信用信息共享系统”“企业信用申报系统”“企业信用评价系统”和“郑州信用网”网站四大部分，初步实现对信用信息征集的常态化、制度化、规范化管理，初步形成互联互通的信用信息共享机制。借助信用信息平台，通过建设“大数据+信用”体系，全面落实“行政许可、行政处罚7天双公示”制度，共向“信用河南”和“信用中国”网站推送信息8.4万余条；制订并完善企业、个人信用信息征集目录，信用数据库覆盖134类1182项企业信用指标；全面实行工商营业执照、组织机构代码证和税务登记证等“五证合一”“一照一码”制度，共收集信息63万余条；鼓励在行政事项中使用信用报告，连续9年在政府采购领域使用企业信用报告，完成近40家信用服务机构备案工作。

【诚信环境建设】 多措并举推进政务、商务、社会、司法等领域诚信建设，全面优化社会信用环境，尤其是在政务诚信、商务诚信建设方面，坚持强化举措，抓细节、抓重点、抓长效，有力促进全市社会诚信环境营造。坚持以推行政务诚信建设为引领，全面实行政务公开，积极推进“五单一网”制度改革，将行政权责清单、行政审批事项清单及行政事业性收费清单等资料面向社会予以公布。市人社局制订出台《郑州市公务员诚信量化考核标准》和《郑州市公务员诚信信息记录办法》，将公务员诚信量化指标纳入绩效考核和“人民满意的公务员”评选指标体系。市质检局建立企业质量信息档案和失信

郑州市“道德讲堂”示范课巡讲

黑名单机制，采集全市企业质量信息2万余条，提供质量信用信息查询服务，树立“诚信立郑州、质量赢天下”的郑州质量精神；市工商局扎实做好企业年报和即时信息公示工作，全市20余万家企业公示近80万条即时信息，其中2016年新增即时信息32万余条，落实企业经营异常名录管理制度，全市列入异常名录信息近10万条，移出信息8千余条，信用约束作用不断加强；市商务局深入开展“诚信兴商宣传月”“百城万店无假货”活动，打造良好的商务诚信环境。联动奖惩机制。建立完善守信联合激励和失信联合惩戒制度，将市工商局列入经营异常名录的企业和严重违法企业，在银行贷款、政府采购、工程招标等方面进行限制和约束；市建委对发生拖欠工程款的建筑业企业和个人，实行暂停在郑承接工程或清出郑州建筑市场；建立对重大税收违法案件当事人实施联合惩戒的工作制度，每季度对相关职能部门推送失信当事人名单进行联合惩戒；推行诚信黑红名单发布制度，在《郑州日报》、郑州信用网、郑州文明网、中原网等主流媒体上发布诚信“红榜”信息9000余条，“黑榜”信息1.4万余条。在非法集资、食品安全、环境保护、大气污染和安全生产等影响城市社会信用建设领域进行专项治理；与年度考核挂钩，对在工作中存在过错的单位和个人进行责任追究。

【宣传教育工作】 加大社会信用体系建设宣传教育力度，2016年开通“信用郑州”微信公众号，及时准确发布国家、省市的信用动态和企业信用褒奖惩戒信息。开展首期社会信用大讲堂活动。借助《郑州日报》《郑州晚报》、中原网、郑州电台、郑州电视台等各类媒体平台，开设诚信郑州专题专栏，广泛宣传诚信典型，曝光失信案例，大力推进诚信教育进机关、进企业、进学校、进社区，构建全方位、多层次、广覆盖的宣传教育格局。

（张元魁）

未成年人思想道德建设

【理想信念教育】 “我的中国梦”主题教育实践活动。“网上祭英烈”活动，签名寄语达270余万条。“学习美德少年和争做美德少年”活动，参与签名寄语的学生达130余万人。“向国旗敬礼”活动，组织全市中小学生通过网上签名寄语、网下主题活动等多种形式向国旗敬礼，仅网上签名寄语就达7万余条。开展优秀童谣创编活动，组织优秀童谣传唱活动，把征集到的优秀童谣编印成《郑州市优秀童谣集》发放到全市各个学校，让优秀少儿作品在未成年人中传播。组织开展“童心向党”歌咏活动，郑州市第

2016“温暖郑州”十大人物评选

七十三中学《六尺巷》等26个节目被评为优秀节目，有6首歌曲在中央文明网上进行展播。

【培育和践行核心价值观】 组建郑州市社会主义核心价值体观宣讲团、协调各县（市）区组建本辖区的社会主义核心价值观宣讲团，深入到各中小学校、大中专院校宣讲中共十八大和十八届三中、四中、五中全会精神，社会主义核心价值观，以及践行社会主义核心价值观的“文明市民”“中国好人”和各级道德模范的感人事迹等。全市共组织开展培育和践行社会主义核心价值观活动500余场，取得良好效果。在全市中小学校普遍开展“认星争优，做美德少年”活动。在2016年“河南省美德少年”评选活动中，郑州市有4名学生荣获“河南省美德少年”称号。截至2016年年底，全市累计有29名学生先后获得“全国美德少年”“河南省美德少年”及提名奖荣誉称号。认真组织开展“绿城美德少年”评选活动，全市共评出100名绿城美德少年。

【传统文化教育】 广泛开展“我们的节日”系列活动，用丰富多彩、形式多样的民俗活动、民间艺术，把中国符号嵌入未成年人的心里；在重要节日举办“中华文化经典”集中诵读活动；开展“中华经典诵读”进基层活动，在校园营造了浓厚的诵读氛围；在春节（元宵节）、清明、端午、中秋、重阳等节日，组织中小学生自办“节日小报”，把中国情融入未成年人的心里。

【道德实践养成教育】 广泛开展爱学习、爱劳动、爱祖国活动。继续深入开展“洒扫应对”活动。引导全市广大未成年人“从小事做起，从身边做起，引领文明风气，争当文明小使者”。组织积极宣传“节约粮食，从我做起”，组织中小学校及幼儿园、托儿所广泛开展“文明餐桌”行动，叫响不剩饭不剩菜。组织开展“孝老爱亲，从小做起”主题活动，通过孝文化节把孝做到未成年人的心里。开展“日行一善，传雷锋精神”活动。组织“学习雷锋，做小小志愿者”活动，利用寒、暑假组织“我的一次志愿者经历”活动，积极弘扬“善”。

【阵地建设】 大力推动未成年人心理健康辅导站、乡村学校少年宫、城市学校少年宫等场所建设。参照中央和省彩票公益金支持的乡村学校少年宫建设标准，通过积极向财政局申请，由市级财政投入625万元新建25所乡村学校少年宫。截至2016年年底，全市共建成“乡村学校少年宫”337个、城市学校少年宫65个，“心理健康辅导中心”13个，为全市未成年人健康成长和全面发展提供广阔舞台，营造全社会关心、关爱未成年人的浓厚氛围。

（张元魁）

网络精神文明建设

【队伍建设】 组建网络文明传播志愿者队伍近5000人，其中志愿者骨干队伍90人、评论员队伍36人。充分发挥道德模范、身边好人、美德少年、最美人物、优秀志愿者、民间公益团队等的模范带动作用，大力宣传与弘扬主旋律，传播正能量。采取多种形式，切实加强和提升网传工作者的基本技能和整体素质。

【制度建设】 制订并下发《郑州市网络文明传播工作考核细则》《郑州文明网管理办法（试行）》等，对网络文明传播工作从传播内容和网站维护、信息采集和保密、安全维护、责任与奖惩等方面进行具体的要求和规范，逐渐建立

和完善信息需求提示、重要信息预约、重要工作情况月通报等多项规章制度，形成一套比较有效的工作机制。将网络文明传播工作纳入年度考核，实行季度通报，加强对网传活动成效的评估。

【传播渠道建设】 积极利用新平台技术，在微博、微信、中国文明网“好活法”客户端等公众传媒平台上开设官方公众号，拓宽网络文明传播活动的渠道。截至2016年年底，发布微博12600余条，拥有粉丝148700余人。其中，通过新浪微博建立微话题26个，吸引网友阅读、转发、评论233万余次。释放文明正能量，引领网络新风尚。自官方微信平台开通两年以来，粉丝达1.5万余人。推出特色专栏“为你读诗”，邀请播音员定期读诗歌、散文，录成音频并在官方微信平台推送。

【线上线下互动】 开展“春节回家九件事”“学雷锋·在行动”“春日读好书——郑州”“我的妈妈是女神——郑州”“我们的乡规民约”“乡音话中秋”“古都郑州·指尖上的国粹”“爱心书摊”“大爱中原·暖冬行动”等数十种线上线下互动的公益活动，引起中央、省市主流媒体的普遍关注和报道，取得良好的社会效果。

（张元魁）

群众性精神文明创建

【县级文明城市（城区）创建】 金水区、二七区、管城区、惠济区、上街区、登封市、荥阳市顺利通过省级文明城市复审。全市11个县（市）区，除中牟县以外全部创建成为省级文明城市（城区），位居全省前列。

【文明单位管理】 加强对国家级、省级和市级文明单位的动态管理和指导力度，对在届各级文明单位实行问题提示、警告、限期整改、撤销等动态管理措施，充分发挥文明单位的模范带动作用。加大文明创建工作的宣传力度，不断吸收新经济组织、新社会组织参与文明行业、文明单位创建活动，扩大创建覆盖面。全市各级文明单位广泛在内部开展文明科室、文明服务标兵、文明窗口等创建活动，不断拓展群众性精神文明创建活动覆盖面。

【文明单位结对帮扶】 按照省文明办的安排部署，每三年安排一轮文明单位结对帮扶工作，在结对帮扶中组织955个文明单位结对帮扶郑州市辖区内的822个村庄、40个新型农村社区和41个拟建乡村学校少年宫，调整44个文明单位和帮扶村庄。各级文明单位组织开展教育培训1431次，帮扶项目466个，帮建文化大院620个，文艺演出1618次，送图书65万册，文体器材3794套，制作“讲文明、树新风”公益广告67215块，开展关爱留守儿童、慰问贫困户、资助打水井、帮助销售农产品等活动80次，有效改善农村生活环境和精神文明建设水平，推动城乡精神文明建设同步发展。

【农村精神文明建设】 以建设美丽乡村为主题，以“文明集市”“星级文明户”创建为抓手，以改善农村人居环境为内容的清洁家园行动为载体，深入开展文明村镇创建活动，彻底治理农村“五乱”，使全市1/3集镇的镇容镇貌有明显的改观，农村群众精神、文化生活水平和层次也不断提高。三下乡工作取得明显成效。一年来，全市累计开展“三下乡”活动26438次，累计投入资金2970.31万元，受益群众792万人次。全市建设农村文化墙87个，荥阳市把“修身”理念嵌入百姓日常生活，在所有乡镇政府所在地和各级文明村建立以修身为主题的文化墙149处，建立“修身广场”“修身长廊”等修身场所210处，在全市市镇村三级繁华场所、交通要道、道路桥梁等设置公益广告160处，制作“图说我们的价值观”公益广告8000多平方米。截至2016年年底，郑州市在届国家级文明镇4个、国家级文明村2个，省级文明镇7个、省级文明村1个，市级文明镇25个、市级文明村24个，县级文明村镇308个，连续三届（含三届）国家级文明村镇1个。县级以上文明村镇所占比例达到17.5%。评选出星级文明户8132户、文明集市26个，其中市级文明集市5个。

（张元魁）

编制管理

【概况】 2016年，在市委、市政府和市编委的正确领导下，市编办紧紧围绕市委、市政府的决策部署和省编办的工作安排，服务大局，扎实工作，以“两学一做”教育为契机，不断深化重点领域体制改革，稳妥推进事业单位分类改革，切实加强日常管理，努力完成机构编制各项工作任务。全年共审核191家市直机关事业单位的招录、遴选和招聘申请，批准公务员招录使用编制273名、遴选使用编制68名，事业单位公开招聘使用编制604名；办理事业单位法人设立登记13家，变更登记174家，注销登记3家，补办证书5家。

抓好机关党建工作，全面落实从严治党。制订《郑州市编办中心组学习意见》，编写《郑州市编办中心组学习资料汇编》，并发给每一位中心组成员；每次中心组学习均由主要领导亲自组织，带头谈体会，并根据工作实际，定期检查中心组成员学习笔记。全年共组织中心组学习10次，中心组成员平均撰写调研报告3篇。严格按照规定程序对机关党总支和5个支部进行换届选举。

严格落实各项制度，推动干部作风切实转变。围绕规范工作程序，抓好机关公文处理办法、财务管理制度、车辆管理办法、固定资产管理实施办法等日常管理制度的落实，初步形成靠制度管人、按制度办事的良好局面。严格落实中央“八项规定”和省委、市委关于改进工作作风的具体措施，不定期对上班玩游戏、网购、QQ聊天、中午饮酒等明令禁止的有关事项进行突击检查，严肃工作纪律。加强党风廉政建设，组织党员干部集中开展主题教育、岗位教育、示范教育、警示教育，增强党员干部廉洁自律意识；严格执行廉洁从政的各项制度规定，依托民主生活会，认真落实领导干部个人重大事项报告、述职述廉、民主评议等制度。严格落实“四会一课”制度。在春节、端午、中秋、国庆等重大节日，积极开展廉政教育，坚决杜绝公费旅游、公车私用、违规发放福利等。

扎实开展精神文明建设。积极丰富各类文化载体，先后组织干部职工到焦裕禄纪念馆、中原英烈馆等地进行爱国主义教育，积极参加上级部门组织的各类比赛活动，扎实开展结对帮扶活动，协调开展医疗下乡活动，踊跃参加志愿服务和社会公益活动，全办工作人员素质普遍提升，精神文明建设取得明显成效，成功续创省级文明单位。切实抓好群众工作队驻村工作。把解决群众困难作为帮扶工作的出发点和落脚点，通过定期走访慰问，协调解决特困户、五保户、留守儿童等对象生活中的困难。6月1日，开展关爱留守儿童送温暖活动，走访慰问留守儿童家庭并到马村小学看望学生，送去书包、书籍、体育用品；在中国共产党建党95周年之际，对所驻村马村60岁以上党员进行慰问，送去米、面、油等生活用品；8月，组织编办干部职工为困难群众王秀英捐款献爱心，帮助其解决生病住院部分手术费用；9月，开展开学季送温暖活动，为贫困家庭孩子们送去作业本、笔、书籍、衣服等物品。

【政府机构改革】 2016年，市编办积极做好市县政府职能转变和机构改革评估工作。为进一步加强机构编制管理，总结改革经验，巩固改革成果，根据省编办《关于开展政府机构改革评估检查工作的通知》精神，组织开展市县两级政府机构改革评估检查工作。通过采取自下而上、自查与抽查相结合的方式，对2015年市县两级政府机构改革以来工作部门运行情况进行系统全面的评估，重点对新组建单位卫生和计划生育委员会、食品和药品监督管理局和实行分级管理的工商行政管理局、质量技术监督局等部门进行评估检查，对发现的问题提出整改意见。10月份，省编办改革评估组对郑州市政府机构改革工作给予充分肯定。

【“五单一网”制度改革】 2016年，市编办认真做好“五单一网”制度改革工作。按照市委市政府的工作部署和市政务服务改革管理办公室的要求，在2016年全市“五单一网”制度改革中，市编办主要负责公共服务事项清单编制审核工作和责任清单运行监管工作。根据任务分工，一是认真做好公共服务事项清单编制审核工作。按照市政府办公厅下发的《关于印发郑州市简化优化公共服务流程方便基层群众办事创业工作实施方案的通知》要求，对77家单位上报的431项公共服务事项的目录、分项表、服务承诺等进行审核，拟保留413项，并及时将审核结果报市政务服务改革管理办公室。同时，加大对县（市）区和开发区做好公共服务事项清单编制审核工作的指导力度，保证全市公共服务事项清单编制审核工作顺利进行。二是积极开展责任清单运行情况监督检查。对部分县（市）区和开发区责任清单编制审核、入网运行、动态调整等情况及公共服务事项清单编制前期准备工作情况进行监督检查，对发现的问题及时进行纠正；认真做好责任清单动态调整工作，对市交运委、市体育局、市物价局、市工商局、市安监局、市气象局等单位提出的责任清单动态调整事项进行认真审核，对市卫计委、市林业局等单位部分清单进行调整，并按程序报送市政务服务改革管理办公室。

【经济发达镇行政管理体制改革试点工作】 2016年，市编办积极推进经济发达镇行政管理体制改革试点工作。在市发改委的牵头安排下，一是指导试点镇所在的县（市）区认真制订经济发达镇行政管理体制改革试点工作实施方案，并及时向省编办报送请示，2月，省编办正式批复同意。二是积极帮助试点镇解决改革中存在的问题。针对试点镇的机构规格、领导职数等机构编制问题，积极向省编办汇报，争取支持力度。三是按照省编办要求，建立试点镇专案专题台账，定期开展督导检查，推进经济发达镇不断创新行政管理体制机制，提升公共服务能力。四是拟定下放权限目录。在做好调查研究的基础上，参照外地做法，结合郑州市实际，重点在产业发展、规划建设、环境保护、安全生产、市场监管、社会治安、民生保障等7个方面，初步拟定下放到试点镇县级管理权限事项327项，涉及国土、规划、环保等28个部门。

【事业单位分类改革】 2016年，市编办稳步推进不同类别的事业单位改革，促进公益服务能力水平整体提升。在全面完成全市事业单位分类工作的基础上，一方面积极推进承担行政职能事业单位改革。会同行业主管部门及县（市）区编办，对全市承担行政职能的事业单位进行摸底调研，并将相关情况上报省编办备案；配合市政务服务中心，积极开展行政审批中介服务清理规范工作。另一方面，认真做好生产经营活动类事业单位改革准备工作。按照“分业推进”的原则，重点对全市生产经营类事业单位进行摸底调研，为推进生产经营类事业单位平稳改制打好基础。同时，根据省委办公厅、省政府办公厅《关于行业协会商会与行政机关脱钩实施方案》，按照市政府部署，会同民政部门，积极理顺行业协会商会与行政机关关系，理清行业协会商会与主管单位的职能边界，提出脱钩涉及事业单位机构编制调整意见，撤销中国国际贸易促进委员会郑州市支会增挂的中国国际商会郑州商会的牌子，郑州市个体私营经济协会、商标协会和广告协会等3家协会的办事机构不再列入事业机构编制管理序列并收回事业编制20名，促进和引导行业协会商会自主运行、有序竞争、优化发展。

【统一社会信用代码制度改革】 2016年，郑州市全面推进统一社会信用代码制度改革。市编办根据全省统一部署，一是年初启动全市事业单位法人统一社会信用代码工作。采取以会代训的方式，统一部署事业单位法人统一社会信用代码制度改革，对县（市）区编办进行网上登记管理系统操作培训；转发省政府《关于批转省发展改革委等部门河南省法人和其他组织统一信用代码制度建设实施方案的通知》，并按通知要求启动事业单位换发新证工作。拟定2017年年底前，分期分批完成全市事业单位免费换发新证工作。截至12月底，已为294家事业单位核发或换发新证书，赋予事业单位法人存续期间保持不变的统一社会信用代码。二是根据《河南省机构编制委员会办公室关于开展省直机关、群众团体统一社会信用代码赋码工作的通知》要求，制订工作方案，组织学习培训，购置硬件设备，简化发证程序，全面启动机关、群团组织统一社会信用代码赋码工作。6月30日，颁发郑州市首个机关社会信用代码证书，截至年底已办理81家。

【行业体制改革】 2016年，郑州市编办统筹推进行业体制改革。一是做好道路运输管理体制改革相关工作。根据全省道路运输管理体制改革指导意见，多次与市交运委进行沟通，推动市道路运输管理局与市机动车驾驶员培训学校管理处合并。二是推进医药卫生体制改革。按照省编办和2016年郑州市医药卫生体制改革要求，对公立医院机构编制情况进行专项统计，摸清全市公立医院机构编制现状。此外，核定郑州市第十人民医院领导职数，妥善解决原郑州铁路分局郑州医院移交郑州市管理接收后的遗留问题。三是深化教育体制改革。根据《教育部关于同意建立郑州工程技术学院的函》精神，拟定设立郑州工程技术学院机构编制方案，经市编委领导审定后上报省编委审批；配合拟定《郑州市人民政府关于进一步优化中等职业学校布局提升办学水平的实施意见》，积极做好市商贸高级技工学校并入市技师学院机构编制调整工作，为全市中等职业教育改革与发展提供体制保障。四是配合市人社局推进养老保险制度改革。根据市政府《关于印发郑州市完善社会保险五险合一市级统筹工作实施办法的通知》要求，理顺社会保险经办管理体制，按时完成5县（市）和上街区的社会保险机构划转工作，划转编制783名，划转人员768人，有效提升全市社会保险经办管理服务能力。按照市政府有关部署，会同卫生计生和人社等部门，积极推进城镇居民医保管理职能调整工作。

【服务开发区建设】 2016年，市编办积极促进四个开发区建设发展。一是结合省编办对郑州航空港实验区机构编制管理的调研情况，起草实验区机构编制请示文件，航空港实验区管委会内设机构领导职数由1正2副全部增加到1正3副。根据航空港实验区国土资源管理工作实际，经省编办批复同意，为航空港实验区设立国土资源局。二是推进开发区基层食品药品监督所人员编制调整工作。主动与市食药监局沟通对接，商讨人员编制调整解决方案，提出市食品药品监督管理局航空港实验区分局、郑东新区分局、高新区分局和经开区分局的体制调整方案，经市编委领导审定后正式印发。三是根据省编办批复，同意设立经开区法院和检察院。截至年底，按程序由省高级人民法院、省人民检察院报最高法、最高检审批。四是结合郑东新区工商管理工作实际，将市工商局矿区分局更名为郑东新区分局，承担郑东新区范围内的工商管理工作。

【公共资源交易平台组建】 为进一步完善全市公共资源交易管理工作，提升监管和公共服务水平，2016年，市编办积极向省编办申请设立郑州市公共资源交易管理机构。经省编办批复同意，整合市建设工程交易中心、市政府采购中心、市产权交易市场、市国土资源交易中心、市药品器械采购服务管理办公室等5家独立挂牌的公共资源交易机构，成立市公共资源交易中心（郑州市招标局）。同时，结合郑州市实际需要，成立市公共资源交易管理委员会办公室，统一承担全市公共资源交易管理工作，提高市级公共资源配置的质量和效益。

【完善产业集聚区机构设置】 依据省政府《关于2015年度产业集聚区考核晋级结果的通报》，新密产业集聚区和荥阳产业集聚区被评为河南省2015年度二星级产业集聚区。为建立与产业集聚区经济规模和发展水平相适应的管理架构，2016年，市编办积极向省编办申请将新密产业集聚区管委会和荥阳产业集聚区管委会机构规格调整为正处级，6月，省编办批复同意。同时，根据工作需要，及时调整新郑市黄帝故里景区管委会内设机构；经省编办批复同意，将中牟绿博文化产业园区管理委员会更名为郑州国际文化创意产业园管理委员会，并明确为正处级规格，为全市产业集聚区经济发展提供有力保障。10月，配合市委督查室，会同发改、规划、国土、民政等部门，对全市产业集聚区管理机构套合工作进行督导，确保省、市关于区镇套合政策落实到位。

【保障不动产登记制度改革】 2016年，市编办按照市政府的统一部署，会同市国土局、市房管局，对全市不动产登记机构进行摸底调研，及时组建市不动产登记中心。同时，在不增加编制的情况下，依据职能调整，将市房管局下属单位35名人员和国土局系统内部46名人员编制划转到市不动产登记中心，为郑州市全面开展不动产统一登记工作提供体制保障。

【保障市委市政府重大工作部署】 2016年，市编办认真办好市委市政府重大工作部署中涉及的机构编制工作。一是积极推进县乡人大换届工作。按照市委统一部署，配合市委组织部、市委办公厅和市人大办公厅等单位，对县（市）区贯彻落实中央、省、市关于加强县乡人大工作和建设的决策部署进行实地调研和督导，详细了解县乡人大机构和人员编制情况，为下一步市委出台相关意见提供准确依据。二是着力推进全市创建国家食品安全示范城市工作。会同市食药监局、市发改委、市财政局组成考核验收组，随机抽查并实地查看各县（市）区和开发区部分基层食品药品监管机构规范化建设情况，推动基层食品药品监管队伍建设。三是积极保障全市党的建设工作，经市编委审定，印发《关于中共郑州市委党的建设工作领导小组办公室机构设置的批复》，向省编办报送《关于设立中共郑州市委非公有制企业和社会组织工作委员会的请示》。四是适应建设国际商都、国际大都市的需要，结合全市口岸工作实际，在口岸办机构设置方面予以完善和支持。五是大力支持全市平安建设工作。为推进全市强制隔离戒毒工作的顺利开展，制订印发郑州市齐礼阎、石佛、白庙三个强制隔离戒毒所的“三定”规定；进一步加强公安队伍建设，争取省编办支持，为市公安局增加政法专项编制93名，用于市公安局招录的反恐维稳专业人才。六是积极推动大气污染防治工作，在市环保局成立大气污染防治处。

【机构编制监督检查】 2016年，市编办强化机构编制监督检查。一是依据中央编办《机构编制监督检查工作暂行规定》，对市盐业局、市卫计委、市公安局等9家单位落实机构编制制度规定情况进行督促检查，加快推进盐业体制调整、卫生计生机构整合等市委、市政府部署的重要工作。二是按照省编办统一部署，会同市教育局、市财政局和市人社局对全市中小学教职工编制使用情况进行专项检查，进一步规范全市中小学教职工编制管理。三是扎实开展机构编制审计工作。按照市经济责任审计工作领导小组安排，先后对市重点项目建设管理办公室、市民委（市宗教局）、惠济区、登封市等离任领导进行了机构编制审计，发现问题及时纠正，维护机构编制工作的严肃性。四是认真开展控编减编督查工作。督促县（市）区严格落实控编减编方案，做好国务院督查组对郑州市控编减编工作的督查迎检工作。五是严肃查处机构编制违规违纪问题，按程序对省编办交办的4起“12310”举报件进行查处，并分别向省编办进行专题汇报。截至年底，案件均已办结。

【机构编制实名制管理】 2016年，市编办不断加强机构编制实名制管理。一是严把全市机关事业单位进人用编审核关，严格执行《郑州市机关事业单位进人履行编制审核程序的规定》，确保全市财政供养人员控制在编制限额内。2016年，共审核191家市直机关事业单位的招录、遴选和招聘申请，批准公务员招录使用编制273名、遴选使用编制68名，事业单位公开招聘使用编制604名；为99家接收军转干部的市直机关事业单位的212名转业干部及时办理人员的入编手续。二是抓好县（市）区机关事业单位进人用编备案工作，建立数据催报督报制度，保证全市机构编制信息数据的及时更新。三是按时完成2015年度机构编制年报统计工作。按照省编办要求，认真组织开展2015年度机构编制年报统计工作，对全市现有机构、编制、人员数，以及2015年度的机构编制调整变化等情况进行详细统计，为机构编制管理工作提供科学准确依据。

【事业单位登记管理】 2016年，市编办加强事业单位登记管理。一是继续深化事业单位法人治理结构试点改革。选择市美术馆、市第47中学、市第101中学、市电子工程技术学校等4家单位作为试点，先后召开动员大会，成立理事会，组建管理层，全市法人治理结构建设试点工作有序推进。二是做好事业单位日常登记工作。全年依法规范办理事业单位法人设立登记13家，变更登记174家，注销登记3家，补办证书5家。三是抓好事业单位法人年度报告工作。根据国家《事业单位登记管理暂行条例》和省编办《关于改革完善事业单位法人年检制度有关事宜的通知》规定，对707家事业单位法人年度报告信息材料进行审核，并在市编办门户网站上进行公示。

【机构编制信息化建设】 2016年，市编办加快推进机构编制信息化建设。按照省编办要求，积极开展全市党政机关事业单位网上名称管理工作，推进网上名称管理工作常态化。通过与市财政局沟通，6月底前完成市本级631个“.政务”和“.公益”中文域名的年度续费工作。同时，指导并督促有条件的县（市）区完成本年度的中文域名续费工作。进一步落实党政机关和事业单位网站开办审核、资格复核、网站标识管理工作。加强机构编制业务网网络安全管理及密码设备安全管理，确保机构编制信息数据的安全。

【队伍建设】 2016年，市编办加强学习培训，促进队伍能力提升。一是强化对全市机构编制系统干部的业务培训。9月，举办两期全市机构编制业务培训班，对市县两级编办140余名工作人员进行培训，进一步提高全市机构编制工作人员的业务能力。二是认真开展各项研讨交流活动。一方面，积极参加省编办组织的全省机构编制工作会议、全省事业机构编制工作座谈会等会议，报送工作经验交流材料，申报承担改革管理创新研究课题，机构编制信息研究能力进一步增强；另一方面，认真做好外地市编办来郑的调研工作，相互学习交流先进经验，探讨工作中存在的问题，促进机构编制管理工作水平进一步提升。

【机构编制宣传】 2016年，市编办加大机构编制宣传力度，营造良好工作氛围。一是重视和加强调查研究，确定重点课题，组织开展政府职能转变、经济发达镇管理体制改革、机构编制实名制管理、开发区管理体制创新等专题调研，并完成相应的调研报告，及时上报省编办和市委办公厅。二是积极开展机构编制法规政策进党校活动。认真落实《省纪委省委组织部省编办关于加强机构编制法规政策教育培训工作的通知》要求，将宣传教育工作纳入市委组织部主体班培训计划，2016年在市委党校先后开展4次机构编制法规政策教育培训，培训学员200多人次，通过宣讲政策规定、剖析典型案例、现场解答学员问题，使学员们增强机构编制法规意识和责任意识。三是强化机构编制信息宣传工作。按照上级部门关于信息宣传工作的各项要求，制订《郑州市机构编制信息宣传工作考评办法》，建立奖惩考评机制。全年共在省编办门户网站发布信息33篇，在中央编办门户网站发布信息11篇，在《河南省机构编制工作信息》上发布信息3篇，在《行政科学论坛》上发表文章4篇，在市委办公厅主办的《郑州信息》上发布信息10篇。

（王永新　王志科　朱亚浩　马胜利）

老干部工作

【概况】 截至2016年年底，郑州市共有离退休干部69143人，其中离休干部2703人、退休干部66440人；离退休干部党员34488名，离退休干部党支部573个。

2016年，全市各级老干部工作部门与涉老部门认真贯彻全国离退休干部“双先”表彰大会精神和中央办公厅、国务院办公厅《关于进一步加强和改进离退休干部工作的意见》（以下简称《意见》），全面落实党的老干部政策，以“展示阳光心态、展示当代风采，争当时代老人、争当奉献老人”的“两展示两争当”为载体，加强离退休干部思想政治建设和党组织建设，扎实开展为党和人民的事业增添正能量活动（以下简称“正能量活动”），不断提高服务管理水平，推动老干部工作转型发展、科学发展。中组部老干部局局长李炎溪对郑州市开展正能量活动的载体、措施和取得的成效给予高度评价；在郑州召开的全国“市县为党和人民的事业增添正能量活动推进会”上，市委老干部局作典型发言。市委老干部局被评为全国老干部工作先进集体。

【老干部理论政策学习】 2016年，市委老干部局切实把贯彻落实《意见》作为全年老干部工作重点，抓实抓好。一是采取多种方式学习传达好文件。市委常委会带头学，市委老干部局组织专题学，召开会议学，利用网络学，通过培训学。二是多层次深入调研。把学习贯彻《意见》作为全市老干部工作部门重点调研课题，成立专题调研组，深入县（市）区和市直单位，摸清基层老干部工作中需要加强和改进的内容。三是与系统内外多个部门加强沟通，征求意见。河南省《关于进一步加强和改进离退休干部工作的实施意见》印发后，老干部局及时起草郑州市《关于进一步加强和改进离退休干部工作的实施意见（讨论稿）》（以下简称《实施意见》），充分征求各县（市）区老干部工作部门的意见，以及组织、人事、编制、财政、民政等有关部门的意见建议。四是采取多种形式审议通过。6月20日，市委组织部部务会专题研究《实施意见》，市委常委、组织部部长焦豫汝现场办公，确定离退休党支部收缴党费下拨比例提高至70%等。6月22日，市委常委会专题研究《实施意见》，确定以市委办公厅、市政府办公厅的名义印发。省委常委、市委书记马懿要求要不折不扣地落实中央和省文件精神，加强组织领导，强化责任落实，努力把老干部工作做得更加扎实和富有成效。五是及时召开全市性会议推进落实。7月12日，召开全市贯彻落实中央《意见》暨正能量活动推进会，推进中央、省市《意见》的落实。

【离退休干部“两项建设”】 2016年，全市各级老干部工作部门积极应对离退休干部队伍在人员结构、思想观念、活动方式等方面的新情况新问题，以“两学一做”等专题教育活动为契机，切实把从严治党要求落实到“两项建设”工作中，不断提高老干部工作政治水平，使离退休干部党组织成为坚强的战斗堡垒、老干部工作领域成为巩固的思想阵地。

（一）市委高度重视。中共郑州市委把正能量活动作为当前和今后一个时期老干部工作重点抓紧抓好。市委常委会多次专题学习全国离退休干部“双先”表彰大会精神和中央《意见》，研究部署老干部工作。坚持定期向老干部通报经济社会发展、组织工作和党风廉政建设等工作情况，出台《关于加强和改进离退休干部工作的实施意见》，印发《关于发挥社区老同志作用参与网格化管理工作的指导意见》。市委老干部局按照省委常委、市委书记马懿“唱响主旋律，建设大郑州”的批示，以“两展示两争当”为载体，激发老同志参与正能量活动的热情。

（二）优化离退休干部党组织设置。按照“哪里有老干部哪里就有党组织，哪里有党组织哪里就充满正能量”的思路，在困难企业离休干部党员中建立临时党小组，把组织关系不明确的企业离休党员干部纳入临时党支部进行组织管理。先后在老干部合唱团、老年书画研究会、老年诗词协会等11个老年协会中建立起临时党支部，初步实现“横到边、纵到底”的党组织全覆盖。选优配强老干部党支部书记，坚持每年举办党支部书记、党员骨干轮训班，着力提高其素质能力，起到“抓住一人，带动一片”的效果。中原区在原有的组织体系基础上，根据老干部的居住情况和身体状况，合理设置离休干部党小组，构建以单位为主、以社区为辅的党员管理体系。

（三）加强思想政治引领。以理想信念和党性教育为重点，组织离退休干部深入学习习近平总书记系列重要讲话和中共十八大及十八届三中、四中、五中、六中全会精神，牢固树立纪律和规矩意识，切实落实全面从严治党要求。到全市各老干部党支部及临时党支部、党小组，以“传承中国精神、传播中国好声音”为重点，以“两学一做”学习教育等为内容进行宣讲座谈等，发挥“上传下达、反映情况、解决问题”的作用。根据老干部居住区域、志趣爱好等实际情况进行规划安排，方便老干部就近学习、就近缴纳党费、就近参加组织生活。中牟县利用全县领导干部双休日大讲堂，邀请傅思明、房兵、王心远等国内著名专家学者，为老干部讲解国学、历史、经济形势和健康规划，使老干部及时了解党的大政方针、时事要闻，提高老干部的知识层次和政治修养。

【为党和人民的事业增添正能量活动】 2016年，全市各级老干部工作部门聚焦三句话主题，以“两展示两争当”为载体，以“一年起步、两年提升，长期抓好、形成常态”为路径，召开动员会、研讨会、推进会、总结会等，推动正能量活动深入开展。

（一）让老干部展示阳光心态。以党建覆盖为引领、社团（协会）为依托、传承家风家训为基础，让老干部正确看待发展变化，正确理解周围的人和事，始终与党同心，支持市委市政府工作。成立老干部“好声音传递团”，在主要媒体网站展示阳光心态，积极发声、扶正祛邪、跟帖点赞，传播社会主义核心价值观。以“老同志办老同志喜爱的手机报”为理念创办《郑州老干部手机报》，开设“两学一做”“两展示两争当”等10多个栏目，用老干部的视角和见解，传播中国好声音。倡导“一带五传承”，即：一名老干部带动身边配偶、子女、邻居、朋友和青少年，传承党的光荣传统和中华民族美德，做坚守精神家园的代言人。市“五老”报告团作报告150余场，参加听报告13万人次，布展60余场。登封市积极号召引导老干部开展“三比三做”活动（比学习、比健康、比奉献，思想上做积极心态阳光老人、生活上做身心幸福快乐老人、行动上做乐于奉献平凡老人），让老干部展示好风采、传递正能量。荥阳市结合“两学一做”学习教育和“修身行善，明礼守法”全民行动，深入挖掘老干部老有所为、服务经济发展、积极奉献社会的先进事迹。

（二）让老干部展示当代风采。鼓励老干部开展“写好一段美好回忆、倡导一种新风正气、畅谈一个发展愿望”等“八个一”活动，展示当年艰苦奋斗、叱咤风云的风采，增强当今迎难而上、克难攻坚的信心。开展“中国梦·郑州情”征文、老干部访谈等活动，鼓励老干部撰写回忆录，把革命传统留下来。上街区举办“点赞上街区·传播真善美”随手拍活动，号召离退休干部随手拍下大街小巷发生的感人故事，挖掘点滴的文明事迹，在全社会形成见贤思齐、共倡文明的良好社会氛围。市老干部活动中心举办庆祝建党95周年暨红军长征胜利80周年文艺汇演，开展“赞大美郑州，展夕阳风采，谱时代华章”文化活动月活动，市级老领导泼墨挥毫，书写“听党话、跟党走、做合格党员”，道出老干部们的心声。市老干部大学举办教学成果展、大力推进“六进”活动、组织夕阳红志愿者服务队在校内校外的舞台上展示当代风采，弘扬中国精神。

（三）让老干部争当时代老人、奉献老人。开展“大美郑州我点赞、郑州发展我献言”系列活动，举办郑州市老干部工作“十二五”成果展，组织老干部“看郑州”活动、参加“十二五”时期成就网上评比活动等，2.6万余名老干部在网上点赞、发帖，为“十三五”时期又好又快发展营造浓厚的舆论氛围。老干部累计提出合理化建议260余条。2016年7月，以市委组织部、老干部局的名义评选表彰了100名时代老人和50个先进集体，带动更多老干部发挥正能量。登封市组织老干部党员开展点亮微心愿活动，为困难群众和服务对象圆梦，老干部携手困难家庭助其完成“微心愿”。市关工委积极探索“五老”志愿者队伍建设，就近在社区做志愿者、建雷锋团队、兴文化家园，全市共建立120支“五老”志愿者队伍，带领青年农民开展“学科技、奔小康活动”，募集解决资金28万元，86887名青年农民从中受益。市检察院、法院、公安局、司法局结合自身行业优势，分别成立“红心”普法宣讲队、帮教团，深入社区、学校、企事业单位宣讲法治理念，增强群众法制意识，发挥老干部的经验优势与威望优势。

【老干部服务管理】 2016年，全市各级老干部工作部门带着感情和责任，落实政策、主动服务，积极为老干部做好事、办实事、解难事，努力提高离退休干部的幸福指数。

（一）提供好医疗保障。在巩固和提高离休干部“三个机制”有效运行的基础上，加大医疗保障力度。组织硬件设施好、医疗水平高的医院，为全市3000多名老干部进行健康检查，体检标准提高到每人500元，与在职干部相同。印制保健手册，传播健康知识，提高老干部自我保健意识，更新健康生活观念。市财政拨出近2亿元弥补离休干部医药费统筹基金缺口，市属离休干部就医医院由27家扩大到35家，实现就近就医；老红军、老干部慰问标准由500元增至3000元；提高红军遗属补助，由700元增至1500元。管城区改革体检制度，由往年统一安排体检医院、体检项目，调整为以单位为集体给每位老干部发放900元体检卡，增加老干部体检的自主性和针对性。惠济区全年多次邀请专家为老干部讲解健康知识，参加人员达到500人次。

（二）解决好实际困难。设立老干部困难帮扶基金，市财政每年拨付100万元，用于帮助生活困难的老干部。发挥企业离休干部服务管理中心的作用，帮助破产、关闭、分流企业离休干部解决实际问题，增强困难企业离休干部的归属感和幸福感。联合市国资委、市财政局和市人社局等相关部门出台政策，将134家市属企业865名离退休干部的医药统筹费改由市财政统一负担，以每人每年12000元的标准计算，共计1038万元，为市属企业减轻压力。市直干休所按照服务亲情化、个性化的要求，根据老干部年高体弱、行动缓慢的特点，在居住楼门内安装上下扶手32个，共计90米；联系天然气公司入户为老干部检查用气安全，同时购买40多个天然气报警器配发给老干部。金水区及时协调有关单位解决部分老干部在拆迁安置中反应的问题；接待老干部电话信访等有关政策咨询80余次，对老干部反映的高龄老人津贴问题给予圆满答复，100%得到落实。

（三）满足好活动需求。10月13日至21日，市委老干部局连续第四年组织“看郑州”活动，市直65个单位的1600多名离退休干部参观郑州图书馆、河南艺术中心、大河村遗址博物馆等部分城市文化场所，体味郑州发展新变化，点赞郑州建设新成果。郑州市老干部活动中心先后举办元宵节游艺活动、老干部运动会、纪念抗日战争胜利70周年文艺汇演等。举办《郑州法治建设》主题摄影展、老年书画联展等，展示广大离退休干部积极向上的精神风貌；综合活动楼一期工程优质高效运转，建筑面积38860平方米，开设有50多个文体活动项目，能满足日6000人次活动需求。市老干部大学抓好教学和活动两个环节，合理设置专业，开设老年出国英语、古筝演奏、木兰剑等专业，先后举办庆“七一”红歌汇和老干部大学教学成果展等，实现“百班万人”，被评为全国先进老年大学。荥阳市委老干部局、荥阳市老年体协等单位联合举办2016年荥阳市庆“8.8全民健身日健身操展演大赛”。上街区举办庆元宵趣味运动会、“传递正能量·点赞新上街”书画摄影比赛。

【老干部工作部门自身建设】 2016年，全市各级老干部工作部门按照“三严三实”“两学一做”等要求，提高工作标准，努力建设一支讲政治、重感情、业务精、作风好、老同志信得过的过硬伍。市委老干部局被评为全国老干部工作先进集体。

（一）扎实开展集中性学习教育。全年共举办4类6期不同对象的培训班，其中，关工委工作培训班、离退休干部党支部书记培训班和老干部工作人员培训班等，主题是学习贯彻中央、省、市《意见》，为郑州早日建成国家中心城市凝聚正能量。二七区秉承“阳光创新感恩奉献”理念，落实AB角分工、绩效考核等制度，在局机关开展“三讲”活动（讲大局、讲学习、讲团结），提升学习能力和服务水平。

（二）提高干部队伍素能。在浙江大学举办全市老干部工作人员培训班，激发老干部工作者的正能量，努力打造敬老、爱老、为老、助老的品牌部门。新郑市完善离退休干部三级联络员工作制度。每名工作人员分包6—9名离休干部，制作老干部信息卡，随时根据实际情况作出调整，切实做到“七个清”“五必访”。新密市创新管理模式，以离退休干部党支部为主体，以关工委组织为平台，以涉老组织为依托，以基层党建工作为抓手，围绕“四个载体”组织引导离退休干部发挥作用。

（三）老干部工作影响力得到提升。市委老干部局编发《工作简报》、制作老干部工作展板、编印老干部工作画册、提高老干部局网站质量，大力宣传老干部工作和老干部先进典型，树立了老干部工作队伍务实创新的良好形象。在“十二五”成果展中，组织老干部参观点赞、网上评比，市委老干部局荣获全市第三名。郑州市老干部大学把创建“敬老文明号”融入“全国示范老年大学”创建工作中，扎实开展“两创”活动，被命名为第二届“河南省敬老文明号”和郑州市“敬老文明号”单位。

（马 帅）

党史工作

【概况】 2016年，郑州市党史工作部门深入贯彻落实全国、全省党史工作会议精神，坚持以十八大和十八届六中全会精神为指导，紧紧围绕市委中心工作，发挥党史资政育人作用，以深入开展“两学一做”教育活动为契机，积极开展党史宣传教育、党史资料征编、党史课题研究等，圆满完成全年各项工作任务。

突出重点，多措并举，深入开展“两学一做”教育活动。采用专家导学、领导引学、结对帮学和新媒体助学等灵活方式强化学习效果。其中，针对部分老弱离退休党员，通过“一对一”和“一对多”的形式结成帮学对子，落实帮学责任人，以送学上门、网络传学等多种渠道帮助党员学习；创建微信群、微博、QQ群等，引导大家集体讨论，谈心得体会；在郑州党史网站和《郑州党史纵览》杂志开设“两学一做”教育活动专栏，宣传党史工作部门经验做法，传播全市教育活动的信息和动态。创新讲党课方式，运用身边事例、现身说法，强化互动交流、答疑释惑，授课人在交流的过程中将党的创新理论讲活讲深讲透，促使广大党员筑牢

青少年党史教育活动

思想根基。

【党史资料征编】 2016年，全市党史工作部门抓住主线，强化研究，多出精品，持续开展党史资料征集活动，进一步丰富党史研究成果。

（一）《中国共产党郑州历史》（二卷）撰写工作快速推进。集中人力物力，采取有效措施，组织集体攻关。每月召开一次专题会，汇报编写进度，研究解决工作中的问题和困难，提出下步主攻方向。同时，市委党史研究室领导带领相关处室人员经常深入基层，座谈研究编写工作，审读书稿，及时指导，帮助解决疑难问题，调动各县（市）区积极性。至年底，《中国共产党郑州历史》（二卷）第五稿已定稿并付印10册，该稿对部分章节进行修改，并对《行政区划沿革》部分进行校改。

（二）郑州党史大事记完成编写出版。本着细征、精编的原则，整理出版市委书记2015年工作大事记，市长2015年工作大事记、郑州党史2015年大事年编、2015年郑州党委工作纪事。期间共征集书记、市长工作图片1000余幅，选用79幅；重要讲话、重要文章和调研报告170余篇，采用25篇。同时，完成2016年市委书记、市长大事记的收集整理工作，郑州党史大事记做到按月整理、按月上报。完成2016年度党史大事年编向省委党史研究室的上报工作，共计上报300余条，12万余字，被上级采用转发120条，字数近3.6万字。

（三）扎实推进《郑州改革开放实录》编写工作。把编研《郑州改革开放实录》作为全市新时期党史研究的一项重要任务，多次组织全市党史工作人员学习中央、省市相关文件要求，做到思想统一、步调一致。把编研的着力点放在反映全市各地贯彻执行党的路线方针政策和市委、市政府重大决策，在推进改革开放进程中形成的一系列富有特色的重要决策、重要举措、重要事件、重要成果、重要经验上，广泛征集资料，严格把关，在征集的众多资料中选择了具有代表性的19篇作为必写专题，组织专人撰写和集体攻关。在编写过程中精编细研，保证了文稿的方向不偏、要事不漏。文稿定稿后，严格按照出版要求和省委党史研究室提出的写作规范，搞好文字校对和装帧设计。12月，19篇约24万字的《郑州改革开放实录》（市直篇）顺利出版。由于组织得力、效果显著，在12月初省委党史研究室召开的全省工作会议上郑州市作先进典型发言。

（四）继续办好《郑州党史纵览》杂志。全年按时保质地完成《郑州党史纵览》4期的组稿、编辑和发行，累计采稿120余篇、近30万字、配图200余幅。累计发行1万余册。

【党史宣传教育工作】 2016年，全市党史工作部门服务中心，勇于创新，不断开拓党史宣传教育新领域。

（一）强化郑州党史网站建设。做好郑州党史网（www.zzdangshi.com）的维护与更新工作，每周按时更新网站内容，完成相关文件、通知、简报、文章、图片的上传工作，使网站切实发挥党史宣传教育的主阵地作用和文明单位的窗口作用。全年共上传文章160余篇，图片100余幅。其中，单位党史工作信息做到文字和图片的随记随发，突出新闻的时效性。同时，向省党史网上报各类信息12条，被采纳8条；中央党史网采纳2条。

（二）扎实做好重要节庆纪念活动。在庆祝中国共产党成立95周年之际，市委党史研究室按照郑州市委党的建设工作领导小组《关于开展庆祝建党95周年系列活动的通知》要求，结合全市开展的“两学一做”学习教育，联合市直机关工委举办“郑州市庆祝建党95周年党的章程、党史知识学习竞赛活动”。活动开展前期，市委党史研究室组织业务骨干，编撰印发约14万字的《庆祝建党95周年党史知识竞赛辅导材料》，内容包括全国党史、郑州党史、党章、廉洁自律准则、纪律处分条例和党风廉政建设知识等。之后，以辅导材料为基础，拟定书面竞赛试题100题。此次活动共收到有效试卷112314份，其中县（市）区党史研究室上交18150份；共评出答题优秀个人300名、先进组织单位30家。活动的相关信息在中央党史网、河南党史网和《郑州日报》上刊载报道。

（三）开设“两学一做”学习教育党史教育专栏。全市“两学一做”学习教育开展后，市委党史研究室在郑州党史网站和《郑州党史纵览》杂志开设“两学一做”学习教育专栏，积极宣传全市党史工作部门“两学一做”学习教育的特色亮点。同时，积极与市直机关工委联系，在由市直机关工委主办的机关党建公众号上开设党史教育专栏，至年底，共刊载郑州党史资料73篇，配图100余幅，阅读浏览累计12万人次，收到良好的教育效果。

（四）联合建设中小学党史教育基地。结合“两学一做”学习教育，继续深入开展中小学党史教育工作。与活动联系点郑州市汝河路小学一起探索研究新形势下青少年党史教育工作，对该校几年来取得的教育成果进行认真的研究和总结，形成专题报告，得到上级领导的高度认可，为以后一段时期继续开展全市性的青少年党史教育活动打下基础。

（五）开展革命遗址开发保护专题研究。发挥党史工作部门党史宣教资源优势，组织有关人员开展市革命遗址实地调研工作。针对历史资源厚重、自然资源丰富的革命历史老区，积极探索开发利用保护的可能性。撰写《关于郑州市建设党史教育基地及抗战胜利纪念馆的可行性报告》，共1.2万字，配图26幅，拟报市委研究。同时，做好《郑州市革命遗址通览》图书的编纂工作，填补郑州市该领域历史资料的空白。

（孟庆超）

党校工作

【概况】 2016年，市委党校认真贯彻落实中共十八大，十八届三中、四中、五中、六中全会和习近平总书记系列重要讲话精神，认真贯彻省十次党代会和市十一次党代会精神，围绕建设国家中心城市这一大局，服务“四重点一稳定一保证”工作总格局和市委、市政府中

12月8日，全市党校工作会议召开

心工作和决策部署，以党建工作统揽全局，强化政治意识、大局意识、纪律意识、服务意识，充分发挥干部教育培训主渠道、理论宣传主阵地、党性锻炼大熔炉、决策咨询思想库作用，为中原经济区和郑州都市区建设作出了应有贡献。

加强内部管理，提高服务保障水平。制订、修改、完善教学、科研、培训、行政等各项制度，并对各项工作任务目标细化、量化，做到有落实、有检查、有成效。加强学员管理，着力在健全管理制度，改进管理方式，提高管理效果上下功夫。加强财务管理，不断提高财务管理的制度化、规范化水平，保障办学经费。大力推进基础设施建设，整修了校内花园道路、增建仿古圆亭和六角亭、维修学员宿舍楼房间设备，装饰配备多功能厅、会议室、接待室等。

提高认识，扎实推进精神文明建设工作。确立以创建省级文明单位作为推动全校精神文明建设，促进党校整体工作的总体思路，并作为一项长期的系统工程来抓。全年共举办"道德讲堂"6场；利用传统节日举办各种活动7次；志愿者服务活动10次；收集装订文明创建工作档案830页，图片618余张，编写简报49期。顺利通过省级文明单位年审，文明创建工作档案被作为示范档案推荐兄弟单位学习。

全力服务平安郑州建设，巩固平安建设先进单位成果。牢固树立"发展是硬道理，稳定是硬任务"的思想，把深入推进平安创建作为稳定工作的总抓手，不断强化治安防范，大力开展矛盾纠纷排查调处活动，全面落实"平安进万家"的各项措施，实现建设平安校园的年度目标，并顺利通过政法委平安建设考核组的实地考核。

【干部教育培训】 2016年，市委党校深化教学改革，大规模、高质量培训党员干部。始终围绕党和国家，以及省委、市委中心工作和重大战略任务展开教学布局、教学内容设计、学科建设和师资队伍建设。严格按照"一个中心、四个方面"的教学布局，完善教学内容、改进教学方式、丰富教学方法、升级教学设施、强化业务培训和人才引进、开放党校讲坛，教学水平不断得到提升，培训规模实现大幅度跃升。2016年，举办各级各类培训班次26个，培训学员1820人。其中，15个主体班次（春季、秋季中青班2期，县处级班2期，科级班2期，统战班1期，军转班1期），培训学员821人；与市政府、市委组织部、市公务员局、市军转办、青海省人社厅联合举办11期培训班，培训学员999人。积极推进"教学六统筹"，安排分校优秀教师到主体班授课，并有计划地组织分校教师来学校听课。积极贯彻落实《中共中央关于加强和改进新形势下党校工作的意见》，突出党的理论教育和党性教育的主课地位，召开教研部负责人参加的主体班专题论证会，在原有课程的基础上增加了23个新专题，充分发挥干部教育培训的主渠道主阵地作用。

【科研工作】 2016年，市委党校努力打造"一流科研"，加强科研资政水平。始终坚持科研工作"四个服务"的宗旨，坚持"四个打造"（打造决策咨询智库、理论创新高地、科研人才高地、科研协作平台与学术交流中心）原则，通过实施"课题带动"和"大科研战略"，建立健全一整套"科研保障机制"，科研水平得到明显提升。2016年，公开发表论文46篇，其中核心期刊14篇；著作教材3部。申报各级各类科研课题180项，立项114项。其中国家规划项目申报8项；省政府招标研究课题申报14项，立项3项。结项各级各类课题91项。获得各类科研奖励26项。强化市情研究工作，打造党校特色智库，全力服务全市经济社会发展，全年共出版《市情论坛》4期，结项市情研究课题28项，呈送市领导调研报告3篇。《中共郑州市委党校学报》质量稳步提升，全年共出版学报6期，发表文章126篇。坚持以教学带科研、以科研促教学，真正做到"教学出题目，科研做文章，成果进课堂"，把教学、科研、调研工作统筹安排，实现教学、科研、咨询一体化。

【党校分校管理】 为切实加强和改进分校管理，共铸培训合力，切实形成郑州市党员教育培训大平台、大格局，2016年，市委党校先后两次举办分校工作研讨会，研讨修订分校管理、协调相关制度，并到外地党校学习考察。为落实全市党校会议精神，从12月上旬开始，对全市11个县（市）区党校进行全面考核。2016年，全市11个分校共举办各级各类培训班230余期，培训干部、党员超过近7万人。尤其是新密市实施"万名党员进党校"素质提升工程，充分发挥党校主阵地、主渠道作用，提升了县级党校的影响力和知名度。

【党校工作会议】 2016年12月8日，全市党校工作会议召开。会议深入贯彻全国、全省党校工作会议精神，分析研究全市党校工作面临的形势和任务，部署当前和今后一个时期全市党校工作。省委常委、市委书记马懿强调，要围绕"党校姓党"这一根本原则，把握方向，改革创新，推动党校工作全面发展，努力开创党校工作新局面，在推进"四重点一稳定一保证"工作总格局中发挥更大作用，更好地服务中心、服务大局，为郑州发展提供有力支撑。

（杨小明）

郑州市人民代表大会

综 述

【代表议案建议办理】 2016年3月25日，市人大常委会召开代表议案建议交办会，将市十四届人大三次会议上代表提出的7件议案和616件代表建议、批评和意见正式交付相关部门。

12月27日，市十四届人大常委会第二十四次会议听取副市长王跃华作的关于市十四届人大三次会议代表建议、批评和意见办理情况的报告，书面听取市人大常委会选工委、市中级人民法院、市人民检察院关于市十四届人大三次会议代表议案、建议、批评和意见办理工作情况的报告。市十四届人大三次

2月25日，市人大代表参观郑州市“十二五”发展成就展

会议以来，代表共提出7件议案和620件建议（闭会期间代表提出4件建议），市十四届人大常委会第三十次主任会议确定了20件重点建议。市人民政府办理代表议案6件、代表建议585件，市中级人民法院办理代表建议15件（其中1件与市人民检察院共同办理），市人民检察院办理代表建议3件。至年底，市人民政府承办的6件议案全部办结，代表对办理工作表示满意；市人民政府、市中级人民法院、市人民检察院承办的602件建议中，已经解决或基本解决的448件、正在解决或列入计划逐步解决的118件、因条件限制或其他原因需以后解决的36件，代表表示满意或基本满意的601件、不满意的1件。

【代表培训工作】 2016年7月11—17日，市人大常委会组织常委会组成人员赴井冈山干部教育学院进行集中履职学习，集中学习人民代表大会制度、习近平总书记“七一”讲话等内容，接受革命传统教育。市人大常委会副主任赵新中、王铁良、范强等参加学习。市人大常委会副主任周长松在开班仪式上强调，要切实增强履职学习的实效，珍惜学习机会，注重学习方法，加强交流，互相促进，不断提高政治素质和理论素养，以及依法履职的能力和水平。

12月13—14日，举办市十四届人大代表2016年集中履职学习班。市委副书记、市委秘书长靳磊主讲第一课，就深入贯彻落实中共十八届六中全会、省十次党代会、市十一次党代会精神，充分发挥人大作用，结合当前形势作了专题辅导。他要求，全市各级人大代表要把握机遇、珍惜荣誉，围绕郑州的发展所需、民生所盼、治理体系和治理能力现代化，建言献策、出计出力、担当尽责。市人大常委会副主任周长松、舒安娜、赵明恩、赵武安、王贵欣、赵新中、王铁良、范强参加学习活动。

【主任接待代表日活动】 2016年4月12日，市人大常委会主任白红战接待了张业龙、张歌伟、李爱国3位人大代表，就他们提出的“关于提升陇海快速路桥下综合通行能力的建议”“在嵩山北路部分路段安装路灯”“南水北调生态文化公园增加体育运动场地”等进行督办。市政府相关局委负责人参加活动。副市长李喜安要求，政府各职能部门要高度重视、专人专办、完善方案，明确时间节点，确保代表建议议案高效解决、切实解决。白红战强调，针对代表提出的建议和议案，市政府各承办单位要专题研究、科学办理、提出方案、落实到人；要举一反三，统筹整改，解决类似民生问题，方便百姓生活；要跟踪监督，结果公开，自觉接受人大代表和人民群众的监督，给百姓和代表满意的答复。

5月16日，市人大常委会副主任周长松接待市人大代表屈松记、焦大宏、徐锡志，就他们提出的“关于解决登封市水资源紧缺问题的议案”“关于尽快发放高龄老人生活补贴的建议”“关于在西三环与陇海路交叉口东设立快速公交B5线路站点的建议”进行现场督办。市政府副秘书长袁聚平、市政府督查室主任马运生、市水务局局长史传春、市民政局局长谢霜云、市老龄办副主任王中华、市交运委副主任魏予、市公交总公司副总经理宋霖现场答复代表议案建议办理情况。

6月16日，市人大常委会副主任舒安娜接待市人大代表孙世龙和华新定，就他们提出的“关于在全市开展中小学生近视等眼病筛查、预防、健康教育，提高青少年健康素质的建议”“关于促进惠济区文化旅游产业发展的建议”进行现场督办。市政府副秘书长李建霞、市政府督查室副主任段文涛、市卫计委副主任许迎喜、市教育局副调研员韩松、市旅游局副局长何宏波现场答复代表建议办理情况。

7月15日，市人大常委会副主任赵武安接待市人大代表崔豫琳、张子亮。就他们提出的“关于在郑州市全面推行‘海绵城市’规划建设的议案”“关于加快环城高速生态廊道建设的议案”进行现场督办。市政府办公厅秘书五处、市规划局、市林业局的相关负责人参加接待，并现场答复代表建议办理情况。

8月17日，市人大常委会副主任王广灿接待了市人大代表张玉国，听取“关于规范郑州市中心城区汽车类市场外迁秩序的建议”，市市场发展局局长田跃平现场答复办理情况。

9月13日，市人大常委会副主任王贵欣接待市人大代表孙光奇和赵长升。就他们提出的“关于加强地方政府债务监管的建议”和“关于明确郑州众创空间和孵化器税收优惠政策的建议”进行现场督办。市政府督查室、市财政局、市国税局、市地税局有关负责人予以现场答复。市政府副秘书长李国强代表市政府作表态发言。

10月14日，市人大常委会副主任赵新中接待市人大代表张建昌、张春燕，就他们提出的“关于叫响‘法治郑州’全面推进依法治市的建议”和“关于加快政府购买社区服务机制建设的建议”进行现场督办。市政府副秘书长赵红军、市依法治市领导小组办公室专职副主任钱国强、市民政局副局长刘鲁豫现场给予答复。

11月15日，市人大常委会副主任王铁良接待市人大代表朱肖云、岳明杰，就他们提出的“关于加强我市农产品品牌建设的议案”“在金水河沿河公园和市内公园内铺设塑胶跑道”，分别听取市农委、市城管局、市园林局关于建议办理情况的答复。

12月15日，市人大常委会副主任范强接待提出“关于加快出台《郑州市非物质文化遗产保护条例》，提升我市文化软实力的议案”的刘树森、唐成凤等市人大代表。市政府法制办副调研员梁立群、市文广新局副局长李德专分别对议案办理情况作认真答复。

【郑州市人大工作座谈会】 2016年12月2日，郑州市人大工作座谈会第二十四次会议召开。市、县（市）区人大常委会负责人及工作人员参加会议，深入学习贯彻中央十八届六中全会、省十次党代会、市十一次党代会精神；交流探讨如何围绕中心、突出重点，在推进市委“四项重点工作”中发挥人大代表参与决策、监督协助、桥梁纽带和模范带头作用；就如何落实遵法、学法、守法、用法，提出建议和意见。

市委副书记靳磊出席会议，市人大常委会主任白红战主持会议。市人大常委会副主任周长松、舒安娜、赵武安、王广灿、王贵欣、赵新中、王铁良、范强和秘书长王福松参加会议。

（胡凯林）

人大会议

【人大全会】 郑州市第十四届人民代表大会第三次会议 2016年2月24日，郑州市第十四届人民代表大会第三次会议在省人民会堂开幕。大会共有代表558人，出席524人，出席人数符合法定人数。会议听取郑州市人民政府市长马懿代表市政府向大会作的《政府工作报告》。表决通过关于设立市十四届人大有关专门委员会的决定，以及市十四届人大有关专门委员会主任委员、副主任委员和委员人选的表决办法。书面听取《郑州市国民经济和社会发展第十三个五年规划纲要（草案）》《郑州建设国际商都发展战略规划纲要（草案）》《关于郑州市2015年国民经济和社会发展计划执行情况与2016年国民经济和社会发展计划草案的报告》《关于郑州市2015年财政预算执行情况和2016年财政预算草案的报告》。

2月26日上午，郑州市第十四届人民代表大会第三次会议第二次全体会议在省人民会堂举行，出席会议的代表499人，符合法定人数。市人大常委会主任白红战作市人大常委会工作报告，市中级人民法院院长于东辉作市中级人民法院工作报告，市人民检察院检察长刘建国作市人民检察院工作报告。大会还书面印发郑州市人民代表大会法制委员会工作报告。

2月28日，市十四届人大三次会议第三次全体会议举行。会议经表决，通过关于郑州市人民政府工作报告的决议，关于郑州市国民经济和社会发展第十三个五年规划纲要的决议、关于郑州建设国际商都发展战略规划纲要的决议、关于郑州市2015年国民经济和社会发展计划执行情况与2016年计划的决议、关于郑州市2015年财政预算执行情况和2016年财政预算的决议、关于郑州市人民代表大会常务委员会工作报告的决议、关于郑州市中级人民法院工作报告的决议、关于郑州市人民检察院工作报告的决议等8个决议，以及市十四届人大有关专门委员会主任委员、副主任委员、委员名单。

全体会议结束后，市十四届人大三次会议举行大会闭幕式。大会应出席代表558人，出席513人，出席人数符合法定人数。

郑州市第十四届人民代表大会第四次会议 2016年10月19日下午，郑州市第十四届人民代表大会第四次会议在省人民会堂开幕。大会共有代表563人，出席505人，出席人数符合法定人数。会议听取市委常委、组织部部长焦豫汝作的关于提名郑州市人民政府市长候选人情况的说明，表决通过大会选举办法。

10月20日下午，郑州市第十四届人民代表大会第四次会议闭幕。出席会议的代表 518 人，符合法定人数。根据大会选举办法和计票结果，程志明当选为郑州市人民政府市长。

程志明进行宪法宣誓，并发表任职讲话。他表示，今后工作中将努力做到：坚定政治立场，发扬民主、团结干事；强化使命担当，肩负责任、力促发展；牢记根本宗旨，履职尽责、勤政为民；恪守法治准则，依法行政、规范用权；坚持廉洁自律，以身作则、筑牢防线。

市委书记马懿在讲话中指出，市十一次党代会确定今后五年郑州市发展的奋斗目标和总体要求，落实好市党代会精神，需要全市广大干部、各级人大代表继续发扬成绩、再接再厉，进一步发挥好表率和带头引领作用。一要认清形势、保持清醒，以强烈的事业心、责任感抓发展、抓落实；二要抓纲带目、完善机制，围绕“四重点一稳定一保证”的工作格局抓发展、抓落实；三要把握方法、遵循规律，以科学务实的工作态度和工作作风抓发展、抓落实；四要作好表率、履职尽责，以人大代表作用的更好发挥促发展、促落实。

市人大常委会主任白红战强调，全市各级人大及其常委会和人大代表要把思想和行动统一到市委的各项决策部署上来，统一到“四重点一稳定一保证”的工作格局上来，按照新的工作推进机制，把“抓发展、抓落实”的新要求落实到人大依法履职的全过程。各级人大代表要做“促发展、促落实”的带头人和排头兵，发挥好代表的参与决策作用、监督协助作用、桥梁纽带作用、模范示范带动作用。

【人大常委会会议】 市十四届人大常委会第十四次会议 2016年1月11日，郑州市十四届人大常委会第十四次会议召开。市人大常委会主任白红战主持会议。会议听取关于补选郑州市出席河南省第十二届人民代表大会代表议案的说明和有关人事任免案的说明。经过投票，会议通过补选郑州市出席河南省第十二届人民代表大会代表的议案及有关人事任免案。

拟任命人员与市人大常委会组成人员见面，并发表任前发言。会议表决通过人事任免案，新任命的国家工作人员向宪法庄严宣誓。这是郑州市首次组织新当选的国家工作人员按照全国人大常委会表决通过的新的宪法宣誓制度公开向宪法宣誓。

市十四届人大常委会第十五次会议 2016年2月20日，郑州市十四届人大常委会第十五次会议召开。市人大常委会主任白红战主持会议。会议听取、审议并表决通过市人民政府关于2015年政府投资项目计划执行情况和2016年计划的报告、郑州市人大常委会关于批准郑州市2016年度政府投资项目计划的决议；听取和审议关于市十四届人大三次会议筹备工作情况的报告和关于《郑州市人民代表大会常务委员会工作报告（草案）》的起草说明，表决通过市人大常委会工作报告（草案）；听取、审议并表决通过市十四届人民代表大会第三次会议议程（草案）、主席团和秘书长名单（草案）、计划财政预算审查委员会名单（草案）、议案审查委员会名单（草案）、列席人员名单、召开会议时间的决定等；听取审议并表决通过有关人事任免案，向新任命人员颁发任命书，新任命人员举行向宪法宣誓仪式。

会议听取、审议并表决通过关于郑州市第十四届人民代表大会代表变动情况的代表资格审查报告。根据表决结果，市十四届人大常委会组成人员由49人减为46人。

2月24日，郑州市第十四届人民代表大会第三次会议开幕

市十四届人大常委会第十六次会

市十四届人大专门委员会组成人员进行宪法宣誓

议 2016年4月22日，郑州市十四届人大常委会第十六次会议召开。市人大常委会主任白红战主持会议。会议听取和审议市人民政府副市长刘东作的市人民政府关于公共卫生服务工作情况的报告，市人民政府法制办主任张江涛作的关于《郑州市建筑市场条例（草案）》的起草说明；听取市人大常委会副主任王铁良作的关于免去曹进元、刘华等2名市人大常委会工作人员职务的议案的说明，市中级人民法院院长于东辉作的关于提请任免刘文斌等43名工作人员法律职务的议案的说明，市人民检察院检察长刘建国作的关于提请任免王耀世等24名工作人员检察职务的议案的说明，分别介绍拟任命人员与常委会组成人员见面；会议还传达学习十二届全国人大四次会议和省十二届人大六次会议精神。

会议表决通过市人民政府关于公共卫生服务工作情况的报告和人事任免案。

市十四届人大常委会第十七次会议 2016年5月13日，郑州市十四届人大常委会第十七次会议召开。市人大常委会主任白红战主持会议。会议听取、审议并表决《郑州市第十四届人民代表大会常务委员会关于接受鲁铁辞去河南省第十二届人民代表大会代表职务的决定》。

市十四届人大常委会第十八次会议 2016年5月30日，郑州市十四届人大常委会第十八次会议召开。市人大常委会主任白红战主持会议。会议听取、审议并表决通过关于接受马懿辞去郑州市人民政府市长职务的决定，听取王铁良作的关于任命程志明为郑州市人民政府副市长、代理市长职务的说明。会议采用无记名投票方式，全票通过关于任命程志明为郑州市人民政府副市长、代理市长职务的决定。

新任命的郑州市人民政府副市长、代理市长程志明面向国徽，向中华人民共和国宪法宣誓。

市十四届人大常委会第十九次会议 2016年6月28—30日，郑州市十四届人大常委会第十九次会议召开。市人大常委会主任白红战主持会议。会议听取和审议市十四届人大常委会代表资格审查委员会主任委员王铁良作的关于郑州市第十四届人民代表大会代表变化情况的代表资格审查报告；市中级人民法院院长于东辉作的关于提请任免高镭等27名工作人员法律职务的议案的说明，并介绍拟任命人员与常委会组成人员见面；市人大法制委员会主任委员吴卫平作的关于《郑州市建筑市场条例（草案）》修改情况的说明；听取市司法局局长周顺杰作的关于法律援助工作情况的报告，市科技局局长文广轩作的关于知识产权专利保护工作的情况报告，市外侨办主任蔡玉奇作的关于郑州市贯彻实施《中华人民共和国归侨侨眷权益保护法》和《河南省实施〈中华人民共和国归侨侨眷权益保护法〉办法》情况的报告，市人大法制委员会主任委员吴卫平作的关于《郑州市建筑市场条例（草案）》审议结果的报告。会议还书面听取和审议市人民政府、市中级人民法院、市人民检察院关于市十四届人大三次会议代表议案、建议办理进展情况的报告。

会议对市司法局、市科技局两个政府职能部门的法律援助工作和知识产权专利保护工作进行专项评议，满意度测评分为“满意”。会议表决通过《郑州市建筑市场管理条例》、关于郑州市第十四届人民代表大会代表变化情况的代表资格审查报告、市人民政府关于贯彻实施《中华人民共和国归侨侨眷权益保护法》和《河南省实施〈中华人民共和国归侨侨眷权益保护法〉办法》情况的报告，以及有关人事任免案。

会议传达市委十届十四次全会精神和省委、市委庆祝建党95周年大会精神。

市十四届人大常委会第二十次会议 2016年8月5日，郑州市十四届人大常委会第二十次会议召开。市人大常委会主任白红战主持会议。会议听取、审议并表决通过市中级人民法院关于开展审判监督工作情况的报告、市人民检察院关于开展法律监督工作情况的报告。

市十四届人大常委会第二十一次会议 2016年8月23—25日，郑州市十四届人大常委会第二十一次会议召开。市人大常委会主任白红战主持会议。会议听取市中级人民法院院长于东辉作的有关人事任免案的说明；听取和审议市人民政府副市长、代理市长程志明作的关于郑州市2016年上半年国民经济和社会发展计划执行情况的报告，市审计局局长冯明杰作的关于郑州市2015年度市级预算执行及其他财政收支的审计工作和2014年度市级预算执行及其他财政收支审计整改落实情况的报告，市财政局局长刘睿作的关于郑州市2015年财政决算和2016年1—6月财政预算执行情况的报告、关于郑州市2016年市级预算调整方案（草案）的报告和关于郑州市人民政府债务限额管理有关情况的报告，市环保局局长潘冰作的关于《郑州市大气污染防治条例》贯彻执行情况的报告，市城管局局长赵新民作的关于郑州市城市精细化管理工作情况的报告，市商务局局长余遂盈作的关于全市对外开放工作情况的报告；书面听取和审议了市林业局局长崔正明作的关于郑州市森林城市建设工作的报告。

会议表决通过市人民政府关于郑州市2016年上半年国民经济和社会发展计划执行情况的报告、关于《郑州市大气污染防治条例》贯彻执行情况的报告、郑州市2015年财政决算和2016年1—6月财政预算执行情况的报告、郑州市2015年度市级预算执行及其他财政收支的审计工作和2014年度市级预算执行及其他财政收支审计整改落实情况的报告；表决通过郑州市人大常委会关于批准2015年市级财政决算的决议、关于批准郑州市2016年市级预算调整方案的决议、关于批准郑州市地方政府债务限额的决议；表决通过了有关人事任免案。

会议表决市人民政府关于城市精细化管理工作情况的报告，经表决，该报告未获通过。市人大常委会要求抓好整改，再次向市人大常委会报告。

市十四届人大常委会第二十二次会议 2016年10月12日，郑州市十四届人大常委会第二十二次会议召开。市人大常委会主任白红战主持会议。会议听取和审议市人大常委会副主任王铁良作的关于接受孙金献、薛云伟辞去市人民政府副市长职务的决定的说明，关于郑州市第十四届人民代表大会出缺和补选情况的代表资格审查报告；

表决通过关于接受孙金献、薛云伟辞去市人民政府副市长职务的决定，市十四届人大代表出缺和补选情况的代表资格审查报告。

会议听取和审议市人民政府副市长、代理市长程志明作的关于提请任命王跃华为市人民政府副市长职务议案的说明，并表决通过有关人事任免案，任命王跃华为市人民政府副市长，王跃华进行任职发言。听取和审议市人大常委会秘书长王福松作的关于市十四届人民代表大会第四次会议筹备工作情况的报告；表决通过市十四届人民代表大会第四次会议议程（草案）、主席团和秘书长名单（草案），市十四届人民代表大会第四次会议召开时间的决定。

市十四届人大常委会第二十三次会议　2016年11月23—25日，郑州市十四届人大常委会第二十四次会议召开。市人大常委会主任白红战主持会议。会议听取市人大常委会副主任王铁良作的关于郑州市第十四届人民代表大会代表变化情况的代表资格审查报告和关于提请免去时连渠的市人大常委会工作人员职务的议案的说明；市人民政府副市长王跃华作的关于提请杨东方等5名同志职务任免的议案的说明，杨东方等分别与市人大常委会组成人员见面并作任职前发言；听取市人大常委会内司工委主任樊少楠作的关于在全市开展第7个五年法治宣传教育的决议（草案）的说明。

会议听取和审议郑州航空港经济综合实验区管委会的关于主导产业集聚发展情况的报告，市发改委的关于2016年政府投资项目计划执行情况的报告，市建委的关于全市建筑工程管理工作情况的报告，市财政局的关于全市财政国库管理制度改革工作情况的报告，市人社局的关于全市就业再就业工作情况的报告，市农委的关于全市现代农业技术推广工作情况的报告，市民委的关于全市民族团结进步创建工作情况的报告，市公安局的关于惩治刑事犯罪工作情况的报告；书面听取和审议市人大常委会关于县乡人大换届时间的决定（草案）、关于对全市规范性文件备案审查工作督查情况的报告。

会议表决通过郑州航空港经济综合实验区关于主导产业集聚发展情况的报告，郑州市人民政府关于全市现代农业技术推广工作情况的报告，郑州市人民代表大会常务委员会关于在全市开展第7个五年法治宣传教育的决议，郑州市人民代表大会常务委员会关于全市县（市）区、乡（镇）两级人民代表大会换届选举时间的决定，郑州市第十四届人民代表大会代表变化情况的代表资格审查报告；表决通过有关人事任免案，并向新任命人员颁发任命书。新任命人员举行宪法宣誓仪式。

市十四届人大常委会第二十四次会议　2016年12月27—29日，郑州市十四届人大常委会第二十四次会议召开。市人大常委会主任白红战主持会议。会议听取市人大常委会副主任王铁良作的关于接受吴天君辞去河南省第十二届人民代表大会代表职务的决议（草案）的说明，关于接受高建慧、张春阳辞去河南省第十二届人民代表大会代表职务的决议（草案）的说明，关于郑州市第十四届人民代表大会代表变化情况的代表资格审查报告和关于补选河南省第十二届人民代表大会代表候选人名单（草案）的说明；听取市中级人民法院院长于东辉作的关于提请任免程雪迟等12名工作人员法律职务议案的说明，市人民检察院检察长刘建国作的关于提请任免柴俊钊等22名工作人员检察职务的议案的说明，并分别介绍拟任命人员与常委会组成人员见面；听取市法制办主任张江涛作的关于《郑州市湿地保护条例（草案）》的说明。

会议听取和审议市人民政府副市长王跃华作的市人民政府关于2016年郑州市民生“十件实事”办理落实情况的报告，关于市十四届人大三次会议代表建议、批评和意见办理情况的报告；听取和审议市财政局局长刘睿作的市财政局关于郑州市2016年财政收入预计完成情况的报告，市国税局局长刘峰作的市国税局关于2016年税收工作情况的报告，市地税局局长李新峰作的市地税局关于2016年税收工作情况的报告，市食品药品监督管理局局长周铭作的关于实施《中华人民共和国食品安全法》情况的报告，市信访局局长韩俊远作的关于信访工作情况的报告。书面听取和审议市人大常委会选工委、市中级人民法院、市人民检察院关于市十四届人大三次会议代表议案、建议、批评和意见办理工作情况的报告，市水务局关于郑州市2016年生态水系建设情况的报告，郑州新区国税、地税税收工作情况的报告及市人大常委会有关执法检查报告。

会议表决通过市人大常委会代表资格审查委员会关于郑州市第十四届人民代表大会代表变化情况的代表资格审查报告，市人民政府关于2016年郑州市民生“十件实事”办理落实情况的报告，市人大常委会法工委关于市十四届人大三次会议“关于郑州商城遗址保护发展建设管理”代表议案办理情况的报告，市人民政府关于市十四届人大三次会议“关于加强电动车管理”“关于大力推进郑州市‘海绵城市’建设、绿地和空间立体绿化”“关于做好郑州市生活垃圾及餐厨垃圾无害化处理”“关于解决登封市水资源紧缺问题”“关于重视社区卫生服务，推进分级诊疗工作”代表议案办理情况的报告，市人民政府关于市十四届人大三次会议代表建议、批评和意见办理情况的报告，市中级人民法院关于市十四届人大三次会议代表建议办理情况的报告，市人民检察院关于市十四届人大三次会议代表建议办理情况的报告，郑州市2016年财政收入预计完成情况的报告，郑州市国家税务局关于2016年税收情况的报告，郑州市地方税务局关于2016年税收工作情况的报告，市人民政府关于实施《中华人民共和国食品安全法》情况的报告，市人民政府关于信访工作情况的报告；表决通过了有关人事任免案。

会议表决市人民政府关于市十四届人大三次会议《关于加强城市管理，提高城市管理水平》代表议案办理情况的报告，经表决，该报告未获通过。市人大常委会要求市人民政府抓好整改，再次向市人大常委会报告。

11月25日，市人大常委会对市发改委、市公安局、市财政局等6个政府职能部门开展专项工作评议

【人大常委会主任会议】　市十四届人大常委会第二十七次主任会议　2016年1月11日，郑州市人大常委会主任白红战主持召开市十四届人大常委会第二十七

次主任会议。会议听取市委组织部常务副部长李喜安作的关于人事任免案说明，市人大常委会选工委主任阎铁成作的关于补选郑州市出席河南省第十二届人民代表大会代表的说明，市人大常委会副秘书长、办公厅主任李金鹏汇报关于市十四届人大常委会第十四次会议议程、日程、编组人员名单（草案）。

市十四届人大常委会第二十八次主任会议　2016年1月20日，郑州市人大常委会主任白红战主持召开市十四届人大常委会第二十八次主任会议。会议听取市委组织部常务副部长李喜安汇报关于市十四届人民代表大会第三次会议各项名单（草案）及人事任免案的说明，市中级人民法院院长于东辉作的《关于涉诉信访工作情况报告的审议意见》落实情况的报告和市人大常委会信访室主任张文随作的关于市中级人民法院《关于涉诉信访工作情况报告的审议意见》落实情况的报告的意见，市人民检察院检察长刘建国作《关于开展检务公开工作情况报告的审议意见》的落实情况报告和市人大常委会内司工委主任樊少楠作关于市检察院《关于开展检务公开工作情况报告的审议意见》的落实情况的报告的意见，市农委主任周亚民作《关于郑州市农业产业化经营发展情况的审议意见》的落实情况的报告和市人大常委会农工委主任任广林作关于市政府《关于郑州市农业产业化经营发展情况的审议意见》的落实情况的报告的意见，市旅游局局长张杰锋作《关于加快全域旅游产业发展情况报告的审议意见》落实情况的报告和市人大常委会民侨外工委主任沈丕黎作关于市人民政府《关于加快全域旅游产业发展情况报告的审议意见》的落实情况的报告的意见，市食品药品监督管理局局长周铭作《关于〈中华人民共和国食品安全法〉实施情况的报告的审议意见》的落实情况的报告和市人大常委会教科文卫工委主任张义德作关于市人民政府《关于〈中华人民共和国食品安全法〉实施情况的报告的审议意见》的落实情况的报告的意见，市教育局局长李陶然作《关于教育信息化工作情况的评议意见》的落实情况的报告和市人大常委会教科文卫工委主任张义德作关于市教育局《关于教育信息化工作情况的评议意见》落实情况的报告的意见，市园林局局长张胜利作《关于生态廊道和公园建设情况的评议意见》落实情况的报告和市人大常委会城建工委主任邢建新作关于市园林局《关于生态廊道和公园建设情况的评议意见》落实情况的报告的意见，市水务局局长史传春作《关于郑州都市区生态水系全面提升工作的评议意见》落实情况的报告和关于市水务局《关于郑州都市区生态水系全面提升工作的评议意见》落实情况的报告的意见。

会议还听取市人大常委会秘书长王福松汇报市人大常委会工作报告起草情况及郑州市第十四届人民代表大会第三次会议其他各项工作报告的起草情况，市人大法制委员会主任委员吴卫平汇报市人大法制委员会工作报告情况，市发改委主任李书峰作关于郑州市“十三五”时期规划纲要的起草情况的说明，市人大常委会经济工委主任宋柏松作关于2015年政府投资项目计划执行情况和2016年计划（草案）的初审报告，市人大常委会选工委主任阎铁成作关于市十四届人大代表变动情况的代表资格审查报告、关于市十四届人大三次会议代表提出议案和审议处理规定（草案），市人大常委会副秘书长、办公厅主任李金鹏作关于市十四届人大三次会议建议议程（草案）、关于市十四届人大三次会议建议日程（草案）、市十四届人大三次会议召开时间的决定（草案）、关于市十四届人大三次会议筹备情况的报告（书面）和关于市十四届人大常委会第十五次会议的会议议题安排意见（草案）。

市十四届人大常委会第二十九次主任会议　2016年2月20日，郑州市人大常委会主任白红战主持召开市十四届人大常委会第二十九次主任会议。会议听取市委组织部常务副部长李喜安所作关于市十四届人大会三次会议各项名单（草案）的说明及人事任免案的说明，市人大常委会经济工委主任宋柏松作关于2015年政府投资项目计划执行情况和2016年计划（草案）报告的初审报告，市人大常委会选工委主任阎铁成作关于市十四届人大代表变动情况的代表资格审查报告和关于市十四届人大三次会议代表提出议案和审议处理规定（草案）的说明，市人大常委会副秘书长、办公厅主任李金鹏作关于市十四届人大三次会议建议议程（草案）、关于市十四届人大三次会议建议日程（草案）、关于市十四届人大会三次会议召开时间的决定（草案）、关于市十四届人大三次会议筹备情况的报告（书面）和关于市十四届人大常委会第十五次会议议程、日程和出席、列席人员安排意见（草案）的说明；审议郑州市国民经济和社会发展第13个五年规划纲要（草案）（书面）和郑州建设国际商都发展战略规划纲要（草案）（书面）。

市十四届人大常委会第三十次主任会议　2016年3月22日，郑州市人大常委会主任白红战主持召开市十四届人大常委会第三十次主任会议。会议听取市人民政府副秘书长李国强、市中级人民法院副院长李广湖、市人民检察院副检察长赵光南分别作市人民政府、市中级人民法院、市人民检察院关于《市十四届人大二次会议代表议案和建议办理情况的报告审议意见》落实情况的报告和市人大常委会选工委主任阎铁成作关于《〈市十四届人大二次会议代表议案和建议办理情况的报告审议意见〉落实情况的报告》的意见；听取市人大常委会内司工委主任樊少楠汇报市人大常委会评议市司法局法律援助工作实施方案（草案），市人大常委会教科文卫工委主任姜朝红汇报市人大常委会评议市科技局知识产权专利保护工作实施方案（草案），市人大常委会选工委主任阎铁成作关于2016年市人大常委会主任接待代表日安排意见和关于承办和督办市十四届人大三次会议代表议案、建议和批评意见工作的说明，市人大常委会副秘书长、办公厅主任李金鹏作市人大常委会2016年工作要点（草案）及分解方案（草案）、2016年市人大常委会会议、主任会议议题安排意见（草案）和市十四届人大常委会第十六次会议议题安排意见（草案）的说明。

会议审议市人民政府《关于2015年市人民政府民生“十件实事”办理情况的报告审议意见》落实情况的报告（书面）、市财政局《关于郑州市2015年财政收入预计完成情况及市本级超收安排意见的报告的审议意见》落实情况的报告（书面）、市国税局《关于郑州市国家税务局关于2015年税收工作情况的报告的审议意见》落实情况的报告（书面）、市地税局《关于郑州市地方税务局关于2015年税收工作情况的报告的审议意见》落实情况的报告（书面）。

市十四届人大常委会第三十一次主任会议　2016年4月12日，郑州市人大常委会主任白红战主持召开市十四届人大常委会第三十一次主任会议。会议听取市中级人民法院院长于东辉作关于提请任免刘文斌等44名工作人员法律职务的议案的说明和关于设立郑州经济技术开发区人民法院的请示的说明，市人民检察院检察长刘建国作关于提请任免王耀世等24名工作人员检察职务的议案的说明，市人大常委会秘书长王福松作关于免去曹进元、刘华等2名市人大常委会工作人员职务的议案的说明；会议还听取了市十四届人大常委会第十六次会议议题准备情况。

市十四届人大常委会第三十三次主任会议　2016年5月19日，郑州市人大常委会主任白红战主持召开市十四届人大常委会主任会议第三十三次会议。会议听取市体育局局长李庆山作关于郑州市《全民健身条例》和《河南省体育发展条例》实施情况的报告，市人大常委会教科文卫工委主任姜朝红作关于郑州市《全民健身条例》和《河南省体育发展条例》实施情况的执法检查报告，市发改委副主任刘志敏作关于《郑州市2015年政府投资项目计划执行情况和2016年计划（草案）报告的审议意见》落实情况的报告，市人大常委会经济工委主任郑福有作关于《市人民政府关于郑州市2015年政府投资项目计划执行情况和2016年计划（草案）报告的审议意见落实情况的报告》的意见、汇报市

人大常委会评议市人民政府投资项目计划总体执行工作方案（草案）、市人大常委会评议市商务局关于对外开放工作实施方案（草案），市人大常委会农工委主任任广林汇报市人大常委会评议市林业局关于森林城市建设工作实施方案（草案），市人大常委会副秘书长、办公厅主任李金鹏作六月份常委会会议议题安排意见（草案）的说明。

市十四届人大常委会第三十五次主任会议 2016年6月16日，郑州市人大常委会主任白红战主持召开市十四届人大常委会第三十五次主任会议。会议听取市中级人民法院院长于东辉作关于提请任免高镭等27名工作人员法律职务的议案的说明，市水务局局长史传春作关于全市防汛准备工作情况的报告，市人大常委会城建工委主任张子亮作关于郑州市城市防汛工作的视察报告，市人大常委会农工委主任任广林作关于全市黄河内河防汛准备工作情况的视察报告及《关于我市防汛准备工作情况的报告的审议意见（草案）》的说明；会议还听取市十四届人大常委会第十九次会议议题准备情况。

市十四届人大常委会第三十七次主任会议 2016年7月21日，郑州市人大常委会主任白红战主持召开市十四届人大常委会第三十七次主任会议。会议听取市卫计委主任付桂荣作关于《对市人民政府公共卫生服务工作情况报告的审议意见》落实情况的报告，市人大常委会教科文卫工委主任姜朝红作《关于对市人民政府公共卫生服务工作情况报告的审议意见落实情况的报告》的意见，市人大常委会预算工委主任龙同胜作市人大常委会评议市财政局关于财政国库管理制度改革工作实施方案（草案）、内司工委主任樊少楠作市人大常委会评议市公安局关于惩治刑事犯罪工作实施方案（草案）、城建工委主任张子亮作市人大常委会评议市建委关于建筑工程管理工作实施方案（草案）、民侨外工委主任沈丕黎作市人大常委会评议市民委关于民族团结进步创建工作实施方案（草案）、选工委副主任蔡军龙作市人大常委会评议市人社局关于就业再就业工作实施方案（草案），市人大常委会信访室主任张文随作市人大常委会信访工作情况的报告，市人大常委会副秘书长、办公厅主任李金鹏作八月份市十四届人大常委会第二十次会议议题安排意见（草案）的说明。

市十四届人大常委会第三十八次主任会议 2016年8月5日，郑州市人大常委会主任白红战主持召开市十四届人大常委会第三十八次主任会议。会议听取市人大常委会选工委主任阎铁成作关于许可对市十四届人大代表李学章采取强制措施的议案的说明和省人民检察院、市人民检察院相关情况的说明，以及市十四届人大常委会第二十次会议议题准备情况。

市十四届人大常委会第三十九次主任会议 2016年8月17日，郑州市人大常委会主任白红战主持召开市十四届人大常委会第三十九次主任会议。会议听取市中级人民法院院长于东辉作关于提请任免王季等6名工作人员法律职务的议案的说明，以及市十四届人大常委会第二十一次会议议题准备情况。

市十四届人大常委会第四十次主任会议 2016年9月20日，郑州市人大常委会主任白红战主持召开市十四届人大常委会第四十次主任会议。会议听取市交运委主任吴耀田作关于郑州市“公交都市”建设情况的报告和市人大常委会城建工委主任张子亮作关于郑州市“公交都市”建设情况的视察报告，市外侨办主任蔡玉奇作《关于郑州市贯彻实施〈中华人民共和国归侨侨眷权益保护法〉和河南省实施〈中华人民共和国归侨侨眷权益保护法〉办法情况报告的审议意见》落实情况的报告和市人大常委会民侨外工委主任沈丕黎作关于市人民政府贯彻实施《中华人民共和国归侨侨眷权益保护法》和《河南省实施〈中华人民共和国归侨侨眷权益保护法〉办法》情况报告的审议意见落实情况报告的意见，市司法局局长周顺杰作关于法律援助工作评议意见落实情况的报告和市人大常委会内司工委副主任委员张惠云作关于市司法局关于法律援助工作情况评议意见落实情况的报告的意见，市科技局局长文广轩作关于知识产权专利保护工作评议意见落实情况的报告和市人大常委会教科文卫工委主任姜朝红作关于市科技局关于知识产权专利保护工作评议意见落实情况的报告的意见，市人大常委会副秘书长、办公厅主任李金鹏作十月份市十四届人大常委会第二十二次会议议题安排意见（草案）的说明。

市十四届人大常委会第四十一次主任会议 2016年10月12日，郑州市人大常委会主任白红战主持召开市十四届人大常委会第四十一次主任会议。会议听取市委常委、组织部部长焦豫汝作关于人事任免案和郑州市第十四届人民代表大会第四次会议各项名单（草案）的说明，市人大常委会选工委主任阎铁成作关于人事任免案、市第十四届人民代表大会代表变动情况的代表资格审查报告和郑州市第十四届人民代表大会第四次会议选举办法（草案）的说明，市人大常委会副秘书长、办公厅主任李金鹏作郑州市第十四届人民代表大会第四次会议议程（草案），郑州市第十四届人民代表大会第四次会议日程（草案），郑州市第十四届人民代表大会第四次会议召开时间的决定（草案），郑州市第十四届人民代表大会第四次会议筹备情况的报告和郑州市第十四届人大常委会第二十二次会议议程、日程、出席和列席人员名单（草案）。

市十四届人大常委会第四十二次主任会议 2016年11月11日，郑州市人大常委会主任白红战主持召开市十四届人大常委会第四十二次主任会议。会议听取市人大常委会内司工委主任樊少楠作《关于开展审判监督工作情况的报告的审议意见落实情况的报告》的意见和《关于开展法律监督工作情况报告的审议意见落实情况的报告》的意见。审议市中级人民法院《关于开展审判监督工作情况的报告的审议意见》落实情况的报告和市人民检察院《关于开展法律监督工作情况报告的审议意见》落实情况的报告；市教育局局长李陶然作关于郑州市义务教育均衡发展情况的报告和市人大常委会教科文卫工委主任姜朝红作关于全市义务教育均衡发展情况的视察报告；市人大常委会法工委副主任韩广道作关于《郑州市人大常委会2017年度地方立法计划（草案）》

6月22日，驻豫全国人大代表莅郑调研

4月29日，省人大常委会执法检查郑州市《中华人民共和国食品安全法》贯彻执行情况

和关于调整2016年度地方立法计划的说明，以及关于第二十二次全国地方立法研讨会和2016年度河南省设区的市立法工作会议精神汇报，市十四届人大常委会第二十一次会议审议意见、评议意见落实情况的报告及相关意见；市人大常委会副秘书长、办公厅主任李金鹏作市十四届人大常委会第二十三次会议议题安排意见（草案）的说明和关于在全市开展国家宪法日系列活动的工作方案（草案）的说明。

市十四届人大常委会第四十三次主任会议　2016年11月23日，郑州市人大常委会主任白红战主持召开市十四届人大常委会第四十三次主任会议。会议听取市委组织部副部长李喜安作关于人事任免案的说明和市人大常委会选工委主任阎铁成作关于人事任免案的补充说明。会议同意将以上议案提请市十四届人大常委会第二十三次会议审议。

市十四届人大常委会第四十四次主任会议　2016年12月21日，郑州市人大常委会主任白红战主持召开市十四届人大常委会第四十四次主任会议。会议听取市中级人民法院院长于东辉和市人民检察院检察长刘建国作关于人事任免案的说明；市人大常委会选工委主任阎铁成作关于人事任免案的补充说明，市十四届人大常委会第二十四次会议准备情况，以及关于市十四届人大常委会第二十四次会议议题、日程、出席和列席人员名单（草案）的说明。

（胡凯林）

监督工作

【执法检查】　2016年4月6日，市人大常委会首次组织由预算监督委员会、预算工作委员会和预算代表专业组等有关人员参加的检查小组，对全市预算信息公开情况进行专项检查。

4月28—29日，省人大常委会执法检查组对郑州市贯彻执行《中华人民共和国食品安全法》情况进行执法检查。

6月2日，市人大常委会副主任舒安娜带领部分常委会委员和人大代表，对全市贯彻实施《中华人民共和国归侨侨眷权益保护法》和《河南省实施〈中华人民共和国归侨侨眷权益保护法〉办法》情况进行执法检查。

7月1日，省人大常委会执法检查组一行到郑州市，就《中华人民共和国消防法》和《河南省消防条例》贯彻实施情况进行检查。

7月12日，全国人大常委会副委员长沈跃跃率领全国人大常委会环境保护法执法检查组，就郑州市《环境保护法》贯彻实施情况进行执法检查。

8月4日，市人大常委会副主任赵武安带领部分常委会委员、专委会委员、省市人大代表，对《郑州市大气污染防治条例》贯彻实施情况进行执法检查。

9月6日，省人大常委会副主任段喜中带领省人大常委会执法检查组，对郑州市贯彻实施《中华人民共和国道路交通安全法》情况进行执法检查。

9月12—13日，省人大常委会委员、省人大教科文卫委员会主任委员詹玉荣带领省人大执法检查组，对郑州市贯彻执行《中华人民共和国义务教育法》和《河南省实施〈中华人民共和国义务教育法〉办法》的情况进行执法检查。

10月13日，省人大常委会委员、省人大教科文卫委员会主任委员詹玉荣带领省人大执法检查组，对郑州市贯彻执行《中华人民共和国义务教育法》和《河南省实施〈中华人民共和国义务教育法〉办法》的情况进行执法检查。

10月13—14日，全国人大常委会副委员长艾力更·依明巴海率领全国人大常委会安全生产法执法检查组一行，对郑州市开展执法检查。

11月30日，市人大常委会副主任舒安娜带领部分常委会组成人员和人大代表，对郑州市贯彻实施《食品安全法》情况进行执法检查。

【调研及视察活动】　2016年3月11日，市人大常委会副主任周长松到上街区峡窝镇冯沟村调研机关驻村工作。

3月17日，市人大常委会主任白红战到新郑市专题调研华南城项目建设进展情况，协调解决项目推进过程中遇到的困难和问题。

4月8日，市人大常委会副主任赵新中带领评议调查组成员到市司法局法律援助中心调查法律援助工作开展情况。

4月11日，省人大常委会副主任王保存一行对郑州市工业经济发展情况进行专题调研。

5月5日，市人大常委会副主任舒安娜带领部分常委会组成人员和市人大代表，就郑州市贯彻实施《全民健身条例》和《河南省体育发展条例》情况进行视察。

5月5—6日，省人大常委会副主任段喜中带领视察组，对郑州市人民法院深化司法公开、促进司法公正工作和检察院预防职务犯罪工作开展情况进行视察。

5月12日，市人大常委会副主任舒安娜带领部分常委会委员和人大代表，对郑州市旅游文化产业发展情况和部分代表议案、建议办理情况进行视察。

5月17日，市人大常委会副主任舒安娜带领部分常委会委员和人大代表，对全市知识产权专利保护工作情况进行视察。

5月17日，市人大常委会副主任赵新中带领评议调查组成员，对全市法律援助工作开展情况进行视察。

5月26日，市人大常委会副主任赵新中带领部分常委会委员和人大代表，对市公安局承办的代表建议办理进展情况进行视察。

5月27日，市人大常委会组织部分常委会委员和法制代表专业组人大代表，赴郑东新区中建八局龙湖金融中心四区项目工地，对《郑州市建筑市场管理条例（草案）》进行立法调研。

6月8日，市人大常委会组织部分常委会委员和人大代表，对全市城市防汛情况进行视察。

6月21日，省人大常委会党组书记、副主任刘春良带领省委督导组一行莅郑，就郑州市贯彻落实中央、省委关于加强县乡人大工作和建设决策部署情况进行督导。

6月22日，省人大常委会副主任刘

12月1日，部分驻郑全国和省人大代表赴周口开展集中视察

满仓带领部分驻豫全国人大代表莅临郑州，就郑州市化解过剩产能和降本增效工作开展专题调研。

6月23日，市人大常委会副主任王广灿带领评议调查组成员，对全市对外开放工作开展情况进行视察。

7月5日，市人大常委会副主任王广灿带领评议调查组成员，对全市对外开放工作开展情况进行视察。

7月26日，市人大常委会副主任赵新中带领部分常委会组成人员和人大代表，对全市法院审判监督工作进行视察。

8月1日，市人大常委会副主任赵新中带领视察组，到市人民检察院视察法律监督工作。

8月4日，市人大常委会副主任赵新中带领评议调查组成员，到市公安局犯罪侦察局调查全市惩治刑事犯罪工作开展情况。

8月10日，郑州市人大常委会副主任赵武安带领部分常委会委员、专委会委员、省市人大代表，对郑州市城市精细化管理工作进行视察。

8月11日，市人大常委会主任白红战到上街区，对落实市委四项重点工作情况进行调研。

8月11日，市人大常委会副主任王贵欣带领部分常委会委员、市人大预算监督委员会委员和市人大代表，对全市2015年财政决算和2016年上半年预算执行情况进行视察。

8月18—19日，省人大教科文卫委员会副主任委员白建国一行对郑州市开展全民阅读情况进行专题调研。

8月30日，市人大常委会副主任舒安娜带领评议调查组，对全市民族团结进步创建工作开展评议调查。

8月30日，市人大常委会主任白红战到二七区，就贯彻落实市委四项重点工作情况开展调研。

9月1日，市人大常委会副主任赵新中带领评议调查组，对市公安局惩治刑事犯罪工作进行视察。

9月6日，市人大常委会副主任舒安娜带领部分常委会委员和人大代表，对全市民族团结进步创建工作情况进行视察。

9月7日，市人大常委会主任白红战到登封市，对落实加强县乡人大工作和建设，以及落实市委四项重点工作情况进行调研。

9月8日，市人大常委会主任白红战到新郑市，专题调研华南城项目建设和运营情况，并协调解决项目推进过程中遇到的困难和问题。

9月9日，市人大常委会副主任赵武安带领部分常委会委员和人大代表，对郑州市“公交都市”建设情况进行视察。

9月21日，市人大常委会副主任王广灿带领部分常委会组成人员和市人大代表，对郑州市轨道交通建设运营情况进行视察。

9月21日，市人大常委会副主任赵武安带领部分常委会委员和市人大代表，对郑州航空港经济综合实验区主导产业集聚发展情况进行视察。

9月22日，市人大常委会副主任王贵欣带领部分常委会委员和市人大代表，对全市财政国库管理制度改革工作情况进行视察。

9月23日，市人大常委会组织部分常委会委员和人大代表，对全市建筑工程管理工作情况进行视察。

9月29日，市人大常委会副主任王铁良带领部分常委会委员和人大代表，对全市就业再就业工作进行视察。

10月9日，市委副书记、市委秘书长靳磊到市人大常委会调研人大工作。

10月10日，市人大常委会副主任王铁良带领部分常委会委员和人大代表，对全市现代农业技术推广工作进行视察。

10月10日，市人大常委会副主任王广灿带领部分常委会组成人员和市人大代表，对全市轨道交通建设运营情况进行视察。

10月18日，全国人大农业与农村委员会副主任委员郭庚茂带领全国人大农委调研组到郑州开展调研活动。

10月26日，市人大常委会副主任王广灿带领部分常委会委员和市人大代表，对市政府教育投资项目实施情况进行视察。

11月17日，市人大常委会内司工委组织内务司法代表专业组部分代表，对中原区三官庙街道办事处依法行政和司法所建设开展情况进行调研。

11月16—18日，濮阳市委书记何雄带领部分驻濮阳市省十二届人大代表对郑州进行异地视察，全面了解2016年以来郑州市经济和社会的发展情况，为人大代表出席省十二届人大七次会议、审议各项工作报告、提出高质量的议案建

6月22日，驻豫全国人大代表到郑州调研

12月28日，市十四届人大常委会第二十四次会议就全市食品安全工作开展专题询问

议做准备。

11月22日，部分驻豫全国人大代表在郑开展集中视察，深入了解郑州市经济社会发展情况及文化遗产保护等方面的工作，为参加十二届全国人大五次会议提出高质量的议案及建议、批评和意见做好准备。

11月30日至12月1日，部分驻郑全国、省人大代表在郑州市人大常委会主任白红战带领下，到周口市集中视察产业集聚区、现代农业、文化旅游和市域建设情况，为2017年召开的全国和省人代会提出切合周口实际、事关经济建设和民生保障的好议案、好建议奠定基础。

12月1日，市人大常委会副主任周长松带领部分常委会组成人员和人大代表，对全市信访工作进行视察。

12月6日，市人大常委会副主任舒安娜带领部分常委会组成人员和人大代表，对郑州市第十四届人民代表大会第三次会议代表议案、建议办理情况及全市旅游年卡发行情况进行视察。

12月7日，市人大常委会副主任王贵欣带领部分常委会委员，对全市税务工作情况进行视察。

12月8日，市人大常委会组织部分常委会组成人员和人大代表分成两组，分别就十件实事落实情况进行视察。

12月9日，市人大常委会就2016年财政收入预计完成情况进行视察。

12月23日，市人大常委会主任白红战到上街区实地调研四项重点工作落实情况。

12月29日，市人大常委会主任白红战带领常委会全体组成人员，对贾鲁河综合治理工程进行专题视察。

【评议座谈和专题询问】 2016年3月30日，市人大常委会内司工委组织召开对市司法局法律援助工作评议培训会议。市人大常委会副主任赵新中出席会议并讲话。

4月13日，市人大常委会内司工委召开法律援助工作评议座谈会。市人大常委会副主任赵新中出席会议。

4月20日，市人大常委会内司工委组织召开法律援助工作评议座谈会。市人大常委会副主任赵新中出席会议。

6月29日，市十四届人大常委会第十九次会议对市司法局、市科技局两个政府职能部门的法律援助工作和知识产权专利保护工作进行专项评议，并实施满意度测评。市人大常委会主任白红战主持会议。

8月8日，市人大常委会组织评议组成员召开座谈会，听取市商务局关于全市对外开放情况汇报，与会的常委会委员和人大代表就计划执行情况提出了意见和建议。市人大常委会副主任王广灿出席会议并讲话。

8月11日，市人大常委会内司工委组织召开座谈会，就惩治刑事犯罪工作进行座谈。市人大常委会副主任赵新中参加座谈。

8月16日，市人大常委会内司工委组织召开审议意见交办会，就市十四届人大常委会第二十次会议对市中级人民法院关于开展审判监督工作情况报告的审议意见和对市人民检察院关于开展法律监督工作情况报告的审议意见进行交办。市人大常委会副主任赵新中出席会议。

8月18日，市人大常委会内司工委组织召开座谈会，就惩治刑事犯罪工作进行座谈。市人大常委会副主任赵新中参加座谈。

9月8日，市人大常委会内司工委组织召开座谈会，对市公安局惩治刑事犯罪工作情况进行座谈。工作评议调查组全体成员参加会议。

11月24日，市十四届人大常委会第二十三次会议就全市现代农业技术推广工作情况开展专题询问。市人大常委会主任白红战，副主任周长松、舒安娜、赵明恩、赵武安、王广灿、王贵欣、赵新中、王铁良、范强，秘书长王福松出席会议。副市长杨福平，市农委、市财政局等部门和单位的负责人到会接受询问并听取意见。

11月25日，市十四届人大常委会第二十三次会议对市发改委、市民委、市公安局、市财政局、市人社局、市建委6个政府职能部门的相关工作进行专项评议，并实施满意度测评。市人大常委会主任白红战，副主任周长松、舒安娜、赵明恩、赵武安、王广灿、王贵欣、王铁良、范强，秘书长王福松出席会议。

12月1日，市人大常委会内司工委组织召开评议意见交办会，就市十四届人大常委会第二十三次会议对市公安局关于惩治刑事犯罪工作情况报告的评议意见进行交办。市人大常委会副主任赵新中出席会议并讲话。

12月5日，市人大常委会民侨外工委组织召开评议意见交办会，就市十四届人大常委会第二十三次会议对市民委民族团结进步创建工作情况报告的评议意见进行交办。市人大常委会副主任舒安娜出席会议并讲话。

12月28日，市十四届人大常委会第二十四次会议就全市食品安全工作开展专题询问。市人大常委会主任白红战，副主任周长松、舒安娜、赵明恩、赵武安、王广灿、王贵欣、赵新中、王铁良、范强，秘书长王福松参加会议。副市长黄卿，市食药监局、市农委、市城管局、市卫计委、市畜牧局、市教育局等部门和单位的负责人到会接受询问并听取意见。

（胡凯林）

郑州市人民政府

综 述

【概况】 2016年是郑州市现代化进程中具有重要意义的一年。市十一次党代会提出"率先在全省全面建成小康社会，加快现代化进程，向国家中心城市迈进"的奋斗目标，为郑州市未来发展绘就蓝图、指明方向。一年来，面对国内外复杂多变的发展环境和经济下行压力持续加大的严峻形势，全市上下深入贯彻习近平总书记系列重要讲话精神，认真落实中央、省委、市委重大决策部署，牢固树立新发展理念，主动适应经济发展新常态，统筹推进"四大重点"工作，经济社会持续平稳健康发展，较好完成市十四届人大三次会议确定的目标任务，实现“十三五”时期良好开局。

2016年，全市生产总值完成7994.2亿元、增长8.4%，分别高出全国、全省1.7个、0.3个百分点，省会经济首位度19.9%；地方财政一般公共预算收入突破千亿元大关，达到1011.2亿元，增长14.3%，高出全省6.3个百分点，占全省的32.1%；固定资产投资完成6998.6亿元，增长11.3%；社会消费品零售总额完成3665.8亿元，增长11.3%；进出口总值完成550.3亿美元，占全省的77.3%，继续位居中部省会城市首位。

【现代产业体系构建】 2016年，郑州市把调结构作为产业转型升级的主攻方向，聚焦提质增效，着力推动结构调整和产业转型升级。

新型工业化加快推进。扎实推进电子信息、汽车、高端装备等产业基地建设，规模以上工业增加值完成3215.4亿元、增长6%，七大工业主导产业完成工业增加值2294.9亿元、增长7.8%，汽车产业首次突破千亿元，千亿级产业集群达到5个。高新技术工业增加值占工业增加值的43%，成为制造业发展的重要力量。“互联网+”指数居全国城市第14位，获批开通国际通信专用通道，入围中国信息化城市15强。

现代服务业增长迅猛。现代金融、商贸物流、文化创意旅游等提质增速，服务业增加值完成4057.1亿元。郑东新区金融集聚核心功能区累计入驻金融机构288家，中原金控、九鼎金融租赁等新兴非银行金融机构迅猛发展，成功举办首届中国（郑州）国际期货论坛，金融集聚核心功能区的影响力和辐射力进一步增强。全市金融业增加值占现代服务业的20%。电子商务完成交易额4900亿元，增长33%。会展经济稳步发展，郑州市入选中国会展最具办展幸福感城市。以创建“国家全域旅游示范区”为带动，接待国内外游客8933.6万人次、增长13.2%，旅游总收入1053.9亿元、增长13.7%。市场外迁成效显著，市场资源有效整合，新建成市场集聚区1046.5万平方米，社会累计投资达500亿元。

现代都市农业加快发展。国家级、省级龙头企业分别达到13家、62家，农业产业化集群达到29个。首批4000公顷都市生态农业示范园基本建成。新增可追溯标准化“菜篮子”生产基地1333.3公顷，新建和改造提升标准化农贸市场30家，农产品质量安全监测合格率稳居全国前列。

产业集聚区和服务业“两区”加快建设。全市产业集聚区对工业增长、投资拉动的贡献率分别达到51.1%、35.6%；服务业“两区”主营业务收入完成1544.9亿元、增长10%，从业人员达到31万人。郑东新区中央商务区成为全省首个六星级服务业“两区”。

【重点领域和关键环节改革】 2016年，郑州市聚焦落实标志性、关键性改革举措，发展内生动能进一步释放。围绕供给侧结构性改革，突出“去降补”政策落实，减少无效和低端供给，原煤、钢材产量分别下降21.7%和14.5%；关闭煤矿61家，占全省的61%；市区商品住房去库存任务全部完成，价格过快上涨势头得到初步遏制，房地产市场宏观调控成效显著；企业降成本有力有效，累计为企业减负45.3亿元。围绕破解体制机制瓶颈，国家“互联网+政务服务”示范工程成功申建，进一步简政放权，对160项行政审批事项中涉及的中介服务事项进行全面梳理。“五证合一、一照一码”“先照后证”全面实行，信息共享全面推进，事中事后监管不断加强，商事登记制度改革深入推进。围绕优化市场要素配置，营改增试点全面推开，涉企资金基金化改革和金融体制改革深入推进。全年新增新三板挂牌公司60家、占全省的41%，全市挂牌上市公司达到184家，新增资本市场融资600亿元。扎实推进投融资体制改革，进一步拓展社会资本投资渠道和领域，加快推动政府和社会资本合作模式项目落地。制订实施市级禁止类和限制类清单，开展企业投资项目管理负面清单试点，PPP模式投资1818亿元，落地699亿元。地方政府融资平台市场化转型取得积极进展。围绕解决民生需求，农村综合改革、文化、教育和医药卫生体制改革等事项稳步推进。国企改革、财税体制改革持续深化。

【新型城镇化建设】 2016年，郑州市把“以建为主、提升品质、扩大成效”作为战略重点，加快推进城市现代化国际化、县域城镇化和城乡一体化。

新型城镇化新三年行动计划全面实施。郑东新区、上街区、高新区、中原区、金水区基本实现全域城镇化，全市城镇化率71%。登封市、新密市入选国家新型城镇化第三批综合试点。大棚户区改造和安置房建设成效突出，货币化安置率逐步提高，74个安置房项目启动桩基施工，49个安置区实现群众回迁，累计回迁群众13.2万人。82个“三级三类”市民服务中心开工建设。入选国家传统村落名录4个、省级传统村落名录16个。

城市交通基础设施建设扎实推进。以轨道交通为重点的公交都市建设加快推进，轨道交通3号线一期、5号线等进展顺利，快速公交形成“5主65支”运营网络；嵩山南路、花园路等一大批道路完成整修。智慧交通建设取得突破。新建公共停车泊位7.1万个。

中心城区承载能力持续增强。新建改建供水管网125公里，新增燃气用户12万户、供热面积1052万平方米，侯寨水厂、双桥污水处理厂建设顺利推进，马头岗污水处理厂二期和郑州新区污水处理厂基本建成投用。郑州市入选国家综合管廊试点城市和省级海绵城市试点城市。

城市精细化管理持续提升。以整治“四乱”为抓手，以“四区一环十五路”为重点，强力推进631条支路背街综合整治，城市环境得到较好改善。

【开放创新双驱动战略实施】 2016年，郑州市大力推动开放创新，以开放创新促转型、促发展。

开放水平不断提升。航空港实验区加快建设，机场二期全面建成投用，开通客运航线186条、全货机定期航线34条；以智能终端等产业集群为抓手，手机总产量2.6亿部，全球重要的智能终端（手机）研发制造基地粗具规模；成功获批全国双创示范基地；通航“郑州制造”、郑州航展渐成品牌，通航产业发展基地逐步形成。郑州新郑综保区三期封关运行，进出口总值居全国海关综保区第一位。中欧（郑州）班列开行251班，载货量、满载率等综合实力持续位居全国前列。汽车、肉类、活牛、邮政等特种功能性口岸稳定运营，粮食、药品等口岸加快建设，河南国际贸易“单一窗口”上线运行，跨境电商交易额实现翻番。经开综保区成功获批。大力开展精准招商，引进市外资金1680亿元，实际利用外资37.2亿美元。

科技创新取得重大突破。郑州市被确定为国家促进科技和金融结合试点城市；高新区被认定为国家首批科技服务业试点区域，获批国家知识产权示范园区，企业孵化能力跃升至全国第2位。政府主导的20个创新创业综合体建成527.6万平方米，全市孵化器、众创空间达到151家。中科院过程所郑州分所、郑州信大先进技术研究院、三磨所国家重点实验室等建设稳步推进。“智汇郑州·1125聚才计划”年度任务圆满完成。科技进步对经济增长贡献率达61%。

【生态文明建设】 2016年，郑州市坚持发展、保护两手抓，综合施策、标本兼治，强力推进生态建设和环境治理。蓝天工程深入实施。坚持大气污染防治深化、细化、常态化，统筹推进燃煤、扬尘、机动车等污染治理，全市空气质量优良天数达到159天、同比增加21天，PM10、PM2.5平均浓度分别下降14.4%、18.8%，综合指数在全国74个重点监测城市排名退出后五位，在全省大气污染防治工作年度考核中获得优秀、名列前茅。生态绿化扎实推进。全年植树造林近6867公顷，市区新建绿地1529万平方米，“两环三十一放射”建成生态廊道362公里、累计绿化面积3261万平方米；建成公园游园34个，第十一届园博会园博园、南水北调生态文化公园等加快建设，“一环一渠三网”生态景观带基本建成。生态水系加快建设。贾鲁河综合治理、牛口峪引黄工程开工建设，环城生态水系循环、石佛沉砂池至郑州西区生态供水工程加快推进。农村人居环境持续改善。全市创建省级生态县（市）1个、生态乡（镇）2个、生态村6个。

【民生保障和改善工作】 2016年，郑州市坚持发展为民，弥补民生短板，努力实现经济与社会发展相互促进、良性互动。

就业和社会保障工作持续加强。全市新增城镇就业14.9万人，农村劳动力转移就业9.5万人；发放创业担保贷款10.6亿元。城镇居民医疗保险与“新农合”实现并轨，城乡居民养老保险参保228.8万人；首批机关事业单位养老保险参保登记21.6万人。城乡低保、农村五保连年提标，全年保障8.8万人，实现动态管理下的应保尽保。新开工棚改住房12.4万套，保障性住房基本建成5.2万套；落实公租房预分配制度，分配入住1万多套。

社会事业全面发展。全市新建、改扩建幼儿园39所；市区新建、改扩建中小学校36所，新增学位5万余个；市区义务教育阶段学校接收随迁子女新生入学5万余人。一大批优质医疗资源项目投入使用。新增社会办养老机构8家、新建社区养老服务中心示范点20个，新增养老床位2600多张。“四个中心”建设加快推进，现代公共文化服务体系建设迈出新步伐，公共文化设施实现全覆盖。谋划启动商都历史文化区、古荥大运河文化区等文化片区建设；配合文化部推动“二十四节气”成功申报联合国教科文组织人类非物质文化遗产代表作名录。成功举办中欧政党高层论坛经贸对话、丙申年黄帝故里拜祖大典、国际少林武术节、国际旅游城市市长论坛、首届中国考古学大会和首届“楚河汉界”世界棋王赛等大型活动。郑州市荣膺“全国双拥模范城”七连冠。

积极防控风险，维护稳定。更加注重用法治思维和法治方式推进社会建设。平安郑州建设扎实推进，视频监控体系基本实现“全覆盖、无盲区、大通联、高效用”。惩治严重暴力犯罪绩效、破获命案积案全国领先。信访维稳形势总体向好，突发事件应急处置能力持续提升。重拳惩治和分类处置非法集资，扎实开展安全生产大检查、打非治违和专项整治，全力保障食品药品安全，社会大局和谐稳定，人民群众安全感和满意度持续提升。

（李林晓　陈　琨）

【政府信息编发和上报】 2016年，全市政务信息工作取得积极成效。全年组织编发政府信息刊物535期，网上发布信息642条，其中，编发《政府工作快报》278期、《政务要闻》149期、《专报信息》108期。组织重点工作专题信息8个，共62期。上报省政府信息380条，采用106条，省政府信息采用量列省辖市前列。组织开展郑州市第十四届人民代表大会第三次会议简报工作，并完成大会《简报》21期；参与河南省第十二届人民代表大会第五次会议郑州代表团简报组工作，完成大会《简报》8期。组织相关部门深入基层开展信息调研11次；会同各级各部门，组织省、市信息约稿68篇；上报国务院办公厅（以下简称“国办”）、省政府调研信息28篇，其中，国办单独采用3篇、会同省相关部门和省辖市联合采用7篇。市政府办公厅被省政府办公厅表彰为“2014年度政务信息工作先进单位”。

（一）把握主线，突出重点，围绕大局做好信息上报工作。一是围绕市委、市政府“‘稳增长、保态势’推进各项改革，做好经济运行工作，努力完成全年目标任务”这条主线，及时快速向省政府报送新进展和新举措信息。二是围绕省委、省政府工作部署和各类工作会议精神的贯彻落实等，及时反映郑州市重点工作落实情况信息。三是结合国家自主创新示范区、自贸区、跨境电商试验区建设等改革试点城市、示范城市建设工作，组织相关部门开展信息调研，及时反映各级各部门在工作中采取的措施和最新成效。四是加大国办信息投送力度，配合省政府做好国办信息上报工作。截至年底，郑州市在省政府信息采用量和在国办信息采用量均居省辖市前列。其中，郑东新区上报《李克强总理如意湖畔的谈话在郑东新区各界引起强烈反响》被国办专题采用。

（二）紧盯亮点，统筹兼顾，围绕中心做好信息采编工作。一是明确重点。组织各级和各部门信息工作负责人开展“突出重点、围绕中心，进一步提升政务信息工作水平”研讨活动；下发《关于下达2016政务信息工作目标任务的通知》；围绕市委、市政府召开的重要会议及时下发约稿通知，明确重点。全年组织落实政府工作报告、大气污染治理攻坚在行动等专题信息8次，共65期。二是聚焦中心。及时反映政府全面工作，以市政府领导不同时期的关注点为中心，统筹兼顾，组织各级各部门及时做好落实市领导讲话、调研、督导精神和批示问题反馈等信息的报送。截至年底，各级各部门共上报政务信息2385条，采用1160条，信息质量有较大提升。三是关注难点。指导各级开展信息调研，组织深入基层就典型问题问责情况等一些工作推进中的难点问题进行研究，从信息视角提出意见建议。四是完善创新。建立全市信息员短信通知系统、微信交流群等，及时发布信息需求，开展信息约稿，实现点对点的信息链接工作方式，不断提升信息的时效性，扩大信息工作的影响面。

（三）落实制度，强化提升，不断加强信息队伍建设工作。一是加强信息网络建设。督促各部门健全政务信息工作分管领导，明确信息员配备；派人指导支持各单位开展好政府和部门信息培训工作；合理确定全年政务信息目标任务，并列入对各单位的目标考核；研讨建立制度化、规范化、动态化、科学化的政务信息网络运转管理模式，提高政府信息的竞争力。二是组织开展县（市）区政务信息工作业务交流。面对各县（市）区工作发展的不均衡，全年组织业务交流培训4次，推动县（市）区政务信息工作落实和不断创新提升。三是强化责任意识，提升政务信息工作的时效性。每季度召开政务信息工作会议，实施月度信息采用情况信息员通

5月31日，全市防汛抗旱工作会议暨郑州市防汛抗旱指挥部成员单位第一次全体会议召开

报、季度采用情况单位通报等制度，进一步强化责任意识、业务指导，促进信息工作落实。

（巩　煌）

重要会议

【上合首脑会议服务保障工作总结表彰大会】 2016年1月10日，市委、市政府召开会议，对协助筹备和服务保障上合组织成员国政府首脑（总理）理事会第十四次会议工作进行总结表彰。市长马懿指出，作为此次上合组织会议举办地，郑州市全市上下以高度的政治责任感和使命感，全力以赴，勇于担当，主动作为，强化领导，协同联动，合力攻坚，广大党员群众顾全大局，无私奉献，展现良好的精神风貌，圆满完成中央和省委、省政府交给的各项任务，为会议的成功举办作出重要贡献，得到省委、省政府的高度肯定。他要求，一要认真总结经验。对服务保障过程中创造的好做法好经验，进行全面认真总结，形成筹备国际会议工作流程、机制和工作模式，为以后举办各类大型会议活动提供有益借鉴。二要巩固会议成果。借助此次上合会议在郑州成功举办的东风，加大对外宣传力度，坚持会议期间形成的城市综合管理和环境综合治理工作机制，积极争取承办更多有影响力的国际性会议，扩大郑州市的国际影响，提升国际地位。三要推进改革发展。要进一步增强紧迫感和使命感，把在会议筹备和服务保障过程中激发出的热情转化为干事创业的动力，全力做好改革发展稳定各项工作，加快推进以国际商都为特征的国家中心城市建设，为打造四个河南、推进两项建设、实现中原更出彩作出新的更大的贡献。

会上宣布《郑州市人民政府关于对上海合作组织政府首脑（总理）理事会第十四次会议郑州市服务保障工作出突出贡献个人记二等功的决定》《郑州市人民政府关于表彰参加上海合作组织政府首脑（总理）理事会第十四次会议郑州筹备工作单位和先进个人的决定》。

【全市科学推进新型城镇化工作专题会议】 2016年1月13日，全市科学推进新型城镇化工作专题会议召开，听取各开发区、县（市）区大棚户区改造工作推进情况和依法保障下充分协商、良性征迁机制运行情况汇报，就全市下一步工作进行安排部署。市长马懿要求，各级党委、政府要牢固树立法治意识，强化依法行政理念，切实提高各级领导干部依法行政水平，积极运用法律手段解决工作推进中遇到的困难和问题。同时，要系统总结梳理郑州这一轮大建设、大管理中形成的行之有效的办法，进一步完善依法保障下充分协商、良性征迁机制，依靠群众推进各项工作落实。

【向离退休干部通报经济社会发展情况会议】 2016年1月30日，市委、市政府召开会议，向离退休干部通报2015年经济社会发展情况和2016年工作安排。市长马懿通报2015年全市经济社会发展情况时指出，2015年全市上下围绕“三大一中”战略定位，持续提升“三大主体”工作，深入实施开放创新“双驱动”战略，着力抓改革、强投资、调结构、求提升，经济社会持续健康平稳发展，主要经济指标整体好于全国、全省平均水平，“十二五”各项任务圆满收官。2016年全市将重点抓好六项工作，即开放带动增优势、创新引领转动力、深化改革激活力、多轮驱动抓投资、协调发展强支撑、多措并举惠民生。恳请老干部们继续关心支持郑州的工作，多提意见和建议，以便于更扎实有效推进工作，共同推动“两个率先”目标如期实现。

【全市城市精细化建设管理20项重点工作讲评推进会】 2016年2月2日，全市城市精细化建设管理20项重点工作讲评推进会召开。市长马懿指出，郑州市以新型城镇化为引领，坚持交通基础设施先行，城市面貌发生很大变化，社会各界给予充分肯定和高度评价。今后必须坚定不移地在持续提升中加大工作力度。各开发区、县（市）区一要切实增强责任感和紧迫感，坚定信心，坚定不移地按照市委、市政府的部署，以实施城市精细化建设管理20项重点工作为突破口，在精细化上下功夫、求实效，通过城市建设管理水平的提升，更好地展示郑州发展新形象，为经济社会发展营造更好的城市环境。二要按照分工负责、统筹推进的原则，科学制订建设时序，统筹系统谋划工作，通过抓住重点、主攻难点和控制好节点，带动整体工作推进。三要加强督导，严格考核，形成推动城市精细化建设管理20项重点工作的强大合力。

【2016年生态建设和环境治理工作动员大会】 2016年2月14日，2016年生态建设和环境治理工作动员大会召开，安排部署生态建设和环境治理工作。市长马懿出席会议并讲话。他指出，当前郑州市生态环境建设显现出新的特点和趋势，即大变化与大压力同在、大机遇与大挑战并存、生态建设与环保治理齐抓。中央提出的“十三五”期间绿色发展的理念，必将促进生态环境建设大调整、大提升，这对郑州市来说是一个重大机遇。郑州市国际商都规划和“十三五”时期规划明确提出要持续构建绿色低碳的大生态体系，全市上下要切实增强生态建设和环境治理工作的紧迫感和责任感，以舍我其谁的责任担当，下大力气抓好大生态和大环保。生态郑州要绿色发展、增水添绿、节能减排、精细化管理，建设与全面小康社会和全国生态文明先行示范区相适应的都市生态环境。各级各部门要以过硬的机制和措施落实生态建设和环境治理工作，加强领导，健全机制，形成合力，抓住重点和难点，一仗一仗地实施攻坚战役，确保积小胜为大胜，久久为功。

【全市安全生产暨煤炭工作会议】 2016年3月2日，2016年全市安全生产暨煤炭工作会议召开。市长马懿对会议作出批示；市委常委、统战部部长王跃华，副市长黄卿，市政协副主席崔凡，航空港实验区管委会副主任万正峰出席会议。

马懿在批示中指出，各级各部门、各单位要进一步强化安全生产红线意识和底线思维；进一步完善安全生产责任体系，坚持党政同责、一岗双责、失职追责，严格落实行业部门“三管三必须”和企业“五落实、五到位”制度，进一步健全完善隐患排查治理体系和安全生产预防控制体系，及时消除各类安全事故风险隐患，有效预防和坚决遏制各类生产安全事故发生，确保全市安全生产形势持续稳定向好，为实现“两个率先”目标、加快国际商都建设提供良好的安全生产环境。

【全市城市精细化管理20项重点工作观摩讲评会】 2016年3月30日，市委、市政府召开全市城市精细化管理20项重点工作观摩讲评会，对重点工作推进情况进行月度督查讲评。市长马懿对重点工作提出要求：一是坚定不移推进大棚户区改造。要一鼓作气、克难攻坚，确保上半年任务完成，同时加快安置房建设，为下一步精细化建设管理奠定良好基础。二是坚决打赢春季绿化工作攻坚战。集中人力、物力和财力，重点做好机场城际铁路、高速公路、干线公路两侧及“两环三十一放射”道路、生态廊道、城市公园、游园的园林绿化提升。三是坚持不懈地抓好城市管理工作。对“六类车”交通违法行为加大治理力度，抓好出租车规范管理，以好的城市形象、城市风貌，为投洽会和拜祖大典活动创造良好氛围。同时，要切实抓好市民文明素养提升工作，多方面引导市民群众自我教育、自我提升，实现市民文明素养显著提升。

6月2日，市委、市政府召开全市城市精细化管理20项重点工作观摩讲评会，对重点工作推进情况进行月度督查讲评。代市长程志明指出，全市上下要倍加珍惜好形势，准确把握大势、善干大事，把稳增长、保态势的各项工作做细、做深、做实。一是坚定不移推进大棚户区改造，各开发区、县（市）区要实事求是、把握节奏，对各自任务与建设时序再梳理再落实，根据各自实

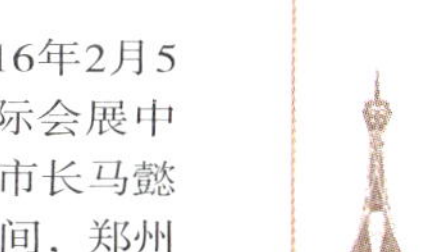

10月21日，全市安全生产巡查动员会召开

际，制订详细可行的改造计划，按时间节点有序推进；二是强力推进大气污染防治，切实增强责任感、使命感和紧迫感，围绕“四个治理”，突出工作重点，严格责任落实，持续加大大气污染治理力度，确保空气质量尽快实现根本好转；三是持续抓好生态绿化改造，下一步重点抓好“一环三路一渠”廊道建设扫尾和后期管护工作，确保植物成活率；四是科学分析，综合施策，精准发力，确保经济运行实现持续平稳健康发展，要突出重点、抢抓关键、长短结合、综合施策，全力稳增长、保态势，确保上半年时间任务“双过半”，为圆满完成年度目标任务打好基础。

【第四届人民满意公务员表彰大会】 2016年6月3日，郑州市召开第四届人民满意公务员表彰大会。市委副书记、代市长程志明出席会议并讲话。他对全市广大公务员提出五点希望：一要坚持忠诚履职，二要坚持创新履职，三要坚持依法履职，四要坚持廉洁履职，五要坚持勤勉履职。要以高度的历史责任感、时代紧迫感，履职尽责、奋发进取，努力开创郑州科学发展、转型发展的新局面。

会上宣读《中共郑州市委郑州市人民政府关于表彰全市人民满意的公务员集体和人民满意的公务员的决定》，市委、市政府决定授予中牟县教育体育局等15个单位人民满意的公务员集体称号，授予万迎春等60名个人人民满意的公务员称号；为刘奎之等9人记二等功一次，为王国恩等8人记三等功一次。

【市政府党组会议】 2016年7月9日，代市长程志明主持召开市政府党组会议，传达学习贯彻习近平总书记“七一”重要讲话精神，就全市政府系统的学习贯彻工作进行安排部署。程志明要求，要提高思想认识，抓好学习宣传；领会精神实质，做到入脑入心；结合工作实际，抓好贯彻落实，推进郑州更好更快发展。

【大气污染防治专项整治推进会】 2016年9月7日，全市大气污染防治专项整治推进会举行。会议贯彻落实省长陈润儿对郑州市进行环保督查时的指示精神，对全市小散乱差专项整治工作进行再动员、再部署。市委副书记、代市长程志明要求，全市上下要严格按照省长陈润儿“工作常态化，责任网格化，手段法制化，标准精细化”的要求，认识上再提高，责任上再强化，措施上再精准，全力以赴打好小散乱差专项整治歼灭战。一要认清严峻形势，增强打赢大气污染防治攻坚战的紧迫感和责任感，各相关单位在前期排查摸底整治的基础上，全力推进整治工作，保质保量完成清理取缔专项整治。二要突出重点，强力推进大气治理措施，推进“1+3+9”攻坚方案确定的各项措施和任务，着力抓好控排、控尘、控车、控煤、控烟、控油、控烧等“七控”措施。三要加强工作调度，推进治理深化、细化、常态化、法治化，完善网格化监管体系，确保每一个污染源、污染行为都有人管、有人负责；细化各项整治措施，把治理任务精确到“点”，确保治理措施全覆盖。四要坚持目标导向和问题导向，紧盯目标不动摇，找准影响环境质量的突出问题，明确工作责任，发现问题立即解决。他强调，大气污染防治专项整治要加强督导考核，提高问责层级，加重问责，狠抓落实，确保各项任务顺利完成。市委、市政府组成大气污染防治督导组进驻各县（市）区开展工作，赋予问责建议、通报曝光、现场处置等权限，推动全市空气质量不断改善。

（李林晓 陈 琨）

重要活动

【2016年春节团拜会】 2016年2月5日，市委、市政府在郑州国际会展中心举办2016年春节团拜会。市长马懿在致辞中指出，“十二五”期间，郑州市探索走出一条以产业集聚区和新型社区为支撑的“三化协调、四化同步、集约集聚内涵式”科学发展路子；初步构建一个“三网融合”“四港一体”多式联运、连通境内外、辐射东中西的综合交通枢纽；初步形成一个与沿海相当、与国际接轨的对外开放体制机制；初步奠定了一个支撑郑州持续发展的城乡基础；初步构建起一个以电子信息、汽车与装备制造、现代金融商贸物流、文化创意旅游为标志的大都市战略支撑产业体系；初步探索形成一个符合郑州实际、体现“两个作用”的行政和公共管理运行体系。2016年是郑州市实施国际商都规划和“十三五”规划的开局之年。郑州市要全面贯彻“创新、协调、绿色、开放、共享”发展理念，按照“强化两个意识、争做五个先行者”的要求，主动融入“一带一路”战略，以国际商都建设为统揽，紧紧围绕“三大一中”战略定位，着力加强供给侧结构性改革，大力实施开放创新双驱动，持续提升“三大主体”工作，突出“大开放、大创新、大建设、大管理”工作主线，努力实现“十三五”时期良好开局，为在全省率先全面建成小康社会、率先开启现代化建设新征程奠定坚实基础。

【“一带一路”阿里巴巴1688进口货源平台合作全国首发仪式】 2016年4月26日，“一带一路”阿里巴巴1688进口货源平台合作全国首发仪式在郑州举行。此次与郑州合作是阿里巴巴1688进口货源平台首次与“一带一路”节点城市开展的合作。首发仪式上，经开区与阿里巴巴集团签订相关合作协议。

【“智汇郑州·1125聚才计划”人才项目引进发布会】 2016年5月10日，“智汇郑州·1125聚才计划”2015年度创新创业领军人才（团队）引进暨2016年度人才项目引进发布会在郑州国际会展中心举行，标志着郑州市2016年引才计划全面启动实施。市长马懿发表讲话，对首次入选郑州聚才计划的101个团队和个人青睐郑州、投身郑州的建设和发展表示感谢，并表示郑州将认真贯彻“五大发展理念”，落实习近平总书记推进“三个转变”、李克强总理“双创”工作走在前列重要指示精神和省委、省政府对郑州提出的强化率先意识、带动意识、推进城市国际化的要求，以国际化视野、国际化思维、国际化标准谋划好创新工作、人才工作，着力构建有利于国内外创新要素和资源在郑州实现高效集聚配置的软硬环境，为每一位创新型人才提供具有国内领先水平的政务服务、科研平台和创业环境，努力与国际接轨。希望专家学者、金融投资界人士多了解郑州、关注郑州，来郑创新创业、合作交流，共同努力把郑州打造成为全国重要的人才高地、创新中心、创业热土。

【首届中国考古学大会】 2016年5月21日，首届中国考古学大会在郑州开幕。这是我国首次举办的大规模国际性考古学术会议。来自国内高等院校、科研院所及美国、英国、埃及、印度等10多个国家和地区的近400名专家学者参加会议，就中国考古学和世界考古学的发展、考古学领域重点和前沿课题进行深入探讨和交流。

市长马懿在致辞中指出，郑州市已基本形成文物保护与城市协调发展、互促双赢的良好机制和局面。在文物保护工作中，市委、市政府将继续大力支持文物考古与保护工作，积极促进历史文化传承创新，不断激活文物资源在服务社会、促进发展中的深厚潜力。中国首届考古学大会在郑州召开，必将推动郑州市文物考古工作更好更快地发展。

【郑州亿达科技新城项目签约仪式】 2016年6月16日，郑州高新区管委会与亿达发展有限公司举行郑州亿达科技新城项目签约仪式。该项目总投资约30亿元，是高新区获批国家自主创新示范区之后引进的首家高科技园区运营管理综合体。

代市长程志明在致辞中对项目签约表示祝贺。他指出，签约仪式的举行是郑州市深入实施开放创新双驱动战略，加快推进郑洛新国家自主创新示范区建设，推动全市产业结构转型升级的一项重大举措。市委、市政府将持续加大对电子信息产业发展的扶持力度，着力打造郑洛新国家自主创新示范区核心区，加快建设体制机制改革先导区、开放创新技术转移集聚区、产业转型升级先行区和创新创业生态示范区。真诚希望签约双方以此次协议签订为契机，进一步发挥各自优势，不断拓宽合作领域，提升合作水平，持续巩固和扩大合作成果。

【驻豫全国人大代表莅郑调研】 2016年6月22日，省人大常委会副主任刘满仓带领部分驻豫全国人大代表莅临郑州，就郑州市化解过剩产能和降本增效工作开展专题调研。市委副书记、代市长程志明等陪同调研。程志明表示，调研组莅临郑州进行专题调研，对促进郑州有效化解过剩产能、有效降低企业成本、做好企业服务、搞好企业经营、加快结构转换、稳定全市社会经济发展等均具有重要意义。希望调研组成员多提宝贵意见、多传达相关经验，促进郑州去产能降成本增效益工作取得新成果，促进郑州经济社会又好又快发展。

【程志明会见深港企业家考察团嘉宾】 2016年7月3日，市委副书记、代市长程志明会见深圳市委统战部副部长、工商联党组书记蔡立率领的深圳香港企业家考察团嘉宾代表。程志明简要介绍郑州市经济社会发展和城市建设情况，同时对已在郑州投资的深圳、香港企业家对郑州经济建设所作的贡献给予高度评价。他希望企业家以此次访问为契机，在郑州多走一走、看一看，加深对郑州的了解，寻找理想的投资项目。郑州将会为投资者提供最好的发展环境、最便利的服务，为双方的产业对接提供良好服务平台，促进双方在更广泛的领域合作。

【程志明会见中国金融博物馆集团客人】 2016年7月25日，市委副书记、代市长程志明会见中国并购公会会长、中国金融博物馆集团理事长王巍一行，双方就拟在郑州筹建金融博物馆、中原并购大厦、金融科技产业创新及中欧产业园、中欧海外并购基金等项目进行沟通交流。程志明表示，金融服务业已经成为郑州经济发展的排头兵，金融博物馆集团的到来将在促进金融产业集聚、完善金融要素市场、打造金融全产业链、优化郑州金融行业环境等方面发挥重要作用。郑州市政府将对金融博物馆、中原并购大厦等项目给予大力支持。

【第二十二届郑交会开幕】 2016年10月13日，第二十二届郑州全国商品交易会在郑州国际会展中心开幕。市委副书记、代市长程志明在致辞中表示，郑州市在推进经济社会协调发展的同时，高度重视现代服务业特别是会展业的发展，取得明显成效。郑州全国商品交易会是郑州市着力打造的会展品牌之一，经过21年的发展，已成为展示国内外名优产品的重要平台和国内外企业进驻河南、了解河南的重要窗口。作为东道主，郑州将精心组织、全力保障，努力为广大客商提供周到细致的服务，希望本届郑交会办成名品荟萃、客商云集、硕果累累的盛会。

【第十一届中国郑州国际少林武术节开幕】 2016年10月16日，第十一届中国郑州国际少林武术节在登封开幕。市委副书记、代市长程志明致欢迎辞，他指出，此届武术节有来自68个国家和地区的2300多名选手同台竞技，必将进一步弘扬中华武术文化、促进各国人民之间的感情和交流。郑州将在国家体育总局的指导帮助下，扎实做好各项赛事活动组织工作，把此届武术节办成弘扬武术文化的全球武林盛会。

【首届楚河汉界世界棋王赛举行】 2016年10月16日，首届楚河汉界世界棋王赛在荥阳广武山上举行。郑州市代市长程志明在致辞中指出，荥阳与象棋渊源深厚，是象棋文化之根所在，在鸿沟举办首届楚河汉界世界棋王赛，必将为传承和弘扬象棋文化，推进华夏历史文明传承创新区建设，促进“一带一路”沿线国家的人文交流、人心相通，产生重要而积极的影响。郑州市将全力以赴推广、普及、发展象棋运动，挖掘、传承、弘扬象棋文化，携手象棋界同仁合力共建“世界象棋文化之都”。

【郑州市新年招待会】 2016年12月14日，市政府举行2017年新年招待会，市领导与在郑工作的外国友人、华人华侨和港澳台同胞共迎新年，共叙友情，畅谈发展。市长程志明在致辞中代表市委、市人大、市政府、市政协，向出席招待会的嘉宾表示热烈欢迎，向所有在郑工作的外国朋友、海外侨胞和港澳台同胞致以新年问候和良好祝愿，向他们为郑州发展作出的积极贡献表示衷心的感谢。

（李林晓　陈　琨）

人力资源和社会保障

【概况】 2016年，全市人力资源和社会保障系统围绕市委、市政府中心工作，按照“大改革、大规范、大服务、大提升”的“四大”工作思路，坚持一个理念，聚焦两个目标，牢牢把握“三大主题”，着力抓好四方面行动计划，深入推进自身建设五大提升工程“12345”的工作措施，实现人力资源和社会保障工作整体跃升。

【就业创业工作】 2016年，郑州市超额完成就业目标任务。全市新增城镇就业14.91万人，完成年度目标任务的114.72%。其中，失业人员再就业4.64万人，完成年度目标任务的154.59%；就业困难人员实现就业1.08万人，完成年度目标任务的105.68%。农村劳动力转移就业9.5万人，完成年度目标任务的135.71%。城镇“零就业家庭”中至少有1名成员实现就业，达到“零就业家庭”动态为零的目标；城镇登记失业率控制在3%以内。全市共接收大中专毕业生9.97万人，有8.97万人实现就业，初次就业率达到89.97%。

创业带动就业工作成效明显。不断提高贷款额度，鼓励支持全民创业，对退役军人、返乡创业农民工及持就业创业证或就业失业登记证的各类人员自主创业贷款财政给予贴息。充分发挥市政府设立的创业专项资金的作用，将初始创业高校毕业生和就业困难人员的帮扶补贴由每人5000元提高到8000元。进一步加大扶持以青年大学生为主的各类创业孵化基地建设，鼓励、支持民办创业孵化基地发展。组织开展各类创业项目对接活动23场，开展税收知识、企业管理知识等创业讲座10场，对创业培训学员开展上门走访、企业诊断服务咨询服务300多人次。全年全市共开展创业培训4.47万人，完成年度目标任务的298%；再就业培训3.36万人，完成年度目标任务的112%；农村劳动力技能培训6.45万人，完成年度目标任务的129%。全市共发放创业担保贷款10.54亿元，完成年度目标任务的105.4%。市人社局被省政府表彰为农民工工作先进集体，郑州市4名返乡创业农民工被省政府表彰为农民工返乡创业典型。

重点群体和困难群体就业得到充分保障。出台《郑州市关于进一步做好新形势下就业创业工作的意见》，为拓宽就业渠道、引领高校毕业生到基层和一线就业、鼓励自主创业提供政策依据。举办“2016年郑州市产业集聚区企业与高校毕业生岗位对接洽谈”“民营企业招聘周”等多场大型专场招聘活动，共有上千家企业参加招聘，提供招聘岗位4万余个，其中适合高校毕业生岗位1.5万余个；达成就业意向3000余人。加大宣传力度，扩大见习基地规模，提高补贴标准，对见习结束留用率达到50%以上的，补贴标准由原来的每人每月700元提高到1000元。做好2016年高校毕业生就业见习基地的申报和审核工作，发放毕业生见习补贴1031.87万元。会同县（市）区共同做好服务社区毕业生上岗后续管理工作，及时落实生活补贴、办理社会保险。开展政府购买基层公共管理和社会服务岗位吸纳高校毕业生就业工作，共招录63名高校毕业生充实到基层一线服务。在全市先后举办“春风行动”“就业援助月”“民营企业招聘周”等专项招聘活动，仅“春风行动”期间，就通过专场招聘、职业介绍等方式，帮助2000多名就业困难人员实现就业。对全市建档立卡贫困家庭劳动力进行摸底调查，建立动态帮扶台账，实施精准就业援助服务，促进贫困家庭劳动力就业创业，共帮扶6142 名贫困劳动力就业脱贫。适时开发公益性岗位，陆续开发“12333”咨询员、残疾儿童康复中心保育员等岗位，专项招聘就业困难人员。做好困难高校毕业生求职补贴发放工作，全年为1689名毕业生发放求职补贴168.9万元。积极做好协助富士康招募员工工作，全市向富士康科技集团输送普工4.05万人。

【社会保障工作】 2016年，郑州市积极做好社会保险扩面征缴。城镇职工基本养老保险参保370.91万人（其中在职职工339.36万人），完成年度目标任务的102.49%；城镇基本医疗保险参保350.46万人，完成年度目标任务的105.15%；失业保险参保181.93万人，完成年度目标任务的113.70%；工伤保险参保165.82万人，完成年度目标任务的104.29%；生育保险参保113.03万人，完成年度目标任务的113.60%。全市城乡居民养老保险累计参保达228.77万人；享受养老待遇64.9万人。基金征缴方面，城镇企业基本养老保险148.56亿元、城镇职工基本医疗保险（不含居民医保）54.37亿元、失业保险13.10亿元、工伤保险3.44亿元、生育保险4.03亿元，各险种基金征缴均超额完成。

推进社会保险制度改革和标准化建设。进一步完善社会保险“五险合一”市统筹工作，完成县（市）及上街区社会保险经办机构上划，实现垂直管理。积极推进机关事业单位养老保险制度改革，全市参保单位3208家，在职参保人数14.2785万人，参保退休人员4.8274万人。积极践行“岗位标准化、标准精细化、执行信息化、风险责任化、追究常态化”的总要求，稳步推进社会保险标准化建设，从业务标准、基础标准、服务标准3个层面构建了覆盖社会保险经办管理全过程的“一五三一”标准体系。全面实施“互联网+”社保，推动标准化与信息化深度融合，打造更加智能化、人性化的社会保险经办服务体系。2016年7月，人社部将郑州市列为全国第二批创建社会保险标准化建设“先行城市”。

3月26日，市人社局承办的“创天下赢未来”河南省2016大学生创业服务进校园活动启动

加强基金监督和社保稽查。市人社局与市公安局联合印发《关于建立查处和防范社会保险欺诈联席会议制度严厉打击社会保险欺诈犯罪的通知》，并召开第一次联席会议；及时出台《关于进一步规范社会保险基金管理完善社会保险基金监督工作的通知》，并专门召开全市会议进行传达学习。追缴各项社会保险费8153.74万元；查处并追回违法违规使用社保基金200.28万元。市本级受理社会保险参保方面的来电来信来访、网上举报投诉咨询及其他部门转办案件18227起，立案查处并协调处理318起，为3976名职工解决参保问题。

【人事人才工作】 2016年，郑州市不断加强人才培养和引进。不断加强人才服务管理制度政策建设，以市政府名义出台《郑州市政府特殊津贴制度实施办法》，并于9月进行首次郑州市特殊津贴专家的评选。6名高层次人才成功入选国务院特殊津贴专家，13名专业技术人才被推荐参选省政府特殊津贴专家。新增各类学术技术带头人107人、海外留学回国人员160人。制订了《“智汇郑州·1125聚才计划”后续服务保障工作的实施方案》等一系列文件；启动2016年度专业技术人员继续教育工作，13万余人（次）参加培训。启动“国际商都建设人才国际化培养计划”，助推郑州国际商都建设；加大引进国外智力力度，4个项目入选国家级引智项目、6个项目入选省级引智项目、26个项目入选市级引智计划。举办招聘会295场，提供岗位38.9万个。

全力推进全民技能振兴工程。开展各类城乡劳动者职业培训49.3万人次，完成年度目标任务的149.4%；培养高技能人才2.32万人，完成年度目标任务的125%；技工院校共招生4.9万多人，约占全省技工院校招生人数的45.4%。充分发挥专项资金引导作用，全面启动市级全民技能振兴工程建设，初步建立工程管理和实施体系，共开展31个基地（室）建设项目、7个其他项目的建设工作，投入资金总额6250万元。在全省率先制订《郑州市职业技能竞赛管理办法》及相关配套文件，形成“1+5”竞赛管理体系，全年共开展10个职业（工种）的市级职业技能竞赛。开展全市职业（技工）院校教师、企业中青年技术骨干培训活动。扎实推进职业资格制度改革，规范强化技能人才评价鉴定和待遇落实，全年共完成技师、高级技师考评561人次，完成职业技能鉴定68614人。资金总额共计5620万的5项省级全民技能振兴工程项目基本完成项目招标，部分项目建设成果投入使用。

稳步推进人事制度和工资收入分配制度改革。认真贯彻落实《事业单位人事管理条例》，不断完善事业单位人员聘用制度和岗位设置动态调整机制，事业单位岗位设置逐步推行精细化管理，建立和完善事业单位岗位设置和人员聘用管理数据库，实行动态管理。对全市2796家事业单位的设岗进行调整变更，完成8.16万余名事业单位工作人员的岗位等级变动及续聘工作。全力推行事业单位用人制度改革，实行事业单位全员聘用制，全市事业单位工作人员全部签订聘用合同，进一步完善以聘用合同为基础的用人制度。注重事业单位工作人员能力素质提升，共组织业务骨干及转岗人员培训班5期，对1680余名业务骨干和转岗人员进行培训。认真抓好事业单位高层次人才选拔培养工作。申报推荐专业技术二级岗位7名，评审通过6名；评审通过专业技术三级岗位43名。稳妥推进事业单位转企改制工作，完成了2家事业单位转企改制任务，协调解决18家前期已改制单位1900余名原事业身份人员养老保险关系转移、身份信息确定、退休、待遇调整等遗留问题，受到改制单位领导和职工的高度赞扬。初步完善事业单位人事档案室的规章立制工作，8000多份档案得到规范化管理。圆满完成省委组织部布置的关于市直属科级以下事业单位领导班子成员及高校中层科级以下干部人事档案专项审核和专审复核整改工作，符合此次专审范围的719本人事档案全部完成认定和材料补充工作。深化职称制度改革，稳步推进非公单位职称评价绿色通道工作，努力提升评审科学化水平，共收到申报材料638份，评审通过386人，通过率60.5%；通过网上预约、“一站式”服务、邮递证书等方式，提升了职称考试、评审、发证效率。完善机关事业单位工资收入分配制度，落实基本工资正常调整机制，进一步优化工资结构；完成县以下机关公务员职务与职级并行制度有关工资待遇的审核兑现工作；贯彻落实机关事业单位乡镇工作补贴政策。进一步落实机关事业单位工作人员带薪年休假制度，完成应休未休年休假人员的工资报酬审核工作。认真做好机关事业单位养老保险改革制度正式实施前离退休人员待遇衔接工作。

做好公务员事业单位等人员招录招聘和管理服务工作。深入开展县以下机关职务与职级并行制度实施工作，全市县以下机关公务员首批职级晋升审批集中审核3075人，符合条件2940人。组织开展2016年公开遴选公务员工作，25家市直机关提供遴选职位83个，实际选用71人。顺利完成2016年郑州市公务员招录笔试工作。召开第四届人民满意公务员表彰大会，在全市各级机关全面推进公务员平时绩效考核工作。公务员“四类培训”持续推进。在国内知名高校举办高端培训6期，举办公务员培训大讲堂30期，开展青年创新能力提升培训、新录用公务员初任培训等12期，累计参训9800余人（次）。督促各县（市）区、市直单位、各派出机构开展培训330期，参训8万余人次。组织开展公务员岗位练兵活动，评选表彰2011—2015年全市公务员培训工作先进集体。共批准和组织事业单位公开招聘工作人员4681人。依托市商业技师学院建设7个事业单位招聘标准化面试考场，实现事业单位面试过程同步监控、考场内全程录音摄像。组织实施高层次和紧缺人才公开招聘工作，计划招聘375人，涉及20家单位。圆满完成省人社厅下达的高校毕业生“三支一扶”招募任务，26名“三支一扶”大学生安置到位。全年培训机关事业单位工勤人员4563人，并采取“人机对话”方式对参训人员进行考核。全年共组织各类人事考试30次，参考人数18.77万人。283名计划分配军转干部安置及培训任务圆满完成，102名随军随调家属得到妥善安置。314名自主择业军转干部纳入郑州市管理服务范围。全年共核发、补发退役金15200万元，发放补贴保障费用1800余万元；企业军转干部工作稳步推进，群体基本稳定。

做好人社事业发展规划。编制完成郑州市人社事业发展“十三五”时期规划纲要，并经市政府批准执行。持续加强市直机关事业单位人事计划管理和工资基金台账管理，确保“财政供养人员只减不增”。严格执行市直机关事业单位年度人事计划，持续加强人员调配档案及调动材料审核工作，严格落实责任制，及时完成机构划转调整人员的人事手续办理。强化全市基层劳动就业和社会保障服务设施国家试点建设项目督查，加快项目建设进度，确保高标准完成，及早发挥作用。组织完成局属单位申报2017年度郑州市本级政府投资项目计划推荐工作，共推荐申报4家单位6个项目。连续第8年开展全市人力资源和社会保障基本情况调查。

【和谐劳动关系工作】 2016年，郑州市着力推进劳动关系调整。深入贯彻《中华人民共和国劳动合同法》及其实施条例，继续全面实行劳动用工备案制度，认真宣传贯彻落实《郑州市劳动用工条例》，着力加强企业工资宏观管理，积极推进工资集体协商制度和国企负责人薪酬制度改革工作，高标准完成人社部安排的企业薪酬试调查工作，及时发布郑州市劳动力市场工资指导价位和企业人工成本信息，增强协调和谐劳动关系“三方四家”协商工作的针对性和实效性，以市委、市政府名义印发了《关于构建和谐劳动关系的实施意见》。至年底，全市各类企业共有职工196.7万人，已签订劳动合同194.5万人，签订率达98.9%；认真做好集体合同审核备案工作，集体合同覆盖率达到95%。依法开展各项劳动能力鉴定工作，全年共受理各项劳动能力鉴定申请3602人，法定时效内作出鉴定结论率达到100%，有力维护伤病职工和用人单

5月26日，郑州市人民政府新任命国家工作人员进行宪法宣誓

位双方的合法权益。

强化仲裁监察工作。大力推进仲裁院规范化达标和信息化建设工作，积极促成郑东新区、航空港区和经开区建立劳动人事争议仲裁委员会。全年立案受理劳动人事争议4193件，涉及职工4829人，处理结案4194件，结案率98.6%；已结案件中，调解结案2101件，占结案总数的50%以上。加大劳动保障监察力度，牵头起草《关于全面治理拖欠农民工工资问题的实施意见》，并以市政府办公厅名义印发。根据国家、省安排部署，全年共组织开展专项执法活动4次，有效维护劳动者的合法权益，规范人力资源市场秩序。受理举报投诉案件2325件，投诉举报登记率和投诉案件法定期限结案率100%；处置群体性突发事件231件；补签劳动合同2.02万人；为2.45万余名劳动者追回工资报酬近2.62亿元；取缔非法职业介绍活动14件。郑州市劳动保障监察支队荣获“全国人力资源社会保障系统2014—2016年度优质服务窗口”。

【自身建设】 2016年，全市人力资源和社会保障系统扎实做好为民服务工作。全年共接待群众来访2217批4579人（次），其中集体来访67批1528（次），处理群众来信319封，处理率达100%，做到件件有着落、事事有回音。受理信访案件176起，法定期限内办结率达100%。受理群众来电118万多个；答复处理人民网、心通桥、市长电话、ZZIC、局长信箱等涉及人社部门的转办信（件）7100多件，处理率100%；开展12333进基层服务，局领导和业务部门接听热线活动18次，服务群众近10万人（次）。深化“五单一网”制度改革，做好权力清单动态更新，多措并举加强行政审批，共受理办结36项审批业务。推进权责事项上线运行，市人社局被市政府表彰为“2013年—2015年度五单一网改革暨行政审批制度改革”先进单位。持续深入开展法治人社建设活动，推进服务性行政执法活动向县（市）区人社部门延伸，试行行政执法过程全记录、行政处罚全程网上办理等新型执法方式，行政执法责任制不断完善，依法行政水平进一步提升。

扎实开展“走基层、听民声、察民情、解难题”活动。局领导班子成员、机关中层正职到县（市）区和基层站所服务一线走访集中安排不少于4次，走访不少于10个服务对象。局领导班子成员共走基层200余人次。局机关各处室、局属各单位紧紧围绕就业创业、社会保障、人事人才、构建和谐劳动关系等方面工作报送调研课题54项，确保活动落到实处。

做好信息宣传工作。全年编辑、整理各类信息320条，向省人社厅、市委、市政府报送信息243条。编发《“走基层、听民声、察民情、解难题”纪事月报》8期、编辑局门户网站信息400多条。开通郑州社会保险、郑州金保微服务、郑州工伤保险等微信公众号，及时向社会发布各类通知、公告等政策信息；开发郑州“12333”、郑州掌上人社App等新媒体平台。局门户网站访问量突破3400万人次，微信平台用户数达29万余人，支付宝城市服务绑定用户数达到100余万人。制作技能人才政策宣传动漫专题片、社会保障卡宣传片、工伤预防宣传片，以及微电影《心和兄弟在一起》、全国首部工伤保险动漫宣传片等。《人社时讯》共刊载专栏文章53篇，编发《工作信息》专刊4期，制作专题宣传板报23块。通过局官方微博（腾讯、新浪）、微信等新媒体平台发布信息790余条，答复处理网友咨询、诉求近5500件。6月20日，由人民日报社主办的2016移动政务峰会上，郑州市人社局荣获全国“移动政务服务十佳”荣誉称号。

（闵　勇）

外事与侨务工作

【概况】 2016年，全市外事侨务工作以郑州市“十三五”时期规划纲要、《郑州建设国际商都发展战略规划纲要》《郑州市“落实省长要求、推进城市国际化、全面提升竞争力”行动计划》为抓手，顺应国内外发展形势，深化构建“大外侨”工作格局，扩大开放优势，深入参与国家“一带一路”建设，扎实推进城市国际化，积极搭建和优化郑州全面参与全球经济合作和竞争的高能级大平台，促进双向开放，加快“走出去”步伐，在服务国家总体外交大局的同时，围绕建设国家中心城市这一目标，积极助力郑州国际商都、航空港实验区建设。坚持在抓具体工作中求突破、求深入、求落实，“三个服务”的水平和质量得到明显提高。

加强理论学习。组织开展以“学习年”为主题的外侨系统培训，以邀请相关领域专家举办讲座为主要形式，共组织开展5期业务讲座，涉及政治、经济、军事、摄影等多方面。抓好“两学一做”学习教育，引导全体机关党员严格按照党员标准规范言行，提高全体党员干部做好新形势下外事侨务工作的能力。

【因公出国（境）管理】 2016年，郑州市从严管控，因公出国（境）管理正规有序。统筹制订了2016年因公出访计划，严格执行领导干部出国年限制度，规范全市因公出访活动。在审批过程中，突出以扶持省市重点项目和寻求经济合作为重点，对每一个出访团组实行计划管理，对出访任务的必要性、报批材料的真实性、行程安排的合理性都做到从严把关，并与市纪委、市委组织部等相关单位密切配合，加强对因公出国（境）工作的监督和检查。全年全市共审核审批因公出国（境）任务人数557人，其中自组团82批391人，随省直机关团组166人，并为391人办理了护照签证手续。抓好APEC商务旅行卡的办理申请工作，帮助企业减轻出访成本、提高出访效率。全年共申报APEC商务旅行卡17批41个。

【礼宾接待工作】 2016年，市外侨办热情周到，礼宾接待工作成效明显。全年共接待境外来访团组86批3901人次。其中，省部级团组15批456人次、重要商贸团组3批。负责安排市委、市政府主要领导会见宴请境外来访团组36次。省委常委、市委书记马懿，市长程志明会见德国驻华大使柯慕贤；市委常委、副市长薛云伟会见澳大利亚西澳发展部农经拓展特使罗伯特·迪兰、阿联酋航空高级执行副总裁巴德尔·阿巴斯等5批次；副市长李喜安会见郑州园博会参展城市代表团4批次。

【友城结好工作】 2016年，市外侨办拓宽渠道，友城结好工作扎实推进。上半年，郑州市与友城间的交流稳步开展，友城交流互动5次。市委常委、副市长薛云伟率团赴白俄罗斯莫吉廖夫访问期间，与莫吉廖夫市长促玛列夫进行会谈，就加强两市在教育、卫生、经贸、旅游、铁路运输等领域的合作达成一致，并签署《郑州市莫吉廖夫市2016—2017年合作项目备忘录》。积极与UCLG和历史都市联盟两个国际组织会员城市联系，寻找拓展友城的途径。至年底，市外侨办与南非开普敦、法国尼斯、美国檀香山等10余个国外城市加紧联系，争取尽早实现郑州市与各城市的友好交流。

【服务经济社会发展】 2016年，市外侨办加强联谊，以“侨”为桥服务发展。借助丙申年黄帝故里拜祖大典、第十届中国（河南）国际投资贸易洽谈会、第二届中国河南国际友好城市经贸洽谈会等时机，邀请来自美国、加拿大、白俄罗斯、新西兰、新加坡等11个国家的海外华人华商共85人参加活动，宣传推荐河南和郑州，提升河南和郑州的影响力。在第二届城洽会上，经市外侨办牵线的5个海外合作项目顺利签约。进一步推进华文教育工作，大力涵养新生代侨务资源。全年为6名华文教育优秀教师办理延聘手续，选派6名华文教育骨干分赴海外。主动对获得拟外派资格的教师进行前期辅导、培训，切实推进郑州市外派教师工作有序开展。

发挥优势，服务全市大型涉外活动。上半年，市外侨办配合市委、市政府及相关单位，接待第十届中国（河南）国际投资贸易洽谈会、第二届中国河南国际友好城市经贸洽谈会、第五届中国政党高层经贸对话活动、2016中国（郑州）国际旅游城市市长论坛、郑州第二届国际创新创业大会、丙申年黄帝故里拜祖大典等会议参会嘉宾1000余人次。出色工作得到内外宾的赞许，得到市委、市政府领导的肯定和好评。

【涉外管理工作】 2016年，市外侨办积极稳妥，涉外管理工作有效开展。依托涉外涉侨工作市级联席会议制度，协调处理美籍华人、道琼斯金融通讯社记者非法采访抚迁对象闫崇民、蒙古国驻华大使馆关于时代游乐有限公司与蒙古戈壁额德尼斯古日布有限公司商务纠纷、二七区公民徐定生在中国驻美纽约领事馆上访、新密市民政局与美国公民马珍妮合作福利院登记、中国驻英国大使馆“关于英国少林寺开业典礼”等27起涉外事件，较好地维护郑州市的声誉，服务国家外交大局和郑州经济社会发展大局。配合市外国专家局、市教育局、市公安局等协作单位，对5所有聘请外籍文教专家需求的单位进行资质审查，有序利用国外教育资源。积极开展涉外领事保护宣传活动，发放500余份涉外领事保护宣传册，接受200余人的咨询。下发《郑州市人民政府外事侨务办公室关于印发郑州市海外领事保护年度宣讲活动实施方案的通知》，在全市开展海外领事保护宣传进社区、进工厂、进企业、进校园活动。

【为侨服务】 2016年，市外侨办夯实基础，为侨服务凝聚侨心。大力开展节日慰问活动，关怀广大归侨侨眷。春节期间，共组织走访外事侨务服务对象近200户、重点工作对象30户，争取和发放各类资金和物资合计人民币1.5万元。上半年，为15户21人发放困难归侨生活补助金143826元，营造良好的知侨、爱侨、护侨社会氛围。6月，开展为期1个月的为侨法律服务月活动。活动期间共举办法律咨询活动2场，受理热线咨询100多个，发放宣传资料1万多份。该活动在郑州市侨界取得了良好的成效，产生良好的社会影响力。

【园博会邀展工作】 2016年，市外侨办主动参与，强力推进郑州国际园林博览会邀展工作。自第十一届郑州国际园林博览会邀展工作动员会以来，市外侨办一直将园博会邀展工作作为全办重点工作开展，充分利用出访、友城等渠道广泛邀请，共向国外知名城市、国际友好城市、港澳发放邀请函80余份，收到来自德国汉诺威、南非开普敦、韩国仁川、澳大利亚西澳洲等16个城市和港澳的参展回复。至年底，选址城市中参展城市设计13个，委托郑州市设计4个。

（张　超）

对台工作

【概况】 2016年，全市对台工作全面落实新形势下中央对台方针政策和省市委决策部署，紧紧围绕凝聚力建设行动，持续深化“四个平台”建设。围绕中心，推进郑台经贸合作持续发展；突出特色，厚植郑台交流交往基础；把握重点，提升对台宣传教育成效；精准服务，凝聚台胞台属台商助力郑州发展正能量。各项工作取得突破性进展。

【郑台经贸合作】 2016年，全市对台经济工作紧紧围绕市委市政府中心工作，依托重大活动平台，推进郑台经贸交流合作的持续深化。全年全市新增友德（河南）精密机械有限公司等台资企业13家，合同利用台资6.63亿人民币。

（一）国台办领导调研台企促发展。4月8日，中共中央台办、国务院台办主任张志军一行视察郑州台商大厦，实地走访市台协、河南金汇农业有限公司、嘉宏脱水食品有限公司、富士康郑州科技园，并利用午餐时间同台商座谈。座谈中，他再次明确，中央对台大政方针是一贯的，对在大陆经营、生活的台商政策也是一贯的，不会改变；他充分肯定台商对大陆经济社会发展和两岸关系发展所作的贡献，也希望台湾同胞一同分享大陆的经济发展成果；他肯定郑州台商大厦的地位，并希望台商抓住大陆发展的历史性机遇，使事业蒸蒸日上。

（二）以重大活动为平台促合作。一是邀请台湾友嘉集团、中华民族团结协会及中华黄埔三军退将总会、中华统一促进党、中国新洪门党、世界客属总会等的78名台湾各界知名人士参加丙申年黄帝故里拜祖大典，接待了台湾政要萧万长、刘兆玄等代表团的参访考察，在凝聚岛内民众对根脉的认同、争取台湾民心和推动郑台两地经贸合作方面收到良好效果。二是抓住全国台企联座谈会在郑召开契机，举行郑州市市情推介说明会，市委副书记、市长程志明出席并作主题演讲，组织与会代表实地参观郑州航空港经济综合实验区，现场感知富士康郑州科技园的发展成果，感受郑州经济发展巨大的潜力和变化。三是发挥对台工作资源优势，圆满完成园博园邀展任务。按照第十一届中国（郑州）国际园林博览会要求，通过多次召集座谈会宣传引导、结合企业发展需求量身定制推介、确定建园意向多方论证筛选，最终确定由升达大学以纪念著名教育家王广亚为主题投资建园。至年底，项目建设进展顺利。

（三）抓好项目对接跟踪促融合。一是做好台湾工商协进会、台湾品生活跨境电商公司和台湾物流公会，以及国泰人寿保险股份有限公司等的考察接待工作，就其意向投资项目进行针对性地对接交流。二是做好欧安乐龄—郑州市第三人民医院医养联合体项目、友嘉河南精密机械产业园项目、台湾软件园在建项目的跟踪服务工作。三是积极开展校企合作。郑州工程技术学院与友嘉实业集团、友嘉河南机械有限公司先后签署友嘉机电学院的战略合作框架协议、共建高端精密机械实验实训中心协议及校企合作采购协议，推动校企合作共赢。

【郑台交流交往】 2016年，全市对台交流交往工作秉承“两岸一家亲”的理念，以文化为纽带，以对台交流基地为平台，优势突出，特色彰显，活动不断、成效显著。全年共接待来郑台胞56个团队764人次，应邀赴台32项126人次；新批准“郑州市对台交流基地”10家。

（一）以电影文化为媒深化交流。4月7日晚，由市台办和市文联共同举办的“海峡两岸电影展”在丹尼斯大卫城剧场拉开帷幕。该活动系丙申年黄帝故里拜祖大典系列活动之一。活动期间，《五星级鱼干女》等多部台湾电影和微电影《回家》多地交流展映，观众数千人，搭建起郑台两地电影事业沟通的桥梁。同时，乙未年黄帝故里拜祖大典献礼微电影《回家》斩获第十二届中美电影节“金天使”奖。12月29日，市政协召开微电影《回家》宣传推介座谈会，市政协主席王璋称赞《回家》以小故事折射大情怀、微电影发出强能量，弘扬黄帝文化和根亲文化，有力地配合拜祖大典活动的顺利举办。

（二）以楹联文化和书画艺术为媒增进认同。春节前夕，市台办开展“一幅对联手牵手，两岸学子心连心”送春联活动。在郑州一中、郑州12中、郑州57中等5所学校征集师生手写对联500余幅，赠送给桃园启英高中学生，以楹联文化为媒，增进台湾青年学生对中华民族的认同。积极参与“海内外华人名家书画作品展”邀展工作，推动中国国民党前主席连战、前副主席蒋孝严、鸿海集团总裁郭台铭、中华统一促进党主席张馥堂等多件书画作品在丙申年黄帝故里拜祖大典海内外华人名家书画作品展参展，作品体现他们对两岸同根同祖同源的认同、对中华民族和平和

4月8日，中共中央台办、国务院台办主任张志军在郑州台商大厦同在郑台商代表座谈

睦和谐的期盼。

（三）依托交流基地平台打造品牌。一是举行“海峡两岸交流基地”授牌仪式。4月9日，授牌仪式在黄帝故里举行，国台办交流局局长黄文涛宣读批复，国台办主任张志军亲自为新郑授牌。“河南新郑黄帝故里海峡两岸交流基地”成为经中央台办批准设立的全省第二家国家级“海峡两岸交流基地”。二是先后对河南博物院、郑州文庙、管城区“国香茶城文化特色街”等一批与台湾交流密切、具有独特交流合作优势的郑州市对台交流基地进行挂牌。

（四）以台湾青年学生为重点培植力量。台湾育达科技大学师生一行11人参加在郑州升达经贸管理学院开营的“跨越海峡 感知中原”夏令营活动；来自台湾7所高校的91名学生参加在郑州旅游职业学院举行的“华夏文明 薪火相传”台湾青年学生河南修学交流活动；10月14—18日，市台办组织北京大学、清华大学等4所首都知名高校的台湾青年学生20余人开展“台生看郑州”活动。活动中，各级各部门精心设计、细致服务、注重引导、确保实效，有力增进台湾青年学生对中华根文化的感知和认同，为促进两岸关系和平发展培植新生力量。

（五）以教育为主题深化合作。海峡两岸教育交流促进会、台东大学等多次抵郑，到黄河科技学院等市属院校参访交流；台东大学与郑州升达经贸管理学院和郑州师范学院就研修合作事宜先后签署备忘录；桃园启英中学多次与郑州一中、郑州57中等中学交流，并与郑州一中缔结姊妹校。12月底，由市台办、市教育局、省中小学校长协会等联合举办2016海峡两岸（郑州）首届教育高峰论坛。副市长刘东等出席开幕式，两岸教育专家、学者、中小学校长及关心支持两岸教育事业发展的知名人士等200余人参加论坛。市教育局局长李陶然、桃园启英高中校长彭昭勋、郑州一中校长朱丹等分别作主题演讲。此次论坛标志着郑台两地文化教育交流合作迈上范围更广、层次更高、合作更深的新台阶。

【对台宣传教育】 2016年，全市对台工作坚持对台宣传和涉台教育并举的理念，围绕提升服务力、影响力，弘扬主旋律，把握主动权，汇聚有利于两岸和平发展的正能量。

（一）持续做好涉台信息工作。利用党报党刊扩大对“国台办主任张志军调研”“海峡两岸交流基地授牌仪式”“两岸共同市场基金会董事长萧万长莅郑参访”等全市重大涉台活动的宣传报道；积极开展信息收集、撰写和报送工作，利用“豫台视窗”“郑州与台湾”等网站加大网络信息宣传力度，利用微信等新型舆论平台和传播渠道，提升对台工作影响力。全年全市共采写信息180条，编辑《郑州市对台工作信息》10期，其中“豫台视窗”和《省对台工作信息》共采用89条。

（二）积极开展“面对面”宣传。在接待台湾妇幼卫生协会参访团、海峡两岸儒释道文化拜祖团、两岸和平发展论坛中华百姓文化参访团、南投市文化交流参访团等来访中和社会福利企业协会参访团、教育参访团等团组赴台时，坚持以我为主，正面宣导，力争使涉台宣传入岛、入心、入脑。

（三）深化“台湾知识讲堂”活动。在2015年活动的基础上，扩大讲的范围、深化讲的内容，突出活动实效。“台湾知识讲堂”成为全市台办系统强化业务学习，提升工作绩效的重要平台。一是台办主任全员讲。在年初的全市台办主任会上，各县（市）区台办主任以PPT课件或宣传片形式宣讲，展示辖区工作亮点，交流工作经验，探讨提升和改进的方法和路径。二是举办涉台工作干部培训班。10月30日，在上海复旦大学进行为期一周的学习培训，此次培训是郑州市首次较大范围、较高层次的涉台干部的专题学习，采取集中培训、现场教学相结合的方式进行。通过培训，使全市涉台工作干部对当前两岸局势有更加清醒的认识，对中央对台方针政策有了更加深刻的理解和把握，对如何深化郑台两地经贸合作、交流交往，以及宣传工作实现对台工作“精准服务”有更加清晰的定位，进一步增强对台工作的责任感和使命感。

（四）开展“涉台教育宣传月”活动。12月，在全市范围内开展了“涉台教育宣传月”活动。活动期间，市台办下发活动通知，召开动员会部署，制作发放涉台知识宣传片3000份、书籍《中国台湾问题》和《台湾事务法律汇编》1000本、涉台微电影《回家》200份，要求各县（市）区和相关单位认真谋划、精心组织、广泛动员，把此次活动与涉台教育“五进”结合起来，抓出成效。惠济区、新郑市、管城区等分别结合实际，制作宣传专栏，印发宣传手册，举办画展或图片展，组织报告会、座谈会、巡回演讲等活动，扩大宣传的覆盖面和普及率，增强宣传的针对性和实效性，营造全社会关心、支持、参与对台工作的良好氛围。

【对台服务工作】 2016年，郑州市各级台办依托“台商大厦”“台胞台属之家”平台，积极开展精准服务活动，为全市台胞台属办实事、办好事，凝聚全市对台工作正能量。

（一）关心台胞台属生活。一是利用春节、中秋节等传统节日，开展“献爱心、送温暖”走访慰问活动，看望辖区台胞台属代表；二是认真落实对困难台胞台属的定补制度，严格申报程序，确保政策惠及每个困难台胞家庭，补贴资金发放到困难群众手中；二是把困难台胞台属纳入精准扶贫的范围，多渠道帮助其脱贫致富。

（二）建立台商政策资讯通气制度。为畅通台企信息交流、资讯沟通管道，服务台企发展，市台办建立台商政策资讯通气制度。7月，举办郑州市“十三五”时期规划和国际商都规划报告会，邀请市发改委为在郑台商全面解读郑州市“十三五”时期规划和建设国际商都中长期发展战略，分析郑州市面临的发展机遇，把脉台企转型升级；10月，举办法律知识专题讲座，邀请河南省优秀律师樊东辉，就企业合同法进行案例分析和培训。

（三）持续开展“台商看郑州”活动。在2015年看郑州活动取得成效（惠济区丹尼斯投建）的基础上，继续加大活动力度。3月24日，20余名

4月9日，海峡两岸交流基地授牌仪式在新郑黄帝故里举行

郑州台商走进荥阳，参观荥阳创新创业综合体、五洲国际工业博览城、荥阳市“十二五”成就回顾展等；5月27日，在郑台商一行30余人走进金水区，考察大河村遗址、国家知识产权创意园区和科教园区，详细了解当地发展情况及招商优惠政策，就拟投资的项目进行交流商洽；11月16日，在郑台商走进航空港实验区，考察河南电子口岸中心、河南小马过河国际贸易有限公司、河南世葡实业有限公司等，深入了解实验区运行模式、政策体系和产业建设及发展等情况。

（四）开展“台生来郑实习”活动。8月10—24日，在省台办指导下，首次组织台湾青年学生来郑实习，邀请13名台东大学学生在小樱桃动漫公司进行为期15天的岗位实习。期间，还开展了座谈交流、参观考察等活动，以体验式交流吸引台湾青年到郑州创业就业。

（五）抓好台胞台属台商权益维护。加大对台商投诉案件的协查和督办力度，切实依法维护台湾同胞的合法权益，做到台商投诉无积案。全年共受理投诉案件16件，其中海协会转办案件2件。妥善处理来信来访和涉台突发事件8起，其中百脑汇个别商户因摊位纠纷私拉标语（条幅）堵塞通道干扰正常经营秩序、郑州威骏汽车销售有限公司台胞王文惠突发疾病，以及雪中救援被困台湾旅游团组等事件，各级台办与相关单位反应迅速、处置得当，赢得了企业和台胞的赞誉。

（张　晖）

信访工作

【概况】 2016年，全市信访部门立足“阳光信访、责任信访、法治信访”建设，结合“两学一做”，畅通信访渠道，深化源头治理，依法化解稳控，积极改革创新，工作成效明显。全市信访形势总体平稳可控，呈现“四下降两上升”（赴京集访、赴京非访、到省集访和来市集访下降，来信和网上信访上升）态势。三级“两会”、十八届六中全会、省市党代会和中央巡视组驻郑巡视等节点，没有发生来自郑州的干扰，有力维护社会大局和谐稳定。11月19日，国家信访局投诉受理中心专职副主任金艳丽一行到郑州市调研时，高度评价郑州市在推进信访信息系统深度应用、提升网上信访事项办理效率、全力打造网上信访主渠道等方面所取得的成绩。

赴京上访情况：全年共发生赴京个访1057次2445人，批次、人数同比分别上升31.0%和28.4%；赴京集体上访109批769人，批次、人数同比分别下降7.6%和26.7%。共发生赴京非访86人101人次，人次同比下降65.4%。其中，个人赴京非访75人90人次、集体赴京非访2批11人次。

到省集体上访情况：全年实际发生到省集体上访716批14969人，批次、人数同比分别下降23.1%、30.3%。其中，到省越级集体上访464批7757人，批次、人数同比分别下降45.3%、26.5%。共发生到省重复集体上访117批2963人，批次、人数同比分别下降25.0%、39.8%；发生到省规模上访109批7241人，批次、人数同比分别下降28.8%、34.2%；发生到省委省政府门口集体上访183批5661人，批次、人数同比分别下降42.5%、48.8%。

来市集体上访情况：全年共发生群众来市集体上访830批26223人，同比批次数下降7%、人数上升14.2%。其中，重复集体上访303批11135人，重访率为36.5%；规模上访231批16074人，批次占来市集体上访总量的27.8%，同比批次下降1.7%、人数上升25.8%；来市委市政府门口集体上访315批15809人，同比批次下降14.6%、人数上升13.5%。

网信办理情况：全年共受理各类群众来信事项9689件，同比上升3.7%。其中，初信5203件，有效重信1643件，重信率为17.1%，同比下降9.2%；来信立案4859件（含省、市直转和群众致信市委书记、市长信件），按期结案4679件，按期结案率100%。共收到国家、省级转交网上信访事项2251起，交（督）办事项166起，同比增长65.6%。本级及以下全年共登记网上信访911起，较2015年增长150.3%。网上登记信访事项数量占全市总访量的比例从上年同期的12.9%上升到33.8%。

案件办理情况：全年共办理省以上交办和自排查信访积案1971起，其中，省集中交办1332起、中央巡视组交办396起、自查梳理243起。截至年底已办结1893起，办结率96%。共筛选疑难信访事项27起，使用专项资金154万元。其中，中央资金30.8万元、省级资金30.8万元、市级资金30.8万元、县级配套资金61.6万元。共接待群众申请复查复核172件，受理134件，受理率77.9%；到期应办结131件，已办结131件，按期办结率100%，已办结案件全部稳定。

【信访工作责任制落实】 为进一步强化党政领导信访工作职责，落实信访工作属地责任和“一岗双责”，市委、市政府于2016年8月出台《关于进一步加强信访工作领导责任制的意见》，明确主要领导的信访工作职责。《意见》出台后，各县（市）区和市直有关单位认真落实信访工作领导责任制，通过成立信访稳定工作小组、层层签订目标责任书、加大领导接访包案力度、落实问责查究等举措，全力推动信访工作责任落实。信访工作领导小组办公室抽调专人深入开展信访工作领导责任制落实情况专项督查，形成专报，初步形成信访工作“一把手负总责，分管领导具体抓，其他党政领导一岗双责认真抓”的齐抓共管大信访格局。

【领导接访下访】 2016年，郑州市注重发挥党政主要领导的示范带动作用，实行市直部门联合接访、县级党政干部定期接访、乡级领导干部排班接访的工作制度，要求市级党政领导每个月至少安排一天接待群众来访，县（市）区党政主要领导每周五至少安排半天接待群众。在登封召开现场会，全面推广周五书记大接访制度，突出接待主体、时间、地点、任务和监督方式“五个固化”。11月28日，省委常委、市委书记马懿在市委常委会上强调，市级领导要以接访下访的成

3月8日，中央信访督导组到郑州督导信访工作

效作为检验践行群众路线的标准，认真落实好领导接访工作。2016年，市委书记马懿、市长程志明等市级领导先后49次深入到分管和联系的县（市）区、市直单位下访调研，接待来访群众29批60人，处理信访突出问题53起。各县（市）区282名党政领导干部公开挂牌接访3102次。其中，各县（市）区、开发区党政主要领导公开挂牌接访477次，接待来访群众4967人，解决信访问题458起，大量信访问题被解决在基层，群众被吸附在当地。

【网上信访】 2016年，郑州市推进信访信息系统深度应用，提升网上信访事项办理效率，全力打造网上信访主渠道。逐步建立网、信、电、微信群一体化的信息沟通机制，全面推进信访事项网上办理，不断规范网上信访操作程序，提高对基层网信案件办理的重视，加强网上信访督查问责。市本级及以下全年共登记网上信访911起，较2015年增长150.3%。网上登记信访事项数量占全市总访量的比例从2015年的12.9%上升到33.8%，上升幅度在全省排名靠前。

【信访积案化解】 2016年是信访积案集中攻坚化解年，郑州市紧盯信访积案“清仓见底”的目标，努力推进信访问题解决。一是坚持信访联席会议制度。全市各级党政主要领导先后主持召开209次联席会议，对排查梳理出的440起信访积案进行甄别定责，当面交办给责任领导单位，限期化解。二是落实领导包案制度。积极推动各级领导干部深入开展接访下访，对案情复杂、久拖未决的群体性及政策性问题，实行党政领导包案，明确包案领导、责任单位、化解措施。2016年，全市对排查出的1643件重点信访案件，全部落实县级领导包案。对国家和省交办的1728起信访积案，逐案建立台账，落实责任，一包到底，限期化解。三是落实督查督办制度。为推进问题解决，郑州市对列入台账的信访积案，开展多层次、多渠道的联合督查。2016年，共督查各类信访案件228起，会同市规划局、市建委、市教育局、市人社局针对城建拆迁领域、教育系统等热点问题进行实地联合督查，切实有效地促进一批信访积案的化解。

【非访治理】 2016年，郑州市继续坚持并不断完善组长单位带班、各个县（市）区轮流驻京值班制度；进一步强化综治委牵头、责任单位为主体，信访、维稳、公安等部门分工负责的依法治理非访机制，增派驻京值守人员力量，增强应急处置工作合力。同时，加大责任查究工作力度，一方面依法处理不听劝阻缠访闹访，故意扰乱国家机关办公秩序和社会公共秩序的违法人员；另一方面，对因责任不落实、措施不到位、履职不认真导致发生赴京非访，并造成影响的责任单位，一律进行责任倒查。2016年，共对241名违法上访人员进行依法处置，对非访问题突出的7个区、2个市直单位、39个乡（镇）办全市通报批评，对19个乡（镇）办实施重点管理。全市非访治理成效显著，赴京非访量同比下降65.4%，群众上访理性态势增强。

（刘　芳）

接待工作

【概况】 2016年，郑州市接待办按照市委市政府工作部署，紧紧围绕“四重点一稳定一保证”工作总格局，充分发挥公务接待“围绕中心、服务大局、统筹协调、综合服务”职能作用，砥砺奋进，务实重干，党的建设持续加强，队伍建设成效显著，日常运转严谨有序，工作制度更加规范，圆满完成年度各项目标任务。市接待办在“黄帝故里拜祖大典十年筹备工作”中成绩显著，被市政府记集体二等功；被市委、市政府评为“上合组织成员国政府首脑（总理）理事会第十四次会议郑州市服务保障工作先进单位”，记集体三等功；获得“郑州市平安建设工作先进单位”“郑州市组织工作先进单位”等荣誉，并顺利通过省级文明单位复审。

【完成接待任务】 2016年，市接待办服务中心工作绩效显著。完成接待任务544批次，其中，国家级任务10批次、省部级任务188批次、厅局级和市领导交办任务346批次，接待来宾24994人。完成丙申年黄帝故里拜祖大典、首届中国考古学大会、中国（郑州）世界旅游城市市长论坛、第十六届中国国际摄影艺术节、第十一届中国郑州国际少林武术节、首届中原并购大会等国际性、区域性大型活动的服务保障工作，接待了到郑州的外地党政考察团和富士康集团、上汽集团、中兴通讯集团、中国电建集团、民生银行、清华紫光等重要商务客团，保障了省、市重点项目及产业集聚区现场观摩会，完成市领导出访贵阳、西安、兰州等地的服务保障工作。全年办理车票、机票588张，迎送领导、来宾 442批2631人次，协调完成保通任务19次，为领导、来宾公务活动提供安全、优质、高效、节俭的服务保障，得到市委、市政府和各界来宾的充分肯定。

【规范公务接待管理】 2016年，市接待办持续加强和规范公务接待管理工作。落实公函和审批制度，按照标准为来宾提供就餐、住宿、交通服务保障；加强接待经费预算管理，进一步规范接待经费支出审核、结算程序，凭财务票据、派出单位公函、领导批示函件和接待清单等凭证支出接待经费。2016年度，接待经费支出同比下降28.7%。加强公务接待管理指导和监督检查工作，印发《关于制定市直单位国内公务接待工作餐标准的通知》《关于进一步加强公务接待管理工作的通知》，编印《怎样制定接待工作方案》学习培训教材，指导各开发区、县（市）区出台落实《实施细则》的办法措施和本级党政机关国内公务接待工作餐标准，并向市接待办和市财政局备案；会同市纪检监察机关和财政、审计等部门，以党风政风建设为切入点，抓好中央八项规定、《实施细则》的贯彻落实；加强对市直单位接待工作的管理，督促85个市直单位每季度向市接待办报送公务接待情况和内部接待场所管理使用情况；加强对开发区、县（市）区公务接待指导工作，市接待办领导分别带队到全市15个开发区、县（市）区接待部门实地调研指导，宣讲中央、省、市公务接待法规制度，规范接待标准、程序，帮助基层接待部门解决困扰接待工作的矛盾和问题。

【园博会邀展工作】 根据第十一届中国（郑州）国际园林博览会组委会统一安排，市接待办承担湖南省常德市对口邀展工作。市接待办高度重视，以高度的责任感和大局意识，迎难而上，积极与有关各方协调联络，主动向分包项目市领导请示报告工作，两次到常德市上门邀请、对接洽谈，得到当地政府和园林部门的大力支持。2016年5月，常德市有关领导和部门来郑实地查看、选址、参加专家评审会，最终确定参展方案。

【干部队伍建设】 加强和改进接待干部队伍作风建设，抓好岗位风险防控，全年共确定各级风险点70个，制订防范措施90条。规范干部选拔任用制度，树立正确选人用人导向，提拔任命2名处室负责人、1名正科级非领导职务干部，5名处室负责人轮岗交流使用，增强了干部队伍活力。规范干部绩效考核工作，加强干部监督和教育培训。全年组织专家讲座3期，选派31人次参加市纪委、市委组织部、市人社局、市妇联等部门组织的干部调训。突出公务接待业务培训，市接待办主任宋林杰亲自主持有关处室人员参加的《实施细则》学习研讨会议，讲清制度规定和操作规程，解答在执行接待任务、接待经费管理、接待任务统计等方面遇到的疑难问题；重视工作实践经验总结交流，组织拜祖大典等大型活动接待任务总结交流会议。

（董先振）

机关事务管理工作

【概况】 2016年，郑州市市直机关事务管理局在市直机关国有资产、房地产、基建、公务用车、物业管理、安全保卫、膳食服务等服务管理工作中创新思路、积极作为，圆满完成年度任务。局内设15个处室，设机关党委、纪委监察室，领导市直机关服务中心，有干部职工141人。

积极开展精准扶贫工作。在村容村貌治理、实施项目拉动的基础上，免费提供蔬菜种苗30余万株，蔬菜种植形成规模，实现农民增收；开展医疗下乡、问病寻诊活动，1000多名村民受益；全局110名党员一对一帮扶，直接提高了扶贫实效。中牟县黄店镇段村贫困户从194户752人减少到7户16人，受到当地政府、村两委和村民的一致好评。

全力提升干部队伍素质。认真组织落实中层干部选拔任用工作，选拔使用中层干部10人。积极组织人员参加全市岗位练兵竞赛，荣获业务标兵2名、业务能手1名。充分利用高校的培训资源，举办机关事务管理骨干素能提升培训班，通过先进理念与履职实践的有效融合，全面提高事管队伍综合素能。

【基本建设】 2016年，纬五路34号院机械立体停车库投入使用，新增车位176个，有效缓解院区干部职工停车难的矛盾。市水务局办公楼外墙整修如期竣工。市政协文史馆项目建设全面启动，方案设计、场馆安全检测、场地拆除清理等前期准备工作已完成，项目建设列入市本级政府投资计划，进入立项审批阶段。

【办公用房管理】 2016年，市市直机关事务管理局不断加大办公用房管理力度。完成办公用房清理整治后资源利用情况自查，以及县（市）区办公用房巡视督导检查、省部级干部住房及厅级以上干部办公用房清理整改；对市直21家单位办公用房进行调剂，修缮55家单位的部分办公用房；会同财政部门印发《市直机关租用临时办公用房管理办法的补充规定》，年租金从2012年的7500万元下降到2016年的2491万元，有效降低了行政运行成本。

【公共机构节能管理】 2016年，郑州市公共机构节能工作持续深化。市市直机关事务管理局指导完成2个国家级节约型公共机构示范单位和4个省级节约型公共机构示范单位创建任务；8个省级节水型单位、7个独立办公区市级节水型单位、9个第二批市级节水型单位创建全部通过验收并获得命名；对27家试点单位2015年能耗数据进行收集整理、对比分析，为修订能耗定额标准提供科学依据；积极推进合同能源管理试点项目，确定市第一人民医院、市中心医院、市骨科医院3家单位作为合同能源管理试点项目并顺利实施。

【安全保卫工作】 2016年，全市市直机关安全保卫成效明显。消防安全以防为主，设施设备维护、消防培训演练坚持经常进行，消防安全检查形成常态。人大办公楼及地下停车场实施定期维保，投资39.8万元对立体停车场实施消防改造，提升了消防安全级别。治安防范坚持综合治理、群防群治，定期分析形势，完善工作机制，分别针对重点区域、重点部位、重点对象、重要时段制订防范措施，加强源头控制。市委南北院视频监控系统升级改造纳入计划并通过审批，技防能力进一步增强；院内交通严格准入制度，优化交通设施，保证市委南北两院正常秩序。平安建设在2016年迎检中获得优异成绩。

【公务用车管理】 2016年，全市市直机关公车管理规范有力。市直机关1357辆涉改车辆完成拍卖729辆，新增编制保留141辆，报废328辆，其他因违章未处理、信息不全等问题在妥善处理过程中。公务用车淘汰任务全部完成，达到了既定目标。严格执行市保留车辆编制通知要求，市直922辆编制全部下达到位。认真落实节假日、重大活动及重污染天气公务车封存要求，全年累计封车7次约1.6万台次。

【精神文明创建指导】 2016年，市市直机关事务管理局指导精神文明创建成果突出。以培育践行社会主义核心价值观为主题，以公共文明素养提升为抓手，认真履行市直机关文明创建指导职能，完成市直15家新创省、市级文明

6月2日，中直机关2016年处级机关事务管理干部培训班莅郑调研公共机构节能工作

纬五路34号院立体停车库建成投用

单位（含省级文明单位标兵）和在届79家省、市级以上文明单位（含省级文明单位标兵、全国文明单位）的考评、复查工作（含局省级文明单位创建复查工作）。3条信息被中央文明网采纳转发。

【物业管理】 2016年，全市市直机关物业管理更加专业。积极推进市直物业公司资质升级，在市政府注册资金1亿元的基础上，完成固定资产投资8000万元。市直物业公司三级资质实现升二级资质目标。市人大办公楼成功创建2016年度郑州物业服务示范公共项目。

【机关服务工作】 2016年，市市直机关事务管理局扎实履行服务职能。综合服务方面，相继完成直管办公区部分管线及设施改造、人大办公楼现有设备升级维护、能源监控平台数据对接、直管办公区现有老旧设施设备和10个院区电表分离项目摸底排查、淮河路53号院院区地面整修立项报批和招投标，以及兴华南街20号院整修改造评估、园博会前期邀展参与协调等工作。全年维修出工9000余人次，保障花卉2000余盆，实施绿化维护5万平方米；电梯、中央空调、高低压配电等设施设备运转正常，安全无事故，机关院区保洁做到一日两扫、全天保洁、日产日清。通讯服务方面，完成市政协网络升级改造建设项目招标、70余个小区光纤改造，以及部分直管办公区电话接入和设施设备升级改造（扩容）等工作，有效保证100平方公里范围内24个模块机房、17508部电话及3773户网络用户的通讯顺畅。膳食服务方面，全年更新菜品30余样，保障81万余人次就餐，深受机关干部职工好评。会管服务方面，全年共接待会议1329次，与会人数约65902人次，实现受理会议及其登记无差错、会议音响和视频效果无差错、会议服务无差错的目标。

（朱劲松）

政协郑州市委员会

综 述

【概况】 2016年，市政协在中共郑州市委的坚强领导下，在市人大、市政府的大力支持下，全面贯彻中共十八大和十八届三中、四中、五中、六中全会精神，深入学习贯彻习近平总书记系列重要讲话精神和治国理政新理念、新思想、新战略，按照市十一次党代会的安排部署，围绕团结和民主两大主题，持续发出时代好声音、弘扬社会正能量、争当积极践行者，充分发挥协商民主重要渠道和专门机构作用，认真履行政治协商、民主监督、参政议政职能，为实现郑州市“十三五”时期良好开局作出积极贡献。

【思想政治建设】 2016年，市政协政治为先，坚持用中国特色社会主义理论引领事业发展，用中共中央大政方针和省委、市委部署统一思想行动，用社会主义核心价值观凝聚奋进力量。（1）坚定正确政治方向。牢固树立“四个意识”，坚定站稳政治立场，更加自觉地坚持中国共产党的领导，更加紧密地团结在以习近平同志为核心的中共中央周围，更加坚定地贯彻落实中共中央的各项决策部署，始终与以习近平为核心的中共中央保持高度一致。（2）自觉接受中共郑州市委领导。坚持重大事项向中共郑州市委请示报告，按照“党委加强领导、政府充分履职、人大政协共同参与的责任明晰、工作有序、运转高效”的工作推进机制，围绕市委市政府中心工作，议大事、聚人心、助力量，做到党政工作推进到哪里，政协工作就跟进到哪里。（3）落实从严治党政治要求。发挥政协党组在政协工作中的领导核心作用，把方向、管大局、保落实。认真履行全面从严治党政治责任，扎实开展“两学一做”学习教育，落实党风廉政建设主体责任，打造廉洁高效的干部队伍，营造风清气正的政治生态。

【积极协商议政】 2016年，市政协坚持以全体会议为龙头，以专题议政性常委会为重点，以双月协商座谈会、提案办理协商为常态的协商议政格局，为郑州发展建言献策。

（一）全局协商谋发展之计。政协全会期间，委员们围绕国际商都规划、“十三五”时期规划、政府工作报告等重大事项认真协商讨论，积极议政建言，共提交提案926件、发言材料50篇，19人次作大会发言，促进党政科学民主决策。出台提案办理协商办法，首次开展提案办理工作考核，提高办理质量和成效，828件立案提案全部办复，满意率93.1%。

（二）专题议政献务实之策。围绕精准扶贫、精准脱贫，深入调查研究，撰写调研报告25篇，为郑州市脱贫攻坚建言献策，得到省委常委、市委书记马懿批示。围绕大众创业、万众创新进行专题议政，提出完善“双创”领导和协调机制、引进创新创业母体、夯实创业主体培育、设立“双创”服务中心等合理化建议。组织委员对产业发展、新型城镇化建设等进行调研视察，对促进重点工作落实发挥了积极作用。

（三）咨政建言尽助推之力。聚焦非机动车治理、校外培训机构管理、海绵城市建设、养老服务体系建设、食品药品安全监管、推进“互联网+”召开6次双月协商座谈会，调研深入，对策精准，共提交调研报告91篇，有关建议转化为政府改进工作的具体举措。市长程志明对加强非机动车治理协商专报作出批示。主席会议成员在郑州国际园林博览会邀展等重点工作中恪尽职守、用心落实，发挥政协组织应有的作用。

【坚持民生导向】 2016年，市政协紧紧围绕群众最关心、最直接、最现实的利益问题，积极为民代言，反映群众诉求，助推民生改善。助力精准扶贫攻坚战。根据全市脱贫攻坚工作的实际，提出提高扶贫精准度、谋划好“十三五”时期扶贫规划、完善扶贫工作机制等建议，助推精准扶贫。依托政协委员帮扶和干部驻村帮扶两个平台，开展结对帮扶贫困户、捐资助学，推动产业扶贫、就业扶贫、健康扶贫、生态扶贫，形成脱贫攻坚合力。

（一）紧扣民生重大问题开展监督。组织开展大气污染防治和贾鲁河综合治理专项监督，为打赢大气污染防治攻坚战和生态水系治理增助力、添合力，提出要加强源头治理、严格环境执法、推进产业结构调整、健全绿色政绩考核机制等建议。关注“十大民生实事”等民生问题，组织各类专题视察二十余次，为社会和谐稳定添砖加瓦。继续选派政协委员担任特邀监督员，对有关部门工作起到民主监督和促进作用。

（二）拓宽群众利益表达渠道。畅通让群众走进政协、政协走进群众的渠道，全年报送社情民意信息168件，公开征集提案线索，邀请群众代表参加政协会议，发挥乡镇（街道）政协工委、委员之家植根基层、联系群众作用，政协工作“最后一公里”得到贯通。

【广泛团结联谊】 2016年，市政协充分发挥大团结大联合优势，为郑州发展添动力、增合力。

（一）构建共事“大家庭”。加强与各党派团体的合作共事，政协全会期间，各民主党派、工商联、无党派人士代表以《做好城乡规划奠基国际商都》《建设特色小镇推动新型城镇化进程和经济转型升级》等为题进行大会发言，展示参政议政的重要成果。密切与港澳台侨和民族宗教界人士的联系，《关于加强和改进我市宗教工作的调研报告》受到省政协领导好评。

（二）扩大互动“朋友圈”。全年邀请或承接全国政协、省政协领导来郑调研考察27批次。加强与外省市政协的联络，与哈尔滨市政协缔结友好政协城市，在对外联谊交往中广泛宣传推介郑州，吸引更多客商来郑投资兴业。加强与县（市）区政协的联系，形成工作合力。

（三）讲述政协“好故事”。坚持全局工作系统宣传、重点工作集中宣传、特色工作深度宣传。全年上报工作信息132篇，在《人民政协报》等媒体上发稿170余篇，继续办好电视台“政协视窗”栏目和电台“我为郑州发展献良策”专题广播节目，印发《郑州政协》杂志6期，积极发挥文史资料存史、资政、团结、育人的社会功能。

【弘扬传统文化】 2016年，市政协认真落实省、市要求，把黄帝故里拜祖大典作为弘扬优秀传统文化的重要载体，打造与国家中心城市相适应的文化名片。

（一）鼎力弘扬黄帝文化和根亲文化。由市政协参与承办的丙申年黄帝故里拜祖大典成功举办，市政协先后在《人民政协报》发5个专版报道拜祖大典；组织开展理论研究，成果通过《光明日报》等主流媒体刊发。开展全市黄帝文化遗产普查，编撰《黄帝文化史迹》，开展海外“同时同像同主题同拜黄帝活动”，制作拜祖大典和黄帝文化外宣片，大典所彰显的黄帝文化、根亲文化的影响和力量，受到社会各界和海内外华人的一致好评。

（二）致力传承郑州政协文史。经市委、市政府同意，开启郑州政协文史馆建设，展示中国共产党领导的多党合作和政治协商制度及其实践成果，阐扬郑州丰厚的历史文化底蕴，宣传市政协的光辉历程和履职风采，彰显郑州市革命文化、红色文化在促进国家中心城市建设中的作用。至年底，文史馆建设各项工作有序推进。

（三）助力发掘古都文化。发挥政协人才高地优势，凸显优秀传统文化促进五大建设的之根之魂之力作用，积极协助党委政府延续城市历史文脉，彰显郑州古都文化特色。市政协主席会议研究提交的《关于建设“郑州列子文化园区”的建议案》，受到市政府领导高度重视，得到积极回应、认真办理，纪念列子诞辰等活动相继举办，园区规划建设、文化研究工作有序推进。围绕商都历史文化区建设、大运河遗址保护和利用等开展视察调研，为弘扬传承古都文化建言献策、营造氛围，有力地发挥助推作用。

【加强自身建设】 2016年，市政协按照“中心工作积极参与、本职工作精益求精、日常工作有条不紊”的要求，坚持用文化养心、用制度育人、用规范治事、用考核提效，固基为本，狠抓作风建设。

（一）以素质强身，树立政协形象。围绕“强化道德修养的大熔炉、提升文化素质的大学校、构建团结共事的大家庭”三大机关建设目标，持续加强自身建设和理论学习，做到学习有组织、成效有考核、结果有运用。坚持开展机关评先评优。以“中”字为主题布置12面专题廊道文化墙。扎实开展省级文明单位标兵创建工作。

（二）以管理提神，凝聚政协力量。通过集中培训、学习报告会、委员大讲堂等形式，深入学习中共中央和省委、市委决策部署，引导委员做懂政协、会协商、善议政的合格委员。发挥委员履职考评“指挥棒”作用，实现优秀委员自动生成。开发智能化手机终端，创建委员履职量化考核信息平台，实现委员履职考评的信息化、自动化。探索提升专委会与界别“五联手”工作机制，进一步拓宽了委员履职尽责的载体和平台，提升了委员之家的水平，得到上级领导好评、广大群众认可和政协委员赞同，产生很好的履职效果。

（三）以作风聚气，彰显政协精神。严格执行中央八项规定和省、市有关要求，完成公车改革、规范公务接待、压缩“三公”经费，厉行勤俭节约。树立问题意识，认真查摆整改，强化任务分解，落实工作责任。加强干部队伍建设，打造坐下去能写、站起来能说、走出去能干的政协干部队伍。

【政协提案办理】 市政协十三届三次会议期间及闭会后共收到提案964件，经审查立案828件。立案提案中，委员提案789件，各民主党派、工商联和市政协专门委员会集体提案39件。2016年3月24日，市政协举行十三届

市政协十三届三次会议提案交办会举行

三次会议提案交办会，立案提案分别移交76个部门和单位办理。截至2016年年底，提案已全部办复，办复率100%，提案人满意率93.1%、基本满意率6.9%。

在加大督办力度、增强提案办理实效方面，市政协采取一系列具体措施。一是重点提案办理高层协商。从立案的828件提案中遴选出11件重点提案，分别由主席、副主席领衔督办，为其他提案的办理提供示范效应。二是热点提案办理专题协商。对党委政府关注和人民群众关心的热点难点问题，如精准扶贫、电动自行车治理、海绵城市规划建设等方面的提案，及时进行整合，并上升为政协常委会议专题议政内容或双月协商内容，开展专题协商和对口协商，强力推动提案的办理和落实。三是类似提案办理集中协商。对内容上雷同或相似的提案，协商办理往往集中在某一个承办部门和单位，给办理协商带来一定的难度。市政协积极协调承办单位对提案进行认真梳理归类，并邀请政府督查室和部分政协委员与承办单位进行集中办理协商，既减少承办单位的工作量，又提高办理协商的效果。四是综合提案办理联合协商。对涉及多个部门和单位协商办理的综合提案，实行主办单位牵头、党委政府督查室和提案委协调、协办单位密切配合的联动机制，优化联合协商程序和方式方法，提高联合办理协商实效。

在坚持与时俱进、推动提案工作创新发展方面有新的突破和提高。一是政协建议案有新突破。民进郑州市委提交的集体提案《关于建设“郑州列子文化园区”的建议》，与郑州市建设国际商都、实施文化强市战略高度契合。经市政协主席会议研究通过，将此提案交市政府办理。在市政协十三届三十四次主席会议上，市政府专题通报政协建议案办理情况。二是提案办理考核有了新机制。经市委同意，将提案办理工作纳入全市绩效考核体系，研究制订了《政协郑州市委员会提案办理工作考核办法》和《政协郑州市委员会提案办理工作考核方案》，并于2016年12月中下旬对各承办单位进行考核，进一步提升提案办理的质量和实效。三是提案办理协商有新规范。参照全国政协和省政协《提案办理协商办法》，制订《政协郑州市委员会提案办理协商办法》，进一步规范提案办理协商的程序和内容，提高提案办理工作制度化、规范化和程序化水平。

【政协委员培训】 2016年，市政协紧紧围绕市委、市政府中心工作，立足政协职能，加强委员履职能力建设，把“发出时代好声音、弘扬社会正能量、争当积极践行者”工作思路贯穿始终，通过开展形式多样的委员培训，不断提高政协委员的参政议政能力和履职水平。

4月19日，市政协举办2016年第一期委员大讲堂，邀请罗兰贝格（上海）企业管理有限公司亚太区副总裁纪德江就“郑州建设国际商都发展战略规划”为市政协委员授课，从郑州的历史、现实和未来3个层面全面阐述郑州建设国际商都的历史背景、重大意义和战略路径，使政协委员们对郑州国际商都建设有更加清晰的认识和深刻的了解。

9月8—13日，市政协组织政协常委到上海复旦大学进行为期一周的集中学习培训。市政协领导王璋、张建国、李新有、张民服、李玉辉、吴晓君、王顺生、陈松林参加培训。培训期间，常委们听取了复旦大学教授张全弟、倪世雄、梁鸿、戴伟辉、马涛等11位专家学者所作的精彩报告，系统学习用五大发展理念引领改革开放实践、当前国际政治变迁与中国的应对、国情民生与发展、自贸区与中国区域发展战略、智慧城市建设可持续发展生态链及“互联网+”等方面的有关知识。市政协主席王璋在开班讲话上要求，各位政协委员要认清协商民主重要平台的新定位、广泛多层制度化的新要求、政协工作任务的新部署，从而准确把握新形势，着力发挥政协优势，在郑州市五大建设中切实发挥重要作用。

11月22日，市政协举办第二期委员大讲堂，邀请中华文化教育专家，资深律师，吴式太极拳第五代传人李毅多为市政协委员授课，从7个方面诠释“自强不息、厚德载物”的传统含义与现实生活中的实际运用，使委员们认识到人与自然、人与社会、人与人之间和谐共生的重要性，接受了一场深刻的道德洗礼和智慧启迪。

通过广泛征求委员意见和建议，市政协积极与公务员局协商，为委员学习搭建平台，本着委员自愿的原则，让委员们共享公务员网络课程，为委员自学创造良好条件。

【调研视察活动】 2016年1月13日，市政协主席王璋带领市委办公厅、市政协办公厅联合督查组赴中牟县，对贯彻落实省、市委政协工作会议精神进行专项督查。

1月13—15日，由市政协各副主席分别带队，对11个县（市）区贯彻落实省委、市委政协工作会议精神暨“四个意见”情况进行督查。

1月28日，市政协副主席吴晓君带领人口资源环境委员会和委员管理联络委员会部分委员，赴中牟县官渡镇许村看望慰问困难群众。

1月28日，市政协秘书长、机关党委书记陈松林到市政协群众工作队驻地登封市君召乡大滹沱村，走访慰问贫困村民。

2月3日，市政协主席王璋带队，赴新密市牛店镇走访慰问敬老院老人，以及部分生活困难的老党员、优抚对象、生活困难群众和低保户。

3月10日，市政协主席、黄帝故里拜祖大典组委会常务副主任王璋赴新郑现场调研，强力推进丙申年黄帝故里拜祖大典筹备工作，研究协调解决筹备工作中遇到的问题。

3月16日，市政协副主席崔凡率部分政协委员，

3月23日，市政协副主席吴晓君带领委员管理联络委员会和部分委员，走访了市政协委员、《商业2.0豫商》杂志执行总编辑于莉。

3月31日，郑州市市长、丙申年黄帝故里拜祖大典组委会主任马懿带领市

郑州市政协常委履职能力提升培训班在复旦大学开班

直相关部门负责人，对拜祖大典筹备工作进行督导检查。

4月12日，市政协副主席崔凡带领民宗委部分委员，赴经开区视察中铁装备制造公司和宇通汽车公司项目建设情况。

4月14日，围绕“非机动车治理”双月协商主题，市政协副主席张建国带领部分市政协委员，对全市非机动车治理情况进行实地调研。

4月15日，市政协副主席王顺生赴新郑市，走访看望郑州市政协委员、郑州爱岗置业有限公司董事长常伟。

4月15日，市政协副主席王顺生赴航空港实验区，调研第十一届中国（郑州）国际园林博览会邀展工作进展情况。

4月19日，市政协副主席崔凡赴宜兴市、常州市、镇江市，协调第十一届中国（郑州）国际园林博览会邀展工作。

4月19日，市政协副主席吴晓君赴日照市、连云港市，协调第十一届中国（郑州）国际园林博览会邀展工作。

4月20日，市政协副主席李新有赴常德市，协调第十一届中国（郑州）国际园林博览会邀展工作。

4月21日，市政协副主席张建国赴广州市，协调第十一届中国（郑州）国际园林博览会邀展工作。

4月25日，市政协副主席王顺生赴常熟市，协调第十一届中国（郑州）国际园林博览会邀展工作。

4月26日，市政协副主席张建国会见广州市林业和园林局有关工作人员，商谈广州市第十一届中国（郑州）国际园林博览会参展选址相关事宜。

4月28日，市政协副主席吴晓君带领委员管理联络委员会人员，走访市政协委员、郑州阳光家政服务公司总经理王瑜，了解委员的企业发展情况，听取对政协工作的意见和建议。

5月5日，市政协秘书长陈松林一行赴中原西路街道，就街道平安建设工作进行调研。

5月10日，市政协主席王璋赴天津市，协调第十一届中国（郑州）国际园林博览会邀展工作，市政协秘书长陈松林一同前往。

5月10日，市政协副主席吴晓君带领市直有关部门负责人、部分市政协委员、教科文卫体委员会人员，就郑州市校外培训机构管理现状进行实地调研。

5月11日，市政协副主席吴晓君走访了市政协常委、郑州海关副关长丁吉豹等部分委员，并与委员们进行了座谈交流。

5月18日，市政协主席王璋、秘书长陈松林赴哈密市，学习考察协商民主建设和机关建设工作。

5月25—26日，市政协副主席张建国率领市发改委、园博会邀展办有关人员，赴沈阳市洽谈沈阳展园选址及建设事宜。

5月26日，市政协副主席吴晓君到金水区科教新城杨金产业园区，走访看望市政协港澳台侨和外事委员会兼职副主任、河南福临门集团董事长李新岭，以及市政协港澳台侨和外事委员会委员、河南省红枫实业有限公司总经理张茂。

5月27日，市政协副主席王顺生带领部分政协委员，视察全市大气污染防治情况。

5月31日，市政协副主席崔凡看望慰问少年儿童，在郑州市幼儿师范高等专科学校礼堂观看金水区新建幼儿园小朋友的文艺演出，与小朋友们共庆“六一”。

6月1日，市政协副主席吴晓君走访市政协常委、河南亚龙金刚石制品股份有限公司董事长李富玲，实地参观公司和河南科技技工学校的建设情况，并进行座谈交流。

6月13日，市政协副主席崔凡带领政协民宗委和市民委的相关人员赴新疆乌鲁木齐、昌吉回族自治州、哈密等地考察学习，围绕在城镇化建设过程中如何加快促进少数民族经济和社会事业发展进行调研。

6月14日，市政协副主席吴晓君带领港澳台侨和外事委员会、委员管理联络委员会和部分市政协委员，到登封市君召乡大滹沱村调研“精准扶贫、精准脱贫”工作开展情况。

6月20日，市政协主席王璋带领部分市政协委员，就全市脱贫攻坚工作进行调研。调研组一行先后前往荥阳市城关乡石板沟村、上街区方顶明清文化旅游项目等地，实地入户调研贫困户情况、精准扶贫情况及搬迁后原居住地综合开发情况。

6月27日，市政协副主席崔凡看望走访少数民族界别委员、郑州商贸管理学校校长马海峰。

7月6日，市政协副主席王顺生走访了市政协委员、郑州三兴汽车贸易有限公司总经理丰兴运。

7月7日，市政协主席王璋带领部分市政协委员，对全市防汛工作进行视察。视察组一行先后实地察看了马渡控导工程、花园口北广场和花园口闸除险加固工程，现场了解黄河防汛准备工作，并召开座谈会，听取防汛工作情况汇报。

7月12日，市政协副主席王顺生带领部分政协委员，赴新密市平陌镇对精准扶贫工作进行考察，并走访部分特邀界别政协委员桑萌莉、王淑慧、黄国敏。

7月13日，市政协副主席吴晓君走访看望了市政协常委、市工商联副主席、河南邦成投资担保有限公司董事长李文凡。

7月21日，市政协主席王璋到新郑市调研弘扬黄帝文化工作情况，并召开座谈会，对弘扬黄帝文化工作相关事宜再安排再部署。

7月28—31日，市政协主席王璋带领郑州政协文史馆筹建工作有关人员，赴哈尔滨市进行专题考察。7月30日，在考察途中，王璋主持召开市政协文史馆建设工作考察座谈会。

8月4日，市委副书记、代市长程志明到市政协机关走访并召开座谈会，就全市经济社会发展形势和市政协有关工作进行座谈交流。

8月10日，市政协副主席吴晓君带领部分市政协委员及市食药监局、惠济区食药监局等相关部门负责人，对全市食品药品安全监管工作进行实地视察。

8月17日，市政协副主席李玉辉带领部分政协委员，就全市养老服务体系建设情况进行视察，为第四次双月协商座谈会做准备。

9月22日，市政协副主席吴晓君看

黄帝故里拜祖大典献礼微电影《回家》推介座谈会

望走访市政协常委、河南中咨安全工程师事务所有限公司董事长马金营。

10月10日，市委副书记、市委秘书长靳磊到市政协调研政协工作。市政协主席王璋主持座谈会。

10月14日，市政协副主席王顺生带领部分市政协委员到郑州航空港经济综合实验区，对道路交通建设情况进行视察。

10月19日，市政协副主席吴晓君到长江路基督教堂，走访看望杜敏生、阎书刚、王跃胜、赵克新等民族宗教界政协常委。

11月2日，市政协副主席崔凡带领民族宗教界别委员，视察全市电子商务发展情况。

11月2日，市政协副主席吴晓君带领部分市政协委员，就郑州市全民健身开展及体育基础设施建设情况进行视察。

11月8日，省政协副主席靳绥东召开会议，听取丁酉年黄帝故里拜祖大典筹备工作初步设想工作汇报。

11月10日，市政协党组副书记郭锝昌带领部分市政协委员，对全市农村生态环境保护工作进行视察。

11月14日，市政协主席王璋带领调研组，对郑州进境粮食指定口岸建设情况和"一带一路"项目推进情况进行专题调研。

11月16日，市政协副主席吴晓君带领部分市政协委员，对郑州市打造"书香郑州"、开展全民阅读工作进行视察。

11月17日，市政协党组副书记郭锝昌、副主席吴晓君带领部分市政协委员，对郑州市旅游工作进行视察。

11月17日，市政协副主席崔凡带领部分市政协委员，对全市"互联网+"建设状况进行调研。

11月18日，市政协党组副书记郭锝昌带队，对荥阳市域内的特邀界别委员进行走访。

11月18日，市政协副主席李玉辉带领部分政协委员，对全市青少年普法教育情况进行视察。

12月1日，市政协党组副书记郭锝昌带领部分政协委员，视察郑州市两孩政策实施情况。

12月9日，市政协组织部分市政协委员，对贾鲁河综合治理工程进行视察。

12月15—17日，市政协主席王璋带队前往重庆市，参观考察中国民主党派历史陈列馆等文史场馆。

12月16日，市政协副主席吴晓君带领部分市政协委员，到郑州幼儿师范高等专科学校调研人才培养工作。

12月29日，市政协副主席王顺生率领部分无党派界别委员和部分专家，赴管城区视察商都历史文化区建设工作。市政协主席王璋出席座谈会并作重要讲话。

【政协双月协商座谈会】 市政协2016年第一次双月协商座谈会 2016年5月31日，市政协召开2016年第一次双月协商座谈会，邀请部分市政协委员、专家学者，围绕电动自行车治理问题进行专题协商、建言献策。市政协主席王璋，市人民政府副市长沈庆怀，市政协副主席张建国和秘书长陈松林出席会议。座谈会上，马海峰、王鹏、毋心灵、张晓红、张利军、李大文、周平、钱正一、王登巍、郭丽萍等委员、专家和公民代表，先后围绕关于郑州市非机动车管理办法的立法思考，加强电动车销售监督管理、老年代步电动车管理、电动自行车源头治理，以及建立全市交通出行信用记录破解交通难点等内容，热情建言。市政府法制办、市公安局、市工商局、市质监局、市政协提案委负责人结合协商主题与委员、专家互动交流。

市政协2016年第二次双月协商座谈会 6月15日，市政协召开2016年第二次双月协商座谈会，邀请部分市政协委员、专家学者和家长代表，就加强全市校外培训机构规范管理进行专题协商、建言献策。市政协主席王璋，副市长刘东，市政协副主席吴晓君、秘书长陈松林出席会议。座谈会上，市教育局、市民政局相关负责人介绍了郑州市校外培训机构的基本情况及规范管理工作情况，郑东新区、高新区、中原区、二七区相关负责人介绍各区校外培训机构的现状及存在问题。政协委员、专家学者和家长代表先后围绕全市校外培训机构存在的问题、如何规范管理及开设中小学校放学后课程等问题建言献策。

市政协2016年第三次双月协商座谈会 8月11日，市政协召开2016年第三次双月协商座谈会，邀请部分市政协委员，市政府相关处室、职能部门负责人及专家学者，就推进郑州市海绵城市规划建设进行专题协商、建言献策。市政协主席王璋，副市长张俊峰，市政协副主席王顺生、秘书长陈松林出席会议。座谈会上，市规划局相关负责人汇报郑州市海绵城市建设的相关情况，市水务局、市财政局、市园林局、市环保局、市建委、市房管局、市城管局等部门结合自身工作发言，胡华敏、梁远森、刘海洲、何冰、白家波、蒋寒等委员和专家学者提出自己的意见和建议。

市政协2016年第四次双月协商座谈会 9月1日，市政协召开2016年第四次双月协商座谈会，邀请部分市政协委员，市政府相关处室、职能部门及基层代表，就推进郑州市养老服务体系建设进行专题协商，建言献策。市政协主席王璋，副市长沈庆怀，市政协副主席朱专兴、李玉辉、吴晓君，市政协秘书长陈松林出席会议。与会人员观看了郑州市养老服务体系建设汇报片，市民政局相关负责人汇报郑州市养老服务体系建设情况，市发改委、市公安局、市财政局、市人社局、市国土局、市规划局、市卫计委等单位结合自身工作就养老服务体系建设发言，委员和基层代表先后围绕郑州市养老服务体系建设提出自己的意见和建议。

市政协2016年第五次双月协商座谈会 11月9日，市政协召开2016年第五次双月协商座谈会，邀请部分市政协委员、市政府相关处室、职能部门及基层代表，就加强郑州市食品药品安全监管工作进行专题协商、建言献策。市政协主席王璋，副市长刘东，市政协副主席李新有、吴晓君和秘书长陈松林出席会议。会上，市食品药品监督管理局相关负责人汇报郑州市食品药品安全监管工作情况，市农委结合自身工作就郑州市食品药品安全监管工作进行发言，政协委员和专家学者、基层代表围绕郑州市食品药品安全监管工作坦陈意见，积极建言。

市政协2016年第六次双月协商座谈会 12月7日，市政协召开2016年

市政协2016年第三次双月协商座谈会举行

第六次双月协商座谈会，邀请部分市政协委员，市政府相关处室和职能部门及省市专家，围绕郑州市“互联网+”建设进行专题协商、建言献策。市政协主席王璋，市委常委、宣传部部长、副市长张俊峰，市政协副主席张冬平、崔凡和秘书长陈松林出席会议。会上，市政府相关部门汇报郑州市“互联网+”建设工作的相关情况，政协委员和专家学者围绕“互联网+”建设工作提出意见和建议。

（李　杰　韦慧君）

政协全会

【市政协十三届三次会议】 2016年2月23—27日，政协郑州市第十三届委员会第三次会议在郑州召开。

2月23日上午，中国人民政治协商会议第十三届郑州市委员会第三次会议在河南省人民会堂开幕。会议应到委员548名，实到518人，符合规定人数。受政协郑州市第十三届委员会常务委员会委托，市政协主席王璋代表政协郑州市第十三届委员会常务委员会向大会作工作报告，市政协副主席张民服代表政协郑州市第十三届委员会常务委员会作市政协十三届二次会议以来提案工作情况报告。

2月25日上午，出席市政协十三届三次会议的委员分组讨论政府工作报告、《郑州市国民经济和社会发展第十三个五年规划纲要（草案）》《郑州建设国际商都发展战略规划纲要（草案）》和计划、财政报告。市领导胡荃、王璋、王哲、薛云伟、王跃华、黄保卫、王德山、刘东、张俊峰、杨福平、张建国、朱专兴、张冬平、李新有、张民服、崔凡、李玉辉、吴晓君、王顺生、薛景霞分别参加讨论，并认真听取大家的意见建议。

2月25日下午，市政协主席王璋主持召开表彰大会，对市政协2015年度优秀提案和先进承办单位、优秀政协委员进行表彰。

2月27日下午，市政协十三届三次会议第三次全体会议在河南省人民会堂举行。会议应出席委员548名，实到490名，符合规定人数。会议由市政协副主席崔凡主持。市政协主席王璋，市委常委、统战部部长王跃华，市政协副主席张建国、朱专兴、张冬平、李新有、张民服、崔凡、李玉辉、吴晓君、王顺生、薛景霞和秘书长陈松林出席会议。会议首先通过市政协十三届三次会议选举办法，以及市政协十三届三次会议选举大会总监票人、副总监票人、监票人名单，以无记名投票方式补选政协郑州市第十三届委员会常务委员。

2月27日下午，在圆满完成各项议程后，政协郑州市第十三届委员会第三次会议在省人民会堂闭幕。会议应到委员548名，实到492名，符合规定人数。市政协副主席李玉辉主持闭幕大会。会议公布补选政协郑州市第十三届委员会常务委员结果；通过市政协十三届三次会议关于常务委员会工作报告的决议、政协郑州市第十三届委员会提案委员会关于市政协十三届三次会议提案审查情况的报告、市政协十三届三次会议政治决议。

（李　杰　韦慧君）

政协常委会议

【市政协十三届十二次常委会议】 2016年1月22日，市政协召开十三届十二次常委会议，传达学习市委十届十三次全会精神。市政协主席王璋出席会议并讲话，市委常委、常务副市长孙金献应邀出席会议，市政协副主席张建国、朱专兴、张冬平、李新有、张民服、崔凡、李玉辉、吴晓君、王顺生、薛景霞和秘书长陈松林参加会议。

会议听取关于市政协十三届三次会议筹备情况的汇报，郑州市2015年经济社会发展情况、“十三五”规划纲要（草案）和国际商都发展战略规划纲要（草案）主体内容的说明，以及市政协各专门委员会2015年工作情况报告。审议通过关于召开市政协十三届三次会议的决定，市政协十三届三次会议议程（草案）、日程，市政协十三届三次会议拟定于2月中下旬召开。审议通过政协郑州市第十三届委员会常务委员会工作报告和政协郑州市第十三届委员会常务委员会关于十三届二次会议以来提案工作情况的报告；政协郑州市第十三届委员会常务委员会关于推举常委会工作报告报告人和提案工作情况报告报告人的决定；市政协十三届三次会议秘书长、副秘书长名单，委员分组办法和小组召集人名单等有关事项；辞去、增补市政协委员及有关人事事项。常委们讨论郑州市2015年经济社会发展情况和“十三五”规划纲要（草案）、国际商都发展战略规划纲要（草案）。

【市政协十三届十三次常委会议】 2016年2月27日，市政协召开十三届十三次常委会议。市政协副主席张冬平主持会议，市政协主席王璋，副主席张建国、朱专兴、张冬平、李新有、张民服、崔凡、李玉辉、吴晓君、王顺生、薛景霞，秘书长陈松林出席会议。

会议审议通过市政协十三届十三次常委会议议程；听取大会秘书长陈松林关于小组讨论情况的汇报，市委统战部副部长李俊超关于辞去、补选市政协常务委员情况的说明；审议通过市政协十三届三次会议选举办法（草案），市政协十三届三次会议选举大会总监票人、副总监票人、监票人名单（草案），市政协十三届三次会议选举大会总计票人、副总计票人、计票人名单，关于接受马军等7人辞去市政协常务委员职务的决定，补选市政协常务委员候选人名单（草案），市政协十三届三次会议关于常务委员会工作报告的决议（草案），政协郑州市第十三届委员会提案委员会关于政协十三届三次会议提案审查情况的报告（草案），以及市政协十三届三次会议政治决议（草案）。

【市政协十三届十四次常委会议】 2016年2月27日，市政协召开十三届十四次常委会议。市政协主席王璋，副主席张建国、朱专兴、张冬平、李新有、张民服、崔凡、李玉辉、吴晓君、王顺生、薛景霞，秘书长陈松林出席会议。

会议听取了政协郑州市第十三届委员会选举大会补选常务委员的选举结果：选举大会以无记名投票方式补选王丽艳、吕剑、杜敏生、周宇红、梁远森、董建山为政协郑州市第十三届委员会常务委员。

【市政协十三届十五次常委会议】 2016年3月29日，市政协十三届十五次常委会议召开。会议听取全国政协委员、市政协副主席朱专兴传达的十二届全国人大四次会议和全国政协十二届四次会议精神，安排市政协2016年主要工作。市政协副主席张民服主持会议，市政协主席王璋出席会议并讲话，副主席张建国、张冬平、李新有、李玉辉、吴晓君、王顺生、薛景霞，秘书长陈松林出席会议。

【市政协十三届十六次常委会议】 2016年6月28—29日，市政协十三届十六次常委会议召开，围绕切实推进精准扶贫工作进行专题议政，市政协主席王璋出席会议并讲话。副市长杨福平应邀出席会议。市政协副主席张建国、朱专兴、张冬平、李新有、张民服、崔凡、李玉辉、吴晓君、王顺生、薛景霞，秘书长陈松林参加会议。

会议首先审议通过本次常委会议议程，听取市政府关于全市精准扶贫工作情况的通报。结合会议主题，市政协农业委员会、政协登封市委员会等10家单位分别围绕完善体制机制、完善农村最低生活保障制度等作大会发言；民革郑州市委等15家单位作大会书面发言。政协常委们还围绕如何推进精准扶贫、精准脱贫展开深入讨论，提出意见建议。

会议期间，与会人员视察新密市尖山管委会伏羲古镇旅游扶贫开发工作、新密市米村镇和盛嘉园社区易地

郑州市政协第十三届委员会第三次会议举行

扶贫搬迁工作及登封市石道乡颖福花园社区易地扶贫搬迁工作、登封市大金店乡毕家村精准扶贫工作和光伏产业，实地了解全市精准扶贫工作开展情况。

【市政协十三届十七次常委会议】 2016年10月11—12日，市政协十三届十七次常委会议召开，围绕切实推进全市大众创业、万众创新进行专题议政，市政协主席王璋出席会议并讲话。市领导孙金献、黄卿、张建国、朱专兴、张冬平、李新有、崔凡、李玉辉、吴晓君、王顺生、薛景霞，市政协秘书长陈松林出席会议或参加调研。

会议传达学习市十一次党代会精神，听取市政府关于全市“双创”工作情况的通报。结合会议主题，郑州市政协经济委员会、民革郑州市委员会等10家单位代表及部分市政协委员作大会主题发言，民进郑州市委员会等14家单位作大会书面发言，政协常委展开深入讨论，提出意见建议。

会议期间，与会人员还对国家大学科技园东区（金源孵化器）、河南汉威电子有限公司、国家大学科技园西区孵化园区（郑州大学产业技术研究院）等地进行视察，实地了解郑州市“双创”工作情况。

（李　杰　韦慧君）

民主党派

综　述

【概况】 2016年，郑州市在民主党派工作中按照中央、省委、市委统战工作会议精神，紧紧围绕“全市统战工作要点”，结合“全省统战工作考核评价办法”和“市全面深化改革实施意见”“市绩效考核目标”，进一步加强政治协商，大力开展凝聚力建设行动，各民主党派认真履行自身职能，大力加强自身建设，各项工作取得新进展，迈上新台阶。

【政党协商】 （一）制订年度协商计划，规范开展政党协商。市委统战部按照中共中央《关于加强政党协商的实施意见》的要求，2016年年初，协助市委印发《中共郑州市委同民主党派无党派人士2016年政党协商计划》，明确年度协商的主要内容、协商形式、时间安排和保障措施，政党协商的内容得到进一步丰富，形式和程序进一步规范。全年开展政党协商活动频次多、规格高，市委主要领导参加有关会议。先后协助市委召开党外人士座谈会、人事协商座谈会等，征求对半年、全年经济社会运行情况和党风廉政建设情况的意见建议，对政府工作报告的意见建议，对市十一次党代会市委工作报告的意见建议，对市委十一届委员会、纪律检查委员会人事安排的意见建议等。会后及时收集整理党外人士意见建议上报市委主要领导，并将意见建议落实情况反馈党外人士。

（二）开展社会主义协商民主建设调研，起草全市加强社会主义协商民主建设实施意见。市委统战部组成市委政党协商调研组到各民主党派市委，就加强政党协商民主建设情况开展调研。各民主党派市委班子成员，基层组织代表，市人大代表、政协委员，参政议政工作负责人和机关干部参加座谈会，听取在政党协商的内容、形式、程序及保障机制等方面的意见建议。综合各方面意见建议，起草全市实施意见初稿，向市委提交。至年底，实施意见进入发文程序进行运转。

（三）开展民主监督调研，提升民主监督实效。年初，为进一步完善民主监督的组织领导、权益保障、知情反馈、沟通协调机制，探索开展民主监督的有效形式。通过调研、召开座谈会，了解各民主党派市委民主监督工作情况，市直有关单位特约人员工作开展情况，以及县（市）区民主党派履行民主监督职能情况。对调研中遇到的问题和意见建议进行研究，梳理、总结，形成《民主党派履行民主监督职能的研究》的调研报告，就研究和探索健全民主党派民主监督工作的方法和机制，进一步提升民主党派民主监督实效提出对策。7月8日，召开全市特约价格监督员聘任会议，聘请10名民主党派、无党派人士担任特约价格监督员，进一步拓宽政府部门聘任特约人员的领域。

（四）出台民主党派市委直接向中共郑州市委提出意见建议制度和意见建议落实反馈制度。根据中央、省、市有关精神和要求，结合全市统战工作实际，在长期实践的基础上，召开专题会议，征求各民主党派、工商联、无党派代表人士意见；书面征求市政府办公厅、市政协办公厅意见，起草《各民主党派郑州市委直接向中共郑州市委提出意见建议制度（试行）》《郑州市各民主党派工商联无党派人士意见建议落实反馈制度（试行）》，经市委同意，正式印发。两项制度的出台，规范政党协商中的知情反馈机制，通过自觉接受民主党派和无党派人士民主监督，使意见建议件件有着落、事事有反馈，进一步健全和完善了全市协商民主制度。

【凝聚力建设行动】 为深入贯彻落实省委统战部《关于在全省统一战线开展凝聚力建设行动的工作意见》，2016年，郑州市结合全市实际，广泛征求意见，出台实施意见，组织引导民主党派成员深入学习贯彻中共十八大、十八届三中四中五中六中全会和习近平总书记系列重要讲话精神，专题学习省十次党代会、市十一次党代会精神，切实把思想和行动统一到中央、省委、市委的决策部署上来，进一步增强围绕中心、服务大局的自觉性和主动性，发挥党派优势，为经济社会发展献计献策。

（一）深化学习实践活动，不断增进广泛共识。不断深化坚持和发展中国特色社会主义学习实践活动，开展优良传统教育活动。3月至11月，先后有民革市委赴赤水，民盟市委赴井冈山、延安，九三学社市委赴济源，农工党市委赴新县，致公党总支赴信阳、长沙等地，通过参观革命圣地、革命纪念馆等爱国主义教育基地，接受革命传统教育，不断增强中国特色社会主义道路自信、理论自信、制度自信、文化自信。

（二）充分发挥独特优势，献计出力“十三五”时期。充分发挥民主党派人才荟萃、智力密集、联系广泛的独特优势，围绕全市“十三五”时期规划实施中的重大问题，开展专题建言献策活动，各民主党派就“十三五”时期规划提出意见建议30余条。通过政党协商、政府协商、政协协商等协商平台，为“十三五”时期规划实施献计出力，进一步提高了建言献策的针对性和实效性，推动了更多的协商成果转化为市委、市政府的决策。

（三）精准开展社会服务，持续打造特色品牌。广泛凝聚统一战线各界人士的智慧和力量，积极引导民主党派精准开展社会服务活动，持续打造社会服务品牌。民革市委通过法律维权工作站，为民众办理法律援助案件10余起；民盟市委在薛店烛光小学举办“送健康、送文化、送书画”进校园活动，捐赠视力健康爱心卡800张、课外图书3400余册、书画作品300余幅；民建市委通过“思源工程”基金会，对唐庄乡27名贫困生每人资助2000元助学金；民进市委制订年度“同心”帮扶方案，开展“同心助教”教师培训2次，捐赠图书6000余册；农工党市委按照“百千万健康行动计划”，为500余人免费开展健康教育、健康体检、建立健康档案等服务；九三学社市委通过同心·果树生产技术服务基地，开展科技帮扶活动3次。致公党总支在贵州、登封开展支教帮扶等活动。

【民主党派履行职能】 为进一步支持各民主党派履行职能，更好地为市委、市政府决策提供参考，2016年，郑州市继续坚持好“党委出题、党派调研、政府采纳、部门落实”机制，年初市委印发了《市委办公厅转发2016年各民主党派重点调研课题的通知》，为党派调研创造良好的条件，更好地为郑州向国家中心城市迈进献计出力。

（一）协助民主党派中央、省委调研。4月至10月，先后6次协助各民主党派中央、省委在郑州市开展考察调研工作，推动项目交流合作，服务全市经济社会发展。先后有九三学社中央副主席赖明、民革中央副主席田惠光、九三学社中央常务副主席邵鸿、民建省委主委龚立群、民建中央副主席周汉民等，到郑州市考察调研“城市抗震避险能力建设”“城市公共停车设施建设”“城市公共自行车服务与管理”“多措并举降低企业成本”和自贸区建设、民主党派组织建设等工作。

（二）各民主党派市委开展调查研究。年初，市委统战部会同市委、市政府政策研究室负责人，与各民主党派负责人共同研究协商，确定14个重点调研课题。3月至11月，先后协助各民主党派开展考察调研20余次，通过实地调研、座谈交流，形成调研报告14篇。其中民革市委《关于积极有序推进郑州市分级诊疗工作的建议》的调研报告，得到省委常委、市委书记马懿，市委副书记、市长程志明的批示，为市委、市政府科学决策、民主决策提供了依据。经论证评选，推荐民革《关于在郑州设立海峡两岸青年创业基地的建议》、民建市委《关于互联网+背景下我市小微企业创新发展的建议》、民进市委《弘扬中原文化，助推我市经济腾飞》，农工党市委《实施畜禽定点屠宰 保障畜禽肉品安全》和《关于加快郑州荥阳宜居健康城建设的调研报告》、九三学社市委《关于郑州历史文化街区选址和建设的建议》，以及致公党总支《郑州建设国家中心城市过程中传承中原地域文脉与构建城市特色的建议》等7篇调研报告，呈报市委主要领导批示。

（三）各民主党派开展社会服务。不断拓宽民主党派发挥作用的渠道，全年利用多种形式开展社会服务活动29次。民革市委到市福利院进行送温暖活动，给福利院的孤残老人和孩子送去价值4.8万元的慰问品；民盟市委到白庙戒毒所开展“黄丝带”帮教活动，为戒毒所义写书画作品200余副；民建市委到马寨镇闫家咀小学开展“六一”图书捐赠活动，为该校捐赠图书650余册；民进市委到经开区列子小学开展六一儿童节慰问活动，为该校捐赠一批文体用品；农工党市委到唐庄乡中心社区开展第九届“中国环境与健康宣传周”义诊活动，为社区500余名居民免费义诊；九三学社市委到新郑市大地果庄园开展送科技下乡活动，进行农业技术指导；致公党总支到管城区新郑路社区开展义写春联活动，为社区居民义写200余幅春联。在开展的各项社会服务活动中，各民主党派累计捐款捐物20余万元，维护社会稳定、促进社会和谐。

【民主党派自身建设】 （一）加强思想建设。各民主党派加强学习培训，不断巩固共同思想政治基础。一是举办联合中心组学习活动。举办各民主党派、工商联、无党派代表人士联合中心组第36、37次集中学习活动，学习全国“两会”精神和习近平总书记系列重要讲话精神。通过学习，统一思想认识，凝聚政治共识，各民主党派进一步提高政治素养、坚定理想信念、增强履职能力。二是市委统战部举办为期党外骨干成员培训班。党外骨干通过一个月的异地培训，进一步提高统战理论政策水平，适应统战工作形势的新变化新要求，增强服务全市经济社会发展大局的能力。三是各民主党派举办各类培训班。3—11月，各民主党派先后组织举办各类培训活动8次，学习中国共产党领导的多党合作和政治协商制度，以及统一战线方针政策等，增强履职能力，提高骨干成员素质。四是市委统战部协助民主党派成员参加全省党外干部培训班。组织推荐全市4名民主党派成员参加省委统战部在省社会主义学院举办的第20期、第21期民主党派干部培训班，全面提高综合素质。

（二）加强组织建设。一是做好组织发展工作。各民主党派按照党派中央《关于进一步做好民主党派组织发展工作座谈会纪要》精神和党派省委2012年制订的高层次人才标准，有计划、有针对性地制订年度发展规划，坚持在大中城市发展、在有一定代表性人士中发展、在协商确定的发展范围和对象中发展，组织发展工作健康有序，主体界别特色鲜明。二是做好成员教育管理工作。各民主党派组织举办市委全会、新成员培训会议，以及重大节日或纪念活动会议等，采用以会代训的方式，达到教育管理成员和提高成员整体素质的效果。三是做好各民主党派市委换届工作。按照中共河南省委、省委统战部有关文件精神和换届工作会议要求，市委统战部及时向中共郑州市委主要领导汇报换届工作有关情况、提交协助民主党派市委做好换届工作的报告。至年底，各民主党派市委换届工作按照制订的10个阶段40个步骤有条不紊地进行中。四是做好民主党派基层组织换届工作。市委统战部积极协助各民主党派按照各自章程，制订基层支部换届工作方案；主动了解基层支部的实际情况，与有关方面沟通意见、协商人选；指导并全程参与党派基层组织换届。党派基层组织换届调整后，组织体系更加合理、领导班子更加具有活力。

（三）加强制度建设。市委统战部协助民主党派完善内部管理和监督制度，不断健全各项工作机制。一是开展民主党派加强思想建设对策研究的调研，完善各项学习培训制度；二是开展民主党派内部监督工作调研，建立健全内部监督机制；三是坚持和完善基层组织量化考评制度，充分调动基层组织的工作热情，不断激发组织活力，促进基层组织工作规范化、制度化。

（四）加强机关建设。一是开展民主党派作风建设调研，提高机关干部的政治素质、纪律观念，强化廉政意识；二是市委统战部建立健全民主党派干部数据库，实时掌握动态，将民主党派干部纳入全市“同心”实践基地挂职锻炼的总体安排，加大民主党派干部的培养使用力度。

【基础工作】 2016年，市委统战部党派处着力提高基础工作质量。召开各民主党派秘书长联席会，与各民主党派协商2016年工作；建立完善《民主党派成员基本情况统计表》《民主党派代表人士情况统计表》，及时采集变更信息，准确掌握党派成员基本情况；上报省委统战部各类统计数据报表；对各民主党派机关工作人员进行年度考核。

指导县（市）区做好培训工作。深入贯彻中央、省委、市委统战工作会议精神，加强对统战干部和党外干部培训力度，指导并参与金水区、中原区、中牟县等县（市）区的民主党派骨干成员培训工作。

（杨飞雁　石　林　沈开伟）

民革郑州市委员会

【思想建设】 2016年，民革郑州市委通过召开主委会、专题学习会、座谈会等多种形式，全面发动全市民革党员深入学习贯彻中共十八大和十八届三中、四中、五中、六中全会精神，以及习近平总书记系列重要讲话精神、省第十次党代会和市第十一次党代会精神，统一思想，提高认识，坚定信念。

深入开展“坚持和发展中国特色社会主义学习实践活动”，组织党员200余人到新密市尖山乡，参观考察尖山地区新农村建设和扶贫开发经验；组织骨干党员40余人到贵州省赤水市，参观红一军团纪念馆和宋庆龄旧居；落实民革中央《关于继续组织好“观故居，走多党合作之路”活动的通知》精神，组织部分党员参观卫立煌、张治中、冯玉祥、孙越崎、邵力子、宁武、张钫等民革前辈故居；组织课题组赴吉林省，就张宝艳、秦艳友先进事迹进行学习调研。通过思想建设活动，进一步了解党员思想状况，增强党员凝聚力，提高市委会向心力。

充分发挥“民革郑州市委会”微信公众号的作用，坚持每个工作日更新1—3条信息。至年底，该公众号已有822人关注，单条信息最高阅读量达到22572人次，在2016年12月全国各党派地方组织微信公众号排名中位列第二。《团结报》头版以《“指尖”上的履职——民革郑州市委会宣传工作走入“微信时代”》为题，大幅报道民革郑州市委会以微信公众号为平台开展宣传工作所取得的实效。

【组织建设】 2016年，民革郑州市委新成立市直二支部、郑州师范学院支部，金水二支部改名郑东一支部，机关支部完成换届，市直一支部、粮邮支部增补委员。全年新发展党员34人，截至年底全市共有民革党员582人。

市委会深化对机关建设规律的探索，进一步加强机关制度化、规范化、程序化建设，不断推动学习型机关建设。积极争创省级文明标兵单位，成立创建工作领导小组，组织开展法治建设、道德讲堂、志愿捐赠、文明交通等多项精神文明建设活动，活跃机关文化生活，改善机关工作面貌。积极筹建市政协文史馆民革展厅，市委会着手收集民革相关资料，制订布展方案、整理机关资料、到市档案馆查找资料、拜访老领导、老党员，复印扫描复制相关实物，市委会领导到重庆参观民主党派陈列馆。在市政协文史馆筹建推荐会上，民革作为先进典型受到表彰。继续强化作风建设，严格落实中共中央八项规定精神，持续改进文风、会风、学风，不断提高工作质量和水平。选派3名机关干部参加省民革在上海交通大学举办的民革全省机关干部综合能力培训班。

因工作扎实有效，民革郑州市委在2016年获得“民革全国机关工作先进集体”“民革全省宣传工作先进集体”荣誉称号；郑东一支部获得“民革全国祖统工作先进基层组织”，民革党员张自福获得“民革全国祖统工作先进个人”；9个基层组织、32人次获得民革省委会各类表彰；1人次获得市政府智慧家庭表彰，1人次获得市政府书香家庭表彰。

【参政议政】 2016年，民革郑州市委领导多次参加中共郑州市委、市政府召开的党外人士协商会、座谈会、情况通报会，充分运用重点考察调研成果，提出全局性、前瞻性、可操作的意见建议，内容包括注重中心城市建设；注重商城遗址的保护和重建；注重对困难群众，特别是特困、贫困户的关爱；注重与丝绸之路经济带沿线国家人文领域的合作交流；充分发挥民主党派中央作用，助推郑州市经济社会发展等建议，许多建议被中共郑州市委、市政府采纳。

在郑州市“两会”期间，市委会召集民革党员中的市人大代表、政协委员，就2016年度参政议政工作集思广益、建言献策。在政协郑州市十三届三次全会上，市委会共提交4件集体提案，全部立案；民革党员共提交64件个人提案，立案55件。多位委员受到郑州电视台、广播电台、《郑州日报》等新闻媒体的专访和宣传报道，在社会上引起良好的反响。在市政协表彰的十三届二次会议以来的优秀政协委员和优秀提案中，11名民革党员中的市政协委员被评为“优秀政协委员”，4篇个人提案被评为“优秀提案”。

按照郑州市长期坚持的“党委出题、党派调研、政府采纳、部门落实”的工作机制，经反复讨论协商，民革郑州市委确定两个重点调研课题，组织课题组十余人赴福州、平潭等城市调研。其中，课题“关于积极有序推进郑州市分级诊疗的建议”，经多次调研和修改完善，所形成的调研报告得到中共郑州市委主要领导批示，并被有关部门采纳落实。“关于在郑州设立两岸青年创业基地的可行性调研”顺利完成并上报市委统战部。民革市委会还完成“关于在方特主题公园建立郑州馆、促进文化与科技创新互动融合的建议”“光伏扶贫可行性研究”等5个调研课题。

在反映社情民意方面，民革市委会积极探索反映社情民意新机制，提高社情民意质量，要求新加入的民革党员和联系人士结合自身工作和关注领域每人至少提交1条社情民意，市委会经过收集整理，向市政协提交10余篇社情民意。被民革河南省委会采用的社情民意数量在全省14个地市民革组织中排名第一。

【社会服务】 （一）积极开展“同心”实践活动。民革市委会组织市委会委员、支部主委（筹备组负责人）、民革党员中市级以上人大代表、政协委员一行近30人赴贵州毕节学习考察，学习民革在毕节纳雍扶贫经验。在“同心”实践行动基地登封市唐庄乡开展送文化下乡、法律讲座等活动，向唐庄乡捐赠一批电脑，帮扶唐庄乡贫困户王彦宝家脱贫致富。

（二）努力开展社会帮扶活动。春节前夕，多个支部开展送文化、送科技下乡和送温暖活动；航空港区支部筹备组到郑州市福利院，给孤残老人和孩子们送去价值4.8万元的棉衣、食品、玩具等生活用品；儿童节前夕，金水一支部、学校支部看望贫困留守儿童，二七一支部、二七二支部捐赠价值2000元的图书，市直二支部、航空港区筹备组到郑州市儿童福利院看望孩子们，为他们送去价值5万元的米粉、纸尿裤等婴幼儿用品。管城二支部在端午节前夕到白沙镇敬老院进行慰问，给老人们带去了米、面、油、鸡蛋、粽子、西瓜等慰问品。市直一支部促成民革党员向中牟县商都路小学捐款16万元，为4位脑瘫疾病特殊患儿捐助现金2000元；管城一支部联合中山书画院举办书画笔会；二七一支部、金水二支部、三联支部、中原一支部、医务支部、高新一支部为烧伤的10岁男童捐款5200元；金融支部开展免费法律咨询进社区活动；医务支部开展义诊、组织健康知识讲座；粮邮支部参与“聆听世界，触摸光明”盲童救助慈善项目等。

【促进祖国和平统一】 2016年，民革郑州市委积极参与民革中央举办的“纪念孙中山先生诞辰150周年书画展”，以及民革河南省委与民革湖北省委共同举办的“天下为公——纪念孙中山先生诞辰150周年书画作品展”，征集多幅优秀作品参展。主办“纪念孙中山先生诞辰150周年朗诵会”，从各基层支部选拔出16首原创诗歌、散文，追忆孙中山先生的伟大事迹，歌颂民革组织在中山精神影响下取得的喜人成绩，赞扬共产党领导的多党合作事业取得的辉煌成就。此次朗诵会得到郑州电视台、《郑州日报》等多家媒体的报道，对弘扬中山精神、扩大民革影响力起到很好的推动作用。

2月，民革郑州市委接待了第十五届台湾高校杰出青年赴大陆参访团一行36人，陪同参访团祭拜人文始祖，体验禅武文化，积极推动两岸交流。

民革中央副主席、天津市政协副主席、民革天津市委会主委田惠光应邀参加丙申年黄帝故里拜祖大典，大典期间出席第十届黄帝文化国际论坛开幕式并致辞。

（郭　存）

民盟郑州市委员会

【概况】 2016年，民盟郑州市委紧紧围绕郑州市委、市政府的中心工作，团结带领全市各级民盟组织和广大盟员，深入贯彻落实中共十八届五中、六中全会精神，深入学习习近平总书记系列重要讲话精神和省、市党代会精神，围绕中心，服务大局，凝心聚力，真抓实干，继承民盟优良传统，认真履行参政党职能，切实加强自身建设，为助推郑州建设国家中心城市参政议政，建言献策。全市盟务工作呈现出务实、创新、团结、奋进的良好局面。民盟郑州市委荣获民盟河南省委2016年度盟务工作先进集体；盟员张志华获中国好设计奖银奖，入选2017年度河南省科技创新杰出人才和2015年度“智汇郑州·1125聚才计划”创业领军人才。

【思想建设】 2016年，民盟郑州市委以学习贯彻中共十八届五中、六中全会精神和习近平总书记系列重要讲话精神为主线，紧密结合盟内实际，广泛开展调研活动，利用市委全会、骨干盟员学习报告会、支部盟员生活会，以及辅导报告会、形势报告会、经验交流会和社情民意座谈会等形式，组织广大盟员深入学习中央、省、市有关会议精神和盟章盟史，深入开展“坚持和发展中国特色社会主义学习实践活动”。不断增强盟员对中国特色社会主义的道路自信、理论自信、制度自信和文化自信，提高政治理论水平和准确把握新形势能力。进一步增强盟员自觉维护多党合作和政治协商制度的责任感和使命感，以及盟员履行参政议政职责的自觉性、主动性和创造性。

3月，民盟郑州市委组织盟内人大代表、政协委员、民盟郑州市委委员、基层支部负责人和民盟郑州市委机关工作人员50余人，参加市政协召开的十三届十五次常委会议，学习传达全国“两会”精神。会上，全国政协委员、民盟郑州市委主委、郑州市政协副主席朱专兴传达全国“两会”精神，参会人员进行分组讨论，进一步强化干部的统战意识和学习能力。

5月和7月，民盟郑州市委先后两次赴井冈山市与时俱进干部培训中心举办骨干盟员暨新盟员培训班，学习和弘扬井冈山精神，缅怀老一辈无产阶级革命家的丰功伟绩，在革命传统中进一步坚定理想信念，提高郑州市盟员的参政议政能力和合作共事能力，为建设国家中心城市献计出力。全市盟内人大代表、政协委员、民盟郑州市委委员、基层组织负责人、新盟员及机关工作人员共90余人参加培训。

11月，民盟郑州市委赴延安举办2016年下半年骨干盟员暨新盟员培训班，民盟郑州市委主委朱专兴、副主委李蝴蝶、郝伟、张洛通、王新荣，盟内人大代表、政协委员，民盟郑州市委委员、基层支部负责人及部分新盟员共计65人参加培训。通过实地参观学习，重温中国共产党在延安领导中国革命13年的伟大实践，目睹新中国的缔造者们当时所处的工作、生活环境，身临其境感受到改变历史的精神力量，深入了解延安精神的真谛，接受一次深刻的革命传统教育和理想信念教育。

【组织建设】 2016年，民盟郑州市委认真贯彻落实盟中央“人才兴盟、人才强盟”战略，内强素质求发展，把人才发展作为组织建设的第一要务，在注重政治素质、保证质量、优化结构的基础上，按照政策，严格程序，加大高层次、高素质人才的发展力度，按照5%的比例新发展政治素质好、业务能力强、有代表性的知识分子，为民盟组织注入新的活力。

2016年，民盟郑州市委共发展新盟员58人。截至年底，全市共有盟员1157人、基层盟组织43个。盟员中各级政协委员、人大代表61名。其中，全国政协委员1人；省人大代表3人，省政协委员3人；郑州市人大代表5人（常委1人），市政协委员21人（副主席1人、常委5人）。另有多名盟员受聘担任市县特约监察员、检察员、审计员和教育督导员等。中级以上职称盟员占总数的85%以上，本科及以上学历盟员占总数的61%以上，硕士及以上学历盟员占总数的8%以上，各类人才荟萃，智力密集。

民盟郑州市委站在战略高度，以干部队伍建设民主化、科学化、制度化为目标，逐步建立健全一套发现选拔、培养锻炼、管理考核、推荐使用、跟踪监督的良性工作机制，从基层组织入手发现人才、吸纳人才，切实建立一支高素质的民盟队伍，为民盟事业薪火相传提供充足的人才保证。年内对新郑总支进行了换届。为表彰先进、增强基层支部和盟员参加盟务活动的积极性，民盟市委开展“评先评优”活动，对16个先进支部和77名优秀盟员进行表彰。

【参政议政】 2016年，民盟郑州市委紧紧围绕郑州市委、市政府的中心工作，整合智力资源，针对全市重点工作做好参政议政工作，就推动郑州市信息化和工业化深度融合、工业化和城镇化良性互动、城镇化和农业现代化相互协调的发展进程，以及生态文明建设、巩固和加强全市农业基础地位、充分发挥区位优势等重大问题，扎实调研，积极建言献策。政协委员、人大代表恪尽职守，不辱使命，积极发挥了参政议政和民主监督职能。

提交市政协建议提案。在2016年全市“两会”上，盟员中的4位人大代表和21位政协委员共提交建议和提案61件，其中民盟郑州市委集体提案4件，民盟郑州市委委员陈鹤婷代表民盟郑州市委作题为《关于进一步提升我市占道经营管理服务水平的对策和建议》的发言。这些提案和发言涉及教育改革、城市交通、抑制房价和社会困难群体就业等多个方面的内容，均体现出全市盟员中人大代表、政协委员心系民生、推进和谐的社会责任感和使命感。其中，民盟郑州市委提出的《关于铁腕治理雾霾的几点建议》被市政协评为2015年度优秀提案，郝伟、刘清江、陈鹤婷、潘福彦、张晓红、李大文、张一帆等被评为优秀政协委员。

深入开展调查研究。结合全市经济运行中遇到的新情况新问题，积极组织盟内骨干和有专业特长的盟员深入调研，组织并撰写调研文章9篇。一是成立两个专题调研小组，并制订调研方案。4月和9月，分别组织调研组成员赴登封、中牟非遗保护中心和市民政局、老龄委致函调研，实地走访调查当地非遗项目和社区养老的实际情况，并向中共郑州市委统战部报送了《关于我市非物质文化遗产的传承与保护问题研究》《关于推进我市社区养老的调查与建议》两份调研报告。二是围绕市政协第二、三季度常委会议题，组织政协委员及骨干盟员对郑州市搬迁式扶贫中历史文化的传承与保护问题，以及在创新创业方面建立完善的激励评价机制问题开展专题调研。5月和8月，到市扶贫办、市文物局、市科技局、市科协等部门调研，形成的调研报告《关于我市搬迁式扶贫中历史文化的传承与保护问题的调查与建议》《建立完善的激励评价机制，激发“双创”人员内生动力和活力》均被市政协选为第二、三季度常委会的大会发言材料。三是在调研基础上，形成《关于推进我市农村中小学教育信息化发展的几点建议》《关于促进我市农村职业教育发展的几点建议》《关于推进我市学前教育发展的调查与建议》等4篇调研材料，作为民盟郑州市委在市政协全会上的集体提案，其中《关于推进我市农村中小学教育信息化发展的几点建议》被市政协作为2016年度主席重点督办提案。

积极完成民盟省委各项调研任务。一是在民盟省委承担民盟中央的调研课题《关于我国技术市场发展问题的研究》中，民盟郑州市委积极参与，于8月协调市科技局、市科协相关部门人员召开座谈会，就郑州市技术市场发展中问题进行研讨和座谈。二是申报民盟省委参政议政调研课题《构建河南省土地利用与经济发展良性关系，促进生态文明和社会和谐发展》，获盟省委立项，经过深入调研，调研报告得到相关部门的好评。三是经过深入调研，报送盟省委的调研报告《依托互联网推动郑州航空港区教育国际化发展的建议》被采用为省政协大会的口头发言。

【社会服务】 2016年，民盟郑州市委按照“围绕中心、服务大局，发挥优势，讲求实效” 的工作思路，不断加大社会服务工作力度，较好地完成社会服务工作。

开展春节走访慰问暨义写春联活动。1月，中共郑州市委统战部和民盟郑州市委在郑州市“同心”实践基地——登封市唐庄乡的寺沟村联合举办了走访慰问困难户暨写春联送祝福活动，为25名困难户送上过冬的米、面、食用油等慰问品和书画家书写的春联。康华峰、李山江、王永军、张杰等盟内外十几名书画家们挥毫泼墨，义写春联600多副，免费赠送给当地群众，表达对父老乡亲的深情厚谊和美好祝福。

做好民盟薛店烛光小学工作。7月，启动民盟远程教育“烛光行动”千校计划学校申报工作和优质课大赛参评工作，做好薛店烛光学校教师情况登记并及时上报民盟省委；8月，组织薛店烛光学校44名教师参加“烛光行动”安阳培训班、现场会、“烛光杯”教学技能大赛，荣获河南省“烛光杯”示范课大赛一等奖；11月，组织烛光学校教师代表参加民盟河南省委在禹州市举办的“烛光行动”培训班，听取省教育专家贾满仓、崔红霞作的专题报告，16所民盟烛光学校交流办学经验，现场观摩禹州神垕民盟烛光小学，研讨开展“烛光行动”提升民盟烛光学校教学质量、发展特色教育的具体规划和措施。

开展“黄丝带”帮教工作。6月，民盟郑州市委开展“黄丝带”帮教行动——送书画进白庙戒毒所活动。唐海、李山江、马光天，张杰、王建国、荆涛、张新永、高苑钘、张珂等盟内外书画家，以“珍爱生命、远离毒品”为主题，挥毫泼墨，书写名言警句，创作65幅书法、绘画作品，劝勉戒毒人员珍惜生命，戒除毒瘾，以健康的身心去创造美好的生活。

开展新农村建设及精准扶贫活动。4月，民盟郑州市委组织市直盟员到郑州市“同心”实践基地——登封市唐庄乡调研“同心”实践和精准扶贫工作。7月和10月，民盟郑州市委员会专职副主委张洛通和民盟郑州市委机关干部先后两次到登封市唐庄乡寺沟村，走访村民张占营、王银超、任现奎等一对一帮扶对象。

举办送书画、送健康暨图书捐赠活动。民盟郑州市委和民盟河南传媒总支在郑州市“同心”实践基地登封市唐庄乡第二小学举办送书画、送健康暨捐赠图书活动，民盟向该校捐赠了3500册图书和价值30万元的视力健康爱心卡；马光天、李山江、张杰、高苑钘等书画家现场创作书画作品，激励学生好好学习，早日成为国家有用之才；河南青藤书画艺术学校校长李丰原为学生作精彩的绘画讲座；郑州市目明远见眼视光中心董事长田红兵等为20名近视的学生进行现场验光和配镜活动。

举办民盟郑州市委迎新年书画展。为大力弘扬民盟与中国共产党亲密合作的光荣传统，进一步激励全市各级民盟组织和广大盟员爱盟兴盟、继往开来，民盟郑州市委于12月19日在郑州市博物馆举办民盟郑州市委庆祝2017年元旦书画展，征集、展出作品100余幅，现场向盟员、书画家发放书画册300余册。

【机关建设】 2016年，民盟郑州市委把加强机关建设、提高专职工作人员综合素质作为重要内容来抓，以打造“学习型、服务型、实干型、和谐型”机关为目标，各项工作均保质保量完成。

加大学习力度，提升素质能力。3月29日，组织盟内人大代表、政协委员、民盟郑州市委委员、基层支部负责人和民盟郑州市委机关工作人员50余人，参加市政协召开的十三届十五次常委会议，学习传达全国“两会”精神；6月24日，承办全市各民主党派、工商联和无党派代表人士联合中心组第37次集中学习会议，深入学习贯彻习近平总书记系列重要讲话精神，充分发挥统一战线优势，大力开展凝聚力建设行动，全力以赴服务“十三五”时期规划实施；10月14日，召开专题会议，学习传达郑州市第十次党代会精神，进一步明确了下一步工作重点。

召开民盟郑州市委全会，统筹重点工作。4月27日组织召开民盟郑州市委员会第十二届八次全会，会上通过民盟郑州市委关于郑州华夏中学有关人事任免（草案），提名牛尔为担任郑州华夏中学法人，获全票通过。6月24日组织召开民盟郑州市委员会第十二届九次全会，汇报民盟郑州市委2016年上半年工作及下半年工作计划，以及民盟郑州市委在市政协第二季度常委会上的发言《关于我市搬迁式扶贫中历史文化传承与保护问题的调查与建议》，并进行分组讨论，会后参观调研荥阳市崔庙镇易地扶贫搬迁情况。

健全工作制度机制，确保运转有序。进一步建立健全岗位目标责任制、机关办公会议制度、机关学习制度、考勤制度、慰问老领导和离退休干部制度以及为老盟员过生日制度等。全年慰问老干部、机关退休人员和老盟员93人次，为70岁以上老盟员过生日30人次。在对外宣传方面，进一步明确工作任务、分清职责，做好统战信息的撰写和上报工作。突出做好创文工作，积极参与政协省级文明单位标兵共创工作，12月2日，郑州市政协及共创单位作为郑州市拟推荐2016年度河南省文明单位（标兵）在《郑州日报》上公示。

收集历史材料，参与政协文史馆建设。积极参与郑州政协文史馆建设，按照要求向政协上报民盟郑州市委发展历程，历届班子成员名单、照片，历届领导调研视察资料，获得荣誉等相关史料。

（史　茜）

民建郑州市委员会

【概况】 2016年，民建郑州市委团结带领广大会员，紧紧围绕全市中心工作，紧抓凝聚力建设行动，全面加强自身建设，积极履行参政党职能，切实做好社会服务工作，各项工作取得新进展。在民建河南省委考核工作会议上，民建郑州市委被评为年度市级组织考核一等奖第一名，连续第8年获得该项荣誉。民建中央副主席辜胜阻、周汉民，民建河南省委主委龚立群等到郑州考察、调研，对郑州民建各项工作给予了指导。

【思想建设】 （一）加强政治理论学习。组织引导广大会员认真学习中共十八届五中、六中全会和习近平总书记系列重要讲话精神。4月9日，在民建郑州市十四届五次委员（扩大）会议上，集中学习全国“两会”精神和习近平总书记在全国政协民建、工商联委员联组会议上的重要讲话精神。6月17日，召开座谈会，专题学习省委书记谢伏瞻在省各民主党派、工商联座谈会上的重要讲话精神。10月21日，召开学习贯彻中共郑州市第十一次代表大会精神座谈会，主委张冬平出席会议并作重要讲话。

（二）开展主题教育活动。以凝聚力建设行动为主题，深入开展思想教育。一是举办“诗意千古 清风一阕——古典廉政文化漫谈”报告会，带领会员领会中华诗词文化精髓。二是为庆祝红军长征胜利80周年，文化工作委员会赴遵义，开展“重走长征路、弘扬长征精神”学习教育活动，缅怀革命先烈，弘扬长征精神，强化革命传统教育。三是开展学习民建会章、会史和民建优良传统的读书活动，为会员们订阅一批会史资料，引导会员深入学习民建中央主席陈昌智在民建成立七十周年纪念大会上的讲话，深入了解民建的光荣历程，弘扬民建的优良传统。

（三）注重新闻宣传和理论研究。继续加强“两刊一网”建设，全年共编发刊物4期，在网站上发表信息230余篇，其中近30篇被民建中央网站、人民政协网、团结网采用；130余篇被民建省委和根在中原网站采用。以理论研究工作委员会为依托，围绕民建中央重点课题“民建如何在中国共产党领导的政治协商中发挥作用”，开展理论研究，全年共收到研究成果13篇，其中4篇被民建省委评为“优秀成果二等奖”。

【组织建设】（一）有序推进换届工作。制订《民建郑州市委换届工作方案（草案）》，起草《中国民主建国会郑州市第十四届委员会工作报告（初稿）》等相关文件。市委会领导精心筹划、科学安排支部换届工作，与各方面沟通协商，经主委会议讨论研究，确定支部班子人选。

（二）加强领导班子建设。市委会领导班子坚持贯彻民主集中制原则，全年召开主委办公会6次，参加各民主党派、工商联和无党派人士联合中心组集中学习3次，积极参加人大、政协、统战部组织的其他各类学习。11月27日，市委会领导班子赴广西同民建南宁市委、民建北海市委，就机关建设、组织建设和换届工作等进行会务交流。

（三）加强干部队伍建设。全年选派1名会员参加民建中央基层组织主委培训班，选派1名会员参加省委统战部第20期民主党派干部培训班，选派5名会员参加民建河南省中青年企业家会员培训班，推荐30余名会员参加市委统战部、县（市）区委统战部举办的培训。通过学习和锻炼，后备干部的素质得到进一步提升，参政履职能力得到进一步提高。

（四）做好会员发展工作。全年发展新会员21人，全部为本科以上学历，其中硕士研究生以上学历3人。截至2016年年底，全市共有会员612人，其中男会员398人、女会员214人，平均年龄56岁。本科以上文化程度者352人，占会员总数的57.51%；具有中高级职称的337人，占会员总数的55.07%；经济界会员518人，占会员总数的84.64%。

（五）加强基层组织建设。市委会对2015年度先进支部和优秀会员进行表彰，激励广大会员向先进典型学习。各支部开展内容丰富、形式多样的活动，大大增强了支部的活力和凝聚力。如直属二支部到会员企业学习考察，管城三支部举行“迎七一、学党章、讲会史”讲座，金水一支部、金水三支部举行了学习习近平总书记“七一”重要讲话精神座谈会。

【参政履职】（一）协商监督取得新进展。积极参加中共郑州市委、市人民政府、市政协召开的座谈会、情况通报会、协商会，在2月召开的郑州市党外人士座谈会上，民建市委会围绕公共服务、社会保障和处理政府、社会、市场三者关系提出3条意见建议；8月，召开中共郑州市委党外人士座谈会，就做好下半年工作征求党外人士的意见建议，民建市委会围绕产业结构调整、降低企业成本、自主创新示范区建设等提出5条意见建议。认真履行民主监督职能，1名会员被聘为郑州市特约价格监督员。会内人大代表、政协委员、各类特邀（约）人员敢于监督，善于监督，充分调查研究、了解和反映真实情况。

（二）深入开展调查研究。围绕党派重点调研课题“互联网+背景下我市小微企业创新发展”“美丽乡村建设”开展调查研究，形成《关于互联网+背景下我市小微企业创新发展的建议》和《借策聚力，加快推进我市美丽乡村建设》2篇调研报告，提交中共郑州市委、市人民政府供决策参考；5月，围绕“发展乡村旅游，助推精准扶贫”进行专题调研，形成题为《因地制宜发展乡村旅游 千方百计推进精准扶贫》的调研报告，作为市政协二季度常委会发言。8月，围绕“互联网+物流发展问题”开展专题调研，形成题为《创新发展“互联网+物流” 助推传统经济转型升级》的调研报告，提交市政协三季度常委会。12月14日，围绕“郑州市自主创新示范区建设”开展调研，形成题为《高起点、高标准打造创新示范区 助推我市创新发展跨上新台阶》的调研报告。全年向民建省委报送调研成果16篇，其中5篇被民建省委采用。

（三）充分利用人大、政协平台建言献策。全市“两会”期间，市委会提交集体提案7件，在市政协全会上，市委会作题为《建设特色小镇 推动新型城镇化进程和经济转型升级》的大会发言，市委会提交的《积极推进创新发展驱动战略实施，努力创建区域一流创新型城市》被评为优秀集体提案。会员中的7名人大代表、30名政协委员提出议案、提案70余件。会员提交的《关于加强治理雾霾的建议》被评为省政协优秀提案；会员领衔提交的《关于大力推进郑州市“海绵城市”建设、绿地和空间立体绿化的议案》被市人大予以立案；会员提交的《关于大力发展我市现代服务业的建议》被市政协评为优秀个人提案。市委会继续采取激励机制，鼓励广大会员积极反映社情民意，全年收到社情民意信息73篇，及时收集整理后报送民建省委。

【社会服务工作】（一）积极配合民建省委承办2016年中国（河南）非公有制经济发展论坛。6月13日至15日，组织机关干部参与论坛的各项会务工作，组织26名会员代表参加此届论坛。会员代表积极参加救护车捐赠仪式、论坛开幕式及主题演讲、“爱的分贝”义演晚会等主题活动，并为听力障碍儿童捐赠善款。市委会与市中小企业服务局积极沟通协调，精心安排，圆满完成广东、广西、福建、贵州四地考察团的接待工作，市委会领导陪同四省代表先后到郑东新区、航空港区、经开区参观考察，积极宣传郑州、推介郑州，为郑州招商引资。

（二）做强“同心”实践品牌。继续开展“同心”助学活动，资助唐庄乡22名被高等院校录取的贫困学生每人2000元。自开展“同心”助学活动以来，累计资助98名贫困学生共计19.6万元。筹集10万元援建唐庄乡寺沟村生产生活道路。继续开展精准扶贫工作，市委会领导多次入户走访了解分包贫困家庭情况，积极开展帮扶工作，顺利帮助分包家庭提前脱贫。

（三）服务会员企业。11月4日，市委会领导先后到郑州希硕信息科技有限公司、河南中部软件园置业有限公司等会员企业考察调研，了解企业的经营情况，为企业出谋划策。积极组织企业家会员参加企业经营管理、政策法规等相关的学习培训、学习考察活动，帮助会员拓展视野，促进企业家会员间的合作交流。4月24日，举办了“互通有无 互利合作”企业家会员圈内经济循环讨论座谈会，6月25—26日，开展“企业与法”学习考察活动，8月24—28日，民建郑州市委企工委赴哈尔滨参观当地会员企业。10月12—15日，民建郑州市委组织企业家会员23人赴济南学习考察。

2016年，广大会员积极开展社会服务活动，投入扶贫资金97.4万元，向灾区捐献款物21万元，捐资助学80.02万元，开展“三下乡”活动19次，会员企业吸纳劳动力2564人，开展各种培训讲座34次。援建村文化室1个，投入资金1.2万元；援建学校1所，投入资金20万；援建公路11.5公里，投入资金200万元。在民建全国社会服务工作会议上，1名会员被评为民建全国社会服务先进个人；在民建全省社会服务工作会议上，民建郑州市委企业工作委员会和2个支部被评为民建全省社会服务先进集体，6名会员被评为民建全省社会服务先进个人。

（百金丽 钱振强）

民进郑州市委员会

【概况】 2016年，民进郑州市委秉持"有思有行、集智聚力、顺势而为、开拓创新"的工作方针，把坚持和发展中国特色社会主义学习实践活动主线贯穿到各项工作中，按照中国特色社会主义参政党的基本要求，统筹谋划、汇聚力量，全面推进民进事业发展，不断增强全会为执政党助力、为国家尽责、为人民服务的责任心和使命感。

截至2016年年底，全市共有民进会员515人。其中，女会员 296人；平均年龄52岁；大专以上文化程度者485人，占会员总数的94%；具有中高级职称的会员461人，占会员总数的90%；文化教育出版界别会员384人，占会员总数的75%。

【思想建设】 2016年，民进市委会切实加强新形势下的思想政治工作，继续纵深推进学习实践活动，巩固和深化活动成果。5月23日，市委会举办学习实践活动专题报告会。邀请有关专家作《"四个全面"战略布局和"五大发展理念"引领推动"十三五"发展》报告。8月5日，市委会举办道德讲堂，民进市委主委张民服以《古丝绸之路与一带一路战略——中华民族的伟大历史复兴》为题，讲授中国悠久的历史和经济文化交流，宣传国家一带一路战略规划及其意义，部分民进会员和市政协机关、各民主党派、工商联机关150余人参加了报告会。9月4日，在第32个教师节来临之际，市委会组织教师会员赴荥阳大张村参观考察新农村建设情况。11月11日，市委会召开四届三十二次主委会议，学习传达中共十八届六中全会及中共河南省第十次党代会精神。市委会被民进河南省委授予"全省民进新闻宣传工作先进单位"称号。

【组织建设】 针对新形势、新任务，2016年市委会不断总结组织工作经验，勇于创新，不断增强组织活力和凝聚力。市委会充分发挥各级领导班子成员"关键少数"的引领带头作用，加强"人才库"建设，积极推进代表性人士和后备干部队伍的发掘与培养，帮助骨干会员成长。全年共组织会内骨干成员23人次参加中央社会主义学院、省社会主义学院、民进省委、市委党校举办的各类培训班。

5月7—11日，市委会组织会内各级人大代表、政协委员、市委委员、支部主副委及参政议政骨干会员共56人赴济源市愚公移山干部学院参加培训。6月30日，市委会举办"文明礼仪知识讲座"，邀请民进会员、郑州旅游职业学院副教授王红卫就政务、商务礼仪和日常生活的文明行为作精彩报告。10月9日重阳节，市委会组织退休会员约100余人赴郑州师范学院自然博物馆参观考察。市委会领导向广大退休会员致以节日问候，并号召退休会员积极为民进工作建言献策，共同推进各项工作再上新台阶。全年共发展新会员11名，其中教育界别会员占55%，本科以上学历者占100%，中级以上职称者占55%。

【参政议政】 2016年，民进市委会进一步巩固民进特色优势，持续关注教育、文化、环保等突出问题，关注热点、难点和群众迫切需要解决的问题，积极开展调查研究，形成一批重要的参政议政成果。

2月3日，中共郑州市委召开党外人士座谈会，张民服以"充分利用我市丰富历史文化资源，加快建设列子文化园"为题作专题发言，引起市委高度重视，强调一定要把列子文化园建设纳入到圃田新城的建设规划中，努力塑造具有自身文化特色的国际商都。

在2016年召开的郑州市政协全会上，民进郑州市委提出《关于建设郑州列子文化园的建议》的集体提案经市政协十三届二十八次主席会议审议通过，确定为主席会议建议案。这是郑州市十三届政协3年来首件被确定为主席会议建议案的政协提案。郑东新区党工委、管委会为全面落实这个建议案，在建设规划中将列子文化遗迹集中地圃田，规划为彰显列子文化特色的城乡一体化展示区。

在2016年全市"两会"期间，市委会向政协大会提交集体提案7件、大会发言1篇，民进界别的人大代表、政协委员向市人大、市政协提交建议8条、提案70件。民进郑州市委集体提案《高效利用黄河水资源，保障我市生态水系建设》和民进市委副主委徐平个人提案《加大学前教育政策扶持力度，加强普惠性公办幼儿园建设》获得优秀提案奖。此外，民进市委副主委汪德峰的《关于对河南省推进大众创业万众创新的建议》获得2016年度省政协优秀提案奖。

3月6日，在三八妇女节来临之际，市委会组织80多位会员参观考察郑州地铁工程建设。4月8—9日，市委会组织部分参政议政骨干成员与民进郑州大学委员会联合，赴灵宝市开展精准扶贫专项调研活动，搜集相关材料。5月25日，为迎接郑州市政协十三届十六次常委会议召开，市委会围绕"切实推进精准扶贫工作"进行专题议政。7月23—28日，市委会组织市委委员、基层支部主委、市级人大代表和政协委员共40余人赴宁夏、青海，就"一带一路战略与郑州国际商都建设"开展学习调研活动，围绕"西北通道与我市大物流建设""塞上江南银川对我市现代田园城市建设的启示""民族融合与和谐郑州建设""西北民族文化传承对我市文化园区建设的启示"等课题，形成调研报告4篇。8—9月，民进市委副主委赵学庆、张强带领调研组先后赴市科技局就"完善科技市场体系，加速科技成果转化"进行调研，为市政协常委会召开做准备；赴南阳、洛阳，就年度重点课题进行调研，形成调研报告《弘扬中原文化，助推我市经济腾飞》《郑州留守儿童的问题及建议》。经市委会考核和市政协评审，徐平、张强、袁鲜丽、李建霞、程绍南获得"2015年度优秀政协委员"称号。市委会被民进中央授予"民进全国参政议政工作先进集体"称号，被民进河南省委授予"全省参政党理论研究先进单位"称号。

【社会服务】 2016年，民进市委会继续提升民进社会服务的品牌效应，深入开展"同心"系列活动，充分发挥教育、文化、出版的界别优势，开创社会服务新局面。

4月28日，民进市委副主委张强捐赠出个人多年出版的图书样书6000多套，价值12万元，为登封市唐庄乡第二小学建立图书室，满足该校的发展急需。4月23日至24日、11月5日至6日和12月9日，在民进市委副主委赵学庆主持下，分别举办教学培训班和"同心助学"赴唐庄乡第二小学送课下乡活动，由民进党员、教育专家、特级教师刘雁华为唐庄乡教师进行培训和示范课教学。5月31日，在民进市委副主委徐平、赵学庆带领下，赴郑州经开区列子小学开展六一儿童节慰问活动，为该校捐赠一批价值3300元的文体用品。6月20日，民进市委副主委赵学庆带领民进党员中的法律专家，赴二七区五里堡街道国花社区开展普法教育宣传活动，为社区居民举办学法、用法知识讲座。11月3—4日，在民进市委副主委赵学庆、张强带领下，分两批次到郑州师范学院自然博物馆举办"同心助学"——唐庄乡第一小学与沙口路小学、列子小学手拉手活动。民进市委会被民进河南省委授予"全省社会服务工作先进单位"称号。

（李 艳）

农工党郑州市委员会

【概况】 2016年，农工党郑州市委深

入学习贯彻中共十八大、十八届三中、四中、五中、六中全会和习近平总书记系列重要讲话精神，以及农工党十五大和十五届四中、五中全会精神，扎实开展坚持和发展中国特色社会主义学习实践活动和凝聚力建设行动，切实加强自身建设，认真履行参政党职能，积极开展社会服务，各项工作都取得新进展。

【思想建设】 2016年，农工党市委坚持把思想建设摆在各项工作的首位，加强学习，常抓不懈，在学习中坚定三个自信，在学习中进一步巩固广大农工党党员的共同政治思想基础。

认真学习贯彻中共十八届四中、五中、六中全会精神。通过学习，引领广大党员带头遵守宪法，依法参政议政，做法治的忠实崇尚者、自觉遵守者、坚定捍卫者，努力做学法尊法守法用法的模范；引领广大党员自觉以创新、协调、绿色、开放、共享的五大发展理念投身“十三五”时期规划新的发展实践；引领各级组织和广大党员以执政党为师，加强自身建设，不断提高解决自身问题的能力。

推进学习实践活动向纵深开展。坚持学习与实践相结合、思想教育与发挥作用相统一，增进政治共识与提高履职实效相促进，推动全年各项工作向前迈进。

深入开展凝聚力建设行动。农工党市委把凝聚力建设行动作为贯彻落实五大发展理念、协调推进“四个全面”战略布局、参与实施三大国家战略规划、协同推进健康郑州和美丽郑州，切实加强自身建设、着力增强参政本领、全面履行参政党职能、积极发挥独特作用、持续开展坚持和发展中国特色社会主义学习实践活动的有效载体，融入全年各项工作中，进一步凝聚共识、凝聚人心、凝聚智慧、凝聚力量，提高自身建设和履行职能的科学化水平和实效。

【参政议政】 2016年，农工党市委参政议政工作聚力服务科学发展、促进经济平稳较快发展及社会和谐稳定，紧密围绕中共郑州市委、市政府的重大决策和中心工作，充分发挥优势，积极建言献策，精准发力，参政议政质量进一步提高。

高度重视政治协商。中共郑州市委组织召开党外人士座谈会，通报郑州市经济运行情况，就经济社会发展征求意见。农工党市委高度重视，认真准备，先后在党外人士座谈会上提出4条意见和建议。

深入开展调查研究。年初围绕中共郑州市委、市人民政府中心工作，反复论证，选定调研课题，组织精干力量，深入调研。农工党市委主要领导对课题调研提出指导意见，经常带队开展专题调研。农工党市委调研组赴银川、吴忠等地调研食品安全监管工作，撰写《关于在我市实施畜禽定点屠宰的调查与建议》，赴天津、北京等地调研健康城建设管理情况，提交调研报告《关于加快郑州市荥阳宜居健康城建设的建议》；赴广州、珠海等地调研大众创新万众创业情况，提交调研报告《优化政策生活环境 助推双创更好发展》；赴攀枝花市调研康养产业发展情况，撰写调研报告《加快推进医养结合 夯实康养产业发展基础》。其中《关于在我市实施畜禽定点屠宰的调查与建议》《关于加快郑州市荥阳宜居健康城建设的建议》作为重点调研报告上报中共郑州市委主要领导参考。

农工党市委被农工党河南省委评为参政议政工作先进集体，吴子红、孙中党、李凤芝、陈飞、吴营昌、吴亚楠、宋长峰、马东升等党员被农工党河南省委评为参政议政工作先进个人；农工党市委被农工党河南省委评为反映社情民意信息工作先进集体，李顺兴、李凤芝、陈飞、张亚平等党员被农工党河南省委评为反映社情民意信息工作先进个人。

在“两会”上积极建言。在郑州市政协十三届三次会议上，农工党郑州市委共提交7件集体提案、60件个人提案。在郑州市第十四届人民代表大会第三次会议上提交7件个人议案、建议。《加快发展休闲农业，助推郑州现代田园城市建设》被评为优秀集体提案，花姝红的《打造无线智慧城市，加速信息惠民利民》、王岩青的《关于加强我市住宅电梯安全管理的建议》、母心灵的《关于规范郑州市电动车管理的建议》被评为优秀提案，母心灵、郑方燕、王岩青等6名党员被评为优秀政协委员。

围绕市政协常委会议议题开展调研，向大会提交专题报告。在市政协十三届十六次常委会上作《拓展农业功能 实施精准扶贫》大会发言，在市政协十三届十七次常委会上作《优化政策社会环境 助推双创更好发展》书面发言。

【社会服务工作】 2016年，农工党市委积极整合各方资源，充分发挥界别优势，不断拓宽服务路径，聚焦群众获益，社会服务工作特色更加突出、水平不断提升。

持续实施提升计生家庭健康“同心”行动计划。根据农工党市委会《百千万农村计划生育家庭健康“同心”行动计划（2012.08—2017.08）》实施方案，做好年度目标分解。农工党郑州市委充分发挥农工党在医疗卫生领域的智力优势，依托爱康中心平台，组织专家队伍深入服务，为惠济区的农村计生家庭提供优质服务，更受到广大计生家庭欢迎。

突出特色，打造“同心”实践行动农工党品牌。农工党市委围绕定点帮扶和专题活动，开展多种形式的社会服务。组织专家为农工党郑州市委新型城镇化引领“三化”协调科学发展“同心”实践基地——登封市唐庄乡雅新园艺农场，解决生产中的技术难题、争取项目资金；为郑州市统一战线“同心”实践基地——登封市唐庄乡争取农业项目资金。组织专家到唐庄乡同心社区卫生服务中心调研，帮扶发展；组织医疗专家到唐庄乡同心社区，开展坚持和发展中国特色社会主义学习实践活动义诊服务。在“国际科学与和平周”期间，农工党市委组织省市级医疗专家，为惠济区古荥村广大村民进行常见病和慢性病的咨询、初步筛查、诊断和一般治疗，引导群众合理用药、科学就医，使村民不出乡镇就享受到城里专家的优质医疗服务，受到群众一致好评。

基层组织社会服务丰富多彩。各支部根据各自的实际情况，分别开展了形式多样的社会服务和社会公益活动。二七支部、市第二人民医院支部共同携手，组织医疗专家到爱馨阳光城老年公寓，为老人提供免费义诊服务。中原二支部组织支部党员到郑州市现杰医药研究所进行学习参观，了解河南省非物质文化遗产“李氏膏药”的起源和发展历史。惠济支部联合其他单位举办第29届世界艾滋病日宣传周宣传咨询活动。六院支部组织志愿者服务队到马沟民族儿童福利院开展义诊活动。

【组织建设】 2016年，农工党市委强基固本，推进学习型、服务型、创新型组织建设，不断提升整体素质，保持良好工作态势，组织建设成效明显。

加强理论学习，坚定政治方向。农工党市委及时下发《关于学习贯彻中共十八届六中全会精神的通知》，各级组织坚持把中共十八届六中全会精神学习与学习中共河南省十次党代会、中共郑州市十一次党代会、农工党十五届五中全会和农工党河南省六届七次全会精神相结合，注重效果，进一步坚定政治方向。坚持把《前进论坛》《郑州农工》作为农工党员加强学习的有效载体，不断提升《郑州农工》办刊水平，全年出版《郑州农工》杂志4期。农工党市委为在职党员订阅《前进论坛》，被评为农工党中央2016年度《前进论坛》发行工作先进单位。

抓班子带队伍，推动工作全面发展。农工党市委会领导班子坚持参加郑州市各民主党派、工商联、无党派代表人士联合中心组学习，不断提高班子思想水平、理论修养和履职能力。进一步加强农工党市委对各基层组织的工作指导和联系，切实掌握基层组织中干部和党员队伍状况，指导帮助基层开展组织活动。

积极稳妥做好组织发展工作。按照“三个为主”的原则，严把质量关，有计划发展知识层次高、代表性强和社会影响大的中青年骨干入党。全年共发展党员32人，平均年龄40岁。其中，硕士学历党员7人；高级职称党员5人；医药卫生界党员11人、人口资源界党员6人，主体界别党员占62%；高层次人才13人。发展参政议政急需的经济界、行政人员入党，为农工党郑州市委增添了新鲜血液。至年底，全市共有农工党党员624人，基层组织25个。

2016年4月10—15日，农工党郑州市委在大别山干部学院举办干部培训班，70多名党员干部系统学习中共十八届五中全会精神、中央统战工作会议精神，并进行学习实践活动、凝聚力建设工程及革命传统教育的主题培训。11月23—26日，组织基层组织负责人参加农工党河南省委举办的基层组织负责人培训班，通过学习开阔视野、增强本领、强化责任。

着力加强骨干队伍和后备干部队伍建设。着眼于多党合作事业的长远发展和干部队伍的长远建设，加强对后备干部的管理。选送1人到省社会主义学院学习、6人到市社会主义学院培训，帮助他们提高政治素质，坚定理想信念。建立代表人士队伍数据库，实行动态管理。对发展有潜力的成员、预发展成员，根据“适度数量、优化结构、素质优良、作用突出”的原则，进入储备人才库，夯实建设高素质参政党的人才基础。

组织多种活动，关心广大党员生活。春节期间，农工党市委领导专门慰问历届老主副委，征求他们对市委工作的意见和建议。三八妇女节组织女党员看电影，充分体现了对女党员的关爱。九九重阳节，组织离退休老党员赴新郑黄帝故里拜祖。基层支部活动呈现联合调研联合活动的良好态势。惠济支部、市第二人民医院支部联合举办讲座；二七支部与市第二人民医院支部联合到老年公寓为老人义诊，营造团结和谐的氛围，增强凝聚力。广大党员爱岗敬业，在各自专业领域和工作岗位上取得优异成绩。全市农工党员中担任省、市各专业委员会的主任委员、副主任委员50余人，在国家、省部级核心期刊上发表论文60余篇，获得科研成果10余项。

（张亚平）

九三学社郑州市委员会

【概况】 2016年，九三学社郑州市委以思想建设、组织建设、制度建设为主体，以社内监督为保障，以社务工作评价为抓手，紧紧围绕郑州市委、市政府中心工作，着力加强履行职责能力、自身建设能力和协调执行能力建设，努力提高参政议政、民主监督和社会服务水平，持续推进人才强社战略，各项工作顺利开展。九三学社郑州市委被九三学社省委评为年度先进工作集体、社情民意信息工作先进单位、机关建设工作先进单位，管城基层委员会和二七一支社被社省委评为年度工作先进基层单位。

【思想建设】 2016年，九三学社郑州市委深入学习贯彻中共十八届六中全会和全国“两会”精神，以及习近平总书记系列重要讲话精神，不断提高坚持和发展中国特色社会主义学习实践活动实效，奠定坚实思想基础。

（一）加强学习，提升整体素质。社市委利用主委会议、市委扩大会议深入学习中共十八届六中全会精神、中央经济工作会议精神、全国“两会”精神和习近平总书记系列重要讲话精神，不断提升政治把握能力，坚定理想信念。

（二）召开学习贯彻市十一次党代会精神座谈会。认真学习，深刻领会，准确把握精神要义，围绕党代会确定的五年目标任务进行座谈，充分发挥九三学社优势，履行好参政议政、民主监督、社会服务的职能。

（三）举办英模报告会。社市委邀请郑州市公安局商城路分局案件侦办大队大队长刘成晓做《爱岗敬业 忠诚奉献》专题报告，进一步加强新形势下社员思想道德建设，提高参政党意识，增强责任感和使命感。

【参政议政】 2016年，九三学社郑州市委高度重视参政议政工作，积极围绕中共郑州市委、市人民政府中心工作履职建言。推行社市委领导领题调研机制，充分调动广大社员参政议政的积极性，发挥整体优势，积极建言献策，不断提高参政议政水平。

（一）做好重点课题调研，献策市委中心工作。社市委高度重视“党委出题 党派调研”重点课题调研工作，成立了2个专题调研组，在主委舒安娜带领下，赴黄山、宜昌、丽水进行调研，完成《关于郑州历史文化街区选址和建设的建议》。副主委郑高飞领题完成《关于加快建设郑州田园城市的调查研究》。

（二）依托“两会”平台，聚焦改革建言发展。《关于加强城市地下管网建设和管理的建议》被省政协列为重点督办提案，得到省政府高度重视，促成省政府办公厅印发《关于推进全省城市地下综合管廊建设的实施意见》，并被省政协评为优秀提案。在市“两会”上，社市委提交集体提案6件，委员个人提案74件、建议4件。《关于加快我市现代服务业发展的建议》被评为优秀集体提案；社员刘本彩撰写的《关于建立发展我市公共自行车租赁系统的建议》、冯常生撰写的《关于保障小学阶段体育课与体育活动时间的建议》被评为优秀委员提案。社员苟雷、任瑜被评为优秀市人大代表，冯常生、刘本彩、李秋红、李志强、郑高飞、祖英姿、崔学晨被评为优秀市政协委员。

（三）扎实做好信息工作，积极反映社情民意。紧紧围绕国家大政方针、地方重要事务，以及人民群众关心、关注和急切希望解决的重大问题，多渠道搜集素材，深入开展调查研究，积极反映社情民意。全年报送社情民意信息123篇，其中舒安娜《建议对参与核试验的部队官兵及科研人员身体进行全面身体普查》被全国政协和社中央采用，并被省政协评为优秀社情民意信息；郑高飞《关于建立农村老人“日托”养老中心的建议》被社中央采用，刊发在《人民政协报》上；申爱民《我国应加快将毒驾入刑》和黄伟东《客机紧急出口通道狭窄应予改进》被社中央采用。

（四）开展专题调研，调研成果丰硕。社市委组织开展关于精准扶贫、地下空间利用、国家自主创新示范区建设、房地产供给侧结构性改革等方面的调研，并形成调研报告上报社省委。在省政协月协商座谈会上，郑高飞作《综合利用地下空间 提高城市规划的前瞻性》的发言。提交《完善农村最低生活保障制度 发挥社会保障在精准扶贫中的兜底作用》《营造“大众创业 万众创新”氛围 促进郑州国际商都建设》在市政协常委会上作大会发言。

（五）召开参政议政经验交流会。对社市委、基层组织及社员2015年度参政议政工作获奖情况进行总结和通报，5名参政议政骨干结合自己的工作经验作交流发言，社市委委员、各基层组织和专门委员会负责人、市级人大代表和政协委员、骨干社员围绕课题调研、重点提案、信息选题等方面展开交流讨论，进一步提升参政议政能力和水平。

【社会服务】 2016年，九三学社郑州市委始终把做好社会服务工作作为履行参政党职能的重要方式，努力发挥全市社员智力优势，促使社会服务工作内容充实、方式多样、成效显著。

（一）强力推进“同心”实践活动。社市委结合登封唐庄乡的实际情况，整合社市委资源，组成科技、法律、医疗3个专家团，开展送科技、送法律、送健康帮扶活动。送科技活动为30余名当地村民讲解种植技术，免费发放蔬菜种植科技书籍200余本；送健康活动共为100多人次义诊，发放健康宣传单500多份；送法律活动共发放法律宣传资料300余份，解答各类咨询50余人次。

（二）积极开展送科技下乡活动。在上街区五云山核桃示范基地举办活动，为果农讲解核桃栽培管理等技术，免费发放干果种植、蔬菜种植等方面的科普读物近100本，发放科普扑克、科普环保袋等科普物品200多件。

在原阳县桥头镇开展葡萄基地技术服务活动，讲解葡萄新品种“阳光玫瑰”的来源、生物学特性、配套栽培技术和市场前景。在新郑市梨河镇开展科技服务活动，向参加活动的50多位村民发放技术资料及价值500元的各类蔬菜种子，向该村农家书屋赠送32类价值1500元的蔬菜栽培管理及病虫害防治技术方面的科技图书。

（三）建功立业成绩优异。2016年，全市九三社员立足本职岗位，积极履行职责，取得突出成就。社员中获省级以上奖励21人次、市级以上奖励52人次，发表论文87篇。王霞、申爱民、黄卫东、苟雷、陈颍燕、梁俊丽被社省委评为年度工作先进个人。刘文革享受省级政府特殊津贴，何艳丽享受市级政府特殊津贴。张勤生当选河南省中西医结合消化内镜专业委员会主任委员，张晓曼任郑州市第一人民医院“国家高级卒中中心”主任。罗宏伟当选全国第三批优秀中医临床人才，罗宏伟、汤威、赵香梅、何艳丽被评为郑州市第十三批专业技术拔尖人才。何艳丽获郑州市教学名师称号。周燕琳被评为全国法制宣传教育先进个人，王璐凡被评为人民防空先进个人。王龙、苏艳丽、王新卫参加的课题获农业部科技一等奖。

【组织建设】 2016年，九三学社郑州市委着力在提高社员的整体素质、推进基层组织建设、加强后备干部队伍建设、增强组织凝聚力等方面下功夫，为更好地履行参政议政、民主监督职能和健全内部管理机制提供组织保证。

（一）组织发展不断添活力。社市委坚持组织发展“三个为主”的原则，规范程序、保证质量、优化结构。全年举办入社积极分子培训班2期、新社员座谈会2期。发展社员15名，平均年龄37岁。其中，硕士8人，高级职称社员4人；科技界7人，医药卫生界3人，政府机关界2人，其他界别3人。

（二）领导班子建设不断加强。社市委领导坚持参加郑州市各民主党派、工商联、无党派代表人士联合中心组学习，不断提高班子思想水平、理论修养和履职能力。通过参加基层组织活动，注重增进与支社、社员的沟通与交流，了解掌握基层骨干及社员的思想动态。

（三）后备干部队伍不断优化。建立后备干部的履行社内职责及遵守社章情况档案，着力加强对后备干部的培养、管理和推荐、使用。加强对骨干社员的培训，组织45名骨干社员在济源市愚公移山干部学院举办培训班，理论教学与现场教学相结合，培训内容包括传达全国“两会”精神，愚公移山精神专题讲座，愚公移山精神发祥地搬石体验移山等。

（四）基层组织活力不断增强。各支社依据社省委《支社开展活动规范》，结合自身实际情况，制订支社活动计划，设立“支社活动日”，确定活动主题，创新活动形式，充实活动内容，突出活动特色，基层组织的凝聚力和向心力进一步增强。金水基层委员会建立“民主党派法律服务社会实践基地”，管城基层委员会召开座谈会建言“十三五”时期规划，二七基层委员会到新郑大地果庄园进行调研等；科技委员会、农业委员会、医药卫生委员会和妇女委员会承办社市委“同心”实践活动，参政议政委员会协助社市委确定调研课题、审查调研报告，妇女委员会组织女社员在三八国际妇女节观看电影，老龄委员会组织老社员重阳节参观兰花展。

【宣传工作】 2016年，九三学社郑州市委加强宣传平台建设，营造良好舆论氛围。着力宣传广大社员在参政议政和社务工作方面的突出表现，宣传稿件分别被各级主流媒体采用40余篇。为进一步强化宣传工作，社市委着力构建《郑州九三社讯》和九三学社郑州市委网站、官方微信三大宣传平台。全年共印发《郑州九三社讯》2期。不断完善网站的栏目设计，及时更新网站信息。利用郑州九三QQ群、郑州九三社员微信群等，拓宽社员交流渠道，加强信息沟通。《河南省政协委员郑高飞：建立农村“日托”养老中心》被《人民政协报》采用，《九三学社郑州市委会调研取得实效——省政府出台文件规范地下管廊建设》被《团结报》采用。

【社内监督工作】 2016年，九三学社郑州市委积极探索社内监督方法路径，不断创新，切实加强全市各级社组织及领导班子成员的政党意识、社章意识、纪律意识和担当意识教育，进一步明确监督对象、拓展监督内容，建立完善各项监督制度，不断强化监督举措。

（一）加强培训，提升监督工作意识。社市委召开市委（扩大）会议、监委会会议，传达社省委社内监督工作会议精神，集体学习社省委、社市委社内监督制度文件，进一步增强监委会成员的监督意识和骨干社员的履职意识。购买并发放《九三学社简史》，对广大社员进行学社章社史培训，增强广大社员的遵章意识，激励广大社员积极参与社组织活动、认真履行社员权利义务。

（二）继续推行集体报告工作和个人履职报告制度。在社市委五届十三次全体（扩大）会议上，金水基层委员会、医药卫生委员会、金水一支社等6个基层组织作口头发言，31个基层组织进行书面报告工作。社市委委员、基层组织负责人及参加社省委骨干培训社员共60人进行书面履职。

（三）召开领导班子谈心会。班子成员就思想学习、工作履职、联系基层、廉洁自律等情况进行认真的梳理剖析，沟通思想，达成共识，增强领导班子的活力。

（四）召开社内监督工作推进会。向社市委监督委员会成员、基层委员会主委、支社主委传达社省委社内监督工作推进会精神，组织与会人员学习社内监督文件，通报社市委监督工作开展情况及基层组织社务工作开展情况，促进社内监督工作及社务工作有序进行。

（五）市委委员履职量化考评。社市委根据《九三学社章程》《九三学社郑州市委监督委员会工作条例规定（试行）》等有关文件精神，结合委员履职实际，从提交参政议政材料、反映社情民意、参加社市委活动、参加社市委会议、基层组织职务作用发挥情况、年度个人述职等方面进行打分考核。

（六）实行社务工作季通报制度。依据年初制订的基层组织社务考评细则及各基层组织工作计划，定期（3月、6月、9月、12月）通报各基层组织社务工作开展情况（组织建设、参政议政、社会服务等），提醒督促各基层组织了解情况、开展活动，并依据通报对基层组织进行社务工作量化考评。

（七）实行基层负责人约谈制。对2015年度社务工作评价落后的专委会、支社负责人共5人进行约谈，敦促负责人履行职责，确保基层组织社务工作正常开展。

（尚秋霞）

社会团体

工会

【概况】 2016年，郑州市总工会和全市各级工会深入学习贯彻落实中央、省委和市委党的群团工作会议精神，紧紧围绕市委市政府确定的加快向国家中心城市迈进的奋斗目标和各项决策部署，以创新思维谋划工作，以改革实践发展工作，以务实作风做好工作，在服务全市工作大局和广大职工中取得新成效。全年全市新建会企业1517家，新增工会会员152536人。至年底，全市共有建会企业27368家，工会会员2455817人。

【思想政治和先进文化建设】 2016年，全市各级工会突出抓好思想教育的先导作用，着力坚定职工群众政治方向。认真学习贯彻中共十八大以来历次中央全会和省十次党代会、市十一次党代会精神，准确把握中央、省委和市委对工会工作的新要求，加强职工思想教育引导。一是凝聚职工思想共识。始终坚持把以习近平总书记为核心的党中央治国理政的新理念新思想新战略，全面贯彻落实到工会工作中去，引导职工群众增强“四个意识”，坚决贯彻党的意志和主张，切实引导广大职工争做改革发展的参与者、支持者和推动者。二是形成引领职工新格局。大力培育社会主义核心价值观，广泛开展“中国梦·劳动美·永远跟党走”主题教育活动、“建功十三五·争当主力军”形势政策教育，充分发挥河南职工网郑州频道和郑州工会会员服务、郑州工会两个微信公众号的辐射带动作用，打造传统媒体、网络媒体及微信、微博App等工会新媒体相融合的宣传格局，实现对职工思想引领的全覆盖。三是加强职工文化建设。在全市培育了一批企业职工文化建设示范单位。选树表彰郑州市学习型组织先进单位10个、知识型职工标兵10名、知识型职工先进个人40名；选树推荐全国职工书屋示范点4个、全省职工书屋示范点9个、郑州市职工书屋示范点45个。

4月29日，郑州市举办“出彩郑州”职工迎“五一”文艺汇演

【职工建功立业活动】 2016年，全市各级工会突出抓好服务发展的主线职能，着力汇聚职工力量建功立业。紧紧围绕市委市政府工作大局，组织动员广大职工在向国家中心城市迈进中发挥主力军作用，勇挑重担，建功立业。一是深化群众性劳动竞赛。广泛开展“践行新理念、建功‘十三五’”主题劳动竞赛，持续在全市重点建设项目中深入开展“五比一创”和“三比两降”节能减排竞赛活动，确定50个重点项目建设优秀参赛单位和40个节能减排先进单位，不断扩大带动全市重点工程建设向好发展。结合郑州市全民技能振兴工程，大力开展技能培训、岗位练兵活动，成功举办郑州市第十三届职工技术运动会，设立竞赛工种121项，参赛职工35万人次，近8万名工人技术等级得到提升。二是大力推进“双创”活动。广泛开展职工经济技术创新活动，全市共建成劳模（技能人才）创新工作室210余家，19家被评为郑州市示范性劳模（技能人才）创新工作室。制订出台《关于实施“十三五”千名大工匠培养选树计划的意见》，每年培养选树200名企业级大工匠。2016年，市总工会联合市人社局开展“郑州大工匠”评选工作，做实叫响“郑州大工匠”“职工创客群”等品牌。创新教育培训方式，打造职工网上培训课堂，推动职工学历技能水平“双提升”。三是大力弘扬劳模精神。通过劳模先进事迹巡讲和系列宣传报道、建立劳模宣传灯箱和职工文化艺术长廊宣传阵地，大力弘扬劳模精神、劳动精神。以面向基层、面向一线、面向普通职工为原则，评选表彰一批全国、河南省、郑州市五一劳动奖状（奖章）和工人先锋号，充分发挥先进典型的示范引领作用。全市共有全国五一劳动奖状获得单位1个、全国五一劳动奖章获得者4名，河南省五一劳动奖状获得单位5

12月28日，市总工会、市人社局联合举办化解过剩产能企业就业援助招聘会暨送温暖活动

个、河南省五一劳动奖章获得者10名，郑州市五一劳动奖状获得单位36个、郑州市五一劳动奖章获得者161名，郑州市“工人先锋号”60个。

【职工权益维护】 2016年，全市各级工会突出抓好促进和谐这个关键，着力维护职工群众合法权益。围绕推进供给侧结构性改革，把工会维权的重心放在保就业、保收入、保安全上，使职工群众在共建共享发展中有更多获得感。一是推动构建和谐劳动关系。加大源头参与力度，参与了市委市政府制订《关于构建和谐劳动关系的实施意见》的前期调研和文件起草工作，并提出建设性意见。扎实开展行业（区域）集体协商，建立企业工资集体协商制度，全市签订工资集体合同的企业62047家，覆盖职工130多万人。健全完善职代会制度和厂务公开制度，精心选树国有、非公企业民主管理工作创新试点企业。二是主动依法维权维稳。成立第二届郑州市职工法律援助律师团，修订完善律师团章程，公开招募20名执业律师，无偿为广大职工提供优质法律服务。充分发挥职工信访及“12351”职工维权热线平台作用，全年全市各级工会组织共接待调处职工来信、来访、来电566起，排查安全隐患140余起，化解矛盾纠纷100余个，办结网上信访案件57起。持续开展农民工工资支付情况专项检查，共会同有关单位责令支付农民工工资及赔偿金6963万元。三是关注民情助推改革。针对经济下行压力加大、部分企业效益下滑的情况，组织开展煤炭、钢铁、水泥、电解铝等行业企业生产经营情况和职工生活状况大调研，摸清职工权益维护和职工队伍稳定工作中存在的困难和问题，有针对性地做好解疑释惑、疏导情绪的工作。同时，积极协助党委政府采取有力举措，积极稳妥推进化解过剩产能的各项工作。郑州市总工会联合郑州市人社局开展化解过剩产能重点行业（企业）就业招聘月暨网上就业服务月活动，其中，130余家企业有针对性地为郑煤集团提供1000余个用工岗位，妥善安置去产能分流转岗职工。全市各级工会、人社部门多方联动，在举办专场招聘会的同时，通过多平台采集发布就业岗位信息，提供免费技能培训、就业创业小额贷款、困难职工帮扶资金等服务，尽可能帮助化解过剩产能分流人员等各类就业困难群体实现再就业，切实维护职工切身利益和社会稳定大局，助推结构性改革顺利进行。

【职工服务和困难职工帮扶】 2016年，全市各级工会突出抓好职工需求这个导向，着力提高服务职工精准化水平。着眼职工多元化需求，把竭诚服务职工群众作为工会工作的出发点和落脚点，努力实现普惠服务。一是健全职工网络服务体系。搭乘“互联网+”快车，加强网上工会建设、工会卡办理、优惠商家洽谈、普惠服务组织等项工作，对工会服务职工工作进行优化升级和流程再造。网络平台推送政策服务信息7000多条，与职工互动发起会话130万余次。开展普惠服务职工活动70多场次，参与职工50多万人。举办“困难职工家庭高校毕业生阳光就业行动”网上招聘活动，发布招工单位信息1400多条、提供就业岗位2万个。网上单身职工数据库登记信息1700多条，并通过线上关注互动、线下交友联谊和集体婚礼举办等多种形式，促成560多对单身职工成功牵手。二是持续做好品牌服务活动。持续开展好“春送岗位、夏送清凉、金秋助学、冬送温暖”品牌帮扶活动，“双节”期间，筹集慰问款物总额1492万元，走访企业347家，慰问困难职工13485户。“春风行动”组织专场招聘会52场，成功介绍农村劳动者就业17926人；组织培训2.5万人，成功介绍就业11652人；筹集助学资金761万元，共资助2464名困难学生顺利入学；发放小额借款425万元，帮助1628人实现创业或就业。三是深化拓展重点帮扶领域。围绕全市脱贫攻坚目标，制订出台《郑州市工会困难职工解困脱困工作实施方案》，把贫困职工、下岗工人作为城市脱贫攻坚的重点对象，按照情况精准、措施精准、程序精准、效果精准的新思路，协助党委政府着力解决困难职工的实际困难，确保他们同步实现全面小康。拓宽困难职工帮扶中心功能和服务站点覆盖面，建立工会职工服务点370个，为户外劳动者提供温馨服务。

【工会组织建设】 2016年，全市各级工会突出抓好改革创新这个动力，着力建强基层、夯实基础。确立“党建与工建”“组建与规范”“提高与创新”相结合的工作思路，坚持建会、建制、建家同步推进，工会组织吸引力和凝聚力不断增强。一是不断扩大工会组织覆盖面。做好以非公有制经济组织、社会组织为重点的企事业单位建会工作，持续推进“农民工入会集中行动”，积极探索“网上入会”等方式。2016年，全市新建工会组织1517家，新发展会员152536人，实名制信息录入108.1万人。二是稳步推进基层工会规范化建设。开展达标创优建立工会工作示范点活动，全市共建成达标创优建立工会工作示范点88个。坚持“六有”“六好”标准，着力完善以乡镇（街道）为龙头的“小三级”组织网络，市总工会投入专项补贴资金300万元，培育218家各级各类“示范工会”，引领带动全市基层工会真正“建起来、转起来、活起来”。为适应全市经济快速发展需要，在工会联合会的基础上，先后成立了航空港实验区总工会、经开区总工会，进一步加强和规范县（市）区级工会组织建设。三是切实加强工会干部队伍建设。大力实施工会干部素质提升工程，全年共培训各级工会干部5332人次。认真组织“两学一做”学习教育，教育引导工会党员干部尊崇党章、敬畏党纪，严格落实《准则》《条例》，争做让党放心、与职工贴心的“四有”工会干部。认真抓好党风廉政建设和反腐败斗争，持之以恒贯彻执行中央八项规定精神、省委省政府20条意见和市委市政府20条规定，努力建设一支立场坚定、能打硬仗、职工信赖的工会干部队伍。

（慕秋石）

共青团

【概况】 2016年，在市委的坚强领导下，郑州市各级共青团组织牢牢把握群

5月4日，团市委在市四十七中举办纪念“五四”运动97周年主题团日活动

团组织政治性、先进性、群众性要求，紧紧围绕建设国家中心城市这一大局，以“全国树品牌，中部争第一”为目标，以“一条主线、七彩青春”为统揽，坚持深化改革、贴近青年、务实重干，青少年思想政治引领、“互联网+共青团”、青年创业就业、青年志愿服务、基层团组织建设等多项工作在创新中取得突破，先后荣获河南省共青团工作先进单位、郑州市综合工作优秀单位、郑州市城市管理工作先进单位、郑州市基层组织建设先进单位等近20项荣誉。3月8日，省委副书记邓凯对郑州市共青团工作专题批示给予肯定。6月1日，省委副书记邓凯，省委常委、市委书记马懿等省市领导参加了省会少先队庆“六一”主题队日活动。

至2016年年底，全市共有14至28周岁青年290.32万人，共青团员75.98万人；有少先队员64.7万名。有基层团委1167个、团总支1808个、团支部20021个。建有2个市级驻外团工委，对接16个外地驻郑团工委。有团干部27996名，其中专职团干1351名。有市级青少年宫1个、区级青少年活动中心4个，国家级青年文明号45家、省级青年文明号149家、市级青年文明号929家，青春家园108个，红色网络教育家园青少年实践基地466家，市级12355青少年服务平台1个，建设共青团爱心直饮水站300座。

【青年服务经济社会发展大局】 2016年，全市各级团组织紧紧围绕市委市政府中心工作，组织动员广大团员青年积极投身国家中心城市建设，团的各项品牌工作实现新发展，充分发挥了郑州共青团在促进经济社会发展中的生力军作用。

（一）以“青春建功郑州”活动为统领，积极投身经济建设主战场。围绕郑州国家中心城市建设中的急难险重任务，扎实开展“服务郑州国家中心城市建设”青春建功行动，在园博园、地铁5号线、北龙湖金融CBD、嵩山路改造、高新区岗崔安置房等项目建设一线，开展各类青年突击队活动200余场。积极开展郑州共青团助力脱贫攻坚战青春建功行动，通过生产扶贫、人才扶贫、公益扶贫、教育扶贫等，为贫困青年提供就业岗位6000余个，为6000余名农村贫困青年提供培训服务。按照团省委部署，积极开展对国家级贫困县社旗县的定点联系工作，落实2个精准扶贫项目签约，并为当地留守儿童捐赠物品价值6万余元，为贫困大学生提供助学金10万元。

（二）以“生态环保实践”活动为重点，全力服务宜居城市、美丽郑州建设。以“凝聚青春力量 共建美丽郑州”为主题，举办2016年青少年春季义务植树活动，参与青少年3000余人，植树2万余株。在“中国水周”“世界地球日”“世界环境日”等时间节点，积极开展青年环保系列宣传实践活动，近100支青年环保志愿者服务队开展环保主题活动50余次，举办共青团环保大讲堂5期，培训各类青年志愿者环保骨干500余名。积极参与全市大气污染防治，启动“唱响绿色旋律 捍卫碧水蓝天”大气污染防治青春建功行动，开展各类环保实践活动50余场，为“宜居城市、美丽郑州”建设作出了积极贡献。

（三）以“青年志愿服务”活动为抓手，全面参与新型城镇化建设。积极开展“文明出行我最棒”“争做文明引导员”“红灯停绿灯行”“我是城市美容师”等志愿服务活动，组织全市青年志愿者近20万人（次），在公交站台、广场、公园、景区、社区、主要交通路口等地段开展维持交通秩序、公共场所文明礼让、环境卫生整治等服务活动，以实际行动投身城市精细化管理工作。举办“2016郑州新型城镇化青年论坛”，来自中共中央党校、北京大学、中国人民大学、财政部的专家对参加“新型城镇化青年创新成果发布”的10个项目进行了评审。机关群众工作队在金水区南阳路办事处西彩社区举办各类便民服务活动30余场，发现、解决问题100余个，投入资金和募集物资达6万余元，《中国青年报》两次给予报道。

（四）以“创新创业创优”行动为载体，推动创新驱动发展能力提升。围绕“大众创业、万众创新”，创新创设载体，充分发挥全省首个青年创新创业孵化器——爱创孵化器作用，为小微企业成长和青年创业提供技术指导和资金支持，至年底有130名创业导师与330名创业青年结对。深化服务青年创新创业创优工作，通过组织培训、交流、项目路演和招聘活动，培训和服务青年8311人。开展“导师面对面”活动4场，对创业青年进行一对一咨询，2000余名创业青年参加活动。加强青年创业就业见习工作，提供岗位1.2万个。持续深化青年创业小额贷款工作，协调发放小额贷款4550万元。

【青少年思想政治引领】 2016年，全市各级团组织始终把抓好青少年思想政治引领作为共青团的首要任务，以中国梦宣传教育和培育社会主义核心价值观为主线，育人为本，全面加强青少年理想信念教育，大力弘扬时代主旋律，思想政治引领呈现新气象。

（一）筑牢理想信念，深入开展学习习近平总书记系列重要讲话精神主题活动。抓住“两学一做”学习教育时机，运用新媒体手段改进内容供给方式，用微信推出了“微党课”——“读党章、听党章、学党章”主题活动和“微心得”——学习总书记系列重要讲话精神分享活动，打造“指尖上的党员教育平台”。同时，依托郑州共青团微博、微信，推出“学习习近平总书记系列重要讲话精神”学习专栏，阅读量达200余万次。组织全市各级团组织开展理论宣讲、座谈交流、主题团日等学习活动100余场，进一步推动了习近平总书记系列重要讲话精神在青少年中广泛传播、入脑入心。

（二）凝聚思想共识，深化“中国梦”主题教育活动。举办“我的中国梦——奋斗的青春最美丽”青春励志故事分享活动，组织全市各界优秀青年代表走进校园、企业、社区，分享人生经历和成长感悟，共举办活动20余场，覆盖青年2万余人。全市各级团组织先后开展“与人生对话——我的中国梦”“红领巾相约中国梦”“我的成长宣言”等主题团日、队日活动1000余场，影响辐射青年50余万人，进一步激发了广大青少年为实现“中国梦”而奋斗的激情和热情。6月1日，开展“红领巾相约中国梦——精准扶贫手拉手 共同唱响十三五”省会少先队庆“六一”主题队日活动，省委副书记邓凯，省委常委、市委书记马懿等出席活动，并给予高度肯定。

（三）汇聚精神力量，广泛开展培育践行社会主义核心价值观活动。组织全市大中学校广泛开展社会主义核心价值观集中宣传示范活动，覆盖青年50余万人。以“彩虹人生——奋斗的青春最美丽”为主题，组织全市中职学校开展优秀中职毕业生报告会14场，市属中职学校举办校级报告会20场，社团组织展演活动70余场，参与青年学生20余万人（次）。举办河南省中学生18岁成人节示范活动暨郑州市第十三届18岁成人节宣誓仪式，成为全省持续开展成人主题教育活动的典范。坚持面对面宣传教育与线对线网络引导相结合，评选出“青年五四奖章”“优秀青年网络文明志愿者”等典型142名，组织青年典型开展分享活动200余场，进一步引导青少年学习先进、争当先进。同时，广泛开展开学第一课、“雷锋月”“清明祭英烈”、暑期社会实践等活动，不断增强青少年践行社会主义核心价值观的自觉性和坚定性。

（四）构建清朗网络，扎实开展网络宣传引导工作。加强网上正面宣传，有针对性开展网上引导，弘扬主旋律，让正能量占领网络舆论制高点。顺应微时代，用网络对话青少年，围绕“创建国家中心城市”、郑州“十三五规划”“五四运动”“弘扬长征精神”等主题，微信推送系列文章24篇，阅读量达26.8万人（次），在全国地市级微信公众号排行榜中长期名列前十位。在全国全团范围内首创“小郑正周三见”专栏，对一周内郑州共青团开展活动进行集中宣传，积极发出郑州青春声音。巩固既有阵地，强化正面引导，坚持开展网络舆论斗争，弘扬网络主旋律，不断巩固和壮大主流思想舆论，针对“五四”青年节、“七一”建党节、防汛抗灾、南海事件等重要时间节点、重大社会事件，开展19次网络宣传引导工作，策划发布了“跟党筑就中国梦”“青年们一起自觉净化网络语言”“关注南海，传播正能量！保卫国家青年有责”“让团旗在人民最需要的地方飘扬”“青年之声·郑州建设国家中心城市进行时”等微博100余条。在全国省会城市中首先探索开通了“青年之声”互动社交平台，组建了12个专家联盟团队，至年底，共有2543名专家和行业带头人入驻平台，解答问题1.2万个，点赞1.7万个，网页浏览量达1497万次。

【服务青少年成长成才】 2016年，全市各级团组织始终把服务青少年成长成才作为一切工作的出发点和落脚点，与时俱进，拓展思路，围绕青少年重点需求、针对青年重点群体开展服务，认真倾听呼声，及时反映诉求，主动为青年办实事、解难事。

（一）围绕发展需求，拓宽青年创业就业渠道。依托郑州市青农联服务大厅，广泛开展农村青年创业帮扶、涉农项目对接和开发、惠农政策咨询、“三农”信贷咨询等服务，努力打造一站式涉农发展服务体系。以农村青年创业致富“领头雁”培养计划为统领，突出创业服务和平台搭建，着力抓好“大学生返乡创业行动”和乡村青年电商培育工程。至年底，共开展农村青年大讲堂、电子商务培训、青农联演讲比赛、农村好青年“奋斗的青年最美丽”分享会、合作社考察交流等活动20余场，免费培训青年农民专业合作社和涉农企业300余家，服务农村青年3000余人（次），积极指导600余名农村青年成功实现电商创业或正在参与电商创业。

（二）履行两办职能，切实维护青少年合法权益。在全团第三轮重点青少年群体服务管理和预防犯罪工作试点推广中，团市委成绩排名全省第一。深入开展平安建设宣传月集中服务活动，全年共开展平安建设宣传活动890余次，覆盖群众76万人（次），连续三届被评为平安建设先进单位。积极推动青少年自护教育，开展自护教育活动130余场，覆盖青少年100余万人（次）。常态化举办青少年模拟法庭、法制报告会、法治进社区等宣传教育活动，全年共举办130余场，覆盖青少年100余万人（次）。深化“共青团与人大代表、政协委员面对面”活动，共收集到有关青少年问题的意见建议182条，提交郑州市“两会”人大建议、政协提案5篇。加强12355青少年服务台建设，郑州12355青少年服务台被评为郑州市公开（热线）电话系统“百姓信赖的受理平台”。

（三）点亮志愿品牌，广泛开展青年志愿服务。完善志愿服务体系，在博物院社区、郑州地铁一号线绿城广场站分别成立郑州青年志愿者示范服务站，推动青年志愿服务由以阶段性为主向经常性活动转变。深化关爱进城务工人员子女志愿服务行动，持续推进“四点钟课堂”“爱心流动图书车”等志愿服务项目，启动青年志愿者服务“1+3”精准扶贫。至年底，共结对进城务工人员子女小学356所，结对进城务工人员子女80061名，捐赠学习用具4000余件。开展阳光助残志愿服务活动，举办了走进福利院关爱孤障儿童、带领失聪青少年参观、关爱自闭症儿童等志愿服务宣传活动，切实为残疾青少年送去关爱和温暖。持续开展“志愿服务高考 爱心助力学子”志愿服务活动，服务考生及家长5万余人（次）。

（四）整合社会资源，深化困难青少年群体帮扶工作。深入推进“护航青春”系列工程，广泛开展希望工程“圆梦行动”“凝聚青春力量 助力精准扶贫”系列公益活动、“精准扶贫希望助学——情暖童心”关爱留守儿童公益助学活动等，共捐建“希望图书室”37座、“希望体育室”17个、“希望教室”15个、“希望厨房”6个和“希望寝室”2个，募集善款、物资价值300余万元，资助贫困大学生417人、贫困中小学生190人，直接受益学校65所，受益青少年5万余人。

【团的基层基础建设】 2016年，全市各级团组织以扩大团的工作有效覆盖为统揽，以从严治团、加强团风建设为抓手，改革创新，着眼长远，全力提高团组织的吸引力和凝聚力，团的自身建设开创新局面。

（一）夯基层打基础，加强团的组织建设。加强非公团建，注重整合力量和机制建设，规范团组织建设、申报、审批和团员代表大会制度、选举制度的执行程序，建立完善直接联系管理体系，至年底，全市新建非公团组织并录入台账272家。巩固城市街道区域化团建，在全市86个街道建立了街道区域化团建工作委员会，组织开展活动400余场，有效增加了街道团工委的向心力和凝聚力。巩固和加强机关事业单位、国有企业等传统领域团建工作，广泛开展“七彩青春 我心飞扬”“团员开放日 我们欢迎您”等主题活动。积极推动青年文明号创建向电子商务、快递等新行业和新领域拓展，在城市商贸商

7月21日，团市委在中铁装备集团举行“加强青年交流 助力中国创造”活动

圈、交通枢纽、旅游景区、产业集聚区等功能区组织探索开展“青年文明号区域联创活动”，努力创建一批“青年文明号联创示范区”。

（二）搭平台强服务，加快“青春家园”建设。不断扩大“青春家园”的联系面、覆盖面、服务面，积极打造“青春家园”服务联系网络建设，整合社区、企业、青年社会组织等服务资源，为广大青少年和群众提供团属工作一站式服务。至年底，全市青少年综合服务平台“青春家园”累计达到55家，服务青少年40余万人（次）。持续开展“青联志愿者艺术团公益巡演”活动，服务群众2万余名，丰富人民群众精神文化生活的同时，积极引导广大人民群众为郑州经济社会发展凝聚共识、汇聚力量。

（三）转作风促发展，全面推进从严治团。按照增强政治性、先进性、群众性要求，针对当前一些团组织和团干部存在的“四化”现象，坚持问题导向，突出精准发力，不断强化团干部作风建设。深入开展“两学一做”专题学习教育，严格落实每一个环节，做到规定动作不走样、自选动作有特色，实现了机关党员干部全覆盖，团干部作风进一步转变。在全团率先开创了“1+100+X”直接联系青年的新模式，每名团干部建立联系100名青年的微信或者QQ群，直接联系、直接引导、直接服务，覆盖青年6万余人。坚持每月循环举办共青学堂、读书学习交流会、写作比赛、应知应会小测试“四位一体”学习机制，全年共开展各类学习活动20余次，参与团干部600余人（次）。持续开展“常态化下沉基层”工作，扎实开展“走进青年、转变作风、改进工作”大宣传大调研活动、“团干部如何健康成长” 大讨论活动，严格开展团干部培训工作，引导广大团干部坚定信念，虚功实做，自觉践行正确的成长观、事业观。不断加强机关反腐倡廉建设工作，在机关内营造了浓厚的廉政文化氛围。严格落实中央八项规定，积极开展“清风郑州 廉洁双节”集中教育等活动，加强日常督查，加强廉政教育，营造了风清气正的干事创业环境。

（王淑楠）

妇女联合会

【概况】 2016年，郑州市各级妇联组织立足职能、融入大局，改革创新、务实重干，以围绕中心、服务大局，立足基层、服务妇女为基本职责，大力实施“六大行动”（巾帼建功行动、巾帼脱贫行动、巾帼维权行动、巾帼成才行动、巾帼关爱行动、巾帼家庭行动），创新开展“五个万家”活动（“德润万家”“业安万家”“法进万家”“心暖万家”“书香万家”），切实抓好“五大建设”（基层建设、阵地建设、法治建设、道德建设、机关建设），扎实推进“十大项目”，推动妇联工作实现整体提升，团结引领广大妇女为实现“十三五”时期良好开局贡献“半边天”力量，不断向“河南领头、中部领先、全国一流”的目标迈进。郑州市妇联荣获全国妇联系统先进集体等各项荣誉近20项，《中国妇女报》等媒体先后18次对郑州市妇联工作进行报道。

【思想政治宣传教育】 2016年，全市各级妇联组织整合妇联宣教资源开办商都女性大讲堂，充分利用各类媒体媒介，广泛开展中国特色社会主义和中国梦等主题宣教活动。全年举办市级大讲堂9场，各级妇联举办讲堂100多场。大力培树妇女典型，教育引领妇女听党话、跟党走，评选表彰第十一届郑州市“十大杰出女性”，表彰市级三八红旗手80名、三八红旗集体25个，全市妇联组织共评选表彰各级三八红旗手1000多名、三八红旗集体500多个。举办“讲最美故事 展巾帼风采”——2016年庆“三八”出彩郑州主题活动，在各类媒体开展典型宣传300余条（次），产生广泛影响。

【“德润万家”活动】 （一）深入推进家庭文明建设。方秀云、王金宽、马昕3户家庭荣获第一届全国文明家庭称号并受到习近平总书记亲切会见，张明磊、王金宽、刘永芳3户家庭入选全国“最美家庭”，张明磊、刘永芳2户家庭荣获第十届全国五好文明家庭称号，张明磊等12户家庭获河南省五好文明家庭称号，各类文明家庭获奖数量持续保持全国、全省领先。在全市广泛开展“四个一千”（寻找“最美母亲”1000名，寻找“最美”绿色家庭、廉洁家庭、和睦家庭、书香家庭等4类家庭1000户，寻找“最美”婆婆、媳妇、子女等4类家庭角色1000名，开展最美家庭事迹巡讲1000场）活动。引导广大群众讲“最美家庭”故事，晒“最美家庭”照片，学习“最美家庭”典型事迹，接受家庭美德教育，全市共晒出家庭照片近3000张。举办“最美家庭”故事会、分享会、评议会、家风家训展示评议会等活动200余次；推选“最美母亲”1000多名，表彰市级“最美母亲”150人；评选表彰市级“最美绿色家庭”202户、“最美廉洁家庭”140户、“最美和睦家庭”138户、“最美书香家庭”100户；评选表彰市级“最美婆婆”“最美媳妇”“最美子女”253名。在全市机关开展“树清廉家风 创最美家庭”主题活动，开展发出一份“树清廉家风 创最美家庭”倡议书，寻找一批“最美廉洁家庭”，征集一批“最美廉洁家庭”故事、家训格言、家书手札、廉政书画，组织一次好家风好家训巡讲等“四个一”活动，共征集廉政家训家规201篇、家书247封、家风故事340篇。创新运用网络新媒体开展家风家训家规宣传，在微信公众号刊登家规家训及廉政书画作品200余幅。

（二）扶持家政服务业做大做强、叫响品牌。雪绒花家政在河南省2016年家政服务职业技能大赛中一举夺魁，代表河南参加全国巾帼家政服务职业大赛并取得总决赛第四名的好成绩。制订《郑州市巾帼家政服务业三年培训计划》，通过多种方式开展家政培训400余期，培训妇女15000余人。与市人社局等部门联合举办郑州市第七届家政服务技能竞赛，对5名获奖女选手授予市“巾帼建功”标兵称号，营造了支持巾帼家政发展的社会氛围。

【“业安万家”活动】 （一）利用互

市妇联举办“最美母亲”如花绽放——郑州市十大“最美母亲”表彰会

联网促进妇女就业创业。探索“互联网+”妇女“双创”新模式，全市各类巾帼电商平台和项目发展势头强劲，累计带动20多万名妇女就业创业发展。创新开展网上就业创业项目普及推介培训活动，积极推介“海尔顺逛”“魅后卫生巾”“阳光果子”“果真了得”等电商微电商项目，引导妇女在网上就业创业。举办巾帼电子商务培训班，培训“创客丽人”120人。选树优秀巾帼电商基地4个，对每个基地给予2万元扶持奖励。《中国妇女报》先后4次对郑州市借助电商促进妇女就业予以报道。积极开展实用技能培训。全市各级妇联累计举办电商、家政、种植养殖、农产品加工等各类培训510期（次），培训妇女30751人。深入6个县（市）区开展网上就业创业项目推介活动6场，1500多名妇女参加活动，近千名妇女加入平台就业创业。

（二）积极优化妇女创业就业环境。开展以送岗位、送服务为重点的“春风行动”。共组织女性专场招聘会101场，帮助16264名妇女实现就业。认真落实妇女小额担保贷款政策，发放贷款14416万元，扶持1197名妇女创业发展。与市人社局、市总工会等部门联合，先后开展了郑州市第二届职业技能竞赛暨2016导游大赛、“大三环+”工程“五比四保三创建”施工竞赛、数控车工电工大赛和服装制版师大赛等行业竞赛活动。命名表彰郑州市“巾帼文明岗”11个、“巾帼建功”标兵26名，表彰郑州市“双学双比”“巾帼建功”活动先进集体10个、先进个人6名；举办巾帼文明岗负责人培训班，培训各级“巾帼文明岗”负责人70人，提升影响力带动力。

【“法进万家”活动】 （一）扎实推进法治宣传教育工作。通过开展三八维权周活动、“法进万家”普法大讲堂活动等多种形式，开展法律宣传教育，引导群众增强法治观念，弘扬法治精神，营造良好社会氛围。全市共举办“法进万家”普法大讲堂80场，直接受益群众及家庭达5万余人次。配合《中华人民共和国反家庭暴力法》宣传，联合金水区恩夕社会工作服务中心在“三八”节期间开展为期3天的“拒绝家庭暴力、共建和睦之家、我参与、我倡议”签名活动，取得较大反响。

（二）利用新媒体开展线上线下宣传活动。在妇联的网络平台定期推送平安建设暨“和睦家庭”创建小知识，通过线上线下相结合的宣传促进平安建设工作影响力、覆盖面不断扩大。在“三八”节期间，以《中华人民共和国反家庭暴力法》实施为契机，在微信公众号上连续推出5期《中华人民共和国反家庭暴力法》解读、“家庭暴力特征及预防”等内容的宣传信息，取得良好成效。专门邀请律师和心理咨询师组建

3月7日，市妇联举办“讲最美故事 展巾帼风采”——2016年庆“三八”出彩郑州主题活动

“绿城娘家人”微信群，实时为群众提供法律和心理咨询服务，深受妇女群众好评。因普法成绩突出，市妇联先后被评为全国法治宣传教育先进单位、省“六五”普法依法治理工作先进单位、市“六五”法治宣传教育和依法治理工作先进集体等。

【“心暖万家”活动】 （一）开展各类关爱帮扶活动。结合困难妇女儿童的实际需求，广泛开展政策帮扶、项目帮扶、就业帮扶、技能帮扶、精神帮扶、生活帮扶、健康帮扶等七类精准帮扶活动，帮扶困难妇女儿童69609名。

（二）实施各类民生项目。实施妇女“两癌”免费筛查项目，进行宫颈癌筛查122168人、乳腺癌筛查105474人、HPV检测50269人；开展“关爱女性”两癌救助活动，为513名患病贫困妇女减免医疗费用136.1万元，争取全国妇联“两癌”救助专项基金28万元救助妇女28名，为全市实施乳腺切除手术的贫困妇女发放总价值40多万元的义乳文胸1350件。实施新生儿先天性疾病免费筛查项目，筛查郑州市户籍新生儿近10万人。实施“儿童之家”建设项目，争取政府投资1000万元，在全市新建100所“儿童之家”，惠及儿童10万多人。实施“春蕾女童”公益助学项目，投入20万元，资助贫困女中学生100名。经过4年持续资助，本轮百名“春蕾女童”顺利完成中学学业，考取重点本科院校24人、普通本科院校38人、专科院校18人。争取悟花果公司出资1万元资助2016级优秀贫困女大学生5名。

（三）利用妇女儿童活动中心阵地开展系列公益活动。广泛开展“双有”主题活动、未成年人安全自护教育、公益电影放映、少年儿童乒乓球推广赛等系列公益活动200多场，服务妇女儿童近3万人。打造提升“亲爱的爸爸来了”公益亲子活动、“美丽郑州·遇见爱情”公益交友活动。举办亲子活动5期，服务家庭200多个；举办系列公益交友活动11场，1000多名单身青年参加活动。

（四）深入开展家庭教育工作。深化家庭教育进学校、进社区、进农村、进机关等“四进活动”，举办商都家庭教育巡回报告235场，受益家庭6.6万户，提高家长科学教子能力，呵护了儿童健康成长。实施“心系妇儿”家庭教育空中课堂项目，利用微信等网络新媒体开展家庭教育，辐射3万多个家庭。

【“书香万家”活动】 2016年，全市各级妇联组织以“推进全民阅读·巾帼在行动”为主题，采取线上推荐、线下活动方式，开展多项活动，取得良好成效。3月，市妇联联合市委宣传部、市文化广电新闻出版局制订“书香万家”活动方案，为全年工作明确目标、细化举措，推动“书香万家”活动纳入绿城读书节，扩大活动影响力。与实体书店联合，利用其优秀师资平台，以中原女性大讲堂·商都讲堂为载体，邀请北京广播电台杨晨、著名导演谢飞、知名插画家黄丽、学者应忠良等进行专题讲座，其中3场同时作为全市公务员大讲堂，收效明显。实施“巾帼阅读领军”计划，每月市妇联都会在“书香郑州”“郑州市妇女联合会”微信公众号推出一本适合家庭、女性及儿童阅读的书籍；举办“全家一起读美文”活动，择优评选优秀录音二十余个，推荐给“郑州市妇联图文音画日志”微信公众号等平台轮流展播；与松社书店、海燕出版社联合在市妇女儿童活动中心举办的《安的种子》创作展及“女人读书·全家幸福”随手拍摄影展，邀请插画作者黄丽讲述“绘画中的美育”，同

时展出200幅优秀原创家庭阅读照片。与寻找“最美家庭”有机结合，将“最美书香家庭”评选纳入绿城读书节活动，积极向市文广新局推荐“十佳书香家庭”候选户，助力“书香郑州”建设。

【巾帼维权行动】 （1）积极维权化解社会矛盾。开展精细精准的维权服务，全年接待群众维权501起540人次，结案率达98%，市妇联荣获全国和河南省维护妇女儿童权益先进集体。在26家律师事务所和心理咨询机构成立妇女儿童维权服务站，推动“12338”维权资源向基层倾斜，扩大维权覆盖。（2）实施项目化维权。实施中彩金法律援助项目，受理法律援助案件82起，结案62起。争取郑州市慈善资金30万元，实施“花儿朵朵开”公益慈善项目，呵护留守流动儿童健康成长，项目荣获郑州市2016年慈善项目创新奖。（3）深化“和睦家庭”创建工作。积极融入全市平安综治工作，扎实开展“和睦家庭”评选表彰、“和睦家庭”大讲堂等创建活动，实施“让爱流动”和睦家庭大型公益项目等创建工作，以家庭和睦幸福带动社会平安和谐，市妇联被评为郑州市平安建设先进集体。

【巾帼脱贫行动】 2016年，全市各级妇联组织积极融入郑州全面脱贫大局，创新实施“巧媳妇”工程，通过精准打造电商、家政服务、种植养殖、服装加工、农家乐等五类“巧媳妇”，引导相关企业在基层广泛建立加工站点，带动20多万基层妇女就地就近就势灵活就业。创新举办郑州市巧媳妇工程“拥抱互联网+”女性创业创新大赛，评选命名郑州市“巧媳妇工程示范基地”56个，投入资金40万元对其中20个优秀基地进行奖励。投入20多万元举办巧媳妇工程示范培训班，培训“巧媳妇”负责人95人。在市妇联官方微信号开辟“巧媳妇·富全家”专栏，发布致富政策、推广致富项目、宣传致富典型、激发脱贫动力，专栏7月12日上线，至年底累计发布13期、26篇，阅读总量达26万余人次。“巧媳妇”工程取得“两不”（儿童不孤单、老人不空巢）、“两增”（增加妇女就业、增加妇女收入）、“两促”（促进家庭和谐、促进社会稳定）的良好效果，被市委、市政府授予市老区建设先进集体，《中国妇女报》先后6次对郑州市实施巧媳妇工程的经验做法予以报道。同时，市妇联在市委领导下，继续派出群众工作队进驻荥阳市高村乡牛口峪村，开展定点扶贫工作，全年开展帮扶活动11次，争取扶贫资金80万元，支持村组铺建道路1.2公里、新钻机井1眼。

【参与郑州生态文明建设】 2016年，郑州市妇联结合美丽郑州建设，举办“童心护绿爱满家园”郑州市庆“六一”儿童成果展演，引导家庭和儿童热爱环保、参与环保；实施“绿城妈妈”环保服务项目，在社区广泛开展垃圾分类、清洁家园、“变废为宝”、一平方米菜园、网上便民服务等五大行动，推动社区节能减排；精心设计开展“最美绿色家庭”创建、“巾帼林”义务植树、“相约金沙湖·家庭乐跑”“迎七一、谢党恩、巾帼乐水行——走近金水河”环保健身活动等一系列特色公益环保活动，广泛宣传、践行绿色环保理念，市妇联被评为市环境保护工作先进集体。

【优化妇女儿童发展环境】 2016年，郑州市妇联抓住“三八”节、母亲节、“六一”节、重阳节等重要节日，举办了“讲最美故事 展巾帼风采”——2016年庆“三八”出彩郑州主题活动、“最美母亲”如花绽放——郑州市十大“最美母亲”表彰会、“童心护绿 爱满家园”——庆“六一”儿童成果展演等节庆活动，郜秀菊、程志明、胡荃、王璋、焦豫汝等省市领导参加活动，营造了关心关爱妇女儿童的良好氛围。以国家“两纲要”和省、市“两规划”中期评估为契机，在全市开展调研督导活动，协调解决难点问题，推进纲要、规划指标任务落实，改善妇女儿童发展环境。

【开展对外交流】 2016年，郑州市妇联积极做好第十一届中国（郑州）国际园林博览会邀展工作，加强同连云港市沟通对接，陪同市政协副主席吴晓君赴连云港开展交流邀展，圆满完成任务，至年底连云港市积极推进展馆建设。开展对外交流联谊，组织郑州妇女工作交流团赴澳大利亚、新西兰进行学习交流，接待新疆生产建设兵团、哈密市、邯郸市、开封市、灵宝市等省内外妇联来郑学习交流联谊，联合省妇女书画家协会举办“为时代放歌”河南省妇女书画家协会团体会员单位书画作品联展，以书画为媒介推动全省妇女交流。

12月23日，郑州市实施巧媳妇工程推动巾帼脱贫工作会议召开

【信息化网络化建设】 （一）构建全市妇联系统新媒体矩阵。新开通“市妇联图文音画日志”微信号，充实市妇联“两微一网”体系。开展“建网”“建群”“建军”行动，指导县级妇联建立网站12个，开通微信公众号11个、微博13个，建立各类微信群300多个；建立了500余人的妇联网评员、网宣员、网络文明志愿者队伍，构建起覆盖广泛、互联互通的妇联网络新媒体矩阵。

（二）开创“互联网+妇联”工作格局。推动互联网与妇联工作深度融合，积极开展网上舆论引导、创业创新、家庭教育、便民服务等工作，促进联系网、工作网、服务网“三网合一”，形成线上和线下两条战线、实体和虚拟两大空间共同开展妇女工作的生动局面。大力开展“巾帼心向党·网上接力宣誓+传递党旗”“巾帼心向党·扬帆新征程”等网上宣传教育活动，积极开展“为文明行为点赞”摄影活动、“乡音话中秋”寄语活动等网络文明活动，强化网上引领，弘扬主旋律、传播正能量。借助互联网服务带动妇女就业创业创新，创新推介巾帼电商项目，举办巾帼电商培训班，选树巾帼电商基地，推动巾帼电商迅速发展。其中，“海尔创客丽人”发展女创客5671人，实现销售收入7380万元，位居全国妇联系统第一名。积极实施“网上家电便民服务”“网上菜篮子”等网上便民服务项目，免费清洁、维修家电1000多台。实施“心系妇儿”空中微课堂项目，广泛建立家庭教育微信群开展网上家教，将家教知识及时传播到基层。郑州市妇联网络新媒体工作迈入全国妇联系统第一方阵，官方微信号稳居全国地市级妇联微信公众号传播指数排行榜前三名并多次夺冠。

【基层组织建设】（一）推进妇联组织建设。在2015年村、社区全面规范换届基础上，以县乡党委换届为契机，推动县乡妇联规范换届，扩大执委规模、配备兼职妇联副主席，广泛吸纳各族各界、各行各业优秀女性进入妇联队伍，增强妇联广泛性和代表性。至2016年年底，全市有130个乡镇（街道）妇联开展规范换届，配备兼职副主席2174人，产生执委5435人；县级妇联配备兼职副主席50人，拉大基层框架，壮大基层力量。在试点工作基础上，推动村妇代会改建妇联工作全面铺开，至年底，有1082个村妇代会完成改建，配备执委7万多人、兼职副主席2万多名，市妇联荣获郑州市基层组织建设先进单位。

（二）扩大妇联组织覆盖面。新发展郑州市家庭服务业协会、娘家人月子中心为团体会员；依托团体会员广泛开展"我为郑州服装代言·我为公益活动献力"等公益活动。大力发展巾帼志愿者队伍，新发展注册巾帼志愿者6000余人，新建巾帼志愿者队伍3个，开展志愿服务活动45次，受益群众4000余人。

【干部队伍建设】 2016年，全市各级妇联组织以能力提升为主线，大力抓好妇联干部队伍建设，强化妇联工作的人才保障。坚持培训先行，举办市妇联执委高级研修班、市妇联改革创新和新媒体工作培训班等培训班5期，分层次、有侧重地培训妇联干部近800人，实现市、县、乡三级妇联干部培训全覆盖，培训力度创近年来之最，有力提升妇联干部的业务能力和工作水平。引导妇联干部积极转变作风，深入基层、服务群众，积极开展调查研究，围绕婚姻家庭矛盾化解、家庭暴力案件干预、网上妇联工作、家庭工作等热点问题开展专题调研，提升妇联工作理论水平；积极参与全省妇联系统"百篇调研报告征集评选"活动，并获优秀组织奖。认真贯彻中共十八届六中全会、省委十届二次全会和市委十一届二次全会精神，切实抓好市妇联全面从严治党各项工作，推进从严治党向纵深发展，为开展好妇联工作提供强有力保证。

（王燕燕　焦欣园）

科学技术协会

【概况】 2016年，全市各级科协组织认真贯彻落实全国"科技三会"精神，紧密围绕市委市政府中心工作，深入开展"两学一做"学习教育，按照"四服务一加强"的工作定位，科学谋划，务实重干，汇聚广大科技工作者智慧，服务党委政府科学决策、企业科技进步和转型升级；切实加强学会自身建设，持续推动学会服务能力提升；深化科普资源开发，推动形成社会化科普工作新格局。市科协先后获得"全国科普日"国家级优秀组织单位等21项荣誉。

加强思想政治引领。抓好中心组学习和党员干部政治理论学习。全年组织中心组集中学习12次。通过中心组学习的引领带动作用，推动学习型机关党组织建设。在市科协全体党员干部中开展"两学一做"学习教育，把握好"五个坚持"，打牢思想基础，将"两学一做"融入党员日常学习和工作。

加强精神文明建设。以重创省级文明单位为契机，提升机关文明程度，市科协被评为省级文明单位和郑州市平安建设先进单位。提升新闻传媒工作能力。加大对外宣传力度，在国家、省、市媒体上发稿120篇，大大提升科协影响力。开展丰富多彩文体活动。组织参加市直机关运动会、机关黑板报比赛、卫生流动红旗评比等一系列健康积极的文体活动，丰富干部职工的精神生活，增强科协机关的凝聚力。

【建言献策】 2016年，市科协充分发挥人才荟萃优势，动员组织广大科技工作者紧紧围绕全市中心工作和民生问题开展建言献策活动，服务党委政府科学决策。以科技思想库建设为引领，实施科技专家决策咨询资助计划，提升科协系统决策咨询能力，形成一批高质量的研究成果。全年共整理"科技专家建议"15篇，上报市委、市政府，服务郑州市经济社会发展。

【创新驱动助力工程】 2016年，市科协继续组织实施创新驱动助力工程，助推全市科技进步和产业转型升级。（1）积极开展"百千万"创新驱动助力工程。调研企业和产业集聚区技术难题和技术需求，征集企业技术难题需求156项，协调中国食品科学技术学会、河南省机械工程学会、河南省有色金属学会等国家级、省级学会与好想你枣业股份有限公司、登电集团等有科技服务需求的企业签订合作项目，帮助企业提高科技创新水平。（2）发挥桥梁纽带作用，推进服务企业自主创新活动深入持续开展。大连船舶重工集团有限公司与郑州奥特科技有限公司、登电集团进行对接，签订合作框架协议；解放军信息工程大学专家与河南龙翔电气股份有限公司签订合作协议；郑州市热力总公司与水利部水工金属结构质量检验测试中心进行产学研用对接。（3）举行"院士专家服务企业创新"对接交流活动。邀请到中国工程院院士吴澄、中国科学院院士童庆禧等院士专家与企业对接，先后在郑州奥特科技有限公司、河南云保遥感科技有限公司进行难题对接、科技咨询，并签订战略合作框架协议。（4）联合市发改委等单位共同承办了"创响中国"巡回接力郑州站活动和2016年全国"大众创业　万众创新"活动周河南分会场启动仪式，副省长徐济超、副市长刘东出席活动并讲话；中国工程院院士、中国科协副主席沈岩，两院院士李培根、王家耀等参加活动并作专题报告。（5）发挥市"三讲一比"活动领导小组办公室作用，推进群众性技术创新活动深入开展。至年底，参与"三讲一比"活动的单位752个，涉及科技人员7.2万人，完成项目3406项，采用合理化建议1.2万条，实现经济效益8.7亿元。（6）积极做好国家发改委和中国科协第三方科技评估专家组的对接工作，省委常委、市委书记马懿，市长程志明对此项工作给予充分肯定和认可。

【院士专家工作站建设】 2016年，市

3月24日，市科协主席吴予红到社区科普大学汇才分校调研

5月27日，郑州市“低碳行 科普游 健步走”集中示范活动启动

科协创新推动院士专家工作站建设，助力科技成果转化。积极探索在企事业单位推进院士工作站建设，新建院士工作站3家。争取中国科协“郑州区域创新联盟——服务企业自主创新系列工程”、“郑州地区企业创新联盟—科技成果转化系列平台建设”两个项目，获得20万元资金支持。积极搭建平台，促进企业与高等院校合作，联系河南优孵企业孵化器有限公司与河南工业大学共建教学科研实践基地，已建成21个产学研示范基地和教学科研实践基地。

【学会服务能力提升】 2016年，市科协积极推进学会服务能力提升，助推市属学会服务经济社会发展。继续以星级学会评选为抓手，在所属学会中组织实施学会服务能力提升专项活动，全年共创建星级学会10个，资助重点学术交流活动项目32项。创建活动的开展，充分发挥了科技社团在郑州市经济社会发展中的创新引领作用，提高了学会服务科技创新、社会管理创新和科技工作者的能力，学会的整体面貌有了很大改善。市科协被省科协评为学会能力提升引领计划优秀单位，并获奖补资金5万元。

【学术交流体系建设】 2016年，市科协不断加强学术交流体系建设，引导市属学会打造学术交流品牌，组织高质量、高层次的学术交流活动，活跃学术思想、推动自主创新、促进科学发展。开展“中国主食产业化高层论坛”、2016中国中部（郑州）国际装备制造业博览会等一批品牌学术交流活动。全年全市各学会（协会、研究会）共组织开展专业高层论坛、各项学术交流活动300余次，参加学术活动的科技工作者3.5万余人次，交流各类论文700余篇，举办各类业务培训班120期，培训科技人员7万余人次。

【全民科学素质工作】 2016年，市科协充分发挥素质办牵头协调作用，做好全民科学素质工作。调整郑州市全民科学素质工作领导小组成员，增加市民政局、市城管局等8个单位为领导小组成员单位。联合29个成员单位制订并完成《2016年郑州市百项全民科学素质行动计划》。召开2016年郑州市全民科学素质工作会议，以市政府办公厅名义印发《郑州市全民科学素质行动计划纲要实施方案（2016—2020年）》，市政府与各县（市）区签订《“十三五”落实全民科学素质行动计划纲要工作目标责任书》。组织全民科学素质成员单位参加在北京师范大学珠海分校举办的“郑州市科协系统干部素质能力提升培训班”，进一步凝聚全民科学素质工作力量。在全省全民科学素质工作会议上，副市长黄卿代表郑州市做典型发言。

为落实市委办公厅、市政府办公厅关于实施郑州市公共文明素养提升三年行动计划任务，服务全国文明城市创建和城市精细化管理提升工作，市科协发挥科学素养提升工程牵头单位作用，组织31个相关单位共同制订《实施方案》和《考核细则》，按要求完成周报、月评、季考核工作任务，组织召开了8次科学素养提升工作联席会，督促各单位、各县（市）区开展科学素养提升专项活动40项，编发工作简报36期。

【社区科普大学建设】 2016年，全市各级科协组织积极打造服务群众的有效载体，社区科普大学建设稳步发展。招聘补充了科普志愿者教师，提高教学管理水平。组织开展社区科普大学优秀实践课评比活动，将优秀实践课视频放在优酷网上进行展示推广，被中国科协评为全国科普日优秀特色活动。开展《运动与健康》实践课第四套“行进有氧健身操”学习展示活动。管城区科协具体承办郑州市“低碳行、科普游、健步走”集中示范活动，中原区、金水区、二七区、上街区、惠济区等分别组织健身操集中展示和“低碳行、科普游、健步走”活动，增强社区科普大学的凝聚力，扩大社区科普大学的影响力。举办350人参加的教学骨干培训班，提高教学管理水平。2016年，全市共有111个社区科普大学示范点，其中99个达到一类分校标准；全市共完成系统科普知识培训3330个课时，培训社区居民116550人次，发放社区科普大学教材21690本、《科技文萃》28848份。

【基层科普工作】 2016年，全市各级科协组织着力加强基层科普服务能力建设。市科协联合市财政局开展“基层科普行动计划”，评选出1个先进科普示范县（市）区、45个先进单位和个人，下拨市级奖补资金130万元。组织参加国家级、省级表彰奖励评选，全市共有20个先进单位和个人获得省级以上表彰奖励，获得奖补资金共209万元。新密市、中牟县被评为河南省优秀科普示范暨公民科学素质建设先进县（市）。

为落实中央、省、市扶贫工作会议精神，市科协和登封市科协于7月22日在登封市开展“精准扶贫科技在行动”大型活动，10名科技专家与农民签订技术帮扶指导协议书，14名医疗专家与患者建立了医疗咨询帮扶联系，现场医疗专家、种植养殖专家同时进行咨询、义诊服务。市科协组织科普大篷车参加全市“三下乡”集中示范活动，捐赠2.5万元的科普图书。登封市、荥阳市、中牟县等县（市）依托20个农村科普大学先进单位，开展农业科技知识培训142次，培训农民2万余人次，提高了农民依靠科技致富的能力。

【青少年科普工作】 2016年，郑州市不断加强青少年科普工作力度，有效提升未成年人科学素养。市科协组织全市10万余名中小学生举办第22届郑州市青少年科技创新大赛，并组织参加河南省第30届和全国第31届青少年科技创新大赛，获得全国奖项24项、省级奖项118项，市科协被评为全国优秀基层组织单位。承办并组织参加河南省第16届青少年机器人竞赛，郑州市400支参赛队伍全部获奖，获奖数量居全省第一。在全市中小学开展小发明家培养工程，申报发明专利12项。在“六一”儿童节期间，惠济区等县（市）区科协都举办了丰富多彩的科普教育活动。

郑州科技馆工作再上新台阶。全年接待观众78万人次，再创历史新高。与郑州教育电视台合作完成50项“科普小精灵”节目录制和播出工作。科普信息化平台建设取得新进展，完成150件展品的网络展示，相关视频的播放量达到43万次，其中，《手蓄电池》和《勾股定理》分别获得中国科协、腾讯公司联合主办的“科普影视厅优秀科普视频征集活动”一等奖和三等奖，郑州科技馆成为全国唯一获奖的科技馆，被中国科协评为全国科普教育基地科普信息化工作考核优秀单位。创新教育展区成绩显著，组织学员参加第11届全国青少年教育机器人奥林匹克竞赛，获得一等奖2名、二等奖2名、三等奖4名。临时展厅不断掀起关注参观新高潮，全年举办《生命奥秘·海洋精灵展》等4期临时展览，《人民日报》给予报道。郑州科技馆新馆建设稳步推进，可行性研究报告和初步设计获得批复。

【反邪教工作】 2016年，郑州市扎实开展警示教育，反邪教工作有声有色。首次举办了全市反邪教协会秘书长讲课比赛。在全市19所地方高校的近6万名毕业生中开展反邪教“最后一课”教育活动。加强反邪教网络建设，《郑道网》月均点击量3万余次，“郑道”微信公众号被纳入省级反邪教“四合一”平台建设，至年底关注人数已超过5万人。成功举办“2016年郑州市防范邪教宣传月”活动，受益群众达到25.2万余人次，受到省、市防范办的表扬；新郑市反邪教协会代表河南省在全国县级反邪教协会经验交流会上作典型发言。

【社会化科普活动】 2016年，郑州市开展了形式多样的科普活动，推动科普工作社会化。以“创新放飞梦想，科技引领未来”为主题，承办2016年河南省“全国科普日”郑州主场活动，省委副书记邓凯、副省长徐济超，郑州市委副书记靳磊、副市长黄卿等出席启动仪式。会场设立6个展区，参展单位100余家，参观群众达2万余人次。科普日期间，全市科协系统共开展科普活动173项。

加强基地建设，新命名郑州市科普教育基地16个，向省科协推荐24个单位参加省级科普教育基地评选，指导各科普教育基地完善科普网站、网页、科普知识二维码标识制作和“科普中国”落地应用工作，加强科普教育基地的科普信息化建设。认真落实河南省“百千万科普工程”工作任务，完成22项重点入库项目、1146名优秀科普人才推荐工作。

【科普信息化建设】 2016年，全市各级科协组织扎实建好信息化平台，积极推进科普信息化建设。（1）加强科协系统网站建设和管理，改版市科协、科技馆、反邪教协会等网站，与中国科协、河南省科协、科普中国网等网站进行链接。郑州科技馆开办网站WAP版，为公众提供更广泛、更快捷的公共服务内容。（2）积极建立新媒体科普传播渠道。建立“郑州科技馆”“郑道”等微信公众号，安排专人负责维护，确保信息发布的时效性、针对性和可读性，全年推送信息1143期。荥阳、新郑等县（市）区科协也相继开通微信公众号。（3）扎实推进社区和乡村科普e站建设。各县（市）区按照“五有一统”的标准，命名113个科普中国社区e站、74个科普中国乡村e站。在社区科普大学建立全媒体科普大屏终端，让居民学习了解最新的科技动态和科学的生活常识。至年底，全市共安装全媒体科普大屏60个，社会反响良好。（4）加强信息化科普产品的开发和利用。开发《大众创新、拥抱智慧生活》《郑小科科普大冒险》等系列动漫科普专题片，荣获中国科协优秀微电影评选二等奖、河南省科普微电影大赛一等奖。创作的科普戏曲微电影《拯救》，被优酷等全国各大视频网站收录转载，网民点击量达500万次以上，荣获全国反邪教微电影大赛一等奖。

【科普资源开发】 2016年，全市各级科协组织主动适应公众需求，创新开发系列科普资源。一是继续办好“科普之声”微信平台，全年发送科普信息800余条，信息阅读量突破50万人次。二是继续办好“科普之声”广播栏目，全年共播出科普内容366期，播放1830次，播放时间近4000分钟。三是免费向重点人群发送科普短信，全年发送短信20万条。四是利用现代传媒手段，拍摄科普动漫宣传片《魔科少年》，荣获中国科协优秀科普视频作品征集活动二等奖。拍摄郑州市文明行为动漫宣传片——《出行文明》，在中国文明网上刊播。五是开发《交通安全》等科普挂图4期，印制6400张；开发《郑小科的科普生活》等科普宣传读物，印制1万册。荥阳市建设“荥阳科普体验中心”，新密市在电视台播放《新密科普》栏目，金水区开发了《科普知识漫画手册》，中原区新建了16个科普宣传栏，管城区安装43台科普宣传电子屏。

【科技工作者之家建设】 2016年，全市各级科协组织坚持把服务科技工作者作为根本任务，继续提升“建家交友”能力。扩大企事业科协组织覆盖面，新批准成立企事业科协15家，全市企事业科协总数达到118家。充分发挥桥梁纽带作用，竭诚为科技工作者服务。市科协联合河南人民广播电台教育频道推出大型访谈栏目《前沿力量——郑州科技领军人才风采录》，至年底共播出20余期。6月24日在市青少年宫举办“向科技工作者致敬”交响音乐会，感谢广大科技工作者为郑州市经济社会发展作出的贡献。市科协领导多次看望驻郑两院院士和知名科技专家，带去党和政府的温暖，并积极邀请院士专家参加丙申年黄帝故里拜祖大典。加大对科技工作者的表彰力度，开展第七届郑州市“青年科技奖”评选表彰，充分调动广大科技工作者的积极性、主动性和创造性。

（夏亚飞）

归国华侨联合会

【概况】 2016年，郑州市各级侨联按照市委统战工作的具体要求，结合侨联实际，紧紧围绕全市中心工作，调动一切积极因素，积极探索新时期侨联工作的新思路，为全市经济发展和统一战线工作发挥积极作用。郑州市侨联荣立“十年黄帝故里拜祖大典筹办工作（2006—2015年）”集体三等功；郑州市侨联、新密市侨联被评为2016年度全省侨联系统先进单位；中国侨联成立60周年之际，中华全国归国华侨联合会表彰“在侨联从事工作20年工作者”，郑州市侨联罗月英、梁克然等6人获得表彰。

认真完成上级侨联安排的各项工作。为迎接纪念中国侨联成立60周年活动，市侨联向中侨联报送“双创”侨资企业情况、拜祖大典等2篇新闻素材，以及在侨联从事工作20年工作者情况。按照省侨联年初制订的2016年综合评价细则，逐项分解工作到处室，责任到人。配合省侨联认真做好河南省第十次归侨侨眷代表大会材料征集工作，提供本地侨情资料，撰写市侨联近五年工作综述和主席寄语等。做好省侨联十届全委会代表、委员、常委的推荐工作，并及时报送省侨联。按照省侨联要求填写并上报《河南省侨联青年委员会委员推荐人选登记表》《河南省归国留学人员推荐人选登记表》。反复对接省侨联、各县（市）区侨联，做好全省归侨侨眷先进个人、全省侨联系统先进集体、先进工作者的推荐工作。按照省侨联调研主题撰写调研报告5份。完成市侨联工作展板排版制作，并及时报送省侨联。做好省侨联要求的贫困归侨侨眷家庭和市侨联、各县（市）区侨联机构设置统计工作。参加省侨联精准脱贫座谈会并发言。参加省侨联“零距离聚侨心”活动现场交流会，并介绍郑州为侨服务的工作特色。

按照时间节点做好文明单位续创工作。积极开展“我们的节日”主题活动，如春节“送温暖、献爱心”活动、“五一”节前夕“我健康我快乐”归侨侨眷踏青健步行活动等。年初向各县（市）区侨联、郑州市侨光医院下发《关于开展2016年郑州市侨联系统“我推荐、我评议身边好人”活动的通知》，举办郑州市侨联“文明职工、文明部室、身边好人”评选表彰会议，每月向“中国好人榜”发送线索不少于1条。

按照市委统战部统一部署，郑州市侨联贯彻落实中央和省委关于统一战线重大决策部署调研检查的通知精神，提交7项调研检查项目21份材料，撰写《关于加强新形势下统一战线工作的实施意见调研座谈会发言材料》。

【为侨服务工作】（一）关爱老归侨，坚持开展走访联谊系列活动。（1）坚持开展为老归侨“送温暖、献爱心”走访慰问活动。按照中国侨联、省侨联的安排部署，市侨联制订工作计划和走访慰问方案，并向各县（市）区侨联下发《关于认真开展2016年春节期间“送温暖、献爱心”活动的通知》。郑州市侨联以多种形式和途径开展“送温暖、献爱心”系列活动，深入到全市部分高龄空巢老人和困难归侨侨眷家中进行走访慰问。河南省侨联副主席王鹏杰和中共郑州市委常委、统战部部长王跃华等分别走访慰问在郑归侨、港胞。市侨联与各县市（区）侨联分工协作，对全市困难侨眷、留守儿童、空巢老人等弱势群体进行走访、普查分类归档；开通热线电话24小时为侨服务，全方位、多层次服务广大归侨侨眷。全市侨联系统开展的春节走访慰问活动，共走访慰问高龄空巢老人和困难归侨侨眷166户，送出慰问品和慰问金总价值71750元。（2）重阳节前夕慰问在郑老归侨。9月28日，郑州市侨联党组书记、主席吕剑陪同河南省侨联权益保障部部长杨广有慰问部分从印尼、越南、泰国归来的70岁以上老归侨，为他们送去慰问金。（3）组织开展归侨侨眷联谊活动。4月19日，郑州市侨联组织近百名归侨侨眷，前往郑州市绿博园开展“我健康、我快乐”归侨侨眷踏青健步行活动，受到归侨侨眷们的称赞，增强了侨联组织的凝聚力和感召力。12月9日，管城回族区侨联举行冬日“送温暖”爱心服务活动启动仪式。此次“送温暖”爱心服务活动为党和政府与归侨侨眷之间架设一座爱心桥梁。（4）依据“一法两办法”，做好信访维权工作。认真处理来信来访，及时反映侨情民意。2016年，郑州市侨联接到泰国老归侨伍灼胜拆迁安置问题信访件、省侨联《关于协调解决美国华侨杨宁远信访问题的函》、归侨姜善伟投资理财信访维权件等，积极与相关县（市）区政府和部门联系沟通，推进信访件落实。（5）认真做好“双创”工作。12月8日，河南瑞诺众创空间创立的“管城回族区归国留学人员创新创业基地”揭牌仪式举行，为更好地为新侨服务打下坚实的基础。（6）在县（市）区开展“建家”活动。各县（市）区侨联逐步建立各具特色的“侨胞之家”。管城区侨联创新推广侨联工作“网格化管理、人性化关爱”的工作模式，每个社区都成立“侨胞之家”，基本实现社区全覆盖，并规范规章制度，统一标准配备硬件设施。管城区的建家活动得到上级领导的认可，2016年年初，省侨联奖励管城区两套办公机具，用于加强“侨胞之家”的硬件设施。

郑州市侨联主席吕剑一行到河南侨联置业公司开发的地产项目“华侨·滨江新城”开展走访调研活动

【走访调研工作】（1）建立完善新侨数据库，扶持新侨事业做大做强。市侨联深入掌握侨资企业创新创业情况，7—10月，针对海外留学生和侨资企业在郑创新创业这一主题多次深入各县（市）区考察和调研，并撰写调研报告上报省侨联。（2）多次开展侨资企业调研工作。市侨联多次组织侨资企业家到经开区、航空港实验区及新密考察调研，发挥侨资企业各自的优势，运用“一带一路”将郑州好的资源、特产向全国乃至世界推出去。多次到郑州市侨光医院调研座谈，详细了解医院人才引进、内部管理、医疗设备和医院发展等情况，以及存在的困难和问题。多次到侨资企业走访调研，听取企业的发展现状、发展思路及面临的困难等情况，协助解决侨资侨属企业在经营和生产中遇到的困难和问题。5月18日，省侨联主席董锦燕率领调研组对郑州市部分侨资企业进行走访调研，并与部分企业家代表就侨务工作、侨资企业发展、招商引资和郑州市侨商联合会的筹备工作等方面的问题进行座谈。调研组还拜访河南民航发展投资有限公司、中国平煤神马集团等企业，重点参观考察郑州第一家中韩合资健康管理机构——中平韩一健康管理有限公司，对交流合作等提出希望。（3）走访调研，筹备成立郑州市侨商会组织。向各县（市）区侨联印发《关于成立郑州市侨商联合会做好会员企业征集活动的通知》，分别走访调研新密、登封、荥阳的多家侨资企业，就加强市侨联组织和侨商组织与侨资企业沟通信息、扩大侨资企业知名度、提供法律服务、协助解决实际问题进行交流，做好侨商会的会员征集工作。通过调研达到有效信息沟通、发掘侨资企业新亮点、推动基层工作的目的，为侨商会的成立提供有力保证。郑州市侨商会顺利在民政局完成注册审批。

【邀商、接待和交流】（一）认真做好丙申年黄帝故里拜祖大典邀商和接待工作。邀请到30位来自美国、澳大利亚、新加坡、日本等国家的侨商侨领和2位港澳地区小朋友参加拜祖大典。承担由市政协邀请的48人马来西亚代表团和省侨联邀请的32人侨商会代表团的服务接待工作。4月8日，市侨联组织即将参加拜祖大典的50名来自美国、加拿大、新加坡等国家的海外侨领、侨商前往中原福塔参观考察，并参加“中原文化艺术节”活动。河南电视台、《河南日报》《郑州晚报》《东方今报》等媒体均作了大量的报道。丙申年黄帝故里拜祖大典活动中，郑州市侨联邀请的2个海外代表团受到省政协主席叶冬松等领导的亲切会见。有3位重要嘉宾参加净手上香、2位参加祈福活动、2位来自港澳地区的小朋友代表港澳地区参加放飞和平鸽活动。

（二）十年黄帝故里拜祖大典邀商取得丰硕成果。从第一届黄帝故里拜祖大典至2016年，郑州市侨联作为拜祖大典邀请部成员单位，共向海内外侨商、侨领寄发邀请函快件5000余件、传真3000余件、电子邮件4000余件。并实地走访上海、深圳、广州、东莞、珠海、成都、福州等地的侨商会、客家商会及知名侨资企业等。邀请的侨商、侨领签订投资意向达800亿元。侨联代表团多次受到省、市主要领导的会见，历年均有上香及祈福嘉宾。由于工作成绩显著，市侨联连续十年被省、市黄帝故里拜祖大典组委会评为先进单位；在2016年召开的黄帝故里拜祖大典总结大会上，市侨联荣立黄帝故里拜祖大典筹备工作集体三等功。在《中国侨商》杂志上出版1期“回顾黄帝故里拜祖大典十年”的特刊。特刊共100页，发行2000册。

（三）积极配合市委统战部，做好海联会换届人选推荐工作。将海内外及中国港澳台地区15位重要嘉宾推荐给海联会，其中，澳门华盈集团董事局主席林建生和香港铜锣湾集团总裁李济华担任此届海联会荣誉会长，李福庆、王迎中、陈锦燕、张晓盈、席克忠等人分别担任副会长及常务理事。

（四）联谊工作更加广泛。（1）组织召开郑州市侨联八届十一次常委（扩大）会。1月19日，郑州市侨联八届十一次常委（扩大）会召开。会议传达省侨联关于印发《河南省侨联关于贯彻落实〈中共河南省委关于加强和改进党的群团工作的实施意见实施方案〉的通知》精神，管城区侨联主席白梅介绍“侨胞之家”建设先进经验，表彰了2015年度先进单位和先进个人。（2）请进来，做好接待工作。2016年，市侨联接待美中经贸科技促进总会主席杨功德率领的考察团、霍英东之女霍丽萍率领的英国霍英东基金会考察团，以及西亚斯集团董事长陈肖纯。接待广东省河源市侨联、侨青会一行，并与河源市侨联缔结友好姐妹单位。接待山东省临沂市侨联副主席郑庆东带领的山东郑氏企业家考察团一行4人，就荥阳市郑氏根亲文化进行考察。9月21日，接待参加中侨联组织的“海外侨胞故乡行”活动的，来自迪拜、阿联酋、西班牙、美国、摩洛哥、加拿大等22个国家的50名侨领侨胞，通过参观考察，让侨领侨胞感受家乡的美好。11月11日，漯河市侨联代表团一行到郑州欧洲制造之窗实业有限公司进行项目调研考察，探讨项目合作。（3）走出去，交流更深入。4月11日，商丘市侨商联合会成立。郑州市侨联主席吕剑一行4人参加会议，学习商丘市侨联先进经验和创新做法。6月10—12日，全国人大常委、全国人大华侨委副主任、中国侨联党组副书记、副主席董中原在滑县专门召开河南省部分侨联干部座谈会，郑州市侨联主席吕剑参加座谈会。5月13—15日，由西亚斯国际学院与美国环球交流公司共同主办，世界女性未来发展学院承办的《第十届女性成长论坛》召开，郑州市侨联主席吕剑作为演讲嘉宾应邀参加，就涉外礼仪专题和与会来宾进行分享，并与西亚斯法学院和国际学院进行深入交流，商谈合作事宜，达成相关意向。9月11日，省侨联主席董锦燕率团出访加拿大、墨西哥、美国等国家，参加由中国侨商会主办的中加投资峰会、中美（纽约）经贸交流活动和拓展新侨工作。郑州市侨联组织侨商会代表随团出访，进一步拓展全市对外开放和新侨回乡创业的平台。9月22—28日，郑州市委统战部海外联谊考察团一行6人赴法国、英国进行商务考察，通过座谈交流，加深海外侨胞的感情、促进了长期合作。9月26日，中国侨联成立60周年纪念大会在北京人民大会堂举行，中侨联侨商会副会长、郑州市侨商会拟任会长尚途晟参加大会，并应邀出席中国侨联举办的庆祝中华人民共和国成立67周年暨中国侨联成立60周年招待会和专题报告会。10月9日，2016中国·商丘国际华商节开幕式暨拜谒活动在商丘华商文化广场举办，来自30多个国家和地区的华商侨领参加活动，拜商祖祈商愿，话创新谋发展。中国侨商会副会长、郑州市侨商会拟任会长尚途晟和郑州市侨商会拟任副会长李文光、李明献参加拜谒活动。10月17日，郑州市侨联秘书长曾德聪出席世界许氏宗亲聚登封箕山联谊祭祖活动。积极参与中国侨联、省侨联组织的“圆梦中华·知名侨商中原行”活动。

（韩　莉）

工商业联合会

【概况】 2016年，全市各级工商联以习近平总书记重要讲话精神为引领，围绕中心，服务大局，牢牢把握“两个健康”工作主题，非公有制经济人士理想信念教育实践活动深入开展，“百企帮百村”精准扶贫活动着力推进，一系列重点调研有序进行，机关作风得到改进，基层工商联和商会建设继续加强，各项工作取得新成效。郑州市工商联被评为“全国民营经济宣传工作先进单位”和“省工商联2016年度目标考核先进单位”特等奖。

【构建新型政商关系】 2016年，全市各级工商联积极构建新型政商关系。市工商联联合市纪委、市监察局、市预防腐败局对《河南省构建新型政商关系暂行办法》进行转发，明确政商之间“亲”“清”交往的具体规范。与市纪委在郑州电视台《清风茶社》栏目联合录制1期廉政主题谈话节目，邀请省工商联副主席赵纯武、省纪委预防腐败室主任祁建峰与现场观众深入探讨新型政商关系。市直属行业（异地）商会代表，各县（市）区、开发区纪委负责人，市直机关纪检组长等180多人参加录制。配合做好构建新型政商关系调研，组织民营企业家、商会代表，与以中国民营经济研究会会长，全国工商联原党组成员、原副主席庄聪生为组长的调研组进行座谈。通过学习引导，推动非公有制经济人士凝聚政商共识，积极践行新型政商关系。

【思想建设】 2016年，全市各级工商联有力推动理想信念教育实践活动深入开展。召开全市非公经济发展座谈会，组织非公有制经济人士深入学习贯彻习近平总书记重要讲话精神。会后，各县（市）区工商联、市直属商会及时召开专题会议，在全市掀起学习贯彻习近平总书记重要讲话精神的热潮。在全省工商联系统学习贯彻习近平总书记重要讲话精神学习班上，市工商联务实高效的工作作风受到充分肯定，并作典型发言。与市委统战部联合下发通知，对以“守法诚信、坚定信心”为重点深入开展理想信念教育活动进行部署。

配合市委统战部等五部门开展

3月14日，郑州市工商联组织召开全市非公有制经济发展座谈会

"第三届郑州市非公经济人士优秀中国特色社会主义事业建设者"评选表彰活动。市委、市政府高度重视，拨付专项经费在《郑州日报》开辟4个专版集中宣传报道。通过各参评单位推荐、领导小组初审、网络投票评选、组织综合考评、评选名单公示等步骤，从近200名候选人中评选出47名优秀建设者。市四大班子领导出席表彰大会并为受表彰者颁奖，获奖代表共同发出《守法诚信勇担当、助力商都更出彩》的倡议书。此次评选，市工商联微信公众号投票窗口累计投票42.8万张，访问次数498.6万次，评选涉及面广、影响范围大、群众参与率高，在非公有制经济人士中产生较大影响，进一步坚定了非公有制经济人士勇于创业、守法经营的信念，激发服务郑州经济发展的工作热情。

8月23日，郑州市工商联主席企业康利达集团捐资百万助学

【参政议政】 开展综合调研。2016年，市委成立9个调研小组对全市全域党建工作开展调研，市委统战部副部长、市工商联党组书记王新担任第六小组组长，重点调研全市民营企业、园区、产业集聚区和市工商联机关党建工作。结合市工商联开展的理想信念教育、民营企业文化建设、全市非公有制经济发展现状、企业转型升级、会员企业规模和光彩事业5个方面的调研，形成"2+5"综合调研大格局。驻会领导带领综合调研组分赴7个县（市）区，20家企业、园区等基层组织，召开15场座谈会，进行访谈10多次，发放调查问卷400多份，掌握了翔实的一手资料，撰写出《我市非公有制经济组织党建工作现状》等一批高质量的调研报告。

组织政协委员参政议政。组织工商联界别政协委员参加市政协十三届三次全会和联组讨论，提交各类提案56件，立案44件。组织工商联界别政协委员参加市政协常委会专题议政2次，撰写《破解小微企业发展难题，激发双创活力》专题报告，在市政协十三届十六次常委会上进行发言。组织工商联界别政协委员参加双月协商2次，围绕精准扶贫、深入结对帮扶贫困村开展调研，撰写出《发挥工商联优势，助力我市精准扶贫》专题报告。组织工商联界别政协委员参加郑州电视台《政协视窗》节目2次，对市工商联精准扶贫专题议政工作和政协委员企业"双创"工作进行访谈。组织工商联界别政协委员参加市政协调研、视察、座谈等活动10余次，开展走访交流4次，先后到河南顺泰达置业有限公司和河南邦成投资集团等企业考察学习。

2016年，郑州市工商联取得丰硕的调研成果。组织14名企业家参加全国工商联在郑州市举行的"促进民间投资第三方评估民营企业座谈会"，全国工商联副主席杨启儒参加座谈会并现场解答企业提出的问题。围绕此项工作形成的《郑州市全面支持小微企业发展政策措施落实情况的调研报告》得到市委主要领导批示，并获2016年全省工商联系统优秀调研成果二等奖。《加强机动车管理，倡导绿色出行，防治大气雾霾》获2016年全省工商联系统优秀调研成果三等奖，《关于建立智慧城市公共信息平台的建议》获得政协优秀提案奖。协助省工商联、市委统战部等部门开展"'互联网+'背景下大众创业万众创新情况调研""我市非公有制经济领域统战工作开展情况调研""年轻一代非公经济人士思想状况调研"等工作。先后到泉州商会、钢贸商会、东阳商会、郑州众合石材产业园、河南花都集团、河南医美集团、郑州比克电池等商会、园区、企业进行调研。编印《郑州市工商联优秀调研文章汇编》，收录工商联机关和工商联界别政协委员的调研报告23篇，共5万多字，成为工商联参政议政成果展示的窗口。

【教育培训】 2016年，全市各级工商联不断加大教育培训力度。组织制订《郑州市工商联青年企业家千人培训计划（2016年—2020年）》，并先后举办3期专题培训班（在省社会主义学院举办全市年轻一代非公经济人士培训班、在浙江大学举办郑州市工商联非公经济人士培训班、在市社会主义学院举办郑州市工商联执常委培训班），共培训非公有制经济人士130名。针对会员企业需求，举办"嵩山论坛""新三板专题训练营""理解金融新常态，解读投资新机遇——企业财富管理之2016春季论坛""国际互联网金融论坛""国际创新创业人才教育实训专场"和"中欧跨境项目技术对接专场会"等一系列专题培训活动，培训非公有制经济人士6000多人次。组织50余名优秀企业家参加全省年轻一代非公经济人士培训班、省工商联第三届青年企业家培训班、全国行业（异地）商会会长培训班、豫商讲堂、弘扬大别山精神和红旗渠精神增强党性培训班等。组织部分非公有制经济人士参加市委统战部举办的3次中心组学习。荥阳市工商联在北京大学举办非公经济人士及年轻一代培训班，登封市成立嵩山新生代企业家商会，对年轻一代非公有制经济人士加强引导培训。

【舆论宣传】 2016年，全市各级工商联坚持正确舆论导向，利用多渠道、多媒体，全方位、多角度开展宣传工作，努力营造浓厚舆论宣传氛围。全年在市级以上报纸杂志上发表文章28篇，其中《中华工商时报》3篇、《河南工商界》20篇、《郑州日报》5篇。对郑州市工商联门户网站进行改版升级，及时更新网站内容，发布工作信息433篇。郑州市工商联网站荣获河南区域"腾讯'城市力量'——2016年度民生贡献奖"。开通郑州市工商联微信公众号，及时传递工作动态，为广大非公有制经济人士搭建沟通交流的新平台。由于宣传工作成效显著，郑州市工商联被评为"全国民营经济宣传工作先进单位"。

【招商引资】 2016年，全市各级工商联招商引资步伐加快。举办"深圳香港百名企业家中原行"活动。该活动由市政府主办、市工商联承办，市领导程志明、王跃华、薛景霞等全程参加会见和市情说明会。深圳市工商联副主席、正威集团董事长王文银，酷派集团副总裁周斌，深圳市工商联荣誉副会长、深圳奥特迅电力设备股份有限公司董事长兼总经理萧霞等7家企业代表就在郑投资成果和投资前景进行发言。考察团分别到郑州航空港实验区和郑东新区实地考

10月28日，“嵩山论坛”2016年会在郑州国际会展中心举行

察、洽谈。至年底，华南城项目、酷派新生产线均在建设当中。积极参与2016中国（郑州）产业转移系列对接活动，邀请到中国意尔康股份有限公司、日泰集团等35家企业负责人，通过对接，在新郑特色小镇、航空港实验区汽车物流园、军民融合等项目上达成合作意向。圆满完成丙申年黄帝故里拜祖大典邀请工作，共邀请到全国各地嘉宾34人，其中全国500强企业3家、行业百强9家，共签订合作项目和意向7个，总投资额近20亿元人民币。郑州市工商联被市政府授予“拜祖大典十年邀请工作突出贡献单位”，并记集体三等功。新郑市工商联牵头的中原电梯零部件及研发培训基地招商项目完成项目定位及选址，计划投资90亿元人民币。

【经贸交流】 2016年，全市各级工商联积极搭建经贸交流平台，服务能力不断提升。组织800余人分别参加中国西部国际博览会、第十六届中国厦门石材展、第十届中国（河南）投资贸易洽谈会、甘肃庆阳（郑州）经贸洽谈推介会、首届新疆（哈密）健康食品博览会等区域性经贸活动，以及河南省电子商务工作开展情况座谈会、全省工商联经济服务工作座谈会、全市中小微企业座谈会等各类座谈会。接待庆阳市工商联、哈密地区工商联、石河子市工商联、吉林市工商联来访，并签订友好商会协议。积极推进第十一届中国（郑州）国际园林博览会邀展工作，驻会领导带队赴成都、重庆、杭州、宁波等地推介邀展，邀请到花卉商会参展。推选15名企业家参加郑州市海外联谊会换届，并分别担任海联会国内副会长、常务理事等职务。组织会员企业参与“民营企业招聘周”，共有140家企业提供招聘岗位7376个，达成用工意向1125人。中牟县工商联与银行签订支持企业发展资金1亿元的意向书。管城区工商联邀请法律顾问单位走进企业开展政策宣讲和法律服务，并开设微信专栏以案释法。金水区工商联创客大学共开课21场，培育近2000名创业者。上街区工商联组织4家企业赴加拿大参加“中加研究与创新合作论坛”。中原区工商联召开非公经济年轻一代座谈会，并成立联合工作组协助企业解决难题。高新区工商联与会员企业联合打造10处活动基地，开展各类活动12次。小商品商会聘请专职法律顾问，为会员挽回经济损失500多万元。

【“百企帮百村”精准扶贫活动】 2016年，全市各级工商联积极开展“百企帮百村”精准扶贫活动。按照习近平总书记提出的精准扶贫行动“要抓好落实、抓出成效”新要求，坚持示范带动、以点带面、整体推进的原则，开拓思路，创新模式，动员组织民营企业积极为全市精准扶贫工作贡献力量。全市工商联精准扶贫系列活动被评为全省工商联十大亮点工作。

2016年，全国“万企帮万村”精准扶贫行动启动后，郑州市工商联在全省率先行动，在新密市曲梁镇河西村举行“百企帮百村”精准扶贫启动仪式，与郑州市温州商会一起，将40余万元生活物资发放到贫困群众手中，并现场签订扶贫协议。为推动工作落实，成立由市政协副主席、市工商联主席薛景霞和市委统战部副部长、市工商联党组书记王新为组长的“百企帮百村”活动领导小组，印发《郑州市工商联关于推进精准扶贫工作的实施意见》。6月14日，在中牟召开全市工商联“百企帮百村”精准扶贫推进座谈会，传达省、市精准扶贫工作最新要求，听取各县（市）区工商联开展精准扶贫情况汇报，邀请市扶贫办负责人进行工作指导，进一步督促各（县）区工商联做到认识到位、服务到位、宣传到位、督导到位，推动工作向纵深开展。11月28日，在荥阳召开郑州市“百企帮百村”精准扶贫行动台账管理工作现场会议，就台账管理工作进行培训，并要求各县（市）区工商联真实准确地做好台账填报、审核和汇总统计工作，根据帮扶进度及时更新数据信息，全面掌握全市“百企帮百村”精准扶贫活动开展情况。

为使“百企帮百村”精准扶贫活动更具影响力、示范力、带动力，秉承“积小流，成江海”的工作思路，号召非公有制经济人士广泛行动起来，作出力所能及的贡献。开展“走进贫困村”系列活动，组织127家企业分别走进新密市曲梁镇河西村、荥阳市城关乡石板沟村、登封市颍阳镇宋爻村、新郑市观音寺镇英李完全小学，现场捐赠物资价值130余万元。积极联系政府相关扶贫工作部门，为对口扶贫村登封市颍阳镇宋爻村协调资金197万元，用于小学改扩建和村文化广场、生产用路等建设项目。截至年底，全市参与“百企帮百村”精准扶贫的会员企业213个，实施项目289个，投入资金23.2亿元，受帮扶村89个，受帮扶贫困人数8635人，帮扶项目涉及产业帮扶、就业帮扶、技能帮扶和公益帮扶等。

【光彩事业】 2016年，全市各级工商联和商会组织积极投身光彩事业和公益慈善事业，致富思源，义利兼顾，扶危济困，自觉履行社会责任。在“郑州慈善日”活动中，河南康利达集团现场捐赠420万元，郑州日产汽车有限公司捐赠150万元，河南金马工贸有限公司捐赠100万元，郑州华联商厦有限责任公司捐赠20万元，二七区工商联组织会员企业捐赠2000余万元。河南康利达集团、郑州华联商厦有限责任公司荣获“慈善企业”奖。除慈善日活动外，河南康利达集团2016年还为公益慈善事业捐款632万元，分别用于上街区云英书法小学建设、省助残济困总会“轮椅工程”、贫困大学生“金秋助学”活动和河南华夏历史文明创新基金等。新密市工商联、惠济区工商联分别组织“一生一本”公益捐助活动，为132所学校捐赠电子教鞭、笔记本电脑等价值98万元的教学物资。盐城商会组织会员赴盐城龙卷风、冰雹灾区一线，将14万元善款送至受灾群众手中。钢贸商会组织200多名商会会员参加无偿献血公益活动，并为再生障碍性贫血患者募集善款10万元。照明灯饰商会开展“星星点灯·温暖童心”关爱山区贫困儿童活动，累计捐赠现金11万元及价值20余万元的生活用品。平江商会建立党支部爱心基金，筹集善款4万余元，用于捐资助学等社会公益事业。

【组织建设】 加强机关自身建设。2016年，郑州市工商联深入开展“两学一做”学习教育，以尊崇党章、遵守党规为基本要求，教育引导机关党员坚定理想信念，提高党性觉悟。围绕“四对照四反思”开展专题学习讨论，组织全体党员赴新郑县抗日民主政府旧址、巩义豫西抗日根据地纪念馆参观学习，重温入党誓词。严格按照有关程序，成立机关工会，完成机关党支部换届选举。进一步健全完善机关各项规章制度，加强对市工商联执委、常委、副会长、副主席的履职考核，对市工商联领导班子工作联系点进行重新调整。根据工作需要，严格按照《党政领导干部选拔任用工作条例》的有关规定，经市工商联党组研究并报市委统战部批准，对中层岗位进行选拔任用。按照市委组织部的安排，先后推荐科级干部、新招录公务员参加任职培训和初任培训，对参加“六进”活动干部期满返岗后工作进行合理安排。抓好机关精神文明建设，成功创建省级文明单位标兵，积极参与郑州市创建文明城市活动。努力做好郑州政协文史馆筹建工作，成立文史馆工作领导小组，抽调人员专职负责收集全市工商联建设档案史料；工商联领导带队赴广州、天津、哈尔滨、重庆等地参观学习，到档案馆查阅档案资料，并对老领导进行拜访。

加强基层工商联建设。分别召开全市工商联办公室工作座谈会和全市工商联基层组织建设座谈会，有针对性地了解各县（市）区工作情况及存在问题。继续加强“五好”县级工商联建设，至年底，新郑市、金水区、惠济区、二七区、新密市5个县（市）区工商联被评为全国“五好”县级工商联，金水区、中牟县、二七区、管城区、新密市5个县（市）区工商联被评为河南省“五好”县级工商联，数量位列全省之首。

加强商会建设。举行郑州市异地商会、行业商会建设工作座谈会，积极推动商会改革，努力解决商会发展中的突出问题，加强对商会会长、秘书长的培训，进一步提高商会工作能力。吸收三门峡、嘉兴、商丘、菏泽、绍兴、徐州、进口汽车7个行业（异地）商会入会，截至年底，市工商联直属商会53个，全市工商联会员总数31692个。加强域外郑州商会建设，市工商联与市政府驻广州、北京、上海等地办事处积极沟通，筹备成立域外郑州商会，市政府高度重视并给予大力支持，上海市河南郑州商会于2016年10月16日成立，其他域外商会在积极筹备中。各直属行业（异地）商会不断加强商会党建工作，以党建促服务，以服务强党建。温州商会、鹤壁商会、家居商会分别组织党员骨干赴南京、重庆、枣庄等爱国主义教育基地参观学习，重温革命历史。

（崔 迎）

慈善总会

【概况】 2016年是中国公益慈善事业进入“依法行善”的第一年，郑州市慈善总会面对发展新常态，奋勇向前、积极作为，全市慈善事业实现跨界融合、多元推动、全民慈善的良好发展态势，呈现出“稳中有进，进中向好，好中争强”的良好发展局面。

依法行善、依法管善，培植慈善理念新“土壤”。以《中华人民共和国慈善法》的实施为全年政策宣传工作的重点，召开第三届理事会第四次会议，在总结和反思过去工作的基础上确定2016年全年发展的整体规划，并将《中华人民共和国慈善法》的宣传贯彻落实到全年阶段性的工作中来。根据《国务院关于促进慈善事业健康发展的指导意见》和《河南省人民政府关于促进慈善事业健康发展的实施意见》，6月15日出台了符合全市实际的《郑州市人民政府关于促进慈善事业健康发展的实施意见》，通过政府主导、社会组织运作、各界参与、舆论造势等多措并举的方式宣传依法行善、依法管善的新理念，达到吸引民众、影响民众、惠及民众的效果，全市上下呈现出关心慈善、支持慈善、参与慈善的良好局面。12月26日，第四届“中国城市公益慈善指数”在北京发布。在发布的100个城市中，郑州市的城市慈善总指数位居全国第13位。6个单项指标中，志愿服务指数位居全国第1位、经济贡献指数位居全国第4位、慈善文化指数位居全国第8位、社会捐赠指数位居全国第12位、慈善组织指数位居全国第42位、政府支持指数位居全国第57位。郑州市和二七区荣获政府推动奖。

【筹募救助工作】 2016年，郑州市慈善总会务实作为、开拓创新，筹募救助工作取得新成效。

（一）冠名基金募捐机制实现长效化。进一步创新募捐渠道和募捐方式，打破传统基金单一发展的瓶颈，在传统医疗慈善基金稳健发展的同时，设立了易善基金（用于教育、残障人士和社会弱势群体的医疗救助）、平安出行基金、出租车爱心基金、中原华信慈善基金等50余个爱心基金及冠名基金，建立以冠名基金为基础的长效化募捐机制。

（二）全民慈善理念彰显公众化。致力于推动以“郑州慈善日”为载体的全民慈善理念是全年慈善工作的重中之重。2016年10月16日是全市第9个“郑州慈善日”，在10月13日举行的迎接慈善日活动中全市募集善款1.72亿元，捐赠数额创“郑州市慈善日”设立以来募集善款新高，提倡多年的“全民慈善”理念被“郑州慈善日”活动放大出的“蝴蝶效应”被社会各界认同和支持。

（三）“指尖上”的网络众筹初见成效。联合腾讯公益、支付宝、微信、微博等现代互联网技术，将传统慈善募捐与互联网相融合，进一步推动了传统公益慈善项目，拓宽了慈善参与面和募捐范围，使募捐对象不再局限于本区域。在筹集善款的同时，宣传“每个网友都是慈善家”的慈善理念。2016年在初步尝试互联网技术众筹中募集善款100余万元，为人人慈善开辟快捷通道。

2016“郑州慈善日”活动当天募集善款1.72亿元

爱心企业参加“郑州慈善日”捐赠活动

（四）科学谋划，稳步推进项目运行。2016年共发布29类35个慈善项目，全年投入资金2000万元（含福彩公益金）。其中“聆听世界 触摸光明”盲童救助慈善项目成功晋级“第五届中国公益慈善项目创投大赛”百强。和中牟县慈善总会探索建立与县（市）区项目联动救助的试点，为困难群众提供家门口的救助。全年共开展各类慈善活动200余场，有效增强慈善项目的公众认知度，社会效益显著提高。

（五）爱心不分地域，慈善传递绿城大爱。在立足本地开展慈善救助活动的同时，远赴新疆开展援疆活动，援疆款物共计131万元。暴雨无情，绿城有爱，赴安阳灾区援助价值25.56万元的爱心物资。

【慈善“五进”活动】 2016年，郑州市慈善总会着力开展慈善“五进”活动，积极发挥“拾遗补缺”作用。

（一）开展慈善进基层活动，助推精准扶贫共发展。投入60万元，选择登封等3个市（县）的贫困村作为试点，开展“造血式”产业扶贫计划，通过支持贫困群众发展特色农产品种植养殖等，做到扶贫不盲目、济困不随性，帮扶真正有困难、有需求的贫困群众有效脱贫。

（二）开展慈善进校园活动，助推教育事业同进步。以贫困青少年为受众群体，努力推动慈善救助向教育事业倾斜。郑州华联商厦20万元救助盲童项目、康利达集团100万元“金秋圆梦”助学项目、郑州尚美中学（106中学）40万元“善圆清华”助学项目、郑州日产150万元“牵手工程”乐成长计划公益项目等，一系列的慈善救助活动不仅体现出慈善的公益性，而且充分体现出郑州企业界对社会责任的担当。

（三）开展慈善进医院活动，助推医患关系保稳定。2016年，郑州市第一、二、三、六、七、八医院和市中心医院、郑州人民医院、市儿童医院协同发力，共投入1811万元，为6872名困难患者“雪中送炭”，在郑州引发了医疗救助的洪荒之力。

（四）开展慈善进社区活动，助推社会促和谐。为切实解决社区居民的困难。2016年开展“寻找您身边最困难的居民及社区困难家庭帮扶活动”，共救助来自全市56个社区的1000名困难居民，发放救助金20余万元，米面油、衣物等价值15万元。

（五）开展慈善进军营活动，助推军民鱼水情。和海军“郑州舰”成立首个“海浪花”慈善基金，用于帮助困难官兵。“八一”前夕，为官兵送去日常生活用品、体育用品等价值12万元的物资和救助金。这种实效、长效的拥军爱军行动，是慈善拥军的形式创新。

【慈善组织和品牌建设】 2016年，郑州市慈善总会整合资源，不断完善慈善组织，打造专业化志愿服务品牌。

（一）精准播撒爱心，体现专业化。至2016年，全市已建立“助童、助残、助学、助老、助医、心理援助”等多个领域的志愿服务队伍100多支。仅在助童一个领域就设立了针对自闭症儿童、脑瘫儿童、听障儿童、盲童、留守儿童、青少年保护等志愿服务队，专业的康复支持、细化的志愿服务让爱心播撒的更加精准和专业。

（二）贴近服务成网，体现网络化。自2013年以来，率先在市区内开展志愿服务网点建设工作，从最初的26家发展到2016年年底的152家。全市共建立慈善志愿服务站点3000余个。此外，积极与团市委、总工会、文明办等志愿者服务网点有机结合，全市志愿服务汇聚成网，服务向基层蔓延，“接地气、做实事、暖人心”是广大市民对全市慈善志愿者工作站开展工作的高度评价。

（三）打造慈善品牌，体现精品化。由市区内各高校3000多名大学生志愿者组成的“大学生养老护理员”服务团队，已连续成立5年，每年暑假到郑州市各大养老机构开展为期两个月的服务活动，广受社会好评。“聋艺画廊”助残志愿团队，在扶持听障青年创业的同时，连续多年打造“全国聋人相亲节”，用爱心做红娘，帮助组建100多个幸福家庭。郑州爱心公益联盟（郑州韦可特实业有限公司）依托“衣暖人心”慈善项目，在全市范围上千个小区设置捐物箱1100个，接收热心市民捐赠爱心衣物近600吨，发放衣物122054件，库存51706件，策划集中发放活动近百次。衣物发放不仅遍布河南，还在第一时间送往新疆喀什地震灾区，用志愿服务诠释民族情深。

【慈善宣传】 2016年，郑州市慈善总会创新思维、媒体引领，全民慈善开创新局面。

（一）创新活动宣传渠道。先后开展了《善爱德荣 兴业润世》——郑州慈善诗词选征集活动、弘大书画摄影展、第二届少儿书法大赛、第三届“郑州慈善风云榜”等评选表彰活动，得到了社会各界的一致好评。社会各界的媒体发稿，民众阅读量突破10万余人次，多次受到中央电视台、《光明日报》、新浪、河南电视台等媒体的广泛关注和报道。同时，进一步发挥社会舆论的导向作用，丰富活动载体，组织全市各县（市）区慈善工作者、NGO组织等参加《慈善法》的考试和电视知识竞赛，评选出了以郑州市中心医院团队为代表的先进集体。

（二）创新宣传载体建设。出版郑州慈善期刊10期、各地慈善动态30期。启动了与国内媒体融合计划，合作媒体从起初的20家增加到50多家，其中国家级媒体7家，有效促进郑州慈善新闻能够得到及时有效的传播。

（三）创新项目宣传包装。充分利用自媒体在民众身边的普及作用，通过微信、微博、支付宝、腾讯公益、郑州慈善总会官网等多渠道开展网络众筹，进一步创新项目的包装策划，使慈善项目亲民化、便民化、公众化。截至年底，包装策划30个众筹项目，为困难群众找到申请慈善救助的“便捷通道”。

（赵娅慧）

红十字会

【概况】 2016年，郑州市红十字会认

真贯彻落实《中华人民共和国红十字会法》，切实加强领导班子建设，坚持依法建会、依法治会、依法兴会，不断拓宽人道主义服务领域，在造血干细胞捐献、“红会送医”、应急救护培训、红十字青少年工作、人道救助、遗体器官捐献等方面取得优异成绩。其中，全年全市造血干细胞成功捐献28例。截至12月，全市累计成功捐献人数228例，居全国省辖市榜首。

至2016年年底，郑州市红十字会共有基层红十字会组织306个、市直团体会员单位48个；共有会员24万余人，其中青少年会员22万余人。郑州市所辖11个县（市）区中新郑市、登封市、中牟县、金水区、管城区、二七区、惠济区、中原区理顺管理体制。郑州市红十字会共有工作人员34名。机关内设办公室、赈济部和宣传部，下设中国造血干细胞捐献者资料库河南省分库郑州市工作站。另有郑州市红十字医用组织库中心、郑州市红十字应急救护培训中心2个民办非企业单位，负责遗体器官捐献、应急救护培训等业务开展。

【红十字会品牌项目】（一）博爱家园——社区红十字应急救护学雷锋志愿者培训活动项目扎实推进。9月24—30日，市红十字会组织1期“博爱家园——红十字应急救护志愿者”师资培训班，培训的100名学员分别来自街道办事处、社区及志愿者队伍。10—11月份，组织了22期社区红十字应急救护学雷锋志愿者骨干培训，共培训学员1102名。此外，市红十字会在管城区西大街办事处、中原区一中社区建立了应急救护培训站。

（二）红十字会与红新月会国际联合会慢性非传染性疾病预防和控制项目圆满完成。至年底，该项目共完成项目督导、评估任务15次，组织大型志愿者交流活动2次，上报项目叙述性报告、督导报告及财务报告30份，参加国际联合会项目工作培训1次，设计印制项目宣传手册3000份，完成终线调查工作。项目社区居民的健康意识明显提高，目标人群的不良生活习惯明显改变，目标社区形成浓厚的慢病防控氛围，有效遏制慢性病的蔓延态势，慢性病项目取得丰硕成果。12月，红十字会与红新月会国际联合会针对该项目授予郑州市红十字会突出贡献奖。

【防灾减灾】2016年，郑州市红十字会把防灾减灾工作的重点放在宣教方面。（1）利用纪念日现场活动宣传教育。5月12日，根据市应急办统一安排，在绿城广场开展防灾减灾与自救互救知识宣传、演示活动。该活动共接受群众咨询2000余人次，现场对235人进行徒手心肺复苏培训，发放各类宣传资料1000余份。（2）组织防灾避险演练检验宣教成果。5月13日，在郑州市回民中学，针对火灾、地震等事件对广大师生进行防灾避险演练，并教授大家心肺复苏技能和创伤急救技术。

【应急救护】2016年，郑州市红十字会应急救护工作不断深入。（1）依托应急救护培训中心，开展培训工作。郑州红十字应急救护培训中心严格按照培训中心章程，积极开展培训工作。全年共开展救护员培训52场（次），培训3125人，发放救护员证3110个。（2）组织参加全省红十字知识与应急救护技能竞赛。5月7—8日，组织学校代表队赴河南中医药大学参加全省第四届“博爱中原 文明河南”红十字青少年知识与应急救护技能竞赛，夺得团体一等奖、演讲一等奖、应急救护技能三等奖。

【人道救助工作】2016年，郑州市红十字会广泛开展人道救助工作。（1）“博爱送万家”活动持续开展。2016年春节共筹措价值28.4万元的慰问物资2566份，为困难群众度过欢乐祥和的春节提供帮助，弘扬人道主义精神。（2）“爱心助医”活动广泛救助。红十字“小天使基金”共为全市59名14岁以下白血病儿童发放救助金181万元；“老年心脏病”救助金救助患者9人，发放救助金1.8万元；联合郑州大学医学院脑瘫外科和中泰脑科医院，救助患者4名，发放救助金8000元。登封市红十字会持续为艾滋病病人筹措发放救助金，全年发放救助金130余万元，救助6504人次。截至年底，累计发放艾滋病救助金600余万元。新郑市红十字会的雏鹰救助基金，全年共为300名患者发放救助金150余万元。

【“三献”工作】（一）造血干细胞捐献继续领跑。大力宣传，精心服务，2016年共招募造血干细胞志愿者1754人，成功捐献28例。截至2016年12月底，郑州市实现造血干细胞捐献228例，捐献人数居全国省会城市第一。

（二）配合做好无偿献血宣传工作。积极配合市卫生部门做好无偿献血的宣传和动员工作，为保障全市临床用血作出积极贡献。

（三）遗体、人体器官捐献工作成绩斐然。利用广场活动等时机进行大力宣传和志愿者招募，全年成功捐献遗体10例、角膜11对，器官捐献106例。

【志愿服务工作】（一）围绕“四关爱”活动开展志愿服务。春节期间在汽车西站为农民工提供春运车次、天气、路况和地铁、公交换乘等公共信息咨询；为社区孤寡老人和行动不便的瘫痪病人、残疾人提供打扫卫生、买菜、买煤气、聊天等服务；关爱慰问抗战老兵，关爱环卫工，为他们发放爱心西瓜等。

（二）围绕主题活动日开展志愿服务。围绕“5·8”世界红十字日，“5·12”防灾减灾日，世界献血者日、预防艾滋病宣传日等主题活动日，把志愿服务活动和志愿服务宣传工作结合在一起，相互促进，不断提高市民对志愿服务的了解、理解和支持。

（三）红十字水上救援志愿服务。水上救援志愿服务队与110、119联动，全年接警67起，实施现场救援55次，打捞溺水者遗体35具，救活溺水者8人。开展青少年水上安全教育讲座43场，受益学生5000余人。

（四）积极贯彻落实红十字送医计划。继续推进红十字会送医计划，依托市红十字会组织市第九人民医院、市中心医院、省直三院开展活动15次，选派专家志愿者388人次，开展专题讲座30课时，培训带教医护人员958人次，危重疑难病例会诊96人次，手术29台

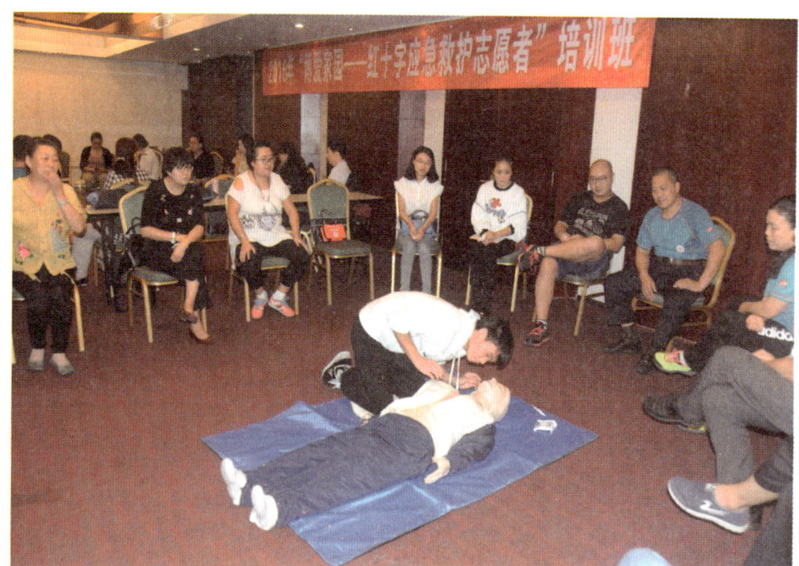
2016年博爱家园志愿者应急救护师资培训

次，义诊群众1938余人，受益群众2万余人次。

【红十字青少年工作】（一）开展郑州市第二届红十字青少年应急救护知识与技能大赛。3月26日至27日，郑州市红十字会、郑州市教育局联合在郑州市第四中学举办2016年郑州市红十字青少年应急救护知识与技能大赛。34所学校派代表队参加，经激烈角逐，决出一、二、三等奖，进一步加强了红十字应急救护知识在全市青少年学生中的普及。

（二）举办红十字青少年夏令营。8月12日至15日，市红十字会、市教育局联合举办2016年“郑州市红十字青少年夏令营”。来自全市4所学校的14名红十字青少年代表在南阳关山基地开展丰富多彩的夏令营活动。

（三）参加全国红十字防灾避险知识竞赛活动。组织市直及县（市）区16所中学参加全国红十字防灾避险知识竞赛活动。共获得组织一等奖16名，个人二等奖2名、三等奖4名。

（四）围绕“红十字青少年”开展志愿服务。开展传统文化进校园、水上安全知识进校园活动，继续发展青少年红十字会员，组织志愿服务活动，传播红十字精神，开展应急救护知识培训，在学生素质教育、未成年人思想道德教育及大学生思想政治教育中发挥独特的作用。

【宣传工作】（一）充分运用各类媒体开展宣传。积极邀请省、市主流媒体参加红十字活动与座谈。精心策划新闻专题，多方位展示全市红十字事业发展的新成效。全年在各大媒体刊发各类新闻信息428篇，编发红十字简报24期，累积刊发各类博客、微博信息100余条。在郑州日报刊登专版及郑州市红十字会捐赠款物情况公示，更好地宣传红十字各项业务，并做到募捐工作公开透明。

（二）积极运用现场活动进行宣传。以“世界红十字日”“世界献血日”“世界急救日”等纪念性节日为契机，积极开展形式多样的宣传活动。一是“世界红十字日”在绿城广场开展义诊义治、文艺表演、应急救护演示等丰富多彩的志愿服务活动，向全社会大力弘扬“奉献、友爱、互助、进步”的志愿服务精神，号召更多群众加入到志愿服务的队伍中来。二是“世界献血日”组织志愿者到河南省血液中心献血，尤其是陈福安、赵云刚等多名志愿者受到国家、省、市有关部门的表彰，有力推动全市无偿献血工作的开展。三是“世界急救日”组织各县（市）区红十字会开展应急救护知识竞赛，向全社会宣传应急救护知识。

（新　展）

残疾人联合会

【概况】2016年，市残联以“两学一做”学习教育为牵引，全面贯彻落实中共十八大和十八届三中、四中、五中、六中全会精神，紧紧围绕国务院《关于加快推进残疾人小康进程的意见》、省政府《关于加快推进残疾人小康进程的实施意见》，按照年度工作目标，以组织实施民生工程为抓手，不断创新工作机制，扎实开展残疾人康复、教育、就业、扶贫、文化体育等各项工作，年度任务目标全部完成，部分目标超额完成，全市残疾人事业呈现出蓬勃发展的良好态势。

【残疾人政策制定出台】2016年，郑州市出台3个惠及残疾人切身利益的政策性文件。

（一）出台《郑州市加快推进残疾人小康进程实施方案》。将加快推进残疾人小康进程纳入全市大局，把具体任务分解细化到各部门，29项政策任务实现突破，确保不让一名残疾人在加快推进小康进程中掉队。

（二）出台《郑州市贫困残疾人脱贫攻坚专项方案》。成立领导小组，设定两年攻坚脱贫的目标任务、六大脱贫工程实施措施（贫困残疾人康复救助脱贫工程、教育培训脱贫工程、就业创业脱贫工程、社会保障兜底脱贫工程、家庭无障碍脱贫工程和托养救助脱贫工程），规定完成时限、分管领导和责任部室。

（三）出台《郑州市困难残疾人生活补贴和重度残疾人护理补贴实施细则》。该文件以市政府办公厅名义印发，两项补贴的标准是：困难残疾人生活补贴不低于每人每月120元，所需资金由省、市、县（市）区财政分担，其中省财政每人每月补助18元，剩余部分由市、县（市）区按1∶1比例分担；重度残疾人护理补贴不低于每人每月100元，所需资金由市、县（市）区财政按1∶1比例分级负担。在政策制定上，市残联按照“中西部省会城市领先”的精神，参考西安、武汉等城市的补助标准，结合市财政实际，向市政府提出略高于其他中部省会城市补贴标准的建议，并最终被市政府采纳。这是郑州市第一个不分年龄、就业、收入状况，基于残疾发生和自理能力，针对需求而给予的普惠型福利制度。

【民生实事工作】2016年，市残联扎实完成省政府四项民生实事。

（一）实行困难残疾人生活补贴和重度残疾人护理补贴。郑州市是全省率先开展“两项补贴”的城市，也是全省补贴标准最高的城市。2016年，全市持证残疾人共有11万余人，其中享受最低生活保障的残疾人为19709人，持证的重度残疾人（残疾程度为一级和二级）共有36809人。市级财政配套资金为：生活补贴资金1206.2万元、护理补贴资金2208.54万元，共计3414.74万元。至年底，各县（市）区已发放到位。

（二）实施河南省贫困残疾儿童抢救性康复工程。2016年省民生实事贫困残疾儿童抢救性康复工程，郑州市承担任务总数为1171名。其中，为26名听障儿童免费提供人工耳蜗并实施植入手术及术后康复，郑州市完成筛查有人工耳蜗需求的听障儿童43名，占省残联分配任务165%；为20名听障儿童免费配发助听器并提供康复训练，郑州市筛查有助听器康复需求的听障儿童136名，占省分配任务680%；为10名肢体残疾儿童提供矫治手术转介服务，郑州市完成转介服务任务27名，完成省分配任务270%；为20名贫困残疾儿童适配假肢、矫形器，郑州市完成筛查有康复需求人数76名，占省分配任务380%；为130名脑瘫儿童提供康复训练并装配矫形器，郑州市完成省分配任务100%；为685名智力残疾儿童和30名孤独症儿童实施康复训练，郑州市均100%完成省分配任务；为260名贫困残疾儿童适配轮椅、坐姿椅、站立架及助行器等辅助器具，郑州市完成省分配任务的113%。

（三）大力开展残疾人就业培训工程。省残联向郑州市下达的年度目标任务是培训残疾人8000人，安置残疾人就业4800人。至年底，全市共培训残疾人10129人，完成任务目标126%；培训后就业6230人，完成就业任务129%，超额完成残疾人就业培训工程目标任务。全市残疾人来访求职2000余人次、失业登记623人、新增残疾人就业人数3836人。其中，按比例就业1010人、集中就业335人、灵活居家就业1634人、社区基层就业338人、基地就业112人、公益岗位就业135人、自主创业265人、办理个体经营优惠证7个。

（四）中原区残疾人康复和托养设施建设工程。中原区残疾人康复中心列入省民生工程，该项目于3月启动，5月经省发改委审核通过，市发改委于7月下达资金投资计划，计划总投资1449万元（中央拨付资金678万元、区配套资金771万元），属于中央预算内资金项目。市财政局9月21日将中央拨付资金转入中原区财政局，下拨至区残联账户。至年底，项目已完成立项、地震风险评估、文探物探等工作，地面附属物已清理，初步具备“四通一平”开工条件。

【残疾人康复工作】2016年，郑州

市残疾人康复工作扎实有效开展。实施全市低保家庭的精神病患者医疗救助工作，全年共救助低保家庭精神病患者2380人，市财政共投入救助资金259.09万元。继续为全市所有符合条件的0—14岁残疾儿童提供康复救助和辅助器具补贴，全市共救助0—14岁残疾儿童639人，匹配资金760多万元。继续为全市所有0—6岁孤独症儿童提供诊断和康复训练补贴。继续将“免费为全市白内障患者实施复明手术”列入2016年民生“十大实事”项目，全年共完成免费复明手术20105例。继续为郑州户籍的新生儿免费进行听力筛查、耳聋基因筛查和“两病”（苯丙酮尿症、先天性甲状腺低下筛查）及35种遗传代谢病筛查。2014—2016年11月底，确诊药物性耳聋基因易感者458例、先天性甲状腺功能低下症236例，苯丙酮尿症66例。实施国家专项彩票公益金康复项目，大力开展康复扶贫工程，对520名贫困精神病患者进行服药医疗救助，对130名贫困精神病患者进行住院医疗救助，为55名贫困成年听力残疾人免费配发助听器，为78名贫困肢体残疾人免费装配假肢、矫形器，为贫困残疾人免费发放用品用具446件，为500多名低视力患者免费适配助视产品665件。

【残疾人特殊教育】 2016年，郑州市残疾人教育工作稳步推进。逐步完善了以随班就读和特教班为主体、特殊学校为骨干的特殊教育体系，形成了学前教育、义务教育与高中阶段教育、职业技术教育和高等教育相互衔接的特殊教育格局。全市有学习能力的残疾儿童学前受教育率巩固在95%以上，义务教育阶段的残疾学生入学率在90%以上，职高以上阶段有学习能力和愿意就读的残疾学生普遍得到受教育机会，过高招分数线的残疾考生都能够顺利入学就读。做好2016年度普通高招残疾考生统计上报及补助工作，全市25名残疾人大学生顺利入学并争取资金进行补助。对386名残疾中小学生进行生活补助，补助金额43.2万元；对127名困难残疾高中生进行困难补助，发放资金12.7万元。

【残疾人培训就业】 2016年，郑州市残联抓培训促就业，加快残疾人就业致富步伐。加大就业平台搭建。筛选出新增就业年龄段的8478名残疾人录入就业培训工程管理系统；联合多家企业举办“河南省2016届高校残疾人毕业生就业网络视频双选会暨现场双选会”，来自全国的32家用人单位提供200余个就业岗位；为大学生就业创业提供平台，至年底已就业27人，拟升学16人，拟创业1人；盲人按摩继续教育共培训盲人医疗按摩师85人、保健按摩师30人，医疗中专培训7人；13人参加2016年全国盲人医疗按摩人员考试，通过率100%。

加大创业就业扶持力度。加快残疾人就业创业示范基地规范化建设，新增5家市级残疾人培训示范基地、11个县级残疾人培训示范基地；推动2家残疾人辅助性就业机构纳入政府购买服务范围；安置残疾人28名，辐射带动18户农村残疾人家庭就业。为291名有就业能力和就业愿望的残疾人提供帮扶，对4户通过验收合格的保健按摩机构给予每家2万元的资金扶持，鼓励自主创业。

加大就业培训力度。年初，对2015年残疾人就业培训工作中表现突出的32个先进集体和45名先进个人进行表彰，以示鼓励。通过社会招标购买培训服务，中标金额117万元，开展淘宝云客服、残疾人小吃烘焙和珐琅工艺技能培训384人。坚持特色培训，在传统培训基础上，开办残疾人精品培训班32个。如管城区举办残疾人 3D打印培训班，共培训60人，采用院校教学方式，专业老师授课，经过培训后可以用3D打印技术，制作精美的杯子、笔筒、纪念品等，并可以按照顾客要求在物品上打印字画，成本低、利润高，非常实用。新密市开办了残疾人电子商务培训班，学期3个月，学完后可以自己开网店，也可以在淘宝云客服申请就业。新郑市举办两期计算机使用和网店经营培训班，培训时间两个月，培训残疾人260人，学习完成后可以选择自主创业或者直接就业。中牟县举办微商（淘宝云客服）培训班两期，每期培训一个月左右，共培训残疾人130人。中原区举办300人左右规模的重度残疾人调查培训班，社区工作人员参加培训，通过封闭式培训，收到较好效果。登封市开办按摩培训班一期，培训20天左右，共培训残疾人50多人；进入乡镇开展农村实用技术培训，便于残疾人在家门口学到技术。

加大按比例就业力度。积极做好残保金年审新政行政职能变更工作，对全市1.89万家用工单位按比例安排残疾人就业情况进行年审，发放年审催审通知1539份。通过政策宣传，多数企业对残疾人就业有了新的认识，全年新增按比例就业1010人；核定金额1.4亿元，入库金额9667.9万元。

【残疾人扶贫工作】 2016年，郑州市残疾人扶贫工作成效明显。继续开展“三无残疾人”救助工作，全年全市实施救助1050名，发放救助资金373.526万元。做好农村基层党组织助残扶贫工程和农村残疾扶贫基地建设工作。对扶贫基地按省级、市级、区级进行分类指导，共创建2个省级扶贫基地、5个市级扶贫基地、38个县级扶贫基地；实现残疾人脱贫1671人，完成任务数的120%。根据《河南省残疾人托养服务工作“十三五”实施方案》的要求，下达郑州市托养任务1450人，下达资金共217.5万元。全年全市共托养服务残疾人1774人，补助资金265.87万元，超额完成任务。

【残疾人组织建设】 2016年，郑州市残疾人组织建设逐步加强。（1）残疾人专职委员配备、培训、待遇落实到位。全市179个乡（镇）街道、2660个行政村（城市社区）的残协全部建立，组建率达100%；全部选聘残疾人专职委员，选聘率达100%。残疾人专职委员工作补贴全部落实到位，纳入了县（区）财政预算，每人每月工作补贴100元；继续做好残疾人专职委员网络培训工作，全年全市共培训残疾人1376人。（2）优秀残疾人人才库建设和自强、助残表彰。按照中残联、省残联要求，建立市、县、乡三级优秀残疾人人才库，筛选各类优秀残疾人，发现和挖掘优秀残疾人典型材料，逐级上报优秀残疾人人才库。全年表彰20个全市助残先进集体、30名助残先进个人、10名自强模范。（3）全面完成残疾人专项调查工作。专项调查工作从7月1日起正式启动，专项调查底册共有残疾人116797人，截至9月19日，全面完成入户调查和系统录入工作，共计调查残疾人107434人。其中，入户调查95413人，入户调查率为94.33；电话调查5733人，电话调查率为5.34%。复录共计抽样人数520人，全市平均复录错误率0.29%，在指标控制范围内，复录工作全部达标。（4）加强残疾人干部培训。2016年郑州市残疾人干部纳入市干部组织培训，市政府残工委成员单位、残疾人工作者、社会机构负责人、基层残联的80名学员参加了在浙江大学举办的全市残联系统干部培训，反响较好。（5）残疾人证核发。2016继续实施“为郑州户籍残疾人办理残疾人证时免费进行残疾评定”民生实事项目，全市共办理残疾人证15673人，其中免费评定13000人，办证率为22.1%。同时，组联部承担郑州市残联行政审批工作，电子扫描残疾人证1.3万人次，每月平均办证业务量为1万人次，居全市行政审批事项中业务量前5名；及时整理残疾人卷宗1.3万份并归档，按时报送市审改办卷宗检查。

【残疾人文化体育宣传】 2016年，郑州市残疾人宣传文体工作广泛开展。（1）“助残日”活动形式多样，成效显著。5月15日是第二十六个全国助残日，郑州市举办庆祝全国助残日活动暨文化助残书画捐赠活动，康教中心组织残疾学员春游植物园活动，举办“爱在家园”文艺晚会。各县（市）区分别开展残疾人自强模范报告会、座谈会、残疾人专场招聘会、走访慰问贫困残疾人、残疾人书画艺术作品展览，以及组织残疾人参观《郑州记忆》展览、开展免费电影放映等活动。走访慰问孤独症儿童家庭、特教学校，帮助他们解决生活中的实际困难；开设面向孤独症儿童家长的在线咨询、家教讲座和心理疏导服务，宣传科学的孤独症儿童养护方法，开展孤独症知识宣传教育活动。为有需要的贫困残疾人发放轮椅、助行器等300余件。（2）继续开展残疾人文化活动周活动。残疾人文化周由市残联与市文广新局联合组织，各县（市）区残联和文化局积极参与。第三季度，在残疾人相对集中的社区、残疾人服务机构、特教学校、福利企业和各类公共文化服务场所，因地制宜组织残疾人就近、就便参加各种文化活动。举办各种文艺演出和展览展示活动，组织电影展映活动，推进文化助残志愿服务活动等。（3）充分发挥残疾人文学艺术界联合会作用，活跃残疾人文化生活。市残疾人书画家协会举办助残活动10余次，受助达500余人。如春节期间到火车站义务为返乡农民工、下乡入村为群众撰写春联，第26个全国助残日举办“关爱孤残儿童，让爱洒满人间”书画展，7月，组织书画家积极参加残疾人文化活动周，建军节组成拥军服务队慰问部队官兵等，影响辐射省内外多家残联先后组建残疾人书画家协会。（4）做好自强健身示范点的建设和申报工作。全年全市申报并建成残疾人自强健身示范点4家（管城区辅读学校、登封市残疾人康复教育中心、河南省残友培训就业孵化基地、新密市残疾人综合服务中心）。至年底，全市共建立全国示范点3家、省级示范基地4家。（5）无障碍阅览室工作稳步推进。全市共建盲人阅览室5个：郑州市图书馆无障碍阅览室、二七区盲人阅览室、管城区图书馆盲人阅览室、金水区盲人阅览室、惠济区盲人阅览室。（6）开展残疾人健身指导员培训。共培训70人，完成全年任务。（7）积极实施残疾人康复体育关爱家庭计划。按照年度计划，对全市重度残疾人进行入户调查摸底，并制订郑州市关爱计划实施方案，计划2017年逐步实施。（8）组织开展全国特奥日活动。结合足球进校园活动，在管城区联合中小学校的学生与管城辅读学校建立结对学校，积极开展特奥融合运动。组队参加全国特奥足球争霸赛和全国校园足球特奥赛，并取得优异的成绩。（9）完成《中国残疾人》《三月风》《残疾人研究》征订工作。（10）郑州市残疾人康教中心印发《家园月报》40期，举办3届残疾人百家讲坛。

【残疾人社会保障】 2016年，郑州市残疾人社会保障工作取得突破。为21525名低收入重残和智力、精神三级残疾人发放特殊生活补贴7700万元；为16049名中心城区持证残疾人购买团体交通意外险；在全市范围内，残疾人持证进入旅游景区免收门票条款已落实；在市人大、市政协的督查、视察和有关部门的支持下，市内80%的公交路线已执行对持证残疾人免费乘坐公交车的政策；积极参与到无障碍环境建设中，对城区不符合无障碍建设的公共设施进行监督检查，组织20余名残疾人和志愿者体验地铁无障碍通行活动；残疾人家庭无障碍改造工作重点向县级、农村延伸，逐步加大资助力度。认真组织开展机动轮椅车燃油补贴发放工作，全年分两批争取国家补贴资金37万元，惠及1422名残疾人，并完成2017年度1400人的录入工作。实施“轮椅助行工程”，为贫困肢体残疾人免费发放轮椅1000辆。

切实做好残疾人送温暖活动，春节、助残日期间，全市共组织走访慰问各类残疾人近8000户，发放面粉、食油、大米及日常用品共计240余万元。

【残疾人维权信访】 2016年，郑州市残疾人维权工作顺利畅通。全市各级残联都配有专人负责维权信访工作，并建立残疾人法律援助工作站，基本形成了市、县（市）区、乡镇（街道）、村（社区）残疾人信访维权工作组织网络。对需要法律援助和服务的残疾人，在咨询、文书代写、调解、代理等方面给予帮助，对符合法律援助、司法救助条件的案件，协助残疾人获得相应法律援助、司法救助服务。各级残联积极推荐残疾人、残疾人亲属和残疾人工作者进入县级以上人大、政协担任委员、常委，在残疾人立法、政策制定、反映残疾人呼声与需求等方面发挥积极作用；深入实施残疾人法律援助工作，充分与河南国银律师事务所合作，积极为残疾人提供法律服务，坚决查处侵犯残疾人合法权益的大案要案；着力解决残疾人权益保障面临的重点问题，重视残疾人诉求，畅通残疾人反映问题和解决问题的渠道，充分发挥“12385”残疾人服务热线的功能，全年全市办理残疾人来信10件，接待来访800余人次，咨询电话1200个，救助80余人次，控制并处理集体访1批30人，全市没有进京赴省集体访发生。

【残疾人规划财务工作】 2016年，郑州市残疾人财务建设及残疾人服务设施建设规范进行。（1）资金拨付方面。全年共拨付省级下拨资金近十批次，1000余万元；拨付市本级预算内专项款：残疾人职业技能培训费148万元，残疾人交通意外险9.79万元，残疾人低保精神病救助259.09万元、“三无”残疾人救助373.5万元、市级“阳光家园”智力和精神残疾人托养补助63.7万元、残疾人康复经费100万元，0—14岁残疾儿童康复救助360.15万元，残疾人残疾类别等级免费评定180万元，重度残疾人特殊生活补贴3000万元。（2）政府购买服务方面。严格按照省财政厅、省残联等六部门联合下发的河南省政府购买残疾人服务试点项目目录，由财务部门牵头，业务部室配合并拿出相关采购标准，对符合政府购买服务条件的项目均进行政府采购，全年完成康复救助、残疾人培训等公开招标工作。（3）县级残联流动服务车方面。市残联为11个县（市）区全部申请配备了流动服务车，并转发《河南省残联关于加强县级残联流动服务车管理的通知》《中国残联办公厅关于印发县级残联流动服务车实施方案的通知》，进一步加强对流动服务车的管理。（4）国有固定资产清查方面。4月初，按照财政要求启动国有资产清查工作，历时近半年，在对各项资产进行全面清理、核对、查实的基础上，对实物进行盘点核实，实物盘点核实面不低于单位实物资产总量的60%，共清理报废老旧设备75件。（5）财务审计工作方面。4月，接受审计局对市残联三公经费、楼馆建设等项目的审计工作；及时在规定网站上向社会公布2016年预算及2015年决算；向二级机构分配财政预算并审核日常用款、采购计划；完成机关预算内政府采购计划。

【基层残联工作】 2016年，各县（市）区残联比、学、赶、超，残疾人工作任务全面完成，而且亮点纷呈、各具特色。

金水区：全年资助贫困残疾学生139人，发放救助金9.1万元，并且提高了补助标准：义务阶段学生每人每年500元，高中阶段学生每人每年1000元，全日制大专以上学生每人每年2000元。临时救助政策常态化，全年救助残疾人家庭568人120户，区本级发放救助资金57.2万元。残疾人文艺活动开展有声有色，举办了600多人参与的“文艺助残、共圆中国梦”大型演出。

二七区：二七区残联被国务院残工委授予“十二五期间全国残疾人工作先进单位”。举办首届爱心书画助残活动；组织残疾人开展“游九朝宋都，品历史文化一日游活动”；开展爱心物资捐赠暨肢残日活动，接受衣服1000件和价值16.5万元的轮椅捐赠；举办“温暖二七、让爱传递”慈善活动，发放救助金5.5万元。

中原区：在中原区残疾人康复中心建设中，克服困难，按要求在年内动工。开展扶贫工作力度大，全区投入700万元用于就业、康复扶贫，5408名残疾人得到实惠。

管城区：举办“关注儿童听力健康”爱耳日宣传教育活动，发放书包、文具盒、闪光门铃、浴凳等100多份；规范残疾人日间照料工作，对每家机构区委特批6万元+补助；表彰残疾人自强模范，奖励每人1000元救助金及被子1套；为200名特困残疾人每人发放救助金1000元及被子1套；联合区慈善总会为500名残疾人每人提供价值500元的免费体检。

惠济区：积极开展农村基层党组织助残扶贫工程，建成扶贫基地3个；为280名残疾人代缴养老补贴2.8万元；举办“同在蓝天下、有爱不孤单”关注孤残儿童义卖捐助活动，共募集善款18406.1元；在区《慈善报》开辟“惠济区残疾人风采”专栏，用身边的残疾人典型模范引导残疾人。

上街区：残疾人康复教育托养中心投入使用，发挥场馆设施优势，签约了一家专业康复医院，打造“以医养康、以医托养”的医疗康复托养新模式。

登封市：建立10个村级康复室，并列为社区康复建设示范点;深入17个乡镇集中办理残疾人证3457本，上门入户办理300多本残疾人证。举办《好妈妈生命智慧嵩山报告会》，400多名残疾人、工作者接受教育。

新密市：新密市政府拨付康复经费160万元；新密籍残疾儿童除享受郑州市救助政策外，新密市财政再对孤独症儿童每人每月给予500元训练补贴，聋儿、脑瘫、智力残疾儿童每人每月给予300元训练补贴，全年共救助各类残疾儿童48名，发放训练补贴6.48万元；对未享受郑州政策的600名精神类残疾人，每人给予150元救助补贴；为全市18个乡（镇）街道办事处社区康复室发放训练补贴资金18万元。

新郑市：全年累计慰问400多户贫困残疾人，慰问资金超60万元；帮扶残疾学生43名，发放帮扶资金4.8万元；全年共有328名学前残疾学生及残疾家庭子女享受每生每学期500元的资助。

荥阳市：依托荥阳市第二人民医院设立了“荥阳市阳光家园残疾人托养中心”，集中托养400人次，发放生活补贴1.8万元；为71名盲人代表进行体检；为结对帮扶对象送去价值9000余元的生活物资和9只山羊，帮助残疾人脱贫致富。

中牟县：开展“康复进家庭”活动，为困难残疾人提供适合在家庭开展康复训练的康复器材285件；在全县开展寻找中牟“最美残疾人”“最美助残人”评选活动；申报春峰果蔬专业合作社为省级农村残疾人培训示范基地。

航空港实验区：开展送政策、送服务活动，深入乡村宣传涉残服务政策、为符合条件的残疾人办理“两项补贴”；区财政拨款34.74万元为残疾人购置辅助器具。

高新区：利用助残日契机，举办“关爱残疾人身心健康，文化助残”系列活动。活动分为3个主题：免费为200余名残疾人免费体检、组织30名大学生志愿者向20名特困残疾儿童开展志愿服务活动、开展关爱残疾人走基层活动。此外，为400余名60岁以上残疾老人发放慰问品。

郑东新区：“双节”期间投入14.55万元，慰问485户贫困残疾人；残疾人无障碍家庭改造20户；助残日发放慰问品价值29万元；为152名残疾人专职委员发放补助182400元。

经开区：为152名残疾儿童发放价值7.6万元的慰问品；为29名听力儿童免费进行康复训练，费用共计541140元；为23名残疾人验配丹麦瑞声达高端助听器，合计价值82570元。

（毛贻广）

社会科学界联合会

【概况】 2016年，市社科联（院）按照市委“两个率先”的总目标要求，围绕“建设以国际商都为特征的国家中心城市”战略布局谋划推进社科工作，以开展“两学一做”专题教育为抓手，围绕中心、服务大局，发挥优势，认真履行智库职能，为全市经济社会发展作出应有的贡献。市社科联获得全国社科联系统先进单位荣誉称号。

强化理论武装，以中共十八大以来历次全会精神统领社科工作。坚持把加强政治理论学习摆在突出位置，深入学习贯彻中共十八届五中、六中全会精神和习近平总书记系列重要讲话，以及省、市相关重要会议精神，特别是对六中全会精神和全会通过的“两个条例”进行精研细学。在学习过程中，联系“两学一做”学习教育，结合社科工作实际，丰富形式、吃透精神、把握实质、推动工作，不断增强做好社科工作的责任感和使命感。全年专题组织中心组成员集中学习研讨10余次，领导班子成员和各党支部书记带头讲党课9场，开展基层调研20余次，机关上下形成浓厚的学习氛围。同时，不断加强自身建设，把党风廉政建设工作贯穿于社科工作始终，通过开展党风党纪教育、廉洁自律专题教育以及组织警示教育活动等，引导党员干部坚定理想信念，不断提高拒腐防变的自觉性，牢固树立廉洁从政意识。坚持重大工作主动向市委请示，调研成果及时向市委、市政府报送，紧密围绕中央的决策部署，按照省、市委关于宣传思想工作的安排部署和对社科工作的具体要求，努力发挥好“思想库”“智囊团”作用，扎实开展工作。

【重大课题调研】 2016年，市社科联突出应用价值，围绕经济社会发展瓶颈规划重点课题，研究能力得到提升。

（一）围绕中心工作和郑州经济社会发展中的重大问题组织课题研究。制作完成《郑州市产业技术创新能力提升对策研究》《郑州生态环境建设问题研究》等5项重点研究课题，深入中牟县和郑州航空港经济综合实验区调研，编印6期《领导参阅》，报送市委、市政府主要领导参阅，获得高度好评。申报的2项省发展研究中心课题获得立项；参与完成1项省社科规划项目、2项省教育厅和1项省科技厅课题；参与市纪委关于郑州市巡察工作思考与探索调研课

郑州市2016年度社会科学学术年会举行

题等。

（二）组织开展社科课题调研，形成一批优秀成果。围绕繁荣发展哲学社会科学及省市社科院联席会议等问题进行省内外调研考察活动，并组织各县（市）区、市直各单位，各学会、协会、研究会，各大中专院校等，围绕郑州市经济社会发展中的重大理论和现实问题开展调研，对前瞻性强、实用性高的课题进行跟踪制作。推出一批针对性强、理论水平高的优秀社科调研课题进行归纳整理，摘要汇编，上报市委、市政府和有关部门，提供决策参考服务。

【课题评审】 2016年，市社科联组织完成了2015年度社科调研课题的结项、评奖，以及2016年度社科调研课题立项工作。4月，组织进行2015年度调研课题评审，经郑州市社会科学优秀成果评奖委员会专家评定，959项结项课题中，评出一等奖77项、二等奖96项、三等奖118项。同时，对2016年度申报的2000余项调研课题中的980项课题进行评标立项。从评审情况看，郑州市社科调研课题逐步呈现出针对性强、调研深入、理论水平高、可操作性强等特点。

【学术交流及科研协作】 2016年，市社科联加强协作，为科研搭建平台。4月，组织召开"郑州市社科联（院）与河南工程学院科研协作联席会议"，就科研协作有关事宜进行交流探讨，其目的在于搭建科研协作平台，为提升市民文明素养提供科研、咨询、专家授课等，会上初步达成合作意向，并就协作的目的、双方职责、运作程序、管理机制等进行协商。与郑州市文明办联合开展《郑州市公共文明常识通俗读本》撰写工作等。

【智库联盟建设】 2016年，市社科联完成了《郑州市"十三五"经济社会发展战略研究》的出版发行；与中国知网河南分公司合作试用《中国学术文献网络出版总库》，并进一步达成合作意向；与其他城市社科院合作成立全国城市社科院智库联盟，并积极开展相关项目的研究工作。

【社科优秀成果评审】 2016年，郑州市社科优秀成果评审重质量接地气，实用性不断增强。4月，启动了2015—2016年度社科优秀成果的申报征集工作，8月底结束，面向全社会共征集社科优秀成果867项。经郑州市优秀社科成果评奖委员会的严格评审，有270项优秀成果获奖，其中一等奖65项、二等奖85项、三等奖120项。获奖成果的内容涉及政治、经济、文化和历史等诸多领域，其中不乏新观点、新见解、新提法、新措施，对全市经济社会发展具有一定的指导性、应用性和可操作性。

【社科学术年会】 2016年，市社科联勇探索善创新，学术年会有新意。11月1—10日，与市委宣传部、郑州升达经贸管理学院联合举办"郑州市2016年度社会科学学术年会"。年会主题为"深化开放创新 推动郑州向国家中心城市迈进"，期间组织举办1场综合研讨会、1场专题论坛、6场专题研讨会、5场学术报告会，并开展社科成果普及宣传交流展示等相关系列学术活动。此次年会呈现出内容丰富、时间较长、参与面广、社会关注度高、反响强烈等特点，20多家新闻媒体予以报道，受到一致好评，成果得到市委主要领导肯定。12月22日，市委常委、市委宣传部部长、副市长张俊峰对年会取得的成果作出批示。

【社科宣传普及】 2016年，市社科联注重发挥专家作用，社科知识宣传普及活动取得新成效。为满足广大市民的文化需求，丰富文化生活，与松社书店共同举办20场"中原大讲堂·郑州讲堂"。内容涉及人文科学、社会科学等领域，如：历史学家杜君立的《历史的慰藉》、著名作家郭亮的《时间煮海》等。"中原大讲堂·郑州讲堂"形式不拘一格，学理性与实用性并存，权威性与前卫性并重，追求学术创新，鼓励思想个性，强调雅俗共赏，重视传播互动，深受市民欢迎，社会效果显著。同时，举办十几场"社科知识大篷车进基层"活动，深入县（市）区、机关、社区、学校等，宣讲十八大精神和十八届五中、六中全会精神，普及社科知识，受众人数达1.2万余人次，受到广大群众的普遍欢迎。

【理论研讨】 2016年，市社科联围绕中心工作，理论研讨百花齐放。2月18日，与市委宣传部联合组织召开"大爱之城 郑州现象"理论研讨会。专家教授与市民代表们齐聚一堂，就2013年、2014年、2015年连续三年郑州3位"感动中国人物"上榜的"郑州现象"，从不同角度深刻阐述"郑州现象"产生的历史文化背景、必然现象，提出了今后应加强引导和政府助推、媒体宣传等方面的建议。《郑州日报》头版以《社会各界研讨"大爱之城·郑州现象"》为题进行报道，郑州电视台等市属媒体分别对专家进行专题采访报道。

【社科学会建设】 2016年，市社科联以联合促发展，社科学会工作积极活跃。积极组织引导下属学会开展丰富多彩的学术活动，郑州图书馆学会上半年召开郑州地区图书馆服务联盟建设工作经验交流会；郑州市地方史志学会组织了郑州史志事业"十二五"成就回顾展；9月，郑州市地方史志学会在中山大学举办郑州市地方志业务培训班；10月，郑州市法学会主办"司法体制改革的理论与实践"研讨会等。市法学会等3家学会被评为全国社科工作先进单位。

【《中州纵横》杂志】 2016年，市社科联树立精品意识，《中州纵横》品牌效应初显。《中州纵横》杂志编纂工作进一步解放思想、转变观念、规范管理，以提高杂志的质量为中心，坚持贯彻党的方针政策，把握正确舆论导向，传递正面社会信息，记述社科发展成就，发表鲜明理论观点，展示盛世时代风貌，顺利完成2016年度6期杂志的编辑发行任务，较好发挥宣传平台的正确导向作用，突出社科刊物的特色，增强专题栏目文章的理论性、预见性、可读性，发挥党和政府联系社科工作者以及广大群众的桥梁

郑州市建设国家中心城市研讨会

和纽带作用。

（张丽新）

文学艺术界联合会

【概况】 2016年，市文联全面贯彻落实习近平总书记在文艺工作座谈会上重要讲话精神，进一步端正文艺工作的正确方向，精心谋划，推动发展。围绕弘扬主旋律、宣传郑州、服务群众，组织开展多种形式的文艺展演活动；以“出作品，出人才”为文联工作重点，着力培养优秀文艺人才，不断推出文艺精品，文艺事业取得新业绩。由市电影电视家协会组织摄制的黄帝故里拜祖大典献礼微短片《回家》，获得第二届“根亲中国”微短片大赛“黄帝故里拜祖大典特殊贡献奖”，并在颁奖礼上播放全片。11月，该片在第十二届中美电影节上斩获“金天使”奖。《回家》从中美两国报送的500余部微电影中脱颖而出，不仅显示了国际电影人对其艺术创作的肯定，更代表了世界对中原传统文化和华夏历史文明的共同认可。摄影家协会孙建辉摄影作品获中国摄协艺术摄影展金奖，石保定、王秀清等8人作品获《中国摄影报》优秀奖。市曲协副主席陈梅生获得中国曲艺第九届牡丹奖、表演奖，曲协师亚峰获得中国曲艺第九届牡丹奖、新人奖。戏剧家协会举办国家一级编剧王明山《新版白兔记》和《青陵台》新创剧本研讨会；王明山还新创作《老刘的心事》《燕归来》《阿强家事》3部小品，其中《阿强家事》在广西南宁艺术比赛中获一等奖。

【文艺展演活动】 2016年，市文联按照中国文联、省文联关于开展“送欢乐下基层”有关要求，结合郑州文艺工作实际，春节前夕，组织书法家、戏剧家、音乐家、曲艺家、剪纸艺术家深入到登封市宣化镇、荥阳市高山镇吴沟村等地，开展“送欢乐下基层”文化惠民活动，为当地群众送去春联、剪纸和精彩的演出，受到热烈欢迎。活动结束后，市文联领导对困难户进行了慰问。

为庆祝“三八”妇女节，河南省妇女书画家协会、郑州市妇联、郑州市文联联合主办，郑州市女子书画家协会在河南省美术馆承办《为时代放歌》《展巾帼风采》书画作品展。

为庆祝中国共产党成立95周年，弘扬社会主义核心价值观，市文联举办“时代楷模·德耀中原——系列雕塑展”、“党在我心中”硬笔书法大赛作品展、“庆祝中国共产党成立95周年书法作品展”等文艺活动。其中，雕塑展集中展示雕塑家耿玉静创作的40余件反映当代不同时期中原大地上涌现出的先进模范代表人物肖像雕塑作品。

为更好的弘扬传统文化，由中国民间文艺家协会牵头打造“我们的节日——中原文化庙会”“我们的节日——中国（郑州）2016中秋文化节”两个活动，均在郑州绿博园举办。活动以“传承文明 弘扬传统文化”为宗旨，深入挖掘传统文化内涵，进一步促进传统文化的传承创新，丰富群众性民俗活动和文化娱乐活动，促进生态文明建设，努力营造和谐的社会环境。延续几届的举办，使两个文化节成为河南文化新的品牌，绿博园成为中原民俗文化的展示和传承基地。

围绕弘扬主旋律、宣传大郑州和庆祝建国六十七周年，开展“大美郑州——中国画名家扇面学术邀请展”暨作品集首发式、“天地之中”首届郑州当代艺术展、“清风无尘——苍松画家禹化兴八十大展”“走进自然——郑州市油画写生作品展第一回”活动、庆祝建国六十七周年“乘风而上 腾飞中原”——百名美术家走进郑州航空港经济综合实验区采风创作作品展。其中走进郑州航空港经济综合实验区采风创作作品展共展出国画、油画、版画、雕塑等种类作品100余件。展览期间，河南省委常委、宣传部部长赵素萍，郑州市委常委、宣传部部长张俊峰及郑州市委常委、郑州航空港实验区党工委书记张延明到展馆参观，并与大家交流座谈。

11月18日，徐大庆摄影作品《亦真》少林系列应邀参加2016首届“郎静山杯”新画意摄影双年展。通过近距离接触和拍摄少林寺饱经历史风霜的前世今生，还原真实的少林寺，以其影像的别样魅力成为少林寺面向国际的新名片，进一步面向国内外推介宣传了中原厚重的历史文化，提升郑州的美誉度。

为更好的推出文艺精品，文联举办纪念龚柯诞辰100周年书画精品展及作品集发行式、《印像郑州—郑州市优秀篆刻作品展》及作品发行式。其中，篆刻作品展云集郑州老中青三代篆刻家200多方作品。

【文艺赛事】 为配合丙申年黄帝故里拜祖大典的成功举办，市文联组织“老家河南”系列文化活动之丙申年黄帝故里拜祖大典·第二届“根亲中国”微短片大赛。此次大赛由中国电影家协会微电影工作委员会全程指导，共收到来自北京、天津、福建、陕西、河南等省市的应征作品300余部，经过4个月的征稿、评选，最终6部思想性、艺术性俱佳的优秀微短片作品获得本次大赛一、二、三等奖。

为丰富“两学一做”学习教育载体，由中共郑州市委党的建设工作领导小组办公室牵头主办“党在我心中”硬笔书法大赛。大赛于6月启动，至8月底，有266个单位参与投稿，共收到硬笔书法作品1000余幅。经专家评委投票决定，共评选出一等奖10件、二等奖20件、三等奖50件、优秀奖100件，优秀组织奖5个。

由岳修武少儿书法奖励基金会倡议发起郑州市第二届少儿书法大赛优秀作品展。大赛从4月开始筹备，历时半年时间，向社会公开征集作品千余件，经过大赛组委会专家团初评、复评，最终评出金奖10件、银奖20件、铜奖30件和优秀奖60件。

为更好地开展文艺惠民活动，市文联组织“出彩郑州”郑州市戏曲大赛、第十三届河南省少儿戏曲小梅花大赛郑州市选拔赛、2016中国·郑州国际马戏嘉年华、郑州首届“百花杯”少儿舞蹈大赛、2016中国郑州首届“小舞王”全国争霸赛、郑州市第二届“启元杯”中老年舞蹈大赛、郑州市摄影月赛。其中，首届“百花杯”少儿舞蹈大赛共有来自全省各地市120支代表队、近1800人参赛，舞种包括中国民族民间舞、古典舞、拉丁舞，街舞及现代舞，经过激烈角逐，共评出特等奖2名、一等奖3名、二等奖5名、三等奖8名，同时评出最佳舞蹈改编奖、最佳原创舞蹈奖、最佳艺术风采奖等奖项。郑州市第二届“启元杯”中老年舞蹈比赛于9月举行，23支来自各县（市）区的舞蹈队伍参赛，表演作品以原创作品为主，最终评出一等奖14个、二等奖5个、三等奖4个，郑州市老年艺术大学等单位荣获优秀组织奖。

【“深入生活、扎根人民”主题实践活动】 为进一步贯彻落实习近平总书记在文艺工作座谈会上的重要讲话精神，按照中宣部、中国文联、河南省文联等部委在文艺界广泛开展“深入生活、扎根人民”主题实践活动的部署，市文联于2016年5月20日在郑州市航海东路街道办事处石建社区开展一系列丰富多彩的“到人民中去”文艺志愿者服务日主题活动。郑州市各文艺家协会主席团成员及文艺志愿者50余人参加活动，石建社区、国香茶城分别被授予郑州市文联“深入生活、扎根人民”文学家采风基地、郑州市“书法家之家”牌匾。活动期间，进行常派戏曲艺术欣赏、书法艺术鉴赏及辅导、摄影艺术讲座、“弘道养正”郑州市践行社会核心价值观优秀篆刻作品展及谢竹安先生人物摄影展等多项文艺活动；在郑州市群众艺术馆举办丙申年郑州青少年书法展，从全市青少年中遴选出楷书、草书、篆书、隶书、行书等各种书体作品115幅入展，全方位地展现郑州市青少年的书法成果。

大力开展群众性文艺展演、展出活动。相继开展郑州市迎新春摄影名家名作展、海峡两岸电影展、第一届管乐专业委员会成立专场音乐会、郑州市第二届少儿书法大赛优秀作品展、郑州市第二届国际标准舞全国公开赛暨世界巨星表演晚会、“出彩郑州”——迎国庆庆重阳郑州市群众优秀舞蹈作品展演、“班夫山地电影节国际户外影展——郑州特别展映单元”、河南中原民俗文化展演团走进封丘潘店镇车营村等文艺活动。其中，海峡两岸电影展让郑州市民在家门口欣赏到来自台湾的《五星级鱼干女》《爱情算不算》《234说爱你》等优秀电影。第一届管乐专业委员会成立专场音乐会邀请到著名指挥小号演奏家、中国音协管乐学会会长戴中晖和著名长号演奏家刘兵出席，共演奏了11首中外优秀曲目。郑州市第二届少儿书法大赛优秀作品展为140位获奖小书法家举办颁奖仪式。郑州市民间艺术家协会会员代表郑州参与河南中原民俗文化展演团走进封丘潘店镇车营村，举办大型捐助公益活动，网易河南等多家媒体进行宣传报道。

【文化交流活动】 2016年，市文联积极组织开展文化交流活动。以举办活动为载体，增强与外地交流合作，参与组织承办大型展览赛事活动，提升郑州文艺的影响力。市书协分别与南京、海口举办郑州—南京书法家提名邀请展、郑州—儋州书法作品交流展。活动中，两地书法家协会就自身协会在书法人才培养、书法活动开展与研讨、书法发展现状、协会管理，以及协会长远发展规划等问题进行学习交流，并进行现场书法展示。摄影家协会组织举办新密杏花节摄影大赛，参与组织由中国摄协、郑州市政府主办的中国国际摄影节、“文明郑州”国际交流摄影展等大型文艺活动。其中，新密杏花节摄影大赛组织近千人参加采风活动；3月下旬，启动“魅力郑州”摄影大赛，至年底共征集作品上千件。郑州市曲协举办第四届曲艺大赛，共收到报名作品204个，最终决出创作奖3名，成人组、专业组、少儿组表演一等奖各1名、二等奖各2名、三等奖各3名。

在中国工农红军长征胜利80周年之际，由市文联与江苏省现代经营管理研究会联合主办“纪念红军长征胜利80周年”——2016江苏、河南书法篆刻名家提名精品展，增进江苏与河南的书法艺术交流，推动书法艺术发展。

【文艺创作】 2016年，市文联始终坚持“二为”方向、“双百”方针，把繁荣创作、推出人才作为中心任务。组织郑州市第二十七届文学创作笔会，通过提升主题性创作的组织化水平，发挥专业高地的导向作用，积极推动文艺精品的创作和文艺人才的培养。郑州市摄影家协会为给会员提供更多的摄影创作机会，先后在荥阳环翠峪景区、新密伏羲山大峡谷、巩义长寿山景区和康百万庄园景区建设了郑州市摄影家协会创作基地，协会会员持会员证可免费进入景区进行创作，受到广大会员的欢迎。

市文联主席钟海涛出版《钟海涛书章草千字文心经》《绮丽本色钟海涛题朱仙镇木版年画》；举办“溱洧之约 郑风徐来”侯和平、钟海涛书法艺术精品展，作品内容涉及《诗经·郑风》及近代描写新郑的名篇诗词，以书法艺术为载体，弘扬中国传统文化。郑州市文联副主席程韬光推出新作《碧霄一鹤——刘禹锡》，由作家出版社出版，至年底销量突破40000册，受到文学界和学术界的高度评价。市书协秘书长王晨的《王晨篆刻心经作品展》在大河画廊展出，共展出篆刻作品55方，得到了广泛认可。为更好地宣传郑州市优秀青年艺术家，10月26日，由郑州市戏剧家协会承办的《兰韵芬芳》——张兰珍戏曲艺术演唱会在郑州艺术宫获得圆满成功。市书协主办的书法论坛，邀请江苏省书法家协会副主席陈金纯就“书法临摹与创作”进行公益讲座。市摄影家协会组织会员参加《中国摄影报》“微摄影”郑州交流会，邀请上海市摄协副主席陈海举办专题讲座；组织会员参加《大众摄影》郑州联谊会，《大众摄影》杂志社副社长王杰对会员作品进行讲解，受到广大会员好评。

【小小说文化传媒创新升级】 2016年，市文联继续做精做强《小小说选刊》《百花园》的编辑出版工作，并与蜻蜓FM河南合作小小说电台，开辟全新传播模式。郑州小小说文化传媒有限公司保质保量完成出版发行任务。截至年底，《小小说选刊》累计出版648期，《百花园》累计出版569期。《小小说选刊》和《百花园》唱响主旋律，以专题形式刊发“用小小说讲好中国故事”“长征：不朽之魂”等系列作品。同时，充分利用各自的优势，以多种形式推出名家、发掘新人，分别评选优秀作品奖和原创作品奖，为发现和培养小小说梯次作家队伍作出贡献。

11月，由郑州小小说文化传媒有限公司与郑州人民广播电台融媒体平台蜻蜓FM河南联手打造的星光小小说网络电台正式开播，是国内首个以小小说为核心产品的互联网类型化广播，是传统媒体跨行业、跨领域、跨所有制的创举。合作双方在内容、渠道、平台、经营、管理等方面开展全方位的合作，共同完成小小说由视觉读物到听觉产品的升级转变，创造更适合当前读者需求的文化产品，实现优势互补与共赢。

（徐向阳）

法 治

政法委及综治

【概况】 2016年，全市政法系统切实履行职责使命，积极应对风险挑战，全力服务发展大局，有力维护全市社会大局持续平安稳定，较好地完成了市委交办的各项目标任务，在对敌斗争、信访稳定、平安建设、依法治市、舆情管控、队伍建设等方面取得了明显成效，为实现“十三五”时期全市经济社会发展良好开局和人民群众安居乐业创造平安稳定的社会环境。

【维护国家安全和政治稳定】 2016年，全市各级政法部门按照“主要社情全掌握、主要敌情全覆盖、主要危害全预警”的要求，深化认识，积极防范，始终保持反渗透、反暴恐、反邪教高压态势，对敌斗争坚强有力，有力维护了国家安全和政治稳定。

（一）严厉惩治各类暴恐违法犯罪活动。推进实施“滤网计划”，持续强化关注人员摸排管控，提高预测预警预防风险能力，全年摸排过滤关注人员24877人次，收集涉恐维稳情报885条；健全反恐工作组织架构，完善多部门协作、跨区域联合反恐怖侦查模式和指挥处置体系；创新与河南省新疆籍人员服务管理工作队合作联动机制，有效提升防范应对暴恐活动的能力，反恐怖工作全省排名第一。

（二）坚决惩治反颠领域重点人员滋事活动。围绕“双节”“两会”等敏感时期和重要节点，组织开展“民运”分子、“维权”律师等群体专项教育稳控活动，全面阻击“街头举牌”“联署签名”“清明节祭扫”串联闹事等街头政治活动，妥善处理涉政治类复杂敏感案事件。

（三）反邪教斗争成效显著。持续开展诬告滥诉整治工作，全年破获邪教案件76起，抓获各类参与人员87人；创新反邪教宣传教育模式，将警示教育纳入党校培训课程，实现对党员干部反邪教警示教育的常态化，邪教组织现实危害逐步消减，圆满完成中央、省委提出的“四个不发生”工作目标。经过全市各级各部门共同努力，全年没有发生暴恐袭击和反动分子、邪教人员聚集案（事）件。

【信访和维稳工作】 2016年，全市各级政法部门积极推动各级党委、政府始终把信访和维稳工作放在经济社会发展全局中统筹谋划，不断压实领导责任，健全工作机制，改进和完善信访、维稳工作。（1）压实领导责任。以市委办公厅、市政府办公厅名义印发《关于进一步加强信访工作领导责任制若干意见》，强化党政领导特别是主要领导的信访维稳工作职责；制订《郑州市维稳工作综合考评办法》，对各县（市）区实行100分倒扣制度，以考评推动维稳责任落实。（2）健全联动机制。强化市、县两级应急处置指挥部建设，按照“一区一方案、一事一方案”，完善应急处置工作预案；加强应急处置队伍建设，建立集“武警、特警、铁路、民航、高铁、属地公安局”为一体的联勤联动体制，确保随时拉得出、冲得上、控得住；突出重点部位管控，加强省委省政府、市委市政府等重点部位快速处理力量；健全完善驻京工作机制，实现情报信息互动对接，提升赴京非访治理效能。（3）落实风险评估。完善社会稳定风险等级预警机制、责任追究机制和监督制约机制，制订下发《关于进一步加强和规范重大决策社会稳定风险评估工作的意见》，在征地拆迁、环境保护、重大项目建设等重点领域，确保做到应评尽评。全年全市各地各单位共实施重大决策事项86件，评估率达到100%，有效消除重大事项中的不稳定隐患，因重大事项而引发的不稳定问题明显减少。（4）畅通信访渠道。4月6日，在登封市组织召开全市“周五书记接访”暨矛盾纠纷多元化解工作现场会，实现领导干部接访工作制度化、常

文明交通志愿者活动

态化，做到接待主体、时间、地点、任务和监督方式“五个固化”，推动问题及时解决、就地解决；大力推广网上信访，探索“互联网+信访”新模式，让“数据多跑路，群众少跑腿”，国家信访局投诉受理中心专职副主任金艳丽一行到郑州市调研时，对郑州市提升网上信访工作取得的成绩给予充分肯定。

截至2016年11月底，全市非访累计登记88人次，同比下降70.3%；到省集体上访598批12093人，批次、人数同比分别下降26.6%和37.5%；上级交办的信访积案办结率达90.2%。全国“两会”期间郑州市非访共登记3人次，再次创下历史最好成绩。在三级“两会”、G20峰会、十八届六中全会、省市党代会、中央巡视组驻郑巡视等敏感节点，没有发生来自郑州的干扰，有力维护社会大局和谐稳定，中央和省委、省政府给予充分肯定。

【平安建设】 2016年，全市各级政法部门以提升群众安全感和满意度为目标，立足工作实际，坚持问题导向，创新治理，协同联动，深入开展平安创建活动，构建立体化社会治安防控体系，不断提升平安建设水平，全年没有发生有较大影响的重大刑事治安案件，全市治安大局持续和谐稳定。

（一）党委政府高度重视，组织领导坚强有力。2016年，市委、市政府先后4次召开全市平安创建、信访维稳工作会议，市委常委会、市政府常务会每月研究政法工作。9月6日，市四大班子主要领导出席全市政法信访稳定暨平安建设工作会议，市委书记马懿作重要讲话；市委将社会治理和信访稳定工作列为市委七项重点工作之一，提升到“四重点一稳定一保证”的重要一环，体现了市委对政法工作的高度重视。

（二）严格执法，公正司法，形成惩治违法犯罪合力。郑州市公安局把保障人民安居乐业作为根本目标，确立“全省第一、全国一流、永不落后”的目标定位，着力打造郑州公安的特色品牌。全市现行命案发45破45，侦破率100%，达到历史同期最高水平；破获命案积案11起，在全国36个省会城市、计划单列市和直辖市序列排名第一；立案侦办涉黑案件434起、终审判决涉恶人员716人；严厉惩治经济犯罪，破获各类经济案件1618起，逮捕538人，挽回损失近16亿元；侦破“盗抢骗”案件5702起，打掉团伙395个，成功侦破“4·21”淘宝代运营专项诈骗专案，为全国惩治此类新型犯罪树立了标杆。郑州市检察院以“担负双重责任，全面争当全省检察机关领头雁、排头兵”为工作目标，忠实履行法律监督职责，1—11月共立案侦查贪污贿赂犯罪198件326人、渎职侵权犯罪67件137人；严惩严重刑事犯罪，批准逮捕各类犯罪嫌疑人4827人，提起公诉9084人。郑州市中级人民法院大力推进现代化法院建设，不断加强司法能力建设，提高司法服务水平，截至12月9日，全市两级法院共受理案件245756件，结案187216件，结案率76.18%。其中，市中级人民法院受理32020件，审执结25560件，结案率79.83%，为郑州都市区建设提供了有力的司法保障。司法行政系统积极服务平安郑州建设，切实强化监管场所安全工作；全力推进社区矫正机构建设，市司法局及各县（市）区司法局社区矫正机构全部组建到位；持续推进人民调解工作，全年共受理调解各类矛盾纠纷6.7万件，调成6.54万件，调成率达到97.7%以上；法律援助工作得到社会各界的高度认可，市法律援助中心被司法部列为法律援助工作定点联系单位。

（三）联通共享，提升效用，完善立体化治安防控体系建设。投资10亿元，完成视频监控中心建设、监控平台建设、监控平台联网建设、监控点位一期建设，农村视频监控覆盖率平均达70%，全年利用视频监控系统协助或直接侦破各类案件1831起，抓获犯罪嫌疑人1262人，为案件提供线索支撑8556条，服务群众求助6053起；在城区交管巡防队全面推行摩托车巡逻模式，组织开展全市巡防队员业务技能比武竞赛，提升巡防队员整体素质和巡消业务水平；在试点小区探索推进物联网治安防控技术应用建设，有效遏制盗抢案件发生，减少群众财产损失。

（四）搭建平台，深化基础，筑牢基层平安建设根基。认真贯彻落实全国社会治安综合治理创新工作会议精神，按照“试点先行、带动全面、鼓励创新”的原则，推动综治中心规范化建设，全市建立起1个市级综治中心、15个县级综治中心、198个乡级综治中心、3024个村级综治中心，以及2314个规模以上企业综治工作站；持续推进基层平安创建活动，全面开展“平安校园”“平安医院”“平安企业”“平安景区”“平安单位”等37项基层平安“细胞工程”创建活动，平安村、平安社区达标率85.5%，建成基层平安单位1800余家；探索在二七商圈和商务楼宇设立“两新”组织综治工作站，积极引入社会力量参与综合治理，筑牢单位、企业、学校、场站、金融场所等多条防线。

（五）健全机制，提升效率，推动矛盾纠纷多元化解。市委办公厅、市政府办公厅下发《关于完善矛盾纠纷多元化解机制的若干意见》，在市、县、乡、村四级构建无缝隙、全覆盖的矛盾纠纷预防化解工作中心。至年底，全市15个县（市）区、开发区全部建立矛盾纠纷调处化解中心，202个乡镇（街道），2526个村（社区）全部建立矛盾纠纷调处化解平台；教育、卫计、住建、交通、人社、环保、旅游等行业性、专业性调解工作平台初步建立；推进“四调”对接，健全完善人民调解、行政调解、司法调解与仲裁工作衔接联动机制；推广“一格（村）‘1+N’”的综治联动社会治理模式，全市4857名民警、3万余名综治力量全部下沉到基层网格，协助排查化解各类矛盾纠纷，确保矛盾和问题发现在早、化解在小、稳控在基层。全年全市各级工作平台共排查各类矛盾纠纷12086起，矛盾调成率97%以上。

（六）发动群众，社会共治，筑牢平安稳定防线。深入开展“十户联防”、邻里守望、“我为大家巡一天、大家为我巡一年”等基础巡防体系建设，在全市范围内实现楼栋长和联户代表的全覆盖，全力打造群防群治、巡逻防控的亮点品牌——“绿城群众”，筑牢维护社会平安稳定的第一道防线。

（七）加大宣传，提升站位，

郑州市政法委党员干部“两学一做”学习教育专题培训班在浙江大学举办

凝聚平安共识。开展“法律服务进基层”、平安建设宣传月等大型宣传活动，全年建立法治文化宣传阵地952个、宣传橱窗1796个、宣传栏3666个，展出展板2647块，发放各类宣传册（页）330万份；与河南法制报社深度合作，建立“郑州市政法综治”微信公众号，提高了新媒体时代对政法综治工作的宣传引导能力，营造“平安宣传人人参与，创建成果人人共享”的良好氛围。

（八）严格责任，真抓实干，确保平安建设取得实效。认真落实中办、国办《健全落实社会治安综合治理领导责任制规定》，压实平安建设责任，对1个县（市）区、16个重点乡镇（办）进行挂牌整治。市委、市政府组成联合督导组，对各县（市）区平安建设和信访稳定工作落实情况进行集中督导检查，有力推动领导责任制、部门责任制落实。

【依法治市】 2016年，全市各级政法部门根据《市委全面深化改革2016年工作要点》的有关精神和要求，深入开展司法和社会体制改革，大力开展法制宣传教育，社会法治观念显著增强，全市法治化管理水平明显提高。

（一）深化司法体制改革，推进依法治理。印发《2016年郑州市司法和社会体制改革重点任务分工方案》，刑事案件速裁程序试点工作圆满结束，人民法院5日工作流程、人民检察院创立的“1+2+8”办案模式等经验做法得到中央政法委、最高人民法院、最高人民检察院的充分肯定；全市法院完成人民陪审员数量三倍增计划，法官检察官入额考试圆满完成；“三个规定”制度、行政案件异地管辖、社区矫正工作机制等改革任务持续有力推进。

（二）加强法律服务，发挥参谋助手作用。成立市委政法委法律咨询委员会，聘请17名法律专家和律师担任委员，既为政法工作提供相对独立的“第三方”专业法律咨询意见，也为法学专家和律师参与司法改革和推进法治建设提供平台；市法学会围绕政法工作实际，广泛开展法学研究活动，先后完成了20多项课题任务。

（三）加强普法宣传教育。全年全市累计开展“法律六进”活动4500余场次，发放法治宣传资料170万份；全市建成法治宣传电子屏幕1273个、法治宣传栏2558个、法治宣传长廊74个、法治宣传广场（公园）52个、农村（社区）法治宣传教育中心915个，圆满完成“六五”普法规划各项任务，郑州市“七五”普法依法治理工作规划由市委、市政府转发全市实施。

【舆情管控】 2016年，全市各级政法部门主动引导，赢得支持，舆情管控及时有力。健全完善依法治理、舆情引导、社会面管控“三同步”工作机制，制订《郑州市关于开展“三同步”工作机制培训方案》，组织开展由市、县两级政法委领导干部参加的“三同步”工作机制培训；积极协调，主动加强与省委政法委及省委宣传部、市委宣传部等各级宣传部门的汇报沟通，妥善处置了“2.08”登封市景亚平遇害案件、“郑州范华培行凶杀人案”等敏感舆情；加强新媒体建设运用，组建市、县（区）两级“政法宣传微信群”，充分发挥宣传、沟通、引导和促进作用，郑州市在全省政法系统新媒体账号、数量、发布量和阅读量综合排名均为第一名。

【政法队伍建设】 2016年，全市各级政法部门按照政治过硬、业务过硬、责任过硬、纪律过硬、作风过硬的要求，以人为本，从严从实，不断提高政法队伍的政治素质、职业素养、专业水平和拒腐防变能力，树立政法队伍良好形象。

抓严抓实政法队伍学习教育工作，深入开展“两学一做”“四讲四有”学习教育，组织干警深入学习习近平总书记系列重要讲话精神，加强思想理论武装，打牢高举旗帜、听党指挥、忠诚使命的思想基础；狠抓业务能力建设，针对政法领导干部、基层普通干警、新录用干警、关键执法司法岗位干警等不同岗位，分类开展培训；在全市政法系统开展正风肃纪整顿活动，纯洁政法干部队伍，严肃查处违法违纪案件。充分发挥先进示范引领作用，坚持评选表彰“十佳政法先进单位”“十大绿城卫士”和“十佳政法干警”，不断激发政法干警干事创业的热情；落实从优待警政策，做好因公牺牲伤残特困干警救助工作。

（刘　茜）

立　法

【概况】 2016年，市人大常委会修订《郑州市建筑市场管理条例》，审议《郑州市湿地保护条例》，开展《郑州航空港经济综合实验区发展促进条例》等3件立法调研项目的跟踪督促工作。此外，按照全国人大常委会和省人大常委会的要求，对《中华人民共和国国防交通法（草案）》《中华人民共和国公共文化服务保障法（草案）》《中华人民共和国红十字会法（修订草案）》《中华人民共和国中小企业促进法（修订草案）》《中华人民共和国测绘法（修订草案）》《河南省物业管理条例（修订草案）《河南省乡镇人民代表大会主席团工作条例（修订草案）》《河南省规章设定罚款限额规定（修订草案）》等17件法律法规草案征求意见，并整理上报。

在立法过程中，市人大常委会高度重视社会各方面对立法的意见，坚持提前介入，认真听取和研究各方面的意见，加强沟通、协商，集思广益，努力达成共识。在审议《郑州市建筑市场管理条例》（草案）的过程中，经过反复研究、协调、协商，使有争议的问题得到较好地处理，使通过的法规更加符合实际，通过后能够顺利实施。在研究立法选题时，注重从代表议案和建议中确定立法项目，特别是注意把代表多次提出立法议案和建议的项目，确定为地方立法重点。在法规草案起草过程中，注重征求并认真研究提出议案的人大代表的意见和建议；召开有关法规草案的座谈会、研讨会和进行调查研究时，邀请有关人大代表参加；审议法规草案时，邀请相关领域的各级人大代表列席会议，听取他们的意见。

除在《郑州日报》和郑州人大网站全文公布法规草案，公开征求社会各界和广大群众的意见外，还将法规草案审议修改稿及时发送省人大对口部门、市政协、市中级人民法院、市人民检察院和各县（市）区人大常委会征求意见；向市人大代表发函征求代表意见，并组织召开相关部门征求意见座谈会，充分了解情况，为进一步完善条例内容提供扎实的参考依据。在《郑州市建筑市场管理条例》修订过程中，通过来电、来信和电子邮件等途径，共收到意见和建议202条，其中84条意见建议被采纳。

【组织落实地方立法计划】 2016年，市人大常委会按照“急需为先，突出特色”的工作思路，将发展战略和发展任务法制化。修订《郑州市建筑市场管理条例》，立足于全市建筑市场监管实际，从地域与层级、专业与综合等方面采取多措并举的综合模式，与有关法律法规有效衔接，进一步理顺建筑市场的管理体制，通过完善制度设置和细化具体管理措施，对建设工程发包、承包、和施工环节进行规范，健全完善建设工程质量监管体系，加强对劳动者的保护，为促进全市建筑市场健康发展提供有力的法制保障。

此外，第一次审议《郑州市湿地保护条例》，做好《郑州航空港经济综合实验区发展促进条例》《郑州市公共文化设施建设管理条例》《郑州市国有土地上房屋征收与补偿条例》3件立法调研项目的跟踪督促工作。

【地方立法计划编制】 2016年，市人大常委会高度重视2017年立法计划编制工作，围绕中心、服务大局、关注民生，确定立法计划项目，专题研究论证立法建议项目，征求社会各方面的意见。11月11日，市十四届人大常委会第四十三次主任会议审议通过《郑州市人大常委会2017年度地方立法计划》，

3月23日，市人大常委会组织召开2016年度地方立法计划推进工作座谈会

2017年郑州市共制定（修订）地方性法规3件、调研1件。

【完善立法制度】 2016年，市人大常委会不断完善立法咨询制度，切实把好"入口关"。为保证立法质量，每件法规案在二审前都要召开法律咨询委员会会议，认真听取专家意见。会后及时汇总整理专家学者的意见，撰写简报，并依据专家学者的意见，对法规草案进行修改。此外，经常就地方立法工作中的疑难问题向法律咨询委员会顾问进行咨询。

坚持法规草案表决前评估制度。为做好《郑州市建筑市场条例（草案）》审查修改工作，提高立法质量，组织召开由市人大常委会委员、市人大代表、部分市民群众和基层工作者等参加的表决前评估会，针对草案文本质量、法规案出台的时机、法规案的针对性和可操作性、法规案与上位法是否相抵触、郑州市现行相关配套措施能否及时调整到位及法规通过后的经济效益、社会效益等问题进行详细、科学论证。

【规范性文件备案审查工作】 为全面提高备案审查工作质量，更好发挥规范性文件备案审查在全面依法治市中的作用，2016年，市人大常委会对市"一府两院"及各县（市）区人大常委会规范性文件备案审查工作开展情况进行调研督查。一是重点查阅市"一府两院"及各县（市）区人大常委会2016年以来出台的所有决议、决定和规定、办法等。二是组织部分常委会组成人员和市人大代表，赴部分县（市）区人大常委会，通过召开座谈会、查阅档案和资料等方式了解情况。三是组织召开全市人大规范性文件备案审查工作会议。各有关单位和部门重点汇报规范性文件备案审查工作开展情况，并进行充分交流，共同总结经验和存在问题，探讨如何进一步改进规范性文件备案审查工作。此外，市人大常委会结合全市工作实际，归纳梳理需要修改完善的内容，科学设置规范性文件备案审查工作台账，完善工作流程，推进规范性文件备案审查工作的科学化、体系化。2016年共接收市政府报备的政府规章2件、其他规范性文件68件。

（胡凯林）

法治政府建设

【概况】 2016年，市政府法制办统筹谋划和推进法治政府建设。

（一）组织学习《法治政府建设实施纲要（2015—2020年）》（以下简称《纲要》）。中共中央、国务院印发《纲要》后，法制办及时向市政府建议，将《纲要》列入2016年度市政府常务会议学法内容，并要求全市各级各部门将《纲要》纳入本单位学法内容，深刻领会和掌握《纲要》的重要内容和丰富内涵，切实提高各级各部门落实《纲要》的执行力。

（二）深入研究贯彻《纲要》的具体措施办法。法制办牵头协调相关部门，在认真总结依法行政工作经验的基础上深入调查研究，梳理职能，厘清权责，寻找抓手，量身定做符合郑州实际的贯彻《纲要》实施办法。至年底，郑州市贯彻《纲要》实施办法已提请市政府研究。

（三）统筹谋划好2016年度依法行政和法治政府建设工作。印发《郑州市2016年推进依法行政建设法治政府工作要点的通知》，按照分步实施、整体推进的原则，细化工作任务，对全市推进依法行政、建设法治政府工作进行全面安排部署，明确工作重点和要求。

（四）加强依法行政学习培训。印发市政府2016年度领导干部学法计划，落实政府常务会议学法、领导干部学法制度。编印《政府常务会议学法资料汇编》，为市政府领导和各级各部门学法提供有针对性的学习资料。为提升领导干部学法成效，在四川大学举办县处级干部学习贯彻十八届四中全会精神暨第四期依法行政高级研修班，采取脱产培训、集中授课的形式，进一步提升领导干部对依法治国、依法执政、依法行政的认知，提高运用法治思维和法治方式深化改革、推动发展、化解矛盾、维护稳定的能力。坚持执法人员学法年初有计划、年中有检查、年末有考核，有效推动执法人员业务培训。9月4日至24日，在市公安局警察训练部组织了郑州市2016年行政执法人员资格认证培训，全市28个执法部门近60个执法机构600余人参加培训。不断提高政府法制机构人员素质，坚持法制学习制度化，通过以会代训、集中培训等形式，培养政府法制干部法治理念和业务能力。9月下旬，在吉林大学举办政府法制系统干部能力提升培训班，11个县（市）区人民政府、各开发区管委会法制办主任及市直各部门法规处处长共70人参加培训。

【推进政府全面履职】 （一）继续深化"五单一网"制度改革。2016年，郑州市充分发挥"五单一网"改革对推进政府自身改革的牵引作用，加快行政权力运行流程再造，出台《关于全面实施清单制度规范行政权力运行的通知》，配套建立运行监管、联合督查、监督检查、投诉处理、研判会商等办法，形成"1+12+X"制度体系。制订《郑州市"五单一网"运行清单动态调整暂行办法》，明确调整内容、程序、时限等，适时对法律法规变更、落实上级政策等原因引起的行政权责事项变动进行调整，办理市林业局、市人社局、市安监局、市交通委、市体育局等单位申请动态调整行政权责事项400余项。

（二）持续深化行政审批改革。2016年，郑州市在"五单一网"制度改革的基础上，认真贯彻落实国务院、省政府取消调整下放事项，对审批事项进行再清理、再规范。加快推进行政审批标准化试点工作，加强对"两集中两到位"改革的监督检查。对市级34个单位160项（市政府13项、市直部门147项）行政审批事项的前置条件和审批环节进行梳理，对梳理出的中介服务事项逐一与审批部门对接，完善行政审批中介服务事项相关内容。初步清理160项中属于中介服务事项的114项，涉及24个单位的67项行政审批事项。拟取消34项、拟保留41项、调整管理方式39项。

【政府立法工作】 （一）充分发挥政府立法的引领和推动作用。加强重点领域立法，在全面深化改革的大局中主动谋划立法工作，积极通过立法推进重点领域和关键环节的改革，不断改进立法方式，完善立法程序，切实提升政府立法水平。按年度地方立法计划提请市人大常委会审议《郑州市建筑市场管理条例》（草案）；加快推进《郑州市湿地保护条例》起草工作；按照政府立法程序推进《郑州市规范性文件监督管理规定》《郑州市电梯使用安全管理办法》《郑州市网络预约出租汽车经营服务管理细则（暂行）》《郑州市非机动车管理办法》《郑州市餐厨垃圾管理办法》《郑州市地方志管理规定》等政府规章。

（二）完善政府立法体制机制。健全完善立法草案的立项、起草、论证、协调、审议机制，促进立法程序规范，确保立法内容合法，加强政府规章和地方性法规草案的精细化体系建设。为拓展社会各方有序参与政府立法的途径和方式，进一步推进民主立法、科学立法，在全市范围内筹建包括基层政府法制机构、基层执法机构、乡（镇）政府、街道办事处、律师事务所、高校法学院系、企业事业单位、行业协会、产业聚集区等28个政府立法基层联系点，不断提高立法质量。

（三）充分发挥包括高等院校法学教授、科研机构法学专家、司法机关专家和知名职业律师等在内的政府法律专家咨询团的参谋助手作用。先后组织召开市政府法律专家咨询团立法论证会5次，论证议题7件。

【规范性文件监督管理】 2016年，市政府法制办不断加强对规范性文件的监督管理。落实规范性文件合法性审查制度。市政府及其办公厅制订的规范性文件，在进入集体决定程序前，均经由市政府法制办进行合法性审查。全年共审核市政府及市政府办公厅文件568件，审结率100%，出具法制审核意见274条，为依法决策、科学决策、有效决策提供有力的法制保障。共受理备案文件848件，审查备案文件848件，印发《规范性文件备案情况通报》4期。向省政府法制办和市人大报送备案规范性文件92件。修订《郑州市规范性文件监督管理规定》。明确了制订机关应当对规范性文件统一登记、统一编号、统一印发的“三统一”制度，规范了规范性文件的制订主体，健全重大决策事项规范性文件制订程序和起草审查机制，增加及时清理机制。印发《市政府关于印发规范性文件清理结果的通知》，宣布市政府规范性文件继续有效619件，废止95件，宣布失效104件；市政府办公厅规范性文件继续有效304件，废止38件，宣布失效61件。建立规范性文件管理数据库。市政府拨出80万元专项经费研发规范性文件数字管理系统，系统建成后，全市“三级政府、两级部门”的规范性文件将实现网上公开、网上查询、网上备案、网上审查，营造公开透明的政务环境。

【行政执法】 2016年，郑州市着力推进严格规范公正文明行政执法。

（一）深入推进服务型行政执法建设。印发《郑州市2016年推进服务型行政执法建设工作实施方案》，设置持续完善服务体系、深入推进行政指导、稳步推进行政调解、切实抓好队伍建设、开展示范点标兵创建活动等7项内容，把服务型行政执法建设作为推进依法行政工作的重要抓手，引导和推动服务型行政执法工作向纵深发展。完善“郑州市行政执法监督督导平台”，将2016年服务型行政执法主要工作内容通过督导平台显现出来，对每项内容规定完成时限，定期对全市执法部门服务型行政执法建设工作推进情况进行督导、检查，推动全市服务型行政执法建设任务的整体落实。抓好文明执法教育培训。结合全市公共文明素养提升工作部署要求，7月在全市各级执法机关和执法机构广泛开展了文明执法培训月主题实践活动。通过规范执法行为、推广文明执法用语、礼仪常识学习等，提高了执法人员的文明素养和文明执法水平。开展服务型行政执法示范点和执法标兵创建活动，引导、激励、带动全市服务型行政执法工作的深入开展。

（二）全面落实行政执法责任制。印发《关于做好2016年度全面落实行政执法责任制工作的通知》。对各县（市）区、市政府派出机构、市直部门、法律法规授权单位等有关单位行政执法责任制工作方案进行审核，组织开展岗责梳理，并向社会进行公开，确保行政执法责任制有计划、有组织的健康实施。加强行政执法备案审查力度。在原有审查行政处罚决定的基础上，按照《河南省重大行政处罚备案审查办法》要求，全面对重大行政处罚案件进行审查。全年共收到86个单位上报备案的具体行政行为12160293件，重大具体行政行为决定6383件。重大行政处罚备案346起，完成审查342起，审查发现问题1200余项，制作《备案处理通知书》13份、《法制建议书》4份，要求相关单位对44起重大行政处罚案件进行自行纠正，直接纠错率达13%。组织部分市直部门和区直部门做好河南省重大行政处罚备案审查系统试点工作。做好行政执法投诉受理工作，全年共接待群众来信、来访、来电等200余人次，处理回复投诉事项7起，有效化解了行政纠纷和矛盾。严格行政执法资格管理。在2015年10月26日依法公布42个法定行政执法主体的基础上，2016年11月又依法公布84个法律法规授权组织和依法接受委托从事行政执法活动的单位的执法主体，确保执法单位主体合法。先后审查换发行政执法证件3673个，在行政执法人员资格管理上严格执行《河南省行政执法条例》，始终坚持未经执法资格考试合格，不得授予执法资格、不得从事执法活动。杜绝了工勤人员、劳动合同工、临时工从事执法工作。

【行政复议工作】 2016年，市政府法制办畅通行政复议渠道，依法化解社会矛盾。以维护群众合法权益、促进社会和谐稳定为目标，不断健全制度、夯实基础、强化措施、创新机制，努力完善行政复议机制。2016年，市本级共收到行政复议申请2590件。其中，通过法律解释、调解和解，申请人撤回申请1003件；不予受理和当事人放弃申请277件；受理1310件，转办482件。办理案件1105件，审结510件，直接纠错率31.57%，间接纠错率8.82%，和解率53.18%。积极推进全市行政复议体制机制改革完善工作。结合新形势新要求，对全市近年来行政复议工作的经验和存在问题认真进行总结，并对外省市有关做法进行全面调研。探索推行行政复议委员会委员直接审理案件机制，逐步形成相对成熟的四种案审新机制（承办制、会审制、合议制、论证制），提高案审质量，提升政府公信力。

加强行政复议规范化建设。进一步规范行政复议接待工作，建立健全行政复议接待登记制度和行政复议受理、审理、听证、归档等工作制度，规范工作程序，实行首问负责制，建立复议决定回执制度，逐案跟踪落实，确保复议决定执行到位，提升行政复议权威性和执行力；广开渠道，依法受理申请，实行案件受理前调解和解制度，认真做好案前行政争议化解工作。

加强对行政复议案件的研究。对已办结行政复议案件进行分类，研究提炼出同类案件的办案思路与规律，形成可供参考的示范性案例，指导后续案件的办理，提高工作效率。

强化对全市行政复议与行政执法工作的监督指导。制发《行政复议意见书》，督促行政机关采取措施追究违法执法责任。按照全市行政复议工作“一盘棋”的工作要求，定期与不定期开展专项指导，组织开展行政复议精品案件评选活动，引导县（市）区政府和市直部门行政复议工作不断提高办案质量。根据案件实际，对食品安全监管等专项领域进行针对性培训指导，与行政执法一线相结合，深入推进行政执法机关依法行政、依法执法水平实现新跨越。

（刘汗青）

公　安

【概况】 2016年，全市公安机关认真贯彻落实全国、全省、全市政法公安工作会议精神，牢牢把握“防控风险、服务发展、破解难题、补齐短板”的工作主题，紧紧围绕“全省第一、全国一流、永不落后”的目标定位，始终坚持“四个思维方式、五个工作理念、六个科学方法”，扎实推进“八项重点工作、六个特色品牌”，肩扛责任，牢记使命，砥砺奋进，创新进取，圆满完成各项工作任务，人民群众的安全感、满意度和公安机关执法公信力显著提升。市公安局被市委市政府评为“综合工作优秀单位”，被省公安厅评为“全省公安工作先进省辖市公安局”。

【维护社会大局稳定】 2016年，全市公安系统牢固树立“万无一失，一失万无”理念，始终把维护国家政治安全置于首位，以点控面，以小制大，牢牢把握工作主动权。

（一）对敌斗争战果突出。完善重点人员分级分类动态管控机制，强化风险评估、分析研判、跟踪反馈，持续依法惩治“维权律师”串联聚集，依法查处部督“704”专案律师重点人任全牛，有效阻止“联署签名”“召开研讨会”“举牌快闪”等各类声援活动19次，惩治处理52人，得到公安部高度评价。始终保持对非法邪教组织的高压严打态势，破获邪教案件76起，端掉窝点34处，成功抓获在逃12年的邪教组织部督逃犯刘某某，一举摧毁以郑州为中心、辐射全省及周边省市的“法轮功”地下邪教组织，带破省督案件20起，公安部通令嘉奖。

（二）反恐防恐绩效显著。时刻保持“临战、实战、遭遇战”的工作状态，实施推进“滤网计划”，全年摸排过滤关注人员24877人次，触网筛查涉恐重点人员425名，核查敏感国家、重点地区入境人员554人次，基本实现重点关注人员“底数清、情况明、管得住”目标。以《中华人民共和国反恐怖主义法》颁布实施为契机，进一步健全反恐协作机制，严格落实部门责任、企业责任、个人责任和监管责任，开通全省首家反恐专业微信公众号，并对未实名销售手机卡的中国电信郑州分公司营业一网点开出全省首张反恐罚单。深化暴恐严打年活动，始终坚持“临机决断、上压一级、不留后患”原则，全年核查涉恐线索111条，打掉维汉勾结盗抢团伙6个，抓获关注人员56人、涉恐逃犯2人，遣返185人，省会郑州没有发生暴恐袭击得逞案件。

（三）网上管控坚决有力。紧紧围绕维护网络主权和网络安全目标，坚持依法管网、以人管网、技术管网、综合管网相结合，深入开展惩治整治网络政治谣言和有害信息、侵害公民个人信息等专项行动，过滤删除违法信息4.7万余条，落地查人1000余人次，本地重大敏感信息监控率达95%以上，基本保持网络安全形势平稳可控。依法严厉惩治网络犯罪，主侦、配侦、协侦案件3046起，其中主侦部省级精品案件5起，共抓获违法犯罪嫌疑人1402人。强化网络安全和网络实体管理，开发网吧管理系统“身份信息自动验证比对”功能，全面落实“实名上网”规定，关停处罚违规网吧300余家。正式挂牌成立郑州市信息安全和信息通报中心，严格落实信息安全等级保护制度，备案重点单位35家、重要系统46个，严防核心数据外泄。研发运行了全市公共场所无线上网安全管控系统，建设重点部位管控前端360个、公共场所管控前端13000个。

（四）群体事件处置稳妥。坚持第一时间掌握信息、第一时间主官到场、第一时间控制局面的“三个第一”原则，关口前移，源头化解，抓早抓小，妥善处置了出租车司机与网约车司机聚集闹事、非法集资客户上访、利益群体聚集维权等一大批群体性事件，特别是成功处置涉军群体22起进京集访，圆满完成中央巡视组驻郑期间安保维稳任务，省市主要领导高度评价。在“9.9”毛泽东逝世40周年、G20峰会、十八届六中全会、全国“两会”等敏感节点，郑州没有发生重大涉稳案事件。全年预警各类诉求群体到市赴省进京非访活动521起12000人次，稳控拟赴省进京涉稳重点人3385人次，依法惩治非访、缠访、闹访违法人员171名，化解不稳定因素3500余起，郑州没有发生因信息掌控滞后造成影响的案（事）件。认真开展重点信访积案治理活动，全年督办、化解上级交办涉法涉诉案件1500余起。市公安局被评为“郑州市信访工作先进单位”，在全省律师参与化解和代理涉法涉诉信访案件工作现场会上作典型发言。金水路分局信访接待窗口被公安部评为“全国100家信访接待示范窗口”之一。

【惩治各类违法犯罪】 2016年，全市公安机关围绕平安郑州建设，牢固树立“以打开路、以防为先、打防并举、打防结合”和“破大案也要破小案，破小案也是为民办大事”的理念，聚焦公安主业，始终保持对违法犯罪主动进攻的高压态势。

（一）惩治暴力犯罪成绩领先。命案侦破综合成绩实现历史性突破，在全国36个省会城市、计划单列市和直辖市序列排名第一；现行命案发54破54，侦破率100%，达到郑州公安历史最高水平。92.31%的现行命案在24小时内告破；发案数同比减少17起，实现历史新低；破获命案积案12起，占全省侦破总数的1/4。打黑除恶战果继续保持全省领先，全年侦办涉黑案件10起、涉恶案件434起；一审判决涉黑人员49人，绝对数排名全省第一；终审判决涉恶人员792人，绝对数排名全省第二；破获挂牌督办涉恶案件90起，抓获挂牌督捕涉黑逃犯12人。公安部、省、市三级批转的8条“打黑除恶”线索全部按期查结。组织开展“重大疑难积案物证梳理检验会战”，成功侦破了积压16年之久的“1999.12.5”特大持枪抢劫银行案等一大批重特大案件，受到各级领导和社会各界一致好评。

（二）惩治侵财犯罪战果突出。2016年，全市共公诉各类刑事犯罪嫌疑人11622人，同比上升17.4%；公诉盗窃、抢夺、诈骗、掩饰隐瞒犯罪所得及收益4类侵财类犯罪嫌疑人4802人，比2013—2015年平均数上升10.9%，惩治常量继续保持高位徘徊。瞄准严重影响群众安全感的侵财犯罪，深入开展不同形式的惩治“盗抢骗”犯罪专项行动和综合整治，全年侦破“盗抢骗”案件5702起，破获“盗抢骗”团伙395个。成功侦破公安部高度关注的“4.21”淘宝代运营诈骗专案，破获淘宝代运营诈骗犯罪团伙90个，抓获涉案人员1500余人，为全国公安机关惩治同类新型犯罪树立标杆，在公安部杭州会议上作典型发言。一举打掉“4.10”系列撬盗企业财务室保险柜犯罪团伙，抓获湖南永顺籍犯罪嫌疑人15人，落实系列案件113

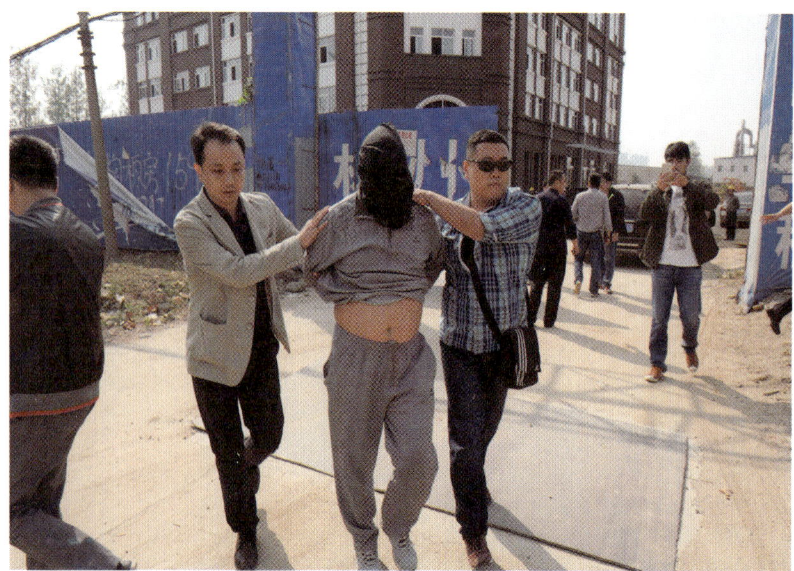
成功抓获“1999.12.5”特大持枪抢劫银行案犯罪嫌疑人

起，涉及全国8省18个地市，成为近年来全国打掉的首个跨省盗窃保险柜集团性犯罪团伙，被公安部列为全国5起高度关注案件和部督案件。

（三）惩治新型犯罪效果显著。反虚假信息诈骗中心全年受理警情1.9万余起，紧急止付涉案银行账户1.1万个，封堵涉案资金8864万元，共破获电信诈骗犯罪团伙91个，抓获电信诈骗犯罪嫌疑人1500余人，发案数同比下降18.31%，涉案资金同比下降14.22%，“以快制快”新战法立竿见影。经侦部门以严厉惩治涉众型经济犯罪为重点，全年受理经济犯罪案件1825起，立案1770起，惩治处理犯罪嫌疑人2360余人，挽回经济损失近16亿元；新立非法集资案件85起，移送起诉363人，挽回经济损失9亿元，新立案件办结率95%，历年未结案件办结率98%，超额完成省公安厅“两个80%”目标；成功发起惩治侵犯“好想你”知名品牌商标权案等3起全国性集群战役，惩治侵权假冒专项绩效考核全年第一；建立市、县两级警税联络员办公室，派驻专职税警，联合破获虚开增值税犯罪团伙12个；抓获在逃境外经济犯罪嫌疑人6名，市公安局被公安部评为“猎狐”专项行动全国先进单位。

（四）惩治常态犯罪尽职尽责。紧盯省会郑州刑事犯罪的季节性、规律性、行业性特点，常态化、重点化、系统化推动惩治犯罪工作，深化不同领域的专项打击整治。禁毒部门共破获涉毒刑事案件175起，抓获犯罪嫌疑人249人，强制隔离戒毒吸毒人员563人，行政拘留吸毒人员694人，缴获各类毒品成品6.89千克、液态冰毒19千克；侦破重特大毒品案件38起，其中公安部目标案件4起、省级目标案件7起。其中，历经10个月长线经营，成功打掉一个涉及15省市的特大制造、运输、贩卖、吸食毒品全链条犯罪团伙，在山东莘县摧毁一个地下制毒加工厂，抓获违法犯罪嫌疑人68人，缴获“冰毒”成品3.2千克、“冰毒”半成品5千克、制式子弹75发，公安部贺电表彰。反扒窃部门抓获移交违法犯罪嫌疑人87人，移交破获刑事案件74起，在全省反扒窃专项行动中抓获犯罪嫌疑人总数、人均数均位列第一。国土资源部门查处土地违法线索36起，协调指导基层单位立案25起，刑拘29人。市公安局被市委、市政府授予“平安建设先进单位”称号。

【社会治安防控】 2016年，全市公安机关始终坚持“点线面结合、巡查处结合、网上网下结合、空中地面结合、人防物防技防结合”的原则，着力提升动态化、信息化、智能化条件下驾驭社会治安局势的能力和水平。

（一）融合联动，构建“智能化”合成指挥体系。围绕“情报应知尽知、资源应联尽联、手段应有尽有、功能应设尽设”，建立“情指融合、情勤对接、情行一体”的警务指挥运行模式。进一步拉近情报与实战、指挥与行动的距离，确保指令第一时间传达、案件第一时间侦破、问题第一时间解决、事态第一时间控制。至年底，合成作战指挥体系框架初步搭建完成，顺利通过项目建设评审，具备“全程可视、情指一体、地图推演、预案支持、态势预览、指令智能”六大功能，基本实现了指挥调度的可视化、智能化、精准化，有效提升公安机关的核心战斗力，在重大案事件处置和重大安保活动中发挥了重要作用。

（二）联网管理，构建“可视化”视频监控体系。牵头制订《平安郑州视频监控建设总体方案》和《平安郑州视频监控建设应用管理办法》，累计投入资金12亿元，按照“三统两分”原则，完成全市16个县（市）区二级视频监控平台建设任务，布局视频监控探头30800路，整合联网社会资源35000路，实现视频监控“全覆盖、无盲区、大通联、高效用”。尤其是对全市41个重点要害部位及12家维吾尔族饭店、20个烧烤摊、23个打馕店、205家目标单位进行监控联网、联防联控。建设车辆综合智能分析系统、多源人像超搜平台、多媒体交互平台，提升视频监控深度和智能化实战应用水平。采取社会化运作方式招聘600余人的专职化视频监控员队伍，摸索出排查提线法、轨迹碰撞法、巡视搜索法、传音震慑法、视频接力法等31种技战法，印制《公安信息化及视频监控实战应用技战法暨精品案例汇编》，从中提供案件线索8556条，破获案件1831起，抓获嫌疑人1262人，解决群众求助6053起。

（三）源头治理，构建“精准化”基础管控体系。充分运用大数据技术和信息化手段提升社会治理智能化水平，牵头建立郑州市信息资源共享管理体系，380类172亿条内外部资源数据统一联入公安机关大情报平台，实现互联互通、共享共用。在全省率先推行内部单位等级化管理模式，确定三级重点单位3651家，深化“五创”活动，处罚隐患单位19家，处罚单位负责人59人。完善外国人管理顶层设计，统一纳入“打防管控训考查”整体部署，构建了涉外维稳防控工作体系。研发实有人口和实有房屋“双实”管理平台，建设剧毒易制爆危险化学品物联网动态管控信息系统，推行物流寄递登记验视信息化管理，开发散装汽油购销实名登记系统，充分运用科技信息化手段提升风险防控能力，节省大量警力资源，弥补传统管理漏洞。

（四）科技支撑，构建“专业化”技术导侦体系。注重倾斜刑侦、技侦、网侦专业技术手段建设，建成国际领先的Y染色体数据库、全国第二大规模的前科人员声纹库、全省第一的网监电子物证检验鉴定中心，利用刑事技术手段查破案件3586起，指纹比中破案数、DNA比中破案数同比分别上升50%、42%；利用Y-STA技术先后破获公安部挂牌督办的荥阳“2010.5.3”杀人案等6起命案积案，破获其他案件230余起；在全省刑事技术大比武中取得第一名。成功举办第三届“嵩山论坛”刑侦警务协作会议。自主研发的集“全面巡查、主动发现、态势感知、追踪溯源、侦查惩治、资源获取”为一体的网络攻击入侵检测系统，填补全国网安部门在监测网站安全、黑客行为溯源等方面的技术空白；建成省内首家蛛网系统电子物证检验鉴定中心，被省公安厅列为蛛网系统共建单位。“信息技侦”建设任务基本完成，投资8000万元配齐39类179套（件）器材装备，达到公安部一级达标标准，重特大案件发挥作用率达到90%以上，情报信息工作继续保持全省第一、全国前列，郑州技侦综合绩

2016年全市公安工作会议召开

效考评保持全省第一。

（五）警民共建，构建“常态化”武装巡逻体系。健全常态高效的街面巡逻机制及重点要害部位、人员密集场所的联勤联动应急处置机制，完善预案体系，互通警情信息。新组建25支特警快速反应摩托车巡逻队，9个层面近300支巡防力量屯警街面，动中备勤，快速反应，全市40个重点部位全部实现“一分钟响应”，进一步提升社会面整体防控能力和应急处置水平，街头“双抢”案件同比下降7%。积极倡导“我为大家巡一天，大家为我巡一年”理念，组织开展“十户联防”“区域巡防”，形成“共同参与、齐抓共管、共建共享、群防群治”的长效机制。

郑州市深化“一格（村）一警”中原区现场推进会召开

【公安基层基础建设】 2016年，郑州市公安局研究出台基层基础工作“三年规划”，全面提升公安基层基础工作的规范化、标准化、专业化、科技化水平。

（一）“一格（村）一警”深化提升。制订《社区（驻村）民警工作十项规定》，全市933名社区民警沉入网格，实现专职化管理。出台《“一村（格）一警”工作警务辅助人员管理暂行办法》，积极争取党委政府支持，高标准招聘3535名社区辅警，政府每年投入1亿元经费保障，实现“一格一警一员”或“一格一警多员”。下发了《社区警务室和警务工作站建设规范及标准》，全市751个警务室、2844个警务工作站的标准化建设达标率分别为98%、99%。全市821名社区民警落实了兼任社区（村）副书记或副主任，完善同签到考勤、同开展工作、同研究处理难题、同考核奖惩“四同”工作机制，形成工作合力。推进“一格（村）一警”长效机制纳入省委全面推进依法治省实施意见，全省公安机关“一格（村）一警”现场会在新郑召开，《人民公安报》头版刊登“郑州经验”，省市党委政府和上级公安机关予以充分肯定。

（二）科技创新亮点纷呈。坚持“向科技信息化要警力、要战斗力、要执法公信力”的理念，加快推进“战斗力倍增计划”，加强顶层设计，实行项目运作，统筹建立公安信息化标准体系，至年底已制订视频联网、卡口建设、车载通信设备、执法记录仪、辅警移动终端等技术规范和管理规定10余种。建设“活土地”社区警务平台，实现了165亿海量信息的全项推送，让一线民警分享到“大数据”红利，反哺社区警务效果凸显。研发全新的移动警务体系，为基层配备各类移动警务设备10300余部，全链条开展移动办公、移动办案、移动查询业务，成为民警形影不离、必不可少的实战利器。特别是利用警务通将110警情“点对点”一键派发至街面巡组，并且实现了现场音频、视频、图片资料的回传反馈，110报警电话早释率从40%下降到3.6%，极大缩短了群众报警等待时间。研发的“尸体肝温测量器”“医用尸体开颅固定器”获得国家专利，研制的“生物物证粉碎研磨器”获得实用创新专利，并荣获全国公安机关改革创新大赛铜奖。开展电动车物联网科技防盗建设，推广“智能小区”防范模式，会同省市质检部门共同推进《平安社区技术规范标准》制订，已在全市12个居民小区试点应用。柳林分局利用物联网试点安装电动自行车射频防盗设备1100余套，电动自行车被盗警情明显下降。新郑市局推行电动车智能防盗科技应用，安装射频基站800个，登记备案电动车5万余辆。沽云路分局试点建成楼宇控制系统、车牌自动识别系统，研发了社区信息化管理系统，落实实有人口“四色管理”。

（三）警务保障坚强有力。牢固树立“公安要发展，后勤走在前”和精准化保障理念，坚持规划引领，进一步优化改进了警用装备质量管控、动态调整、流程审批、应急调拨工作。编制郑州市公安基础设施建设项目“十三五”时期规划，将28个基础设施建设项目纳入国家、省政法基础设施建设“十三五”时期规划，总建设规模25.27万平方米。实行重大基建项目清单推动管理模式，2016年共有14个项目列入政府投资计划，申请下达投资计划1.85亿元。至年底，交警指挥中心、法医学检验鉴定中心、技侦支队钢结构机房3个项目已建成，部分投入使用；强制隔离戒毒所、交警六大队通讯指挥科研楼2个项目主体工程完工，全市20余个基层派出所完成拆迁改建任务。加大经费保障力度，全市公安机关公用经费保障标准由每年人均3万元提高至4万元，实现公用经费保障标准的历史性突破。如期完成全局公务车辆改革工作，参改人员车改补贴足额发放到位。新采购执法执勤车辆345台，全部调配至基层一线。大力推进警用科技装备和信息化建设，联合财政、科技部门下发《关于加强警用科技装备和信息化科技项目主导研发及管理应用工作实施办法》，推动警用装备建设从量的增长向质的跃升转型。建立具有郑州公安特色的绩效考评机制，科学设置考评项目，优化改进考评方式，充分体现公平公正，严格落实奖惩，实行末位淘汰，成为引领推动全市公安工作良好发展的重要抓手，进一步激发公安队伍内在活力，提升队伍战斗力。

【公安安全管理】 2016年，全市公安机关始终坚持源头管理和排查整治齐头并进的指导思想，全面落实治安、消防、交通、监所安全管理措施，压实责任，跟踪问效，全年没有发生造成重大影响的安全事故，安全形势保持总体平稳。

（一）持续强化治安安全管理。开展严厉惩治整治非法加油站点专项行动，累计查封“黑加油站点”776家，治安拘留151人，刑事拘留26人，查扣车辆81台、油品929吨。开展缉枪治爆专项行动，清理收缴过期炸药6490公斤、过期雷管39896枚，排除收缴废旧炮弹489枚，清理收缴子弹33540发、仿真枪293支、管制刀具450把，立案查处涉危案件179起，惩治处理209人。开展扫黄打赌“断链”行动，依法惩治处理涉黄涉赌人员5277人。开展食药打假“利剑”行动，侦办食品犯罪案件52起，抓获犯罪嫌疑人58人，涉案价值400余万元。强化流动人口管理，全面落实《居住证暂行条例》，累计处罚房屋出租人、中介机构、用工单位、小区物业10634起。圆满完成第五届中欧政党高层论坛经贸对话活动、丙申年黄帝故里拜祖大典、第十一届中国郑州国际少林武术节等83起168场次大型活动安保警卫任务，确保万无一失。

（二）持续强化交通安全管理。叫响“严管重罚出秩序”，先后开展乱停乱放、“六类车”、非机动车、行人违法等突出问题专项整治20余项，处罚交通违法行为408万起，拘留2810人。组织实施非机动车、行人交通违法教育处罚点示范创建活动，设置21个示范点，创新非机动车、行人“三采集一教育”的管理模式。坚持路面与源头并重原则，扎实推进黄标车老旧车淘汰治理工作，完成黄标车淘汰任务24615辆，完成比例102.19%；完成老旧车淘汰任务（含巩义）83110辆，完成比例1304.71%。全年共处理各类道路交通事故133282起，其中适用一般程序处理道路交通事故940起，同比分别下降7.19%、4.08%。特别是一次死亡3人以上交通事故3起，死亡12人，受伤3人，同比分别下降50%、57.14%和91%。智慧交通建设全面启动，完成《智慧交通管理系统发展三年规划》，15项重点项目基本完成，信号控制、缉查布控、大数据应用工作达到全国先进水平，“一个中心、三个平台、二十二个分支系统”的智慧交通体系基本架构初步形成。13条交通设施示范路、21个示范路口的整治提升，以及道路交通组织的精细化措施落地，进一步提升道路通行能力。围绕“动中执法、巡弋纠违”原则创新勤务模式，设置执勤岗位253个，实现“定点值守”到“主动出击”的转变。成功创建“全国一等车管所”，车驾管工作取得历史性突破。

（三）全面强化消防安全管理。深化落实消防安全责任制，分级管理消防安全重点单位，分领域、分时段开展消防安全治理。2016年，全市共发生火灾3406起，死亡20人，直接经济损失1768万元，同比分别下降37%、47%、14%。持续加大火灾隐患排查整治力度，紧盯城中村、拆迁安置点、城乡接合部、人员密集场所、易燃易爆单位等重点，先后开展冬春火灾防控、夏季消防检查及公共娱乐场所、社会福利机构、医疗卫生机构、学校等专项治理10余次，督促整改隐患9.2万处，拘留1477人，市、县两级政府新挂牌督办重大火灾隐患整改率达79%。全市2185家一、二级重点单位全部建成微型消防站，为实现火灾事故“灭小、灭早”创造条件。强力推进电动自行车消防安全治理，印发《郑州市无物业管理住宅小区充电桩整治规范工作方案》，建成充电桩64514处，实现5191个住宅小区（村）全覆盖，全年电动自行车火灾起数、伤亡人数同比分别下降14%、100%。

（四）全面强化监所安全管理。2016年，全市在用4类16个监所累计羁押各类违法犯罪嫌疑人51645人次，实现全市监管系统连续两年安全无事故的工作目标。强化基础安防建设，购置了当前世界最先进的毫米波人体安检设备，自主研发自助办案、综合指纹“e指通”、智能监室系统。监管病区累计收治各类重病在押人员300余人次，全市行政监管场全部完成医疗卫生专业化工作，先后在全国、全省公安监管工作会议上介绍推广经验。深挖犯罪战果突出，获取各类线索2772条，破获刑事案件609起，抓获犯罪嫌疑人527人，查获在逃人员47人，综合成绩排名全省第二。圆满完成许昌“7.13”电信诈骗案100名女性犯罪嫌疑人和巩义市看守所381名在押人员调押任务，以及中央交办“1534”专案重要案犯的羁押监管任务和“1016”专案重要案犯的管理教育、配合诉讼工作，公安部、省公安厅给予充分肯定。

【公安便民服务】 2016年，郑州市公安局紧紧围绕人民群众满意的总体目标，运用科技手段，创新工作方法，解决民生诉求，形成长效机制。

（一）“互联网+”高效便捷。牢固树立“民生警务、智慧警局”的工作理念，构建了“互联网+”便民服务平台，设置“办事、查询、咨询、举报、评价、个人”六大中心，24小时在线运行，为群众提供全方位网上服务。综合302项公安业务打包上网，一站式办理，让群众问事更直接、办事更便捷、监督更高效，解决了影响群众办事的“最后一公里”难题。平台累计注册用户140.6万余人，全年预约、办理各类公安业务事项135万人次，没有一起引起群众投诉，切实把“互联网+”便民服务平台建设成为郑州公安对外宣传的主阵地、为民服务的大平台、提高形象的大舞台。

（二）窗口服务创新发展。在全国首创了窗口单位“网上一体化排队系统”、出入境业务支付宝缴费功能，“手机支付宝缴纳交通违法罚款”和“交通事故微信快撤快赔”两项应用在全省领先。完善研发“道路交通违法照片查询系统”和“道路交通违法网上缴费系统”，率先在全国实现违法记录网上一站式服务。“29项户籍业务网上办理”“驾驶人考试自主预约”“流动人员异地办理出入境证件”“省内居民跨户籍地办理出入境证件”“网上办理消防业务”等多项惠民举措全部落地。出入境管理处全年受理因私出国境申请71万人次，其中异地办证2.8万人次，被评为“郑州市人民满意的公务员集体”。

（三）行政审批高效优质。持续深化“五单一网”制度改革及政务服务改革，认真落实“建立健全行政审批事项定期清理和行政审批权力清单制度”重点工作任务，依法完成大型群众性活动安全许可和互联网上网服务营业场所安全审核事项的流程、前置条件优化工作。研制《郑州市公安局行政审批标准化规程》，出台《行政审批事项清单动态调整管理办法》，补充完善行政审批清单库的设立依据、前置条件、办理流程、办理时限、办事指南、示范文本等事项信息及动态调整事项规定。全年共核办各类行政审批事项3034件，办结率同比增长31.5%，实现了群众“零投诉”目标。

（四）微信便民点多面广。以“互联网+”为轴心，以“郑州微警务”微信公众号为支撑，以36个分、县（市）局微信公众号为推力，成功创立社区警务微信矩阵，构建“一网三微”服务群众微警务体系，近60万名群众入群，共搜集意见建议15869条，提供便民服务29899人次。公安部以《河南省郑州市公安局依托“互联网+”平台大力推行社区民警“微信群”建设》为题，介绍推广郑州经验。

（五）户籍改革深入人心。省公安厅下发的2.9万人疑似重复户口基本

市公安局政治部观摩创新警务展

清理完毕，清理应销未销户口250个，纠正户口登记项目差错1082个，核查纠正群众举报户口问题线索14条。建立疑难户口解决机制，依法为1495名无户口人员办理户籍登记。确定并设立第一批34个居民身份证异地受理点，共受理省外异地证717笔、省内异地证4733笔，签发其他地市受理郑州市户籍全国异地证739笔。

（六）执法办案规范有序。坚持以促进社会公平正义作为首要价值追求，累计投入7500万元，建设高标准的执法办案中心17个，改造符合标准办案区39个，配备专职管理人员186人，执法办案场所建设率达92.4%，超额完成省公安厅下达的目标任务。执法办案中心监控视频与警综平台、视频平台对接，实现了立案、审讯、文书生成和监督考评的一体化全流程闭环式管理。电子手环定位功能、自动报警功能、自动选择合成视频资料功能处于全国领先水平。创新建立音视频电子证据管理系统，出台《执法记录仪电子证据系统建设指导意见》，制订《郑州市公安机关现场执法记录工作规范》，实现从接处警到案件办理全流程的影音图片资料的集中关联存储及查询调阅。全年开办6期法制业务培训班，培训专兼职法制员等业务骨干300余人，评查案件300余起，追究执法过错7起。“不作为慢作为乱作为”投诉总量同比下降15个百分点。市公安局连续六年被市政府评为“郑州市依法行政工作先进单位”。新密市公安局被公安部评为“全国公安机关执法示范单位”，技侦支队被公安部评为“全国公安技侦执法规范化建设先进单位”，出入境管理处、车管所、丰产路分局户籍大厅分别被评为“河南省服务型行政执法示范点”。

【公安队伍建设】 2016年，郑州市公安局以全面深化公安改革为契机，坚持抓党建带队建、严管理转作风、育人才聚活力、强宣传树形象，全面提升民警队伍的能力素质，不断提高公安队伍建设的正规化、制度化、科学化水平。

（一）专题教育持续深化。“两学一做”学习教育深入开展，“挂党旗、戴党徽、亮身份”在警营蔚然成风，进一步强化全体民警的忠诚意识、责任意识和先锋模范意识。在党员民警中广泛开展“三亮三评三比”活动，对2016年度评选出的15个先进基层党组织、125名优秀共产党员和15名优秀党务工作者进行表彰。“两学一做”学习教育经验做法被市委编发推广。“寻找灵魂深处的记忆、不忘初心、继续前进”五个一系列活动做法被公安部、省公安厅转发，市公安局、郑东分局被评为市直机关学习教育先进单位。制订下发《中共郑州市公安局委员会工作规则》，严格落实党建主体责任和各项党建制度，积极开展党员党组织关系集中排查和党费收缴自查、党费补交工作，基层党组织的战斗堡垒作用进一步加强。

（二）干部管理规范严格。研究制订《领导干部和热点岗位民警交流实施办法》，按照“四实”选人用人标准和“三推荐一公示”选拔程序，先后在网络安全监察处、建设路分局、火车站分局、洁云路分局、警察训练部等单位开展干部选拔工作，对265名科级干部进行调整配备，营造了风清气正、干事创业的良好氛围。研究制订《郑州市公安局进一步加强队伍教育管理意见》《借调人员管理规定》《警务辅助人员管理规定》等制度规定，进一步规范人事管理。组织开展“长期不上班”人员清理整治及“回头看”工作，62名长期不上班人员中有19人到岗上班，其余人员分别办理退休、辞职、辞退、开除、调动手续。

（三）廉政教育常抓不懈。搭建“清风中原”“清风郑州”政务微信微博平台，建成“郑州公安廉政文化警示教育基地”，并入选郑州市廉政警示教育基地。建立常态谈心谈话预警机制和党风廉政建设“五项清单”制度，组织召开各级各类民警廉政谈话860余次，形成清单明责、考核确责、追究问责“三位一体”的履责体系。坚持动真碰硬，纪检部门共受理举报投诉民警违纪违法问题线索248件，予以党纪政纪处分113人，彰显全面从严治党、依法惩治腐败的鲜明态度，市公安局被评为“全市反腐倡廉优秀单位”。“抓早抓小，深入落实两个责任”的党风廉政建设先进经验被省公安厅、市纪委在全省公安机关和全市政府部门转发学习。督察部门全年完成90余次督察任务，“调研式督察法”全省推广学习。

（四）业务培训丰富多样。按照“一切面向实战、一切为了实战”的理念，围绕素质提升年目标，建立完善训练课程体系，全年举办各类培训班61期，培训民警4500余人。强化人才培养，加强交流合作，先后与北京海淀公安分局、新疆喀什地区公安局、中国人民公安大学、铁道警察学院签订素质强警交流合作框架协议，组织赴外培训5期。开展以“临战武器使用”和“五会一能”为主要内容的集中送教培训5次，现场培训民警6500余人。组织全市2900余名民警开展预约式、对抗式、双盲式警务技战术考核，检验民警实战能力。在全省公安机关“五会一能”大训练考核比武中荣获团体第一名，13人被评为“训练标兵”。全国“公安特警五项”练兵比武荣获射击第二名、综合体技能第四名、团体第五名，全省公安特警五项练兵比武竞赛包揽前两名。市公安局、市公安局柳林分局、登封市公安局在全省公安机关实战化训练柘城现场会上交流经验，市公安局实战训练做法被《公安内参》《河南法制报》刊发报道。

（五）先进典型不断涌现。开展“我最喜爱的十大人民警察”“最美基层公安民警”“最美社区民警”评选活动，选树“抗癌英雄”周水斌、勇救落水老人的王中华等近30名各警种的先进典型，在全市公安机关营造“学习先进、崇尚先进、努力争当先进”的浓厚氛围。交警二大队民警周水斌入选“2016感动中原十大人物”，当选全国十大“最美家乡人”。全局共有18个集体、207名个人立功受奖，97个集体、563名个人荣获各类荣誉称号，营造学习先进、崇尚先进、争当先进的浓厚氛围。“树管用爱”典型培育经验公安部转发，战时思想政治工作经验省公安厅推广。

（六）舆论宣传成绩突出。坚持从公安新闻宣传和舆论引导的实战需

郑州交警周水斌入选“2016感动中原十大人物”

市公安局举行庆“七一”表彰大会暨合唱比赛

要出发，紧紧围绕“唱响主旋律、打好主动仗”，开展系列主题宣传活动22个，召开新闻通气会20余次，集中采访活动60余次。在中央和省市主流媒体刊发报道7300余篇，整版报道和专题报道同比上升12%。大力加强公安宣传“微矩阵”建设，“平安郑州”始终位居全国政务微博排行榜前列，“平安幸福南关街”“郑州交警二大队”“郑州车管所”等优秀微信公众号初显成效。在第二届全国公安民警“三微”大赛中，参赛的1个微博、1个微视频荣获二等奖，2个微信、1个微视频荣获三等奖。坚持“舆情即警情”理念，全面落实“一岗三责”，制订涉警舆情应对处置督办约谈办法，逐步实现舆情处置被动应对到主动预防的转变，全年妥善处置涉警舆情400余起，没有重大负面舆情发生，旗帜鲜明地挫败“维权律师”公然发声、插手惠济区薛岗村范华培杀人案的炒作图谋。

（七）从优待警温暖警心。为全局公安民警购买人身意外伤害保险，进一步提高公安民警的职业风险保障水平。认真落实民警休假体检，积极协调为每名民警增加了100元心脑血管检查专项经费。筹资150万元，对120个基层单位、5492名一线民警进行走访慰问。申请成立郑州市公安民警英烈基金会，为18名患重大疾病和因公负伤民警申请救助金24万余元，为25名困难民警申请了大病救助。加快落实深化公安改革涉及的民警待遇标准，警衔工资调标经费9800余万元全部落实到位。有效发挥“维权办”作用，全年共查处侵犯民警合法权益案件43起，为46名被侵权民警维护了正当权益，惩治侵犯民警执法权益、执法尊严人员78人。“郑东分局崔大鹏被恶意诬告案”入选“河南省公安机关十大维权典型案例”，中央电视台专题采访，引发了社会热议。

（王　静）

检　察

【概况】　2016年，全市检察机关积极践行“两学一做”学习教育要求，认真落实市十四届人大三次会议决议，坚持遵循规律、理性司法、务实发展，忠实履行宪法和法律赋予的职责，各项检察工作取得新进展。全年立案侦查贪污贿赂犯罪232件383人、渎职侵权犯罪70件143人；批准逮捕刑事犯罪各类犯罪嫌疑人5306人，提起公诉11624人。

【服务发展大局】　2016年，全市检察机关围绕中心工作，主动服务发展大局。

主动服务新型城镇化建设。开展市级重点项目建设专题调研，针对项目规划、资金使用管理等关键环节存在的问题发出检察建议，有力保障新型城镇化建设重点项目推进。开展查办新型城镇化建设领域渎职犯罪专项活动，查办监管人员失职渎职、滥用职权犯罪24人。出台服务保障扶贫开发工作24条意见，助力脱贫攻坚。与市扶贫办共同举办“精准扶贫 廉洁为民”专题警示教育报告会，全市扶贫系统国家工作人员、贫困村支部书记等300余人接受教育；严惩侵吞扶贫资金等违法犯罪行为，查办扶贫领域职务犯罪51人，为促进城乡一体化进程提供坚实保障。

主动服务产业发展。深化落实航空港实验区、产业集聚区建设服务措施，与市国资委会签服务保障国有企业改革意见，走进郑煤集团、轨道公司等重点企业深入调研。加大对强买强卖、敲诈勒索、阻挠施工等危害企业周边环境犯罪的惩治力度，批准逮捕各类涉企刑事犯罪嫌疑人207人，提起公诉272人。查办国家工作人员涉企索贿受贿、滥用职权等职务犯罪17人，国有企业人员职务犯罪42人，为产业发展营造良好的法治环境。

主动服务开放创新。召开保护知识产权新闻发布会，与相关部门会签《关于充分发挥司法与行政职能加强知识产权保护的意见》，建立协作配合机制，形成保护合力，促进自主品牌发展和技术创新。严厉惩治侵犯知识产权犯罪，批准逮捕侵犯商标权、商业秘密等犯罪嫌疑人13人，提起公诉56人。

主动服务生态建设。批准逮捕严重污染大气等破坏环境资源犯罪28人，提起公诉171人，查办环境污染防治领域职务犯罪12人。加强环保行政执法和刑事司法的有效衔接，监督公安机关立案查处破坏环境案件21件35人。开展大气污染防治专项预防调查，针对扬尘治理漏洞、区域协作不到位等问题发出检察建议，督促相关部门加大环境违法行为的查处力度，综合运用法律手段保护郑州碧水蓝天。

【查办和预防职务犯罪】　2016年，全市检察机关持续保持高压反腐态势，着力促进党风廉政建设。

严肃查办贪污贿赂犯罪。立案侦查贪污贿赂犯罪232件383人。深挖细查大案要案，查办100万元以上大案85人，其中500万元以上12人、县（处）级以上要案16人。依法办理了国家卫计委医疗管理服务指导中心原主任赵明钢受贿案、新乡市原副市长王玉民受贿案、中国铁塔股份有限公司人力资源部原总经理郭晓科受贿案等一批有影响的大要案。省追逃办挂牌督办的5名职务犯罪嫌疑人全部被抓捕或投案。成功劝返的全国百名“红通”4号逃犯黄玉荣被提起公诉。

大力惩治渎职侵权犯罪。立案侦查渎职侵权犯罪70件143人，其中重特大案件57件、县（处）级要案6人。加大贪渎并查力度，严肃查办贪渎交织职务犯罪35人，如依法查处中原区常庄村拆迁指挥部李欣等人贪污240万元、滥用职权造成国家损失63万元案。

深化职务犯罪预防。围绕民生民利和重点工程建设开展预防调查52次，发出检察建议62件，推动相关部门建立完善工作制度50项，发现并移送职务犯罪线索10件。分别与卫生医疗、环境保护等民生领域建立领导分包和检察联络官预防机制。开展“送法进机关”等多种形式的预防宣传和警示教育331次，受教育人数达2万多人。

【刑事检察工作】　2016年，全市检察机关顺应群众平安需求，全力保障社会和谐稳定。

依法惩治严重刑事犯罪。批准逮捕各类犯罪嫌疑人5306人，提起公诉11624人。对舆论高度关注的登封女大学生除夕被害案、“红馆”组织卖淫案等恶性犯罪依法从快办理、从严惩处。

6月6日，集中整治和加强预防扶贫领域职务犯罪专项工作联席会议召开

批准逮捕非法经营“问题疫苗”犯罪嫌疑人47人，提起公诉56人；批准逮捕涉嫌非法集资犯罪嫌疑人301人，提起公诉295人，努力为群众挽回经济损失。

准确适用宽严相济刑事政策。对涉嫌犯罪但社会危险性较小的1120人作出不批捕决定，对犯罪情节轻微、社会危害较小的240人作出不起诉决定。对1612件盗窃、危险驾驶等情节轻微的案件，按照全国人大常委会授权改革要求，简化程序，加快审理。对25名未成年人作出附条件不起诉决定。开展严厉惩治校园暴力、留守儿童司法保护等专项活动，联合市教育局启动为期3年的“法治进校园”活动，开展法治宣讲320场次。全国人大代表韩长安视察登封检察工作后，一次性捐款100万元，用于涉案未成年人帮扶教育专项工作。

积极化解社会矛盾。创新办案社会风险评估预警机制，把矛盾化解工作贯穿司法办案全过程。开展“走进基层化解矛盾”涉检信访积案清理化解专项活动，使30余件久拖不息的疑难信访案件得到有效化解。与市司法局联合出台律师参与化解和代理涉法涉诉信访案件实施办法，充分发挥律师的第三方中立作用，提高化解效率，增强化解公信力；成功办理河南省首起“疑罪从挂”国家赔偿案件。

【诉讼监督】 2016年，全市检察机关强化诉讼监督，切实维护公平正义。

强化刑事立案、侦查和审判监督。全年共监督纠正应当立案而未立案104件、不应当立案而立案49件，纠正漏捕200人，纠正漏诉154人，纠正遗漏罪行163人，对认为确有错误的刑事裁判提出抗诉72件。积极拓展监督深度和广度，建立18个检警联络室，加强对基层派出所执法办案的同步监督和引导，会签《关于构建新型侦诉关系，加强检警协作规范命案办理的意见》。

强化刑事执行监督。纠正监管场所刑罚执行和监管活动违法830人次，纠正社区矫正等监外执行活动违法296人次。开展集中清理判处实刑未执行刑罚专项活动，收押执行56人。

强化民事行政监督。对认为确有错误的民事行政裁判、调解，提出、提请抗诉135件，提出再审检察建议54件，对民事行政审判活动监督237件，执行活动监督402件。积极探索开展行政执法行为监督，如针对备受舆论关注的“河南工业大学垃圾山”事件，督促行政执法机关严格依法履职，2015年形成的6层楼高“垃圾山”半个月内全部清理完毕。

【检察队伍建设】 2016年，全市检察机关坚持强基固本，打造过硬检察队伍。加强领导班子建设，修订《检委会议事规则》，制订《党组工作规则》。深入推进“两学一做”学习教育，开展重温入党誓词、党规党纪知识竞赛等系列学习活动，举行新任中层干部、检察官宣誓仪式，检察干警党性观念、纪律意识和职业操守进一步增强。扎实开展全面从严治党“主体责任深化年”活动，制订实施《落实党风廉政建设“两个责任”和“一岗双责”实施办法》。深入推进司法体制改革，经过入额考试、业绩考核、民主测评等环节的综合考量，全市选拔540名员额制检察官拟任人选，努力打造专业化人才队伍。

（范传斌）

法院

【概况】 2016年，全市各级法院紧紧围绕市委“加快向国家中心城市迈进，建设‘一枢纽一门户一基地四中心’，实现‘六个显著提升’”的目标，坚持以“四重点一稳定一保证”为抓手，以“八加六、白加黑”为统揽，积极谋划法院工作，持续深化法院改革，充分发挥审判职能作用，努力为郑州率先在全省全面建成小康社会、加快现代化进程提供有力司法保障。全年共受理各类案件255317件，审执结226066件，同比分别上升35%和38%，收结案数均创历史新高。其中，市中院共受理各类案件32534件，审执结29885件，同比分别上升20%和22%。

【服务发展大局】 2016年，全市各级法院持续强化大局意识，围绕大局履职尽责，自觉融入大局、服务大局、保障大局，加强经济发展新常态的司法应对，妥善审结经济领域各类案件108848件。

紧紧围绕新型城镇化、产业发展、开放创新、生态建设“四大重点”开展工作。结合全市法院工作实际，出台《关于发挥审判职能服务保障“四大重点”工作意见》，拓展司法服务职能，创新司法服务方式，为推进“四大重点”工作提供有力司法保障。

主动服务港区发展。组建首席服务团队，明确服务职责，建立跟踪机制，积极协调有关部门化解涉及港区管委会及有关部门的行政案件100多起，有效避免围门堵路及阻工事件的发生，确保绿地会展城、中国移动河南数据中心、河南航投物流公司郑卢双枢纽航空物流基地、河南瀚港国际物流园等重大建设项目顺利推进。

深入企业开展精准服务。组织183名优秀法官深入郑煤集团、三全食品公司等重点企业进行调研，召开服务企业发展改革座谈会，了解企业经营情况，听取意见建议，提供司法服务；设立清算与破产审判庭，妥善处置“僵尸企业”，推进供给侧结构性改革。

依法保障创新驱动战略实施。组织法官135人次走访高新技术企业和省市特色产品生产企业，深入了解相关行业对知识产权保护的意见，加大自主创新保护力度，妥善审理涉及侵害“好想你”“白象”等商标权纠纷案件2085件，支持、引导企业品牌创新。5月24日，市中级人民法院院长于东辉担任审判长，对非法制造“好想你”注册商标标识的范某某判处刑罚的同时，首次适用禁止令。

加强生态环境司法保护力度。成立专门环境资源审判法庭，配合市委大气污染防治攻坚战，及时制订11条具体司法保障措施。对中国生物多样性保护与绿色发展基金会与新郑市薛店镇花庄村委员会、薛店镇人民政府等5家单位环境侵权纠纷等重要案件挂牌督办，妥善处理，深入推进生态文明建设。

【专案审理】 按照最高人民法院指定，2016年，市中级人民法院先后受理1534专案、1016专案。审理过程中，始终坚守“安全、保密、质量”3条底线，市中级人民法院院长于东辉亲自担任审判长，积极做好两个专案的庭审工作。至年底，1534专案顺利审结，受到最高人民法院、省高级人民法院的充分肯定，最高人民法院专案组认为，该案整个庭审精准、流畅、无瑕疵，充分体现依法、理性、文明的司法气度，树立刑事大要案审判标杆，为大要案审理提供有益借鉴和经验。市委政法委专门下发通报，对大要案审理工作给予表彰，对参战人员给予嘉奖。1016专案庭审前的准备工作在有条不紊地进行。

【刑事审判】 2016年，全市各级法院充分发挥刑事审判职能，严厉惩治危害群众安全的犯罪，审结故意杀人、绑架、“两抢一盗”等各类刑事案件12534件12792人，切实增强了人民群众的安全感。

积极参与全市惩治“非法集资”专项活动，组织优秀法官进驻市处非工作组，提前介入处置工作，提供法律意见；严厉惩治金融犯罪行为，依法审结集资诈骗、非法吸收公众存款等犯罪案件51件84人，维护金融秩序稳定；出台《规范涉案财物处置意见》，把涉案财物处置依法纳入执行范围，依靠党委领导、政府支持，积极为群众挽回损失27亿多元，有效避免群体性事件的发生。注重维护和谐的社会管理秩序，支持政府依法实施城中村改造、拆除违法建筑、城市道路建设，妥善处理涉及城市规划、企业改制、社会保障等行政案件5560件，为拓展城市发展空间、保障省会现代化建设提供司法保障。集中治理社会突出问题，联合市公安局、文广新局、卫计委等部门，扎实开展惩治“吸毒贩毒”“电信诈骗”“非法行医”等专项活动，加大对生产销售伪劣商品、有毒有害食品、假药劣药等犯罪的惩治力度，积极参与创建国家食品安全示范城市工作。积极参与社会治理创新，始终坚持信访工作不放松，认真落实“院长天天接访日”制度，一手抓源头防控，一手抓积案化解，全市法院进京访同比下降49%，确保重大活动期间的信访稳定。深入排查社会安全隐患，认真开展应收监而未收监执行罪犯大排查大整改专项活动，对59名应收监而未收监罪犯及时收监执行。强化普法宣传教育，组织113名优秀法官走进学校、企业等场所，开展普法宣传教育40余次；加大未成年人司法保护，创新爱心帮扶教育方法，先后在郑州海龙集团设立“未成年人爱心帮扶基地”，在登封塔沟武校建立“青少年法制宣传教育基地”，拍摄微电影《守护彩虹》，关心呵护未成年人成长；坚持新闻发布制度，召开环境资源审判、知识产权案、新闻发布会90余次，积极回应群众关切，满足社会对司法公开的迫切需求。

【司法便民】 2016年，全市各级法院不断创新司法便民举措。完善诉讼服务中心职能。对诉讼服务中心进行升级改造，以诉讼引导台为中心，设立立案服务区和诉讼服务区，为群众提供“一站式”诉讼引导服务，全年共接待当事人5万余人次，查询案件2万余件，收转材料近万件次，约见联系法官2万余人次，提供担保法律咨询、援助1万余人次。积极应对案件快速增长。伴随立案登记制的实施和当前经济形势的变化，全市法院案件受理数同比上升35%，在案件剧增、人员不增反减的情况下，全市法院深挖内部潜力，院长、庭长重回审判一线，带头办案，共办结案件23148件，激发广大干警办案热情，提升办案质效。坚持繁简分流。大力推行刑事速裁工作，建设速裁法庭，实行集中审理，适用刑事速裁程序审结案件1827件，占同期受理刑事案件总数的15%左右，庭审平均用时6分钟，平均结案周期为3日；积极推进民事简易程序、小额诉讼程序适用，共适用简易程序审结案件42664件，适用小额诉讼审结案件5405件；开展办案竞赛活动，办案法官加班加点，全力打好结案攻坚战，确保实现全年案件结案率不低于2015年结案率目标。

【执行工作】 2016年，全市各级法院坚决打赢执行难攻坚战。为兑现最高人民法院院长周强在全国“两会”上提出的“用两到三年时间基本解决执行难”的庄严承诺，按照省法院的统一部署，市中级人民法院及时筹备动员，5月20日，在全省率先召开誓师动员大会，印发《全市法院执行体制机制改革工作方案》，全市基层法院14个执行分局相继挂牌，实现执行工作上下联动；积极发动群众参与，探索“执行依靠群众、群众参与执行”的新途径，新郑法院争取由新郑市委政法委出台《关于依托多元化纠纷解决机制加强人民法院执行工作的实施意见》；荥阳市人民法院将905名人民调解员作为协助执行的信息员、调解员等，成效明显。加强执行信息化建设，建成执行指挥中心，购买无人机15架，配备单兵执法设备和执法记录仪341套，提高执行效率；加大拒执惩治力度，移送公安机关立案侦查358人，当事人提起自诉183案；开展“百日执行风暴”活动，积极发动群众参与，先后组织“凌晨风暴”“子夜行动”“周末围堵”，营造强大的执行声势，全年司法拘留1978人，判处拒执罪473人，发布失信被执行人信息79488条，执结案件33630件。

【司法改革与法院建设】 2016年，全市法院稳步推进司法改革。推进法官员额制改革，认真做好前期法官员额测算、法官员额内部配置等工作，严格领导干部入额标准和程序，组织考试考核工作，妥善做好人员转岗分流。同步推进和完善法官和其他人员业绩考核评价机制，积极探索审判辅助人员制度改革。

规范落实司法责任制。健全院长、庭长依法监督指导办案，完善“围绕案件找问题、围绕问题查责任”的审判监督和职务监督机制，加强对日常办案质量的监督，每周讲评上周发回改判案件，承办法官查找自身原因，院领导点评归纳共性问题，规范法官行使自由裁量权。

大力推进现代化法院建设。坚持以规范化为基础、以信息化为引领、以专业化为支撑，新建、改造数字化法庭198个，提升庭审科技化水平；全面推进网上办案，加大司法公开力度，全

市法院组织青年法官志愿者到中牟县宝光寺小学看望留守儿童

市法院先后投入资金4253万元，大力加强审判流程公开平台、裁判文书公开平台、执行信息公开平台三大平台建设，直播庭审2654件，网上公布裁判文书189363份；深化自媒体建设，利用微信、微博平台，及时公布法院工作动态、重大案件审判执行等工作信息23万余条，不断提高司法透明度。

【队伍建设】 2016年，全市各级法院扎实开展"两学一做"学习教育，打牢听党指挥、忠诚使命的思想基础，做公正为民、敢于担当的好法官、好干部。全市法院先后涌现出全国优秀法院、全省优秀法院和全国法院先进个人、全省优秀法官等62个先进集体和238名先进个人。

组织廉政专题学习反思活动。召开两级法院党组织书记培训班，14个基层法院院长和中院机关29个支部书记（部门负责人）围绕上级法院提出的7种模糊认识，结合曹卫平、谢德安等典型案例谈体会，两个因反思发言不过关的基层法院院长进行了重新发言。召开党风党纪专题民主生活会，对身边发生的违纪违法问题亮态度、谈认识，开展批评与自我批评。

开展"两敢于两坚决"大讨论活动。针对个别干警不愿担当、不敢担当等问题，围绕"如何强化服从意识""看齐什么、如何看齐"等问题，组织召开支部党员大会、支部委员会、党小组会和支部书记上党课，澄清模糊认识，增强党性观念，强化担当意识，努力形成领导班子成员向"一把手"看齐、中层干部向班子成员看齐、广大干警向中层干部看齐的一级带一级、一级向一级看齐的浓厚氛围。

始终把纪律和规矩挺在前面。坚持抓早抓小，推行院长值周制度，将两级法院队伍管理、审判管理、行政管理等工作全部纳入值周检查范围。每周值周领导带领相关部门人员随机对各单位进行明察暗访，对发现的问题通报到事到人。每周一召开值周例会，逐一讲评值周、党组决策落实、审判质效、案件发改等情况，整改情况内网公示。值周制度实施以来，共下发通报55期，点名通报单位、干警167人次，干警的工作作风大为改观。

加大对违法违纪的查处力度。实行交叉办案，将查办案件的质量和效果作为对基层法院纪检工作考核的重要指标，全年中院交叉办案9件，防止失之于宽、失之于软。在自查案件过程中，主动向市纪委汇报，争取支持、指导，积极协调公安、税务等部门，千方百计调查取证、固定证据。对十八大后不收敛、不收手，问题线索反映集中、群众反映强烈的人员进行重点查处，坚决做到有腐必惩、有贪必肃，共查处涉嫌违纪干警7人。

（张 巍）

司法行政

【概况】 2016年，全市司法行政系统深入学习习近平总书记对政法工作重要指示精神，按照全省司法行政工作会议、市委政法工作会议部署，立足司法行政机关的职能和特点，聚焦风险防控、服务发展、法治建设和能力提升四大重点任务，破难题、补短板，抓落实、促提升，努力为郑州市实现"两个率先"目标、建设国际商都提供更加优质高效的法治保障和法律服务。

【平安郑州建设】 2016年，全市司法行政系统牢固树立安全稳定首位意识，先后组织开展安全稳定季度形势研判、违禁违规品专项清查等一系列监管安全整治活动。切实把罪犯教育改造与戒毒人员教育戒治作为中心任务，不断提升教育改造和教育戒治的质量和效果。市监狱累计完成"三课"教育550多个课时，3个强制隔离戒毒所累计完成"三课"教育2800多个课时，狱所累计开展团体心理咨询活动58次。积极改善戒毒所医疗保障水平，以政府购买医疗服务的方式，外聘27名医护人员长期驻所开展工作，切实解决场所医疗力量薄弱等难题。加力推进社区矫正中心建设，9个县（市）区司法局完成社区矫正中心的建设任务，6个县（市）区司法局按要求配备了专职社会工作者。全面加强社区矫正经费保障力度，促使各县（市）区和4个开发区社区矫正经费全部纳入当地财政预算，专项用于社区服刑人员的诊断评估调查和日常监管工作。全市全年共清理出应收监未收监社区服刑人员13名，提出警告110人次，现有社区服刑人员3167人，重新违法犯罪率严格控制在0.2%以下。认真落实安置帮教人员衔接管控办法，服刑人员的信息核查率达到98.8%，一般帮教人员接送率达到70%，重点帮教人员接送率达到了100%，没有发现脱管、漏管等问题。

【法治郑州建设】 2016年，市司法局协调市委组织部、市委宣传部、市人社局、市国资委、市政府法制办、市直机关工委等部门，联合出台《关于完善国家工作人员学法用法制度的实施办法》，全力推动重点对象普法深入开展。制订《郑州市关于"谁执法谁普法、谁主管谁普法"的责任制实施意见》，进一步健全法官、检察官、行政执法人员、律师等以案释法办法，促使各地各执法部门真正把法制宣传贯穿到执法、办案、管理全过程。广泛深入动员，凝聚宣传合力，各县（市）区、开发区、市直各单位普遍开展了公共文明素养提升集中法制宣传教育活动，以"远离赌博、倡树新风""防范惩治非法集资"和消防安全、惩治治理电信网络虚假信息诈骗、道路交通安全、反邪教、国家安全等为主题的法制宣传教育，以及系列法治文化创建活动，推动法律真正走进机关、乡村、社区、学校、企业等。全年全市累计开展"法律六进"活动4500余场次，发放法治宣传资料170万份，全民尊法学法守法用法的社会氛围更趋浓厚。

及时启动"七五"普法依法治理工作。加强协调，积极争取，由市委、市政府出台了郑州市"七五"普法依法治理工作规划，市人大常委会作出《关于在全市开展第七个五年法治宣传教育规划的决议》，"七五"普法依法治理工程高起点运作、高规格启动，党委领导、人大监督、政府实施、部门各负其责、全社会共同参与的普法工作架构得到巩固强化。

【人民调解】 2016年，全市司法行政

市司法局参加郑州市文化科技三下乡活动

系统统筹推进人民调解组织建设。全市村（居）调委会专职人民调解员配备平均达到了3名，乡镇（街道）、行业性专业性调委会专职人民调解员配备分别达到了2名和5名以上，并创建53家以个人命名的人民调解工作室。切实加强矛盾纠纷的日常排查和调处化解，着力推动人民调解员生活补贴、案件补贴与调解案件的数量、质量相挂钩，有效提升了基层矛盾纠纷化解质量。全市全年共受理调解各类矛盾纠纷6.7万件，调成6.54万件，调成率达到97.7%以上。

【法律服务】 2016年，全市司法行政系统从严把关，注重规范，先后对352家律师事务所进行年度检查考核，并新设立律师事务所55家，新办律师执业证534人、实习证866人。以维护当事人合法权益为重点，依法严肃查处律师失德失信行为，累计受理并查办投诉律师案件65起。全面落实中央政法委相关文件要求，与郑州市人民检察院联合出台《关于律师参与化解和代理涉法涉诉信访案件实施办法》，并建立由100余名律师组成的参与化解和代理涉法涉诉信访案件人才库。积极引导律师、公证、司法鉴定开展专项法律服务，为大众创业、万众创新和“一带一路”倡议实施、生态文明建设，以及扶贫、教育、就业、医疗卫生等民生事业提供有力法律服务和保障。全年全市律师共办理各类案件40893件，担任各级政府、企事业单位、社会团体及公民个人等法律顾问2950家（人），参与党委政府信访接待1200余次，接待群众2600多人（次）；各级公证机构累计办理各类公证94532件，未发现假证、错证事件；各类司法鉴定机构累计办理鉴定案件6381起，鉴定意见采信率达99%。切实做好年度国家司法考试组织实施工作，加强市直部门间的协调配合，强化指纹身份认证等技防举措，建立健全各项考务工作制度，实现从严治考与热情服务的有机结合，8575名考生安全有序顺利地参加了考试。

【法律援助】 2016年，全市司法行政系统严格落实援助案件回访制度、办案质量评估制度以及投诉处理制度，全面推行法律援助精细化管理，卷宗质量评估率达到100%，可联系到受援人的案件回访率达到100%，援助案件抽查率达20%以上。进一步织密法律援助网络，在航空港区人民法院设立法律援助值班律师办公室，填补了航空港区一直没有法律援助机构的空白。大力推进法律援助硬件设施规范化建设，金水区、管城区、惠济区、中原区新建法律援助服务大厅投入使用，11个县（市）区法律援助服务大厅全部达到临街一楼、宽敞明亮、功能齐全、方便群众的建设要求。强化法律援助业务经费的协调支持力度，全市总预算业务经费为546.65万元，实际争取到位868万元，有效保障法律援助工作的扎实开展。

2016年，全市共办理各类法律援助案件10717件，为受援人挽回经济损失或取得利益3891万元，提供免费法律咨询78420人次，超额完成省司法厅下达的目标任务。法律援助工作得到了社会各界的高度认可，市法律援助中心被司法部列为法律援助工作定点联系单位；市十四届人大常委会第十九次会议专项评议全市法律援助工作，获得高票通过。

【新闻宣传】 2016年，全市司法行政系统积极挖掘系统先进典型和模范人物，累计在国家级新闻媒体发稿8篇、省级新闻媒体发稿163篇、市级新闻媒体发稿48篇，充分展示司法行政队伍为民、务实、清廉的新作为、新形象。

【司法队伍建设】 2016年，全市司法行政系统坚持把思想政治建设放在首位。重点组织开展“两学一做”学习教育，促使广大党员干部切实增强“四个意识”。坚持把能力素质建设作为核心。各级领导班子全面贯彻执行民主集中制原则，认真落实“三重一大”决策程序，科学、民主、依法决策能力和水平进一步提升。进一步健全教育培训体系，特别是下大力气抓了一线司法行政干警和法律服务工作者岗位培训。2016年，先后在浙江大学、武汉大学、南水北调精神教育基地举办培训班，并组织司法所所长、涉外律师、社区矫正、民调员等25期业务培训。积极改善局系统干部队伍结构，民主、公开、竞争、择优选拔10名科级干部，定岗、定责、定员推动局机关人员轮岗交流，配齐配强4个狱所的领导班子，基本解决局属单位重要领导岗位人员长期空缺的问题，进一步激发干部队伍干事创业的热情。大力推进科技强警，“互联网+”工作模式得到广泛认同和积极运用。

（赵维维）

仲　裁

【概况】 2016年，郑州仲裁委办公室紧紧围绕市委、市政府中心工作，以仲裁工作的科学发展为统揽，牢固树立依法、公正、高效的仲裁理念，内强素质，外树形象，夯实工作基础，改进服务方式，全面提升仲裁公信力。全年共受理案件3406件，标的额22亿元。

丰富学习内容形式，扎实开展职工教育。在全体党员中开展“学党章党规、学系列讲话，做合格党员”学习教育，使党员干部在思想上和行动上与党中央保持高度一致；为庆祝建党95周年，结合“两学一做”学习教育，在全办举行主题演讲活动，有力提升全体干部职工的党性觉悟和职业素养；坚持“四会一课”廉政教育制度，重视道德的教化引领作用；积极组织业务骨干参加业务培训、座谈会和经验交流会，学习其他地市仲裁机构的先进经验，提升业务能力；组织全办人员到定点扶贫村进行入户调研，深挖致贫原因，有针对性地制订扶贫方案，扎实推进扶贫工作开展。

【仲裁案件办理】 2016年，郑州仲裁委办公室在仲裁案件办理过程中保证质量、提高效率，不断增强仲裁公信力。

（一）增强服务意识。深化服务内容，把服务延伸到仲裁的各个环节，建立案件回访制度，做好当事人的来电来访等信息咨询接待工作，提升市场主体和社会公众对仲裁工作的满意度和认知度。

（二）规范案件管理。建立主任、分管副主任和处长分级管理的案件督办机制。各处对承办案件分别制订程序管理计划书，按月准确上报案件办理进度表，及时掌控案件办理进度，有针对性地集中清理积压案件，妥善处理疑难案件，对矛盾容易激化的敏感案件，因势利导、因案施法，做好释法答疑和调解工作。

（三）优化仲裁程序。一是严把立案关。加强立案程序管理，认真审核立案要素，建立防范虚假仲裁的信息运行机制，熟练运用电子化收费系统；做好案件类型分析论证，为推广宣传提供科学依据。二是加大对案件的审限管理力度。按照每月公示的案件办理情况，重点梳理超期案件，分析查找超期原因，制订具体整改措施，确保审限内结案。三是细化办案流程。建立科学的案件分配制度，实行组庭会议制度，集体研究需要指定的仲裁员人选，确保组庭程序公平合理、科学透明。四是积极发挥专家咨询委员会的作用。规范咨询程序，有效化解疑难纠纷，为公正高效的裁决提供智力支持。五是建立科学的监督机制。实施错案追究制，定期开展案件评查工作，完善仲裁秘书和仲裁员的反馈评价制度，优质高效的办理仲裁案件。

（四）抓好信访稳定。完善社会稳定风险评估和信访责任追究等制度，对涉及仲裁的信访稳定事项，按照“谁主管，谁负责；谁办理，谁负责”的原则，责任落实到人，积极主动调处，做到息诉罢访。

【仲裁队伍和基础建设】 一是加强仲裁秘书队伍管理。制订完善的《仲裁秘书办案手册》，对仲裁秘书实行标准化管理，鼓励参加司法资格考试，积极组织仲裁业务研讨会、座谈会，定期培训和随机性参观见学等，不断充实仲裁秘书的知识结构，增强履职能力。二是加强仲裁员队伍管理。借助仲裁员沙龙和论坛等平台，积极开展仲裁理论和实务的研讨活动。完善落实各项仲裁员管理制度，强化仲裁员职业操守教育；坚持按精英化标准，优化仲裁员队伍；注重实效，研究出台《仲裁员案件审理行为规范》，有效提升仲裁员的履职能力；寓服务于管理，加强考核，树立优秀典型，传递正能量。三是协调做好业务处室沟通联系工作。统一按照《仲裁文书制作规范》，制作各种仲裁文书，保证文书统一性；顺畅仲裁案卷归卷、调卷渠道；完善立案与业务处案件接收手续；提前公示开庭安排，统筹安排开庭时间，协调有序使用仲裁庭。四是建立仲裁司法监督联席会议制度。保持与法院沟通协调，有效跟踪裁决案件执行情况。

【仲裁宣传推广】 2016年，郑州冲裁委办公室积极宣传，努力探索，拓展仲裁服务领域。

认真总结宣传推广工作的经验，采取灵活多样的方法，加强仲裁法律制度的宣传推广，拓展仲裁发展空间，努力提升郑州仲裁的认知度。与省市有关报纸、期刊、电视等媒体建立固定联系机制，同时加强郑州仲裁委网站的建设、维护和更新，形成仲裁法律制度的立体宣传效应。11月，组织召开河南省法学会仲裁法学研究会第一届年会，总结全省全年仲裁理论研究工作并展示研究成果，根据省法学会和省法制办的要求，完善研究会组织建设。

在重点行业和重点领域大力推行仲裁法律制度，争取在多行业形成的格式合同中引进仲裁条款。积极探索金融仲裁发展规律，进一步发挥金融绿色快速通道的作用，建立与省银行业协会和郑州市知识产权局的长效联系机制。联合市知识产权局、公安局、商务局下发《郑州市2016年度专利行政执法工作实施方案》。

【仲裁规范管理】 2016年，郑州仲裁委办公室健全机构、完善制度，促进仲裁规范管理。

（一）成立3个专项工作小组。紧扣全年工作重点，完善工作机制，加强组织领导，狠抓任务落实。一是成立绩效考核领导小组。完善考核办法，建立科学的用人机制，完善激励与约束相结合的绩效考核机制，形成“比工作、比奉献”团结奋进的良好工作局面。二是成立信息化运用小组。以电子信息化建设为抓手，完善办公信息系统，优化网络及监控系统，为实现仲裁程序精细化管理奠定良好基础。三是成立规范化建设小组。沉淀仲裁文化，融入制度建设，印制宣传及规范性管理手册，与市档案局沟通，签订合作协议，逐步建立电子档案及现有案卷入市档案馆管理，进一步规范档案管理工作，为深入高效开展工作提供保障。

（二）发挥仲裁委员会的作用。发挥仲裁委员会的领导和监督作用，加强服务联络，定期召开委员会会议，向委员会报告工作，利用委员会在社会各层面的影响，借力拓展仲裁服务领域，积极参与全市重点项目的论证，彰显仲裁优势，扩大社会认知度。

（三）修订完善各项规章制度。整合现有规章制度，根据实际工作情况制订《公文处理办法》《仲裁案件审限管理若干规定》等，同时完善《考勤管理办法》《出差管理办法》《信访预警机制》等，科学提升机关管理水平。

（安 睿）

军事

郑州警备区

【概况】 2016年，郑州警备区认真贯彻军委国防动员部、中部战区和省军区党委扩大会议精神，坚持持续用力、稳中求进、务实创新，高标准抓好各项工作落实，全面建设取得新的发展进步。警备区党委被省军区表彰为“先进师级党委”，警备区被省军区表彰为“军事训练先进师级单位”“安全管理先进单位”，警备区司令部、政治部分别被表彰为“先进司令机关”“先进政治机关”；所属金水区人武部党委、新密市人武部党委被省军区表彰为“先进团级党委”，中原区人武部、管城回族区人武部被表彰为“军事训练先进团级单位”。

【思想政治建设】 2016年，郑州警备区始终把推动党的创新理论武装落到实处作为首要任务，紧扣官兵思想抓好各项学习教育，确保部队建设的正确方向和官兵思想的纯洁巩固。

（一）以理论学习保持政治上清醒坚定。紧跟深化改革、利益调整新形势新要求，以学习贯彻习近平主席系列重要讲话和上级党委扩大会议精神为重点，区分政治建军、改革强军、依法治军、军民融合4个专题，扎实开展党委中心组理论学习，每季度将理论学习资料汇编成册印发团以上干部，确保官兵始终向党中央、习近平主席看齐。特别是十八届六中全会召开后，警备区党委迅速行动，采取“集中教育学、促学习理解；紧扣主题学，促作风建设；结合融合学，促全面深入；实践应用学，促落地见效”的办法，抓好全会精神学习贯彻，强化官兵“四个意识”，经验做法被省军区转发。

（二）以“五个课题”推动工作创新。年初，首长着眼转隶交接后省军区系统实际，提出要开展“五个课题”研究，郑州警备区党委认真落实指示要求，结合警备区、人武部实际，立足自身能干的事，重点围绕自主建设管理、民兵军事训练、国防动员、国防教育、军民融合5个方面，组织师团两级深入开展“五个课题”研究。师团两级领导带头深入军地一线调研30余次，深入查找存在的深层次矛盾问题，经过近半年的研究攻关，共形成研究报告14个，较好地破解制约国防动员和后备力量建设发展的重难点问题，为履行新的职能使命奠定了坚实基础。

郑州警备区学习贯彻中共十八届六中全会精神动员辅导会现场

（三）以改革教育稳定官兵思想。转隶之后，扎实开展“服务服从改革大局，正确对待进退去留”专题教育，深入开展“新体制、新职能、新使命”大讨论活动，引导官兵以良好的精神状态履行新的职能使命。随着省军区调整改革即将实质展开，部分官兵受各种小道消息影响，思想上一度出现一些困惑和疑虑。为及时纠正官兵错误思想，警备区先后召开常委会、政工会进行研究，开展集中教育和大谈心活动，采取自上而下、普遍谈与重点谈相结合的方法，及时了解官兵的真实想法和现实困难，摸清官兵思想底数。先后3次进行改革集中教育，常委带头宣讲改革理论，及时解疑释惑，引导官兵正确面对改革、听从组织安排，较好地稳定了官兵思想。各单位还通过召开党小组会、科室会的形式，组织所属人员人人表态，较好地统一了官兵思想。

（四）以改革强军强化全民国防观念。坚持把改革强军融入全民国防教育之中，以改革强军凝聚共识，引导广大干部群众关心、支持改革。编印《郑州市国防教育暨征兵宣传工作手册》，扎实组织第16个全民国防教育日集中宣传活动，较好地强化了全民国防意识。在全市组织开展“改革强军、献身国防”巡回演讲活动，深入驻郑各高校巡回宣讲15场次，2万余名大中专院校师生直接接受教育，极大地调动了高学历青年的参军热情。利用高中毕业生毕业离校前时机，结合毕业班会开展“最后一堂课”国防教育活动，在军地引起较大反响，活动被军内外媒体广泛报道。《坚持“三个贯穿始终”，扎实搞好征兵巡回演讲活动》《创新学校主题班会内容形式，着力激发青年学生参军入伍热情》等做法被省军区转发。扎实组织新闻报道骨干集训，深入抓好群众性新闻报道工作，全年共在军内外主流媒体发稿400余篇。

【应急应战能力建设】 2016年，郑州警备区坚持把严战备、强训练、谋打赢置于中心地位不动摇，始终保持大抓军事训练的强劲态势，坚持常态常抓，着力提升应急应战能力。

（一）规范加强战备值班。年初转隶后，认真落实上级关于加强战备值班的新指示新要求，及时梳理下发《作战值班手册》和《节日战备工作规范》，对各级日常和节日战备值班进行规范，组织两次值班人员教育培训，加大检查抽查力度，正规值班秩序，提高值班人员情况处置能力。投入400余万元，完善更新“三室两库”，补充了各种战备器材。

（二）坚持“三三”组训模式，抓常态化训练。郑州警备区认真贯彻省军区实战化训练要求，坚持把功夫下在平时，探索总结并常态坚持“三三”组训模式（即区分现役官兵、专武干部、应急分队三种人员，每类人员落实好“三个一”：现役官兵每周训练一天、每月训一考一、每季综合考核一次，循环抓好理论、体能、指挥技能和轻武器射击训练；专武干部警备区每年组织轮训一次，人武部每月组织集中训练一天，市县结合、军地结合每年综合考评一次；应急分队警备区每年组织集中拉动一次，人武部每季组织集中点验或拉动一次），极大地提升了训练的层次质量。2016年共组织季考2次、月考6次，全年落实首长机关训练52天。年初，警备区机关带领10个人武部108人首次组织冬季野营训练，动用车辆12台，行程400余公里，进行摩托化机动、徒步行军、野外宿营、野战指挥所开设等课目的训练演练，进一步锻炼了部队。训练常抓不懈，连续几年参加省军区考核，成绩都在第一方阵。上半年参加省军区军事训练考核，参考5个课目取得全优成绩。

（三）以统管统训提升民兵训练质量。警备区每年组织全区应急分队1500余人进行检验性拉动，每两年组织一次全市专武干部普训，民兵军事训练落实逐渐规范。2016年，全市12个县（市）区人武部均已组织民兵应急分队进行为期7—16天的军事训练，全市落实民兵训练4204人，超额完成年度训练任务24.6%。采取党委统管、机关加强、内挖外借等多种手段，组织中牟县应急连参加省建大队跨区拉动考核点验，受到省军区考核组的充分肯定；采取普遍训练、重点选拔、集中强训等多种方式，组织28名新任职基层武装部部长参加省军区两期集训比武，成绩均处于全省第一方阵。

【国防动员和兵员征集】 2016年，郑州警备区深化军事斗争动员准备，把国防动员和兵员征集工作贯穿全年，坚持主业主抓，全力提升国防动员和兵员征集质量。

（一）大力开展“零退兵”争先创优活动。2016年，郑州警备区以军委国防动员部“五率”量化考核标准为抓手，严格征兵标准，在全市大力开展“零退兵”争先创优活动，提出“四个必须一个绝对”的要求，先后召开5次会议，反复督导从乡镇到县（市）区均按照“零退兵”的标准抓好征兵各环节工作落实，有力确保了兵员征集质量。特别是强化党委主体责任严把各个关口，从严抓好廉洁征兵，加大检查监督力度，全市未收到一起实质性举报。为提升兵员质量，联合郑州市委、市政府出台《关于进一步加强征兵工作的意见》，从提高优待标准、拓宽优先征集渠道、增加大学生入伍经济补助项目等7个方面出台优惠政策，将普通兵优待金发放标准由不低于全市上年度农民人均纯收入的1.2倍提升至1.8倍，全年共为全市义务兵家庭发放优待金近2.5亿元，普通兵优待金标准达到30825元，始终保持全省最高。为征集高素质兵员，在全市59所高校建立了“征兵工作站”，并按照每入伍1人补助300元的标准，落实院校征兵工作专项经费，较好地激发了大学生参军入伍热情，有关做法被省军区转发。经上下共同努力，2016年圆满完成新兵征集任务。

（二）民兵整组求规范。适应新职能新使命，常委分工先后3次深入基层检查调研，指导民兵整组工作；按照应急队伍“八有”建设目标抓好重点分队建设，利用专武干部例会、民兵应急分队随队训练等时机组织专武干部开展训练，提高务军兴武能力；总结规范整组工作本级“五个一”、县（市）区“八个过一遍”的工作方法，有力提升整组工作质量效率。

（三）动员潜力调查求深入。警备区牵头协调各专业办公室、各相关部门，采取座谈了解、实地查看、数据统计核实等方法，对全市动员潜力情况进行深入调查了解，基本摸清潜力底数。搞好非公有制企业武装工作摸底调查和清理整治，撤销5个非公有制企业武装部，对保留的宇通公司企业武装部，进一步完善各类手续，加强组织领导，跟进帮抓指导，确保发挥作用。

【党委班子和干部队伍建设】 2016年，警备区党委积极适应党建新常态，以“两学一做”学习教育和全面彻底肃清郭徐流毒影响为载体，注重建章立制，发挥组织功能抓好党委班子和干部队伍建设，强化党管思想、党管干部、党管党员，较好地纯净了思想、纯洁了队伍、纯正了作风。

（一）建立了党员教育管理新机制。为使党员干部知规矩、懂规矩、守规矩，《廉洁自律准则》《纪律处分条例》《关于新形势下党内政治生活的若干准则》《党内监督条例》等党内法规条例一颁布，马上为全区267名党员每人购买一套，并集中两天时间，采取通读原文、逐条宣讲、体会交流等形式，组织专题学习教育，人人表态发言，进一步强化了党员干部的法规意识和自律观念。修订《党委常委加强自身作风建设的措施》《关于加强干部队伍教育管理的意见》和《警备区四优评比实施细则》，形成“三定期、两随机、一挂钩”的教育管理新机制，每半年进行一次见人、见事、见思想干

1月19日，郑州警备区司令员尚守道指导部队调整野营训练行军计划

部讲评，对完成任务好、表现突出的单位和个人及时给予表扬，大力弘扬积极因素，为大家树立起学习的榜样和标杆。坚持奖优罚劣、奖勤罚懒，以鲜明的导向激励干部创先争优、遵规守纪。2014—2016年，先后为4名参加上级重大比武考核取得名次的干部记功，对无正当理由滞留部队的2名干部给予纪律处分和经济处罚。

（二）规范党委班子和党员职责言行。年初，对13个团级党委和警备区机关进行调研，虚心听取对警备区党委的意见建议，梳理出机关和部队部分党员干部存在的不思进取、个人主义严重、消极攀比、自律不严、好人主义等5个方面的问题，集中3天时间，召开党小组会、支委会，围绕“五查”（一是查一查精神状态好不好，有没有不思进取混日子、熬年头，当一天和尚撞一天钟的问题；二是查一查政策纪律观念强不强，有没有个人利益第一，不明事理，只要组织照顾，不要组织纪律的问题；三是查一查有没有追求消极、迎合低下，思想颓废的问题；四是查一查有没有自律意识差，管不住自己、管不住部署，说做不一，在领导和组织视线内外表现不一的问题；五是查一查班子原则氛围浓不浓，原则性强不强，有没有管不住的党员、管不住的干部）逐人对照检查，提出个人整改措施，较好地净化了党员干部思想。组织党员填写《党员承诺责任书》，结合警备区实际制订《关于改进工作方法、规范工作秩序、提高工作效率的措施》《现役官兵及职工岗位职责分工》，从优化人员配置、细化岗位职责、规范工作秩序、改进文风会风话风等方面对党员言行进行规范，确保承诺不虚不空、践诺扎实落实，年内先后3次接受省军区督导检查，受到肯定。通过对党委班子和党员干部职责言行规范，较好地树立了自律是第一素质、从严是责任担当、批评是关心培养、靠素质政绩进步“四种观念”和“五要五不要”的做人原则（要做聪明的老实人，不要做糊涂的聪明人；要做积极作为的人，不要做碌碌无为的人；要做组织放心的人，不要做组织担心的人；要做品德正派的人，不要做心术不正的人；要做知恩包容的人，不要做患得患失的人），逐步形成靠素质立身、靠政绩进步、靠自律树象、靠公开监督、靠公平正风的“五靠风气”。

（三）探索建立作风建设长效机制。认真总结帮抓指导、议事决策、清理清查等方面的经验做法，以制度的形式固化下来，防止“四风”反弹回潮。建立“四查三考”帮抓机制，结合民兵整组、政治生态考核帮抓、征兵工作、安全工作蹲点等，查清理整治内容是否落实、“四个秩序”是否正规、安全管理是否到位、民兵组织整顿是否落实，考察党委班子建设和干部现实表现、考核人武部暨民兵应急队伍成建制拉动情况。制订《优化政治生态建设的措施》，修订完善《党委议事规则》，确保党委依法决策、科学决策。修订《干部教育管理规定》《财务管理具体办法》《公寓住房管理规定》《公务车辆使用管理规定》《物资集中采购实施办法》，以及车辆修理、油料保障办法，坚决把上级新要求新规定严格落实到位。

（四）突出抓好家风廉政建设。以习近平总书记重要讲话精神为指导，在全体党员干部中广泛开展“树清廉家风，创最美家庭”主题活动，发现、挖掘、推介体现崇德向善、崇俭尚廉家风的“最美家庭”。警备区政治部副团职干事马昕家庭，经省市逐级推荐，被中央文明委授予第一届“全国文明家庭”荣誉称号，受到习近平总书记的亲切接见。

【基层建设】 2016年，郑州警备区紧紧围绕“五部”职能要求，持续帮抓帮建，不断夯实筑牢基层建设基础。

（一）持续抓规范。认真贯彻《军队基层建设纲要》和人武部《建设规范》，指导各人武部制订年度规划。着眼提升规范化建设质量，指导金水区、新密市人武部做好规范建设试点并组织观摩。先后迎接军委国防动员部政委朱生岭、部长盛斌到新密市人武部、二七区征兵体检站和民兵武器装备仓库检查调研，基层规范化建设成果受到充分肯定。

（二）持续抓帮建。健全完善帮抓机制，每名常委分片帮抓2—3个团级单位，全程参加指导团级单位年度重点工作。按照“三个一遍”思路（党委班子普遍过一遍、干部队伍普遍抓一遍、症结问题普遍理一遍），对团级单位组织3轮普遍帮抓。为提升基础建设层次质量，投入120余万元对训练基地和民兵武器仓库营院设施设备进行整修。为保障好官兵权益，召开常委会专题研究干部休假形势，认真督导干部探亲休假制度落实。

（三）持续抓队伍。先后组织书记队伍、干部队伍、党员队伍、职工队伍4类352人次集训，提高各级各类人员的综合素质。出台《郑州警备区职工奖惩实施办法》，充分调动职工的积极性和创造性。针对2016年干部转业复员后人武部班子力量相对薄弱的特殊情况，实行机关干部轮流到上街区、登封市等干部数量较少的人武部代职的制度，较好地确保了人武部在特殊时期工作不断线。

【部队安全管理】 2016年，郑州警备区紧贴警备区、人武部实际，坚持以探索总结出的安全管理“十项制度”（日常工作基本规范、公勤队集中管理制度、职工管理制度、车辆管理制度、机关轮流每周查制度、交班点名考勤制度、周五学习教育日制度、早操制度、“周查月析季讲年评”制度和“四优”评比制度），有力确保了部队安全稳定。

（一）坚持安全教育整顿常抓常搞。先后开展“学法规、用法规、守法规”、士官教育整顿、国防动员部6个规范性文件学习贯彻、安全稳定集中教育整顿、“百日安全活动”、“七个一”安全集中教育整顿等一系列安全教育整顿，结合单位实际和季节特点，开展车辆安全、夏防、信息安全保密、消防、冬防等技能培训，较好地强化了官兵安全防范意识，提高了安全防范技能。

（二）坚持“十项制度”常态落实。坚持定期分析安全形势，突出抓好“人、车、枪、弹、密、酒、钱”

战术动作教学训练

新兵起运仪式现场

的管理。指导金水区、中原区、荥阳市、新郑市4个人武部开展“四个秩序”规范试点活动，对人武部和直属单位日常管理进行规范，组织各团级单位开展7次安全隐患排查，有力解决了管理松懈、作风松散、纪律松弛等问题。采用突击检查和机关轮流每周查“两查”并行的方式，不定时间、不定地点、不事先通报，每周抽查2—3个团级单位，每月检查一个轮次，帮助各单位发现问题、改正问题。全年落实对各团级单位突击检查39次、机关随机抽点43次、早操82次、周查40次、安全形势分析12次、季度安全管理讲评3次、安全教育培训3次，累计发现问题隐患128处，全部及时消除，有力确保部队安全稳定。

（三）坚持重要目标严格防范。在公勤人员管控上，建立“双重岗位、双重管理、双重责任”管理机制，确保使用和管理无缝对接。在武器装备的管理上，严格落实首长查库、机关检查、节假日住库带班、人员枪弹出入库登记、交接、检查等制度，确保及时消除隐患和事故苗头。在营区管理上，投入12万余元对监控系统进行升级改造，新增9个监控点，确保营区监控无死角。在涉密载体管理方面，严格落实专机、专室、专人等制度，较好地堵塞了漏洞。

【后勤规范化建设】 2016年，郑州警备区坚持结合形势任务搞保障，着眼提质增效，进一步规范后勤管理，提升综合保障效能。

（一）抓建促训保战备。集中修订完善后勤战备方案计划，持续抓好后勤“一室一库”规范化建设，扎实做好应对各类突发事件准备。协调市交战办、经动办抓好交通战备、经济动员工作，落实专业保障队伍常态化动员演练，年内先后6次圆满完成保障战区部队跨境演练、省建民兵应急大队实案拉动考核道路交通保障任务。

（二）严查严纠抓整改。扎实开展财务清查工作，坚持严查严纠、边查边纠、标本兼治，形成依法理财、从严管财的鲜明导向，年内先后制订出台《车辆维修保养实施办法》《油料使用管理办法》，编印《财务法规实用手册》，严格经费管理“六个两”做法，落实“五个责任”，解决“三个方面”问题，确保经费开支“五合规”。

（三）清理规范强效能。严格按照上级营房两项普查、综合整治和全面停止有偿服务要求，规范办公用房40余间，清理不合理住房82套，停止空余房地产租赁项目53个、规范整改复杂敏感租赁项目4个，整改报备计划外工程3项，解决土地纠纷2项，办理机关土地证，收回了训练基地外占土地0.2公顷，有效提升了土地和营房综合保障效能。

（四）服务保障求提升。针对部分团级单位远离省军区加油站，往返加油不便的情况，积极请示省军区、协调驻军加油站或地方加油站就近为登封、新郑、荥阳、惠济等单位实施代储代供。警备区卫生所建立巡诊制度，全员落实官兵、职工体检制度，受到官兵的一致好评。

【军民融合发展】 2016年，郑州辖区驻军团以上单位76个，因改革原因，兵员征集、军转干部、退伍军人等数量大幅增加，全市共接收军转干部602人，辖区师职军休干部数量占到全省的90%多，各类优抚对象达17万人。兵员征集数量大，优抚对象数量多，需要优抚资金多；转业干部、退伍军人、随军家属数量大，安置任务很重；驻军单位多，辖区官兵多，军地协调、涉军维权任务重。郑州警备区以推动军民融合深度发展为契机，积极争取地方党委政府支持，着力破解随军家属就业、军休干部医疗待遇、涉军维权等重难点问题，大力实施扶贫攻坚，地方政府竭尽全力为驻军办实事、解难题，取得明显成效，郑州市荣获“全国双拥模范城”七连冠。

（一）扎实开展扶贫攻坚工作。为落实好上级关于打赢扶贫攻坚战指示要求，警备区领导亲自带队，先后10余次到所联系帮扶的贫困村（新密市白寨镇西腰村）进行实地调研。经常委会2次专题研究，决定把帮扶重点放在援建该村小学上。之后，警备区迅速制订帮扶方案，投入60余万元，整修教室、教师值班室、餐厅、厨房、厕所，整治校园环境，更换学习桌椅、教学器具、厨卫设施，屋顶防水防漏改造等。同时，督导各人武部联系帮扶贫困村12个，其中跨区援建2个（金水区、管城区）。

（二）持续推动随军家属就业安置。先后4次组织召开军地协调会，依据与郑州市联合出台的《关于军人随军家属就业安置的实施意见》，消化2014年之前随军家属安置工作遗留问题，同步解决新增随军家属安置工作。为确保此项工作落到实处，郑州警备区每周派人到人社局、编办、国资委等相关部门跟踪督导，遇到棘手问题领导亲自协调，2015—2016年累计集中安置随军家属135名。

（三）广泛开展双拥共建活动。结合实际制订《走访慰问工作规范》，对年度走访慰问的时机、对象、内容、标准、依据及经费来源进行规范，确保大走访大慰问活动常态化开展、规范化运行。2016年春节共计走访慰问现役官兵家庭、国防生家庭和烈属37026户，送去价值450余万元的慰问品；协调驻郑部队出动官兵2000余人次参与地方急难险重任务，为郑州市慈善事业捐款148万元，赢得地方党委、政府和人民群众的一致好评。

（孙亚威）

武警郑州市支队

【概况】 中国人民武装警察部队郑州市支队（旅级）（简称支队），成立于2005年6月8日，由河南省总队原第一支队和原郑州市支队合编组成，支队机关驻郑州市商城东路140号。2016年，武警郑州市支队党委坚持以习近平主席系列重要讲话和武警总部（简称总部）、武警河南省总队（简称总队）党委扩大会议精神为指导，围绕总队党委“持续打基础、全力谋打赢、稳中求发展”的目标要求，按照支队党委“四个从严”“五个紧盯”的总体工作思路，狠抓经常性、基础性工作落实，圆满完成了各项任务。

【思想政治建设】 2016年，武警郑州市支队着眼思想政治建设，不断强化看齐意识。严格落实每月两天理论学习制度雷打不动，采取常委授课、专家辅导、观看录像、大会交流、参观学习、笔记展评等形式，抓好党委中心组带机关和基层干部理论学习；扎实开展“两学一做”学习教育，开展承诺践诺、手抄党章、佩戴党徽、重温入党誓词等活动，积极开展向袁明贵同志学习活动暨为其亲属捐款仪式，深化了教育效果；跟进学好习近平主席“七一”讲话、纪念红军长征胜利八十周年大会上的讲话精神，加深对习近平主席重大战略思想的理解消化；从讲政治高度，坚决严肃彻底清查清理涉郭徐信息，召开全面彻底肃清郭徐流毒影响专题教育动员部署会，制订实施方案，肃清毒害影响，着力在思想上拨乱反正、正本清源；严格落实“1·52”政工模式和每月政工例会制度，扎实开展改革强军主题教育，抓好“四反”、形势任务、网络保密等经常性思想教育，端正官兵思想认识；有力推进营区“武化”、网页和荣誉室建设，政治文化氛围进一步浓厚；扎实开展法律、心理、文化下基层活动，处理涉法、信访问题6起，政治退兵4起；严密组织警卫、“两规”、重大临时勤务政治考核和新兵“三查”，确保了政治纯洁可靠；广泛开展书画展评、举行目标文化讲堂、经常性文艺创演等“强军风采”系列文化活动，丰富了官兵业余文化生活。“两学一做”学习教育和遂行黄帝故里拜祖大典任务中政治工作做法分别被总部、总队转发；新闻报道工作始终处于总队领先地位；十三中队政治指导员被总队评为十佳“四会”政治教员。

【执勤处突与军事训练】 2016年，武警郑州市支队着眼聚焦练兵备战，不断提高维稳能力。注重以总队各类集训为带动，严密组织教练员、狙击手、特战骨干集训、专勤专训、预提士官集训、“魔鬼周”极限训练，见缝插针开展“五小”练兵，提高处置突发事件能力；按照“八落实”和“六种组训模式”，每月下发训练计划，抓好执勤中队专勤专训、机动分队全员全装全要素合成训练和对抗演练；组织网络查勤员培训，提高查勤员履职能力和组勤管勤意识；重大节日、敏感时期，应急力量前指营区备勤、机动大队三级战备、县（市）中队应急班高度戒备，做到了“箭在弦上”；先后圆满完成了省“两会”、新郑机场春运、市“两会”、省十二届人大六次会议、中欧政党高层经贸对话活动安保、黄帝故里拜祖大典礼兵和安保、招生考试及阅卷现场安保、G20峰会维稳、少林武术节安保，以及“A01”专机警卫、中超足球联赛备勤、押解押运等临时勤务105起，成功处置106起群体性上访事件、4起“两规”对象企图自残和拉拢腐蚀；成立组建了巡逻中队，实施常态化巡控，共处置150余起警情，盘查可疑人员480余人次，有效提高武装巡逻的威慑力；参加郑州市公安局举行的《中华人民共和国反恐怖主义法》宣传活动，充分展示了武警部队威武之师、文明之师的良好形象，有效震慑恐怖活动，强力推进平安建设工作。特勤排获总队轮训考核比武团体第一名、被总队评为第三季度豫中片区“魔鬼周”极限训练优胜单位。

【部队正规化建设】 2016年，武警郑州市支队着眼依法从严治军，不断正规部队秩序。认真开展“学法规、用法规、守法规”活动，出台检查督导六项措施，提升机关检查督导质量；督导基层抓好“周表”制订，对照课表检查督导落实情况；组织“安全在我心中”大讨论、条令法规知识网上考核、队列会操和警容风纪检查，规范官兵言行，强化了官兵的条令意识；在士官队伍中开展“爱岗尽责、遵规守纪、模范带头”专题教育整顿活动，进行士官称职等级评定，评选“十佳”士官，表彰优秀士官，激发士官工作热情；制订经常性基础性工作检查评分细则，采取突击查、重点查、暗访查、回头看等形式，对基层实施不间断检查，正规部队秩序；扎实开展“百日安全”竞赛活动，采取唱安全歌曲、安全提示、通报安全事故、观看警示片、知识竞赛、讲评安全工作、进行安全形势分析等形式，增强了安全意识；严格落实每月“五个过一遍”制度，组织拉网式安全检查，登记造册、挂账销号，实行责任倒查，强化责任意识；严密组织补选退工作，制订推进表、派出机关干部蹲点指导，积极办理各种手续，及时解决问题，确保走得顺利、走得安全。

【基层建设】 2016年，武警郑州市支队着眼内涵发展要求，不断夯实建设基础。用好“一个纪要三张表”，健全抓基层领导小组工作运行机制，制订精准帮建计划和机动大队建设计划，采取常委包片、机关干部包队的方法，重点对3个连续5年以上未达先进中队集中精准帮建，列出问题清单，对照问题逐步实施，采取对账销号的办法，限期进行整改，提升基层建设水平；严密组织大队、中队主官和机关科长、政工干部参加总队《纲要》培训，培养按纲抓建“明白人”；制订干部大练基本功训练方案，抓好周一、周三晚上业务学习，狠抓应知应会100题、《纲要》的学习理解，利用交班会、政工例会、按纲建队考核等时机，组织理论测试、心得展评、大会交流、软件评比，坚持逢会必考、逢集中必问，提高干部的能力素质；深化总队“教育关爱干部”活动，积极为官兵排忧解难，召开家属座谈会，组织适龄青年参加“邂逅暖冬之恋”联谊会，采取支队主官重点谈、包队领导普遍谈心、包队干部每月谈、大队干部经常谈等形式，了解掌握干部思想动态，有针对性做好工作，确保思想、行为不失控；建立支队干部微信公众号，邀请官兵亲属加关注，建起“三位一体”沟通渠道，及时解决困难、化解矛盾；对特困干部进行救济，协调子女入学入托，看望救治患病官兵和家属，以暖心促动力；以重大活动安保、处突反恐为重点，以总队《任务中政治工作手册》为依据，始终贯彻落实“八个到现场”的指示要求，坚持政工干部上一线和军政指挥“双

7月1日，武警郑州市支队举行向国旗宣誓仪式

武警郑州市支队召开"卫士-16"演习反思式总结大会

长制"，反复对政治工作预案进行针对性训练演练，为完成任务做好充分保障。

【综合保障能力建设】 2016年，武警郑州市支队着眼树牢前勤理念，不断提高保障水平。坚持任务牵引，树牢"前勤"理念，加强"一组五队"建设，突出人装结合、战地野炊、自救互救、野外宿营等基础课目训练，每月召开后勤工作例会和"司务长之家"活动，组织炊事员培训、炊事技能大比武和驾驶员复训，不断提升保障人员素质；开展"后勤服务下基层"和"伙食精细化管理年"活动，严格落实总队早餐"1126"和中、晚餐"6211"伙食保障模式，提升了伙食质量；下发《给养工作规范》《给养工作规范图册》和《给养工作规范流程》，对基层给养工作进行了细化、规范；规范空余房地产管理秩序，严密组织营房领域三项清查整治，投入209万元对机关营院和基层10个大中队进行了"三化"改造；规范经费审批权限和使用规程，深入开展财务工作大清查和财务清查"回头看"活动；严格车辆管理，开展武器弹药管理专项整顿活动，及时纠治枪弹管理漏洞；为基层办好"八件事"，组织官兵及家属体检，每月下部队巡诊，营造拴心留人环境。

【党委班子建设】 2016年，武警郑州市支队着眼党委自身建设，不断提高建设水平。按照"三严三实""四铁"要求，狠抓党委班子自身建设，坚持党委书记亲自上手抓学习、上党课，每月2天理论学习时间固定不动，全年共观看30余部讲座和录像辅导，3次邀请专家进行辅导授课，6次大会交流，5次心得展评，2次组织实地参观学习；结合"两学一做"学习教育，围绕"不忘初心、不忘誓言"的主题，组织进行大会交流，撰写心得体会，观看《光辉历程》纪录片和警示录像，第一时间组织传达学习上级作风建设案例通报，坚持常委带头承诺践诺，开展手抄党章和党章党规知识竞赛活动，强化党性观念；严密组织召开党委常委民主生活会，认真拟写剖析材料，并由主官审定，自我批评正视不足、触及实质，相互批评开门见山、直面问题，受到与会总队首长的充分肯定；扎实开展机关及行业领域风气清理整顿教育、基层风气专项整治、密切内部关系纠治及"强化责任、扎实作风、确保末端落实"教育整顿活动，严肃查处官兵违规违纪问题，扎实开展"十廉"系列活动，做到大事小事透明，涉及干部调整、经费开支和大项工程建设等敏感事项，均征求班子成员意见，听取基层建议，并张榜公示。2016年共选送技术学兵45人、调整干部117人，做到党委硬气、官兵服气。

【领导视察调研及检查指导活动】 2016年2月3日，副省长、省公安厅厅长、总队第一政委许甘露和省政府秘书长郭洪昌等一行9人，到武警郑州市支队一中队看望慰问全体官兵。

2月6日，省委书记、省人大常委会主任郭庚茂，率领省委常委、常务副省长李克，省委政法委书记、省人大常委会副主任刘满仓，省委秘书长李文慧及副省长、公安厅厅长许甘露，郑州市市长马懿等一行13人，莅临武警郑州市支队三中队亲切看望慰问官兵。

3月16日，武警总部部队管理局副局长曹众善等莅临支队开展部队安全工作情况和正规化管理情况检查调研。总队副司令员丁信志、副政委王大华、副参谋长姬志刚等陪同调研。

3月20日，武警总部作战勤务局副局长王光亚莅临支队十二中队检查指导养犬助勤工作。总队副参谋长杨会经、支队长李斌陪同考察。

4月20日，武警部队司令员王宁率总部工作组莅临支队七中队视察指导工作，详细查看"五防一体化"建设情况，并慰问了执勤哨兵。

6月1日，武警河南省总队司令员唐大淮和副司令员杨汝俊、参谋长文志雄，在支队长李斌、政委胡尊锋陪同下到支队郑州市中队检查调研。作战勤务处处长王奕勇、支队参谋长王海军、河南省纪委副书记齐新安、预防腐败局副局长马海盈等领导陪同检查调研，实地查看中队全面建设情况。

6月18日，武警部队组织局党建处副处长张彤莅临支队郑州市中队检查调研，并同中队干部交流、谈心；6月18日，武警总部作战勤务局副局长沈自卫深夜莅临支队基层中队检查指导工作，并对勤务工作的开展提出合理化建议。

9月5日，武警部队政治工作部组织局党建处处长刘志勇莅临支队机关，检查调研党建有关工作，并就有关工作进行了指导。

9月6日，国务院办公厅警卫处处长曹绿勇率工作组一行4人，莅临支队一中队检查指导工作，并就执勤工作方法对中队干部进行了指导。

10月18日，总部训练局局长张力率工作组一行6人，深入支队检查调研年度军事训练工作，并组织召开军事训练工作调研座谈会。

11月13日，武警部队副司令员潘昌杰率通信局、装备局、运输局、军械局等一行7人，对支队装备工作开展情况进行视察指导。

11月20日，武警部队副司令员王兵率领总部工作组一行6人，莅临支队视察指导工作。

（赵梦溪）

人民防空

【概况】 2016年，郑州市人防系统干部职工深入开展"两学一做"专题教育，围绕郑州都市区和郑州航空港综合试验区建设大局，深化军事斗争准备，落实年度责任目标，推进七项重点工作，承担急难险重任务，全市人防建设保持了良好发展势头，于11月底全面并超额完成年度责任目标和各项工作任务。市人防办被省人防办表彰为"全省人防全面建设综合先进单位""全省目标考核优秀单位"；在5月份召开的第七次全国人民防空会议上，郑州市再次蝉联"全国人防先进城市"称号。

市人防办组织开展第一期“准军事化”建设集训

【推进上级核心业务工作】 2016年，市人防办承担并圆满完成了省人防办三大类5个项目的竞争性目标任务。（1）工程抢险抢修专业队规范化训练演练。结合全省“9.18”防空警报统一鸣放，组织全市人防系统及人防通信、医疗救护、消防、应急巡防专业队等10个单位560人（次），参演高炮、大型机械、运兵车等装备96台（套），成功进行展演活动，并通过指挥信息系统向全省视频直播。郑州市政府副市长张俊峰、政协副主席王顺生和郑州警备区参谋长董继峰在现场观摩指导。（2）研究探索人防工程法规体系方面。承担《河南省城市地下空间暨人防工程综合利用规划编制管理办法》《河南省城市单建地下空间兼顾人防需求设计标准》《已建人防工程质量检测与评定标准》3项法规研究任务，至年底已完成文本拟制并上报省人防办。（3）组织人防工程平时和战时功能转换演练。此项工作在全省属首次开展，市人防办克服经验不足等困难，投资180余万元，调动大量人员装备，集中3个月的时间认真筹备，于11月29日成功组织平战转换演练，并在全省进行实时直播，受到省人防办的高度评价。

【人防行政审批】 2016年，市人防办行政审批工作秉承“公开、规范、高效、便民”的服务宗旨，严格落实行政审批的“日清、周结”制度，积极开展创新服务提升活动，以加强人防行政审批业务培训为抓手，不断规范行政审批工作，严格落实各种便民、利民举措，所有报建项目均在规定的时限内审批完毕，部分建设项目当天受理、当天上传，当天办结。制订《行政审批工作规范》《行政审批办公制度》《行政审批限时办结制度》《行政审批、监管分离制度》《行政审批预约服务制度》等内部工作管理规范，切实提高服务质量。截至11月底，共审批结建项目300余个，审批总建筑面积3000余万平方米，地下空间面积1000余万平方米。

【人防组织指挥建设】 2016年，市人防办着眼实际进行人防组织指挥建设。（1）认真组织人防专业队骨干培训。采取专家授课、观摩演示、技能训练和研究讨论的方式，于5月30日至6月3日在焦作组织完成1期100余人参加的全市人防专业队骨干培训。（2）深入开展重要经济目标普查定级工作。依据河南省军区《重要防卫目标分级标准》、省人防办《关于组织开展重要经济目标普查活动有关事宜的通知》、按照郑国动〔2016〕10号文件要求，及时向郑州警备区汇报，积极与市发改委、经动办、省（市）交战办协调，对全市362家重要经济目标单位进行走访和筛选，最终确定35家单位入围，为下一步展开重要经济目标防护工作奠定坚实的基础。（3）完成跨区远程机动演练活动。按照省人防办统一安排，出动移动通信指挥车先后赴南阳、许昌、焦作、信阳等地参加跨区远程机动、训练演练活动，并承担黄帝故里拜祖大典的信息保障任务。（4）推进信息化建设。完成诺达卫星、军三电台安装任务，并运用于日常训练和战备值班值勤；全市警报系统升级改频建设试点任务基本完成，指挥所作战区升级改造完成。完成综合集成总体规划及人防数据库建设可行性报告等试点建设任务。

【人防工程管理维护】 2016年，全市人防系统扎实做好人防工程管理维护。（1）建立全市人防工作“网格化”管理体系。在前期投入的基础上，2016年又追加财政资金150万元用于基础建设。至年底，管理软件已经研制完成，人员编组已经到位。（2）扎实做好人防工程的维护和加固工作。对全市需要加固改造的早期人防险危工程进行实地调查核实，共排查早期人防工程254处、总面积20余万平方米。按照市政府领导指示精神和市抢险指挥部统一安排部署，依据专家论证意见，对桐柏路至百花路之间的中原路沿线防空洞进行打孔注浆和充实回填。（3）抓好人防工程的防汛工作。制订了防汛方案和应急预案，落实防汛安全责任制。重新制订人防工程防汛方案和应急预案，签订了人防工程防汛安全责任书。全市人防系统共组建各级各类人防防汛抢险队15个600余人，储备大沙、石子、水泥等防汛物资400余吨，水泵30台，装沙袋4000条，铁锹500把，配备防汛队员物资130余套，备有挖掘机、大型运输车等重型装备。汛期对管城区刘家胡同

9月8日，市人防办组织开展中学生防空防灾疏散和防护技能演练

15号、中原区冉屯路新世纪社区等23处人防工程进行抢险加固。（4）完成了中原路塌方应急抢险工作。8月1日，由于自来水主管道破裂，引起路面塌陷并导致人员伤亡，引起社会的广泛关注。市人防办立即按照《2016年人防防汛应急预案》启动防汛应急响应，在市抢险救援指挥部的统一指挥下，全力以赴，科学分析，克服困难，排水清淤，找到失踪者，并对现场进行加固处理。（5）开展避暑纳凉工作。夏季共开放纳凉点和避暑处22个（纳凉点和避暑处各11个），总面积7000多平方米，累计接待纳凉群众数万人次，有20余家媒体进行了正面报道。

【人防法治建设】 2016年，市人防办制度化推进人防法治建设。（1）完善和规范“五单一网”工作。对权责清单进行梳理、修订，优化服务流程，制订办事指南，并完善了各项配套制度；清理了服务事项中的繁文缛节和不必要的证明，明确开具证明清单；开展中介服务事项的调查及规范化管理工作；对2013年以来的行政处罚及行政许可信息全部录入上传至市政府门户网站及工商信息平台，对社会进行公示。健全各项执法监督制度。（2）认真办理议案、提案工作。受理市人大提案1件，在规定时间内协调办理完毕，并形成答复意见；与人大代表进行会面，当面进行汇报，人大代表满意度达到100%。（3）加强执法队伍建设。上半年组织全市人防执法人员在登封举办依法行政培训班一期，人防系统100多人参加了培训。9月，在荥阳召开了“全市人防系统服务型行政执法现场会”，各县（市）区人防办分管行政执法领导及工作人员共60余人参加。（4）大力开展普法宣传。结合“5.12”“9.18”等特殊时间节点，广泛宣传人防法律法规和服务型行政执法知识，并向群众分发宣传材料和印有人防标志的纪念品，扩大宣传面，增加影响力，提高了广大市民的国防观念和人防意识。（5）人民防空工程违法案件的查处工作。截至年底，共立案10起，结案6起。追缴易地建设费654万元。

【人防宣传教育】 2016年，市人防办突出实效推进人防宣传教育。一是结合业务工作进行宣传报道。在《中国国防报》《中国人民防空》等省部级以上报纸杂志上发表文章12篇，在《河南人防》上发表文章20篇；驻豫媒体和国家、省、市、县（区）政府信息、网站等载体上发表郑州市人防信息50余篇，进一步增强了人防宣传的覆盖面和影响力。（2）认真开展中学生“关爱生命，关注人防”征文演讲比赛活动。在市本级组织征文演讲比赛的基础上，市人防办选拔优秀选手参加全省决赛，荣获一等奖1名、三等奖2名、优秀辅导老师1名，郑州市荣获优秀组织奖。（3）大力开展人防教育“五进”活动，并对“五进”示范单位建设情况进行重点检查，推动人防宣传工作深入开展。

（张春波）

农业与农村工作

综　述

【概况】 2016年，郑州市各级农业部门认真贯彻落实中央、省委、市委农村工作会议精神，以国际商都建设为统揽，以建设现代田园城市为目标，突出“大开放、大创新、大建设、大管理”，着力推进农业供给侧结构性改革，加快转变农业发展方式，大力发展都市生态农业，推动农村一、二、三产业融合发展，各项工作取得了新的进展。全年粮食播种面积304.53千公顷，粮食产量达到155万吨，产量基本与上年持平；蔬菜总产量290万吨，与上年基本持平；水果总产量30.5万吨；水产养殖面积9千公顷，水产品产量14万吨。2016年，第一产业增加值完成158亿元，同比增长3%；农村居民人均可支配收入达到1.85万元，同比增长8%。

【都市生态农业示范园区建设】 按照核心区主导产业整体布局，完善提升核心区基础设施建设水平，大力推进示范区内产业结构调整，现代农业示范区集聚发展能力进一步增强。都市生态农业示范园建设全面推进，第一批都市生态农业示范园基本完成建设并验收；新批复第二批4.15千公顷72个都市生态农业示范园建设项目，财政总投资30975.63万元，项目按序推进。

【休闲农业】 开展“走进乡村寻梦田园”活动月，举办10余场各类农业主题节会，吸引市民走进农村、体验农业。开展休闲农业星级评定和创建工作，全市已有全国休闲农业与乡村旅游示范县2个、示范点2个，全国十大精品线路1条，中国美丽休闲乡村1个，全国十佳农庄1个；星级企业51家，登记在册的规模型（13.33公顷以上）休闲农庄266家。截至2016年年底，全市休闲农业接待总量超过2800万人次，营业收入超过31亿元。

【农业产业化经营】 2016年，新认定市级以上龙头企业20家，国家级龙头企业达到13家、省级龙头企业达到62家；全市农业产业化集群达到30个。积极培育合作社、家庭农场等新型农业经营主体，全市农民合作社数量达到4416家，其中国家级示范社26家，省级示范社19家，市级示范社285家；省级示范家庭农场14家，市级示范家庭农场41家。

【城乡一体化建设】 加快特色村保护建设，在保护提升村庄历史文化遗产和自然生态风貌的基础上，进一步改善村庄生态环境，美化亮化村容村貌，2016年新启动荥阳市刘沟村、枣树沟村，新密市栗林村、香山村等8个美丽乡村试点村建设项目，下拨美丽乡村建设资金1.69亿元；加快推进农村人居环境改善工作，确定了登封市12个农村生活垃圾分类处理项目和3个农村生活污水生态处理项目，新密市4个农村生活污水生态处理项目，荥阳2个农村生活污水处理项目，中牟和新郑市各1个农村生活垃圾分类处理项目，下拨农村人居环境改善项目专项资金4950万元。

【农村产权改革】 开展农村产权交易工作，市产权交易中心向新密市2家农业企业颁发土地流转交易鉴证书，共涉及家庭承包耕地331.16公顷，四荒地129.47公顷。全面启动农村股改工作，全市已有359个村（组）完成股改工作，有53个村（社区）股改工作按计划推进。完成产权制度改革村（组）资产总额为72.4亿元；确认股东总数156269个，其中社员个人股东156210人，集体股东59个，累计股金分红总额7.8亿元。

（王晓静　刘　伟）

【农村土地承包经营权确权登记颁证】 2016年，郑州市通过强化组织保障、完善制度保障、落实经费保障、做好宣传培训保障，有序开展土地确权工作。中牟县、新郑市、荥阳市、登封市、新密市开展确权共涉及耕地面积232.67千公顷。全市共清理土地承包档案41.4万份，调查农户43万余户，实测地块87.1万块，实测面积69.33千公顷，已摸底调查1353个村，其中完成一榜公示的行政村共有1159个，占总任务的80%，完成二榜公示的行政村共有256个，占总任务的17.4%，完成三榜公示的行政村共有157个，占总任务的10.7%。

（毛晓马良）

【农业支持保护补贴】 2016年，郑州市农业支持保护补贴耕地地力保护补贴部分共补贴资金35738.09万元，涉及土地202.75千公顷。通过及时下发农业支持保护补贴，提高农民种粮积极性，促进了农业发展和农民增收。

（王喜穗）

【“三品一标”认证】 鼓励农产品生产主体积极开展“三品一标”认证登记工作，提升农产品质量安全水平，取得显著成效。2016年，郑州市累计认证登记“三品一标”总数位居全省前列。新申报无公害农产品32个，新增认定无公害农产品生产基地1.8千公顷；新申报绿色食品15个，年检绿色食品35个；续展绿色食品26个，绿色食品到期续展率达到100%；新增有机农产品15个。截至2016年年底，有效期内无公害产品总数249个，生产基地总面积13.67千公顷；绿色产品121个，其中地标产品9个；有机产品15个，种植面积136.67公顷。

（付明明）

【农产品质量安全追溯体系建设】 完成了市级农产品质量安全追溯监控指挥中心建设、追溯体系中心机房建设以及综合注册登记平台、综合信息采集平台、综合监督管理平台“三大平台”软件开发工作。建成市级追溯监控指挥中心1个和县（市）区分中心9个，建成农产品生产企业和蔬菜专业村追溯网点272个，基本实现了农产品质量安全从农田到市场全程可追溯。

（张 丹）

【农资打假】 开展农资市场专项治理，严厉惩治农资市场违法行为，全年共出动执法车辆1630余辆次，执法人员3020余人次，集中整顿农资市场16次，开展联合集中行动4次，检查农资生产企业38家（次），排查农资经营户1312家（次），立案查处经营违法农资案件169起，其中种子案件4起，农药案件162起，肥料案件3起。

（史宝红）

【农业产业化龙头企业管理】 开展龙头企业认定和监测工作，在培育发展新企业的同时，通过监测评估及时剔除经营不善或带动能力弱的企业，实现有进有出、动态管理，确保龙头企业队伍健康发展。2016年，新培育市级龙头企业20家，全市市级以上龙头企业总数达到400家。其中，国家级13家，省级62家；有上市企业4家，全国主食加工示范企业6家。

【农业产业化集群】 大力实施农业产业化集群培育工程，不断拉长产业链条，促进农业由生产为主向产加销、贸工农一体化发展，培育一批上下游协作紧密、产业链相对完整、辐射带动能力较强的产业集群，为构建全循环、全链条、高质量、高效益的农业产业体系奠定了基础。2016年，新认定市级集群2个，全市集群总数达到30个，其中省级集群14个，市级集群16个。

（安建新 王晓伟）

【培育新型农业经营主体】 2016年，郑州市农民合作社数量达到4416家，有国家级示范社26家、省级示范社19家、市级示范社285家。有省级示范家庭农场14家、市级示范家庭农场41家。农民合作社服务效应明显，家庭农场发展适度规模经营，家庭农场、农民合作社已成为推动郑州市生态农业发展的重要经营载体，发展农业适度规模经营的中坚力量。

（张 胜）

【新型职业农民培育】 确定中牟县农广校等8个单位为新型职业农民培训机构，全年培训新型职业农民1466名。遴选新郑市盛丰大樱桃种植专业合作社理事长乔丽霞等10人为省现代青年农场主培育对象；推荐24名省农业职业经理人培育对象；开展新型职业农民实训基地遴选，河南晨明生态农业科技有限公司等4家单位获评省级示范基地，郑州市蔬菜研究所等21家单位获评市级示范基地；组织中牟县清贵种植专业合作社理事长王荣等35名家庭农场主和农民合作社负责人参加中组部、农业部在安徽小岗村举办的全国农村实用人才带头人培训班。

（颜廷昊）

【农民负担监督管理】 2016年，郑州市农监办以狠抓减负惠农政策落实为重点，以维护农村稳定和农民权益为目标，以维护农民合法权益为中心，坚持预防与案件查办相结合，建立健全农民负担监督管理长效机制，有效防止农民负担反弹。全年共接待来电、来访126人次，向县（市）区督办案件3起，其中荥阳2起，关于打井乱收费和电业乱收费问题，登封1起，关于侵害农民土地权益问题，3起案件已全部办结，共退还乱收费款项15.57万元，处分1人。全年无涉农恶性案（事）件和严重群体性事件的发生。

（陈 磊）

干净整洁的新农村

【农业综合开发】 2016年度省批复郑州市国家农业综合开发高标准农田建设项目1.83千公顷，分别位于新密市大隗镇0.47千公顷、荥阳市汜水镇0.42千公顷、新郑市辛店镇0.47千公顷、登封市唐庄乡0.47千公顷。总投资3630.8万元，其中，中央财政2585万元，省财政851万元，市财政投资145万元，自筹资金49.8万元。主要建设内容为新打机电井79眼，机电井修复配套13眼，架设输变电线路42.1公里，开挖疏浚渠道13.6公里，埋设地下管道133.83公里，新建渠系建筑物11座，新修田间道路20.75公里，造林26.67公顷。主要经济效益为新增灌溉面积1.22千公顷，改善灌溉面积0.33千公顷，新增除涝面积0.27千公顷，改善除涝面积0.15千公顷，新增节水灌溉面积1.13千公顷，年节水158.9万立方米，增加农田林网防护面积0.47千公顷，控制水土流失面积0.13千公顷。

（焦国胜）

【生态循环农业项目】 加快推进生态循环农业发展，推广秸秆、畜禽粪便等农业废弃物的综合利用技术和农牧结合循环发展模式，推广秸秆沼气、三沼综合利用等技术，开展农业废弃物循环利用大中型沼气工程项目。推进畜禽养殖治污大中型沼气工程2–5处，处理畜禽粪便发酵容积规模在300立方米以上；推进沼液沼渣生态循环农业推广项目2–3处，依托现有的沼气工程，建设生态循环农业推广示范点，利用沼肥开展无公害、有机农产品生产，实现“农业废弃物→沼气→种植业”的生态良性循环，示范点面积在6.67公顷以上，畜禽粪便无害化处理率达到95%以上，沼液利用率达到90%以上，秸秆利用率达到95%以上。

（王秋红）

【农产品产地土壤重金属污染防治普查】 按照省农村能源环保总站的安排部署，开展了24个土壤重金属异常点位的复核工作，对涉及惠济区、登封市、新郑市、中牟县、新密市、荥阳市的13个乡（镇）办事处布设的土壤点位进行了再次取样和现场勘查。并会同有关专家对检测数据进行认真分析和对照，检测结果已上报。

（杜 浩）

【农业科技研发和成果转化】 建设果树、设施蔬菜综合创新体，促进农业科技创新项目落地，获省科技进步奖1项，审定农作物新品种2个，引进、实验、示范、推广应用农业新品种140个，新技术15个、新装备5套、新材料1个。

（贺全九）

【农业产业技术体系建设】 围绕农业供给侧结构性改革需求，建立完善设施蔬菜、石榴桃、葡萄草莓、樱桃、西甜

土地流转交易证书颁证现场

瓜等5个产业技术体系，依托产业技术体系，召开郑州市葡萄产业、石榴产业、樱桃产业发展研讨会、设施蔬菜研讨观摩会等各类培训会，引进示范番茄、樱桃、石榴、西甜瓜等新品种170个，开展培训21次，培训人员2200人次。实现了专家-政府-生产者的有效对接，加快了新技术应用，提供了有效的技术服务。

【农业技术推广区域中心站改革】 出台《郑州市农业农村工作领导小组关于创新基层农业技术推广服务区域中心站建设 增强服务能力的实施意见》，开展"标准化区域中心站"创建，探索"区域中心站+"模式，引进信息、农资、生产、金融等农业社会化服务组织，增强基层农技推广综合服务能力，将区域中心站打造成充满活力的多元化、一站式基层农业农村工作和服务平台。同时，积极实施基层农技推广体系改革与建设补助项目，落实农技推广服务补助、农业科技示范补助和农技人员能力建设补助发放，全年投入资金390万元，遴选2710家科技示范户覆盖1359个农业村，覆盖率达100%，辐射带动总农户数44100家。加强基层农技人员培训，全年培训基层农技人员749人。

【万名科技人员包万村科技行动】 积极开展万名科技人员包万村科技行动，共组织农业科技服务人员684名，其中市级58人、县乡626人；覆盖全市1801个行政村，在主要粮食作物小麦收获、玉米播种等关键时节，积极开展农技服务工作，为全市粮食稳定增产提供强有力的技术支撑。

【村级农民技术员工作】 2016年，全市选聘村级农民技术员1545名，下达2016年村级农民技术员补助资金266.1万元。安排部署中牟县等5县（市）试点利用区域中心站指导村级农民技术员对辖区772个行政村的蔬菜园艺作物生产经营情况进行全面统计。

（颜廷旻）

【农民田间学校建设】 通过建立政策推动、扶持拉动、任务带动、机制联动机制，配套"农民培训+农技推广+成果转化+互联网"工作模式，实现河阴石榴、广武大葱、黄河鲤鱼等3个地理标志产品产业带和大田作物核心种植区培训服务全面覆盖，花卉、草莓、葡萄、林果、中药材、设施蔬菜、旱作农业等产业带培训服务基本覆盖。同时，按照新型职业农民培育初级、中级、高级"三级贯通"工作要求，结合三类人员层次不同、需求不同、认识不同、发展不同的特点，探索推进农民田间学校分层建设和错位发展，有效推动了全市新型职业农民培育事业发展和新型职业农民队伍从封闭型向开放型、从经验型向知识型转变，进一步巩固强化都市生态农业建设人才队伍基础支撑。

（韩　军）

【农业信息化建设】 积极探索"互联网+农业"新兴业态，已初步形成"市、县有信息服务中心，区域、乡镇有信息服务站，合作社和村组有信息服务点（员）"的农业信息网络体系。农业信息服务对象由最初的面向农户服务扩展到对农业龙头企业、农民专业组织以及种养大户服务；服务领域由最初的农业管理扩展到农业生产、农产品流通、农民生活和农民权益保护等方面；服务内容也由最初的政策信息扩展到了技术、市场、决策以及预警预测。实施了信息进村入户，启动新密、中牟两地信息进村入户试点工程；继续推进农业物联网示范基地建设，对第一批建成的34个农业物联网基地数据进行对接录入郑州市都市生态农业地理信息综合管理系统；大力推进农产品电子商务发展，制定完善《2016年郑州市互联网+电子商务项目的专项资金扶持内容》，并对7县区下达专项资金，积极扶持和引导郑州市农业龙头企业、农民专业合作组织、家庭农场等新型农业经营主体开展农产品电子商务，拓宽农产品销售渠道和品牌影响力。不断提高"12316"三农热线服务质量，完善农业科技服务团专家数据库，2016年，共受理电话5200多个，组织11次"12316"三农热线专家实地指导活动。通过商都农网发布信息2.5万条，编发《郑州农业手机报》128期、《郑州农业农村信息》62期、《郑州农业》刊物6期，发布郑州都市农业微信1600条、微博信息1373条。

（陈　阳）

扶贫开发

【概况】 2016年，郑州市紧紧围绕精准扶贫、精准脱贫这一基本方略，认真贯彻落实中央、省、市扶贫开发工作会议精神，紧盯全年脱贫目标，加强领导，明确责任，加大投入，完善机制，细化措施，狠抓落实，形成了以"N+2"脱贫计划为主线，以"1+19"政策体系为支撑，以"五对"为主要举措，以"转扶搬保救"为重点路径的精准扶贫模式。全年共下达财政专项扶贫资金40374万元，其中市本级资金37011万元。完成易地扶贫搬迁2029户，共计7410人。完成32个村的整村推进扶贫工作。完成雨露计划培训6024人。截至2016年年底，荥阳市、新郑市、中牟县、航空港区全部完成脱贫任务，全市完成脱贫33936人，占全年脱贫目标的106%，退出贫困村119个，超目标任务12个，全市剩余贫困户666户、2400人，剩余贫困村23个。

【建档立卡工作】 按照"N+2"标准，为每个贫困村贫困户编制了脱贫帮扶计划。按照因病、因残、因学、因缺技能、缺就业门路五大类致贫原因和"转、扶、搬、保、救"五大类脱贫措施，对贫困人口进行了精确分类。筹建郑州市脱贫攻坚信息管理系统。聘请第三方对2016年脱贫攻坚成效进行预评估。组织开展2016年扶贫对象动态调整工作，对脱贫、返贫、新增、减少贫困人口进行了调查统计。按照贫困退出办法，对2016年贫困村退出和贫困人口脱贫进行认定和网上标识工作。

【易地扶贫搬迁】 认真贯彻落实河南省关于推进易地扶贫搬迁的一系列新政策、新要求，扎实推进2016年易地扶贫搬迁工作。成立易地扶贫搬迁工作领导小组，编制完成"十三五"时期规划，指导相关县（市）区成立投融资平台，组织开展搬迁人口的核实和标识等工作。同时比照省里补助标准，按照人均6万元，其中住房建设补助3万元的标准，对市级易地扶贫搬迁补助标准进行调整，推动省、市政策的衔接。全年共下达易地扶贫搬迁资金33497.7万元，其中中央预算内资金及省资金3014.9万元；承接省投融资平台专项基金、债券、贷款资金7010万元；市本级资金投入15522.9万元；县配套资金7949.9万元。规划建设搬迁安置点9个，落实搬迁2029户，共计7410人。

【乡村旅游扶贫】 依托贫困山区自然生态和人文资源，以贫困山区区域特色经济项目为载体，大力发展乡村旅游扶贫。全年下达贫困山区区域特色经济财政专项资金1.3亿元，安排项目14个。项目可覆射带动贫困村48个，吸纳贫困劳动力就业2478人，撬动社会资本投入3.29亿元。

【整村推进和基础设施建设扶贫】 紧紧围绕贫困村退出1+7标准，本着缺啥补啥的原则，大力实施整村推进和基础设施建设扶贫。全年共下达财政扶贫资金3893.2万元，在32个村实施整村推进扶贫。同时，下达基础设施建设财政扶贫资金5014.5万元，实施基础设施建设项目129个。通过整村推进和基础设施建设，进一步改善贫困地区基本生产生活条件。

【“雨露计划”培训】 通过认真组织开展贫困劳动力职业教育补贴、短期职业技能培训、农村实用技术培训、贫困村致富带头人培训和全日制本科扶贫助学补助等五类项目，扎实推进“雨露计划”培训工作。全年共安排财政扶贫培训资金384万元，培训6024人，其中职业教育补贴培训275人、职业技能培训181人、农村实用技术培训2044人、全日制本科扶贫助学补贴培训169人、致富带头人培训55人、“三单联动”技能培训3300人。

【产业扶贫】 2016年，郑州市继续加大对产业扶贫的扶持力度，共扶持科技产业化扶贫、光伏产业扶贫试点、易地扶贫搬迁产业发展扶持等54个产业化扶贫项目，受益贫困人口2.5万人。实施科技产业化扶贫。全年投入市级科技产业化扶贫资金1200万元，实施市级科技产业化扶贫项目43个，扶持带动贫困户1272户、7023人参与产业发展，明显提升了贫困地区群众的科技意识和收入。实施易地扶贫搬迁产业发展扶持项目。相关县（市）共审批通过8个易地扶贫搬迁产业发展扶持项目报市级备案，计划安排资金3455.4万元，其中市级财政资金1727.7万元，县级配套资金1727.7万元。通过资金扶持项目建设，17277人搬迁贫困人口获得稳定的固定资产出租收益。实施光伏扶贫项目。在登封市试点开展光伏扶贫项目，建设安装1500千瓦光伏发电系统，并网发电后带动500户贫困户获得持续收益，受益贫困人口约1600人。

【金种子互助资金金融扶贫】 2016年，全市累计下拨市级金种子互助资金8300万元，发放贫困户小额贷款3963.2万元，受益贫困户863户。

【行业和社会扶贫】 2016年，行业部门向贫困村户投入各类项目扶持资金2.29亿元，受益贫困户2.8万户。各类社会组织、企事业单位和爱心人士向贫困乡村投入资金6.18亿元，其中捐款、捐物1300万元。各类开发项目辐射带动贫困群众1.5万户，共计5.3万人，形成凝聚效应。

（王建红）

11月25日，全市脱贫攻坚第二次推进会

种植业

【粮食生产】 2016年，郑州市农作物播种总面积408.61千公顷，全年粮食作物播种面积298千公顷，较上年减少6.53千公顷；全年粮食总产145.23万吨，较上年减产6.15万吨，减4.23%。夏粮播种面积146.73千公顷，产量73.38万吨。秋粮播种面积151.35千公顷，产量71.86万吨；全年粮食平均亩产324.81公斤，较上年的331.30公斤减少2%。油料作物播种面积30.09千公顷，总产14.3万吨；棉花面积1.63千公顷，产量0.16万吨；蔬菜播种面积76.99千公顷，完成总产290.01万吨，产值29.81亿元（数据不含巩义市）。

（张俊科）

【粮油高产创建】 全市共完成小麦、玉米高产创建万亩示范片21个，千亩示范方52个。其中，小麦万亩示范方平均单产561.21公斤，较全市平均单产329.37公斤增231.84公斤；玉米万亩示范方平均单产671.27公斤，较全市平均单产360公斤增311.27公斤，增产效果显著，示范效应强，辐射带动作用大，为稳定郑州市粮食生产和保障粮食安全发挥重要作用。

（杨 科）

【蔬菜生产】 全市菜田总面积52.29千公顷，其中常年菜田17.77千公顷，季节性菜田面积34.52千公顷，菜田面积呈持续减少态势。全年完成蔬菜播种面积76.99千公顷，完成总产290.01万吨，产值29.81亿元。全年生产面积较大的蔬菜种类分别是大蒜25.33千公顷、番茄3.83千公顷、黄瓜3.76千公顷、萝卜3.33千公顷、大白菜2.99千公顷、大葱2.99千公顷、辣椒2.42千公顷、芹菜2.35千公顷、小白菜2.26千公顷、莲藕2.06千公顷、豇豆1.96千公顷、茄子1.51千公顷、胡萝卜1.47千公顷、菠菜1.33千公顷。

（赵建波）

【夏粮生产】 一是加强技术指导。先后出台《春季麦田管理技术意见》《小麦一喷三防的技术指导意见》《关于加强小麦中后期病虫害防治工作的通知》，召开2016年小麦生产形势分析暨现场观摩会。二是优化品种布局。坚持以半冬性优质高产稳产品种为主导，搭配种植近两年表现优异的弱春性品种，豫麦49-198、周麦22、矮抗58等小麦优良品种占麦播面积的93.68%。三是开展高产创建。创建小麦万亩方9个，平均单产561.21公斤；千亩示范方26个，平均单产581.50公斤，较全市平均单产增产70%以上。四是推广先进技术。大力推广“半冬性品种+秸秆还田+深松深耕+旋耕整地+机械条播+机械镇压+灌越冬水+重施拔节肥水+机械喷防+机械收获”等小麦深松深耕机条播技术模式，提高全市小麦生产水平。

【秋粮生产】 一是加强技术服务。及时印发《2016年秋粮生产技术指导意见》，在秋作物生产的关键时期，组织农业专家和技术人员深入田间地头，加强技术培训和服务，落实好各项管理措施。二是主推优良品种。玉米主推郑单958、浚单20、先玉335等紧凑型高密度的优质、抗病、丰产品种，占到玉米面积的62%；大豆重点推广中黄系列、豫豆系列、周豆系列、郑豆系列品种；红薯和杂粮因地制宜选择优良品种。三是狠抓玉米高产创建。创建玉米万亩方9个，平均单产648.9公斤；千亩示范方25个，平均单产642.86公斤，较全市平均单产360公斤增产78%左右，示范带动效果明显。四是推广先进技术。大力推广灭茬粉碎还田、机械直播、种肥同播、精量播种等技术，搞好农机农艺配套，提高播种质量；示范推广玉米全程机械化籽粒收获技术，降低生产成本，提高生产效益。五是加强灾情监测预警。结合秋季旱涝、病虫风雹等自然灾害频发特点，加强灾情监测预警，主动与气象部门会商，及时发布监测预警信息；科学制订抗灾技术方案，因地制宜落实应对措施。

【果树生产】 2016年，全市果树种植面积达到17.4千公顷，总产量30.5万吨，同比增长2.47%和1.16%。其中苹果1.93千公顷，产量3.2万吨；梨1.73千公顷，产量3万吨；桃1.67千公顷，产量4万吨；葡萄3.27千公顷，产量6.2万吨；石榴3.07千公顷，产量5万吨；樱桃2.07千公顷，产量3.1万吨；草莓1千公顷，产量2.5万吨；杏0.86千公顷，产量1.8万吨；其他1.8千公顷，产量1.7万吨。

（王峰）

节水灌溉

【花卉生产】 2016年，郑州市花卉种植面积5.99千公顷，同比增长1.3%，年销售额8.4亿元，同比增长2.4%。其中,鲜切花生产面积0.13千公顷，年销售额0.59亿元；盆栽花卉生产面积0.29千公顷，年销售额1.26亿元；观赏苗木生产面积3.15千公顷，年销售额4.84亿元；食用与药用花卉生产面积2.27千公顷，年销售额1.39亿元；草坪生产面积0.13千公顷，年销售额0.05亿元；种苗用花卉0.02千公顷，年销售额0.05亿元。

（张洁）

【测土配方施肥】 2016年，全市推广测土配方施肥面积321.33千公顷。其中，玉米104千公顷、小麦148.67千公顷、花生15.33千公顷、大蒜14千公顷、蔬菜35.33千公顷、西瓜4千公顷。巩固整乡（镇）推进测土配方施肥乡（镇）15个。调整小麦施肥配方12个、玉米施肥配方6个、花生施肥配方1个、大蒜施肥配方2个、瓜果蔬菜施肥配方11个，配方肥施用面积129.33千公顷。化验土壤样品2250个，化验土样15700项次，分析植株样品120个。完成小麦、大蒜等跨年度作物肥料试验20个、三区示范试验24个。通过推广测土配方施肥技术，粮食作物单产水平提高十分明显，经济效益可观。根据近三年田间试验和示范结果，测土配方施肥项目区内小麦平均每亩增产20.2公斤，节约化肥1.5公斤（折纯），每亩可节本增效45元；玉米平均每亩增产24.6公斤，节肥1.56公斤(折纯)，亩节本增效49元；花生平均每亩增产14.8公斤，节肥1.5公斤(折纯)，亩节本增效70元左右。全市仅实施测土配方施肥一项就可为农民增加收入接近2亿元。同时由于减少了化肥施用量，减轻了对环境的污染，产生了巨大的生态效益，年减少化肥施用量6500余吨（折纯）。

（郭长江）

专家下乡服务

【农作物病虫草害发生与防治】 2016年，全市农作物主要病虫草鼠害为中度发生年份，发生面积684.91千公顷次，开展防治面积654.23千公顷次，占发生面积的95.52%，挽回粮食损失11642.4万公斤，挽回油料损失419.42万公斤，挽回蔬菜损失5215.26万公斤，挽回水果损失1055.06万公斤。

【农作物病虫害专业化统防统治】 2016年，全市有植保专业化防治组织65个，从业人员687人。拥有机械987台，其中大中型113台，包括10台自走式喷杆喷雾机。2016年，专业化防治主要作物有小麦、玉米、花生，总防治面积93.33千公顷。

【植物检疫】认真开展产地检疫和调运检疫，全年开展小麦产地检疫面积4.53千公顷，占报检面积的100%，产检合格面积4.53千公顷，生产合格种子2645万公斤。签发省间调运检疫证书2343批次，省内调运检疫证书1814批次，共调运检疫合格种子367.5833万公斤，调运检疫占报检总量的100%。

（胡锐 邢彩云 李丽霞 李元杰）

水产业

【概况】水产养殖保持稳定发展，荥阳国家现代渔业示范区建设加快推进，核心区基础设施建设水平进一步提升，全市水产养殖总面积9.33千公顷，水产品产量14.2万吨，位居全省第二位。水产品质量安全保持较高水平，水产品药物残留产地检测合格率达到100%；渔业安全生产形势稳定，全年无重大渔业安全事故发生。

【渔业资源养护】加快推进黄河郑州段黄河鲤国家级水产种质资源保护区项目建设工作。完成1500平方米人工鱼巢增殖渔业资源试验项目。加强渔业水域生态保护与修复，推进渔业资源养护。在全市天然水域实施为期3个月的禁渔期。按照农业部《全国水生生物增殖放流总体规划》，结合实际制订郑州市增殖放流实施方案并组织实施，在黄河郑州段举行增殖放流活动，共放流黄河鲤200万尾，草鱼、鲢鳙鱼大规格鱼种1万公斤。筹建黄河鲤种质库，储备纯种黄河鲤4万尾。

（赵赫）

【渔业技术推广】深入基层开展渔农培训，引导渔业从业者转变生产和管理意识，掌握现代渔业技术。推广泥鳅、鲈鱼、南美白对虾、鲟鱼和观赏鱼养殖，累计推广面积66.67公顷，调整养殖结构，提高养殖效益；推广池塘微流水生态养殖技术、池塘工程化生态养殖技术2项，引导郑州生态养殖发展；联合郑州智渔科技有限公司在荥阳国家现代渔业示范区建立“互联网+水产”推广服务中心，开展精准服务，推进现代渔业、智慧渔业发展。

（郭江涛）

渔业生产

畜牧业

【概况】2016年，郑州市畜牧业紧紧围绕“保安全、保供给、保环境”的“三保”目标，着力在“调结构、强带动，提质量、增效益，破瓶颈、控风险”上下功夫，畜牧业生产总体呈现量减质优、结构优化、总量平衡的新局面。

生态畜牧业建设强力推进。市畜牧局组织企业代表参加省畜牧局召开的畜禽养殖标准化示范创建培训会，推荐上报3家畜禽养殖企业参与示范创建。着力抓好“振兴奶业苜蓿发展行动”和“粮改饲”项目实施，积极引导养殖场户做好秸秆综合利用和粪便综合还田应用，实现草畜一体化循环发展模式。截至2016年年底，全市已完成2010—2015年16个国家级畜禽养殖标准化示范场基本信息、粪污处理数据采集和网络系统录入工作，升级改造农牧结合生态循环养殖场区30多个，引导37家奶牛场（区）开展奶牛单产层级提升行动，新建标准化青贮池10万立方米，人工牧草种植面积达1千公顷，全株青贮13.2万吨，黄贮5.3万吨。

畜产品质量安全监管持续强化。严格落实产地、屠宰和肉品检疫制度，持续强化病死畜禽无害化处理和畜产品兽药残留及屠宰环节“瘦肉精”等违禁药物抽样监测，扎实开展兽药、饲料、畜产品、生鲜乳、生猪屠宰等5个方面的专项整治，强力推进生猪屠宰监管“扫雷行动”，围绕生猪屠宰行业存在的突出问题，保持对生猪屠宰违法行为高压严打态势。2016年，全市共查处畜牧兽医行政执法案件102起，涉及金额127.29万元，取缔无证照企业4家，吊销证照企业3家，责令整改109起，较好地确保了全市无重大畜产品质量安全事故发生。

动物疫病防控实现清净无疫。坚持推行固定免疫日、签约式防疫和防检结合等工作制度，建立完善动物疫病应急和监测预警体系，畜禽免疫保护屏障进一步牢固。扎实做好动物疫病流行病学调查和分析评估工作，撰写评估报告10份，下发监测预警通报10份，有效掌握全市的疫情动态。大力抓好人畜共患病联防联控和种畜禽场动物疫病净化，有效控制人畜共患病发生。重大动物疫病监测力度不断加大，全年共监测口蹄疫、猪瘟、小反刍兽疫等26915份，其中免疫抗体检测样品19844份，疫情检测样品7071份，合格率均超过70%的国家标准。

畜牧业环境污染治理成效显著。全市新建、扩建和升级改造规模化养殖场区16家，推广环保养猪200余家，落实扶持资金960多万元，建成环保猪舍约20万平方米，畜禽养殖污染综合治理和资源化利用工作明显增强。认真贯彻中央环保督察工作动员会议精神，中央环保督察组交办的19批53件畜牧业环保问题全部按要求办结，责令整改养殖场27个，配合属地政府关停养殖场（户）65个，配合属地政府拆除养殖场（户）4个，举报不属实4个，问责5人，协调经济赔偿6500元，进一步深化了畜牧业环境污染治理成果。

畜牧兽医综合执法能力不断提升。严格落实行政执法人员持证上岗制度，抓好执法人员法律培训，提升执法人员法律素养和依法行政执法水平。制订《2016年推进服务型行政执法建设工作实施方案》，构建“管理、执法、服务”三位一体的行政执法方式，以“基层提升年”为抓手，加强完善服务型行政执法示范点建设，全市畜牧系统行政执法和依法行政水平明显提升。郑州市动物卫生监督所在省、市工作考核中，获得河南省动物检疫工作先进单位、郑州市畜牧系统第二届行政执法人员知识竞赛一等奖、全市“五一劳动奖”、全市依法行政工作优秀单位和先进集体、郑州市人民满意公务员示范岗等荣誉称号；在推进服务型行政执法工作中，郑州市动物卫生监督所、新密市畜牧局获得“第二批河南省服务型行政执法示范点”称号，由郑州市畜牧局、新密市畜牧局联合拍摄的微电影“规范行政指导，创新服务水平”获得“河南省首届

动物防治技术竞赛现场

服务型行政执法微电影微视频征集活动”三等奖。

动物卫生监督管理不断加强。紧紧围绕“防风险、保安全、促发展”目标任务，全面加强从养殖到屠宰全链条兽医卫生风险管理，动物卫生监督工作不断加强。2016年，全市产地检疫活猪183.07万头，牛0.06万头，羊1.74万只，禽13991.42万羽；市辖三个生猪定点屠宰厂屠宰检疫生猪91.73万头，无害化处理0.24万头，抽检瘦肉精尿样3.81万份，出具检疫证明21.65万张；外埠入郑查验点换证57万张，消毒换证车辆1.16万辆,查验生猪白条43.30万头，鲜肉产品0.58万吨，冻品0.44万吨，瘦肉精抽检共900余批次，含水量检测1000余批次，极大地惩治经营病死动物、逃避检疫、不经审批跨省调运种用、乳用动物等违法行为，确保了上市畜产品的安全供应。

精准扶贫工作取得明显成效。制定《郑州市畜牧局精准扶贫工作实施方案》，筹集2.25万元资金为孟庄镇耿湖村配备办公设施设备，与水利部门协调10万元经费加强耿湖村水利工程建设，局科级以上党员干部分别与耿湖村40余户贫困户结“亲戚”，每周主动上门两次，扶贫工作做到精、准、好，全村78户贫困户230人已实现全部脱贫。继续加大对登封市唐庄乡开展送科技下乡力度，结合“两学一做”学习教育，对唐庄乡110多个养殖户进行养殖技术培训。

（蔡仲友 马朝阳）

【畜牧业生产】2016年，全市畜牧业紧紧围绕“保安全、保供给、保环境”的“三保”目标，着力在“调结构、强带动，提质量、增效益，破瓶颈、控风险”上下功夫，畜牧业生产总体呈现量减质优、结构优化、总量平衡的新局面。2016年，全市肉类、禽蛋和奶类产量分别达到22.8万吨、21.7万吨和40万吨，同比增减幅度为-2.23 %、-1.1% %和-7 %；各类畜种的年饲养量：生猪348.85万头，奶牛7.67万头，肉牛25.97万头，家禽6406.31万只，肉羊94.27万只；各类规模以上畜禽养殖场（区）3028个，养殖规模化程度约为81%。

【国家级畜禽养殖标准化示范创建】市畜牧局高标准做好国家级畜禽养殖标准化示范创建工作。组织企业代表参加省畜牧局组织的示范创建培训会，推荐上报3家畜禽养殖企业参与示范创建。截至2016年年底，已完成2010年和2013年8个国家级畜禽养殖标准化示范场资格复验和上报工作，完成2010—2015年16个正常运转的国家级畜禽养殖标准化示范场基本信息、粪污处理数据采集和网络系统录入工作。郑州市现代畜牧业、中央投资生猪标准化、2015年“菜篮子”和畜禽粪污资源化利用试点项目扎实推进。

【奶牛养殖小区转型升级】针对进口奶粉冲击和市场消费疲软造成原奶价格下跌、奶业生产效益下滑的新情况，市畜牧局先后多次深入到奶牛养殖场户和河南花花牛生物科技有限公司开展调查研究，从生产和加工不同角度，了解奶业生产、生鲜乳销售及乳制品加工等方面的情况，并组织召开奶牛养殖小区牧场化转型升级现场会及奶业发展经验交流座谈会，引导奶牛小区转型升级。截至2016年年底，全市有37家奶牛场区开展奶牛单产层级提升工作，其中17家奶牛场开展中高产向高产提升，20家奶牛场区开展中低产向中高产提升。

【农牧结合生态循环养殖推广】开展畜禽粪污处理示范创建活动，抓好“振兴奶业苜蓿发展行动”和“粮改饲”项目实施，坚持以农牧结合生态循环养殖为主推模式，在政策和技术服务上重点倾斜，积极引导养殖场户做好秸秆综合利用和粪便综合还田应用，实现草畜一体化循环发展模式。截至2016年年底，全市农牧结合生态循环养殖场达到30余处，新建标准化青贮池10万立方米，人工牧草种植面积达1千公顷，全株青贮13.2万元，黄贮5.3万吨，秸秆利用率达到61.7%。

【畜禽养殖禁养区、限养区划定调整工作】市畜牧局召开专题会议，安排部署全市畜禽养殖禁养区、限养区划定调整工作。结合实际，转发《河南省畜牧局河南省环保厅关于做好2016年畜禽养殖禁养区限养区划定调整有关工作的通知》，并将畜禽养殖禁养区、限养区划定调整工作纳入《郑州市生态农业建设专项实施方案（2017-2020年）》和《郑州市畜牧业生态环境治理三年行动计划（2016-2018

干净整洁的花花牛生产车间

全市畜牧工作会议召开

年）》。截至2016年年底，各县（市）区畜禽养殖禁养区和限养区划定工作按计划有序推进，全市已有4个县（市）区出台了禁、限养区划定调整方案。

【畜产品质量安全监管】 2016年，郑州市畜牧系统坚持以确保人民群众食用放心畜禽产品为目标，以强化监管为手段，着力在夯实监管基础、强化监管责任、加大监管执法、完善监管机制、破解监管难题等方面狠下功夫，全市畜产品质量安全保持了良好的发展态势，全年无重大畜产品质量安全事件发生。全市专项整治行动共检查生产经营企业5844家次，出动执法人员7967人次，查处问题61起，涉及金额35.1899万元，取缔无证照企业4家，吊销证照企业3家，责令整改63起；日常执法监管共检查生产经营企业5946家次，出动执法人员8102人次，查处问题27起，涉及金额12.0065万元，责令整改46起，较好地保持了对畜产品的高压严打态势。完成省级抽检任务383批，其中兽药抽检任务220批；饲料抽检任务108批次，检测项目500项；生鲜乳抽检任务55批，检测项目220项；完成市级检验任务1912批次，检测项目6837项，完成全年抽检任务的102%，其中监督检测任务1559批，监测项目5191项；风险监测任务353批，监测项目1646项；另完成各类委托检验71批次。瘦肉精、三聚氰胺等违禁物质实现零检出，养殖环节生猪“瘦肉精”检测合格率为100%。

【重大动物疫病防控】 2016年，郑州市重大动物疫病防控工作，按照省重大动物疫情应急指挥部的安排部署，精心组织，强力推进，以动物防疫精细化管理为抓手，严格落实畜禽免疫、疫情监测、检疫监管、无害化处理等各项防控措施，较好地确保全市重大动物疫情形势稳定。一是强力抓好畜禽强制免疫。推行固定免疫日、签约式防疫和防检结合等工作制度，为防疫工作开展提供可靠保障；加强防疫队伍建设，强化防疫员技术培训，有效提高防疫员技术水平；规范防疫员防疫行为，完善免疫程序，做到真免真防。截至2016年年底，全市发放口蹄疫疫苗922.19万毫升、高致病性禽流感疫苗2234.65万毫升、猪瘟疫苗665.78万头份、高致病性猪蓝耳病疫苗万234.24头份，应免猪、牛、羊、禽免疫率均为100%，有效构筑起畜禽免疫保护屏障。二是认真做好种畜禽场动物疫病净化工作。先后对全市63家种畜禽场、67家奶牛场、种公猪站和种公牛站相关人员进行培训，重点培训动物疫病净化标准、技术方案、申报程序和认证办法。截至2016年年底，全市共有2家牛场（含奶牛场和肉牛繁育中心）、1家种羊场和1家种猪场通过省畜牧局组织的动物疫病净化现场考核验收。三是大力抓好人畜共患病联防联控。市畜牧局与市疾控中心在黄河饭店联合召开布病联防联控工作会议，规范布病疫情监测、信息沟通、联合调查处置等工作行为。开展奶牛场布病集中普查，加强疫病监测，减少布病感染阳性率。截至2016年年底，全市各级疫控中心共对42个奶牛场、97个羊养殖场（户）进行了布病监测，根据实验室检测结果，全市共排除疑似高致病性禽流感疫情隐患1起，牛、羊布病疫情16起，检测出布病阳性羊85只，牛3头，涉及10个养殖场（户）。阳性畜已按规定进行扑杀和无害化处理，有效控制了人畜共患病的发生。四是全面构建病死畜禽无害化处理长效机制。坚持先行先试、着力制度创新。新郑市已依托辖区雏鹰农牧和银发牧业建成东部、西部两个病死猪无害化处理中心，年处理能力分别达到40万头和10万头；中牟县普新养殖有限公司无害化处理厂和登封市全生农牧有限公司无害化处理厂均已建成，并投入运行。截至2016年年底，全市已上报无害化处理病死猪196238头，病死猪在县级动物卫生监督机构监督下进行无害化处理。全市“属地管理、企业主体，统一收集、集中处理，配套联动、综合治理”的病死畜禽无害化处理监管长效机制基本形成，养殖保险与病死猪无害化处理联动机制初步建立。

【动物卫生监督管理】 畜禽强制免疫。2016年，全市产地检疫活猪183.07万头，牛0.06万头，羊1.74万只，禽13991.42万羽。市辖3个生猪定点屠宰厂屠宰检疫生猪91.73万头，无害化处理0.24万头，抽检瘦肉精尿样3.81万份，出具检疫证明21.65万张。

外埠入郑肉品查验。截至2016年年底，外埠入郑查验点共计换证57万张，消毒换证车辆1.16万辆,查验生猪白条43.30万头，鲜肉产品0.58万吨，冻品0.44万吨，瘦肉精抽检共900余批次，含水量检测共1000余批次，较好地确保外来肉品安全。

规范动物诊疗机构从业行为。搞好摸底检查，全面了解全市动物诊疗机构行业发展现状。规范宠物药品经营秩序，强化动物诊疗机构的用药监管。开展动物诊疗机构专项监督检查活动，规范全市动物诊疗行业健康发展。截至2016年年底，市畜牧局共出动执法车辆20台次，出动执法人员100人次，突击检查动物诊疗机构16家，对监督检查中出现问题较多、依然没有进行整改的4家动物诊疗机构进行立案处理，严厉惩治了动物诊疗机构从业者的不法行为。

【畜牧兽医综合执法】 2016年，郑州市畜牧兽医执法工作坚持以全面加强从投入品、养殖到屠宰全链条管理为抓手，全面推行服务型执法方式，有力保障畜牧业健康发展。一是以制度建立落实为中心，规范执法人员行为。建立执法岗责体系。制定《依法行政工作岗位责任制》，细化每一位工作人员岗位职责，并严格按照《行政执法岗位责任制》和“五单一网”权责清单的要求落实执法人员的执法责任，做到权力清楚，责任明晰，同时向社会公开。规范执法行为。严格执行执法人员资格管理和持证上岗制度、《行政执法备案制度》，做好执法全过程记录，通过执法记录仪、备案表、回访表等方式，对执法程序启动、调查取证、审查决定、送达执行、归档管理等行政执法全过程进行跟踪记录。强化执法监督。严格执行重大行政处罚备案审查制度，集体讨论制度、行政执法决定法制审核制度；开展本市系统内行政执法案卷评查工作，做好日常抽查、集中评查。建立奖惩机制。切实落实执法绩效考核制度，考核成绩和工资挂钩，奖优罚劣，形成系

中牟县新建养殖场全貌

统内部奖励激励机制。实行执法岗位轮换，严防人情案的发生。二是以服务型执法为突破，提高监管对象守法意识。制定《行政处罚事前提示、事中指导、事后回访制度》，把行政指导引入行政处罚程序，引导行政相对人自觉地遵法守法，促进执法关系的和谐。实施案件指导。在执法方面告知其陈述、申辩、听证、复议、诉讼等权利，维护其正当合法权益；对重大行政处罚案件，进行回访。实施约谈服务。在日常检查巡查或质量安全风险监测中发现轻微问题的，对当事人进行集体或单独约谈、规劝，并向其提出整改意见，引导管理相对人履行法定义务，消除违法隐患。推进政务公开，依托门户网站建立执法专栏，公开执法依据、实施主体、承办岗位、职责权限、办理流程、监督方式等，接受社会监督。三是以群众关注热点为重点，创新执法工作机制。严打假劣兽药，将农业部通报两次以上抽检不合格的问题企业，省畜牧局列入“黑名单”的企业以及本市未加施二维码的兽药、饲料企业，列入重点监控单位，加大监督和抽检力度。探索网上兽药打假工作，通过在国家兽药基础信息查询系统搜索、电话查询、实地考察的方式对其进行资质核实，并将核实结果在门户网站公示。从养殖企业倒查假兽药。从养殖企业查到假兽药后，向上追溯经营、生产环节，一打到底。强化动物诊疗监管。充分发挥郑州市动物诊疗行业协会作用,积极促进协会配合监管部门做好行业的自我约束和管理。组织召开全市动物诊疗机构药品供应商约谈会，通报全市（建成区）动物诊疗机构全面排查中发现的宠物用药问题，发放《郑州市兽药经营企业告知书》，签订《郑州市兽药经营企业依法依规经营承诺书》。开展执业兽医继续教育,提升全市动物诊疗机构和执业兽医从业的技术服务水平。开展动物诊疗机构专项监督检查活动，惩治违法经营。四是以队伍管理为抓手，提升执法人员素质。举办郑州市“畜牧杯”法律知识竞赛、郑州市职工技术运动会暨畜牧兽医综合执法技术比武竞赛等活动，调动基层执法人员的积极性，提高队伍的综合素质。组织执法人员旁听法院行政诉讼案件庭审活动，增强执法人员依法行政意识和执法工作的严谨性。严格落实行政问责。针对社会关注度高、群众反映强烈的热点问题，深入开展执法明察暗访，及时发现并追究相关人员的责任。

（蔡仲友 马朝阳）

林 业

【概况】 2016年，在市委、市政府的正确领导和高度重视下，郑州市林业系统各级党组织一手抓党建，一手抓业务，在完成政治巡察、两学一做、人大评议等重要任务的同时，业务工作以“一环、一渠、三网、十园”为重点，加快推进生态林业建设，取得明显的成效。林业生态市提升工程超额完成。计划完成营造林6.67千公顷，实际完成造林6.87千公顷，是目标任务的103%。其中造林完成3.4千公顷，森林抚育和改造完成2.67千公顷，花卉苗木完成800公顷。“一环”“一渠”“三网”建设大头落地。“一环”即环城高速生态景观带，长度111公里，单侧绿线宽度200米，规划面积是3337.6万平方米，已完成绿化3158.09万平方米，占总任务的95%。“一渠”即南水北调南水北调中线总干渠。“一渠”郊野部分涉及新郑市、荥阳市，长18公里，规划绿化面积702.6万平方米，已全部完成绿化种植任务。“三网”即交通道路“绿网”、农田防护“绿网”和生态水系“绿网”。157.71公里的“三网”绿化种植工作已全部完成，共完成绿化面积927.9万平方米。各地自建生态廊道56.4公里，绿化面积343.63万平方米，已全部完成任务。全民义务植树活动深入开展，全市参加义务植树人数360万人次，植树1360万余株。

【林业产业】 2016年，郑州市实施《郑州市林业产业化重点龙头企业认定监测管理办法》，认定命名57家管理经营规范、发展潜力大、科技含量高、辐射带动能力强的林业企业为郑州市林业产业化重点龙头企业。通过政策引导、积极指导各县（市）区大力发展二、三产业，促进林业经济持续增长。截至2016年年底，郑州市完成林业总产值43亿元。

【林业资源管理】 严厉惩治各类涉林违法犯罪活动，全市森林公安机关侦破涉林违法刑事案件69起，查处林业行政

绿博园郁金香

速生丰产林

案件146起。4月，成立林政稽查大队，在林区巡查800 余次，接报案出现场140余次，林业行政案件立案16起，结案13起，有效维护了森林资源安全。组织开展重大林业有害生物测报、防治和飞机防治森林病虫害工作，成效显著，市林业局被省林业厅评为2016年度全省森防目标管理先进单位和全省重大林业有害生物防治先进单位。认真落实森林防火责任制，开展森林防火检查和演练，全年无重大、特大森林火灾发生。通过开展“世界湿地日”“爱鸟周”和湿地保护执法活动，全社会保护湿地的氛围日益浓厚。继续开展林木绿地认建认养活动。加强古树名木保护复壮工作。通过日常巡护、补植补造、完善基础设施等措施，加强了对10千余公顷重点林区的管理、管护工作，确保了重点林区森林资源安全，维护了重点林区的稳定。

【林业改革】 林权制度改革方面。全市新增农民林业专业合作社、家庭林场共计20家，新增规范化农民林业专业合作社3家，新成立林地承包经营纠纷仲裁机构1个，林下经济总产值达到7.31亿元，新增林权抵押贷款1000万元。国有林场改革方面。按照国家、省指导意见，成立郑州市国有林场改革领导小组，明确相关县（市）区及成员单位责任分工，同时完成国有林场改革实施方案编制工作，由市政府印发上报省国有林场改革工作领导小组。

【科技保障】 2016年,全市举办各类林业科技培训班和技术讲座56场，培训林业职工2100人，培训林农2万人。组织林农参与“科技大集”活动11次，服务咨询群众1.4万人，发放图书、技资料1.3万份。林业科技示范中心引进苗木花卉新品种16个，推广新技术3项，被省林业厅评为河南省林业科技先进集体。

【森林旅游】 2016年，绿博园、树木园、黄河国家湿地公园共接待游客313万人次。郑州绿博园全年接待游客量202万人次，同比增长64%；门票收入4020万元，同比增长32.2%，实现游客量、门票收入双突破。并顺利通过省级旅游标准化验收，获得“河南省第二批旅游标准化示范单位”荣誉称号。

【林业法治建设】 组织起草《郑州市湿地保护条例》，并通过郑州市人大常委会一审；组织依法行政培训，进一步规范行政执法人员的执法行为；组织开展“法律六进”活动，使林业系统工作人员法律素质和依法行政、规范办事能力有新的提高。加大依法行政监督力度，加强内部评议考核，重点治理“五种”不文明执法行为。全年未发生执法犯法、越权执法等行政行为。

【人大评议工作】 2016年8月，郑州市人大常委会通过实地查看、调查问卷、分组讨论、会议表决等形式，对郑州市森林城市建设情况进行评议。人大代表对郑州市森林城市建设取得的成绩给予充分肯定，人大常委会高票通过了《森林城市建设报告》。

（李军永）

农业机械化

【概况】 2016年，郑州市农机工作主动适应农机化发展新常态要求，紧紧围绕市委、市政府国家中心城市建设目标，按照“优结构、抓改革、促发展”的总体思路，着眼都市农业建设发展需要，细致规划、科学统筹、精心组织、严格落实，较好地完成全年各项任务目标，全市农业机械化水平得到大力提升，为全市粮食丰产丰收作出突出贡献。

全年共落实各级财政农机购置补贴资金8813万元，补贴各类机具6195台（套），受益农机合作组织及农户4906户，购机补贴政策的实施有力地促进了郑州市农机装备整体水平的提升和优化。全市主要农作物耕种收综合机械化水平为81%，农作物秸秆综合利用率达91.5%。完成小麦机收142.63千公顷，机收率98.09%，小麦机播率稳定在97%以上，小麦秸秆还田率达到96.30%。全市玉米机械化收获101.95千公顷，机收率79.63%，玉米机播率94.04%，玉米秸秆还田率达90%。全市注册的农机专业合作社总数达到159家。全年培训各类农机人员21678人次。新创全国“平安农机”示范岗位1个、省级“平安农机”示范乡镇4个、示范合作社6个，农机专业合作社等服务组织在册机械“三率”达到100%。农业机械化水平得到大力提升，农机服务组织化程度和社会化服务能力大幅提高，农机安全生产形势保持平稳。

截至2016年年底，全市农机总动力383.56万千瓦，其中柴油发动机动力279.13万千瓦，汽油发动机动力4.06万千瓦，电动机动力100.40万千瓦。各类农用拖拉机拥有量达到11.09万台，动力166.86万千瓦。大中型拖拉机拥有量14271台，动力70.24万千瓦。其中轮式拖拉机拥有量12084台，动力58.92万千瓦。小型拖拉机拥有量96624台，动力96.62万千瓦，其中手扶式44414台，动力45.03万千瓦。拖拉机配套农具拥有量17.36万部，其中大中型拖拉机配套农具3.06万部，配套比1：2.14；小型拖拉机配套农具14.31万部，配套比1：1.48。耕整机拥有量2834台（套），机引犁拥有量71233台，机引耙拥有量63869台，旋耕机拥有量11329台，深松机拥有量763台。播种机拥有量24982台，其中免耕播种机2406台，精少量播种机21430台，化肥深施机2241台，地膜覆盖机1499台。排灌动力机械拥有量86733台，动力70.58万千瓦。其中柴油机15722台动力13.35万千瓦；电动机70995台，动力57.19万千瓦。农用水泵拥有量88778台。节水灌溉类机械拥有量12116套。机动喷雾（粉）机拥有量10251台，动力3.22万千瓦。收获机械化科技含量逐年提高，联合收获机趋向大型化发展速度加快，保有量9783台，动力68.95万千瓦。稻麦联合收割机拥有量6427台，动力46.46万千瓦，其中自走式稻麦联合收割机6215台，占联合收获机总量的63.53%。玉米联合收获机拥有量3356台，动力22.49万千瓦，其中自走式玉米联合收获机3071台，占玉米联合收获机的91.51%。

“三夏”农机志愿帮扶服务

割晒机3514台，动力1.19万千瓦。其他收获机械拥有量12420台，动力1.76万千瓦。其中大豆收获机7台，动力0.03万千瓦；油菜籽收获机21台，动力0.13万千瓦；马铃薯收获机26台，动力0.01万千瓦；花生收获机1562台，动力0.09万千瓦；青饲料收获机179台，动力1.18万千瓦；牧草收获机22台，动力0.01万千瓦；秸秆粉碎还田机8629台；秸秆捡拾打捆机57台，动力0.24万千瓦；玉米收获专用割台730台；大豆收获专用割台1台；油菜籽收获专用割台56台。机动脱粒机拥有量2.19万台，动力4.36万千瓦。谷物烘干机拥有量59台，动力0.09万千瓦。种子加工机械拥有量38台，动力0.03万千瓦。保鲜储藏设备拥有量88台（套），动力0.86万千瓦。设施农业设备得到快速发展且向系统化管理方向迈进，温室面积6373.84万平方米，其中连栋温室19.72万平方米，日光温室1241.41万平方米，塑料大棚5067.48万平方米。农产品初加工动力机械拥有量3.57万台，动力31.06万千瓦。其中，柴油机796台，动力1.02万千瓦；电动机3.49万台，动力30.04万千瓦。农产品初加工作业机械拥有量2.43万台（套），其中，粮食加工机械1.87万台，油料加工机械3506台，棉花加工机械1894台，果蔬加工机械198台（套）。畜牧养殖机械拥有量9784台（套），动力5.35万千瓦。其中，饲草料加工机械6303台（套），动力4.10万千瓦；畜牧饲养机械3124台（套），动力0.92万千瓦；畜产品采集加工机械140台（套），动力0.19万千瓦。渔业机械13319台，动力62万千瓦。其中，增氧机6258台，动力4.15万千瓦；投饵机6850台，动力1.26万千瓦。林果业机械264台，动力0.41万千瓦。其中，挖坑机82台，动力0.28万千瓦；果树修剪机14台，动力84千瓦。手扶变型运输机拥有量310台，动力0.25万千瓦。农用挂车拥有量9439台。农田基本建设机械拥有量2490台，动力19.52万千瓦。农用飞机拥有量8架。农业机械原值41.95亿元，农业机械净值31.30亿元。

2016年，全市机耕面积202千公顷,其中小麦机耕面积81.14千公顷，玉米机耕面积10.01千公顷，大豆机耕面积3.71千公顷，油菜机耕面积5.55千公顷，马铃薯机耕面积4.34千公顷，花生机耕面积21.66千公顷，棉花机耕面积0.66千公顷。全市机播面积324.49千公顷，其中小麦机播面积144.65千公顷，玉米机播面积121.93千公顷，大豆机播面积3.72千公顷，油菜机播面积4.3千公顷，花生机播面积18.15千公顷。全市主要农作物机收面积290.86千公顷，其中小麦机收面积 142.63千公顷，玉米机械化收获面积101.95千公顷，水稻机收面积0.06千公顷，大豆机收面积0.35千公顷，油菜机收面积0.15千公顷，马铃薯机收面积0.04千公顷，花生机收面积14.96千公顷。机电灌溉面积206.63千公顷，机械植保面积120.32千公顷，机械脱粒粮食137.90万吨，机械初加工农产品数量145.18万吨。全年共完成机械深耕面积140.23千公顷，机械深松面积20.91千公顷，机械化免耕播种面积157.87千公顷，保护性耕作面积67.69千公顷，精少量播种面积163.59千公顷，机械深施化肥面积96.85千公顷，机械铺膜面积19千公顷，农田机械节水灌溉面积39.63千公顷，机械播种牧草面积0.41千公顷，机械收获牧草数量4.80万吨，机械化秸秆还田面积269.5千公顷，秸秆捡拾打捆面积2.21千公顷，机械化青贮秸秆数量11.65万吨，农用运输作业量98355万吨/公里，农业运输作业量62790万吨/公里，农田基本建设作业量38.11万立方米，农用飞机作业面积1千公顷，农机专业合作社作业服务面积196.83千公顷。跨区机耕面积6.74千公顷。跨区机播面积1.93千公顷。跨区机收面积57.06千公顷，其中跨区机收小麦46.56千公顷，跨区机收玉米8.25千公顷。全年共完成设施耕整地机械化面积2.99千公顷；设施种植机械化面积0.63千公顷；设施灌溉施肥机械化面积1.07千公顷；设施环境调控机械化面积0.03千公顷；免耕播种面积184.66千公顷，其中小麦免耕播种面积62.26千公顷，玉米免耕播种面积5.57千公顷。农业生产燃油消耗8.59万吨，其中柴油7.12万吨，用于农机抗灾救灾0.015万吨，用于农田作业3.47万吨，农田排灌0.26万吨，农田基本建设0.53万吨，畜牧业生产0.04万吨，农产品初加工0.02万吨，农业运输4.24万吨，其他0.04万吨。全年维修拖拉机5.59万台次，维修联合收获机0.60万台次，维修运输机械1.01万台次，维修其他农机具6.76万台次。全市农机化总投入2.91亿元，用于一般行政事业支出1777.10万元，用于推广培训88万元，用于农业机械购置2.67亿元，用于其他投入505万元。全市农机经营总收入11.15亿元，成本与费用7.34亿元，利润总额3.81亿元。

【“三夏”机收会战】 2016年“三夏”期间，前期干旱后期多雨，在市委、市政府的正确领导下，有关部门通力合作，全市各级农机部门努力克服各种困难，组织调度得力，机械供应充足，夏收夏种平稳顺利，小麦适时收获率高，夏玉米播种同步跟进，5月26日，小麦开镰收割；6月15日，收割全部结束，6月20日夏玉米播种完毕，顺利实现了小麦丰产丰收和秋作物适时播种。“三夏”期间，全市检修各类农业机械25万台（套），设立农机服务站点52个，免费发放联合收割机跨区作业证1400张。同时，全市各级农机部门不断完善接待、检修、信息、中介、技术、安全、供应、投诉、帮扶等10项服务措施，市、县、区三级农机部门开通24小时服务电话，随时接受咨询并提供帮助，为“三夏”生产创造了良好条件。“三夏”期间，全市共投入各种农业机械25万台（套），其中夏收主力机械联合收割机5500台（含引进的联合收割机），夏种主力机械玉米播种机2万余台。参与农机会战的农机专业合作社159家，签订农机作业合同23250份，帮扶面积4.67千公顷，免费发布手机信息3000余条。全市收割小麦145.41千公顷，其中机收142.63千公顷，机收率98.09%；播种玉米129.65千公顷，其中机播121.93千公顷，机播率94.04%。“三夏”农机会战取得圆满成功。

精心组织科学谋划。5月17日，郑州市农机局组织召开了郑州市“三夏”农机管理暨禁烧工作会议，对“三夏”农机工作进行全面部署，制订并下发“三夏”农机生产应急预案、《郑州市农机局2016年“三夏”农机工作意见》，公布了《郑州市农机局确保夏粮丰产丰收“十个服务到位”承诺》，成立“三夏”农机会战指挥部，指挥部下设综合组、宣传组、安全生产组、技术指导组、后勤保障组，细化职责分工，落实“三夏”生产责任制。同时成立6个督导组，分包县（市）区，每天下乡督导，了解情况，协调解决问题。

做好机具检修和技术培训。为确保小麦颗粒归仓，充分发挥好农业机械在“三夏”工作中的主力军作用，全市各级农机部门结合拖拉机、联合收割机的年度审验等工作，提前组织农机户、农机服务组织、维修网点对参加“三夏”作业的25万余台（套）各类农机具进行检查、维修和保养，确保机具以良好的技术状态投入生产。同时，全市抽调200余名农机教师和技术骨干深入乡村、合作社、田间地头，采取集中培训与分散培训相结合、现场演示与操作培训相结合，印发技术培训资料等方式，开展安全生产、机具维修保养、驾驶操作、新机具新技术使用等方面培训，确保了农业机械更好地服务于“三夏”农机生产。

落实农机补贴政策，保障“三夏”机具需求。2016年，农机购补工作本着“稳中求进、改革创新、廉政高效”的原则，在补贴机具种类要求、补贴对象与资格确认、农机补贴资金结算要求等方面进行改革。上半年，下达中央补贴资金5080万元，郑州市本级补贴资金1000 万元。为确保购补政策不折不扣落实，市农机局与市财政局联合成立了农机购置补贴实施工作领导小组，与各县（市）区农机购置补贴工作第一责任人签订了目标责任书。继续实行“全价购机、定额补贴、县（区）级结算、直补到户（卡）”的补贴方式，同时结合全市实际，在保持政策连续性和稳定性的前提下进行改革，取消市本级资金对补贴机械的累加补贴，增加了普惠面，从源头上杜绝套补现象。部分县（市）区农机部门将受理农民购补申请资料及补贴资格认定工作下放到乡（镇）办，进一步简政放权，从源头上堵塞初始漏洞，也方便了群众。进一步加大监督检查力度，坚持各级农机纪检部门参与农机购置补贴全过程，公布各级举报、监督电话，加大公开公示力度，随时接受群众监督。

相关部门紧密协作，打造农机绿色通道。围绕“三夏”生产，各相关部门履职尽责、强化服务，创造良好的“三夏”生产环境。新郑、新密、荥阳、中牟等县（市）发挥自身联合收割机保有量大的优势，以农机专业合作社为依托，密切配合，积极开展跨区作业，参加跨区机收联合收割机数量达到新高。全市共发放联合收割机跨区作业证1400张，组织1200台联合收割机参加跨区机收，作业面积46.56千公顷。同时，各级农机部门加强同交通部门的

车队整装待发

协作，继续落实联合收割机过桥过路的免费通行政策，处理道路通行过程中的相关问题；加强同公安交警部门的协作，加大路面管控和巡逻力度，为参加跨区作业的联合收割机保驾护航，开辟绿色通道；加强同工商部门的配合，依法整顿农资市场，加大对销售假冒伪劣农机产品和零配件行为的查处、惩治力度，确保农民权益不受侵犯；加强同中石化、中石油的协作，备足柴油货源，设立农机用油专供站，组建送油小分队，全市实行每公升优惠0.1元的优惠政策；加强同移动公司、气象部门的协作，搭建信息平台，及时发送机收进度、气象等“三夏”相关信息，提供免费信息服务。

科学组织，开展抢收抢种。2016年“三夏”，科学组织农业机械开展抢收抢种工作。（1）设置“农机110指挥中心”（市县两级）。建立信息平台，为作业机手提供信息、气象服务，合理调配机车。（2）及时发布信息。各县（市）区通过中国农机化信息网提前发布小麦种植、分布情况、需引进机车数量等信息，有效引导外地机车进行作业支援，共引进联合收割机1200余台。（3）强化接待服务。在全市主要道路路口设立“三夏”服务站点64个，免费为机手提供茶水、气象信息、县（区）交通地图、机收需求信息及简单的维修、中介服务等。（4）搞好后勤保障服务。督促农机服务网点、农机销售企业等，积极筹备资金，及早购进、备足“三夏”作业机具的易耗易损零配件及各类保障物资。（5）科学组织，提高效率。利用信息平台科学引导联合收割机有序流动，减少机车空行程，做到人歇机不停。大力推广订单作业、承包服务、“一条龙服务”等服务模式，提高作业效率。（6）强化监管，保障安全生产。全市抽调100名农机监理员，成立30个安全监理督查小分队，深入生产一线，对机手进行安全生产教育和技术培训，严防火灾、人员伤亡和机械事故发生。（7）认真做好农机帮扶。以农机专业合作社为依托，建立“三夏助收队”，为外出务工人员、军烈属、困难户开展帮扶服务。“三夏”期间，全市共帮扶农户1.1万户，帮扶面积4.67千公顷。（8）加强值班制度，做好突发事件处理。郑州市本级和各县（市）区农机部门均设立热线服务电话，24小时值守，确保信息畅通，及时为机手提供咨询和帮助，对突发事件早汇报、早协调、早处置。

强抓重点，突出农机专业合作社主力军作用。“三夏”期间，郑州市农机局组织全市159家农机专业合作社参与“三夏”农机会战，充分发挥了农机专业合作社为代表的新型农机服务组织装备水平高、技术能力强、信息来源广等特点，准备充分、行动迅速、措施得力，成为了“三夏”农机会战的主力军。订单作业助抢收。4月起，全市农机专业合作社等服务组织在当地农机部门的指导下，积极与有关乡（镇）、村及种粮大户签订作业合同。“三夏”期间，全市农机专业合作社共签订作业合同23250份，涵盖作业面积126.67千公顷。“一体化”作业促进度。针对“三夏”农时紧迫的特点，农机专业合作社继续推广小麦机收、秸秆粉碎还田、玉米免耕直播一条龙作业，收种一次性完成，拉长作业链条，提高机械效率，切实发挥农机专业合作社在生产中主力军的作用。

疏堵结合，全力做好秸秆综合利用和禁烧工作。“三夏”期间，郑州市农机局充分发挥农业机械在秸秆综合利用方面的重要作用，以“管住一把火，落实一道令，确保一方安”为核心，按照“以疏为主，疏堵结合”的原则，坚持秸秆禁烧与综合利用相结合、全面防控与重点巡查相结合，充分发挥基层网

格化管理作用，强化网格监管责任，确保“不着一把火、不冒一股烟、不发生焚烧污染”和“农作物秸秆100%综合利用”工作目标的实现（1）高度重视，认真部署。市委、市政府成立由主管副市长任组长，副秘书长和农机局局长任副组长的农作物秸秆禁烧和综合利用工作领导小组。同时各县（市）区按要求成立相应的领导组织，明确责任，实行划片包干。乡（镇）村级工作同基层网格化管理相结合，充分发挥基层网格人员作用，责任到人。（2）加大宣传力度。综合运用广播电视、报纸等新闻媒体和张贴标语、设立禁烧标牌、悬挂横幅、印发通告、发放明白卡等各种群众易于接受的宣传手段,并利用网络、短信、微博、微信等现代信息传播手段,在全社会营造“禁烧秸秆、利国利民”的舆论氛围。（3）加强网格化布控。逐级签订责任状,实行县（区）干部包乡镇、乡镇干部包村、村组干部包户的网格化管理,做到目标明确、责任到人、奖罚到位,实现全天候禁烧、全覆盖监管,严防死守,严管重罚、坚决杜绝所有农业废弃物随意焚烧现象。（4）强化巡查、督导力度。主管副市长负责，3个禁烧巡查组对全市禁烧工作进行不定时巡查；6个督察组进行分片每日24小时不间断督察,深入田间、农户,坚守一线。同时采取天地（卫星和人员）互补、媒体联动、119互动、重点区域无人机巡视和热线举报“五位一体”模式形成高压严控态势；对出现的焚烧火点及时取证、督促整改，并通过短信平台、工作简报予以全市适时通报。设立举报电话,发现一起查处一起,严格奖惩。2016年“三夏”期间，全市秸秆禁烧工作总体形势好于往年，农作物秸秆机械化综合处置率达到97.5 %，大气质量明显好于周边地区。

依法管机，全力抓好农机安全生产。认真贯彻“安全第一、预防为主、综合治理”的方针，健全农机安全生产责任体系，促进全市农机安全生产状况的持续稳定好转。（1）开展安全生产大检查活动。“三夏”期间，成立农机安全检查和技术服务小分队，深入乡村道路、田间地头、农机作业现场开展农机安全巡回检查，发现问题及时解决，并搞好技术指导、后勤保障等服务。共开展农机安全检查366次，出动监理人员1482余人次，检修拖拉机和联合收割机2286台次，查处、纠正违章176起，并当场责令整改到位，有效遏制了农机事故发生。（2）开展农机安全生产宣传教育活动。通过广播、电视等媒体以及张贴宣传标语、印发安全资料等形式，大力宣传农机安全法律法规、道路交通安全、农机安全操作常识，用事故案例警示群众，营造了良好的安全生产氛围。“三夏”期间共开展安全教育宣传活动64次，参与人数49600人，出动巡回宣传车430次，发放各类安全生产宣传资料共计60400份。举办各类农机技术培训班55 期，共培训各类农机手4469人；与机手签订《农业机械安全生产责任书》10247份，提高广大机手的安全意识。上半年，全市享受购机补贴的拖拉机、联合收割机上牌率达到100%；各类农机专业合作社、协会等合作组织“三率”达到100%。

抓好宣传，塑造农机形象。“三夏”期间，郑州市农机局主动与新闻媒体密切合作，组织策划重要农时农机会战宣传报道，大力宣传农业机械化在提高农业综合生产能力和防灾抗灾能力方面的重要作用，宣传农机会战中出现的好的经验和典型做法，针对机收会战各个时期的特点，认真做好宣传策划，协助电视台、报社、广播电台进行宣传报道。“三夏”期间各级新闻媒体共报道郑州市“三夏”农机生产112次，其中省、部级新闻播报21条，地市级新闻播报26条，县（区）级新闻播报65条；编发农机简报72期；发送“三夏”农机网络信息1100余条次，农业机械在“三夏”生产中的主力军作用受到社会各界的广泛关注和称赞，树立农机人的新形象，充分展示了农机人的风采。

【“三秋”农机战役】 2016年“三秋”，农机工作在市委、市政府的正确领导下，在上级业务部门的具体指导下,围绕目标，精心组织农机作业并狠抓落实，9月中旬至10月下旬，秋作物抢收、夏粮播种、秸秆综合利用、新机具新技术推广培训等多项工作，都取得丰硕的成果，“三秋”农机工作圆满完成。“三秋”期间，全市农机部门早谋划、早部署、早行动，克服入秋之后高温少雨天气的影响，积极落实信息服务、物资供应、农机技术服务、农机帮扶、作业协议签订等措施，机械供应充足，秋收秋种平稳顺利。全市成立60个农机服务小分队，共检修各类农业机械30万台（套）。投入各类农业机械35万台（套），其中拖拉机11.20万台，玉米收获机3500余台（含引进），秸秆还田机0.9万台，小麦播种机2.5万台，完成玉米机收面积101.95千公顷、机收率79.63%，玉米秸秆还田面积109.73千公顷、还田率90%，完成机播小麦面积144.65千公顷、机播率达97%以上。共培训各类农机人员10294人次，召开不同形式的现场会24次，签订作业合同21312份，机耕做到应耕尽耕。

确保农业机械在“三秋”生产中充分发挥主力军作用。“三秋”期间，全市各级农机部门多措并举，做到八个到位。（1）信息服务到位。“三秋”期间，全市各级农机部门组织人员深入乡村，对机具保有量、技术状况、分布情况、当地农作物种植区域布局以及适宜机收、机播面积和作业时间等信息进行摸底调查，对各项作业信息进行全面整理汇总，建立农机户电子档案，并通过农机“110”指挥中心信息发布平台将天气信息、作业信息等传递给农民机手，提高了机械使用率，增加了机手收入。“三秋”期间，共发布信息5万多条，接受群众咨询2100人次。（2）确保物资供应到位。通过协调油料供应部门，“三秋”期间，备足油料，在县城郊区、农村设立100多座“三秋农机供应站”，同时在辖区内所有供应站，张贴“农机专用”标识确保农机就近加油。全市16个农机生产商，139家农机经销商，1302个农机维修网点备好价值3000万元的各类农机易损零部件和整机，积极开展送机、送件到村、到户、到田头服务，方便农民需求。（3）确保农机技术服务到位。“三秋”前夕，郑州市农机部门抽调管理干部、组织技术人员深入到乡村农户，指导农民对参加“三秋”作业的机具状态进行一次普遍检查、维修和保养，使机械以完好的状态投入“三秋”生产。通过集中辅导和分片定点相结合的方式对机手进行技术培训。通过协调农机生产企业和销售供应商搞好“三包”技术服务，开展上门修理、送修下乡和预约维修等服务，同时备足常用易损维修配件，保证“三包”服务质量。（4）确保农机帮扶措施到位。会同民政部门以乡为单位对军、烈、孤、困、寡、务工缺少劳力家庭进行摸底调查，建立档案，并根据本地区困难扶助对象的情况，制订“三秋”农机帮扶措施，将农机帮扶任务落实到机、责任到人。“三秋”期间，共成立农机帮扶队30多个，农机帮扶12897户，帮扶面积达2.67千公顷。并对特殊的人群实行优先服务和免、减作业费服务。（5）指挥调度服务到位。根据区域内作业时间差做好机械小范围流动作业调度方案和机械流向图，调整机械余缺，保证机械合理运用，保障农机作业秩序和机手效益。（6）农机专业合作社的主力军作用发挥到位。农机合作社、农机大户等社会化服务组织是农业生产的重要力量，各县（市）区充分发挥其机具、技术力量、规模等优势，指导他们同周边村组和本村农户签订全程或单项作业协议21312份。鼓励开展玉米机收、秸秆还田、深耕深松、机播等一条龙作业和复式作业，提高作业效率，增加机手收入，减少农户支出，加快作业进度。（7）购机补贴政策落实到位。为使补贴政策尽快落到实处，全市各级农机部门严格程序、规范操作、精心组织，确保补贴机械投入“三秋”农机生产中。积极引导农机服务组织、农机大户及农民重点购置玉米收获机械，2016年，全市新增玉米联合收获机388台，保有量达3356台。（8）安全生产措施落实到位。开展“三秋”农机安全生产宣传及安全生产综合整治，组织人员深入田间地头，排查事故隐患，纠正违章行为，消除农机作业事故隐患，并对机手进行安全生产教育，不搞疲劳驾驶，不违章作业，努力消除一切不安全因素，把机械故障率和机车事故率降到最低限度。全市农机部门共成立“三秋”农机安全生产服务站26个，出动“三秋”安全生产检查督查车30余部、农机安全监理人员695人（次），开展农机执法检查200余人次，排查治理隐患113余起，纠正违章150余起。

【农机购置补贴】 2016年，郑州市全年共落实各级财政农机购置补贴资金8813万元，其中执行中央财政购机补贴资金6197万元，省级财政购机补贴资金366万元，郑州市本级财政安排购机补贴资金2000万元，县级财政安排购机补贴资金250万元，共补贴各类机具6195台（套），受益农机合作组织及农户4906户。

郑州市农机局严格按照农机补贴政策的新要求，将农机购置补贴政策实施工作纳入常态化管理，同时按照《郑州市2015-2017年农业机械购置补贴实施指导意见》要求进一步规范补贴工作，补贴实施方式进一步明确，补贴对象范围有所扩大，补贴机具范围重点突出，实施操作程序更加优化，监管工作责任更加细化。一是改革创新补贴方式。结合郑州市实际，继续按照“稳中求进、改革创新、廉政高效”的原则，在保持政策连续性和稳定性的前提下进行改革创新，郑州市农机购置补贴方式实行“自主购机、定额补贴、县级结算、直补到卡（户）”。二是创新便民服务机制。继续倡导县（市）区农机管理部门将受理农民购机补贴申请资料及补贴资格认定工作下放到各乡（镇）办事处，进一步简政放权，不断地简化、规范程序，建设公平、开放、便捷的便民政务环境，从源头上堵塞初始漏洞。三是加强监督管理。坚持各级农机纪检部门参与农机购置补贴工作全过程，公布各级举报、监督电话，自觉接受群众监督，严厉查处违规操作行为，切实维护农民权益，强化行风建设。

主要措施及做法是（1）精心组织，迅速落实。郑州市农机局与郑州市财政局联合召开全市农机补贴工作会，对2016年农机购置补贴工作作出全面部署。成立农机购置补贴实施工作领导小组，具体实施操作有专人负责，层层把关。在全市农机系统实行责任目标管理，与15个县（市）区农机管理部门签订农机购置补贴工作责任书。各县（市）区分别成立由政府牵头，人大、政协，纪检监察、财政、农机、工商等部门参加的农机购置补贴工作领导小组，共同研究制订本地补贴实施方案并根据工作实际，相继出台一系列加大补贴宣传力度、保障补贴工作顺利实施的配套政策措施。（2）加强引导，科学调控。市级补贴资金使用，实行基础补贴,同时，鼓励各县（市）区根据本地实际需要，积极争取并利用本级财力配套相应的县（市）区农机购置补贴资金对当地农业生产急需和关键薄弱环节的机具给予适当倾斜。利用县（市）区财政补贴资金对特定机具补贴倾斜办法由各县（市）区农机购置补贴工作领导小组研究决定。（3）强化制度，规范落实。继续认真落实“主要领导负总责、分管领导负全责、工作人员直接负责”的责任机制。坚持实行层层签订责任书的工作制度。进一步优化明晰了补贴工作流程，使程序更加精简、严谨、科学、规范。建立健全县级农机购置补贴工作机制和内部约束机制，重点加强对关键部位关键环节的廉政风险防控，完善落实廉政风险各项预防措施和责任倒查追究。（4）细化要求，加强监管。下发《郑州市农机局　郑州市财政局　关于开展2016年第二批农机购置补贴督查工作的通知》，细化要求，切实加强对农机购置补贴政策实施全过程的监管。邀请郑州市纪委领导在全市农机补贴工作会上做廉政警示教育报告，有力地促进系统廉政建设。各县（市）区农机部门针对容易发生问题的关键环节，自觉开展自查自纠，重点加强机制制约和工作监管。成立6个市级督导组，在农机购置补贴工作实施期间，由市农机局班子成员带队每周对各县（市）区农机购置补贴实施情况进行督导检查。在检查中，与延伸绩效考核管理工作相结合，对照延伸绩效考核管理实施方案要求，发现问题及时反馈，督导解决，确保农机购置补贴工作顺利进行。同时，坚持各级农机纪检部门参与农机购置补贴工作全过程，始终把购机补贴工作中的公正、廉洁和反商业贿赂作为监督检查的重点内容，公布各级举报、监督电话，自觉接受群众监督，严厉查处违规操作行为，切实维护农民权益，强化行风建设。（5）加大宣传力度，强化信息公开。农机化信息网站开辟农机补贴信息专栏，及时公开农机购置补贴实施方案、农机购置补贴政策具体操作办法、操作流程和其他有关规范性文件、制度和办法等，不断丰富补贴政策信息公开内容。各县（市）区农机部门在办公地点、报名地点、乡镇、村、集市、农机经销点等处设立公开栏，张贴有关农机补贴政策信息，并通过当地政府网，农机信息网，电视台、政务大厅电子信息屏、村委会大喇叭广播、乡（镇）公告栏、流动宣传车、简易明白纸、宣传挂图等进行信息公开。同时，每周公布1次补贴实施进度、资金使用情况、剩余情况等，及时公示受益农户名单及享受补贴情况，接受社会监督。（6）以民为本，服务到位。各县（市）区推行财政、农机部门联合办公，对购机者实行申请、公示、确认等一站式服务，努力为农户购机创建一个便捷快速的购机环境。新密市农机局引导开展了银企联动，以担保抵押的方式，帮助农民解决全价购机筹资难的问题。同时在市农机化信息网上公布各县（市）区农机购置补贴政策咨询投诉电话、补贴机具质量投诉电话和电子邮箱，认真处理咨询、投诉，积极解决农民遇到的各种难题。

【秸秆综合利用及禁烧】 2016年，郑州市农作物秸秆禁烧和综合利用工作在市委、市政府的高度重视下，在省禁烧办的指导下，在各县（市）区的共同努力下、在市禁烧办、市政府督查组的强力督导下，以“管住一把火，落实一道令，确保一方安”为核心，按照“以疏为主，疏堵结合”的原则，坚持秸秆禁烧与综合利用相结合、全面防控与重点巡查相结合，充分发挥基层网格化管理作用，强化网格监管责任，农作物秸秆禁烧工作取得良好成效，全市农作物秸秆综合利用率达91.5%。

各级领导高度重视，秸秆禁烧和综合利用工作部署安排周密。郑州市

农机安全监理服务

委、市政府高度重视农作物秸秆禁烧和综合利用工作，将其作为促进农民增收和资源有效利用的经济手段，保障环境优良、交通顺畅和维护省会形象的政治任务。5月13日，郑州市政府印发《郑州市人民政府办公厅关于切实做好2016年农作物秸秆禁烧和综合利用工作的通知》，9月2日，郑州市政府印发《郑州市人民政府办公厅关于做好2016年秋季农作物秸秆禁烧和综合利用工作的通知》，分别明确要求各县（市）区切实加强组织领导，加强网格化布控，强化宣传引导、巡查、督查，强力推进秸秆综合利用，加大财政投入，严格考核奖惩，切实做好秸秆禁烧和综合利用工作。5月18日，省政府秸秆禁烧和综合利用工作电视电话会议后，市政府立即召开会议部署，对全面禁烧工作又提出进一步要求，一要强化领导，各级政府主要领导要亲自安排、亲自部署、亲自落实；二要强化责任，各级、各部门、各有关单位要明确责任，落实责任；三要强化督查，各级各部门要进一步完善机制，强化督查；四要强化问责，各级、各部门、各有关单位要切实负起责任，落实问责机制。各级、各部门要结合"两学一做"落实责任，加强宣传，做好秸秆综合利用和禁烧工作。7月25日，郑州市政府印发《农作物秸秆禁烧和综合利用工作三年行动计划（2016—2018年）》，强调在全市区域内实行全年、全面禁烧，农作物秸秆全量利用；在全市范围内探索建立常态化监管体制，努力消除秸秆焚烧现象；强化秸秆禁烧和综合利用有机结合，加快提高全市秸秆综合利用率。各县（市）区政府把秸秆禁烧和综合利用工作当作农忙工作的重中之重，成立专项领导组织落实各项得力措施。重点禁烧时段各县（市）区主要领导和分管领导均多次对秸秆禁烧和综合利用工作明察暗访，要求对发现的问题及时处理整改，做到"有烟必查，有火必罚"。

强化宣传教育力度，大力营造禁烧氛围。充分利用广播、电视、宣传车、网络、平面媒体、短信平台、粘贴标语等多种宣传形式，大力宣传秸秆禁烧的政策规定、秸秆资源化利用的途径、方法、好处和收益，通过秸秆禁烧和资源化利用知识的普及教育，进行广角度、多层次、大容量的宣传，教育群众充分理解和主动参与禁烧工作，帮助群众转变传统习惯，增强农民对秸秆禁烧和资源化利用的主动意识。重点禁烧时段全市出动宣传车辆441台，制作宣传横幅标语42118条，发放《秸秆禁烧公告》、宣传册、宣传单35万份，组织宣传监督员10761名，实现农作物秸秆禁烧和综合利用宣传标语悬挂到村头、宣传车巡回到田间、媒体宣传到全民、秸秆资源化利用好处宣传到村户的"四个到位"。

利用网格化管理，确保秸秆禁烧工作顺利实施。各县（市）区都把秸秆禁烧和综合利用工作列入网格化管理责任，明确乡（镇）街道政府是秸秆综合利用和禁烧工作主体，乡（镇）街道党政一把手对辖区内秸秆综合利用和禁烧工作负总责。实行市级督查组包县（市）区、县（市）区领导包乡（镇）街道、乡（镇）街道干部包村、村干部包组、组干部包户制度，建立从上到下、横到边纵到底的网格化管理网络。全市三级网格下沉人员10761名，逐地块落实禁烧责任，严防死守，确保全覆盖。

加大巡查、督查力度，高压严控秸秆焚烧。全市各级政府切实保障秸秆禁烧工作机构、人员、车辆、经费"四到位"。重点禁烧时段，郑州市禁烧办5个督查组配备卫星定位导航仪、摄像机、照相机等调查取证设备督查一线；同时成立一个机动组进行明察暗访，应付突发事件，实行督查全覆盖。重点禁烧时段全市各级禁烧办实行24小时值班，及时上传下达有关精神；设立举报电话，随时处理举报问题。全市采取卫星监控信息运用、媒体联动、119互动、一线实地巡查、重点区域无人机巡视和热线举报"六位一体"模式严控焚烧；对禁烧控制不力出现的焚烧火点及时查处、督促整改，并通过短信平台、工作简报予以通报。市禁烧办坚持"有烟必查、有火必究、有焚必报、有报必罚"。

增加秸秆综合利用渠道，从根本上解决秸秆出路。（1）加大对秸秆综合利用机械的购置补贴力度，大幅度提高秸秆机械化综合处置率。在全市农机购置补贴方案中，针对大型收获机械、秸秆还田机、秸秆粉碎机、秸秆捡拾压捆机、大型青贮机等农作物秸秆综合利用机具，按国家政策采取优先补贴。全市完成补贴资金3211.3万元，设立综合利用项目46个，新增综合利用机具1132台。（2）实施秸秆还田作业补贴，鼓励秸秆粉碎直接还田。各县（市）区政府均出台多种政策鼓励引导农民实施秸秆直接还田。登封市政府对完成秸秆综合利用目标任务的乡（镇）街道给予夏季每亩3元，秋季每亩10元的还田作业补贴；新密市对秸秆综合利用较好的乡（镇）街道，一次性奖励1万—3万元，对秸秆综合利用、新技术开发作出突出贡献的企业，一次性奖励1万—5万元。（3）多措并举，全力抓好综合利用工作，以疏为主，解决禁烧难题。秸秆还田是郑州市农作物秸秆综合利用的主渠道，农作物秸秆综合利用的肥料化、饲料化、燃料化、基料化和原料化"五化"利用势头良好。新密、荥阳、登封等地鼓励农机合作社开展秸秆回收业务，将秸秆还田与秸秆回收结合起来，打通了秸秆从田间地头到工厂车间的通道，破解了无法秸秆还田的零星地块秸秆处置难农民易焚烧的顽症。

政策引导，企业及合作社积极参与。1月10日，市政府办公厅下发《郑州市人民政府办公厅关于强力推进农作物秸秆综合利用工作的意见》，指出要强力推进农作物秸秆"五化"综合利用，加强技术研发和秸秆收贮体系建设，加大政策扶持力度，加大资金投入，完善落实有利于秸秆综合利用的政策，积极创新财政资金扶持方式，突出财政资金扶持重点并保证必要的组织管理经费纳入预算常态。对投入固定资产500万元以上，并且服务农业面积0.67千公顷以上的秸秆综合利用企业、农民合作组织给予重点扶持。对投入固定资产100万元以上，服务农业面积133.33公顷以上的中小型秸秆综合利用项目，由县（市）区、乡（镇）街道基层政府制订相关财政支持政策予以扶持。2016年，市、县两级设立综合利用项目补贴资金1000万元，完成对11家企业、合作社申报市级秸秆离田回收加工利用项目

农机购置现场

补贴。

【农机专业合作社建设】 2016年，郑州市把发展农机专业合作社作为农机工作的总抓手，进一步落实对农机专业合作社财政扶持政策，大力发展以农机专业合作社为代表的各类农机专业服务组织。积极引导合作社在开展跨区作业、订单作业的基础上，广泛探索土地承包、土地托管、带地入社、土地流转等规模化经营模式，提高经济效益；积极为农机合作组织提供政策指导、技术培训、人才培养、信息咨询等服务。积极引导农机合作组织依法经营、规范运作、诚信服务，创建服务品牌。截至2016年年底，全市经工商注册且运营良好的农机专业合作社共有159家，其中4家省级农机合作社示范社，39家市级农机合作社示范社。入社社员3414人，入社机具12436台（套），资产总额55884万元，服务农户163820户，年底总收入达到23950万元。“三夏”“三秋”期间，全市农机专业合作社在各级农机部门的指导下，积极与有关镇、村及种粮大户签订作业合同，推行订单作业，提升全市农业生产机械化效率，提高规模化作业效益。全市农机专业合作社共签订作业合同44562份，协议作业面积196.83千公顷。同时，农机部门组织农机专业合作社、农机大户及其他农机服务组织积极为军、烈、鳏、寡、孤、独等困难户提供帮扶作业服务，全年共帮扶农户2.6万户，帮扶作业面积7.33千公顷。

农机专业合作社发展的特点。（1）各级政府和农机管理部门高度重视。相继出台关于加快发展农机专业合作社的意见和扶持措施,制订农机专业合作社发展实施方案和发展目标。积极争取政府财政资金，支持农机专业合作社场库棚建设、购置维修设备、改善信息化办公设施等；农机购置补贴政策资金重点向农机合作社倾斜，并且放开机具台（套）补贴限制，支持发展先进成套农机装备;有关农机化建设项目和新机具、新技术示范推广项目，能够由农机合作社承担的，优先予以安排。有力地促进农机专业合作社基础设施建设水平和社会服务能力的提高。（2）组建形式多样化。农机大户联合型。主要由一个有经济实力的农机大户牵头，以货币和实物出资，联合本村或邻近几个村的农机大户，以实物出资组建的农机合作社。社会自然人投资型。由几个经济实力较强的人共同出资，购置农机具，组建合作社。家族联合型。由1个家庭主要成员联合本家族拥有大型农业机械的家庭成员组建的农机专业合作社。农机销售型。由农机销售企业依靠从事农机产品经营的优势，吸收部分用户组建的农机合作社。（3）经营内容市场化。2016年，郑州市农机专业合作社经营服务领域涉及农业生产、机械制造、农机维修、农资供应、农机培训、林业植保、储油供油、粮食收购、烘干、建筑、第三产业加工服务等方面。主要从事农田作业、土地流转、土地托管、机械制造、农机销售、农机维修、农田作业、生物质燃料加工等近20余项业务。合作社生产、经营、服务等均实现了系列化。（4）服务模式社会化。承包流转土地或土地代管。合作社自己经营，实行统一耕种、统一管理、统一收获。实行“一条龙”服务。开展夏季小麦机收及麦秸还田、玉米播种和秋季玉米机收、秸秆还田、小麦机播等“一条龙”作业。实行“订单作业”。与周围村庄、农户签订农田作业服务合同，按合同或订单为农户进行统一耕种、统一收获等机械化作业。

【机械化保护性耕作】 2016年，郑州市承担国家农业部保护性耕作工程建设项目1个，在中牟县实施。全市新增保护性耕作机械657台，其中小麦免耕机新增300台，玉米免耕机新增305台，深松机新增52台。保护性耕作实施面积67.69千公顷，机械深松面积20.91千公顷。郑州市农机局先后编印发放《保护性耕作技术专题巡回讲义》《保护性耕作技术培训教材》《保护性耕作技术问题解答》《保护性耕作技术要点》《保护性耕作机具操作规程》等培训宣传资料，并通过各级媒体宣传、举办保护性耕作培训班，以及以会代训等方式，培训各类农机技术人员21678人次。在宣传群众的同时，各级农机部门组织技术人员深入到县（市）、乡、村田间地头进行新机具的巡回展示，促进机械化保护性耕作技术的传播与应用。为提高作业质量，保证作业效果，专业技术人员对购买保护性耕作机具的机手集中进行理论和操作培训以及新机具的调整演练。同时各级农机部门对自身职工的业务技能进行再提高，达到会讲解、会操作、会故障排除，有效解决自身服务能力不足的问题。新郑市农机局聘请农业、农机、植保、土肥专家对对项目进行技术指导；荥阳市农机局“三夏”“三秋”期间利用荥阳市电视台播放保护性耕作宣传片；农机部门积极联系生产厂家搞好机具售后安装调试及“三包”服务，为保护性耕作的实施奠定了扎实的基础。

【农机教育培训】 2016年，全市农机教育培训工作紧紧围绕新农村建设和农机化发展需求，创新工作思路，以发展现代农业、增加农民收入、建设社会主义新农村为目标，以创新农机技术推广机制为突破口，以开展新型农民培训为抓手，全面推进农机化科技进步，为农业和农村发展提供强有力的农机科技和人才支撑，推动全市农业机械化的健康发展。为提高农机人才素质，发展壮大农机人才队伍，促进农机化科技创新与推广，切实加强农机化管理人才、科技人才和实用人才“三支”人才队伍培训，提高人才队伍素质，全市各级农机培训部门紧紧围绕春耕生产管理、维修和“三夏”“三秋”作业机具的检修，以新购置机具为重点，全面组织开展农机教育培训大行动活动。全年共培训各类农机人员21678人次，其中培训农机管理人员594人次，培训农机技术人员2502人次，培训农机监理人员85人次，培训农机操作人员18477人次，培训新购机农民2788人。

具体措施。一是培训与国家农机补贴惠农政策实施相结合。2016年，郑州市农机购机补贴规模进一步扩大，全市农机部门把抓好新购机农民培训摆在首要位置。对农机管理人员重点开展国家惠农政策、农机化法律法规、农机购置补贴政策等知识培训。积极开展送教下乡活动，把农机培训送到田间地头，使培训形式更适合农民，培训内容更贴

机收后秸秆直接打捆回收

表4

2016年年末郑州市农业机械作业量一览表

	农业机械总动力				耕作机械						收获机械				收获后处理机械	
	合计	柴油发动机动力	汽油发动机动力	电动机动力	大中型拖拉机		其中：轮式拖拉机		小型拖拉机		联合收获机		割晒机		机动脱粒机	
	万千瓦	万千瓦	万千瓦	万千瓦	万台	万千瓦	万台	万千瓦	万台	万千瓦	万台	万千瓦	万台	万千瓦	万台	万千瓦
郑州市	383.5603	279.1272	4.0316	100.4015	1.4271	70.2414	1.2084	58.9168	9.6624	96.6223	0.9783	68.9453	0.3514	1.1851	2.1933	4.3601
中原区	1.5969	1.0470	0.0026	0.5473	0.0094	0.4031	0.0092	0.3629	0.0003	0.0041	0.0056	0.2917	0.0000	0.0000	0.0057	0.0225
二七区	3.4602	2.0449	0.1563	1.2590	0.0067	0.2876	0.0067	0.2876	0.0255	0.3001	0.0032	0.1625	0.0000	0.0000	0.0274	0.0003
管城回族区	5.1216	3.6855	0.0304	1.4057	0.0113	0.4401	0.0113	0.4401	0.0233	0.2563	0.0047	0.3055	0.0041	0.0424	0.0045	0.0000
金水区	2.9596	2.3800	0.0036	0.5760	0.0044	0.1686	0.0044	0.1686	0.0050	0.0353	0.0044	0.2440	0.0000	0.0000	0.0097	0.0485
上街区	2.8384	1.8584	0.0200	0.9600	0.0257	0.9912	0.0231	0.9126	0.0428	0.4880	0.0054	0.3184	0.0000	0.0000	0.0100	0.0263
惠济区	7.5632	4.3159	0.1523	3.0950	0.0240	1.1808	0.0230	1.1716	0.0099	0.0960	0.0128	0.8263	0.0000	0.0000	0.0022	0.0046
中牟县	61.9685	54.9088	0.0822	6.9775	0.3272	14.5458	0.1673	6.7930	3.3322	30.0375	0.1165	7.1773	0.1090	0.0000	0.0780	0.1560
郑东新区	10.9514	9.9736	0.0157	0.9621	0.0384	1.9053	0.0315	1.4491	0.5599	5.0385	0.0159	1.1709	0.0168	0.0000	0.0327	0.0654
经开区	7.0046	6.1446	0.0088	0.8512	0.0330	1.4420	0.0278	1.2200	0.4314	3.9968	0.0078	0.4526	0.0155	0.0000	0.0096	0.0960
航空港区	21.3534	17.7097	0.0704	3.5733	0.0847	3.7868	0.0583	2.4964	0.9956	8.8210	0.0343	2.8779	0.0251	0.0000	0.0450	0.0558
高新区	1.8520	1.7590	0.0030	0.0900	0.0112	0.4640	0.0112	0.4640	0.0009	0.0100	0.0084	0.5465	0.0000	0.0000	0.0073	0.0295
荥阳市	43.6987	26.8400	0.5713	16.2874	0.1982	7.9136	0.1824	6.9678	0.3193	4.1509	0.1857	11.5859	0.0132	0.0664	0.3102	2.1714
新密市	88.0489	52.7292	0.4700	34.8497	0.2583	14.8132	0.2583	14.8132	0.7411	9.4349	0.2602	20.1109	0.0054	0.0663	0.4336	1.3008
新郑市	58.5040	42.9225	1.7423	13.8392	0.2632	14.3231	0.2632	14.0231	0.8578	8.2966	0.1823	13.2411	0.0000	0.0000	0.0766	0.3830
登封市	66.6389	50.8081	0.7027	15.1281	0.1314	7.5764	0.1307	7.3468	2.3174	25.6563	0.1311	9.6338	0.1623	1.0100	1.1408	0.0000

续表4

	机耕面积	机播面积	机械植保面积	机收面积	其中：小麦机收面积	其中：玉米机收面积	机械化秸秆还田面积	机械脱粒粮食数量	机械初加工农产品数量
	万公顷	万公顷	万公顷	万公顷	万公顷	万公顷	万公顷	万吨	万吨
郑州市	20.2254	32.3496	12.0318	29.0859	14.2635	10.1954	26.9497	137.9042	145.1785
中原区	0.0754	0.0864	0.0700	0.0796	0.0572	0.0200	0.0510	0.3774	0.0441
二七区	0.0136	0.0203	0.0243	0.0191	0.0104	0.0071	0.0180	0.0681	0.0533
管城回族区	0.1520	0.1505	0.1800	0.1236	0.0820	0.0320	0.1473	0.5653	0.4482
金水区	0.1119	0.1659	0.0045	0.1553	0.0930	0.0623	0.1530	0.7775	0.0450
上街区	0.0580	0.1041	0.0980	0.0825	0.0570	0.0251	0.1050	0.5892	1.3050
惠济区	0.8272	0.7110	0.2100	0.6735	0.2213	0.1795	0.3819	2.2813	1.4600
中牟县	4.3657	5.4639	0.0000	5.0221	1.2182	1.2938	2.8628	11.2050	17.1200
郑东新区	0.5978	0.8216	0.0712	0.7782	0.3189	0.2950	0.7122	4.2708	4.7700
经开区	0.6100	0.6770	0.0105	0.6537	0.2863	0.2214	0.5400	3.4856	4.0502
航空港区	2.6610	2.8561	0.7130	2.5600	1.0460	0.7136	1.5062	11.5110	4.1533
高新区	0.2660	0.4745	0.0080	0.4425	0.2500	0.1900	0.4800	2.5400	0.0700
荥阳市	1.8546	5.5390	2.6010	5.2993	3.0254	2.0601	5.6760	33.0326	57.1512
新密市	2.8492	5.3314	2.4470	4.6787	2.7180	1.9293	4.9027	21.1019	19.0305
新郑市	3.0840	5.1253	5.3610	4.3956	2.5127	1.6092	4.5270	26.7966	32.8977
登封市	2.6990	4.8226	0.2333	4.1222	2.3671	1.5570	4.8866	19.3019	2.5800

表5

2016年年末郑州市农机化作业服务一览表

	农机化作业服务组织		其中：农机专业合作社		农机户		其中：农机化作业服务专业户	
	年末机构数（个）	年末人数（人）	年末机构数（个）	年末人数（人）	年末机构数（个）	年末人数（人）	年末机构数（个）	年末人数（人）
郑州市	289	3784	159	3414	128485	134506	9744	11063
中原区	0	0	0	0	20	20	8	10
二七区	0	0	0	0	0	0	0	0
管城回族区	0	0	0	0	2039	2359	0	0
金水区	0	0	0	0	3	9	0	0
上街区	0	0	0	0	20	80	0	0
惠济区	9	150	3	75	6510	6880	18	50
中牟县	16	183	16	165	50025	50025	1526	1675
郑东新区	0	0	0	0	8316	8316	235	296
经开区	1	12	1	12	6523	6672	209	218
航空港区	2	10	1	10	4780	4780	280	280
高新区	4	45	5	45	4	10	0	0
荥阳市	129	909	20	478	2690	7260	928	1574
新密市	51	589	47	768	14250	14250	6120	6120
新郑市	41	1650	41	1650	4119	4119	420	840
登封市	36	236	25	201	29186	29726	0	0

近农民，保证农民在买得起的基础上，确保用得好，出效益。二是培训与农机推广相结合。利用召开农机新技术、新机具现场演示会、发放农机宣传“明白纸”等形式，广泛开展玉米机收、免耕播种、保护性耕作、深松整地、根茎挖掘、设施农业等农机新技术培训。切实加强对大型、新型机具主要环节的技术指导，努力提高新机具、新技术的推广效果，切实提高广大农民机手推广使用新机具、新技术的能力，确保最大限度地提高和发挥新机具的效率。三是培训与重要农时生产相结合。为确保重要农时农机生产安全顺利高效进行，对农机大户、农机专业合作社社员和新购买农机具的农民，开展农机驾驶操作、维修保养、跨区作业、安全生产和经营管理知识培训，使培训内容和培训方式既丰富多彩又扎实有效，增强农机手的操作水平和安全意识，促进农业增产和农民增收。

【农机新机具、新技术推广】 2016年，郑州市农机推广部门围绕农业科技创新，着力优化农机装备结构，加大技术推广服务力度，不断提高科技水平、装备水平、作业水平和安全水平，通过宣传发动，示范带动，政策拉动，大力推广应用新型农业机械和技术，并结合全市农业生产的实际，充分利用购机补贴政策，加大对农业生产薄弱环节农业机械的补贴力度，重点做好玉米联合收获机、大型拖拉机、免耕播种、深松机和生物质燃料压块机的推广应用，积极引进、示范推广经济作物生产机械化技术，有力地促进郑州市农机化事业的快速发展，全市农机装备总量不断增加，装备结构不断优化。一是结合农业生产实际，充分利用农机购置补贴政策，加大对农业生产薄弱环节农业机械的补贴力度，大力推广保护性耕作技术、玉米机械化收获、农作物秸秆压块、根茎类作物机械化收获和机械植保等技术及大马力拖拉机、玉米联合收获机、土地深松机及保护性耕作等新型农机具。全年共召开42次现场会及技术培训会，发放宣传、技术资料近10万份，推广各类新型农机具5937台（套）。二是因地制宜，积极引进、示范推广经济作物生产机械化技术，努力加快花生、大蒜、红薯等经济作物生产的产前、产中、产后机械化步伐。全年新增根茎类收获机342台，保有量达2662台，作业面积20千公顷。三是以项目为依托带动全市农机推广工作上台阶，上水平。采用对比试验、宣传引导、技术培训、现场观摩、政策倾斜、建立示范基地等措施，通过讲给农民听、做给农民看、帮着农民算、带着农民干的过程，让农民亲眼看到采用新技术的作业效果、节本事实、增收情况。全年保护性耕作实施面积达到67.69千公顷，增收节支1.31亿元。

主要措施。（1）加强领导，精心组织。郑州市农机推广部门成立农机新技术推广实施小组，制订农机新技术发展规划和年度实施计划，加强与相关部门的沟通协调，由主要领导亲自抓，重点抓，加快农机新技术推广应用。对实施小组成员实行目标管理，将任务指标落实到乡镇、村、户，并及时搞好检查、督促和落实。（2）广泛宣传，营造良好氛围。一是充分结合多种培训工作开展宣传，制作了设施农业机械化技术、保护性耕作技术专题讲座，举办了设施农业机械化技术、保护性耕作技术培训，举行小麦机收、玉米机收现场演示会等。二是在示范基地召开设施农业机械化技术、保护性耕作现场会、观摩会，由市政府召集市、镇、村主要负责人及农业、农机相关部门，农机合作社、农机大户、种粮大户等参加，让农民看到农机新技术的优越性和先进性，调动他们自觉应用保护性耕作技术的积极性。三是农机推广人员送科技下乡，赶科技大集。通过大量的宣传工作，努力做到家喻户晓，提高各级领导和广大群众对农机新机具、新技术的认识，营造农机技术推广实施的良好社会氛围。（3）积极开展大培训、大推广活动。郑州市农机推广部门组织技术骨干成立“农机技术宣讲团”，深入到各乡（镇）和重点村分批举办保护性耕作培训班，实现教学电教化，培训多样化，内容具体化。一是培训乡（镇）农机技术人员和村干部，重点讲解技术原理和意义，提高认识，争取他们在资金、政策和动员农民等方面的支持。二是培训农机大户、种粮大户、农民等，让他们了解保护性耕作技术原理、实施要点和效益，使他们充分认识技术优势，掌握技术要点及相关配套措施，更新观念，达到主动接受新技术的目的。三是培训机手，通过举办培训班、现场参观、田间指导相结合的方式，使机手达到了解知识，掌握技术，熟练操作的目的。通过全面、系统的培训，干部群众转变思想观念，为新技术推广奠定坚实基础。（4）树立典型，示范带动。通过宣传典型，重点扶持，让农民看到实实在在的效果，整体推进农机新技术的发展。一是建立高标准的保护性耕作示范基地，在综合考察的基础上，选择农作物种植相对集中、耕地连片基础条件较好的乡（镇）建设标准化农机新技术推广示范基地。二是树立农机专业户典型，在农机部门的大力支持和引导下，培养一批保护性耕作农机专业带头户，在他们的带动下，全市掀起免耕播种机购买热潮。（5）用活政策，重点补贴。充分发挥农机购置补贴政策的导向性作用，在全面分析潜在购机用户的基础上，逐户做工作，早宣传、早发动，抓好落实。对适合全市推广机械实行重点补贴，优先补贴，成套补贴，推动农机新技术的快速发展。（6）调动农机专业合作社和农机大户的积极性。发挥农机专业合作社、农机大户农机手的作用，组织他们参观学习培训，利用这些农机手懂经营、会管理、乐于接受新事物、技术水平相对较高、影响带动效应好的优势，使他们成为农机科技推广的带头户、农机新技术的宣传员和推广员。在新机具示范推广过程中，让他们享有技术培训、三包服务、技术咨询、政策扶持等优先权，能够积极参加农机推广部门组织的各类参观、学习活动和农机新技术、新机具试验示范工作，协助推广部门取得相关实验数据，发挥其带动作用。

郑州市“三秋”农机生产暨秸秆禁烧工作会议

【农机安全监理】 2016年,郑州市农机安全监理部门以党的十八届三中、四中、五中和六中全会精神和习近平总书记系列讲话精神为指导，以“两学一做”学习教育为思想武器，积极贯彻落实国家、省、市有关农机安全的具体政策和法律法规，坚持“安全第一、预防为主、综合治理”的方针，加强安全隐患排查，堵塞安全生产漏洞，紧紧围绕农机安全监理和安全生产的工作目标，先后开展农机系统“安全生产大检查”“农机安全生产月”和“平安农机”创建等各项活动，在工作中严格落实各项农机安全管理措施，并不断加强安全宣传教育，规范农机监理业务，确保全市农机安全生产形势稳定良好，全市无重特大农机事故发生。2016年，共计受理农业机械登记许可3509个，其中，拖拉机1588台、联合收割机1274台、接受驾驶人考试申请647个。共计检验拖拉机15010台，联合收割机4101台。圆满完成2016年农业机械及驾驶员年度检审验任务。全市享受购机补贴的自走式动力机械上牌率达到98%；各类农机专业合作社、协会等合作组织拖拉机和联合收割机挂牌率、年检率和驾驶员持证率（简称“三率”）均达到了100%。获得全国“平安农机”示范岗位1个，省级“平安农机”示范乡（镇）4个、示范合作社6个。

五大发展理念贯穿于工作始终。以“创新、协调、绿色、开放、共享”五大发展理念为指导，结合监理过程中的实际情况来开展工作，从而促进农机监理工作得以全程、全面、高质、高效发展。围绕创新发展理念，做好农机安全监理宣传工作。在坚持悬挂宣传标语条幅、出动巡回宣传车、发放各类安全生产宣传资料的同时，主动加强与新闻媒体的沟通合作，对农机监理重大活动、重要会议和重点工作进行相应报道，为助推全市农机安全监理发展营造浓厚的社会氛围。围绕协调发展理念，推进全市不同区域农机监理均衡发展。郑州市农机监理所因地制宜，对下辖的不同县(市)区采取针对性的措施和办法，着力提升薄弱地区农机监理水平，促进全市整体均衡发展。围绕绿色发展理念，使环保理念深入农机安全监理的方方面面。对外加强环保宣传，鼓励推广符合环保标准的农业装备，加快淘汰能耗高、污染重的老旧机械；对内监理所积极响应淘汰黄标车的号召，及时清理不合格的车辆。围绕开放发展理念，努力构建多元化发展的新格局。拓展领域、加强部门沟通和协作,郑州市农机监理部门积极与公安交通部门开展联合执法，查处、纠正违法违章302起，为保障农机安全保驾护航。围绕共享发展理念，进一步改进和完善农机监理惠农相关政策,让更多农民分享农机监理发展的新成果。同时加快推进农机监理相关的公共服务能力，使农机监理工作更加便民利民。

大力加强农机安全宣传教育。为增强广大农民和农机手的安全生产意识，全市农机部门结合安全宣传月、农机化宣传教育培训、农机年度检审验、安全生产大检查等工作，开展了形式多样、内容丰富的农机安全生产宣传活动。组织农机监理人员深入到农村、学校、农机合作组织和农机作业场所，深入开展法律法规和安全生产知识宣传、咨询，举办农机事故警示教育展览和农机安全宣传活动。同时，充分利用电视、广播、报纸、互联网等媒体和出动宣传车等形式，大力宣传和普及农机安全生产法律法规和安全生产知识，使安全教育经常化、制度化、立体化和多样化。全年开展安全教育宣传活动140次，受益人数173900人，出动巡回宣传车680车次，发放各类安全生产宣传资料共计114620份，张贴宣传标语1237条。举办各类农机技术培训班90期，培训农机手8443人，与机手签订《农业机械安全生产责任书》16000余份。

认真完成年度检审验工作。（1）加强领导。按照“方便机手，实地检验，优质服务，提高效能”的原则，结合当地实际，制订工作方案，签订目标管理责任书。（2）广泛宣传。利用电视、电台、报刊、板报、传单等多种形式，向农机手进行宣传检、审工作重要性。（3）开展优质便民服务。按照“以民为本、为民服务、帮民解难、助民增收、保民平安”的“五民”服务理念，开展农机业务一站式办理。其中，新密、新郑和荥阳争取本级财政补贴资金，深入开展年度免费检审验工作入乡村、场院、合作社上门服务活动。

多措并举助力“三夏”“三秋”。（1）开展联合收割机等作业机具的安全性能测试，监理部门抽调400余名农机监理人员分组深入到村户，对全市所有小麦联合收获机开展检修、保养服务，共检修、调试、保养各类机械3428台次，确保机具以安全完好状态投入生产。（2）保证作业机车的技术检验安全，做好跨区作业接待服务工作。投入资金，购买帐篷，在全市主要交通要道设立安全监理服务网点60余个，流动服务车48台，维修、接待人员配备应急药品、农机配件24小时随时待命，开通热线服务电话，确保信息畅通，随时为机手提供服务，适时为机手提供各种服务切实解决机手的后顾之忧。（3）采取以会代训、现场讲解、发放资料、播放视频等多样化学习方式，组织机手参加作业前安全培训，学习农业机械的使用、保养、故障判断与维修、安全操作规程等知识，提高驾驶操作人员的技能水平，排查、排除事故隐患。切实做好跨区作业接待服务工作，确保信息畅通，适时为机手提供各种服务。郑州电视台、郑州日报社对全市农机安全监理服务网点建设及机收情况进行跟踪报道，树立农机监理新形象。

有序推进综合治理专项行动。（1）加强源头管理，抓好农机监理业务规范化建设。（2）突出重点，加大执法力度。组织农机监理人深入田间地头、农机作业场所、农贸市场、危险路段、拖拉机通行量集中路段，开展农机安全执法检查和隐患排查，治理纠正违规违章现象，加强与公安交警等部门的联合执法，重点查处运输型拖拉机超速超载、无牌无证、酒后驾驶、疲劳驾驶、载人载客、脱检脱保等违章行为，增强机手年检、挂牌、办证的自觉性。（3）开展督导检查。郑州市成立各专项行动检查督导小组，对各县（市）区农机管理部门、各农机合作组织、农机行业等不同领域展开督导检查，促进专项行动落实。全年与公安交通部门开展联合执法60次，主要街道、路口悬挂宣传标语条幅675条，制作宣传版面241块，接受群众咨询服务3万余人次，开展农机安全检查698次，出动监理人员1758人次，排查治理隐患329个，通过专项行动的开展，及时消除农机事故隐患，有效地预防了农机事故发生。

农机安全监理人员正在为机手检修机车

郑东新区国际会展中心农业机械展

【农机宣传】“三夏”“三秋”期间，全市各级农机部门均成立宣传组，积极同新闻媒体加强沟通和配合，以跨区机收作业、合作社建设、购机补贴落实、保护性耕作实施、新机具新技术推广演示会为主题展开宣传报道，取得了良好的效果。“三夏”期间，郑州市农机局成立宣传组，主动与新闻媒体密切合作，组织策划重要农时农机会战宣传报道，大力宣传农业机械化在提高农业综合生产能力和防灾抗灾能力方面的重要作用，宣传农机会战中出现的好的经验和典型做法，针对机收会战各个时期的特点，认真做好宣传策划，协助电视台、报社、广播电台进行宣传报道。“三夏”“三秋”期间，各级新闻媒体共报道郑州市农机生产219余条次，其中省、部级新闻播报42条次，地市级新闻播报59条次；县（区）级新闻播报118条次；编发农机简报147期，发送农机网络信息2060余条次。

【农机政务信息公开】2016年，郑州市农机局认真贯彻落实《中华人民共和国政府信息公开条例》（以下简称《条例》《郑州市人民政府办公厅政府信息公开实施细则》（以下简称《实施细则》），积极采取多项措施，加强组织领导，健全工作机制，切实做好政务信息公开工作，取得显著成效。一是领导重视，保障措施得力。郑州市农机局按照《条例》的要求，根据市政府对贯彻实施《条例》工作的安排和部署，切实加强对政府信息工作的组织领导，成立政府信息工作领导小组，领导小组下设办公室。工作小组各成员按照分工，一级抓一级，层层抓落实，政府信息公开工作扎实有序推进。同时，局属二级单位及各县（市）区农机局（站）也相应成立信息公开工作领导小组，明确一名领导分管，专人具体负责此项工作。郑州市农机系统基本建立了上下协作，渠道畅通，准确及时，各负其责的政务信息公开工作网络。二是加强宣传，营造良好氛围。（1）郑州市农机局将《条例》列入干部理论学习计划，要求干部职工充分认识政务信息公开的重要性和必要性，了解政务公开工作的内容和重点，在工作中端正态度，树立良好的工作作风，增强服务意识和宗旨意识，确保政务信息公开工作的顺利开展。（2）加大网络宣传力度，在郑州市农机信息网站开设政务信息公开专栏，将政务信息公开法规及相关规定在网上及时公布。（3）加大媒介宣传力度，在报纸和电视等媒体发布农机购置补贴政策，使购机补贴政策达到家喻户晓，为“三夏”“三秋”农机生产，营造良好的舆论氛围。（4）资料发放宣传，利用“安全生产”宣传日、农机现场会以及其他法律法规宣传日，设置临时展板、展台进行信息公开宣传。深入合作社、农户家中发送宣传手册，开展政策宣讲辅导等活动，收到良好的社会效果。三是完善网络平台，信息公开及时。郑州市农机局对郑州市农机化信息网站进行改版和完善，进一步修订网上政务信息公开与更新制度。指定专人负责信息采编，配合“三夏”“三秋”重要农时季节开设网上专栏，为服务对象提供全面、大量、及时的信息。2016年，郑州市农机局按照相关规定在网上主动公开信息近300条。（1）强化网站信息管理。严格遵循网络信息发布的相关法律规章，规范信息录入，提高政务公开信息质量，严格执行网站备案制度和安全协议，贯彻落实网站组织管理、内容更新维护。（2）扩大信息公开范围。网站开设政策法规、新闻中心、科技教育、市场监管、产品鉴定、质量信息、农技推广、农机服务、安全监理、农机风采、工作动态、通知通告、新闻快讯等栏目，公开宣传“三夏”“三秋”农机生产情况、农机跨区作业、创新示范工程、农机化综合利用、农机购置补贴政策等。对涉及比较敏感的政府信息，只要是属于主动公开的，都能在网站上查询到。（3）规范信息公开程序。严格按照《政府信息公开条例》的规定，对公开的信息进行保密审查，履行相关审核程序。（4）及时准确做好信息公开。属于主动公开范围的政务信息，自该政务信息形成或者变更之日起10个工作日内予以公开。属于申请公开的政务信息，能够当场答复的，当场予以答复；不能当场答复的，15个工作日内给予答复。

【农机抗灾救灾】2016年，郑州市重要农时季节气候多变，严重影响农作物的正常收获。“三夏”期间，前期干旱、后期多雨，导致出现小麦集中成熟、机车无法进地等情况，给小麦收割造成严重影响，全市各级农机部门及时启动“三夏”农机生产应急预案，利用信息平台及时发布气象服务等信息，合理调配机车，保证“三夏”农机生产顺利进行。“三秋”期间持续高温少雨，面对旱情，全市农机系统按照市委、市政府要求部署，充分发挥行业优势，结合当地实际，组织调动灌溉机械，利用可以利用的水源，积极开展抗旱浇灌秋作物和抗旱种麦。全市共投入抗旱农机具18万台（套），其中拖拉机4.42万台，排灌机具12万台。成立了24个农机抗旱工作组，抽调了474名农机人员深入生产一线，检修抗旱机具，培训抗旱作业机手等，为秋收生产作出贡献。

【农机装备供给侧结构性改革】2016年，郑州市农机装备供给侧结构性改革，以农机装备科技创新为支撑，通过宣传发动，政策拉动，大力推广应用新型农业机械和技术供给，并结合全市农业生产的实际，充分利用购机补贴政策，加大对农业生产薄弱环节农业机械的补贴力度。（1）重点做好玉米联合收获机、大型拖拉机、免耕播种、深松机和生物质燃料压块机的推广应用，积极引进、示范推广经济作物生产机械化技术，强化农机新机具、新技术试验示范。（2）继续推广机械化保护性耕作技术，郑州市承担的国家农业部保护性耕作工程建设项目的技术推广，进一步完善保护性耕作的实施方案、作业技术规范、机具操作规程。（3）积极实施深松整地作业项目，抓住春播前和秋收后两个重点时段，强化政策引导、技术指导、任务督导，积极组织农机深松整地作业，全年完成机械深松作业面积20.91千公顷。（4）积极争取项目，充分发挥项目支撑作用，进一步整合农机农业项目，融合农机农艺技术，规范实施，以项目带动全市农机推广工作上台阶、上水平。郑州市承担的河南省“薯类收获机械化技术示范推广项目”的实施，对全市薯类收获机械化起到重要的试验示范和辐射带动作用，为进一步规范全市薯类种植方式，提高薯类机械化收获标准化、规范化程度打下坚实基础。（5）开展农机化教育培训大行动，切实加强农机化管理人才、科技人才和实用人才“三才”队伍建设，紧紧围绕春耕生产管理、维修和“三夏”“三秋”作业机具的检修、农机化技术推广、“三夏”“三秋”机械化生产技术指导、新机具购置等工作重点，全面组织开展农机教育培训大行动活动，全年共培训各类农机技术人员21678人次。

【科技创新与农机科普】 郑州市各级农机部门围绕农业生产粮食增收，大力推广保护性耕作技术、小麦玉米免耕播种技术、小麦玉米机械化收获技术、农作物植保技术、秸秆还田技术、红薯花生土豆机械化挖掘技术、生物质燃料模压成型技术、谷子机械化收获技术、机械化挖坑技术和设施农业技术。玉米机械收获实现重大突破，机收率达到79.63%。针对保护性耕作、玉米机收等重点项目，加强科普宣传和培训。利用电视、报刊和网络等媒体开展宣传工作。同时印制保护性耕作知识培训教材、免耕播种机的使用与调整、知识问答、操作规程、宣传资料等3万多份。针对项目区重点宣传和培训结合，送教下乡与培训班结合，共办培训班30期，培训农民15000人次；科技人员送教下乡30余次，召开现场演示会29次。围绕“科技促进文化创新发展”“普及科学技术知识”“丰富群众科学文化生活”“送科技到基层农村”等活动主题，制作大型展板8块，发放宣传资料3千余份，通过普及科学知识，展示科技成就，宣传方针政策，展示郑州市农机推广的新成果、新技术。郑州市农机局获得2016年度全国农机科普先进集体标兵荣誉称号、河南省农机推广先进单位荣誉称号。

【玉米机械化收获】 2016年，郑州市大力推进玉米收获机械化，进一步提升全市秋粮生产机械化水平。（1）继续把增加玉米联合收获机作为发展重点，在满足本地基础补贴的前提下，对玉米联合收获机进行累加补贴，全年新增玉米联合收获机388台，保有量达到3356台。（2）采取行政组织推动、典型示范带动、农机农艺技术联动等措施加大提升玉米机收水平。（3）坚持发展与引进并重，继续以玉米跨区机收为重点，带动跨区作业向机耕、机播领域拓展，继续把玉米收获全部机械化作为主攻目标。2016年，投入到全市农机生产的玉米联合收获机3500余。其中引进玉米收获机500余台，完成作业面积8.25千公顷；外出250台，完成作业面积4.67千公顷。

【薯类收获机械化技术示范推广】 2016年，郑州市农机推广站承担了河南省“薯类收获机械化技术示范推广项目”，项目在登封市颍阳镇颍西村建立薯类收获机械化技术示范区，依托登封市颍西农机专业合作社，核心区示范面积26.67公顷，辐射面积400公顷。薯类收获机械化技术示范推广项目的实施，对全市薯类收获机械化起到重要的试验示范和辐射带动作用，为进一步规范全市薯类种植方式，提高薯类机械化收获标准化、规范化程度打下坚实基础。薯类机械化收获与人工收获相比，每亩省工4个，按50元/人/天计，亩节本200元。机械收获比人工收获每亩减少损失15千克，按2元/千克计，亩增收30元。项目可实现节本增效147.2万元。

【“平安农机”】 2016年，郑州市不断提高农机安全生产监管力度和依法行政水平，逐步构建农机安全生产的源头管理、执法监控、宣传教育“三大防线”，全市“平安农机”创建工作再上新台阶。根据省农机局和省安监局创建“平安农机”示范乡镇、示范合作社的考评要求，郑州市扎实开展“平安农机”示范创建活动，获评全国“平安农机”示范岗位1个，省级“平安农机”示范乡镇4个、示范合作社6个，市级“平安农机”示范村14个、示范户140户。继续大力开展“为民服务创先争优”示范窗口和示范岗位标兵创建活动，推行以一张笑脸相迎、一句问候暖心、一杯热水接待、一颗热心服务、“一站”服务满意为主要内容的“五个一”服务标准，建立了承诺服务制、首问负责制、责任追究制，提供“一站式”服务等，做到依法行政、程序规范、权责统一、高效便民，在全国农机安全监理“为民服务创先争优”示范窗口创建活动中，登封市获得全国农机安全监理“为民服务创先争优”示范窗口单位荣誉称号。

（臧伟锋）

水利

水利建设

【概况】 2016年，郑州市水务系统认真贯彻落实中央、河南省委与省政府、郑州市委与市政府各项决策部署，在河南省水利厅的指导下，坚持以水生态文明建设为统揽，以生态水系提升和民生水利建设为重点，不断加大投入力度，逐步完善管理机制，扎实推进防汛抗旱、农村水利和水生态建设等各项重点工作，取得了明显成效。

水资源管理。郑州市已基本建立覆盖市、县两级的实行最严格水资源管理制度框架体系，并顺利通过水利部和河南省最严格水资源管理制度考核。按照郑政文〔2015〕217号文要求，认真落实市区分级管理制度，完成管理职能下放，理顺了管理体制，夯实管理基础，进一步加大取水许可管理、计划用水指标核定、超计划用水累进加价等水资源管理制度落实力度，征收水资源费及加价水费1980万元。以“依法治水”“依法行政”为导向，推动水政执法监察管理法治化，建立行政执法责任制，制订《郑州市水务局2016年度行政执法责任制实施方案》，将梳理确认的115项权责清单录入市执法系统，理清权责，同时加强服务型行政执法建设，推进行政指导方式应用。以地下水压采为抓手，着力推进南水北调水源置换，制订2015—2020年压采方案，协同郑州市城管局召开地下水压采工作推进会，扎实推进地下水取水封停工作，在水利部南水北调地下水压采评估考核中获得好评。南水北调中线配套工程效益显著，自通水以来，已累计供水5亿立方米，受益人口达680万人，丹江水成为郑州城区和沿线县（市）区的主要供水水源。积极与省水利厅沟通协调，通过水权交易方式为郑州市新增加南水北调用水指标2亿立方米/年，加上原有的5.4亿立方米/年和新密市水权交易购买指标2200万立方米/年，南水北调用水指标已增加到7.62亿立方米/年。

行政审批工作。认真贯彻落实郑州市“五单一网”改革要求，坚持做到批、管分离。进一步规范涉水行政许可事项工作标准化办事规程，以正式文件形式完善5项行政许可事项的监督管理制度。全年接待行政审批咨询服务870人次，办理行政许可事项72件，提前办结率100%，满意率98%以上，换发取水许可证4个，没有发生群众投诉事件，行政许可办理工作得到良好评价。

南水北调移民工作。持续抓好移民稳定发展，做好丹江口库区移民安置总体验收自验工作，大力推进强村富民战略，下达2个全省强村富民重点村项目资金600万元，争取市、县财政支持的市移民产业发展资金1155.6万元。完成全市大中型水库移民后期扶持“十三五”时期规划的评审论证，全年发放直补资金5038.08万元，累计发放3.84亿元。郑州市前两批避险解困试点工作已完成移民搬迁安置995户、3696人；拆除旧房1209户、3725人。

党建工作。认真组织“两学一做”学习教育，扎实履行管党治党主体责任，紧密结合郑州市委巡察组巡察反馈问题整改，紧紧抓住全面从严治党主体责任不放松，层层传导压力，切实推动从严治党主体责任落到实处，全面提升从严治党能力和水平。认真抓好党组中心组理论学习，扎实开展“两学一做”学习教育，深入学习党的十八届六中全会、河南省十次党代会和郑州市十一次党代会精神，为推动水利改革发展提供强大动力。全面落实党风廉政建设各项责任，深入推进惩防体系建设；大力整治懒政怠政为官不为，围绕行政审批体制改革，完善机制，优化流程，提高行政审批效率，提升群众满意度；坚持正确的用人导向，严格提拔任用组织程序和组织纪律，规范干部选拔任用行为，严格职数管理；机关自身建设不断强化，平安建设成效明显，保密工作严密规范，老干部工作进一步加强，后勤保障日益完善，财务管理、档案管理、信访稳定、文明创建、公车改革、计划生育等工作顺利完成，水务行业自身能力明显提升。

【生态水系全面提升建设】 围绕生态郑州建设总目标，采取一系列强有力措施，同步推进生态水系全面提升各项重点工程建设。环城生态水系循环工程中央资金段基本完工，一期管线工程已完成60%，二期泵站工程前期各项要件办理工作进一步加快；石佛沉砂池至郑州西区生态供水工程已完成工程进度60%，完成投资1.1亿元。索须河花王桥至中州大道生态景观提升工程于10月22日正式开工；索须河中州大道至祥云寺段生态景观提升工程初步设计已批复，项目招标和开工前各项准备有序推进。航空港区开工建设梅河干流一期和二期综合治理、梅河支流生态治理等7个水系工程。郑东新区积极推进“两湖五河”连通工程。经开区持续加快“龙渠、风河”水系二期建设。中原区着力打造“一河两湖”生态景观水系。上街区开工建设太溪湖工程、冯沟水库复建（开阳湖）工程。中牟县继续深化雁鸣湖、鹭鸣湖等7大生态水系治理。新郑市大力实施双洎河综合治理和湿地文化公园建设，改善河流水系生态环境。新密市实施云岩宫水库改扩建项目，投资近10亿元，对溱水河实施综合治理。登封市开建河门水库等水源工程。荥阳市围绕“四库一河”开展生态综合整治和滨河景观提升，丰富了河道景观，改善了区域生态。

【贾鲁河综合治理工程】 2016年，郑州市成立贾鲁河综合治理工程建设指挥部，由省委常委、市委书记马懿与市委副书记、市长程志明共同担任指挥长。贾鲁河综合治理工程前期工作进展顺利，先后办理土地预审、规划选址、移

须水河高新区提升段

民安置、环境评价、水资源论证、防洪影响评价、水工程规划同意书、省水利厅审查意见等15个主要前期要件。6月30日，贾鲁河综合治理工程在祥云湖、贾鲁湖、圃田泽3个点上先期开工，9月28日，沿线7个区（县）全线开工。截至2016年年底，蓝线内征迁清障基本完成，共开辟施工点51处，投入施工机械1800余台、施工人员2800多人，部分河段已实现全线贯通，累计完成土方开挖1010万立方米，完成土方填筑220万立方米。

【牛口峪引黄工程建设】 2016年，为确保牛口峪引黄工程与贾鲁河综合治理工程同步建成、同步达效，郑州市水务局及时调整工作思路，持续加大工作力度，在市委、市政府的正确领导和大力支持下，通过与市直相关单位密切配合，沿线荥阳市、高新区、中原区共同努力，前期工作快速有效推进，完成16项前期要件办理，于12月2日正式开工建设。

【河道运行养护】 2016年，郑州市河道养护工作按照城市精细化建设管理20项重点工作要求，以持续开展“水清河美”专项治理为载体，不断加强和完善生态水系运行管理，严格落实管护责任制。通过实行“两巡、三查、五确保”，推行“水长制”和“河长制”，突出河道截污治污和两岸生态管护，全年共向生态水系河道调引黄河水2.11亿立方米，排查出河道排污口34个、沿河垃圾47处、违法建筑135处，每月对各区整治情况评比通报，有力推动河道生态专项治理，有效维护健康自然的生态效果，河道管理实现常态化、规范化和精细化。

【农田水利现代化示范乡镇项目建设】按照《郑州市农田水利现代化示范乡镇建设规划》，积极开展农田水利现代化示范乡镇项目建设，着力打造“智能、节水、规模、增效”的现代化示范农田。2013年度3个项目已完工并发挥效益；2014年度4个项目新郑城关、荥阳广武、登封颖阳、中牟狼城岗已建设完成；2015年度3个项目新郑新村、荥阳王村、中牟黄店项目建设加速推进，年底前完成总投资的80%；2016年度安排的中牟万滩和荥阳汜水2个项目实施方案已编制完成。

【农村饮水安全工作】 全面完成新密、登封两市2015年市本级农村饮水安全村村通自来水工程和8个区域性水质检测中心建设扫尾，加快推进已完工农村饮水安全工程验收工作。在农村供水工程现状与需求调查结果的基础上，立足巩固提升，聚焦脱贫攻坚，编制《郑州市农村饮水安全巩固提升工程“十三五”规划》，并通过有关部门和专家评审，已报郑州市政府待批复。

【水土保持生态治理】 投资585万元，完成登封市马峪河、新密市禹寨等11条小流域水土流失治理任务，全年治理水土流失面积54平方公里。启动《郑州市水土保持规划》编制工作，制订《市批生产建设项目水土保持方案事中监督检查制度（试行）》，全面完成郑州市境内省、部批在建76个、市批在建33个生产建设项目水土保持监督检查工作，实现全市生产建设项目监督检查全覆盖。对郑州市生产建设项目弃土（渣）场开展水土保持专项检查，督促建设单位及时整改落实到位。加大水土保持补偿费征缴力度，共征缴30个生产建设项目水土保持补偿费965.66万元。做好水土保持示范园区创建工作，邙山水土保持科技示范园区通过水利部中期评估，河南弘亿国际农业等3家水土保持科技示范园区通过省级评定。

【防汛抗旱】 严格落实防汛抗旱工作各级行政首长责任制，明确郑州

东风渠与熊儿河交汇处

市境内126座水库、4条主要河道10个河段、11座重要淤地坝及南水北调中线工程370名防汛责任人，并签订防汛抗旱责任书。全面开展汛期隐患排查，派出7个防汛抗旱督导检查组，按照“下雨往外跑、大雨上一线”的要求，督导各县（市）区及重点防洪单位汛前准备工作，对排查出的183处问题隐患进行了除险加固。修订《郑州市防汛应急预案》，完善了黄河、内河、城市及水库防洪方案，落实了驻郑部队及军事院校抢险分工责任，协调组建15支共4520人的防汛抗洪抢险队，形成专业抢险队伍与群防队伍相结合的防汛抢险组织体系，组织开展形式多样的军民防汛演练，市本级储备各类防汛物资1500万元，提高防汛抢险应急保障能力。加强山洪灾害防治非工程措施建设，组织开展监测预警软件培训，基本形成“县、乡、村、组、户”为一体的群策群防体系，初步实现山洪灾害的提前预警和及早撤离。发挥“互联网+”作用，进一步完善16位市级分包领导、38个防指成员单位及各县（市）区应急联系互动保障机制，实现实时会商决策，确保汛期安全。在做好防汛工作的同时，坚持防汛抗旱两手抓，积极推进抗旱规划项目建设，荥阳市等3处国家抗旱规划项目已建设完成，指导协调登封市等县（市）区尝试开展南水北调水量交易，解决城市发展缺水问题。

（赵 研）

南水北调

【概况】 2016年，郑州市南水北调和移民工作紧紧围绕“把水用好、把水质保护好、把工程管理好、把移民发展好、把形象树立好”的总体要求，坚持一手抓工程建设，一手抓运行管理，完善规章制度，制订操作规程，圆满完成各项任务取得了较好成效。郑州市移民局被国务院南水北调办评为“移民安置工作先进单位”。市南水北调办被市委组织部、市委宣传部、市人社局授予“人民满意的公务员集体”荣誉称号，同时获得省级“档案优秀科技成果二等奖”。

【南水北调干线征迁扫尾工作】 （1）临时用地复垦返还工作。截至2016年年底，郑州段临时用地2142.65公顷的返还工作全部完成，返还率100%（2）专项迁建验收移交工作。完成自来水管道、冯湾村雨污水管道左右岸连接段、刘湾村污水管道等市本级专项迁建工程验收移交工作；协调取消引黄入常输水管道复建工程50万元保证金；聘请审计单位对市南水北调办公室组织实施的部分专项迁建项目进行资金审核。（3）跨渠桥梁竣工验收及产权移交工作。根据《郑州市境内南水北调跨渠桥梁竣工验收移交工作方案》，积极协调、配合有关部门及单位组织跨渠桥梁的竣工验收工作，按计划完成河南省南水北调中线建管局负责建设的38座桥梁移交工作。按照省南水北调办要求，协调有关单位核实上报南水北调工程机耕道及村道跨渠桥梁共计98座，为争取跨渠桥梁管养补助款项做好基础工作。（4）南水北调中线干线工程红线外安保工作。积极协调干渠运管单位并与郑州市公安局治安支队联系对接，筹备建立隶属于治安支队的南水北调安保警务室。制订《南水北调总干渠郑州段红线外安保宣传教育活动实施方案》，并在干渠沿线中小学进行广泛宣传。（5）及时处理征迁遗留和干渠影响问题。及时对干渠影响和遗留问题进行梳理，在深入沿线调查的基础上，与有关单位积极协调沟通，组织有关县（市）区现场调查；召开会议，明确责任，提出处理意见和要求，并及时解决，确保干渠沿线社会稳定，人民和谐幸福。（6）保护区范围内企业位置确认工作。按照上级有关要求，对总干渠保护区内新建、扩建的170个项目进行位置确认。协调解决航空港区水源保护区调整工作，共为航空港区调整出可利用土地12.71千公顷。（7）干渠防汛工作。积极协调干渠运管部门，确定干渠防汛责任人；排查干渠红线外防汛隐患点。中原区水泉沟渡槽下游防汛应急工程排水通道疏通工作、启福大道洪水导流入金水河工程、西四环跨渠公路桥南侧积水临时处理工程、二七区杏园西北沟渡槽、荥阳市白松路公路桥干渠左岸、航空港区耿坡沟渡槽下游排水沟道、管城区刘村沟、碾卢沟渡槽下游排水沟道等防汛问题都得以及时有效解决。

【配套工程建设管理】 （1）做好征迁收尾工作。召开会议认真梳理，建立征迁问题台账，明确责任单位和责任人，并规定解决时限。全年共完成新增工程用地征迁3.89公顷，返还临时用地95.33公顷，处理遗留问题27起（处），解决阻工问题15起，解决泵站、管理房、进站道路形成的边角地9处，运行中产生的影响7处，为工程建设创造良好的施工环境。同时，按照省办部署，全面做好全市配套工程征迁验收准备工作。（2）抓好配套工程尾工建设。通过多次和设计部门协调对接、和省南水北调办办公室协商施工方案、到工地现场调查研究、组织召开建设工作例会或专项工作会议、对影响问题建立台账等，责令剩余工程量较大的施工4标、11标、12标拿出具体措施，制订切实可行的施工计划，倒排工期，工程进度进一步加快。（3）抓好配套工程安全运行管理工作。配套工程运行管理工作紧紧围绕“把水用好、把工程管理好、把生态保护好”的总体要求，圆满完成各项任务，取得显著成绩。供水效益初步显现，管理体制逐步完善。2016年，配套工程运行安全、高效，共输水约3.7亿方，累计用水量达5.6亿方，日供水量100多万方，受益人口650万人，丹江水已成为郑州市区和沿线县（市）区的主要供水水源。（4）协助完成配套工程资金审核和拨付以及电费支付工作。全年，共完成工程计量和资金拨付41次，拨付工程资金5541万元。（5）加快完成工程变更造价审查工作。全年组织配套工程变更造价审查会22次，共审查工程变更183项，批复113项。（6）重点抓好泵站外接电源工作。按照省办要求，多次上报配套工程外接电源设计变更工作，由省水利设计院牵头编制的变更报告已报省办审批，准备进入招标程序。

南水北调总干渠中原西路段干渠

【移民安置验收工作】 移民安置总体验收市、县自验及省初验顺利完成。通过召开全市移民安置总体验收工作动员会，制订移民安置总体验收自验工作实施方案，成立高规格的郑州市移民安置总体验收工作领导小组，联合市档案局对移民安置自验工作进行巡回督导。通过督导，遗留问题大多得以推进和解决，档案整理、移民资金清理使用、资金核销、遗留人口、财产户安置等工作基本达到验收要求。其中，新郑市观沟村10户财产户安置协议已经签订，120户财产户建房及门楼院墙补助已发放到位，批复使用预备费71.4万元；核定遗留问题人口42人（含财产户、随迁人口等），发放新增移民人口补助25.5万元；移民安置2005—2015年年底投资计划、与有关安置县市区计划投资情况已全面梳理完毕。移民安置顺利通过省级初验，对验收中发现和提出的问题督促各县整改，确保问题处理到位，迎接国家终验。

【库区移民产业项目实施】 加快库区移民产业项目实施，促进“强村富民”“乡村旅游”“移民企业挂牌”等工作顺利开展。批复和下达2个全省强村富民重点村项目资金600万元，促进移民村生产发展和设施升级改造；争取省办移民安置征地超支补助项目5个、资金1326万元；争取省乡村旅游试点村旅游项目资金1140万元、旅游规划资金25万元；争取市级财政移民产业发展资金1155.6万元，县级1：1匹配，涉及扶持项目9个；筛选论证2016年度产业项目18个，项目概算投资3688.6万元。组织有关县（市）赴海南、陕西对乡村旅游工作进行为期1周的学习考察，同时结合省南水北调办乡村旅游指导意见，初步筛选5个移民村作为全省乡村观光旅游试点村。组织移民部门、移民企业、移民村参加省南水北调办组织的移民企业挂牌上市、移民贷、乡村旅游等业务培训。全市计划挂牌移民企业4家。成立丹江口移民贷领导组织并制订工作方案，同时完成乡村旅游试点村旅游规划编制。委托中介机构对2013—2015年移民产业发展项目资金使用和项目建设情况进行审计稽查，确保项目效益发挥。

【大中型和小型水库移民后期扶持工作】 完成郑州市大中型水库移民后期扶持“十三五”时期规划的评审论证，规划涉及15个县（市）区，共计78833人（巩义市单独上报），五年规划投资7.38亿元，规划项目1033个。2016年，全市发放直补资金4170.54万元。郑州市第一批、第二批避险解困试点工作已完成移民搬迁安置1025户，共计3844人；拆除旧房1483户，共计6503人。大中型水库移民后扶信息系统培训及数据录入工作圆满结束，形成一套完整的信息库，并在新郑市建立5个移民信息数据采集站点。与扶贫部门对接，确定县级扶贫部门建档移民106户，共232人，2016年完成脱贫113人，其余119人计划2017年全部脱贫。完成对2015年度大中型水库移民4批次结余资金、3批次库区基金项目及项目实施方案的造价评估和批复工作，批复项目涉及资金6431万元；批复2016年度后扶资金3704万元，其中结余资金两批次2830万元、小型水库移民后扶基金632万元、小浪底水库移民扶持项目资金242万元。完成对2015年省政府十项重点民生工程的40个后扶项目的督导检查；督促相关县（市）对稽查、审计过程中出现的问题进行整改；安排对全市2014及以前年度91个移民后扶项目进行验收，委托第三方机构重点对项目档案资料进行审核完善。

（罗志恒）

黄河治理

【概况】 2016年，郑州黄河治理工作认真贯彻党的十八届三中、四中、五中、六中全会精神，全面落实全河工作会议和河南河务局工作会议部署，认真落实从严治党的要求，规范管理，提质增效，确保年度工作的圆满完成。扎实开展备汛工作，在各级政府主导下，组建群防队伍3.38万人，协助沿黄政府开展抢险实战演练和滩区迁安救护演练，确保黄河工程安全。加大河道巡查和水政执法力度，查处各类水事违法案件472起。开展河道采砂专项整治，实现辖区全面禁采。投入95万元设置可升降式超限装置9处，属地政府设置了24小时超限值守站，有效遏制了违规运输车辆进入河道滩区。2016年度郑州市政府投资797万元的3个项目全部开工建设。配合郑州市政府完成了三刘寨闸、赵口闸东干渠引水泵站建设，全年累计引水4.71亿立方米，实现水费收入2400万元。投入资金52万元支持基层单位对4个一线班组进行优化提升。辖区4个县级河务局在创新工作方式方法、提升管理水平、营造发展氛围等方面取得了突出成效，实现“十三五”时期的良好开局。深入开展文明创建活动，大力营造树形象、谋发展的浓厚氛围。

【黄河防汛】 全面落实防汛工作行政首长负责制，进一步明确各级政府、职能部门的工作职责。完成黄河防总会议观摩、省军区防汛演练等任务，受到黄委主要领导的充分肯定和表扬。开展涉河安全隐患排查，向郑州市政府报送隐患排查报告。争取郑州市政府投资55万元建设涉河安全应急信息平台。开展多种形式的涉河安全宣传活动，累计发放宣传单8万份，设置大型公示牌13处、警示标牌1000余处。对12处工程190道坝垛进行根石探测，采运根石加固石料3.22万立方米，完成了3处工程的应急除险加固任务，完成投资320万元。全年抢险93次，用石1.78万立方米，确保了工程安全。

【工程建设与管理】 黄河下游防洪工程郑州一标7处建设项目主体工程全面完成，花园口闸除险加固工程通过通水验收，并获得黄委文明工地称号。2016年度郑州市政府投资797万元的3个项目实现开工建设。2017年度郑州市政府千万元项目投资计划获得批复。利用郑州市政府资金对8处控导工程20千米联坝道路进行了硬化。完成6大项21处难点治理任务。以惠金辖区为重点开展工程管理范围内管理秩序的集中整治，在工程重点区段设置隔离墩1800余块。全年完成植树任务1.78万棵。配合省公安厅开展花园口景区周边交通拥堵治理工

1月27日，郑州河务局2016年工作会议召开

12月4日，国家宪法日暨全国法治宣传日万人签字活动

作，有效改善花园口景区交通秩序。郑州河务局4个水管单位被评为河南河务局工程管理先进单位，赵口闸通过黄委示范工程验收，并获河南河务局涵闸工程管理第一名，中牟河务局获得河南省国土绿化模范单位称号。

【水行政管理】 水利综合执法示范点建设通过河南河务局验收。组织水政执法队伍开展模拟办案和业务培训，同时14套水政执法专业装备投入使用，进一步提高行政执法能力。加大河道巡查和水政执法力度，查处各类水事违法案件472起。完成河南河务局汛前联合执法检查提出的26项问题的整改任务。开展河道采砂专项整治，实现辖区全面禁采。强力推动中央环保督察采砂整改要求的落实。清除非法仓储41万平方米、渔家乐等违章设施7400平方米、违章片林46.67公顷。惠金河务局投入资金95万元。设置可升降式超限装置9处，属地政府设置24小时超限值守站，有效遏制了违规运输车辆进入河道滩区。整治成效受到上级领导高度赞扬。完成了“六五”普法各项任务，郑州河务局下属3个单位、9名个人分别受到黄委、河南河务局表彰。

【引黄供水】 稳步推进供水体制改革，进一步提高供水服务水平，强化引水计量管理和水费征收。针对引水条件变化的不利影响，配合郑州市政府完成三刘寨闸、赵口闸东干渠引水泵站建设，协调推动牛口峪取水工程建设，开展了桃花峪闸改建及泵站建设的论证工作。2016年，郑州河务局实现经济总收入5.07亿元，新签社会工程合同额1.71亿元，净利润795万元；全年累计引黄河水4.71亿立方米，实现水费收入2400万元。

【科技创新】 2016年，郑州河务局科技信息化建设取得新成就，获黄委科技进步奖1项，河南河务局科技进步奖4项，2个项目分别列入水利部、黄委先进实用技术重点推广指导目录，6项成果通过黄委三新认定。利用郑州市政府投资新建视频监控11处，对堤防工程、险工控导、引黄涵闸以及河道滩区4类共50处视频监控资源进行了整合，建成视频监控中心；建成市（县）局和1个试点班组的视频会商系统；购置无人机，投入河道巡查、河势查勘等工作。

【安全生产】 2016年，郑州河务局严格落实安全生产责任制，强化安全生产“一岗双责”要求，做到管业务不忘抓安全、管生产经营不忘抓安全、管行业管理不忘抓安全。全年召开安全生产联席会议3次，开展安全生产大检查14次，对排查出的10处安全隐患进行整改。推行安全生产网格化管理，开展安全生产月和“送知识、送安全”到一线等活动。强化安全生产预案管理，中牟河务局生产安全事故应急预案被河南河务局评为一等奖。郑州河务局在全国水利知识在线培训及网络安全生产知识竞赛中取得优异成绩，并获组织奖。

（张 森）

工业经济

综述

【概况】 2016年，郑州市深入贯彻落实中国制造2025与河南行动纲要，大力实施“制造强市”战略，加快工业转型升级，实现了“十三五”时期和建设中国制造强市的良好开局，为郑州市建设国家中心城市提供坚实的产业支撑。

规模总量位居全国前列。2016年，郑州市全部工业总产值达到1.56万亿元，居中部省会城市首位，全国27个省会城市第2位。规模以上工业增加值完成3215.4亿元，增长6%；利润总额达到1066.8亿元，占全省的比重超过20%。

主导产业支撑有力。七大主导产业累计完成工业产值10784.9亿元，占全市工业比重的70%。汽车工业产值首次突破千亿元，全市千亿级产业达到6个。汽车及装备制造、电子信息、新材料、生物及医药等战略性产业完成产值8243.6亿元，占全市工业比重的51.8%，成为全市工业转型升级的主要支撑。

创新能力显著增强。已建成市级以上研发中心2149家，其中省级604家、国家级35家。高新技术工业增加值占规模以上工业增加值比重超过40%，全市工业研发投入占全社会研发投入的75%以上，成为全市“双创”的主领域和主载体，创新驱动成为全市制造业发展的重要推动力量。

两化融合加速推进。信息消费示范城市建设加快推进，全市信息消费规模接近500亿元。“互联网+”指数居全国城市第14位。郑州市国际通信专用通道顺利获批并开通。全市信息化水平明显提升，成功入围中国城市信息化15强。

工业能耗大幅下降。全市万元工业增加值能耗降低13.2%，超额完成年度下降5.4%的目标任务。

2月29日，2016年郑州市新型工业化大会召开

【工业稳增长】 2016年，针对二季度出现的工业运行过快下滑的严峻态势，郑州市制订实施“3+2”和“3+6”工业经济稳增长工作专案，完善“周调度、旬报告、月分析、季总结”工业运行监测机制，强化对重点区域、重点行业、重点企业、重点项目的监测分析，建立市级领导和工信系统督导机制，强化县（市）区目标落实。着力解决工业稳增长中的突出问题，深化企业服务，帮助企业拓展市场，研究制订郑州市两批地方名优产品目录，着力扩大地方产品销售，强化产销对接、专场对接，全年共组织34场对接活动，帮助510余家企业签订产销协议640个，协议金额约75亿元。破解企业融资难题，搭建银企对接平台，先后组织11场银企对接会，帮助330家企业争取银行授信99.69亿元，143家企业获得银行贷款37.5亿元。着力解决企业用工难、人才难问题，共组织672个规模以上工业企业、省市重点项目参与省市各类用工对接会37场，缓解了企业用工难题。强化企业要素保障，做好重点工业企业煤电油运调度工作，圆满完成迎峰度夏任务，度冬保电工作扎实有序。全年共协调解决企业生产经营各类难题920个，四季度规模以上工业增加值实现增长9%，有效遏制二、三季度的下滑态势。

【产业基地建设】 建设七大产业基地。研究制订电子信息、汽车、高端装备等七大产业基地三年行动计划。着力推进电子信息产业基地建设，电子信息产值达到3104.7亿元，增长7.5%；全市手机产量2.58亿部，增长30.6%。加快汽车、高端装备产业基地建设，全市汽车及装备制造业产值达到2969.6亿元，增长10.5%。整车产量60.6万辆，增长13.8%，其中新能源汽车产销量为2.66万辆，增长29.1%。新材料、生物及医药、现代食品制造、现代家居和品牌服装等产业基地推进总体顺利，共实现产值4710.6亿元；大力实施“集群集聚”工程。加快新型工业化产业示范基地建设，全市新型工业化产业示范基地达到

10个，其中国家级1个，省级4个。

【大企业培育】 大力实施“企业培育”工程，按照年销售收入等指标确定全市百强企业111家，按照成长性确定116家百高企业，强化培育，引导企业做大做强，鸿富锦精密电子等20家企业进入省百强，康宁特等16家企业进入省百高。着力推进中小企业上规模，全年新增规模以上工业企业300家，成为工业稳增长的新支撑。

【对外招商】 2016年，郑州市工信委先后组织参加第十届中国（河南）国际投资贸易洽谈会、2016年非公经济发展论坛、2016中国·青海绿色发展投资贸易洽谈会、京郑战略合作、第五届中国（郑州）产业转移系列对接活动，成功签约了新华三集团、修正药业、杭州世导、益海嘉里、中兴新能源汽车、甬博掠海、中瑞电力、捷云电梯等147个产业项目，签约金额1304.4亿元。

【重点项目建设】 2016年，郑州市工信委落实“四级三层一统筹”重大战略性产业项目推进机制，分解落实项目建设目标责任，选派百名干部担任首席服务员，联系重点项目，及时解决项目推进过程的问题，确保项目建设顺利实施。全年累计完成工业投资1485亿元，宇通客车国家电动客车电控与安全工程技术研究中心、郑钻年产100万件超硬复合材料制品等126个项目顺利开建，好想你红枣冷库配送中心及红枣深加工、索菲娅服饰年产40万件服装等122个项目竣工，年新增产值280亿元。

【企业创新】 完善创新制造体系。着力完善主导产业、企业和区域协同创新三个层面的创新体系，努力扩大企业研发投入，全市规模以上工业企业研发机构覆盖率达到80%以上，制造业创新发展能力明显提升；推进企业创新平台建设。围绕国家确定的制造业创新中心十大领域和河南省制造业创新中心12个领域，积极在新能源汽车、超硬材料、信息安全和高端装备等领域筹划推进制造业创新中心（产业技术研究院）建设。宇通客车主持完成的《节能与新能源客车关键技术研发及产业化》项目，获得国家科学技术进步二等奖。积极引导企业申报创建企业技术中心、技术创新示范企业、工业公共技术研发设计中心等，汉威电子等7家企业被评为省级技术创新示范企业，全市技术创新示范企业达到30家；全年新增11家市级企业技术中心；郑州磨料磨具磨削研究所被评为省级产业技术基础公共服务平台。

【工业质量和品牌建设】 着力推进质量和品牌建设。坚持质量为先，大力实施“质量品牌”工程，建设质量标杆企业。2016年，中铁工程装备集团的典型经验被认定为国家质量标杆；新开普等3家企业被认定为2016年河南省质量标杆。实施工业质量品牌创新专项行动，积极培育工业企业品牌，2016年郑州华晶等33家企业被认定为省工业企业品牌培育试点企业，奥特科技等3家企业被评为省工业企业品牌培育示范企业。

【智能制造】 推进示范试点建设。积极开展多层面的试点示范工作，宇通客车等6家企业获批2016年国家"两化融合"管理体系贯标试点企业。机械工业第六设计研究院的“智能工厂建设导则标准研究和实验验证平台”与郑州磨料磨具磨削研究所的“高性能超硬材料磨具智能制造新模式”入选2016年国家“智能制造综合标准化与新模式应用项目专项”；宇通客车入选2016年智能制造试点示范项目；大信橱柜等3家企业获批2016年度河南省“互联网+”工业创新示范企业；郑州海尔空调获批2016年度河南省智能车间试点企业。举办系列智能制造论坛（峰会）。参与协办2016中国（郑州）制造业与互联网融合创新高峰论坛，与工信部第五研究所、赛迪研究院签约，达成战略合作协议；成功举办了首届中国（郑州）新能源汽车及智能驾驶峰会、智能制造高峰论坛、企业高管智能制造（工业4.0）培训班等，扩大智能制造、“物联网+”制造在全社会的影响力。加快电子商务平台建设。郑州市规划建设的16个行业电子商务服务平台中，已有世界工厂网“泵阀工厂店”等8个平台上线运营，郑州电子商务的影响力明显提升。

【绿色发展】 积极在建材、有色金属、纺织等重点行业开展能效对标达标活动，推广企业能源管理中心建设，在有色、钢铁、水泥等行业开展单位产品能耗监察工作，引导高耗能企业不断提升能源利用效率。积极引导企业采用国家和省重点节能技术推广目录中推荐的技术、产品和工艺。积极推广应用36项先进适用清洁生产技术，有效降低企业大气污染物排放，做好重污染天气工业企业应急应对工作，在重污染天气和G20峰会等重大活动期间，启动应急减排措施，为全市空气质量改善提供了有力支撑。开展绿色企业创建活动，共组织5家企业申报创建，其中华润登封电力、武都磨料、奥特科技3家企业通过评审。推进大围合区域工业企业外迁，中原区的永泰磨料磨具、二七区的经纬混凝土等12家企业完成外迁，超额完成年度企业外迁目标任务。

【政策扶持】 强化规划引导，编制出台《郑州市建设中国制造强市三年行动计划（2016—2018年）》，编制完成《中国制造2025郑州行动纲要》和郑州市智能制造装备、食品、生物及医药和信息化等“十三五”时期发展规划，进一步完善产业发展规划体系。出台扶持政策，制订出台《郑州市建设中国制造强市若干政策》《郑州市新能源汽车推广应用及产业化发展实施意见》《郑州市鼓励新能源汽车推广应用若干政策》及实施细则，同时设立郑州市建设中国制造强市专项奖补资金、100亿元的郑州制造强市发展基金和总规模不低于200亿元的子基金。全面梳理国家、省、市三级涉企政策资金情况，建立政策资金落实问题台账，加大资金落实力度，全年落实各类政策资金近60亿元。全面落实各项减负政策，全年减轻企业负担29.1亿元。扩大政策宣传，通过广播、电视、网站、微信等媒体广泛宣传各类惠企政策，在《郑州日报》中开通了《政策直通车专栏》，先后对全市电子信息、工业项目奖补、汽车及新能源汽车、节能技改等9类专项奖补资金申报、条件与承办单位情况进行了宣传。大力开展“千人进千企”活动，将政策送到每户企业手中，组建惠企政策宣讲团，在全市范围进行133场宣讲，发放政策汇编资料1.6万余册，做到规模以上工业企业宣贯全覆盖。做好国家试点示范申报工作。按照工信部等国务院部委要求，积极做好“中国制造2025”试点示范城市（群）的申报工作。

（牛志永）

电力工业

【概况】 2016年，国网郑州供电公司紧紧围绕郑州市“三大一中”战略定位和以国际商都建设为统揽的郑州都市区建设各项决策部署，主动履行央企的政治、经济和社会责任，加快建设坚强智能电网，着力提升供电服务能力，全力保障郑州经济社会快速发展。全年完成售电量358亿千瓦时；综合线损率6.54%；城市综合电压合格率99.999%，城市供电可靠率99.9715%；农网综合电压合格率99.8120%，农网供电可靠率99.9989%；电费回收率100%。截至2016年12月31日，实现连续安全生产5676天，连续12年获得全国“安康杯”竞赛优胜单位。

【电网建设】 2016年，国网郑州供电公司完成电网投资41亿元，续建项目43项、新开工项目35项，投运输变电工程25项，投运线路269千米、新增容量210万千伏安。红旗输变电工程提前5个月建成投运，极大地缓解了城市核心区供电紧张局面，优化市区电网整体布局。郑徐高铁大孟牵引站外部电源工程如期投运，保障郑徐高铁顺利通车。港区6座变电站和32座开闭所全面开工，全省首座移动式变电站建成投运。新建改造10千伏及以下线路3667千米、配电变压器1703台，新增配电容量32万千伏安。

小城镇（中心村）和农田机井通电任务提前完成。新装智能电表87.8万块，基本实现市县电采全覆盖。

【电力供需完成情况】 发电情况。截至2016年年底，郑州地区共有发电厂22座，装机总容量1003.75万千瓦。其中，统（省）调电厂12座，装机容量924.5万千瓦；地方小火电7座，装机容量65.2万千瓦；新能源发电厂4座，装机容量14.05万千瓦（含光伏发电）。2016年，郑州全市发电量为439.91亿千瓦时。

供电情况。截至2016年年底，郑州地区有±800千伏换流站1座、500千伏变电站5座、220千伏变电站32座、110千伏变电站169座、35千伏变电站61座；有主变压器527台，变电总容量3211万千伏安；35千伏及以上线路875条，长度5452.5千米。

用电负荷情况。2016年，郑州电网最大负荷862.5万千瓦，较2015年增长4.2%，其中市区最大负荷477万千瓦，同比增长9.3%，创历史新高。

【郑州市全社会用电量情况】 2016年，郑州市全社会用电量502.89亿千瓦时，较2015年同比增长0.45%。其中，第一产业用电量10.32亿千瓦时，同比提高11.87%；第二产业用电量305.35亿千瓦时，同比降低4.71%；第三产业用电量103.58亿千瓦时，同比提高8.32%；城乡居民用电量83.63亿千瓦时，同比提高11%。

【供电服务】 围绕郑州市基础设施、重大工程等项目，开辟报装“绿色通道”，优化工作流程，简化报装手续，在郑东新区增设报装服务窗口，全力做好供电保障工作，地铁2号线、郑大一附院郑东新区分院、熙地港等大项目顺利送电，有效满足民生和经济社会发展用电需求。着力破解报装受限难题，逐户研究制订解决方案，累计解决受限报装77户，释放限报容量131万千伏安。积极配合实施电力设施迁改，完成地铁2号线、南三环东延、西三环北延等迁建工程33项，改造35千伏及以上输电线路66条、配电线路120条，保障了“畅通郑州”工程顺利实施。“四个中心”、郑东新区龙湖、港区园博园等区域内输电线路迁改有序推进，促进郑州市新型城镇化建设。稳步推进国企“三供一业”供电分离移交，与23家国有企业签订供电分离移交框架协议，涉及用户5.4万户。拓展支付宝、微信、“电e宝”等交费渠道，方便客户随时随地交纳电费。

【安全生产】 认真贯彻落实党中央、国务院，省、市各级政府关于安全生产的重要部署，全面开展安全大检查和缺陷隐患整治，治理变电站低压交直流隐患113处、线路“三跨”隐患104处，累计处理各类缺陷2056项。精益设备运维管理，统筹老旧设备改造，设备健康水平及运维智能化水平显著提升。强化电网运行控制，郑州220千伏电网开环运行，地调备调实现常态化运转，县域变电站监控信息全部接入D5000系统，累计发布电网运行风险预警单259份，制订大型停电反事故措施35份，保障了电网安全稳定运行。推进农电安全同质管理，有效提升农电安全管理水平。强化信息安全管理，国网郑州供电公司顺利通过国家电网公司信息通信安全性评价。精心编制迎峰度夏、度冬方案，强化部门协同联动和应急演练，电网经受住了862.5万千瓦最大负荷及“6·14”“7·19”雷暴大风、强降雨等恶劣天气考验，保障电力可靠供应。2016年，国网郑州供电公司圆满完成中欧政党高层论坛、省市党代会等197次重要保电任务。

220千伏红旗变敷设电缆

【节能减排】 将电能替代作为大气污染防治的重要举措，实施电能替代项目175个，实现替代电量12亿千瓦时，相当于减少燃煤消耗55万吨，减排二氧化碳111万吨，减排二氧化硫、氮氧化物、粉尘等2万吨。加快电动汽车充换电设施建设，完成8座电动汽车快充站建设及31个充电桩升级改造，初步形成充换结合、适度超前、智能高效的充换电基础设施布局。

【电力营销】 加大电费回收力度，对高耗能、高污染、产能过剩等高风险客户落实“一户一策”，保证电费按月结零。持续完善“大营销”体系，成立供电服务指挥中心和采集管理中心，推进营配抢修末端融合，整合服务资源，理顺工作流程，提升供电服务效率。

【企业管理和科技创新】 管理和科技创新成果丰硕，获得国家电网公司管理创新奖2项、省科技进步奖1项、省公司

郑州市2016年全社会用电量统计一览表

表6 单位：万千瓦时

类别	用电量	同比增长	结构
全社会用电	5028873	0.45%	100%
第一产业	103198	11.87%	1.84%
第二产业	3053541	-4.71%	64.01%
其中：工业	2981521	-5.31%	62.89%
第三产业	1035836	8.32%	19.1%
城乡居民	836297	11%	15.05%

科技进步奖5项。班组创新和群众创新项目成效显著，1项QC成果获国优、5项获河南省一等奖。2条合理化建议分别获得省公司“金点子”和“银点子”荣誉，《营销优质服务移动互联网化》项目获得省公司“青年创新创意大赛”金奖。发挥博士工作站科研平台作用，开展配电网自动化发展模式和配电网信息融合探索研究，为配网发展提供科技支撑。

（施顺玉 王博）

食品工业

三全冷藏物流中心

【概况】 2016年，面对宏观经济下行，微观运行困难的情况，郑州市食品行业主动适应经济发展新常态，强力推进产品结构调整和产业优化升级，主导产业更加突出，供给侧改革成效明显，有力地支撑全市工业经济的持续健康发展。2016年,全市规模以上食品工业完成工业增加值493.5亿元，较上年下降1.3%，实现主营业务收入1056亿元，增长5%。

部分行业优势突出。2016年,郑州市速冻食品企业在全国速冻食品行业市场占有率超过60%，郑州市已成为全国最大的速冻食品生产、研发基地和物流中心。枣制品规模全国第一，方便面行业约占全国20%的市场份额，以“黄金叶”为明星产品的河南中烟黄金叶制造中心已成为我国长江以北最大的卷烟生产基地，小麦粉、肉类屠宰加工等行业也具有一定影响力。

食品企业实力不断增强。坚持培内与引外相结合，实施战略性企业培育计划，着力培育大企业大集团，全市形成三全、思念、好想你、白象等一批行业龙头企业，引进双汇、中粮、益海嘉里、雪花等一批国内外知名企业。其中三全、思念在国内速冻米面食品市场占有率分别超过30%、20%，好想你枣制品市场占有率全国第一，阳光油脂成为我国中西部地区最大的食用油脂和植物蛋白生产加工企业，博大面业挂面生产规模位居全国前三强，金星啤酒产销量位居河南第一、全国五强。2016年，全市食品工业有规模以上企业191家，其中主营业务收入超3亿元、超10亿元、超20亿元企业分别达到80家、22家、10家。截至2016年年底，郑州市食品工业拥有好想你、三全等12个中国驰名商标，雏牧香、博大等45个河南省著名商标。

集聚效应优势明显。郑州市明确食品工业主要布局二七区、新郑市、惠济区，积极引导重点企业和项目向园区集中，加大建设力度，产业集中度不断提高。随着顶新、花花牛、雏鹰农牧、益海嘉里、好想你等企业一批重点项目相继建成投产，食品工业集聚区的产业规模和竞争能力大幅提升，2016年园区内规模以上食品企业主营业务收入约占全市食品工业的50%以上。

白象集团生产车间

2016年主要产品产量：小麦粉产量256万吨，增长7.1%；精制食用油产量52.5万吨，增长21%；速冻米面食品产量128.15万吨，增长5%；方便面产量38.5万吨，增长0.8%；乳制品产量15.27万吨，增长14.6%；啤酒产量83.1万千升，增长37%；软饮料产量367.3万吨，增长10.5%；卷烟产量1528亿支，下降8.7%。

【企业创新】 新产品开发成效显著。企业把握市场需求不断优化产品结构，呈现多元化、优质化发展态势，思念食品有限公司推出牛魔王水饺，好想你枣业股份有限公司推出无核即食大枣，金星啤酒集团有限公司推出原浆啤酒，众多新产品深受消费者欢迎。创新能力不断增强。企业不断加大研发投入，加强技术中心等创新平台建设，企业创新主体地位进一步增强。截至2016年年底，郑州市食品企业建有国家级企业技术中心4家，省级企业技术中心19家，市级企业技术中心20家，三全食品股份有限公司、思念食品有限公司均设立速冻食品行业博士后科研工作站。

【编写行业发展规划】 市工信委赴广州市、漳州市考察学习当地食品工业发展先进经验与做法，同时重点调研郑州市食品园区发展现状与下一步工作计划，组织全市12家重点食品企业、5位行业专家召开征求意见座谈会，组织编制《郑州市食品工业“十三五”时期发展规划（2016–2020年）》，充分发挥郑州市食品工业的资源、市场及区位优势，梳理明确未来五年全市食品工业发展思路与重点举措，不断推进产业健康快速发展，为郑州市加快产业转型升级，建设中国制造强市提供重要支撑。

【对外交流】 组织郑州市食品企业参

加第十一届东亚国际食品交易博览会、第八届中国(永城)面粉食品博览会、第25届中国食品博览会暨交易会和第7届中国（武汉）国际食品交易会等展会；2016年河南省快消品产销对接、河南宁夏食品产业合作对接、中国（郑州）产业转移食品产业专题对接等活动，进一步加强企业间的交流合作，提升品牌影响力。

【产业政策扶持】 做好《郑州市建设中国制造强市若干政策的通知》的编写工作，对企业参加展会、产品获得绿色食品认证等方面予以补贴和奖励，通过扶持政策的带动引领作用，进一步推进郑州市食品工业的转型升级。

【食品安全保障】 全面贯彻执行新《食品安全法》，鼓励企业建立健全食品安全预警机制、质量控制管理和标准化生产体系，鼓励企业开展质量体系、有机食品、绿色食品等体系及产品认证。根据《郑州市创建食品安全示范城市工作方案》和《郑州市国家食品安全示范城市评价标准和责任划分》中食品安全重点工作的分工安排，规范食品行业管理，加强食品工业诚信体系建设。

【重点项目建设】 （1）郑州恒喜龙食品有限公司（金丝猴）项目。计划总投资11.6亿元，总建筑面积21.8万平方米，项目建成后，将实现年产3万吨新技术健康功能型糖果巧克力及2.6万吨休闲豆制品、1.44万吨蛋糕。（2）河南麦加啤酒有限公司威纳啤酒建设项目。计划总投资7.5亿元，项目建成后，将实现年产30万千升啤酒。（3）金星啤酒集团有限公司项目。计划总投资16亿元，项目建成后，将实现年产50万千升啤酒、10万吨玻璃瓶。

（郜峰）

郑州市煤矿应急救援实战演练

煤炭工业

【概况】 2016年，全市煤炭系统以调结构、促转型、强监管、保安全为总要求，深入推进行业大转型、理念大转变、隐患大排查、灾害大治理、管理大提升，煤炭工业保持安全平稳发展的良好态势。截至2016年年底，郑州市有煤矿134家，设计生产能力4923万吨/年。按隶属关系分：省骨干煤矿34家（含比照省骨干管理煤矿），兼并重组煤矿65家，地方煤矿35家。按县（市）区分：登封市58家，新密市66家，新郑市3家，荥阳市3家，二七区4家。按井型分：生产能力30万吨/年以上矿井29家，生产能力30万吨/年矿井41家，生产能力30万吨/年以下矿井64家。按瓦斯等级分：煤与瓦斯突出矿井27家，高瓦斯矿井13家，瓦斯矿井94家。按水文地质类型划分：水文地质条件复杂、极复杂矿井8家，水文地质类型中等及简单矿井126家。

【煤矿安全监管】 建立健全“双网”覆盖安全监管机制，推进煤炭行业安全监管长效机制建设。大力推行“一网四线、五双”的网格化监管机制，实现网格下沉人员职责分解、监管前移、重心下移，使发现问题、解决问题都在基层，全年网格下沉人员共排查消除各类安全隐患2000余条。依托郑州市煤矿综合信息化平台，对地方煤矿进行网络巡查，重点监测生产矿井入井人数、煤炭产量和瓦斯、风速等参数，全年共对30余起瓦斯参数异常情况进行核查。双网有机互补，立体交叉，形成合力，为促进煤矿安全生产发挥重要作用。建立健全隐患排查治理制度，从根本上探索治理安全隐患有效手段。在全省煤矿率先推行隐患排查治理“五环五步、查办分离”闭环管理模式和“双倒查”机制，努力实现隐患排查治理由治标向治本转变，构建隐患分级管控、分级治理、分级督办的隐患排查治理长效机制。全年共开展4次季度安全生产大检查和高突矿井瓦斯防治、雨季三防及防治水、机电运输、顶板管理等6次专项检查，排查消除安全隐患6000余条。推行安全生产过程控制制度，确保煤矿企业在安全条件下和安全区域进行作业。在全省煤矿率先推行安全生产过程控制制度，对煤矿井下作业现场实施全员、全方位、全过程安全管控。

【超额完成省定年度煤矿关闭退出目标任务】 围绕省政府下达郑州市关闭退出煤矿39对，压减产能753万吨的目标任务，建立由市政府、市直相关单位、县（市）区政府、省属煤业集团组成协调工作组参与的四方联动工作机制，明确责任、通力协作、合力推进。制订以

矿区生产系统全景

一个总体实施方案，财政奖补、关闭退出验收、职工安置、国土资源政策4个配套政策为主要内容的“1+4”政策支撑体系。层层签订目标责任书，全力推进煤炭去产能工作。2016年，全市共关闭退出煤矿61对，超省定目标22对，占全省52.6%；压减产能1098万吨，超省定目标345万吨，占全省41.5%。

【煤矿重大灾害治理】 一是深入开展重大灾害防治。采取“日常监管与专项行动相结合”方式强力推进，先后开展重大灾害大排查、隐蔽工程大排查和“以包代管”大排查专项行动。二是严格落实省政府“双十条”规定。督促煤矿企业建立健全瓦斯灾害防治管理体系，严格执行区域防突措施以及瓦斯参数“双六”指标等。三是严格落实“有掘必探”的防治水规定。针对全市煤矿周边老窑、老空较多的现状，拔高标准，严格执行“有掘必探、物探先行、钻探验证”的探放水规定。

【煤矿安全生产】 2016年，郑州市煤炭生产安全形势总体稳定。全市煤矿连续6年杜绝重特大事故，地方煤矿连续两年实现零事故、零死亡；省属煤矿发生2起死亡事故，死亡9人，低于省政府下达控制指标55%。全市生产煤矿全部达到安全质量标准化三级以上水平，生产煤矿监测监控系统全部进行升级改造，25家煤矿完成综采改造、63家煤矿实现综掘，10余家煤矿主要岗位实现无人值守和井下辅助运输系统自动化，安全保障能力大幅提高。

（于宏强）

烟草工业

【概况】 2016年，郑州市烟草专卖局、河南省烟草公司郑州市公司着力抓好卷烟经营，把稳增销量作为营销工作的首要任务，加强货源组织，优化货源投放，实行全员营销，积极推进市场化改革和现代零售终端建设，全年销售卷烟37.71万箱，增幅排全省第3位；单箱收入达到27076元（不含税），净增667元（不含税），同比增长2.53%；收购烟叶2万担；实现税利总额29.83亿元，净增1.06亿元，同比增长3.68%。2016年，登封市烟草专卖局（分公司）卷烟线功夫QC小组的《提高黄金叶（爱尚）卷烟销量》课题，获得2016年度河南省质量管理小组三等奖。

【市场综合整治】 强化与公安、工商、交通等部门协查工作，持续开展卷烟市场综合治理，专卖市场管理取得新成效。全年查处各类涉烟违法案件2858起，同比增长10.13%；查获违规卷烟8054.67万支，同比增长78.34%；案值4730.64万元，同比增长54.79%，其中5万元以上案件153起，国标网络案件2起。“8·08”案件被评为部督网络案件，涉案人员29人，其中拘留21人，逮捕4人，判刑4人。

5月23日，全市烟草系统法规工作电视电话会议暨法规业务培训班

【烟草法治建设】 紧紧围绕“法治豫烟”建设目标，坚持“法治烟草”建设与业务工作同部署、同落实、同检查、同考核。积极创新工作方法，充分利用专卖巡查、市场走访途径和“微信公众平台”等传播媒介，大力宣传烟草专卖法律法规。在内部网站开辟“法治烟草”专栏，组织专题法律知识培训班，举办知识竞赛等活动，2016年，共组织法律法规学习培训考试569人次，法治宣传专题活动18场，制作宣传展板36块，发放宣传资料3万余份，解答群众咨询1300多人次。

【企业精益管理】 把精细实作为企业管理的根本方针，强化预算管理，加强审计监督，严格控制可控费用和重点控制费用。全面推行网上结算和银行卡结算，努力降低费用率。严格执行国家局“三个保障机制”文件，加大对物资工程服务采购工作的监管力度，做到应招尽招、真招实招。认真落实安全生产责任制，加强安全教育，强化重点防范，突出隐患整改，实现全年安全无事故。

（唐加强）

3月10日，2016年全市烟草工作会议召开

交通运输业

铁路

综述

【概况】 郑州铁路局地处中原，位于全国路网中心，已初步形成全国铁路"双十字"铁路客运枢纽，是"米"字形高速铁路网交会点。管辖线路横跨河南、山西、山东、陕西、湖北、安徽6省，分别于柏庄、安阳间，太要、潼关间，小商桥、孟庙间，夏店、大平间，虞城县、张阁庄间，算王庄、菏泽南间等分界口与周边北京、西安、武汉、太原、上海、济南铁路局相邻，所辖京广、陇海、焦柳、京九、侯月、宁西铁路及京广、徐兰高铁和郑焦铁路等营业线路和郑州、洛阳、商丘、新乡、月山、南阳等铁路枢纽纵横交织成网，构成东达沿海、南通两湖、西连秦晋、北接京津的铁路网络，在国民经济发展中有着举足轻重的地位，被誉为中国铁路"中心局""心脏局""枢纽局"。

2016年年末，线路管辖范围：京广线北于柏庄、安阳间485.800公里处与北京局分界，南于小商桥、孟庙间807.000公里处与武汉局分界；陇海线东于虞城县、张阁庄间354.000公里处与上海局分界，西于太要、潼关间935.500公里处与西安局分界；焦柳线南于耿坡、部营间474.099公里处与武汉局分界；新兖线东于算王庄、菏泽南间148.000公里处与济南局分界；京九线北于曹县、梁堤头间650.273公里处与济南局分界，南于木兰、王楼间718.300公里处与上海局分界；太焦线北于夏店、大平间190.682公里处与太原局分界；邯长线东于长治北、北舍间215.491公里处与北京局分界；王北联络线东于王里堡、北舍间9.000公里处与北京局分界；侯月线北于嘉峰、端氏间147.273公里处与太原局分界；宁西线西于商南、西坪间248.285公里处与西安局分界，东于月河店、小林间562.000公里处与武汉局分界；孟宝线东于平顶山西、余官营间94.900公里处于武汉局分界；徐兰高铁西于灵宝西、华山北间950.627公里处与西安局分界，东于砀山南站299.020公里处与上海局分界；京广高铁北于安阳东站510.330公里处与北京局分界，南于许昌东站780.712公里处与武汉局分界；瓦日线西于长子南站501.417公里处与太原局分界，东于台前北站835.768公里处与济南局分界；其他线路都在局管范围内。

郑州铁路局运营线路正线及联络线68条，主要包括京广、陇海、焦柳、京九、宁西、太焦、侯月、新兖、新焦等铁路干线，运营线路营业长度2392.5公里，总延展长7319.798公里。其中，正线延展长4797.861公里，较2015年增加10.084公里，主要为孟平二线工程新增3条联络线；站段岔特线延展长2521.937公里，较2015年增加21.985公里；正线60型钢轨4667.309公里，占正线总延展的97.3%；正线无缝线路延展长4512.707公里，占正线总延展的94.1%；道岔8696组，其中正线道岔3336组；正线曲线3229条，共计1457.218公里。运营线路共有桥梁3304座，共计250610米，其中特大桥72座、大桥315座。隧道171座，共计107932米，其中3公里以上的长隧道5座。涵渠7056座，共计199590米。桥隧总换算长254081米。

郑州铁路局合资线路正线及联络线26条，包括新密、安李、石林、徐兰高铁、京广高铁、郑开城际、郑机城际、郑焦线、瓦日线及相关联络线。线路营业里程1546.1 公里，总延展长3338.577公里。其中，正线延展长2940.112公里，较2015年增加552.569公里，主要为新增徐兰高速郑徐段及相关联络线；站段岔特线延展长398.465公里，较2015年增加58.292公里；正线60型钢轨2893.200公里，占正线总延展的98.4%，正线无缝线路延展长2875.814公里，占正线总延展的97.8%；道岔1256组，其中正线道岔578组；正线曲线779条计1089.437公里。合资线路有桥梁517座计898804米，其中特大桥137座、大桥94座。隧道65座计157205米，其中3公里以上的长隧道17座。涵渠1284座计33496米。桥隧总换算长674310米。

郑州铁路局配属机车1263台，其中内燃机车215台、电力机车1048台。配属客车2313辆，配属CRH型动车组65列/84标准组。

管内信号设备总里程4180.816公里，复线区段3696.847公里。其中自动闭塞区段3661.703公里，半自动闭塞区段443.513公里，自动站间闭塞75.6公里。管内有站场286个，其中计算机联锁站236个；联锁道岔9836组，其中集中联锁道岔9781组；驼峰场17个，其中自动化驼峰7个。通信设备换算总计327868.78皮长公里。

2016年，郑州铁路局运营汇总固定资产期末原值10183261万元，同比增加547431万元。其中运输业固定资产期末原值10145902万元，同比增加548974万元。其他固定资产期末原值37359万元，同比减少1543万元。

2016年年末，郑州铁路局设置行政职能管理机构30个，另设置生产机构1个、其他机构1个。局党委设职能机构4个。郑州铁路局设置行政附属机构53个，另设其他机构1个。郑州铁路局设行政性学、协会办事机构3个，派出机构1个。有各类基层单位66个。其中，运输站段34个，运输辅助等单位19个，非运输企业13个。车站244个，其中特等站3个、一等站26个、二等站30个、三等站77个、四等站95个、五等站14个。运输站段中车务站段13个、客运段1个、机务段3个、供电段3个、车辆段4个（含动车段）、工务（工务机械、桥工）段6个、电务段3个、通信段1个。其中，34个运输站段不包括新铁公司

（郑州新铁运输有限责任公司）、安铁公司（安阳安铁运输有限责任公司）2个合资铁路公司。扶轮、铁建、中伟公司分别与郑州、郑州北、洛阳建筑段实行一体化管理。郑州铁路科技发展有限公司委托局科学技术研究所代为管理。

2016年年末，郑州铁路局职工总数108039人（含郑西客专59人、郑万客专39人），其中在岗职工104693人、非在岗职工3346人。全部职工年末人数较2015年年末111119人减少3080人。在岗职工年末人数中：生产人员86999人、管理人员12391人、服务人员4469人、其他人员834人；女职工17967人（含非在岗职工657人），占职工人数16.63%。郑州铁路局操作技能人员89980人，其中女职工13423人。文化程度：大学本科及以上5244人，大专18881，高中（技校、中专）55564人，初中及以下10291人。技能人才85686人，其中高级技师734人、技师5498人、高级工34324人、中级工23559人、初级工14756人。郑州铁路局有干部17275人（含郑西、京广客专公司、城际铁路公司和通号（郑州）电气化局集团有限公司)，较2015年减少486人。共产党员12992人，共青团员696人，民主党派17人，无党派3570人。女干部4742人，占27.45%；政工干部1715人，占9.93%；各类专业技术人员11797人，占68.29%。

【运输任务完成情况】2016年，郑州铁路局车务系统认真落实总公司、铁路局各项工作要求，始终坚持“三点共识”和“三个重中之重”，深入推进安全风险管理，认真推行“三化”建设，坚持安全第一思想，围绕提质提效目标精准发力，统筹高铁和既有线客货运输组织工作，打赢攻坚战，争做排头兵。周密组织国产标准动车组运用考核和高速综合试验行车指挥工作，创造420公里/小时交会和重联运行的世界纪录；加强组织，力保郑徐高铁、孟平二线顺利开通，“1·10”“5·15”两次大型调图及信号联锁软件换装、道岔插铺等大型复杂施工安全有序；10月12日调度所接管货运工作计划职能，理顺货运组织流程；10月28日完成调度所整体搬迁，创造14个普速行车台4分钟内完成新、旧系统切换的行业纪录；军、特、专重点运输、春运、暑运及小长假运输均取得较好业绩。完成专运任务410批，国庆节当日发送旅客63.8万人，创发送人历史新高；运输新兵5.1万人次；集装箱发送量、发送箱同比分别增长72.7%和81.5%；中欧班列累计开行247列，零散和批量零散货物快运增幅达241.9%和88.6%，居全路之首。全年郑州铁路局运输进款完成291.4亿元，同比增加10.1亿元，增长3.6%；旅客发送11560.0万人，同比增加1319.6万人，增长12.9%；周时1.63天，同比压缩0.20天；换算周转量2269.9亿吨公里，同比增加57.1亿吨公里，增长2.6%；货物发送15963.8万吨，同比增加177.4万吨，增长1.2%。其中，煤炭发送10051.8万吨，同比减少77.7万吨，降低0.8%。日均装车6760车，同比增加401车，增长6.3%。

2016年春运累计发送旅客1262.94万人，同比增长7.1%，其中直通旅客发送706.2万人，同比增长1.6%。实现客票收入13.99亿元，同比增长42.6%。2月27日（农历正月二十）春运旅客发送量达到峰值，郑州铁路局发送旅客48.5万人，同比增加3.7万人、增长8.2%。高铁发送旅客358.2万人，占总发送人28.4%。期间，郑州铁路局货物周转量完成154.88亿吨公里，同比增长0.94%；日均卸空车4257车，同比增长3.09%。

春节假期郑州铁路局完成旅客发送169.02万人，较2015年春节增长1.04%，其中2月13日郑州铁路局旅客发送40.3万人；货运组织平稳有序，郑州铁路局日均卸空车4206车，超应卸420车，同比日均多卸409车，实现卸车组织快速高效。

清明小长假运输平稳有序，加挂客车29辆，增开临客84列，其中始发9列、通过29列、终到9列、管内37列。郑州铁路局发送旅客128.32万人，同比增长11.6%；完成客运收入9494万元，同比增长29.8%；“白货”装车日均完成2769车，同比日均多装511车。

端午小长假，郑州铁路局发送旅客98.54万人，同比多发送7.71万人，增幅8.49%，创历史同期新高。郑州铁路局加挂客车51辆，开行高峰线48列，增开临客207列，其中始发6列、通过9列、终到6列、管内186列。6月8日—11日，郑州铁路局日均接交列车563.3列、568.8列，取得近期较好成绩；车辆周时完成1.54天，较年预算压缩0.29天；日均运用车保有量40046车，较计划压缩3954车；日均卸车5224车，同比多卸809车；郑州东站发送旅客17.8万人，同比增长37%，其中6月9日发送旅客57972人，单日发送旅客同比增长39%，创建站以来历史新高。

暑期运输为期62天，按照“扩担当、加通过、增始发”，以及“用好图定、发挥新增、利用假日、抓住周末”思路，及时调整售票策略和运能运力，实现旅客运量持续增长。郑州铁路局累计发送旅客2032.7万人，全路排名第十，同比增加154.2万人，增幅8.2%；完成客票收入202475万元，全路排名第九，同比增加15904万元，增幅8.5%。其中，普速发送旅客1314.3万人，同比增加31.0万人，增幅2.4%。

中秋小长假，郑州东站累计开行旅客列车1392趟、发售车票50106张、发送旅客21万人，其中9月15日发送旅客77358人，创该站单日发送新纪录。9月17日，郑州铁路局单日交出列车数创历史新高，分界口交出货物列车648列，打破2007年6月10日单日交车638列纪录。

“十一”黄金周累计发送旅客447.51万人，同比增长15.84%，其中10月1日发送旅客63.78万人，创历史单日旅客发送新高；发送货物443.97万吨，同比增长13.55%；运输收入91379万元，较年度预算日历进度多收入12564万元，增幅15.94%。期间，郑州铁路局加开临客970列，其中普速404列、高铁566列。郑州车站假日期间向北京、上海、广州、西安等方向开行临客420余列；郑州东站日均开行旅客列车373列，加开临客38列。郑州铁路局日均发送旅客44.75万人，同比增加6.12万人，增长15.84%。

【安全风险管理】2016年，倡导“依法治企”和“大安全”理念，防范和遏制高铁、动车、客车事故，不断探索规律，把握重点，过程控制，统筹推进。一是检查活动向目标化推进取得阶段成果。结合安全实际和管理重点，突出问题导向，开展“三查三反”“两违治理”“百日行动”和安全大检查活动。查干部、查管理、查现场，目标清晰；查“红线”、查违章、查违纪，重点突出；看作业、评管理、重验证，看评结合；包站区、包系统、包线路，重心下移。特别是“十看十评”工作，通过以下看上、反查管理、边查边整、堵塞漏洞等措施，形成安全生产的管理方法和思路，也集中解决了一批管理问题。二是基础建设向标准化发力进行有益探索。坚持“大安全”理念，坚持安全生产与信息化的高度融合，以强化基层为目标，集中开展标准化站段、标准化车间、标准化科室和标准化班组建设。抓住机制、人员、设备等管理源头和基本要素，推进站段强化机制、打好基础和长远发展；抓住车间组织生产的主线，推进现场管理、规范作业和制度落实。同时，强化局安委会问题督办、结合部问题协调解决机制，优化安全监督检查机构设置，推进专业季度安全检查，实行安全隐患速报、重奖、快奖制度，规范施工和天窗修管理。职工培训课件开发和“云学习平台”建设逐步向基层延伸，标准化建设效果形成辐射态势。三是现场控制向精细化过渡，传承问题导向。坚持“严格管理决不动摇、严查‘两违’决不放松、严格考核决不手软”，强化安全底线思维，用严格管理聚焦过程控制；坚持安全卡控关口前移，在春运、调图和路外安全环境整治等工作中，细定方案，精细分工，加大过程管控；坚持开展安全日分析、周分析工作，建立涵盖规章制度、职工素质、设备质量、运营安全等10个方面的郑州铁路局安全风险库，动态管控安全风险；持续开展常态化检查整治，精准排查整治安全隐患，减少安全风险；坚持安全工作导向，修订完善安全生产考核办法和安全生产责任追究制度，制订触碰高铁和客车安全“红线”岗位退出办法，明确22条安全“红线”范围和处理办法，对干部履职过程进行动态追踪考核。四是资金投入向保重点倾斜消除大量风险。坚持“科技保安全、设备保安全”理念，加大安全资金投入力度。组织机务系统6A、CMD系统加装及和谐型机车停放制动装置试改，完成车辆系统TEDS、TVDS、THDS和TADS建设和改造。线路“平改立”规划消除道口54处、无人看守道口安装视频监控系统37处、有人看守道口安装道机联控系统19处，更换客车径路木枕道岔22组。组织电务系统TDCS设备改造，推进LKJ数据地面化试验。完成供电系统弓网安全监测装置、高铁远动SCADA及接触网隔离开关等工程，完成郑西高铁188台“网开关”改造。2016年，完成装备投资11.83亿元，安全装备投入占比39.5%。五是生产指挥向信息化发展提高技防水平。按照总公司信息化发展规划和铁路局“六化”同步工作部署，坚持“实际、实用、实效”原则，统一规划、统一标准、统一设计、统一投资、统一建设、统一管理，全面推进“1578”战略规划。“数字郑铁”系统建设初见效果，构建功能完善的路局大数据服务平台，安全信息、生产信息、设备检测、监控数据、音视频通讯传输、应急救援处置资源得到集成和共享。以郑州铁路局应急指挥中心建设为契机，初步实现安全生产指挥信息化、集约化和扁平化。六是环境整治向制度化推进。坚持“政府主导、路地联动、依法治理、合力共为”原则，郑州铁路局主要领导亲自挂帅，各分管领导分片包保，各部门、各单位对口联动，实现路外安全环境整治的协调推进。各单位主要领导亲自上手，班子成员靠前指挥，车间主任具体负责，坚持“边拆、边围、边建”原则，巩固和扩大整治成果。宣传部门坚持舆论引导，集中力量深入社区学校，组织媒体采访体验，借助各种平台解惑释疑，得到社会大力支持。截至2016年10月7日，郑州铁路局实现连续安全生产1400天。12月10日，新乡电务段发生从业人员死亡，造成较大安全事故，打破路局安全天数。12月14日，月山工务段从业人员死亡，造成一般A1类事故，再次打破路局安全天数。

【郑州车务段挂牌成立】 1月5日，郑州铁路局、局党委印发《关于调整设立郑州车务段的通知》，将郑州车站、郑州北车站、郑州东车站以及开封车站所辖的共计29个车站整建制划入新成立的郑州车务段，由原开封车站负责接管。新成立的郑州车务段领导班子及时对过渡期安全包保、客货营销、整体搬迁等事宜进行商讨，并召开搬迁、接管工作部署和形势宣讲会，成立两套班子，一方面集中专业优势力量保安全、盯关键、促营销；另一方面紧盯物资搬迁、设备安装和环境美化等工作，在不影响正常生产情况下，用10天时间完成整建制移交和新址搬迁。1月16日9时，郑州车务段在郑州市货站街举行挂牌仪式。

【郑州铁路局首趟跨海自驾游汽车运输班列启程】 1月18日21时53分，47辆汽车在圃田车站货场“装车”启运，抵达郑州北站后搭乘80635次货物列车，直达海口，成为郑州铁路局一次性运输最多、河南首发海南的跨海自驾游汽车运输班列，再创承运纪录，实现自驾游汽车运输班列常态化开行。郑州铁路局党委宣传部通过路局官方微信、微博平台发布相关信息，国内20余家媒体对活动进行报道。

【郑州铁路局十一届五次职工代表大会在郑州召开】 1月21日—22日，郑州铁路局十一届五次职工代表大会在郑州召开，局长何元作题为《创新实干加快发展 把郑州铁路局各项事业不断推向前进》行政工作报告，局党委书记杨伟军在闭幕式上讲话。会议审议《行政工作报告》《郑州铁路局2015年财务会计报告》等，审议通过《关于〈郑州铁路局2015年集体合同〉履行情况的报告》《关于郑州铁路局十一届四次职工代表大会提案处理落实情况的报告》等，签订《郑州铁路局2016年集体合同》，评议局领导班子及成员，调整补选局十一届职代会有关机构及工作人员。来自郑州铁路局各条战线的职工代表及部分特邀、列席代表参加会议。

【国务委员王勇到郑州铁路局检查指导春运工作】 2月2日，国务委员王勇带领国家安监总局局长杨焕宁一行到郑州铁路局检查指导春运工作。在郑州东站，王勇听取路局春运工作汇报，询问路局以及郑州东站春运能力和安全保障、便民利民措施制订落实等情况后，检查车站客流乘降组织，了解客运综合服务台功能，并慰问春运一线干部职工，对路局及郑州东站春运工作给予充分肯定，并就下步春运安全提出严格实名制验票、加强站区联防、“三品”检查和反恐防暴。杨焕宁指出，车站要充分利用站内设备设施做好春运宣传工作，优化LED广告灯箱传播内容，增加春运安全、亮点服务、旅行常识、“三品”危害等内容比重，营造平安春运氛围。

【河南省省长谢伏瞻到郑州铁路局慰问一线干部职工】 2月6日，河南省省长谢伏瞻到郑州东站慰问一线干部职工，并在安检查危、“心馨”党员服务台和第八售票处等场所，详细询问车站春运客流、旅客组织工作等情况。在“心馨”党员服务台前，谢伏瞻向春运期间奋战一线、立足岗位的职工表示衷心感谢，并叮嘱客运人员要认真做好各项服务工作，确保实现旅客安全、方便、温馨出行。

【铁路总公司党组书记、总经理盛光祖到郑州铁路局检查指导春运工作】 2月15日，铁路总公司党组书记、总经理盛光祖到郑州铁路局检查指导春运工作，在郑州东站“心馨”党员服务台、候车室、车站监控指挥中心、售票厅和安检口等处，详细了解春运客流和安全生产、客运组织、便民服务，以及“三品”查处、反恐防暴等工作，并亲切慰问当班职工、公安特警和武警战士。针对下步工作提出要抓好应急处置、确保春运安全、强化反恐防暴、提升服务水平、开拓客运市场、加快铁路建设等要求。积极研究并优化郑州枢纽总体布局，根据郑州“米”字形高铁建设情况，及早着手研究郑州高铁枢纽的合理布局及能力加强工作，充分发挥枢纽作用。

【郑州铁路局第200列中欧班列开行】 2月25日，X8202次中欧班列（郑州至汉堡）编组50辆从圃田车站发出。这是2013年7月18日首列班列开行以来，郑州铁路局开行的第200列中欧班列，期间共发送8467车货物抵达欧洲大陆。作为中部省区开行的第一条国际集装箱班列线路，中欧班列（郑州至汉堡）打通了河南至欧洲各国的铁路物流通道，对于加强丝绸之路建设，促进新亚欧大陆桥沿线各国与中原经济区间的区域合作，提升中原城市群整体竞争力，发挥郑州综合交通枢纽优势具有重要意义。为确保班列安全正点运行，郑州铁路局严格制订国际集装箱班列运输组织方案，明确货源组织、车辆集结、运输衔接、调度组织等关键环节和工作流程，以班列常态化开行为目标，确定班列固定线路、固定编组、固定开行时间，实现各环节顺畅有序运作。2016年，中欧班列（郑州至汉堡）开行200列，较2015年增加103列，增幅106%。

【郑机城际列车冠名“洛阳白云山”号】 3月25日，郑州铁路局郑机城际列车冠名“洛阳白云山”号首发式在郑州东站举行，为郑州铁路局列车冠名再添亮点品牌。为做好这次列车冠名首发开行工作，中原铁道文化传媒公司成立由主管领导牵头的工作小组，召开专题会议，协调车辆部门确定首趟冠名郑机城际列车开行车底，并与冠名“洛阳白云山”号的客户单位多次商谈合作事宜，完成“洛阳白云山”号郑机城际列车8节车厢行李架、玻璃贴、头枕巾、展牌、小桌贴、LED显示屏、视频、列车广播等8类广告媒体的上刊安装工作，为“洛阳白云山”号冠名郑机城际列车首发开行创造有利条件。

【京广线安阳至孟庙段牵引供电设施改造工程】 4月18日10时18分，京广线安阳至孟庙段牵引供电设施改造工程在郑州北站下到场举行开工仪式，这是自2007年4月18日京广线第六次提速改造后，该区段供电设备首次扩能改造。改造施工总投资8.1亿元，2015年11月1日建设方案批复，计划2017年4月30日竣工，涉及正线营运里程321.2公里，将改造接触网设备1302条公里，改造变、配电所25个，改造电力线路179条公里，对5座变电所牵引变压器、自耦变压器进行更换、扩容和升级，对低压开关设备、综合自动化系统、10千伏电力贯通线电源和交直流自用电系统实施更新改造，同时对郑州车站、新乡车站和郑州北站控制性枢纽工程进行改造。此次改造施工由郑州工程指挥部负责施工组织管理工作。

【首批“银铁通”自助存取款售票机投入使用】 4月，河南中原铁道旅游集团与郑州银行接洽达成合作意向，联合开发出“银铁通”自助存取款售票机，并签署战略合作框架协议。5月3日，首批50台新型的“银铁通”自助机在郑州市50个郑州银行网点投入使用，市民可拿任意银行银联卡和身份证，全天24小时在自助设备上购买火车票，实现铁路客票业务跨界营销，惠及铁路、银行、大众三方。

【郑州铁路局实现新旧运行图无缝对接】 5月15日，全国铁路旅客列车运行图进行调整，是2010年以来变化最大、涉及面最广以及增开品牌列车、加开列车对数最多的一次。涉及高铁早晚动车组列车开行和中间站停放、既有线地级市始发普通旅客列车。针对调图，郑州铁路局召开2016年基本图宣传贯彻电视电话会议，成立调图领导小组，组织有关部门对调图各项工作进行研究细化，梳理新图关键点，并结合路局实际提前进行部署，局管各车站根据调图工作方案，细化客流组织措施，确保了新旧运行图无缝对接，调图期间各项工作安全有序。调图后，郑州铁路局将新增直通旅客列车17对、夜间动车组11对、高峰线5对，涉及旅客列车397对。其中，地级市始发客车7对。

【铁海联运班列开行至连云港】 5月22日13时49分，X9518次列车从圃田车站启程开往连云港，成为郑州铁路局2016年首次利用集装箱模式开行的铁海联运班列，标志着继青岛港之后，又一个沿海城市的“出海口”搬到了郑州“家门口”。郑州铁路局以2016年“5·15”全国铁路运行图调整，各类货物班列开行总数达251列，并大幅度压缩列车运行时间为契机，增开圃田至连云港“铁路箱”铁海联运班列，成为继中欧班列之后打造的又一重量级品牌，使郑州至连云港集装箱运输从两周1列，发展到每周1列，运行时间由48小时缩短至35小时；货源从最初零星出口货物发展到出口河南大型企业物资，极大地满足了郑州至东南亚地区近洋航线货物运输需求，进一步奠定郑州国际陆港重要地位。

【郑州铁路局参加中国郑州国际物流展览会】 5月20日—22日，郑州铁路局参加了在郑州国际会展中心举办的2016第三届中国郑州国际物流展览会。此次参展是对郑州铁路局铁路在货运改革、铁路现代物流新服务平台建设等方面取得成绩的一次集中展示，并加强了与国内高端物流企业的交流，学习先进物流经验。同时，与国内大型企业开展洽谈对接，争取更多的铁路运输、仓储物流、基地建设等合作机会。

【太焦线与瓦日线在郑州铁路局管内正式连通】 6月1日9时50分，长子车站站场改造工程完成，标志着晋煤外运“黄金通道”太焦线与万吨重载铁路瓦日线在郑州铁路局管内正式连通，将大幅提高路网利用率及运输生产效率。改造内容包括新增股道，改建原煤矿专用线满足上行联络线接入需求，新建信号综合楼，更新联锁、TDCS、信号集中监测设备等。改造后，长子车站新增股道2条、轨道电路10区段、道岔10组、信号机9架，与长子南间上下行联络线64D半自动闭塞设备同时开通使用，机车司机可凭信号正常行车，长子车站成为瓦日线接轨站。

【中共郑州铁路局第九次代表大会】 中共郑州铁路局第九次代表大会于2016年6月2日在郑州召开。中共河南省委书记、省人大常委会主任谢伏瞻，中国铁路总公司党组书记、总经理盛光祖出席开幕式并分别代表中共河南省委、中国铁路总公司党组向大会召开表示热烈祝贺，充分肯定郑州铁路局在安全生产、运输经营、路网建设、坚持不懈地加强和改进中共建设和思想政治工作等方面取得的成绩，以及对河南经济社会发展所做的重要贡献表示衷心感谢，对下步工作提出希望和要求。郑州铁路局局长何元致开幕词，局党委书记杨伟军作题为《落实全面从严治党要求发挥党组织政治核心作用 在推动郑州铁路局创新发展实践中展示作为》工作报告，局党委副书记、纪委书记戴弘作纪委工作报告。3日，郑州铁路局第九次党代会召开全体代表会议，选举产生新一届党委委员、纪委委员，并举行闭幕式，通过党委、纪委工作报告决议。局党委书记杨伟军致闭幕词。

【中国铁路启用“中欧班列”统一品牌】 6月8日9时，编组42辆的X8003次“中欧班列”从郑州铁路口岸圃田车站驶出，前往德国汉堡，标志着中国铁路正式启用“中欧班列”统一品牌，旨在集合各地力量，增强市场竞争力，将“中欧班列”打造成具有国际竞争力和信誉度的国际知名物流品牌，同时助推铁路供给侧结构性改革，提供更多有效供给，更好地服务“一带一路”建设。统一品牌后的“中欧班列”同时在重庆、成都、郑州、武汉、长沙、苏州、东莞7个城市始发。“中欧班列”指按照固定车次、线路、班期和全程运行时刻开行，往来于中国与欧洲以及“一带一路”沿线各国的集装箱国际铁路联运班列。至此，全国累计开行“中欧班

3月14日，郑州铁路局召开全局“转观念、闯市场、增效益”主题教育活动动员暨首场宣讲报告会

3月18日，濮阳至郑州旅客列车开行首发仪式在濮阳火车站站前广场举行

列”1700余列，其中自2013年7月18日首发“中欧班列”（郑州—欧洲）开行239列，发送货物10039车，成为拉动河南经济发展新引擎。

【全路第一趟“内贸+外贸”新型货运班列开行】 6月21日22时16分，由郑州铁路局组织开行、全路第一趟“内贸+外贸”新型混合编组的郑州至新疆至俄罗斯X2571次国际物流特需货运班列从圃田车站开出，抵达新疆乌拉泊车站后，内贸物资在疆内分拨和配送，外贸物资再经阿拉山口出关销往俄罗斯和中西亚地区。成为继开行中欧班列（郑州）之后，郑州铁路局开辟的又一条连接西部边疆及丝绸之路经济带沿线国家经贸交流的快捷通道。每天开行1班，实现铁路物流运输“公交化”。

【铁路民航联手打造空铁换乘“直通车”】 6月23日，郑州铁路局与河南城际铁路公司、河南机场集团在新郑国际机场签订战略合作协议，充分发挥各自优势，进一步完善综合交通运输体系结构，建立综合交通出行信息共享服务平台，让旅客在高铁与机场之间换乘实现“无缝”衔接、快速换乘的“直通车”，使出行更加高效便利。协议规定：在郑州机场、郑州东高铁站内安装自助设备，三方场地满足空铁换乘出行票证的购买或打印，增强旅客便捷旅行体验，实现高铁与航空共赢发展；建立综合交通出行信息平台，整合民航和铁路信息资源，推进换乘旅客出行信息联网；建设空铁联运售票系统，共同提供机票、火车票联程联网售票服务，实现“一票联程”和“无缝”换乘；完善空铁运力保障体系，加大运力投放力度，结合郑州机场航班淡旺季及日高峰时段需求，合理安排调配城际铁路时刻，实现旅客快捷换乘；建立应急协调联动机制，进行有效协调指挥，处理突发事件。6月3日，郑州机场在郑州东站启用自助值机系统，首批设置8台自助值机设备已开始办理机场国内航班登机牌、选择机舱座位等业务，每天近400人在此办理值机手续，极大地节约了旅客的时间成本。

【郑州铁路局“青年成才助推工程”信息平台上线试运行】 6月，郑州铁路局“青年成才助推工程”信息平台上线试运行。在功能定位上，该信息平台是郑州铁路局新入路青工网上信息库、成才助推网络平台和培养工作的评价平台，将动态收录、更新郑州铁路局每名入路5年以内青工详细信息、成长过程，发布路局有关大学毕业生早期培养工作系列制度、文件，并以此为依据对库内每名青工培养和成长过程进行写实考绩；具备关键字段查询、统计、分析和数据导出等功能，满足各级组织、机构和领导对新入路青工培养过程进行全程追踪、考核、评价、指导的需要，能够动态反映各单位青年人才助推工程实施情况，督促各单位认真落实路局大学毕业生早期培养系列制度，助推更多优秀青年脱颖而出。实现郑州铁路局新入路青工职业生涯导航信息化管理，成为郑州铁路局青年成才新的“助推器”。

【中国标准动车组在郑徐高铁综合试验成功】 7月15日11时20分，中国自行设计研制、全面拥有自主知识产权的2辆中国标准动车组，以420公里时速，在郑州至徐州高速铁路上进行一次不到2秒的短暂“会面”，创造了动车组列车在实际运营环境和条件下世界最高交会速度。同时，中国标准动车组完成高速重联和交会试验。为确保代表“中国创造”的中国标准动车组运用考核工作顺利实施，郑州铁路局制订《郑徐客运专线中国标准动车组运用考核试验实施方案》，成立由局长、局党委书记任组长的高速综合试验领导小组，以及由局总工程师为指挥长的高速综合试验指挥部，下设运输组织、试验测试、设备保障、安全保卫、后勤保障和动车组保障6个小组，逐个明确责任分工和责任人，组织各相关单位制订高速综合试验应急预案，确保试验高质量推进。

【中国中西部高铁与东部高铁实现联网】 7月20日18时，郑徐高铁引入郑州东枢纽信号软件换装工作完成，标志着郑徐高铁开通运营前最重要、最关键的控制性工程完工，实现郑徐高铁与京广高铁、郑西高铁、郑开城际铁路、郑州东至机场城际铁路在郑州东高铁枢纽的互联互通，也标志着中国中西部高铁同东部高铁实现联网。至此，郑州铁路局既有线普速铁路和高速铁路在郑州将正式形成“双十字”交叉。针对实现郑州东站京广场、城际场、徐兰场在郑徐

5月4日，郑州铁路局举办纪念“五四”运动97周年暨青年创新创意大赛、

高铁开通之际互联互通，换装施工涉及郑徐、京广、郑西高铁和郑开、郑机城铁等线路上17个车站、5个线路所和路局4个调度台，对相邻多个铁路局运输秩序有一定影响，各相关部门和单位按照“一站一案”“一点一案”原则提前做好各项预案，明确施工作业流程、影响范围等事项。施工中严格执行“六项联锁试验纪律”，全过程盯控施工操作流程及安全措施落实，并根据“逐项试验、逐条确认”原则，对照联锁试验表对道岔位置、区段占用、信号开放等信号设备进行逐项试验，确保联锁试验不缺项不漏项，做到软件数据准确无误。施工完毕后，及时进行动车组动态拉通试验，安排专人乘动车组跟车检查，确保换装升级后的软件系统运行安全平稳。

【“献血英雄”刘伟栋入围“中国好人榜”评选榜单】 7月，郑州铁路局“2012道德模范”、郑州机务段电力机车司机刘伟栋入围“中国好人榜”助人为乐类评选榜单。刘伟栋积极参加各类志愿者服务活动，10年累计献全血1200毫升、69个血小板治疗量，创建“造血干细胞志愿者”QQ群，发展成员100余人，实现从一人爱心到一群人善举。获全国无偿献血奉献奖金奖及河南省文明市民、省直“十大道德模范”等称号。《中国青年报》《大河网》等中央、省、市主流媒体对其事迹予以报道，并被誉为“献血英雄”。

【郑州铁路局与晋煤集团、兰花科创签署战略合作协议】 8月11日，郑州铁路局局长何元代表路局分别与晋煤集团、兰花科创集团公司签署战略合作协议。郑州铁路局与两家企业就稳量增量达成一致意见，将在降低物流成本、创新物流组织模式、均衡运输等方面开展多渠道、全方位合作，确保2016年晋煤集团煤炭铁路发运量完成3550万吨，兰花科创煤炭铁路发运量完成400万吨、化肥铁路发运量完成100万吨。晋煤集团是由山西省国资委控股，国开金融公司、中国信达公司持股的有限责任公司，是中国优质无烟煤重要生产企业、全国最大煤层气抽采利用企业集团、煤化工企业集团。兰花科创是以煤炭、煤化工、现代服务业、新能源新材料、消费品等五大产业板块为一体的大型多元化企业集团。

【汤鹤线进行首次机械化换枕】 8月19日6时，郑州工务机械段首次使用DXC-500型大修列车，对汤鹤线K16+700处进行换枕作业，标志着郑州铁路局首次对汤鹤线进行机械化换枕，结束了依靠人工换枕的历史。汤鹤线西起鹤壁东，东到汤阴，全长约35公里，承担着鹤壁大宗物资向京广线运输的任务。此次施工，计划在13个施工“天窗”内完成鹤壁北站至鹤壁时丰站间2公里线路换枕任务。

8月11日，郑州铁路局与晋煤集团战略合作协议签署仪式

【郑州铁路局出台网络安全管理体系管理办法】 8月26日，郑州铁路局印发通知于10月1日施行《郑州铁路局网络安全管理体系管理办法》（简称《办法》）。《办法》指出，体系管理指建立、实施网络安全管理体系后，通过记录和文件管理、信息安全风险评估、内部审核和管理评审等，保持和持续改进网络安全管理体系。对相关组织职责作出规定：郑州铁路局网络安全和信息化领导小组负责体系管理中的重大事项决策；局信息化处负责落实网络安全和信息化领导小组的决策和要求；路局各业务主管部门参与网络安全风险评估、内部审核和管理评审等工作；信息技术所参与路局级体系文件制订、网络安全风险评估、内部审核和管理评审等工作；局属各单位按照路局体系精神，负责管内体系文件的细化和落实。局信息化处会同路局有关部门组织编制和维护路局级体系文件；局属各单位负责编制和维护本单位体系文件；各单位依据体系文件开展工作，编写过程记录，包括会议记录（纪要）、培训记录、网络安全事件报告、内部审核记录、安全解决方案等，并负责妥善管理过程记录，包括记录分类、标识、编目、检索、保存、保护、存档等。对网络安全风险评估提出明确要求，由局信息化处牵头，各业务主管部门、运维单位参与，定期组织开展网络安全风险评估。局信息化处会同业务主管部门确定网络安全风险可接受准则，各运维单位依此制订网络安全风险处置计划。对发现的安全风险，局信息化处和业务主管部门应督促责任单位及时整改。内部审核和管理评审工作由局信息化处牵头组织。以内部审核为前提，局信息化处根据实际情况负责协助网络安全和信息化领导小组定期开展管理评审。管理评审会议应形成会议纪要和管理评审报告，各责任单位或部门及时组织落实安全整改工作。

【郑州进境粮食指定口岸项目举行开工仪式】 8月31日，郑州进境粮食指定口岸项目开工仪式在郑州铁路集装箱中心站举行。此次开工的郑州进境粮食指定口岸项目（一期）选址于郑州铁路集装箱中心站西侧，工程占地2.73公顷左右，投资额1500万元，将依托郑州铁路口岸现有条件，新建中转仓、截留仓、熏蒸区、检验检疫实验室等专用设施，尽快实现粮食口岸功能落地，为粮食进口企业提供完整的报关、报检服务。按计划工程于2016年11月末前竣工，年内完成验收。同时，郑州进境粮食指定口岸（二期）有序推进，项目占地16.53公顷，计划投资5亿元，重点探索进口粮食保税加工、期货交割、配额交易、跨境电商等更多创新业态，积极打造国内外知名进口粮食交易分拨中心。按计划到2020年，郑州粮食口岸年吞吐量300万吨，综合交易额500亿元，综合纳税15亿元。郑州进境粮食指定口岸投用后，国外优质粮食可直接在郑州完成进口，改变河南省粮食关联企业依赖沿海粮食口岸进口粮食的局面，助力河南省粮食产业无缝衔接国际产业链，加快河南省融入“一带一路”建设。

【郑州铁路局推出35吨敞顶集装箱货运新服务】 9月5日—6日，郑州铁路局开行阳城站至枝城站（武汉局）、长子站至临沂站（济南局）35吨敞顶集装箱班列，这是路局首次使用35吨敞顶集装箱列车整列运输煤炭，充分发挥铁路运输绿色环保低能耗优势，为探索集装箱货物新品类打通新思路、开创新模式。35吨敞顶集装箱是铁路总公司最新推出的一种新型、方便、快捷、环保、低碳的集装化现代运载工具，采用20英尺国际标准箱体，适用于装载散堆装货物，也适合装载成件包装货物，还可根据客户需求和货物性质选择是否遮盖篷布、雨布等，并能达到降低自重、提高载重、减少货损的装运效果，可实现顶部装车和在线装车，兼具敞车和集装箱优点，装载运输可以做到箱不离车，同时还可通过公铁联运实现“点对点”“门到门”配送。

【郑州—徐州高速铁路开通运营】 9月10日6时31分，郑徐高铁首趟运营列车G1908次从郑州东站发车，于8时28分到达徐州东站，标志着郑州至徐州高速铁路正式开通运营。郑徐高铁自河南省郑州市起，经开封、商丘，安徽省砀山、萧县，至江苏省徐州市，全长360公里，设郑州东、开封北、兰考南、民权北、商丘、砀山南、永城北、萧县北和徐州东9个车站，初期运营时速300公里。该线路2012年12月开工建设，2016年4月开始联调联试。郑州至上海最快列车运行时间由原来6小时47分缩短至约4小时，西安至上海最快列车运行时间由原来10小时47分缩短至约6小时。郑州至徐州高速铁路是国家中长期铁路网规划高速铁路陆桥通道重要组成部分，该铁路与已运营的郑西高铁、西宝高铁、兰新高铁和在建的宝兰高铁，共同构成新的高标准、大能力欧亚大陆桥运输通道，对发挥铁路在推进“一带一路”建设中的服务保障作用具有重要意义。郑州至徐州高速铁路开通运营后，中国高速铁路总里程超过2万公里，继续保持世界第一。

【郑州铁路局召开人才工作、党校工作会议】 郑州铁路局人才工作、党校工作会议于2016年9月18日在郑州召开，围绕郑州铁路局人才工作交流经验做法，分析面临形势，部署下步任务。局领导班子成员，局机关各部门主要负责人，各单位党政正职和相关人员，局党校全体校委委员，以及郑州铁路局各级各类人才代表参加。局党委副书记、纪委书记戴弘传达铁路总公司党校工作会议精神。局党委书记杨伟军、局长何元出席并讲话。局党委副书记剧凯锋主持。会议要求认清形势提升做好人才工作重要性认识、明确任务抓好人才工作三年规划落实推进、强化责任营造人才辈出良好环境，树立“人才是第一资源”理念，要有识才之眼、爱才之心、育才之举、用才之道，让有才干的人生逢其时奉献企业、尽显其能大展身手。强调正确理解和把握党校工作是中共事业重要组成部分、人才工作重要内容、培养干部重要阵地等重大意义，坚持“两级结合、教研并重、特色鲜明、全员受益”原则，不断提升教学工作针对性和实效性，为路局建设发展提供重要智力支持。会上，月山工务段、郑州动车段进行人才工作经验交流。郑州桥工段徐鹏、新乡机务段“提高高坡重载列车操纵技术核心人才工作室”、郑州电务段蔡世东、洛阳机务段“李向前内燃机车钳工铁路技能大师工作室”介绍经验。

【郑州铁路局与河南机场集团有限公司签署战略合作框架协议】 2016年10月13日，郑州铁路局与河南机场集团签署战略合作框架协议。合作框架协议主要内容：一是加强空铁联合运作。推进河南郑州新郑国际机场有限公司与郑州铁路局郑州东车站合作，重点在空铁联运产品开发、互为销售、共享信息、推进服务一体化等方面开展合作，打造河南“空铁联运”高端服务品牌。二是加强信息化建设合作。建设综合交通信息化服务平台，实现两种运输方式的信息采集、交换、共享和互联互通。三是加强商业、贵宾合作。建立联合招商工作机制，深度研究高铁配餐合作方案，深化贵宾服务合作。四是加强物流发展合作。推进在货源信息共享、货物分拨运转、快速集疏等方面的深化合作，建立快速直达的高铁联运快件货物通道，实现航空货运与高铁的互联互通。

【郑州市、郑州铁路局加强协调共促发展】 2016年10月27日，中共河南省委常委、郑州市委书记马懿，郑州市委副书记、市长程志明，带领相关委（局）、区（县）负责人到郑州铁路局走访。郑州铁路局领导何元、杨伟军，以及局机关相关部门负责人参加座谈。郑州铁路局领导介绍铁路重点项目规划及建设情况、市政建设涉铁项目推进和需要郑州市协调解决的问题。郑州市有关领导介绍郑州客货运输情况、涉铁项目规划落实情况，以及问题解决建议方案。局长何元、局党委书记杨伟军对郑州市委、市政府对铁路工作的支持和帮助表示感谢，并将继续坚持以服务地方经济社会发展为己任，自觉从郑州市委、市政府工作大局和战略出发，思考和谋划自身工作，主动接受各界监督，依法合规办事，科学高效行事，为地方涉铁工作开辟绿色通道，全力以赴支持、配合并完成好郑州市委、市政府交办的各项工作任务。双方就市政建设涉铁项目规划落实及推进中需郑州市协调解决的问题等进行协商并达成共识。

【郑州至济南铁路（郑州至濮阳段）建设动员会召开】 2016年10月29日，郑州至济南铁路（郑州至濮阳段）建设动员会在濮阳召开。郑济铁路是郑州“米”字形高速铁路网重要组成部分，全长约420公里，设计时速350公里。郑州至濮阳段新建线路197.272公里，沿线设郑州东、平原新区、新乡东、卫辉南、滑县浚县、内黄、濮阳东7个车站，其中郑州东、新乡东为既有车站，其他车站为新建车站。项目总投资343.26亿元，建设工期4年。建成后，郑州到濮阳半小时左右，到济南1个多小时。

【中欧班列（郑州）提前完成年度开行200班计划】 2016年11月3日，中欧班列（郑州）满载货物从郑州铁路集装箱中心站驶出，开往德国汉堡，提前58天完成年度开行200班计划，总货值9.97亿美元，总货重9.99万吨。中欧班列（郑州）作为河南自贸区建设构建重要支撑，已实现每周“去三回三”开行，成为中欧物流通道上唯一一列高频次、常态化往返均衡对开的国际货运班列。2017年，该班列开行频率将提升至每周“去四回四”，实现单程运输时间11天左右，全年开行300班以上，逐步形成“以运带贸、以贸促运”良性产业互补发展格局。

郑州铁路局人才工作会议党校工作会议召开

【郑州铁路局召开安全标准化和信息化建设现场会】 2016年11月8日—9日，郑州铁路局召开安全标准化和信息化建设现场会，会议指出郑州铁路局下阶段信息化建设主要任务是按照铁路总公司信息化发展规划和路局“六化”同步要求，持续推进“1578”信息化建设战略规划实施，以项目化推进为抓手，加强信息化基础设施建设，不断完善路局应用系统和监控管理体系，构筑全方位信息化保障服务体系，实现系统互联互通、信息高度共享、资源充分整合，塑造“数字郑铁”品牌，使郑州铁路局整体信息化能力得到明显提升。围绕“持续完善、加快推广、滚动发展”三个方面做功课，坚持“实际、实用、实效”原则，“实”字为先，统一规划、统一标准、统一设计、统一投资、统一建设、统一管理，核心是“建好、管好、用好”，重点以打造高效的郑州铁路局运转指挥中枢为目标加快推进应急中心功能完善、以建成较为完善的路局大数据服务平台为目标继续抓好信息化基础建设、以推进功能持续完善为目标下力解决好七大管理信息系统存在的问题、以服务客运增收为目标开发完善客运营销与辅助决策系统功能、以增强货运服务功能为目标加快现代物流信息系统研究、以拓展“数字郑铁”的应用领域和外延为目标深化各种信息平台应用、以培养造就一支满足信息化建设需要的专业队伍为目标建立健全信息化人才队伍引进和培养机制。强调要理性看待成绩、进一步提升认识、统筹抓好推进。路局领导班子成员、机关各部门负责人、各单位党政正职及负责信息化建设主管领导参加。局总工程师赵超峰主持。与会代表观摩郑州车务、机务、供电、桥工、通信段和应急指挥中心等6个点、9个单位安全标准化和信息化建设成果，观看郑州铁路局安全标准化和信息化建设专题片，听取郑州车站等4个单位经验介绍。

【郑州火车站服务公众微信平台正式上线】 2016年11月11日，郑州火车站服务公众微信平台正式上线，这是车站借助互联网开发微信电商平台、扩展信息化服务外延的实践。微信平台具备公共信息服务和私人订制服务功能，包括乘车信息、出行保姆、专车接送等17项内容，为旅客提供余票、候车状态、车次、预售期、起售时间查询，以及到发通告、关注车次、出行热度大数据、全景郑州站、车站小喇叭等服务。

【“双11”高铁快运、电商班列快捷货运系列产品】 2016年11月11—20日，郑州铁路局推出“双11”“电商黄金周”高铁快运、电商班列快捷货运系列产品，由中铁快运有限公司郑州分公司办理发货事宜，在郑州东站、郑州车站装车，分别发往北京西、福州、沈阳北、上海虹桥、广州南、杭州东、哈尔滨西7个方向。其中，高铁快运分为当日达和次晨达产品，实行站间货物一口价。“双11”期间，郑州铁路局有9列高铁动车组在京广、京沪等干线参与“电商黄金周”运输。

【中欧班列（郑州）首趟汽车整车进口专列抵郑】 2016年11月18日，郑州汽车整车进口专列接车仪式在郑州铁路集装箱中心站举行，此次班列是中欧班列(郑州)首趟整车进口专列、中国中欧班列载运进口汽车货值最大、内陆地区汽车整车进口口岸规模最大的一次汽车进口业务。班列从德国汉堡出发，满载80辆欧洲豪华整车，货值1.2亿元，行程1万余公里，历时20余天，抵达郑州汽车整车进口口岸，较传统海运周转快3倍，少数车型较市价便宜30万元左右。

【郑州铁路局“2016·星耀家园年度人物”“双十”评选活动】 2016年12月1日，郑州铁路局“2016·星耀家园年度人物”评选揭晓。“安全生产类”12人：南阳工务段万仕端、焦作车辆段王文丽、郑州通信段王慧明、洛阳车站刘晓东、郑州供电段孙振宇、郑州北建筑段沈予忠、郑州电务段郑小燕，郑州机务段李文兵、杨震、吴顺立，郑州铁路公安处郝志山、月山工务段郭琼。“优质服务类”3人：郑州客运段王志尚、郑州东站刘晓晨、郑州生活段庞艳。“经营创效类”4人：长治北车站晋城北站王会兵、郑州车务段圃田车站吴永昌、龙门车务段济源车站倪文东、新乡车务段新乡北站郭增光。“技能创新类”4人：洛阳机务段李向前，洛阳供电段周银明、段全龙，郑州北站徐能余。

同日，郑州铁路局第八届“中原铁道十大青年标兵”和“中原铁道十大青年标兵集体”（简称“双十”，是郑州铁路局党政工团授予郑铁青年和青年集体的最高荣誉，每两年举办1次）评选活动在郑州机务段举行。局党委副书记剧凯锋及局劳卫处、人事处、总工室、党校、团委等部门专家组成评审团现场评选并揭晓：郑州动车段张俊芬、洛阳车务段董波涛、长治北车站晋一搏、新乡桥工段唐琨喻、焦作车辆段朱振、洛阳工务段刘明阳、龙门车务段王双、焦作车务段皮明江、郑州北车辆段于智勇、郑州车站刘智洋获得“中原铁道十大青年标兵”荣誉称号；洛阳供电段唐河供电车间安棚接触网工区、洛阳车站洛阳龙门站客运二班、郑州车站丹丹服务岗、郑州东站上水车间上水班组、郑州工务机械段青创小组、月山工务段盘谷寺线路车间青年之家、郑州车务段圃田车站调车班组、郑州客运段上海一队、南阳工务段教育工区、郑州铁路公安局郑州东站派出所值勤一队获得“中原铁道十大青年标兵集体”荣誉称号。

【郑州铁路局调度指挥中心、应急指挥中心投入使用】 郑州铁路局调度指挥中心位于郑州市京广路和陇海路交叉口，2014年9月开工兴建，2015年8月封顶，同年末主体完工。2016年4月1日新成立的高铁调度郑徐台进驻新调度指挥中心，标志着调度大厅具备使用条件。9月21日4时50分，路局新建调度指挥中心客专调度台搬迁Ⅱ级施工完成，是既有调度楼内调度台首次搬入。此次施工后，路局调度所郑西高铁调度台、京广高铁调度台、动车调度台、动车司机台和客服台部分设备搬迁至新调度指挥中心。10月24日，随着郑州铁路局普速TDCS/CTC新旧系统切换完成，路局调度所搬迁工作结束，标志着路局调度指挥中心正式投入使用。10月28日，路局调度所全部搬入局调度指挥中心，并创造14个普速行车台4分钟内完成新、旧系统切换的行业纪录。12月30日17时，郑州铁路局应急指挥中心正式启用，归调度所管理，采用“平时监控、战时处置”运行模式，部分整合路局各专业信息系统资源，初步具备路局层面安全控制保障平台作用。

（翟丽敏 何艳蕊）

郑州车站

【概况】 郑州车站中心里程为京广线K676+153，技术性质为区段站，业务性质为客运站。机关位于郑州市二马路82号，邮政编码：450000。2016年年末，车站设行政科室12个：办公室、计财科、劳人科（党委干部科）、技术科、安全科、教育科、旅服科、收入科、客运科、武保科、电算站、集经办；生产车间7个：客运车间、运转车间、售票车间、供水车间、行包车间、设备车间、旅服车间；生产班组48个；经营实体1个：劳动服务公司。根据《中国铁路总公司关于同意郑州铁路局调整设立运输站段的批复》，自2016年1月1日起将郑州车站所辖许昌、新郑、郑州南、长葛、临颍、小李庄、薛店、苏桥、官亭、谢庄、小商桥车站整建制划入郑州车务段管辖。将郑州车站所辖许昌东车站整建制划入郑州东车站管辖。撤销货运营销中心（科），货运管理人员原则上划转郑州车务段，郑州车站安全科、技术科部分管理人员根据工作需要原则划转。许昌车站集体企业的主办单位调整为郑州车务段。党群组织设党委、纪委、工会、团委，下设党群工作室。有直管党（总）支部9个，其中党总支7个、党支部2个；班组党支部35个，党小组42个。有工会支会10个，工会小组77个。有团总支1个，团支部5个。年末职工总数1880人。其中，女职工810人；干部246人；共产党员722人，共青团员38人。文化程度：研究生7人，本科105人，大专254人，中专111人，高中及以下1403人。干部技术职务：高级4人，中级44人，初级154人。工人技术等级：高级技师1人，技师40人，高级工209人，中级工605人，初级工525人。2016年，郑州车站获郑州铁路局技术能手称号2人，郑州铁路局客运安全、方便、温馨“三个出行”劳动竞赛服务明星1人，“火车头”奖章1人；客运车间获全路“火车头”奖杯。

【主要技术设备】 郑州车站有客车到发线13条、道岔223组，零星车存车线5条，机车走行线2条。上水栓设置：1—10道46个，11—12道50个，13道25个。候车厅13个，其中，普通候车厅8个，软席母婴军人候车厅、旅行休闲厅、豪华休闲厅各1个，东贵宾室1个，西贵宾室1个。1—6厅面积12000平方米，每厅2000平方米，候车能力10910人；7—8厅面积2808平方米，每厅1404平方米，候车能力2553人；二楼软席母婴军人候车厅面积1118平方米，候车能力2553人；旅行休闲厅面积290平方米，候车能力446人；豪华休闲厅面积300平方米，候车能力273人。站台7座，1、3、4、6台每座面积6780平方米，2、5台每座面积6667平方米，7台面积5932.5平方米。售票大厅2个，其中东售票大厅实用面积1920平方米，西售票大厅面积1540平方米。郑州客整所场区（I场）有到发线9条，道岔29组。

【列车调图】 2016年1月5日调图后，郑州车站日图定列车181对、362列，增加3对、6列；开行动车组48对、96列，增加4对、8列。图定运能基本持平，日均运能约4.8万张，较调图前减少200余张。5月15日调图是近五年来最大一次调图，新图运行时刻变化列车287列，占总办理列数79%，开行列数由314列增加到363列，创历史新高，实现自2014年7月1日起调图“六连增”。此次调图郑州车站首次开行濮阳方向K7968/7次快速旅客列车，标志着濮阳结束没有管内客运旅游专列历史。开行郑焦、郑机、郑开城际动车组列车13对。新图实施后客运业务站停6分钟以下列车29列，郑州车站图定运能整体略有减少，日均运能约5万张，较调图前减少850张左右。9月10日，全路实行新的列车运行图后，由于郑徐高铁开通，郑州车站日图定列车178对、356列，较调图前减少3.5对、7列。新图郑州车站开行动车组44对、88列，较调图前减少2.5对、5列。确认列车及空送车底5对、10列，较调图前增加0.5对、1列。郑州车站图定运能大幅减少，日均运能约4.7万张，较调图前减少4000张左右。向东方向停运始发动车组5列、直通始发列车1列，日均运能12431张，与调图前相比减少5000余张；向西方向停运始发高峰线高铁2列，始发动车组1列，日均运能8429张，与调图前相比减少450余张；向南方向增开郑州至新郑机场间管内城际列车1列（C2881次），与调图前相比增加554张；向北方向增开始发高铁1列（郑州至太原南间G686次）和郑州至焦作间管内城际列车2列（C2922、C2928次），日均运能15178张，较调图前增加800余张。

5月19日，郑州车站创建服务型车站活动展示

【运输安全】 2016年，郑州车站坚持“安全第一、预防为主、综合治理”工作方针，按照“严细管理、基础取胜、防控结合、科技保安”工作理念，强化基础管理，严格过程控制，确保车站运输安全。截至2016年12月31日，郑州车站实现连续安全生产8483天。一是建立风险管控体系。按照领导负责、分工负责、专业负责和岗位负责原则，把来自于现场的风险项导向管理岗位。梳理工作流程，在作业层推行作业指导书，在管理层推行动态管理岗位标准，动态控制安全风险，实现“有岗必有责，一岗一标准、一事一流程”。梳理制订领导班子、8个科室、61个管理岗位安全职责和工作标准，制订全站48项安全重点工作流程，进一步厘清管理边界，消除管理空白点和交叉点。组织修订站场配线图等技术资料，完善作业标准、作业流程和《职工作业指导书》。落实红线管理制度和绩效综合评价考核办法。运用日分析、周分析、深度分析、典型问题交班、安全对话、典型问题通报、安全预警7项工作制度，增加和优化安全管理手段，发布安全预警24个。二是加强现场作业管控。开展调车及防溜安全、特种设备安全隐患、车站值班员“两纪”、劳动安全等专项整治，以及“强化基础管控风险百日行动”，明确跟班作业、应急演练等看评内容，编制下发车站“十看十评”任务分配表、干部看评内容表、专项问题库格式。落实郑州铁路局《车务系统安全生产标准化建设指导意见》，对标准化建设的组织领导、人员配备、安全管理等方面坚持“干部按标管、职工按标干”工作理念，规范车间、班组创建考核措施，明确干部管理、职工作业标准。采取日查夜巡、现场检查与添乘检查、全面检查与重点抽查相结合方式，对辖区部门规章制度、安全管理标准落实等进行全方位检查。完善应急预案，提升安全管理“事前预测”和“事中控制”能力。成立应急小组，对设备故障、机车故障等非正常情况进行实时指导、把控，全面强化应急处置工作。三是提高风险管控能力。2016年5月，自主研发的“安全风险动态管理系统”投入使用，突出“履职项目动态化、现场履职实时化、问题整改闭环化、问题追责智能化、风险管理流程化、考核结果阳光化”等功能，实现安全风险管理更加全面化、精细化、科学化。

【运输生产任务】 2016年，郑州车站发送旅客3593万人，实现运输收入327809万元。（1）“元旦”小长假发送50.17万人，加开临客18趟。其中，省内短途加开方向为商丘、洛阳、焦作和三门峡；省外加开高铁主要方向是北京、西安。（2）春运40天发送旅客402.3万人，日均10万人，开行临客79趟，最高单日发送旅客14.3万人（2月27日）。制订《郑州车站关于做好2016年春节旅客运输工作的通知》等安全制度及措施。在进站口、中通廊等处新增候车导向显示屏80余块，并在显著位置更新、增设乘降导向标识600余个。按照“多开口、保换票、广宣传、强引导”原则，加强换（退）票、改签等组织，执行排队“黄蓝警戒线”制度，根据客流变化，动态调整窗口功能。推出“您的行程我设计”行程规划服务，为旅客提供购票推荐；在东、西进站口分别设立“爱心旅客快速通道”，一站台中部设立中转换乘验证验票岗位，方便旅客乘车。在东贵宾通道和丹丹服务台增开应急出口，方便大客流时旅客出站需求。春运日开行列车211.5对、423列，为郑州车站历年春运列车开行最高峰。办理动车组109列（城际动车组21列），较2015年春运增加29列。新增临客本务机换挂44列，加图定列车机车换挂，郑州站需换挂列车达到176列，平均8.2分钟办理1次。（3）“清明”小长假4天发送旅客57.7万人。针对旅客集中出行和短途旅游等较多特点，在东、西售票厅按照正常客流、大客流从少到多依次增加互联网人工取票窗口，实行售取分离，根据未取票人数及时调整取票窗口数量，实现旅客方便出行。（4）“五一”小长假发送旅客67.2万人，同比增长16%。其中4月30日发送旅客21.5万人，创建站以来新高。针对外出和返程时间较为集中等特点，申请加开临客35趟，开足60个售票窗口，增设10个人工换票窗口，在东、西售票厅设置54台自助换取票机，实现售、取票分离。成立机关帮班服务队在东、西售票厅自动售取票机前进行宣传引导，合理分流、维持秩序。每天安排客运休班职工60人组成“安全乘降突击队”，在客流密集场所进行帮班。发挥“丹丹服务岗”、东进口服务台、“玉琴服务窗口”等品牌服务优势，对外开通预约服务电话，为重点旅客提供“一站式”服务。（5）暑运62天发送旅客732万人，同比增长5.4%，以旅游观光、休假疗养、学生客流为主。车站加开郑焦城际、北京、上海、西安、洛阳、安阳、商丘、上海方向临客150余列。畅通信息渠道，通过微博、微信、网站、电台、电视台等多种方式及时准确发布列车加开、正晚点、停运、余票等信息，妥善安置因水害造成列车大面积晚点而滞留的旅客，在车站东、西售票厅增开退票窗口10个、改签窗口8个，其中7月1日—7日退票5.5万张、改签2.3万张。（6）“中秋”小长假发送旅客46.5万人，含郑开城际发送旅客1.49万人、郑机城际发送旅客1.3万人，同比增长4.5%。其中，9月15日创车站发送旅客最高日7.7万人，同比增长119%。开行旅客列车1392趟，发售车票50106张，加开临客12趟。（7）“十一”黄金周10天发送旅客132万人。其中，10月1日发送21.5万人，同比创历史新高。针对郑徐高铁开通对车站的影响，期间开行热门方向临客420余趟，充分发挥普速列车运能运力。动态增开售票窗口，在东、西进站口以及售票厅不同区域设置67台自助售取票机，方便旅客换票乘车。

【客运服务】 2016年，郑州车站以“服务型车站”创建工作为主线，以实现让旅客“安全出行、方便出行、温馨出行”常态化为目标，通过完善管理制度、优化客运组织、改善服务环境，圆满完成春运、暑运、军运以及调图等重点时期的运输任务。一是叫响抓实“畅通为本，服务至上”核心价值观，深刻理解“人人是形象，事事皆服务”等服务理念，出台《郑州车站绩效综合评价考核办法》，引导干部职工牢固树立“服务就是职责、服务就是质量、服务就是效益”意识。针对车站进口堵塞、大面积停电等14种非常情况及主要处置程序，细化安全卡控措施，修订应急预案，先后组织3次大客流全站客运系统应急演练。在客运系统值班室、学习室实现揭示、安全风险提示卡、作业指导书“一卡、一书、一牌”全覆盖。依据“目标明确、方案可行、推进有序”原则，开展行包运输，职工劳动安全，安全生产月、暑期旅客安全，普速车站等客运安全方面的专项整治活动。明确以问题整治为重心的活动思路，建立问题整改销号制度，解决客运系统出现的倾向性、关键性问题。二是成立专项检查组开展食品卫生安全专项检查，建立餐饮及商品举报奖励制度。针对经营项目、服务内容、收费价格等内容，开展经营行为专项检查和闲杂人员专项清理行动，建立沟通部门联动机制，及时清理站内闲杂人员。完善《郑州车站实名验证管理制度》，将实名验证检查纳入车站干部履职内容。修订《郑州车站旅客服务区域厕所环境卫生管理办法》，制订检查推进计划，组织自查平推4次，查出各类问题262个，并下发专题通报督促问题整改。三是开展“假如我是一名旅客”服务质量大讨论活动。以“旅客还需要我们干什么、我们还能为旅客做什么”为主题，从换位思考转观念、眼睛向内找差距、规范行为严标准、持续改进提服务4个方面进行讨论，查找服务短板，提出改进建议。组建“丹丹流动服务团队”，实现“有困难，找丹丹”的服务承诺。建立西站房自助购票区、自助换票区、东售票厅自助区、东广场自助区4个自助服务区，全站自助设备达到74台。分别在进站口等处设置咨询服务台，在站内候车厅值班站长室增加车票改签服务。更新引导标识、安全提示、车站平面及候车厅分布示意图，方便旅客快速辨识，通过液晶显示屏在候车厅显示车次分布信息，基本实现对旅客无声化引导服务。建立郑州车站官方微信“公共服务号”，发布余票信息查询、候车状态查询等乘车信息，满足旅客信息查询需求。四是制定《郑州车站重点旅客服务流程》，在重点旅客候车区、中通廊无障碍电梯、站台无障碍电梯处公布“丹丹服务岗”电话，全年服务特殊重点旅客6700余人。五是结合“客运服务质量年活动”和创建“服务型车站”的总体安排，制定下发《郑州车站中转换乘旅客组织办法》，明确人员设置、组织措施、应急处置及考核等要求，在第8候车厅门口、一站台中转换乘处各增加自助取票机1台，并在一站台中部增设中转换乘验证验票岗位，为中转旅客提供便捷的换乘服务，日均办理旅客换乘服务3000人左右。

【郑州火车站服务号微信平台正式上线】 2016年11月11日，郑州火车站服务号微信平台正式上线，旅客只需用手机关注郑州火车站微信服务号即可获得涵盖乘车信息、专车接送等17项服务内容。新上线的服务平台包含“乘车信息”“商城服务”和“小喇叭”3个板块。至年末，关注人数1.5万余人，日均增长159人，“商城服务”用户2000余人，订单业务量的增加，带动了经济效益大幅提升。

【路风建设】 一是制订下发《郑州车站客运服务质量管理考核办法》，组织

10月1日，郑州车站抽调机关人员到一线帮班服务旅客乘车

车站售票岗位干部职工签订《2016年度“严肃售票纪律 提升服务质量”保证书》，下发“郑州车站2016年春运路风禁令”，制作警示卡发放到售票、客运和经营等窗口岗位。二是采取明察与暗访相结合方式，每半个工作日为1个检查周期，每个检查组每周有夜查和非工作日检查，确保检查效果。截至2016年年底，检查售票窗口270余次，客运服务岗位390余次，检查发现问题372件，其中下发服务质量通知书115份，下发通报11期。三是在候车厅、售票厅、出站口等20余处重点场所公布车站服务质量监督电话、互联网邮箱和微信服务号，安排专人值守“55432”服务监督电话，确保接听率，客运服务台、站长值班室、售票值班主任投诉电话24小时值守，提高旅客投诉解决率。配备全自动录音电话2台，实现旅客投诉通话录音、旅客留言等多项功能。在现有“郑州车站微信服务号”网络平台添加上传图片、视频、留言等功能，进一步畅通旅客多元化投诉渠道。2016年，车站受理各类旅客投诉反映138件，其中问题查实80件，上级转发16件。四是以问卷形式对旅客满意度进行网上调查，对不合格或未生效的问卷反馈至责任部门重做。郑州车站将其纳入文明科室考核、干部月度考核和年度经营业绩考核之中。通过手机飞信、郑州车站局域网通知公告、邮件箱等形式通报阶段结果。全年，完成旅客服务质量调查问卷6020份。

【职工培训】 2016年，郑州车站修订《郑州车站职工日常技术业务培训管理办法》《郑州车站“新职、转职（岗）、晋升”人员培训管理办法》《郑州车站教育科工作管理细则》。全年举办各类培训39期，共计23401人次，其中脱产2584人次。岗位技能达标培训1005人。培训鉴定“三新”人员97人，包括新职32人、转岗5人、返岗30人、晋升30人。行车主要工种送培41人，班组长资格性培训送培26人。成人高等教育当年在学4人、毕业10人、入学1人。一是采取“统一部署集中学、多种途径补强学、改进方法互动学”方式，强化培训效果。“三新”人员培训严把一年一度持证上岗资格考试环节、严把新职、转岗、晋升人员持证环节、严把抽查环节。针对“三新人员”培训、师徒合同签订及日常培训落实等情况进行检查，发现问题18个，全部纳入问题库整改。对全站1676人进行资格考试及验证工作，为合格人员发证和变更职名，将持证上岗情况作为一项职工培训的重点进行抽查，确保职工100%持证上岗。二是先后举办全员大练兵活动季前赛、常规赛和季后赛，分别按调车、行车、客运系统进行，累计36场、参加1700人次，晋级明星赛75人，前两赛季累计奖励职工21.86万元。三是编制“郑州车站2016年岗位技能达标活动方案及推进计划”，确定将客运、售票、运转、行包、供水车间纳入年度技能达标活动。联合业务科室依据岗位作业指导书编写《客运岗位应知应会》《行车岗位应应会》《调车岗位应知应会》，作为培训资料下发至车间。按照宣传部署、培训实施、技能评价和补强提高4个阶段分步实施，以车间为主体，以岗位作业指导书为依据的标准化培训。成立专业评价小组，提高职工岗位业务技能，强化标准化作业能力。四是按照创建服务型车站活动要求，开展创建服务型车站系列讲座活动，全年组织专题讲座15场，培训1589人。

（杨　瑛）

郑州东站

【概况】 郑州东车站中心里程为京广高铁K689+000、徐兰高铁K549+901，下辖“三场、五所、两线、四站”。“三场”是郑州东车站的京广场、徐兰场和城际场。“五所”是郑州东动车所、二郎庙所、曹古寺所、疏解区所和鸿宝线路所。“两线”是郑开城际线，包含贾鲁河、绿博园、运粮河、宋城路四站；郑机城际线，包含南曹、孟庄、新郑机场站。“四站”是京广高铁许昌东站（一等站）、郑徐高铁开封北站（一等站）、兰考南站（二等站）、民权北站（二等站）。根据《郑州铁路局 局党委关于调整设立郑州车务段的通知》，自2016年1月1日起，郑州东车站所辖圃田西、圃田、中牟、占杨4个车站整建制划入郑州车务段管辖，车站集体企业（劳动服务公司）的主办单位调整为郑州车务段。郑州车站所辖许昌东车站整建制划入郑州东车站管辖。至此，郑州东车站不再管辖既有线车站，成为纯高铁客运直管站。2016年2月28日，郑州铁路局下发《郑州铁路局关于明确郑徐高铁相关单位机构定员等事项的通知》，明确开封北、兰考南、民权北3个车站由郑州东车站管辖。郑州东车站机关位于郑州市郑东新区心怡路199号，邮政编码450000。

2016年，车站设行政科室8个：办公室、安全科、技术设备科、职工教育科、客运科、劳动人事科（党委干部科）、财务科、武保科；生产辅助部门1个：电算站；生产车间3个：运转车间、客运车间、上水车间；经营实体1个：高铁经营部。党群组织设党委、纪委、工会、团委，下设党群工作办公室。有党总支4个、党支部27个、党小组11个；车间工支会9个，工会小组60个；团总支1个，团支部6个。年末职工总数828人。其中，女职工344人；干部187人；共产党员429人，共青团员167人。文化程度：大专及以上565人，中专122人，高中及以下141人。干部技术职务：高级6人，中级33人，初级101人。工人技术等级：工人技师26人，高级工65人，中级工179人，初级工142人。

【主要技术设备】 （1）郑州东站。京广场股道16条，到发线12条，道岔61组。城际场股道4条，到发线4条，道岔16组。徐兰场股道12条，到发线8条，道岔63组。上水设备分布在京广场1—8道和13—16道，城际场17—20道，徐兰场21—24道，27—32道，共226个遥控上水装置。有进站口8个，人工实名制验证窗口14个，自动验证机5台，VIP候车厅21个，重点旅客候车区、母婴候车区、商务旅客候车区各1个，售票厅8个，售票窗口28个，自动售票机58台、自动取票机64台，检票口32个，查询机60台，候车座椅5400个，安检仪14台，旅客云服务终端机15台，安全监控系统、客运导向系统、信息查询系统、客运广播系统、列车到发管理系统、消防控制系统、中央空调系统各1套。监控摄像头575个，通过监控指挥中心40个50英寸拼接屏对各区域实时监控、录像。（2）动车所。股道43条，到发线41条，道岔142组。（3）城际铁路。郑开城际铁路全线共有股道16条，到发线6条，道岔12组。有进站口7个，售票厅4个，售票窗口5个，自动售票机4台，检票口32个，候车座椅720个，安检仪8台，站台屏蔽门系统1套，安全监控系统、客运导向系统、信息查询系统、客运广播系统、列车到发管理系统、消防控制系统、中央空调系统各4套。监控摄像头148个。郑机城际铁路全线共有股道10条，到发线4条，道岔13组。有进站口8个，售票厅4个，售票窗口14个，自动售票机11台，自动取票机8台，检票口38个，查询机8台，候车座椅1100个，安检仪7台，站台屏蔽门系统2套，安全监控系统、客运导向系统、信息查询系统、客运广播系统、列车到发管理系统、消防控制系统、中央空调系统各3套。监控摄像头95个。（4）中间站。开封北、兰考南、民权北站站房均为线侧下式站房。开封北站站房建筑面积11992平方米，整体突出北宋时期建筑风格，是开封市的新地标。共有股道4条，到发线2条，道岔14组。有进站口1个，实名制验证口2个，售票厅1个，售票窗口4个，自动售票机6台，检票口2个，候车座椅1520个，安检仪2台，安全监控系统、客运导向系统、信息查询系统、客运广播系统、列车到发管理系统、消防控制系统、中央空调系统各1套。监控摄像头72个。兰考南站站房建筑面积3500平方米，是郑徐高铁和规划建设的鲁南高铁（豫鲁段）的枢纽站。共有股道4条，到发线2条，道岔16组。有进站口1个，实名制验证口1个，售票厅1个，售票窗口3个，自动售票机3台，检票口

1个，候车座椅448个，安检仪1台，安全监控系统、客运导向系统、客运广播系统、列车到发管理系统、消防控制系统、中央空调系统各1套。监控摄像头72个。民权北站站房建筑面积5000平方米，是郑徐高铁郑州东站管内距市区最近的车站。共有股道4条，到发线2条，道岔8组。有进站口1个，实名制验证口1个，售票厅1个，售票窗口3个，自动售票机3台，检票口1个，候车座椅720个，安检仪1台，安全监控系统、客运导向系统、客运广播系统、列车到发管理系统、消防控制系统、中央空调系统各1套。监控摄像头59个。许昌东站共有股道5条，到发线3条，道岔14组。有进站口1个，实名制验证口2个，售票厅1个，售票窗口8个，自动售票机6台，自动取票机4个，检票口1个，候车座椅1000个，安检仪2台，安全监控系统、客运导向系统、信息查询系统、客运广播系统、列车到发管理系统、消防控制系统、中央空调系统各1套。监控摄像头65个。

【运输安全】 2016年，郑州东站杜绝高铁一切作业事故、责任职工重伤及以上事故；消灭责任旅客伤亡事故、责任火灾、爆炸事故，实现连续安全生产3597天，获郑州铁路局安全生产优质单位称号。一是明确管理职责。结合车站组织结构变化，重新规范车站安委会、安全分析会、专题分析会制度，细化总公司、郑州铁路局安全管理七项制度并推进实施。进一步细化安全职责、明确工作标准和工作流程。重新明确车站各管理岗位安全职责和工作标准，细化了涉及安全管理的24项工作流程，确保安全管理规范化。二是完善安全制度。重新制定《郑州东车站安全红线管理办法》《郑州东车站违章违纪管理办法》《郑州东车站劳动安全监督管理实施办法》《郑州东车站营业线施工安全考核办法》等27项管理制度，建立健全车站劳动安全管理体系。三是加强考核评价。按照《郑州东车站安全考核办法》《郑州东车站安全评估暨标准化车间及中间站考核办法》《郑州东车站劳动安全考核评价标准》等文件，每季度由安全科牵头，其他业务科室参加，对管内各部门安全管理（含劳动安全）进行一次考核评价，推动车站安全管理不断提升。四是狠抓安全重点。抓好生产力布局调整、郑机城际开通、郑徐高铁联调联试和开通运营过渡期，以及春运、春秋检等安全关键卡控。扎实开展整顿职工“两纪”专项行动、安全生产月、“强化基础管控风险百日行动”等活动。持续强化现场控制，不断厚植安全基础。五是关注路外安全。积极开展路外宣传，指派专职人员，在郑徐高铁各站附近及市、县、乡（镇）政府所在地集中进行铁路安全知识宣传，制作宣传图板6块，发放宣传单3000份、宣传品500件，累计教育3600人次，提高了沿线职工及周边群众路外安全防范意识。

【运行图调整】 2016年5月15日调图后，郑州东站停列车增加24列，总数达到270列，其中增加列车方向有大连、福州、哈尔滨西、天津。此次调图，以郑州东为中转，成为中西部地区连接天津、河北及东北地区的新运力增长点，往东北方向的运输旅客能力显著加强，到达哈尔滨仅需11个小时，较原来最快速度提前7个小时；新增夜间动车组列车7对，涵盖郑州东至北京、武汉等城市，充分发挥高铁的运输能力，在一定程度上满足旅客夜间出行的速度和质量需求。9月10日，郑徐高铁正式开通运营，车站启用新的列车运行图。调图后站停列车增加85列，总数达到355列。新增列车到站及列数为杭州东8列、合肥南2列、金华南2列、南京南2列、宁波4列、青岛8列、青岛北8列、荣城2列、商丘6列、上海2列、上海虹桥40列、温州南4列、徐州4列、徐州东2列、烟台2列、义乌2列。

【运输生产任务】 郑州东站以提升客运服务质量为抓手，投入人脸识别验证系统，改建第七、九、十售票厅，上线铁路伴侣App，不断优化候乘环境，持续提升服务水平。围绕“郑机”“郑徐”新增产能，动态研究客流需求，优化列车开行方案，扩充市场份额。根据沿线客流情况，并报郑州铁路局批准，郑州东站于2016年1月10日起暂停办理贾鲁河、运粮河站客运业务。按照郑州铁路局统一部署，郑州东站成立郑徐高铁联调联试指挥小组，于4月1日参加联调联试。7月15日，中国标准动车组列车在郑徐高铁民权县境内跑出时速420公里的试验交会速度，创动车组世界最高交汇速度纪录。9月10日，郑徐高铁正式开通运营，实现京广、徐兰高铁在郑州东车站的“十字交叉”，在全路高铁大站中树立了郑东枢纽地位，为车站进一步拓展为“米”字形高铁枢纽打下坚实基础。

郑州东站以确保“高铁和旅客安全”为“政治红线”“职业底线”，夯实“组织领导、人力资源、设施设备”三个基础，全面完成春运各项任务目标。春运40天，累计发送旅客255万人，同比增加113万人，增幅78.7%；客票收入4.9亿元，同比增加1.6亿元，增幅50.1%；最高日发送旅客8.3万人，发生于春运第37天，阴历正月二十二；最高日客票收入1965.1万元，发生于春运第23天，阴历正月初八。全年发送旅客1814.5万人，超计划218.5万人，完成客运收入26.9亿元，同比分别增加697.9万人和8.4亿元。

【信息化建设】 2016年，郑州东站把握郑州铁路局“1578”信息化建设机遇，围绕面向生产组织、面向旅客服务和面向内部管理的“三个面向”应用需求，以车站安全风险管理、岗位作业指导书和违章违纪范围等制度规范为设计依据，建成客运综合指挥、铁路伴侣App、铁路旅客云服务、设备管理和综合信息发布“五大系统平台”，全面提升车站信息化水平。客运生产指挥系统基本打通了作业层与指挥层间的信息隔离，促进了作业标准的落实。“铁路伴侣App”和“铁路旅客云服务”系统，为旅客提供准确、便捷的候乘衍生服务，进一步提高车站服务保障水平。同时，通过积累、分析大数据，可为客运精准营销提供有力依据。“设备管理”系统初步实现设备管理信息化，为确保站内设备依法维保、按标检修提供支撑。“综合信息发布平台”解决对讲机、电话、短信等传统方式有干扰、效率低、不可靠、无反馈等弊端，搭建起稳定、高效的信息传递渠道，确保政令畅通。

【职教工作】 郑州东站完善人才开发、培养、评价和激励机制，着力壮大安全、行车、客运、营销和科技开发五类人才队伍。以岗位作业指导书、岗位劳动安全知识为主要内容，组织开展职工岗位技能达标。加强职教队伍建设，积极送培专兼职教师，提高师资队伍整体水平。落实职教“一体化”考核，把职工业务素质与个人待遇挂钩，全年兑现职教考核奖励24.7万元，使学业务、练硬功成为干部职工的普遍共识。

【民生建设】 2016年，郑州东站投入3.6万元为725名职工统一缴纳医疗互助合作保障金；投入10.4万元为在岗职工提供暑期午餐及春节就餐补助；为上水员购买人身意外伤害及医疗保险3800元；投入“三线”建设和“三不让”扶贫帮困资金182.12万元，改善生产生活条件，提升职工幸福指数；开展郑徐高铁联调联试专项慰问11次，投入资金20.3万元。在车站安全生产、经营任务、改革发展等压力叠加下，保持了职工队伍的总体稳定。郑州东站获全国五一劳动奖状。

（粟伟超　角振东）

郑州北站

【概况】 郑州北车站位于京广、陇海干线交会处，是郑州铁路局管内唯一路网性编组站。郑州北编组站站区南北长6.63公里，东西宽0.8公里，下行驼峰位于京广线K669+526以西710米，陇海线（陇客高线）K574+625以北2.4公里。车站按技术性质为编组站，按业务性质为货运站，按业务量为特等站。站型为双向纵列式三级八场，各种线路228

郑州北车站货运人员深入北环电动车市场、建材市场等地开展市场营销

条，其中到发线61条，调车线91条，联络线及段管线76条，线路总延展长390公里。主要担负着南北京广、东西陇海四个方向行包、军用和货物列车中转及货运检查作业，各专用线、段管线取送和装卸作业，检修车取送作业，机械保温车加油作业，超限货物车辆复检作业，货物整理换装作业。以点多、线长、面大、调度指挥集中、车场分工明确、进路布置灵活、解编流水作业、有调比重大、折角车流多及综合自动化程度高为其主要特点。机关位于郑州市金水区沙口路44号，邮政编码：450053。

根据《郑州铁路局 局党委关于调整设立郑州车务段的通知》，自2016年1月1日起，郑州北站所属的中原站、铁炉、海棠寺、南阳寨、广武、东双桥、欢河、马寨8个中间站整建制划归郑州车务段管理。郑州北站设行政科室9个：办公室、技术科、货运营销科、劳人科、计财科、安全科、教育科、信息科、武装保卫科。编组站区有生产车间5个：上行运转、下行运转、调度、货运、货检车间；设备管理车间1个：信息设备车间。全站有生产班组56个。党群组织设党委、纪委、工会、团委，下设党委办公室。有党总支6个，科室党支部9个、车间党支部1个、班组党支部27个、集经党支部1个。有工支会8个，工会小组56个。有团支部7个。年末在职职工总数1579人。其中，女职工168人；干部191人（含集体经济管理办公室）；共产党员704人，共青团员60人。文化程度：大专及以上552人，中专及技校212人，高中及以下815人。干部技术职务：高级12人，中级56人，初级109人。工人技术等级：高级技师3人，技师125人，高级工286人，中级工442人，初级工276人。主要工种：调度员33人，车站值班员63人，调车区长（含助理调度员）55人，助理值班员46人，调车长145人，连结员189人，车号、货检员240人，货运员155人。聘任局首席技师2人；有局技术能手40人、全路技术能手6人。2016年，郑州北站被郑州铁路局授予“标杆领导班子”、安全生产优质单位、安全生产先进集体、创建劳动关系和谐企业活动暨厂务公开民主管理示范单位、法学活动先进单位等称号。

【主要技术设备】 2016年，郑州北站有电子计算机服务器10台，生产微机342台；自动化驼峰3座；内燃调车机14台；道岔1026组，信号机941架；TDJ-302减速顶12814台；无能源液压停车器201台；挡车器8台；站场工业电视监视系统3套；各种线路229条，总延展长约390公里。

【运输安全】 2016年，郑州北站牢固树立“安全第一”思想，开展“安全法制化”教育，通过常态化检查、安全日分析、专项整治活动等，抓安全风险控制，根据设备技术变化和隐患排查，及时研判风险，制订措施。下发《郑州北站安全“红线”管理办法》等规章制度165个，同时采取跟班作业、对照检查、技术委员会和业务骨干全程参与等形式，对全站94个岗位作业指导书进行修订完善。加强应急处置培训，全年组织各类应急演练38次。截至2016年12月31日，郑州北站实现连续安全生产491天。

【运输生产任务】 2016年，开行远程技术直达列车8798列，编开计划外列车2630列，直达补轴5092列、68702辆，中时完成7.8小时较计划压缩0.2小时，停时22.1小时较计划增加0.5小时。全年完成运输收入9259.7万元，装车10110车，发送吨43.76万吨。其中，发送整车货物1838车、8.82万吨，收入2095.53万元；批量零散发送3531车、15.29万吨，收入3739.27万元；开行快运列车661趟，完成零散货物发送10932单、19.65万吨，收入3424.9万元。

【职工培训】 2016年，郑州北站注重提高职工培训工作的针对性和实效性。完善三级培训网络建设，加强专兼职教师队伍建设，丰富职工教育培训载体，通过分层学、专项学、督促学、激励学等方式，提高培训质量和职工接受培训的自觉性。完善职工教育管理及考核评价机制，建立6大类、28小项综合职教工作评价制度。全年举办各类适应性培训36期、培训13742人次，承办郑州铁路局脱产培训15期、培训614人次，开展春运、暑运、汛期、“红线”管理办法培训4期、培训5346人次，日常抽验16次、共计60个班组362人。组织擂台赛11次，47个班组301人参加，产生擂主11个、优胜奖9个。举办年度职业技能大赛，5大工种145个班组参加。全

郑州北车站调度中心

年投入练功比武、擂台赛奖励资金32万元，营造了"学比赶超"的浓厚氛围。

【技术改造】 2016年，郑州北站对SMIS2.6、18点、营改增、清算运统一、货运制票等系统进行升级，对畅通网、SMIS等服务器终端机房进行系统维护。配合郑州铁路局开展"数字郑铁"建设，按照网络建设规划，以综合计算机网、数据通信网为基础推进双网融合，构建100—1000兆带宽的广域网。车站自筹资金，推行作业记录仪使用，升级站区监控摄像装置，开发手机规章管理App。争取大修、更改项目资金1780余万元，推进CIPS综合自动化改造，建设物流通道、货运安全监控系统。建成总面积21200平方米，集装卸、仓储于一体的快运货物中转作业区，并于10月21日正式投入使用。

【民生建设】 2016年，郑州北站职工年均收入80782元，同比增加7143元，增幅8.0%。全年投入资金200余万元，整修综合职工食堂，改造信息工区值班室、下整线房屋等现场作业岗点26个，职工生产生活设施得到进一步完善。认真落实"三不让"帮扶政策，救助困难职工115人次、共计6.13万元。

（王 栋）

郑州客运段

【概况】 郑州客运段是担当客运乘务和运转乘务的综合段，承担东到上海、厦门、福州、杭州、温州、宁波、青岛，西至乌鲁木齐、成都、重庆、银川，北抵北京、沈阳北，南达广州、深圳、海口、昆明等方向的特快、快速各等级旅客列车及郑州至北京西、上海虹桥、西安北、太原、济南等方向动车组的乘务工作任务。担当的127.5对旅客列车形成连接东西、贯通南北的旅客运输网络，乘务区段纵横4个直辖市、21个省、1个自治区，成为带动中原经济发展和沟通祖国四面八方的重要桥梁和纽带。段机关位于郑州市二马路80号，下属各客运车队分别位于郑州市五里堡客整场，邮政编码：450000；洛阳市西工区史家屯客技站，邮政编码：471000；新乡市卫滨区铁西路14号，邮政编码：453000。2016年4月27日，路风监察科更名为服务质量监督科。5月15日，增设宁波车队、苏州车队。9月10日，杭州车队易名为长沙车队。10月24日，成立高铁三队。截至2016年年底，郑州客运段设行政科室10个：办公室、安全科、乘务科、服务质量监督科、职工教育科、信息技术科、收入统计科、财务科、劳动人事科、武装保卫科；下属客运车队28个：高铁一队、高铁二队、高铁三队、北京一队、北京二队、北京三队、京九车队、上海一队、上海二队、上海三队、西宁车队、广州一队、广州二队、昆明车队、厦门车队、海口车队、乌特车队、乌快车队、成都车队、温州车队、深青车队、福州车队、银川车队、长沙车队、杭宁车队、重庆车队、宁波车队、苏州车队；车间3个：后勤供应车间、旅行服务车间、洗涤车间；公司1个：劳动服务公司（集体经济管理办公室）。另设乘务中心2个：新乡乘务中心、洛阳乘务中心；综合检查大队1个、新闻报道中心1个。党群组织设党委、纪委、工会、团委，下设党委办公室。有党总支35个，党支部204个；工支会34个，工会小组234个；团总支4个，团支部16个。年末职工总数7110人。其中，男职工5172人、女职工1938人；干部334人、列车长532人；共产党员2737人、共青团员45人。文化程度：研究生10人、本科157人、大专520人、中专及技校263人、高中及以下6160人。干部技术职务：高级9人、中级32人、初级142人。职工技术等级：高级技师3人、技师23人、高级工613人、中级工3375人、初级工1439人。另有其他从业人员1680人，其中集体乘务职工680人、劳务派遣工1000人。2016年，郑州客运段获全路先进基层党组织，郑州铁路局安全"标杆单位""标杆领导班子"、和谐企业示范单位等称号。

【主要技术设备】 截至2016年年底，郑州客运段有机械设备132台，其中剪冲设备1台、锅炉3台、装载机2台、洗涤设备69台、客货电梯11部、汽车46辆包括生产用车39辆以及乘用车7辆、电气设备210台。固定资产总额3534.6万元。

【客运安全】 2016年，郑州客运段坚持"安全第一"的思想不动摇，结合"三地管理、四铁联运、多种用工"特点，围绕防火防爆、人身安全、车门管理、乘降组织、食品安全5项重点，完善安全风险管理"7+7"落实和考核机制，狠抓专业管理、过程控制、挂牌整治，扎实推进安全"三化"建设。推进空铁联运进程，与航空港洽谈，达成统一采用航空港冷链食品的合作意向，严把高铁动车组冷链食品入口关。坚持从严从细强化现场安全控制，严肃干部问责，严查职工两纪，严格现场管理，确保现场安全有序可控。利用通信设备，以科技手段保安全。开发手机App信息上报功能，借助段研发的郑州客运段生产调度信息系统，各班组列车长手机随时登陆，录入现场突发情况以及上级检查情况，确保现场应急处置得到有效指挥和开展，第一时间掌握安全信息。建立安全主管微信群，通过微信平台第一时间将上级安全管理要求向各部门安全主管传达，避免工作延误；并将段内新发典型安全问题通过微信平台发布，使各部门及时对照自查，消除隐患。全年考核职工惯性"两违"即违章、违纪问题4540件，同比减少11%；收到上级安全监察通知书13件，同比减少24%；安全监察记录24件，同比减少20%。截至2016年12月31日，全段实现连续安全生产3535天。

【客运乘务】 2016年，郑州铁路局在全路实施"周末版、旅游版、假日版"客车开行新模式，郑州客运段牢固树立"敢于担当、敢于挑战不可能"理念，探索高铁动车休班套跑、直通临客轮乘、管内临客套开的乘务组织模式，圆满完成春运、暑运、节假日、周末等不同阶段开车任务。推进"辆客一体化"管理模式，优化地面后勤流程，不断提高地面保障能力。始终坚持用标准保质量、用标准创品牌理念，依据《铁路旅客运输服务质量规范》，编制高铁、普速列车19个工种的《列车作业指导书》，规范作业流程，提高作业标准。

高铁三队列车长向旅客介绍安全常识

以开展服务质量年活动为契机，持续深化一周一标准宣讲活动和每月一项点集中整治，同时将总公司提出的“厕所革命”纳入日常乘务作业管理，做到常态化整治，进一步优化旅客乘车环境。

【路风监督】 2016年，郑州客运段坚持以总公司提出的“三个出行”常态化为目标，配合协调有关部门加强日常监督管控，采取措施，提升服务水平。强化铁路旅客运输服务质量监督监察，提高现场基础管理，制定下发《郑州客运段旅客运输服务质量监督监察实施办法》。对投诉反映的服务质量问题，实行召开分析会制度进行逐件分析，确保责任人及周围职工受到教育、问题整改及制订措施落实到位。加强服务质量提升，段领导定交路、盯重点、抓关键，盯问题、想办法、抓整改；检查组上线帮教，指导解决现场困难，做到统筹兼顾、全面盯控。2016年，郑州客运段消灭了以票谋私、粗暴待客等问题；收到锦旗135面，同比增加42%；总公司、郑州铁路局表扬工单213份，同比增加12%；表扬信13封，同比增加16%。

【旅服管理】 旅服车间紧盯现场控制环节，从安全、经营、技能培训入手，引导委外承包公司开展工作，确保安全经营整体工作提升。一是制订完善各项安全相关制度、措施，强化餐车乘务、燃煤餐车、地面供应各岗位，安全风险的研判，实现对安全的超前防范。二是完善教育培训机制，提高全员业务技能，丰富和完善业务培训手段，制订培训计划，明确培训重点，发挥旅服车间三地餐车管理人员经验，将全体人员培训量化到每一名业务管理人员，定期对安全培训效果进行检查和考核，对不达标职工重新组织培训，对相关培训及管理人员严格追责。三是卡控安全风险点，帮助培训提升委外员工业务技能水平。四是努力提高餐营收入，要求餐车班组必须做到三个“务必”，即务必提高餐车饭菜质量、务必根据列车运行线路旅客饮食口味有针对性的供应餐饮、务必做好餐料预制计划降低消耗减少原料浪费。五是做好自营餐车利润合理收交，既有餐车、高铁餐车委外经营承包测算，按照市场化合理承包最大利润。

【客运收入】 2016年，郑州客运段坚持“全员营销、全面堵漏”理念，科学分配各车队收入指标，完善堵漏保收奖罚机制，将职工收入与担当车堵漏保收进行联挂考核，激发全员“堵保”积极性。全年运送旅客8406.4万人，加开临客2442列、旅游列车38列、军运445辆。旅客运输规模和能力居全路前列。全年完成运输收入19905万元。坚持以市场为导向、以效益为中心，针对既有车餐车亏损严重的问题，全面推行电气化餐车委外经营、燃煤餐车全部自营的经营模式。全段有餐车车底86组。其中，电气化车底60组，全部进行外包；燃煤餐车车底26组，由职工自营。截至2016年年底，外包普速列车完成餐营销售收入1370.83万元，同比增长347%。燃煤餐车实现销售收入1083.8万元，实现较大幅度减亏。

郑州客运段组织乘务人员学习郑州铁路局第九次党代会精神

【节支增效工作】 树立“节约就是增收”理念，强化节支增效工作。全年累计节水101141吨、节电43.29万度、节煤750吨、节油20.68吨，共节约成本177.4万元。采取在垃圾袋上印制所属车队名称、对枕芯包裹套进行改进等方式，杜绝了挪用垃圾袋现象和有效延长枕芯使用周期，两项节约成本投入约100万元。积极对污渍严重的卧具洗涤进行立项攻关，通过多次试验，引进新型洗涤材料，使污渍严重的卧具能够达到可用状态。

【卧具洗涤工作】 2016年，郑州客运段洗涤车间下辖郑州、洛阳、新乡3个洗涤厂。注重从基础工作入手，外看工作差距、内查自身实际，在新设备不断增加的情况下，为确保列车卧具洗涤质量，认真梳理工作思路，成立攻关组，参加厂家专业培训，学习新设备特性，分析形成高洗涤质量原因，在较短时间内提高职工作业能力，确保高标准卧具洗涤质量。从细微起步找不足、细化标准促整改，抓好卧具洗涤，确保卧具干燥清洁。全年洗涤卧具标准件5500万件，其中郑州3433万件、洛阳1191万件、新乡876万件。实现全年无事故目标。

【民生建设】 2016年，暑期、春运期间投入专项资金425万元，落实车上乘务职工免费就餐、地面职工1元就餐政策，提高餐车和职工食堂饭菜质量，为乘务一线职工发放营养餐。建立高铁乘务职工备乘公寓，为高铁乘务中心职工联系就餐食堂。持续推进宿营车“职工流动之家”建设，加大对卧具备品投入，改善职工生产和生活环境。坚持“发展依靠职工、发展为了职工”理念，建立职工意见定期征集制度。全年解决职工生产和生活困难56件；筹款336350元，为6727名在岗职工缴纳互助合作保障金；为8364名职工（含集体、劳务派遣工）赠送生日礼物共计支出785260元。深入开展“三不让”帮扶救助工作，全年支出“三不让”资金232万元，助困968人次、助医1056人次、助学226人次。

（史媛媛 东彦阳）

公路运输业

综 述

【概况】 2016年，郑州市交通运输工作围绕“三大一中”战略定位，以国际商都为统揽，以航空港实验区建设为引领，以“畅通郑州”建设为载体，突出项目带动，改中求进，攻坚克难，各项工作进展顺利。

交通重点工程建设加快推进。以服务新型城镇化和航空港实验区建设为重点，加快推进各项交通基础设施建设，全年完成投资40亿元，共有13个项目完工。其中，S323线新密关口至登封张庄段改建工程、大学南路与西南绕城高速互通式立交、大学路南延（西南绕城高速至S323段）、中州大道与郑新快速通道互通式立交4个项目交工验收；107辅道与西南绕城高速公路互通立交、莲花街与西南绕城高速公路互通立交等其余9个项目主体完工。农村公路“三年行动计划”圆满收官，完工项目176个、共计279.5公里，超额完成市

7月16日，交通、公安、消防、医疗、电力、轨道公司等部门，在地铁2号线花寨站联合开展综合应急救援演练

政府下达的新建改建农村公路240公里的建设任务。

综合运输服务水平持续提升。圆满完成了以春运为重点的运输服务保障任务，全市道路运输完成客运量9800万人次、客运周转量99亿人公里，完成货运量1.5亿吨、货运周转量330亿吨公里。轨道交通1号线一期运行安全有序，2号线一期、1号线二期、城郊铁路一期按期通车运营，全年完成客运量共计12376万人次。新开城市公交线路30条，优化调整线路89条，新购新能源公交车500台，开展公交定制服务32万趟次，城市公交完成客运量8.9亿人次。加快推进城乡道路客运一体化发展，新密市、登封市成功入选河南省第三批城乡客运一体化试点，郑州市所辖1565个建制村已全部通客车，通客车率100%。

“公交都市”创建扎实推进。一是轨道交通建设加快推进，轨道线路日均客运量达66万人次，运营里程93.6公里。二是快速公交系统建设加快推进，新开通陇海路快速公交B5路和第三条环线快速公交B6路，初步形成5主65支共计1092公里的快速公交网络。三是公交场站建设加快推进。计划建设的29个场站已全部开工。四是公交专用道建设全面启动，编制完成《郑州市公交专用道建设规划方案》，全市公交专用道里程约139公里。

行业管理工作不断强化。一是超限、超载车辆治理不断加强。全年共对30.3万台货运车辆进行检测，查处超限车辆5875台，拆解非法改装车辆1489台，累计卸货15.4万余吨，共对1179名驾驶员实施记分处理。强化科技治超力度，荥阳市科技治超系统正式投入运行。二是客运市场秩序专项整治工作扎实推进。全年共查扣各类道路客运违法车辆6102台次，其中非法营运车辆684台次、违规出租汽车2129台次、违规大型客车1102台次、违规大型客货车1294台次、“六类车辆”209台次。三是公路路域环境专项治理工作深入开展。全年共拆除非法广告牌（塔）158个，清理非公路标牌661块，整治加水点105处，拆除违章建（构）筑物81起，清理违章占道379处，查处路政案件11起，路政案件结案率达到100%。四是扬尘污染防治工作持续强化。全市在建交通基础设施项目全部达到“7个100%”的标准要求，四环道路、绕城高速以内国、省干线公路及农村公路，均按照城市道路养护标准实施清扫保洁，全行业大气污染防治工作取得明显成效。

行业重点领域改革取得明显成效。一是交通运输执法体制改革成果得到巩固。组织开展了各县（市）区交通运输行政执法体制改革督导检查工作，对存在的经费保障、罚款返还、人员身份、富余人员安置政策和待遇落实不到位等问题进行督促整改。所有问题已整改到位。二是出租车行业改革工作扎实推进。郑州市出租汽车行业改革文件已向社会公开发布。郑州约车“95128”官方叫车平台于2016年8月1日正式上线运营服务，运行态势良好。三是行政审批制度改革和五单一网改革持续深化。市交运委印发5个政务服务体系建设工作配套文件，根据法律法规规章立改废释情况和人员变动情况，对全市交运系统行政权责清单进行了动态调整，及时更新权责清单。

安全生产工作不断强化。开展“平安交通创建”“交通运输安全生产隐患排查治理攻坚”“道路交通安全三年综合整治”“公路桥梁、隧道安全运营专项排查整治”及“打非治违”等专项行动，全年共查处违规行为1626起、查获违禁物品4113件，检查营运车辆安全设施3970台次，排查事故隐患单位392家，排查一般事故隐患4670项，其中整改4670项，整改率100%。

智慧交通绿色交通建设取得新成效。一是信息化与交通运输服务深度融合。建成“一个中心、三个平台、五大应用系统”，实现公交车、出租车、地铁等GPS智能调度和监控全覆盖。全市三级以上客运站全部实现联网售票，重点营运车辆联网联控在线率达到95%以上。二是绿色交通建设成效突出。全国绿色交通试点城市建设进展顺利，37个创建项目已完成9个，基本完成7个，其余21个工程建设进度进一步加快，累计完成投资27亿元。

【交通路网】 截至2016年年底，全市公路通车里程12601公里，路网密度达每百平方公里169公里，处于全国领先水平。其中，高速公路通车里程517公里，国、省干线公路通车里程672公里，农村公路通车里程11412公里。省发改委、省交通运输厅联合下发的《河南省普通省道网规划调整方案（2013–2030年）》对国、省干线路网规划调整后，郑州市国、省干线规划线路达26条，共计1321公里，净增649公里。交通基础设施建设经过“十二五”时期的跨越式发展，建成市域快速通道、环城高速出入口等交通重点项目近60个，新改建高速公路268公里、市域快速通道360公里、新型城镇化县域路网2300公里，新创“文明示范路”660公里，郑州市基本实现“县县通高速、乡乡通省道”目标，基本形成“高速支撑、中心放射、区域联动、村镇成网”的路网格局和“域外枢纽、域内畅通”的郑州都市区交通路网体系。

【交通重点项目建设】 2016年，全市完成交通重点项目建设投资40亿元，共有13个项目完工。其中，S323线新密关口至登封张庄段改建工程、大学南路与西南绕城高速互通式立交、大学路南延（西南绕城高速至S323段）、中州大道与郑新快速通道互通式立交等4个项目交工验收；107辅道与西南绕城高速公路互通立交、莲花街与西南绕城高速公路互通立交等其余9个项目主体完工。

【农村公路发展】 2016年，郑州市交运委加快推进农村公路“乡村通畅”工程，完工项目176个，共计279.5公里，超额完成市政府下达的新建、改建农村公路240公里的建设任务，农村公路“三年行动计划”圆满收官。三年累计投入资金10.5亿元，建设农村公路829.5公里，实现投资和建设里程双超越。按照省厅“四好农村路”建设验收考评要求，登封市参加全省“四好农村路示范县”创建自评工作，积极探索新形势下农村公路养护管理新模式。

【公交都市建设】 以“公交都市”创

建为抓手，大力推进公共交通建设，不断提升城市公共交通吸引力，郑州市公共交通机动化分担率达54%。一是轨道交通建设加快推进，相继开通地铁1号线一期、2号线一期、1号线二期、城郊铁路一期，轨道线路日均客运量达66万人次，运营里程达93.6公里。3号、4号、5号线、城郊铁路二期以及郑州市民文化服务中心地下市政交通工程等轨道交通项目加快推进。二是快速公交系统建设加快推进，新开通陇海路快速公交B5路和第三条环线快速公交B6路，初步形成5主65支，共计1092公里的快速公交网络，日客运量达到80万人次以上，占城市公共交通客运量的26%左右。三是公交场站建设加快推进，计划建设的29个场站前期移交市建投、地产集团、城建集团等工作已完成，项目建设已全部开工。四是公交专用道建设全面启动，编制完成《郑州市公交专用道建设规划方案》，12条192公里的公交专用道建设已全面启动。

【客运市场秩序专项整治】 以城市精细化管理为抓手，以郑州火车站、火车东站、新郑国际机场等客流密集地为重点区域，建立健全与公安部门的联勤联动、相互驻勤、联席会议、案件移交、信息反馈等联合应急处置机制，实行定点检查与流动检查相结合、巡回检查与突击检查相结合、白天检查与夜晚检查相结合、常规执法检查与信息化手段相结合的多元执法方式，严厉惩治违法载客行为。全年共查扣各类道路客运违法车辆6102台次，其中非法营运车辆684台次、违规出租汽车2129台次、违规大型客车1102台次、违规大型客货车1294台次、“六类车辆”209台次。

【交通运输执法体制改革】 2016年，按照省厅执法局工作部署，郑州市交运委组织开展各县（市）区交通运输行政执法体制改革督导检查工作，对存在的经费保障、罚款返还、人员身份、富余人员安置政策和待遇落实不到位等问题进行督促整改，所有问题已整改到位。以执法监督为抓手，认真开展“双随机、一公开”执法监督巡查，制定下发《交通执法行为暗访监督制度》《依法行政工作纪律督查制度》等行政执法规范性制度，不断完善执法监督体系，执法服务水平明显提高，执法乱象得到有效遏制，社会满意度大幅度提高。

【出租车行业改革】 按照国家出租车行业改革政策，郑州市出租汽车行业改革文件《郑州市人民政府关于深化出租汽车行业改革实施意见》《郑州网络预约出租汽车经营服务管理细则（暂行）》已向社会公开发布。郑州约车“95128” 官方叫车平台于2016年8月1日正式上线运营服务，公众下载人数和成功订单逐日递增，态势良好，有力促进传统出租车行业转型升级。

【驾培机构培训服务模式改革】 2016年，郑州市实施驾培机构培训服务模式改革，鼓励传统收费模式和“按学时收费、先培训后付费”两种收费模式同时使用，全市机动车驾培机构“先培训后付费”的培训服务模式改革已完成50%以上。

【政务服务改革】 2016年，郑州市交运行业行政审批制度改革和五单一网改革持续深化。认真落实“日清周结”制度，定期通报行政审批情况，在市审改办每月绩效考核排名通报中取得较好成绩。市交运委印发了《关于进一步规范政务服务体系建设的实施意见》《深化“五单一网”制度改革推进职能转变工作方案》等5个政务服务体系建设工作配套文件，根据法律法规立改废释情况和人员变动情况，对全系统行政权责清单进行动态调整，及时更新权责清单。

【安全生产管理】 一是自上而下层层签订《安全生产目标责任保证书》和《消防工作目标责任保证书》，明确目标任务，落实安全生产责任。二是开展“平安交通创建”“交通运输安全生产隐患排查治理攻坚”“道路交通安全三年综合整治”“公路桥梁、隧道安全运营专项排查整治”以及“打非治违”等专项行动。全年共查获违禁物品4113件；检查营运车辆安全设施3970台次；排查事故隐患单位392家；排查一般事故隐患4670项，其中整改4670项，整改率100%。三是结合平安交通创建活动，聚焦重点领域、重点行业，强化督导检查，建立常态督查工作机制，共出动人员180余人次，督查重要节点380余个，进一步强化安全监管力度，落实一岗双责。

【信息化与交通运输服务】 信息化与交通运输服务深度融合。不断提升车辆超限超载治理信息化水平，荥阳市科技治超系统正式投入运行，车辆超限超载动态检测系统工程稳步推进。全市公交行业已建成“一个中心、三个平台、五大应用系统”，实现了公交车、出租车、地铁等GPS智能调度和监控全覆盖，公共交通运营和管理实现“可视、可测、可控、可服务”。全市三级以上客运站全部实现联网售票，重点营运车辆联网联控在线率达到95%以上。开通郑州交通出行网站和手机App出行信息服务，全市“一卡通”发卡量达470余万张，更加方便市民出行。

【绿色交通】 全国绿色交通试点城市建设进展顺利，37个创建项目中，已完成郑州市公交公司陇海路新能源快速公交建设、中原路西延LED路灯照明等9个项目，基本完成河南天蓝物流有限公司多式联运信息化、场站改造及建设等7个项目，其余21个项目工程进度进一步加快，累计完成投资27亿元。

【扬尘污染整治】 2016年，郑州市交运行业扬尘污染整治工作紧紧围绕《2016年度环境保护目标责任书》要求，科学部署，狠抓落实，市交运委制订出台《2016年郑州市交通运输系统蓝天工程实施方案》《重污染天气应急响应实施方案》等10余项大气污染防治配套文件，建立完善会议制度、督查制度、奖惩制度，认真开展“零点夜查”行动，积极推进公路扬尘治理、施工工地扬尘治理、城乡接合部道路交叉口硬化、打造绿色交通、推广新能源汽车等重点工作。全市在建交通基础设施项目全部达到“7个100%”的标准要求，绕城高速以内国、省干线公路和农村公路、四环道路均按照城市道路养护标准实施清扫保洁，四环道路和国、省干线及快速通道沿线完成平交道口、出入口

3月9日，郑州市2016年交通运输工作会议召开

整治（硬化）1636处，全行业大气污染防治工作取得明显成效。

【规范性文件管理】 严格管理规范性文件，以完善审核备案制度为根本，全方位审核市交运委及委属法律法规授权组织出台的红头文件、行政合同和重大行政决策，严格落实审查签字制度，确保规范性文件全方位管理，行政行为合法有效。对涉及重大事项或者关系人民群众切身利益的问题，在制订规范性文件时，充分利用网站、新闻媒体、征求意见会等形式，及时公开内容，广泛征求意见、建议。

【交通战备】 2016年，郑州市交通战备办公室在市国动委的正确领导下，在战区交战办和省交战办的指导下，以军事斗争备战保障需求为牵引，全力做好部队应急作战、抢险救灾、处置突发事件的交通保障工作，圆满完成了各项工作任务。一是大力推进国防交通基础设施建设，始终把解决部队出行难题作为重点工作，深入驻郑部队实地勘查道路，深入了解部队进出口道路建设需求，在汇总部队道路建设需求的基础上，区分轻重缓急，拟定出2016年驻郑部队进出口道路建设计划，联合发改部门，共同完成部队进出口道路建设计划上报工作。二是圆满完成部队交通保障任务，为部队弹药运输提供交通保障，为部队院校摩托化机动提供交通保障，完成保障苏丹维和受伤战士运送工作。三是夯实国防交通专业保障队伍基础，为部队冬训提供后勤保障，加强国防交通专业保障队伍训练，派出专业保障队伍参加部队随军后勤保障，扎实开展2016年度人民防空专业队伍组织整顿。四是扎实开展双拥工作两次召集运管局、武警部队和企业代表参加会议，对应急运输保障协议条款进行深入探讨，明确部队的应急运输需求，明确企业的责任担当，促成警民应急运输保障协议签订。

【交通规划】 一是加强协调，做好计划编制谋划工作。认真开展2016年市城建计划交通工程项目编制工作，并于2016年3月经市人大常委会审议通过。认真开展农村公路建设计划编制工作，经沟通、梳理、审核，2016年，农村公路建设计划上报工作于3月全部完成；省发改委2批次农村公路建设计划已全部下达。二是履职尽责，及时做好设计审批工作。按时保质完成省级审批权限调整后的重大项目审查及审批、市重点交通项目设计审批、干线公路中小桥改造和安保工程项目审批、农村公路新改建项目批复等工作。完成《郑州市“十三五”时期交通运输规划》评审和修编工作，并报市政府审批。

【财务审计】 一是不断加大资金筹措力度，通过争取市财政拨款和市交建投、市城建投融资等方式，保证项目建设得到充裕的资金保障。二是强力推进审计工作，完成审计并出具审计报告项目7个，基本完成审计工作待出具报告项目3个，全力推进审计工作项目5个，启动审计工作项目5个。三是及时完善财务制度，及时完善并下发《郑州市交通运输委员会机关差旅费管理办法》，机关工作人员国内差旅行为得到进一步的规范。四是积极探索中期财政规划，组织人员认真学习相关法规，总结以前年度预算编制工作的经验和预算执行中发现的问题，反复修订，按时完成了2017-2019年中期财政规划编制工作。五是积极解决项目建设过程中出现的难点问题，与有关部门搞好对接，打破常规，厘清思路，积极解决项目建设过程中存在的超概、建设期利息延期支付、BT项目如何审计等企业反映强烈的热点难点问题，确保项目顺利实施。

【行业精神文明建设】 2016年，市交运委强化新闻宣传和意识形态工作，与郑州电视台联合开设《红绿灯郑州全交通》栏目，利用郑州交通信息网、郑州交通官方微博、中原网“心通桥”等平台，及时发布行业最新动态信息，展示交通建设成就，传播郑州交通文化，树立为民、务实、清廉、高效的郑州交通良好形象。高标准完成全国文明城市和省级文明单位年度复查工作。

【“畅通郑州”工程建设】 2016年，“畅通郑州”工程建设进展顺利。市域快速通道项目建设方面。10条市域快速通道已通车9条，剩余1条（中原路西延快速通道上街辘把坡至巩义S237段）工程建设进度有序推进。环城高速出入口项目建设方面。新增16座环城高速互通式立交已通车11座；在建3座，G107辅道南延线与西南绕城高速互通式立交项目进入收尾阶段，西三环北延与连霍高速互通式立交主线建成通车，莲花街与西南绕城高速互通式立交主体完工；开展项目前期工作2座，北三环东延与京港澳高速互通式立交新建工程、迎宾路与连霍高速公路互通式立交新建工程。道路连接线及节点工程项目建设方面。在建4个连接线或节点工程建设进度进一步加快，中州大道与郑新快速通道互通式立交已完工，待交工验收；南四环高架（嵩山南路至十八里河桥）、G107辅道南延线（南四环至西南绕城高速段）、G107郑州境改线项目孟庄至龙湖连接线等3个项目进入收尾阶段。

【干线公路建设】 干线公路建设紧紧围绕“创新、协调、绿色、开放、共享”的发展理念，坚持改中求进的总思路，扎实推进项目建设，大力实施道路环境综合整治，干线公路通行能力和保障水平进一步提升。市公路管理局被市政府授予“重点项目建设先进集体”，被省交通运输厅授予“十二五全省干线公路养护管理先进集体”。项目建设任务顺利完成，完成总投资约5.1亿元，新建干线公路总里程22公里，工程优良率达90%以上。项目前期工作取得重大进展，完成G234线焦作至荥阳、G107线官渡黄河大桥2个PPP项目征迁协调工作，S317线郑州开封交界至航空港区改建、S228改建工程(新密境)、四港联动大道弓马庄等3处积水点整治、郑州市快速通道及干线公路安全服务综合整治、郑州市普通国、省干线智慧公路建设等5个项目进入2017年市城建投资计划。国道107线郑州境东移（一期）改建工程可研调整报告获得批复。“三桥一路”专项收费项目积极推动。道路服务质量持续提升，养护工程投入约1.2亿元。完成国道107线郑州段改建工程金水东路立交桥及邢庄桥连接线段大修、G220线商都桥危桥改造、G107线小刘桥、S102线薛店立交桥危桥抢险等11个养护工程。地方政府支持养护工作力度加大，购置机械设备，处置路面病害，硬化平交道口，整修沿线设施和排水防护工程，主要路段均实现“八线八面”。G220线中牟县北三官庙道班等建成“三基道班”。郑汴物流通道、中原路西延等路段拟作为精品示范路，实施重点综合整治，已通过市政府立项，并委托上海同济大学做前期设计。

【农村公路建设】 2016年，郑州市农村公路建设以实现“县县畅、乡乡联、社社通”和“农村骨干路网等级化”、省重点安排骨干路网中的县乡公路和大中桥梁改造项目任务圆满为目标，以农村公路“三年行动计划”为工作推进器，以“四好农村路”建设验收考评为载体，圆满完成全年建设和养护管理任务，各项工作均走在全省前列。一是农村公路建设任务超额完成。省委、省政府将农村公路建设列入2016年河南省十项重点民生工程，郑州市加快推进农村公路“乡村通畅”工程的目标任务是新建改建农村公路240公里，截至2016年年底，共完工176个项目、总计279.45公里，超额完成市政府要求的2016年农村公路建设任务。二是农村公路养护工作扎实推进。2016年，全市农村公路累计整修路肩边坡3.1万平方米，疏通边沟2700公里，处理塌方1610立方米，处理裂缝8.6万平方米，处理坑槽4.6万平方米，植树13600多棵，量验9000公里，巡路保洁31万公里。完善道路标志、标线投资370万元，完成农村公路大中修工程项目92个，累计投资6720.8万元，郑州市农村公路列养率达100%，县道优良路率达85%。

(张建林 许晓丹 张朝霞)

道路运输生产

【概况】 2016年，全市道路运输工作以“精细化管理年”活动为主线，坚持“一项攻坚”、提升“两种能力”、推进“五项工程”、开展“三项建设”，创新服务方式方法，完善管理体制机制，实现服务水平和管理能力全面提升，为建成现代化的道路运输服务体系奠定基础。全市道路运输完成客运量9800万人，完成客运周转量99亿人公里，完成货运量1.5亿吨，完成货运周转量330亿吨公里。圆满完成重大时段、重要物资运输任务。

【运管体制改革】 运管体制改革稳步推进，继县（市）运管改革全部完成后，市区惠济区、中原区运管部门全部完成更名挂牌工作，职责、经费来源已明确。市本级编委会文件已下发；“五单一网”制度改革向纵深推进。机动车驾培机构先培训后付费的培训服务模式改革已完成上级要求的50%以上目标。

【运输保障能力】 2016年，郑州市运输保障能力不断增强，全市有客运企业41家，客运车辆3785台，省、市际高级车占84%以上；货运业户6.3万家，物流业户819家，货运车辆12余万辆；危运企业31家，危运车辆920辆；各类从业人员16万余人。

【驾驶培训市场】 2016年，驾驶培训市场稳步发展。全市拥有157所驾校，其中AA级驾校50所，A级驾校106所，B级驾校1所。拥有教练员2952人，教学车辆2830辆。全年培训学员近3.2万人。全市112所驾校按要求完成报备、公示工作，对驾培机构成本、培训收费标准进行公示，完成省定目标50%以上要求。同时在驾校报名办公场所或醒目位置张贴“先培后付”的价格收费表。

【运输安全生产管理】 2016年，郑州市运输安全生产管理工作按照“安全监管全覆盖，安全隐患零容忍”的工作思路，始终坚持“管行业必须管安全、管业务必须管安全”的理念，严把红线思维和底线思维，认真落实安全监管工作。2016年，全市共发生道路运输事故3起，死亡15人，受伤1人。事故起数、死亡人数、受伤人数较上年同期相比均下降50%以上，安全形势向好。

【运输市场监管】 一是强化源头监管，充分发挥驻站监督职责，做好“两关一监督”，督促汽车客运站落实“三不进站、六不出站”制度，从源头上把好安全关。二是强化重点环节治理，突出抓好节假日、重点时段、重点地区的综合治理力度，重点把握好车辆、客运场站、重点驾驶人三个环节，有效维护运输市场秩序。三是强化对热点问题查处，强化对上级批转和群众反映强烈投诉件的查处力度，接到一起，查处一起，处理一起。圆满完成G20峰会、春运及节假日等运输市场整治和保障任务。全年共督导检查4000余人次，检查企业230家，检查车辆6000辆次,下达整改通知书540份，运输市场环境明显改观。

【业务基础工作】 全年制发新增许可证712份，制发新增营运证3618份，制发新增从业资格证9074份，补、换发各类证件7509份。培训道路客货运输从业学员10398人次，考核客货运输驾驶员48008人次。全年组织从业人员考试225场次，考核客货运输从业资格证13360人。客运发放证牌22494张，其中省际包车16155张，市际包车1543张，省际、市际临时包车4796张。办理日常延续经营、更新、新增、调线等业务1300台次。各项工作均无一例差错发生，未发生一起行政许可复议和诉讼，业务基础工作扎实有效。

【城乡客运一体化工作】 一是圆满完成农村建制村通客车任务，郑州市所辖1565个建制村全部开通客车服务。为满足46个偏远山区、人口稀少地区的行政村群众出行需求，在各行政村设立招呼站，全面开通预约班车特色服务,全市所属建制村班车通达率达到100%。二是三级以上客运站接入联网售票系统，全市共有一级客运站5个，二级客运站10个，三级客运站3个，已全部接入联网售票系统。三是加快推进城乡道路客运一体化发展，新密市、登封市成功入选河南省第三批城乡客运一体化试点。四是圆满完成重点营运车辆联网联控在线率任务，全市41家客运企业的3785台客车已全部入网，危运车辆920辆，全部安装部颁标准卫星动态监控设备，入网率100%，上线率达98%以上。50辆以上规模重型货车企业或牵引车运输企业全部安装符合部颁标准的监控终端。

【百日集中整治行动】 2016年，郑州市交运系统组织开展百日集中整治行动，大力推进行业安全生产排查整治。客运方面，重点检查企业车辆GPS监控情况、检查企业“道路运输平安年”活动开展情况、排查违规从事包车经营的车辆情况。货运方面，重点检查运输企业监控平台建设运行情况、营运车辆上线率、在线率和相关管理制度健全落实情况；重点整治许可地址变更不备案、安全制度不落实、50辆以上规模重型货车公司动态监控不符合规定等问题。通过百日整治行动，共检查运输企业2867家，填发检查细则2269份，发现隐患162处，下发隐患通知234份，约谈26家运输企业负责人。

【行业诚信体系建设】 一是组织开展全市道路运输企业质量信誉考核，经过考核，确认客运AAA企业 2家、客运AA企业27家、客运A企业12家；确认货运AAA企业1家、货运AA企业98家、货运A企业383家；确认驾培AA学校50家、驾培A学校106家。通过考核结果，引导道路运输企业及驾驶员诚实守信、规范服务。二是推行诚信考核结果公示公开，完善失信行为通报和公开曝光制度，全年共完成道路客货运输驾驶员诚信考核4.8万人次，注销、吊销从业资格证件186人次，并将处罚结果进行公示、公告。三是推进诚信信息应用，印发《道路运输企业服务质量信誉考核奖惩制度》，加强对守信主体的奖励和激励，实行优先办理、简化程序等“绿色通道”激励措施，加强对失信主体的约束和惩戒，建立黑名单制度和市场退出机制，有效推动诚信体系建设。

（张建林 许晓丹 张朝霞）

城市公共交通

【快速公交】 2016年，郑州市着力打造快速公交网络，先后开通运营快速公交B5、B6线路，快速公交系统形成“5主65支”、总长1092公里的线路网络，日均客运量由2009年的10万人次增长至2016年的80万人次，占城市公共交通客运量的26%左右。

【线路开辟和线网优化】 先后开辟43条公交线路，进一步完善公交线网，填补部分道路的公交空白，优化调整线路100条，含撤停38条，使公交线网更趋合理。

【定制公交服务】 2016年，市公交总公司继续完善定制公交服务，利用互联网、媒体、二维码、手机App等媒体传播方式，大力推广“郑州行定制公交信息平台”，同时申请“96号码”资源、开通微信公众服务平台为乘客提供便捷服务。截至2016年年底，定制服务春运专线共计运营车次12394车次；定制服务为企事业单位安排长期定制服务班车294088趟次，其他定制服务35961趟次；为乘客转办临时定制服务551次。全年完成客运总量约2250.9万人次。

【公交运营服务水平提升】 一是积极完善智能化电子站牌建设，在市区主要道路合理布设点位，安装LCD电子站牌，统一站牌款式和型号。二是建立事故处理动态监控制度，对事故处理状态进行动态监管，推进事故处理进程，构建事故费用监管网络平台，加强对事故费用的管控。三是积极开展“星级服务”“精品线路”“品牌车组”“三无线路”的争创活动进一步提高服务质量；同时开展“未按规定开关车门”“路口违法变更车道”“斑马线礼让行人”等专项治理活动，有效减少违章现象，全公司共115个车队全年无违章。四是建立公交总公司、分公司、车队三级培训管理模式，全年开展服务培训2677期，培训人员200866人次。五是认真开展客服工作，全年公交客服中心受理各类信息745409件，电话回访乘客4837件、满意率98.30%，投诉率1.01件/百万人（次）。2016年3月，市公交总公司客服中心被郑州市政府办公厅授予“百姓信赖的服务平台”荣誉称号。

【新能源公交车推广应用和节能降耗工作】 持续做好新能源车辆推广应用和节能降耗工作。一是做好车辆选型和购置工作，按大容量、低能耗、低排放的标准完成600台公交车购置工作，包括400台8米纯电动公交车、50台7米纯电动公交车、100台12米CNG插电式混合动力公交车、50台双层公交车。二是加快推进充电桩设施建设，完成石楠路、花寨场站等2个省级示范充电站和10个常规充电站建设。三是做好节能减排工作，积极开展车辆尾气防治，组织质量技术比武和驾驶员技术比武，推广绿色节能理念，2016年全市运营公交车辆年审尾气检测全部合格。

【公交智能化】 一是启用新版调度软件和新一代分布式GPS通讯处理软件，完成GPS、IC卡、ERP数据库硬件设备更新，实现大规模集群部署。二是积极推进双目体感客流调查器的应用，完成客流调查器安装及调试2631台，在45路等线路上得到应用，实现客流调度仿真与排班功能。三是新增IC卡数据无线上传车辆1000余台，通过软件实现全公司IC卡与GPS数据的融合应用。四是“郑州行”手机客户端新增自动导航、语音播报、车辆绕行提示等功能，采用多机均衡负载等技术改善用户操作体验，“郑州行”用户量稳步增长。

【出租汽车行业新增运力】 第一批政府采购300台出租车，通过招标方式由38家企业取得经营权，并于2016年6月30日前全部办结相关运营手续正式投放市场。这是郑州市出租汽车行业动态调控政策实施后首次新增运力，为促进行业健康发展提供有益尝试，为下步增加运力提供成功经验。

【出租汽车企业服务质量信誉考核】 郑州市2015年度出租汽车企业服务质量信誉考核工作圆满完成，通过政府招标方式将企业年度考核工作委托给第三方社会专业机构独立操作完成。考核通过实地检查、调阅相关文档、随机暗访乘坐出租汽车等方式进行。共评出AAA级出租汽车企业12家、AA级企业34家、A级企业0家。按规定将初评结果在郑州市出租汽车网上进行为期10天的公示，初评结果达到AAA级的企业向省厅运管局进行申报。同时通过企业自评，共评出AAA级驾驶员1139名、AA级驾驶员20815名、A级驾驶员680名、B级驾驶员65名。

【郑州约车“95128”官方约车服务系统上线运营】 郑州约车“95128”官方约车服务系统于2016年8月1日正式上线运营。该系统建设包括约车平台和出租汽车智慧站牌两个版块，具有电话、手机App和一键约车服务功能，支持多种支付方式，设计司机和乘客双向信用评价系统，同时为政府在国家规范网约车政策出台后实施行业监管提供了必要的技术支撑。截至2016年年底，出租车行业2万余名司机接入平台，软件下载量10万余人（次）。

【文明的士之星评选活动】 圆满完成2015年度出租汽车行业“文明的士之星”评选工作。此次活动旨在进一步提升郑州市出租汽车行业经营服务质量，提高出租汽车驾驶员的综合素质和服务技能，打造职业化的出租汽车驾驶员队伍，提升驾驶员热情服务、遵章经营、文明行车的意识，促进郑州市出租汽车行业健康、有序发展。2015年度“文明的士之星”评选活动，共评选出40名“文明的士之星标兵”，817名“文明的士之星”。

（张建林 许晓丹 张朝霞）

交通行业管理

【道路运输市场管理】 一是强化综合治理，突出抓好节假日、重点时段、重点地区的治理力度，重点把好车辆、客运场站、重点驾驶人三个环节，有效维护运输市场秩序。二是加强对从业人员、客货运车辆（船舶）、客货运场站（码头）、客货运企业、机动车维修企业、驾校等服务质量监督。完善企业诚信考核体系建设，强化企业服务质量信誉考核，加强对道路运输驾驶员的诚信考核以及对道路运输从业人员的管理；严格落实“三不进站、六不出站”规定，规范运输企业经营行为。三是完成对全市各区运管体制改革的督导工作，惠济区已具备挂牌条件，其他各区按计划积极推进此项工作。

【机动车维修行业服务管理】 一是组织开展维修企业质量信誉考核工作，从4月开始，对全市一二类维修企业开展考核工作，共考核70家，其中拟定AAA级企业13家、AA级48家、A级4家、新办5家。二是集中开展二维企业治理整顿工作，重点查处企业不按规范作业等违规经营行为，累计下发整改通知书15份，进一步提升二维作业质量。三是加强维修质量纠纷调处工作，共受理维修质量纠纷5起，结案率100%，较好地维护双方当事人的合法权益。四是维护维修市场秩序，加强维修市场监督检查，全年累计出动执法人员552人次，执法车辆206台次，纠正违规经营业户265家，下达责令停业通知52份，实施行政处罚3家，共受理各类投诉举报案件33起，全部在规定时间内处理完毕。

【海事管理】 一是进一步加大对市域内重点水域、沿黄渡口、码头、大中型水库以及浮桥周边“三无”船舶的惩治力度，对不符合营运标准的船舶坚决停航停运，严防重特大交通事故发生，规范水路运输市场秩序。二是严格按照相关法规要求对现有航运公司营运资质范围内船舶状况、安全设备和人员配备等方面进行专项检查。针对检查中发现的问题建立健全整改跟踪机制，避免不合格的客船投入营运。三是强化水路交通应急保障机制，完善突发事件应急和救援预案，控制、减轻和消除水路交通突发事件引起的严重社会危害，及时恢复水路交通正常秩序，保障水路畅通，并指导县（市）区建立应急预案体系和组织体系。

【水上应急搜救】 2016年，郑州市5家水上搜救社会组织获得全国水上搜救奖励。中牟黄河厉风救援队开展义务救援320次，出动船艇540余艘次，打捞溺亡89人，队长王喜军入列中国好人榜。

【交通运输工程建设管理】 2016年，郑州市交通运输工程建设管理工作严格落实交通运输部关于《公路工程建设项目招标投标管理办法》，进一步规范招标管理。完成郑州市莲花街与西南绕城高速公路互通式立交新建工程附属工程、郑州市四港联动大道南延新建工程等12个新建项目施工和监理招标投标人报价审核工作。按照行业管理有关要求，结合郑州市重点工程建设实际，制定完善《关于郑州市公路水运工程建设领域清理规范保证金工作实施方案》《关于在全市开展交通重点建设项目质量安全综合督查的通知》《郑州市公路建设市场秩序专项整治工作方案》等制度，通过弥补管理漏洞，强化制约监督，提升工作水平。进一步加强干线、重点工程项目质量、安全监督，认真开展试验检测信用评价工作，对郑州市所辖14家乙级检测机构、6家丙级检测机构、12个工地试验室进行信用评价，同时对4家试验检测机构进行资质复查初审工作。加强交通重点工程建设市场监管，建立企业信息动态管理资料库，强化参建单位的信誉管理，为公路建设市场科学、规范发展提供保障，进一步规范公路建设市场秩序。

【路政管理】 一是顺利完成丙申年黄帝故里拜祖大典车辆免费通行工作，为800余辆会议车辆办理免费通行证，协调高速公路运营单位在郑州至机场高速公路收费站悬挂欢迎标语，保障了丙申年黄帝故里拜祖大典顺利进行。二是认真开展2016年路政宣传月活动，制定下发《郑州市2016 年“路政宣传月”活动方案》，深入开展以“爱护桥梁、保障安全”为主题的路政宣传月活动,全市各级交通运输管理部门共悬挂路政宣传横幅、标语237条，制作宣传展板105幅，出动宣传车180余台次，发放路政宣传材料2.6万多份，有效增强广大人民群众保护桥梁、爱路护路意识。三是持续开展公路路域环境专项治理工作，根据省政府要求，积极组织开展公路路域环境专项治理工作。全年共拆除非法广告牌（塔）158个，清理非公路标牌661块，整治加水点105处，拆除违章建（构）筑物81处，清理违章占道379处，查处路政案件11起，路政案件结案率达到100%。四是切实做好公路安全保通工作，下发《关于认真做好2016年雨雪等恶劣天气公路应急保通工作的通知》，保证人民群众安全、便捷出行和重点物资的正常运输。同时圆满完成世界旅游城市市长论坛、中央领导调研等重要活动路政保通工作，确保活动顺利进行。

【执法监督】 一是持续推进服务型行政执法建设。开展服务型行政执法示范点和执法标兵评选表彰活动，印发《郑州市交通运输委员会2016年服务型行政执法标兵培育工作方案》，在全系统开展服务型行政执法督导检查工作，确保市交运委系统服务型行政执法建设工作稳步推进。二是开展“双随机、一公开”执法监督巡查。全年共开展“双随机、一公开”执法监督巡查11次，巡查范围涉及市交运委系统8个执法单位及6个县（市）区交通运输执法机构，共随机抽查执法案卷97件，对各执法单位存在的问题进行了通报并要求限期整改。三是做好2016年省交通运输厅行政执法评议考核工作，市交运委在2016年省厅执法评议考核中获得笔试全省第一名。

【超限超载车辆治理】 以全省路面联合治超“1号行动”“2号行动”为契机，严格落实五部委治超新政，认真做好车辆超限超载治理督查工作，全年共对30.3万台货运车辆进行检测，查处超限车辆5875台，拆解非法改装车辆1489台，累计卸货15.4万余吨，共对1179名驾驶员实施了计分处理。强化科技治超力度，不断提升车辆超限超载治理信息化水平，荥阳市科技治超系统正式投入运行，以荥阳市先行试点为基础，积极推进全市车辆超限超载动态检测系统工程其他项目，逐步实现治超工作由“人海战术型”向“科技引导型”“临时突击型”向“常态管控型”“末端执法型”向“立体监管型”的转变。

【公路路域环境专项治理】 强力清除高速公路沿线广告牌，大力整治洗车加水站点、占道经营等违法行为，全年共拆除非法广告牌（塔）158个，清理非公路标牌661块，整治加水站点105处，拆除违章建（构）筑物81起，清理违章占道379处，查处路政案件11起，路政案件结案率达到100%。

【四环道路综合整治】 四环道路综合整治工程项目整治范围涉及郑州市西绕城公路与G107辅道合围的环形道路（不含G107辅道快速化路段及南四环快速化路段），起点位于北四环花园口立交，终点位于南四环嵩山路立交，全长44.985公里。主要建设内容包括：路面病害处理45225平方米，加铺沥青混凝土路面34418平方米；桥面沥青混凝土补强处理3650平方米，加铺微表处186410平方米；增设井眼4座及部分配套设施；对7座桥梁进行桥台锥坡处理80立方米；道路开口封闭和绿化恢复工程，完成开挖并铺设表土111978 立方米、绿化恢复19327平方米；排水设施整治，增设水泥盖板2770.2立方米；安装波形护栏21168米；郑少高速立交段1765米左侧路面复浇及右侧道路补强处理工程完成。病害处治37530平方米、加铺水稳层补强34418平方米。截至2016年10月底，综合整治整体工作已全部完工，整治成效显著。

【四环道路精细化管理】 为加强四环道路精细化管理，四环管理中心成立精细化管理工作领导小组，科学制订精细化管理工作运行机制，将四环沿线595个与四环平交未硬化路口和约上千条与四环交汇未硬化的村镇小路口的垃圾多、扬尘大的精细化管理工作，任务到人，责任到人。结合市数字化平台对四环的监督，对四环精细化管理工作实行周通报、月讲评、考核问责制度，从源头上提升四环精细化管理水平。

（张建林 许晓丹 张朝霞）

交通企业

【郑州交运集团】 2016年，郑州交运集团坚持以四个全面战略为指导，以“十三五”时期发展规划为目标，以生产经营为中心，以“两学一做”学习教育为动力，着力强化忧患危机意识，弘扬艰苦奋斗精神，持续深化经营结构调整，深入推进精细化管理，全力转型创新发展保稳定、求突破，圆满完成全年收入、利润计划，为实现郑州交运集团转型升级新突破奠定坚实基础。

主要经济指标完成情况。全年实现收入14.33亿元，为年度目标的106.15%。实现利润3339.89万元，为年度目标的101.21%。实现税金7621万元。全年完成客运量2329万人次，为年度目标的101.3%；客运周转量32.9亿人公里，为年度目标的102.8%。完成货运量235万吨，为年度目标的90.4%；货运周转量4.4亿吨公里，为年度目标的91.6%。全年行车安全四项指标低于上级考核指标。每百万车公里责任事故率0.13次，责任亡人率0.003人，责任受伤率0.11人，经济损失率0.29万元。消防安全、劳动安全等方面目前保持稳定局面。

积极推进客运板块转型发展，全力遏止下滑趋势，稳定客运产业。一是全力做好春运、黄金周、小长假等旺季运输组织，积极扩大网络、自助、联网、上门等售票服务，着力抓好异地运输，抢抓收入。同时，积极承接拜祖大典、第十届中国（河南）国际投资贸易洽谈会、少林武术节等相关活动运输服务，展示集团良好形象。二是加快车辆结构和经营结构转型，重点完善高低速线路车型配备，提供大、中、小全方位车型服务，满足不同层次旅客需求，同时根据线路实际，采取灵活的高低速线路经营方式，满足客运市场需求；对公车线路，强力推进公车承包和车辆小型化，降低运营成本，提升线路竞争和生存能力。根据实际，在新乡、洛阳、焦作、漯河线路上新增27台19座奔驰商务车，为推进客运业转型升级进行有益探索和尝试。三是推进城际约租客运发展。科学确定组织方式、经营机制、经营方式，在搭建约租客运平台的基础上，实行承包经营，进一步提升约租客运服务水平和综合竞争能力，积极抢占市场制高点。四是推动服务营销提升。大力推行“互联网+”融合，引导旅客通过传统互联网、移动客户端、自助机等多种方式购票。五是大力推进旅游客运发展，实行站运游一体化经营，在中心站设立旅游集散中心，在周边站设立旅游集散节点。与郑州市各大旅行社签订战略合作框架协议，积极寻求与外部旅游景点合作发展，共同打造旅游服务品牌，提高旅游客运市场占有率。

积极开拓物流市场，促进物流产业全面转型升级。一是深化物流板块机构改革。分别实行人员分流、划小规模、单列经营等举措，主动顺应物流业运输的专业化趋势，积极申报无车承运人试点企业，全面促进传统货运业向现代物流的转型。二是金象物流公司根据市场变化，积极合理调整市内网点布局，不断增加省内新公司，辐射力持续扩大。进一步加快推动产业转型升级，金象物流公司打造“金象优购”电商平台，并借助该平台经营“金象海淘”尝试跨境E贸易。三是公铁联运公司大力推进公铁多式联运项目，2016年6月24日，郑州交运集团在前期大宗货物入疆业务基础上，正式开通洛阳东至乌鲁木齐东集装箱快运班列。截至2016年年底，已经开行52列，货物运载量3万余吨。

强化安全管理，为转型发展提供安全保障。一是源头教育进一步深入。重点教育驾驶员做到“五不两确保”，杜绝“三超”、高速上下客和非法运输危险品等违法行为。二是基础管理进一步坚实。完善了两级隐患排查治理台账，建立安全生产标准化档案，重新修订车辆技术管理制度和安全生产奖惩制度。三是风险防控水平进一步提升。按照2016年道路运输平安年活动要求，深入开展平安交通创建、道路交通安全三年综合整治、安全生产综合整治百日行动、隐患排查“回头看”和违规违法行为专项治理等活动，及时发布驾驶员安全告知，强力落实内部安全隐患和事故调查问责机制。四是监控管理进一步强化。完成物流分控与集团总控平台的相互整合，以及与省、市两级运管部门监控平台联网联控对接工作。五是推行场地消防安全“网格化”责任管理，做到全覆盖、无缝隙、无盲点。六是扎实做好应急管理，落实好防暴恐、防洪防汛工作。

积极推进场站建设，为转型发展提供基础保障。客运北站项目已完成规划核实、资料整理和竣工决算工作。港区客运站项目已完成文探、地勘和航空净高核准、编制文评报告和修规方案审批等工作。客运西站项目按计划进入土地指标调整和地面附属物拆迁等工作阶段。客运东站项目进入土地指标调整和土地预审等工作阶段。

【郑州市交通规划勘察设计研究院】2016年，郑州市交通规划设计研究院以服务全市交通运输大局为己任，以突破市场经营开发瓶颈为重心，以提升勘察设计质量为抓手，以“两学一做”学习教育为载体，抢抓历史机遇，加快改革创新，各项工作稳步推进，延续良好的发展态势。

主要经济指标稳步增长。全年完成经营开发合同额1.98亿元，较上年增长35%；实现营业收入1.19亿元，较上年增长14%。市场经营工作亮点频现。通过改革经营机制，推进全员经营战略，加大区外市场自主开发奖励等措施，完成区外自主开发合同额5900万元，成为市场经营工作的亮点。与鹤壁、驻马店、洛阳、汝州、巩义等地市的行业主管部门和兄弟院建立良好的合作关系，取得了一批实质性的项目支持；生产部门自主引进G240（原G220）兰考境高场村至何寨段改建工程等一批设计项目，实现省内市场多点开花。省外市场方面，昆明分院贡献合同额3100万元，内蒙古和新疆市场取得突破，成为市场经营工作的有益补充。业务生产能力持续提升。全年承接勘察设计项目共计188项，累计完成产值1.37亿元。完成设计院第一个省外山岭重丘区高速公路、第一座复杂城市立交、第一座公路复合式立交、第一座城市地下隧道、高差近千米的山岭重丘区公路项目。郑州市、航空港区“十三五”时期交通运输发展规划编制工作圆满完成，进一步巩固了设计院全市交通运输技术中心的地位。同时新开拓公交场站设计、高速出市口整治、桥梁健康检测、地勘审查等新业务领域。2016年，3个项目获得国家发明专利，一项研究获省交通运输厅科学技术二等奖。设计院被评为“2016—2018年河南省建筑业骨干企业”。

资质管理工作稳步推进。在正常资质保级的基础上，重点推进市政行业（桥梁工程）设计甲级、风景园林工程设计专项乙级、城乡规划编制丙级资质创建工作，其中风景园林工程设计专项资质已经取得。设计院被交通运输部评为“公路建设从业企业全国综合信用等级AA单位”。

质量管控水平进一步提升。2016年全面开展“质量提升年”活动。通过制订新的勘察成果和测绘成果质量等级评定标准，对施工和通车运行中存在问题较多的项目进行设计缺陷研究，促进了经验交流、学习推广和重难点设计问题解决。建立“质量问题清单库”，对近几年出现的设计质量问题，进行梳理，分情况、分类别总结反思，杜绝设计质量问题的重复出现。8个项目获得河南省优秀工程咨询成果奖，其中一等奖1项，二等奖2项，三等奖5项。

（张建林 许晓丹 张朝霞）

轨道交通

【概况】2016年，在市委、市政府的坚强领导下，郑州市轨道交通有限公司以国际化视野、现代化眼光、战略性思维，站位“十三五”时期战略布局，始终不渝地坚持全面从严治党方略，坚定不移地坚持目标导向和问题导向，各项工作取得新进展、新突破、新成效。在建4条线路持续健康快速推进。2号线一期工程、1号线二期工程、城郊铁路一期工程高标准通过专家评审，实现高品质开通试运营。5号线建设有序推进，新开工建设4条线路。

【轨道工程建设】文明施工管理方面。按照“美观、整洁、整齐划一”的原则规范施工围挡标准；利用“互联网+”实现了施工现场材料管理的标准化、信息化；严格按照“七个100%”的要求开展扬尘治理专项工作，在市直单位评比中名列前茅。工程难点攻坚方面。多管齐下，创新举措，在建线路工程建设优质高效推进。2号线一期工程，成功攻克了1、2号联络线大断面反向暗挖施工等多项施工技术难题。1号线二期工程，破解化工路站—铁炉站区间下穿郑西客专、雪松路站—西流湖站区间盾构隧道下穿雪松路站出入场线、矿山法隧道等施工难题等。南四环至郑州南站城郊铁路一期工程，克服工期紧、任务重、风险高、征迁难度大等复杂局面，成功突破两次上跨京广铁路、一次下穿高铁、两次下穿高速公路、两次下穿河流、区间下穿停机坪、主变电站路由通信线路长、协调难度大、风险不可控和上级主变电站停电难等诸多技术难题，保证施工任务顺利完成，站后工程工艺安装水平达到国内一流水平。5号线、4号线龙湖试验段和3号线一期工程世行贷款段稳步推进。2号线二期、4号线、城郊铁路二期、市民文化服务中心地下市政交通工程开工建设。全年共完成投资144亿元人民币，占目标计划143亿元的101%。

【轨道工程质量安全管理】坚持“抓

5月16日，郑州地铁2号线一期空载试运行

城郊铁路一期工程是郑州市首条含有高架区间的地铁线路

规范、规范抓"的工作思路，建立以"风险管理为基础，以质量管理为依托，以分类管理为方法，以规范管理为抓手"的质量、安全管理制度体系，夯实了质量安全标准化管理基础；构建具有郑州特色的安全生产监控中心，实现对施工现场实时监控、预警提前发布、隐患有序管理、地铁保护信息化管理等功能，做到了全天候、全覆盖的质量安全监控；健全参建企业履约评价管理体系，树立强势业主地位；强化对里程碑节点工期的控制和考核，有效激发参建单位工程建设进度意识，保证工程质量安全和进度统筹推进。

【运营管理与服务】 深入贯彻执行"安全运营、品质运营"管理理念，坚持一手抓运营管理，一手抓新线筹备，以"提升运营管理水平、提高服务品质、提高运营效益、降低生产成本"为着力点，以"标准化、精细化、规范化、信息化"管理为手段，持续推动运营管理水平再上新台阶。一是优质窗口形象进一步彰显。通过创新服务形式，固化服务标准，强化服务意识，展示窗口形象。以2号线开通为契机，成立服务创新工作室，打造品牌车站，改善服务质量；以"互联网+"为依托，潜心打造科技地铁，大力推进互联网购票，便捷乘客出行。全年共开行列车145979列次，运营里程370.93万列公里，客流量1.24亿人次，网络日均客运量33.81万人次，同比增长40.47%。2号线一期开通后，日均客流达48.76万人次，最高客流量出现在11月22日，达到73.91万人次。累计客运量突破2.8亿人次。二是运营服务保障体系更趋精细严密。通过安全风险管控、安全文化建设、安全标准创建、警地联动共建、建立设备健康管理评价体系（EHM）等一系列措施，落实安全生产责任，强化安全意识，提高应急处理能力。充分做好突发大客流等特殊情况下的预案及行车组织工作，安全平稳通过突发剧增客流大考。全年运行图兑现率、列车平均正点率均大于99%，各系统运行指标均优于国家标准。2号线开通运营首3个月，各项指标均高于国标要求，在国内同行业处于一流水平。

【商业资源开发】 以轨道交通线路为链条，点线结合的一体化综合开发布局正加快形成，业务模式呈现多板块、多业态特点。公司第一个开发项目—龙湖"颐嘉园"项目各项收益超出预期，全年实现销售收入15.19亿元，净利润超过3亿元。附属资源开发实现收入6400余万元。西三环项目、黄河路项目稳步推进；孟庄车辆段、5号线（段）场、2号线、3号线停车场上盖物业综合开发项目，3号线、5号线涉及城市节点开发设计方案有序推进。充分结合地域文化挖潜票卡纪念价值，创新产品开发形式，实现了1、2号线电客车纪念模型的首次发售，有效拓宽盈利模式。

【勘察设计与征地拆迁】 勘察设计工作方面。以履约评价和进度、安全、质量管理为抓手，坚持"激励与惩罚相结合"，初步扭转"投标时一套人马、中标后一套人马"的被动局面，资源配置和设计成果得到大幅改观。轨道交通设计研究院发展实现重大突破，顺利取得轨道交通专业甲级和道路工程专业乙级"双资质"，实现扭亏为盈，为轨道院健康发展奠定坚实的基础，提供强大支撑。

征地拆迁工作方面。确立"抓重点、抓难点、抓控制性节点和均衡推进"的工作思路，征迁工作体制、机制得到进一步理顺激活，工作效率得到极大提升。积极推动将前期工作纳入市委、市政府督查考评体系，实现与经济社会发展目标同考核、同奖惩。推动出台轨道交通管线迁改管理办法，简化了流程，精简了环节，实现产权单位早进场、早施工。全年共完成房屋征收面积32万平方米、绿化移植22万平方米、弱电和军缆迁改250余处、市政管线迁改1.8万米，有力保障线路建设加速推进。

【风险防范】 建立"四同步"工作制度，验收、结算、内业整理和政府审计工作同步推进，开辟轨道交通行业"四同步"先河，有效破解项目建设竣工结算和政府审计久拖不决的难题。出台《询价管理办法》，建立在建线路派驻审计组全过程跟踪审计制度，线路建设过程中新增项目、新增材料单价争议解决机制和风险防范机制基本确立，预防预控的目标基本实现。

【立项、合同、履约管理】 成立立项评审委员会，对拟启动项目进行集中审议，解决什么事能做，什么事不能做和如何做的问题，进一步完善决策机制，提高公司正确履职行权水平和决策效率。成立合同管理室，全面负责合同管理，合同管理规范性和计量计价审核效率得到大幅提升，完成公司所有合同的全部录入、全信息化管理，合同管理规范性实现质的飞跃。进一步强化契约精神，"有约必践、违约必究"的合约文化氛围基本形成。编制完成勘察类、设计类、施工类、监理类招标文件和合同范本30多个，固化各专业、各系统采购文书和合同文本，实现模板化管理。建立了全链条的合同责任人追溯机制，实现合同全过程闭合管理，合同管理科学化、规范化程度进一步得到提升。

（孙飞 张乐）

航空运输业

河南省机场集团有限公司

【概况】 2016年，在省委、省政府和民航主管部门的正确领导下，河南省机场集团有限公司抢抓机遇，砥砺奋进，圆满完成预定目标任务。货运以培育核心竞争力为抓手，客运以航班放量为重点，客货运发展齐头并进，航空运输规模迈入一个新的发展阶段。全年完成货邮吞吐量45.7万吨，同比增长13.2%，增速在全国千万级机场中位居

机场二期效果图夜景

第4，全国排名由第8位上升至第7位；完成旅客吞吐量2076.3万人次，同比增长20.04%，增速在全国千万级机场中位居第1，全国排名由第17位跃升至第15位。在2011年5个同时进入千万级的机场中，率先突破2000万人次大关。

【货运管理】 一是航线网络竞争优势凸显。持续加大航线网络布局，开通全货机航线34条，其中国际航线29条，均位居全国第4位；通航城市37个，全国排名第4，在全球前20位货运枢纽机场中，已开通15个航点；周全货机计划航班量104班，位居全国第4位；截至2016年年底，在郑运营的货航达到21家，其中外籍航空公司14家，总数位居全国第4。基本形成横跨欧美亚三大经济区、覆盖全球主要经济体的枢纽航线网络，成为中部地区融入“一带一路”的重要开放门户。二是货源集疏链条加长加厚。不断延伸货运产业链条，建立集采购、营销、仓储、分拨等功能为一体的物流服务平台，打造国际货物转运中心和分拨中心、国际邮件处理中心、冷链物流集散中心、跨境电商物流中心“五个中心”项目，吸引更多货源落地郑州；货物种类由单一普货为主发展到冷链、快件、电商等23大类，货源集疏范围由河南本地及周边地区，拓展到长三角、珠三角、东北等全国大部分区域，全年卡车航班量达到2.5万班，常驻郑州机场的物流公司30余家，通达点遍布全国70余座大中城市；吸引微软、联想、宝马、戴姆勒等公司落户实验区；逐步形成“郑州航空货运价格”，市场影响力全面加强。三是综合保障能力全面提升。启用综保区货站和国际二级货站，郑州机场保障能力达到近70万吨；建成并投用3万平方米的冷链货站，成功保障水果包机47班，货运量4800余吨；优化通关环境，满足货代企业“7×24”小时预约通关需求；完成综保区货站卡口改造，形成多关区联动格局，实现通关一体化；推进卡车网络平台、行李系统规划建设，完善航空物流信息平台、双语网站功能；进口水果、冰鲜水产品、食用水生动物、冰鲜肉类、澳洲活牛、国际邮件六大口岸业务实现常态化运营，郑州机场已成为国内进口指定口岸数量最多、种类最全的内陆机场。

【客运管理】 一是抢抓机遇，实现航班放量先发优势。机场二期提前完成转场投运，确保按时放量。高峰小时容量由33架次提升至39架次，每天增加航班近100架次，为暑运旺季和全年客运量快速增长奠定基础；在中南地区率先实现航班时刻清查机制，配合国家民航局及时清查未执行航线航班，科学分配新增航班时刻，实行时刻资源动态化管理，引导航空公司增开早晚空闲时刻航线航班，有效提高时刻资源利用效率。二是厚植基础，运力引进呈现规模效应。加大过夜运力引进力度，截至2016年年底，驻场运力总量达到41架，新增12架；全面加快运营基地建设，东航、东海航、祥鹏航、乌鲁木齐航等公司运营基地建设工作有序推进。驻场运力市场份额的快速壮大，成为企业发展的核心增长极。三是开拓创新，全面激发航空市场活力。加大航线开辟力度，全年新增客运航线50条，新开通航城市14个，引进航空公司9家，并成功开通郑州至温哥华国际航线，实现洲际客运航线零的突破；加大空铁中转客源市场开发，与郑州铁路局、城际铁路开展深层次“空铁联运”合作，推出“航空+高铁”市场营销产品，进一步扩大空铁中转客运规模；不断加强中转业务管理，完善设施设备，改进服务流程，创新激励措施，加大营销力度，中转市场潜力得到有效释放。全年共完成中转旅客49.4万人次，同比增长117.44%。运输生产实现历史性跨越，枢纽建设的基础更加巩固。

【机场二期工程提前转场投运】 机场二期工程提前3个月实现全面转场运营，创造“郑州速度”和“郑州模式”，树立郑州机场的良好形象。一是完善提升二期功能。3月30日，所有航空公司全部转场T2航站楼，机场二期工程提前实现全面转场运营；组织实施安全检查30余次，完成问题排查整改近500项，确保整个转场工作安全有序、平稳顺畅；扎实开展实物交接，已完成75类255个项目共计512台特种设备的移交，确保实物资产“应接尽接”；下大功夫推进设施改造、设备调试、流程优化等工作，共改进完善987项，综合保障能力全面提升。二是加快实施配套项目建设。南飞行区垂直滑行道衔接工程等32项二期后续配套项目顺利完工；南停车场改造等6个项目按时间节点加快施工建设；职工文体中心、南飞行区双围界、机务外场维修器材库工程已完成前期工作，Ⅱ类运行改造项目已完成可研报告，军投基地休整楼已完成土建工程；北货运区一期及飞行区配套工程稳步推进，许昌航空大酒店投入试运营，职工后勤保障基地项目主体工程已全部封顶。三是扎实推进枢纽规划。完成集团“十三五”时期及中长期发展战略规划，全面开展集团信息化建设发展规划，完成北货运区控规方案调整和初步成果上报，基本完成东工作区控规概念性规划编制，持续跟进城际铁路、城郊铁路工程机场段规划设计，提出机场南北工作区土地整合利用初步规划建议，提前启动三期工程建设前期研究。四是强化对外协调联动。与航空港经济综合实验区管委会、驻郑航空公司、口岸联检等单位建立定期联席会议制度，及时解决机场运行发展中遇到的问题；与郑州铁路局、河南城际铁路有限公司建立空铁联运合作机制，推动航空与高铁无缝衔接；加大与省、市交通部门的沟通协调，首次实现机场区域公交运营，引入专业公司规范机场出租车运营秩序，建立“铁公机”应急信息传递机制；空港巴士站正式运营，济源线路资质获得突破。现代化基础设施体系日臻完善，内外部环境更加和谐。

【安全运营管理】 河南省机场集团有限公司深入贯彻“安全做实、服务做优”工作方针，创新监管模式，狠抓航班正常，全面提升安全运营管理水平。一是筑牢安全基础。牢固树立“安全隐患零容忍”核心理念，全过程、系统性开展安全大检查和隐患排查治理，利用安全服务微平台和安全隐患清单，全年处理上报隐患1078条，排查隐患125项，完成治理95项；修订完善安全管理手册和航空安保方案，建立主体责任层层分解、逐级延伸的安全生产网络体系，实现安全管理“标本兼治”；修订完善大面积航延预案，梳理优化除冰雪及应急处置流程，开展应急综合演练13次；针对现场指挥、决策协调、信息传递、人员调配等问题进行专项整治，提高应急救援处置能力。二是提升服务品质。积极引入国际化服务标准，选派人员赴新加坡樟宜机场研修咨询；以旅客获得出行最大便利为基本出发点，统筹规划T2航站楼内外标识标牌，增设完善航站楼星级卫生间、远机位母婴候机室、登机牌补办柜台等服务设施；梳理优化行李运输等服务流程，加强老弱病残孕等特殊服务，创建“捷易登机”“中原安检”等特色服务品牌；认真做好全国民用机场服务质量评价千万级机场评审工作，排查改进300多条服务提升项目，增强旅客对真情服务的获得感。三是狠抓航班正常。加大航班正常技术支撑，综合运用航班保障手持终端、电子进程管控平台、放行不正常统计系统，加强航班运行数据化统计和信息化监控，HUD特殊Ⅱ类技术成功试飞；建立航班正常制度保障，坚持眼睛向内，深度挖潜，建立研判预警响应和监督考核通报机制，全力破解早航短延航班等运行瓶颈；积极与空管、南航等单位沟通对接，按照统一标准实施监督考核，建立运行保障联动机制，圆满实现航班正常率位居全国大型机场前列的既定目标。四是创新监管模式。三级运管体系全面建成，机场运行信息化监管网络全面铺开，AOC/TOC监管中枢地位进一步加强，分级建设19个三级运管室，实现三个层级全覆盖、全天候、无盲区的闭环监管；加强三级运管队伍建设，严格准入，专项激励；全力整合监控资源，建立综合性立体式协调监督机制，将信息化技术深度融合在日常管理中，三级运管体系成为保证安全、提高服务、提升管理的一体化运行中枢平台，得到民航局、中南局的充分肯定。截至2016年年底，共保障飞机安全起降17.8万架次，同比增长15.3%，增速位居全国第3；加大安全投入，强力推进安全隐患排查治理，季度运行安全保障能力指数保持在90分以上，未发生机场责任原因事故征候以上不安全事件，实现了持续安全目标。

（刘　辉）

中国南方航空河南航空有限公司

【概况】　2016年，中国南方航空河南航空有限公司延续了良好的发展势头，空防安全、客舱安全、地面安全全面可控，网络规划能力、收益管理能力、服务营销能力有所增强，运行环境大幅改善，服务质量稳步提升，基础建设顺利推进，中共建设和队伍建设进一步加强，较好地完成各项预定任务，公司各项事业发展有序，呈现持续向好的势头。

南航乘务组

【安全生产】　2016年，中国南方航空河南航空有限公司克服了保障链条延长、人力资源紧张、外围机场不停航施工较多，安全运行风险增大等不利因素影响，保持安全形势持续平稳。全年共保证安全飞行4.23万架次、9.2万小时，地面安全行车约130万公里，完成中国南方航空股份有限公司下达的各项安全指标，实现历史上第24个安全年。运指部、货运部、后保部积极创新管理手段，突出重点，真抓实干，抓安全工作成绩突出，在安康杯竞赛的考核中分列前三名。

【生产经营】　2016年，中国南方航空河南航空有限公司共执行航班4.23万架次，承运旅客479万人次，货邮运量4.41万吨，平均飞机日利用率9.5小时，完成主营业务收入35亿元，实现利润总额1.08亿元，保持行业地位。按照南航集团和河南省委、省政府的部署，中国南方航空河南航空有限公司把助力郑州机场冲击旅客吞吐量2000万人次作为一项重要生产任务，多方争取运力资源，全力以赴落实。7–10月，共增加航班1.93万班次，旅客吞吐量净增42.8万人次，暑期旺季飞机日利用率达到10.4小时，为完成冲量目标作出积极贡献。

【优质服务】　2016年，中国南方航空河南航空有限公司整体服务保障水平大幅提升。全年执管航班正常率同比上升13.28%；关舱门正常率同比上升8.37%；航延投诉发生率同比下降8%；票务服务投诉率同比下降27%，票务服务、行李服务顾客满意度分别超出目标5个百分点和14.75个百分点。服务质量综合排名在股份公司位居第4，远远超出年初设定的保8争6的目标。

【企业管理】　2016年6月2日，中国南方航空河南航空有限公司股东会及第一届董事会、监事会第二次会议召开，选举张子芳为公司董事长、刘霞为监事会主席，健全公司董事会组织架构。建立营销月度讲评会制度、生产经营季度分析会制度、航班正常性协调会等一系列工作机制，为公司的高效运营提供了制度保证。“用工一体化”的逐步推进，增强了劳务工的归属感，调动了工作积极性，促进生产效率的提高。全面开展“对标厦航”学习交流活动，推动“阳光南航”建设，认真落实中国南方航空股份有限公司《关于进一步加强安全生产工作的意见》等三大任务在河南公司的落地实施，使公司的规范化管理水平得到全面提升，工作作风和办事效率面貌一新。

【人力资源管理】　中国南方航空河南航空有限公司严格执行《中国南方航空股份有限公司管理人员管理规定》《中国南方航空股份有限公司选人用人工作监督检查办法》等文件精神和规定，坚持正确的用人导向，选人、用人公信度和群众满意度进一步提升，干部选拔工作和日常管理工作趋于科学化、制度化、规范化。2016年，公司共选拔任用各级管理干部17人，其中三级正1人，三级副5人，四级正7人，四级副4人，先后经动议、民主推荐、组织考察、个人事项上报核实、公司党委集体研究等选人用人组织程序，严格按照岗位任职资格条件经推荐和考察产生，没有破格和越级提拔现象。

【提质增效工作】　中国南方航空河南航空有限公司重点围绕提高运输生产量、增加收入、加强效益管理，扭转经营考核不利局面等工作开展，同时进一步开源节流，控制成本支出。维修厂通过深度挖潜，加强附件内修能力，积

南航机队

极拓展第三方业务等措施，累计为公司增收节支1340万元。市销部“提直降代”工作成效显著，电子直销收入完成59575万元，同比增长42.1%。地服部在规范数据统计上下功夫，提升行李收取数据统计的准确性，三季度逾重行李费用收取率达到96%，在分公司中排名第四。实业公司改革生产布局，实现收入1156万元。财务部、企管部等相关单位加强郑州机场财政补贴政策的研究，积极争取优惠政策，补贴资金到位2700万元。财务部从强化过程控制入手，实行成本控制员跟踪管理制度，对各项指标进行专人、分级、全过程的跟踪管理，保证成本预算目标的实现。2016年，公司成本费用预算目标为37.49亿元，实际完成34.33亿元，节支3.16亿元。较好地完成总部核定的成本预算控制目标。

【党建工作】 认真学习贯彻中央要求和习近平总书记重要讲话精神。积极开展“两学一做”学习教育，深入贯彻十八届六中全会精神和国有企业中共建设工作会议精神。公司党委班子和各总支、支部围绕5个专题，开展学习研讨62次。班子成员到基层讲专题党课30余次，到所在联系点以及基层支部指导和督导达 130余人次。1080名党员参加民主评议，参评率100%，进一步坚定全体党员的理想信念、党性观念。严格落实从严治党政治责任。深入开展“四风”回头看工作。对公司“四风”问题整治情况进行全面梳理。期间，公司81个三级副以上管理人员全部填写“回头看”自查表，19个二级单位分别提交由总支、支部书记、机关部门负责人签字盖章的自查表和自查报告，4个专项工作组到基层单位检查“回头看”工作台账和涉及项目清单。全面完成基层支部的换届选举工作，选举产生新一届中共委员会和纪律检查委员会。公司党委下属 10个党总支，43个党支部，11月中旬前全部完成改选。12月20日，召开中共南方航空河南航空公司第一次党代会，选举产生新一届中共委员会和纪律检查委员会，为促进党建工作的扎实推进提供更加坚强的组织保证。

【群团工作】 开展劳动竞赛和班组建设，开展丰富多彩的文体活动，开办职工之家、爱心妈妈小屋、员工活动室等场所，以丰富员工业余文化生活，增进员工情感交流；做好离退休老干部服务工作，做好特困职工、特困劳务工的帮扶工作，增强公司向心力和凝聚力；引导青年服务中心工作，组织团员青年投身“阳光青年”塑造，成为爱岗敬业、充满激情，建设阳光南航的生力军。

（杨瀚青）

商贸流通

商业贸易

【概况】 2016年，全市商务工作平稳运行，总体良好，实际吸收外资、引进市外资金、对外投资和社会消费品零售总额四项指标全面持续增长，对外贸易降幅持续收窄。8月，中国（河南）自贸区获批，12月，郑州市成功获批国家中心城[illegible]郑州市商务发展层次得到巨大提升。

引进境内外[illegible]金稳定增长、质量提高。2016年，全市[illegible]同吸收外资金额42.7亿美元，同比增长[illegible]9.2%；实际吸收外资金额37.1亿美元[illegible]同比增长5.3%，新增外商投资71家，比[illegible]年增长22.4%。全市新批投资额1000万[illegible]元以上外资企业22个，占新批总数的31.0%。

对外贸易总额降幅逐月收窄，呈现回稳态势。2016年，全市外贸进出口完成550.3亿美元，同比下降3.5%。其中，出口317.0亿美元，增长1.5%，进口233.3亿美元，下降9.5%；进出口和出口分别高出全国平均增幅3.3和9.2个百分点，高出全省平均增幅0和2.0个百分点；分别占全省进出口和出口总额的77.3%和74.0%，继续位居中部省会城市第一。总体看全市对外贸易尽管降幅逐月收窄，累计出口额增速在最后一个月转正，但由于富士康进出口额占全市比重较大，其全年业绩不振，影响全市年度目标的完成。

国内消费稳中有进，新业态消费持续快速增长。2016年全市社会消费品零售总额3389.1亿元，同比增长11.2%，高于全国0.8个百分点。新业态消费快速增长，2016年全市电子商务交易额4900亿元，同比增长33%；网络零售交易额735亿元，同比增长40%。城乡市场增速同步提高，批零餐饮业增速回升，汽车类、家电家具类消费增长，消费价格温和上涨。

[illegible]省商务领域大气污染防[illegible]组对郑州市进行现场督查

对外投资增长迅猛，企业境外投资意愿较强。随着“一带一路”战略实施，本市企业“走出去”步伐不断加快，全市国外经济技术合作广度和深度大幅提升。全市国外经济技术合作境外投资额14.0亿美元，同比增长50.1%。龙头企业带动作用明显，河南省美景集团有限公司美国穆尼航空项目、河南国基实业集团有限公司莫桑比克、赞比亚等国公务员住宅、河南省经研银海种业有限公司塔吉克斯坦“农业科技示范园”等境外投资重点项目进展顺利。

【《进一步扩大开放全面提升国际化水平的意见》印发】 9月，市政府印发《进一步扩大开放全面提升国际化水平的意见》《进一步扩大对外开放全面提升国际化水平三年行动计划(2016—2018年)》，明确提出以“融入国家‘一带一路’战略、发展开放型经济、打造内陆开放高地”为总目标，着力将郑州建设成为国际商贸物流中心、国际高端产业集聚中心、国际交流中心。围绕“三大中心”建设，制订明晰的发展目标和指标体系，确定开放平台国际化、口岸通关国际化、经济贸易国际化、城市服务国际化、人才科技国际化、生活配套国际化六项重点任务，同时发布第一批推进城市国际化的重点项目，包括融入国家战略、开放平台、开放型经济、国际交往、国际化功能等111个项目。

【开放平台建设】 8月31日，党中央、国务院决定设立中国（河南）自由贸易试验区，郑州作为河南自贸区的核心片区，成立专门机构加强统筹协调、沟通衔接，做好挂牌前各项筹备工作，加快做好郑州片区选址、规划及上海等自贸区经验复制推广工作，并探索发展模式创新和制度创新，为内陆地区实践高标准国际经贸规则探索新模式，为全面深化改革和扩大开放积累新经验。

至2016年年底，开通客运航线186条、全货机航线34条，旅客吞吐量首次突破2000万人次，达到2070万人次，居国内机场第15位；货运量45万吨，跃居国内机场第7位，实现"1天+N小时"通达全球主要市场的通航目标。2016年全年实现开行251班（137班去程，114班回程），总货值达12.67亿美元，总货重12.86万吨，提前近两个月完成年度总目标。

水果口岸、冰鲜口岸、汽车口岸、肉类口岸、澳洲活牛口岸获批并投入运营，邮政口岸正式开展业务，水生物口岸通过国家验收并先行开展业务，粮食口岸获批并开工建设，同时筹备申建药品、植物种苗等口岸，贸易便利化水平不断提升，大通关机制基本形成。

中国（郑州）跨境电子商务综合试验区获批并加快推进，郑州市政府召开全市动员大会，先行先试，重点支持"单一窗口"综合服务平台和10家人才培训和企业孵化基地、6家省级跨境电商示范园区建设。

【产业招商】 2016年，全市开展产业招商共计走访企业242次，接待回访企业306次。"四力"型（即具有国际影响力、国内辐射力、国内外资源整合力、高成长力）招商引资项目进展明显，全市共有76个"四力"项目取得明显进展，投资总额1610.4亿元。其中，已投产项目17个，投资总额170.6亿元；新开工项目27个，投资总额658.9亿元；新签约合同项目47个，签约总额1000.9亿元；新签订框架协议项目22个，拟投资额573.4亿元。"五职"（即党政正职、主管招商引资、工业和城建的行政副职）招商加速推进，2016年确定的73个"五职"招商项目全部开工，总体进展顺利，呈现出投产项目多、项目质量高等特点。经贸活动招商扎实开展，全力推动黄帝故里拜祖大典、省投洽会等特色经贸活动平台上水平，树形象，第十届河南投洽会邀请参会企业1091家，签约41个项目，签约总额258.9亿元。

【对外贸易】 开展进出口进度督导调研，督促各县（市）区采取有效措施遏制下滑局面，稳外贸、保份额。贯彻落实国家、省关于促进外贸健康发展政策，坚持货物贸易和服务贸易出口并重，多措并举增强本市外贸竞争优势。市政府出台《关于促进加工贸易创新发展的实施意见》，持续向商务部等部委争取，郑州市获批中国服务外包示范城市和国家级加工贸易承接转移示范地。2016年全市有外贸出口业绩的企业达到2026家，同比增加130家，占全省出口企业的38.4%。其中出口百万美元以上企业491家，千万美元以上75家，上亿美元以上8家。全市机电产品出口293.2亿美元，增长2.2%，占全市出口额92.5%，比上年提高0.7个百分点。

中国企业500强发布暨高层论坛

【内贸流通体制改革发展综合试点工作】 郑州市重点围绕现代物流这一主线，在体制、机制、模式等方面开展探索，各项工作取得初步成效，并在构建"四港联动"多式联运模式、构建跨境电子商务与物流的协同发展机制、构建新型市场集群、创新公益性农产品基础设施建设模式等方面初步提炼出可复制推广经验。

【品牌集聚区建设】 促进传统商业设施升级，推荐5个项目参加第二批河南省品牌消费集聚区评审，其中：丹尼斯大卫城店、丹尼斯·庆都生活广场2个项目通过省级复审。

【特色商业街区建设】 郑州市商务部门指导各县（市）区按照特色街区建设规范，完善设施建设，优化经营业态，完善服务功能，不断提升特色商业街的档次和影响力。做好"老字号"保护促进。组织指导企业参与"老字号"申报工作，郑州市苑陵茶叶有限公司的"百年恒昌"被命名为第四批"河南老字号"。郑州市的"中华老字号"达到3家，"河南老字号"达到7家。

【社区便利店建设】 社区便利店建设被列入2016年郑州市民生十件实事，作为完善市民"15分钟生活圈"功能的重要措施之一，2016年全市新建开业社区便利店50家，正装修4家，项目进展顺利。建成开业投入运营的社区便利店64家，圆满完成年初制订的目标任务。这些便利店营业面积均在200平方米左右，且生鲜区经营面积均占营业面积的30%以上，达到便民利民的实际使用效果。其中，金水区15家、郑东新区14家、二七区9家、高新区7家、中原区4家、管城区3家、中牟县3家、荥阳市3

省督查组听取郑州市大气污染防治攻坚战成品油市场专项整治工作开展情况汇报

第十届投洽会郑州签约活动

家、新郑市2家、惠济区1家、上街区1家、经开区1家、航空港区1家。

【电子商务】 完善顶层设计，做好规划引导。制订出台《郑州市开展电子商务示范体系创建工作的实施意见》，通过纵向开展国家、省、市、县四级示范联创，横向扩大示范创建范围，在全市形成完善、全面的电子商务示范体系。培优引强，壮大电商市场主体。2016年，郑州市电子商务交易额4900亿元，同比增长33%；网络零售交易额735亿元，同比增长40%。全市认定备案电商企业600余家，国家级电子商务示范基地2个、国家级示范企业3家，省级示范基地13个、省级示范企业60余家，全市电商产业呈现快速、健康、有序的发展态势。

【电子商务企业培育】 重点培育科技含量高、成长性高、附加值高电子商务企业，世界工厂网、企汇网、鲜易网、中华粮网、全球内衣网、中钢网等一大批本土电子商务平台发展壮大，郑州悉知、中钢网、雪阳坯衫、金鹏信息、景安网络、企汇网、黑蜘蛛等电商企业在新三板上市。

【电商产业集聚发展】 分类发展，增强电商产业集聚。建成各类电商园区20多个，河南省电子商务产业园、郑东新区电子商务大厦、河南网商园、河南省电子商务产业园等成为郑州市电子商务的核心发展区和重要承载地。

【龙子湖大数据产业基地启动仪式举行】 12月23日，龙子湖大数据产业基地启动仪式在郑东新区龙子湖湖心岛举行。常务副省长翁杰明，省委常委、市委书记马懿为启动仪式揭牌。省政府副秘书长冯先志，市长程志明等省市领导出席启动仪式。仪式由市委常委、郑东新区党工委书记、管委会主任王鹏主持。程志明在讲话中指出，大数据是当今发展最为迅速、创新最为活跃的新技术新理念之一，大数据产业正逐渐成为推动经济转型发展的新动力，重塑城市竞争优势的新机遇。省委、省政府把龙子湖大数据产业基地作为全省建设国家大数据综合实验区的核心区，这是继郑洛新国家自主创新示范区之后，为郑州市科技创新产业发展创造的又一重大历史机遇，必将加速推动郑州市开放创新驱动战略实施，带动产业结构优化升级，增添区域城市竞争的新优势，为郑州建设国家中心城市注入新的动力。龙子湖大数据产业基地以龙子湖“一岛一环一园”基地布局为基础，全力打造“两区三中心”，即建设全省国家大数据综合试验区的核心区、产业集聚发展示范区，以及全国一流的大数据产业创新中心、综合服务中心和高端要素聚集中心。力争到2020年，形成国内一流大数据产业生态体系，培育50家骨干企业，产值超500亿元。

【市领导会见OPPO公司副总裁朱高领一行】 12月1日，郑州市委常委、航空港实验区党工委书记张延明会见广东欧珀移动通信有限公司副总裁朱高领一行。张延明对朱高领一行的到来表示欢迎，并介绍航空港实验区的整体规划及产业发展情况。他表示，郑州航空港经济综合实验区作为中国第一个上升为国家战略的航空经济发展先行区，区位条件优越，交通优势突出，经济社会发展迅猛，着力推进“四港联动、多式联运”国际综合交通枢纽和物流中心建设，着力推进以航空经济为引领、以全球智能终端（手机）制造基地为标志的现代产业基地建设。希望双方分别建立对接团队，加强务实合作，尽快确定合作框架，推动形成具体合作方案。朱高领表示，广东欧珀移动通信有限公司是一家全球注册，集科研、制造和营销于一体的大型高科技企业，产品远销中国香港等地，以及美国、俄罗斯、欧洲、日本、韩国、东南亚等市场。希望双方能够进一步加强合作，实现互利互惠共同发展。

【市领导会见物美控股集团总裁张斌一行】 12月8日，郑州航空港实验区管委会主任马健、副市长黄卿会见物美控股集团总裁张斌率领的考察团一行。考察团一行先后考察了郑州综合保税区、河南电子口岸服务中心等地，并召开座谈会。会上，张斌介绍了物美集团的基本情况及发展势头，双方就消费金融、投资基金和商业超市等项目相关事宜进行沟通商洽。马健、黄卿在会见中提出希望物美集团充分发挥自身的优势，积极探索与航空港实验区的合作模式，早日实现深度合作、互利共赢。物美集团是我国最大、发展最早的现代流通企业之一。自1994年12月在北京率先创办综合超市以来，已经拥有大卖场、生活超市、便利商店、百货店、家居商场等各种业态。

【河南省通信器材商会考察航空港实验区智能终端产业园】 12月6日，河南省通信器材商会一行考察了郑州航空港实验区智能终端产业园，参观了中兴贴片生产线、金昌威整机生产线、信太整机生产线和首弘电子生产线等企业。并在智能终端产业园举行河南省通信器材商会与航空港试验区智能终端产业项目对接会，来自河南省通讯器材商会会长田洪楷及13家副会长单位，深圳蝶变科技发展有限公司董事长上官华雷和航空港中鑫云谷、乐滕电子等14家生产企业，以及郑州市商务局、航空港试验区商务局进行座谈。各方介绍相关情况并就项目投资、品牌、市场营销等进行洽谈。会上深圳蝶变科技发展有限公司就投资项目与港区进行对接。

【商务部组织在郑调研服务外包产业发展情况】 12月5—6日，商务部国际贸易经济合作研究院原副院长陈文敬，商务部国际服务贸易研究所副所长、商务部《服务外包》杂志社社长宋东今一行，在郑州市调研、座谈服务外包示范城市建设工作。郑州市商务局深入介绍了郑州市服务外包产业特色和发展情况，双方就郑州市服务外包产业发展建设思路交换了意见，调研组一行为郑州市开展服务外包示范城市建设工作提供了有益的意见建议。双方还就服务贸易、服务外包宣传等领域的深入合作进一步交换了意见。

【省商务厅在郑调研外商投资企业设立及变更备案工作】 12月20日，河南省商务厅一行3人，到郑州市商务局行政审批办调研工作，进一步了解外商投资企业备案管理工作进展情况，并与辖区内4家企业进行座谈。局领导及相关处室人员陪同调研。市商务局针对郑州市外商投资企业审批改备案管理以来的相关工作向调研组进行详细的汇报，参会的外资企业就各自企业的经营范围、业务领域、备案工作开展情况作介绍。调研组充分肯定了市商务局的外资企业设立及变更备案工作。并指出，外资审批改备案以后，企业办事更简便，更高效，但以后迫切要抓的是外资企业的事中事后监管工作，在探索过程中，郑州市先走一步，作出表率。随后，调研组一行又走访了河南富国泓信融资租赁有限公司和河南省粤海酒店有限公司，实地查看企业的办公环境，与企业负责人交谈，深入了解企业的发展状况及发展中存在的问题，重点询问外资审批改革给企业带来了哪些便利，以及备案操作中存在哪些亟待解决的问题。

（郭家栋）

供销合作

【概况】 市供销社有5个县（市）供销社，72个乡（镇）基层社，11个直属企业，2个直属事业单位。市供销社为市政府直属事业单位，正县级。机关人员编制41人，办公经费实行全额预算管理。至年底，全年化肥供应量43万吨，占年计划的143%，新增农民专业合作社15个、农民专业合作社联合社1个，均完成年目标的100%。建设完成新建分拣中心1个，占年度目标任务的100%。参与大气污染防治工作，清理取缔1220个物品回收站点，整改保留143个回收站点。

【深化供销社综合改革文件出台】 2016年，按照市长程志明、副市长杨福平的批示精神，在充分调查研究的基础上，市供销社起草了《关于加快供销合作社改革发展的实施意见》。2月，副市长杨福平专题听取文件起草情况汇报，提出修改意见。3月，市供销社向市直14个委局征求意见，充分吸纳相关单位提出的建议，对文件作进一步修改。6月，市政府44次常务会议原则通过《关于加快供销合作社改革发展的实施意见》。会后，根据市政府常务会议提出的意见作修改，市政府法制办提出法制审核意见，报市委常委会研究通过。

【利用新媒体服务“三农”】 以服务“三农”为宗旨，发挥新媒大V影响力，带动社会力量助农。以郑州特色农产品为重点，成功举办蜂产品、彩虹西瓜、铁棍山药等农产品与网络大V体验式助农活动10次，推介21个名优特产品，全系统专业社产品销售渠道利用互联网，探索出一条具有郑州供销特色的助农增收的新途径。2016年，“郑州供销”官方微博帮助销售垆土铁棍山药2.25万公斤、苹果6万公斤。河南省交通银行等社会组织自发参与体验式助农活动，收到良好的社会效益。截至年底，“郑州供销”官方微博在新浪的粉丝超过12万，阅读量超过5.2亿次，“新媒助农兴社”阅读量超过1.6亿次。“郑州供销”“西瓜办”官方微博在全国助农政务微博影响力排行榜上一直名列前茅。全系统有15人进入全国涉农类大V行业影响力精英榜。市供销社主任刘五一实名微博连续3年被评为“全国十大党政官员微博”，并代表郑州市供销社成为“扶贫助农新媒体联盟”首批成员。

【农村电商建设】 市供销社顺应“互联网+”发展趋势，结合郑州都市供销要求，组建电子商务企业6家、发展网店52家，服务的内涵、外延不断扩大和提升，网购规模不断扩大。登封市供销社以“登封供销义乌小商品配送中心”为依托，构建由县到村的商品物流配送体系，解决长期制约农村电商发展最后一公里的问题。新密市供销社依托电子商务中心和电子商务有限公司，实现百余种农民专业合作社特色产品及外贸优质产品进驻供销社网上平台，在提供便民超市、农资代销等传统服务的基础上，发展网店，探索“网订店送、网订店取”的新型配送模式。荥阳市供销社创新农资服务方式，与社会企业合作，构建荥阳“田田圈”农业综合服务平台，不仅实现网上农资交易与线下实体服务的无缝连接，让农民足不出户就可买到质优价廉的农资商品，而且为农户提供小额农资贷款、田间管理、病虫害防治等方面的培训咨询等服务，使“田田圈”成为农民的种植圈、工作圈、服务圈。

【基层组织体系建设】 全市供销系统以跨地域组建“大个子”中心社为抓手，夯实发展基础，强社带弱社、中心社带偏远社的基层社发展格局初步形成。专业合作社建设力度进一步加大，质量进一步提升。截至年底，全系统共规范发展专业合作社368个、专业合作社联合社15个，流转土地1333.3公顷，入社成员3.5万人，助农增收近千万元。

【郑州财经技师学院建设】 2016年，郑州财经技师学院建设稳步推进。一是可容纳1.2万人教育规模的郑州财经技师学院新校区建设已完成测绘和校区规划设计招标。二是技师院校建设全面铺开，按照省政府对技师院校要打造成现代技工教育改革开放发展示范性学校这一目标要求，完善调整机构设置和专业设置。三是编制学院“十三五”时期发展规划，为职业教育工作指明方向。

【发展中存在的问题】 全系统长期以来积淀的历史问题和发展中遇到的一些问题仍然影响着系统的改革和发展，主要有以下两个方面：一是在发展过程中，土地、资金、人才等瓶颈因素依然制约着各项工作的顺利开展。龙头实力不强，配送能力弱，部分网点质量不高，对部分加盟店缺乏有效监督，导致网点尚未有效连成网络。二是全系统历史包袱沉重，遗留问题多，处理难度大。前些年为兑现社员股金，按照市政府要求，市供销社大部分优良资产被变卖，但却没有安置职工，致使存量资产少、改制成本严重不足，全系统稳定形势十分严峻，严重影响发展。

（李培）

粮油购销

【概况】 2016年，全市主要粮食工作目标完成情况是：全年全社会粮食收购量责任目标10.8亿公斤，完成37.1亿公斤，占全年任务的344%；国有粮食企业净资产收益率≥0，主食工业化率38.1%，超目标3.1个百分点；主食产业化和粮油深加工项目投资额责任目标2亿元，完成3亿元，占全年任务的150%；粮油加工转化率105%；实现招商引资项目9个，引进国外省外资金总额8.77亿元；市县两级地方储备粮储存安全，“一符四无”粮油率100%，超目标任务5个百分点。全市粮油储备数量真实、质量完好、储存安全。在推进依法行政，粮食质量监管工作评估，信息报送工作，统计工作，执行粮食政策，军粮质量监管工作，党风廉政和政风行风建设，平安建设和信访稳定，遏制重特大安全事故，树立全局观念、完成上级交办的工作任务等共性和定性目标方面整体运行良好，完成优秀。未出现任何一票否决的情况。

【粮食安全保障】 一是加强地方储备管理。为保证地方储备轮换的正常进行，同时掌握粮源充实库存，市粮食局组织和动员国有粮食购销企业到粮食主产区设点收购，保持区域内有“粮权”的合理粮食储存数量，夯实粮食安全的基础，各县（市）区地方储备也按各自计划完成轮换，储备粮常储常新。二是保证粮油市场供应。发挥粮食应急保障80家网点的作用，进一步促进粮食应急体系的完善。对小麦、面粉、食用油等主要品种价格进行实时监测，密切关注市场变化，保持合理粮食库存，保证市场供应，全市粮食市场供求平衡，粮食价格稳定在合理区间。在元旦、春节期间，督促企业加大主要粮食品种生产力度，尽快投放市场，确保“双节”期间粮油市场供应。三是开展年度收获小麦质量状况调查、品质测报、小麦会检等工作。全市确定质量调查采样总数86个，覆盖各县（市）区相关乡镇的28个村，品质测报样品12个，小麦会检样品15个，指导粮食质量监测中心完成全市2016年度收获小麦质量调查报告。

郑州市粮食系统“两学一做”学习教育动员大会

【粮食购销】 一是开展全市社会粮油供需平衡调查工作。调查结果显示，全市2015年粮食总需求量447.1万吨，比2014年略有增加；消费总量368.5万吨，粮食自给率37.6%，粮食口粮消费177.7万吨，与2014年基本持平。二是做好夏粮收购工作。2016年粮食最低收购价格和2015年相同。按照《最低收购价执行预案》核定的标准，审核确定全市参与最低收购价的国有粮食购销企业共计17家，其中，第一批13家，第二批4家。6月22日，正式启动托市粮收购工作，在小麦普遍粮质较差，价格较低，最低收购价政策无法开展情况下，引导地方国有粮食购销企业和粮食加工企业入市收购，开展地方储备粮轮换和市场收购。截至9月底，全市收购小麦67.3万吨，其中，最低收购价收购9.1万吨，平均价格2.4元/公斤；按市场价收购58.2万吨，平均收购价2.28元/公斤，国有粮食购销企业收购41.8万吨，其他企业收购16.4万吨。三是做好超标小麦收购工作。由于夏粮收获期间连续阴雨，造成小麦不完善粒超标严重，为防止出现农民卖粮难，切实保护种粮农民利益，减轻受灾损失，郑州市于8月17日开始超标小麦收购工作。按照企业自愿、市局审核、风险自担的原则，共有6家企业参与收购工作，其中，3家面粉加工企业，3家国有粮食购销企业。对不完善粒超标的小麦实行单仓收购、单仓存放、单仓统计、单仓核算，并在收购期间抽出专人进行督查。全市共收购超标小麦9.8万吨，平均收购价格2.30元/公斤。四是创新夏粮收购支付方式。采用一卡通支付系统，实现网银结算，避免现金兑付，确保资金安全；实现“钱、粮”分离，收购库点不见现金，通过网络传输一卡通信息，由中央储备粮直属库根据收购标准集中兑付，现收现结，不给农民打白条，农民凭身份证、银行卡直接提款，及时提现。五是做好超期储存和“席茓囤”储存粮食销售处理工作。确定河南亿万中元生物技术有限公司、郑州开创饲料有限公司、郑州红门饲料有限责任公司、河南宏展实业有限公司4家公司参与超期储存和“席茓囤”储存粮食销售处理。4家企业共拍得超期储存玉米2.2万吨，市粮食局加强监管，确保这些超期储存玉米按照要求进行加工处理。六是做好军粮供应。进一步提升军粮保障水平，狠抓军粮供应质量，优化服务方式，主动服务部队，切实做好品种串换，保证全天24小时供应。

【依法治粮】 一是继续深入开展法治宣传。以《粮食流通管理条例》颁布实施纪念日、世界粮食日为契机，开展多种形式的主题宣传活动，加大粮食法治宣传工作力度。围绕“维护市场秩序，放心消费粮食”主题，宣传粮食行政管理部门的职责、粮食企业的社会责任以及粮油科普知识、科学合理消费和节粮爱粮知识，通过现场指导、发放粮油科普宣传手册及节粮小器具等形式，向广大市民宣传节粮减损知识；向粮食经营者发放粮食法规和宣传资料8000余份，接待咨询100余人，树立粮食行政管理部门依法管粮，为粮食生产者、经营者和消费者服务的良好形象。二是严格按照程序办理“粮食收购许可证”和履行行政复议职责。对粮食收购资格申报者严格审核、严格把关，实行一次性告知，合格一家，办理一家；对不符合标准者，坚决不予审批。2016年，市本级受理粮食收购资格许可9家，其中，到期换证3家，变更企业法人2家，新办证4家。三是推进“五单一网”制度改革。对市粮食局行政审批和政务服务事项进行全面清理、规范，进一步强化行政管理职能。通过对法律法规的梳理，清理出郑州市粮食局行政权力及政务服务事项共18项，其中，行政许可类1项，行政处罚类10项，行政强制1项，其他行政权力1项，基本公共服务5项。

举办2016年世界粮食日和全国爱粮节粮宣传周活动

【监督检查】 一是加强日常监管。及时组织对夏粮收购、秋粮收购、粮食出入库、统计制度执行情况、政策性粮食出库和供应等方面的专项检查，推动粮食监管工作的规范化、制度化，确保各项政策制度的有效落实。二是圆满完成年度库存检查工作。2016年库存检查实行市级交叉普查，通过企业自查、市级普查，全市储存粮食均做到专仓储存、专人管理、专账记载，全市检查库点81个，对市县两级地方储备和国有粮食企业商品粮库进行细致全面清查，同时对库存粮食管理、安全管理进行全方位检

郑州—湛江粮食产销合作关系签约仪式

查，共发现问题18条，整改18条，对发现的问题按照要求建立整改台账，有效促进粮食管理水平提升，确保粮食库存数量真实，账实相符，符合国家标准，库存粮食达到宜存状态。三是加强粮食市场监督检查力度，组织开展夏粮收购等专项检查。组织安排夏粮收购监督检查，检查重点是政策性粮食委托收储库点，重点检查“五要五不准”粮食收购守则的落实情况、最低收购价执行预案的落实情况等，检查与收购同步进行。同时，完成军粮供应专项检查、夏粮收购检查、秋季安全储粮专项检查等工作，全市参与检查达到903人次，通过检查，促进全市涉粮企业规范管理，增强依法管粮自觉性，为粮食安全创造良好环境。开展粮食流通统计制度执行情况专项检查。对各县（市）区粮食行政管理部门和涉粮企业开展粮食流通统计制度执行情况专项检查，经检查，郑州市所有涉粮食企业共238家，其中，国有企业74家，民营企业111家，个体工商户52家，外资企业1家，通过“国家粮油统计信息系统”网络直报统计报表的涉粮企业共139家。四是开展涉粮案件核查应急队伍建设。依托河南省粮油人才储备库人才储备，抽调20多人成立两支涉粮案件核查应急队，应急队伍受上级或本级粮食行政管理部门指派，承担重大涉粮案件核查工作，负责案件核查相关证据收集、归类、分析、汇总及起草核查报告等工作，承担粮油库存检查、国家粮食购销政策执行情况检查等工作任务。五是加强食安工作。组织“尚德守法”食品安全宣传周和“实验室开放日”等活动，制作展板、发放科普读本和企业宣传册。强化粮食流通环节的质量管理，严格粮食入库和出库检验制度，加强库存粮食质量抽检，确保原粮质量安全，确保不合格粮食不进入口粮市场。

【创新发展】 一是推动河南进境粮食指定口岸建设。为加速推进粮食口岸建设，郑粮集团与雏鹰农牧集团股份有限公司建立合作关系，通过发挥各自资源优势，共同推进郑州粮食口岸建设。以进境粮食口岸建设为龙头，协调各级关系，全力推进口岸建设进入实质阶段。按照边建边批的思路，口岸“三通一平”已完成，9万筒仓完成招投标。二是推进粮食智慧化园区建设。以国家“一带一路”战略为契机，构建“互联网+粮食”经营新模式，围绕粮食精深加工，建设从“田间”到“舌尖”的食品安全可追溯体系；衔接粮食口岸，打造集粮油饲料、粮食精深加工、期货交割、保税物流、科研、电商为一体的全国性示范园区，从而带动郑州市及河南省农业产业的快速发展和结构调整，真正实现农业产业发展的转型升级。该项目在新郑市发改委完成备案，合资公司在工商局注册完成，其他手续正在有序高效推进。三是多元融合发展。与柬埔寨政府就农业项目合作达成共识，双方互派考察团实地考察洽谈，并就农业种植、农技推广、大米进出口等事宜签订战略合作协议；与云南北斗农业发展有限公司建立合作伙伴关系，利用北斗农业在北斗卫星服务农业发展方面的科技优势，共同推进北斗卫星服务农业项目在河南及全国，乃至东南亚国家的推广应用；与深圳京安华宇资产管理有限公司合作，利用其优越的资源，开展粮食贸易业务；与郑州银行、上海驶耐科技就代收物流货款项目开展合作，搭建“互联网+物流”新平台。

【粮食安全市长责任制】 根据河南省粮食安全责任制考核工作领导小组《关于开展2016年度河南省粮食安全市长县长责任制考核工作的通知》文件精神，郑州市统筹部署、细化分工、明确责任，成立以副市长杨福平为组长，市政府副秘书长冯卫平、市粮食局局长刘啸峰、市农委主任周亚民为副组长的郑州市粮食安全责任制考核工作领导小组。为进一步完善粮食安全行政首长责任制，加快构建全市粮食安全保障体系，立足市情粮情，郑州市制订《郑州市人民政府关于全面落实粮食安全省长责任制的实施意见》，明确县（市）区政府主体责任，对市有关部门细化职责分工，建立健全配套措施，共同落实和完成粮食安全各项任务，形成稳定和发展粮食生产，维护粮食安全的合力，夯实粮食安全责任制的组织基础。

2016年年末，郑州市严格按照省考核办要求，统筹部署考核自评工作，多次组织召开专题会议，根据《2016年度河南省粮食安全市长县长责任制考核评分细则》内容，领导小组成员单位各司其职、各负其责，对牵头、配合工作开展自查评分，结合评分要求，对目标任务再分解再细化，对照自评工作中存在的不足，充实资料、补足短板。同时，建立县（市）区考核工作联络、报送机制，上下联动，分项落实，各成员单位和县（市）区粮食安全考核工作小组严格标准和程序，对目标任务分解细化，逐项抓好落实，保障粮食安全责任制考核工作有序推进。

（吴　晓）

会展业

【概况】 2016年，全市举办展览238个，较上年增长1%；展览面积236万平方米，同比增长5%。其中，举办3万平方米以上展会16个，展览面积共计86万平方米；举办国家级流动展览10个，新创办展会7个，国际性会议8个，展览业实现经济社会效益约210亿元，会展指标实现稳步增长。郑州国际会展中心和中原国际博览中心的展场出租率分别为35%和38%，在全国处于较高水平。郑州市被评为全国优秀会展城市、中国会展名城，并入选中国最具竞争力会展城市和中国最具办展幸福感城市。

【会展政策体系建设】 郑州市立足会展业发展现状，结合国内外会展业发展趋势，明确建设国家会展中心城市的现实目标和打造国际会展名城的中长期目标。制订《郑州会展业发展“十三五”规划》，启动《郑州建设国际会展名城发展规划》编制工作。出台《郑州市人民政府关于加快国家区域性会展中心城市建设的意见》、修订完善《郑州市会展业发展专项资金管理办法》，会展政策体系得到进一步完善，会展发展环境得到优化。

【会展设施项目规划建设】 推进郑州新国际会展中心等一批会展设施项目规

划建设。郑州新国际会展中心建设进展顺利，6个展馆开工建设，2个馆完成地上结构。嵩山论坛永久性会址项目签订战略合作协议，调整完善规划，计划2017年开工建设。全市主要展馆做好治安、消防、交通、食品、卫生等方面的工作，规范服务标准，提高服务质量，提升服务水平。

【展会申办】 强化申办力度，提高会展业吸引力。加强与机械汽车展览联合会、农业机械流通协会、农业机械工业协会、中国汽车工业国际总公司、易通全联国际展览有限公司等国内大型展会主办方联系，引进举办高规格展会。全国农业机械及零部件展览会2017年将继续在郑州市举办，中国汽车工业国际总公司主办的中国国际磨料磨具磨削展览会、轴承技术展、汽车易损件展3个展会将在郑州市举办，全国体育卫生器材展将首次在郑州市举办。

【展会服务】 做好协调服务，推动行业发展。定期召开会展经济领导小组成员会议，通报大型展会筹备情况，安排部署各单位筹备职责分工，共同为展会提供优质的政务服务。推动瑞城展览公司和河南省糖酒食品流通协会合作办展，推动会展企业强强联合和错位经营，实现会展业整合发展。

【市场秩序整顿】 强化会展行业监管职能，在中国（郑州）国际汽车后市场博览会举办期间，对展馆周边酒店举办的“展外展”进行专项治理，保护展会举办方的合法权益。对涉嫌虚假宣传的会展公司给予通报，规范企业办展办会行为，全市会展市场秩序得到有效整顿。

【会展项目扶持发展】 严格做好会展资金申请项目的受理、审核、评估和财务申报等工作，发挥资金杠杆作用，扶持项目发展。全年共受理会展资金申请项目32个，2015年下半年及2016年上半年审核通过项目的财政支持资金全部拨付到位。组织郑州市品牌展览项目申报河南省促进会展业发展资金，争取省级财政资金支持，扶持展会做大做强。

【对外交流】 加强对外交流，提升城市影响力。充分发挥国际展览业协会年会、中国（北京）国际服务贸易交易会、中国国际会展文化节、中国城市会展发展大会、会展产业展洽会等活动平台作用，开展郑州会展宣传推介，提升郑州会展在业界影响力。加强与广州、上海等会展业发达地区的学习交流，受邀加入泛珠城市会展联盟，组织河南财经政法大学等参加泛珠城市会展教育合作创新大会，加强与先进地区会展城市间的交流合作。密切与国际大会与会议协会、国际展览业协会、中国—东盟商务理事会合作，努力构建国际化的交流平台。

（郭家栋）

投资促进

【陇海兰新经济促进会活动及新亚欧大陆桥的区域经济发展】 关注、收集和交流新亚欧大陆桥区域经济发展信息，做好与国家新亚欧大陆桥协调机制办公室、商务部经济技术交流中心、陇海兰新经济促进会、陆桥沿线城市的交流联络工作。5月，参加在福州举办的海陆丝绸之路城市联盟首届城市论坛，联合国有关机构、境外19个“一带一路”沿线国家30个城市和国内12个沿线城市的600名代表出席论坛。接待国家新亚欧大陆桥国际协调机制办公室来郑考察，就郑州融入国家“一带一路”建设、更好地发挥郑州大枢纽作用等方面进行了商谈，为下一步开展深入合作奠定了基础。6月，参加2016中国·青海绿色发展投资贸易洽谈会，为抓住国家实施丝绸之路经济带建设、扩大向西开放的历史机遇，充分利用“青洽会”这一平台，与西宁有关方面联系，结合郑州市实际情况，参与区域经济合作、投资促进活动。7月，国家新亚欧大陆桥国际协调机制办公室和相关专家来郑考察，组织市文广新局、旅游局、陆港公司等单位召开座谈会，就郑州融入国家“一带一路”建设、更好地发挥郑州大枢纽作用等方面进行了商谈，为下一步开展深入合作奠定了基础。9月，参加在乌鲁木齐举办的2016年第四届丝绸之路经济带城市合作发展论坛，学习其他城市融入“一带一路”战略的经验和做法。10月，与沿线城市和陇海兰新经济促进会共同做好以“丝绸之路经济带创新创业”为主要内容的课题调研，为有关部门对沿线地区的工作指导提供了参考意见和建议。

【国内友好城市、友好合作城市交流与合作】 主动“走出去”，开展友好城市交流活动。2016年，走访福州、厦门、西宁等城市，通过交流座谈、实地考察等形式，学习和借鉴友好城市在对外开放、招商引资等方面的成功经验，并拜访了在郑州市设立办事机构的知名企业总部。通过走访，加深城市间了解，增进友谊，并就双方下一步开展广泛合作进行深入交流。

“请进来”，邀请友好城市参加在郑州市举办的重大经贸、文化活动，广州、宁波等城市组成党政代表团或经贸代表团参加郑交会、产业转移对接等活动，并派出知名企业参加项目对接，为双方进一步深入合作创造了条件。通过友好城市间的交流合作，学习和借鉴友好城市在对外开放、经济发展等方面的成功经验，加强双方的联系，增进双方的友谊。

【驻郑单位联络服务】 日常业务咨询、人员接待、业务受理及证件办理工作。2016年，接受驻郑机构电话咨询4500多次，接待办证人员1100多人次，新备案登记外地驻郑办事机构55家，换证216家。郑州备案登记的办事机构2477家，其中外地市、县级政府设立办事机构的有25家；500强企业16家、上市公司82家、注册资金在亿元以上的企业有223家，涉及传统行业和战略新兴行业30多个。

外地驻郑办事机构及其总部的走访和邀商工作。全年走访了中铁一局、深圳科源、宁波万金集团等10多家驻郑办事机构。通过走访，进一步了解企业及驻郑机构的发展情况和需要解决的实际问题，主动牵线搭桥，多方协调，为驻郑机构及企业提供好服务。

搭建平台，做好驻郑机构综合协调服务工作。2016年，先后两次邀请外地政府、上市公司、知名企业驻郑办事机构负责人及代表举办经济交流座谈会，为驻郑机构通报郑州市经济信息及动态，了解驻郑机构情况，积极牵线搭桥，促成合作。搭建驻郑机构微信交流平台，及时通报经济信息，促进驻郑机构间沟通交流与合作。

主动协调、提升服务，加强调研、规范管理。主动协调涉及驻郑机构联络服务工作的省工商局、省商务厅、市组织机构代码办、市人社局、市税务局、市文明办、银行等单位为驻郑机构做好服务。规范驻郑机构档案管理工作，归档了2015、2016年办证、换证档案和驻郑机构电子档案库。驻郑办事机构已成为郑州城市的重要组成部分，为郑州市经济建设、创税创收、解决就业和精神文明创建作出积极的贡献。

【全面推进投资促进工作】 为搭建投资合作的桥梁和纽带，立足全市发展的主导产业，开展承接产业转移交流会等工作。一是参加商务部投资促进事务局和省市组织的产业转移交流会，组织郑州市相关县（市）区、产业园区的代表参会，作好专题推介，为国内外知名企业了解、投资郑州搭建合作交流的平台。二是主动与知名企业对接，推介宣传郑州。2月，接待广东粤秀集团来郑考察，召开座谈会，并邀请其参加有关经贸活动，为其投资郑州牵线搭桥。5月，利用在福州参加“海交会”的机会，专门到新大陆科技集团拜访，双方就如何“以科技创新引领实业发展”进行座谈交流，公司高层为郑州高新技术行业的发展提出建设性的意见和建议。利用走访友好城市的机会，考察行业领军企业，就如何为企业营造良好的投资环境、提供周到的投资服务，听取企业的意见建议，并邀请对方到郑州市实地考察，投资兴业。

（李星妡）

旅游业

综述

【概况】 2016年，全市旅游系统围绕创建国家全域旅游示范区的目标，奋力拼搏，全市旅游发展取得明显成效。2016年，全市旅游接待总人数8933.58万人次，同比增长13.15%；旅游总收入1053.87亿元人民币,同比增长13.68%，实现旅游经济快速增长。在全省旅游工作会议上，郑州市旅游局被评为全省旅游工作综合类先进单位，市场推广、招商引资和项目建设等5个专项类先进集体。

【国家全域旅游示范区创建】 2016年，郑州市创建国家全域旅游示范区工作稳步推进。一是市委、市政府高度重视。在市第11次党代会上，市委书记马懿强调“要大力发展文化创意旅游业，打造全国重要的文化创意基地和旅游目的地城市。”对郑州全域旅游发展提出新要求。二是加强全域旅游发展的探索。参加国家、省旅游局组织的全域旅游示范区创建培训班，掌握标准、学习经验。加强与中国旅游研究院的联系，建立战略合作关系。研究拟制《创建国家全域旅游示范区促进旅游业创新发展的意见》和实施方案、行动计划。组织旅游系统骨干到四川大学参加全域旅游专题培训，提高认识、理清思路。三是各县（市）区稳步推进全域旅游发展。新郑市、新密市、荥阳市、中牟县和金水区等先后召开全域旅游发展大会，出台政策措施，编制发展规划。荥阳市召开“全域旅游英雄会”，邀请国内知名旅游机构和专家把脉问诊；中牟县不仅出台《关于加快全域旅游发展的意见》，还制订实施方案、明确《考核和奖励办法》，工作扎实有效。

【旅游项目建设】 2016年，全市旅游项目建设成效明显。一是旅游招商引资取得新成效。新密岐黄颐养小镇项目成功签约，签约金额180亿元。二是旅游项目建设取得新进展。纳入月报的45个重点旅游项目，累计完成投资超过186亿元，2016年完成投资超过60亿元。登封文化创意园、伏羲山旅游区等重大项目进展顺利。伏羲山文化旅游度假区被国家旅游局列入全国旅游优选项目。上街区通用航空试验区，启动航空旅游娱乐项目。三是继续深化“厕所革命”。召开旅游厕所建设推进会，组织观摩交流，提升建设质量，全年新建旅游厕所120座。四是注重项目扶持。争取省级专项引导资金200万元，拨发旅游厕所建设奖补资金700万元。五是注重打造精品，三泉湖景区和丰乐樱花园景区成功创建国家AAAA级景区。

【旅游宣传推广】 旅游宣传推广扎实推进。一是成功筹办2016中国（郑州）国际旅游城市市长论坛。这届论坛参与的境外城市数量、来宾规格和项目签约金额均超过往届；活动期间，组织2016中国（郑州）乐活旅游展，加强省内旅游业界交流合作。二是加强媒体宣传。在河南卫视黄金时段播放各县（市）区旅游宣传片。参与央视对河南旅游整体形象的宣传。在《中国旅游》杂志刊发郑州旅游专题。先后接待新加坡、中国香港和台湾媒体、央视《远方的家》摄制组来郑考察。三是开发远程市场。分别在广东、成渝地区开展以“客的根亲·心的旅行”和“天地之中·功夫之都”为主题的旅游宣传促销活动。四是县（市）区宣传促销活动活跃。登封市与安徽黟县、江西婺源等地签约“华中六郡”旅游联盟，探索旅游合作新模式；其他县（市）区也分别举办摄影大赛、赏花节、采摘节等旅游节会，提升旅游影响力。

【规范旅游市场秩序】 一是依法开展市场治理。市政府办公厅出台《关于进一步明确旅游市场综合监管职责的通知》，市旅游局制订《旅游市场监管会商暂行办法》，加强协调，增强监管

具茨梯田

合力。全年开展旅游市场检查183次，出动检查人员549人次，检查旅行社226家次，导游人员86人次，作出具体行政行为61件；受理旅游投诉56件，为旅游消费者挽回损失5万余元，游客满意率达到98%以上。为800多家旅行社分社（服务网点）免费更换备案登记证明；与交运委联合执法，严格落实导游专座。二是服务型行政执法成绩突出。市旅游质检所被评为全省服务型行政执法示范点；在全省旅游系统服务型行政执法现场会上，市旅游局作经验介绍。三是广泛开展文明旅游活动。制订并落实《文明旅游三年行动方案（2016年—2018年）》，开展“文明旅游、快乐旅程”系列活动，引导游客文明出游。出台《郑州市旅游信用记录和信用产品实施暂行办法》，加强旅游诚信体系建设。四是持续推进旅游标准化建设。绿博园、承誉德大酒店创建成为省级旅游标准化示范单位；丰乐农庄、青屏宾馆等21家单位创建成为市级旅游标准化示范单位。五是加强导游队伍建设。深入开展导游业务技能培训，组织3批高端政务讲解员培训班；举办全市导游员大赛，导游员王志星、郭金平分获大赛中、英文导游组第一名，并获市“五一劳动奖章”。首次组织郑州考区的全国导游资格考试，考生2700余名，约占全省考生总数的50%。六是严格落实安全工作制度，保持旅游安全良好形势。

【旅游公共服务】 2016年，郑州市旅游公共服务水平不断提升。一是旅游年卡顺利发行。出台《郑州旅游年卡管理办法》；动员协调27家景区参与旅游年卡活动，设立郑州旅游年卡服务网点80多家，旅游年卡发行3个多月，有万余名市民享受到旅游年卡带来的优惠便利。二是智慧旅游项目建设稳步推进。完成《郑州智慧旅游产业运行监测与公共服务平台》招标；《郑州智慧旅游大数据平台与应用服务中心》项目被列入市政府投资计划，项目投资估算额4284万元。三是旅游交通标示牌工程进入施工阶段。四是与新郑国际机场、高铁东站达成设立郑州旅游咨询站（点）的合作意向。

（代亚柠）

旅游管理

【参加全省智慧旅游发展经验交流会】 1月19日，全省智慧旅游发展经验交流会暨2016年河南省“旅游创新工程”启动仪式在郑州举行。郑州市旅游局参加会议，并作题为《务实创新 融合发展》经验交流典型发言。发言指出，郑州市智慧旅游城市建设能够快速推进，一是领导重视，政策保障有力；二是学习调研，因地制宜发展；三是顶层设计，科学统筹规划；四是着眼未来，分步实施推进。自2012年12月郑州市获批“全国第二批智慧旅游试点城市”以来，智慧旅游城市建设工作得到市委、市政府的大力支持，先后成立郑州市智慧旅游城市建设领导小组和郑州市智慧旅游城市建设专家咨询委员会，编制完成“五三一”规划，不断加大对智慧旅游城市建设的投入力度。2015年，郑州市规划设计的智慧旅游产业运行监测与公共服务平台项目正式纳入郑州市国民经济社会发展计划，由市财政投入资金3000多万元，用于项目建设。

【首期导游素质提升培训】 1月26日，由郑州市导服中心主办的2016年“郑州市文明导游素能提升培训”首场培训在黄河饭店开讲。培训主题为《春秋战国历史漫谈》，特邀中国史学会理事、河南省历史学会副会长、郑州大学学术委员会办公室主任姜建设教授授课，近80名一线社会导游代表参加培训。

【旅行社统计信息填报工作会议】 2月22日，市旅游局召开会议，部署安排2016年旅行社统计调查信息填报工作。各县（市）区旅游行政管理部门分管领导，市旅游局相关部门负责人和局法律顾问参加会议。

会议通报了2015年第四季度旅行社信息填报工作情况，要求各县（市）区旅游行政管理部门对未按国家有关规定进行填报的38家旅行社进行约谈，并将约谈情况上报郑州市旅游局。会议要求，要进一步加强2016年旅行社统计调查信息填报工作检查执法，并就执法依据、执法程序、执法文书等事宜进行强调说明。

【全市旅游工作会议】 3月1日，2016年全市旅游工作会议在黄河饭店召开。市旅游局党组书记、局长张杰锋及其他班子成员，各县（市）区旅游局局长，各开发区旅游行政管理部门负责人，全市AAA级以上旅游景区负责人，部分旅行社、星级酒店及其他旅游经营单位负责人，市旅游局全体人员，部分新闻媒体记者参加会议。

会议传达学习全国、全省旅游工作会议精神，对2015年度全市旅游系统先进集体和个人，全市旅游工作先进单位，分别在文明旅游、旅游信息化、旅游厕所建设与管理、旅游行政执法等方面工作先进的16家单位和在全市政务接待讲解工作中表现优秀的20名导游员进行通报表彰，对成功创建AAA级景区的两家景区、2015年度游客接待量排名靠前的5家旅行社进行表彰奖励。

会议认为，“十三五”时期既是居民消费的转型期，也是旅游业的黄金发展期和矛盾凸显期。郑州市旅游业具有“入选国家全域旅游示范区创建名单的先发优势”等三个突出优势，同时也面临着“现行旅游综合管理和执法体系与全域旅游示范区创建要求还不相适应”六个方面的困难和挑战，要突出“五个重点”，强化“四个保障”，要立足实际，牢牢把握全域旅游发展的有利时机，积极应对和主动化解各种不利因素，实现“十三五”时期预期发展目标。

会议强调，2016年是郑州市实施国际商都规划和“十三五”时期规划的开局之年，也是争创国家全域旅游示范区的起步之年，要努力抓好“推进改革创新，厚植竞争优势”“发展新兴业态，加快供给升级”“优化公共服务，共享发展成果”“创新营销模式，扩大品牌影响”“发展乡村旅游，推动旅游扶贫”“坚持依法治旅，改善旅游环境”“加强自身建设，树立良好形象”等七个方面的重点工作。

【黄帝故里拜祖大典讲解员培训班】 4月3日，由丙申年黄帝故里拜祖大典活动组委会主办、郑州市旅游局承办的导游服务人员培训班开班。培训特邀“全

绿博园水天一色

国优秀讲解员”“中国最美导游”等资深业内人士主讲，以最新、最全的郑州经济社会发展资讯以及拜祖接待礼仪为培训重点。理论培训结束后，参训人员赴新郑黄帝故里等处实地踩线演练。来自各县（市）区、市直局委及省会旅行社的75名导游讲解员参加此次培训。

【旅游市场监管会商会议】 5月31日，市旅游局召开旅游市场监管会商会议，局相关部门负责人参加会议。

一是通报1—5月全市旅游市场执法及行政处罚情况。1—5月，全市旅游执法案件共43件。其中，旅行社行政罚款处罚案件3件，罚款原因分别是未妥善保存各类旅游合同及相关文件、资料，冒用其他旅游经营者的名义经营旅游业务；责令改正40件，原因主要为未按规定填报2015年财务状况年报、变更未按规定备案。二是分析1—5月全市旅游市场投诉热点问题。1—5月，全市旅游市场秩序良好，未发生重大旅游投诉。共受理旅游投诉案件27件，其中投诉旅行社8件、投诉景区19件，无酒店投诉。涉及景区的投诉，反映的主要问题体现在景区的购票环节，个别景区在执行对现役军人、残疾人、旅游年票等门票优惠政策方面存在着管理不到位和落实不到位的问题。涉及旅行社的投诉，反映的问题主要体现在旅行社执行合同不到位，个别旅行社在规范经营、信守合同、诚信服务等方面仍存在突出问题。三是探讨出境社监管检查事宜。会议认为，随着经济社会的发展，出境游客越来越多，申请出境游的旅行社日渐增多，应该本着对旅行社和游客负责的态度，依法依规加强对申请经营出境旅游业务旅行社的业务指导和日常监管，规范其业务管理，提升服务能力和水平，确保游客合法权益，以适应竞争日趋激烈的旅游市场。

【旅游规划发展暨旅游厕所建设推进工作会】 6月2日，郑州市旅游局召开2016年旅游规划发展暨旅游厕所建设推进工作会，各县（市）区分管规划工作的领导及科室负责人、全市A级旅游景区负责人共计80余人参加会议。会议印发《A级景区创建实施意见》《2016年旅游规划发展工作要点》《2016年全市旅游厕所建设计划》，对2016年旅游规划发展工作作出部署，要求各单位年底前完成“十三五”时期旅游产业发展规划、全域旅游发展规划和“创建国家全域旅游示范区”方案编制任务。

【郑州智慧旅游产业运行监测与公共服务平台项目签约】 6月3日，郑州市旅游局与北京华胜天成科技股份有限公司举行签约仪式，共同推进郑州智慧旅游产业运行监测与公共服务平台项目建设。

该项目是郑州市智慧旅游城市建设的示范性、基础性、枢纽型项目，旨在提高郑州市旅游产业的运行监测、公众服务、行业监管、宣传推广四大能力。建成后，将实现郑州旅游的基础设施能级跃升、公共服务动态智能、旅游管理主动响应、行业系统整合应用和旅游产业的创新融合发展。

【旅游安全宣传活动】 6月16日，郑州市人民政府在绿城广场举行“安全生产宣传咨询日暨安全生产中原行”活动，市旅游局组织参加旅游安全宣传活动。

活动中，市旅游局通过展板、画册、折页等多种形式，向广大市民普及旅游安全法律、法规和安全常识。河南南湖国际旅行社、河南百事通旅行社等旅游企业分别推出《旅行社安全告知书》《旅游事故应急处理预案》《境外旅游宣传须知》《境内旅游安全须知》，发放带有旅游安全提示的纪念品，提高市民的参与度和兴趣度。此次活动共发放各种宣传资料3000余份，接待前来咨询的市民500余人。

象湖码头

【“全国旅游投诉举报和案件办理管理系统”培训班】 6月30日，郑州市旅游局举办2016年郑州市“全国旅游投诉举报和案件办理管理系统”培训班，贯彻国家旅游局《关于推广应用全国旅游投诉举报和案件办理管理系统通知》的要求，进一步提升处理旅游投诉举报工作的信息化水平。来自各县（市）区旅游管理部门分管领导及系统管理员参加培训。培训班邀请北京互联百网旅游文化有限公司经理陈吉君就该系统的使用及操作方法对学员进行讲解、演示、问题解答等系统培训。

【2016导游大赛】 8月11—12日，由市旅游局、市人社局、市总工会、团市委、市妇联共同主办的郑州市第二届职业技能竞赛暨2016导游大赛决赛在丰乐园大酒店举行。市人大副主任、市总工会主席赵新中，市政府副市长杨福平，市委组织部副部长、市人社局局长戴春枝，市旅游局局长张杰锋，共青团郑州市委书记张艳华等出席大赛并为一等奖、二等奖获奖选手颁奖。

大赛设中文导游员、中文讲解员、英语导游员3个组别，通过形象风采、导游讲解、知识问答、才艺展示、情景再现5个环节进行技术比拼。王志星、董阳、郭金平分别获中文导游员组、中文讲解员组、英语导游员组一等奖。郑州市导游管理服务中心、登封市旅游局、荥阳市旅游和文物局、二七区文化旅游局、管城区文化旅游新闻出版局、河南中国旅行社集团有限公司获得优秀组织奖。

【2016年郑州市旅游质监执法培训班】 8月17—18日，郑州市旅游局举办2016年郑州市旅游质监执法培训班。来自各县（市）区旅游管理部门分管领导及质监执法骨干参加培训。培训班邀请来自北京等地的专家讲授旅游投诉案例分析、旅游行政执法程序以及河南省行政执法条例等方面的内容。授课专家和与会代表就旅游执法过程中遇到的难题以及困惑进行现场互动。

【规范落实“导游专座”】 中秋小长假、“十一”黄金周前夕，郑州市旅游局召开全市规范导游专座再动员会，并下发紧急通知，对相关工作进行再部署。《通知》要求，各县（市）区旅游部门、旅行社要建立导游专座落实情况台账，旅游行政部门还应在前期督导检查基础上，对存在问题进行整改，对不符合规定的旅游车辆进行举报、曝光，建立长效机制。各旅行社要对导游进行安全培训，使其自觉系好安全带，坐到“专座”上。会议要求，旅行社不得租用未设置导游专座的旅游车辆；旅游

郑州东区水域靓城

团队游客和导游总人数不得超过旅游车辆核定乘员数；导游员不得站立讲解，必须系好安全带；导游员不得乘坐折叠座椅。

【办理人大代表建议政协委员提案工作汇报会】 9月13日，郑州市旅游局召开办理人大代表建议、政协委员提案工作汇报会。市人大代表王联民、李电萍、华新定，市政协委员娄志光、刘福平、郑丰声等参加会议。

郑州市旅游局局长张杰锋及市旅游局相关处室负责人到会。局长张杰锋就市旅游局2016年旅游工作开展情况进行汇报，副局长胡家安就市旅游局人大建议、政协提案的办理工作情况进行汇报。会上，人大代表、政协委员们对市旅游局的建议提案办理工作表示满意，并提出意见和建议。

【旅游年卡发售】 10月30日，郑州旅游年卡正式发售，这是郑州市首次发行旅游年卡，市民只需花费100元人民币就可游览全市27家景区。纳入旅游年卡的首批27家景区包括郑州世纪欢乐园、康百万庄园、古柏渡飞黄度假区、中原福塔4家AAAA级旅游景区，浮戏山雪花洞、巩义石窟寺、竹林长寿山、浮戏山杨树沟、荥阳环翠峪风景区、伏羲山神仙洞、郑国车马坑、黄河富景生态世界、普兰斯薰衣草庄园、黄河逸园10家AAA级旅游景区，以及九里山、观星台、永泰寺、会善寺、密县县衙、打虎亭汉墓、乐活可润农庄、黄河彩虹谷景区、豫西抗日根据地纪念馆、永定陵、杜甫故里、郑州气象科普馆、大熊山13家山水、人文、农业休闲景区（点）。

【市人大代表视察郑州旅游工作】 12月6日,郑州市人大常委会副主任舒安娜率20名人大代表视察郑州旅游工作。郑州市旅游局副局长胡家安等陪同视察。

代表们先后到郑州市旅游年卡管理办公室、中原福塔和世纪欢乐园景区实地考察。胡家安向人大代表们汇报2016年以来旅游工作开展情况，重点汇报人大代表建议办理情况和市旅游年卡筹备发行工作情况。舒安娜和代表们对旅游工作取得的成绩表示赞赏，对市旅游局办理人大代表建议工作的成效表示满意，并就进一步扩大旅游年卡影响力，更加方便市民知卡、办卡和用卡等问题提出意见建议。

【市政协委员视察郑州旅游工作】 11月17日,郑州市政协党组副书记郭锝昌、市政协副主席吴晓君率20位政协委员视察郑州旅游工作。新密市委书记蔫铁群、郑州市旅游局局长张杰锋等陪同视察。

视察组对三泉湖景区项目建设情况进行实地考察，并参观中原豫西抗日纪念园。在座谈会上，张杰锋汇报了郑州市旅游工作整体情况，伏羲山旅游度假区董事长李松辰汇报了景区的开发建设情况，部分政协委员作发言。

郭锝昌在座谈会上作讲话。他指出，旅游产业是传统产业，是朝阳产业，是长盛不衰的产业，既是富民工程，又能提升当地的美誉度和知名度。就进一步做大做强旅游产业，他强调，一要深化认识，乘势而上。旅游有旺盛的市场需求，市委、市政府高度重视，要凝聚方方面面力量，形成合力，优先发展。二要加强统筹，狠抓落实。要抓住重点和强项，抓出成效；要妥善处理资源保护与开发的关系，注重发展的持续性。三要着眼未来，谋划新局。进一步总结经验，理清发展思路，精心谋划做好全域旅游示范区建设。

（代亚柠）

旅游促销

【“两岸一家亲 中原过大年”活动在郑举办】 2月8日（农历大年初一），由河南省旅游局举办的“两岸一家亲 中原过大年”活动在郑州拉开帷幕。

来自宝岛台湾的5个家庭，分别走进金水区鑫苑名家社区的3个家庭和高新区锦华苑社区的2个家庭一起过大年。在每个家庭中，大家互赠伴手礼，一起聊天、喝茶、话年俗、包饺子，共吃团圆饭。午饭后，5对家庭共同驱车浏览郑州市容市貌，重点参观郑东新区建设发展情况，亲身感受郑州市民过春节的浓厚氛围。台湾客人普遍认为河南历史悠久、文化厚重、发展迅速、前景美好。此次活动的举办，增进台湾、河南两地民众的进一步了解，必将对两岸经济和旅游发展起到积极的推动作用。省旅游局副局长何琳、市旅游局副局长李明伟、金水区和高新区旅游行政管理部门负责人、相关社区主要领导参加了活动。

【“客的根亲·心的旅行”推介活动在梅州市举行】 3月25日，郑州“客的根亲·心的旅行”主题文化旅游推介活动在广东侨乡梅州市举行。郑州市旅游局局长张杰锋，副局长何宏波、刘根成、李明伟，梅州市人民政府副秘书长姚铠滔，梅州市旅游局局长朱瑛，副局长李智出席推介活动。

张杰锋、姚铠滔分别在推介会上致辞。推介会上进行少林功夫表演，现场还设置互动抽奖环节，为获奖者提供郑州市区代表性景区提供的门票套票、特产等奖品。郑州市旅游局机关各处室、各直属单位负责人，县（市）区旅游行政管理部门相关负责人，以及梅州市旅游局相关人员、两地主流媒体参加此次推介会。

【“客的根亲·心的旅行”郑州旅游推介会在惠州举行】 3月28日，“客的根亲·心的旅行”郑州旅游推介会在惠州举行。郑州市人民政府副市长杨福平，郑州市旅游局局长张杰锋及班子成员，惠州市人民政府副秘书长周海英，惠州市旅游局相关负责人出席推介会。

推介会上，杨福平向惠州旅游界人士推介商都郑州中岳嵩山、黄帝故里、黄河文化等丰富的旅游资源，以及黄帝故里拜祖大典、中国(郑州)国际旅游城市市长论坛等重要的节会活动。周海英表示，郑州与惠州旅游资源互补性较强，两市旅游合作空间巨大。此次旅游推介会全面展示了郑州旅游特色，以根亲文化、功夫文化为纽带，郑州—惠州直航即将开通，下一步，两市将进一步加强合作，互送更多游客。

推介会上，以“客的根亲，心的旅行”为主题，郑州市推出“客家寻根、禅宗静修、游走商都”等旅游线路，通过播放宣传片、生动讲解、参会者微信互动等多种方式，强化郑州旅游目的地形象。来自登封塔沟武校的“少林小子”表演少林功夫，吸引当地百余名旅游界人士纷纷拍照留念。郑州市旅游局机关各处室、各直属单位负责人，县（市）区旅游行政管理部门相关负责人，重点旅游企业负责人，郑州市主流媒体及惠州当地媒体200多人参加此次推介会。

【“天地之中·功夫之都”（成都）旅游推介会举办】 6月17日，以“天地之中·功夫之都”为主题的郑州旅游推介会在成都市城市名人酒店举办。郑州市旅游局局长张杰锋，副局长刘根成、李明伟、胡家安，成都市旅游局副局长陈世安，成都市50余家旅行社、近10家新闻媒体参加推介会。

张杰锋在致辞中，从厚重的人文历史、突出的交通区位优势和丰富的旅游资源三个方面，向成都的市民介绍郑州的基本情况，并通过《功夫熊猫》拉近拥有世界级旅游名片大熊猫和少林功夫的两个城市之间的情感距离。

本次推介会分“一文一武一出戏、好文好武好性情”“两黄两山两座城、好山好水好风情”“三汤三面三碗酒、好吃好喝好交情”“四季四游四方客、好人好物好尽情”四个章节，重点介绍郑州旅游的九大特色。期间穿插少林功夫表演、面对面建群、微信互动、微信抽奖等环节，提升与会嘉宾参与活动的积极性。

【“天地之中·功夫之都”（重庆）旅游推介会举办】 6月20日，以“天地之中·功夫之都”为主题的郑州旅游推介会在重庆市JW万豪酒店举办。郑州市旅游局局长张杰锋，副局长何宏波、李明伟，纪检组长、监察室主任刘海青，重庆市旅游局副局长王定国，重庆市近百家旅行社、10余家新闻媒体参加推介会。

推介会上，张杰锋表示郑州、重庆两市旅游合作前景广阔，郑万高铁正在紧张修建，该高铁开通后，郑州与重庆的车程将缩短至4小时以内，一个以郑州为中心的全新高铁旅游经济圈正在孕育形成。他希望两地旅游界携起手来，客源互送，共拓市场，共谋发展，实现共赢。重庆市旅游局副局长王定国认为，郑州与重庆旅游资源互补性较强，旅游合作空间巨大。

本次推介会分“一文一武一出戏·好文好武好性情”“两黄两山两座城·好山好水好风情”“三汤三面三碗酒·好吃好喝好交情”“四季四游四方客·好人好物好尽情”四个章节，重点介绍郑州旅游的九大特色。推介会上，来自塔沟武校的“少林小子”表演了精彩的少林功夫。

【参加2016中国国际旅游交易会】 11月11—13日，2016年中国国际旅游交易会(以下简称国际旅交会)在上海新国际博览中心举办。郑州市旅游局副局长李明伟带领部分重点旅游企业参加交易会。

旅交会上，郑州市重点推出“少林功夫”“黄帝文化”“黄河文化”“时尚都市”等旅游产品，向国内外参会代表和当地市民游客发放中英文旅游宣传资料、旅游宣传折页、“天地之中、功夫之都”纪念章等旅游宣传资料，全方位地展示郑州旅游特色和独特魅力。

中国国际旅游交易会创办于1998年，共举办16届，已发展成为亚洲地区规模最大的旅游交流合作平台。本届旅交会展览面积57500平方米，展位总数2593个，参展国家及地区106个。

【郑州市5名导游获“2015中国好导游”称号】 2016年，在国家旅游局组织开展的“2015中国好导游·中国好游客”推选征集活动中，通过在全国范围内多渠道多方式的推选征集，确定1003名中国好游客、1643名中国好导游。郑州市共有5名导游获“2015中国好导游”称号，分别是：郑州市导服中心导游李娜、新郑黄帝故里景区导游樊莉娜、河南海滨假期旅行社导游王丽峰、河南省太和国际旅行社导游王超、登封市嵩岳旅行社导游裴艳丽。

（代亚柠）

黄河生态旅游风景区

【概况】 黄河生态旅游风景区始建于1970年，其主要职能是负责郑州市西区的城市源水供应和沿线农业灌溉用水。在城市供水的基础上，依托本区域独特的地理位置和深厚的文化内涵，在植树造林、弘扬黄河文化的基础上逐步发展旅游业，成为国内较早的风景区之一。1981年3月，郑州市委、市政府批准成立郑州市黄河游览区管理处，1987年正式核定为正县级事业单位，2002年10月更名为郑州市黄河风景名胜区管理委员会，2009年7月14日，更名为郑州市黄河生态旅游风景区管理委员会，作为市政府的派出机构，受市政府委托，负责景区的规划、建设、保护和管理。管委会下属一办五局（办公室、人力资源和社会保障局、财政与资产管理局、规划建设局、经济发展局、社会事业局），六个直属事业单位（门票所、园林所、行政执法大队、炎黄景区管理所、地质博物馆、黄河景区服务中心）。

景区以雄浑壮美的大河风光和源远流长的黄河文化为主要特色，经过近40年的开发建设，建成并对外开放的有“炎黄二帝”塑像、黄河碑林、黄河外滩、毛泽东主席视察黄河纪念地、地质博物馆等40余处景点，绿化荒山超过333公顷，森林覆盖率85%以上。2002年被国家旅游局评为国家AAAA级旅游区，2005年被国土资源局批准为国家地质公园，2009年被国务院批准晋升为国家级风景名胜区。景区每年接待海内外游客60万人次。

2016年，管委会紧紧围绕“观念大更新、项目大推进、环境大改善、服务大提升、效益大增长”这五大主线推动工作，以“党工委主体责任和纪工委

植物园景观

纪念毛泽东逝世40周年活动

监督责任落实、源水价格调整、停车场及游客服务中心建设”三大主体工作为着力点，各项事业稳步发展。被省政府安委会评为2016年“安全生产月”活动先进单位，被河南省住建厅评为2015年度全省住房和城乡建设工作先进单位，被郑州市人民政府授予2015年度月季花杯竞赛活动铜杯，被郑州市旅游局评为2015年度全市旅游系统先进集体。

【经济发展】 2016年，风景区经济实现持续健康发展。全年游客售票量52.6万人次，同比增长11.15%；实现旅游综合收入3380万元，其中门票收入2749万元，同比增长9.33%。全年供水1.56亿立方米，实现供水收入7185万元，同比分别增长1.12%和2.19%。2016年争取市财政资金7087万元，其中拨付项目建设资金3096万元，争取追加市财政专项资金1161万元，其他支出和专项经费2830万元。

【重点项目建设】 2016年，全区围绕20个重点项目，克难攻坚，创新发展，取得突破性进展。（1）邙山干渠复线工程主体完工，已通水；信息化办公网络改造项目已完工；炎黄广场百位中华历史名人雕塑工程完成7组68位名人雕塑的雕刻、安装以及广场绿化、广场南半部分57位人物简介及文字符号雕刻工作。（2）黄河气垫船码头环境提升、邙山水源地周边环境整治、炎黄广场提升、景区林区防火监测预警指挥系统等项目完成招标工作，开工建设。（3）大禹山基础设施改造和环境提升项目完成施工图设计审查，进行招标备案；景区基础设施提升（南入口）项目完成初步设计初稿，郑州邙山提灌站现状城市输水干渠改造项目完成可研报告初稿的编制，生态停车场及游客集散中心项目列入市政府投资计划，完成方案设计招标。（4）玫瑰谷绿化及旅游基础设施提升、骆驼岭区域及炎黄广场北麓绿化和环境改造项目获项目建议书批复，进行可研报批；砖雕文化展示苑、沉沙池南岸山体护砌项目完成初步方案设计，组织初步评审。（5）大禹山基础设施改造和环境提升、景区基础设施提升（南入口）项目拆迁安置工作加快推进，计划2017年“五一”前完成；完成对总体规划范围的局部调整，并协调建设厅上报建设部。

【供水产业】 2016年，供水产业有效转型，生态供水量进一步提升。面对“南水北调”、索须河河道治理、生态用水指标限制等诸多困难，管委会多方协调，生态供水量由2015年的8422万立方米提升到2016年1.05亿立方米，全年生态供水量比率由55%提升到67%。一是高质量完成索须河渡槽加固工程，确保安全过水。二是协调市政府、市水务局增加7000万立方米生态供水指标。三是继续做好安全巡查，保障提水设备、供水设备、供水渠道安全运行；四是继续做好供水抢险应急管理，随时应对大河流量减少等因素引起的引水困难，保证引水畅通。

【旅游产业】 2016年，风景区旅游产业发展势头良好，旅游门票收入再创新高。通过项目宣传、广告宣传、活动宣传以及多种营销措施，多渠道增加旅游收入。一是围绕炎黄广场百位中华历史名人雕塑，开展多次集中宣传，提高项目的社会和市场关注度。二是做好市场营销策划，团队游客量、网络订票量均有大幅度增加。三是做好广告和活动宣传，通过知名网站、微信等做好网络宣传，通过广播、户外广告等方式做好传统媒体的宣传，参加“中国旅游日”、广东旅游推介会等活动，联合开展郑州沿黄马拉松越野挑战赛、“延黄之路”徒步穿越赛等活动。四是加大“黑车黑导”的治理力度，严厉惩治以营利为目的的“带人逃票”等违法现象。与公安、工商等部门建立联动机制，重拳出击，全年暂扣非法营运车辆20辆，治安拘留4人，对“黑车”运营者形成强有力的震慑，极大地净化旅游环境。

【园林绿化】 2016年，风景区园林绿化提档升级，精细化管理水平进一步提升。紧紧围绕“绿树成荫（行）、花团锦簇”的目标，通过“延绿增色”、精品化园林建设，提升精细化管理水平，生态环境实现提档升级。一是全年绿化栽植任务超额完成。全年共栽植乔木1174棵，花灌木93048棵，地被植物48416平方米，竹子4500棵。二是推进精品园林建设，对奇木坪战神区域进行改造，在碑林入口区域增设游客休息区等。三是重点做好春季栽植、雨季造林、重点区域绿化彩化，配合项目建设做好园林绿化工作。四是加强管理，认真做好园林绿化的精细化管理、旅游公

炎黄二帝塑像

黄河碑林

厕管理、环境卫生、森林防火等。

【邙山源水价格调整】 2015年11月水价调整工作重新启动，2016年12月16日，市政府第53次常务会议通过邙山源水价格调整方案，源水价格由0.42元/立方米调整为0.62元/立方米。

【五项目列入郑州市投资项目计划】 3月10日，郑州市第十四届人民代表大会常务委员会第十五次会议通过《关于印发〈郑州市人民代表大会常务委员会关于批准郑州市2016年政府投资项目计划的决议〉的通知》，郑州黄河风景名胜区5个项目列入市财政计划，项目资金约1.1亿元。（1）郑州黄河风景名胜区基础设施改造工程（续建）。该项目为景区南入口区域，规划面积11万余平方米。完成规划区域的绿化、游客服务中心、停车场、毛泽东主席视察黄河纪念展廊和周恩来总理抗洪抢险纪念组雕等项目，配套、照明、监控、给排水等，计划下达市财政资金4000万元。（2）大禹山景区基础设施改造和环境提升项目（续建）。山体整治、禹公瀑修葺、广场及路面铺装、绿化、窑洞修葺及公厕改扩建以及电气、灌溉、监控、消防等。（3）郑州邙山提灌站城市输水干渠改造工程（新开）。黄河引水口至西流湖段输水干渠全线改造，包括提灌站至枯河段拆迁段拆除重建、输水干渠瓶颈改造、渡槽、清淤、绿化道路、监控、管理站、隔离围网、水闸及征地等，计划下达市财政资金3000万元。（4）骆驼岭区域及炎黄广场北麓绿化和环境改造项目（新开）。改造面积约2.5平方公里，包括景区山体、道路等区域绿化、给排水、照明、水土流失治理等，计划下达市财政资金2000万元。（5）玫瑰谷绿化及旅游基础设施提升项目携手郑州市全域旅游交通标示牌项目，被共同列入2016年市财政旅游专项资金计划，计划下达1000万元。玫瑰园位于郑州市黄河风景名胜区原牡丹园山谷区域，工程建设内容为规划区域内的绿化、旅游基础设施提升、配套、照明、监控、给排水等。

【文物保护和开发】 2016年2月，省政府下发《关于公布河南省第七批文物保护单位名单的通知》，公布第七批文物保护单位。郑州黄河风景名胜区内郑州黄河铁路大桥遗址和敖仓城遗址被列为河南省第七批文物保护单位。这是该景区景点首次被列为省级文物保护单位。敖仓始建于秦始皇时期，是古代漕运的中转站，西汉东汉时期是重要的战略据点。郑州黄河铁路大桥建于1905年，是中国历史上第一座黄河铁路大桥。这两处景点代表性强、历史丰富、文化底蕴深厚。

毛泽东主席视察黄河旧址于2012年被评为郑州市文物保护单位，郑州铁路大桥遗址和邙山提灌站于2011年被评为郑州市第一批“32处城乡优秀近现代建筑保护规划·中心城区保护名录”。

大禹治水、岳山寺遗址、报国亭、黄河铁路桥、黄土地质遗迹等众多的历史遗迹、革命遗迹、自然遗迹被挖掘开发，丰富了景区文化旅游资源，景区成功申报国家地质公园、国家级风景区、国家水利风景区，带动景区知名度和游客关注度提升。

【2016郑州黄河越野跑挑战赛举行】 2016年10月16日，2016郑州黄河越野跑挑战赛举行，1000余名运动员参赛。挑战赛由郑州市体育局、大象融媒体集团民生频道主办，郑州市铁人三项运动协会，河南铁人文化传播有限公司承办。

此次挑战赛将主会场和赛道设在风景优美的郑州黄河风景区名胜区。这是“跑步+旅游”集健康和休闲于一身的新型跑步模式。整个赛程分21公里和42公里两个赛段，从郑州黄河风景名胜区炎黄广场出发沿途经过炎黄二帝、星海湖、黄河湿地—汉霸二王城、鸿沟、楚河汉界、黄河中下游分界杯、大禹治水、极目阁、“哺育”塑像、黄河国家地质博物馆等著名的景点。参赛运动员在跑步的同时，既欣赏美景，又感受历史人文情怀。

【“延黄之路”黄河徒步穿越赛举行】 12月3日，“延黄之路”黄河徒步穿越赛进行，500余名运动员参赛。活动由郑州大学商业学院主办、郑州报业集团协办。

此次活动从郑州黄河风景名胜区炎黄广场出发，穿过江山路，沿黄河大堤一直到中牟境内，全程36公里。分为EMBA方队，MBA方队，领导方队，亲友方队等。让参赛人员延续传承博大厚重的黄河精神，用脚步丈量黄河之宽广、用意志感受黄河的厚重，深刻体验超越自我的身心历程。

（王　萍）

人民银行

【概况】 2016年，人民银行郑州中心支行牢固树立“面向基层、面向社会、面向金融机构、面向地方政府、面向人民群众”的履职理念，把稳增长保态势作为重中之重，认真贯彻实施稳健货币政策，锐意改革创新，勇于担当作为，大力推进金融改革创新，有效维护金融稳定，切实下沉和优化金融服务，为全省经济金融实现更高质量、更有效率、更加公平、更可持续发展提供有力支撑，多项工作取得明显进展和成效，得到省委省政府和人民银行总行领导的批示肯定。

【金融运行状况】 2016年，郑州市金融系统认真贯彻执行稳健的货币政策，金融运行总体平稳。受经济下行背景下企业盈利能力下降影响，存款增长有所放缓；房地产市场火爆带动各项贷款增长较快；社会融资规模快速增长，为实体经济增长提供有力资金支持。截至2016年年底，郑州市金融机构人民币（下同）各项存款余额19000.7亿元，占全省的比重为35.2%；各项存款同比增长12.2%，增速较上年同期回落4.4个百分点；较年初新增2064.5亿元，占全省增量的32.5%，同比少增321.4亿元。金融机构各项贷款余额15422.4亿元，占全省的42.3%；各项贷款同比增长21.8%，增速高于全省5.7个百分点；较年初新增2762.9亿元，占全省增量的54.5%，同比多增973.8亿元。

【存款情况】 分部门看，住户和广义政府存款增加较多，非金融企业存款增长放缓。2016年，广义政府存款增加441.7亿元，同比多增99.3亿元；住户存款增加602.1亿元，同比多增24.6亿元。非金融企业存款增加638.2亿元，同比少增399.9亿元。非金融企业存款同比少增，主要受郑州市经济增长放缓，企业盈利能力下降影响。2016年，郑州市生产总值同比增长8.4%，较上年同期回落1.7个百分点；2016年1—11月，郑州市规模以上工业企业利润总额仅同比增长2.5%，较上年同期回落1.3个百分点，低于全省平均水平3.5个百分点。

【贷款情况】 2016年，金融机构新增贷款重点支持了房地产、大中型企业和国有企业。

一是房地产贷款大量增加。2016年，郑州市房地产销售火爆，价格快速上涨，房地产贷款随之大量增加。2016年全年房地产贷款增加1840.2亿元，同比多增884.1亿元，占人民币各项贷款增量的66.6%，其中，个人住房和保障性住房开发贷款分别增加1360.3亿元和320.5亿元。在增量资金拉动下，2016年郑州市房地产开发投资同比大幅增长38.9%，成为拉动固定资产投资增长的重要力量。

二是大中型企业贷款大量增加，小微企业贷款增长放缓。2016年，大中型企业贷款合计增加1221.3亿元，同比多增589.9亿元，占到全部企业贷款增量的91.8%。小微企业整体抗风险能力较弱，当前金融机构不良贷款增长压力普遍较大，着力于通过新增优质资产方式缓解不良率上涨压力，发放小微企业贷款的积极性不高。2016年，小微企业贷款仅增加108.8亿元，同比少增303.1亿元。

三是国有及集体控股企业贷款增加较多。2016年，国有及集体控股企业贷款增加1129.5亿元，同比多增392.4亿元，占全部企业贷款增量的84.9%，带动国有及国有经济控股企业投资同比大幅增长34.1%，是固定资产投资平稳增长的重要基础。

【社会融资情况】 社会融资规模快速增长，为实体经济增长提供了有力的资金支持。2016年，郑州市社会融资规模增量4038.3亿元，同比多1546.5亿元，占全省的比重为59.2%。

表内贷款大量增加，占比提高。2016年，郑州市表内贷款增加2950.1亿元，同比多增1177.5亿元，占社会融资规模的73.1%，较上年同期提高1.9个百分点。

表外融资增加较多。2016年，郑州市表外融资增加575.8亿元，同比多增298.2亿元，占社会融资规模的14.3%，较上年同期提高3.1个百分点。其中，委托贷款增加327.5亿元，同比多增15.5亿元；信托贷款增加221.4亿元，同比多增178.9亿元；未贴现的银行承兑汇票增加26.9亿元，同比多增103.8亿元。

直接融资占比有所下降。2016年，郑州市直接融资434.5亿元，同比多55.9亿元，占社会融资规模的10.8%，较上年同期下降4.4个百分点。其中，企业债券融资318亿元，同比少9.5亿元；非金融企业境内股票融资116.5亿元，同比多65.5亿元。

【货币信贷管理】 2016年，人民银行郑州中心支行着力从地方经济金融的长远发展出发，从影响和制约河南经济金融发展的短板难点切入，深入推进金融供给侧结构性改革，努力找准稳健货币政策与河南省经济发展的结合点，着力做大经济金融总量，把稳增长保态势放在各项工作的首位，为全省经济社会发展提供了有力金融支撑。

（一）综合运用多种货币政策工具，加大金融支持实体经济力度。建立河南省市场利率定价自律机制，维护公平有效的利率定价市场环境。稳妥推进准备金平均法考核，发挥准备金政策定向调控和流动性支持作用，灵活运用准备金工具向全省金融机构释放流动性285亿元，有效支持实体经济发展。发挥常备借贷便利的利率走廊上限作用，及时为临时流动性紧张的法人金融机构提供常备借贷便利支持171.9亿

2月29日，人民银行总行副行长范一飞莅临河南钱币博物馆视察

元，确保全省地方法人金融机构流动性平稳。支持全省地方法人金融机构累计发行同业存单2811.2亿元、大额存单229.27亿元，分别比2015年多增2389亿元和228.72亿元，拓宽金融机构资金来源渠道，增加其信贷投放能力。开展宏观审慎评估，把评估与总量调控、地方法人利率定价机制建设等紧密结合，引导金融机构广义信贷合理增长。截至2016年12月末，全省本外币各项存款余额5.5万亿元，比年初增加6698亿元，位居全国第9位；同比增长13.9%，较上年同期提高0.3个百分点；全省本外币各项贷款余额3.7万亿元，比年初增加5341亿元，位居全国第5位；同比增长16.8%，较上年同期提高1.5个百分点。

（二）大力推进信贷结构优化。针对河南“三次产业不优、三大需求不协调、城乡区域不平衡”的问题，积极推进金融产品和服务方式创新，解决涉农、小微企业、就业创业等薄弱环节融资难融资贵问题。立足河南省贫困现状、致贫原因，确立服务“四农”（农业农村农民+农民工），两端发力、分类施策的金融精准扶贫思路，在全省实施“百亿扶贫再贷款计划”，构建“扶贫再贷款+地方法人机构扶贫贷款+担保基金+财政贴息+建档立卡贫困户（扶贫龙头企业）”五位一体金融扶贫模式，截至2016年年底，全省精准扶贫贷款余额631.83亿元，同比增长91%。全力推进兰考普惠金融改革试验区建设，大力发展普惠金融，兰考县成功获批第一个国家级普惠金融改革试验区。因城施策落实差别化住房信贷政策，适时适度配合郑州市政府开展房地产调控，积极推动三四线城市去库存；认真履行河南省国有工业企业改革债务化解组长单位职责，统筹把握防风险、去杠杆与稳支持的关系，为去产能和国企改革创造良好的金融环境。稳妥推进两权抵押贷款试点，2016年，全省9个农地试点县发放农地贷款100笔、1.6亿元，贷款余额2.2亿元；2个农房试点县发放农房贷款689笔、0.89亿元，贷款余额0.99亿元。构建了竞争性再贷款申请使用机制，累计发放支农、支小、扶贫再贷款193.5亿元，办理再贴现73亿元，推动信贷政策有力支持薄弱环节。

（三）提升监管效率，加强风险防范，促进金融市场健康规范发展。依托“三方”合作机制，有效化解区域集优票据潜在风险。组织召开省级金融机构主要负责人参加的加强企业融资服务工作座谈会。以检查促业务，就金融市场业务现场检查发现的问题，督促相关机构认真整改。配合人民银行总行完成郑州银行、洛阳银行、伊川农商行相关金融债券的初审。2016年，全省非金融企业债务融资工具发行金额为779.5亿元，金融债券发行30亿元，地方政府债券发行1903.9亿元，政府置换债券可节省融资成本91.6亿元。建立健全“双牵头”工作机制，认真做好互联网金融风险专项整治工作。

（四）扩大人民币跨境使用，促进跨境资金流动双向平衡。加强本外币协同监管，推动全省跨境人民币业务稳步发展，全年实现跨境人民币业务收支金额合计785.59亿元，净流入金额139.56亿元，人民币跨境收支占全部本外币收支比重达到14.79%。加强跨国企业集团跨境人民币双向资金池业务宣传，完成22家跨国企业集团的业务备案，资金净流入额上限合计531.31亿元。

【金融稳定】 面对实体经济增速下滑，银行业不良贷款持续“双升”，银行信用风险和流动性风险隐患增加的不利形势，不断加强风险监测、评估、预警、处置，认真执行重大事项报告制度和金融稳定舆情监测制度，多措并举防范化解金融风险，上报7起重大事项报告，妥善处理10余起银行机构舆情风险，全省金融体系稳健运行。紧盯法人金融机构风险，开展法人金融机构风险监测分析，及时动态掌握风险状况。认真执行重大事项报告制度，及早发现风险隐患。在成功处置辖区2起集中提取存款事件的基础上，认真总结经验，为风险处置应对提供借鉴、参考。密切关注实体经济风险隐患，严防经济风险向金融领域的交叉传染。严密排查互联网金融、影子银行、民间借贷等领域风险状况，牵头开展通过互联网进行资产管理及跨界从事金融业务风险专项整治工作。严防异常跨境资金流动风险，开展惩治利用离岸公司和地下钱庄转移赃款专项行动，保持惩治违法犯罪活动高压态势。配合省政府做好非法集资处置工作，选取276个样本分类开展案例分析，提出“精准打击、精准甄别”、“多运用法律手段解决问题”等处置建议。积极推进农信社改革发展，深入分析农信社尤其是省联社改革发展中存在的突出问题，向省政府上报专题报告，为省政府提供决策参考。落实存款保险差别费率制度，开展保费基数数据现场核查，完成收缴保费2.73亿元。组织各级银行业金融机构开展多种形式的《存款保险条例》实施一周年宣传活动，着重提高基层群众存款保险知识与意识，防止因误信谣言引发集中提款事件的发生。

【金融统计】 金融统计水平进一步提升。严格落实金融统计和调查制度，提高基础数据质量，实现三大系统上报数据全年零差错。按照“先易后难，循序渐进”原则，以金融业综合统计、存贷款综合抽样统计、社会融资规模监测为三大切入点，积极探索创新，完成金融业综合统计及信息平台建设初步方案。制定《兰考普惠金融改革试验区专项统计制度》《兰考普惠金融改革试验区统计考核评价细则》，在全省探索建立《河南省普惠金融专项统计制度（试行）》，评估全省各县普惠金融建设成效。坚持问题导向，调研服务决策、服务中心的作用有效发挥，多篇报告得到省长陈润儿、常务副省长翁杰明、副省长王艳玲批示，《国外推广运用PPP模式成功经验与国内案例总结》被国务院发展研究中心《经济要参》采用。

【支付清算】 支付结算工作取得新突破。银行结算账户网上申报服务系统上线，全省实现支付清算网络乡镇全覆盖以及金融服务终端行政村域基本覆盖，助农取款业务交易量全国第一，农民工银行卡特色服务交易量连续9年稳居全国第一。探索建设“普惠金融一网通”移动金融服务平台，通过整合人民银行、银行机构、支付机构、银联等金融资源，为全省城乡居民提供广覆盖、低成本、更便利的支付、贷款、查询、理财、教育等综合金融服务，相关做法得到人民银行总行肯定。配合公安部门成功处置郑州“5·27”特大电子商业汇票案，得到副省长许甘露批示肯定。

【反洗钱】 反洗钱监管机制不断完善。灵活运用现场检查、约见谈话、监管走访、质询等措施，督促义务机构依法履行反洗钱义务，对73家机构进行监管走访，对87家机构高管约见谈话，对21家机构进行质询。完成对2847家机构考核评级，依据评级结果实施分类监管。对253家机构开展现场检查，对45家机构实施行政处罚509万元，对71名责任人实施行政处罚55.4万元。协助公安机关侦破公安部、人民银行总行督办的“9·23”地下钱庄案，涉案金额249亿元，案件侦破工作得到谢伏瞻、刘满仓、许甘露等省领导批示表扬。依法开展反洗钱调查和案件协查12次，下发反洗钱调查通知书131份,配合侦查机关破获了涉嫌洗钱及其上游犯罪案件和涉恐融资案件。

【人民币管理】 人民币流通和管理不断加强。统筹安排发行基金调拨，确保全省现金供应。探索优化全省货币发行布局，推动部分县支库恢复建设。组织全省开展银行业金融机构人民币收付、反假货币及全额清分业务的专项检查，共出动检查组成员1612人次，检查银行业金融机构分支机构901个。强化销毁工作管理，超额完成总行下达的销毁计划。举办全省银行业金融机构人民币收付暨反假业务技能竞赛，河南电视台、《金融时报》等多家媒体予以宣传报道。顺利完成纪念币的发行工作。组织开展辖区硬币自循环工作，方便社会公众需要，协调解决企业硬币需求和银行硬币积压问题。

【国库工作】 现代化服务型国库建设继续加强。扎实做好国库核算及监督工作，确保资金安全。印发《认真履行全面经理国库职责 支持兰考普惠金融改革试验区建设工作方案》，支持兰考普惠金融发展。试行扶贫资金直接打到贫困户账户工作模式，探索国库便民服务新路子。印发《河南省国库执法检查工作指导意见》，建立县支行国库业务二次监督体制。推动扩大国库信息处理系统（TIPS）的覆盖范围，积极沟通协调财政、海关、税务等部门，先后上线运行财关库银横向联网系统、国库退税业务电子化系统、全省国库监督子系统（事后监督）和现金管理子系统等，全省财税库银横向联网系统电子业务量占比在全国继续领先，初步实现全省国库出口退税电子化。国库直接支付范围不断拓展，国库直接支付工作高效规范无差错。

【信用体系建设】 征信管理与服务扎实有效推进。探索建立兰考县信用信息中心并开始运行。完成河南省中小企业和农村信用信息系统开发，持续深入推进中小企业和农村信用体系建设专项工程示范区创建。组织全省开展征信系统接入机构现场检查，共检查36家法人机构的337家分支机构及网点，切实防范信息泄露风险。扎实开展征信机构、评级机构备案材料真实性核查和备案机构清理，促进辖内征信行业规范发展。在全国率先探索出“企业+银行+农户”应收账款融资模式，推动郑州银行、雏鹰农牧集团与征信中心开展在线供应链融资业务模式创新，被人民银行总行在全国推广，通过平台实现应收账款融资562亿元，综合考核排名第三。出台《河南省融资性担保公司和小额贷款公司接入征信系统管理办法》，继续推进小机构接入，不断提高征信系统数据质量。探索推进在商业银行营业网点放置自助查询机，力求征信服务更加便民，全省个人信用报告月均查询量达20万人次，较2015年翻一番。建立完善《河南省信用评级机构自律公约》，完善总经理联席会议制度，充分发挥行业自律作用。组织全省开展形式多样的征信宣传教育活动1500多场，涉及近1万家金融机构网点、300多家政府部门、50多家新闻媒体，宣传受众达100多万人次，发放各类宣传册100余万份，有效提升社会大众的信用意识。

【外汇管理】 深化外汇改革，服务涉外经济发展取得新突破。一是积极推动全省涉外经济发展。为切实提升涉外经济水平，打造内陆开放高地，出台《关于深化外汇管理改革 更好服务河南省涉外经济发展的指导意见》，以加快郑州航空港经济综合实验区建设为着力点，努力推动河南省扩大开放。积极向国家外汇管理局总局争取政策支持，从信息共享、金融服务和收支结算等三方面支持中国（郑州）跨境电子商务综合试验区建设，获得省政府充分肯定。认真梳理自贸区建设先行地区金融政策，充分借鉴上海自贸区等外债改革试点经验，试行跨国公司借用外债比例自律管理政策，允许企业在满足规定限额条件下自行借用外债。跨境电子商务综合试验区建设方案获得批准，跨境电商企业收汇和结汇手续进一步简化。支持个人电商开立外汇结算账户，推动支付机构开展跨境外汇支付业务，鼓励使用人民币计价结算，支持河南建设“单一窗口”综合服务平台和跨境电子商务信息共享体系。以“扩流入、控流出、稳预期、防风险”为重点，防范跨境资金流动风险。二是大力提升贸易投资便利化。组织实施全口径跨境融资宏观审慎管理政策和外债资金意愿结汇管理，进一步丰富境内市场主体特别是中资企业的融资渠道。简化A类企业收结汇手续，落实货物贸易外汇收支电子单证审核政策，降低企业收结汇资金成本，便利货物贸易外汇收支。完善间接申报统计制度体系，支持银行开展业务创新。三是进一步提升外汇管理监管服务水平。注重本外币一体化监管，指导中国银行河南省分行成立并运行河南省银行业外汇和跨境人民币业务展业自律机制，积极探索“外汇局事后监测监管+银行前台展业自律”的外汇管理新模式。深化外汇管理行政审批改革，规范完善工作流程，推行阳光审批，坚持行政许可信息及时公开，依法合规高效办理行政审批许可业务。组织编写《货物贸易外汇管理操作指南》，并免费发放给新加入名录企业，便利企业掌握外汇管理政策。四是严防异常跨境资金流动风险。组织全省开展货物贸易控流出专项核查、出口不收汇专项核查、直接投资和外债业务专项核查、利润和撤资资

7月12日，人民银行总行副行长范一飞出席《中国钱币大辞典》编纂工作座谈会

金汇出现场核查等工作，追回异常流出资金6219.87万美元。组织开展两期流出项下专项检查和重点行业及领域流出项下专项检查。加大与公安、海关、商务、税务等部门的合作力度，严厉惩治外汇领域违法违规行为，成功查实通过地下钱庄购汇等违法行为，并立案处罚。

（蒋靖亚）

工商银行

【概况】 2016年，中国工商银行河南省分行营业部以建设优秀分行为引领，以加快转型发展为目标，以提升竞争能力为路径，以从严管党为行为保障，以严守各类风险为底线，以系统争位次、同业争占比为考量，强化创新驱动，加快转型发展，各项工作成效明显。

2016年年末，营业部全部存款、储蓄存款和同业存款余额均居同业四大行首位，全部存款较年初增加166亿元，其中储蓄存款新增71亿元，对公存款新增96.8亿元。各项贷款、公司贷款和个人贷款余额和增量四大行同业第一，各项贷款较年初增加385亿元，其中，公司贷款新增125.9亿元，个人贷款新增254.4亿元。实现中间业务收入23.06亿元，总量郑州四大行占比41.8%，保持同业第一，被省工行评为年度经营绩效贡献奖和EVA贡献奖。

【经营结构】 2016年，营业部个人住房按揭贷款占个人客户贷款的90.6%，同比提升5个百分点。付息成本相对较低的对公存款占比44.4%，高于全省工行系统平均水平8.6个百分点。中间业务收入占营业净收入的34.3%，同比提高1.2个百分点，高于全省工行系统平均水平4.2个百分点；非利息收入占比32.8%，高于全省工行系统平均水平4.7个百分点。存款1000万元以上法人客户较年初新增60户，增幅10.7%；新增有效对公结算账户5606户，同比多增241户。电子银行客户对存量中高端客户覆盖率63%，同比提升6个百分点；新增客户覆盖率达到88.7%，同比提升17.8个百分点。

【经营业绩】 2016年，营业部人均存、贷款分别为4823万元和4595万元，同比分别增加504万元和1084万元；网均存、贷款分别为11.6亿元和11.1亿元，同比分别增加1.1亿元和2.5亿元；人均拨备后利润121.5万元，同比增加4.7万元；人均中间业务收入61.6万元，网均中间业务收入1487.6万元，同比分别增加2.9万元和54.5万元。

【风险管控】 2016年，营业部深入开展“正风肃纪”专项整治活动，通过“动员学习、自查自省、谈话警示、核查问责和巩固提高”五个阶段，对各级机构层层宣传动员、层层分解任务、层层落实责任；通过学习党规党纪、制度规定，撰写心得、体会，开展员工征文、考试验收，组织管理人员、客户经理到监狱接受警示教育，对违规违纪员工严肃处理，抓典型、造声势，达到专项整治的震慑教育目的。扎实开展内控合规“基础强化年”、业务运营风险专项治理、员工行为专项排查三个主题活动，全年可控风险暴露水平万分之1.15，保持低位运行，连续五年全省工行系统排名第一。全年共堵截假银行承兑汇票、电信诈骗、假国债等欺诈业务94笔、金额1435.3万元，堵截假身份证8张，外部欺诈风险防范扎实有效。在工行总行年度内控评价中，营业部内控评价等级从二级跃升至一级2档，位居全国第二，创历史最好水平。

工商银行河南省分行营业部应邀参加2016年中国（郑州）首届中原金融投资文化节暨互联网金融创新峰会

【渠道建设】 2016年，营业部以完善优化布局为重点、以智能化改造为抓手，推进线上线下一体化融合，加快渠道结构优化与转型创新，积极推动网点提质增效。2016年年末，营业部一、二类优质网点占比85.3%，分别高于全省及全国工行系统平均水平29.8和52.9个百分点。全年实现网点迁址优化7家，网点原址优化3家，撤并网点1家，建设轻型网点6家。智能网点总量达109家，覆盖率70.3%；智能化网点审核类业务迁移率52%，位居全省工行首位。超时等候30分钟以上客户占比6.8%，同比下降2.3个百分点。辖属营业中心通过中国银行业协会“千佳”评选，商都路、郑花支行营业室被授予工行总行“百佳”网点，陇海路、商都路支行营业室等6个网点通过工行总行“五星级”网点验收。

工商银行河南省分行营业部在批发市场开展反洗钱宣传活动

工商银行河南省分行营业部走进校园,开展"工银e校园""工银融e联"等金融知识宣传活动

【服务保障】 2016年，营业部持续推进职工之家建设，深入推进"员工健康幸福工程"，共建成职工食堂39个，休息间152间，娱乐健身场所187间，辖内职工之家（小家）建设合格率达到100%，创建工行总行级模范职工之家（小家）3家，创建工行省行级先进职工之家（小家）11家，营业部工会获郑州市达标创优活动"示范工会"称号。不断丰富10个俱乐部活动，载体功能优势持续显现，员工参与热情高涨，有效实现"健康生活、快乐工作"的目标。强化人文关怀，围绕"特困救助工作规范化、科学化和帮扶手段多样化"的目标，进一步提升救助效果，全年慰问和救助特困员工220人次，共发放慰问金85.5万元。做好基层服务支持，开展"改善服务水平 提升整体形象"专项活动，形成"二线为一线、中后台为前台、全行为客户服务"的"大服务"格局，营建"促协同、重服务、讲效率"的工作氛围。共青团工作有效发挥青年员工的助手和生力军作用，在工行省行团委的各项指标考核中均为第一，被工行总行评为五四红旗团委，成功创建国家级青年文明号。

（宋慧静）

农业银行

【概况】 2016年，中国农业银行河南省分行营业部认真贯彻落实总、分行年度工作部署，抢抓郑州扩大投资机遇和总分行重点城市行激励政策机遇，以工作总基调为统领，坚持市场导向，深化比学赶超，解放思想，创新进取，各项工作取得显著成效。

2016年年底，营业部人民币核心存款日均增量76.7亿元，同比多增52.9亿元，四大行增量市场份额较年初提升17.2个百分点；人民币各项贷款增量242.4亿元，同比多增197.9亿元，四大行增量市场份额较年初提升16.3个百分点。拨备前利润、拨备后利润、经济增加值同比增幅均超过25%，成本收入比同比下降3.17个百分点。

【经营成效】 2016年，营业部各项业务突飞猛进。全年共有24个重大项目荣获省分行营销团队奖，被总行评为信用管理、运营管理先进集体，郑东支行营业室获"2016年度中国银行业文明规范服务千佳示范单位"称号，二七支行被总行授予2016年度"一月一户"商户营销活动"全国十佳支行"称号。

【零售业务】 2016年，全行人民币储蓄存款日均增量40.5亿元，四大行市场份额17.26%，较年初提升3.82个百分点；对私理财日均增量15.76亿元，完成省分行年度计划的218.89%；个人加权贵宾客户增加54957户，完成省分行年度计划的240%；个人贷款全年累计投放128.74亿元，创历史新高；贷记卡有效客户新增66206户，卡净增量四大行排名第二；个人电子银行客户新增106万户，同比增长26%；自助设备运行数量1132台，超级柜台314台，电子渠道分流率达到95.09%。

【对公业务】 2016年，营业部始终保持"以大客户大项目营销带动各项业务又快又好发展"的战略定力，推进贷款投放实现历史性突破。截至年底，全行人民币对公核心存款日均增量36.2亿元，创近年新高；全行对公贷款较年初净增129.3亿元，同比多增100亿元，创历史新高；实现对公中收2.65亿元，同比多收1.2亿元，增幅83%。

【"三农"业务】 2016年，营业部涉农贷款增速79.16%，高于贷款平均增速23.23个百分点，县域贷款增速68.90%，高于贷款平均增速12.42个百分点，实现了"三农"事业部改革"两个高于"的监管要求；将县域政府购买服务作为新的增长点，实行名单制管理，精准营销，全年审批项目19个，审批贷款金额69.76亿元，实现投放40.97亿元；贯彻实施总分行"金穗惠农通工程互联网+"行动计划，全辖县域惠农通机具数量达到2075个，当年交易笔数49220笔，交易金额44394万元。

【机制建设】 一是明晰发展定位。确立"以大客户大项目营销带动各项业务又快又好发展"的战略定位，明确"存贷款三年跨'双千亿'行列"的奋斗目标，厘清了紧盯"八个方面不动摇"工作思路。二是完善了督导机制。深入对比同业，积极研究市场，坚持每月召开

二七区政府相关领导到营业部调研指导工作

12月16日，总行副行长王玮到营业部检查指导工作

业务经营分析会、市场营销会，持续开展机关帮扶督导，为跨越式发展增添动力。三是改革营销模式。在营业部和各支行成立个贷中心，为加快个贷业务发展搭建专业经营平台。扎实推进“网点瘦身”和“压高增营销”工作，瘦身网点22个，压高转岗释放人员134人。四是提升营销能力。务实推进“六进”等外拓营销活动，全员营销意识和能力明显增强；加快产品创新，分期业务、代理企业发债、保付加签、代开信用证等新业务实现零突破；强化公私联动营销和零售产品交叉营销，营销能力和发展质效全面提升。

【基础管理】 一是严控信用风险。深入开展信贷“防假、打假、治假”活动和重点领域风险专项治理，确保资产质量稳定。严格落实不良贷款管控责任，突出抓好高风险客户提前化解和不良贷款清收，按期实现委托资产“清零”工作。二是严格运营管理。严格落实风险提示、“三化三铁”创建等措施，突出“七重”风险、“八个关口”的防控，按月召开风险分析例会，以“周周比、月月少”活动开展为载体，扎实推进“三化三铁”创建，运营质效考核稳居系统前列。三是严防各类案件。以深入推进“平安农行”建设为抓手，层层落实案件风险管控责任。扎实开展“两加强、两遏制”回头看和内部控制评价，狠抓内外部审计检查和案件风险排查问题整改，风险管控水平不断提升，内控评价继续保持“一类行”水平。

（李 屹）

建设银行

【概况】 建设银行郑州金水支行是建总行全国100家中心城市行之一，下辖营业网点67个，员工1500余人。金水支行秉承“以客户为中心”的经营理念，以服务企业发展、回馈社会为历史使命，紧紧围绕“系统做强、同业领先”的经营目标，坚持“外抓机遇拼抢市场”“内抓管理强化素质”的工作思路，深入推进战略转型和结构调整，强化基础管理，着力提升市场竞争能力和客户服务水平，综合竞争力和盈利能力显著提高。2016年，郑州金水支行深化转型创新，坚持精细化管理，加强风险内控，狠抓作风建设，存款、中间业务收入、利润、经济增加值等主要指标均位于同业前列，客户拓展、重大项目、重点产品营销成效突出，车主卡、ETC、理财产品、财富保、代发工资等多项产品名列全省首位。2016年，金水支行实现考核利润12.1亿元，经济增加值5.8亿元。

【存贷款及中间业务】 建行金水支行存贷款业务保持强劲增长势头，中间业务收入再创新高。截至年末，一般性存款日均余额731亿元，日均新增53亿元。其中对公存款日均余额389亿元，日均新增26亿元，个人日均存款余额341亿元，较年初新增27亿元。各项贷款余额475亿元，较年初新增106亿元，实现中间业务净收入5.8亿元。

【战略性业务】 建行金水支行战略性业务继续保持快速增长。手机银行活跃客户新增24.6万户，微信银行客户新增8.5万户，短信客户新增18.7万户，善融商务交易额实现4.3亿元。国际结算（跨境人民币）客户238户。信用卡客户32万户，发卡43万张。

【项目与产品营销】 建行金水支行以中原经济区、粮食生产核心区、郑州航空港经济综合实验区、郑洛新国家自主创新示范区、中国（河南）自由贸易试验区、国家大数据综合试验区、中国（郑州）跨境电子商务综合试验区建设重大机遇为契机，结合信贷政策，加强对重大项目的跟踪，实现资产业务规模的扩大。紧紧围绕“财政、社保、军警法司、高校、医院”等行业客户，深挖存量客户潜力、拓展增量客户合作宽度、加强科技系统运用，一户一策，责任到人，确保完成“五大工程”各项指标任务。

【对公业务】 建行金水支行做好集团客户授信工作，完成中建七局45.5亿元、郑州投资控股26亿元、中建（郑州）城发高新新城项目18亿元、中铁隧道10.48亿元、城建集团10亿元、郑州自来水9.7亿元等客户的额度授信上报和审批，共完成授信171亿元。中标中原银行企业年金受托人资格，人员规模达10000余人。承接中央财政社保补助资金24.8亿元。开立省级机关事业单位养老保险财政专户、支出户，营销省级基本医疗保险财政专户，入围郑州市公共资源交易中心合作金融机构名单，营销郑州市惠济区机关事业养老保险财政专户及医保、失业等10个子账户，营销高新区房屋征收补偿办公室账户，商务厅下属河南省博览事务局和5家典当行在建行开户，开立河南工业贸易职业学院、郑州黄河护理职业学院基本账户，营销河南煤矿安全监察局基本账户。营销河南检察职业学院、郑州科技学院、郑州幼儿师范高等专科学校基本户、代发工资、学生代收费、校园一卡通等业务。与华北水利水电大学签订全面战略合作协议，合作账户、代发工资、学生代收费、校园一卡通等业务，与河南财经政法大学签订全面战略合作协议。

【综合融资】 建行金水支行承销中建七局超短融、短融合计4亿元；中建二局二公司1亿元资产收益权理财；中国水利水电第十一工程局有限公司5亿元资产收益权理财；郑州投资控股有限公司1.65亿元股权收益权理财；“中建共赢”基金二期投放10.78亿元；为河南中烟工业有限责任公司先后办理两笔跨境风险参与业务16400万美元、22000万美元。

【机构业务】 建行金水支行实现河南财院首笔高校置换贷款投放，与此同时，根据学校提出的最新需求，为客户申报新增固定资产额度4.28亿元；政府发债授信金额971亿元实现审批；实现河南省人民医院13亿元固定资产贷款业务审批。

【PPP业务】 惠济区100亿元棚户区改造项目落地金水支行，该业务是全省建行首单PPP基金项目；营销推进中州水务关于污水、供水、湿地等PPP项目；参与漯河市10.8亿元沙河沿岸综合整治

PPP项目竞争；重点推进郑发投80亿元地下综合管廊项目、郑大二附院16亿元新区医院项目、三门峡310国道等项目。

【内部银团】 建行金水支行分别与开封建行就电建兰考基础设施PPP项目组成内部银团，截至年末累计投放7亿元；与安阳建行、鹤壁建行就中州水务项目组成内部银团；与驻马店建行、焦作建行就华润电力项目组成内部银团；与绿城支行就大唐巩义发电公司项目组成内部银团;与濮阳分行就中冶十七集团濮阳市引黄灌溉调节水库岸线综合提升工程PPP项目组成内部银团。

【政府购买服务贷款业务】 建行金水支行为惠济区的河南天河投资有限公司、河南滨河投资有限公司投放11亿元贷款，该业务是全省建行首单针对县区级政府购买服务模式下的融资。为中原区的郑州中原新区开发建设投资有限公司、郑州中原常西湖新区建设开发有限公司投放7.93亿元。

【本外币一体化经营】 建行金水支行通过融资与资金交易的产品组合，为客户量身定制“跨境融资性风险参与+CCS”服务方案，低成本的融资通道在同业竞争中脱颖而出，一举夺得客户2笔总计3.84亿美元的信贷投放，刷新河南金融系统外债业务单笔投放记录。以外汇管理局“资本项目”改革为契机，紧抓信息源头，抢占业务先机，实现天海、卡特、美景、华润电力等客户一批资本项目落地，存款沉淀4.6亿元、结售汇2亿元港币、跨境人民币2.7亿元，也带来客户基本户、代发工资、本外币结算账户、资本金账户等业务落户建行。

【特色金融生态圈建设】 建行金水支行致力打造集“高校、医疗、代发、物流、商户”为一体的特色生态圈，六大个人金融生态圈全线突破，实现“银校、银医、银企、银商”多方共赢。与包括郑州大学、河南农业大学在内的16所高校建立校园一卡通业务合作，服务30多万在校生，代收学费超20亿元，有效带动机构业务和个人业务快速发展。

全国首创推出“长无忧”城中村拆迁补偿资金管理计划，营销拆迁补偿项目13个，锁定资金30余亿元，累计实现资金归集超12亿元，其中2016年资金归集新增5亿元。全省首推“农民工一卡通”项目，联合郑州市建委和第三方公司开发农民工考勤和工资代发软件系统，为郑州地区与建委合作农民工业务的唯一主办银行，带动对公账户开立120余户，农民工专属卡发卡近万张，实现农民工工资发放省内首突破。菜市生态圈的纬四路菜市场生态圈顺利运行，初步构建起菜市圈资金在建行体内循环。河南省人民医院数字化建设签约，银医生态圈建设步入轨道。物流生态圈推进工作进展顺利，推出“3+3”和“D+2”营销服务模式，以客户为中心，践行主动获客理念。创新推出金水支行“惠民宝”社区服务品牌，对产品分类筛选精准打包营销，常态化开展金融服务“四进”（进社区、进村庄、进商圈、进企业）活动，主打“三送”（送便捷、送实惠、送知识）主题，生态圈建设基础日益夯实。

【风险防控】 严格贷后监测预警，借助预警跟踪管理系统、授信风险监测系统、个贷管理系统、押品监测管理系统等技术工具及内外部审计、检查监管以及媒体信息，及时发现风险，及时提醒经营部门对预警信息进行核实、反馈，必要时风险部参与贷后调查，及时消除风险隐患。2016年，共向经营部门下发93次授信业务风险预警监测提示、12次信用风险等级到期提示、20次风险事项提示。

受经济下行影响，资产质量管控形势日益严峻，风险防控工作压力增大，组织全行签订《风险防控工作责任书》，强化全面风险防控，同时加强资产质量监控，逐户梳理、排查当年到期贷款，时时监控还款资金到位情况，督促经营部门加大催收力度，一户一策，多策并举，年底超额完成省分行下达资产质量控制计划。

（王苏铭）

中国银行

【概况】 2016年，中国银行股份有限公司河南省分行郑州各城区支行深入贯彻总行“担当社会责任，做最好的银行”总要求，围绕“市场领先、系统卓越”战略目标，牢记中管金融企业根本定位，发挥国有大型银行融资优势，全力服务和支持郑州市经济社会建设和民生事业改善，各项业务均衡发展，资产质量保持稳定，经营绩效稳步提升，经营大局健康、平稳、持续。

【存款业务】 紧盯郑州市重大建设项目及招商引资项目、重点企事业单位客户、个人中高端客户，加强产品和业务创新，不断提升客户服务水平，带动存款稳定增长。截至2016年年底，中国银行郑州地区人民币存款余额1149亿元，较2015年年底新增86.1亿元，增长8.1%，四大行市场份额22.4%。其中，人民币公司存款新增36.1亿元，增长5.24%，人民币储蓄存款新增50亿元，增长13.35%。

【贷款业务】 充分发挥金融对实体经济的支持保障作用，筹集信贷规模，全力加大资金支持力度。截至2016年年底，中国银行郑州地区人民币贷款余额1167亿元，较上年增加248.6亿元，增长27.07%，高于中国银行全省平均贷款增速14.34个百分点。公司贷款方面，不断加大对郑州市民生、中小企业、绿色能源、高新技术等产业的支持力度，落实国家供给侧结构性改革的推进，大力支持实体经济发展，截至2016年年底，郑州地区人民币公司贷款（不含票据融资）增加74亿元，增长13.42%，占河南省中行公司贷款新增总量的587.27%。个人贷款方面，以服务和改善民生为重点，创新消费金融业务产品，全力满足个人融资需求，推进住房贷款、消费贷款、经营性贷款、“三农”及助学贷款的协调发展，截至2016年年底，郑州地区个人贷款增加164.1亿元，增长47.59%，占河南省中行个人贷款新增总量的53.09%。

【网络金融】 高度重视网络金融工作，通过加快推进移动支付、余额理财、在线出国金融、个人网络消费贷款以及报关即时通等重点网络金融产品发

中国银行河南省分行牵头组织召开河南省银行外汇和跨境人民币业务展业自律机制成立大会暨签约仪式

9月30日，中国银行总行首席风险官潘岳汉到河南调研

展，进而带动传统银行业务转型。截至2016年年底，郑州地区共实现网络金融活跃客户6.52万户，网络金融对私交易规模40.38亿元，网络金融对公交易规模13.60亿元。

电子银行实现电力、水费、通信话费、就医挂号等17项民生服务缴费，满足客户线上缴费需求。2016年年底，中国银行新版手机银行正式投产，由金融交易工具转变为集合金融交易、生活服务、资讯等于一体的综合服务门户，将电子渠道打造成为客户便捷办理业务的通道。

【投行业务】 加速创新金融模式、产品、服务，全力拓宽筹融资渠道,满足市场全方位资金需求。2016年，中国银行郑州各城区支行通过城发基金、股权质押、委托债权、应收账款质押等表外业务，先后为郑州牟中发展、新密城乡建设、正商龙湖置业、建业住宅等全市重点客户和项目投放表外资金56.3亿元，全力支持郑州市旧城改造、棚户区建设、航空港及龙湖片区基础设施建设；成功为收费还贷、出版传媒、有线电视等郑州地区客户发行债券6支，融资规模超过30亿元，加权平均融资成本在3.2%左右，在为全市经济社会发展提供有力资金支持的同时，有效降低企业融资成本。此外，先后组织兴港投资、豫资城乡等客户赴天津考察学习境外债发行经验，帮助企业拓宽融资渠道。

【中小企业业务】 深入贯彻落实郑州市委、市政府关于大力支持中小企业发展的工作要求，取得良好成效。一是加强战略传导。把服务中小企业作为“一把手”工程和战略业务研究部署，列入郑州城区行党委议事议程。二是做好“三项重点业务”。加大科技贷、税务贷、结算贷等重点产品推广；加大医院、学校等民生类弱周期客户拓展；加大对核心企业上下游小微企业的贷款支持。三是不断创新产品与服务。结合郑州地区中小企业特点，自主创新仓储贷、专利贷、面粉通宝、养殖通宝、结算贷、科技贷等多个特色产品，有效破解中小企业“融资难、担保难”问题。四是参与跨境撮合活动。组织郑州地区20余家中小企业参加中行举办的中澳、中新等跨境投资撮合服务，帮助引进外资，吸收海外先进技术及管理理念，并达成多个合作意向。五是担当社会责任。以帮扶为主，采取接力通宝、无缝续贷、展期、信用恢复、债务重组等债务优化措施化解不良，不随意压贷和抽贷。截至2016年年底，郑州地区中小企业贷款余额389.21亿元，较年初新增103亿元，增长36%，高于全行平均贷款增速24个百分点。

【渠道建设】 从客户体验和员工感受的角度出发，制订“高效、抢眼、家园”的智能化网点建设主题，全力推动郑州地区物理网点升级和电子渠道协同发展，有效促进网点员工“机动、主动、联动”的智能化转岗。截至2016年年底，郑州地区智能化网点覆盖率达到57%。持续加大对郑州航空港区的物理渠道建设支持，新开业新港大道支行，新筹建郑州飞扬路支行，航空港区机构总量达到4家（含筹建中1家）。郑州地区新投放智能自助终端、发卡机设备50余台，新建离行自助银行10家；同时，加快郑州郊县助农POS、助农取款服务点和惠农支付服务点建设，构建覆盖城乡的多元化服务体系。

【风险管理】 一是资产质量保持基本稳定。持续推进郑州地区风险化解进程，以风险管控为主线，严格控制新发生不良，在机制、政策、措施等方面有效推进不良及潜在不良化解进度。2016年，郑州地区累计压退潜在风险授信21.3亿元，清收化解各类不良资产10.36亿元（含本金9.77亿元），年末贷款不良率控制在0.9%，较2015年年末仅上升0.01个百分点。二是授信结构逐步优化。完善行业授信指引、“一行一策”风险内控指引等政策体系，细化医药卫生、高速公路、卫生、教育等52个行业授信指引。2016年郑州地区增长类行业授信占比85.06%，较2015年年末提高3.05个百分点。三是授信资产规模逐步增长。强化风险引领，全力支持和服务一线抢抓郑州地区业务发展机遇，有效提升全行经营绩效和市场影响力，累计批复郑州地区授信项目261个、2280.4亿元，其中批复新增756.45亿元，批复总量和批复新增金额分别较2015年增加385.03亿元、243.54亿元，推动授信资产规模持续扩大。

【内控案防】 一是进一步完善内控合规矩阵式管理体系，细化内控三道防线定位和职责，明确内控合规管理的十项规定动作,编织“纵到底、横到边”的内控合规安全网。二是全面实施“12566内控案防工程”（一个目标，两个数据分析平台，五个加强，六大战役，六个关键字），推动重点内控案防工作部署，营造内控案防工作齐抓共管的良好氛围。三是开展G-MAP预警常规核查和专项核查，按月通报监控发现的主要问题或风险隐患，采取针对性的风险管控措施，缓释相关风险。四是组织开展内控案防专项治理和“双遏制”等系列排查，深入揭示风险隐患，有效遏制员工参与民间借贷非法集资风险事件的发生。五是全面落实“问题整改书面承诺制”，推动全辖参照检查、参照整改和警示教育活动，避免同质同类问题在本机构再次发生；中高问题整改率达到100%。六是开展多层级全方位内控合规宣讲。成立“内控合规巡讲团”，深入全省505家基层网点开展内控案防及反洗钱业务巡讲；对基层机构负责人、业务经理、客户经理、理财经理等“1+3”重点岗位人员开展内控案防和反洗钱的现场培训和在线测试，组织全员签订“拒绝非法集资承诺书”，持续提升员工的内控案防意识。

（孙　博）

郑州银行

【概况】 截至2016年年底，郑州银行股份有限公司表内外资产4639亿元，较2016年年初增长1371亿元，增幅为42%；表内资产规模3574亿元，较2016年年初增长918亿元，增幅为34.5%；存款余额2163亿元（不含同业存款632亿元），较2016年年初增长471亿元，增幅为27.8%；贷款余额1110亿元，较2016年年初增长167亿元，增幅为17.7%；投资类业务余额1848亿元，较2016年年初增长711亿元，增幅为62.5%。2016年实现拨备前利润72亿元，较2015年增长15亿元，增幅为27.5%；实现净利润39亿元，较2015年增长5.9亿元，增幅为17.55%；实现中间业务收入10.8亿元，较2015年增长3.4亿元，增幅为45.17%。资本充足率11.56%，不良贷款率1.29%，拨备覆盖率235.67%，主要监管指标符合监管要求。

截至2016年年底，郑州银行共有4124名在职员工，其中正式员工3773名，外聘员工351名；正式员工中，30岁及以下年龄占比58%，本科及以上学历占比84%。

截至2016年年底，郑州银行共有142家机构网点，其中包含南阳、新乡、洛阳、商丘、安阳、许昌、漯河、信阳、濮阳、平顶山10家地市分行，5家社区支行和12家小微支行。

在“2015年全球银行1000强”榜单中，郑州银行一级资本总额、资产规模分别位居第337位、第327位，分别较2014年上升102位、49位；在《银行家》杂志社2016年中国商业银行竞争力排名中，郑州银行被评为“2015年度同等资产规模城市商业银行竞争力评价第二名”；在麦肯锡“中国TOP40银行价值创造排行”中，郑州银行2015年RAROC（风险调整资本收益）在国内中资银行排名第3。基于良好业绩和市场表现，郑州银行被《大公报》等香港和内地多家机构联合评为中国证券“金紫荆”最具投资价值上市公司奖。

（杨永朋）

【公司治理】 2016年12月23日，郑州银行首次公开发行A股股票申请获证监会受理，标志着正式进入A股上市排队行列。2016年，郑州银行发行50亿元二级资本债券计划获得河南银监局、中国人民银行总行批复，并成功发行首期30亿元二级资本债，募集资金全部补充二级资本。2016年，郑州银行按照上市银行要求，重新修订公司章程，以及关联交易管理、投资者关系管理、信息披露管理等多项重要公司治理制度；2016年，郑州银行完成第五届董事会的部分董事更换工作。

（王永丰）

【集团化发展】 2016年，郑州银行发起设立的河南九鼎金融租赁股份有限公司挂牌开业。截至年底，河南九鼎金融租赁股份有限公司资产规模达到84.23亿元。中牟郑银村镇银行新三板上市获得银监会批准，有望成为河南省首家登陆“新三板”的法人银行。郑州银行收购新郑金谷村镇银行，成立新郑郑银村镇银行，开创了河南省银行业并购的先例。

【金融改革】2016年，郑州银行不断深化金融改革，大力推进各项经营管理革新：一是郑州银行市场化管理体制获得郑州市委批准，郑州银行市场化改革实现突破。二是围绕战略规划和业务管理重点，成立股权投资管理部，将网络金融中心升格为网络金融部；法律事务部的法律审查等相关职能调整至合规部，合规部更名为法律合规部；将风险管理部的不良清收职能调整至法律事务部，法律事务部更名为资产保全部；同时成立创新、投行、消费金融、商贸物流、集团并表管理等12个中心，郑州银行管理架构更加清晰。三是修订下发《异地分支机构管理办法》和《一级管理行管理实施细则》，对异地分行和一级管理行授权下放部分管理权限，充分调动分行级机构工作积极性。四是在分行增设运营管理部，一级管理行财会部更名为运营管理部，郑州县域支行增设运营部，调整运营管理架构，加强运营管理工作。

（杨永朋）

【贷款业务】 截至2016年年底，郑州银行各项贷款余额1110.92亿元，较2015年年底增长167.98亿元，增幅17.81%。其中：一般性贷款余额1060.70亿元，较2015年年底增长162.19亿元，增幅18.05%；贴现贷款50.22亿元，较2015年年底增长5.79亿元，增幅13.03%；不良贷款余额14.57亿元，较2015年年底增长4.17亿元；不良贷款率1.31%，较2015年年底上升0.21个百分点。贷款余额前五大行业为：批发和零售业298.98亿元，占贷款总额26.91%；制造业130.55亿元，占贷款总额11.75%；建筑业106.87亿元，占贷款总额9.62%；房地产业87.37亿元，占贷款总额7.87%；租赁和商业服务业40.92亿元，占贷款总额3.68%;个人贷款(不含个人经营性贷款)130.65亿元，占贷款总额11.76%。

【存款业务】 截至2016年年底，郑州银行存款余额2163.90亿元（不含同业存款），较2015年年底增长471.95亿元，增幅27.89%。其中，对公存款余额1555.65亿元，较2015年年底增长334.52亿元，增幅27.39%；储蓄存款余额608.25亿元，较2015年年底增长137.42亿元，增幅29.19%。

（李静静）

【中小企业贷款】 2016年，郑州银行通过加快产品创新、建设专营机构、完善经营机制等措施，持续提升小微金融服务水平。一是健全小微业务创新管理、诉讼管理、责任快速认定等制度，持续深化小微金融事业部制改革；优化批量营销业务模式，上线电子化审批分配系统，提高授信审批效率。二是不断完善产品体系，推出物流流量贷、POS流量贷、税银贷等产品，以及首张微客户专属银行卡—简单派卡；开展“光伏扶贫”项目，入围河南省科技厅“科技贷”首批合作银行；梳理“派生活”消费金融产品体系，加大消费金融贷款投放力度，2016年消费金融贷款新增21亿元，较2015年增长44.5%。三是加快大数据的应用，将工商、司法、行政处罚等大数据接入授信评估系统；新建38款风控行为模型，打造申请、行为、反欺诈三大风险模型体系。四是举办“简单派”“乐生活”品牌发布会，推出简单派吉祥物“派点点”，全面提速小微业务品牌建设。截至2016年年底，郑州银行小微企业贷款余额590.24亿元，较2016年年初增加95.31亿元，增幅19.26%；小微企业贷款户数19675户，较2016年年初增加3267户；申贷获得率91.6%，较2016年年初增加0.7个百分点，顺利完成“三个不低于”监管要求(小微企业贷款增速不低于各项贷款平均增速，小微企业贷款户数不低于上年同期户数，小微企业申贷获得率不低

2月24日，郑州银行联合中国人民银行征信中心举办在线供应链金融业务模式启动仪式

2月26日，郑州银行首家控股子公司——河南九鼎金融租赁股份有限公司开业

于上年同期水平)。

（柳　洋）

【个人业务】 2016年，郑州银行个人业务深入贯彻“以客户为中心”的理念，持续推进交叉营销、消费金融、财富管理等重点工作。一是丰富产品体系，发行“市民一卡通”、方圆物流卡、书香卡、浙商通等特色银行卡，广泛拓展IC卡行业应用；推出个人大额存单等产品。二是优化业务渠道，上线银铁通、智能机器人、指静脉取款、二维码取款、云支付、微信银行、苹果支付、京东快捷支付等特色业务，拓宽手机银行等线上理财销售渠道，持续提升客户体验。三是采取快闪、唱红歌、网络直播等形式，以及“金融知识进万家”“百姓乐享购物节”少儿书画大赛等主题营销活动，促进个人业务快速发展。截至2016年年底，郑州银行个人客户数达471万户，较2015年年底增加104万户，增幅为28%。

（唐寒曦）

【中间业务】 2016年，郑州银行发挥中间业务管理中心作用，通过中间业务产品创新，KPI考核和财务资源配置引导，以保理、贸融资产证券化业务、理财业务、债券承分销业务、信用卡业务等为抓手，推动中间业务收入快速增长。2016年，实现中间业务收入10.38亿元，较2015年增加3.37亿元，增幅45%；中间业务收入占比11.34%，较2015年上升1.71个百分点。

（付　扬）

【理财业务】 2016年，郑州银行增强主动投资能力，运用多渠道开展大类资产配置，持续拓宽产品线。在“金梧桐”—鼎诚、聚金、畅享、同惠、聚鑫系列的基础上，针对分行推出“聚财”专属理财，推出河南省城商行第一支开放式理财“月月盈”。2016年发行理财产品342期，较2015年增加132期，增幅为62.86%；发行规模814.36亿元，较2015年增加196.36亿元，增幅为31.72%；发行保本浮动收益型产品173期，发行规模274.44亿元，非保本浮动收益型产品139期，发行规模539.92亿元。截至2016年年底，郑州银行理财产品存续199支，存续规模518.09亿元，较2015年增幅104.67%，其中保本产品存续规模86亿元，占比16.57%

（李　钊）

【金融创新】 2016年，郑州银行大力开展金融创新。一是小微金融创新，推出首张小微专属银行卡—简单派卡，行业专属产品“物流流量贷”“个人汽车短融贷款”大数据产品“税联贷”以及消费金融系列产品“乐享”“乐购”“派信用”，联合科技厅推出“科技贷”等。二是互联网金融创新。上线银银平台，实现金融机构间的服务对接、业务流转、资金清算等；上线信用卡HCE云闪付、Apple Pay、人脸识别、指静脉、二维码取款等功能，进一步丰富郑州银行移动支付场景。三是个人业务创新。整合郑州银行现有银行卡功能和服务，发行“市民一卡通”；发行首支开放式理财产品—月月盈1号；发行首张联名信用卡— “豫车卡”，可提供免费洗车、审车、道路救援和代驾等多种增值服务。四是公司业务创新。成功落地贸易融资资产支持证券业务，此业务是上交所由银行增信的首单贸易融资资产支持证券类产品；作为主承销商成功发行首支债券2期2亿元；成功发行河南省首单信贷支持证券12.75亿元。

（王　波）

【资产保全】 2016年，郑州银行灵活运用现金清收、重组盘活、核销等手段，并通过调整授信方案、优化付息方式等办法，一户一策，加快不良资产清收化解。共清收化解不良贷款16.43亿元，其中实施第一批不良资产批量转让3.1亿元、清收化解4.82亿元、核销8.5亿元。

（刘啸风）

【信息科技】 2016年，郑州银行加快信息科技建设，持续提升科技支撑能力。一是启动新一代信息系统建设和麦肯锡对公银行数字化项目。二是引进20名外部高端技术人员，上线项目全生命周期管理平台，规范完善科技项目开发流程，2016年开发科技项目667个，上线514个。三是利用行业云技术，完成业务连续性管理平台建设，实现预案管理、应急演练、应急响应、应急恢复等业务的闭环管理，2016年开展业务连续性演练2次、科技应急演练6次、科技安全评估16次；完成二代支付等5套

10月24日，郑州银行贸易融资资产支持证券在上海证券交易所挂牌

12月6日，郑州银行首单主承销债券成功发行

系统的灾备建设，关键业务系统灾备覆盖率提升到75%。四是《业务连续性管理平台》项目入围银监会信息科技风险管理课题，《基于OTV、SVC、PowerHA\XD技术融合的新一代灾备系统》获得中国人民银行年度科技发展奖三等奖。

（杨　莉）

【员工管理】 2016年，郑州银行出台了《总行级高管人员选聘办法》《高级管理人员后备管理办法》《等级行管理办法》《高中层管理人员退出现职及退休管理办法》等办法制度，从干部的引进、选拔、退出，以及薪酬管理等各方面入手，建立全方位的市场化人才管理体系。2016年，招聘大学生370人，其中招聘管培生10人；引进同业人才70人，其中中层干部26人；通过内招和社招配备总行员工92人；选拔聘任总行及分支机构正副职人员116人次，解聘25人次；分层次组织各类培训132场，总培训人次15875人次。

（任玉兰）

中国人寿保险

【概况】 2016年，中国人寿保险股份有限公司郑州市分公司深入贯彻中国人寿保险（集团）公司、中国人寿保险股份有限公司、中国人寿保险股份有限公司河南省分公司工作会议精神，以加强中共建设为统领，以“双领先”战略为动力，全面落实“重价值、强队伍、优结构、稳增长、防风险”的经营思路，通过市场对标、转型升级，实现业务快速发展、队伍快速扩充、经营管理再上新台阶。

【业务发展】 2016年，中国人寿保险股份有限公司郑州市分公司有效转变业务推动方式，由渠道独立运作转向深度融合，在渠道之间实现队伍建设经验融合、业务发展全渠道经营、客户资源共享的局面，三大渠道之间责任分明，前台与后台相互支持，同频共振。发展思路由紧盯预算目标转向对标市场目标，成功贯彻增长速度超越同业20个百分点的思路，实现个险期交保费增长69%、十年期保费增长98%。

个险渠道通过平台推动与队伍驱动有效结合，既发挥平台优势，创造8月十年期保费超亿元纪录；又发挥队伍优势，实现月度十年期保费站稳2000万元。坚持规模与价值的有机统一，既保证期交保费规模达到7.2亿元，又实现标保同步提升。银保渠道坚持自主经营和网点经营双轮驱动，通过队伍建设加快自营业务发展，实现期交保费1.6亿元，同比增长133%；通过满期转保和网点报告会平台，开发渠道资源，有效转保5080件、保费7746万元，转保率达到8%，全国排名第一。团险渠道坚持固老拓新发展思路，大力巩固学平险、员福险和建工险“老三板”业务，开发小额保险、E门店、政保合作和银保代理等新渠道业务，中原公司短险达到1800多万元，二七、专代和惠济、中牟、新郑等5个单位短险超千万元。柜面渠道坚持服务与发展的有机统一，柜销期交保费686万元、趸交保费6941.69万元，初步形成柜销新局面。

【队伍建设】 2016年，中国人寿保险股份有限公司郑州市分公司通过企业家俱乐部引领带动，强化基本法运用，持续推动主管晋升，实现团队扩量由平台推动向主管拉动转型。全年共增员14714人，月均增员率9.88%；月均T3人力10853人。团险队伍建设按照建专业化拓展团队和扩充影子队伍的思路，初步探索一条队伍扩张的新路子，实现GMIS人力1639人，综拓团队（AMIS）实现190人的队伍。银保队伍通过有效探索客户经理队伍和理财经理队伍一体化运作模式，坚持月追踪办法，探索分职场经营，实现销售队伍规模增长；销售人力达2439人，较上年增长3.05倍，其中规划师2288人、增幅366%。

通过分职场经营，初步探索一条主管自主经营新路子。通过功能组建设，初步形成团队良性发展局面。通过新兵营运作下沉团队，初步探索新人育成模式。通过打造企业家俱乐部和荣誉体系，加快主管晋升步伐。个险队伍月均主险举绩人力4126人，同比增加1822人、增幅79%；季均有效人力5001人，达成年度目标的121.8%。2016年主管数量由2015年的649人攀升到1325人，增长率104.16%。新晋升组经理604人，主管晋档536人，共晋升3位区域总监，产生1个千人团队、55个百人团队、21个自主经营的分职场团队。银保队伍月均举绩人力实现830人，同比净增656人，增幅377%。

【改革创新】 2016年，中国人寿保险股份有限公司郑州市分公司在全省率先探索试点机构市场化改革，进一步激发组织活力，使机构管理由行政化主导向市场化管理转型。根据机构业务规模和贡献度确定基层单位级别，推进机构升降级管理，鼓励基层机构做大做强。2016年三大渠道认购目标数远超中国人寿保险股份有限公司河南省分公司下达计划数，个险渠道认购期交数超省公司计划数1亿元，实际完成数超省公司计划数2亿元。

践行创新驱动战略。一是营造“全员创新 万人创造”氛围，持续开展创先争优活动。2016年参与创先争优人员达到230人，《激活卡批量转账对账辅助程序》和《印章管理工作优化项目》获得总公司微创新奖。二是推进工作优化创新。在全省首家尝试将理赔权限下放县公司，率先优化7项保全服务流程；率先通过与保险行业协会“社会法庭”合作方式，探索解决疑难投诉处理办法；创新养老金挂起保单处理流程，实现服务前置；利用大病系统，通过投保时核查、承保后复查的方式，降低公司经营风险；通过督导医院为体检客户提供高拍仪现场成像功能区，解决客户携带近期免冠照的问题，提供人性化服务体检。三是推进科技创新。深入推广E宝账，提高电子化服务率及客户离柜率；全面推进微回执微回访工作，降低销售人员后续跟进回访工作量。

【风险管控】 2016年，中国人寿保险股份有限公司郑州市分公司建立风险管控前置机制，深入开展飞行检查、“两个加强，两个遏制”检查及回头看工作，将风险管控延伸到末端，将风险责任明确到人、到岗。持续开展诚信教育，有效管控销售误导；加大非法集资专项治理力度，强化反洗钱培训，银行转账及非年交转年交工作有很大进展。

强化市、县两级班子主体责任，严格贯彻落实民主集中制、“两个议事规则”“三重一大”等基本制度；按照“一岗双责”的要求，建立基层联系点工作制度，形成统一规范、层层衔接的责任体系。通过武装思想，强化风险意识，建立切实有效的党风廉政建设主体责任及案件防范体系。

（李 游）

泰康人寿保险

【概况】 2016年，泰康人寿保险有限责任公司郑州分公司（以下简称泰康人寿郑州分公司）以大个险业务为核心，以组织发展为主要突破口，全线达成经营目标，合规管控扎实有效。

泰康人寿郑州分公司2016年实现保费收入44455万元，其中，个险保费12165万元，银行保险规模保费收入27939万元。

【经营管理】 2016年，泰康人寿郑州分公司继续坚定“以价值为核心”的发展战略，实现公司健康、稳健发展。一是新单价值、大个险、个险快速增长。二是核心价值快速增长，费差持续优化。三是合规风险可控，监管评级晋升A类。四是组织建设破局，团队产能改善，高端客户放量增长。五是个险、银保等业务全面发展，均位居系统前列。此外，泰康人寿独有的“保险产品+养老社区”综合养老计划“幸福有约”，在郑州销售92件。

【个险业务】 2016年，泰康人寿郑州分公司继续坚持价值经营，个险业务实现较快增长，组织发展和组织建设取得显著突破，保险服务能力不断增强，服务行销惠及全市，为全市人民提供优质的寿险产品和服务。

业务规模不断增长，业务品质不断提升。2016年，个险业务较上年同比增长71%，个险年度13个月继续率持续提升。

销售队伍坚持专业经营。个险销售队伍的日均出勤人力较上年同比增长51%。在组织规模扩大的同时，加强专业经营，高度重视销售队伍合规管理，定期加强职业素质培训，提升业务专业技能，坚决杜绝销售误导行为。

聚焦组织破局，产能提升，绩优高客。不断强化主管自主经营能力，打造专业化经营。

【银保业务】 2016年，泰康人寿郑州分公司银保业务聚焦大个险，以价值为核心，强化训练，提升技能，不断创新销售模式，注重基础指标管理。全年银保大个险业务超3570万元，传统大个险同比增长4.28%，年度续期拓展位列系统第二；网点活动率、绩优人力、原电话回访率等指标实现有效提升；与建行、农行、招行等5个合作渠道建立和开展了良好合作。

聚焦高端产品，提升客户服务。通过虚拟金融产品与实体养老服务相结合的“幸福有约”产品，将传统的养老保险与现代的养老社区相结合，为客户提供涵盖养老财务规划和养老生活安排的一揽子解决方案。

持续提升队伍素质。加强队伍梯队建设，打造标准化区部组，切实提升团队成员收入，提高人员留存率。探索并搭建训练体系和荣誉体系，各类培训有规划、有目标、有追踪，注重实效。

创新销售模式。紧密依靠合作渠道，借力私人银行和财富中心等，加强对重点网点培训资源、激励资源的投入。深挖客户资源，活动组织和客户经营相结合，举办多类型的客户回馈活动，提升客户体验。

【理赔业务】 2016年，泰康人寿郑州分公司共理赔0.48万起，累计理赔金0.33亿元，理赔案件客户满意率95.38%。

持续推进健保通直付式理赔服务。在省内持续推广“免申请、零等待”健保通直付式理赔特色服务，完成“健保通”结案案件602件，为600余名住院客户送去贴心服务，较大程度上提升客户理赔体验，成为市场上独树一帜的理赔服务品牌。

应对社会重大突发事故。建立和完善一套完整的重大突发事件理赔应急机制，开启理赔绿色通道，力求在最短时间内完成理赔服务。

【客户服务】 2016年，泰康人寿郑州分公司注重客户服务、客户体验，高客服务、增值服务落在实处，手机运营服务保持系统领先。

聚焦高客，全面提升高客体验。2016年，开展高客新春大拜访30场，激活高客赠险831人次，收集高客调研问卷352份，为高端客户提供健康体检286次。

深入开展泰康20周年司庆特别活动回馈社会。以“泰康20年，泰爱永相随”为主题，以“感恩、回馈、关怀客户”为主线，开展各种形式的线上线下互动回馈活动。2016年，共举办健康讲座5场，参与客户500余人；举办健康管理服务体验会8场，参与客户700余人；书画活动参与客户175人；升级保单3000件；复效保单300件；有缘人活动参与客户0.12万人；泰康树收集祝福700条，收集客户愿望400条；集九卡活动吸引报名0.12万人。

持续创新客户体验，快速推进客户互联网化。持续推行手机微信服务，微投保、微回执、微续期缴费等保单移动功能服务实现全流程贯通，使用率系统领先，大大提高业务办理的便捷性。2016年，新增微信关注绑定客户1.98万人。

【合规管理】 2016年，泰康人寿郑州分公司根据《河南分公司运营系列反洗钱管理办法》，在防范和处置非法集资工作方面严格按照《重大案件的应急处理预案》《关于严厉禁止非法集资、严禁销售非公司指定产品的管理规定》《销售人员品质指标异常监控管理办法》等，严格管控各类风险。

在经营管理的过程中，泰康人寿郑州分公司高度注重合规管理，通过现场和网络方式开展多次合规培训，培训人数400余人，培训内容涉及《保险法》、公司内部管理制度、监管规定、反洗钱法律法规等内容。在中心支公司层面，每月向机构统计收集一次培训记录，及时督促中心支公司开展合规培训，年底，对中心支公司合规培训情况进行合规评分。

在治理商业贿赂方面，泰康人寿郑州分公司狠抓风险管理，大力推动合规文化建设，贯彻执行各项监管要求，将治理商业贿赂工作与公司合规管理紧密结合、深入开展，2016年未发生商业贿赂现象。

在反洗钱工作方面，根据分公司2016年度KPI风险事故考核办法，对业务渠道及中心支公司反洗钱工作开展情况进行考核，与月度、年度绩效挂钩，保证全省各机构客户身份基本信息登记的准确性及客户身份资料保存的清晰、完整、真实性。

（张玲玲）

邮电通信业

邮政

【概况】 2016年，郑州市共有邮政局所245处，其中邮政储蓄网点132处；局所平均服务面积7446平方公里，平均服务人口833.36万人。全市共有金融自动机具347台；城镇居民信报箱59.3万户，信箱信筒535个，邮政车辆460部。邮路126条，总长7078公里。投递段道1011条，总长27494公里。其中，城市投递段道714条，总长10310公里；农村投递道段297条，总长17184公里。邮政服务质量社会评价综合满意度85.01分。

郑州市邮政分公司共辖15个县（市）区分公司，内设9个职能部室，下设7个专业公司（局）。2016年，郑州市邮政分公司获全国邮政用户满意企业、爱心包裹项目服务支撑奖、中邮保险期交“百亿工程”推动奖等荣誉称号。郑州邮政大厦被评为河南省最美建筑二等奖。登封市分公司荣获中国邮政广告传媒公司“2015—2016年度函件传媒业务转型升级暨文化惠民活动”先进单位称号，新密分公司曲梁支局荣获河南省国防邮电工会“工人先锋号”称号。

【邮政基础业务】 2016年，全市邮政基础业务持续创新增效。函件业务加快创新转型，全年实现收入5932万元。以“互联网+”为创新平台，运作“把美丽郑州寄出去”、景区综合开发等项目，效益持续提升。分层分时推进“村志”开发，实现较大突破，累计签约142本，收入700万元。强化渠道建设，建成主题邮局18家，形成收入253.57万元。推动商务及个人市场开发，主要做法被《中国邮政报》刊载推广。探索推进县域车房展“乡镇巡展”营销新模式，累计举办28场，实现收入60万元。超额完成封片卡跨年旺季营销活动目标。

集邮业务实现收入9900万元，较上年增长6%，毛利率提升5%。紧抓社会热点，深挖邮票价值，做大做强首发经济，仅丙申年生肖邮票首发当天就实现收入725万元。推动集邮网厅郑州专区建设，线上线下联动发展，累计实现线上销售400万元，2017年新邮网厅预订收入1300万元。强化行业客户开发，累计举办品鉴会、联谊会210场，实现收入2000余万元。

报刊发行业务以活动为载体，突出开发校园报刊、媒体化项目和畅销报刊、图书等重点项目，在同业萎缩的形势下，全年整体收入实现11.16%的增长。

【金融业务】 2016年，郑州市邮政分公司紧紧围绕河南省邮政分公司深化金融转型要求，坚持“大金融”发展理念，以余额为中心，协调发展理财保险业务，全年实现收入5.2亿元，完成河南省邮政分公司预算目标的105%。新增金融总资产114.13亿元，同比增幅25%。其中，新增储蓄余额26.7亿元，同比增幅58%；新增保费22.3亿元，销售理财产品65.13亿元。牢牢把握“客户体验、效能提升、队伍建设”三个关键点，金融网点综合发展能力逐步提升。

【包裹快递业务】 2016年，郑州市邮政分公司以包裹快递业务改革为抓手，进一步强化“仓配一体化”及电子商务产业园建设，深化探索“邮政+保税”“邮政+园区”“平台+活动”及电商峰会发展模式，推进营揽投专网建设，深入拓展重点市场、重点区域，国内国际业务实现同步发展。全年实现收入2.1亿元，同比增长47%，量收规模占到全省的37%；标快业务投递员散件揽收超过日均1件，位列全省第一位，有效巩固提升了省会城市的龙头带动作用。“双11”期间，包裹快递邮件峰值达到日均12万件，创历年新高，累计完成64.7万件，是上年同期的3倍。

3月19日，集团公司总经理李国华在郑州市分公司圃田仓储中心视察

1月5日，郑州市分公司总经理张战军参加《丙申年》特种邮票首发式

【电商业务】 2016年，全市电商业务取得突破性发展。推进“邮掌柜”系统应用，探索农村电商金融一体化发展模式，实现线上线下同步发展，得到河南省邮政分公司充分认可。累计建设“邮掌柜”加盟网点1488家，网点有效率100%，平台线上交易规模达到5.88亿元，系统进销存金额3.06亿元，均居全省第1位。依托郑州邮滋邮味微商城、邮乐郑州馆，探索城市电商运营新模式，“邮掌柜”线上批销实现配送额7524万元，完成全年目标的141.96%，全省排名第2位。全年分销物流业务实现收入7817.5万元，同比增长10.68%，完成年度预算的104.23%。电子商务业务实现收入5606万元，同比增幅12%。代收农电项目全面突破，巩义、荥阳等5个县（市）农电渠道占比超过30%；缴费一站通累计实现收入827万元，同比增长76%；车险业务发展迅速，累计实现保费1750万元。

【完善激励机制】 （1）按照省分公司利润目标摘档管理，出台分档位激励政策，引导经营单位关注发展效益，主动优化成本，提高投入产出水平。（2）规范使用人工成本，强化人工成本预算执行的事前、事中、事后全过程管控，严格执行财经纪律和薪酬分配纪律。（3）建立健全岗位绩效考核体系，完善《金融转型网点绩效考核办法》《投递人员绩效考核办法》，调动员工工作积极性。

【网运转型升级】 2016年，郑州市邮政分公司以打造时限更快、服务更优、效率更高的陆运网平台为目标，深入推进网运转型升级，网运支撑能力不断增强。一是优化调整内部处理模式，实施内部分拣、装发流水化作业，邮件日处理效率同比增长188.13%。二是以郑东新区、经开区、惠济区为试点，探索投递分层作业模式改革，进一步强化自提点建设，“双11”期间，城市当日妥投率达到99.8%，居全国50个重点城市当日妥投率第1位。三是稳妥推进邮速“三合一”改革，以新密为试点，探索推进县域邮速双方内部生产和揽投资源整合，实行大班组交叉作业，减少生产作业环节，内部处理时间压缩1个小时。

【基层改革创新】 2016年，郑州市邮政分公司把鼓励基层改革创新、大胆探索作为加快企业转型发展的重要推动力，进一步完善创新激励机制，强化基层单位创新发展主体地位和主导作用，激发和释放基层创新的活力、潜能。市分公司农村电商发展、营揽投改革方面的创新做法以《河南邮政报》头版头条加编者按方式，作为全省基层创新经验予以总结推广。至年底，全市实施的44项创新项目中有36个实施完成，有效促进企业发展、管理和服务工作。其中，“校园包裹预收寄系统”的开发，提升了业务操作效率，校园包裹实现收入105万元，市场占有率达到95%。金融网点“微营销”项目建成微信群近200个，微信群客户2万余户，拉近客户距离，带动余额1.3亿元、理财3.25亿元。新郑市、郑东新区的代投点建设得到省分公司充分肯定。互联网+集邮项目线上销售收入全省排名前列，圃田仓配一体化模式得到集团公司、省分公司及行业其他单位的高度评价，《中国邮政报》进行专题报道，圃田电商园区成功获批省级电商示范园区，并获得100万元资金支持。

【基础能力建设】 2016年，全市邮政系统累计投入建设项目资金4800万元，支撑重点业务、战略性业务和成长性业务发展。把提升金融发展能力作为重中之重，完成网点改造建设21处，建成郑东政七街、新郑龙湖、中牟八岗等邮政金融轻型营销中心5处，完成46处网点电子体验区和66处综合网点“双录一区”建设，金融网点服务能力和产能进一步提升。以增强长远可持续发展能力为目标，进一步加快基础建设，新密、中牟综合生产楼建设有序推进，河南邮乐馆建成投入使用，经开第五大街邮政物流仓储配送中心具备使用条件，五里堡电商园二期改造完成。

【信息化建设】 2016年，郑州市邮政分公司完成校园包裹预收寄系统、金融网点绩效考核系统、员工电子档案管理系统、郑州公安交管业务EMS寄递等软件开发工作。全市在网运行自助设备345台，其中2016年新增45台，提升网点产能和服务水平。完成圃田仓储的综合布线、位于南五里堡的市内分拣局生产台席安装和AP覆盖改造，保证生产处理中心的正常运行。完成金融网点

《中华孝道（二）》特种邮票发行仪式

"花样年华 邮你同行"校园包裹业务

"双录一区""合规管理系统"、增值税发票系统、ETC业务系统、电子银行体验区等13个信息化工程建设。建成郑州邮政微信平台，初步实现邮政业务的微信支付。围绕渠道建设、业务发展开展数据专题分析，为企业经营管理提供支撑。

【投递网建设】 2016年，郑州市邮政分公司加强寄递类业务能力建设，建成物流配送中心9个，改建邮件生产处理场地2处、投递生产作业场地13处；持续加大投递车辆和设备投入，新增投递汽车39辆、电动三轮车275台、PDA220部，新增和改建投递部13个，有力支撑寄递类业务发展。先后完成投递专网信息化建设和县城以上30个投递站点的视频监控联网工作，实施投递网点Wi-Fi优化项目，41个投递点实现AP设备改造，保证移动PDA设备接入运行。

【人力资源管理】 （1）通过加大岗位履职考核、压缩内部支撑岗位等一系列措施，用工总量得到有效管控，劳动用工总量控制在省分公司"双定"范围内。（2）通过开展劳务用工择优招用、非全日制用工规范优化、劳务承揽等措施，进一步优化用工结构，规范企业用工管理。（3）通过内部挖潜和外部招聘，在代理金融、投递等重点业务环节适度增员，为经营发展提供保障。

【财务管理】 （1）强化资金管理。集中开展用户欠费清收和往来账款清理工作，规范资金上缴管理，加快应收资金的快速回笼；加强对经营资金的周转、使用、调配和管理，保障经营和能力建设资金需要。（2）强化目标利润预算管理。完善以利润为核心的业绩考核体系，更加突出效益导向，鼓励多创效益、争创效益；强化全面预算管控和分析，提高财务精细化管理水平。（3）强化财务集中管理。以ERP系统应用为抓手，规范收支核算，实行资金集中支付和集中管理，促进财务和业务的有机融合；加强集中采购管理，严格采购程序和流程，提升采购效率。（4）发挥会计检查和审计监督职能，开展财务收支审计、经济责任审计和专项审计，有效遏制和规避企业经营风险。盘活房屋土地资产，加强房屋土地资产出租管理。

【服务质量管理】 2016年，郑州市邮政分公司强化普遍服务监督检查，全年各类普邮时限指标全部达标。狠抓用户投诉治理，邮政企业服务质量社会评价综合满意度、客户满意度、邮政服务申诉率、申诉处理满意率稳步提升。完善质量指标考核体系，强化服务质量分析和管控，加强三项基本制度执行、快递包裹邮件安全收寄、寄递类业务质量等专项治理，确保邮件安全、经营规范和服务质量稳中有升。

【安全生产和风险防控】 2016年，郑州市邮政分公司狠抓安全生产责任制的落实，强化资金、邮件等方面的安全管理和监督检查。完善风险管控运行机制，加强代理金融风险合规防控体系建设，开展关键岗位风险排查"飓风行动"，有效防范风险。火车站邮政处理中心被评为火车站地区安全先进单位和火车站地区先进集体。

【巡视整改工作】 2016年，郑州市邮政分公司党委对照巡视组的反馈问题和意见，梳理出管党治党、工程建设、选人用人等方面的19个主要问题、41项整改任务和75项细化整改措施，建立整改责任清单和整改任务台账，逐项明确整改要求、整改时限、责任领导和责任部门，按时间节点将整改措施落实到位。同时，不断强化巡视整改成果的运用，针对存在的问题，举一反三、查漏补缺、标本兼治，有针对性地制订完善多项制度办法，开展各类自查检查，巩固深化整改成果，推动建立长效机制。

【河南跨境电商发展峰会举办】 2016年9月24日，河南跨境电商发展高峰会议在郑州市邮政分公司举办。此次峰会由河南省商务厅跨境电子商务综合试验区建设工作办公室、中国邮政集团公司河南省分公司、阿里巴巴全球速卖通联合主办，郑州市商务局、管城区人民政府、中国邮政集团公司郑州市分公司等单位承办。峰会以"开启中原跨境电商发展新时代"为主题，旨在通过整合跨境平台、产品供应、园区运营、邮政物流多方资源，发挥郑州"区位+综合枢纽"的优势，打造"成本低、效率高、功能优"的跨境网购交易集疏体系，推动更多的河南传统企业走出国门。

【"金猴闹元宵 文明时尚年"集邮主题观影活动】 为掀起生肖项目销售新高潮，市集邮公司在全国范围内率先行动，借助春节档电影《三打白骨精》热潮，复制集邮总公司经验，以电影主题周边邮品为主打，以元宵节各大影院需求为切入点，联合5家影院举办"金猴闹元宵 文明时尚年"集邮主题观影活动，活动包括"集邮猜灯谜猜猜看"、影前微型邮品首发、微品鉴等小活动，为广大影迷提供新鲜、有趣、时尚的集邮体验。此次活动共吸纳集邮协会会员82人，登记新邮预订信息132人，带动生肖邮品销售210万元。

（贺 琳）

移动通信

【概况】 2016年，中国移动通信集团河南有限公司郑州分公司（以下简称郑州移动）积极应对勇竞争，凝心聚力促转型，抢抓机遇求突破，完善机制抓落实，以提升营销、网络、管理、队伍能力为基础，持续优化产品结构、客户结构、成本结构，紧抓流量、套餐、终端、全业务、渠道5个抓手，推进业务转型与机制改革，稳步加快4G精品网络建设步伐，为全市信息化发展作出贡献。

全面贯彻落实从严治党要求，为公司转型发展提供坚强政治保障。扎实开展"两学一做"学习教育，推动全面从严治党向基层延伸。聘请省委党校老师对全体党员进行专题培训；组织全体中层管理人员、优秀党务工作者和新发展党员，赴大别山干部管理学院进行体验式、脱产培训；完成党员清查、党费补缴、基层党组织和党委的换届选举工作。严格落实主体责任，制订并下发

主体责任考核体系，组织签订主体责任书26份，实现党风廉政建设责任追究的制度化、程序化和常态化；全面制订嵌入式廉洁风险防控机制，按照“部门制订、主管总经理审核、多部门联合会审、党委会审议”的工作机制，实现各专业条线重点领域的全覆盖；深化巡视整改工作，中央专项巡视整改情况“回头看”工作取得实效。

【4G发展】 2016年，郑州移动秉承“两快两好两确保”原则，全力推动4G又好又快发展，4G客户渗透率较上年提升显著。聚焦资源促迁转。从“渠道侧、客户侧”分别入手，倾斜资源精准营销，加快2/3G客户向4G客户迁转。深耕细作提转化。开展存量端大数据分析，围绕“客户保有和价值提升”核心，落实“扩入口、提价值、控出口”客户生命周期管理思路，统筹开展存量集中运营和流量精准运营。加速4G客户迁转，持续做好套餐结构优化，开展精细化“套+包运营”，持续提升存量客户价值。持续扩大“套包”覆盖规模，提高产品匹配度，创新流量运营手段，开展“双十流量狂欢节”等系列线上活动。建立数据营销一体化，集中触点优势，提升直达客户能力。

【集客拓展】 2016年，郑州移动抢抓发展机遇，集客拓展扎实推进。狠抓基础管理和能力提升，聚焦重点产品，加快转型突破，深挖产品应用，快速拓展行业市场，中小和聚类市场拓展规模，教育市场加快转型，提升重点区域网络覆盖和行业拓展。抓高收益型和成长型产品的运营管理，聚焦重点产品，实现产品的快速成长和贡献度的提升。优化营销体系，组建ICT、基础教育专业化运营团队，加强物联网、IMS、400等重点业务流程监管，完善优化基础管理规范，梳理八大流程15个廉洁风险点，制订下发一系列规范要求，提升集客市场风险防控意识。

【网络建设】 2016年，郑州移动围绕客户感知，加快基础建设，做好质量优化，不断提升网络服务能力。做好局部区域弱覆盖优化补点，深入开展VoLTE质量优化，聚焦重点场景提升客户感知。全年新建4G基站2000余个，4G基站总数量同比增长26%，开通进度位居全省前列。持续提升网络基础运维能力，以退服整治和感知告警治理为抓手，提升自维能力、三方协同能力。夯实全业务网络基础，提升家庭客户和集团客户支撑品质。持续推进综合业务接入区建设和优化，GPON网络宽带业务承载能力大幅提升。

【客户服务】 2016年，郑州移动着力改善服务，客户服务保持领先。围绕业务重点，聚焦关键客户和主要短板，优化4G服务体验，持续完善网络、资费、提醒、服务满意度的全流程服务保障。建立和完善家庭客户服务规范，强化宽带安装、投诉受理、装维人员服务管控；保障集团客户感知，建立重要集团客户网络质量监测优化机制，建立分级通报督办机制，狠抓客户投诉管理，提升营业厅服务触点，推进“能力与体验”双提升活动，全面提升营业厅服务质量。

【企业管理】 2016年，郑州移动夯实基础，全面深化精细管理。持续推进结构优化，着力于员工队伍知识结构的调整与能力的提升，为重点和新兴业务领域提供人力支撑，促使员工队伍能力水平与公司战略转型相契合。按网络和产品维度细分收入，建立多维度收入分析模型，创建渠道建设效益评估模型；开展专项稽核检查，全面梳理采购各环节防控点，强化主体责任自查自纠，确保合法合规。加大安全隐患治理，组织安全生产培训10余场次，实现全年安全生产零事故。推进企业文化建设，1名员工荣获“全国五一劳动奖章”，1名员工荣获“中国移动集团劳动模范”称号，18名员工被授予“河南移动岗位技术能手”荣誉称号，QC成果获得国家级一等奖1项、集团公司优秀奖1项。

（关媛媛）

联通通信

【概况】 2016年，中国联通郑州市分公司紧紧围绕聚焦战略，贯彻落实集团公司和省公司的各项部署，狠抓“三个计划”，力推“五个行动”，保目标，增收入。2016年，公司移网容量约400万户，固网容量超过250万户，用户规模约670万户，主营业务收入完成超过40亿元。2016年，中国联通郑州市分公司顺利通过国家级精神文明单位复审，岗位创新与质量管理工作4项成果获得行业奖项、2项成果获得国家级奖项，1个班组被评为全国质量信得过班组，公司被评为2016年通信行业质量管理小组活动先进单位。

【业务经营】 2016年，中国联通郑州市分公司以渠道、终端、产品、融合为抓手，进一步推进经营转型工作，4G业务实现快速发展。一是渠道开展增店、增量、增收专项活动。聚焦商圈、社区、乡镇3类重点区域，强力实施“建店优化、渠道转型、能力提升”计划。二是集团版块重点实施应用及项目拉动计划。大客户市场围绕行业应用开展“三个一批”整家拓展；商企市场依托专属产品，以聚类营销活动促发展；高校市场实施“一校一案”分类精准营销；基础教育市场实施“信息化产品+项目”拉动。三是强力实施终端、融合拉动计划。举办终端订货会，加大终端合约、裸终端合约奖励激励；强化与竞争对手对标，优化调整融合产品体系。同时，抢抓与互联网企业战略合作契机，通过线上方式发展4G用户。全面启动2/3G用户迁转4G。宽带业务实现以IPTV为抓手的快速突破。大力开展IPTV宽带分类营销和价值提升专项活动，通过“光网提质提速”活动，携手渠道进社区，实施现场体验营销。

【网络建设】 2016年，中国联通郑州市分公司全力开展光网建设和4G网络建设。在光网建设方面，针对全光网改造后出现的各类问题，开展两期光网提速提质活动；启动郑州市大客户国际出口专网建设；加速推进光改四退工作，开展线路综合整治和局点机房整合。在4G网络建设方面，新建4G宏站与室分覆盖楼宇，实现全区连续覆盖，人口覆盖率达95%，网络覆盖水平与郑州市其他运营商旗鼓相当，热点地区更具优势；强力推进网络优化，启动2G腾频、老旧设备替换退网工作。

【客户服务】 2016年9月，中国联通郑州市分公司启动“自营厅服务提升攻坚战”，重点提升营业渠道客户接触面服务能力。活动开展以来，公司聚焦排队问题，组织开展服务规范培训和营业服务提升专项劳动竞赛，组织后台部门驻厅峰期疏忙，引入社会渠道、线上电子渠道分流，并启动“排队超时，积分赠送”服务承诺。截至11月，营业服务投诉率较1月下降90%，客户不满意提及率较活动前下降20.1%。截至12月，公司市区疏忙营业厅平均等待时长较活动前下降10.5分钟，平均业务办理时长较活动前下降1.24分钟。

【企业管理】 2016年，中国联通郑州市分公司构建督查督办积分制考核体系，优化总经理办公会、经营分析会等流程机制，在收入单位启动体制机制优化工作。通过一系列提效率、降成本、强支撑、激活力的举措，进一步夯实基础管理工作。同时，公司聚焦市场提质、网络挖潜、综合降本3条主线，全面提质增效，在铁塔租费、接入成本、维护成本、电费等方面取得显著成效。

【黄帝故里拜祖大典通信保障工作】 2016年4月9日，丙申年黄帝故里拜祖大典举行。为做好此次活动的通信保障工作，中国联通郑州市分公司提前两个月成立专项工作组，制订完善的通信保障与应急预案，精心挑选技术骨干专职负责拜祖大典视频转播电路及现场通信保障工作。通信保障期间，公司安排机房值班、线路盯防、巡视及现场支撑人员共70余人，出动线路巡检和应急抢修车辆约30台次，确保活动现场通信传输的稳定通畅，为中央电视台、海峡之声、美国WCETV、中华网等50家电视、广播及网络媒体提供高标准、高质量、高效率的通信服务，得到社会各界的高度评价。

【电子发票启用与推行】 2016年6月初，中国联通郑州市分公司启动电子发票上线测试工作。其间，公司相关部门向郑州市国税局申请相关政策，组织ESS、cBSS、电子发票管理及税控系统之间的联调测试，完成各项业务验证，确保现金、月结等常用发票的正常打印，并做好相关部门涉及人员的业务培训工作。2016年7月6日上午，中国联通郑州市分公司中原路营业厅成功开具全省首张增值税电子发票。电子发票的推行可为公司每年节约发票印制成本约150万元，同时方便广大客户保存使用发票。

【2I2C项目实施】 2I2C（to internet to customer）是指中国联通与互联网公司创新开展的精准营销合作，借助互联网企业的大数据分析能力和线上客户触点优势，延伸业务覆盖范围，以内容应用服务优势，精准营销客户的商业模式。2016年，中国联通郑州市分公司积极落地2I2C项目，试水滴滴王卡、腾讯王卡、蚂蚁宝卡推广、转化和用户运营，通过精准的大数据营销与线上便捷受理相结合，在广大目标用户中形成良好口碑和销售转化，成效显著。

【手机营业厅微信平台开发】 为提高营业厅服务水平，有力支撑业务发展，中国联通郑州市分公司在加强营业厅环境建设的同时，着力打造功能完善、使用便捷的手机营业厅微信平台。公司互联网电子商务部对峰期业务量进行详细分析，梳理出查询、缴费、办理等20余类峰期常见业务，对手机营业厅微信平台进行相关功能开发，将查话费、转套餐、实名补录、开具发票、订流量包、老用户存送等简单快办类业务纳入微信平台，界面简单易懂，操作方便快捷，进厅用户只需微信扫描二维码，即可实现自助办理。对于需要排队办理的业务，客户可以通过微信关注“郑州联通”公众号进入微信排队系统，即可根据手机、宽带、IPTV等业务分类进行预约排号，同时可实时查看各营业厅排队等候情况。该系统还可根据客户手机位置服务功能向客户推荐客流较少的就近营业厅办理业务，实现“智能分流”，缓解营业厅峰期排队压力。

【实名制补登工作】 2016年，中国联通郑州市分公司贯彻集团公司、省公司工作部署，将实名制作为工作重点，采取措施加速推进实名制补登。通过点、面相结合的方式开展用户补登记告知工作，在各线下营业厅增设补登记专席。截至2016年11月20日，累计完成101675户非实名用户补登记，新发展移网公众用户身份证占比达到99.17%，国政通认证率99.68%。

（石耀洲 柳启立）

电信通信

【概况】 2016年，中国电信郑州分公司全面落实中国电信集团战略转型要求，以全面深化改革为主线，按照“2+5+6”的工作思路，加快发展，打造精品网络，提升服务能力，为打造光网郑州作出新的贡献。2016年公司实现业务收入17亿元，同比增长20%，用户规模进一步扩大，移动网用户190万户，宽带用户60万户，电信电视用户21.9万户，翼支付新增商户2932家，用户活跃数全年累计185万户。

【深化改革】 2016年，中国电信郑州分公司持续深化改革，持续开展划小承包和倒三角支撑工作，全年开展2次简编减员，超过50人从后端输送至市场前端，共计450名支局长进行承包，在职能运营层构筑专业化运营体系，垂直支撑一线人员，打造全渠道新生态，繁荣下游产业，2016年有效渠道达到2360家。

【网络建设】 2016年，中国电信郑州分公司不断加大通信基础设施建设，新增4G基站2046个。其中农村竞合工程新增1676个，城区深度补盲工程新增370个，城域网出口带宽扩容至1200G，IDC出口扩容至1600G，CDN并发服务能力达到227Gbps，支持20万IPTV用户直播。

【服务提升】 2016年，中国电信郑州分公司将服务作为立企之本，以客户感知为出发点，不断加大服务工作力度，创新服务手段，提升服务能力和服务品质。中国电信推出“三免两优”宽带装机服务，以及“当日装”“当日修”“慢必赔”服务承诺；自有营业厅响应政府号召，将传播精神文明和志愿服务工作纳入日常服务举措，开展“十全十美免费服务”，为过往公众人流提供免费直饮水、免费电话、免费手机充电、免费Wi-Fi服务、免费应用下载服务、免费手机加香、免费便民服务（老花镜/创可贴/救心丸）、免费手机贴膜、免费充电、免费上网代购车票等服务，树立服务口碑。

【4G业务】 2016年，中国电信郑州分公司持续以丰富的全网通4G终端为引领，推出更多支持4G网络手机终端，优化套餐结构，推出大流量套餐HIGH卡，响应国家号召，推出流量次月不清零政策，满足用户对流量的需求，户均流量值从2015年的560M提升至2016年的超G，资费更便宜，刺激和促进用户对于手机流量的使用频次和消耗量。

【光宽带】 经过历时2年的“光改”行动，郑州分公司完成全光网络改造，确保“百兆光宽”进社区工作顺利推进。2016年中国电信家用宽带网络质量大幅提升，为强化网络体验，围绕智能生活和智慧家庭生态建设，郑州分公司引入天翼高清业务，建立700多家智慧家庭体验站，全年开展体验活动超过800场，覆盖80%社区店和乡镇专营店，将智慧生活引入千家万户。

【翼支付】 2016年，中国电信手机支付业务翼支付取得突破发展，全年线上交易额超过2亿元，活跃用户达到80万户，合作商户达到2800家，涉及日常衣食住行方方面面。注重消费场景体验优化，联合丹尼斯194家门店开展大型活动，实现郑州大学等多家校园饭卡圈存对接，与轨道公司对接完成天翼绿城通发卡上线，打造消费金融生态环境。

【转型升级】 2016年，中国电信集团发布转型升级战略3.0，郑州分公司在“互联网+”、云计算和物联网方面积极推进，在互联网+方面，结合云计算业务，以“医疗影响云”“移动护士站”等医疗行业产品为基础，结合市内重点医院“十三五”时期发展、信息化建设，抢占医疗行业先机；以“安全产品（MDM、加密通信）”行业应用为依托，助力军队“互联网+军营”建设；以“区域教育云”“校园云”为重点突破目标，着力打造智慧校园。在物联网业务方面，全年累计接入点达到48万户，开展定制化服务，提升管道价值。

【重要活动网络保障】 2016年，中国电信郑州分公司继续履行中央企业社会责任，圆满完成春节期间、郑开马拉松活动、重大洪水灾害事件、高招考试等社会公共活动事件，以及“双11”“双12”等全民购物节期间的网络保障工作，确保网络通畅，支持社会民生活动。

（李晓琳）

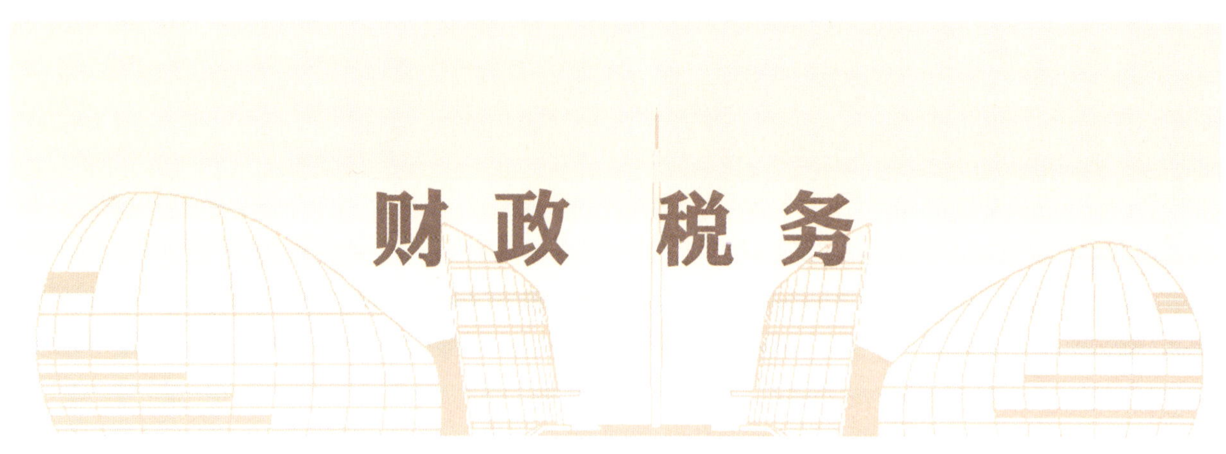

财政 税务

财政管理

【概况】 2016年，全市财政收支再上新台阶。全市地方一般公共预算收入完成1011.2亿元，为预算106.1%，增长14.3%。其中，税收收入完成723.3亿元，为预算101.5%，增长13.8%，非税收入完成287.9亿元，为预算119.4%，增长15.7%。全市地方一般公共预算支出完成1321.6亿元，为预算97.5%，增长19.1%，教育等九项民生支出完成1031.1亿元，增长18.4%，民生支出占全市一般公共预算支出的78%。

人大代表视察财政工作

【财政支持经济发展】 2016年，郑州市财政部门围绕市委、市政府决策部署，深入研究谋划，统筹安排资金，有效实施稳增长等一系列财政政策措施，促进经济社会发展。支持产业结构调整。充分发挥财政资金引导和撬动作用，市级整合投入产业引导资金64.7亿元，重点支持战略性主导产业和现代服务业发展，促进现代产业体系构建。支持新型工业化发展。拨付资金21.4亿元，实施制造强市战略，支持电子信息、汽车及装备制造等七大工业主导产业发展壮大，做强先进制造业。支持现代服务业发展。拨付资金10.1亿元，支持现代金融、商贸物流、文化创意旅游等现代服务业发展提质增速。支持产业集聚区建设。拨付资金2.9亿元，用于产业集聚区基础设施建设和融资贴息，着力培育千亿级主导产业集群、百亿级工业园区，加快形成“集群制造”模式。支持对外开放。拨付资金1.2亿元，支持开放平台建设和对外经济发展。落实跨境贸易电子商务（E贸易）服务政策，支持电子E贸易试点项目做大做强。拨付资金5亿元，支持中欧班列（郑州）开行251班次。支持科技创新。拨付资金21.7亿元，支持重大科技专项、科技成果转化企业技术创新和公共服务平台建设，推动自主创新和高新技术产业发展，实施“智汇郑州·1125聚才计划”。支持航空港实验区建设。拨付郑州新郑国际机场开拓航空市场专项奖励资金10亿元，进一步拓展航空市场，加快郑州航空经济综合实验区建设。继续落实实验区土地出让收入全留和税收增量返还等财政支持政策，拨付资金46.5亿元，不断加大对实验区的支持力度。探索设立政府投资基金。按照“母基金+相关行业领域子基金”（1+N）的结构，设立政府投资基金，政府出资10亿元，成立母基金，初步签署中原健康产业基金、中原海外并购基金、郑州钜盛华国际并购基金、郑州市科技发展投资基金、郑州市商贸物流产业发展投资基金、国新启迪基金、郑州市PPP融资支持基金等7支子基金合作协议，总规模336亿元。对实施产业并购，化解过剩产能，培育壮大新兴产业，加快构建以先进制造业为支撑的现代产业体系起到重要助推作用。

【财政支持保障和改善民生】 2016年，郑州市调整优化支出结构，统筹财力解决涉及群众切身利益的问题。支持教育事业发展。全市财政教育支出155.5亿元，增长5.4%。促进中小学教育均衡发展。拨付资金77.1亿元，保障中小学教师工资及时足额发放，全面落实城乡义务教育生均经费政策和减免学杂费、书本费等各项助学政策。进一步完善市级基础教育资金均衡性转移支付办法，安排转移支付资金4亿元，支持市内各区基础教育均衡发展。支持中小学建设。拨付资金1.5亿元，对农村及城市中小学校舍建设，新建、改扩建市区中小学进行奖补，全年共新建、改扩建中小学30所，新增学位3万个。促进职业教育和高等教育发展。拨付资金25.9亿元，全面实施生均财政拨款预算，推进职业教育改善办学条件和内涵提升建设，落实职业教育和高等教育国家奖学金、助学金及免学费政策，推动职业教育和高等教育健康发展。完善社会保障和就业体系。全市财

全局庆祝建党95周年暨“两学一做”学习教育党组书记讲党课

政社会保障和就业支出85.9亿元，增长10.4%。健全社会保险体系。拨付资金23.5亿元，稳步提升社会保险待遇，全市社会保险参保总人次超过1771万人，完成市本级企业退休人员基本养老金调标，调整后全市企业退休人员人均月养老金2588元。做好就业工作。拨付资金4.6亿元，落实就业再就业财政补贴政策，实施大众创业扶持就业新政和市级全民技能振兴工程，全市实现新增城镇就业13万人，农村劳动力转移就业7万人。完善社会救助体系。拨付资金3.5亿元，城市低保标准提高到每人每月550元，农村低保标准提高到每人每月320元；拨付资金13.2亿元，落实优抚对象待遇，保障优抚对象3.5万人、义务兵家庭8277个；拨付资金1788万元，完善养老服务体系建设，新增社会办养老机构7家、新增养老床位2400张，新建社区养老服务中心示范点20个，发展医养结合养老机构15家。推进公共卫生和医疗事业发展。全市财政医疗卫生与计划生育支出86.6亿元，增长6.3%。建立全覆盖医疗保险体系。拨付资金28.3亿元，新农合财政补助标准由380元提高到456元以上，城镇居民医保财政补助标准由380元提高到420元。推动基层医疗卫生机构和县级公立医院综合改革。拨付资金23.3亿元，支持基层医疗卫生机构和县级公立医院实行药品零差率销售，实施新农合按病种付费和“先住院，后付费”等惠民措施。提升公共卫生服务和大病保险水平。拨付资金4.4亿元，支持基本公共卫生服务人均财政补助标准从40元提高到45元，开展“片医”服务的社区卫生服务机构补助标准提高到55元。拨付资金3394万元，实现郑州市农村居民大病保险省级统筹，年度最高支付限额30万元，大病保险覆盖全市所有城乡居民基本医保参保人群，有效减轻大病患者看病就医负担。支持文化体育事业发展。全市财政文化体育与传媒支出12.6亿元，增长7.5%。积极推进舞台艺术进乡村、进社区，开展全市农村文化建设工作，全年免费为基层群众演出优秀戏曲（剧）1000场。落实公共图书馆、博物馆、美术馆、群众艺术馆免费开放制度。加大群众体育活动经费投入，促进全民健身事业发展。支持扶贫开发。拨付资金5.2亿元，持续加大扶贫开发力度，完成易地扶贫搬迁3877户1.5万人及20个村的整村推进，并落实各项移民补助政策，确保移民生活及后期扶持项目顺利推进。

举办“十二五”财政改革与发展成就回顾展

【财政支持新型城镇化建设】 2016年，郑州市围绕基础设施建设、大棚户区改造、城市综合承载能力提升等新型城镇化建设重点工程，不断加大资金筹措和投入力度，确保新型城镇化建设资金需求。支持重大基础设施建设。拨付资金108亿元，加快推进畅通郑州建设。继续支持轨道交通2号线一期、城郊铁路一期、1号线二期、3号线、5号线、中心城区“井字+环线”快速路网建设；加快推进国道107辅道快速化、农业路快速化等工程建设，实施城区道路大中小修整治，不断优化城市路网结构。拨付资金18.9亿元，加快推进马头岗污水处理厂二期、郑州新区、双桥污水处理厂建设及新建改建供水管网等项目。新增政府债券78.6亿元，主要投向棚户区改造、普通公路等基础设施建设。支持生态城市建设。拨付资金21.9亿元，推进生态园林和生态水系工程建设，实施蓝天、碧水、乡村清洁工程和城市河流清洁行动计划，支持改善生态环境质量；拨付资金8.3亿元，支持锅炉拆改、黄标车淘汰、扬尘治理等污染源整治，推进大气污染防治。拨付资金39.4亿元，推广节能及新能源汽车应用。加快推动PPP项目落地实施。建立74个PPP项目库，总投资2121亿元，涵盖交通运输、水利、环境保护、市政工程、科技、保障性安居工程、医疗卫生等10多个领域，其中：107辅道快速化工程、荥阳市人民医院整体建设项目、轨道3号线一期工程3个项目被纳入财政部第二批示范项目，总投资292亿元；纳入省级项目库47个项目，总投资1735亿元；落地实施PPP项目14个，总投资658亿元。支持保障性安居工程建设。拨付资金51.3亿元，用于廉租住房租赁补贴、公共租赁住房建设和棚户区改造。鼓励综合运用基金、PPP、政府购买服务方式，引入社会资本参与棚户区改造项目，创新投融资模式，撬动社会资本支持棚户区改造。支持城市精细化管理。拨付资金1.8亿元，实现市区快速路、主次干道机扫全覆盖。拨付资金3.8亿元，以“四区一环十五路”为重点，强力推进631条支路背街综合整治。成功申报国家综合管廊和省级海绵城市试点城市。

【财税体制改革】 2016年，郑州市财政部门坚持把创新作为提高财政管理水平的关键措施来抓，不断完善体制机制，强化管理监督，财政科学化、规范化、信息化管理水平显著提升。推进中期财政规划管理。在编制2016—2018年中期财政规划的基础上滚动编制2017—2019年中期规划，细化预算编制，科学合理安排预算资金，增强预算管理的前瞻性和持续性。加强预算绩效管理。开展预算绩效信息化管理，开发建立预算绩效管理信息系统，将所有预算单位符合绩效管理评价标准的专项资金纳入系统考核范围，控制节约政府成本，提高财政资金使用效益。加快推进国库集中支付电子化改革。推进市级授权支付电子化试点改革，选择市编办等50家预算单位，开展第二批授权支付电子化改革试点工作，试点预算单位支付电子化顺利运行。选择5个县（市）区开展国库集中支付电子化改革试点，推动改革向县（市）区延伸。稳步推进权责发生制政府综合财务报告试编工作。将全市15个县（市）区、开发区本级全部纳入政府综合财务报告试编范围，并指定中原区、金水区等8个县（市）区选择5-10家预算单位试编政府部门财务报告。规范政府债务管理。制订《郑州市政府性债务管理暂行办法》，从规范债务举借、明确主体责任、加强风险防控、健全绩效考核等方面，从制度上规范全市的政府债务管理。争取置换债券453.95亿元，确保债务按期偿还，同时通过将高利率的存量债务置换为低利率的政府债券，节省利息约7亿元。建立健全政府债务风险预警机制，推进存量债务项目转PPP模式，防范化解债务风险。加大财政投资评审力度，送审投资70.2亿元，审减13.53亿元，审减率19.27%。加强政府采购制度建设，全市政府采购规模185亿元。加强财政监督检查，组织开展财政专项资金、会计信息质量等一系列检查，提升财政管理水平。

（姬广朋）

国税管理

【概况】 郑州市国税局下辖5个县（市）局（即巩义市、荥阳市、新密市、新郑市、登封市局）、7个市区局（金水区、管城区、二七区、中原区、惠济区、上街区、高新区局）和市局稽查局、车购税分局共14个基层单位，全系统共有2692人（其中，在职人员2069人，离退休人员623人）；市局机关设17个职能处室，在职人员168人。截至2016年年底，全局共登记各类纳税人42万户，其中重点税源1222户，主要分布在商业、金融、房地产、电力、电信等12个行业。

5月3日，国家税务总局原副局长王力到中原区局调研

2016年，全市国税系统深入贯彻上级各项工作部署，落实省局局长孙荣洲到郑州调研时提出的“当尖兵、做表率、挑大梁、走前头”和发挥“示范、引领、辐射”作用等指示要求，按照“夯实基础，抓牢重点，提升服务”的工作思路，静心聚力，务实重干，在抓持续上下功夫，在抓落实上求创新，推动各项工作开展。在2016年全省系统的绩效考评中，郑州市局综合成绩居全省第一位。

【组织税收收入】 2016年，全市共组织税收收入417.02亿元，同比增长24.66%，增收82.48亿元，增幅高于全省平均增幅5.36个百分点；其中组织地方级收入162.4亿元，同比增长65.34%，增收64.18亿元。扣除营改增影响，按可比口径计算，组织地方级收入116.8亿元，同比增长18.93%，增收18.6亿元，高于2015年同期增幅8.3个百分点。深化税收风险管理。依托一体化的税收分析机制，开展医疗器械和医药、房地产、食品制造业等行业分析，直接对126户年纳所得税额1000万元以上的重点税源进行集中分析评估。抓好风险派单落实，全年共接收省局风险派单24批，涉及各类纳税人4935户次，查补税款6.26亿元。强化纳税评估实施，落实省局派单和基层局自选评估登记512户，评估税款4.75亿元，同比增长106.52%，增收2.45亿元。严厉惩治虚开骗税，破获发票犯罪团伙1个，抓获嫌疑人4名；组织查办涉虚案件66件，移送公安机关虚开案件19件，稽查查补入库税款6.34亿元，同比增长20.99%，增收1.1亿元。管理增收成效明显。所得税汇算清缴入库税款29.9亿元，同比增长33.96%，增收7.58亿元；非居民企业入库税款4.25亿元，同比增长87.99%，增收1.99亿元；加强欠税清理，清理欠税3.74亿元，

召开郑州市税务系统新闻通报会

郑州市"即时开"发票摇奖启动仪式

其中，清理陈欠3821万元，清理新欠3.36亿元；加强第三产业管理，第三产业税收同比增长37.33%，增收75.78亿元。

【营改增工作】 2016年，全市国税系统营改增工作顺利转入日常管理阶段。实现平稳交接。为确保营改增工作有序开展，建立"首席服务员"制度，实行"一对一"服务，通过发布公告、致纳税人一封信、电话联系、短信通知、微信推送等多种方式，告知纳税人到国税后的办税地点和办税联系人，确保每一位纳税人问题有人答、事项有人办、疑难有人解，不打乱战。举办各类培训辅导100多场次，保证8.6万户营改增纳税人的平稳交接。实现顺畅办税。面对办税业务量大幅增加、原有办税资源不足的局面，及时提出"挖潜、扩能、分流"和"三个备份"的工作措施，搭建备厅49个，新设立窗口151个，备份计算机151台、打印机138台，将机关科室骨干力量全部压向前台，实现营改增期间纳税人"不排队、少排队、不拥挤"。政策咨询服务到位。建立纳税人诉求"4+1"快速响应机制，对纳税人提出的问题实行首问负责制，不能现场解答的问题登记在册、建立台账，研究请示后及时反馈，先后解决发票开具、税负上升等各类问题13000余条，形成税企共同学习政策、共同研究政策、共同执行政策的浓厚氛围。全市四大行业累计入库增值税88.58亿元，行业税负同比下降0.76个百分点，中央结构性减税政策在郑州得到贯彻落实，受到国家税务总局局长王军和省长陈润儿的批示肯定。

【纳税服务】 坚持优化服务，纳税人满意度持续提升。推行便民办税。大力推广多元办税，2016年，纳税人通过网上办税服务厅、移动端、自助终端办理业务占全部业务量73%，企业纳税人网上申报率达97.67%，个体户网上申报率从1月的38%提升至12月的80.27%，网上行政审批事项占全省的77%，全市网上审批覆盖面从5月全面推开时的不足1%上升到12月的53.33%，给纳税人办税提供更大方便。落实服务承诺。针对占涉税事项总数81.1%的163项即办事项，要求8分钟内当场办理完毕，运用"办税服务厅智能管理系统"实时监控，按月通报全市办税情况，纳税人办税平均等候时间由5月的34.3分钟，下降到6月的20.8分钟、7月的14.1分钟，8月之后，纳税人平均办税等候时间保持在8分钟以内。落实税收优惠。牢固树立"不落实优惠政策也是收过头税"的理念，应退尽退，大力支持企业发展。2016年，共为企业办理各类减免退税196亿元，同比增长134.57%；实施出口退税企业分类管理，在全省率先推行出口退（免）税"无纸化"办理，实现电子退税。服务发展大局。为地方经济发展建言献策，形成《郑洛新国家自主示范区建设税收政策研究建议》等多篇税收分析报告；整理编写《对外投资合作国别（地区）指南》，帮助"走出去"企业了解"东道国"税收、经济、政治等投资政策，服务"一带一路"工作受到国家税务总局局长王军批示肯定。

（许培娟）

地税管理

【概况】 2016年，受宏观经济形势和"营改增"全面实施等结构性减税政策增多的不利影响，特别是"营改增"以来，全市地税收入规模下滑40%以上，组织收入工作失去有力抓手。面对时间紧、任务重、难度大等影响，全系统按照省委、省政府"稳增长、保态势"和省局组织收入要求，坚持"以月保季，以季保年"，分阶段完成各期目标。全年共组织各项收入366.1亿元，同比增长24.3%,增收71.6亿元。其中地方级税收完成264.0亿元，占年度目标的102.7%，同比增长19.9%，增收43.4亿元。

【依法行政】 2016年，市地税系统以法治地税建设为目标，以规范税收执法、提升服务质效为重点，不断优化纳税服务，转变执法理念，推动税收执法从"管理型"向"服务型"转变。实施阳光稽查，应用提醒、示范、辅助、引导、规劝、约谈、建议、回访等柔性执法方式，引导纳税人自觉遵守税收法律法规；推行税收法制员制度，清理规范审批项目和税收优惠政策，规范行政处罚裁量权，严格履行职责，规范税收执法行为，梳理行政职权目录及责任清单，主动接受社会监督，积极构建服务型税收行政执法体系。开展重点税源大走访活动，举办纳税人学堂开展税法进校园活动，利用"互联网+"建立和谐税企关系，使各项税收政策辅导更加快捷高效，拉近征纳双方关系，提高纳税人的税法遵从度。

【税收征管】 2016年，中央审议通过并正式出台《深化国税、地税征管体制改革方案》，确定河南地税为征管体制改革综合全国试点之一,郑州地税统一部署、统一设计、统一节点、统一步骤，全市地税系统牢固树立"一盘棋"思想，抓好落实。

强化宣传，营造氛围。一是加强内部培训。在改革前后连续举办四期改革培训班，培训安排有辅导、有自学、有考试，共计1708人接受培训考试，考试成绩在市局内网公布。二是强化对外宣传。在主流媒体、微信公众号报道改革工作，系统上下制作大量微信短片等宣传改革工作，郑州市局制作的MV《为了谁》被总局宣传推广；印制改革知识手册等宣传资料48000余份。各基层单位累积开展外部培训百余次，覆盖近10万名纳税人，在纳税人中形成理解改革、接受改革、支持改革的良好氛围。

统筹安排，协同发力。一是照图施工。制订适应郑州地税的《税收征管体制改革方案》，配套制订《改革工作任务分解方案》和《改革工作任务落实责任表》，将每项具体任务量化到条数、细化到人员、止化到时点。二是注重方法。建立不同层级的微信工作专群、指定专人负责RTX腾讯通群信息接收传递、规范管理"优化实施问题管理平台"、设立专线电话；在内网建立"税收征管改革工作专栏"和"改革先

锋专栏”，动态展现改革内容和改革中的先进人物；建立改革工作问题分类处理机制；编发改革工作日志。三是持续推进。组织开展税收征管体制改革“回头看”活动。共梳理前期工作35项，查漏补缺、提升完善10项，细化措施、持续推动25项。

整合资源，明晰职责。一是统一机构设置，择优配置人员。严格按照改革要求，市局机关整合机关内设处室，成立大数据和电子税务分局、纳税服务税务分局、大企业税务分局。县区局统一设置5个内设科室，成立纳税服务分局、风险管理分局，区局设立稽查分局，将税源管理机构分为重点税源管理分局和一般税源管理分局。4月20日，全市所有单位机构、人员调整到位。二是做好业务储备，确保职能衔接平稳。采取以干代训等形式，集中强化新机构选配人员业务培训。成立税收征管体制改革项目组，抽调17名税务干部，全脱产常驻市局，集中20天时间，对新系统241项必测业务逐条开展测试，形成专题测试台账和测试报告。

步调一致，有序推进。一是扎实做好各项准备。按照省局统一部署，统筹推进上线前的各项准备工作。处理48170项未办结事项；完成58394条电子档案采集工作，补录63417户财务报表数据。共调整税源11.54户，登记归类1521户，占全省此项工作量近50%，完成全市税源调整。二是扎实做好风险防控。建立风险应对预案，制订《税收征管体制改革应急预案》《办税服务厅应急预案》。开展三批次税收征管体制改革版金税三期系统中断等多场景模拟演练。

全面部署，筹备社保。按照省政府规定的时间节点和省局设定的工作台账，率先获得社保费基础信息数据，按时完成4.3万户参保单位的数据关联比对，与社保、财政等部门建立长效化的协调会商机制，有效解决社保费征收中遇到的难题。开展办税服务能力监测，新增办税场所7个、新开辟社保费征收服务窗口73个、新增自助缴费设备16台，为平稳、顺利、有序征收社保费做好铺垫。

【国地税合作】 2016年，国地税合作进一步深化。一是办税服务合作，互设窗口一个大厅、共建办税服务厅1个、共驻政务服务中心5个、共建7×24小时自助办税服务厅6个。二是建设河南省国地税互联网税务示范厅，该示范厅为全省首家“全天候、全方位、全覆盖、全流程、全联通、全智能”大厅，综合体现互联网技术、大数据技术、多媒体技术深度融合以及国、地税服务深度融合。三是共建国地税联合举报中心，构建“进一家门、办两家事，信息共享、合作执法”的税务举报案件共同受理和查处新模式。

【税收风控管理】 2016年，市地税局成立风险管理处，县（市）区局成立风险管理税务分局，专门负责本级税源管理范围内的风险分析、任务推送。全年共承接省局风险任务79853条，推送到应对岗位79853条（含2015年省局推送任务19629条），完成反馈52538条，入库税款加滞纳金共计20115万元。依托税收风险管理架构，自建风险模型扫描储备有土无房、建筑业、物业管理行业等7项风险任务，共计7017条，部分任务推送至县（市）区局风险管理分局进行风险应对，核实税款6000余万元。

【稽查促收】 2016年，国地税联合举报中心规范化建设完成，受到总局肯定。构建“以机构制度为支撑、以信息技术为保障、以结果应用为导向”的闭环式稽查业务内控体系，使稽查业务事前有防范、事中有控制、事后有评价，全省推广该项工作经验。落实巡察要求，围绕规范稽查执法，共梳理整改台账4大类15项25条内容，组织开展廉政教育480余人次，案件回访率、“两卡”发放率100%，“双随机”检查和国地税联合检查企业44户，有效遏制稽查执法问题发生，完成全年查补稽查收入7.1亿元的目标任务。成立市、县二级公安派驻税务联络机构6个，完善信息共享、规范案件移送，形成惩治涉税违法犯罪的整体合力。

【税收宣传】 2016年，开展第22个全国税收宣传月活动，联合《河南日报》开展“中国梦·税收情”看图作文大赛，有3个项目获评总局和省局税收宣传月优秀创新项目。制订“新闻发言人制度”，举办首次税收信息媒体沟通会，面向社会和新闻媒体宣传、解读税收焦点难点问题。在《中国税务报》《河南日报》等主流媒体专门就绩效管理、纳税人学校、移动办税、存量房评估等工作作宣传，收到较好的社会宣传效果。进一步拓宽宣传渠道，通过“郑州地税”新浪微博发布动态信息305条，回复政策咨询144条。

【信息管税】 2016年，信息管税能力得到进一步提升。一是按月发布信息安全通报。提升信息安全防范意识，及时发布信息安全通报，增加与上期情况对比等指标项，以便更有针对性的发现并解决问题。天珣安装率提升到99%以上，全年未发生一起违规外联事件。二是顺利通过市政府开展的网络安全执法大检查。8月，郑州市公安局对全市关键基础设施和重点网站网络安全风险进行检查，检查组对市地税局的网络信息安全工作给予肯定。三是开展信息网络安全培训。按照金税三期和建设科技地税的要求，做好信息网络安全以及相关信息技术等专题知识培训，以学促用，不断提高安全意识与安全防范水平。

【数字人事工作】 2016年6月，郑州市地税局被省局确定为数字人事试点单位，市局强化组织领导，抓好关键节点，有序推进工作，对全系统机构和人员信息进行导入，共导入机构信息410条，人员信息1704条，9月30日，完成全国地税系统首批上线的任务，共推送个人工作任务132条，自拟工作任务294条，均完成同步接收，有371人次完成工作纪实。研发数字人事移动办公终端，打造出完整的职业数据链条，为干部成长、成才建立个人存储账户，得到总局人事司和省局主要领导的肯定。

（王全堂）

城乡建设与管理

建设行业管理

综述

【概况】 2016年，郑州市城乡建设委员会认真贯彻中共十八届三中、四中、五中、六中全会精神和中央、省市重大决策部署，坚持围绕中心，服务大局，综合施策，精准发力，各项工作均取得较好成效，顺利完成了市委、市政府交办的各项任务。市政重点工程建设有力推进，“大井字+环线”快速路网系统进一步完善提升，支线路网建设取得新成绩，PPP项目推进模式成为示范标杆。加强市场信用和治理体系建设，全面推进建筑市场监管信息化、法治化，强化市场现场联动监管机制。不断规范建筑劳务市场秩序，全面落实劳务用工实名制，努力推行农民工工资“一卡通”和银行代发，开展农民工拖欠专项治理活动，农民工集中讨薪现象明显减少。工程质量安全监管水平持续提升，编制《郑州市房屋建筑工程施工现场质量标准化管理指南》等规范，积极推行工程实体质量和行为质量标准化建设，狠抓建筑扬尘污染防治和工地文明施工工作。建筑业转型升级扎实推进，企业综合实力不断增强，郑州市一建成为省内唯一具备房建、市政双特级资质企业。加强行政立法，《郑州市建筑市场管理条例》正式试行，《郑州市建筑装修装饰管理办法》入列市政府法制办2017年正式立法项目；《郑州市国有土地上房屋征收与补偿办法》入列市政府市法制办2017年争取完成项目；“五单一网”制度改革实现近期目标，行政权力运行更加规范。

【市政重点工程建设】 东三环（G107辅道）快速化（北三环—陇海路段）高架主线、农业路快速化南阳路以东和桐柏路以西高架主线、京广快速路北延、京广快速路南延高架主线、南三环东延一期、南三环东延二期机场高速以西高架主线、西三环北延高架主线、中州大道（南三环—通惠街段）高架主线及地面道路、金水路西延高阳桥拼宽段、紫荆山南延主线道路相继实现通车，对缓解郑州交通压力、改善居民出行条件、增强城市承载能力、提升城市建设品位发挥历史性作用。支线路网新开工建设70条、建成通车50条，各区域微循环更加畅通。航海路综合整治等47个项目审计工作已完成，三环快速化等35项工程审计工作按计划积极推进，完成35项工程竣工验收和42项工程移交工作。东三环（107辅道）快速化工程PPP项目实现当年签约、当年开工、当年部分通车的目标，该项目是河南省第一个重大市政基础设施PPP项目，并被列入国家财政部PPP示范项目库；三环快速化、陇海快速路存量结转项目工程社会资本方招标工作已完成，计划进入运营维护阶段；常西湖新区18条道路PPP项目社会资本方招标准备工作已经完成。中州大道南段（绕城高速—新G310）、四环快速化（除高架段）、金水东路下穿东三环工程、商都路下穿东三环隧道工程、紫辰路、京港澳高速辅道、新龙路快速路等待开工工程项目前期筹划有序推进。探索市管支线路网道路区级代建的新模式，确定区级代建道路159条。

经三路—城东路下穿金水路隧道

【村镇建设】 2016年，全市重点镇基础设施建设有序实施，27个重点镇、132个建设项目全部完工，完成总投资21.8亿元，累计奖补950万元。中心镇和特色小镇建设取得突破，《关于进一步加强中心镇建设发展的意见》和《关于开展特色小镇培育工作的意见》编制完成，《特色小镇规划建设导则》通过评审。农村危房改造大头落地，已完成“十三五”时期统计总数的78%，共争取上级补助资金846万元。传统村落保护得到加强，荥阳市高山镇石洞沟村、新密市刘寨镇吕楼村入列中国传统村落名录。

【房屋征收】 2016年，房屋征收工作以推进畅通郑州工程为突破口，以服务城市建设、服务人民群众为目标，积极协调推进安置房、市政工程等各类房屋征迁，确保年度工作目标顺利完成。积极推进7个市政工程的房屋征收工作顺利进行，完成轨道4号线、城郊线二期、2号线二期、107准快速化新规划6条道路下穿征收区域放线工作。做好《郑州市国有土地上房屋征收与补偿条例》起草工作，加强与市法制办、市人大的沟通协调，积极进行立法调研，及时修订完善相关章节。全年共审核征收项目补偿方案11个，出具审核意见10份，拟征收总面积97.7万平方米，拟征收总户数9477户，返还监管资金100万元。积极参与十余项市政重点工程房屋征收，共达成征迁协议1879户。其中，轨道交通5号线需征迁1253户，已签协议1168户，协议签订率93.2%；轨道交通3号线一期工程需征迁754户，已签订协议711户，协议签订率94.3%。

【法治建设】 10月1日，新修订的《郑州市建筑市场管理条例》正式施行；《郑州市建筑装修装饰管理办法》入列2017年市政府法制办正式立法项目；《郑州市国有土地上房屋征收与补偿办法》入列2017年市政府市法制办争取完成项目。全年疏理行政权责事项11类。开展综合执法检查，立案查处违法建设518起，处罚金额9576.35万元。

【行政审批制度改革】 2016年，依法依规实行行政审批标准改革，进一步规范审批流程，不再将散装水泥专项资金、建设劳保费、墙改基金和农民工工资保障金作为审批前置条件，保留的2项审批事项决定权直接授权窗口，进一步提升审批效能和服务质量。

【“五单一网”制度改革】 2016年，“五单一网”改革扎实推进，全面梳理行政权责事项11类，以减权、简政和便民为目的，编制行政权责等五项清单，简化施工许可审批前置条件，全年完成企业“简单换证”1525家，批准建筑业企业资质583次，即时办结施工许可证225次，初步理清建委层级权力底数，基本实现改革的近期目标。

（陈恩军）

建筑业管理

【概况】 2016年，全市建筑业产值达到2874.8亿元，同比增长6.5%，占全省建筑业总产值的31.8%；建筑业增加值完成443亿元，占全市国民生产总值的5.6%。全市建筑业企业累计完成施工总产值2699亿元，有资质施工企业达到3400家。健全建筑市场信用和治理体系，完成企业入库3279家、项目登记327项，累计发布“红黑榜”信息上千条。规范建筑劳务市场秩序，全面落实劳务用工实名制，努力推行农民工工资“一卡通”和银行代发工作，全年共清理拖欠工程款及农民工工资115起，金额3.2亿元，农民工集中讨薪现象明显减少。加强招投标监管服务，全年累计监管工程招投标项目756项，备案中标结果824个。全面规范保证金制度，取缔各类非法保证金，督查在建工程3000余项，清理返还5.24亿元，“建设劳保费”不再统一收缴，“散装水泥专项资金”并入“新型墙材专项基金”。全面提升工程质量监管，严格质量终身责任，创鲁班奖2项，国家优质工程奖1项，省级质量奖162项。建设工程安全生产形势总体平稳，获省级安全文明标准化工地84项，累计查出整改事故隐患8300多条，未发生较大以上安全生产事故。铁腕治理建筑扬尘，累计督导建筑工地5633次，查处扬尘问题5539个，开具整改通知单2413份，立案查处89起、处罚103万元；向各级政府下发督办催办通知1097份，实施财政扣款635家、扣款总计6500万元。同时中央环保督察组交办的51项问题全部按时整改完毕。

【招投标监管】 2016年，郑州市持续优化城乡建设招投标监管服务，全年累计监管工程招投标项目756项，备案中标结果824个。上街、荥阳在非国有资金建设项目中采用直接发包方式，节省代理费用数百万元。

【工程质量监管】 2016年，郑州市深入开展工程质量专项治理两年行动，市建委编制《郑州市房屋建筑工程施工现场质量标准化管理指南》等规范，积极推行工程实体质量和行为质量标准化建设，全市工程质量管理水平始终处于良性发展轨道。全年创省结构中州杯奖75项、省中州杯奖21项、省保障房安居工程奖4项、省住宅工程质量专项治理示范工程30项，郑州市一建获得“河南省省长质量奖”。市政工程质量监督不断加强，探索推广监督模式标准化建设，创省市政工程金杯奖12项、省市政优良工程20项。切实抓好轨道交通工程日常监管，以标准化管理为引领，大力加强技术交底，加大随机抽查力度，严格把控关键环节，努力推广现代装备、新型工艺和专利，郑州市轨道交通工程质量管理工作得到上级充分肯定，在住建部轨道交通工程质量安全监督检查中位居全国第一梯队。

【建设安全监管】 2016年，全市建设安全生产形势基本平稳，市建委深入宣传贯彻《郑州市建设工程施工安全管理条例》，广泛开展汛期安全、防暑降温、消防安全大检查以及深基坑、高支模、起重机械专项整治活动，查出整改各类事故隐患8389条，监管工地未发生较大以上安全生产事故，未突破郑州市政府下达的安全生产指标，并圆满完成全市安全生产目标考核。同时推荐省级安全文明工地94个。

【文明施工管理】 2016年，郑州市城乡建设系统坚持以建筑扬尘治理作为事关全局的大事，严格落实“六个到位”和“七个100%”管理要求，全年累计督导建筑工地5633次，查处扬尘问题5539个，开具整改通知单2413份，立案查处89起。向各级政府下发督办催办通

京广快速路

知1097份，实施财政扣款635家、扣款6500万元。全市各级地方政府累计投入资金13.8亿元，开展巡查、督查、夜查2.5万次，查处扬尘问题6000余项，立案770余起、处罚3737万元。惠济区成立扬尘治理约谈小组，二七区实现塔吊（外架）喷淋设备全覆盖，新密市实施夜间土石方作业报备制度，荥阳市、中牟县实现建成区内工地在线监控全覆盖。

（陈恩军）

勘察设计业管理

【勘察设计】 坚持抓好勘察设计管理，全年审核并上报勘察设计企业资质103家、造价咨询企业资质84家。截至2016年年底，纳入郑州市属地化管理的勘察设计企业共466家、施工图设计审查机构6家、造价咨询企业168家。

【标准定额管理】 从方案评审、施工图审查环节严格把关，启用郑州市施工图设计文件审查网上申报系统，全年审查建筑工程项目1892项，查出违反强条问题235条、非强条问题23478条。在全省率先编制完成新建住宅可容纳担架电梯设计导则、公共建筑装修装饰工程施工图设计文件审查要点、电动自行车充电库（棚）建设指导意见。

（陈恩军）

建筑节能

【建筑节能发展】 2016年，郑州市绿色建筑推广工作扎实推进，市建委印发绿色建筑评价标识实施方案（试行），全市共11个项目获绿色建筑评价标识，建筑面积139.4万平方米；出台绿色建筑施工图审查规范，通过施工图审查项目836项，建筑面积1043万平方米。郑州市获得河南省首批开展一星级绿色建筑评价工作资格。

【墙体材料革新】 2016年，郑州市全面贯彻落实《河南省发展应用新型墙体材料条例》，新型墙材生产比例达到96.82%，应用比例达到98.61%，市区专项基金征收率达到100%，解缴率达到100%。城镇新建民用建筑节能标准执行率和实施率全部达到100%，逐步推行新建居住建筑执行“65%+”的节能标准，全年新增建筑节能能力21.36万吨标准煤，建筑产业现代化工作不断推进。

【散装水泥、预拌混凝土、预拌砂浆“三位一体”推广】 2016年，全市散装水泥、预拌混凝土、预拌砂浆分别推广1239.25万吨、1591.45万立方、132.69万吨，城市“禁现”保持90%以上，征收散装水泥基金1978.02万元。

（陈恩军）

城乡规划与管理

城乡规划编制

【概况】 2016年，郑州市城乡规划工作贯彻落实市委十届十三次、十四次全会和市十一次党代会精神，按照全市新型城镇化建设暨城市工作会议的决策部署，以“两学一做”学习教育为抓手，以提升郑州都市区规划建设水平为目标，以开展懒政怠政为官不为问责年活动为契机，坚持规划引领，加强效能建设，推进项目实施。圆满完成市委、市政府部署的各项任务，城乡规划工作不断迈上新台阶。

【《郑州市郑东新区白沙组团总体规划（2013—2030）》】 2016年5月11日，《郑州市郑东新区白沙组团总体规划2013—2030》获郑州市人民政府批复（郑政函〔2016〕108号）。

规划范围：白沙组团规划区范围西起京港澳高速公路，东至新G107，北起郑州沿黄河市界，南至陇海铁路，总面积约156平方千米。其中，白沙组团中心区范围是指包括西起京港澳高速辅道，东至新G107，北起连霍高速公路，南至陇海铁路的区域以及圃田社区，面积约80.25平方千米。

规划期限：2013—2030年。近期至2020年，远期至2030年。功能定位：白沙组团功能定位为以公共文化服务、行政服务、高端商务为主的生态智慧公共服务核心区。人口规模：至2030年，白沙组团规划总人口约77万人。其中，组团中心区人口约72.3万人（其中圃田约0.7万人），万滩镇镇区人口约1.9万人，其余社区及村庄人口约2.8万人。用地规模：白沙组团总用地面积156平方千米，至2030年，白沙组团城镇建设用地80.32平方千米，人均城镇建设用地108.25平方米。其中，组团中心区城市建设用地72.55平方千米，中心区人均城市建设用地100.35平方米。

布局结构：白沙组团中心区的空间布局结构为“一带贯全城、十字串三心、多片融一体”。一带贯全城：依托现状贾鲁河良好的自然资源，形成兼具生态、服务、休闲等多功能的城市生态景观带，贯穿白沙组团中心区；十字串三心：东西向的产业发展轴和南北向的功能发展轴形成两条“十字型轴线”，串联行政服务区、公共文化服务区和企业总部区三大组团核心区；多片融一体：围绕公共服务核心规划形成功能完备的“多片区”空间发展格局。通过两条发展轴线及各片区间的干道支撑，促进各片区协调共融。产业发展：生态廊道及沿黄生态带。现代农业：结合区域内农业基础与现状条件，发展设施农业、水产养殖、有机农业和体验农业。旅游产业：结合沿黄生态带打造农旅结合的黄河生态旅游产业；从黄河根文化出发，发展具有黄河文化特色的休闲产业。都市休闲农业：利用非建设区域的田园景观、鱼塘等自然资源，结合农业生产，发展以娱乐、观光、体验、展示、科普为一体的都市休闲农业。组团中心区。现代商贸区：依托较好的区位优势、高端定位和现状商贸产业基础，打造市级现代商贸中心，重点发展连锁旗舰店、仓储式超市、城市商业综合体、大型购物中心等。医疗疗养区：依托入驻医疗项目、国家医疗服务中心战略规划和较好的区位优势，着力打造区域级综合医疗中心与康复疗养中心。总部经济区：依托行政文化服务中心和区域交通优势，提升白沙组团品质，营造良好的办公生活环境，吸引高端企业的聚集，形成总部经济区。金融后台区：主要发展为金融机构提供服务的数据中心、客服中心、产品配送等。高端商务区：依托行政文化服务中心的高端定位，主要发展商务办公、中介服务（会计、法律、咨询）、金融保险等产业。泛旅游产业区：依托白沙组团的功能定位和优良区域生态优势，重点发展会议会展、文化娱乐、体育休闲、商业服务和高品质酒店等。科技创新创意产业区：建立以研发为主的科技园区，同时发展创新创意产业，以科研办公、共享实验室、信息平台、企业会所、咨询培训、健康中心、生产力促进中心、留学人员创业园、科研孵化、创意研发为重点。圃田特色文化产业园：结合圃田商贸产业基础，发展兼顾产品展示、业务洽谈的高端建材市场。打造商、旅、农多元复合的服务片区，营造以生态为基础、以文化为名片、以高端商贸为提升的现代产业集群。依托列子文化底蕴和区域生态基底，规划发展列子文化展示与生态农业休闲度假区。

绿地系统规划：规划区绿地系统形成“一核、两环、多点的多层次复合型景观服务体系”和“一带、四廊、绿色网络的功能型生态安全体系”。“一核”：结合象湖景观水系形成大型核心绿地。“两环”：围绕行政办公区和企业总部区形成两条环形景观绿地。“多点”：规划多处综合公园、专类公园、居住区公园等，形成组团内部景观绿化节点。“一带”：指北部的沿黄生态带；四廊：连霍高速防护绿地、京港澳高速东侧的组团隔离廊道、陇海铁路防护绿地、新G107西侧防护绿地联合东侧的组团隔离廊道，共同构成生态绿化廊道。“绿色网络”：沿道路、水系形成的绿化带，构成组团内部绿色生态

郑州市郑东新区白沙组团总体规划用地规划图

网络。

【《郑州市管城回族区十八里河镇、南曹乡总体规划（2012—2030）（2015年修订）》】 2016年4月30日，《郑州市管城回族区十八里河镇、南曹乡总体规划（2012—2030）》（2015年修订）经郑州市人民政府批复。

规划范围：十八里河镇、南曹乡行政辖区范围，总面积82.9平方千米。其中，十八里河镇辖区面积30.2平方千米，南曹乡辖区面积52.7平方千米。规划期限：2015—2030年，其中，近期至2020年；远期至2030年。城镇性质：郑州都市区区域商贸中心和现代物流中心，郑州市主城区东南部现代服务业中心、文化产业园区和滨水生态宜居区。其中，十八里河镇是以商贸、电子商务、生态宜居为主的城市功能区。南曹乡是以现代物流、休闲商务、文化产业、生态宜居为主的城市功能区。发展目标：依托自身的区位、产业、生态环境等优势，将规划区域打造为郑州市主城区东南生态秀美、生活和美、产业活力美、空间精致美、文化多元美的“宜居、宜业、宜游”新城区。人口规模：至2020年规划人口规模为30万人，至2030年规划人口规模为55万人。

用地规模：至2020年，规划建设用地控制在30.36平方千米，人均建设用地101.2平方米；至2030年，规划建设用地控制在54.01平方千米，人均建设用地98.2平方米。

规划结构：按照全域规划理念，形成“双核引领、四心带动、三轴辐射、一脉四廊、多组团”的空间布局结构。“双核”：分别在南四环与京广南路交汇的渠南片区、十七里河以北郑新大道两侧的商都新区“起步区”形成引领整个区域发展的两大核心。“四心”：依托十八里河规划区域、南曹规划区域、金岱产业集聚区、潮湖形成四个片区次中心。“三轴”：沿豫一路、明珠路形成城镇拓展的主轴线，沿宇通路形成城镇优化提升的次轴线。“一脉四廊”：沿南水北调中线工程形成贯通规划区域的绿脉，沿十七里河、十八里河、潮河、京广铁路形成绿化通廊，将生态空间引入城镇空间。“多组团”：以交通干线、基础设施廊道、城市水系和绿化空间为界，形成七个功能组团，组团内部复合发展。

用地布局：遵循郑州市区和管城区整体发展要求，重点向南四环以南拓展产业、生活用地，建设郑州市区东南部城市副中心。在规划布局中，依托各级中心和轴线，形成合理的用地布局，功能分区与组团复合发展并重。区域综合服务中心布局在南四环以南、南水北调中线以东，形成集商业中心、商务中心、文化中心、轨道交通换乘枢纽中心为一体的复合型城市中心。同时，依托火车站商圈产业转移，在渠南片区形成区域时尚商贸产业中心。两大核心共同引领整个区域向南拓展。加强跨铁路、南水北调、南四环的通道规划，强化各组团间的交通联系。居住用地主要沿南水北调中线及河流两侧布局，对区内大量的市场、仓储用地进行整合，结合出入市口的有利区位，集中布置商贸、物流仓储用地，实现集聚发展。通过规划绿廊将滨水空间引入建设空间，实现人与自然和谐共处。结合郑州市、管城区的发展设想，对金岱产业集聚内的用地进行调整，调整后的用地功能以高端商务为主、配套居住、商业、物流等用地，实现产业园区的升级改造。结合规划开元寺，深度挖掘文化内涵，布局宗教用地、商业、商务、文化设施用地，打造国家级少林文化产业园。

绿地系统与广场规划：规划绿地广场总面积1220.3公顷，人均绿地广场面积22.2平方米。规划区域绿地主要有公园绿地、防护绿地、附属绿地和其他绿地，形成网状结构。

【《园博生态城区城市设计及地下空间与综合交通规划》】 2016年9月3日，《园博生态城区城市设计及地下空间与综合交通规划》经郑州航空港经济综合实验区规划委员会审定（郑港规会纪〔2016〕6号）。

规划范围：滨河东路、规划物流三街、祥里路、和睦路、梅河东路围合的区域。规划范围用地面积21.31平方公里。规划目标：构建符合实验区未来发展需要的国际化、生态型、区域性城市副中心核心区，打造生态有机之城、现代服务之城、品质宜居之城。规划结构：以园博园为核心，构建有机生长的总体结构。最终形成“一核四心，三区多园”的总体规划布局。“一核”：园博园生态核。“四心”：以商务商贸为主的缤纷天地、以娱乐休闲为主的乐活天地、以创智文化为主的创意天地、以

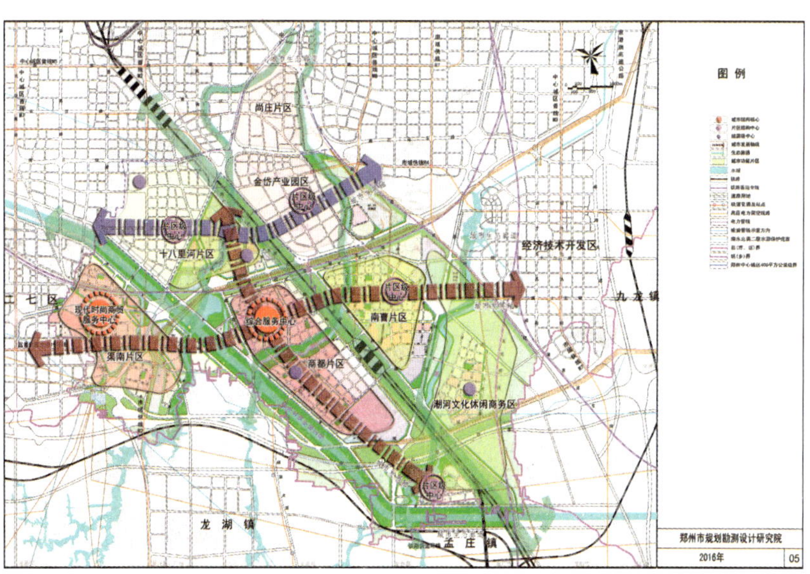

郑州市管城回族区十八里河镇、南曹乡总体规划结构图

科技服务为主的科技天地的四个综合服务中心。三区：三大生态低碳居住片区。“多园”：生态低碳社区，组团内部400×400米生态社区细胞。城市设计思路：根据实验区发展需要，植入商务金融、科技服务、创意文化、生活休闲等多元功能；打造连接城际站点和园博园之间的空间轴线，通过立体的步行系统将人流导入园博核心区；分别以园城融合、创新交流、创意文化、活力休闲为概念为每个组团打造特色化魅力地标；塑造不同主题的公共活动场所，成为地区人群休闲、娱乐、交流的活力空间，丰富区域生活；通过环形步行廊道串联各组团中心、魅力地标、空间节点，强化各组团及魅力空间之间的联系；打造三个层次的空间界面——园博韵律界面、自然景观界面和城市共享界面。交通系统策略：与城市用地布局协调，辅助轨道交通系统支持城市空间布局；与绿色走廊相配合，打造绿色通廊；道路密度适当高，宽度适当窄。形成实施性强、环境友好、尺度宜人的城市道路网络。城市空间与建筑风貌：除城市界面、开敞空间、地标等城市设计基本空间要素控制外，增加建筑色彩与建筑风貌分区控制，营造现代简约高效与中原民俗文化相融合的特色风貌区。文化传承：总结郑州市区及新郑文化积淀，提取黄帝文化要素，规划“龙脊绿道”串联规划区公共中心，龙脊绿道上规划“华夏九州”，打造不同文化特色公共空间体验。

【《郑州市二七区马寨镇新镇区控制性详细规划》】 2016年3月2日，《郑州市二七区马寨镇新镇区控制性详细规划》经郑州市人民政府批复（郑政函〔2016〕49号）。

规划范围：《郑州市二七区马寨镇总体规划（2011—2030年）》中确定的马寨新镇区建设用地范围，即郑少高速公路以东，尖岗水库一级水源保护线以西，航海西路以南，绕城高速辅道以北区域，规划范围总用地面积为612.43公顷。

规划目标：规划整合马寨新镇区内现状优势资源，突出新镇区优美的自然生态环境，以生态型规划为切入点，以自然生态景观、新区文化为特色，以生态人居、休闲游憩、旅游服务为主导职能，梳理新镇区内道路交通、景观环境，通过城市设计、用地布局、公共服务设施规划等，形成配套设施完善、环境优美的生态镇区、休闲镇区、魅力镇区。

用地功能与结构：规划形成“一环、两轴、两心、六片区”的功能结构。“一环”：沿郑少高速公路、航海西路、南四环、绕城高速辅道的防护绿地以及尖岗水库一级水域保护区内的生态绿地环绕整个规划范围，形成一条绿色的环廊。“两轴”：沿椰风路打造东西向功能拓展轴，加强与老镇区之间的联系，实现新老镇区功能拓展互补；沿萍湖路打造南北向生态旅游休闲轴，通过萍湖路绿道将各类旅游休闲设施联系起来，加强新镇区的生态旅游休闲功能。“两心”：在萍湖路与景中路交汇处打造一处旅游服务中心，在萍湖路与宜湖路交汇处打造一处文化休闲中心。“六片区”：在椰风路与景中路交汇的核心区域打造一处综合服务片区，在萍湖路东侧的近水区域打造一处旅游服务片区，在南四环北侧结合快乐星球影视基地打造一处文化休闲片区，结合居住用地布局在规划范围内形成三处生态居住片区。绿地系统规划：绿地系统建设与新镇区发展建设同步，规划构建“绿环、绿轴、绿链、绿心”生态网络绿地系统，实现人与自然和谐共生，打造富有滨水特色的城市绿地系统。

【《畅通郑州白皮书（2016—2018）》】 2016年1月19日，《畅通郑州白皮书（2016—2018）》经郑州市规划委员会第44次会议审定（郑规会纪〔2016〕1号）。并于2016年7月，在全市新型城镇化建设暨城市工作会议上，正式面向社会发布。畅通郑州白皮书（2016—2018）提出的总体目标是：建设国际航空大都市，打造“一带一路”通道上国际化、现代化、立体交通枢纽体系，构建高效、便捷、绿色、有序的综合交通系统；提出的发展重点是：继续坚持“域外枢纽、域内畅通”总体目标，提升郑州综合交通枢纽地位，建设国际空港和国际陆港，推进“米”字形高铁网络、城际铁路、城市路网建设、智能交通等工程建设，提效交通管理并加强轨道交通成网和公交都市建设，开展精细管理，促进绿色出行和智慧出行。

【《郑州市城市轨道交通线网规划》修编】 2016年5月4日，《郑州市城市轨道交通线网规划修编》经郑州市人民政府批复。规划背景：随着郑州航空港经

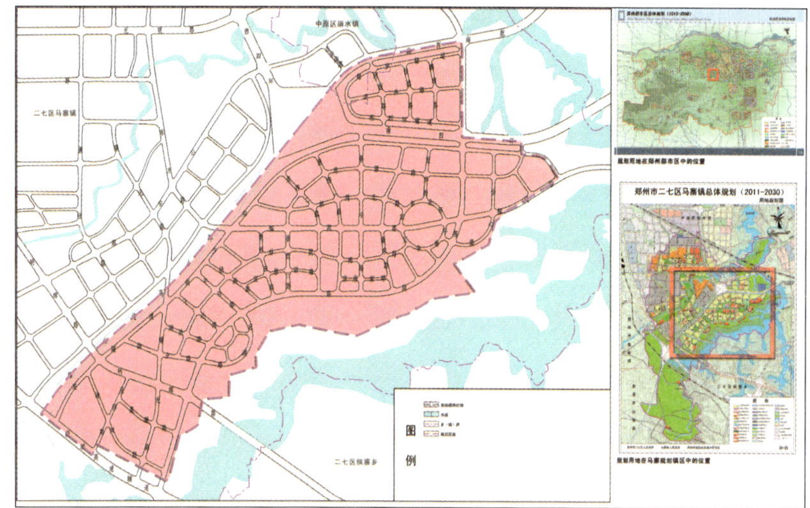

郑州市二七区马寨镇新镇区控制性详细规划区位与规划范围图

济综合实验区的获批、郑州都市区总体规划的实施及国家“一带一路”战略等上位规划条件的变化，市规划局适时启动新一轮轨道交通线网规划修编工作。轨道交通线网规划修编以“交通先行、轨道交通主导、规划引领、科学布局”为规划方针，以“稳定既有、分层规划、双心放射、衔接三城、兼顾组团”为指导原则，主城区线网形态呈“米字+一环两横四纵”布局，市域快线形态呈“三角锚固+五轴放射”布局。规划至2050年，郑州市城市轨道交通线网由21条线路组成，总规模959.2公里，车站510座，覆盖范围涵盖了中心城区、航空港区和东、西、南三座新城，以及新郑、新密组团。规划年限：基准年2016年，近期与《郑州市城市总体规划（2010—2020）》远期目标年保持一致，为 2020 年。远期与《郑州市都市区总体规划（ 2012—2030 年）》远期目标年保持一致，为 2030年。远景：综合考虑资源与环境容量而得出的城市理想发展状态对应时点，并以郑州市远景发展研究、“一带一路”战略、国际商都发展战略等为依据，暂定为 2050 年。规划范围：郑州市行政辖区范围，包括 6 区、5 市（县级）和 1 县，总面积 7446.2公里。重点研究范围：郑州市中心城区、郑州市航空港经济综合实验区、东部新城、西部新城、南部新城。规划内容：根据郑州市城市总体规划、都市区总体规划、城市综合交通规划、都市区综合交通规划及其他相关规划、城市人口增长情况，利用科学手段预测城市客运交通的需求。对上版线网规划和在建线路进行分析总结和进一步梳理，结合国内外轨道交通发展过程中出现的问题，并在本次线网规划中进行弥补。依据其他相关规划调整和城市发展情况，对线网构架进行进一步分析。根据上述几个方面的研究，及“面—点—线”的梳理，研究确定郑州市轨道交通线网 2020 年方案。结合 2030 年城市规划条件，研究确定轨道交通线网 2030 年方案。以此为基础，拓展形成远景线网。为郑州市轨道交通线网主要站点及其车辆段的选址、规模方案，为城市用地控制提供规划依据。

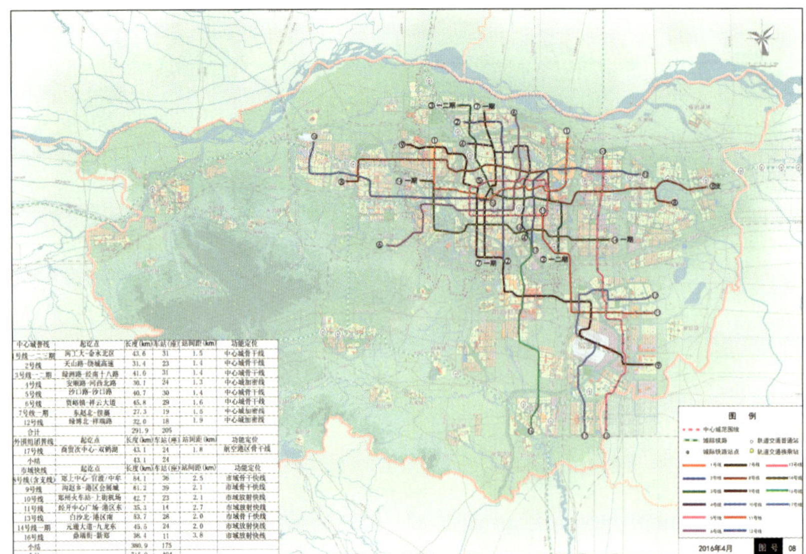

都市区轨道交通线网规划图

【《郑州市海绵城市专项规划（2015—2030）》】 2016年11月18日，在省建设厅的组织下，《郑州市海绵城市专项规划（2015—2030）》顺利通过专家评审。规划背景：为贯彻落实习近平总书记讲话及中央城镇化工作会议精神，大力推进建设自然积存、自然渗透、自然净化的“海绵城市”，依据《国务院办公厅关于推进海绵城市建设的指导意见》《住房城乡建设部关于印发海绵城市专项规划编制暂行规定的通知》等文件的要求，编制《郑州市海绵城市专项规划》。

规划范围：研究范围为郑州市域 7446 平方公里，规划区范围包括《郑州市城市总体规划（2010—2020 年）》的主城区，以及航空城、西部新城、白沙组团和九龙组团 4 个片区，规划面积共 1945 平方公里。规划期限：2015—2030年。近期2015—2020年；远期2020—2030年。规划目标：以海绵城市建设理念引领郑州市城市建设，促进生态保护、经济社会发展和文化传承，以生态、安全、活力的海绵城市建设塑造郑州城市新形象，实现“水生态良好、水安全保障、水环境改善、水景观优美、水文化丰富”的发展战略，构建完善的城市低影响开发雨水系统、排水防涝系统、防洪系统，完善城市生态保护系统，建立制度完善、手段智能、措施到位的管理体系，形成河畅岸绿、人水和谐、生态宜居、中原特色的海绵郑州。规划内容：郑州市海绵城市规划的主要内容包括：综合评价海绵城市建设条件，识别城市水资源、水环境、水生态、水安全等方面存在的问题；确定海绵城市建设目标和具体指标，提出海绵城市建设的指标体系；提出海绵城市建设的总体思路，因地制宜确定海绵城市建设的实施路径；构建海绵城市的自然生态空间格局，划定海绵城市建设分区，提出建设指引；落实海绵城市建设管控要求，将雨水年径流总量控制率目标进行分解，并提出管控要求；提出规划措施和相关专项规划衔接的建议；明确近期海绵城市建设重点区域，提出分期建设要求；完善保障措施和实施建议。

【《郑州市海绵城市示范区建设规划》】 2016年11月18日，《郑州市海绵城市示范区建设规划》经专家评审会审查通过。规划背景：为落实《国务院办公厅关于推进海绵城市建设的指导意见》提出的“2020年城市建成区20%以上的面积达到海绵城市建设要求”，针对近期建设重点地区，郑州市城乡规划局委托中国城市规划设计研究院和郑州市规划勘测设计研究院联合编制《郑州都市区海绵城市示范区建设规划》。

规划范围：包括郑州市民公共文化服务中心、郑东新区龙湖北区、白沙组团、龙子湖高校园区、马寨片区、闫砀—后河卢村片区、郑州高新区西部核心片区、郑州航空港双鹤湖片区、经开区滨河国际新城9个片区，示范区总面积150平方公里。

规划内容：（1）郑州市民公共文化服务区海绵城市建设示范区。郑州市民公共文化服务区海绵城市建设示范区，隶属于郑州市中原区，位于郑西铁路客运专线以南，西三环以西，航海西路以北，西四环以东，示范区占地面积36.7平方公里。市民公共文化服务区内水系发达，水面率达到15%，绿地率高达34.5%，现状以居住用地、空地、绿地为主，村落较多，大部分已拆迁，规划以居住用地、行政办公、商业用地、绿地为主，服务区内有奥林匹克体育中心、文化艺术中心、现代传媒中心等重点项目，具有较好的海绵城市建设基础条件。（2）郑东新区龙湖地区海绵城市建设示范区。郑东新区龙湖地区海绵城市建设示范区位于郑州市区东部新区，占地面积40平方公里，是为实施特大城市框架、扩大城市规模、加快城市化和城市现代化进程战略而投资开发建设的新城区。龙湖地区海绵城市建设示范区水面多，绿地率高达25%，整个龙湖水面面积约6平方公里，龙湖西侧有森林公园，现状用地以居住用地和拆迁空地为主，龙湖与周边多条水系连通，规划用地以居住用地、商业用地和生态绿地为主，水系定位为城市旅游休闲服务中心，以生态为特色的高档居住区，大部分为新建区，同时部分在建项目已纳入海绵城市建设理念，有一定经验和

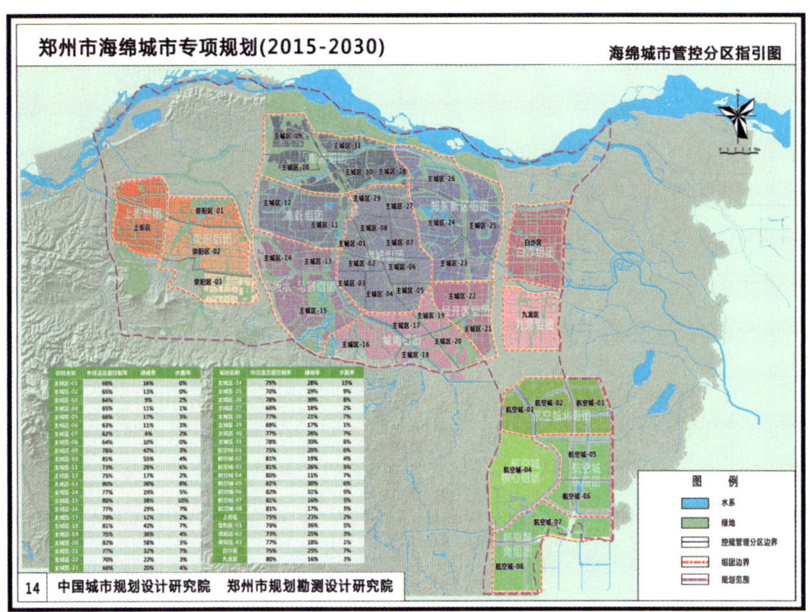

海绵城市管控分区指引图

示范作用，海绵城市建设本底条件较好。（3）郑州经开区滨河国际新城海绵城市建设示范区。郑州经开区滨河国际新城是郑州发展大都市区规划中经开新区组团的核心区域，占地面积10.5平方公里。经开区滨河国际新城现状主要为在建区域和空地，其中在建区域以居住用地、工业用地为主，面积约5平方公里，其他为空地；规划以居住用地、工业用地、商业用地为主，兼顾有防护绿地。有指导工业用地较多的新建区海绵建设的示范意义。经开区滨河国际新城范围内，现状绿地占比约30%，水面率约7.5%，潮河穿过规划区，是海绵城市建设的良好区域。

【《郑州都市区消防专项规划（2016—2030）》】 2016年5月19日，《郑州都市区消防专项规划（2016—2030）》经专家评审会审查通过。规划背景：为完善郑州都市区城乡消防安全体系，指导城市消防建设有序开展，编制完成了《郑州都市区消防专项规划（2016—2030）》。规划范围：郑州市行政辖区，总面积约 7446 平方公里。规划内容：为协调区域发展，建设都市区城乡统筹的消防规划体系，加强保障系统建设，规划各类消防站设施307座。此外还规划微型消防站、航空消防站、水上消防站以及轨道消防站等各类特种消防站，重点针对主城区微型消防站、特种消防站等各类消防站统筹布局；同时加强乡镇消防力量建设，保障公共消防事业城乡统筹发展需要。通过该规划将建立中原经济区综合协调指挥平台，推进都市区消防救援一体化建设；推广“三加一”消防规划体系，统筹城乡消防力量建设；制订消防设施建设及装备配备标准，指导区域消防队伍建设；规范制度及管理体系，推进区域消防管理标准一体化建设。能够贯彻“预防为主、防消结合”的城乡消防基本方针，健全消防指挥、救援、装备系统，构建城乡统筹、层级分明、功能完备的都市区消防体系，强化“平安郑州”综合防灾能力，全面提升郑州都市区公共消防安全保障水平。

【《郑州都市区通信基础设施专项规划（2016—2030）》】 2016年12月28日，《郑州都市区通信基础设施专项规划》经专家评审会审查通过。为推进城市通信基础设施建设，确保通信基础设施适应新型城镇化建设和信息通信技术发展要求，2016年9月，河南省通信管理局郑州市通信发展管理办公室组织中国铁塔股份有限公司郑州分公司、中国联合网络通信有限公司郑州分公司、中国移动通信集团河南有限公司郑州公司、中国电信股份有限公司郑州分公司四家公司联合开展《郑州都市区通信基础设施专项规划（2016—2030）》的编制工作。至2030年，都市区规划新增核心局房27座，其中主城区6座，航空城7座，东部新城6座，西部新城4座，南部新城4座；规划新增汇聚机房149座，其中都市核心区126座，外围组团23座。规划新增基站12471个，其中主城区规划新增4450个，航空城2220个，东部新城2117个，西部新城1078个，南部新城486个，外围组团共2120个。主城区规划新增主干光交箱1178个，航空城596个，白沙九龙组团234个。管道方面，老城区以完善和改造为主，新城区及外围组团以局房为节点，主干管道成环状连通，形成安全可靠的通信管道环网。

【《郑州市中心城区次高压燃气管道选线规划》】 2016年12月7日，《郑州市中心城区次高压燃气管道选线规划》经郑州市人民政府联审联批会审定（会议纪要〔2016〕94号）。规划背景：郑州市主城区各调压站供气点基本集中在四环，外围中压管网压力高，市区中心中压管网压力低，形成“四周高、中心低，漏斗形”供气现状，从而影响各类用户的用气需求。为解决中心城区低压区问题，优化能源结构，改善空气质量，特编制本规划。规划内容：规划线路南起南四环，北至东风路现状调压站，规划次高压管道沿永和路—渠北路—工人路—金水河—龙湖外环路—东风路敷设，线路连接四环高压南北两个半环，全长约20.3千米，管径为DN450，近期沿线新建5座调压站，远期增设4座调压站。规划次高压线路深入用气负荷中心，靠近大用户用气区域，能够有效缓解中心城区用气紧张局面，解决老城区气量增长，带动多个中压干管，提升主城区管网压力。

【《郑州市贾鲁河综合治理工程绿线规划》】 2016年7月28日，《郑州市贾鲁河综合治理工程绿线规划》经郑州市人民政府联审联批会审定（会议纪要〔2016〕51号）。贾鲁河郑州段全长137千米，本次绿线规划河段为综合治理工程整治河段，共49.67千米，包括尖岗水库至南水北调干渠段、北三环至象湖段、农科所桥至陇海铁路桥段和规划圃田泽。贾鲁河作为淮河支流沙颍河主要支流，串联多个城市功能区以及公园、湖泊等，是郑州市水生态文明的重要载体。贾鲁河综合治理工程是水生态文明城市建设的重中之重，是郑州市海绵城市建设的重要单元，也是发展文化旅游产业的新平台。此次规划绿线为贾鲁河两侧滨河绿带控制线，指贾鲁河综合治理工程整治河段蓝线外依法规划、建设的城市各类绿地范围的边界控制线，包括已建成绿地和规划预留绿地的控制线。通过贾鲁河综合治理工程及两岸绿地的建设在河流两岸形成连续的滨河景观，打造融合生态、休闲、文化、娱乐、健身等功能的复合型城市公共空间。

（谢 科）

城乡规划管理

【规划审批】 2016年，郑州市本级共组织召开规委会4次，研究解决重大规划问题15个；组织联审联批会12次，研究解决重点项目问题73个；召开疑难会9次，研究解决疑难项目问题59个。市规划局召开局长业务会和专题业务会48次，共研究项目问题270个。市规划局积极开展技术审查与行政审批分离和行政审批中介事项清理等工作，权责清单动态调整工作顺利完成，将“行政审批

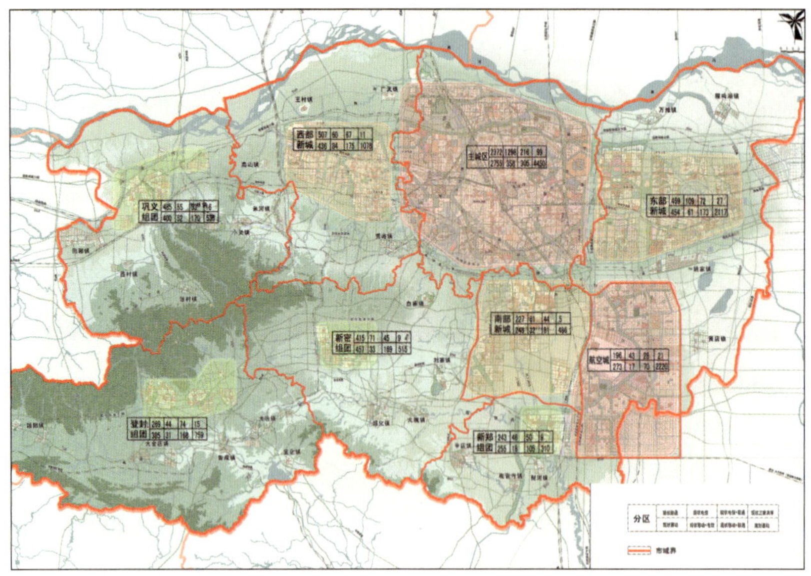

都市区通信基站规划总图

事项清单”确定的行政许可内容由4项减少为3项。同时，全年派驻规划并联审批窗口工作人员579人次，窗口服务5次被评为红旗窗口。市内五区共核发《建设项目规划设计条件通知书》279份，核发“一书两证”908项。其中，核发《建设项目选址意见书》88项，总面积734.97万平方米；核发建设用地规划许可证198个，总面积626.85万平方米；核发建设工程规划许可证（市政类）348个，总长度392.88公里；建设工程规划许可证（交通类）117项，总长度145.98公里；建设工程规划许可证（建筑类）157个，总面积1425.39万平方米。

【管理服务】 郑州市组织各县（市）区政府、管委会等16家单位完成2015年郑州市建成区面积统计工作。中心城区城市建成区面积为413.5平方公里，市域城市建成区面积为675平方公里。2016年，市规划局接收规划管理档案、施工图4000余卷；接待查询档案13500余人次、查询卷数16000余卷次。全年办理市长信箱信件123件次，办结率100%；办理依申请政府公开信息181件、人民网留言15件次，办结率100%。

【执法监察】 2016年，市规划局完成住建部第18期图斑督查工作；拆除违法建设1103起，面积约175万平方米；下达行政处罚告知书126份，责令改正通知书84份，行政处罚决定书30份，罚款处罚决定书80份，催告书24份，强制执行决定书34份；收缴罚款11937余万元；办理规划核实项目431件，其中出具验线报告288件，核发建设项目规划核实意见书143件；完成100余项工程项目的验线工作，验线工作量共计200余公里。

（谢　科）

住房保障和房地产管理

【概况】 2016年，郑州市房管系统面对复杂的经济形势和艰巨的房地产市场调控压力，以及不动产统一登记产生的矛盾等诸多问题和困难，创新思路，克难攻坚，各项目标任务全面完成。市房管局先后获得省级文明单位、全省房地产管理先进单位、郑州市人民满意的公务员集体、全市基层组织建设先进单位、郑州市综合工作先进单位、郑州市十件实事办理工作先进单位、郑州市人力资源和社会工作先进单位、郑州市政府信息公开工作先进集体、郑州市政务信息工作先进单位、郑州市机构编制工作先进集体等20余项荣誉。

保障性住房建设任务圆满完成。2016年，省政府下达郑州市棚户区安置住房目标任务为新开工棚户区安置住房102471套。截至2016年年底，全市新开工棚改项目124123套，占目标任务121.13%。基本建成保障性住房54526套，占目标任务121.17%；已分配入住10802套，占目标任务的108.02%。

房地产市场宏观调控成效明显。2016年，郑州市房地产市场运行压力较大，但总体维持平稳健康，为全市国民经济增长作出突出贡献。全市共完成房地产开发投资2779亿元，同比增长38.9%。完成商品房投放3186.62万平方米，同比增长17.95%，其中商品住房投放2394.30万平方米，同比增长20.91%。完成商品房销售3630.58万平方米，同比增长63.26%，其中商品住房销售3189.69万平方米，同比增长66.08%。全市商品房销售均价8298元/平方米，同比增长7.31%，其中商品住房销售均价8058元/平方米，同比增长9.50%。截至2016年年底，全市商品房累计可售面积3098.47万平方米，消化周期10.2个月，其中商品住房累计可售面积1091.18万平方米（121437套），消化周期4.1个月。完成二手房交易面积907.60万平方米，同比增长41.05%；二手房均价8474元/平方米，同比增长14.79%。

物业管理水平不断提升。2016年，全市物业服务企业总数1744家，其中一级资质企业45家，二级资质企业124家，三级资质企业1540家；外地进郑企业35家。累计物业管理面积突破2.4亿平方米，从业人员超过15万人。全年创建市级物业管理示范项目44个，推荐省级物业管理示范项目19个。

行政审批效能持续提高。以8月20日正式实施不动产统一登记为节点，8月20日前，郑州市共办理各类房屋登记38万件。8月20日后，共完成业务受理169806件，打印确认单130391份，发放确认单91584份。其中，产权交易受理59623件，打印确认单57917份，发放确认单45968份；抵押受理110183件，打印确认单72474份，发放确认单45616份。

【住房保障体系建设】 一是不断完善住房保障方式。郑州市政府先后出台《关于停止在商品房项目中配建公共租赁住房的通知》《关于进一步完善公共租赁住房保障制度的通知》，推动公共租赁住房由实物配租向实物配租与货币补贴并举，并逐步过渡到以货币化补贴保障为主的保障模式转变，进一步增强郑州市住房保障持续发展能力。全市累计发放公共租赁住房货币化补贴387.98万元。二是强力推进棚户区改造。坚持完善三级考核和督查机制，强化项目台账管理，大力推进项目建设，确保全市大棚户区改造任务顺利完成；加快棚户区改造货币化安置步伐，郑州市政府出台《关于推进棚户区改造货币化安置的实施意见》，并协助省厅在全省推广新郑市棚改货币化安置模式；有效提高棚户区改造货币化安置率，全年棚户区改造货币化安置10333户，占年度全部安置户数的8.5%。三是持续创新公共租赁住房分配方式。不断提升公共租赁住房分配管理水平，市房管局出台了《关于进一步加快公共租赁住房分配工作的通知》，全面实行公共租赁住房预分配制度，有效衔接项目建设与分配入住，尽量缩短分配入住周期，最大限度发挥公共租赁住房保障和改善民生的重大作用。四是积极推进经济适用住房遗留问题解决。针对经济适用住房遗留问题涉及环节多、解决难度大的实际，在市政府予以妥善处理的基础上，市房管局督促相关企业加快手续办理和工程建设进度，筹措房源，切实加快遗留问题解决进度。五是有序推进住房改革工作。市房管局进一步落实国家、省、市住房制度改革政策，做好公有住房出售工作，完成公房出售102件；稳妥处理遗留问题，有步骤地进行纠错纠误，全年共计

3月11日，全市住房保障和房地产工作会议召开

办理房改纠误4927件，支取货币化补贴253件，房改房拆迁注销1781件。

【房地产市场管理】 一是坚持因城施策，积极开展房地产去库存工作。市房管局指导各县（市）结合本地实际，分类实施商品房去库存政策，推动全市去库存工作取得较好效果，商品住宅库存绝对值出现连续减少，去化周期进一步缩短。全市商品住宅去化周期为4.1个月，较2015年缩短5.1个月；市区商品住宅去化周期为4.9个月，较2015年缩短3.4个月，各县（市）去化周期均小于12个月。二是精准发力，适时调整房地产市场宏观调控政策。根据市场情况的变化，郑州市及时将工作重点从商品房去库存转移到稳控市场态势、稳定住房价格。下半年，针对市场运行态势活跃、商品房库存量不断减少、价格上涨压力加大的情况，市房管局积极贯彻落实《郑州市人民政府办公厅关于在郑州市部分区域实施住房限购的通知》和《郑州市人民政府办公厅关于进一步加强房地产调控工作的通知》，严格执行郑州市部分区域实施住房限购政策，稳定房地产市场。市房管局开展郑州市区域重点项目和楼盘现场检查督导工作，印发《住房限购政策实施情况现场检查工作方案》，对现场检查存在问题的房地产项目进行暂停商品房网上交易处理，并进行约谈整改，监督指导房地产开发企业、房地产经纪机构认真履行责任，保证限购政策的有效执行。三是盯紧重点部位，强化房地产市场检查和指导。市房管局会同相关部门开展联合检查，大力整顿房地产市场秩序，不断规范新建商品房销售行为和存量房交易行为，在全市范围内开展房地产市场专项检查和商品房市场集中重点检查，共排查中介机构1226家，重点检查74家。不断加大违法违规行为查处力度，全年共依法立案查处房地产违法行为73起，有效净化市场环境。四是开展市场分析，引导企业发展。市房管局充分利用房地产市场专家咨询制度，不定期召开房地产形势咨询会和各层次开发企业座谈会，及时了解房地产市场形势变化及相关政策对市场的影响，每月定时发布房地产市场形势分析，科学引导市场预期；代市政府起草《郑州市人民政府关于加快发展成品住宅建设的实施意见》，引导企业逐步提高成品住宅的建设比例。五是加强开发管理，规范企业开发运营。郑州市严格落实房地产开发企业资质管理，进一步加强企业动态监管，建立资质强制退出机制，全年共作废过期开发企业资质1340家；扎实开展房地产开发项目交付使用管理工作，加大《交付使用细则》的贯彻落实力度，切实保障业主权益；着力推进开发企业信用管理工作，全年共记录企业信用信息109条，其中良好信息48条，不良信息60条，一票否决信息1条。全年有15家企业信用升级，7家企业信用降级。六是开展企业服务，优化房地产市场环境。市房管局采取灵活多样的服务方式，收集并建立开发企业问题台账，确保企业反映的问题得到有效解决；积极推进招商引资工作，组织客商参加省、市重要洽谈会和推介会，吸引众多知名房地产开发企业签约投资；加大问题楼盘整治力度，友谊广场、蓝堡湾两个项目中的可行政协调问题处理完毕，不再列入问题楼盘；加大清欠工作力度，其中涉及房地产开发企业拖欠工程款2.33亿元，完成清欠94.6%。七是创新监管方式，提高房屋租赁管理水平。建立巡查制度，在全市范围内开展房屋租赁工作巡查，及时有效地解决群众反映强烈的房屋租赁热点难点问题。进一步完善房屋租赁电子地图，增加各区域租赁信息发布功能，方便群众查询。加大房屋租赁备案工作力度，全年共完成房屋租赁非住宅管理面积1129.4万平方米，完成私房租赁管理156903户。

【物业管理】 一是物业管理政策体系不断完善。市房管局加大物业管理政策体系建设工作力度。协助省住建厅完成了《河南省物业管理条例（修订草案）》的起草工作。下发《关于加强物业管理小区低影响开发设施使用管理的通知》，认真组织物业管理小区海绵城市建设，积极支持海绵城市创建工作。印发《关于做好物业管理小区城市精细化建设管理相关工作的通知》和《郑州市居民小区扬尘治理实施方案》，推动以城市精细化管理为重点的物业管理有序开展。二是行业监管水平逐步提升。实施物业服务企业信用分级评定，加强对物业服务企业审批事后监督管理。进一步强化信息建设，提升物业管理的技术手段，积极促使互联网与物业行业的深度融合，强力推动智慧物业平台项目建设，搭建物业管理行业“智慧物业信息化综合服务平台”，已有91家企业、167个项目参与使用。开展物业服务企业监督检查，检查企业1056家，其中合格以上企业961家，不合格企业95家。三是物业维修资金管理更加规范。郑州市不断创新维修资金交存管理手段，全年共归集维修资金15.77亿元，核准划转维修资金5542.79万元，用于434个小区、共计2374幢房屋的维修和设施设备更新维护，惠及群众220729户。

【城市精细化管理】 2016年，根据市委、市政府的统一部署，市房管局在城市精细化管理工作中负责督促有物业管理小区加快推进充电桩的建设和整治规范工作，严查“四个区域”和“一环十五路”重点区域楼顶乱堆乱放现象。全市1309个有物业管理的住宅小区充电棚建设工作任务已全部完成，住宅小区大气污染防治、老旧小区物业管理等工作按计划有序开展，有效助推全市精细化管理工作。

【房屋安全管理】 2016年，郑州市房屋安全管理工作基础日益夯实。初步建立“四位一体”的房屋安全管理体系。郑州市政府出台《郑州市房屋安全应急预案》，使房屋安全管理应急工作有法可依、有规可循。2016年，在防汛形势十分严峻情况下，市房管局组织开展汛前老旧危房和直管公房安全隐患大排查，共排查出老旧危房和直管公房安全隐患40处、面积17104.5平方米，涉及居民户数437户，均按程序进行处理，确保全市城市房屋安全度汛。

【不动产统一登记工作】 一是积极推进房屋交易和产权管理与不动产登记业务衔接工作。市房管局提前开展调研，掌握周边省会城市的动态，积极向市政府提出厘清职责边界、试点区域先行等可行性建议。按市政府规定时间和节点

4月25日，住建部在市房管局办事大厅调研

完成人员和数据移交。主动调整工作流程和信息系统，加强教育培训，积极向社会公众进行正面宣传，保证工作顺利开展。正确面对问题，加大协调力度，强力推动房屋交易和产权管理与不动产登记两项业务的“合署办公”建设，在市房地产办事大厅为不动产登记部门设立窗口，配合市政府有序开展郑东新区、荥阳市房屋交易和不动产登记融合衔接试点工作。二是不断创新房屋交易工作方式。市房管局开展新建房屋楼盘表建立工作，共计发放各类房屋楼盘表确认单219件，面积约412.50万平方米；加强预收款监管，监管金额406亿元，监管面积622万平方米；规范测绘流程，全年共完成测绘项目4161个，面积4853.63万平方米。三是持续强化房屋抵押业务管理。积极探索开展抵押合同网签模式，努力实现从金融部门抵押网签到房管部门无重复劳动的高效办事程序。分批开展小额贷款公司抵押业务，拓宽小微企业融资渠道。积极开展房屋抵押业务，全年完成权利价值1424.45亿元，同比增长25.4%，为百姓购房、企业融资提供有力支持。四是不断加快房产档案规范化管理进程。市房管局积极探索房产档案智能化管理路子，深入挖掘内部潜能，提高信息化应用水平，推动自助查询机早日投入使用，切实提高查询效率；大胆开拓工作模式，调整优化房产档案归档环节；全年完成档案查询82万人次、档案整理20万卷、档案入库24万卷。五是不断提高公房管理和公房产权交易工作水平。加快推进市委北家属院两栋危楼加固改造工程建设工作，顺利让群众回迁入住。协调解决房屋征收过程中注销登记难题，办理直管公房房改售房244套，接收配套公司房产63套，审查上报划拨土地上房产转让单位25家，总建筑面积4.22万平方米。

【依法行政】 一是行政审批制度改革工作向纵深展开。市房管局按程序推进行政职能整合，对全市房管各项业务工作进行进一步的梳理和完善，加强管理和服务能力提升。通过整合办事窗口，将机关承担的行政服务事项全部移交办事大厅，设置综合性的咨询、辅导平台，推行受审分离，建立便民公众服务微信号等方式，最大限度精简办事程序，减少办事环节，缩短办理时限，推动“一口受理”工作稳步实施。二是机构改革和机关事业单位工资改革有序推进。市房管局按要求完成“三定方案”的自查评估，进一步优化结构，调整职能；按计划完成租赁处、信息中心、档案馆3家单位经费形式变更工作，确保机构正常运转和稳定发展；做好“五单一网”公共服务事项规范完善工作，加快政府职能转变；积极推进机关事业单位工资改革，做好养老保险改革工作；切实加强公务员管理，提升公务员队伍建设水平。三是行政诉讼、行政复议、行政处罚听证工作更加规范。市房管局通过优化诉讼工作流程、提高办案效率、引入法律顾问代理诉讼和履行行政首长出庭制度等措施，切实提高全局应诉水平，督促各诉讼案件有效运转，全年共受理行政诉讼案件186件，行政复议6件，行政处罚听证2件。四是机关规范化建设水平有效提高。市房管局深入推进“规范化建设年”制度汇编、清理工作，印发《局机关规范化制度汇编》；全年审核各类涉法文件165份，对《关于继续做好商品房预（销）售行为规范工作的通知》等4份规范性文件进行法制审核，对47份行政机关合同进行合法性审查，配合郑州市政府对招标、投标方面的规章和规范性文件进行全面清理，保留规范性文件2项，废止1项。五是服务型执法建设工作有效推进。市房管局在全系统开展行政执法“基层提升年”活动，确立市房地产监察支队为局“基层提升年”示范点，不断提升行政执法水平，全年累计受理案件167起，开展送法进社区、进企业、进广场宣传等便民服务活动24次。

【政风行风建设】 一是深入开展服务民生质量提升活动。6月起，市房管局在全局系统开展服务民生整治提升活动，通过认真查找群众办事的堵点和难点，制订整改方案，建立整改台账，梳理出41项整改措施，通过近半年的强力推动，整改效果明显。二是不断创新便民服务方式。市房管局完成东区办事大厅系统降噪工程，改善工作和办事环境；结合“一口受理”和不动产统一登记改革工作，整合窗口分布，梳理办事流程，提高办事效率，有效应对交易办证高峰；实行所有业务办理实名制，实现现场预约和微信预约相结合，规范交易秩序；积极开展大型社区服务、特殊群体上门服务，科学处理疑难办证，购置2部便民服务直通车开展流动服务；增设银行办公网点，有效进行业务分流，缓解办事大厅压力，全年在银行网点现场受理抵押业务77142件。三是持续提高行风建设工作水平。市房管局召开全市房管系统行风建设工作会议，下发行风建设工作文件，完善制度措施，签订行风承诺书，完成行风监督员换届工作；实行行风工作季报制度，开展行风建设年度考评，系统行风建设水平得到了稳步提升；全年累计开展行风宣传209次，发放宣传资料7.9万份，提供上门服务8309次，解决群众疑难问题380余个。四是大力整顿系统行风秩序。市房管局在全系统开展懒政怠政为官不为专项治理问责年活动，下大力扭转“不会为”“不敢为”“不想为”等不正之风；强化行风建设监督检查，不定期开展工作纪律明察暗访，对发现的违纪问题进行通报并限期整改；认真处理群众行风投诉，全年共受理群众投诉260多起，办结率100%。五是切实加强效能督查工作。市房管局严格落实督办职责，将省、市各级重点工作纳入督查重点，确保任务按节点推进，全年共转办各类工作事项239项，下发督办单263份，各类督办事项完成率达100%；按时开展季度和年度目标考核，促进工作有序开展，全年165项目标中，157项目标任务圆满完成，按期完成率95.2%。六是不断完善房地产网格化管理体系。市房管局打造精干管用的网格队伍，全系统1191人按要求下沉；积极开展教育培训，进一步提升下沉人员业务素质；厘清辖区房管社情底数，为规范房地产市场提供基本依据；开展房地产领域的“大巡查、大执法、大整改”，及早发现化解房地产领域问题。七是有效畅通多元化信访渠道。市房管局坚持落实领导干部接访制度，全年共处理各类信访案件2186起，办结2142起，办结率98%；充分发挥热线电话作用，接听各类语音电话78862人次；进一步加大

7月14日，省住建厅调研中牟、荥阳保障房项目

网络舆情处置力度，处理各类网络舆情6212件。

（文保成）

市政建设与管理

综 述

【概况】 2016年，郑州市城市管理工作认真贯彻市委、市政府部署，主动适应经济发展新形态，牢牢把握“三大一中”战略路径，坚持开放创新双驱动，以提升城市管理国际化水平为目标，以城市精细化管理服务为统揽，以创新城市管理体制机制为抓手，着力在增强城市综合承载能力和持续提升城市环境上下功夫，为推进全市经济社会发展作出积极贡献。

【城市精细化管理攻坚战】 2016年，郑州市以整治车辆乱停乱放、占道突店经营、垃圾乱堆乱放、小广告乱发乱贴等城市“四乱”问题为抓手，以“四区一环十五路”为重点，建立以办事处为主体的考核奖惩和市、区、街道、社区“四级联动”机制，坚持10天为1个周期，对城市精细化管理开展情况进行考核、点评、排名，实行最差乱点、最差路段挂牌督办，坚持“以一论效”，强力推进城市精细化管理攻坚战，初步构建“引入市场机制、深化全民参与、运用现代信息技术、坚持依法治理”的城市管理新模式，城市管理效能得到较大提升。通过整治前后数据分析，占道经营问题环比下降93.8%；市容环境问题环比下降66.79%；乱发乱贴小广告问题环比下降75.47%。

【市政设施管理】 嵩山路、金水路人改非、四桥一路铣刨复浇等道路大修工程竣工通车，工人路、淮河路等92.2万平方米路面中修改造完成，红旗路、纬二路、兴隆铺雨污水工程完工投入使用，彩虹桥大修防护工程已完工总工程量58%。同时完成149条路段、共计191.5公里硬隔离设施安装；完成道路地下空洞和老旧污水管网道路检测126.6公里，污水管网检测36.2公里；郑上路等21条道路路灯和“四桥一路”夜景照明设施更新改造完成，维修路灯17570盏项，综合亮灯率保持在98.50%以上。扎实推进城市黑臭水体整治，郑州市政府出台《郑州市黑臭水体整治工作方案》，完成城区水系、水体、明渠、明沟的普查，建立数据库，同时贾鲁河综合整治河道截污工程开工建设。努力破解市区停车难题，全年新增停车泊位15.1万个，其中公共停车泊位79235个，配建泊位72191个。

【公用事业】 （1）供水。集中供水阶梯水价得到全面落实，侯寨水厂、二七新城1#加压泵站建设项目顺利推进；完成了东周水厂原水管道反向供水和罗垌水厂出厂干管与市区管网联通；新建改建供水管网84.83公里，实现航空港区、市区供水、荥阳供水管网互联互通。（2）供气。博郑线至西四环高压管线及综合场站工程、郑汴天然气长输管道改迁工程配套场站竣工通气，新增燃气用户12万户；积极推进瓶装燃气市场安全规范发展，原有的17家液化气经营企业、19个液化气站已整合为三家公司。（3）供热。二马路热源厂“煤改气”工程11月13日点火成功，全市集中供热能力达到7911万平方米，新建、改建供热管网87公里，主城区热网覆盖率达到90%以上。（4）污水处理。马头岗污水处理厂二期污泥消化干化、污泥应急处理工程完工，新增污泥处置能力800吨/日；郑州新区污水处理厂已通水调试运行。

【环境卫生管理】 2016年，郑州市环卫工作进一步改进作业模式，变扫马路为“吸扫联动”，变“大扫把”为机械化，推广以机械化作业为主，人工清扫保洁为辅的作业模式。调整环卫工人配备标准，主、次干道人行道，非机动车道（含辅道）清扫保洁人员按照4000平方米，“二班半制”配备。每台清扫车辆至少配备2名环卫工人（跟车工）辅助作业。车辆驾驶员按照“三班制”配备，做到机械清扫道路无死角，清扫时间无空档。市城市管理局制订《郑州市支路背街环境卫生治理实施方案》，明确整治标准和整改时限，分批、分期对市区631条支路背街进行整改，“以克论净”标准由年初的50克/平方米达到年底的“双10”标准。新建公厕148座，提升改造公厕30座，购置机械化清扫（冲洗）车辆1004台，全市机械化清扫（冲洗）率达到85%。东部、西部两个餐厨垃圾处理厂正式开工建设，东部垃圾焚烧发电厂前期工作基本完成。

【扬尘污染治理】 2016年，郑州市继续强化扬尘污染治理工作。修改完善《2016年郑州市道路扬尘治理工作方案》和《2016年郑州市道路扬尘治理考核细则》。继续加大有偿清运力度，建立完善市、区、作业单位、班（组）四级检查机制，坚持旬排名月汇总。完成84个拆迁工地，共计2931.16万方积存拆迁建筑垃圾集中清运工作，全年共清理积存垃圾3568车，实施财政扣款2031.5万元。建立严格的清运公司退出机制，对没有安装北斗定位系统的渣土车和违规记分超过100分的渣土车，取消其清运资质。扎实开展严打“黑车”百日行动，有效惩治无证“黑车”等违法违规行为。持续推进露天烧烤暨餐饮服务场所油烟治理工作，协调推进区与区之间、办事处与办事处之间、社区与社区之间的纵向联合执法和联合管理，积极探索在市城市管理局的业务指导下，以各区政府、管委会及所辖办事处为管理责任主体，组织城管、公安、工商、食药、教育、劳动保障等职能部门开展的“横向”联合执法和联合管理模式。

【提升县级城市管理水平三年行动计划】 提升县级城市管理水平三年行动计划是省政府为提升县级城市管理水平作出的重要部署。郑州市12项重点任务均取得明显成效，人均道路面积达到14.5平方米以上，道路完好率达95%以上，桥梁完好率100%，亮灯率达93%以上；供水、供气、污水处理管网铺设基本达到全覆盖，供水、供气

普及率及污水处理率达到了80%以上，供热面积不断增加；公厕数量基本达到每平方公里3座，垃圾中转站达到每2平方公里1座的标准，生活垃圾无害化处理率达到90%以上，郑州市县级城市管理朝着“路畅、街净、河清、城绿、居美”的目标有序推进。

【便民服务】 2016年，市城市管理局修订完善城市防汛、除雪应急预案，汛期来临前对全市排水设施进行疏挖和维护，对城区积水点、排水管网进行拉网式排查，确保城区安全度汛。同时不断加强应急服务处置中心建设，实行24小时专人值守，接到群众反映的问题后，1小时内到达现场，进行先期处理，避免给行人造成伤害，全年共接到新闻广播、“12319”城建热线、数字化指挥中心、市城市管理局微博信息平台、“市城市管理局立刻办”以及群众来电反映的线缆下垂、路面塌陷、窨井盖破损、管网爆管等各类问题4275件，办结率100%，满意率100%。市城市管理局新浪微博全年共发布微博5592条，粉丝总量突破65万，回复处理网友各种问题6000余件，其中职能内问题近4000件。

（孟芳萍）

市政设施养护

【概况】 2016年，郑州市市政设施养护工作以郑州市新型城镇化建设为契机，以实施城市精细化管理为统揽，以提高市政设施养护维修质量、切实提升市政设施管养水平和全面改善市政设施整体面貌为工作目标，致力于打造市政设施精细化管理示范设施，不断引进先进工艺、创新管理办法，加强制度建设、队伍建设、作风建设，市政设施管理养护维修水平再上新台阶，市政设施面貌得到显著提升。2016年，共完成产值3.98亿元，其中，养护工程产值0.77亿元，建安工程产值3.21亿元。

【市政设施管理养护】 市政设施养护维修方面，完成车行道维修101.44万平方米，维修率9.55%；人行道维修7.51万平方米，维修率2.44%。道路掘动管理方面，全年共办理破路证26份，面积285.2平方米，收取道路掘动费用20.47万元;办理占道证1738份，总面积3.6万平方米，收取占道费93.25万元。窗口服务及为民服务方面，共受理社会各界来电、来访4970件，受理数字化中心案件10268件，接受上级督办件及人大、政协建议121件，全部在规定时限内办理完毕，办结率100%。

【市政设施防汛除雪】 2016年，郑州市市政工程管理处在汛期之前按计划将全市雨水排水设施全部疏挖一遍，对重点区域和易积水区域持续疏挖。同时制订抢险预案，成立抢险突击队并提前开展抢险演练，并按计划安装窨井防护网2100套。汛期，累计出动抢险人员4340人次、抢险车辆870余台次、移动泵车130台次，设置安全警示框1880余套，确保汛期安全。在冬季除雪工作中，累计抛洒融雪剂84吨，出动专业除雪机械66台次，运输保障车辆95台次，出动除雪人员1100余人次，确保管辖范围内设施的出行通畅。

【城市道路大中修改造（复浇）】 2016年，郑州市市政工程管理处对市区部分道路和路段进行大修和中修改造工程，截至2016年年底，嵩山路、华山路、天明路道路大修工程，金水路非机动车改造工程，四桥一路铣刨复浇工程，中原路下穿京广铁路地下通道改造工程，市管道路中修工程等均已完工。在建工程包括商城路、电厂西路、福利院路等道路大修工程。

（1）嵩山路道路大修工程（淮河路至中原路）。该工程于2016年3月2日开工，2016年6月28日竣工。主要工程量：雨水支管0.45公里，沥青路面5.48万平方米。（2）华山路道路大修工程（建设路至淮河路）。该工程于2015年5月19日开工，2016年5月25日竣工。主要工程量：雨污水管道2.87公里，沥青路面6.75万平方米，人行道2.25万平方米。（3）天明路大修改造工程（红专路至北三环）。该工程于2015年9月5日开工，2016年12月30日竣工。主要工程量：雨污水管道3631米，沥青路面10.18万平方米，人行道5.59万平方米。（4）金水路人行道改非机动车道工程（文化路至东明路）。该工程于2016年2月25日开工，2016年4月1日竣工。主要工程量：沥青路面9000平方米。（5）四桥一路铣刨复浇工程。该工程于2016年5月23日开工，2016年6月26日竣工。主要工程量：沥青路面9.23万平方米。（6）中原路下穿京广铁路地下通道改造工程。该工程于2016年9月3日开工，2016年11月20日竣工。主要工程量：拆除瓷砖8789平方米，喷墙面漆5404平方米。（7）市政道路中修工程。该工程于2016年3月15日开工，2016年12月31日竣工。完成黄郭路（南四环至南水北调桥）、工人路（建设路至中原路、汝河路至陇海路）、紫荆山路（金水路至顺河路、城北路至东大街、新郑路至航海路）、大学北路（中原路至金水路）、嵩山南路（南三环至航海路）、南阳路局部、东西大街（二七广场至熊儿河桥）、丰庆北路（国基路至三全路）、淮河路（京广路至昆仑路）、桐柏路（农业路至航海路）、纬五路（经八路至花园路、姚寨路至经四路）、东风路（南阳路至文博西路）、嵩山北路（中原路至建设路）、金水路局部、中原路局部、花园路（农业路至黄河路、农科路至国泰路）、黄河路（经三路至政六街、经五路至经八路、黄河北街至卫生路）、郑汴路（东明路至熊儿河桥）、未来路（顺河路至航海路）、福寿街（解放路至大同路）、兴华街（中原路至金水河）等21条道路。主要工程量：沥青路面100.13万平方米。

【市政排水管网改造】 红旗路污水工程、纬二路雨污水工程、兴隆铺污水工程、冉屯东路雨污水工程、兴华街污水工程已完工。在建工程包括大学南路辅道雨污水工程、南四环辅道雨污水工程、杨金明渠雨水工程、西干渠截污工程、郑密路辅道雨污水工程等5项工程。

（1）红旗路污水工程。该工程于2016年2月27日开工，2016年4月30日竣工。主要工程量：污水D500混凝土管842米。（2）纬二路雨污水工程。该工

二七区精细化观摩点评会

程于2016年5月20日开工，2016年12月24日竣工。主要工程量：雨水1.6×1.2涵374米，污水D500管205米。（3）兴隆铺路污水工程。该工程于2016年6月16日开工，2016年11月6日竣工。主要工程量：污水D800管417米。（4）冉屯东路雨污水工程。该工程于2016年5月19日开工，2016年12月6日竣工。主要工程量：雨水1×0.8—1.2×1涵311米，污水D500管529米。（5）兴华街污水工程。该工程于2016年9月27日开工，2016年11月6日竣工。主要工程量：污水D500管415米。

【城市照明设施管理】 2016年，市城市照明灯饰管理处共维修路灯21728盏项，设施整修36838处，整修、更换灯门3918处，敷设更换低压电缆21200余米，处理设施故障3126处，维修、改造台变223台次，清理路灯检查井7800余座，综合亮灯率达到98.48%以上，设施完好率达95.66%以上。

城市照明设施综合整治。全面查找职责范围内带病运行的、薄弱的、存在安全隐患的问题设施，依序逐条道路、逐个项目制订整治计划。共整治道路245条，维修更换路灯8068处，设施整修12120处，清理路灯检查井650余座，维修更换路灯检查井及井盖334座，补装丢失灯座门469处，敷设更换低压电缆8250米，包扎电缆头799处，检查维护箱台变135台次，维修更换交流接触器400余个，维修处置高低压线路故障130次。

路灯设施安全管理。实行“一岗双责、属地管理”，坚持安全隐患大排查制度，重点巡查各类有可能损坏路灯设施的施工地段和区域，控制、降低损害路灯照明设施的违法行为，及时发现和消除设施故障及安全隐患。全年，共检查道路4607条，路灯19.3万余盏，拆除各类违规违章广告及悬挂物357处。

城市照明设施建设。《郑州市城市照明专项规划》完成编制，已经通过省住建厅专家评审。《2016年道路照明设施更新维修项目》《路灯智能漏电保护器建设方案》《郑汴立交夜景优化改造方案》编制工作已完成。伊河路等21条道路照明设施更新维修项目已完成招标报名工作。完成了河南廉政教育中心夜景照明工程、市区22座立交涵洞隧道照明设施安装工程、道路照明工程检测检验工程的竣工结算评审工作。

【城区河道管理】 2016年，郑州市城区河道管理工作强化“两河一渠”日常管理，突出“水清河美行动”（重点是城市入河排污口治理）、“城市精细化管理服务先行区建设”、城市黑臭水体整治等重点，圆满完成各项目标。（1）开展园林景观整治提升工作。进一步提高绿化管理水平，在“两河一渠”共栽植摆放草花35610株。对

东风渠美景

奥斯卡影都至石桥游园、北二七路至人民路段进行苗木补植补栽，共栽植乔木376株、灌木2.12万株、清除干枯枝10577株。对河区斑秃进行补植补栽，改造草坪30070平方米、补栽草坪斑秃56706平方米。积极做好草坪、苗木的日常养护管理工作，充分保持植物外形整齐美观。认真做好病虫害防治工作，确保河区植物长势良好。（2）开展环境卫生整治工作。开展市容环卫综合整治活动，加大清扫保洁力度，清运垃圾9398立方米，基本保持河区无明显烟头、瓜果皮等杂物，积水、浮土、焚烧杂物、乱贴乱挂等现象基本消除，确保滨河公园园容园貌整洁有序。（3）城区河道防汛工作。制订防汛工作方案，组建了近200人的防汛抢险队伍。对沿河橡胶坝等防汛设施进行全面检修，落实橡胶坝操作、检修责任人，确保橡胶坝随时启闭自如，泄洪畅通。实行24小时值班制度，时刻监视汛情，确保城区河道安全度汛。（4）行政执法工作。查报河区雨水管口遗漏污水317次，清理劝阻各种违章占道经营摊点9920处、乱搭乱建241处、乱贴乱画918处、违章施工44处、乱倒垃圾139处、踏踩草坪2650人次、破损市政设施13处，噪音污染治理34次，劝阻遛狗12327次，收缴流浪犬53只。（5）河区设施养护。进一步加大河区设施的养护维修力度，全力做好园路、广场、护栏、照明设施等市政设施的维护保养工作，完好率达98%以上。检修供水设施79处次、供电设施2385处次、橡胶坝等相关设施1093处次。

【环城快速公路管理】 2016年，环城快速公路管理工作以全面提高快速路管养精细化水平为重点，以实现快速路道路整洁、路面平整、设施完善为目标，全面推行精细化管理模式，努力实现快速路管养各项目标实现跨越式发展。（1）环卫保洁工作。完成机械化和人工全面清扫道路日均4遍，桥面、路面冲洗37142万平方米，清洗防撞墙、隔离墩等设施3579万平方米，刷洗隔声屏障1172.4万平方米，擦洗桥栏、护栏3.8万米，擦洗防眩板182000块，降尘洒水62762吨，清除各类小广告77637处，清理废弃物、遗撒砂石、淤泥渣土等149170处次，清运垃圾19810立方米，清理突发垃圾2074车，清排路面、桥面积水9086处次，抛撒融雪剂465吨，擦拭反光防撞桶660只次，人工清掏下水孔40256处次，处置突发环卫问题292起。（2）道桥养护工作。强化道桥巡查，及时发现并排除隐患，合理安排道桥维修养护工程，按月统计、汇总各类报表，实现了快速路养护制度化、规范化。依法查处擅自开挖道路、埋设架设管线、构筑建筑物等行为。全年共完成沥青路面修补11152平方米，人行道修补886平方米，侧平石修补887米，沉陷处理42立方米，桥栏杆维修33米，水泥路面维修17平方米，护栏维修24米，路缘石维修144平方米，地下通道瓷砖修复5平方米，受损隔音板拆除4.5米。完成了拜祖大典前迎宾路至贾鲁河桥段道路复浇和中州大道连霍高速口设施综合整治；对南三环机场高速泵站进行清淤，共计清淤576立方米。彩虹桥大修改造工程按照工作节点有序推进，共完成折返段工程量的55%，全部防护工程总量的24%；加强对彩虹桥严重病害应急处置，更换锈蚀严重构件9根、涂刷防锈漆461.76平方米。（3）市政设施行政执法工作。严格查处擅自埋设管线、构筑建筑物等行为。及时发现并制止损坏道桥设施行为。针对夜间张贴、喷涂小广告等突出问题，开展夜间执法，发现一起查处一起。针对渣土车乱倒垃圾、沿路遗撒严重状况，

采取“沿线跟踪勤协调、现场值守治源头”的办法尽力解决。开展遗撒、乱倒渣土垃圾治理工作，执法人员轮流排班，24小时路上巡查，严查渣土车遗撒行为。全年开展联合集中执法9次，拆除占道乱搭乱建6处，查处非法破路、顶管2起，处置限高架被撞受损25处次，拆除软体条幅510处，清理立交桥下堆放杂物15处，协调处理涉及道路设施交通事故15起，规范道路施工围挡设置21处，劝离立交桥下滞留闲散人员600余人次，及时发现并通知相关单位处置窨井塌陷22处、井盖丢失36处。

【二七广场管理】 （1）开展占道经营、突店经营综合整治工作。清理周边结合部占道经营商贩500余人次，制止突店经营200余次。拆除郑州华联东侧玻璃幕墙大型喷绘1处，约600平方米。拆除天然商厦喷绘1处，约100平方米。收缴小广告30000份，清除乱涂乱贴小广告120处，橱窗广告3处，条幅22次处，道旗52面，违规门头牌匾8处，移动灯箱1处。清理乱停乱放机动车200余台次，非机动车800余辆，张贴温馨提示500份。清理、劝退盲流、乞讨人员500余人次。（2）实施二七广场绿化美化提升工作。按照精细化管理工作要求，环卫工作坚持“以克论净”标准，每日清扫（晨扫）面积4.8万平方米，冲刷面积1500平方米(冬季除外)，每日流动保洁面积23.5万平方米，擦拭廊桥玻璃面积4500平方米，清理积雪4.8万平方米，地面保洁落实“3105”工作法。每日清运垃圾3次，日清垃圾约4吨，清运垃圾2000吨。按照季节的变化和实际情况，进行苗木补栽、草花更换2次、绿篱修剪、施肥、除病虫害，浇水等。全年共更换苗木1.4万棵，其中太阳花1万盆，麦冬4000棵，橄榄1万盆。（3）加强二七广场设施维护。按照“小损小修、勤修快修、厉行节约”的原则，共维修灯具55次，更换维修配电箱14处，更换维修喷泉水泵29个、更换维修喷泉变频器19个。维修更换加固下水篦子36次、整理维修琴键灯玻璃地砖56次、疏通整理下水设施11次、维修整理仓库17次，更换维修地砖200平方米左右，调试、维修监控系统38次，调取监控资料67次，维修草坪栅栏260米，维修广场城市家具67次，维修草坪用水管13次，更换维修加固廊桥玻璃与不锈钢部件39次。

【郑开大道市政管理】 市政设施管理工作。不断完善管理制度，规范管理程序，提高管理水平。完成更换、维修侧平石248米，加固更换雨水箅子8套、警示柱130套，更换边沟盖板69块。维修雨水支管120米，加固雨水井16座。清除沿线桥梁、涵洞及侧石等处的违章广告和乱涂乱画，乳胶漆整体粉刷桥涵护栏及侧石4914平方米，喷涂新型防涂鸦抗粘贴涂料395平方米。对泵站及附属设施和主干管涵进行拉管清淤，并对泵站下游的防洪明渠进行扩宽疏浚，清淤3850立方米，扩宽疏浚管道明渠2.074万米。对辖区9座桥梁进行安全性检测评估。

路灯维护管养工作。坚持定期巡查和不定期检查相结合，随时掌握路灯设施的运转情况。共更换电缆2350米，维修路灯621座，更换灯泡531盏、镇流器214个、电容器186个、触发器269个、灯口189个、空气开关482个，排查低压线路36公里、高压线路32公里，处理低压故障点58处、高压故障点7处，维护保养变压器21台，检查维修路灯监控21台，检查灯杆906基，设施完好率达到98.5%以上，明灯率达到98%以上。

环卫保洁工作。制订《郑开大道市政管理处市容环卫工作考核办法和评比办法》，建立管理登记簿和督查登记制度，对清扫保洁工作开展不定期检查及评比。对雨水井疏挖、溢撒物污染路面等现象进行治理。全年清理垃圾900吨，每月对1720座水井进行疏挖。督促环卫公司及时清理积水，对道路进行检查，查看积水、塌方、电线灯杆倾斜等安全隐患。

防汛除雪工作。按照“安全第一，常备不懈，以防为主，全力抢险”的方针，认真做好排水设施的疏挖工作。汛期前组织对雨水泵站及涵洞边沟、集水井等重点部位进行疏挖、清淤；对泵站下游的防洪明渠进行疏浚扩宽，确保市政设施安全度汛。根据除雪任务，准备必要的应急除雪物资，调试好除雪车辆，并按照除雪责任区域划分、除雪质量标准要求、除雪工具的使用管理、除雪过程中的人身安全和除雪后的检查等五项要求开展除雪各项工作。共动用撒布机22台次、轻型货车26台次、装载机8台、吊车1台，抛撒融雪剂90吨。

（王耀坤 林 倩 索建明 李亚锋 冯中伟）

市容环境卫生

【市容管理】 2016年，郑州市城市管理行政执法工作围绕城市管理中心任务，不断加大执法督察力度，全年共巡查问题25.66万余起，依法查处8942起，立案95起，结案87起，罚款24.05万元。

城市精细化管理工作。严格对照标准，深入开展对全市78个乡（镇）办事处的考核工作，共督察城市“四乱”问题17万余起，下达整改通知书1645份，督促整改占道突店经营5.97万余起，协助清理占道经营3510处。

大气污染防治督导工作。突出监测点周边1—3公里范围重点，结合中央环保督察组发现的问题，积极开展督导整改工作，完成34批、共148个问题的督办任务，排查餐饮服务场所14146家，下达督察整改通知书1705份；督促整改油烟净化问题185处、露天烧烤89处。

户外广告治理方面。突出“双节”“两会”、拜祖大典、国际会议、文明城市复审等活动保障工作，共巡查各类问题2167处，依法拆除481处、共计9万余平方米，督促整改592处、共计5万余平方米，清理条幅936处，督促更新公益广告257处。

燃气治理方面。严格落实巡查制度，积极开展专项整治，累计检查有证燃气站点1878次，登记安全检查记录1790份，下达整改通知书24份，查处无证站点11处，先行登记保存违规钢瓶160个。

养犬管理方面。结合办证和年检工作，全面加强督导检查，全年共组织

金水路立交夜景

垃圾处理中心设备运行中

联合执法22次，专项督察47次，检查重点区域4612处，发现违规问题2912起，现场纠正1115起，下达督察整改通知书170份。

【环境卫生检查督导】 市环境卫生处调整了4个环境卫生督查组的检查周期及工作重点，进一步消除督查工作中的盲区，保证检查督导工作的成效性、检查过程的合理性、检查结果的公正性。全年，共检查市内道路7399条段，公厕4025座次，垃圾中转站1276座次；检查县（市）道路730条段，公厕421座次，垃圾中转站264座次，及时发现、督促各区解决问题14581处，确保环卫基础设施正常运转、服务市民，市区环境卫生水平得到稳步提升。

【积存垃圾有偿清运工作】 2016年，郑州市积存垃圾有偿清运工作严格落实市区积存垃圾有偿清运制度，创造全市清洁有序的生活环境。市环境卫生处加大巡查力度，及时清运市内积存垃圾，共对市区147处积存垃圾实施有偿清运5499车，共计27484.32立方米，上报市级财政核减责任单位经费人民币2827.475万元，市区环境卫生状况得到显著改善。

【道路扬尘污染治理】 2016年，郑州市道路扬尘治理工作按照10天1个周期，采取每个周期轮换检查区域的办法，对全市75个街道的道路清扫扬尘情况“以克论净”。督促全市各区政府及开发区管委会做好监测点大气污染防治工作，在郑州市8个大气污染防治监测点周边道路1公里范围内，选取2条道路，每条设2处点位，进行检查称重，发现超标路段定期组织复查。全年，共称重检查市区各街道道路8181条段，称重点位24543处，上报大气质量监测点周边称重日报和道路扬尘日报共计432期。

（薛芳礼　季松茂　杨　帅）

数字化城市管理

【概况】 2016年，郑州市数字化城市管理工作依托指挥系统平台和网格化管理方式，做到有案必派，有派必应，确保不出差错。通过信息平台共派遣数字城管案件1370467件，派遣率100%；完成督查案件1194469件，督查率100%；组织现场查看127次、现场协调处置案件39次，下发督办通知书40份；办理督办协调案件1018件，办结1001件，督办协调率98.33%。

【案件派遣】 2016年，郑州市已基本实现数字化城市管理“二级”指挥体系，郑州市数字城管指挥系统内设1个一级平台；12个二级指挥平台，包括5个区政府平台，3个管委会平台，2个局委平台，2个专业部门平台。处置终端根据管理范围逐步扩大，涵盖市直职能部门、各个专业部门和乡（镇）办事处共计180多个处置终端。其中，新增处置单位10个，分别是铁通公司、郑州市水务局、郑州市轨道公司、郑州东站、河南报业集团，郑州报业集团，郑州地产集团，郑州广告公司、郑州发展投资集团、郑州建设投资集团等单位。开展“案件回头看”活动，由参与会议人员进行集中评议，对存在争议的案件，进行共同讨论和处置。开展现场学习活动，分组、分区到现场学习，切实提高案件派遣率。

【案件督办协调工作】 案件督办协调工作以“立足本职、破解难题”为主要目标，创新工作方式，通过现场督办协调，解决一批难点（重点）案卷。从社区入手，不断深入城市管理的末梢，走进社区，听取社区工作人员对社区工作以及城市管理工作的体会和建议，切实关注舆情民意，畅通诉求渠道，着力解决一批群众急难愁的问题，协调解决绿地不洁、机动车游商、工地管理等困扰社区和居民的难题200余件。从细节入手，不断加大案件督办协调工作力度，以“解决难点问题，提高处置效率”为目标，开展督办协调工作，对接办的每一件督办协调案件准确登记，对难点、重点问题及时进行协调。

【日常考核监督】 强化日常考核，深入调查了解工作开展情况，做到勤督促、严检查。对业务工作开展、岗位目标完成、考勤纪律等情况进行考核通报。对于工作滑坡的，及时提出批评，对工作成效显著的予以表彰。2016年，共发出考核通报12期。

（张　勇）

火车站地区管理

【概况】 2016年，在市委、市政府的正确领导下，火车站地区管委会紧紧围绕“国际商都形象窗口”建设，紧扣打造城市精细化管理“示范区”，保持“五项秩序”治理严管态势，加快推进基础设施建设，着力提升管理服务水平，圆满完成2016年目标任务，精细化管理成效进一步扩大。编印发放《郑州火车站地区精细化管理手册》1000余份，明确各管理单位、职能部门、公共单位、门店商户的职责，实现城市精细化管理的标准化、制度化。建立流动黑红旗制度，对公共单位落实精细化管理情况进行考核评比，通过悬挂黑红旗，提升公共单位的责任意识和管理的积极性，站区突出店外经营得到有效治理。向沿街商户逐一发放签订《城市精细化管理监督告知书》《沿街商户文明经营承诺书》，制作城管服务热线“12319”宣传版，告知商户文明经营，同时组装宣传车辆，坚持每天巡回播放精细化管理要求，调动全社会力量参与城市管理，形成人人参与、人人共享的良好局面。

强化日常巡查监管，安全生产形势平稳。以消防安全为重点，全面落实安全生产目标管理责任制，强化领导干部分包责任制和联合约谈制度，加强安全生产常态化监管。扎实推进安全生产各类整治活动，全面排查消除隐患，新建西广场消防站，完善各单位微型消防站，实施重大隐患挂牌督办和一票否决制度，实现安全生产连续5年“零事故”。截至2016年年底，共组织检查单位92家次，发现一般事故隐患112项处，整改112项处，整改率达100%，消除一批事故隐患，确保站区安全生产形势持续良好。

窗口形象进一步提升。扎实开展公共文明素养提升活动，制作宣传版面130块，利用横幅、宣传展板、电子显示屏、广告栏等各类载体，高频次、高标准刊播“讲文明树新风”公益广告和“图说我们的价值观”等内容，形成全覆盖的立体宣传网络，营造浓厚舆论氛围。强化精神文明建设，着力加强思想道德建设和宣传教育，大力推进公民文明素质教育，深入开展群众性精神文明创建活动，举办“共筑诚信，你我同行”主题道德讲堂。组织网络文明传播志愿者利用微信、微博传播社会主义核心价值观、建党95周年、“好人365”、英烈事迹、端午思亲等正能量，弘扬正气，传播文明，站区涌现出环卫工人肖梅花拾金不昧、执法队员救助走失儿童等一批好人好事，站区精神文明再树新风。

【城市管理示范区建设】 围绕打造城市管理示范区，扎实开展“城市管理整治提升年活动”，坚持“五个24小时”（24小时管理、24小时执法、24小时保洁、24小时服务、24小时督查）常态化全天管理机制、精细化管理黑红旗评比、联合执法机制、大督查机制、领导巡查机制、机关分包路段机制等六大工作机制，动员广大群众参与管理，发挥电子监控平台作用，持续深化城市精细化管理，取得显著成效，在市直委局组综合考核中9次排名第一，为保障拜祖大典、商贸投洽会、国际旅游城市市长论坛、国际少林武术节等重大活动的成功举办作出了窗口应有的工作。

【环境整治工作】 调整执法模式，强化夜间执法力度，全面取缔卖切糕车辆、夜市摊点、露天烧烤等违规行为，辖区58家餐饮场所完成油烟净化装置安装。新购3台执法车辆，清理占道经营、游商小贩、小广告、橱窗广告等，对17家公共单位的200余家门店实行台账式管理，逐店逐步治理，严密防控。严格“以克论净”要求，坚持“一日三扫、高压冲洗、洒水降尘、全天保洁”，定期开展搬家式大扫除，清除卫生死角，推进清扫保洁精细化，年度机械化清扫率达85%，保持大市容，获得全省环境卫生优秀单位荣誉称号。2016年，共计暂扣乱停乱放非机动车2963辆，卖馕、卖切糕等占道经营车辆121辆，其他各类物品4868件；清理流动商贩4780余人次，占道经营2120余起，突出门店经营1050余起，违规牌匾640处；清扫清运生活垃圾2742吨，清除乱贴乱画小广告9000余张；清理卫生死角400余处、积水点500余次。

【交通环境专项治理】 成立非法营运、治安秩序和商业秩序3个专案组，重点惩治机动三轮及摩的非法营运、叫客拉客、强行乞讨、售卖假冒伪劣等违法行为。同时联合市交运委执法支队加大对出租运营秩序整治力度，借助覆盖全区的高清电子监控系统抓拍取证，取缔残疾人出租车非法营运行为，清理南北出站口车辆乱停乱放现象，以及多名长期盘踞站区从事非法营运人员，达到强有力的震慑教育作用。截至2016年年底，共查扣非法营运机动三轮车1957辆、摩的1277辆，查扣非法营运机动车1191辆、拖移机动车2472辆，下达违章贴条7836张，现场处罚1830辆次，站区交通秩序明显好转。

【平安建设】 建立防暴恐联勤联动应急机制，实施常态巡控，开展定期演练，提升应急能力，保持震慑力，维护平安稳定大局。继续深化“平安站区”建设，扎实推进“平安广场”创建，组织领导车站公安分局、火车站派出所等部门开展惩治各类“黄牛”以欺骗、暴力等手段叫客拉客等现象。截至2016年年底，共清理叫客拉客人员1871人次、登记备案215人，行政拘留238人、刑事拘留175人、起诉43人、强制戒毒14人、抓获各类逃犯17人。

【市场环境监管】 以食品药品安全监管为重点，对全区食品餐饮经营场所进行拉网式摸底调查，对站区三个小吃摊群实施重点整治。开展公共卫生检测和爱国卫生运动，约谈涉嫌违规经营商户，要求限期整改，规范经营，并组织站区相关职能部门联合惩治非法经营、出售假冒伪劣、欺诈消费者行为，立案85起，处罚52万。顺利完成市场外迁任务，获得郑州市政府奖补资金529万元。

【城市精细化管理】 站区精细化管理水平得到提升。建成火车站地区视频监控系统，248个高清摄像探头基本实现地上地下监控区域全覆盖，全天候，无盲区。结合站区管理实际，建立健全监控中心工作机制。市交运委执法大队、车站公安分局、站区行政管理执法局、督察室等部门共享监控资源，实行联席办公工作模式，充分发挥监控平台直观、便捷、适用性强等优势，调查取证治理非法营运等各类违法现象，第一时间发现整改城市管理问题，为各类突发事件提供事实依据。同时通过无线网络、可视移动终端等技术，实现管委会领导和职能部门负责人随时了解掌控站区各区域实时监控信息，统筹安排，指挥调度，监督管理。站区监控中心正式投运，现场呼叫整改解决占道经营游商、摩的非法待客聚集等行为272次，督办站区业务部门现场处理解决机动三轮车非法营运、违章设置广告牌匾、积存垃圾、乱堆物料等各类问题2755次，为公安、交通执法等职能部门查询取证79次。

3.15志愿服务活动

【三年有机更新计划实施】 高标准加快推进站区三年有机更新计划实施，城市功能更加完善。完成东广场地下南北疏散大厅升级改造工程，为过往旅客营造整洁靓丽的全新环境。建立慢行交通导视系统，为旅客出行提供便捷。福寿街兴隆街、福寿街大同路人行天桥完成规划方案，并提交市规划局审核研究。西广场二期休闲项目已完成地下空间开发规划，通过专家评审，拟按财政全投的立项方式申请列入2017年城建大盘。地一大道负二层改建项目已由同济大学作出规划设计方案，论证和修正工作积极推进。聘请郑州轻工业学院易斯顿美术学院专家实地勘察设计，编制《郑州火车站东广场整体规划建议方案》《郑州火车站地区门头牌匾规划设计方案》，对站区18家公共单位门头牌匾实行“一楼一案”设计，部分产权单位及商户率先完成整改，其余单位整改工作按计划有序进行，站区形象得到较大提升。进一步完善市政基础设施，加大管养维护，新增、改造隔离护栏700余米，更换雨水篦子240米，维修地板砖1023块，对东广场出租车通道护栏实施改造，改造西广场污水管道100米。补栽各类树木67棵、草坪300平方米。发现整改夜景霓虹灯照明问题93处。

【便民服务】 进一步完善便民服务设施，在东广场增设残疾人专用公厕2处，彻底改造升级东广场地下公厕，并免费开放，为旅客出行提供便利。在地下南北疏散大厅设置联勤指挥室，由综合执法监察支队、火车站派出所等职能部门派驻人员强化区域管理，提供道路咨询服务，引导旅客顺利出行。坚持开展经常性志愿服务，文明创建和节假日期间，以管委会机关党员志愿服务队伍为主体，组织辖区单位职工、青年大学生等志愿者组成志愿服务队伍为过往旅客开展免费热水供应、道路咨询、车次查询、搬运行李等各类志愿服务，服务群众达13万人次。

（张广瑞）

公用事业

城市供水

【概况】 2016年，郑州自来水投资控股有限公司以“一保两提”为目标，强化发展规划、项目管理、安全生产、运营服务、技术支撑、智慧引领、创新管理等方面工作，进一步夯实基础，加快推进发展。编制完成《郑州市供水管网计量分区、管网压力监测和水质监测规划》，并积极实施。完成供水量38163.28万立方米，其中城区供水量35024.61万立方米；完成售水量32443.27万立方米，其中城区售水量29591万立方米。年度最高日供水量121.6万立方米，平均日供水量104.56万立方米。出厂水质、管网水质、管网压力全部达标。人均供水量17.88万立方米，给水全员劳动生产率达21.35万元。全年修复漏水点2634处，其中DN500以上供水管道漏水抢修41处。配合做好城市轨道交通建设等其他市政工程建设，做好供水管网迁改与维护，完成迁改任务35处。

【供水综合保障】 集中供水阶梯水价得到全面落实，实现航空港区、郑州市区、荥阳市供水管网互联互通，形成各区域供水互为支撑，供水保障能力进一步增强。提升南水北调水源利用率，年内采用南水北调水源3.18亿立方米，全年使用南水北调水源占取水总量的90.7%。加强区域供水统一调度，密切关注制水生产、管网压力关键环节运行参数，结合实时运行数据，优化运行方案，全年供水系统运行平稳。推进水厂技术进步及生产管理水平进一步提升，加强管网运行安全监护，加大管网巡查力度，增强突发事件应急处置，增强供水管道安全。应用新型漏水检测技术，做好突发性漏水抢修与计划性检修，均衡区域供水管网压力，调整管网相应供水区域，进一步优化市区管网压力，局部低压区供水得到改善，供水系统平衡有序。

【供水工程建设】 侯寨水厂工程中途提升泵站建设用地规划许可证已获批，完成安检、地评、物探及厂区控规等前期工作，进入厂区及管网施工、材料招标工作阶段。刘湾水厂工程，厂外配套管网总计完成30.9公里。罗垌水厂工程6月初完成中原西路出厂干管铺设，郑州市区和荥阳市区供水管道实现贯通互联。管网工程累计完成84.83公里。结合中原路塌方抢险工作，完成中原路（桐柏路—嵩山路）约1300米老旧管道改造。加压泵站工程，完成二七新城1#加压泵站主体施工，进入设备安装阶段；南环加压泵站和王庄加压泵站工程前期立项及环评等工作进展顺利。配合郑州市十三五时期轨道交通建设，做好管线迁改工作。抢修基地及维修站点工程，管网抢修及物资供应仓库施工有序推进，西四环等4处抢修基地工程可研及节能、环评等前期手续按要求办理。桥南水厂和龙湖水厂工程立项工作已经启动。同时，完成15051户户表改造工作。

【供水安全】 开展安全生产综合整治行动，加强供水设备、设施安全检查和隐患排查。完善突发供水生产安全事故应急预案，做好突发事故应急演练，从突发停电、泄氯、原水不足、管网抢修等环节进行应急演练，规范应急管理。做好管网安全监护和预防维护，强化安防体系建设，做好消防、防汛和平安建设，确保生产安全稳定。

【供水营销管理】 2016年，郑州市自来水公司供水营销工作实现新跨越。1月1日，郑州市顺利实施新阶梯水价。全面启动压采地下水、封停自备井工作，完成井水改用自来水项目7项。认真贯彻执行《郑州市城市供水管理办法》，健全偷盗水查处措施、追偿标准和考核办法，加大对损坏供水设施、市政施工偷盗水等违法行为惩治力度。实现电磁远传水表前置管理模式，完成近600只大水量到期水表更换电磁远传水表工作，在29个光电直读远传水表小区实现数据采集、账单推送、互联交费的一体化快捷服务。建立DMA监控机制，加强总分表数据分析，降低都市村庄漏损。

【DMA小区漏损控制】 一是重查暗漏，做好漏水处理。建立管道冲刷消毒用水容积计算模型，加强管网巡查和市政施工监察，规范消火栓取水审批流程。二是创新市政道路洒扫降尘用水管理，完成管城区、金水区、惠济区和郑东新区洒扫降尘用水费用包干协议。三是推进《南水北调水源工艺适应性研究》《影响管网水力模型校核的关键问题及解决方案研究》两项科研专项；完成市级项目《活性炭生物挂膜影响因素及工艺优化措施研究与应用》。四是增加南水北调口门水质监测点，密切关注南水北调原水水量、水质变化，加大原水监测频次，增加原水预处理措施，增强南水北调水源在现有供水系统中的适应性。截至2016年年底，47个DMA小区漏损率均低于12%。

【便民服务】 2016年，郑州市自来水公司建立微信公众平台，开通供水官网在线缴费、邮政储蓄银行代扣等缴费方式，实现支付宝水费账单推送功能进一步完善便民服务内容。以“白师傅”“供水营销直通车”“供水党员帮帮团”为载体，有目的、有计划开展进社区活动，注重解决用户用水问题，不断完善服务措施，提升用户满意度。开展第23届“供水服务·春暖万家”活动，持续推进便民服务和送温暖活动。

（朱　林）

城市燃气

【概况】 2016年，郑州华润燃气股份有限公司全力支持郑州市城镇化建设，持续推动“蓝天工程”和“气化郑州”战略落地，通过组织充足气源，优化输配系统，科学合理调度，致力于提高郑州市天然气能源消费占比；通过强化规范服务，提升市民用气满意度；通过技术创新推动行业进步，整改隐患提升安全保障，确保安全平稳供气。全年销售天然气11.29亿立方米，新建各类燃气管网182公里，服务用户总数达到173万户，日最高供气量突破650万立方米。

【气源保障】 2016年，郑州华润燃气郑州华润燃气股份有限公司燃气输配调度科学有效，保障气源顺利输入与配供，全年供应充沛，未因气源供应不足造成限供、停供，满足全市各类用户的用气需求。全年，郑州华润燃气股份有限公司通过西气东输工程，以及中石化华北分公司等气源单位，采购气量11.7亿立方米，较2015年同期增长14.5%。同时，向中石油争取管道气增量指标，2016—2019年每年新增燃气资源3.9亿方。

扩建后的陇海西路LNG加气站

【输配系统建设】 持续加大燃气输配设施工程投入，全年新建和改造管网218公里，对国家主干气源管线接收能力显著增强，中心城区输配系统进一步优化。建成荥阳综合站及配套的10公里博郑线高压管线工程，该工程2016年12月通气，郑州市年输气能力增加4.5亿立方米。二马路热源厂“煤改气”工程按期建成投产，该工程共穿20多条市区道路、2处立交和1处河流。完成郑汴长输管道中牟段改迁工程，郑汴长输管道改线工程是河南省、郑州市隐患治理重点督办事项，该工程含高压管线约28.8公里，配套一座门站，两座调压站，工程于12月贯通通气。

【安全管理】 2016年，郑州华润燃气股份有限公司持续对安全生产的关键环节进行改善，着力解决在新业务、新规模、新形势下的安全管理难题。一是持续强化经理人安全责任和安全意识，总经理、分管生产副总经理、业务部门经理深入一线开展安全检查工作，通过定期安全反思，强化经理人安全履职意识，提高隐患整改效率，保持良好的安全生产局面。二是丰富形式加大安全用气宣传力度，提升用户侧安全意识。郑州华润燃气股份有限公司组织宣传团队参加全民安全生产宣传咨询日活动，在绿城广场、五一公园等地，通过安全知识问答、寻找户内燃气设施隐患图片等形式，向广大市民普及安全用气常识、应急处置措施和新型管材等信息；通过郑州新闻广播“986”百姓热线、郑州经济广播931早餐可乐、河南电视台民生频道香香美食、小莉帮忙等栏目，进行安全用气宣传。2016年，郑州华润燃气股份有限公司未发生安全生产责任事故，被河南省人民政府安委会授予“安全生产示范单位”荣誉称号。

【技术创新】 2016年，郑州华润燃气股份有限公司持续加大在输配系统、新产品新技术和安全领域的研发投入，引领行业技术进步。加快新产品、新技术应用，在计量设施上试用超声波燃气表1100台，试点扩频远传民用气表500台，投用工商业IC卡流量计100台；管线防护改用环氧粉末和聚酯粉末静电喷涂防腐，同时启用新型抗UV防腐管等一系列新产品、新技术应用，提高燃气管道运行整体的安全性。“河南省城镇燃气安全与保障工程技术研究中心”于2016年11月正式挂牌。《郑州市燃气安全新技术应用示范》获得郑州市科技惠民计划项目立项。管网改造中推进实施不停输作业，PE管道不停输作业比率达到100%；钢制管道不停输作业比例达81%，不停输技术和新设备的应用，使平均每户停气时间由0.21小时降至0.16小时，大大降低“停气复供”带来的用户侧安全风险。

【优质服务】 2016年，郑州华润燃气股份有限公司持续深化服务管理工作，对内优化服务管控，关注客户感知，采用电话回访方式开展服务监督，全年参与服务态度和专业能力评价户数达到2.4万户，客户评价平均成绩（10分制）达到9.79分。对外优化便民措施，通过设置IC卡社区自助充值设备、银行自助缴费渠道建设和发票电子化工作，丰富业务办理渠道，方便客户充值缴费。建立社会服务观察员队伍开展监督，聘请新闻媒体代表、网络大咖、城市综合体客户、公交及出租车司机等作为社会服务观察员，建立长效机制，持续获取关于服务质量、服务流程的客观信息，深层发掘改进方向，提升整体服务水平。2016年，各类服务质量指标保持优良，在华润燃气集团开展客户满意度调查中，郑州华润燃气股份有限公司在郑州区域公共服务行业中排名第一，各关键岗位员工服务标准合规指数达到98%，每万名客户投诉数0.17件。

【社会责任】 2016年，郑州华润燃气股份有限公司关注民生，积极践行央企社会责任。聚焦行业重点隐患，加强危险热水器、管网外力破坏治理工作。民用户入户安检率达到80.1%，较上年度提升4.62个百分点；隐患发现率提高到99%，发放危险热水器隐患整改告知书27634份，督促用户更换危险热水器2661台；加大管网监护力度，外力破坏52起，较上年同期减少1起。适应新形势，加大综合体安全管控，郑州华润燃气先后组织万象城、大卫城等十余家大型城市综合体开展7次安全专项培训，参训人员700余人次，提高综合体管理方对燃气安全的重视程度和安全意识，提升综合体安全保障系数。开展特色客户关系维系活动，发扬帮困助残优良传统，开展“华润情暖万家”活动，派出牛师傅慰问分队，慰问特困客户；联合媒体开展“牛师傅服务队”进社区，提供义务服务，将便捷、安全送上门；开展“传播文化、创造精彩”优质服务月活动，通过“美丽华润燃气随手拍”“员工讲述身边事”等活动，积极与客户互动，宣传具有郑州华润燃气特色的服务文化，建立共赢、和谐的客户关系。

（王仕佳）

集中供热

【概况】 2016年，郑州市热力总公司坚持基础建设与科技创新双轮驱动，积极推动全市集中供热事业的可持续发展，主业发展再赢新机遇，跨越式的步伐更加稳健；“五大格局”更加巩固与完善，企业发展规模再上新台阶；以多热源联网供热、能源管理、水质管理为重点，把提升供热系统进一步引向深入，供热质量与服务水平进一步提升；供热生产实现大飞跃，经营管理再破历史新纪录。共完成供热量1973万吉焦，同比增长374万吉焦，增长31%，总供热量再创有集中供热历史以来新纪录。入网面积达10770万平方米，新增实际供热面积632万平方米，实际供热面积6050万平方米，实现热费收入12.76亿元，主业发展换挡提速，驶入发展的快车道。全年新增供热管网95公里，新建、改建热力站160座，一次供热管网达到1760公里，实现银企联网、收费到户55万余户；1421座热力站实现远程自动监控或监测，占热力站总数的93%。全年室温合格率达99.5%，设备完好率达99.99%，抢修及时率达100%，热线电话回复率、办结率均为100%。获得河南省总工会工人先锋号；河南省市政公用协会“十二五”发展突出成就奖、市政行业先进集体；中共郑州市委优秀服务保障单位，郑州市人民政府热线优秀单位等多项荣誉。

【主业发展】 2016年，郑州市热力总公司以“引热入郑”“煤改气”等项目为抓手，进行供热基础设施建设，主业发展声势迅猛，发展步伐更加稳健。2016年，新增供热管网95公里，一次供热管网达到1760公里，覆盖北四环—西四环—南四环—京港澳高速，新增供热实际面积632万平方米，总入网面积10770万平方米，供热收费总面积6050万平方米，实现热费收入12.76亿元。跨区域发展与合作实现实质性进展，与荥阳市政府签订集中供热特许经营协议，引热入荥项目电厂隔压站主干热网建设完毕，为企业规模化与集约化发展打开良好局面。

【工程建设】 二马路热源厂“煤改气”工程。工程位于火车站地区二马路77号，占地0.9公顷，总投资4761.38万元。该工程为郑州市2016年民生十件实事之一，计划拆除原有4×20吨/小时燃煤锅炉，利用现有厂房，建设4×25吨/小时的燃气蒸汽锅炉，新建燃气调压站、综合泵房及蓄水池等设施，建成后，可实现蒸汽供热能力100吨/小时。工程于2016年4月19日进场施工，开始拆除原有燃煤锅炉及设备，5月底锅炉及设备基本拆除完毕，同时，燃气锅炉建设安装同步启动，9月底，4台燃气锅炉安装到位，10月中旬，厂区所有工程完工，4台天然气蒸汽锅炉及相关系统打压试验全部合格，并通过锅检所认可，具备点火条件，11月13日凌晨正式点火投运，按时保障区内用户的正常用热。

“三供一业”供热设施改造工程。按照国家及省、市政府关于驻郑央企、在郑省企“三供一业”分离移交工作的相关要求，郑州市热力总公司制订分离移交计费标准，采用新材料与新设备，落实责任、全力推进。截至2016年年底，与18家驻郑央企签订“三供一业”分离移交框架协议，面积267.07万平方米，其中六冶集团移交项目已正式供暖。在郑省企“三供一业”分离移交改造工作，共涉及11家集团公司，约116.98万平方米，已完成现场勘查、资料汇总和分离移交改造合同签订工作。

郑东新区热源厂“煤改气”工程。项目位于银城路南、圃田西路西，计划投资2亿元，新建5台58兆瓦燃气热水锅炉，同时建设安装配套辅助设施及厂房，项目建成后总供热能力290兆瓦，可供面积500万平方米。截至2016年年底，郑东新区热源厂“煤改气”项目选址意见书已办理完毕，土地预审、地勘、文探等工作按计划有序推进。

供热管网工程。2016年，供热管网建设呈现点多面广的新局面，新建、改建供热管网95公里，一次供热管网达到1760公里，热网建设再上规模，多热源联网供热再升级。其中，裕中电厂引热入郑项目后续支网建设进度进一步加快，百荣隔压站已开工；荥阳国电引热入郑工程跨南水北调热网顺利合拢贯通，并正式投入运行；棉纺路、天明路等老旧热网改造已完成；“西热东送”相关重点路段已贯通，有效促进“大联网”体系的优化升级。同时，以确保工程质量、争创优质工程为重点，继续扩大GPS、管网探伤、电子密度测量等先进技术的应用，按照国家规范建立健全热网建设操作规程，继续加强文明施工、安全施工和现场督查与管理，加强施工现场的巡检与考核，有效保障工程质量，施工现场安全有序。

【供热生产】 供热准备工作。新建北郊热源厂、二马路“煤改气”等项目完工，2016—2017采暖期共有10座热源厂投入供热运行。全年实施锅炉房大修维修33项，完成18台燃气锅炉（不包括港区）的年检工作，设备完好率达99.99%。优化“大联网”构架，优化改造长兴路、农业路、棉纺路等关键管网，联通国电荥阳“引热入郑”南水北调管道桥，“大联网”整体构架更加优化，入网总面积10770万平方米，新增实际供热面积632万平方米，供热收费总面积6050万平方米。下大力气提升供热系统，使供热准备及二次网调节实现常态化；同时，管网带水湿保养初见成效，水质管理再上新台阶，各项扎实有效的基础性工作为采暖期提升供热质量夯实根基。加快对单位、小区物业自管热力站接管工作，截至2016年年底，郑州市热力总公司代为运行管理的用户热力站达到1075座。为有效改善热力站及庭院管网运行工况，实施热力站及二次网大修325项、全改站37座。

安全运行。2016年11月1日热网循环泵启动，开始冷态运行，8日，管网开始升温，15日，供热系统的提前调平，用户室内温度基本达标，实现2016—2017采暖期供热的平稳起步。期间，在供热初期遭遇大雪、气温出现断崖式突降的情况下，郑州市热力总公司科学调配各大热源的供热量，未出现区域性不热现象。同时充分发挥国有企业的社会责任与担当，2016年10月29日—11月4日圆满完成省党代会会议场馆的供热任务。供热期内，通过开展“安全月”、安全生产大检查等一系列活动，保持安全稳定的生产大局，共完成供热量1973万吉焦，同比增长374万吉焦，增长31%，总供热量再创有集中供热历史以来新纪录。

供热调度。采暖期内，郑州市热力总公司充分发挥综合调度的作用，管好、用好、合理配置好供热资源，共投运10座民用采暖热源，总供热能力3861兆瓦，其中，5座热电联产热源，约占总能力的72%；5座燃气锅炉房，约占28%，北郊热源厂首次投运供热，有效填补惠济区热源空白。同时进一步突出联网供热的优势，合理安排热源启动时序，制订应急预案，并提出“西热东送”的创新举措，在优化管网布局、消除区域性不热等方面进行周密安排，保证均衡稳定的供热大局。经科学调度，努力保障用户室温不低于18度，供热质量稳中有升，室温合格率达99.5%。

供热系统提升。2016年，郑州市热力总公司继续加大提升供热系统工作力度，实施380项一次网、热力站、二次网及锅炉房大修技改项目。继续加大无人值守站建设力度，1421座热力站实现远程自动监控或监测，自动化覆盖率约93%。供热运行准备工作阵线继续前移。7月，各分公司开始进行二次网调节、冲洗与排污等工作，大力推广智慧热网、大温差机组改造、集成化换热机组等技术，提升整个供热系统的运行效率。充分利用各大补水点，结合水质化验等精细化手段，有效提升供热水质，全市供热管网有补水点12个，最大补水能力3360吨/小时，达到各大联网区域均配置大型补水点的目的。各项扎实有效的提升手段，有效保障供热质量和服务质量。

热网维护。2016年，郑州市热力总公司管网运行维护工作充分利用非采暖期，对1880处检查井、5522台阀门进行维修保养，累计整治供热设施隐患30余处，完成近百项管网大修技改与维修项目。同时进一步完善热网系统图，累计测漏定位250余次，为管网突发泄漏处置提供有力支持。2016年，新增工程抢险车2台、史丹利动力站5台，累计成功处置突发故障274起，确保全市热网系统的安全，抢修及时率达100%。

能源管理。2016年，郑州市热力总公司在能源管控上，坚持供热质量首位度目标，在保证用户的供热质量同时，坚持管理和考核两手抓，加大节能降耗工作力度，提高能源管理水平，节能降耗成效明显。继续以“三项竞赛”为抓手，将供热量纳入重点考核指标，将统计数据和现场检查相结合，激发各供热分公司“比争赶超”的主动节能意识，水、电、热等各项单耗继续保持同行业先进水平。同时，继续使用河南省万家企业能源利用状况填报系统，充分发挥能源管理在线平台的效能，进一步提升能源管理水平。采暖期内，郑州市热力总公司实际完成节能降耗156315吨标准煤。

【技术进步】 2016年，郑州市热力总公司坚持科技兴企，不断完善企业的科技进步机制，着力打造以科技创新为主的全新驱动力，以技术进步和科技创新助推企业跨越式发展。以全国首个

"智慧热网"为引领，实施多项科技创新项目。（1）依托航天技术及北斗导航技术，选取裕中零次网、国电零次网以及市中心区域约3平方公里作为示范区，构建智慧热网系统，解决热网安全隐患，建成监测井16座，安装管线监测设备79套，试验区内软硬件设施全部实现上线，基础数据收集、系统效能测试等工作按计划有序推进。（2）建成大温差供热机组6座，在解决热网输送能力不足等方面效果显著。（3）扩大用户室内测温及数据采集系统的应用范围，新增300个测温点，并实现在线传输与数据分析等功能。（4）调度系统扩容升级项目水力计算软件升级工作已完成，调度系统的精度与深度得到增强。（5）智能化热力站改造升级项目改造计划编制进度进一步提速，烟气深度回收系统等新技术研究工作按计划有序推进。（6）做好科研项目的逐级申报工作，《箱式集成供热机组》已向国家专利机构递交申请。（7）以无人值守站全覆盖为重点，逐步将信息网络技术推广到全公司发展管理的各个领域，1421座热力站实现远程自动监控或监测，占热力站总数的93%；开通支付宝和微信支付，增加新的热费缴费方式，截至2016年年底，实现银企联网、收费到户的用户达55万余户。

【供热服务】 "大客服"建设再上新台阶，体系更加完善。客服大厅投运，在提供交纳现金、打印发票、变更信息等服务的同时，客户可通过微信、支付宝、全民付、POS机等完成自助交费。修改完善服务规范、充水试压管理、供热设施管理维护等6项服务制度，并通过实施网格化服务管理、组建50支供热服务小分队、强化供热专管员服务水平等有效措施，继续完善以热线、微信、短信、公共邮箱为主的供热服务平台，全年共收到用户来电、邮件、留言等约14万件；接到郑州市数字化管理系统网络专线、市长电话室、心通桥等转办件3700余件，热线电话回复率、办结率均为100%，回访满意率99.9%。

（王力艰）

城市环境雕塑建设

【概况】 2016年，郑州市环境雕塑建设研究所坚持以"两学一做"学习教育为抓手，推进党员队伍建设；围绕城市雕塑建设管理、创作、宣传、交流等工作，积极推进年度各项任务目标完成。全年开展城市雕塑巡视维护2万余件次，全面维修城市雕塑36座，局部整治城市雕塑79件次，配合城市建设迁移重新安置城市雕塑6座。加强大型城市雕塑维护管理，实地勘查大型城市雕塑安全状况16件次，继续保持管辖范围城市雕塑完好率100%。

城市雕塑维护

【城市雕塑管理】 围绕承担的92座城市公共雕塑管理维护任务，按照城市管理精细化要求，加大日常维护管理力度，坚持落实责任到人、巡视维护、问题反馈、限时维修、督导检查等长效管理机制，结合工作实际，编制《城市雕塑管理工作手册（试行本）》，进一步明确维护队伍的职责、任务和标准，城市雕塑管理工作得到进一步规范。

【雕塑作品创作】 坚持推进雕塑专业创作、创新，完成"豫剧脸谱系列""营养早餐系列"等7件雕塑作品创作。结合传统陶瓷艺术进行雕塑创作探索，试制钧瓷雕塑作品12件。

【郑州城市雕塑摄影展】 2016年5月14日，由郑州市城市管理局主办，郑州环境雕塑建设研究所承办、郑州市雕塑协会协办的"郑州城市雕塑摄影展"在郑州环境雕塑建设研究所雕塑艺术馆开展，展览以黄河文化、炎黄文化、商都（青铜）文化、嵩山少林文化、二七商城文化、铁路文化、开放的郑州、宜居休闲之都为轴线，通过实景摄影图片形式展示郑州城市雕塑的魅力，体现郑州"博大、开放、创新、和谐"的城市精神。

【时代楷模雕塑展】 2016年6月28日，由郑州市文明办、郑州市直机关工委、郑州市城市管理局、郑州市文联主办，郑州市环境雕塑建设研究所承办的"时代楷模·德耀中原——系列雕塑展"启动仪式在郑州环境雕塑建设研究所雕塑艺术馆举行。郑州市美术家协会主席白金尧、河南省雕塑学会会长崔国琦、河南省常香玉基金会理事长常如玉、"2015年度感动中国人物"王宽等出席了活动。展览展出40余位当代不同时期中原大地上涌现出的先进模范代表人物肖像雕塑作品，通过雕塑讴歌中原儿女光辉事迹，集中展现当代河南人精神风貌和时代风采，积极弘扬社会主义核心价值观，传播社会正能量。

（周宏昶）

生态与环境保护

环境保护

【概况】 2016年，郑州市环保工作牢固树立生态文明理念，紧紧围绕省政府下达的年度目标任务，着力解决危害群众健康和影响可持续发展的突出环境问题，较好地完成各项环保目标任务，全市环境质量得到持续改善。大气污染治理方面。郑州市环境空气质量顺利实现“一增一减两降一退”“一增”即城区优良天数达到159天，较2015年增加21天；“一减”即重污染天数降到37天，比2015年减少12天；“两降”即PM10、PM2.5年均浓度分别降至143微克/立方米、78微克/立方米，较2015年分别下降14.4%、18.8%，创郑州市2013年大气治理攻坚以来最好水平；“一退”即在全国74个城市中排名第68名，比2015年前进两位，入列完成省大气攻坚目标任务3个优秀城市之一，4家单位和13名同志被评为大气污染防治攻坚战先进集体和先进个人。水污染治理方面。黄河郑州花园口、贾鲁河尖岗水库断面达标率均为100%，同时其他断面水质也得到积极改善；饮用水源达标率为99.1%。

【大气污染防治】 2016年，郑州市委、市政府坚持把大气污染防治工作列入“十大民生实事”和新型城镇化建设重点工作积极推进，出台《关于落实环境保护党政同责一岗双责的意见》《关于全民行动坚决遏制大气污染的意见》《生态环境治理三年行动计划(2016—2018年)》等一系列文件，成立大气污染防治工作领导小组，市委书记和市长担任组长，四大班子领导分包县（市）区，强力推进工作落实。出台《郑州市环境空气质量考核暂行办法》，每月对各县（市）区政府进行环境空气质量考核，考核排名前2位分别给予100万元和50万元的财政奖励，排名后2位的分别给予100万元和50万元的财政扣款。按河南省大气治理攻坚会议要求，出台“1+3+9”等制度文件，对攻坚内容、工作标准、完成时限、奖惩兑现等方面作进一步明确，建立台账，实行清单式管理，明晰大气治理攻坚的“路线图”。印发《郑州市大气污染防治考核暂行办法》，量化各县（市）区政府、开发区管委会和相关责任单位指标，每月进行1次考核排名，在全市进行通报。不断强化督导问责，变“督企”为“督政”，建立三级督查机制，抽调90名后备干部和业务骨干组成督导组，对各县（市）区和市直单位开展专项督导；市直相关牵头单位按照职责分工，分别做好扬尘污染、机动车污染、工业企业污染等治理工作的督导考核；各县（市）区负责本辖区日常督查，坚持“周通报、月排名、年考核”，把考核结果作为科学评价领导班子和选拔任用奖惩干部的重要依据，并按照“党政同责、一岗双责”的要求，依规依纪严肃问责。全年因环保工作不力，先后问责380人次。

积极推进燃煤发电机组超低排放工作，10家企业26台机组提标改造全部完成。继续开展4家13台燃煤供热锅炉提标改造，二马路和经开区热源厂的8台燃煤锅炉，2台已完成改造、4台启动煤改气项目、2台停用；中原环保新密热力和荥阳市坛山热力公司的5台燃煤锅炉，4台已完成提标治理，1台长期停用。扎实推进212家企业346台10蒸吨（含）以下燃煤锅炉提标治理工作，拆除29家47台，其余提标治理任务全部完成。加强高污染燃料禁燃区建设，实现中心城区禁燃区全域化。稳步推进民用散煤治理，组织开展对全市散煤销售点全面检查，坚决依法取缔劣质散煤销售点，制订居民生活用煤大气污染防治攻坚方案，推行燃气、电能源替代，压缩、消减居民生活用煤总量。深入推进工业炉窑提标治理，全市321家碳素、耐材、有

4月1日，郑州市2016年环境保护工作会议召开

7月21日，郑州市生态环境治理暨大气污染防治工作推进会召开

色金属冶炼、铝压延加工等行业企业全部完成工业炉窑提标治理，82家表面喷涂、包装印刷行业全部完成挥发性有机物治理，45家水泥、碳素、20蒸吨以上燃煤锅炉等重点涉气行业完成自动监控系统建设并联网。依法关停、取缔"小散乱差"和露天喷漆、小家具厂、"十五小""新五小"企业1592家。

严格落实机动车"两检合一"和准入制度，推行简易工况法，2016年累计审核外地转入车辆22696辆，发放环保检验合格标志138万个。加大路检联合执法力度，全年累计抽测道路行驶车辆6800辆，下达限期改正通知书1212份。加强非道路移动机械污染控制，制订《郑州市非道路移动机械污染集中整治工作方案》，发布《郑州市人民政府关于划定禁止使用高排放非道路移动机械区域的通告》，现场封存和责令停用冒黑烟非道路移动机械13台。开展冒黑烟车辆集中整治，重点筛查大型柴油运输车辆和公交车，对属于违法拼装车辆以及达到强制注销条件的车辆现场予以查扣，并强制报废拆解。积极协同做好黄标车淘汰工作，全市淘汰黄标车24401辆、老旧车82187辆，超额完成省定目标任务，奖补黄标车130辆、共计137.07万元。定期组织抽查加油站销售油品质量，严厉查处销售劣质油品，从源头上控制机动车尾气污染。加强油气回收管理，开展为期两个月的重点行业VOCs集中整治活动，强化全市储油库、加油站油气回收设施监管，确保已建成的油气回收设施正常使用。

严格控制扬尘污染，针对扬尘污染突出问题，从建筑施工、渣土运输、道路清扫等重点环节入手，坚持做到建设工地文明规范、城市道路整洁有序，扬尘污染得到明显抑制。抓机制，出台《郑州市建筑工地扬尘污染治理工作专项方案》，明确单位责任、治理措施、治理时限，开展工地扬尘有奖举报，鼓励社会力量参与监督。抓源头，落实"四个最严"要求，工地开工前做到"六个到位"，施工中做到"六个100%"，现场做到"两个禁止"，24小时不间断督导督查。抓过程，加强渣土车监管，落实渣土车封闭运输和轮胎冲洗等管理措施，利用监控平台严控行驶路线、时段和车速，组建成立高架桥机动队，从严查处违规现象。抓末端，加大道路清扫、吸尘和洒水频次，提高机械化清扫保洁水平，实施道路扬尘"以克论净"考核标准，道路清扫保洁质量得到改善。

积极做好重污染天气预警应急应对工作，市环保局与市气象局、"千人计划"PM2.5防治专家小组建立合作机制，成立环境气象条件和污染形势日会商工作小组，坚持每天会商、每10天召开1次空气质量分析会，通报空气质量监测结果，研究分析空气质量变化规律，为及时采取管控措施提供意见建议，有效减少各类污染物排放。发布实施《郑州市重污染天气应急预案》，2016年，先后启动15次重污染天气预警，其中蓝色5次，黄色7次，橙色1次，红色2次。同时采取有效措施应对不利气象条件下空气污染，最大程度上减轻重污染天气对群众健康的伤害。

【水污染防治】 2016年，郑州市强力推进水污染整治工程建设，制订《2016年度郑州市碧水工程实施方案》，明确17项水污染治理工程，纳入各级政府环保责任目标，明确工作要求、完成时限和责任单位；建立领导分包、周督查、月例会等制度，督促相关部门加快贾鲁河、双洎河流域综合整治工程，逐步实现流域内污水全收集、全处理。17项水污染治理工程有序推进，列入省政府责任目标的6项工程已按要求完成，其中郑州新区污水处理厂及配套管网已全部建成，王新庄污水处理厂进水系统调整项目有序推进、已实现全天无溢流。加强涉水企业监管，市控以上重点排水企业全部安装自动监控设施，24小时自动监控。对重点企业实施专人负责、驻厂监管；实施"河段长"制度，明确责任到人；建立水质超标预警和紧急应对机制，发现水质超标立即启动响应程序，协调相关部门及时处置。加强饮用水水源地保护，认真落实《郑州市碧水工程行动计划（水污染防治工作方案）》要求，督促金水区、惠济区编制完成北郊水源地和九五滩水源地的《饮用水源地水质达标方案》。督导惠济区采取对饮用水源一级保护区进行物理隔离、设置警示标志牌、关停违法企业等措施，强力推进饮用水源地整治工作，确保饮用水源安全。

【农村环境保护】 2016年，大力推进生态创建，落实"以奖促治"政策，持续深入开展省级生态县、生态乡镇、生态村和市级生态村创建工作。积极探索中部地区资源型经济强县创建生态县的新途径，重点指导新密市围绕生态修复、调整优化经济结构、农村环境综合整治等重点工作开展生态市建设，新密市成功创建省级生态市。截至2016年年底，创建完成2个省级生态乡镇、6个省级生态村和12个市级生态村，超额完成年度目标任务。深入开展农村环境综合整治，以验促管，积极推进第三方运营，完成新密市、登封市、新郑市、中牟县和二七区已建成的68个连片综合整治项目验收工作。全面排查南水北调一级保护区内147个村庄、二级保护区内358个村庄，选定荥阳市、新郑市共10个乡（镇）12个项目为2015年度农村环境综合整治任务目标村，已按期完成。积极推进畜禽养殖工作，指导县（市）区开展禁养区、限养区划定调整工作，分类指导和推进全市畜禽养殖业治理，完成规模化畜禽养殖企业的污染治理任务，推进畜禽养殖污染防治规划编制工作。加大沿黄生态环境保护，组织荥阳市、中牟县、惠济区、金水区环保部门对郑州黄河湿地自然保护区建设活动进行全面检查，依法取缔保护区内违法违规建设项目。

【依法行政工作】 2016年，郑州市严格总量预算管理，认真落实省政府减排目标要求，将年度减排目标分解到各县（市）区，纳入到地方国民经济社会发展计划和年度政府环境保护责任目标体系，64个省定减排项目全部建成。严格环境准入，加强建设项目环境管理，市本级实施行政许可338 项，审批建设项目143家，验收项目94家，全部执行"三同时"制度；省、市801个年度重点建设项目9月底前全部完成环评审批，提前完成重点项目联审联批工作任务。积极开展清洁生产审核工作，完成企业审核28家。2016年5月，郑州经济技术开发区顺利通过国家三部委“生态工业示范园区”验收，实现河南省零的突破。严格环境监管执法，坚持把环境监察执法作为保护环境的重要手段，强化现场监督检查，将排污企业“划区、分片”纳入监察网格体系，实行分包责任制，先后开展春季环保大检查、大气及水污染治理、工业企业料场渣场检查、“零点行动”等多项专项执法行动，全市立案查处环境违法案件478起，下达行政处罚决定书463份，罚款金额2885.1万元。加强危险废物和辐射安全管理，安全收贮废旧放射源36枚，辐射安全实现事故零发生；拆解废弃电器电子产品88万余台套，批准（办理）危险废物转移计划643家、跨市移出（入）420项，危险废物无害化处置率100%。全市5072个环保违法建设项目全部按要求清理整改到位。强化法制建设和信访稳定，办理人大代表、政协委员建议提案45件，代表、委员满意率100%。29个规范性文件按规定进行备案，审核率、内容合法率100%。以平安建设工作为主线，深入开展“听民意、解民忧、化积案”提升环境质量活动，加强矛盾排查，强化责任追究，着力解决突出环境信访问题，切实维护社会和谐稳定。2016年，12369环保热线共限时办理2595件，其中电话受理1801件，微信受理794件；市本级化解环境积案131件，受理群众来信来访304件、立案办理267件，办结率、按期回复率均为100%。

【保障能力建设】 2016年，郑州市环境保护工作着力加强监测能力和监测系统建设，加快推进5县（市）和上街区空气站加密建设，8家新增国、省控重点监控企业自动监控系统完成基站建设和并网验收，郑州市监测中心站顺利通过实验室资质认定复评审，监测能力由7大类218项拓展到9大类271项。强化监测预警，认真落实《郑州市环境监测预警响应实施办法》，进一步完善监测预警工作流程，及时发出重点污染源超标预警、空气质量预警，并及时处理；重点监控企业自行监测完成率和发布率均达到95%以上。加快推进强化监测站点管理，对上收县级环境空气质量检测事权的7个县（市）区的市控空气自动监测站点进行统一管理，推行第三方运维，确保监测数据真实可靠。着力提升环境应急处置能力，强化环境风险源头管理，出动检查人员1559人次，检查企业483家，督促85家企业编制风险评估报告、划定环境风险等级，及时处置“4·29”苯泄露事件和“5·29”氯乙酰氯泄漏事故，未发生因企业违法排污和其他突发事件处置不当引发的环境污染事件。同时圆满完成2016年河南省辐射事故应急综合演习。着力提升环保科研水平，开展饮用水水源环境状况评估工作，编制完成《2015年度郑州市集中式饮用水水源环境状况评估报告》和《郑州市典型农村饮用水水源环境状况调查评估报告》。开展《郑州市大气污染防控总体方案》编制工作，《机动车及非道路移动机械尾气污染防治方案》《扬尘污染防治方案》《郑州市挥发性有机物（VOCs）排放控制方案》《郑州市大气氨源排放清单》和《郑州市民用散烧煤污染控制方案》等子方案已经编制完成。初步完成“十二五”环境保护规划评估，积极推进郑州市“十三五”时期环保规划，已完成总体规划文本6个专题研究和5个专项规划的编写。

【环保宣教】 2016年，坚持媒体助政，主动接受监督，依托“郑州环保世纪行”活动载体，先后9次组织省、市新闻媒体集中采访报道大气污染防治热点、难点问题。召开6次环境新闻发布会和通气会发布全市环境质量状况、环保工作进展情况；在媒体开设大气污染防治专栏，定期刊登大气污染防治工作进度及各县（市）区空气质量简报，接受公众监督。建强“绿色郑州”微网，加强宣传引导，升级改版“绿色郑州”微网站，丰富栏目内容，加强微博、微信联动互补，致力于打造“互联网+环保”的新局面。截至2016年年底，共发微博2.2万余条，微信1800余条，处理投诉、咨询700余件次。“绿色郑州”微信公众号获得腾讯总部颁发的“2016政务影响力城市力量”奖杯。同时，拓展新媒体宣传阵地，在“今日头条”开通“绿色郑州”账号，将日常大气污染治理工作动态进行及时推送，加大宣传力度。活跃宣传模式，增强社会效应，开创“环保沙龙”活动，不定期组织环保专家、NGO环保组织、环保公益人士、网友等开展面对面座谈和网上交流。积极开展环保宣传活动进社区、进学校活动和绿色创建，3家单位被命名为河南省第二批省级环境教育基地，4人入选首届“河南最美环保人物”。

【环境违法行为有奖举报工作】 2016年3月起，实施工地扬尘污染有奖举报，共核实奖励42人、兑付奖金2100元。2016年7月1日起，实施机动车和非道路移动机械冒黑（蓝）烟有奖举报，共收到群众举报冒黑烟车辆86辆，奖励举报人20人次、兑付奖金2000元。通过实施环境违法行为有奖举报，对惩治环境违法行为起到积极促进作用。

【中央环保督察组督办工作】 中央第五环保督察组交办郑州市32批926件问题，已全部按时办结，并向社会公布。180名相关责任人被问责，其中，公安机关立案侦查9起、行政拘留7人；行政处罚2人、移交公安机关1人。

（张正权）

园林绿化

【概况】 2016年，郑州市园林绿化工作紧紧围绕国际商都建设和新型城镇化建设的总体部署，坚持以创建国家生态园林城市为目标，以第十一届园博会筹办工作为契机，大力实施南水北调生态文化公园、区级综合公园、生态廊道和铁路沿线绿化建设，按计划有序推

人民公园

进园博会筹办工作和园博园建设，圆满完成园林绿化各项任务。全年市区新建绿地1529万平方米，完成生态廊道绿化7条段总长76.7公里，建成游园23个，建成区绿地率、绿化覆盖率分别达到35.5%、40.4%，人均公园绿地面积12平方米。新创建省级园林单位、园林小区19个；新创市级园林单位、园林小区43个。积极参加国内各类花展交流活动。参加第十届中国（武汉）国际园林博览会，获得第十届中国（武汉）国际园林博览会展园最佳建设奖、室外展园综合大奖等；参加2016唐山世界园艺博览会国际精品菊花竞赛，获得大奖、金奖各1个、银奖4个、铜奖1个；参加第十二届中国（荆门）菊花展览会，获得金奖2个；参加第十五届中国梅花蜡梅展，获得金奖13个、银奖16个；参加2016世界月季洲际大会、第14届世界古老月季大会、第七届中国月季展，获得最佳组织奖以及金、银、铜奖各1个；参加第三十届（扬州）全国荷花展览会，获得一等奖1个、三等奖1个。

【第十一届中国（郑州）国际园林博览会筹办工作】 2016年，第十一届园博会筹办工作有序推进，园博园建设全面展开。邀展任务全面完成，确认参展城市92个，其中国内74个，涵盖港、澳、台地区，以及各省、直辖市、自治区主要或代表性城市，国外参展城市18个，涵盖亚洲、欧洲、美洲、非洲、大洋洲等15个国家。同时邀请到国际知名风景园林设计大师2人设计建设2个展园。园博会吉祥物和宣传口号公开征集活动圆满完成。

【园博园工程建设】 园博园工程建设主要任务基本落实，园区市政水系工程，土方工程和挖湖堆山工程基本完成，桥梁桥面工程进入收尾阶段。园区场馆建筑工程，主展馆主体混凝土结构浇筑基本完成、钢结构制作完成并开始安装，轩辕阁主体结构完成88%，儿童馆、华盛轩、豫园、民俗文化园、主大门、东门等其他建筑主体结构均已基本完成。园区景观绿化工程中乔木种植完成总量的52%。周边市政配套基础设施工程按照计划推进施工。室内展陈及吉祥物征集工作按计划推进。邀请国内相关知名专家，先后两次组织召开室内展陈研讨会。编制完成并评审通过主展馆《中国园林史·河南篇》和《数字园林》展陈大纲以及儿童馆展陈大纲，《插花艺术展》《盆景艺术展》已经完成策划草案。

【公园绿地建设】 按照全市生态大会精神和市政府2016年园林绿化工作方案的要求，大力推进区级综合公园、南水北调文化公园等重点工程项目建设，惠济区中央公园、航空港实验区梅河公园、管城区西吴河公园3个区级综合性公园建成开园；南水北调生态文化公园建设全线开工，完成绿化面积122.2万平方米；青少年公园建设完成土地收储、地下空间使用权挂网招标等工作。

【各区及开发区游园绿地建设】 2016年，各区、开发区积极推进游园绿地建设，共建成游园23个，新建绿地1529万平方米，新植乔木112万株，立体绿化32.66万株，屋顶绿化3.25万平方米。其中，中原区新建绿地101.38万平方米，新植乔木6.95万株，完成立体绿化3.01万株，屋顶绿化0.2万平方米，建成游园4个；二七区新建绿地126.13万平方米，新植乔木12.2万株，完成立体绿化4万株，屋顶绿化0.57万平方米，建成游园2个；金水区新建绿地50.17万平方米，新植乔木5.09万株，完成立体绿化3.41万株，屋顶绿化0.34万平方米，建成游园2个；管城区新建绿地90.69万平方米，新植乔木11.07万株，完成立体绿化3.1万株，屋顶绿化0.5万平方米，建成游园2个；惠济区新建绿地51.3万平方米，新植乔木12.01万株，完成立体绿化3.14万株，屋顶绿化0.23万平方米，建成游园2个；上街区新建绿地33.9万平方米，新植乔木5万株，完成立体绿化3万株，屋顶绿化0.2万平方米，建成游园3个；郑东新区新建绿地398.9万平方米，新植乔木18.01万株，完成立体绿化5万株，屋顶绿化1万平方米，建成游园3个；高新区新建绿地79.85万平方米，新植乔木5.25万株，完成立体绿化3万平方米，建成游园2个；经开区新建绿地333.24万平方米，新植乔木15万株，完成立体绿化3万株、屋顶绿化0.21万平方米；航空港实验区新建绿地263.4万平方米，新植乔木112.03万株，建成游园3个。

【道路绿化】 2016年，生态廊道建设完成郑新路北段、陇海快速路西段、京广快速路北延、北三环东延、江山路南段、机场高速、郑机城铁等7条段、76.7公里，绿化面积562.7万平方米。全市铁路沿线绿化建设完成绿化128.82万平方米。支线路网绿化建设，共完成支线路网道路绿化98条段。

【单位及居住区绿化】 2016年，全市单位庭院和居住区绿化美化工作水平不断提升。新创建省级园林单位7个：郑州工业大学、登封市嵩基水泥有限公司、登封嵩基（集团）有限公司、河南省登封市阳城企业集团有限公司、荥阳市安全生产监督和煤炭管理局、河南省新密市国家税务局、河南省重竞技运动管理中心。新创省级园林小区12个：荥阳市君临天下小区、新密市金域·蓝湾小区、中牟县东润朗郡小区、中牟县东方润景住宅小区、郑东新区东方鼎盛时代小区、郑州市铁道家园小区、郑州市康桥金域上郡1号院小区、郑州市玫瑰花园小区、郑州市龙源世纪家园小区、建业郑州森林半岛小区、郑州市民安北郡小区、郑东新区海马公园一期。新创建市级园林单位5个：郑州航空港区地方税务局、河南皇帝宫御温泉度假酒店有限公司、河南金税印务有限公司、荥阳市广播电视台、荥阳市农业机械管理局。新创市级园林小区38个：城开绿城·绿园小区、啟福尚都D区、运河上城小区、盛润锦绣城东院小区、康桥金域上郡3号院小区、铁道·安业家园小区、正商城和园5号院小区、正商城和园6号院小区、普罗旺世一期温莎城堡、普罗旺世二期罗曼维森、普罗旺世三期佛罗伦斯、天佑小区、阳光城2号院小区、锦棠小区、阳光城5号院小区、木马嘉苑壹号院

游乐园春天

小区、绿城·怡商玉園小区、海马公园·66公社小区、中力七里湾小区、海马·壹号公馆小区、深航·金鹏时代小区、润城小区、龙吟世家小区、正兴翡翠城小区、通航社区、正兴翡翠华庭小区、雅园小区、新密市怡馨佳苑小区、新密市尖山风景区杏苑社区、登封市创佳·紫薇城小区、登封市磴槽·弘园小区、荥阳市金龙·紫东郡宜居城小区、荥阳市晖达·御景苑小区、荥阳市光明·索河湾小区、中牟县祥瑞中心花园小区、中牟县壹号公园小区、中牟县滨河雅居·森林里小区、中牟县亿弘锦园小区。

【县（市）园林绿化】 2016年，五县（市）共完成绿化建设投资19.3亿元，新增绿地面积918.45万平方米，新植乔木101.87万株。新建公园9个，面积411.17万平方米，改造提升公园4个；新建游园11个，面积23.58万平方米，改造提升游园3个；新建生态廊道26条段，改造提升廊道10条段，完成新建道路绿化27条段，绿化面积455.65万平方米；新建社区游园13个，新创建省级园林单位（小区）9个，市级园林单位（小区）15个。荥阳市完成生态园林投资7.4亿元，新建绿地402万平方米，新植乔木50万株，实施南水北调干渠两侧绿化和“四库一河”公园三期项目建设，新建游园3个，新建道路绿化3条，升级改造科学大道生态廊道、荥阳植物园、刘禹锡公园和“四库一河”一、二期；创建国家级园林乡镇1个，省级园林城镇1个；启动大规模的创建国家园林城市工作。中牟县成功创建省级园林县城，全年实施园林绿化项目29个，共完成投资8.3亿元，新增绿地300万平方米，新植乔木30万株。实施公园新建（改扩建）项目3个，新建游园3个，完成新建道路绿化（生态廊道）18条段，改造调整四牟园、牟山公园、新世纪广场、人民广场、解放路、商都路等绿化植物。新郑市完成园林绿化投资2亿元，新建绿地87万平方米，新植乔木10万株。完成小李庄遗址公园、黄水河公园二期、郑韩故城墙内侧、中轴线景观工程，新增公园绿地28.67万平方米，实施南水北调滨河绿地建设和机场高速新郑段生态廊道绿化，升级改造嫘祖园、东广场、郑风苑一期景观和已建成生态廊道。登封市完成园林绿化投资0.6亿元，新建绿地41.2万平方米，新植乔木5.6万株，新建游园2个，完成新建道路绿化12条段。新密市完成园林绿化投资1亿元，新增绿地88万平方米，新植乔木6.27万株，新建游园2个，完成了大学南路生态廊道绿化和5条段新建道路绿化。

【园林绿化管理】 2016年，郑州市园林部门认真抓好园林绿化管理工作，做好补植、补栽和日常管护工作，开展绿化整治提升活动，完善园林绿化景观，全年各公园广场和道路绿化共补植补栽各类乔灌木51.1万株、地被植物12万平方米，摆放或栽植各类草花85万盆；同时，加大园林绿化督导督查力度，组织开展多样化的督查、巡查活动，全年下发督查整改单260余份，涉及整改问题1860个，整改率97.9%。市管各公园广场全面开展ISO质量和环境管理体系认证工作，郑州市人民公园、郑州市植物园、郑州市动物园、省工人文化宫、郑州市绿文广场管理中心、郑州市绿城广场等6个公园广场通过ISO9000质量管理体系和ISO14000环境管理体系认证。

【园林绿化依法行政及执法监督工作】 2016年，市园林部门继续深化行政审批改革，严格落实“绿色图章”制度，加强建设工程项目绿化设计方案的审验，办理各类行政许可341件，城市园林绿化企业资质审批87件，群众满意率100%。同时，进一步加大园林绿化行政执法监察力度，全年共受理举报、转办件369起，勘验复查许可证207处，立案3起，全部结案，罚款3.1万元。

【园林绿化规划设计】 2016年，完成园林绿化规划设计项目：郑州市京港澳高速、郑州机场高速、郑机城铁3条生态廊道方案设计及施工图；2016香港花展方案设计；北京月季花展郑州园施工图；京沙快速通道北延（北三环—连霍高速段）方案及施工图；高速收费站侯寨站、圃田站、十八里河站、惠济站、沟赵站、柳林站景观提升方案修改；农业路绿化工程方案及施工图；郑州市雕塑公园四个出入口方案及办公楼庭院方案设计与施工图设计；郑州市植物园二期方案设计。

【园林科研及植物病虫害防治】 2016年，郑州市各级园林绿化专业单位积极开展园林科研工作，做好课题申报和项目研究，全年2个科研项目顺利通过省科技厅组织的鉴定评审，1项成果获市科技进步二等奖。大力开展引种驯化工作，全年共引进植物新品种375个。

做好园林植物保护和病虫害防治工作，下发园林植保工作计划和病虫害防治技术规范，制订年度植保方案，建立和完善病虫害防控预测预报网络，建立病虫害防治周报制度，每月督导检查，有效控制病虫危害。

【动物管养与繁育】 2016年，郑州市园林部门加大动物繁育和引进，增加馆舍丰容度，提升动物福利，全年引进国家I、II级保护动物14种90头（只），繁殖动物18个品种75头（只）。全年未发生任何动物脱笼、逃逸、伤人等重大安全事故。

（张　泳）

气象服务

【降水】 2016年春季，郑州平均降水量78.5毫米，较常年同期偏少34%，比上年同期偏少55%。其中3月，平均降水量0.1毫米，较常年同期偏少100%，比上年同期偏少99%；4月，平均降水量28.5毫米，较常年同期偏少6%，比上年同期偏少66%；5月，平均降水量49.9毫米，较常年同期偏少20%，比上年同期偏少31%。1日最大降水量出现在5月27日的新郑，为31.1毫米。全市共出现6个暴雨日，即中牟6月7日52.2毫米；郑州6月14日74.9毫米、7月9日102.1毫米、7月19日76.5毫米；荥阳7月19日72.3毫米；新密7月19日83.7毫米、8月25日60.3毫米；新郑8月4日64毫米。

夏季，郑州平均降水量379.2毫米，较常年同期偏多7.7%，比上年同期偏多45.7%。其中6月，平均降水量109.4毫米，较常年同期偏多59.8%，比上年同期偏少2.3%；7月，平均降水量152.3毫米，较常年同期偏少2.2%，比上年同期偏多213.8%；8月，平均降水量117.5毫米，较常年同期偏少8.1%，比上年同期偏多17.7%。

秋季，郑州平均降水量182.4毫米，较常年同期偏多38%，比上年同期偏多15%。其中，9月，平均降水量51.1毫米，较常年同期偏少30%，比上年同期偏多104%；10月，平均降水量94.7毫米，较常年同期偏多148%，比上年同期偏多47%；11月，平均降水量36.6毫米，较常年同期偏多75%，比上年同期偏少47%。秋季一日最大降水量49.6毫米，出现在荥阳的9月13日。11月22日郑州地区出现1次暴雪天气过程。其中降雪量分别为：郑州24.5毫米，荥阳23.9毫米，登封25.5毫米，新密24.6毫米，新郑29毫米，中牟18.8毫米。积雪深度（厘米）：郑州25厘米，荥阳17厘米，登封27厘米，新密23厘米，新郑33厘米，中牟14.6厘米。

冬季，郑州平均降水量20.5毫米，较常年同期偏少35%，比上年同期偏多31%。其中2015年12月，平均降水量1.3毫米，较常年同期偏少87%；2016年1月，平均降水量2.9毫米，较常年同期偏少70%；2016年2月平均降水量16.3毫米，较常年同期偏多33%。

【气温】 春季，郑州平均气温17℃，较常年同期偏高1.6℃，比上年同期偏高1℃。其中3月，平均气温11.6℃，较常年同期偏高2.7℃，比2015年同期偏高0.9℃；4月，平均气温18.1℃，

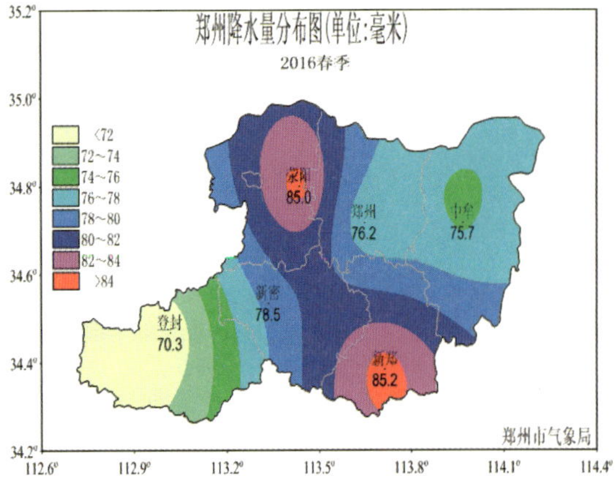

2016春季降水量分布图

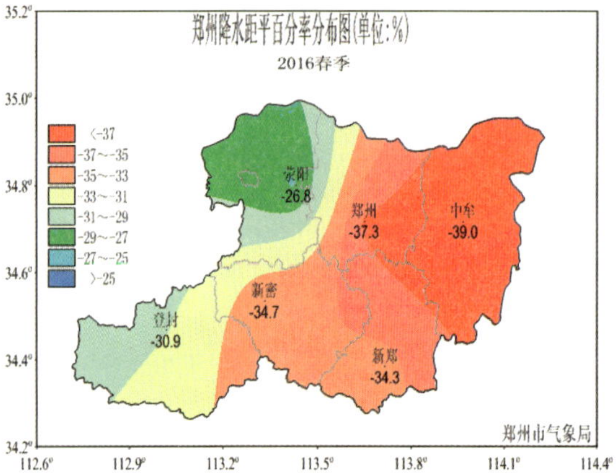

2016春季降水量距平百分率分布图

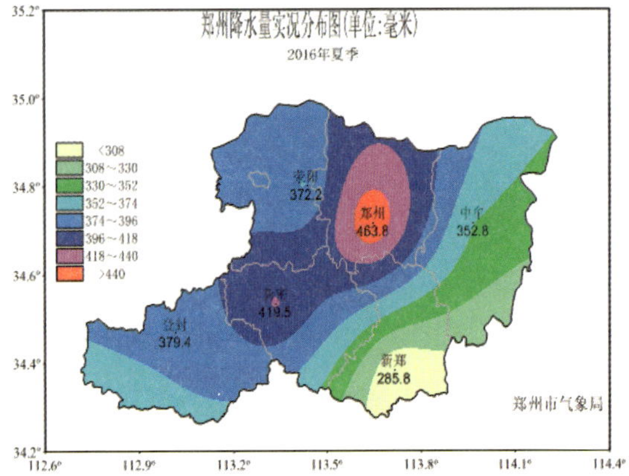

2016夏季降水量分布图

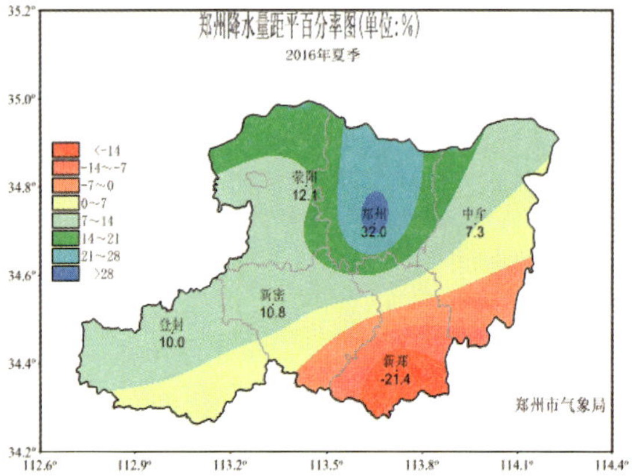

2016夏季降水量距平百分率分布图

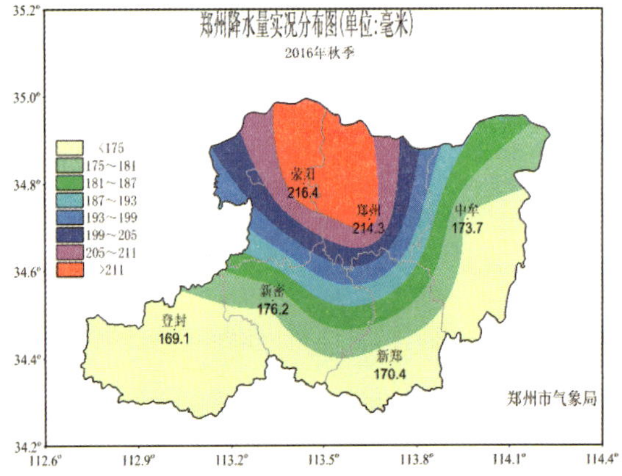

2016秋季降水量分布图

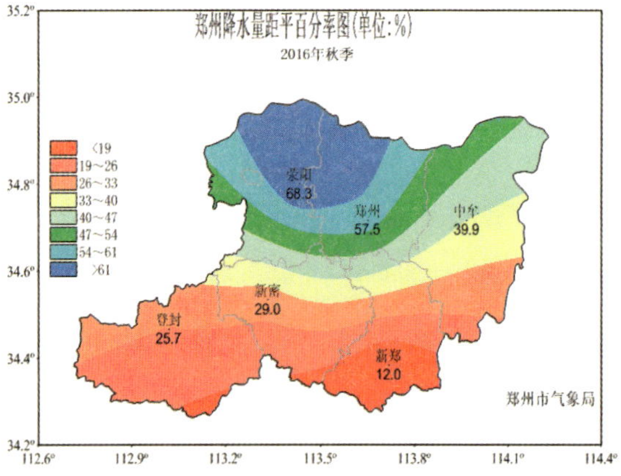

2016秋季降水量距平百分率分布图

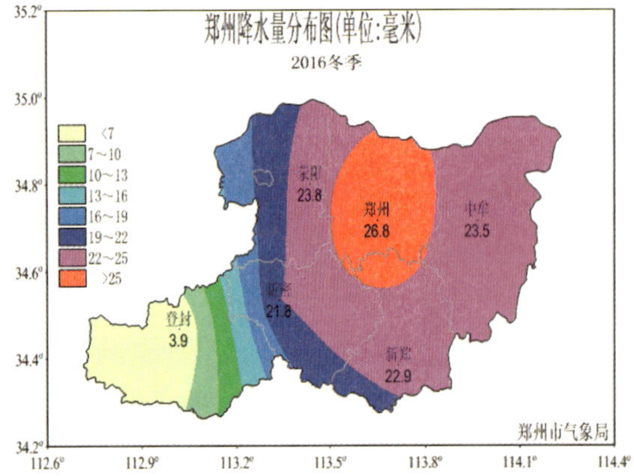

2016冬季降水量分布图

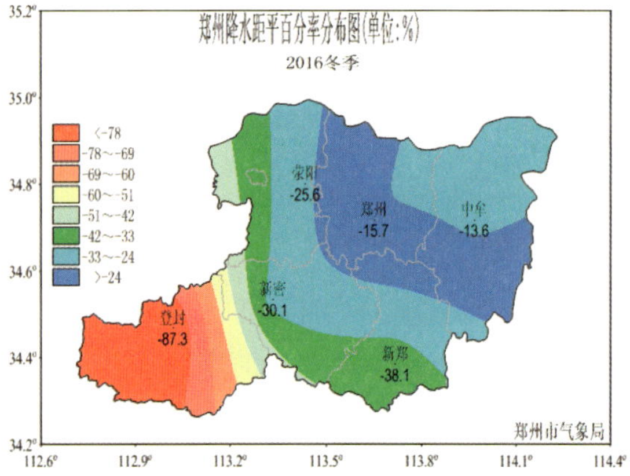

2016冬季降水量距平百分率分布图

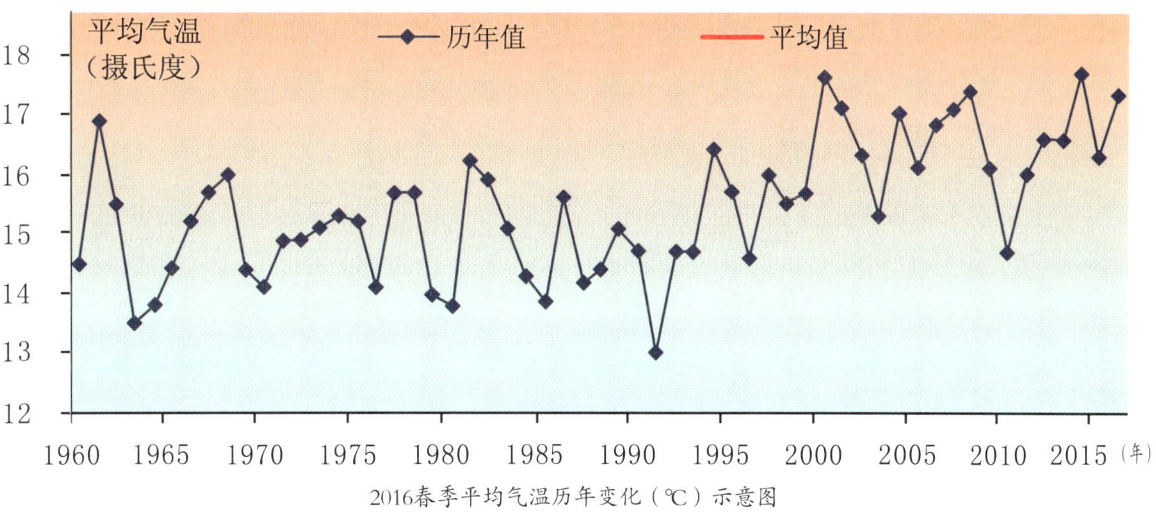

2016春季平均气温历年变化（℃）示意图

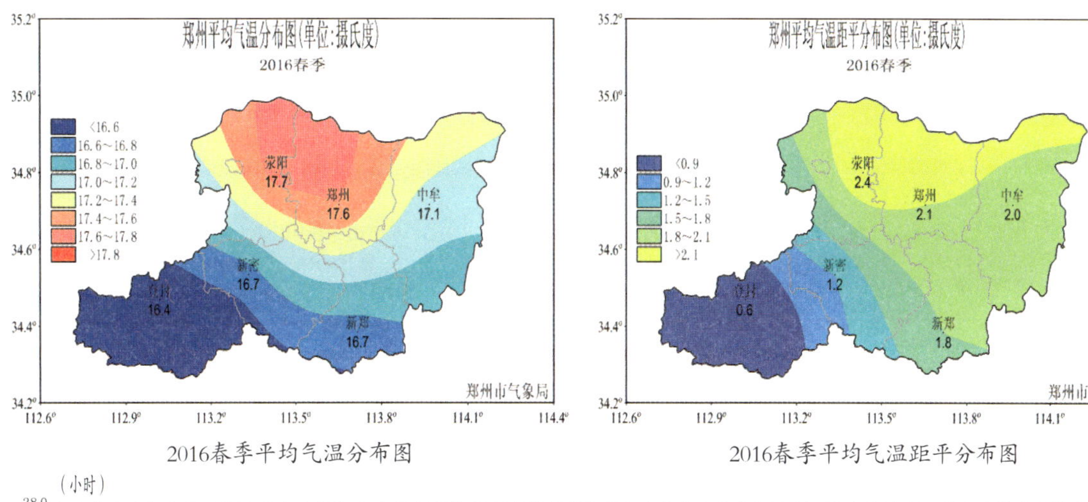

2016春季平均气温分布图

2016春季平均气温距平分布图

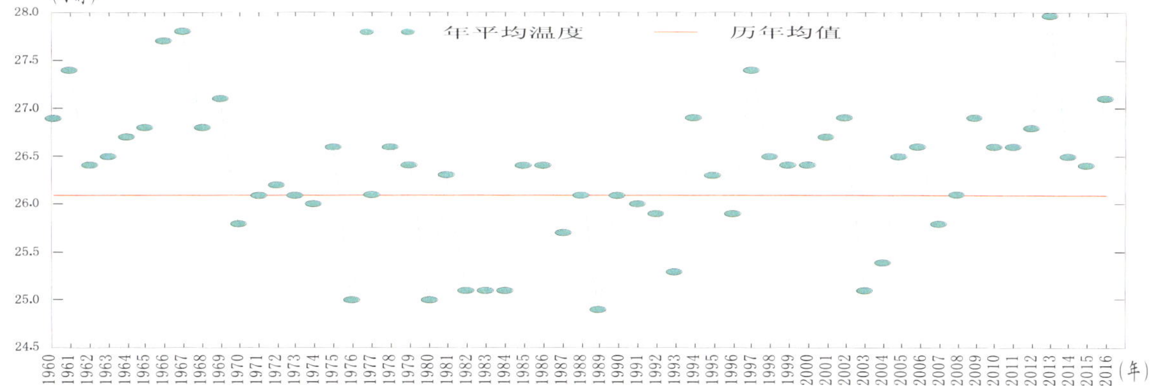

2016夏季平均气温历年变化（℃）示意图

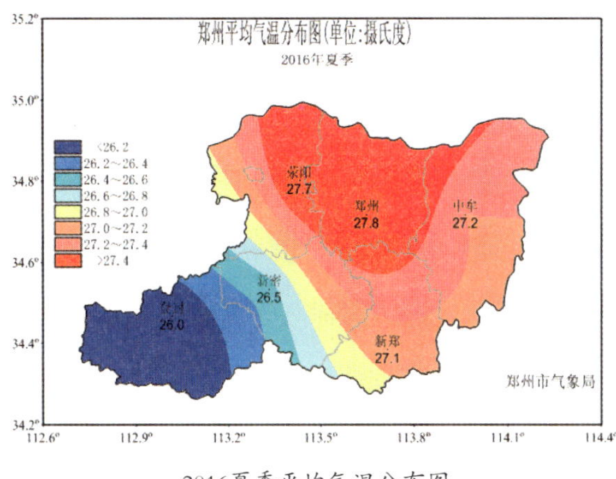

2016夏季平均气温分布图

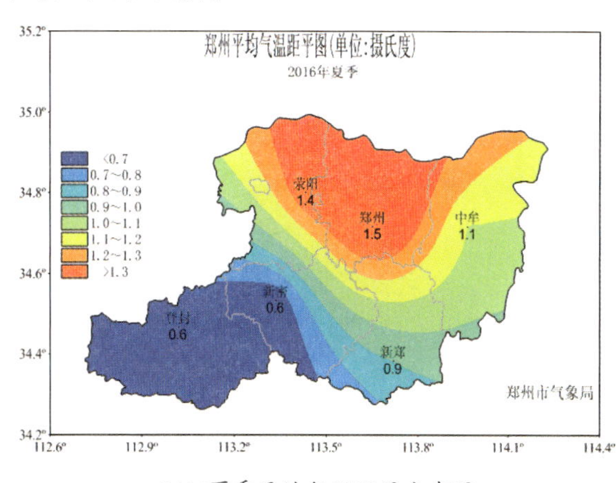

2016夏季平均气温距平分布图

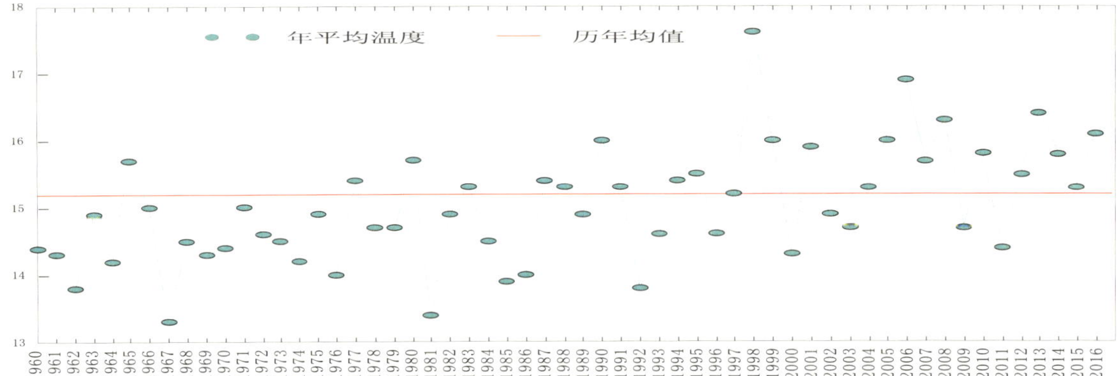

2016秋季平均气温历年变化（℃）示意图

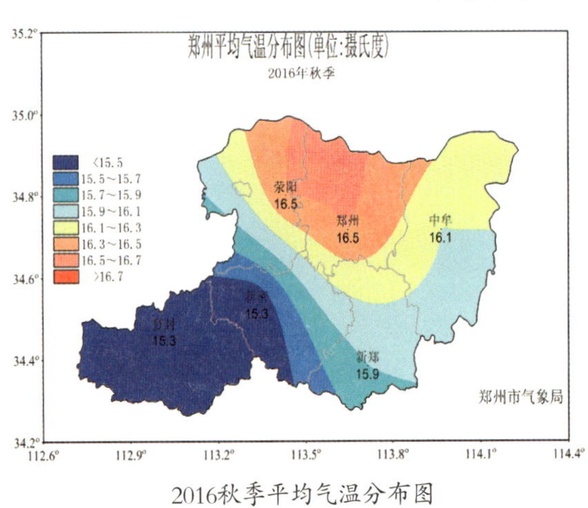

2016秋季平均气温分布图

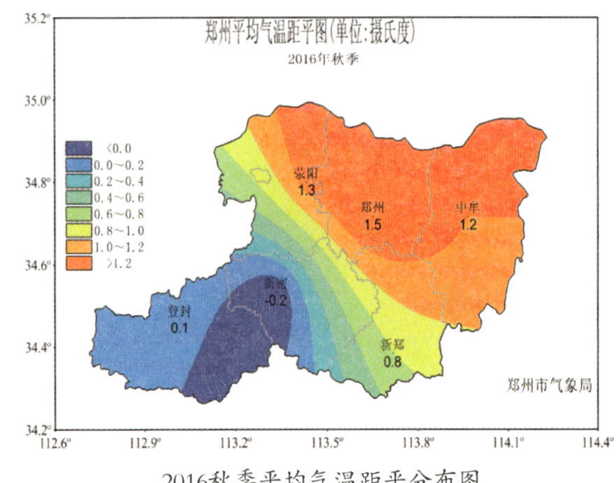

2016秋季平均气温距平分布图

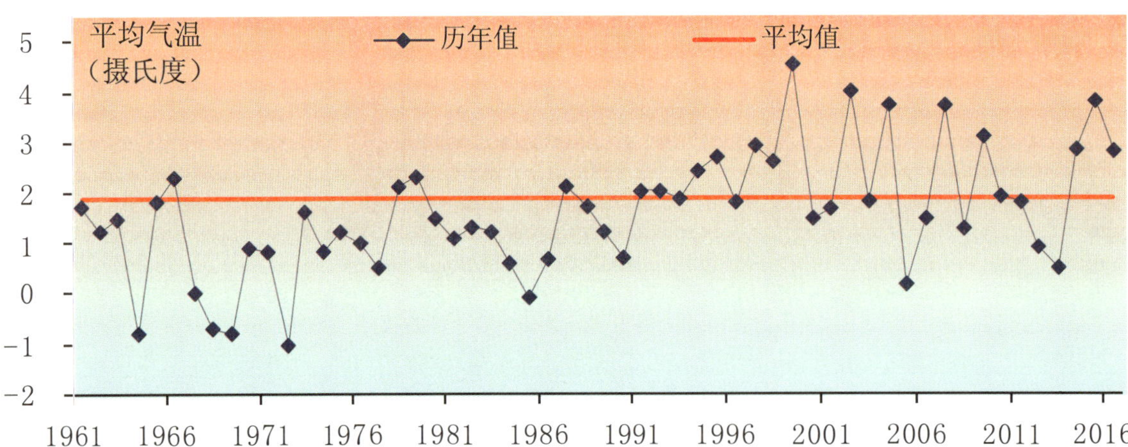

2016冬季平均气温历年变化（℃）示意图

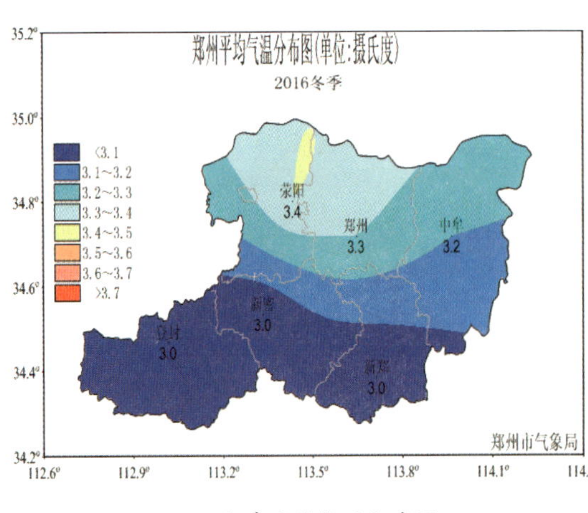

2016冬季平均气温分布图

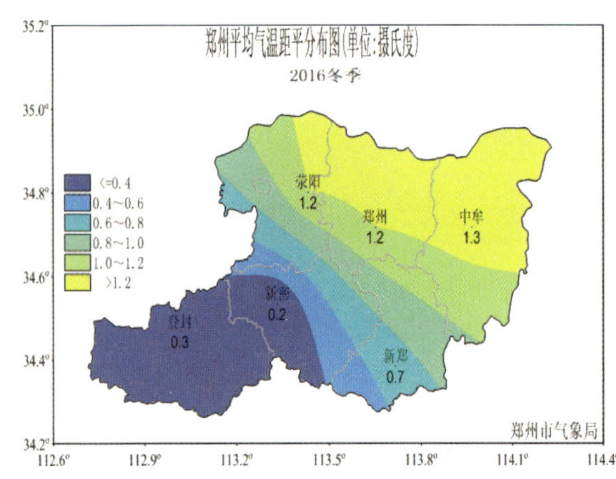

2016冬季平均气温距平分布图

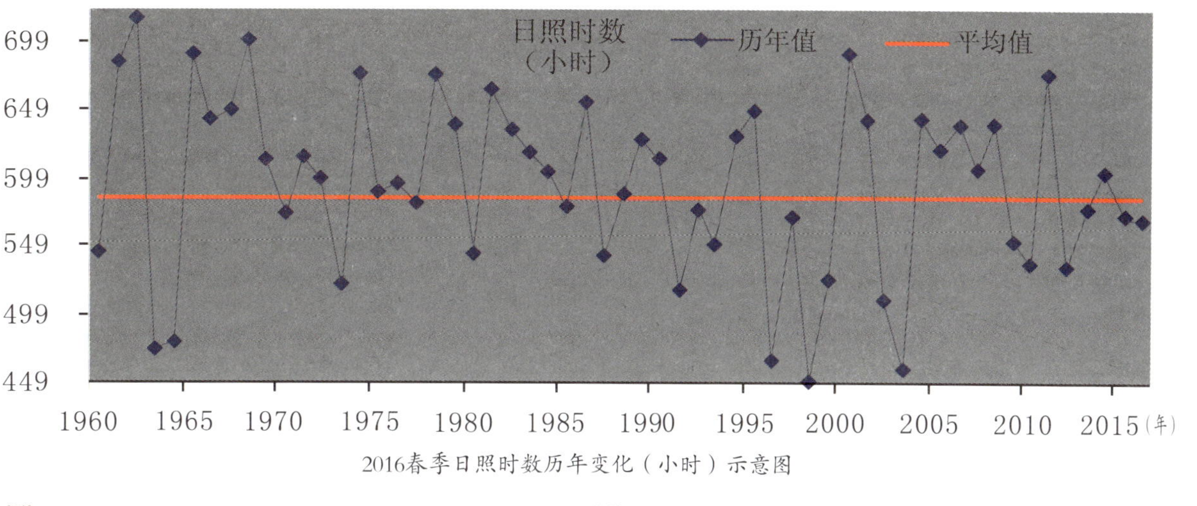

2016春季日照时数历年变化（小时）示意图

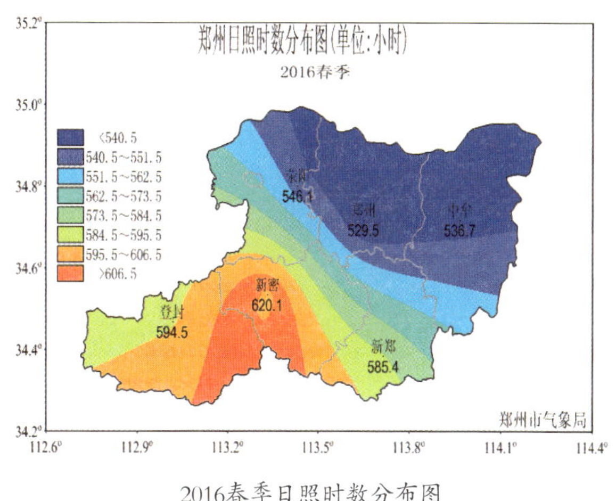

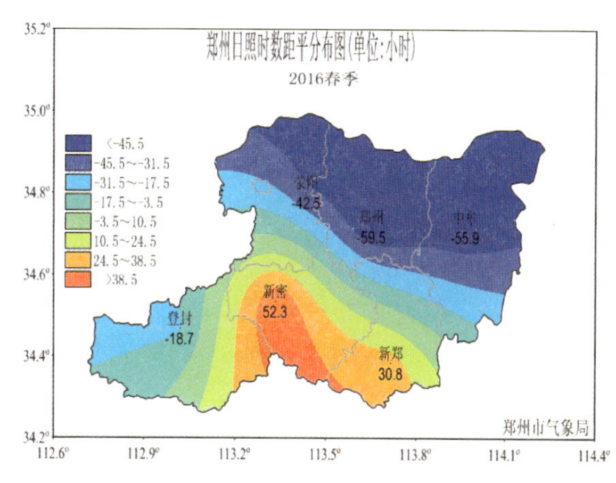

2016春季日照时数分布图

2016春季日照时数距平分布图

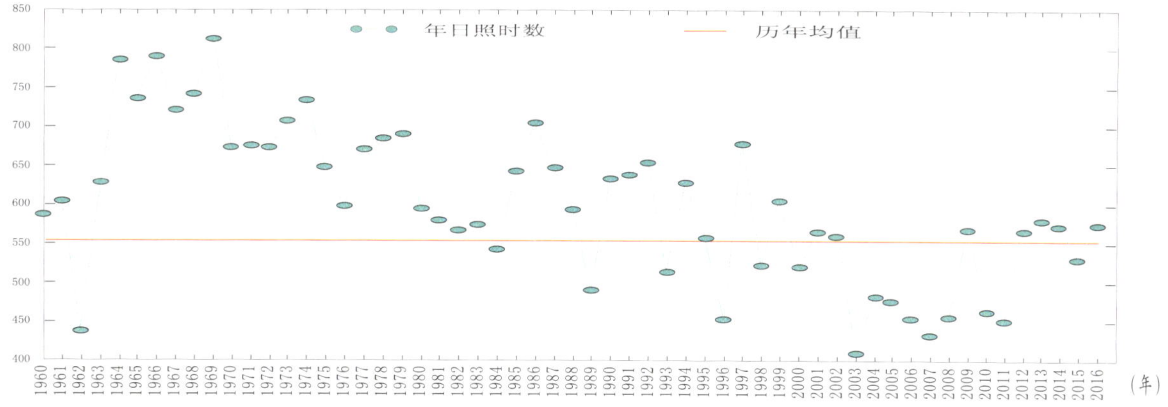

2016夏季日照时数历年变化（小时）示意图

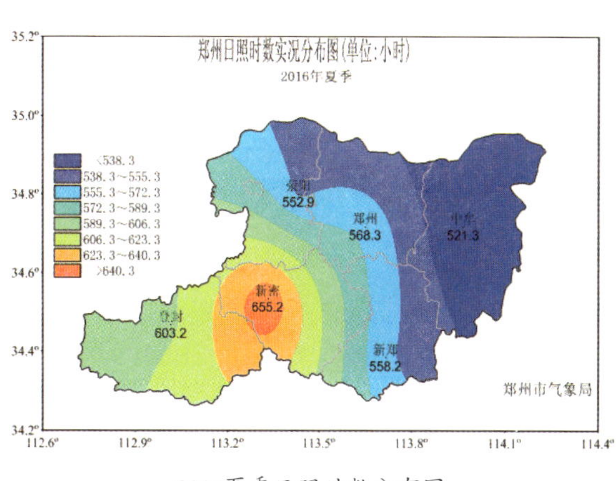

2016夏季日照时数分布图

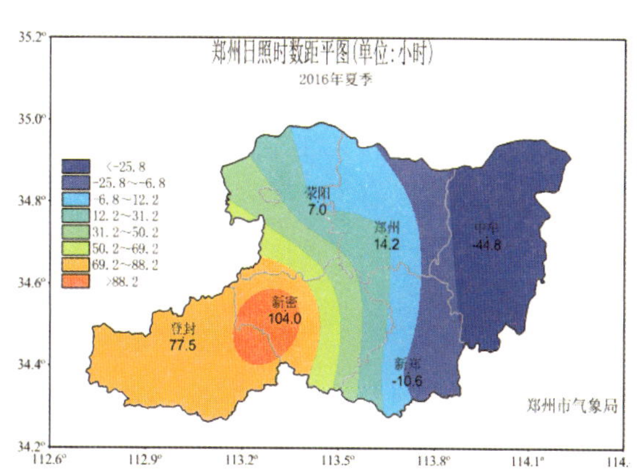

2016夏季日照时数距平分布图

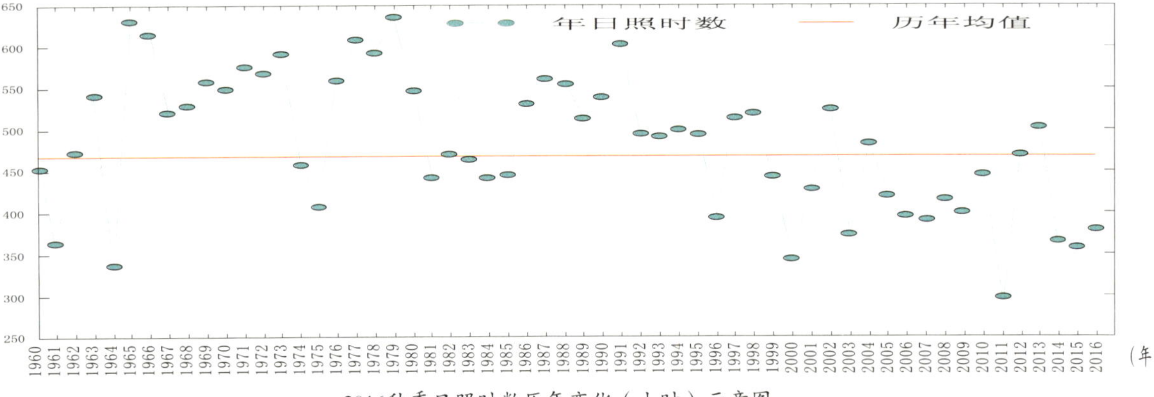

2016秋季日照时数历年变化（小时）示意图

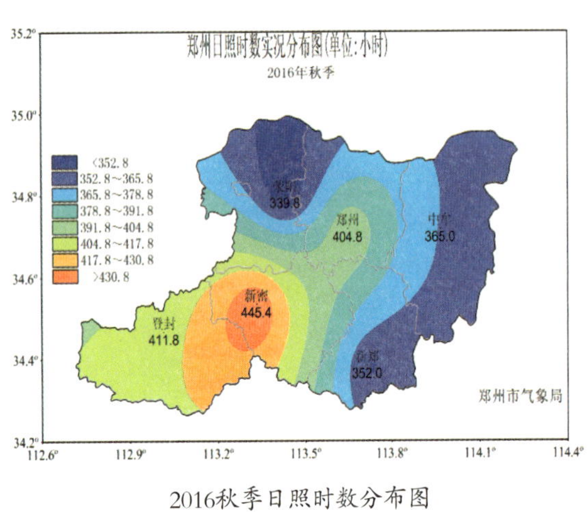

2016秋季日照时数分布图

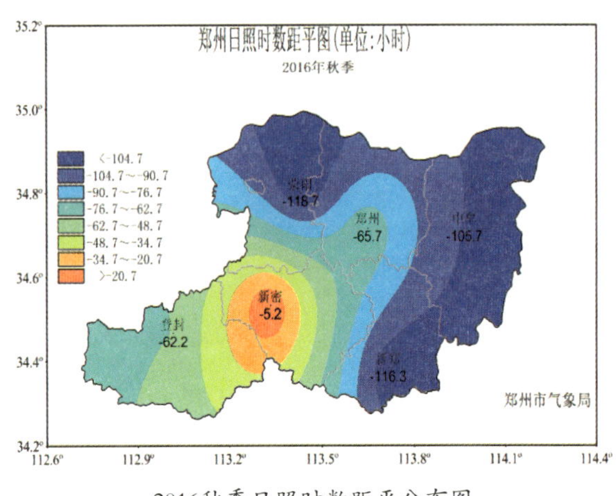

2016秋季日照时数距平分布图

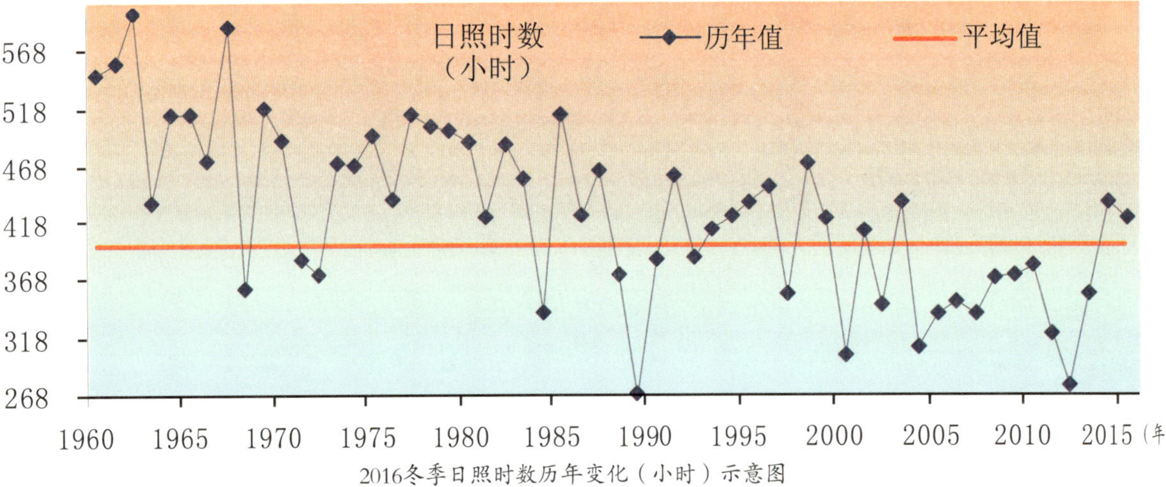

2016冬季日照时数历年变化（小时）示意图

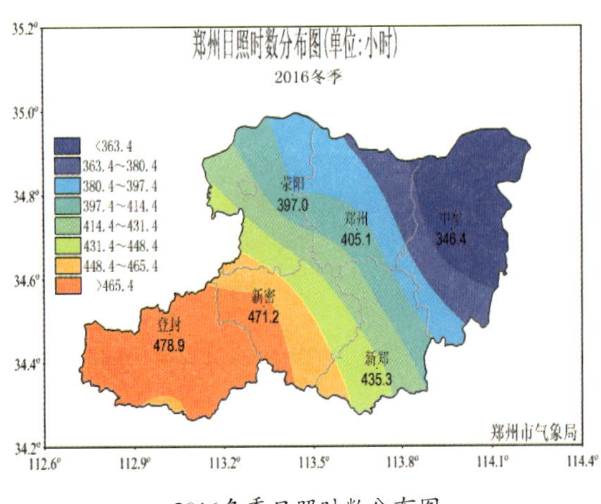

2016冬季日照时数分布图

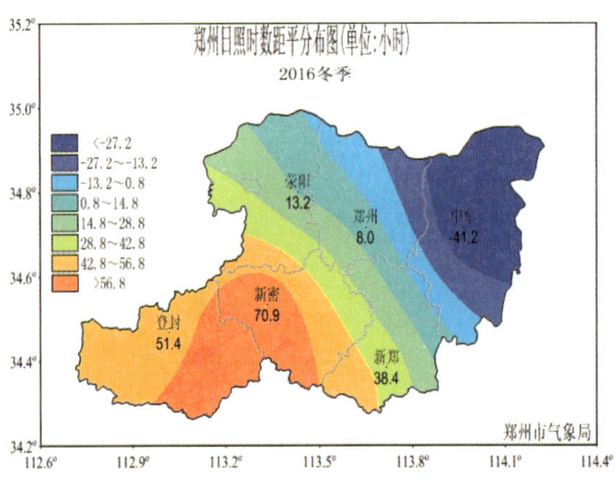

2016冬季日照时数距平分布图

较常年同期偏高2.3℃，比上年同期偏高2.4℃；5月，平均气温21.3℃，较常年同期偏高0.0℃，比上年同期偏低0.4℃。季内极端最低气温出现在新郑的3月9日，为-1.5℃；极端最高气温出现在荥阳的4月30日，为34.7℃。

夏季，郑州平均气温27.1℃，较常年同期偏高1.0℃，较上年同期偏高0.7℃。其中6月，平均气温26.2℃，较常年同期偏高0.4℃，比上年同期偏高0.6℃；7月，平均气温28℃，较常年同期偏高1.2℃，比上年同期偏高0.7℃；8月，平均气温27℃，较常年同期偏高1.4℃，比上年同期偏高0.7℃。6—8月大于35℃日数：荥阳22日、郑州22日、中牟21日、新密8日、新郑19日、登封5日；极端最高温度38.3℃，出现在7月29日的郑州和荥阳。

秋季，郑州平均气温16.1℃，较常年同期偏高0.9℃，比上年同期偏高0.8℃。其中9月，平均气温23.7℃，较常年同期偏高2.5℃，比上年同期偏高1.6℃；10月，平均气温16.2℃，较常年同期偏高0.5℃，比上年同期偏低0.9℃；11月，平均气温8.4℃，较常年同期偏低0.3℃，比上年同期偏高1.8℃。秋季的极端最高气温36.5℃，出现在新郑的9月2日。秋季的极端最低气温-9.4℃，出现在新郑的11月24日。

冬季，郑州平均气温3.2℃，较常年同期偏高0.9℃，比上年同期偏低1.0℃。其中2015年12月，平均气温3.9℃，较常年同期偏高1.2℃，比上年同期偏低0.1℃；2016年1月，平均气温3℃，较常年同期偏低0.4℃，比上年同期偏低3℃；2016年2月，平均气温5.2℃，较常年同期偏高1.5℃，与上年同期持平。季内极端最高气温出现在2016年2月8日新郑，气温21.4℃。季内极端最低气温出现在2016年1月24日登封，气温-11.7℃。

【日照时数】 春季，郑州日照时数568.7小时，较常年同期偏少15.6小时，比上年同期偏少3.6小时。其中3月，日照时数184.1小时，较常年同期偏多18.1小时，比上年同期偏多25.6小时；4月，日照时数180.4小时，较常年同期偏少20.7小时，比上年同期偏少25.6小时；5月，日照时数204.3小时，较常年同期偏少12.9小时，比上年同期偏少3.5小时。

夏季，郑州日照时数576.5小时，较常年同期偏多19.6小时，比上年同期偏多40.5小时。其中6月，日照时数218.6小时，较常年同期偏多10.5小时，比上年同期偏多74.5小时；7月，日照时数188.1小时，较常年同期偏多14.1小时，比上年同期偏少29.2小时；8月，日照时数169.9小时，较常年同期偏少4.8小时，比上年同期偏少4.8小时。

秋季，郑州日照时数379.1小时，较常年同期偏少88.4小时，比上年同期偏多21.5小时。其中9月，日照时数171.2小时，较常年同期偏多14.5小时，比上年同期偏多28.2小时；10月，日照时数96.7小时，较常年同期偏少63.9小时，比上年同期偏少70.9小时；11月，日照时数111.2小时，较常年同期偏少39.1小时，比上年同期偏多64.2小时。

冬季，郑州日照时数422.3小时，较常年同期偏多23.4小时，比上年同期偏少14.2小时。2015年12月，日照时数119.5小时，较常年同期偏少18.3小时，比上年同期偏少59.0小时；2016年1月，日照时数109.8小时，较常年同期偏少22.4小时，比上年同期偏少11.9小时；2016年2月，日照时数193.1小时，较常年同期偏多64.1小时，比上年同期偏多56.8小时。

【气候与农业】 春季冬小麦进入返青、扬花、灌浆期后，光、热条件较好，3月降水偏少，4月接近常年，5月略偏少，对冬小麦生长较为有利。3月上、中旬，冬小麦处于返青、起身期，气温稳步回升，光照较为充足，对返青后小麦的快速生长比较有利。3月下旬，小麦陆续进入拔节期，旬内气温较高，光照充足，对进入拔节期小麦的快速生长有利。4月，冬小麦进入孕穗、抽穗和开花期。4月气温持续回升，光照偏少，降水接近常年，降水有效地补充土壤水分，对小麦开花、灌浆十分有利。5月，冬小麦处于灌浆、成熟期，5月下旬，少量地块冬小麦成熟、已经开始收割。5月下旬降水偏多对夏玉米播种有利。

夏季气候条件对农业生产总的来说利大于弊。6月初，冬小麦进入成熟收获期，进入中旬夏收夏种基本完成，降水偏多影响冬小麦收获进度；夏玉米上旬播种，降水充足、土壤墒情好，对秋粮的播种、出苗和生长有利。7月上旬，适期播种的夏玉米进入七叶期，晚播玉米处于出苗期；7月下旬，适期播种的玉米进入抽雄、吐丝、开花期。8月，夏玉米处于灌浆期，下旬进入乳熟期；月内气温、光照条件好，大部分地块土壤墒情良好，有利于玉米、花生等秋粮作物生长；8月25日，受冷空气影响，全市出现大雨，局部地区暴雨，同时出现瞬时极大风速为12.9—20.3米/秒的大风，极大风速出现时间11：57—13：30。据郑州市农委数据：截至8月27日统计全市受灾面积共5563.4公顷。

秋季的气候对全市的农业利大于弊。9月上旬郑州市夏玉米处于乳熟期，下旬进入成熟收获期。上、中旬全市大部分地块土壤墒情适宜，气温、光照条件较好，有利于玉米、花生等秋粮作物后期灌浆生长；下旬气温偏高，降水少，光照较充足，有利于秋作物收获、晾晒。10月上旬夏玉米等秋粮已经基本收获完毕，开始整地、备播冬小麦；10月中旬开始大面积播种，至中旬末已基本播种完毕，下旬进入出苗期。10月上、中旬多晴好天气，有利于收获、晾晒秋粮和整地备播，中旬末和下旬中期连续降水、光照不足、气温偏低，小麦出苗和苗期生长速度略慢。降水下渗深度达50厘米，解除了旱情，有效补充了土壤水分，十分有利于冬小麦后期生长。11月上旬，冬小麦进入三叶期，中旬进入分蘖期，期间全市大部分地块墒情良好，温度适宜，阳光较为充足，有利于冬小麦苗期生长。11月下旬，发生1次大风、降温、降雪及寒潮天气过程，其中22日出现暴雪天气过程，积雪深度在15厘米以上，持续时间4—5天，此次降雪降温过程冬小麦分蘖生长暂时停止，对冬前分蘖和冬前壮苗的形成产生一定影响，但对麦田蓄墒、减少病虫越冬基数和增强冬小麦抗寒锻炼等比较有利。

冬季气温正常或偏高，没有出现对小麦生长造成严重影响的极端天气。 2015年12月，冬小麦进入越冬期。全市大部分地区土壤墒情适宜，有利于冬小麦安全越冬。12月中旬多晴好天气、日照时数偏多，上旬、下旬日照时数偏少，对大棚蔬菜水果生长不利，易造成大棚作物烂根、叶片发黄、霉菌病害等。2016年1月，冬小麦进入越冬期。2016年2月中下旬，冬小麦陆续进入返青期。中旬前期全市有一次大范围的降水天气过程，有效补充土壤水分，对冬小麦返青期生长非常有利。月内多晴好天气，气温偏高，光照充足，有利于设施农业生产。

【气候影响评价】 气候与健康。春季平均气温除登封接近较常年平均值外，其他县（市）较常年显著偏高或异常偏高，气温变化平稳对人们身体健康影响不大。夏天气温起伏不大，对人们的工作和生活影响不大。秋季温度正常，日照时数偏少，暴雪天气及郑州市区雾霾日数较多，对市民开展户外活动有一定影响。冬季降水偏少，空气干燥，雾霾日数较多，不利于户外运动，感冒、呼吸道疾病高发。

气候与旅游。“清明”“五一”假期间，无降水，气候冷热适中，适合市民外出旅游。元旦，无雨雪天气，气温适宜，有利于户外活动；春节黄金周期间，前期无雨雪天气，气温适宜，有利于人们的出游，2月12—13日（初五至初六）降水对春节返程造成一定影响。

气候与其他。春季无长连阴雨天气，气候适宜、光热充足，对交通运输业、建筑业、野外施工等其他行业都比较有利。夏季降水日数多，雨量时空分布不均，暴雨日数多，市内道路多处塌方，造成一定人员伤亡和财产损失。其中8月1日下午，郑州市区突降暴雨，中原区、管城区、二七区、荥阳市、巩义市等多个区域自动站1小时最大降水量超过50毫米，中原路、文化宫路交叉口附近自动站18—19时雨量达54.1毫米，道路经积水浸泡出现坍塌，4名行人落入坑内，其中1人死亡。同时由于暴雨日数多，对建筑施工和野外作业造成一定影响。秋季，降水较为集中以及11月下旬降雪天气对建筑施工、野外作业及人们的日常生活造成一定的不利影响。冬季整体降水正常或偏少，气温正常或偏高，对交通有利。

【2016年汛期主要天气过程】 2016年汛期，郑州市先后出现中到大雨天气过程10次，其中暴雨天气过程6次，具体过程降水情况如下：6月4日20时—6日08时，全市连续出现了暴雨、局部地区大暴雨、雷暴、短时强降水等强对流天气过程，其中雨量较大的站点有：郑州四十七中241.1毫米，郑东CBD 207.2毫米，省政府137.7毫米，姚桥118.3毫米，教育学院109.4毫米，登封的清凉寺水库108.9毫米。

6月13日20时—14日06时，全市出现大雨，局部地区暴雨，其中雨量较大的站点有：郑州的陇海办事处80.1毫米，市农科所78.0毫米，观测站74.9毫米。此次强降水过程造成荥阳市、中原区、二七区、管城区部分乡（镇）受灾。经市民政局统计，此次灾害受灾人口4210人，紧急转移安置人口67人，死亡1人（楼房严重损坏，造成死亡）；农田受淹240.6公顷，其中强风造成果树落果28.6公顷，蔬菜受灾80公顷；倒塌房屋19户，共计61间，损坏37户、117间，其中，严重损坏农房10户、33间；倒损树木15406棵，其中果树倒损2784棵，绿化苗木3000棵；电线杆倒损103根，路灯损坏5根，线路损毁1200米，道路损毁5023米，损坏太阳能8个；因树木倒损造成车辆损坏9辆；直接经济损失704万元，其中农业损失411万元、基础设施损失136万元、家庭财产损失157万元。

7月8日20时—7月10日20时，全市出现大到暴雨，局部地区大暴雨，其中雨量较大的站点有:郑州的观测站111.0毫米，西胡垌80.9毫米，南曹65.9毫米；登封的大冶105.9毫米，王家庄水库100.7毫米；新密的超化128.5毫米，牛店126.0毫米，平陌123.3毫米，苟堂119.5毫米；新郑的柿树行106.5毫米；巩义的涉村102.5毫米，五指岭村122.6毫米；中牟的赵口117.8毫米。

7月18日20时—7月20日06时，全市普降暴雨，局部地区大暴雨，其中雨量较大的站点有：郑州的西胡垌159.3毫米，二七城管121.8毫米，花园口113.1毫米，侯寨103.6毫米；登封的白坪128.1毫米，卢店119.4毫米，唐庄112.6毫米，券门水库112.3毫米；新密的助泉寺134.6毫米，伏羲山123.3毫米，尖山115.9毫米，刘寨106.0毫米，米村104.2毫米；荥阳的环翠峪158.1毫米，刘河133.0毫米，石板沟106.5毫米；巩义的米河134.8毫米，新中128毫米。

8月4日20时—8月5日18时，全市出现大雨，局部地区暴雨，其中雨量较大的站点有：郑州的苗木场60.1毫米；荥阳的刘沟50.6毫米；新郑的唐寨水库82.4毫米，气象局64.0毫米，望京楼水库54.1毫米，城关53.7毫米；登封的嵩岳寺塔63.1毫米。

8月25日08时—17时，全市出现大雨，局部地区暴雨，其中雨量较大的站点有：郑州的姚桥55.5毫米；登封的纸坊75.8毫米，券门水库66.9毫米，王屯水库65.7毫米，少室阙64.4毫米；巩义的南岭新村138.0毫米，鲁庄79.8毫米，后林村78.9毫米，西村78.5毫米；新密的伏羲山127.6毫米，米村83.2毫米，柿树湾76.6毫米，气象局59.5毫米；荥阳的环翠峪88.1毫米，高山53.8毫米；新郑的青岗庙水库51.3毫米；中牟的张庄71.4毫米，大孟64.8毫米，赵口51.4毫米。

（张俊杰）

防震减灾

【概况】 2016年，郑州市防震减灾工作在省防震抗震指挥部、市委、市政府的正确领导下和省地震局的指导下，深入学习贯彻十八大、十八届三中、四中、五中、六中全会和习近平总书记系列重要讲话精神，全面贯彻落实“创新、协调、绿色、开放、共享”的发展理念，认真落实国务院、省政府防震减灾工作部署，以最大限度减轻地震灾害损失为根本宗旨，坚持防震减灾事业与经济社会融合式科学发展的基本思路，紧紧围绕市委、市政府中心工作，统筹监测预报、震害防御、应急救援等防震减灾体系建设，确保“十三五”时期开好局、起好步，着力提升地震灾害防御能力，为郑州市率先在全省全面建成小康社会、加快现代化进程、建设国家中心城市提供安全保障。

【切实落实防震减灾工作责任】 一是认真组织学习贯彻2016年国务院防震减灾工作联席会议、河南省防震抗震指挥部（扩大）会议精神和国家、省关于防震减灾工作的一系列重要部署。二是根据国家、省关于防震减灾工作的要求和部署，结合当前震情形势和郑州市实际，对2016年郑州市的防震减灾工作进行全面安排部署，在全市新型城镇化建设工作大会上印发《郑州市地震局2016年工作要点》。三是根据国务院办公厅和省政府办公厅文件精神，结合实际制订具体措施，经市政府办公厅印发《关于2016年地震趋势和进一步做好防震减灾工作的意见》，切实加强防震减灾工作。

【地震监测】 （1）根据郑州市及其周边地区地震形势，进一步坚持和强化“震情第一”观念，市地震局制订《2016年郑州市震情短临跟踪工作方案》，对全年的监测工作和震情短临跟踪各项工作进行安排部署；完善郑州市震情短临跟踪工作领导小组和郑州市震情短临跟踪技术组工作机制，密切关注震情，切实加强地震异常落实和震情短临跟踪工作，坚持落实异常“不过夜”。（2）加强地震监测

开展社区防震减灾演习宣传活动

郑州市防震减灾"十三五"规划评审会召开

台站运行维护和管理工作。加强督查检查工作，定期组织技术人员对尖山地震台、航海地震台和各县（市）地震台的监测仪器进行全面认真的检查和维护，明确责任，保障仪器正常运转、观测资料连续可靠。组织地震台站技术人员参加省地震局组织的业务培训班，提高地震观测水平。依法保护地震监测设施和地震观测环境。对纳入郑州市挂牌保护范围的9个地震台依法加强保护。协调市规划局，依法对处在白鸽文化创意园项目拆迁范围内的郑州二砂地震台进行保护。2016年，全市监测台站的监测设施运转正常、观测环境良好，没有发生地震环境破坏事件。（3）继续推进"一县一台"建设工作。按照省地震局的要求，加快进行"一县一台"建设的台站勘选或补充勘选工作。市地震局深入中牟、登封、荥阳、新密等地，督查县（市）"一县一台"建设工作。截至2016年年底，郑州市辖区内共有地震台11个，其中正式运转地震台7个，试运转地震台4个。新密地震台、登封地震台、荥阳地震台、上街地震台已完成与河南省地震局联网工作。（4）做好群测群防工作。强化宏观观测人员的岗位职责意识，坚持实行重大宏观异常及时报告和落实制度。市地震局定期对各县（市）区管理的宏观观测点进行全面检查。确保观测人员信息准确和职责明晰，并保持通信畅通。通过检查，确定郑州市现有宏观观测点63个，实现"一乡一点"的宏观观测点建设目标和属地化管理模式。（5）坚持周、月、季和紧急地震趋势会商制度。郑州市牢固树立震情观念，认真履行职责，围绕震情，健全完善会商制度，全面加强地震监测、信息传输、震情会商与短临跟踪等工作。按时召开周、月和季度会商会，认真准备年度会商报告，参加省地震局年度会商会，科学分析判定震情趋势，及时向市政府和河南省地震局报告地震趋势会商意见。（6）按照省地震局的安排和部署，市地震局提前完成郑州市47个地震速报与地震预警台站的宏观勘选和野外仪器勘选工作，并向河南省地震局提交勘选报告，勘选内容包括基准站4个、基本站8个、一般站35个。

【震害防御工作】 大力推进抗震设防审批改革工作。按照"审管分离、受审分离"的工作思路，采取"前台综合受理、后台分类审批、统一窗口出件"的服务模式，推进简政放权、放管结合。创新政务服务新模式，采取"一口受理"措施，规范政务服务行为，实行"一把手"负总责，首席代表具体负责的管理机制。规范窗口设置，配备办公桌椅、电脑、打印机、高拍仪、评价器等设施、设备，提高抗震设防行政审批效率。2016年，共审批建设工程项目721项。

积极推进防震减灾科普教育基地、示范学校、示范社区、示范城市建设工作。按创建标准详细制订科普示范学校、科普教育基地、示范社区创建具体标准、具体条件等方面内容，同时与市教育局、市科技局、市民政局组成联合验收小组，对申报单位进行验收。2016年，全市创建省级防震减灾科普学校4个，市级防震减灾科普学校9个，市级地震安全示范社区2个。2016年，郑州市启动创建国家防震减灾示范城市工作。

【地震应急工作】 （1）结合当前震情形势，市地震局制订《2016年郑州市地震应急准备工作方案》，并下发各县（市）区地震主管部门，要求各级地震主管部门制订本级地震应急准备工作方案，严格落实地震应急指挥机制、队伍、演练、应急避难场所和科普宣传等具体措施，做好地震应急的各项准备工作。（2）通过广泛征求意见和聘请省地震局专家等多种形式，对郑州市各级地震应急预案的修订和备案工作进行培训指导，并明确专人负责县（市）级地震应急预案管理系统软件的维护管理和动态更新、使用，加强地震应急预案管理。（3）积极推进全市应急避难场所建设。按照市政府要求，市地震和郑州市园林部门加大对具备防灾避险功能公园的建设力度。将应急避险功能纳入年度新建公园的规划设计之中。积极指导县（市）区应急避难场所建设。协调和组织管城区科技局（地震办）、管城区文物局以及相关技术人员到郑州市商都遗址公园项目建设现场具体指导应急避难场所建设；指导和协助荥阳市、中牟县、航空港实验区等地应急避难场所筹建工作；积极参与郑州市城市交通发展规划通航建设发展计划工作。加大应急避难场所建设宣传力度，制作应急避难知识的专题片，并通过河南省电视台面向社会播出。（4）加强演练，提高全市综合防灾避险能力。组织全市防震减灾工作人员培训和应急演练。9月下旬，参加2016年度豫北地震应急联队濮阳区演练活动。5月，市地震联合市教育局下发了《全市中小学校（幼儿园）开展以地震为背景的防灾避险演练活动通知》，完成2016年度全市中小学校（幼儿园）以发生地震为背景的应急演练活动。通过利用地震应急指挥平台收听、收看中国地震局视频讲座。完成每月1次的郑州市地震现场工作队培训。（5）加快郑州市地震应急指挥技术系统基础硬件平台建设。完成郑州市地震应急指挥技术系统建设项目的评审和验收工作，应急指挥技术系统升级圆满完成。

【防震减灾宣传教育工作】 （1）突出"5·12"防灾减灾日、"7·28"唐山大地震纪念日等重大活动日，在全市开展形式多样、丰富多彩的防震减灾宣传教育活动。5月12日即我国第八个"防灾减灾日"，围绕"减少灾害风险 建设安全城市"宣传主题，组织市地震局、市交通局、市园林局、市卫生局、市人防办、市民政局、市红十字会、市供电公司等市防震抗震指挥部成员单位在绿城广场开展"防灾减灾日"集中宣传活动，向市民和群众宣传防震减灾知识、发放宣传资料。截至2016年年底，市地震局在各项防震减灾宣传活动中，制作展板200余块，发放防震减灾知识宣传单35000余份、防震减灾挂图300幅、宣传图书12000余册，设立咨询台50余个。（2）编制各类防震减灾宣传资料。根据不同受众群体，编制了多种形式的宣传资料，在内容上采取文字、声像、漫画等表现形式，把地震的基本知识、防震避震技能及应急自救等知识融入其中。（3）充分发挥广播电视媒体主阵地优势，丰富宣传内容和方式，创新宣传手段和方法，深入扎实地做好宣传工作，营造浓厚的防灾减灾社会氛围。市地震局通过郑州市应急广播电台、郑州电视台等媒体，就防震、避震、自救互救等方面知识进行讲解宣传。在电台、电视台重要栏目以消息、专题、专访、系列报道、公益广告等形式对防震减灾科普知识进行全方位、多层面的宣传。同时充分利用网站、微博、微信等新媒体进行防震减灾知识宣传。

（陈启佳）

污水处理

【概况】 2016年，王新庄、五龙口、马头岗、南三环、马寨、陈三桥等污水处理厂共处理污水49094.41万立方米，累计削减氨氮15802.25吨、BOD84522.21吨、COD165030.53吨、SS158720.91吨，均超额完成上级下达的年度减排任务。市污水净化有限公司持续稳定向郑州东站、裕中能源、新力电力、荥阳国电、金水河、东风渠供应优质再生水，全年累计供水4992.2155万立方米。八岗、马头岗污泥处置厂全年累计处理污泥27.1976万吨。

【工程建设】 马头岗污水处理厂二期消化干化项目、郑州市污泥应急处理工程等项目实体建设已完工，顺利进入试运行阶段，新增污泥处理能力800吨/日。郑州新区污水处理厂工程厂外管线及污水处理区已完成建设任务，王新庄污水处理厂收水区域的大部分污水进入郑州新区污水处理厂，彻底解决王新庄污水处理厂溢流问题。再生水利用三环管线工程项目管线全长35.3公里，箱涵混凝土已浇筑完成。双桥污水处理厂工程三大池主体全部完工，厂外污水干管完成4.62公里，再生水干管完成3.57公里。马头岗污水处理厂一期一级A升级改造项目、再生水利用三环管线配套泵站项目、王新庄污水处理厂再生水管线切改项目、郑州市南三环中水公园项目等初步设计均获市发改委批复。

【科技创新】 2015年，市污水净化有限公司以省、市工程技术中心为平台，与中国农科院、南京大学、河南农业大学、河南工业大学等科研院所及高校建立合作关系，持续推进“十二五”水专项、城市污泥无害化处理产品的农用开发与研究、污泥好氧发酵可循环调理剂回收利用项目等国家及省、市级重大科技专项，全年累计开展科研项目6项。“好氧发酵可循环调理剂项目”进入结题验收阶段。《城市污泥改良沙化潮土和生态环境安全评价研究》项目，第一期三年试验已完成，达到预期效果；第二期两年试验正式启动。《河南省城镇污水处理厂污泥土地利用处置技术规范》编制工作全部完成。

【安全生产】 2016年，市污水净化有限公司与下属各部门签订《安全生产目标责任书》，把安全生产目标进行层层分解。修改和完善安全生产责任制、危险源管理等15项规章制度。制订平安建设工作总体规划和实施方案。利用工作实际开展防汛应急演练、防恐应急演练、消防演练等形式多样的平安建设活动。以创建“平安郑州”为主线，加强排查调处、科学预警预测、强化调查研究、狠抓责任落实，坚持信访工作为群众办实事这个核心不动摇，围绕群众最现实、最关心、最直接的利益，认真做好年度信访各项工作。坚持法律顾问全程参与重大事项决策，并出具法律意见书，有效规避法律风险。

（勾旭峰　郭绍君）

经济监督与管理

发展计划管理

【国民经济和社会发展计划执行情况】 2016年，全市实现地区生产总值7994.2亿元，增长8.4%，三次产业结构比由2015年的2.1:49.5:48.4调整为2016年的2.0：47.3：50.7；规模以上工业增加值3215.4亿元，增长6%；地方财政一般公共预算收入1011.2亿元，增长14.3%；固定资产投资6998.6亿元，增长11.3%；社会消费品零售总额3665.8亿元，增长11.3%；进出口总额550.3亿美元，下降3.5%；城镇居民人均可支配收入、农村居民人均可支配收入分别达到33214元、18426元，分别增长6.8%和7.6%；居民消费价格指数涨幅2.3%。

（一）国家支持郑州建设国家中心城市，战略地位巩固提高。一是重大战略深入实施。《促进中部地区崛起“十三五”规划》和《中原城市群发展规划》获得国务院批复，明确支持郑州建设国家中心城市，国家已经出台支持郑州建设国家中心城市的指导意见，中原经济区、郑州航空港经济综合实验区等国家战略深入推进。二是枢纽地位更加突出。新郑机场开通客运航线186条、全货运定期航线34条，旅客吞吐量首次突破2000万、达到2076.3万人次，航空货运量达到45.7万吨、上升到国内机场第7位；米字形高速铁路网大格局基本形成，郑徐高铁通车运营，郑万、郑合高铁加快建设，郑济、郑太铁路开工建设，进入4个方向高铁运营、4个方向高铁在建的新阶段。三是多个国家级示范试点获批。成功获批自由贸易试验区、跨境电子商务综合试验区、郑洛新国家自主创新示范区、全国双创示范基地、国家现代物流创新发展试点城市等国家级重大示范、试点，跨越式发展获得更多发展先机。

（二）新型城镇化建设稳步推进，城乡一体化加快发展。一是城镇化水平不断提升。全面实施新型城镇化新三年行动计划，城镇化率达到71%。郑东新区、上街区、高新区、中原区、金水区基本实现全域城镇化。成功入选国家综合管廊试点城市和河南省海绵城市建设试点城市。登封市、新密市成功入选国家新型城镇化第三批综合试点。11个组团新区完成基础设施和公共服务设施投资381.2亿元。二是畅通郑州工程进展顺利。轨道交通2号线一期投入运营，城郊铁路一期和1号线二期开通试运营，运营总里程达93.6公里。3号线一期、4号线、5号线、城郊铁路二期等轨道交通工程顺利推进。西三环北延、107辅道快速化（北三环至陇海路段）、农业路高架（除涉铁段以外）等重点工程建成通车，新建支线道路50条，中心城区“井字+环线”快速路网系统基本形成。快速公交形成“5主65支”运营网络，新增公共停车泊位7.1万个，市区交通拥堵状况得到进一步缓解。三是城市功能持续增强。郑汴天然气长输管道改迁工程、二马路热源厂天然气管道工程建成通气；博郑线至西四环天然气高压管道及综合场站工程建成竣工，具备通气条件；新增燃气居民用户12万户。二马路热源厂“煤改气”工程、新建北郊天然气热源厂建成投产；新改建供热管网87公里，新增供热面积1052万平方米；侯寨水厂建设顺利推进，新建改建供水管网125公里；郑州新区污水处理厂通水调试，马头岗污泥应急工程建成投用，双桥污水处理厂加快推进。西部、东部餐厨垃圾处理工程开工建设，东部环保能源工程前期手续加快办理。四是城市管理服务水平不断提升。全市82个“三级三类”市民服务中心开工建设；强力整治占道经营和突店经营，以“四区一环十五路”为重点的631条支路背街得到有效整治。新建公厕120座，建成垃圾中转站7座；完成嵩山路等5条道路大修、淮河路等10条道路中修，累计完成沥青路面铣刨复浇92.2万平方米。

（三）产业结构持续优化，现代

“两学一做”学习会议召开

产业体系加快构建。一是新型工业化加快推进。七大工业主导产业完成增加值2294.9亿元、增长7.8%，电子信息、汽车及零部件、装备制造、新材料、生物医药、铝及铝精深加工、现代食品、家居和品牌服装制造等八大产业集群实现工业销售产值近1.1万亿元，占全市比重的71.7%，对全市工业增长的贡献率达到92.7%，较上年提高5.5个百分点，其中，电子信息实现3100亿元、新材料2000亿元，汽车及零部件、装备制造、铝及铝精深加工、现代食品制造均在1000亿元以上。“互联网+”指数居全国城市第14位，获批开通国际通信专用通道，入围中国信息化15强城市。二是服务业拉动作用不断增强。服务业增加值完成4057.1亿元。现代金融、商贸物流、文化创意旅游等现代服务业发展提质增速，郑东新区金融集聚核心功能区累计入驻金融机构288家；电子商务完成交易额4900亿元，增长33%；会展经济稳步发展，入选中国会展最具办展幸福感城市；以创建“国家全域旅游发展示范区”为带动，接待国内外游客8885.5万人次，旅游总收入1053.9亿元。三是都市生态农业加快发展。国家级、省级龙头企业分别达到13家、62家，农业产业化集群达到29个；都市生态农业示范带动能力进一步增强，完成首批4000公顷都市生态农业示范园建设；基本建成郑州市农产品质量安全追溯体系，新增可追溯标准化“菜篮子”生产基地1333.3公顷，基本实现农产品质量安全从农田到市场全程可追溯，农产品质量安全监测合格率稳居全国前列。四是产业内部结构不断优化。工业七大主导产业增加值占比达到71.4%。高新技术工业增加值占工业增加值比重达43%。万元工业增加值能耗降低13.2%，超额完成年度目标任务。金融业占全市服务业比重达到20%以上。五是产业集聚发展水平不断提高。全市产业集聚区（含10个市级工业专业园区）对全市工业增长、投资拉动的贡献率分别达到51.1%、35.6%；服务业“两区”主营业务收入完成1544.9亿元、增长10%，从业人员达到31万人。

（四）固定资产投资平稳增长，重点项目建设顺利推进。一是投资结构不断优化。三次产业投资比由2015年的1.4∶23.5∶75.1调整为1.2∶21.2∶77.6。高成长性装备制造业投资占工业投资比重达到25.6%，较2015年提高2.8个百分点；科学研究和技术服务业投资增速达到59.7%。二是省、市重点项目建设进展顺利。801个省、市重点项目共完成投资4302.6亿元，完成年度目标的107.6%；累计开工菜鸟智能骨干网、轨道交通3号线等省、市重点项目213个，开工率100%；累计竣工郑州机场高速公路等省、市重点项目104个，竣工率100%；1294项省、市重点项目联审联批事项9月底全部办结。三是政府投资计划顺利实施。全年安排项目231项，及时高效下达政府投资计划622.7亿元，轨道交通2号线一期工程、1号线二期工程、107辅道快速通道工程等一批政府投资项目完工或基本完工。四是争取上级项目资金支持成效明显。争取上级转移支付资金240.8亿元，置换债券454亿元，国家专项建设基金额度55.18亿元，有力支撑全市重大项目建设工作。五是政府和社会资本合作稳步推进。设立60亿元PPP融资支持基金。建立健全PPP项目库，入库项目达到52个，总投资1818亿元。107辅道快速化、贾鲁河综合治理、中心城区综合管廊等16个项目落地实施，总投资699亿元。

党风廉政建设会议召开

（五）开放创新双驱动战略深入实施，发展动力加速转换。一是航空港实验区建设步伐加快。航空港实验区“三年打基础”目标全面实现，机场二期全面建成投用，米字形高铁网加快建设，国际陆港功能不断完善，“四港一体”多式联运体系初步形成。以智能终端等产业集群为抓手，手机总产量2.6亿部，全球重要的智能终端（手机）研发制造基地初具规模；通航“郑州制造”渐成品牌，通航产业发展基地逐步形成。二是开放带动作用不断提升。郑州新郑综保区三期封关运行，进出口总值居全国海关综保区第一位；中欧（郑州）班列全年开行251班，总货值12.7亿美元，载货量、满载率等持续位居全国前列；郑州国际陆港第二节点郑新班列试运行；跨境电子商务试点全年业务量达6000万包；汽车、肉类等口岸稳定运营，粮食、药品等口岸加快建设。三是招商引资成效显著。全年新签约项目383个，增长11.3%；签约总额4162.7亿元，同比增长2.2%；实际吸收外资37.2亿美元，增长5.3%。四是创新驱动深入推进。国家促进科技和金融结合试点城市成功获批，高新区被认定为国家首批科技服务业试点区域；政府主导的20个创新创业综合体建成面积527.6万平方米，全市孵化器、众创空间达到151家；“智汇郑州·1125聚才计划”年度任务圆满完成。市人民政府承办2016“创响中国”巡回接力郑州站活动。科技进步对经济增长的贡献率达到61%。

（六）大气污染防治强力实施，生态文明建设持续加强。一是实现大气污染防治攻坚战阶段性目标。统筹推进燃煤、扬尘、机动车等污染治理，10家燃煤电厂26台燃煤机组全部完成超低排放，212家、346台、10蒸吨以下燃煤锅炉完成整治；建成区取缔64家散煤销售网点，中心城区建成区基本实现高污染燃料禁燃区全覆盖；建筑工地严格落实“六个100%”，市区渣土车全部安装北斗定位系统，市区主次干道道路机械化清扫保洁水平达到100%；淘汰黄标车24401辆，市区黄标车基本绝迹；完成老旧车淘汰任务82187辆，是省定目标任务的12.9倍。2016年，环境空气质量明显改善，城区优良天数达到159天，同比增加21天；PM10、PM2.5年均浓度分别下降14.4%、18.8%；实现“退出后五”目标，被评为完成全省大气攻坚目标任务3个优秀城市之一。二是水环境质量持续改善。全面完成索须河天河路桥、北四环节点生态修复等生态水系工程，重点河道拦蓄水示范工程基本完工，贾鲁河综合治理、环城生态水系循环工程等工程加快推进，牛口峪引黄工程、索须河花王桥至中州大道段生态提升工程等开工建设。切实加强饮用水水源地保护，确保饮用水水源安全，黄河郑州花园口、贾鲁河尖岗水库、颍河登封白沙水库等断面达到省定考核目标要求，城市集中式饮用水源取水水质达

市发改委志愿服务队走上街头开展“美化家园，清洁卫生”志愿服务活动

标率达到99.1%。三是生态林业建设稳步推进。第十一届园博会筹办工作稳步推进，园博园及周边配套设施建设加快推进，各项工程建设按计划完成任务；全年完成植树造林6866.7公顷，市区新建绿地1529万平方米，建成公园游园34个，开工建设区级综合性公园6个，“一环、一渠、三网”生态景观带基本建成。四是农村生态环境持续改善。划定全市生态保护红线，为经济发展和生态保护划定界限；深入开展农村环境综合整治和美丽乡村试点建设，扎实推进全市畜禽养殖业污染治理；创建省级生态县（市）1个、生态乡（镇）2个、生态村6个。五是节能减排深入推进。郑州国家生态文明先行示范区建设稳步推进，启动郑州市自然资源资产负债表编制工作，参与全国碳排放权交易体系建设；严格落实投资项目节能评估和重点用能单位节能管理要求，强化源头控制；节能减排降碳工作超额完成省下达目标。

（七）体制机制改革深入推进，发展活力不断增强。一是供给侧结构性改革深入推进。“三去一降一补”成效显著，原煤、钢材产量分别下降21.7%和14.5%，商品房去库存加快，市区商品住房去库存任务全部完成，企业降本减负有力有效，累计为企业减负约45.3亿元；政府、金融机构、企业杠杆率有效降低。二是关键领域改革不断深化。“五单一网”制度改革深入推进，全面清理规范行政审批中介服务事项，对160项行政审批的受理条件进行梳理规范；投融资体制改革加快推进，进一步拓展社会资本投资渠道和领域，加快推动政府和社会资本合作模式项目落地。公共资源交易平台建设扎实推进，基本完成公共资源交易平台整合工作，顺利实现交易平台信息化建设的数据对接；“五证合一、一照一码”全面实行，商事登记制度改革深入推进；城市环境空气质量生态补偿机制初步建立；不动产统一登记制度全面开展；医疗卫生、教育、文化、国企等各项改革有序推进。三是要素保障稳定有力。全市总计使用省级下达的2016年度计划指标1733.3公顷，收储土地超667公顷，供应土地2933.3公顷。全市小微企业贷款余额2800亿元，“共保体”模式为75家企业融资2.2亿元；大力发展直接融资，新增境内外上市公司2家、“新三板”挂牌公司60家，全市新增资本市场融资600亿元。

（八）社会民生持续改善，群众获得感不断增强。公共财政继续向民生领域倾斜，全年民生支出1031.2亿元、增长18.4%，省、市民生十件实事顺利完成。一是脱贫攻坚深入开展。2016年，全市实现脱贫3.39万人、占年度脱贫目标任务的106%，退出贫困村119个、超计划完成12个，脱贫攻坚三年行动计划目标任务大头落地。二是安置房建设稳步推进。棚户区拆迁改造成效显著，全市累计新启动安置房项目74个，共有49个安置区实现群众回迁，回迁安置房908万平方米，当年回迁群众13.2万人，累积回迁70万人以上。三是就业创业成效明显。全市新增城镇就业14.91万人，农村劳动力转移就业9.5万人，均超额完成年度目标；发放创业担保贷款10.55亿元。四是城乡保障体系进一步完善。城镇基本医疗保险参保超过350.46万人；城乡居民养老保险参保228.77万人；首批机关事业单位养老保险参保登记21.6万人。城乡低保、农村五保连年提标，全年发放资金3.5亿元，保障8.8万人，实现农村低保标准线与扶贫标准线“两线合一”。五是教育事业不断进步。全市新建、改扩建幼儿园39所，新增学位1.26万个；市区新建、改扩建中小学36所，新增学位5万余个；市区义务教育阶段学校接收随迁子女新生入学5万余人。普通高中多样化试点顺利推进，现代职业教育体系不断完善。六是医疗卫生水平持续提升。县级公立医院综合改革持续深化，分级诊疗体系建设扎实推进，医疗服务能力不断增强，市第六人民医院肝病医学中心、市中医院病房综合楼等项目竣工投入使用，新增医院床位800张。七是文化事业更加繁荣。“舞台艺术进乡村、进社区千场演出”等文化惠民活动扎实推进，公共文化服务水平不断提升，文艺创作持续繁荣，对外文化交流不断深入，文物保护基础性工作不断加强，商都历史文化街区、古荥大运河文化区、二砂文化创意园、百年德化文化复兴工程4个重点文化片区建设顺利推进，市民公共文化服务区“四个中心”、商都博物院和考古研究院等项目全面开工建设，首届中国考古学大会、2016中国·郑州国际马戏嘉年华、郑州图书交易会等文化节会成功举办。八是社会治理扎实推进。安全生产、食品药品安全、信访稳定、社会治安等工作进一步加强，人民群众安全感、满意度持续提升。

总体看，在宏观形势错综复杂、经济下行压力持续加大的情况下，全市经济社会发展保持总体平稳、稳中有进的发展态势。受经济下行压力加大和自身结构性问题叠加影响，经济社会发展中还存在着一些突出矛盾和问题：工业经济增速严重下滑，工业投资增长乏力，服务业持续带动能力有待提高，部分传统产业生产经营困难加剧，新兴产业发展迅猛但不够壮大；投资、消费增长持续放缓，发展后劲有所不足；实体经济融资难、融资贵等问题突出，高端科研和管理人才仍比较缺乏；城市承载能力和精细化管理服务水平难以满足城市快速发展的要求，雾霾天气、交通拥堵、拆迁安置等难题亟需破解，就业、就医、就学等条件与群众需求还有不小差距；生产生活安全、食品药品安全等方面依然存在薄弱环节。

（范雨帆）

【城镇化建设】 全面落实国家新型城镇化建设重大战略部署，坚持以人的城镇化为核心，着力推进城乡一体化发展，全面提升新型城镇化发展质量和水平。一是重大战略深入实施。《促进中部地区崛起“十三五”规划》和《中原城市群发展规划》获国务院批复，明确支持郑州建设国家中心城市，国家出台支持郑州建设国家中心城市的指导意见，中原经济区、郑州航空港经济综合实验区等国家战略深入推进。二是城乡一体化加快发展。郑东新区、上街区、高新区、中原区、金水区基本实现全域城镇化；登封市、新密市入选国家新型城镇化第三批综合试点；新密市超化镇

表7

郑州市2017年国民经济和社会发展计划主要预期目标一览表

指标名称	计算单位	2015年实际		2016年实际		2017年计划	
		绝对值	增长%	绝对值	增长%	绝对值	增长%
一、全市生产总值	亿元	7315.2	10.1	7994.2	8.5	8700	9.0左右
第一产业	亿元	151	3.1	156.4	3	160	3
第二产业	亿元	3625.5	9.4	3780.7	5.9	4020	8
其中：规模以上工业	亿元	3312.3	10.2	3215.4	6.0	3400	8.0左右
第三产业	亿元	3538.7	11.4	4057.1	11.1	4520	10.5
二、财政							
地方财政一般公共预算收入	亿元	942.9	13.1	1011.2	14.3	1102	9左右
三、物价							
居民消费价格指数	%	102		102.3		102左右	
四、固定资产投资	亿元	6288.0	19.6	6998.6	11.3	7880	12左右
其中：一产	亿元	82.6	50.4	87.1	5.5	95.0	9
二产	亿元	1466.5	6.2	1475.3	0.6	1535	4.0
三产	亿元	3710.6	25.2	4725.6	27.4	5670	20.0
五、消费							
社会消费品零售总额	亿元	3294.7	11.5	3665.8	11.3	4030	10左右
六、对外贸易							
进出口总额（市属及以下）	亿美元	570.3	22.9	546.4	-3.5	563	3左右
其中：出口总额		312.4	17.2	313.5	1.5	-	-
七、利用外资							
实际利用外资	亿美元	38.3	5.4	37.2	5.3	37	与上年基本持平
八、科技							
R&D投入占GDP比重	%	1.6	-	-	-	2.15	-
技术合同成交额	亿元	110.0	21.0	130.0	18.2	145.0	12
九、教育							
研究生招生	人	7834	4.00	8000	2.12	8200	2.50
普通高等学校招生	万人	33.58	0.24	33.60	0.06	33.80	0.60
十、人民生活质量							
城镇居民人均可支配收入	元	31099	8.7	33275	7	与经济增长同步	
农村居民可支配收入	元	17125	8.9	20000	8.5		
千人口医院和卫生院床位数	张	7.87	0.50	7.92	0.64	7.96	0.51

续表7

指标名称	计算单位	2015年实际		2016年实际		2017年计划	
		绝对值	增长%	绝对值	增长%	绝对值	增长%
脱贫人口	万人	5.47	22.4	3.39	-38	0.24	-92.9
十一、人口与就业							
年底总人口	万人	956.9	2.00	978	2.21	1001	2.35
人口自然增长率	‰	1.61	-	2.00	-	2.40	-
城镇新增就业人数	万人	14.97	-	13.00	-	13.00	-
城镇登记失业率	%	1.61	-	2.00	-	低于4	-
十二、社会保障							
城镇参加基本养老保险人数	万人	359.6	11.90	361.9	0.64	410.5	5.12
城镇参加基本医疗保险人数	万人	335	3.30	333.3	-0.5	670	-
城镇参加失业保险人数	万人	158.39	15.76	160	1.02	182.00	1.18
保障性住房开工量	万套	12.9	-	12.2	-	7.9	-
十三、农业主要产品产量							
粮食	万吨	151.38	2.73	145.23	-4.1	120	-17.37
蔬菜	万吨	268.06	-4.6	253.69	-5.6	245	-3.4
油料	万吨	14.3	-3.8	14	-3.91	14.3	-3.8
肉类总产量	万吨	23.32	-2.91	22.8	-2.23	22.3	-2.19
水产品	万吨	14.8	2.1	13.5	-9.6	13	-3.8
十四、工业主要产品产量							
原煤	万吨	3223.1	-9.3	2500.0	-22.4	3000	20
发电量	亿千瓦时	439.9	-10.1	443.8	0.9	445	0.25
速冻米面食品	万吨	122.4	-2.0	128.2	5	135	5
服装	亿件	2.04	-0.5	2.17	2.5	2.32	7
水泥	万吨	2184.4	-10.5	2168.2	-0.6	2168	持平
耐火材料制品	万吨	3375.5	4.6	3249.5	-1.7	3300	2.5
原铝（电解铝）	万吨	55.66	4.7	57.22	2.8	60	4.5
氧化铝	万吨	260.36	9.4	174.4	-33.1	200	15
铝材	万吨	449.9	10.7	498.22	10.6	550	10
汽车（含改装车）	万辆	51.39	1.4	58.47	13.8	70	20
卷烟	亿支	1674.29	-3.4	1528.05	-8.7	1530	持平
手机	万部	19672	51.8	25754	30.6	30000	16.5

续表7

指标名称	计算单位	2015年实际		2016年实际		2017年计划	
		绝对值	增长%	绝对值	增长%	绝对值	增长%
十五、运输							
全社会货运量	亿吨	2.46	8.0	2.65	7.6	2.85	7.7
全社会货物周转量	亿吨公里	548.18	2.2	575	5.0	604	5.1
全社会客运量	亿人	1.87	1.5	1.88	0.8	1.9	1.0
全社会旅客周转量	亿人公里	279.62	1.2	284	1.5	288	1.6
十六、旅游							
入境游客人数（含港、澳、台）	万人次	46.5	3.5	48.1	3.8	49.98	4.0
国内旅游人数	万人次	7705	10.0	8885.5	13.2	9900	12.5
旅游外汇收入	亿美元	1.78	4	1.9	4.8	1.97	4.5
旅游总收入	亿元	911.5	11.0	1053.9	13.7	1192.6	13.17
十七、能耗和环保							
万元生产总值能耗降低率	%	–7.24	–	–8	–	–3.65	–
万元工业增加值用水量	立方米	17.4	–	16.8	–	16.2	–
工业固体废物综合利用率	%	79.95	–	78.63	–	79.6	–
化学需氧量（COD）	万吨	9.11	–4	8.65	–5	8.29	–4.2
二氧化硫排放总量	万吨	8.98	–3	8.57	–4.6	7.73	–9.8
氮氧化物排放总量	万吨	14.2	–6	13.56	–4.5	12.21	–9.95
氨氮排放量	万吨	1.13	–4	1.07	–5.3	1.03	–3.7
城市污水集中处理率	%	95	–	95	–	96	–
城市生活垃圾无害化处理率	%	95	–	96	–	97	–

说明：1. 全市生产总值及其三次产业增加值绝对值为现价，增长速度按可比价格计算

2. 2015年、2016年城镇居民人均可支配收入、农村居民人均可支配收入增长率均为名义增长率；2015年及之后农民人均纯收入统一调整为农民人均可支配收入

3. 2017年研究生计划招生数为学校申报数。2017年，研究生招生计划书包括全日制、非全日制

4. “年底总人口”指标为常住人口口径

5. 2017年保障性住房开工量包含棚户区改造

6. 主要农产品产量及增速均包含巩义

7. 货运量、客运量是指发送量

8. 海外旅游人数统计口径由海外旅游总人数改为过夜入境人数

9. 排放量，是指在一定时期内最大允许的主要污染物排放总量

10. 根据国家、省、市相关文件要求，将整合城镇居民基本医疗保险和新型农村合作医疗两项制度，自2017年起建立统一的城乡居民基本医疗保险制度

11. 进出口总额、出口总额和实际利用外资2015年实际完成情况包含巩义数据，2016年预计完成情况不包含巩义数据

（范雨帆）

2016年申报国家特色镇建设和荥阳市广武镇、新密市超化镇、登封市大冶镇、新郑市辛店镇、中牟县雁鸣湖镇5镇申报列入河南省重点示范镇建设等工作完成。2016年，全市城镇居民人均可支配收入、农村居民人均可支配收入分别达到33214元、18426元，分别增长6.8%和7.6%。全市城镇化率达到71%，较上年增长1.3个百分点。

【“畅通郑州”工程】 2016年是实施“畅通郑州”新三年行动计划的关键之年。按照市委、市政府工作部署，加快推进轨道交通、西三环北延、农业路高架、国道107辅道快速通道等“井字+环形”快速路网系统构建和支线路网微循环进程，各项工程进展顺利。一是大力推进轨道交通建设工程。轨道交通2号线一期工程正式运营，城郊铁路一期和1号线二期开通试运营，运营总里程达93.6公里。3号线一期、4号线、5号线、城郊铁路二期等轨道交通工程顺利推进。二是大力推进重大市政基础设施项目建设。国道107辅道快速化（北三环至陇海路段）、农业路快速化工程（不含铁路代建部分）、南三环东延、西三环北延等工程即将通车，中心城区“井字+环线”快速路网体系基本形成。三是大力推进民生关注的支线路网和停车位建设。新建支线道路50条，新增公共停车泊位7.1万个，市区交通拥堵状况得到进一步缓解。

【城市管理服务】 围绕提升城市服务能力，加快推进市政道路、市政设施综合整治，城市集中供水和污水处理能力、城市管理水平明显增强。侯寨水厂建设顺利推进，新建改建供水管网125公里；郑州新区污水处理厂通水调试，马头岗污泥应急工程建成投用，双桥污水处理厂建设加快推进；新建公厕120座，建成垃圾中转站7座；完成嵩山路等5条道路大修、淮河路等10条道路中修，累计完成沥青路面铣刨复浇92.2万平方米；强力整治占道经营和突店经营，以“四区一环十五路”为重点的631条支路背街得到有效整治。

【园林绿化建设】 以创建“国家生态园林城市”为目标，以完善城市绿地系统功能、提升市区园林绿化景观品位为主线，推进城市公园游园、街头绿地、生态廊道等城市绿地系统建设，着力打造郑州都市区良好的生态环境。第十一届园博会筹办工作稳步推进，园博园及周边配套设施建设加快推进，各项工程建设按计划完成任务；航空港区梅河公园、郑东新区体育公园、管城区西吴河公园、惠济区中央公园4个区级综合公园建成开放，27个区级综合性公园建成25个；南水北调生态文化公园建设全线开工，高新区全段、航空港区实验段完工；市区新建绿地1529万平方米，生态廊道7条（段）总长76.7公里、支线路网绿化98条（段），建成公园游园34个。市区建成区绿地率、绿化覆盖率、人均公园绿地面积预计分别达到35.5%、40.4%和12平方米，这三项指标基本达到国家生态园林城市所要求的标准，为郑州市创建国家生态园林城市打下坚实基础。

【保障性住房建设】 根据国家、省、市各级政府出台的一系列房地产业的金融政策和调控措施，紧紧抓住国家对保障性安居工程配套基础设施建设给予中央预算内资金支持的政策机遇，组织各县（市）区申报项目，争取上级资金支持。2016年，向省发改委报送保障房项目配套基础设施建设申请中央预算内资金支持项目8个，获中央预算内资金补助2.45亿元，推进郑州市保障性住房及配套基础设施建设步伐。全市棚改项目新开工12.4万套，基本建成保障性住房5.45万套,分配入住1.08万套。截至2016年年底，全市累计启动安置房项目74个，共有49个安置区实现群众回迁，回迁安置房908万平方米，累积回迁70万人以上。

(姚慧敏)

【区域经济发展研究】 一是深入研究“以郑州为中心，将近边的开封、新乡、焦作、许昌等城市形成比较紧密的城市圈，分工合作，产业互补”问题，提出推进郑州与周边城市融合发展工作思路。不断加强与开封、新乡对接，推进郑汴新一体化发展。二是配合编制中原城市群发展规划和促进中部地区崛起“十三五”时期规划。先后组织国家发改委到航空港区调研等4次活动；对接并争取将国际商都建设、构建郑州大都市区、郑州建设国家中心城市等重大事项、重大工程和重大项目纳入规划。12月，国务院批复的《促进中部地区崛起“十三五”规划》和《中原城市群发展规划》，明确提出支持郑州建设国家中心城市。三是坚持做好县域经济分析。及时总结分析县（市）经济社会发展情况，组织编写2015年郑州市县域经济发展报告和中牟、新郑、新密、登封、荥阳经济发展报告。

【京郑战略合作】 一是总结合作成果。5年来，郑州市围绕信息技术、科技创新、装备制造、航空商贸物流、教育培训、健康养老、金融、文化创意旅游8大领域共促成京郑战略合作项目48个、总投资1026.3亿元，其中，建成13个、完成投资114.2亿元，正在建设的16个、完成投资135亿元，已签约未开工的19个、总投资672.1亿元，涵盖电子信息、汽车及装备制造、现代商贸物流等领域，助推郑州市产业转型升级。二是推进京郑合作项目建设。按照5月27日省政府办公厅《关于进一步加强豫京战略合作的通知》要求，郑州市与北京市有关部门和企业进行深度对接，共梳理筛选71个重点推进的战略合作项目、总投资1317.1亿元，其中，已签约未开工项目21个、总投资690.6亿元，计划签约项目18个、总投资401.6亿元，意向项目16个、总投资38.6亿元，谋划项目16个、总投资186.3亿元。三是制订工作方案和工作台账。对全市京郑合作项目进行全面梳理摸底，在此基础上，制订《京郑战略合作项目推进实施方案》和工作台账。6月13日，组织召开全市京郑战略合作推进工作会，并对“四个一批”即推动一批签约项目开工建设、一批协议项目签约落地、一批意向项目签订协议、一批谋划项目力争达成意向工作进行跟踪和台账管理。

【郑州与欧盟地区合作】 一是申报中欧区域政策合作案例地区。市发改委起草申报中欧区域政策合作示范城市报告

组织开展义务植树活动

组织志愿者到碧沙岗公园义务劳动

和参加中欧区域政策合作研讨会材料，3月18日，组织赴汕头参加中欧区域政策合作研讨会。国家发改委批复郑州市为中欧区域政策合作案例地区。二是做好与欧盟中国经济文化委员会合作协议签约工作。市发改委起草战略合作框架协议，加强与欧盟中国经济文化委员会交流对接。8月24日，郑州市人民政府与欧盟中国经济文化委员会签订《战略合作框架协议》。

【重点流域水污染防治项目建设管理】一是加强项目监管。贯彻落实《国家发展改革委办公厅关于印发重点流域水污染防治项目管理办法的通知》文件要求，指导相关县（市）和单位建立项目监管制度，逐级落实监管责任。二是强化项目督导。组织对全市2014—2016年使用过中央预算内资金的重点流域水污染防治项目进行全面督导检查，督促项目单位按期完成建设任务，发挥治污效益。三是争取中央资金。组织航空港区第三污水处理厂（一期）工程等项目申报中央资金，多次与省、国家发改委衔接汇报，指导帮助项目单位完善申报材料。2016年11月底，将登封市卢店污水处理厂和登封市大金店镇污水处理厂工程等3个项目申报材料上报省和国家发改委。同时，启动编制《郑州市“十三五”流域水环境综合治理方案》工作。

（罗书森）

【服务业发展概况】 2016年，全市服务业继续保持平稳增长态势，服务业增加值完成4057.1亿元，同比增长11.1%，较上年同期回落0.3个百分点，占生产总值的比重达到50.7%，较上年同期提高2.4个百分点。服务业固定资产投资完成5430.2亿元，同比增长14.8%，较上年同期回落12.6个百分点，占全市投资的77.6%。服务业重点行业中，金融、房地产保持快速增长，商贸业、文化创意旅游业保持平稳增长。

【金融业】 2016年，金融业增加值完成817亿元，同比增长15.8%。一是区域性金融中心建设取得新进展。全市拥有各类金融机构338家，形成一个以银行业为龙头，证券、期货、保险业为支撑，基金、信托、融资租赁以及相关金融中介服务机构为辅助的多层次、广覆盖、差异化的金融机构体系。龙湖金融岛建设速度加快，初步完成主要金融业态的集聚，为郑州建设国家区域性金融中心提供有力支撑。二是金融支持实体经济发展取得新成效。推动驻郑州银行向总、省行争取信贷指标，全年新增银行贷款3029亿元。开展多层次多元化的银企对接活动，组织银企洽谈，投贷联动融资路演、债券市场融资培训等一系列活动。三是多层次资本市场建设取得新进步。持续加快推进企业挂牌上市和直接融资工作，实现资本市场“郑州上市板块”向多层次资本市场“郑州板块体系”的转型升级，安图生物、中原证券登录上交所主板上市，新增“新三板”挂牌企业60家，全市挂牌上市企业达到184家。四是地方金融业改革发展实现新突破。支持本土法人金融机构做大做强，对接中原银行等“中原系”金融豫军支持郑州市经济社会发展，推进郑州银行、百瑞信托壮大规模；不断加快推进农信社改制组建农商行工作。五是创新打造小微金融服务体系。扩容金融支持小微企业名录库，“共保体”模式为75家企业融资2.2亿元，全市小微企业贷款余额2800亿元。推动市交建投成功发行15亿元的小微企业增信集合债，支持名录库内符合条件的小微企业在多层次资本市场挂牌上市融资。

【商贸业】 2016年，商贸业增加值完成862.3亿元，同比增长7.1%。社会消费品零售总额3665.8亿元，同比增长11.3%，高于全国0.9个百分点。一是完成内贸流通体制改革发展综合试点工作。围绕现代物流，在构建“四港联动”多式联运模式、跨境电子商务与物流的协同发展机制、新型市场集群、创新公益性农产品基础设施建设模式等方面初步提炼出可复制推广经验。二是推动商贸业品牌建设。丹尼斯大卫城店、丹尼斯·庆都生活广场2个项目通过第二批河南省品牌消费集聚区复审。郑州市苑陵茶叶有限公司的“百年恒昌”被命名为第四批“河南老字号”。郑州市“中华老字号”达到3家，“河南老字号”达到7家。三是不断壮大会展业。会展经济持续健康发展,全市举办展览238个，同比增长1%；展览面积236万平方米，同比增长5%。郑州市被评为全国优秀会展城市、中国会展名城，并入选中国最具竞争力会展城市和中国最具办展幸福感城市。四是推动电子商务快速发展。制订《郑州市开展电子商务示范体系创建工作的实施意见》，形成完善、全面的电子商务示范体系，重点培育世界工厂网、企汇网、鲜易网、中华粮网等科技含量高、成长性高、附加值高电子商务平台，郑州悉知、中钢网、雪阳坯衫等多家电商企业在新三板上市。建成各类电商园区20多个，河南省电子商务产业园、郑东新区电子商务大厦等成为郑州市电子商务的核心发展区和重要承载地。2016年，郑州市电子商务交易额4900亿元，同比增长33%；网络零售交易额735亿元，同比增长40%。

【物流业】 2016年，全市物流业保持平稳运行，物流业增加值完成389.9亿元，同比增长9%，货运周转量817亿吨公里，增长5.5%，快递、航空物流保持较快增长。一是成功创建成为国家现代物流创新发展试点城市。2016年，郑州市被确定为20个国家现代物流创新发展试点城市之一，制订《郑州市创建国家现代物流创新发展试点城市实施方案》，着力推进试点工作目标、主要任务和保障措施顺利实施，打造国家现代物流创新发展先行区。二是加快郑州国际陆港规划和建设。编制郑州国际陆港第二节点核心区城市设计及控规导则，打造“一带一路”国际物流通道枢纽。三是编制智慧物流大数据专项行动实施方案。贯彻落实《郑州市“互联网+”行动实施方案》，打造智慧物流信息服务平台，构建商流、物流、人流、信息流、资金流合一的智慧物流体系，建设郑州智能化国际物流中心。四是大力发展特色物流。积极发展电子商务物流、快递物流、保税物流、冷链物流、医药物流等特色物流，打造一批优势突出、辐射带动能力强的特色物流集群。五是推动本地骨干物流企业发展壮大。集聚和培育物流龙头企业，做优品牌，形成一批技术水平先进、主营业务突出、核心竞争力强的大型现代物流企业集团。截至2016年，全市A级以上物流企业46家，占全省54.1%，其中5A级物流企业5家，4A级物流企业24家。

【文化创意旅游业】 2016年，全市文化创意旅游业增加值完成773.1亿元，同比增长8.6%。一是创新开展扩大文化消费试点工作。落实《文化部、财政部关于开展引导城乡居民扩大文化消费试点工作的通知》精神,制订《郑州市开展引导城乡居民扩大文化消费试点工作实施方案》，在4个开发区、6个市内辖区进行试点，对100多家文化企业进行考核后，确定文化消费试点企业。二是参加第9届海峡两岸文博会。筛选15家优势企业代表参加文博会，其中4家企业的5个展品获得"中华工艺优秀奖"。三是做大做强重点文化企业。组织企业申报国家、省文化产业扶持资金，全市16个文化产业项目获得中央和省级专项扶持资金2765万元。四是推进文化产业重点企业建设。河南约克动漫影视股份有限公司成为第六批"河南省文化产业示范基地"，登封市鹅坡少林武术文化博览有限公司入选2015-2016年度国家文化出口重点企业，郑州枫华实业有限公司成功在新三板挂牌上市。五是旅游收入持续增长。2016年，全市旅游总收入1053.87亿元人民币,同比增长13.7%；接待国内游客8885.5万人次，同比增长13.2%；国内旅游收入完成1040.8亿元，同比增长13.7%；接待入境游客48.1万人次，同比增长3.8%；实现外汇收入1.88亿美元，同比增长4.8%。六是组织市长论坛活动。通过全国旅游工作会议和境外促销等平台，提前开展邀请工作，配合完成礼宾接待、导游讲解、志愿者、大会翻译工作，组织郑州特色文化节目展演等活动。

【科技服务业】 2016年，科技服务业增加值完成186.6亿元，同比增长10.7%。一是强力推进创新创业服务体系建设。制订《关于加快推进郑州国家自主创新示范区建设的若干政策意见》,营造创新创业生态环境,截至年底，全市创新创业综合体入驻企业2156家，培育新三板上市企业28家。二是整合资源推进科技创新平台建设。制订《郑州市人民政府关于引进高端研发机构若干意见》，引进国内外大院大所来郑建立分支机构和研发中心，着力推进中科院过程所郑州分所建设，郑州分所在金水区服务外包园区正式挂牌运行。2016年，新建科技公共服务平台20个，建设后补助经费1395万元。三是大力促进科技金融结合。配合筹划设立郑洛新科技成果转化引导基金，基金总规模为3亿元，重点支持领军企业发展和优质项目建设，对创新创业和战略性新兴产业发展提供融资支持，解决企业融资难融资贵问题。申报国家第二批促进科技和金融结合试点城市，并于5月成功获批。四是不断完善知识产权服务体系。围绕国家知识产权示范市建设，制订国家知识产权示范市实施方案，启动实施专利导航产业发展示范工程，促进知识产权创造、运用和保护，加强知识产权宣传，提升综合服务能力。2016年，专利申请资助、授权资助9905项，发放专利资助资金1165.2万元。

【健康服务业】 健康医疗。一是制订卫生计生工作三年行动计划（2016—2018），确立三年新增优质床位5000张、建设"智慧健康"为核心的区域卫生信息平台等阶段目标，制订区域性医疗中心、分级诊疗等12项工作专案，有计划、分阶段推动工作落实。二是县级公立医院综合改革持续深化。在所有县级公立医院实施新农合按病种付费和"先住院，后付费"等惠民措施，对9家县级医院正在进行新改扩建等基础设施升级改造；启动县级医院临床重点专科建设，每县（市）开展不少于4个专业并按5000元/床标准给予补助，提升县级医院服务能力。三是分级诊疗体系建设扎实推进。出台《郑州市推进分级诊疗制度建设实施意见》和10个配套文件，引领和指导全市分级诊疗工作有序开展；新增骨科医联体，全市区域医疗联合体达7家，5个县（市）均开展"县带乡、乡管村"的县域医疗联合工作。四是医养结合工作有序运行。以获批成为全国医养结合试点城市为契机，出台推进医养结合实施方案，着力打造市九院牵头的"河南省老年医养协作联盟"、市三院与台湾欧安乐龄公司、省老年公寓、省康复辅具中心合作建设的"医养康护"综合服务体等五个"示范项目"。

健康养老。一是制订郑州市养老服务业发展三年行动计划，以保障和改善老年民生为重点，以养老服务业重大项目为支撑，加快推进全市养老服务体系建设。二是统筹推进养老服务体系建设。不断加快推进城乡养老服务中心建设，全市建成城市养老服务中心（托老站）336家，农村养老服务中心（幸福院）460家。通过对养老机构进行建设补贴和运营补贴，提高社会力量参与养老服务的积极性，全市新设立许可养老机构8家，新增养老床位2600多张。三是着力推进医养结合试点工作。落实《加快推进医疗卫生与养老服务相结合实施方案的通知》精神，鼓励医疗机构内开办养老院或养老服务中心，鼓励有条件的养老机构设置医院或医疗站，协调引导规模较小的养老机构与医疗机构建立长期合作机制，促进医疗卫生和养老服务资源的整合和有效链接，2016年，确定登封市等2个县（市）区、郑州市中心医院医疗集团等5家医疗机构和郑州市老年公寓等5家养老机构为医养结合试点单位。

健康体育。一是体育场馆服务业得到发展。体育场地数量增加，场馆利用率提高，开始尝试将场馆赛事功能与全民健身、体育产业开发等综合利用进行有机结合。郑州市西区奥林匹克体育中心项目开工建设；郑州市东区市民健身中心项目绿化园林部分建成开放；城市社区健身路径覆盖率100%。二是健身休闲蓬勃发展。以国家法定节假日和传统节日为契机，以全民健身活动月和全民健身日为重点，开展社会影响面广、内容丰富多彩、群众喜闻乐见的体育活动。三是成功举办多次大型体育活动。其中第十一届中国郑州国际少林武术节共有来自68个国家和地区的196个团队2300余名运动员参加比赛，规模更大，参与国家和地区更多，有利于进一步扩大少林武术的影响力、弘扬

组织开展文化体育活动

中华武术文化、促进世界武术运动的良性发展。

【房地产业】 2016年，房地产业增加值完成509.2亿元，同比增长17.1%。一是不断完善住房保障方式。制订《关于停止在商品房项目中配建公共租赁住房的通知》和《关于进一步完善公共租赁住房保障制度的通知》，推动公共租赁住房由实物配租向实物配租与货币补贴并举，并逐步过渡到以货币化补贴保障为主的保障模式转变。二是房地产市场在压力下保持平稳健康发展。分类实施商品房去库存政策，商品住宅库存绝对值连续减少，去化周期进一步缩短，全市商品住宅去化周期为4.1个月，较2015年年底（9.2个月）缩短5.1个月。根据市场情况的变化，适时调整房地产市场宏观调控政策，针对市场运行态势活跃、商品房库存量不断减少、价格上涨压力加大的情况，贯彻落实《郑州市人民政府办公厅关于在郑州市部分区域实施住房限购的通知》和《郑州市人民政府办公厅关于进一步加强房地产调控工作的通知》，严格执行郑州市部分区域住房限购政策，稳定房地产市场。

【服务业发展政策】 一是制订《2016年度服务业发展重点领域发展行动方案》，确定2016年服务业发展思路，提出重点发展物流、金融、商贸、文化创意旅游等服务业重点产业，推动服务业向创新驱动、多元开放、融合集聚、高端高质的方向转型，为“十三五”时期服务业强市建设开好局、起好步。2016年，全市服务业增加值实现4057.1亿元，同比增长11.1%，超过年度目标1个百分点，占生产总值的比重达到50.7%，第三产业占比首次超过第二产业。现代金融、商贸物流、文化创意旅游等现代服务业发展提质增速，郑东新区金融集聚核心功能区累计入驻金融机构288家，金融业增加值占现代服务业的比重达到20%；电子商务完成交易额4750亿元、增长25%；会展经济稳步发展，入选中国会展最具办展幸福感城市；以创建“国家全域旅游发展示范区”为带动，接待国内外游客8838.6万人次，旅游总收入1046.9亿元。

二是制订《郑州市服务业发展三年行动计划（2016-2018年）》，提出截至2018年服务业发展速度、占比、结构、创新竞争力、产业集聚度等服务业三年发展目标，以开放、创新为动力，以现代金融、商贸物流、文化创意旅游、信息服务、科技服务、健康产业、房地产等核心优势产业为重点，努力培育以国际化高端现代服务业为主导的国家中心城市产业体系。

三是为贯彻落实《河南省推进服务业供给侧结构性改革专项行动方案(2016—2018年)》，加快推进郑州市服务业供给侧结构性改革，推动服务业持续健康发展，市发改委牵头起草《郑州市推进服务业供给侧结构性改革专项行动方案（2016—2018年）》（以下称《行动方案》）。《行动方案》主要包括总体要求、构建服务业供给新体系、培育服务供给新动能、扩展服务业供给新领域、拓展服务供给新空间、打造服务供给新优势、增强服务供给新支撑、组织实施等八部分内容。

【服务业“两区”建设】 一是制订《2016年度服务业集聚区建设专项工作方案》，确定服务业集聚区发展五大重点任务，提出推动商务中心区提升生产性服务功能、特色商业区提升生活性服务功能，促进高成长服务业集中布局，加快城市综合体建设和楼宇经济发展，强化现代专业市场建设和精品商业街培育，为推进郑州市服务业提质增效提供有效支撑。二是配合做好全省产业集聚区观摩。确定郑州市服务业“两区”观摩点及观摩线路、撰写全省展览资料收集及脚本初稿、起草汇报PPT脚本、收集图片等工作。三是做好全市服务业“两区”及专业园区考核工作。按照2015年产业集聚区考核办法，从经济总量、集群发展、节约集约、要素保障等方面对全市16个服务业专业园区进行考核，确定“三强”“三快”，并报市政府进行表彰。四是做好服务业“两区”年度目标完成情况督导工作。每月定期督促各县（市）区、开发区报送服务业“两区”台账，掌握服务业“两区”建设情况；每季度召开服务业“两区”督导会，并有选择、有重点地对服务业两区进行实地点烟，部署安排阶段工作，确保2016年度目标完成。

【服务业重大项目建设】 贯彻落实市委、市政府《关于加快推进2016年重大产业项目建设的通知》要求和重大产业项目推进工作第一次联席会议精神，通过对全市104个重大产业项目中的29个服务业项目进行督导落实，加快项目进度，切实加快推进服务业重大产业项目建设。自9月以来，每月巡回对服务业重大项目推进情况进行实地督查，切实解决项目存在问题。2016年，29个服务业重大产业项目总投资1398.2亿元，累计完成投资475.9亿元。其中，2016年计划投资217亿元，实际完成投资220.9亿元，占年度目标的101.8%。

【完善服务业发展工作推进机制】 贯彻落实市委关于进一步完善市级重点工作推进机制的通知要求，做强先进制造业、做大现代服务业、做优都市农业，加快构建以先进制造业为支撑，以现代服务业为主导、都市农业为基础的现代产业体系，市政府制订《郑州市产业发展工作推进机制》，提出成立郑州市产业发展工作领导小组，领导小组下设服务业发展组、工业发展组、农业发展组3个产业发展工作小组，并明确领导小组和3个产业发展工作小组的各自职责。根据《郑州市产业发展工作推进机制》要求，起草《郑州市服务业发展工作推进机制》，提出成立服务业发展工作小组，明确小组职责、会议组织形式等，确定分析研判、台账管理、月督查、季度观摩、年度考核和信息沟通等六项工作机制。

【完善服务业发展综合考核办法】 为贯彻落实郑州市服务业发展三年行动计划，调动服务业相关产业部门及各县（市）区发展服务业的积极性和主动性，发挥好考核的评价、导向和激励作用，加快现代服务业发展水平提高，产业结构优化，根据市委、市政府安排，市发改委起草《郑州市服务业发展综合考核办法》。考核办法分为县（市）区、服务业产业相关部门两个类别，县（市）区考核内容主要包括服务业增加值总量及增速、服务业增加值占地区生产总值的比重、服务业固定资产投资总量及增速等20个指标；产业相关部门主要是对市商务局、文广新局、旅游局等31个市直部门进行考核，根据各部门负责的服务业发展内容分别设立不同的指标进行考核。

【服务业发展存在问题】 一是服务业产业结构不合理，科技服务业等新兴服务业占比过低（低于10%），而商贸、房地产业占比分别达21%、12.5%。二是服务业固定资产投资增速低位徘徊。2016年上半年、前三季度和全年服务业固定资产投资分别增长15.2%、16%和14.8%，较上年同期分别回落9.2、9和12.6个百分点。房地产投资增速持续回落，不利于服务业固定资产投资保持高速增长。三是服务业新兴产业投资比重依然偏低。2016年，郑州市服务业固定资产投资中，房地产（51%左右）和基础设施投资（23%）比重偏高，占70%以上，金融、文化创意旅游、物流、电子商务等产业投资占比偏低，产业发展后劲不足。

（汪丽霞）

【固定资产投资】 2016年，郑州市继续深化投融资体制改革，扩大开放合作，落实国家、省和市委、市政府促投资稳增长决策部署，围绕郑州市“十三五”时期规划确定的重点任务，适应经济新常态，补短板、调结构、增后劲，将促投资与扩大消费、推进新型城镇化、推动创新发展、强化基础能力、推动绿色发展、推动共享发展等有效结合起来。狠抓重大项目建设，进一步扩大有效投资，重点推进“1816”投资促进计划重大项目和省、市重点项目建设，着力推进固定资产投资项目入库，切实发挥投资对稳增长、调结构、惠民生的关键作用，促进经济提质增效升级。全年全市完成固定资产投资6998.6亿元，同比增长11.3%。

【固定资产投资督导】 按照省统一部署，及时下发《关于开展2016年促投资稳增长重大项目专项服务督导的通知》，组成7个督导组在全市范围内开展专项建设基金项目、“1816”投资促进计划项目、中央预算内投资项目、省重点项目（A类）专项督导，逐一督查，力促项目尽快开工建设。全市“1816”投资促进计划项目进展顺利，截至12月底，开工建设620个，开工率为102.5%；完成投资2489亿元，占省定年度投资目标的102.9%。落实市领导《郑州市固定资产投资1–9月分析报告》的批示，对所有县（市）区固定资产投资完成情况及项目入库情况进行重点督导，全市投资下滑趋势初步扭转，促进全市固定资产投资的稳定增长。从月度情况看，5月、6月、7月当月投资增速均为个位数，8月开始，增速回升至两位数。全年增速达到11.3%，稳步回升态势明显。

【民间投资】 受宏观经济环境和市场有效需求不足的影响，全市民间投资从上半年步入下降通道。一季度、上半年民间投资降幅分别为1.3%、8.5%。下半年以来，针对民间投资大幅下滑的情况，按照国家、省部署，做好国务院7月专项督导、省政府10月份督查、郑州市督办工作。先后出台《关于2016年下半年保增长强投资的实施意见》《关于加快推进2016年重大产业项目建设的通知》《郑州市促进民间投资健康发展工作方案》等一系列政策措施，通过全方位、多层次的专项督导问责，民间投资逐步企稳，降幅明显收窄，全年民间投资总量达到4479.25亿元。

【投资结构调整】 郑州市围绕产业转型，大力实施一批重大产业升级项目，三次产业的投资结构不断优化。2012年全市三次产业投资结构为2.3：37.5：60.2，2015年调整为1.4：23.5：75.1。2016年，全市第一产业完成投资82.4亿元，同比下降2.3%；第二产业完成投资1486亿元，同比增长0.9%；第三产业完成投资5430亿元，同比增长14.8%。三次产业投资结构进一步调整为1.2：21.2：77.6。

【重点领域规模扩大】 在工业方面，2016年，全市工业投资延续2015年以来的低迷态势，但从下半年开始逐步企稳。一季度、上半年、前三季度分别下降3.9%、5.5%、4.1%，全年工业投资完成1485.3亿元，增长0.9%，年内实现正增长。在房地产开发方面，2016年，随着去库存和保障性住房建设步伐的加快，全市房地产开发投资始终保持相对较高的增长速度。全年完成投资2778.9亿元，增长38.9%；占全市投资比重39.7%，较2015年提高7.9个百分点，成为拉动全市投资增长的最主要力量。

【重点项目建设】 2016年，进一步加大新开工项目协调力度，完善联审联批机制，建立切实有效的协调联动机制和经常性督导机制等制度。强化对投资项目的督查指导、协调服务，确保项目按计划开工，并完成尽可能多的工作量。省、市801个重点项目共完成投资4302.6亿元，完成年度目标的107.6%；累计开工菜鸟智能骨干网、轨道交通3号线等省、市重点项目213个，开工率100%；累计竣工郑州机场高速公路等省、市重点项目104个，竣工率100%；1294项省、市重点项目联审联批事项9月底全部办结，居全省第一。郑州市重点项目建设工作在全省考核排名中，综合排名居全省第一。

【政府和社会资本合作】 加强传统基础设施PPP项目规范管理，先后在建立基础设施政府和社会资本合作项目库、做好传统基础设施领域政府和社会资本合作项目管理有关工作方面出台一系列文件。加强政府和社会资本合作（PPP）项目的谋划，组织项目单位参加全省推介和签约活动，推介和签约项目15个，总投资达到1202.6亿元。市本级政府和社会资本合作项目中107辅道快速化、G107线郑州境东移（二期）改建工程开工建设。

【联合审批监管平台运用推广】 按照省政府办公厅《关于河南省投资项目在线监管平台上线运行的通知》要求，郑州市上线项目业务办理量达到1548个，15个县（市）区、开发区全部上线办理业务。利用河南省投资项目在线审批监管平台、重大项目联审联批机制，全面提高投资项目审批效率，加强监管和服务。按照国家确定领域和投向，继续储备符合条件的项目，做好三年滚动计划编制工作。对于条件成熟的项目，尽快完善申报要件，提前开展项目审核等工作。

【拓展投融资渠道】 围绕国家确定的5大类33个领域，及时谋划一批、储备一批高质量的项目。加强与国家开发银行河南分行、农业发展银行河南分行营业部对接，做好专项建设基金项目的上报、衔接、沟通工作。加快推进符合国家重点领域项目前期手续的办理工作，提高后续批次上报项目的成熟度。2016年争取国家专项建设基金资本金额度达到55.18亿元，撬动银行贷款和社会投资千亿元，拉动投资效果明显。在农村公路、重大水利工程、国有工矿棚户区改造和保障性安居工程配套基础设施建设、易地扶贫搬迁工程等专项方面，争取国、省资金10.68亿元。持续推进全市投融资体制改革，强化政府投融资平台职能，市级融资平台通过私募债、非公开定向债务融资等多种方式累计融资239.9亿元。

（王世洪）

国土资源管理

【概况】 2016年，全市国土资源系统紧紧围绕经济社会发展大局，深入贯彻省厅“六抓”要求，持续推进“五个国土”建设，圆满完成上级赋予的各项任务。先后获得全省国土资源系统行政服务窗口先进单位、测绘地理信息工作绩效考核优秀单位和特色工作创新单位；郑州市新型城镇化建设先进集体、存量闲置建设用地集中清理处理专项行动工

6月25日，举办世界“土地日”活动

2016年度全市国土资源工作会议召开

作先进单位、“五单一网”制度改革暨行政审批改革工作先进集体、人民满意公务员示范岗、工业和信息化工作先进单位、市场外迁工作先进单位、流动红旗行政审批窗口等称号。

【重点项目用地】 2016年，郑州市着眼长远规划，拓展发展空间，调减耕地保有量5246.67公顷，调减基本农田保护面积35160公顷，争取追加新增建设用地规模，基本满足规划期内用地需求。全年完成174个批次、5973.33公顷土地报批任务，同比增长13.7%。完成2012—2015年度批回土地征收8726.67公顷，征收率达到91%。有效保障郑万高铁、商登高速、贾鲁河治理工程、“四个中心”建设等203个省级A类重点项目和重大民生项目用地需求。全年供应国有建设用地3940公顷，总价款956.54亿元，同比增长79.37%。贯彻落实房地产调控政策，加大土地供应总量，第四季度集中供应住宅用地440公顷，超额完成向社会公开承诺的土地供应计划。全年市本级供应商品住宅用地820公顷，同比增长150%，同时，制订并实行土地网挂熔断竞价机制，稳定市场预期。推进增量土地收储和存量土地收购，全年市本级储备土地1133.33公顷。稳步实施土地一级开发，总投资206亿元、开发面积1500公顷的中原新区起步区土地一级开发项目全面启动，逐步建立土地一级开发模式框架。

【耕地和基本农田保护】 2016年，郑州市政府印发《关于进一步落实最严格耕地保护制度的通知》，严格落实耕地保护目标责任，强化“政府牵头、部门联动、齐抓共管”的耕地保护共同责任机制，构建“大耕保”格局。严格执行耕地占补平衡制度，采取自行补充和易地购买占补平衡指标的方式，达到“占一补一、先补后占、占优补优”的要求。全年全市占用耕地面积3506.67公顷，其中，自行补充耕地面积1246.67公顷，易地补充耕地面积2269公顷，连续18年实现耕地占补平衡。开展并圆满完成基本农田划定工作，举证面积13200公顷，总体形成集中连片、围城包路、城乡相融的空间格局。挖掘耕地后备资源，实施土地整治。全年完成实施验收备案补充耕地项目8个，新增占补平衡指标800公顷。开展高标准基本农田建设，实施进度达到省厅目标要求的60%。

【矿产资源监督管理】 深入推进矿产资源领域突出问题专项整治行动，加强矿产资源专项审计整改。开展“三区两线”范围内露天开采矿山和硫铁矿、耐火黏土矿实际开采矿种的核查工作。办理省厅矿业权审批会审件38件。健全完善开采监督管理的各项制度和措施，勘查开采秩序得到有效维护。全年完成313家矿山年度开发利用年检，年检率100%。督察72家矿山和12个勘查项目，发现问题370余个，追缴矿产资源补偿费50余万元。委托检测核实35家煤矿动用储量，井下实测检查22家煤矿。完成328家矿山年度储量动检和储量统计工作，动检率、统计率均为100%。受理建设项目压覆矿产资源审查22宗。全年征收矿产资源补偿费876.13万元。推进矿山地质环境保护恢复治理工作，开展汛期地质灾害预警预报，发布3级以上地质灾害预警预报32次。组织地质灾害应急演练26次。荥阳市、登封市成功创建国土资源部地质灾害防治高标准“十有县”。实施地质灾害防治项目，搬迁隐患点居民1074户。开展地质公园管理质量提升年活动，嵩山世界地质公园顺利通过联合国教科文组织的再评估。

【资源管理】 坚持以国土执法巡查制度和搭建“国土资源执法监察平台”为抓手，构建法治化服务型执法模式，完成2015年度“卫片”执法检查工作。全市立案查处952宗违法用地，面积325.4公顷，结案926宗，结案率97.2%，拆除违法建筑物116.67万平方米，没收违法建筑物160万平方米。累计办理上级转办和群众举报等违法线索500余件，按时办结率100%。深入开展存量闲置建设用地清理处置，共清理处置2013年前批回建设用地征收6693.33公顷，供应9373.33公顷，未供即用土地3100公顷。做好城镇空闲土地核查处置，完成处置面积2886.67公顷，占总面积12113.33公顷的23.8%，达到省厅的处置10%的目标要求。推行行政审批制度改革，落实“五单一网”工作机制，行政审批共办结423件，按时办结率100%。加强行政督查督办，完成17项重点工作的任务分解和督查落实，督查完成17件人大建议、政协提案办理和56项领导重大决策

第47个“4·22”地球日活动现场

事项、291个督办事项，按期回复和落实100%，确保政令畅通和工作落实。

【维护群众合法权益】 8月25日，不动产登记工作全面推进。面对社会舆论、群众呼声、上级督导和工作关系协调等内外压力，市国土资源管理部门坚持以便民为宗旨、以群众满意为标准，强化服务措施，建立协作机制，完善政策措施，积极化解各类矛盾和问题，扭转被动局面，得到群众的理解和支持。中心城区累计接件126436件，办结111889件，办结率88.49%。开展变更调查和农村集体土地确权发证工作，调查成果通过国家检查验收。完成地籍调查61.79万宗，发证率94.05%，基本完成省厅下达的目标任务。加强测绘地理信息工作，规范测绘资质网上在线申报、变更材料初审，上报申请测绘资质单位25家、资质升级单位5家、业务变更单位32家，全市注册测绘师295人通过资格审查。推进信访和平安建设工作。全年接待来访群众268起1893人次。驻京信访保障23人次，应急现场处置10起890多人，在全国"两会"等重要节点实现零上访。推行政府信息公开工作，依法答复群众申请政府信息公开607件，回复率100%。

（李前进）

工商行政管理

【概况】 2016年，全市工商系统按照"放管服"改革要求，把商事制度改革作为供给侧结构性改革的重要抓手，把改善市场准入环境、市场竞争环境和市场消费环境作为供给需求两端发力的重要着力点，充分激发市场活力和创造力，实现"十三五"时期工商管理工作良好开局，为服务省会经济健康快速发展作出贡献。一年来，市工商局先后获得全省商标战略实施先进单位、郑州市依法行政工作先进集体、建议提案办理工作先进单位、平安建设先进单位、调查研究先进单位、公开（热线）电话系统群众诉求办理优秀平台、全国工商行政管理系统政务信息工作先进单位等称号，连续第四年获得郑州市"坚持依靠群众推进工作落实"长效机制工作先进单位称号，连续三届被命名为"全国文明单位"，连续两届被市委、市政府授予创建全国文明城市工作集体二等功荣誉称号。市消协被中消协表彰为"2014—2015年全国消协组织消费维权先进集体"，郑州市各级消协共计20人获中消协颁发的"3·15"消费维权荣誉纪念奖章。在中个协成立30周年纪念大会上，郑州市个协被评为全国个私协会系统先进单位，郑州市两家个体工商户获全国先进个体工商户称号，得到李克强总理等党和国家领导人的接见。

【商事制度改革】 2016年，市政府出台《关于进一步深化商事制度改革释放市场经济活力的意见》，明确25条政策措施，从市场准入到退出各个环节大幅度深化改革。落实"双告知"制度，深化"先照后证"改革。协调对接，确保企业"五证合一、一照一码"和个体工商户"两证整合"登记改革如期落地。探索在航空港区推进企业名称预核准自主申报，基本完成相关软件系统的建设、开发和试运行工作。先后与工商银行、建设银行签订战略合作协议，精准融资助力小微企业发展。通过动产抵押、股权出质登记，帮助企业融资37.34亿元。全年全市新增各类市场主体18.43万户，同比增长13.4%，占全省新增总户数的18.6%，新增注册资本5360.7亿元，平均每天新注册市场主体504户。截至2016年年底，全市实有各类市场主体70.8万户，同比增长21.44%，注册资本22566.19亿元，同比增长38.87%。根据《河南省大众创业分析报告》，郑州市为全省创业环境最佳城市，2016年外来创业者占比13.3%，跨市创业者有73.6%流向郑州。

【商标品牌战略】 2016年，市政府出台《郑州市实施商标品牌战略2016—2018年行动计划》，召开了全市商标战略推进暨表彰会议。落实商标奖励政策，市政府对2015年度新认定的146件河南省著名商标和5件中国驰名商标进行奖励，4880万元奖励资金拨付到各县（市）区财政。举办郑州市企业商标品牌发展论坛，凝聚发展品牌经济共识。市工商局与中原工学院知识产权研究中心初步达成战略合作协议。2016年6月，郑州市工商局被国家工商总局确定为河南省唯一的注册商标专用权质权登记受理点，基本确定由政府牵头、政策跟进、考核督促、银企对接的受理点建设格局。2016年，郑州市申请注册商标56103件，占全省总申请量的43.17%；新增注册商标32633件，占全省新增总数的43.93%；全市有效注册商标量达到138477件，占全省总量356106件的38.89%。其中，郑州市新增中国驰名商标4件，驰名商标总数达到54件；新增河南省著名商标142件；有效注册商标量位居中部六省省会城市首位，在11个国家中心城市中位居第四。

【数据应用和课题调研】 郑州市工商管理部门充分发挥工商大数据统计分析平台优势，链接市政府政务内网，实现数据共享。强化数据分析，形成郑州市市场主体发展半年和年度分析报告，呈报市四大班子主要领导。顺应自贸区建设新形势，组织人员赴厦门、深圳、广州、上海、天津、福建等地，学习先进经验，撰写《关于进一步推进工商登记便利化促进河南自贸区郑州片区发展的意见》上报市政府。2016年，市工商局多篇调研报告入选郑州市重要课题并分获一、二等奖，为党委、政府科学决策提供参考。

【涉企信息归集工作】 建立全市企业信用信息归集共享联席会议制度，市工商局与49个成员单位全部签订《信息资源共享应用战略合作框架协议》，基本形成处室分包对接、各成员单位协同、各县（市）区协力推进的工作格局。截至2016年12月底，全市各级工商机关归集公示市场主体登记信息73.16万户、行政处罚信息5727条、企业即时信息81.4万条、股权冻结信息1547条、股权出质信息1435条、动产抵押信息423条；全市15个有信息归集任务的县（市）区政府、开发区管委会，12个召开信息归集联席会议，9个归集信息，共归集信息29051条，较好完成"全国

11月25日，国家工商总局副局长王江平一行到郑州考察调研非公单位党建工作

一张网”建设任务。

【年报公示工作】 在2015年度企业年报工作中，通过加强组织领导、创新宣传引导、严格年报督导等举措，郑州市企业年报公示率88.85%、个体工商户年报公示率97.36%、农民专业合作社年报公示率92.59%，分别比2014年度年报公示率高出3.55、2.5、15.2个百分点，超额完成预定目标任务。其中，企业和个体工商户年报公示率对全省年报贡献率分别达到30%和11.71%。

11月23日，市工商局局长吴凤军深入马寨工业园区调研商标工作

【公示信息抽查工作】 全面实施企业公示信息抽查“双随机、一公开”监管模式，在管城区工商质监局、新郑市工商质监局试点实行跨部门联合抽查。按照省局安排部署，对随机抽取确定的郑州市6475家企业、8334家个体工商户、102家农民专业合作社年报信息进行抽查。检查结果为正常的市场主体9891户，占66.35%；通过登记的住所（经营场所）无法联系的2646户，占17.74%；未按规定公示、弄虚作假和注销等其他情况2374户，占15.91%。

【信用激励与联合惩戒体系建设】 开展“守合同重信用”企业公示活动，全市28家企业被公示为全国“守合同重信用”公示企业，175家企业被公示为全省“守合同重信用”公示企业，2家市场被评为2015年度省级“平安市场”。完善经营异常名录制度，截至年底，全市企业和农民专业合作社列入异常名录记录共有9.5万条，企业和农民专业合作社移出异常名录记录9454条；个体工商户标记为经营异常状态记录40233条，标出异常状态记录3131条，“一处失信、处处受限”的惩戒效应进一步显现。

【燃煤散烧管控行动】 自12月5日起，市工商管理部门承接市政府交办的燃煤散烧管控牵头任务，充分发挥散煤办的综合协调作用，争取政府政策和资金支持，坚持目标导向和问题导向，层层压实责任，先后召开全市散煤治理现场观摩会、“电代煤”“气代煤”征求意见座谈会、散煤治理工作推进会，督促各县（市）区、开发区落实管控要求、加强昼巡夜查。市散煤办强化督导暗访，基本实现“属地管理、分级负责、全面覆盖、责任到人”的工作格局。全市违法散煤点的查处取缔、禁燃区外散煤销售点规范经营、新型洁净能源替代等工作都有新进展。截至年底，全市共检查加工、销售主体23229户次，取缔加工、销售主体266户（其中包含禁燃区114户），回收散煤2008.33吨，处置1372.11吨，完成“电代煤”3437户、“气代煤”1998户。

【重点市场监管】 强化重点商品质量抽检，全年组织流通领域普通商品质量抽检276批次，抽检不合格率31.2%；抽检化肥样品261批次，不合格率23%；组织成品油抽检870批次，不合格率15%。大力开展成品油专项整治，取缔非法加油站51个，办结成品油案件68起，移送司法机关2起，罚款135.3万元。依托网格化监管平台，狠抓非法集资风险排查，下达询问通知书179份。组织惩治传销集中清查行动20余次，捣毁取缔传销窝点35个，教育遣散传销人员1106人。加强市场主体资格监管，查处无照经营案件924起，向有关部门抄告信息1238条。开展长期停业未经营企业专项清理，到登记的住所或经营场所现场检查企业12480户，发布吊销公告897户、拟吊销听证公告4330户。探索线上线下一体化监管，责令整改网站92个次，提请关闭39个次，立案查处网络违法经营案件70起。查处不正当竞争案件175起，其中，公用企业违法案件3起、罚款44万元。组织开展房地产、互联网金融等广告专项整治，监测各类广告17万条次，查处广告违法案件311起。加强合同市场监管，查处合同格式条款案件81起。

郑州市工商局与河南省建设银行签订支持“双创”战略协议

【消费维权】 加大“12315”“五进”和“12315”联络站规范化建设，通过举行“12315”开放日、“3·15”新闻发布会、参加“政府热线直通车”访谈、消费维权网络互动等方式，进一步拓宽维权渠道，扩大宣传影响。规范消费者投诉举报案件转办工作，建立超期未办结消费投诉举报案件周通报制度，提升转办案件办结率。开展汽车行业侵害消费者权益行为专项整治，立案查处汽车行业侵害消费者权益案件69件。全年共受理消费者咨询投诉举报14.19万件，其中举报5388件，同比增长94.23%，为消费者挽回经济损失769.67万元。全市各级消协组织共受理消费

郑州市工商局与河南省工商银行助推小微企业发展签字仪式

投诉、咨询5063件，为消费者挽回经济损失218.79万元，加倍赔偿金额26.8万元。

【法治工商建设】 全面落实行政执法责任制，修订《行政处罚案件核审审批规定》，做好行政复议、行政诉讼应诉工作。专业分局查处的洛阳银行股份有限公司郑州分行违法广告案，是全省首例金融企业利用微信公众平台发布违法广告案。经检支队查办的河南巴奴餐饮企业管理有限公司商业贿赂案，难度大，案值高。经检支队办理的河南万象广告有限公司发布违法广告行政处罚案被评为“郑州市2015年度十佳优秀行政执法案卷”。2016年，全系统共查处各类违法经营案件2126件，累计罚没款2136.9万元。市工商局被市政府评为2015年度依法行政优秀单位，考核名次位居市直部门第一名。

（王浩鹏）

审计监督

【概况】 2016年，全市审计机关坚持依法审计、服务大局，认真履行审计监督职责，充分发挥审计在党风廉政建设和反腐败工作中的“尖兵”“利剑”作用，圆满完成年初制订的各项目标任务。全年全市审计机关共完成审计和审计调查项目1272个，管理不规范金额251.49亿元，发现非金额计量问题1103个，审减政府投资额12.57亿元，促进财政增收节支16.01亿元；移送有关部门处理事项20件，涉及人员12人；提出审计建议2323条，被采纳审计建议1491条，提交审计报告、专项审计调查报告502篇，被省审计厅采用或被市领导批示45篇。2016年，市审计局被市委、市政府表彰为全市人民满意的公务员集体、2015年度综合工作优秀单位；被市委表彰为基层组织建设先进单位；被市政府表彰为2015年度依法行政工作先进集体、2014—2015年度扶贫开发工作先进单位和2015年度全市社会保障工作先进集体；被省审计厅评为2015年度审计业务工作考核先进单位、计算机审计典型案例评选优秀单位、2015年度全省审计机关文明单位创建工作先进单位。

【重大政策措施落实情况跟踪审计】 2016年，郑州市审计部门按照审计署和省厅的统一部署，持续跟踪审计中央、省、市重大政策措施落实情况。根据《河南省审计厅关于印发2016年重大政策措施落实情况跟踪审计工作方案的通知》的要求，市审计局派出11个审计组，结合同级预算执行情况审计，自2016年3月开始，对郑州市本级以及所属11个县（市）区贯彻落实稳增长促改革调结构惠民生等政策措施落实情况进行跟踪审计。通过审计及时发现和纠正有令不行、有禁不止的行为，保障政策落地生根，促进建立有利于大众创业、万众创新的良好环境。同时配合省厅开展对2014—2016年农村公路三年行动计划乡村通畅工程专项审计调查，反映农村公路发展政策落实过程中存在的障碍，为政府决策提供信息资料。按照省厅统一部署，组织开展煤炭行业关于去产能、去库存、去杠杆、降成本、补短板五大任务推进实施情况专项审计调查。各项审计都聚焦重大决策部署的落实情况，并全力搞好跟踪审计，按季度报告和公告审计结果，做到边搞审计、边督整改，推动供给侧结构性改革和“三去一降一补”任务落实，保证政令畅通，充分发挥审计监督服务功能，促进郑州市经济健康平稳发展和转型升级。

【预算执行审计】 2016年，郑州市审计部门着力开展预算执行审计，促进财税资金规范管理。按照《河南省2016年度财政预算执行审计工作方案》的要求，统一方案、统一时间，全方位采用上下联动、左右互通的方式，对郑州市本级2015年度财政预算执行和其他财政收支情况进行审计，同时按照省厅的统一部署，开展地方政府债券资金管理使用情况等5个专项审计。在预算执行审计中，创新开展审计工作，全面推进计算机审计，深入开展对机制体制的审计，探索开展绩效预算审计。同时，组成36个审计组对72家单位开展会议活动费、“三公”经费、“小金库”、楼堂馆所建设及正版软件应用专项审计。在对全市2015年度税收征管执行审计中，采取纳税数据分析筛查、重点企业抽查、重点税种全面检查等方式进行审计，为财政增收7485.17万元。市人大常委会表决通过《关于郑州市2015年度市级预算执行及其他财政收支审计工作

党员志愿者到烈士陵园开展祭扫宣誓活动

进行审计监督

和2014年度市级预算执行及其他财政收支审计整改落实情况的报告》。

【重大投资项目和企业审计】 2016年，郑州市审计部门扎实开展重大投资项目和企业审计，进一步提高工程建设管理水平和投资效益、减少损失浪费和节约资源，不断提升政府投资效益。2016年，全市审计机关围绕重点部门、重点资金、重点项目，开展投资审计和企业审计工作。全系统开展投资审计项目956个，送审投资额130.4亿元，审计核减造价12.57亿元，审减率9.63%。其中，郑州市金水路准快速工程跟踪结算审计-1标-2标送审金额50574万元，审减金额5754万元，审减率11.38%；航海路综合整治工程竣工决算送审金额9243万元，审减金额1400万元，审减率15.15%。推动健全国有企业和国有资本审计监督制度，强化对企业执行国家政策措施、运营国有资本以及境外投资业务等情况的审计，促进国有企业深化改革和提质增效。组织开展对轨道交通公司原党委书记、董事长和总经理任职期间经济责任审计及在建5个地铁轨道工程项目的跟踪审计、郑州市南四环至郑州南站城郊铁路一期工程阶段性结算审计等重点项目，确保工程资金的安全。组织实施对郑州市交通建设投资有限公司、郑州城建集团投资有限公司、郑州公用事业投资发展集团有限公司、郑州公共住宅建设投资有限公司等8家单位运营情况的审计调查。

【领导干部经济责任审计】 2016年，郑州市审计部门稳步推进领导干部经济责任审计，强化审计监督问责。坚持党政同责、同责同审，根据省厅制订的《党政主要领导干部和国有企业领导人员经济责任审计工作方案》，结合郑州市实际，制订《县（市、区）长、书记经济责任审计实施方案》《国有企业领导人员经济责任审计实施方案》《人民法院院长、人民检察院检察长经济责任审计实施方案》《市直医疗卫生单位（医院）院长经济责任审计实施方案》《市直大专院校、职业（中学）学校主要领导干部经济责任审计实施方案》等。5个实施方案从基本情况、审计目标、审计范围、风险评估到审计内容和重点，以及以前年度审计发现问题的整改、遵守廉洁规定情况，都在原有内容的基础上作进一步完善。按照《县（市、区）长、书记经济责任审计实施方案》《市直部门（单位）主要领导干部经济责任审计实施方案》，进一步加大领导干部经济责任审计力度。全市共对231名党政领导干部进行经济责任审计，查出违纪违规资金4.46亿元，管理不规范资金101.73亿元。完成惠济区、登封市党政主要领导干部经济责任及自然资源资产现场审计工作，重点对党政主要领导干部执行党和国家经济方针政策和决策部署、重大经济决策、履行党风廉政建设及当地矿产、土地、森林、大气、水资源等方面进行审计，涉及党政机关组成部门及各个乡镇。有效发挥经济责任审计在构建惩治和预防腐败体系等方面的重要作用。

【民生项目审计】 2016年，郑州市审计部门高度关注民生项目审计，切实维护人民群众权益。加大对最低生活保障、“三农”、教育、医疗、扶贫、救灾、就业等民生资金和项目的审计力度。开展对环卫工投入及补贴资金和对改善贫困地区义务教育薄弱学校基本办学条件专项资金审计调查，同时开展郑州市出租车运营及管理专项审计调查，审计调查有效地发挥领导决策的参谋作用。审计调查实施完毕并以审计情况反映的形式向市政府作汇报。根据省审计厅2016年保障性安居工程跟踪审计工作统一部署，市审计局组织的保障性安居工程跟踪审计工作全面展开。

【资源环境审计】 2016年，郑州市审计部门从实践中探索资源环境审计思路和方法。贯彻落实《关于开展领导干部自然资源资产离任审计的试点方案》《党政领导干部生态环境损害责任追究办法(试行)》等文件精神，探索官员自然资源资产离任审计，实施生态环境保护政策措施执行情况审计调查，促进自然资源资产节约集约利用和生态环境安全，推进生态文明建设。根据年初计划安排，对惠济区、登封市的党政领导干部进行审计，并按省厅要求同步开展自然资源资产离任审计试点，取得良好效果。根据省厅2016年度工作计划安排，组织审计人员对2014至2016年6月郑州市生态环境保护政策措施执行情况开展审计调查。提出加强和改进生态环境保护工作的意见和建议，推动相关政策措施健全完善，确保“十三五”时期全省

组织青年志愿者开展以“美化环境、审计先行”为主题的志愿服务活动

环境保护工作实现良好开局。

【临时性审计工作】 2016年，郑州市审计部门在计划审计项目之外，接到市委、市政府、省厅等交办的配合省市巡视巡察工作以及对“五险合一”社会保险基金审计、郑州市京广快速路（渠南路-绕城高速）工程BT项目结算审计、深圳平乐骨伤科医院2013-2015年财务收支审计、郑东新区集中供热管网工程竣工决算审计等临时性工作50余项，先后共派出审计骨干200余人次，全力完成交办任务。

【基础制度建设】 2016年，郑州市审计部门加强基础制度建设，确保提升审计质量。一是围绕提升审计工作效率，提升审计质量，继续探索完善审计“五权分离”制度。出台《郑州市审计局审计项目计划组织实施管理暂行办法（修订稿）》和《郑州市审计局聘请中介机构和外部人员参与审计工作管理办法（修订稿）》。对审计项目计划作进一步的完善和细化；对聘请专业人员参加审计工作进行进一步的规范和明确。为审计项目计划组织实施正规管理，整合审计资源，提高审计质量，防范审计风险，确保审计工作科学、有序和高效运行，切实发挥审计机关的整体效能提供坚实保障。二是狠抓文明创建和平安建设工作，为推动审计事业发展注入强大的精神动力。对局精神文明建设领导小组进行调整，研究制订《郑州市审计局2016年机关精神文明建设工作要点》。参加市直文明办和省审计厅文明办组织的精神文明建设研讨班，学习先进经验，开展一系列精神文明创建活动。通过平安建设工作的扎实开展，营造团结和谐的政治环境、安居乐业的工作和生活环境，形成平安建设和审计工作发展良性互动局面。三是全面加快信息化水平。强力推进OA系统应用，深入开展计算机审计，推进县区信息化和会商系统建设，强力推动“金审工程”三期建设。四是抓好审计信息宣传工作，扩大审计影响力。2016年，共计编发《审计工作信息》45期520篇，在国家级媒体发稿46篇，省级媒体发稿203篇，市级媒体发稿70篇。五是加强队伍建设，提高审计干部综合素质。紧紧围绕建设学习型机关，努力加强审计干部大局观、服务观、规矩观、责任观培养，探索培训模式，创新培训方法，将干部参加学习培训情况和年度考核有效结合，采取多形式、多举措、多内容、多视角的全方位培训理念，全面提升审计干部队伍的综合素质。

（张向伟）

物价管理

【概况】 2016年，郑州市价格工作始终把保持价格总水平基本稳定作为首要任务，精心组织调控，稳妥推进改革，持续强化监管，着力保障民生，不断完善科学的价格形成机制，为实现“两个率先”目标和加快推进郑州国家中心城市建设提供良好的价格环境，各项工作稳步推进。

在“稳中求进”的国内宏观经济背景下，郑州市物价总体呈现稳中走高、温和上涨态势。2016年1-12月，郑州市居民消费价格总水平累计上涨2.3%，涨幅较上年扩大1.2个百分点，比河南省平均水平（1.9%）高0.4个百分点，比全国平均水平（2.0%）高0.3个百分点，比全国36个大中城市的平均水平（2.2%）高0.1个百分点，在全国36个大中城市中居第13位。

【八大类价格情况】 2016年，郑州市八大类价格累计七涨一降：食品烟酒价格累计上涨2.3%（其中：粮食类价格下降0.2%，鲜菜类价格上涨8.2%，畜肉类价格上涨11.4%，水产品类价格上涨1.3%，蛋类价格下降1.7%，鲜果类价格下降2%），衣着类价格上涨0.2%，生活用品及服务类价格上涨0.4%，交通和通信类价格下降1.9%，教育文化和娱乐类上涨0.7%，医疗保健类价格上涨2.7%，其他用品和服务类价格上涨4.8%，居住类价格大幅上涨，上涨6.9%，较全国平均水平高5.3个百分点，对CPI的上涨有较大影响。

【粮油价格变动情况】 2016年，国内粮食市场价格整体呈弱势运行，郑州市粮食类价格全年震荡下行，1-12月份累计比为-0.2%。

1-6月份百顺农贸市场面粉价格特一粉和精制粉（25公斤装）价格保持在2.2元/500克和2元/500克；7月份调整为2.14元/500克和1.99元/500克，8-12月份再次调整为2.1元/500克和1.9元/500克，全年均价与上年相比分别下降1.8%、2.0%。

农贸市场主销粳米价格基本稳定在2.8元/500克左右，与上年平均价格持平。

2016年国内食用油供应充足，全年价格稳定，没有异常波动。大商超市金龙鱼花生油、调和油和大豆油主销价格基本保持在109.9元/5升、59.9元/5升和69.9元/5升，与上年同期价格持平。

【生猪和猪肉价格情况】 2016年，猪肉价格高位波动，一度涨至10.1元/500克的价位。生猪出场年平均价为9.17元/500克，较上年均价上涨19.6%。上半年生猪行情以上涨为主，猪肉出场价在三季度回落明显，受炎热天气影响猪肉需求转淡，而高温带来的疫病、运输和饲养风险又促使养殖户加快生猪出栏，市场阶段性处于供大于求状态，生猪、猪肉价格有所下降。

2016年，猪肉零售价格上涨。6月份，猪肉后腿肉和精瘦肉主销价格分别涨至18元/500克和20元/500克， 年平均价为17.2元/500克和19.28元/500克，较上年分别上涨15.6%和21.4%。

生猪价格上涨原因：主要原因是生猪存栏量低。前两年生猪市场低迷的行情，使能繁母猪的淘汰率偏高，2013

2016年居民消费价格指数对比一览表（同比）

表8

月份	郑州	河南	全国	36个大中城市	在36个大中城市排序
1月	101.7	101.5	101.8	101.9	16
2月	102.3	102.2	102.3	102.4	15
3月	102.7	102.4	102.3	102.5	6
4月	102.5	102	102	102.4	13
5月	102.5	101.9	102	101.9	6
6月	102.4	101.9	101.9	101.8	5
7月	102	101.5	101.8	101.9	12
8月	102.1	101.3	101.3	101.7	10
9月	102.5	101.9	101.9	102.3	13
10月	102.4	102.1	102.1	102.4	16
11月	102.3	101.9	102.3	102.2	20
12月	102.1	102	102.1	102.4	20
累计	102.3	101.9	102	102.2	13

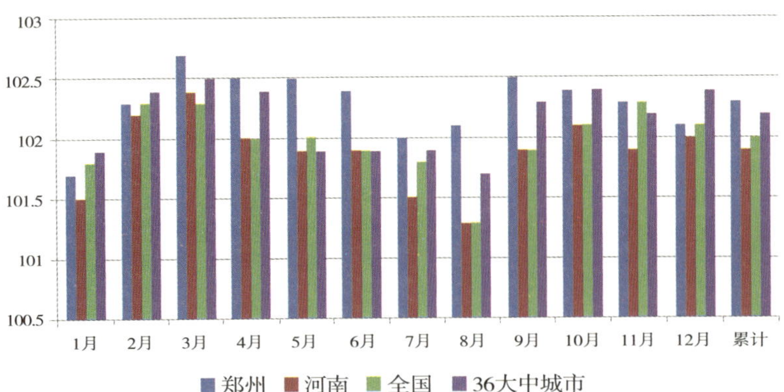

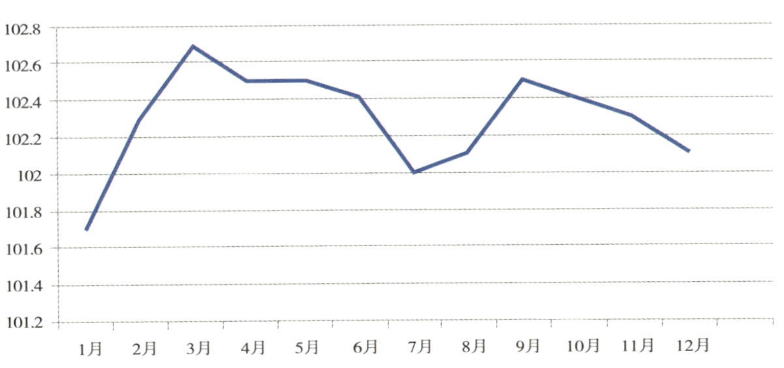

从月环比变动情况看，2016年全年呈低位震荡运行态势，其中：1月、2月、8月受节日效应影响，价格上涨显著。1—12月份各月环比涨跌幅度分别为：0.9%、1.2%、0、-0.4%、-0.4%、-0.5%、0%、0.6%、0.5%、-0.3%、0.1%、0.3%。（如下图）

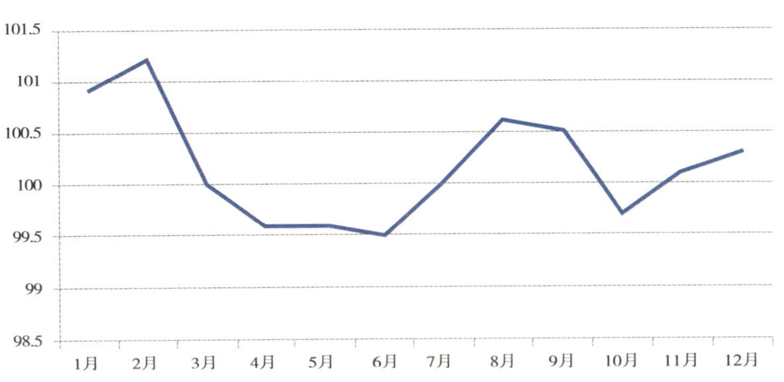

年–2015年郑州市能繁母猪分别为20.45万头、17.51万头、16.73万头，淘汰率达到18.2%；2013年–2015年郑州市生猪存栏量分别为177万头、159.16万头、148.2万头，下降16.3%。散养户加快退出是猪价上涨的重要因素。近年来，养猪成本上涨、价格低迷，生猪养殖产业微利甚至亏损，部分散养户退出养猪行业，外出打工或从事其他产业。受环保等压力因素制约，本地一些地方禁养生猪，造成生猪规模养殖增速放缓，在一定程度上加剧了生猪市场供应趋紧的局面。因当地禁养，屠宰厂家需要从外地调运生猪，中间环节费用增加对猪价上涨也有一定影响。2015年夏季天气炎热导致9月后能繁母猪配种分娩率出现连续4个月下降，2015年冬天全国大部低温寒潮导致仔猪成活率下降，也影响了生猪市场供应。

【牛羊肉价格情况】 2016年，牛羊肉价格相对平稳，羊肉价格在8月份出现下跌，由30元/500克下降至28元/500克，牛肉价格全年较为稳定，价格保持在26元/500克，与上年同期相比分别变动0.3%、-2.9%。

近两年，牛羊肉结束持续上涨的局面，行情较为稳定。随着人们生活水平的提高，牛羊肉消费人群和消费量在逐渐增加，消费整体处于稳增态势，但是我国牛羊存栏量并不充裕，造成国内牛羊肉供应偏紧，价格居高，促进进口牛羊肉量的增加。在进口牛羊肉大肆涌入的情况下，一定程度上抑制国内牛羊肉价格的上涨。预计未来我国牛羊肉价格仍将会继续稳中有涨，但上涨空间有限。

【鸡蛋价格情况】 从全年走势看，2016年鸡蛋价格波动较大，出现两次明显下降，整体行情弱势震荡。全年零售平均价为4.32元/500克，同比下降4.0%；出场平均价为3.58元/500克，同比下降7.73%。

2016年1–2月，鸡蛋价格处于较高位置，2月份平均价为4.98元/500克，达到全年的最高点。春节过后蛋价出现断崖式下跌，跌势持续到7月。受“中秋”和“国庆”的影响，蛋价又出现明显上涨，9月的平均价涨至4.89元/500克，之后鸡蛋价格再次回落，12月鸡蛋的零售平均价格为4.18元/500克。

鸡蛋价格波动的原因：一是供大于求。从2015年下半年开始，鸡蛋价格一路走高，养殖户养殖热情较高，导致2016年上半年养殖户补栏增加，蛋鸡存栏量和产蛋量维持在较高水平。养殖成本降低，新玉米的临储政策取消，饲料价格下降，利好养殖行业，导致鸡蛋供应充足。二是餐饮行业不景气和食品厂成品走货不佳，导致需求相对低迷。

【蔬菜市场价格情况】 1–12月，郑州市蔬菜价格累计上涨8.2%，较上年扩大2个百分点，纬四路农贸市场蔬菜全年平均价3.82元/500克，同比上涨12.4%。

2016年1–12月郑州市的蔬菜指数分别为：25.5%、24.2%、31.3%、19.3%、5.6%、-8.2%、-14.2%、-7.9%、0.4%、9.2%、8.2%、-3.3%。从指数上来看，全年价格波动较大。一季度蔬菜价格上涨较为明显，原因是受冬春季寒潮的影响，造成蔬菜生长期延长，产量减少，市场供应量受限。二季度蔬菜价格大幅下降，原因是天气转好，蔬菜供应恢复正常。进入三季度蔬菜价格略有波动，一是天气原因，二是本地蔬菜成为主导。四季度天气正常，价格没有出现异常波动。

【工业生产资料价格情况】 2016年，

2016年郑州和全国八大类商品价格对比图（累计）

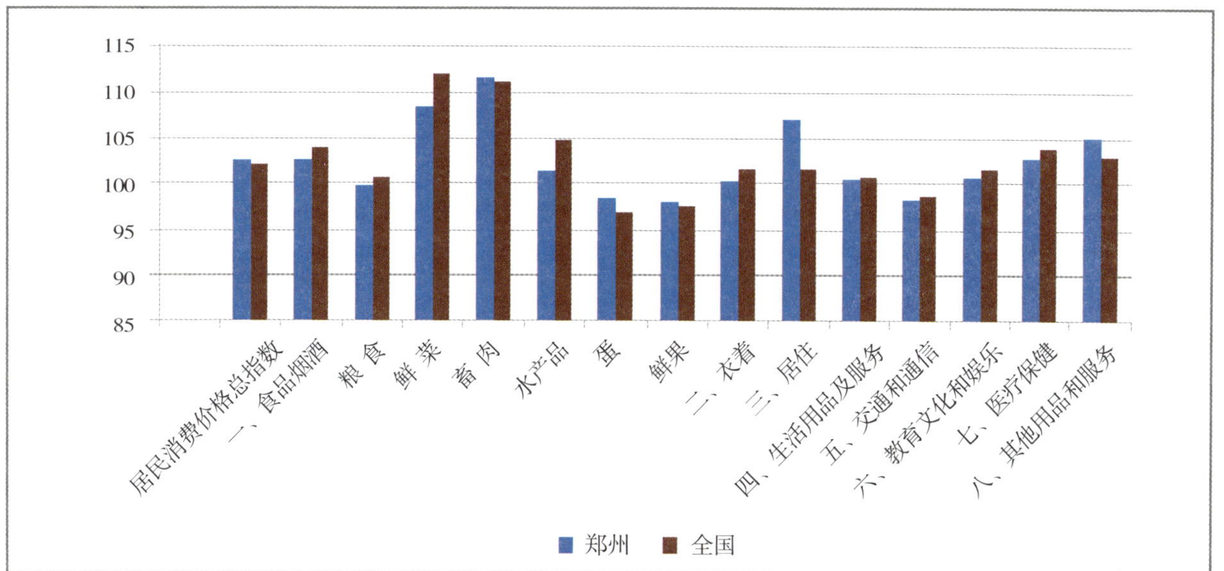

2016年郑州和全国八大类商品价格对比一览表（累计）

表9

名 称	郑州	全国
居民消费价格总指数	102.3	102.0
一、食品烟酒	102.3	103.8
粮 食	99.8	100.5
鲜 菜	108.2	111.7
畜 肉	111.4	111.0
水产品	101.3	104.6
蛋	98.3	96.8
鲜 果	98.0	97.4
二、衣着	100.2	101.4
三、居住	106.9	101.6
四、生活用品及服务	100.4	100.5
五、交通和通信	98.1	98.7
六、教育文化和娱乐	100.7	101.6
七、医疗保健	102.7	103.8
八、其他用品和服务	104.8	102.8

国家宏观经济指标从3月份开始回暖，但实体经济走势仍然偏弱，下半年整体经济开始呈现企稳回升迹象，郑州市生产资料价格总体有所上升。

有色金属价格上涨明显。监测数据显示，12月下旬，铜、铝、铅、锌、锡、镍每吨价格分别为46400元、12900元、18500元、22000元、147000元、89500元，与上年同期价格相比，变动幅度分别为27.75%、18.35%、39.31%、60.58%、51.55%、29.15%。

化工产品呈上涨态势。12月下旬，高压聚乙烯（薄膜级）、聚丙烯（拉丝）、聚氯乙烯（电石法生产）、ABS树脂（通用级）价格分别为12900元/吨、9500元/吨、7300元/吨、15500元/吨，与上年同期价格相比，分别上涨33.68%、48.44%、58.7%、70.33%。

水泥价格上涨明显。12月，普通硅酸盐水泥（42.5强度 散装）、复合硅酸盐水泥（32.5强度 袋装）价格分别为510元/吨、23元/50千克，与上年同期价格相比，分别上涨92.45%、64.29%。

【农业生产资料价格情况】 农资价格相对稳定。12月，监测的18种农资价格，与上月同期价格相比，尿素和地膜价格变化幅度分别为–5.26%和8.33%，其余品种价格均持平。尿素、碳酸氢铵（含氮17%，国产）、氯化钾（含氧化钾60%，进口）、三元复合肥（氯基，含氮磷钾各15%，国产）分别为1.8元/千克、0.6元/千克、4元/千克、2.5元/千克，与上年同期相比变化幅度分别为：–5.26%、0、0、–10.71%。

【家用电器价格情况】 2016年，郑州市家用电器价格窄幅波动。12月，家电类价格整体下降，彩电（42英寸液晶）、电冰箱（210–250立升）、空调（1.5匹冷暖）和洗衣机（滚筒式）价格分别为4299元/台、2699元/台、3799元/台、2199元/台，与上年同期价格相比，变动幅度分别为–4.65%、–2.62%、5.32%和–2.78%。

【服务类价格情况】 2016年，郑州市自来水价格实施阶梯水价，居民用水方面原来实行的2.4元/吨的水价调整为：第一阶梯水价为4.10元/立方米，第二阶梯水价为5.65元/立方米，第三阶梯水价为10.30元，水价总体上涨。

其他服务类价格保持稳定，市内电话费、公交车票、居民公有住房租金、教育收费等公用事业价格和医疗服务价格保持不变，电和管道燃气价格分别为0.56元/度和2.25元/立方米。

【价格调控】 2016年，郑州市各级价格管理部门紧紧围绕中心、服务大局，健全价格调控机制，牢固树立将价格调控预期目标作为宏观调控“上限”的重要理念，坚持把保持物价稳定作为首要任务。1–12月，郑州市居民消费价格指数（CPI）与上年同期相比，累计上涨2.3%，比全国36个大中城市居民消费价格指数高0.1个百分点，累计涨幅在全国36个大中城市中列13位。

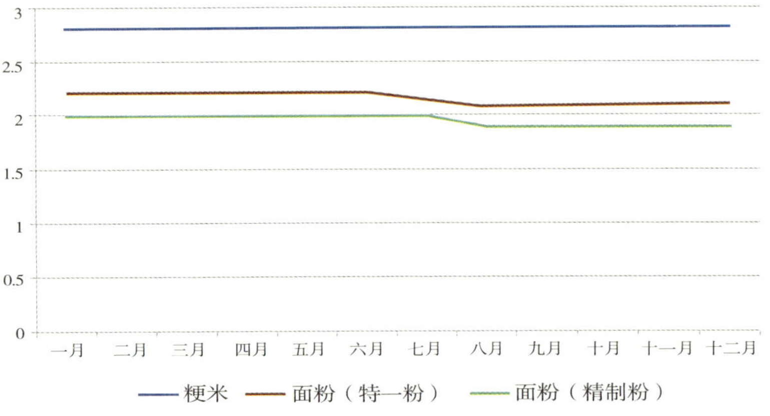

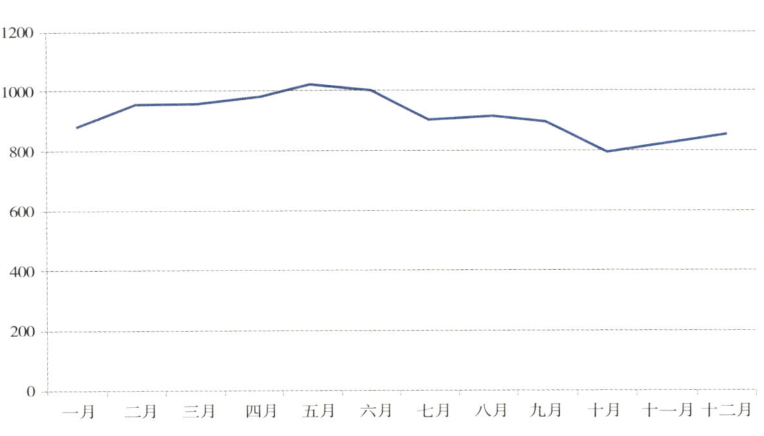

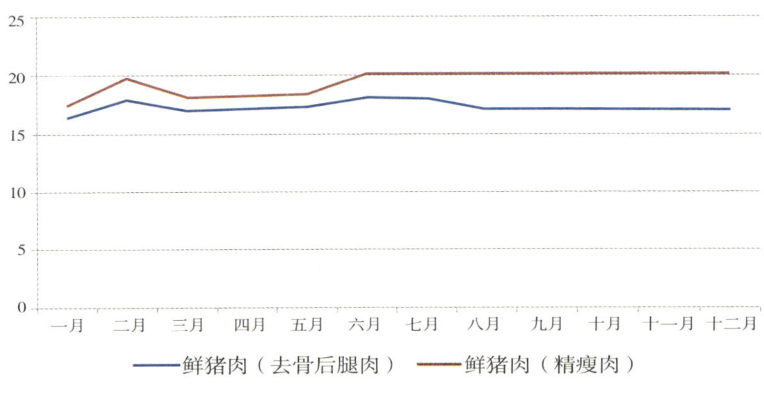

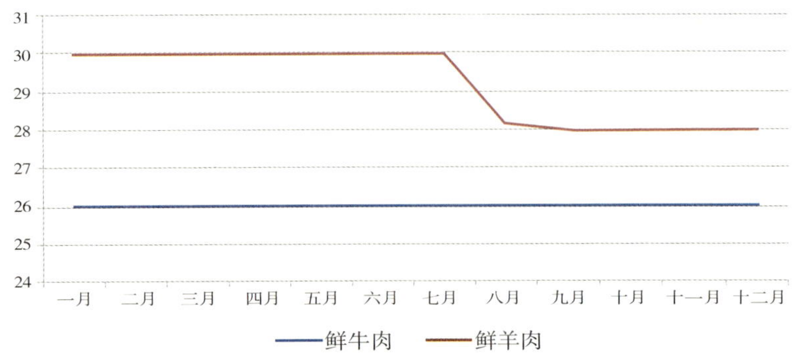

加大市场价格监测力度，健全分析预警机制。一是推进市级价格信息服务平台建设，建立健全涵盖生产、流通、销售各环节的价格监测网络，构建物价、农业、畜牧、统计等多部门数据共享平台。二是加强对粮油、肉蛋奶、基本蔬菜品种等生活必需品价格的动态监测和跟踪分析，发现苗头性、趋势性问题及时预警上报。按照国家监测中心的安排部署，完成《郑州市生猪价格预期调查》《郑州市大蒜市场情况调研》和《郑州市面粉价格情况调查》等调查分析工作。三是增加价格监测的频次和覆盖面，全面加强市场价格监控。截至2016年年底，全市共设监测点108个，其中工农业生产资料、农副产品、工业消费品及服务价格监测点67个，2016年7月开始新增劳动力价格监测点41个；监测品种670余种，向国家价格监测中心和省发改委累计上报各类监测报表1116次，完成监测快报69期；向国家发改委、省发改委等报送价格动态信息75条，向市委、市政府上报动态价格信息13条。

科学加强市场价格调控，构建稳定市场价格长效机制。认真执行市场价格异常波动调控预案，及时采取信息引导、储备吞吐、联动补贴等调控措施，构建稳定市场价格长效机制，缓解市场价格的周期性波动。2016年共使用财政专项资金2300万元，储备大白菜等各类蔬菜8000吨，鸡蛋1000吨，储备猪肉2780吨，有效地保证郑州市市场供应和价格基本稳定。为及时、准确掌握市场价格动态，科学分析价格形势，针对全市2016年春节以来菜价上涨幅度较大情况开展调研，并向市政府上报郑州市菜价上涨情况分析报告。

【社会保障】 完善郑州市社会救助和保障标准与物价上涨联动机制。8月，国家发展改革委等五部门联合印发《关于进一步完善社会救助和保障标准与物价上涨挂钩联动机制的通知》，通过优化锚定指标、降低启动临界值、缩短启动时间等措施对机制进行完善。按照国家和省相关文件精神，为进一步完善郑州市社会救助和保障标准与物价上涨联动机制，物价部门着手对联动机制启动条件和标准进行重新明确，更好地发挥联动机制作用，切实保障全市困难群众基本生活。

【民生实事】 务实推进民生“十件实事”工作。按照明确责任、规范程序、改善民生、尽责落实的要求，采取有效措施，注重沟通协调，狠抓工作落实，民生“十件实事”工作取得较好成效。截至2016年年底，共向全市14238户“低保户”发放用水价格补贴1708560.00元；为城市22933户城市“低保户”和农村“五保户”发放用电价格补贴770548.80元；向全市370户“低保

2016年郑州市农贸市场鸡蛋零售平均价格走势图

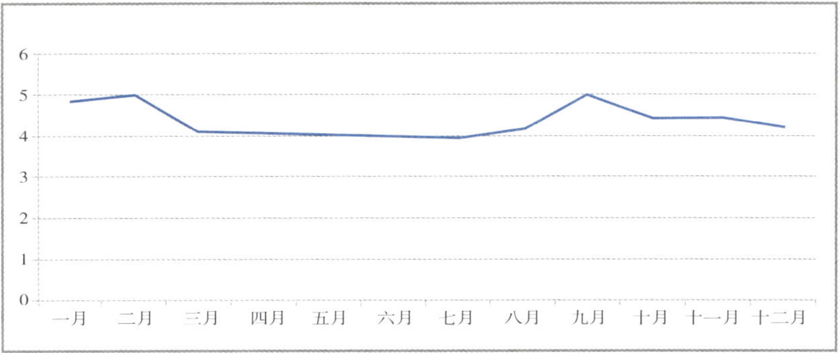

2016年郑州市鸡蛋出场价格走势图

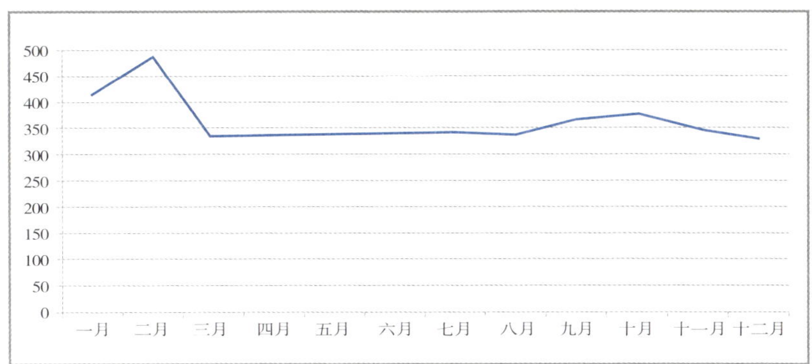

户”发放天然气价格补贴20787.00元，切实保证市委、市政府民生“十件实事”落实到位。

【资源性产品价格改革】 一是城市供水价格改革方面。严格落实居民用水阶梯水价政策，督促指导各县（市）全面开展阶梯水价制订工作，并对擅自调整集中供水价格的行为发出警告，督促整改落实，确保水价政策运行平稳。为贯彻落实国家和省关于加强水污染防治，改善水环境质量的要求，在做好二次供水和污水处理费价格调研的基础上，按上级的要求和安排，对郑州市的污水处理费进行调整。将居民用水的污水处理费由现行的0.65元/立方米调整为0.95元/立方米，非居民用水和特种用水的污水处理费分别由现行的0.8元/立方米和1.0元/立方米统一调整为1.4元/立方米，执行日期为2017年1月1日起。二是做好产业集聚区差别电价工作。运用价格杠杆支持企业发展，促进产业结构调整。配合省发改委做好居民用电波峰波谷电价调研和试点工作，就企事业单位来电来访咨询，做好相关政策解释工作。三是推进供热价格改革。遵循合理补偿成本、促进节约用热、坚持公平负担的原则，在做好郑州市集中供热企业经营情况调研的基础上，对郑州市2015年的供热成本进行审核。

【价格管理体制改革】 扎实开展“五单一网”工作，编制价格部门的权力清单和责任清单，并在局门户网站进行公示，方便社会和群众监督。进一步完善行政审批例会、限时办结、服务承诺、首问负责、一次性告知、责任追究等行政审批制度，对行政审批工作进行全面规范。截至2016年年底，共完成148项行政审批，涉及教育、医疗、机动车检测、经济适用房价格等方面，行政审批事项平均提前5个工作日办结，提前办结率达98%以上，按期办结率100%。

【中介服务收费清理整顿】 认真清理行政审批中的中介服务事项，推行行政审批中介服务目录清单制度，最大限度缩小政府定价范围，加强行政审批中介服务收费的事中事后监督。已取消和废止郑州市房屋产权中介服务收费、自愿性培训班收费、工程造价咨询服务收费等有关行政事业性收费项目，进一步简政放权，减轻企业和群众的负担。

【污染物排污权收费标准出台】 加大价格杠杆调节力度，切实促进环境保护，按照“污染付费、公平负担、补偿成本、合理盈利”原则，制订出台符合郑州市实际情况，反映市场供求、资源稀缺程度、生态环境损害成本和修复效益的排污收费标准,逐步使企业排放各类污染物承担的支出高于主动治理成本，提高企业主动治污减排的积极性，支持郑州市大气环境治理工作。

【制订公布收费目录四个清单】 根据新颁布的中央和省级定价目录，做好省价格管理部门下放权限的承接工作，对现有的权责清单进行全面梳理，制订出《郑州市行政事业性收费目录清单》《郑州市涉企行政事业收费目录清单》《郑州市经营服务性收费目录清单》和《郑州市政府定价的涉企经营服务收费目录清单》，并于6月1日在《郑州日报》上予以公布，进一步促进郑州市实体经济减负发展。

【综合管廊试点城市建设工作】 发挥价格职能作用助力综合管廊试点城市建设，收集综合管廊有偿收费相关资料，深入开展调查研究，并征询省发改委意见，依照法定程序推进相关工作。截至2016年年底，市物价部门配合市管

局长杨虎臣深入驻村扶贫点慰问困难群众

市物价局与市委统战部联合聘请特约价格监督员

线办及市财政、城管、公用集团等单位，完成运营成本及管线入廊收费标准制订任务。

【市区机动车停放收费管理】 针对郑州市机动车停车收费行为不规范的问题，发挥价格杠杆的导向和调节作用，引导机动车合理分流，切实规范停车收费行为，维护机动车停放者和停车场所经营服务者的合法权益，在经过充分调研、意见征询和座谈论证的基础上，制订完善《郑州市市区机动车停放收费管理办法》，并上报市政府研究。

【物业服务收费管理】 在严格落实《国家发展改革委关于放开部分服务价格意见的通知》《河南省人民政府关于进一步深化价格改革的意见》相关规定基础上，在郑州市非保障性住房物业服务收费实行市场调节价的同时，针对民众反映较多的新的热点难点问题，就新形势下物业服务监管模式、业主利益诉求机制等开展广泛调研，制订郑州市物业服务收费办法补充规定。

【网约车价格管理】 7月，交通部出台《网络预约出租汽车经营服务管理暂行办法》，对网约车的市场准入、运营和管理提出全面的意见措施。按照市政府要求，市物价部门结合出租汽车改革工作，开展郑州市出租车价格管理情况调查，从人口规模、车辆总数、出行需求、价格结构、政策依据等方面进行调研，并与兰州、济南等城市交流信息，密切关注巡游出租车和网约车情况动态。

【价格监管】 切实加大市场价格行为监督检查力度。针对群众反映较为集中的热点难点问题，先后组织开展全市节日市场、停车收费、涉企收费、药品、教育、医疗等多项执法检查，依法严肃查处各类乱收费行为。截至2016年年底，全市共查处625件价格违法案件，实施经济制裁235.1万元，其中没收56万元，罚款179.1万元，惩治和纠正一些行业的价格违法行为，为减轻企业负担，促进实体经济发展，维护人民群众切身利益和社会和谐稳定作出贡献。

突出抓好商品房销售价格行为专项执法检查。针对郑州市房价波动幅度较大的实际情况，为促进市政府房地产调控政策措施的有效落实，切实规范商品房销售价格行为，维护商品房销售价格秩序，市物价部门从9月起在全市部署开展商品房明码标价专项执法检查工作，对2016年以来取得预售许可证的400家楼盘，涉及两百余家房地产企业进行拉网式检查。通过检查，13家房地产开发商因为未按规定明码标价、涉嫌价格欺诈等价格违法行为，拟处以946.4万元的罚款，处罚工作正在进行之中。

做好价格举报查处工作。推进全国四级联网的价格举报网络建设，截至2016年年底，“12358”价格举报电话接收各类咨询、投诉、举报共计9567件，办结8362件，办结率为96.2%，有力维护群众的合法权益。

及时处理应对网络舆情。截至2016年年底，共受理各类网络舆情639件，已办结626件，及时办结率为98%；其中心通桥121件，市长电话137件，市长信箱13件，局门户网站366件，ZZIC2件。

【依法行政】 深入推进依法行政工作。以落实行政执法责任制为主线，以强化法治观念、加强队伍建设、规范执法行为为重点，深入推进依法行政。不断加强对规范性文件的监督管理，切实做到有件必备、有备必审、有错必纠。建立行政复议和诉讼预防机制，对可能出现行政复议和行政诉讼案件的重点领域，加强调查研究，全面掌握信息，及时提出改进建议，及早采取预防措施，避免出现败诉案件。截至2016年年底，市物价部门共应对行政诉讼和复议案件19起，无败诉情况发生，被市政府评为依法行政工作先进单位。

【定期和调定价成本监审】 严格成本监审，合理制订价费标准。截至2016年年底，完成包括经适房、停车场、供水成本、地铁一号线运营成本和民办学校教育6类定价成本监审，涉及成本约32.06亿元，核减不合理成本约12.54亿元。

【涉案物品价格认定】 截至2016年年底，共办理价格鉴定业务4330件，标的总额9402.97万元。其中刑事案件涉案财产价格认定的4315件，标的总额8670.47万元；涉纪财物价格认定的3件，标的总额580.23万元；行政案件涉案财产价格认定的12件，认定总值

宣传价格知识、解读价格政策广场活动

152.27万元。为郑州市司法机关、行政执法机关依法及时办理各类案件提供准确依据。

【人大建议政协提案办理】 2016年，市物价部门共接到建议提案20件，其中，省政协委员提案1件，市人大代表建议6件，市政协委员提案13件，主要涉及物业收费、停车收费、部分放开商品或服务收费等。截至年底，20件建议、提案均已答复完毕，满意率100%，得到市政府的充分肯定。

（汤其涛）

质量技术监督管理

【概况】 2016年，郑州市质量强市建设迈出新步伐，市政府首次将质量强市专项规划列入郑州市"十三五"规划，将创建知名品牌示范区纳入奖励范围。年度全省质量工作考核，郑州市获得考核等级A级。市长程志明在质量强省建设工作会上作典型发言，质量强市工作经验全省推广。1家单位获中国质量奖提名奖，新增省长质量奖单位3家，累计达到13家，占全省的29.5%。开展第六届市长质量奖评审工作，23家单位参与角逐，6家单位进入候选。获得省质量技术监督科技成果一等奖1项、国家实用新型专利1项。经开区郑州国际物流园获批创建全国电子商务物流产业知名品牌示范区，新密市率先通过河南省质量强县示范县（市）创建验收。市质监局被省质监局表彰为综合业务工作优秀单位，被市总工会授予郑州市先进工会组织、被市直工委授予党建工作优秀单位等荣誉称号，顺利通过省级文明单位的年度复审。

【产品质量监督】 2016年，郑州市开展质量提升专项行动，确定纺织服装、耐火材料、电线电缆、阀门、水泵等10个质量提升示范区项目，重点推进国家新能源汽车质量监督检验中心（郑州）、国家产品质量大数据（郑州）中心和河南省卫星导航及定位服务产品质量监督检验中心3个项目。探索重点产品质量追溯体系建设工作，建设产品质量追溯评价管理信息化平台，6家企业作为试点基本建成企业溯源软件体系，利用二维码信息采集和"互联网+"溯源手段，变"点监管"为"链监管"，形成生产、流通、消费等环节完整的责任链条。市财政拨付125万元用于重点消费品、燃煤、燃油等产品的质量监督抽查。对部分学校学生公寓床上用品进行质量风险监测，抽查7家企业、30个批次产品，合格率90%，对产品质量不合格单位通过媒体公开曝光。对全市机动车安检机构开展业务培训和现场教学，组织开展时间跨度8个月、覆盖全市45家安检机构的专项监督检查，立案查处3家，报请省质检局吊销1家机构的检验资格。大气污染防治取得新成效，组织各县（市）区质检局深入油品、煤炭生产企业，开展法律法规、标准宣贯活动，安排专项经费对生产领域的油品、煤炭开展4次监督抽查和专项筛查，共抽查油品26个批次、合格率100%，煤炭和蜂窝煤41个批次，环保指标均符合相关标准。

【特种设备安全监管】 截至2016年，郑州市特种设备总量108162台，其中锅炉4569台、压力容器15420台、电梯63965台、起重机械18377台、厂车5592辆、游乐设备232套。新注册登记特种设备16320台，其中锅炉236台、压力容器1091台、电梯2904台、起重机械1658台、厂车419台、游乐设备12套。特种设备安全形势保持平稳，全市连续三年未发生安全责任事故。全年对重点区域、重点企业、重点设备，以及重要节日期间组织开展特种设备安全大检查和各类专项整治活动30余次，累计检查单位3500多家，下发《安全监察指令书》1000多份，立案查处41起，约谈荥阳市、上街区政府负责人。在20所高等院校开展电梯"四个一"服务活动，取得良好社会效果。"安全生产月"宣传活动内容丰富，被省政府安委会评为先进单位。开展电梯检验结果监督抽查，在全省开创先河。成立全省首个经费全额保障的电梯应急处置中心，以"96333"为热线号码的应急处置平台和救援网络建设走在全省前列，中心成立以来，应急热线共接受群众电话1096次，解救被困人员1720人，救援人员到达现场平均用时16分钟。

【标准化工作】 2016年，登封市投资项目代办中心、新密市行政服务中心获得国家级服务业标准化示范单位，郑州高新区获批国家高新技术产业标准化示范区，郑东新区获批国家新型城镇化标准化试点，圆方物业获批2016-2017年度国家级服务业标准化示范项目，1项国家级、5项省级农业标准化示范项目通过验收，7项系列标准荣获2016年度中国标准创新贡献二等奖，指导河南机场集团开展国家级服务业标准化试点，经开区郑州国际物流园等10家单位开展省级服务业标准化试点。630项企业标准在国标委企业标准信息公共服务平台公示。与上海、青岛、成都、厦门共同制订《食品冷链物流》《跨境电子商务平台交易管理规范》等4项城市联盟标准，引导企业推广应用。发布全省第一个团体标准，在民政、公安、城市管理等行业领域开展标准化推广。

【行政审批制度改革】 2016年，郑州市质监部门简政放权，将机电类特种设备的行政审批职能全部下放到直属分局。全年办理审批事项3718项，同比增长10%，实现办理时限承诺的"零超时"。

【计量工作】 2016年，郑州市质监部门利用互联网和质讯通平台，探索互联网+加油站管理模式，建立城区内163座加油站的计量器具相关资料，将城区内2577台加油机录入河南省计量信息网，这一工作受到《中国质量报》《河南商报》、郑州人民广播电台等媒体关注并予以报道。城区内共完成强制检定计量器具12万余台（件）。市检测中心投资600万余元筹备压缩天然气加气机等6项计量标准建设，完成出租汽车计价器检定装置等26项计量标准复查考核，计量标准溯源能力明显增强。首次编撰完成《郑州市计量大事记》。

【执法打假】 2016年，郑州市质监部

全市质量工作会议召开

开展“四个一”进高校宣传活动

门深入组织开展“质监利剑”行动，先后组织6个专项执法检查活动，在春季农资打假专项治理中，对全市32家化肥获证企业进行全面检查。加大重点区域产品整治力度，对新密市服装加工区使用的锅炉、荥阳市游乐设备生产企业进行区域性集中整治。市局稽查支队共办理案件25件，结案25件。处理市长电话室交办354件，信函举报15件、省局转办23件、其他部门移送5件。

【认证认可监管】 一是加强认证认可统计工作。组织统计全市“三标”体系认证数据信息，完善认证认可工作数据库；组织全市350家检测机构对照《自查表》开展自查。二是推进认证认可信息化建设，开发建立“郑州市检验检测公共服务平台”。三是开展认证认可监督检查。共出动认证监管执法人员780人次，检查各类认证获证组织370余家、各大商场超市55次。

【法治质监建设】 2016年10月25日，市政府第50次常务会议通过《郑州市电梯使用安全管理办法》（郑州市人民政府令第221号），11月10日予以公布。这是郑州市第一部关于特种设备安全的政府规章，它健全电梯安全监管的法治体系，明确电梯安全管理使用各方责任义务，为加强电梯安全监管提供依据和保障。

基层执法队伍素质有新提升。全年举办各类专题培训班20多期，受训人员超过2500人次。规范性文件审核能力有新提升，开展规范性文件清理工作，报备规范性文件35件，备案审核合格率100%，受到市政府法制办的通报表彰。政府信息公开水平有新提升，门户网站建设纳入市政府门户网站的统一管理体系，及时主动公开信息的意识明显增强，新开通公众微信，信息公开渠道趋于多元化。全年主动公开信息357条，办理依申请公开事项16件。群众质量法治观念有新提升，质监法律法规进校园、进社区、进企业活动持续开展，为郑州市第八十四中学需要帮助的同学发放价值5万元的免费验配眼镜卡，拍摄服务为民微电影《质高无上》，以3万个质量信息采集点为载体的普法宣传全面铺开，市民参与质量评价互动更加便捷，广大群众的质量法律意识明显增强。

（樊宏颜）

市质监局联合新媒体对集贸市场计量器具检定执法活动进行首次现场直播

安全生产监督管理

【概况】 2016年，郑州市安全生产监督管理以构建“安全和谐郑州”为目标，认真贯彻党中央、国务院和省委、省政府关于加强安全生产工作的决策部署，全面落实政府安全生产监管责任和企业安全生产主体责任，着力构建安全生产工作长效机制，较好地完成各项目标任务。2016年，全市共发生各类生产安全事故622起，死亡98人，受伤451人，直接经济损失3984.2万元，与上年同期相比，事故起数下降70.3%，死亡人数下降2%，受伤人数上升16.2%，直接经济损失上升5.8%。全市安全生产形势持续稳定，市安监局先后被评为省“安康杯”竞赛优秀组织单位、郑州市平安建设先进集体、郑州市人民满意公务员示范岗和郑州市依法行政工作先进集体。

【安全生产责任制落实】 2016年以来，习近平总书记、李克强总理对安全生产工作作出一系列重要指示，要求必须坚定不移保障安全发展，狠抓安全生产责任制落实。省长陈润儿在国务院安委会巡查河南安全生产工作动员会上强调,安全生产既是生产问题、民生问题、经济问题，又是政治问题，要认真贯彻习近平总书记、李克强总理的重要指示要求，对安全生产任何时候大话不能说、责任不能松、手腕不能软。在市政府第50次常务会议上，市长程志明指出，安全生产是民生大事，人命关天，一定要警钟长鸣。市委、市政府分管安全生产工作的领导也多次在全市安全生产工作会、安委会扩大会上对安全生产工作提出明确要求、作出专题部署。市安监局把中央和省市领导关于安全生产工作的重要讲话精神作为安全监管工作的重要指针，逢会必讲“人命关天”、逢会必提“红线”意识、逢会必言“警钟长鸣”，要求安监系统广大党员干部学习好、领会好、贯彻好，切实增强做好安全生产工作的紧迫感、使命感和责任感。2016年，市安监局围绕“三管三必须”（即管行业必须管安全、管业务必须管安全、管生产经营必须管安全，对行业企业进行分包，责任到人、落实到岗；负有行政审批职能的部门要依法依规审查与许可相关的安全生产事项，对不符合安全标准或存在安全隐患的不予审批；落实企业董事长、党委书记、总经理、车间主任、班组长和特种作业人员的安全生产职责）要求，不断强化安全监管责任主体，推进安全生产责任体系建设。2016年,全市15个县（市）区共187个乡镇（街道），完成安全生产全覆盖，覆盖率100%；1020个（有工矿企业的）行政村，有940个行政村完成“五级五覆盖”，覆盖率达到92%；1870家规模以上企业中有78%完成企业安全生产责任体系“五落实五到位”规定，剩余未完成覆盖的行政村、企业继续落实整改。

【安全生产网格化管理】 2016年，在巩固网格化长效机制工作的基础上，全市各级安监部门围绕“深化规范提升”的总要求，以全市网格化管理为平台，按照“夯实基础、抓住重点、细分网格、职责量化、工作留痕、常态管理”的工作模式和“逐级下沉、分包到位、全面融入”的工作思路，完善新措施、搭建新格局。全市安监系统1013名工作人员下沉一线，做到“定人、定岗、定责”，实现人员下沉，重心下移，职权下放，关口前移，做到安全生产领域每一个场所都有人监管，每一件事情都有人负责，形成“横到边、纵到底、全覆盖、无缝隙”的监管网络体系。

【安全郑州创建】 2016年，郑州市根据省安全创建行动计划有关要求，制订下发《安全郑州创建2016行动计划》等一系列文件，进一步明确安全和谐型村镇、安全和谐型社区、安全发展型企业、安全保障型城市和安全生产监督管理机构标准化建设等五个方面的创建标准，对创建任务进行详细的分解，明确责任和时限，为安全创建工作提供指导。同时，利用局网格优势加大督导力度促进创建工作开展，推广安全创建先进典型。把安全创建纳入诚信企业创建活动之中，切实促进企业安全生产全面发展。截至年底，全市有3个社区达到国家标准，45个社区达到省级标准，138个社区达到市级标准。

【非煤矿山行业和企业监管】 推广应用先进技术，提高非煤矿山技术装备水平。全市露天矿山全部实行台阶式分层开采、推行中深孔爆破技术，实现铲装机械化作业，井采矿山全部落实“六大系统”建设要求，尾矿库全部采用干式堆存方式。结合行业特点，重点做好春节期间和汛期非煤矿山的安全监管，针对汛期雨水多、事故易发的特点，把尾矿库和井采矿山等行业作为汛期安全监管重点，同时组织矿山企业进行汛期应急演练，锻炼队伍，提高应急能力，为非煤矿山安全度汛打好基础。把节后复工验收工作与隐患排查治理和安全生产风险分级监管结合起来，组织相关人员和专家对各县（市）区非煤矿山节后复工验收工作进行现场督查和指导，严把安全关，对存在非法违法开采行为的矿山依法予以取缔关闭，规范矿山开采秩序，全年先后关闭非法违法开采矿山8家。

【危险化学品和烟花爆竹行业和企业监管】 市安监部门深刻吸取天津港“8·12”特别重大燃爆和江苏泰州靖江市德桥仓储有限公司“4·22”火灾等事故教训，深入贯彻落实《危险化学品企业事故隐患排查治理实施导则》《化工（危险化学品）企业安全检查重点指导目录》，开展执法检查，督促企业建立健全安全生产责任制，完善隐患排查机制，实现隐患排查治理自查、自改的闭环管理。在危险化学品企业中，33家涉及重点监管危险化工工艺的生产企业和49家构成危险化学品重大危险源的企业完成改造提升。在城镇人口密集区域内危险化学品企业搬迁工作方面，全年共关闭、搬迁城镇人口密集区域内危险化学品企业14家。在烟花爆竹企业中，开展烟花爆竹经营安全专项治理活动，巩固零售点“两关闭”“三严禁”和批发企业“六严禁”成效。全面梳理本地区2006年以来烟花爆竹生产企业关闭情况，全市共有13家烟花爆竹生产企业，全部关闭。

【冶金等工贸行业（领域）监管】 市安监部门吸取新密市“4·25”较大灼烫事故、高新区“5·21”较大火灾爆炸事故等的教训，开展工贸企业信息普查统计工作，全年开展督查16次，全市2280家工贸企业监管台账初步建立。建立工贸企业监管台账的同时，建立有限空间作业、涉爆粉尘、涉氨制冷、工贸企业使用危险物品、冶金煤气5个专项台账，做到重点行业、重点领域、重点部位重点管理。2016年，全市共排查企业1563家，排查出安全隐患3752条，现场整改2932条，发出整改指令725份，投入整改资金5600万元。履行八大行业综合监管职能，深化重点领域重点行业专项整治，检查粉尘涉爆企业111家，发现事故隐患297条；检查涉有限空间作业企业82家，有限空间总数107个，发现并整改事故隐患242条。通过采取召开会议、集中培训、实地调研、执法检查等多种方式促进企业开展安全生产标准化达标创建工作。2016年，全市工贸行业有80家企业通过复评。

【职业卫生工作监管】 市安监部门以宣传、培训为抓手，全年发放《职业卫生科普知识》等读本7000余册、宣传彩页26300余份、制作宣传展板126块，增强全民职业卫生安全意识。组织职业卫生工作专题培训，受众达13万人次。推进职业病危害项目申报，共完成申报新增企业614家，累计申报2231家。做好工业企业粉尘和化学毒物危害状况抽样调查，确定荥阳市和管城区为全国抽样对象。开展尘毒危害治理示范创建工作，切实加强用人单位职业卫生管理，落实用人单位职业病防治主体责任。同时，做好全市职业病危害防治评估和检测评价、职业卫生监督检查等工作，共开展专项治理、专项督查3次，下达执法文书1087份，排查隐患1365条，责令当场整改1100条，限期整改265条。根据郑州市经济社会发展水平、区域经济结构和不同地区职业病危害程度，对职业卫生技术服务机构的发展进行统筹规划、合理布局。在郑州辖区的3家甲级、14家乙级、1家丙级职业卫生技术服务机构，作用均能得到充分发挥。

【事故调查处理】 市安监部门依照《中华人民共和国安全生产法》《生产

5月10日，省安全生产监督管理局局长刘宛康对郑州市油气管道隐患进行督查

安全事故报告和调查处理条例》等法律法规要求，按照“科学严谨、依法依规、实事求是、注重实效”的原则，对全市发生的生产安全事故进行调查处理，严格责任追究。2016年，全市工矿商贸行业共发生生产安全事故11起，其中，一般事故9起，较大事故2起。批复结案4起，移交司法机关1人，行政处罚4人，其他处理17人，处理相关责任单位9家。

【安全专项整治】 全市各县（市）区及安委会目标管理单位制订专项整治方案，加大力度对全市重点行业、重点领域、重点部位、重点环节、重点岗位进行专项整治工作。消防领域，深入开展火灾隐患治理，共检查单位2.3万家，发现隐患2.6万处，责令整改2.3万处;油气管线治理攻坚方面，217处油气管线隐患全部清理消除；垃圾堆场专项整治方面，23处建筑施工垃圾消纳场工矿企业排渣(土)场和尾矿库等堆场全部治理完毕。交通领域，通过集中整治道路危险化学品运输违法行为等数十项专项整治，查处各类交通违法100万余起。通过开展各类专项整治工作，及时排查消除一大批安全隐患，杜绝重特大事故的发生。

【安全隐患排查治理】 大力加强重大危险源监管。准确掌握本辖区、本行业重大危险源的数量、状况和分布情况，建立重大危险源数据库，建立定期报告制度，完善日常管理体系，实现对重大危险源的动态管理。8个县（市）区的66个重大危险源备案的60家。对这66个重大危险源按照“一岗双责”“三管三必须”的要求，进一步落实属地和行业监管责任，加大安全监管力度。持续开展百日攻坚行动，根据“条块融合、以块为主”的双排查机制，全市各县（市）区及各牵头部门依托网格化管理平台，以煤矿、道路交通、建筑施工等16个行业领域为重点，以安全生产责任制的落实、安全生产法律法规的执行等8项内容为重心，分头实施专项整治。各县（市）区成立近200个政府督导组，郑州市政府成立15个综合督导组，采取明察暗访、回头检查、交叉检查相结合和“四不两直”的督查检查方式，全程跟踪督促检查。在百日行动中，全市共排查各类生产经营单位28323个（次），排查整改事故隐患28287个，现场整改隐患28205个，隐患整改率达到99.4%。

【安全生产大检查】 2016年，全市各级安监部门按照“全覆盖、零容忍、严执法、重实效”的总要求，督促指导煤矿、非煤矿山、危险化学品、烟花爆竹、消防、道路交通、建筑施工、教育、旅游、特种设备、城市燃气等重点行业和领域开展安全生产专项整治。充分依靠网格化管理平台，发挥各网格人员作用，全面宣传安全生产工作，全力排查和整治安全隐患。及时启动郑州市大检查大整治大督查活动，发挥专家优势，确保各类安全隐患能够有效地发现、根治。全年全市15个县（市）区、开发区共排查各类隐患96485处，整改到位95042处，惩治违法违规行为8137起，停产（停业）企业549家，关闭取缔企业114家。

【安全生产标准化建设】 深入贯彻落实《国务院安委会关于深入开展企业安全生产标准化建设的指导意见》和《河南省开展冶金等工贸行业企业安全生产标准化建设实施方案》，对全市开展安全生产标准化建设工作进行安排部署。全市共有21家非煤矿山企业达到国家三级标准，112家危险化学品生产企业全部达到安全标准化三级标准，115座加油站达到标准化三级以上水平，350家冶金等规模以上工贸企业通过复评达到三级以上安全生产标准化企业。同时，逐步开展安全生产责任保险推广工作，全市约有80%左右的危险化学品、烟花爆竹、非煤矿山等高危行业企业参加安全生产责任保险。

【安全生产应急管理】 安全生产应急管理以加强应急预案体系建设和应急宣传培训、提升应急处置能力为重点，注重基层基础，强化主体责任，加强监督检查，全面提升应急救援能力。继续建立完善县（市）区指挥中心建设，做到编制、职责、人员、经费和装备“五落实”，进一步强化安全生产应急管理体制建设，推动安全生产应急管理机构建设。基本形成分类管理、分级负责、条块结合、属地为主的安全生产应急管理体系，确保应急管理工作有机构、有人抓、有人管。2016年，全市共设置演练科目337项，动用演练车辆器材3000余台（件、套），参加演练人数7.5万余人。通过演练，检验和修订全市各类应急预案1万余个，锻炼各类专业应急救援队伍50余支，教育社会公众百万余人。

【安全生产执法规范】 制订印发《郑州市安全生产“十三五”规划编制工作方案》，及时提交审议。组织参加“安全河南杯”知识竞赛、“文明执法服务型行政执法”主题培训月活动，切实加强安全监管执法人员的法律知识、专业知识、职业道德等方面的培训教育，促进行政执法人员转变执法理念，改进执法方式。在服务型行政执法建设工作上，确定荥阳市、中原区、金水区、二七区和中牟县5个县（市）区安全监管局作为全市安监系统服务型行政执法示范点。先后组织开展4次专项执法检查，分别是市属以上冶金等工贸行业安全生产专项执法检查、对执法监察对象排查摸底、市属以上企业安全生产综合性执法监察、安全生产大检查大整治。全年共检查各类企业560余家次，审查立案案件17起，办结5起，结案7起，收缴财政罚款16万元，案件如期结案率100%，无行政败诉现象。

【安全生产基础能力建设】 市委、市政府出台的关于进一步加强安全生产工作的实施意见，明确把安全生产监管执法机构列为政府行政执法机构，要求按照规定配备执法和应急救援车辆、装备等，并设立市级安全生产专项资金，各县（市）区也结合当地工作实际，分别设立安全生产专项资金，高新区设立1000万元的安全生产专项资金，推进安全生产工作，为安全发展提供坚实保障。向社会购买服务，建立第三方监管模式，规范政府购买服务办法，培育和扶持第三方安全生产监管技术服务，设立专项资金聘请专家参与隐患排查治

省、市政府联合举办省会安全生产月宣传咨询日活动

理、监督检查、应急救援及安全生产日常管理。建立安全生产约束机制，实行安全生产承诺制度，完善安全生产诚信体系和“黑名单”制度。郑新公司金昌煤业公司、新密市郑州旭普新材料有限公司、河南昌弘精密设备有限公司等3家生产经营单位被列入2016年首批安全生产不良记录“黑名单”。

【安全生产宣传培训】 2016年，郑州市安监工作围绕“培训不到位就是重大隐患”的工作理念，多形式、多层次开展宣传教育培训活动，筑牢安全思想防线。一是抓好安全生产资格考试和教育培训。为建设高起点高标准的安全生产资格考试中心，学习先进管理经验，组织人员到重庆、深圳和无锡市安监局调研考察考试中心建设情况和全民安全教育情况。制订《郑州市安全生产考试中心考试纪律和考试违纪处理规定》和《郑州市安全生产考试档案管理工作指导手册》，做到考核工作有章可循、有规可依，考核工作逐步走上规范化、制度化的管理轨道。开发完成高危行业制证软件，并完成相关硬件的配置，成为河南省第一个能自主制证的市级考试中心。全市安全资格考试和培训工作上，2016年共考核取证各类人员44402人，“三项岗位人员”安全教育培训共计11630人，其中，特种作业8203人，管理人员3427人，培训合格率96%以上。二是全力做好全国第15个“安全生产月”活动，突出抓好“安全生产月宣传咨询日”这一全市性大型活动。6月16日，省、市两级政府安委会在绿城广场开展形式多样的安全生产月宣传咨询日活动。全市布置展板8732块，悬挂标语30075幅，设置咨询台2040个，发放各种宣传资料150万份，组织各类文艺演出200多场，“行业部门主要领导谈三管三必须”专栏18期，受教育人员达到200万人以上，达到“以周促月、以月促年”的效果。三是重视做好安全生产的对外宣传报道工作。充分利用报刊、电台等媒体，宣传安全生产工作，先后发表各类文章300多篇，尤其是咨询日当天邀请多家新闻媒体对咨询日进行全过程、全方位的采访和报道，并在《郑州日报》刊发系列文章，对全市安全生产工作进行大力宣传。市安委会主办的安全生产专题栏目《安全第一线》10月1日在郑州电视台5套正式开播，设置《安全在线》《安全聚焦》《安全实验室》《安全警钟》4个板块，以强化安全发展理念，提升全民安全素质为主旨，通过新闻报道、人物访谈等形式，传播安全法律、知识、措施等，加强理论宣讲和解读，规范企业安全生产秩序，提高群众安全生活意识，强化公共安全预防体系，提升防灾减灾能力，在全社会凝聚坚守安全红线、推动安全发展的共识。市长程志明就《安全第一线》栏目的创办接受郑州电视台专访，强调各级各部门要正确处理安全与发展的关系，坚守“不发生重特大安全事故”这个底线。同时，要求各级各部门大力关心支持安全生产的宣传教育工作，关注《安全第一线》栏目建设。四是大力开展“两学一做”学习教育。把抓好安全监管工作作为学习教育的出发点和落脚点，组织市局5名县处级干部、23名科级以下干部参加2016年全省安全生产专题研究班、市委党校秋季主体班、新任公务员初任培训班、正副科级公务员任职培训班等学习。做到党组织、党员参与两个“全覆盖”，做到“两学一做”学习教育与安全监管工作两手抓、两不误、两促进。

市安监局、交通委联合检查春运安全工作

【政务服务制度改革】 全面推行“五单一网”制度改革，制订《2016年深化“五单一网”制度改革推进政府职能转变工作方案》等文件，梳理确定市局公共服务事项7项，其中，4项列入郑州市行政权责清单，3项为新增加内容，并组织对公共服务事项逐项编制《郑州市公共服务事项办事指南》。同时，完成行政许可和行政处罚信用信息公开、行政权责事项调整并入网运行和审批中介事项清理工作。围绕“精简、统一、便民、高效”的总要求，扎实开展行政审批“两集中、两到位”改革，推进行政审批服务和监管的前延后伸，建立“一个窗口对外、一个机构履职、一枚印章签批”的行政审批新机制，审批环节压缩50%，审批时限压缩77%以上。全年办理审批业务200余件，未发生投诉或评价不满意现象。

【上级部门督查巡查】 以上级部门督查巡查为契机，查找不足、弥补缺项，不断推动工作再上新台阶，确保全市良好的安全生产形势。一是扎实做好全国人大对郑州市的专项执法检查。10月13—14日，全国人大常委会副委员长艾力更·依明巴海带领全国人大常委会安全生产法执法检查组一行到郑州开展执法检查，先后到河南电子口岸服务中心、郑州宇通客车股份有限公司、郑州国际陆港开发建设有限公司等单位进行实地检查并听取汇报。艾力更·依明巴海对郑州市在加强新形势新常态下监管能力建设、各级各部门依法履行监管职责、企业严格落实安全生产主体责任等方面所做的努力和取得的成绩给予肯定。二是做好国务院安委会巡查工作。在国务院安委会巡查组对郑州市安全生产巡查期间，市政府先后组织召开3次安全生产工作会议，市长程志明对国务院巡查工作进行动员和安排部署；市安委办先后16次组织召开各县（市）区、安委会各成员单位和市政府15个督查组工作会议，针对巡查内容制订方案、明确责任、提出要求。市安委办从7个大方面总结2014-2016年郑州市在安全生产监管方面所做的各项工作，并由常务副市长王跃华在市安委会（扩大）会上向国务院安委会巡查组作汇报。巡查期间，市政府安委会成立落实国务院安委会安全生产巡查交办事项工作领导小组，逐一细致落实巡查组交办的各类事项，做到每个问题有回音，每个隐患有交待，受到国务院安全生产巡查组的充分肯定，省政府安委会通报表彰郑州市政府安全生产工作的经验做法，《河南日报》对郑州市安全生产的做法进行专题报道。三是做好省安委会督查组督导工作。2016年，省政府安委会先后4次对郑州市安全生产督查督导，郑州市对督查中发现的问题立即进行分析和整改，得到省安委会督导组的高度评价。

【精准扶贫】 市安监局驻中牟县大孟镇枣林朱村第一书记和驻村扶贫工作队，依据《郑州市扶贫开发三年攻坚行动计(2015—2017年)》文件精神和任务安排，围绕“贫困户不脱贫、工作队不撤出”的目标，紧密团结村支两委和当地群众，坚持因村、因户施策，输血和造血相结合，注重在“精准”上下功夫，协调扶贫资金，争取扶贫项目，不断加强枣林朱村农田水利等基础设施建设，充分利用好“金种子”政策优势和“雨露计划”培训。通过与村支两委共同努力，枣林朱村人均收入达到3000元以上,22户共62名贫困人口上报脱贫。

（唐志宾）

国有资产监督管理

【概况】 2016年，全市国资国企系统围绕“四个全面”战略布局和市委、市政府中心工作，落实中央、省、市关于国资监管和深化国有企业改革的决策部署，以“固本强基、忠诚担当”为主题，扎实开展“两学一做”学习教育，在构建深化国企改革政策体系、分类推进国有企业改革、加强改进党对国有企业的领导、改进提升国有资产监督管理效能等方面探索实践，各项工作取得新进展新成效，实现国有资本保值增值，国有经济平稳健康运行。

截至2016年12月31日，全市国有企业165户（不包括部门监管企业和巩义市，统计范围为一级企业），其中市国资委监管企业44户，主要分布在基础设施、公用事业、交通运输、现代物流、金融投资等行业，44家市管企业资产总额6866亿元，同比增长26.9%；净资产1988亿元，同比增长15.2%。

（夏建新）

【“1+N”国企改革政策体系构建】 5月，市委、市政府《中共郑州市委郑州市人民政府关于进一步深化国有企业改革的意见》印发，突出顶层设计，明晰改革路径。结合国有企业实际，市国资监管部门草拟《市管企业完善法人治理结构指导意见》《市管企业发展混合所有制经济实施意见》《关于分类推进市管国有企业改革的实施方案》《郑州市市管企业负责人履职待遇业务支出管理暂行办法》《关于郑州市市管国有企业功能界定与分类的意见》《郑州市市管企业负责人薪酬管理暂行办法》《关于改组组建国有资本投资运营公司的意见》《市管企业负责人经营业绩考核办法》《郑州市市管企业市场化选聘职业经理人薪酬管理指导意见》等配套文件，征求相关部门意见，提交市委常委会和市政府常务会议审阅通过。

（陈国平）

【国资国企“十三五”规划编制】 市国资监管部门根据郑州市关于“十三五”时期规划基本思路的相关要求，围绕把握经济发展新常态，加快全市国资国企发展改革和做大做强做优进程，总结回顾“十二五”国资国企发展和改革的主要成绩、存在问题，分析“十三五”时期面临的新形势，研究拟定《郑州市国资国企发展和改革“十三五”时期规划基本思路》，明确“十三五”时期工作的指导思想、基本原则、发展目标、工作重点、主要任务和保障措施。

【市管企业重大投资事项审核监管】 一是审核企业年度投资计划，按照《郑州市市属企业重大事项监督管理暂行办法》要求，年初印发《关于报送市管企业2015年投资完成情况和2016年投资计划的通知》，根据市管企业上报的2015年投资完成情况和2016年投资计划，2015年投资项目共185个，投资总额2494.87亿元，完成投资额277.60亿元。2016年计划投资项目277个，投资总额3680.98亿元。二是审核企业投资事项，2016年，13家市管企业共上报投资请示31项，全部办结。新批投资事项累计总投资122.17亿元，其中国有出资39.88亿元。

【与央企战略合作】 郑州市贯彻落实河南省与央企合作方案，制订《2016年郑州市与中央企业合作工作方案的通知》，市国资委向市管企业下发《2016年郑州与中央企业合作工作方案的通知》，对与央企合作作具体安排部署。郑州市共与中电建路桥集团、中建一局、中建五局、中建七局、中铁十二局、中铁十六局等央企签订20个合作协议，主要涉及装备制造、高科技、新材料、金融、基础设施和物流等行业。20个合作项目累计投资额530.16亿元，比上年的260.8亿元增长100%，名列全省前茅。

【对外开放和招商引资】 一是按照市政府和省国资委关于组织招商工作的要求，市国资委组织国有企业参加第十届中国（河南）国际投资贸易洽谈会，开拓招商途径，落实对接项目，寻求合作商机；充分利用对接活动平台，开展与央企合作的工作交流。二是按照市政府办公厅《关于做好第五届中国（郑州）产业转移系列对接活动客商邀请工作的通知》要求，市国资委邀请10名客商参会，完成市政府下达的邀商任务。

（仇荣军）

【开展提质增效专项活动】 3月25日，国务院召开全国国有企业提质增效工作电视电话会议。按照国务院和省政府统一部署，上半年，郑州市在市管企业中开展提质增效活动，制订工作方案，指导企业优化经营体系，强化成本管控，加强资金管理，做好风险防控，扩大有效投资，全力保持国有经济持续稳定增长。

【国有资产统计分析和市管企业财务预决算】 2月22日，全市国有资产统计暨企业财务决算工作会议召开，部署全市83家单位、37家市管企业有序开展年度国有资产统计和财务决算审计，实现县（市）区、部门和市管企业统计数据的全口径报送。同时进一步规范决算审计事务所选聘行为，对郑州银行、白鸽集团、市建投等企业选聘审计中介机构，做好相关资料的审核和备案工作。经统计，至2015年年底，市管企业资产总额5162.48亿元，同比增长26.83%；所有者权益1335.84亿元，同比增长18.42%。

【市管企业目标管理】 为全面掌握并准确评价市管企业上一年度党委抓党建、经营业绩、平安建设等工作开展情况，市国资委组成5个考核组，严格按照程序对市管企业进行现场考核。对企业经营业绩进行科学测算，委领导、各目标管理责任处室、监事会对各市管企业责任目标完成情况进行综合评议，根据评分情况，评出郑州银行等12家年度目标管理先进单位。结合市管企业上一年度的目标执行情况，在广泛征求意见的基础上，市国资委进一步完善目标体系，印发明确2016年度目标管理责任。

【市管企业负责人经营业绩考核】 依据经审计的年度财务决算数据和企业年度工作总结，按照业绩考核体系对各市管企业经营业绩完成情况进行测算。签订经营目标责任书的28家企业考核等级A级5家，B级16家，C级及以下7家，较好完成业绩目标，实现国有经济平稳健康运行。对2015年度市管企业负责人经营业绩考核情况进行通报，在与企业充分沟通的基础上，确定2016年度业绩考核目标值。

【财务动态监测】 在强调报送数据时效性的基础上，特别对上报数据的准确性提出要求。8月，组织召开企业座谈会，要求季度末数据两次报送。通过数据充分挖掘信息价值，及时掌握和分析市管企业生产经营状况和财务状况，反映经营中存在的问题。2016年，44户市管企业资产总额6865.9亿元，同比增长26.9%。实现营业收入308.29亿元，同比增长9.4%；利润总额52.98亿元，同比减少3.9%；上缴税金27.35亿元，同比增加9.1%；8家投融资公司实现融资223.349亿元。

（陈云仲）

【国有资本经营预算与企业负责人薪酬管理】 2016年度国有资本经营预算收入33919.6万元，实际完成收缴入库44967.3万元，为预算的132.6%，较上一年度增长85.2%。实施2015年度企业负责人年薪测算等，开展企业薪酬状况调查摸底，完成郑州农业担保股份有限公司工资制度的审核备案。指导企业建立年金制度，共有4家市管企业建立年金制度，参加企业年金计划共计5111人。对市管企业农民工使用情况开展摸底调查，涉及10户市管企业，95个在建项目，农民工用工22065人，未出现拖欠农民工工资情况。

【政府专项工作】（1）“双节”补助工作。完成2016年市属困难企业“双节”补助工作，涉及困难职工5013名，补助金额280.73万元。（2）专项补贴（原地区差）工作。完成2016年度市属国有、集体困难企业退休人员专项补贴工作，涉及市属企业83138名退休职工、财政补贴4988.28万元。（3）落实企业职教幼教退休教师待遇工作。按时完成2016年度郑州市国有企业职教幼教退休教师生活补贴工作，涉及退休教师1270人，预算资金总额921.99万元并及时发放到位。（4）破产（困难）企业退休人员医保统筹工作。配合完成对2016年度市属国有破产（困难）企业退休人员基本医保统筹的联合审核报批工作，128户企业、11家经办机构共计48756名退休人员享受到财政补贴21111.37万元。完成2017年度122户申报企业的联合审核工作。配合市老干部局完成市属困难企业离休干部医保统筹审核工作，涉及134户市属困难企业，865名离休干部，医保统筹资金1038万元。

（张　晟）

【公共资源交易平台建设】按照市委办公厅、市政府办公厅《关于印发〈郑州市公共资源交易平台建设实施方案〉的通知》有关精神和《郑州市公共资源交易平台建设实施方案》工作要求，由市国资委与市公管办牵头负责协调拟划入单位的专项审计等相关工作，市国资委多次与市公管办和市审计局联系沟通情况，协商确定每家拟划入单位分别派驻审计小组同时开展工作。在市国资委、市审计局合力推进及各拟划入单位主管部门的密切配合下，分别对郑州市建筑工程交易中心、郑州市政府采购中心、郑州市国土资源交易中心、郑州市产权交易市场、郑州市药品器械采购服务管理办公室等5家拟划入单位资产出具审计报告和审核情况说明，按照市委、市政府要求的时间节点完成工作任务。

【深化医疗卫生行业体制改革】一是做好深圳平乐骨伤科医院转企改制工作。市政府会议纪要明确由市国资委牵头，负责医院的资产评估工作。市国资委多次与有关部门共同商议医院的清产核资、审计评估等方面的具体事宜，协调推进工作有序开展。评估报告已出具，待市政府明确改制方向后，将严格按照国有资产处置程序规范进行。二是对郑州市第二人民医院和郑州市卫生学校医教合作中涉及的国有资产处置提出意见建议。三是参与郑州第三人民医院引进战略合作者，开展医疗机构混合所有制改革，对双方的合作形式、合作范围、组织架构以及国有资产的处置方式提出工作意见，并按照市政府有关要求依法依规开展工作。

【行政事业单位国有资产监管】一是按照市政府要求，对郑州商贸技工学院和郑州市技师学校整合工作提出资产管理意见。二是参与广州广电集团重组郑州市保安服务公司金融服务业务的洽谈，对重组中的国有资产处置原则提出意见建议。三是做好郑州中原网络传媒有限公司增资扩股及股份制改造等相关事项。四是参与郑州东区新闻大厦资产处置工作，协商确定按资产置换的原则进行。

（赵　雷）

【产权管理】一是完成15家国有企业产权登记,其中,占有登记2家，变动登记10家，注销登记3家，认缴资本合计94.3亿元,实缴资本合计90.5亿元，实缴国家资本合计38.67亿元，实缴国有资本合计42.83亿元。二是完成国有资产评估项目备案15项，评估价值6.63亿元，评估增值2.53亿元。三是完成中信中原实业有限公司国有股权转让、中原网增资等事项，进场交易率达100%。四是为贯彻落实深化国企改革的总体要求，学习执行《企业国有资产交易监督管理办法》（国务院国资委、财政部令第32号令），组织县（市）区国资监管机构和市管企业举办郑州市国资系统产权管理业务培训班。

（安　培　辛靖杰）

【二砂文创广场项目建设】市政府印发二砂文创广场项目建设会议纪要，对项目整体运作中华山路78号院房产、土地过户路径进行明确，启动过户工作；河南国创文化发展有限公司出资收购3家资产管理公司股东所持白鸽集团56.87%的股权，与华融公司签订《股权收购协议》，并办理工商变更，与信达公司、东方公司签订股权收购框架协议。协调对接项目园区清租、控规调整、业态产业规划等事项，为二砂文创广场建设打下基础。按照市长办公会议纪要〔2016〕85号有关要求，该项目移交中原区，由中原区承担该项目的组织实施，具体负责项目产业发展规划、招商引资、协调服务等工作。

【企业重组搬迁项目】金阳电气重新选址征地，完成新厂区建设的前期手续办理及招标工作，所有中标单位均陆续进驻施工现场，建筑工程全面展开，改制中遗留的两个服务公司开始进行职工安置审计。兰博尔开封科技有限公司一期项目建成投产，为盘活老厂区土地、提供搬迁资金支持，老厂区二期土地上1507项房屋建筑物和机器设备等进行拆除和报废，经公开招标拆除完毕，实施土壤修复和环保治理等工作。8月中旬，郑州市国资委与广州无线电集团签订《关于郑州欧丽电子（集团）股份有限公司与广州无线电集团重组的合作框架协议》。9月，市国资委与郑州欧丽集团控股方中国华融资产管理公司河南分公司共同委托中介机构开始审计评估前期工作。

（安　培）

【中原制药厂整体划转协议签订】落实郑州市人民政府市长办公会议纪要〔2015〕69号精神，完成中原制药厂资产状况的摸底，经中原制药厂改制重组工作领导小组办公室与河南省投资集团有限公司就推进划转工作多次对接，双方建立工作机制，明确工作重点，拟订工作方案，并围绕划转协议、职工安置、职工稳定等问题进行多次商谈，最终达成共识，签订整体划转协

市国资系统“两学一做”知识竞赛活动

议，开展移交接收相关工作。

（安　培　陈国平）

【公用事业资产整合】　一是完成公用集团出资人变更为市国资委的相关工作。二是根据市政府会议纪要要求，对中原环保拟发行股份购买污水净化公司所属污水处理资产评估项目予以核准。三是对公用集团协议受让热力公司、污水净化公司所持有的中原环保股份4.47亿股国有股权按照规定向省政府国资委上报请示并转报国务院国资委。此次资产整合后，公用集团集中持有上市公司中原环保4.47亿股，国有股权比例达68.73%，资产增加60亿元，国有股市值得到大幅增长，公用集团和中原环保融资能力均达300亿元。为推进公用集团整体上市打下基础。

【中原网络传媒获批新三板挂牌】　郑州报业集团所属子公司中原网络传媒有限公司通过产权市场公开进行增资扩股，将注册资本从2000万元增资到3000万元，引进河南建业、华谊兄弟等4家在行业内具有一定优势的企业投资者。12月29日，获批同意新三板挂牌。

（辛靖杰）

【谋划市管工业企业改制退出】　根据7月9日市政府常务会议的决策，市国资委分析研判郑州市市管企业的经营现状、改革进展、存在问题，重点对市管国有工业企业进行逐户梳理研究，拟订坚持市场化改革方向，因企制宜、一企一策、突出重点、分类推进的工业企业改革工作思路，逐户敲定13家市管工业企业的改制形式、措施要求和时间节点。

【推进剥离国有企业办社会职能】　郑州市剥离国有企业办社会职能工作涉及驻郑央企、在郑省企和市属企业，数量众多、问题繁杂、工作难度很大。一是印发《郑州市人民政府关于印发驻郑州市中央企业家属区供水供电供暖和物业管理分离移交工作方案的通知》《郑州市人民政府关于印发郑州市关于加快剥离国有企业办社会职能工作方案的通知》。二是成立郑州市驻郑央企家属区“三供一业”分离移交工作领导小组和市剥离国有企业办社会职能工作领导小组，负责全面协调推进三级企业剥离办社会职能工作。三是协调水、电、气接收单位制订具体工作方案，明确分离移交改造标准。四是落实省、市政府安排部署，克服多重困难，强力推进剥离办社会职能工作。18家驻郑央企与接收单位签订分离移交合同，郑州市接收单位与14家在郑省属企业全部签订“三供一业”分离移交协议，市属企业剥离办社会职能工作安排启动。

【现代企业制度建设】　市国资委协调指导郑州市热力总公司对历史遗留问题进行梳理汇总，商讨该公司债权债务处理以及按照现代企业制度组建集团公司的思路，并启动公司制改制程序，6月，就该公司公司制改制立项批复，改制工作进行审计评估。郑州第二面粉厂公司制改制工作经过市国资委多方协调沟通，上半年完成审计评估备案、公司制改制实施方案的批复和公司章程审核，协调推进完善企业法人治理结构工作。

（陈国平）

【国有企业监事会完成新一轮派驻】根据《中华人民共和国公司法》《中华人民共和国企业国有资产法》《企业国有资产监督管理暂行条例》和《国有企业监事会暂行条例》，印发《关于向市管国有企业派出监事会的通知》（郑国资〔2016〕94号），决定向郑州银行股份有限公司等45户市管国有企业派出5个监事会，加强对市管国有企业的监管，确保国有资产保值增值，促进国有企业健康发展。6月28日，市国资委在嵩山饭店召开郑州市国有企业监事会派出工作会议。会议总结2008年以来郑州市国有企业监事会工作，安排全市国有企业监事会派出及轮换工作。

【国有企业监事会完善531规划】　为适应深化国企改革的新要求和国资监管的新形势，进一步坚持和完善市管国有企业外派监事会制度，切实加强和改进监事会工作，充分发挥监事会作用，各国有企业监事会按照市国资委“十三五”时期规划和工作部署，依据有关法律法规、文件规定，重新修订完善各监事会一年工作安排、三年工作行动计划和五年工作规划，重点谋划2017年工作。在工作总体筹划中，由注重短期任务向长远规划转变，检验效果由只重结果向全过程跟踪监督转变，保证监督工作的合法性、监督方式的科学性、计划执行的可行性。

【监事会日常监督进一步规范】　市国资委按照“三项制度、三项工作内容”的“三三”工作思路加强日常监督。督促企业报送财务资料，了解、掌握企业会计报表重要项目增减变动及重大异常变化，及时发现异常情况，提示经营风险；列席企业重要会议，了解企业拟进行的重要事项及当期发生的重大事项进展状况，监督企业关于重大事项的决策程序是否合规。三项制度：一是建立联系制度，二是建立日常监督定期巡检制度，三是建立监督情况报告制度；三项工作内容：一是列席企业重要会议，二是定期了解企业经营、资产、财务等状况，三是及时了解企业重要事项。

【市国资系统监事会工作培训】　12月1—2日，举办市国资系统监事会工作培训班，共140余人参加培训。培训班聘请国内著名监事会业务培训专家、中央财经大学会计学院客座研究生导师叶祥训主讲。培训主题是《监事会监督检查工作实务》，包括：现代企业制度与监事制度原理、公司监事的一般规定、监事监督检查工作基本流程要点、监事会工作要适应转型时期的要求等四个方面的内容。

（卢　伟）

【法治建设】　一是开展国资系统“七五”普法宣传。制订《市国资委机关领导干部学法计划》，拟订《郑州市人民政府国有资产监督管理委员会关于完善市管企业学法用法制度的通知》。收集整理所监管企业及各县（市）区国资监管机构“六五”普法和依法治理工作总结，并组成检查验收小组对部分市管企业和县（市）区国资监管机构进行检查验收。市国资委被评为中共郑州市委、郑州市人民政府“六五”法治宣传教育和依法治理工作先进集体。二是坚持依法治企。拟订《郑州市国资系统2016年普法依法治理工作要点》，制订《郑州市市管企业章程管理暂行办法》《国有独资公司章程范本》和《国有资本控股公司章程指引》。收集整理五个方面的“惩治侵权假冒”法治宣传资料，组织各市管企业参加法律知识竞赛，组织机关全体工作人员和市管企业法律顾问参加法律培训。指导市管企业进一步完善规章制度，建立健全法治机构，严格落实法律意见书和涉讼案件备案制度，依法制订、参与制订市管企业章程。

（张　珂）

【干部监督管理】　市国资委印发《关于限期清理机关借调人员有关事宜的通知》，规范机关借调人员工作流程，使机关借调工作走向规范化、制度化；严格干部出国境管理和审批程序，全年共办理机关和企业干部因公出国（境）业务7次，因私出国（境）业务18人次。申报2016年度市管企业因公出国（境）培训项目计划17项；及时办理撤销特殊人员信息报备手续11人次；制订年度考核办法，按照考核比例申报、民主测评、党委研究、公示等环节，组织实施年度考核工作，按时完成考核结果备案工作。

【人才队伍建设】　按照市委、市政府和人才办的相关要求，市国资委年内推荐市国资系统享受国务院津贴2人、专业技术拔尖人才5人、万名专家服务基层项目1个、郑州市学术技术带头人1人、享受省市政府特殊津贴人员6人。从9月开始，对42家市管企业董事、监事配备情况及246名董事、监事个人信息进行摸底，对于国有企业董事、监事的概况及现状有了整体的把握，为下一步指导企业董事会、监事会换届和出台董事、监事规范性管理办法打下基础。

【人事基础工作】 采集输入网络版编制系统数据，实现和单机版编制系统的同步运行；落实在职人员工资调标、“预增发”，办理工资晋级晋档、岗位晋升或专业技术等级变化人员的工资变动以及特岗津贴的增减手续等；采集、录入河南省公务员管理信息系统数据，做到人员备案信息和电子备案档案全部一一对应。组织2016年公务员遴选资格确认、考察等各项工作，并按要求完成2016年度公务员统计和首次社保年检工作。根据机关事业单位养老制度改革工作的要求，及时采集、上报112人养老信息数据。

（毛远鹏）

【思想政治建设】 一是印发《郑州市国资委党委2016年企业党建宣传工作要点》，确定“固本强基 忠诚担当”的党建工作主题。二是印发《郑州市国资委党委中心组2016年度理论学习专题安排意见》，规范企业党委中心组学习内容，健全完善各项学习制度。三是大力弘扬社会主义核心价值观，热力总公司被推荐申报河南省社会主义核心价值观建设示范点。在市管企业大力开展文明经营活动，全面提升市管企业文明经营和诚信守法形象。郑州国企文化艺术协会举办各种会员活动，进一步增强企业党组织的凝聚力和向心力。

【“两学一做”学习教育】 一是召开郑州市国资系统“两学一做”学习教育工作会议，印发《关于在市管企业党员中开展“两学一做”学习教育实施方案》，对市管企业开展“两学一做”学习教育进行动员部署。二是举办国资系统“两学一做”学习教育知识竞赛，各市管企业组建25支代表队参加选拔赛，10支代表队进入决赛，自来水公司代表队、热力总公司代表队获得一等奖；自来水公司、热力总公司代表国资系统参加全市“两学一做”学习教育知识竞赛，自来水公司代表队获得三等奖。三是在市管企业全体党员及入党积极分子中开展“抄写党章，学思践悟”活动，统一定制印发《党章》学习笔记，发至系统17000余名党员手中。四是举办国资系统“两学一做”学习教育优秀作品展，共整理展出优秀学习笔记531本、征文20篇、感悟短语186条、心得体会42篇，展出企业“两学一做”学习教育展板26块；公交总公司在全市“两学一做”学习教育推进会上作典型交流发言。五是召开国资系统庆祝中国共产党成立95周年大会，对32个先进基层党组织、42名优秀共产党员、38名优秀党务工作者进行表彰。

【党员队伍建设】 一是推进企业基层党校建设。有8家企业对照标准和要求建立起基层党校，并按要求开展党员教育培训工作。二是加强党员教育培训。各企业建立健全学习培训档案，集中开展各种形式的党性教育158场次，受教育11580人次。三是开展向共产党员发送“政治生日”电子贺信活动，为14009名党员建立“政治生日”台账，共发送电子贺信1662条。四是组织国资系统干部职工参加“网上重走长征路”竞赛活动，32000余名干部职工通过徒步走接受红色教育。五是开展多种形式的“党员·法制·发展”主题党课、微党课等活动。国资系统各级基层党组织共讲党课724场次，参加党课学习教育33万余人次。公交总公司和热力总公司推荐选手组成市国资委代表队，参加市委宣传部举办的“党员·法制·发展”微型党课比赛获得三等奖；六是加强党务干部队伍建设。在苏州大学和遵义干部学院举办企业党务干部培训班和基层党组织书记培训班，分别对58名基层党务干部和87名支部书记进行集中培训。

市国资系统庆祝中国共产党成立95周年大会召开

【基层组织建设】 一是抓好基层党组织集中换届工作。全面推动市管企业基层党组织换届工作，有针对性地督促指导7个市管企业党委进行集中换届。截至11月底，应换届的342个基层党组织完成换届326个。二是规范企业党组织设置。结合党组织换届工作，根据企业实际和生产发展需要，对企业一级党组织党员人数较少的4个企业党组织设置进行调整和规范。三是开展党员组织关系集中排查。各企业党组织严格按照“五核查”要求，逐人逐档开展党员档案核档工作和失联党员查找工作，经查找取得联系的778名失联党员纳入组织管理769人，给予组织处置8人，待调查处理1人。四是严格党费补缴收缴工作。召集各企业分管党务工作的领导、党务部门负责人召开专题会议，安排企业对2008年4月以来党费收缴工作全面自查，并纳入企业“两学一做”学习教育问题整改清单，统一印制《党费证》发至国资系统每一名党员。

【困难党员走访慰问活动】 在“双节”和“七一”期间开展困难党员和老党员走访慰问活动。委党委组织慰问企业困难党员75人，下拨党费15万元安排企业深入开展走访慰问活动。

（文 锋）

【廉政建设】 制订党委主体责任清单，做到具体化、明晰化。委党委书记、主任与领导班子成员签订党风廉政建设责任书；领导班子成员与各分管处室签订党风廉政建设责任书。在落实党委主体责任的同时，落实好纪委的监督责任。大力加强对市管企业党风廉政建设的监督检查，发现问题，及时纠正；按照市国资委对企业年度党风廉政考核情况，对盐业公司、轨道公司负责人进行提醒谈话。

进一步深入学习《中国共产党廉洁自律准则》《中国共产党纪律处分条例》等党纪党规的内容，形成政治纪律教育常态化；组织观看《人间正道》等警示教育专题片、选择身边的典型案件进行通报，增强教育的感染力和震撼力；把握时机，坚持早打招呼，提醒在前，施教于先，最大限度地减少和预防违纪现象的发生。

【严防“四风”反弹】 落实好中央巡视组反馈意见“回头看”的有关要求，在市管国有企业中组织开展贯彻落实中央八项规定精神自查整改活动。狠抓中秋、元旦、春节等关键节点，持续开展监督检查，防止“四风”反弹。组织委机关和市管企业共3668名党员领导干部签订不出入隐蔽场所违规吃喝承诺书。

纠正和处理2起违反中央八项规定，违规进入隐蔽会所的问题。

【监督管理和案件查办】 规范完善问题线索管理工作，按要求完成问题线索处置和报送。按时上报党风政风监督工作数据。开展集中清理身份证、出国（境）证件暨排查失联人员专项活动，共排查人员38029人。开展领导干部违规在学会协会等社团组织兼职取酬专项治理，共2601人进行自查自纠登记。全年多次参与企业招标监督，查处7起招标投诉案件。加大对群众反映的企业违规违纪问题的调查力度，共接受上级转办投诉19件，接待群众来访投诉近百人次，接收来信投诉15件，对违纪线索进行初核，其中两起经市国资委初步调查，发现线索、固定证据后移交市纪委、市检察院深入查办。

（杨占波）

【平安国资创建】 坚持把平安建设摆在国资监管、国企发展的重要位置，与市管企业签订目标责任书。完善组织机构，明确创建标准，加大投入，落实激励机制，指导企业持续开展“细胞工程”创建活动。将目标管理机制引入到平安企业创建活动中，确保有人干事、有钱做事、有权办成事。坚持依托高校、邀请相关专家和上级业务部门领导，对国资系统平安建设从业人员进行业务培训，提升各级抓好平安建设工作的能力素质。广泛宣传平安创建工作，有效提升干部职工对平安国资、平安郑州创建的知晓率和参与度。坚持抓经常与抓重点相结合，以重点工作的突破促进整体任务的完成。充分发挥企业综治工作站和网格管理平台作用，突出重要时段、重要领域、重点对象，坚持抓早抓小，增强工作的主动性、及时性和有效性。坚持典型引路，以点带面，国资系统行业创建呈现出你追我赶、持续求进的良好局面。

【信访稳定工作】 贯彻落实国家、省、市信访稳定会议精神，以开展信访积案集中攻坚活动为契机，坚持以群众工作为统揽，坚持关口前移，源头预防，持续开展领导干部大接访，扎实开展矛盾纠纷排查化解，积极开展社会稳定风险评估，畅通信访渠道，加强信访干部教育培训，提升能力素质，全力化解信访积案，最大限度地减少赴京、到省、市集体上访和非正常上访。全年开展矛盾纠纷排查12次，化解各类矛盾纠纷250余起。接待人民群众来访80起430余人次，其中个访60起82人次；集访20起共348余人次。收到上级交办件、网上信访共计18件，均按有关办理程序转办、督办和回复，按期办结率100%；多次协助有关部门到省委、省政府、省信访局、市委、市政府处理突发事件。

【安全生产管理】 贯彻落实上级安全生产电视电话会议精神，深入学习习近平总书记关于安全生产的一系列重要论述，履行“党政同责、一岗双责”和“三管三必须”要求，开展“安全生产综合整治百日行动”和“懒政怠政，为官不为”专项治理活动，督促企业落实主体责任，深入企业重点部位、重要场所开展专项检查，健全安全生产大检查落实机制；突出“强化安全发展观念，提升全民安全素质”宣传主题，参加绿城广场咨询日活动，现场发放资料3800余份，组织系统5000余人参加第八届“安全河南杯”安全生产知识竞赛，市国资系统坚守安全红线、推动安全发展的共识得到进一步凝聚。

（吴克奇）

食品药品监督管理

【概况】 截至2016年，郑州市共有食品生产企业862家，食品添加剂生产企业86家，保健食品生产企业19家,食品经营企业34239家，餐饮服务单位24238家；药品生产企业36家，药品批发企业75家，药品零售企业3178家，连锁总部52家，医疗机构3800家；医疗器械生产企业225家，医疗器械经营企业4483家；化妆品生产企业29家，化妆品经营使用单位1381家。

2016年，全市食品药品监督管理部门深入贯彻习近平总书记“四个最严”要求，落实“四有两责”，紧紧围绕“人民群众饮食用药安全”工作中心，开展作风建设年活动，坚持抓改革、打基础、强监管、守底线，全市食品药品安全形势稳定向好。市食品药品监督管理局连续获得省级文明单位和郑州市依法行政先进单位、目标考核先进单位、先进基层党组织等荣誉称号。

【机构改革】 2016年，郑州市食品药品监督管理局持续推动监管体制改革。完成4个开发区食品药品监管体制调整工作，明确了属地管理责任，共移交人员64 名。建立完善市食品药品监督管理局编制台账，向市编办上报了行政人员台账，并对局系统机构改革完成情况进行自查自评，形成自评报告。录入机构及人员信息294人次，建立工资基金台账，完成第一批182名划转人员录入计划库工作。

【基层建设】 2016年，郑州市食品药品监督管理局加强基础建设。推动基层食品药品监管机构规范化建设，向市政府汇报，以市政府名义下发方案，争取市、县两级奖补资金共6291万元，召开工作推进会，将郑东新区、新郑市设为建设试点，下站点督导249家次。截至年底，全市186个站所通过验收。市食品安全检验检测能力建设项目通过审评，获批项目资金870万元，用于食品检测仪器设备采购。新郑市投入3300万元，建设7630平方米的区域性食品检验检测中心，建成后可正常开展县（市）级区域性食品安全监测工作，以及承担省级食品安全监测任务。

【国家食品安全示范城市创建】 2016年，郑州市全面启动国家食品安全示范城市创建工作。自国务院食安办批复郑州市为创建试点城市以来，积极筹备，高位推动，3次征集35个相关单位和部门意见，两次向省食安办、省食品药品监督管理局领导汇报创建工作，多次外出考察学习。创建方案经市政府常务会审议通过，高规格召开动员部署会，提出以完善五大治理体系、推进十大保障工程、开展五类突出问题专项整治为主体的创建目标任务。9月，完成省级食

1月21日，局长周铭带队检查“两会”驻地食品安全保障准备工作

品安全示范县（市）区创建初审工作，4个县（市）区初审结果按要求上报省食安办。

发挥食安办牵头抓总和综合协调作用，推进市委、市政府关于食品安全工作的决策部署落实，制订下发年度食品监管工作要点。协同食安委相关成员单位开展双节、农村、肉类等专项整治8次，组织开展年度食品安全绩效考核工作并进行总结表彰。省、市两级人大常委会对郑州市《中华人民共和国食品安全法》实施情况进行执法检查，市政协第五次双月协商座谈会就加强全市食品药品安全监管工作进行专题协商，均对全市食品药品监管工作给予肯定。

【食品生产监管】 2016年，郑州市食品药品监督管理局严格督促食品生产企业落实质量安全主体责任，与市公安局联合发放《食品守法生产加工告知书》1000套，与15家大型企业进行风险防控工作座谈，对全市1149名企业食品安全管理人员进行抽查考核。推进食用植物油溯源体系建设。强化规范化监管，加强业务培训，完善不安全（问题）食品核查处置程序，以“三个统一”标准印发规范化日常检查文书1500余套。全年检查企业2172家次，发现违法违规行为351项，下达责令整改通知书293份，核查处置72家监督抽检不合格企业。

【食品流通监管】 2016年，郑州市食品药品监督管理局以大市场、高风险单位为重点，与信基调味品城、丹尼斯等15家大型批发市场、商超逐一座谈，对企业进行法规宣传，督促企业完善规范风险防控机制。认真落实食品安全员制度，开发、设计手机App学习培训考核软件，并在全市范围逐步推广。以百顺农贸市场为试点，开展“文明经营”主题实践活动，规范市场经营行为，取得良好效果。在河南最大的农贸批发市场—位于中牟的河南万邦农产品批发市场推进可追溯体系试点，并粗具雏形。强化日常检查，全年检查食品经营户8.2万户次（覆盖率200%），责令整改问题7246个，食品经营市场得到进一步规范。

【餐饮服务监管】 2016年，郑州市在餐饮服务监管中推动互联网+明厨亮灶工程，在800家大中型餐饮企业和学校食堂建设透明厨房，投入资金近520万元。截至年底，全市1621家餐饮企业开展明厨亮灶工程。由市食安办、市教育局和市食品药品监管局联合发文，在全市学校食堂推行“源本生鲜”系统，实现学校食堂所有食材扫码可追溯。10月，国家食品药品监管总局在郑州市召开餐饮服务食品安全明厨亮灶工作座谈会，充分肯定郑州市工作。加强网购食品和网络订餐检查，相继约谈百度外卖、美团外卖、口碑网、饿了么等网络订餐平台，网络订餐平台进一步规范。全年共检查餐饮单位约5.7万家（次），下达《监督意见书》3750份，责令整改1890家，检查覆盖率100%，量化等级评定率100%。完成省、市、区三级“两会”、国际旅游城市市长论坛等各种重大活动餐饮服务食品安全保障60多次，保障人数近60万人，保障规模和规格有大幅提高。

【药品化妆品生产监管】 2016年，郑州市药品化妆品生产监管以质量安全为中心，坚持问题导向和风险防控理念，扎实做好日常监管、专项检查、监督抽验、宣传培训4项工作。全年共完成药品生产、医疗机构制剂配制、化妆品生产监督检查共132家次，覆盖率达100%；完成企业增加生产范围、GMP现场初审等核查工作66家次；对260家720个产品化妆品委托生产企业进行网上审核备案。

【药品化妆品流通监管】 2016年，郑州市药品流通监管以规范流通秩序为重点，开展药品流通领域专项整治，加大对高风险药品的监管，加强基本药物流通环节质量监管。开展互联网药品信息服务和交易服务检查、化妆品经营企业专项检查等。全年共飞行检查17家药品批发企业、275家零售企业。日常检查药品经营企业6726家次，基层医疗机构监督检查覆盖率达到100%，责令整改209家、警告84家、行政约谈17家。市食品药品监督管理局被郑州市地方病防治领导小组表彰为先进集体。药品进口口岸建设工作稳步推进。

【医疗器械监管】 2016年，郑州市医疗器械监管围绕4个监管理念（紧盯目标全面监管、问题导向重点监管、丰富活动促进监管、指导督导推进监管），深入开展“三学三提升”“五整五保”“三联三加强”活动。按照医疗器械分类分级监管要求，全年共检查生产企业232家次、分类分级检查经营企业3377家、使用单位628家，下达责令整改通知书214份，发现移交违法违规线索69条，在市食品药品监督管理局网站公示未按时上报自查企业736家，注销医疗器械经营企业52家，标注和公示不符合相关规定的医疗器械经营备案企业5家。

【食品药品抽样】 2016年，郑州市食品药品抽样批次大幅增加。全年共完成大宗食品抽检7期11700批次抽检任务，合格率为98%。食品监督抽检完成5250批次，超过省食品药品监督管理局要求450批次。快速检测食品样品8000份，比上年同期增加1300份。药品、化妆品抽验1183批次，超过省食品药品监督管理局要求14批次。医疗器械抽验75批次，比上年增长17%。其中，郑州市惠济区某养蜂专业合作社生产兽药残留超过食品安全标准限量的食品案，入选国家食品药品监督管理总局《2016年食品安全抽检检测核查处置典型案例选编》。

【食品药品检验】 2016年，郑州市以“科学检验，为保障食药安全提供技术支撑”为主线，紧紧围绕全年工作目标，充分利用技术、人才和仪器设备优势，扎实开展食品药品检验工作。全年共完成检验5367批次，其中食品4240批次、药品1127批次，检验总量是2015年的9.3倍。

【不良反应监测】 2016年，市监测中心各项监测数据指标均好于省食品药品监督管理局年度目标。全年共审核提交ADR报告4960份、NDR报告647份，提交ACR报告191份。新增8家化妆品不良

6月2日，省、市联合督查高考考点周边餐饮安全

反应哨点医院，全市哨点医院总数达到11家。

【食品药品稽查】 2016年，郑州市食品药品稽查专项整治行动突出重点，围绕行业“潜规则”、非法添加等群众关心关注的热点敏感问题，以“正视问题、发现问题、解决问题”的问题导向思维，先后组织“双节期间食品安全专项整治”等“四品一械”专项治理行动60余次，出动执法人员10万余人次、车辆6万多台次，检查食品药品经营单位15万余家次，下达整改文书1万余份。全市共办理各类案件1132件，累计罚没912.3万元，移交公安机关37起，公安机关立案23起，刑拘29人。组建市食品药品监督管理局投诉举报中心，畅通投诉举报渠道，完善转办、交办、协查机制。全年市本级受理举报投诉6100件，核实5775件，立案192件。加强行刑衔接，在新密试点一所一警案件查办机制，成效显著，案件办结率和移送率均有明显提高。2016年4月，山东疫苗案件是国务院督办的大案，针对在郑州涉及人员和单位多、社会影响大等特点，组织精干力量成立专案组，重点突破，全力攻坚。郑州市涉案的33名犯罪嫌疑人全部落网，对2家涉案的药品经营企业报请吊销相关经营证件。

6月13日，全省暨省会郑州食品安全周启动

【行政审批】 2016年，郑州市食品药品监督管理局推动行政审批大厅标准化、规范性建设，投入资金10余万元，在办事大厅安置叫号服务系统，实行朝九晚五、延时服务、预约服务和一站式服务方便群众。简化办事程序，通过网上稽查平台将前期需要提供的纸质无违规证明，改为直接稽查平台查询调取。全年全市办理食品经营许可证（食品销售类）1.46万件。市本级全年行政审批项目办结6825件，比上年同期多办理2406件，工作量增加54%，工作效率大幅提高。

【依法行政】 2016年，全市食品药品监督管理部门坚持依法行政、为民执法，开展服务型执法试点建设，新郑市食品药品监督管理局被确定为省食品药品监管系统服务型行政执法示范点，郑东新区分局被确定为市食品药品监督管理局服务型行政执法示范点。深入开展“七五”普法活动，全年组织法治宣传进机关、进校园、进企业、进社区、进农村活动12次。人大、政协提案按时办结率和满意率均达到100%。

【应急管理】 2016年，市食品药品监督管理局贯彻全员应急理念，应急工作领导、应急队伍建设和信息监测处理机制进一步完善。制订《食品药品安全事件防范应对规程（试行）》《药品安全突发事件应急预案（试行）》等一系列制度、文件，完成应急指挥视频会商分会场建设及系统调试接入工作，处置舆情事件19件，调查澄清3起疑似食物中毒信息。加强预案演练，在市食品药品监督管理局的示范带动下，中原区、二七区、管城区、惠济区、登封市、中牟县等6个县（市）区先后开展了应急演练。通过演练，进一步理顺工作关系，规范处置程序，提升信息报告、应急响应、现场处置等应急核心能力。

10月12日，全省暨省会郑州安全用药月启动

【社会共治】 2016年，市食品药品监督管理局坚持以宣传教育培训等手段，推动社会共治模式完善。加强从业人员培训，开办培训班80期，培训企业的食品安全员、安全师1.6万人次。加大科普宣传、法规宣传力度，开展食品安全宣传周、药品安全宣传月、食药安全“六进”活动。同中原网签订协议，制作“食药在线”专栏，并建立中原网驻局记者站。举办《中华人民共和国食品安全法》、新版《药典》电视竞赛等一系列活动，投入资金130余万元在地铁、公交站台、郑州电视台开展公益广告宣传，邀请监察员、政风行风监督员开展食药安全专项执法监察行动，营造食品药品安全社会共治良好氛围。做好信息化建设工作，对市食品药品监督管理局原有网站栏目结构作进一步修改，完成门户网站迁移。全年被市级以上媒体报道177篇，其中《河南日报》以半个版面的篇幅报道郑州市食品安全监管工作做法。

【产业发展】 2016年，市食品药品监督管理局服务全市中心工作，综合运用监管政策和技术手段，加快全市食品医药产业结构调整和发展方式转变。2016年，全市规模以上食品生产工业增加值440.73亿元。食品产量853.06万吨，比上年提升12%；生物及医药产业工业增加值36.28亿元，比上年提升2.2%；餐饮业零售总额460.03亿元，比上年增长

14%。列入全市批发企业前十名的食品药品批发企业有4家，销售总收入872.7亿元，比上年增长45%。

（廖真强）

民营经济管理

【概况】 2016年，全市非公有制经济完成增加值5810亿元，同比增长9.2%，约占全市GDP的73%；累计完成税收438亿元，同比增长14.3%；民间投资完成4479亿元，较上年下降0.7%；社会消费品零售额完成2560亿元，同比增长12.1%。中小企业总数9.3万家左右，从业人员162万人。中小企业、非公有制经济保持总体平稳、稳中有新、稳中有进、进中提质的良好发展态势。

中小企业经济总量实现平稳较快增长。2016年，郑州市中小企业完成增加值5280亿元，同比增长9.2%，较上年同期下降0.9个百分点，高出全市GDP增速0.7个百分点，高出全省GDP增速1.2个百分点，约占全市GDP 66.5%比重。其中，第二产业完成增加值2510亿元，同比增长7.2%，第三产业完成增加值2670亿元，同比增长11.7%。郑州市中小企业经济总量增速虽然下滑，但增速仍然保持向上平稳增长的发展态势，是推进供给侧改革、实现“调结构、促转型、保增长”的重要力量。

规模以上工业增速平稳增长。2016年，郑州市规模以上工业的中小企业完成增加值1920亿元，同比增长7.6%，较三季度增长0.2个百分点，较上年同期下降2.6个百分点，占全市规模以上工业增加值总量的60.5%，其中，中型企业完成846亿元，同比增长4.1%，小型企业完成1074亿元，同比增长12.3%。

民间投资总量与上年基本持平。2016年，郑州市民间投资完成4479亿元，占全市城镇固定资产投资总额的64.1%，投资总量与上年基本持平。

中小企业税收贡献突出。2016年，全市中小企业累计完成税收438亿元，同比增长14.3%，占全市税收总额的60%，税收总量和增速保持快速增长，对全市税收贡献突出。增长主要原因是供给侧改革的深入进行、国家实施营改增政策及企业整体经济效益的逐步回升等因素的影响。同时，受营改增等税费减免政策的影响，中小企业特别是小微企业税收负担进一步减轻，有助于企业自身发展，为下步经济增长积聚动力。

消费品市场保持旺盛发展。2016年，郑州市中小企业累计完成消费品零售额2560亿元，同比增长12.1%，占全市社会消费品零售总额的70%，继续保持良好发展态势。其中，批发业完成275亿元，零售业完成1780亿元，住宿业完成27亿元，餐饮业完成478亿元。

【行业运行监测】 2016年，市中小企业服务局先后深入新郑、荥阳、中牟、新密等有关县（市）区和开发区企业一线，详细了解县（市）区主管部门及有关企业运行情况及存在的主要问题，多次召开企业座谈会，准确把握不同行业现状，研究提出解决办法和措施。逐月统计各县（市）区中小企业发展各项指标进展情况，每季度召开运行分析会，对运行中出现的新问题和新情况进行梳理，科学分析发展趋势，对中小微企业健康发展提出可行性建议，为市政府决策提供参考。

【中小微企业政策扶持】 2016年，市中小企业服务局成立专门研究小组，先后到深圳、重庆、成都考察调研，借鉴外省、市促进中小企业发展的先进经验和有效措施，围绕鼓励小微企业创业创新、转型升级、降低成本和加大金融支持、拓宽融资渠道、健全服务体系、提升企业素质等方面，研究起草了《关于扶持小微企业加快发展的意见》，经过广泛征求意见和多次修改完善，市政府于8月30日以郑政〔2016〕28号文件予以印发，为促进郑州市小微企业更好更快发展提供有力的政策支持。

产业项目对接活动

【中小企业对外交流】 6月，市中小企业服务局组织郑州市中小企业参加由民建中央、工信部和河南省政府主办的2016年中国（河南）非公有制经济发展论坛，活动期间全市共组织上报签约项目29个，总金额710亿元，位居全省首位。同时举办论坛代表团来郑参观考察、郑州产业和项目对接、投资合作项目推介会等活动，在郑州产业项目推介会上集中推介郑州市中小企业项目398个，总金额2954亿元。7月和10月，先后组织郑州市中小企业参加在深圳举办的第九届APEC中小企业技术交流暨展览会以及在广州举办的第十三届中国国际中小企业博览会，郑州市参展企业数量和参展产品质量居全省第一，郑州市和有关参展企业获得省工信委表彰。

【中小企业公共服务平台建设】 2016年，市中小企业服务局将推动中小企业公共服务平台建设作为促进中小微企业发展的重要抓手，在“培育、包装、提升、争创”上作文章。4月，推荐市级中小企业公共服务平台申报参评省级示范平台，河南优孵企业孵化器有限公司等14家企业被命名为省级中小企业公共服务示范平台。全市中小企业公共服务示范平台总数达到64家，其中，省级示范平台29家，市级平台35家。继续加强对郑州窗口平台的指导工作，全年窗口平台共为1500家企业提供咨询服务，组织开展对接与培训活动10次，服务企业1000多家。截至2016年年底，全市64家中小企业公共服务平台共服务中小微企业16000余家，累计开展各类服务活动近400场次。

【人才培训】 一是举办郑州市中小企业公共服务创业创新培训班，对全市中小企业公共服务平台、小企业创业基地、重点企业和县（市）区主管部门负责人共100人进行封闭式培训，组织学习《互联网+企业转型升级》《资本运作与股权管控》等课程，通过企业家对话，展开思想碰撞，答疑解惑，取得较好的培训效果。二是扎实开展专家服务日活动，引领中小微企业尽快适应当前经济复杂发展环境的新常态，8月18日，举办主题为“中小企业如何打造核心竞争优势”专家辅导专场活动，邀请复旦大学管理学博士后、河南省教育厅学术技术带头人、河南财经政法大学企业战略与文化研究所所长、MBA学院教授田奋飞，企业营销管理专家，郑州大学企业研究中心培训主管、河南工程学院市场营销系主任、教授常英2位知名专家，现场指导服务。三是举办平台服务暨专家服务进园区—荥阳行活动，组织郑州市中小企业专家服务团走进中小企业公共服务平台和专业产业集聚区，通过专题讲座、座谈研讨、政策解读、服务对接等形式，帮助企业提高管理能力和创新能力。四是组织44家企业参加第三届全省中小企业与高等院校科研院所产、学、研合作对接活动，签约项目6个。同时，组织17家企业参加2016年河南省中小企业网上百日招聘高校毕业生活动，组织21家企业参加“青春点亮中国梦”河南大学生暑期见习岗位活动。

【中小企业融资管理】 一是充分用好各级财政扶持资金。严格把关，做好省先进制造业专项资金（中小类）评审推荐工作。制订《关于规范专项资金申报评审工作的意见》，组织专家评审委员会对2015年4家以及2016年第一批7家、第二批13家企业平台项目的申报材料进行评审，并将评审意见及时上报省工信委、省财政厅。经过评审，郑州市两家通过评审，占全省的四分之一。二是拓宽融资渠道。收集、汇总、整理全市32家新三板拟挂牌企业材料，并组织拟挂牌企业参加郑州市中小企业新三板上市辅导公益培训系列讲座；为促进中小企业上市融资提供服务。三是开展银企对接活动。按照省工信委《关于印发2016年度全省政银担企对接活动实施方案的通知》要求，征集中小企业贷款项目，及时上报省工信委，参加2016年度全省政银担企对接活动。四是开展中小企业创新创业投融资活动。与省级中小企业公共服务示范平台河南优孵企业孵化器有限公司联合举办郑州市首届中小企业创新创业投融资峰会，收集企业和项目，联系国内外风险投资机构，为中小企业提供面对面交流沟通渠道。五是配合金融办、工商局等部门，参与金融支持小微企业发展和企业信用信息公示监管警示系统信息归集等有关工作。

【宣传工作】 2016年，郑州市中小企业服务局着力加大政策宣传力度，努力营造有利于企业发展的良好氛围。一是与《郑州日报》《郑州晚报》、郑州电视台、郑州电台等主流媒体密切联系，及时通报国家及省、市促进中小企业发展的政策措施，围绕全市中小企业发展各项工作进行大力宣传。二是开通专门的微信公众服务号，全年共发布信息130余条，与中国中小企业郑州网相结合，加强网络宣传，共发布信息400余条，浏览量达4万多人次。三是将郑州市服务中小微企业发展的主要措施进行整理汇编，编印宣传册3000本，以问答、图标或图片等多种形式进行编印，及时发放给广大中小企业，对中小微企业的相关优惠扶持政策进行大力宣传。四是参与郑州市《关于降成本优供给推进实体经济持续健康快速发展的若干意见》等减轻企业负担的各项政策的宣传，营造良好的发展环境。

（耿朝阳）

市场发展工作

【概况】 2016年，郑州市市场发展工作坚持发展第一要务，树立“创新、协调、绿色、开放、共享”发展理念，按照市委、市政府总体工作部署，坚持稳中求进总基调，适应经济发展新常态，突出抓好“两启两提升”四项重点工作，开创全市市场发展工作新局面。

2016年年初，郑州市启动大围合区域市场外迁工作，计划利用3年时间完成绕城高速、黄河大堤、万三公路以内大围合区域商品交易市场外迁和转型提升工作。实施“十三五”时期市场发展布局规划，打造千亿级市场集群。在全市“一区两翼”市场集聚区规划建设基础上进行再拓展，规划到2020年建设“一大一小两个专业市场集聚区”和“一东一西两个专业市场集聚（群）区”，打造4–5家营业面积在1000万平方米左右的大型专业市场。截至2016年年底，规划的12家市场外迁承接地开建总面积1205.3万平方米，建成总面积1046.5万平方米，开业总面积402.6万平方米，完成投资总额近500亿元，入驻商户5万余家。市场资源集聚效益显现，初步形成南部以服装、建材、小商品和食品，东部以建筑、科技、汽车后市场，西部以家具和纺织布匹为主的更加合理的市场业态布局。

【智慧市场建设】 在市场转型升级进程中，郑州市不断探索智慧市场、智慧交易、智慧监管、智慧物流、智慧环境五位一体的智慧商贸新模式。通过学习先进地市成功经验，实施试点推广，引导新建市场集群在资本结构多元化、专业批发规模化、交易手段电子化、经营服务综合化四个方面探索创新，推广电子商务、展示订货、合同交易、配送拍卖等新型交易方式，逐步改变传统单一的“三现”交易模式，打造自己的分销网，实现智慧化安防、导航、监控等功能，建立开放性、智能化、线上线下一体化的商品交易模式。辅助经营户依托大型批发市场互联网平台，构建网上商铺和商品展示、商品信息发布平台，通过互联网完成现货交易与电子商务的互动对接，实现有形市场与无形市场的有机结合。

【农贸市场建设】 按照“加快推进我市公益性农贸市场建设”的相关要求，郑州市出台《郑州市农贸市场设置与管理规范》，明确标准，完善制度，引导各县（市）区、管委会按照“统一标准、分步实施”的原则，在全市范围内开展标准化农贸市场建设、提升改造工作。同时，推进农贸市场建设用地优先、新建小区配建、税费支持、专项引导资金等一揽子政策落地。2016年，郑州市计划新建、提升改造30个新型标准化农贸市场。截至年底，全部完成市定任务。

【市场发展投资公司工作】 2016年，市场发展投资公司子公司新商城与郑州百荣世贸商业管理有限公司强强联合，优化重组，助力市场外迁稳步推进。成立新街巷实业有限公司，全力推进全市农贸市场建设与提升改造专项工作。全年，市场发展投资公司新增授信总额17.9亿元，累积授信总额达到26.7亿元。同时，搭建平台，充分发挥市场协会和市场研究院优势作用，谋划市场发展新高度，以研究院、协会为纽带，搭

开展市场建设和管理工作调研

全市市场发展工作会暨大围合区域市场外迁动员会召开

建郑州市场交流平台。

（周春雅）

统计工作

【概况】 2016年，全市统计系统深入贯彻落实《关于深化统计管理体制改革提高统计数据真实性的意见》，严格执行国家、河南省统计报表制度，充分发挥统计信息、咨询、监督职能，高质量开展国民经济各行业、各领域40余项常规统计调查，完成季度、年度GDP核算及派生性产业核算工作，组织实施1%人口抽样调查、月度劳动力调查、金融业企业、非公有制企业人才资源、“四众”平台企业、环境满意度、居民网购情况、农村消费品市场、成品油价格、体育产业等十多项专项调查，为郑州市经济社会健康发展和党委、政府科学决策提供翔实的统计数据、精准的统计信息和鲜明的统计观点。2016年，在全省24项统计专业业务工作考核中，郑州市19个专业获得优秀等次。郑州市统计局先后获得全市质量工作先进集体、全市新型工业化建设先进单位、郑州市妇女儿童工作先进集体等荣誉称号。

【统计服务】 2016年，全市统计工作融入大战略、服务大战略，加大对经济形势分析力度，深入研判经济预期走势。“万亿俱乐部”路径研究提出的“工业、服务业双轮驱动”观点、为在全省率先全面建成小康社会补齐短板分析建议得到市委、市政府主要领导的认可。针对经济下滑压力加大，提出的“高开低走、增速回落、位次后移”等判断推动市委、市政府出台“三加二”稳增长保态势的政策，确保全年经济增长好于全省。《11个中心城市投资指标对比分析》被郑州市委副书记、市长程志明批示，并要求针对提出的工作建议尽快落实。《郑州市建筑业发展情况调研报告》引起市领导的高度重视，要求各部门积极配合，加强建筑业统计工作。为市委全会、市政府全会和市委、市政府经济形势分析会等整理编印统计资料。部分对全市宏观经济走势的判断在政府工作报告、市领导重要讲话、专项规划、文件中被直接采用。

【统计改革】 2016年，全市统计系统以改革提效能、促发展、求突破。推进“三新”统计，开展新产业、新业态、新商业模式“三新”活动情况摸底，进行众创、众包、众扶、众筹平台企业、城市商业综合体和开发园区“三新”专项调查，及时反映全市新经济发展情况。创新建立绿色发展指标体系和统计方案，《生态文明指标体系研究》获省统计局立项科研课题优秀成果第一名。初步建立《郑州市国家自主创新示范区统计监测评价暂行办法》，为下一步加强科技创新领域的工作奠定基础。深化重点领域改革，完成5000万元以上固定资产投资项目和非金融资产投资数据的采集、评估和联网上报；规范电信集团公司、快递业单位报表数据口径范围；在全省率先开展行政事业、社团及其他单位年度调查，做到服务业全类别全行业统计。

【统计法制】 2016年，全市统计系统着力夯实统计法制基础。印发《2016年行政执法责任制工作方案》《全市2016年统计法制工作要点》《郑州市统计局统计执法随机抽查制度》《郑州市统计局行政处罚裁量阶次制度》等十余个制度文件，细化统计执法行为，列示法律依据，量化处罚标准，加大公开力度，建立长效机制。启动“七五”普法宣传，分层次、有重点地进行法治教育跨级培训2000余人次。结合统计开放日、农业普查，多形式宣传统计法律法规。梳理政府统计监管权责清单，制订行政权责事项运行监管办法，支持配合“五证合一”制度改革，助推简政放权。

深入推进“三公”统计。编印《郑州市“三公”统计实施办法汇编》，建立健全数据采集平台日志监管、统计业务基础工作平时监管、数据质量检查和部门基础数据等记录台账，规范统计行为。设管、法规、监察联合介入专业数据评估流程，对“三公”统计执行情况进行检查督导，确保统计数据标准公开透明、程序公正合理、结果客观公平。

加大统计执法力度。开展“数据造假、以数谋私”专项治理工作，清理违反《中华人民共和国统计法》精神的文件和做法，实施年度统计巡查。2016年，对600余家基层调查单位的统计基础工作、数据质量等情况开展统计执法检查，对存在统计违法行为的单位依法进行立案查处，对问题严重的乡（镇）街道进行约谈，维护统计法的权威。

【统计监测评价】 2016年，郑州市统计局组织实施就业情况、服务业百户领军企业统计监测，全面开展2015年各县（市）、产业集聚区、商务中心区和特色商业区、城市新区监测评价工作，圆满完成郑州航空港经济综合实验区、主要食品价格、妇女儿童及全面建成小康进程监测等工作，为市政府考核县（市）区、评价干部提供参考依据，发挥了统计监测反映发展、评价发展、促进发展的作用。

【统计分析】 2016年，郑州市统计局围绕经济新常态、政策落实红利和党委政府中心工作，及时跟进国家中心城市建设和国际商都建设，聚焦产业转型升级、供给侧结构性改革、E贸易、郑欧班列等新兴领域，撰写分析报告317篇，市领导批示21篇次，被《河南日报》《郑州日报》等主流媒体采用22篇次。《一季度郑州经济实现开门红》《郑州市2015年全省县（市）目标考核位次缘何下滑》得到省委常委、市委书记马懿批示，《全市1–7月主要经济指标初步完成情况》得到市长程志明的批示。《中部六省会城市产业结构分析研究》等获郑州市政府决策优秀研究成果。

【统计基层基础建设】 2016年，通过增编、公开遴选、政府购买服务、调配等形式，全市15个县（市）区增配县、乡两级名录库管理人员108人，选调、招聘第三次全国农业普查指导员、普查员10517人，基层统计力量得到充实。加大统计业务培训力度，按照“三定三有”要求，全年共举办统计业务培训20

9月20日，市统计局举办第七届“中国统计开放日”宣传活动

余次，参训人员840名。实行统计业务工作规范化管理，统计数据采集、审核、查询、汇总、上报等环节全程监控，建立原始记录和统计台账。统计基层基础不断夯实，为统计改革发展打下良好基础。

【统计队伍建设】 2016年，郑州市统计局坚持正确的用人导向，一手抓机关管理，一手抓干部培养。印发《2016年度工作目标考核和个人绩效考核实施方案》，完善周工作日志月通报制度，将日志记录、绩效考核结果与干部日常考评、年度考核、评先评优、干部提拔相结合。组织多层次、多形式的学习培训，举办统计素能提升讲坛、读书分享会、统计沙龙、岗位知识培训，并选派60余名业务骨干开展高端业务培训。季度经济形势分析会实现常态化、制度化，相互交流，共同提升研判经济形势的能力。青年干部迅速成长，多名年轻的统计工作者获全国统计建模大赛一等奖、第三届全国统计优秀从业人员师资课件三等奖及全市公务员岗位练兵标兵荣誉称号。

【农业普查】 2016年，郑州市在第三次全国农业普查工作中高标准部署、按节点推进、开创性工作。顺利完成综合试点和清查摸底任务，针对拆迁村专项试点提出的工作建议，为全省农普工作提供了经验。迅速完成15个县（市）区及开发区、148个乡（镇）街道普查机构的组建，圆满完成“两员”选聘，高质量开展跨级培训，落实经费保障，开展普查督查工作，为普查顺利实施奠定坚实基础。郑州市选送的“农业普查、福到农家”口号在全国农业普查宣传标语评选中获第一名。自主设计的动漫宣传片《农业普查今天到俺家》网络点击量达到32万次。国务院第三次全国农业普查督查组组长、国家统计局副局长李晓超，国务院第三次全国农业普查领导小组办公室副主任张淑英，河南省第三次全国农业普查领导小组副组长、河南省统计局局长王世炎先后莅临郑州调研督导，对郑州市第三次全国农业普查工作给予充分肯定。

【名录库建设】 名录库管理是郑州市2016年5项重点统计工作之一。郑州市统计局上下联动抓好统计入库，加强名录库动态维护，实现无重名重码单位，名录库质量得到提升。按照应入尽入标准，2016年全市新入“四上”单位1502家，比2015年增长27.3%，新增“四上”单位数量居全省第一位。

【统计数据解读发布】 2016年，全市统计系统坚持统计发声，正向引导，全面真实反映郑州市经济发展进程。全年通过省市两级统计信息内网、外网发布信息3300余条，郑州市人民政府网发布116条，郑州市政务服务网发布178条，郑州市统计局官方微博发布184条、微信发布141条；向各级党委、政府“两办”报送信息151篇。改版《郑州经济动态》《郑州统计概要》和《郑州服务业发展动态》，增加反映新经济新业态的指标。编印《新跨越新突破 新成就——十二五系列成就》，在市委“十二五”成就展和迎接省政府观摩郑州市产业集聚区汇报时予以采用。制作《图说“十二五”》宣传折页，一目了然、图文并茂地展示经济发展成就。创新统计公报解读形式，“一张图读懂2015年郑州统计公报”和《统计公报》同时在《郑州日报》发布。以“如何读懂和获取统计数据”“如何理解服务业统计”为主题，与郑州市人民政府网、新浪河南联合举办“在线访谈”，为群众获取统计数据开拓新的途径。

（郝惊迪）

海关工作

【概况】 2016年，郑州海关主动融入全省经济发展大局，在自贸试验区、郑洛新自主创新示范区等重大战略方面，积极谋划，主动服务，2016年全省进出口总值达4714.7亿元，跃居中西部第一、全国第十，同比增长2.6%，尤其是出口2835.3亿元，增长5.7%，高出全国7.7个百分点。

全面提高贸易便利化水平，推进通关作业无纸化和“三互”大通关建设，支持河南省的国际贸易“单一窗口”在内陆率先运行；高效服务郑州航空经济发展，坚持24小时预约通关，扩大“空陆联运”辐射范围，全年监管进出境航班16.3万架次、进出境人员136.1万人次、货邮量26.2万吨，均创历史新高；全力确保河南省跨境电商业务领先发展，坚持“全年365天无休日”，全年验放清单5741.5万票，增长13.3%，金额66.5亿元，增长64%，累计单量破亿单、金额破百亿元，跨境进口居全国首位，“双随机”“秒通关”得到李克强总理称赞；助力全省“东联西进、贯通全球、构建枢纽”，加强与口岸海关协作，优化监管模式，支持中欧班列（郑州）每周平稳实现四进四出，各项指标均处于中欧班列前列；支持邮政口岸功能拓展，上线运行“互联网+关邮e通”，全年共监管进出境邮递物品1607.6万件，实现翻倍增长；着力打造开放平台，商丘保税物流中心、郑州出口加工区B区顺利验收，南阳卧龙综合保税区、新郑综合保税区（三期）封关运行，经开综保区获国务院批复，海关特殊监管区域布局日趋完善；争取政策，提升河南省竞争力，内销货物选择性征税、增值税一般纳税人资格等一批含金量较高的全国性试点落户河南省。2016年，新郑综保区进出口值达3161.15亿元，首次成为全国综合保税区第一，树立全省对外开放的重要品牌。推进反走私综合治理，立案侦办“5·18”冻品走私案、“1·29”系列走私皮草案等大要案，全力维护国门安全，为河南省合法外贸企业营造良好的发展环境。

【海关监管】 持续深化通关作业改革，优化监管查验机制，强化监管设备配备使用，全年监管进出口货值632.4亿美元，与上年基本持平，报关单量43.7万单，增长25.6%，达到历史新高。开展危化品监管场所专项整治，推动监管场所规范管理。持续开展加工贸易行业规范，试行边角废料网上拍卖处置。开展“主动披露”试点，推动“多查合一”，参与地方社会信用体系建设。做好异常数据监控分析和专项核查，严厉管控虚假贸易。深入开展“清风行动”，查获侵犯德州仪器商标权

郑州海关查获的部分走私冻品

案，案值704万元，为郑州海关建关以来最大案值。

【海关税收征管】 坚持依法征管，应收尽收，全年实现税收入库200.49亿元，超额完成总署下达税收预算目标。加强规范申报和监控核查，提高税收征管质量，开展羊皮价格专项行动，共审价补税7136万元、归类补税176万元、原产地补税16万元。深化综合治税，提高征管质量，加工贸易、稽查、缉私等部门充分发挥职责作用，全年累计补征税款2043.5万元，特别是稽查补税达到931万元，增长2.3倍。落实国家税收优惠政策，全年减免税4.58亿元，增长4.1%。

【海关缉私】 强化监管、稽查、缉私等力量的协调，创新侦查工作机制，推进“国门利剑2016”联合专项行动，加大冻品走私、武器弹药等重点货物物品走私的惩治力度，立案侦办的“5·18”冻品走私案、“1·29”系列走私皮草案等大案要案，得到署、省领导充分肯定。深化反走私综合治理，会同地方有关部门组织开展惩治冻品走私集中行动百日攻坚战。全年立案侦办走私犯罪案件10起，与上年持平，案值7.4亿元，增长335.9%，涉税1.7亿元，增长354.1%，其中3起案件被总署列为一级挂牌督办案件，创历年新高。对19名犯罪嫌疑人采取刑事强制措施。立案办理行政案件171起，案值2.9亿元，涉税3965.2万元。罚没收入入库621万元，增长72.1%。

【支持“一带一路”建设】 全力支持郑州航空港经济综合实验区建设，优化监管服务，支持客货运发展，航空运邮、跨境电子商务等新兴业务快速发展，保税航油、保税航材等业务有效促进航空口岸服务功能拓展，全年监管进出境航班16.3万架次、进出境人员136.1万人次、货邮量26.2万吨，均创历史新高。推动中欧班列（郑州）双向均衡发展，优化监管方案，整合调配有限人力资源，确保班列通关时效，实现每周四进四出常态运营，全年共监管班列240班，进出口货运量11.4万吨，货值10.7亿美元，与上年相比分别增长53.9%、80.9%和50%，各项业务指标均处于中欧班列前列。

【支持自贸试验区建设】 参与省政府组织的调查研究和研讨，组织专题工作组到郑州、洛阳等片区开展实地调研，掌握地方实际情况和核心诉求，研究确定推进“单一窗口”建设、发挥海关特殊监管区域重要作用等6个方面重点工作；结合河南自贸试验区实际，研究制订《郑州海关支持中国（河南）自由贸易试验区建设的总体设想》报送省自贸办；关领导与郑汴洛三地主要领导建立紧密的联系沟通机制，及时交换意见。保持与海关总署对口司局的联系，及时沟通郑州海关支持河南自贸试验区建设的思路和具体措施，代为草拟海关总署支持中国（河南）自由贸易试验区建设发展的25项措施；做好河南自贸试验区总体方案相关任务的对接工作，关领导多次带队到总署进行对接沟通。

【跨境电子商务发展】 支持跨境电商“多点开花”，郑州开展跨境电商的场所达到5个，许昌跨境电子商务于年内正式开通，跨境电商“多点开花”局面初步形成。通过“制度+科技”助推跨境“秒通关”，实施跨境通关监管改革，推动建立跨境电子商务“单一窗口”综合服务平台，完成跨境进口统一版系统切换，跨境电商通关更加顺畅高效，实现“秒通关”。坚持重点突破，确保跨境电商稳定，针对“4·8”新政、“7·8”系统切换及9月30日进口环节化妆品消费税税率及计征方式调整实施等重要节点，及时启动应急预案，制订切实可行的实施方案，确保新政顺利过渡实施。全年验放跨境电商进出口清单5741.5万票，增长13.3%；商品金额66.5亿元，增长64%；征收税款6.7亿元，增长487.1%，试点以来累计单量破亿单、金额破百亿元，居于全国前列。

【海关特殊监管区域发展】 加快海关特殊监管区域优化整合，河南商丘保税物流中心（B型）、郑州出口加工区B区通过验收，南阳卧龙综保区、新郑综保区（三期）正式封关运行，郑州经开综保区整合获得国务院批复同意。加大海关特殊监管区域制度创新，24项自贸试验区海关监管创新制度全面复制推广，内销选择性征收关税、增值税一般纳税人资格试点落户郑州海关。海关特殊监管区域在推动开放型经济发展中的作用进一步凸显，新郑综保区2016年进出口总值达3161.15亿元，占全省进出口总值的67.1%。

【贸易便利化提升】 2016年，全面

开展走私冻品集中销毁活动

推进通关作业无纸化，无纸化率达到98.4%；不断优化监管查验机制，出口查验率降低至2%以下；推进“三互”大通关建设，关检合作“三个一”进一步深化，国际贸易“单一窗口”正式上线运行；落实“放管服”改革要求，非行政许可审批事项全部取消，行政审批“一个窗口”全面推行，内部核批流程进一步优化。2016年，省外企业在河南口岸报关总值585.9亿元，增长66.1%。减轻外贸企业负担，进一步减免规范进出口环节涉企收费，取消经营服务性收费项目8项。加强研究分析，向省委、省政府共报送监测预警分析报告和政研专题报告120篇。加强海关政策宣讲，帮助企业用好用足国家有关政策，组织举办宣讲会30场次，做到18个地市全覆盖。

2016年郑州海关主要业务统计一览表

表10

序号	业务指标	计量单位	2016年1–12月	2015年1–12月	增减%
1	进出口货运量合计	万吨	1445.4	1686.4	–14.3
2	#1. 进口	万吨	1397.6	1640.6	–14.8
3	2. 出口	万吨	47.7	45.8	4.2
4	进出口货值合计	亿美元	632.4	633.9	–0.2
5	#1. 进口	亿美元	264.2	284.7	–7.2
6	2. 出口	亿美元	368.2	349.2	5.4
7	海关税收（实际入库）	亿元	200.49	304.13	–34.1
8	#1. 关税	亿元	7.3	5.55	31.5
9	2. 代征税	亿元	193.19	298.58	–35.3
10	审批减免税	亿元	4.58	4.40	4.1
11	统计报关单	份	436926	347748	25.6
12	监管集装箱	箱次	77067	65987	16.8
13	集装箱载货量	吨	729913	694332	5.1
14	备案加工贸易合同数	份	700	670	4.5
15	加工贸易合同备案金额	万美元	103200	80137	28.8
16	立案走私罪案件数	件	10	10	0.0
17	立案走私罪案值	万元	74100	17000	335.9
18	立案走私行为案件数	件	19	9	111.1
19	立案走私行为案值	万元	8.3	94	–91.1
20	立案违规及其他违法案件数	件	152	173	–12.1
21	立案违规及其他违法案值	万元	28933.3	58619	–50.6
22	罚没收入（实际入库）	万元	621.03	360.87	72.1%
23	内销补税	万元	12288	7579	62.1

（苏 宇）

文化事业

社会文化

【概况】 2016年，全市文广新系统认真学习贯彻中共十八大和十八届三中、四中、五中、六中全会精神，深入学习贯彻习近平总书记系列重要讲话精神，紧紧围绕中央、省委和市委、市政府关于文化建设的重要决策部署，以文化繁荣发展为主线，以"两学一做"学习教育为动力，以全面从严治党为保障，积极进取，开拓创新，真抓实干，现代公共文化服务体系建设成效显著，精品创作硕果累累，文化产业发展迅速，文化市场繁荣有序，各项工作均取得新进展、新成效，为率先在全省全面建成小康社会、加快现代化进程，建设国家中心城市提供有力的文化支撑。2016年3月，市文广新局被郑州市人民政府授予"2006—2015黄帝故里拜祖大典筹办工作"集体二等功。2016年7月，被省文化厅、省人社厅联合表彰为全省文化系统先进集体。郑州市文化志愿服务工作继续走在全国前列，在全国文化志愿服务工作现场经验交流会上作了典型发言。

群众文艺活动开展情况。坚持以"情韵郑州"文化品牌和"出彩郑州"系列文艺活动为主导，以"我们的节日"为主线，组织"群星讲堂、公益舞台、公益展厅、公益讲堂"为主题的文化活动共102期，举办郑州市第七届少儿文化艺术节、"出彩郑州人"——郑州市艺术广场舞大赛、第九届河南省农村摄影大展活动、第三届河南省民间艺术展等活动，受益群众3万余人。新郑市《溱洧踏歌》获得河南省首届"幸福河南—首届艺术广场舞展演活动"一等奖。金水区承办的中国（郑州）国际街舞大赛品牌影响力持续增强，参赛选手超6000人次，现场观众人数超过10万余人次。

公共文化设施建设情况。全面构建市、县、乡（镇）街道、行政村（社区）四级公共文化设施网络，积极参与全市"四个中心"项目建设，郑州大剧院（豫剧院、曲剧团）、市民活动中心（文化馆、杂技馆、非遗展示厅）、郑州美术馆等项目进展顺利。郑州图书馆新馆智能化数字图书馆项目（二期）、郑州数字文化馆建设项目、郑州艺术宫基础设施改造项目等工作稳步推进。郑州图书馆（少儿图书馆）迁建安置工作取得突破性进展。

文艺精品展演活动。以"中原大舞台""戏曲进校园"等为平台，组织现代豫剧《都市阳光》等优秀精品剧目进剧场、进高校演出70场次，受益群众近10万人次，达到"文艺院团活起来、剧场阵地用起来、人民群众乐起来"的效果。

文艺赛事获奖情况 。2016年，郑州市推选的6名优秀青年演员包揽河南省第八届青年戏剧演员大赛一、二、三等奖，位居全省18地市之首。成功举办2016年郑州市戏剧大赛。市曲剧团获得2016文化遗产——河南曲剧九十年优秀剧目展演系列活动"特别贡献奖"和"优秀剧目展演奖"，马瑞获"第二届中国曲剧十大新秀"荣誉称号。

【文化惠民演出活动】 "舞台艺术进乡村、进社区千场演出"活动先后走进全市400多个行政村、社区，圆满完成1000场演出任务，受益群众100多万人次。"情暖新春"活动组织16场精品剧目演出，2万多名基层群众走进剧场观看，架起了党和政府与人民群众的连心桥。"绿色周末"活动结合庆祝建党95周年、长征胜利80周年等重要时间节点，组织《旗帜飘扬》红色经典主题文艺演出活动，广泛开展爱国主义教育，践行了社会主义核心价值观。"公益电影放映"活动组织放映活动近2.3万场、观众达390万人。郑州图书馆全年累计接待读者128.8万余人次，服务质量持续提升；郑州图书馆公共图书馆服务联盟馆达到17个，开拓公共图书馆服务工作新局面，"天中讲坛"举办讲座

春满中原·情系经开 2016年春节期间郑州市群众文化活动暨第三届文化广场舞大赛

郑州歌舞剧院艺术团赴日本大分市执行“欢乐春节”任务

10期，参与读者12000余人次，为推动全民阅读、构建书香城市发挥了积极作用。郑州文化馆新增“文化志愿者分中心”5个，组织策划文化志愿者活动45场，累计受益群众达4万多人。郑州美术馆先后举办各类展览42个，接待观众10万余人次，在展览、收藏、公共教育、创作研究和场馆建设等方面均取得了丰硕成果。

【现代公共文化服务体系建设】 2016年，市文广新局着力加强制度体系建设，顶层设计有力有效。《郑州市“十三五”文化事业产业发展规划》编制顺利完成，明确郑州市十三五时期文化发展的新目标、新任务、新举措。《关于全面推进现代公共文化服务体系建设的实施意见》《郑州市推进基层综合性文化服务中心建设实施方案》《关于做好政府向社会力量购买公共文化服务工作的实施细则的通知》等市政府文件相继出台，《郑州市公共文化基础设施管理条例》《郑州市非物质文化遗产保护条例》分别列入市人大、市政府立法调研计划，夯实郑州市文化建设的政策法规基础，为加快构建现代公共文化服务体系提供有力保障。

【国家公共文化服务示范区后续建设】 认真贯彻全省永城现场观摩会精神，制订下发《郑州市关于推进基层综合性文化服务中心建设方案》，召开全市基层综合性文化服务中心建设推进会，基层综合性文化服务中心建设进一步落实。按照“县（市）重在乡镇、城区重在社区”的思路，指导新郑市以“六个一”为突破口、金水区以规范制度功能为抓手，积极开展现代公共文化服务体系标准化、均等化试点工作。荥阳市、郑州图书馆“天中讲坛”公益讲座分别被评为第四批省级公共文化服务体系示范区、示范项目。郑州美术馆事业单位法人治理结构省定试点任务圆满完成。全市共命名第二批“郑州市公共文化服务示范乡镇”5个、“郑州市公共文化服务示范村（社区）”10个、“郑州市公共文化服务示范项目”2个。

【文艺精品创作】 深入贯彻落实习近平总书记在文艺座谈会上讲话精神，繁荣艺术创作，建立健全“深入生活、扎根人民”活动长效机制，实施中原人文精神“五大工程”，加大资金扶持力度，着力打造艺术精品，全市共推出新创剧目30余个，复排剧目24个，先后获得国际级奖2个、国家级奖1个、省级奖7个。豫剧现代戏《朝阳城》、歌曲《汉字》、曲剧《新版白兔记》《啼笑皆非》等项目共获得省级扶持资金约230万元。传统豫剧《包青天》、曲剧《啼笑皆非》《阎家滩》完成复排，现代豫剧《朝阳城》和曲剧《新版白兔记》创排工作稳步推进。电影《乡村守望的女人》在加拿大欧亚电影节上获得最佳女主角奖；微电影《回家》获得第十二届中美电影节金天使奖文艺精品剧目。中牟县编排的现代豫剧小品《拆迁之喜》获得河南省十二届戏曲小品大赛一等奖。

【对外文化交流】 郑州市歌舞剧院组建文化演出团队，先后赴古巴、俄罗斯、乌克兰、日本、智利等7个国家执行文化部“欢乐春节”演出活动任务；赴塞舌尔、阿尔巴尼亚等4个国家开展文化交流演出；开展“春雨工程”先后赴甘肃张掖、云南勐海，扩大中原文化的影响力和辐射力。积极做好文化部“大地情深”莅郑演出活动，邀请国家京剧院携经典曲目《红灯记》为群众奉献高雅艺术盛宴，受到文化部的肯定和市民群众热烈欢迎。

【文化产业发展】 郑州国际文化创意产业园、“天地之中”文化旅游专业园区、中原科技创新文化产业园等形成在全国范围内有影响力的产业品牌。在产业集聚效应带动下，河南约克动漫影视股份有限公司入列第六批河南省文化产业示范基地，郑州枫华实业有限公司于2016年9月1日成功在新三板挂牌上市。登封市鹅坡少林武术文化博览有限公司入选2015—2016年度国家文化出口重点企业，14家动漫企业通过文化部“国家动漫企业”资质认定，高新区作为动漫游戏产业高地的优势持续扩大。2016年，全市有规模以上文化企业500家，实现营业收入达677.5亿元。组织文化企业申报中央、省级文化产业专项资金项目16个，获得中央和省级专项资金2765万元。积极搭建文化企业投融资服务平台，组团参加第9届海峡两岸（厦门）文博会，组织承办全省中小文化企业投融资路演暨项目推介活动，先后征集到符合国家文化产业政策、前景好的

2016年郑州市文化科技卫生“三下乡”集中服务活动启动仪式

文化产业项目33个、投资额达297.23亿元。《黄帝史诗》《我是发明家》入选2016全国弘扬社会主义核心价值观动漫扶持计划。积极创建国家首批文化消费试点城市，制订下发《郑州市开展引导城乡居民扩大文化消费试点工作实施方案》，创建工作进展顺利。

【广播影视事业发展】 2016年，市文广新局组织协调全市重要媒体围绕市委、市政府中心工作。抓好省十次党代会、市十一次党代会、纪念长征胜利80周年等重大节点主题活动宣传，充分发挥媒体助政、舆论监督作用，为全市经济社会发展提供舆论支持。成功举办2016年郑州市广播电视政府新闻奖年度评选活动，59件优秀作品入选河南省新闻奖评选活动。2016年，全市广播电视安全播出无重大责任事故，安全播出停播率保持在20秒/百小时以内的目标。统筹无线、有线、卫星三种技术覆盖方式，加快推进郑州市实现数字广播电视户户通。虚假违法广告整治力度持续加大，群众反映强烈的违规医药医疗广告、违规游动字幕广告等现象得到明显改善。开展惩治治理“黑广播”违法犯罪专项行动，取缔一批隐蔽在城乡社区的“黑广播”。开展卫星电视广播地面接收设施专项整治行动，有效规范广播电视传播秩序。截至2016年年底，全市有电影放映经营单位71家，同比增长23.6%，全年放映电影77万场，票房总收入6.29亿元，观众1999万人次，票房收入增长3000万元。

【非物质文化遗产保护工作】 2016年，全市19个项目入选第四批省级非遗项目名录，36个项目入选市级非遗项目名录，累计获得中央、省级非遗保护资金111.4万元。推动“二十四节气”成功申报联合国教科文组织人类非物质文化遗产代表作名录。郑州市“非遗”保护中心、中牟县非遗保护中心被评为河南省传统美术抢救保护工作先进单位，金水区文化馆等10家单位被确定为第四批河南省非物质文化遗产代表性项目保护单位。“2016红红火火过大年——非物质文化遗产展演展示活动”得到文化部充分肯定。中牟县黑陶、诗竹画首次参加第九届海峡两岸文化产业博览交易会，获得交易会银奖、铜奖。荥阳市苌家拳参加首届中国非物质文化遗产武术项目展演，获得3枚金奖。

【2016中国·郑州国际马戏嘉年华活动】 2016中国·郑州国际马戏嘉年华活动邀请俄罗斯、哈萨克斯坦等5个“一带一路”沿线国家及新疆、安徽等地12个表演团体为郑州市民奉献28场异彩纷呈的马戏杂技表演，2万多名各行业代表及市民观看演出。2016马戏嘉年华活动促进“一带一路”沿线国家的文化交流，实现了把国际高水平马戏节目“引进来”、打造国际文化交流活动新平台的预定目标，同时开创公益演出文化惠民活动的新舞台，取得了良好的社会效益。

【文化市场管理】 行政审批制度改革取得实效。“五单一网”文化审批制度改革步伐加快，行政审批事项全部实现网上审批，提前办结率达100%。加强“五单一网”制度改革配套机制建设，不断完善行政权责事项运行机制。公开行政处罚事项378项、行政权力事项9项。2016年，市文广新局共受理行政审批业务31件，完成行政审核业务133件，办结率达100%。以互联网上网服务行业为切入点推动文化市场信用体系建设，推进文化市场主体行政许可和行政处罚等信息“双公示”工作。郑东新区、航空港区行政执法委托落地问题得到初步解决。文化市场转型升级步伐加快。全市互联网上网服务行业转型升级工作取得阶段性成果。郑州市被文化部列为河南省文化娱乐行业转型升级重点城市。游戏游艺新政落地实施，规范游戏游艺行业的发展。开展《艺术品经营管理办法》法治宣传活动，对天下收藏文化街、郑州古玩城等11个艺术品聚集区的800家艺术品经营单位进行拉网式排查，完成123家全市文化市场经营单位的备案工作。扫黄打非和文化市场监管成效显著。始终保持“扫黄打非”工作高压态势，着力构建新型网上“扫黄打非”格局，建立健全县、乡、村网络体系，坚决维护意识形态安全和文化安全。开展“扫黄打非”集中行动和“净网”“秋风”“清源”“护苗”等系列专项整治行动15次，查办案件64起，有力地震慑违法犯罪行为。全市文化市场监管部门累计出动执法人员2.1万人次，检查各类文化经营场所6518家次，检查印刷复制企业8279家次，取缔游商摊贩166个，取缔印刷复制企业43个，取缔非法网站62个，收缴各类非法出版物100万余张（盘、册），查办各类案件142起，行政处罚130起，受理群众举报75起，查处75起，查处率100%。

（薛特 刘薛姣 陈亚峰 王巧红）

丙申年黄帝故里拜祖大典

【概况】 丙申年黄帝故里拜祖大典由河南省人民政府、政协河南省委员会、国务院台湾事务办公室、中华全国归国华侨联合会、中华全国台湾同胞联谊会、中华炎黄文化研究会联合主办，由郑州市人民政府、政协郑州市委员会、新郑市人民政府承办。大典主题为“同根同祖同源、和平和睦和谐”，于2016年4月9日（农历丙申年三月初三）上午在郑州市新郑黄帝故里举办。

大典仪程仍遵循国务院公布的国家级非物质文化遗产名录规制，共九项：盛世礼炮、敬献花篮、净手上香、行施拜礼、恭读拜文、高唱颂歌、乐舞敬拜、祈福中华、天地人和。主司仪由中华全国归国华侨联合会党组书记、主席林军担任，主拜人由十届全国人大常委会副委员长、中华炎黄文化研究会会长许嘉璐担任。参加大典的领导和嘉宾有：全国政协副主席、民盟中央常务副主席陈晓光；台湾地区原副领导人、两岸共同市场基金会荣誉董事长萧万长，台湾地区行政机构原负责人、中华文化总会会长刘兆玄，台湾地区立法机构原副负责人、台湾海峡两岸民意交流基金会董事长饶颖奇；各民主党派中央和全国工商联领导；中央台湾工作办公室、国务院台湾事务办公室主任张志军，中华全国台湾同胞联谊会副会长杨毅周，国务院侨务办公室国外司司长张健青；中共河南省委书记、省人大常委会主任谢伏瞻，河南省人民政府省长陈润儿，

2016丙申年黄帝故里拜祖大典

丙申年农历三月三前夕，首届海外炎黄子孙拜祖大典在美国旧金山市政广场举办

河南省政协主席叶冬松等河南省四大班子领导；郑州市、新郑市四大班子领导；中国古都学会名誉会长朱士光等专家学者，著名作家二月河等文艺界人士，中国工程院院士、清华大学教授吴澄等科学家代表，以及感动中国人物、全国道德模范、全国“五一劳动奖章”获得者、中国好人榜上榜人物、全国人大代表、全国政协委员、教育界、企业界等社会各界优秀人士代表；中国港澳台代表人士和来自美国、英国、法国、瑞典、意大利、加拿大、澳大利亚、新加坡、马来西亚等30多个国家和地区的海外侨胞等约8000人。

【大典仪程】 2016年4月9日9时50分，大典主司仪林军宣布丙申年黄帝故里拜祖大典开始。大典共有九项仪程：

——盛世礼炮。全体肃立，鸣炮21响。

——敬献花篮。陈晓光、许嘉璐、谢伏瞻、陈润儿、张志军、杨毅周等向黄帝像敬献花篮。

——净手上香。萧万长、刘兆玄、饶颖奇，香港广东社团总会会长简松年、澳门世界华商联合会主席林健生、台湾友嘉集团总裁朱志洋、中华文化博览海外协进会会长翁诗杰、美国海外炎黄子孙拜祖大典组委会理事长张丽莉、北美华人企业家联合会会长庄少卿等先后走到拜祖台前，分三组净手上香。

——行施拜礼。参加拜祖大典的全体人员向黄帝像三鞠躬。

——恭读拜文。大典主拜人许嘉璐恭读《拜祖文》。

——高唱颂歌。由王宏伟、曹芙嘉领唱，现场合唱演员与全体参拜人员共唱庄严肃穆的《黄帝颂》。

——乐舞敬拜。韵律悠远的古乐声中，舞蹈演员翩翩起舞，表达世代子孙对人文始祖黄帝的追思和敬仰之情。

——祈福中华。民革中央副主席田惠光，全国政协副秘书长、民革中央副主席刘家强，民盟中央副主席张平，民建中央副主席周汉民，民进中央副主席刘新成，农工党中央副主席何维，致公党中央副主席曹鸿鸣，九三学社中央常务副主席邵鸿，全国工商联经济部副部长罗力；中华民族团结协会及中华黄埔“三军”退将总会理事长夏瀛洲，西班牙欧洲华侨华人商贸联谊会创会会长陈贻成，全球客家·崇正会联合总会首席副总执行长曾观涛，美国南加州世界广东同乡会会长陈灿培，世界华人华商联合会常务副会长曾文园，国务院侨务办公室国外司司长张健青，中国记协书记处书记王冬梅，中国工程院院士、河南省农业科学院院长张新友，中国古都学会名誉会长朱士光，上实集团执行董事、副总裁周军，中华炎黄文化研究会常务副会长兼理事长常文光，乐视网副董事长、全国政协外事委员会副主任韩方明，中央电视台主持人张泽群，全国道德模范、全国“五一劳动奖章”获得者黄久生，感动中国人物王宽，中国好人榜上榜人物王西广，五粮液股份有限公司董事长刘中国，郑州第一中学校长朱丹，在祈福树上悬挂由个人签名的祈福牌，并在由书法家钟海涛誊写的《拜祖文》长卷上用印，表达对祖国富强、民主、文明、和谐及中华民族伟大复兴“中国梦”的深深祈福。

——天地人和。来自台湾、香港、澳门、郑州的4名小朋友黄修彦、庄霖琳、王茂森、李旖念，在黄帝像前面放飞和平鸽，放飞中华儿女对盛世昌平的期盼、对世界和平的希望。

在热烈祥和的气氛中，丙申年黄帝故里拜祖大典典礼告成。

《人民日报》、新华社、《光明日报》、中央人民广播电台、中央电视台、中新社、《中国日报》、中国国际广播电台；人民网、新华网、中国新闻网、中国网、新浪网、腾讯网、凤凰网；香港《大公报》《香港商报》等100余家新闻媒体报道大典盛况。大典当天新闻的整体浏览量超过1亿人次，约8000万人次观看大典直播，大典官网点击量超2000万人次。

【丙申年拜祀始祖轩辕黄帝文】 维公元2016年4月9日，岁次丙申，三月初三日，五洲炎黄后裔恭以虔诚感恩之情，汇聚于中华始祖轩辕黄帝故都故里，敬呈洁净时蔬、鲜硕素果，拜祭于始祖黄帝座下。中华炎黄文化研究会会长许嘉璐，沐手振衣，谨以天下炎黄子孙之名，肃拜恭颂我始祖轩辕黄帝功德。

其辞曰：

天玄地黄，远古洪荒。蒙昧既启，人类曙光。

华夏文明，浩浩荡荡。我祖勋德，万古流芳。

第十届中国（河南）国际投资贸易洽谈会展区

教民耕牧，莳谷树桑。婚丧有礼，历数岐黄。

始作舟车，初制度量。选贤任能，维系八方。

修德怀远，封土辟疆。肇现一统，和合共襄。

其始维艰，历尽沧桑。千秋风流，共赋华章。

万载积薪，后来居上。愈挫愈奋，多难兴邦。

天下为公，民本为上。振兴中华，百年梦想。

依法治国，全面小康。全球胄裔，同欣同光。

浩浩九州，大河之南。秣马执辔，崛起中原。

既安且美，维新在前。富而多文，荣我轩辕。

昆仑巍峨，江河浩瀚。先祖前哲，垂宪黾勉。

允恭允让，克勤克俭。济济多士，笃业丕显。

自强自尊，远虑忧患。厚德载物，至诚至善。

我胸宽博，我思悠远。日日维新，岁岁登攀。

四海兄弟，荣辱相关。亿兆同心，骨肉相连。

相扶相持，相敬相谦。中华复兴，四海同欢。

和平伟业，匍匐而前。何惧多阻，不辞万难。

维我竭诚，列祖明鉴。天下大同，龙脉绵绵。

我祖苗裔，披肝沥胆，竭诚禀告，伏惟尚飨!

【中国河南国际投资贸易洽谈会】 2016年4月8—10日，以“开放、创新、绿色、共享”为主题的第十届中国（河南）国际投资贸易洽谈会暨内陆开放高地创新论坛举行。第十届全国人大常委会副委员长许嘉璐，省委书记、省人大常委会主任谢伏瞻，省委副书记、省长陈润儿，中国公共外交协会会长、外交部原部长李肇星，全国政协常委、经济委员会副主任、中国工业经济联合会会长李毅中，台湾的两岸共同市场基金会荣誉董事长、两岸企业家峰会台湾理事长萧万长等出席开幕式。

本届投洽会由河南省人民政府、中国国际贸易促进会、中国人民对外友好协会共同主办，以推动双向投资为重点，设综合成果展、电子商务展、名优特新展、智能产业展、国际展5个展区，举办了巡馆、开幕式、内陆开放高地创新论坛、中国(郑州)跨境电子商务综合试验区推介洽谈会等4场重大活动、10场专项活动。大会展览吸引超过10万人次进馆参观、采购，累计交易额5.3亿元，创下历届投洽会参观人次、交易额最高纪录。

本届投洽会共有429个团组、2.21万名境内外客商参会，签约中心签约项目392个，投资总额达2897亿元。郑州市签约41个项目，总投资额258.9亿元，合同外资198.8亿元。其中，外资项目11个，投资总额60.1亿元，合同外资39.2亿元；内资项目30个，投资总额198.8亿元，合同外资159.6亿元。中通快递股份有限公司国际快递业务基地项目、奇酷“大神”总部项目等巨头的落户，给郑州市先进制造业和高成长服务业带来发展机会。

【黄帝文化国际论坛】 第十届黄帝文化国际论坛于4月7—8日在郑州大学西亚斯国际学院举办。本届黄帝文化国际论坛主题为“黄帝文化与全面小康社会”，旨在把传承弘扬以黄帝文化为主的中华优秀传统文化和推进全面小康社会建设相结合，持续巩固和提高黄帝故里作为中华民族寻根拜祖圣地、全球华人共有精神家园的地位和影响力，为全面建成小康社会，实现中华民族伟大复兴中国梦，提供坚实的文化支撑和强大的精神动力。论坛邀请中共河南省委原书记、中央马克思主义理论研究和建设工程咨询委员会主任、中华炎黄文化研究会首席顾问徐光春、著名军旅作家、少将、国家一级作家王树增、中央党校党史教研部主任、教授、博士生导师谢春涛等知名专家学者和有影响力的文化界人士，围绕“黄帝文化与全面建设小康社会”这一主题进行研讨交流。

【“老家河南”文化活动周】 2016年4月8日，由省委宣传部、省文化厅、省新闻出版广电局、中原出版传媒集团、省文联、市委宣传部主办的“老家河南”文化活动周启动。“老家河南”文化活动周活动主要包括优秀戏曲、音乐作品展演，优秀电影、微电影作品展映，优秀影视、动漫作品展播，优秀书法美术、民间艺术作品展览，特色文化产品展销5大类12项主题活动，充分展示全省优秀文化发展成果和独特文化魅力。其中，优秀剧目展演活动有交响合唱《朝阳沟》、话剧《红旗渠》、豫剧《花木兰》，“根亲中国”微短片大赛展演有微电影《回家》，优秀影视、动漫作品展播包括《梨园春》《武林风》精华片，电视连续剧《大河儿女》、动画片《黄帝史诗》等。

【海内外华人名家书画作品展】 2016年4月7日，丙申年黄帝故里拜祖大典海内外华人名家书画作品展在河南艺术中心开幕。省政协主席叶冬松，全国政协常委、副秘书长、民革中央副主席刘家强，全国政协教科文卫体委员会副主任王全书，省委常委、宣传部部长赵素萍，省政协副主席靳绥东、秘书长郭俊民出席开幕式。此次展览由省政协主办，省政协书画院、郑州市政协承办，旨在增强海内外华人的向心力和凝聚力，更好地弘扬博大精深的中华文明。展览共收到20多个省市的国家级书协、美协会员，中国台湾和香港书画家，以及来自美国、加拿大、韩国、新加坡、马来西亚、新西兰等海外华侨书画家的书法、美术作品160余件。

（赵　伟）

文物管理

【概况】 2016年，郑州市文物工作紧紧围绕市委、市政府的总体部署，以国务院《关于进一步加强文物工作的指导意见》《河南省政府关于进一步加强文物工作实施意见》和全国、河南省文物工作会议精神为指导，牢固树立创新、协调、绿色、开放、共享发展理念，不断助力中华优秀传统文化传承、郑州地区文化形象提升、国际商都建设发展，

3月28日，2016年全市文物工作会议召开

登封 法王寺唐塔

有效促进文化遗产保护取得新突破、新成效。郑州市有世界文化遗产2处，全国重点文物保护单位74处，位居全省第一、全国前列。

按照市委“四大”规划和“四个重点文化片区”建设总体部署，推进商都历史文化区建设，启动商都历史文化区文物保护专项规划、文庙城隍庙片区文物保护与展示提升方案、宫殿区遗址公园方案、宫殿区遗址博物馆方案设计。稳步推进古荥大运河文化片区建设。配合做好百年德化历史文化街区和二砂文化创意产业园建设。按照市委、市政府生态建设总体规划，制订《生态郑州之“生态保遗”工程专项行动计划》和《生态郑州之“生态保遗”工程专项实施方案》，做好全市遗址生态文化公园战略启动工作。

完成郑州市少数民族文物普查工作。启动第七批全国重点文物保护单位和河南省第七批文物保护单位保护范围划定工作。大力开展市区搬迁式扶贫中历史文化保护与传承调研工作，有针对性地提出了保护意见及具体措施。颁布6个文物保护规划，完成10余项文物保护工程，启动近10处文物保护方案的编制工作，及近10处文物保护工程建设。积极做好国家、省、市重点项目，尤其是国家航空港经济综合试验区项目的文物勘探、考古发掘工作。全年完成勘探项目349个，勘探面积近145万平方米，发现各类遗迹3031处；完成发掘项目157个，考古发掘面积7.1万平方米，清理各类遗迹2842个。

深化博物馆、纪念馆免费开放工作，2016年，全市博物馆、纪念馆共举办专题展览和临时展览110余个，举办主题活动70余场，累计接待观众320万余人次。第一次全国可移动文物普查按时完成，全市文物收藏单位共19家，全市可移动文物总量147365件套。

积极开展以文物法人违法案件为主要内容的文物稽查活动，共巡查、检查各级文物保护单位300余处，提出整改要求20余份，查处案件9起，结案7起。全面落实文物安全责任制，下发整改通知书5份，确保全市文物安全。

文物行政审批及社会服务工作严格按照相关法律、法规，简化办事程序，提高服务质量，推行网上审批，优化发展环境。出具建设项目选址和初步设计指导意见437份，完成审批、报批建设项目设计方案13项。

首届中国考古学大会于5月在郑州成功举办。此次大会是中国现代考古学诞生近百年来第一次高规格、国际化、开放式高端学术盛会。与会国内外专家学者代表700余人，会议期间，除组织公众讲座15场外，先后开展各类专业学术活动70余场。近百家媒体、共计200余名记者进行了全程跟踪报道。

建设登封“天地之中”历史建筑群动态信息及监测预警系统，对世界遗产进行全面监测。完善《少林寺塔林一期保护维修方案》，开展中岳庙峻极殿、太尉宫的本体保护维修工作。依据《大运河通济渠郑州段管理规划》，大力推进运河遗产博物院和荥阳故城、纪信庙、大运河沿岸节点展示项目等遗产保护管理工作。编辑出版《郑州历史文明遗产丛书》《郑州大运河》《天地之中——嵩山》。

【四大重点文化片区建设】 依托郑州商城遗址，建设以大遗址保护与文化产业集聚为特征的商都历史文化区，打造具有全国示范效应的公共文化服务创新中心。依托世界文化遗产大运河郑州段、国家历史文化名镇古荥镇，建设以运河生态旅游与历史名镇相结合的古荥大运河文化片区。依托近现代工业遗产第二砂轮厂旧址，建设文化创意产业集聚园区。依托二七纪念塔、纪念堂，工人夜校和日本驻郑领事馆旧址，建设以近现代历史文化为特色的百年德化红色旅游文化片区。

【第一次全国可移动文物普查】 郑州市第一次全国可移动文物普查于2013年5月启动，至2016年10月完成。发放《国有单位文物收藏情况登记表》5119份，做到全覆盖。经过普查，全市文物收藏单位共19家，全市可移动文物总量147365件套，其中一级文物148件套、二级文物1140件套、三级文物24549件套，其他为一般文物和未定级文物。10月，组织专家集中编制郑州第一次全国可移动文物普查验收报告、普查工作报告。

【登封“天地之中”历史建筑群监测预警系统建设】 登封“天地之中”历史建筑群涉及的建筑分布分散、类型复杂，郑州市世界文化遗产保护管理办公室在搭建基础数据库的同时分步实施现

观星台

纪信庙

状勘察和病害调查工作。完成太室阙、少室阙、启母阙和嵩岳寺塔4处遗产的现状勘察、病害调查和基础数据库的框架搭建工作。该项工作可以在为登封“天地之中”世界文化遗产监测预警体系提供遗产基础信息数据和监测基准数据的同时，依据长期对基础数据和监测数据研究的基础，提出对世界文化遗产监测预警体系监测指标及预警阈值的修改方案。

【大遗址保护】 西山遗址、大运河通济渠郑州段、新密古城寨、大周封祀坛、永泰寺塔、法王寺塔6个保护规划已经河南省人民政府公布。推进南洼遗址、人和寨遗址、魏长城遗址、原武温穆王壁画墓工、打虎亭汉墓、马庄遗址、平陶遗址、白寨遗址、芦村河遗址、老奶奶庙遗址、高拱墓十多处规划编制、审核、上报工作及于庄遗址、北头遗址保护规划评审、批复工作。启动华阳故城、郑韩故城凌阴铸铁遗址、汉霸二王城、黄城故城等10项文物保护方案编制工作，重点推动苑陵故城东、北城垣保护工程，持续推动小双桥遗址、新密古城寨西城墙、南城墙保护工程。

【古建筑维修展示重点工程】 编制完成全国重点文物保护单位凤台寺塔、南岳庙大殿保护维修方案、河南省文物保护单位洪山庙、保吉寨寨墙、方顶村传统民居、新密禹抗日革命旧址、日本驻郑领事馆旧址等保护维修方案并上报审批。完成郑州市级文物保护单位东史马民居、大金店中正堂、中牟老火车站等保护维修方案的评审、批复工作。推动新密城隍庙、考院、荥阳县衙、韩凤楼故居等文物保护工程。启动登封城隍庙大殿及东西廊房、刘碑寺碑、新密法海寺塔、三祖庵塔、刘堂庙、卢医庙长桑阁、万嵩寺二期、纺织工业基地五厂大门等近10处文物保护工程。完成接旨亭苏寨民居一期、秦氏家庙、卢医庙大殿及卷棚等文物保护维修工程。

【郑州商都博物院和郑州市文物考古研究院项目建设】 郑州商都博物院和郑州市文物考古研究院是依据国家文物局批准的《郑州商代都城遗址保护规划》的建设项目，选址在商城遗址内城东、南城垣内侧，北至东大街、西至塔湾路。郑州商都博物院和郑州市文物考古研究院是郑州商城考古遗址公园中最为核心的文物保护展示项目。项目建设用地面积39458平方米，总建筑面积74930.50平方米，其中地上建筑面积35510平方米，地下建筑面积39420.50平方米。2016年3月，该工程全面开工建设。

【荥阳青台遗址勘探发掘】 郑州市文物考古研究院与中国丝绸博物馆共同申报“青台遗址丝绸起源”发掘项目。2016年，共发掘1000平方米，勘探30万平方米。

经勘探，在遗址中心区及其外围共发现4条环壕。中心环壕平面呈东西向长方形，中心区外侧的第2、3道环壕形状近同，呈椭圆形，第4道环壕分布于遗址的最外缘，呈近半环状，南部及东北部入枯河，宽窄深浅不等，似为自然形成。

共清理各类遗迹119处，仰韶时期遗存丰富，其中环壕1处、祭祀区1处、灰沟1条、灰坑48处、墓葬56座、房址4座、瓮棺8座。清理内环壕西及西南转角一段，转角处呈抹角直角状，截面为“U”形，沟壁斜直陡峭，推测其为绕遗址中心区人工开挖的防御或排水设施。遗址东部的内环壕外侧，发现由9个陶罐组成的北斗九星图案，九星罐东部有圆形祭土台，西部有大、中、小三个瓮棺，南部有一个圆形祭祀坑，祭祀区周围有较多疑似地臼形制的遗存。中心环壕内侧，房屋、灰坑、瓮棺密集，相互间叠压打破关系复杂。房屋均为地面建筑，保存较差，多为方形或长方形。墓葬多分布于遗址南部，内环壕外南侧，与居住区之间有壕沟相隔，墓葬分布较为密集，均为长方形土坑竖穴墓，形制较小，葬式均为仰身直肢，头多向西，个别向东，多无随葬品，少量随葬有陶纺轮，陶碗等。

出土仰韶时期遗物主要类别有：陶器、骨器、石器等，陶器为大宗。器形主要有：鼎、罐、钵、器盖、尖底瓶、瓮、缸、盆等，纹饰以素面为主，部分饰弦纹、附加堆纹，另有少量彩绘。图样有：太阳纹、弯月纹、波浪纹、S纹、X纹等。石器有石铲、石锛、石球等。骨器有：骨针、骨簪等，均为磨光素面。

【郑州东赵遗址考古工作】 2016年的

维修后的惠济桥

1月16日，大河村遗址博物馆开馆

考古发掘工作中，清理的遗存以新砦期遗存为主，累计清理遗迹单位近100个，主要有祭祀坑、灰坑、窖穴、水井、水池、墓葬等。出土文物较多，以陶器为主，也有新砦期的玉钺、石铲等。修复器物近100件。东赵遗址考古工作得到中国首届考古学大会与会领导、专家学者的高度认可，并获得2011—2015年度田野考古质量一等奖。

【具茨山岩画专题调查】 调查的范围涉及新郑、新密、禹州3市，约20座山峰，拍摄约一千多张资料图片。经调查，具茨山老山坪东侧发现岩石立面上的凹穴，不同组合在1处构成错综复杂的关系。具茨山青龙岭南侧1处岩厦，其顶部、内部及旁侧位置均有布局。具茨山后营北山几块岩石组合1处的大线条与凹穴结合成完整图形。具茨山寺河深谷中小气候保持湿地类型，沟中岩石凿刻的岩画造型奇特，山谷尽头坡顶，圆盘造型的雕刻疑似被用来测量天文。具茨山大牧场西侧山谷泉水清澈流淌，瀑布连续，存在大型雕刻，山谷高低的岩画连续分布到山顶。具茨山老山坪南麓半山腰分布1处墓地，墓地前方石堰上有醒目岩画，岩画与墓地的组合，有可能暗示这里很早之前的用途。在另外1处山谷，很多巨大石头堆积场，岩画凿刻在疑似积石冢前方。具茨山中部崆峒山方向，巨石文化遗迹附近伴随大量岩画，有坡度的凿刻面充分利用了天然岩石的材料。具茨山老虎仗绵延几座山顶之上，醒目位置均有岩画。具茨山崆峒山发现的岩画，可以从侧面连续这个特殊地名之前的某种可能。具茨山大鸿寨北坡的岩画与大型凹穴，对于新密市境内的岩画意研究具有重要意义。

【郑州地区传统村落调查测绘】 郑州地区传统村落调查测绘工作2015年12月启动，至2016年5月结束，共测绘传统村落7个，合计158处建筑。调查内容包括村落中传统建筑物的位置、建成年代、基本形制、建造相关的传统活动、历史功能、产权归属、使用状况、保存状况等。同时对每一处建筑以照片、文字、图纸等形式进行记录。

【大河村遗址博物馆开馆】 改造后的大河村遗址博物馆于2016年1月16日开馆。新的陈列展览分为两大部分，即陈列厅和遗迹厅。陈列厅是大河村出土文物陈列，陈展面积约3400平方米，采用出土文物、场景复原及模拟的形式，以“星空下的村落”为主题，分为六大部分展示，包括序厅、千年古村、五彩家园、筑起辉煌、追梦星空、大河长虹，力求全面展示中国新石器时代中晚期大河村先民创造的灿烂远古文化。遗迹厅主要展示仰韶文化房基，占地约4100平方米。仰韶文化房基是一组多间相连的长方形房屋建筑群，总面积约200平方米。

【参加讲解员讲解大赛活动】 郑州市第七届讲解员讲解大赛于7月在郑州成功举办。来自全市国有博物馆、纪念馆、非国有博物馆、文物景区及郑州烈士陵园等13家单位的48名讲解员参加了比赛。经过5天的集中培训和激烈角逐，郑州市讲解员获得个人一等奖6个、二等奖7个、三等奖13个；团体一等奖2个、二等奖3个、三等奖5个。“大别山杯”——河南省第七届讲解员大赛于9月在河南信阳举办。郑州代表团取得历史性佳绩，郑州市文物局获得团体一等奖；9名参赛选手分别获得一等奖4个、二等奖3个、三等奖2个。

【国际博物馆日专题展】 围绕2016国际博物馆日主题，全市26家博物馆举办了《天工追梦》《河南籍感动中国人物事迹展》《向东方·向西方——丝路钱币与佛教艺术展》《中原酒文化展》《风采—唐宋茶具特展》等20个专题展览，免费讲解100余场，举办特色活动12个，接待观众8万余人次。

【纪念建党95周年和红军长征胜利80周年活动】 围绕纪念建党95周年和红军长征胜利80周年，郑州市聚协昌博物馆承办了《纪念红军长征胜利80周年“长征——壮丽史诗”革命文物珍藏展》；郑州博物馆举办了《建党95周年——中国共产党光辉历程中的先进人物展》《万水千山只等闲——纪念红军长征胜利80周年图片展》；登封历史博物馆举办《革命文物图片展》等。通过珍贵图片和翔实资料，弘扬伟大的民族精神，发挥爱国主义教育基地的重要作用。

【科技文保】 文物科技检测中心建设进展顺利，已完成初步建设，购置三维视频显微镜、研究级体视显微镜、手持式X射线荧光分析仪、台式傅立叶变换红外光谱仪、台式激光共聚焦拉曼光谱仪、偏光显微镜、金相显微镜、精研一体制样机、便携式X射线衍射仪、手持式三维激光扫描仪、温湿度记录仪、充氮箱等专业设备。文物科技检测中心已具备独立完成文物病害分析报告、成分分析报告以及制订保护修复方案、制作三维文物数字模型展示等功能。专业应急考古移动实验室于5月交付使用。该移动实验室拥有4个系统16套仪器设备，能够做到第一时间对脆弱、易损文物实施急救。与国防企业合作，研发“野外智能考古工作站”，满足了野外考古在生活、工作、科研、信息传输、远程协作、全面安防、文物保护、规范化、形象化等方面的需要。工作站配备低氧工作舱、充氮文物保护箱等，满足了科技考古在现场文物保护方面的高标准要求。开展文物碎片拼接技术研发，该项目的实施，进一步提高了考古发掘后期整理中陶器的拼对速度。筹建陶瓷科研基地。通过“实验考古学”手段，对古代陶瓷制作技艺、烧制气氛等进行研究与恢复，尝试对郑州地区发现的具有代表性的陶瓷器进行复烧。对郑州地区乃至全国发现的系列瓷器样本进行测试分析，为学术界研究瓷器提供充足的数据支撑。

【学术交流】 与北京大学古代文明研究中心合作，开办“商都文明大讲堂”，邀请中国社会科学院学部委员、中国社会科学院考古研究所研究员、博士生导师刘庆柱，以《“国家认同”的考古学解读》为题开展讲座；邀请浙江省文物考古研究所研究员方向明，开展了《良渚文明——过早消失了的，充满巫术色彩的巨大存在》专题讲座；邀请国家文物局考古专家组成员、中国考古学会常务理事、三峡工程文物保护规划组成员、南水北调工程文物保护专家组成员徐光冀开展《南水北调文物保护规划的编制、实施、主要收获和基本经验》讲座。参加2016年陶寺宫城门址考古现场研讨会、石峁遗址国际学术研讨会、鲁西南及周边区域夏商时期的文化与环境学术研讨会、中国考古学会文化遗产保护指导委员会会议暨中国古迹遗址保护协会考古遗址公园委员会筹备会议、“2016安阳文化遗产保护论坛”等。

【首届中国考古学大会】 首届中国考古学大会于5月在郑州成功举办。大会由中国考古学会主办、郑州中华之源与嵩山文明研究会和河南省文物考古学会承办，是中国现代考古学诞生近百年来第一次国际化、开放式的大会，也是中国考古学会1979年成立以来考古学领域规模最大、覆盖面最广的一次学术大会。与会代表有中科院、国家文物局和省、市领导，以及来自埃及、印度、洪都拉斯、俄罗斯、英国、德国、美国、加拿大、日本、韩国、蒙古国、乌兹别克斯坦12个国家的28位专家学者和国内包括香港、台湾地区的700余位专家学者。

大会以“面向未来的中国考古学、面向世界的中国考古学”为主题，分别在郑州大学、郑州师范学院、河南大学、河南博物院等6个地点组织15场面向社会的公开讲座，同时，开展各类专业学术活动70余场。大会共收到论文近500篇，讨论形成了中国考古学《郑州共识》，酝酿确定“中国考古论坛·郑州”。中央电视台、新华通讯社、《人民日报》《光明日报》、新华网、人民网、《瞭望》杂志、凤凰卫视等近百家媒体，共计200余名记者对大会进行了全程跟踪报道。

【东亚牙璋学术研讨会】 东亚牙璋学术研讨会于10月在郑州成功举办。大会由香港中文大学中国考古艺术研究中心、北京大学中国考古学研究中心主办，郑州市文物考古研究院承办。中国社会科学院考古研究所所长王巍、著名玉器研究专家故宫博物院研究员杨伯达、夏商周断代工程首席专家北京大学考古文博学院教授李伯谦等行业知名专家出席开幕式。与会代表包括国内北京、甘肃、陕西、山西、河南、山东、湖南、浙江、上海、广东、广西、四川、香港等各省市、自治区、特别行政区的专家学者，以及来自越南、日本、美国的专家。中央电视台探索发现栏目、《人民日报》、新华社、中国社会科学出版社等媒体对会议进行跟踪报道。

【《郑州市文物地图集》出版】 郑州市文物局编著的《郑州市文物地图集》由西安地图出版社出版。图集分上、下两册，收录郑州市第三次全国不可移动文物普查核定通过的8651处文物点。上册包括图例、郑州市文物概述、序图及中原区、二七区、金水区、管城回族区、惠济区、上街区和登封市文物概况，文物保护单位分布图，各乡（镇）街道、矿区文物分布图及文物点简介，文物单位索引，其中各开发区代管区域归入原行政区划内单独编图；下册包括图例，巩义市、新郑市、新密市、荥阳市和中牟县文物概况，文物保护单位分布图，各乡（镇）街道、风景区文物分布图及文物点简介，文物单位索引及郑州市国保、省保、市保名单。图集采用图文混排、全彩印刷，文物分布图与文物点简介前后对应，各县（市）区自成单元，首次标注乡（镇）街道、风景区、矿区文物分布图，同时穿插大量郑州市已发现的珍贵文物照片。

【文物法人违法专项整治行动】 8月，国家文物局在全国范围部署开展“文物法人违法案件专项整治行动（2016—2018）”。郑州市文物局根据国家文物局和河南省文物局通知要求，印发《关于进一步加强文物保护工作的通知》，要求各县（市）区充分认识开展文物法人违法案件专项整治行动的重要意义，切实担负起文物保护的主体责任，恪尽职守，提高管理水平，严防、严查、严办文物法人违法案件。各地要严格依法依规，履行报批手续，强化文物督查，严格责任追究。通过专项整治行动，切实提高全民文物保护意识和执行文物保护法律法规的自觉性，引导各界支持文物执法监察工作，初步形成全社会关注文物保护，共同惩治文物违法行为的良好氛围。

（于皓洋）

档案工作

【概况】 2016年，全市各级档案部门按照国家档案局、省档案局的总体要求和市委、市政府的工作部署，围绕全市工作大局，按照“坚持一个工作导向，深化三个体系建设，强化五个基础保障”工作思路，以改革创新为动力，统筹兼顾，突出重点，推进档案工作转型升级、提质增效，促进档案事业科学发展，为郑州市全面建设小康社会作出积极贡献。

围绕中心主动作为。2016年，市档案局结合“纪念建党95周年”“纪念长征胜利80周年”“两学一做”学习教育等中心工作，提前谋划，号召全市各级档案部门充分发挥五位一体功能，围绕中心，主动作为。荥阳市档案局“七一”前完成“荥阳党史展”的筹办工作，2000余人次参观展览，进一步激发了争做优秀党员的热情。登封市档案馆完善“任长霞纪念展”，接待来自全国各地党员干部2000余人次参观。中牟县档案局与县委组织部联合印发通知，开展农村党员档案规范化整理工作，接受电话、网络咨询150余次，整理完成351个支部，12000余名农村党员的档案资料。管城区档案馆“七一”期间举办“辉煌壮丽的史诗——庆祝中国共产党成立95周年展”，展示党的光辉历程，以及新时期取得的突出成就；国庆期间举办了“弘扬长征精神，铸就民族辉煌—纪念中国工农红军长征胜利80周年展”，共接待4880人次参观学习。

服务民生成效突出。2016年，市档案局按照《河南省农村土地承包经营权确权登记颁证档案管理实施办法》，督促各县（市）区档案局与当地农业部门联系协调，及时跟进、主动服务。新密市、中牟县、荥阳市、新郑市、登封

在绿城广场举办“6·9”国际档案日暨法制宣传活动

市等地档案部门坚持提前介入、事中监督，深入到镇、村一线开展业务指导，从源头上规范建档内容。市档案局联合市南水北调办召开座谈会，商讨移民档案与基建档案的标准问题，统一移民档案的分类办法、归档范围等标准。先后4次对中牟县、新郑市、荥阳市的移民工程档案工作进行实地检查督导，三地档案工作于11月顺利通过省档案局初验。市档案局多次到各县（市）区督促指导，根据社区档案的形成、管理和利用机制，汇总研究社区档案工作中存在的问题，指导9个社区争创省级档案工作示范社区。其中，登封市3个、上街区2个、中原区1个、二七区1个、荥阳市1个、新密市1个。市档案局召开文明系统创建动员会，督促各单位创新服务方式，改进服务手段，争创“文明服务窗口”和“优质服务标兵”。市档案馆努力提升“郑州记忆”展的接待服务能力，全年接待社会各界参观2200多人次。金水区档案馆进一步强化便民措施，实行午间查阅值班、节假日电话预约服务。中原区、惠济区、二七区、上街区等地档案馆将接受进馆的民生档案优先数字化处理，为群众查档利用提供了便利。截至2016年年底，全市共接待查档群众56.8万人次，查阅档案47万卷（件、册），为群众、群众查找各种证明，享受相应待遇，提供了翔实的档案资料。

安全管理扎实有力。2016年，市档案局要求全市各级档案部门狠抓安全体系建设各项措施的贯彻落实，组织申报国家重点档案保护与开发项目。安排印发《关于加强汛期档案安全保管的通知》，要求各级档案馆强化应急机制，严格执行24小时值班制度，坚决消除安全隐患。派员到中原、二七、金水、登封等县（市）区档案馆库房进行汛期安全抽查，重点查看档案馆库消防、防雨防渗、防潮防霉和档案实体、装具等情况，将存在安全隐患及需要整改的情况发函至当地党委、政府。市档案局将保密工作纳入责任目标管理，健全机构，明确分工，建立保密台账，安排专人负责信息安全保密工作，强化国家安全秘密载体管理，全面执行《国家秘密载体保密管理规定》。全市各级档案馆积极健全档案安全管理制度，加强日常巡查，及时更换安防设备，完成重要档案的异地异质备份，保证档案安全。

【重点项目档案指导服务工作】 2016年，全市各级档案部门围绕重点项目建设、城区项目征迁等工作重点，规范建档内容，主动靠前指导。市档案局组织对全市重点建设项目实施跟踪服务，到西三环航海路立交、郑新快速路、南水北调干渠桥梁工程、107国道与绕城互通立交桥等重大建设项目现场，开展实地指导，现场讲解；市档案局联合市城建档案馆对石佛劳动教养管理所的帮教备勤楼项目进行现场业务指导、档案专项验收；新郑市档案局对当地第三污水处理工程进行档案专项验收；二七区档案局完成长江西路小学、郑少连接线生态廊道等重点建设项目的登记备案工作；管城区档案局着力服务商都历史文化区征迁工作，协助区城建交通局核实了4181份城建许可证，为城市建设工作提供有效支持。

【企业档案工作】 全市各级档案部门积极探索档案服务企业发展的新途径，选树典型，示范引领企业档案工作逐步走上正轨。市档案局组织对市中心医院、华润燃气有限公司等数十家企业进行业务指导。同时着力对郑州友谊商场、河南嵩岳集团有限公司等破产、改制企业的人事档案、档案处置问题进行督导。

市档案局多次到辅仁药业集团，帮助制订、建立档案规章制度和管理体系。新密市的康宁特环保科技、登封市的华润电力、塔沟武校等企业在当地档案部门的指导下，档案工作日趋规范。

【档案管库建设】 2016年，市档案局结合实际，与市发改委联合印发《郑州市档案事业发展“十三五”规划》。明确2020年前，县（市）档案馆达到县级一类标准（面积4600—6800平方米）；区档案馆达到县级二类标准（面积2600—4600平方米），鼓励达到县级一类标准。市本级、县级档案馆馆藏永久档案数字化比例分别达到75%、50%以上；各县（市）区建成数字档案馆。全市各级档案部门牢固树立“创新、协调、绿色、开放、共享”的发展理念，以贯彻落实中办发〔2014〕15号、豫办〔2015〕4号和郑办〔2016〕5号文件精神统领档案工作全局，及时向当地党委、政府汇报，加强与各部门的沟通协调，在完善档案工作体制机制、加强基础设施建设等方面争取支持，不断优化档案事业发展环境。郑州市档案新馆中原西路项目建筑面积地上34000平方米、设计馆藏量450万卷，物探等前期工作已完成，项目进入地下桩基和管网建设阶段；新郑市6800平方米档案新馆项目被列入当地重点项目规划；5238平方米的荥阳市档案新馆已完成搬迁和布展工作；金水区档案新馆已启动实质性调研和规划编制工作；登封市档案新馆建设被列入登封市2017年公共文化服务重点建设项目。

【档案依法行政工作】 市档案局结合工作实际调整依法行政领导小组，制订《2016年依法行政工作要点》《2016年度全面落实行政执法责任制工作实施方案》，组织学习《中华人民共和国宪法》《河南省行政执法条例》等法律法规。通过加强组织领导，强调重点工作，制订工作细则，明确执法权限、落实执法责任、健全执法规范、完善监督措施等，有效提高执法责任明晰化、执法行为规范化、执法队伍专业化水平。8月，派出调研组到山东学习档案行政执法先进工作经验，进一步完善执法文书和执法流程，以执法促进业务工作，确保档案工作的良性循环。组织召开全市档案行政执法培训暨动员会，邀请档案法治专家授课，以全市社保系统为重点，对县（市）区、市直机关、事业单位开展执法检查工作，针对存在问题的3家单位提出限期整改要求。各县（市）区档案部门不断提高依法行政能力，不同形式地开展执法检查活动，取得良好效果。

【档案资源建设】 市档案馆接收各类档案近45万卷件，照片2000余张。征集到郑州市“十二五”期间成就展照片779张；汉画像砖拓片31幅；征集了李克强总理在郑视察照片、上合组织会议

2016年度全市档案工作会议召开

第十四次会议资料；接收社会捐赠的《徐氏家谱》《荥阳傅氏族谱》等图书资料；征集到常香玉老照片、香玉剧社相关资料，以及豫剧名家王希玲、虎美玲、陈百玲等豫剧名家的照片资料和感动中国人物王宽的档案资料；征集到铁剑心、李长生等知名书画家的作品和画册。各县（市）区档案馆不断加大接收力度，拓宽收集渠道，着力丰富馆藏。荥阳市档案馆以新馆搬迁和筹办展览为契机，先后走访资深学者、名人和历史名人后裔50多名，实地考察历史地点、古迹100多处，征集到老照片400多张、资料30卷、实物500件，以及相关记载120多万字。金水区档案馆接收婚姻档案、土地档案、计生档案共18万多件。新密市档案局征集到《溱水文化》《密县“文化大革命”十年史》《中华邵氏族谱》等图书资料1660册。管城区档案局收集到《康氏宗谱》《刘氏族谱》等重要档案资料。

【档案科技工作】 2016年，市档案局争取财政资金125万元，专项用于数字档案馆的软件和硬件维护以及数字化处理等工作。组织对第三批馆藏216万页数字化数据进行全面纠错，正确率达100%；组织对服务器及核心存储系统升级维护，大数据查询速度提升至1分钟之内。加紧谋划郑州市智慧档案馆建设，派出考察组到广州、珠海调研，组织编写《智慧档案馆建设方案》，上报市政府和省档案局。督促指导新郑市、管城区、新密市加强数字档案馆建设，向省档案局申请省级测评；到登封市、荥阳市两地检察院实地指导创建河南省档案信息化示范单位工作。2016年，郑州市档案局《档案馆保存政府网站策略研究—以郑州市档案局为例》获得河南省档案局优秀科技成果一等奖；郑州市档案馆《一个法国人镜头下的汴洛沿线照片研究》、二七区档案局《利用声像档案服务政府中心工作模式研究》、市南水北调办公室《南水北调工程音视频等多载体档案管理与开发利用研究》获得省档案局优秀科技成果二等奖；二七区档案局《九年义务教育阶段普及档案文化的模式研究》、新密市档案局《县级综合档案馆民生档案进馆范围研究》获得省档案局优秀科技成果三等奖。市档案局组织编写的科研报告入选第十八届国际档案大会。

【档案宣传】 2016年，全市档案系统创新工作思，努力营造浓厚的档案工作氛围。市档案局提前谋划，与市内五区档案部门联合在绿城广场举办第9个“国际档案日”宣传活动，设置宣传展板，印制并发放《档案与你相伴》《档案利用实例》《走进档案》等宣传资料5000余册，现场解答群众咨询，郑州电视台、郑州人民广播电台等多家媒体对活动现场进行报道，受到社会的广泛关注；开通 “郑州档案”官方微信，组织开展“档案普法进社区”活动。登封市、中牟县等地档案部门组织开展档案“六进”活动，进一步扩大档案工作的影响力；上街区档案局组织开展“我的家—上街”有奖征文活动；新郑市档案局利用百姓大舞台，举办“档案与民生”文艺晚会、“档案与民生”演讲比赛，普及档案知识，讲述兰台故事，增强社会的档案意识，激发档案工作者干事创业的热情。2016年，全市各级档案部门和广大档案工作者充分利用电子屏幕、档案网站、报纸杂志等宣传阵地宣传档案工作，为档案事业发展创造良好的社会舆论环境。

【档案文化建设】 郑州市档案系统将自办联办报纸专栏、电视专栏，拍摄微电影、微视频、专题片等列入年度考核指标，逐步改变传统的档案编研模式，推动档案文化建设。市档案馆组织力量编写《郑州汉画像砖拓选释》。新郑市、新密市、管城区、中牟县等地档案部门开展《档案志》的编研工作。上街区档案局立足本职工作，开发档案文化产品《我们的幸福》，与社区合作开展了摄影比赛，展示了当地的自然风光和城市新貌。惠济区档案局组织隋唐大运河通济渠郑州段资料挖掘汇总工作。登封市档案局制作《档案行政执法工作回顾》视频。中牟县档案局制作扶贫档案工作视频。荥阳市档案局举办《走近荥阳》历史文化展，制作《兰台新梦——荥阳市档案馆建设纪实》微电影，真实记录新馆搬迁的工作场景。

（孙超峰）

地方史志工作

【概况】 2016年，全市史志系统在市委、市政府的领导和省史志办的指导下，认真学习贯彻中共十八届六中全会精神和习近平总书记系列重要讲话精神，深入贯彻落实《地方志工作条例》《河南省地方志工作规定》和《全国地方志事业发展规划纲要（2015—2020年）》，以开展“两学一做”学习教育为契机，按照“贴近中心，服务社会，突出特色，扩大影响”的要求，真抓实干，积极作为，志书编修工作不断深化，鉴、报、刊工作持续提升，修志用志领域进一步扩宽，基础建设深入推进，机关建设、党的建设、精神文明建设、干部队伍建设得到加强，圆满完成各项工作任务。乡镇（街道）志编纂工作稳步展开。2016年，全市出版或内部刊印乡镇（街道）志6部，形成评审稿和初稿12部，启动初稿编写19部，近30个乡镇（街道）处于收集资料、制定篇目框架阶段。郑州市乡镇（街道）图志丛书编纂工作取得阶段性成果。截至2016年年底，新密市、中原区图志正式出版，金水区图志编纂形成评审稿，二七区图志编纂完成初稿，其他县（市）区图志编纂有序进行。部门志、行业志编纂指导工作持续开展。全市各级史志部门积极指导辖区内机关事业单位志书编纂工作，全年市史志办重点指导了市十一中、市财政局、市市政工程总公司等单位志书编修工作。村志、村史编写工作初见成效。2016年，全市开展村志（村史）编写工作的村有59个，主要集中在市内各区，其中已出版11部，内部刊印17部。年鉴资源得到发掘利用。依托《郑州年鉴》资源，编辑出版《概览郑州》《数字郑州》《民生郑州》《荣誉郑州》等系列微型地情书，与《郑州年鉴》同步发行，增强《郑州年鉴》的实用性和服务性。

史志成果运用取得良好效果。坚持修以致用的方针，运用各类史志成果，积极为当地项目建设、特色规划、

3月23日，全市地方史志工作会议召开

文化遗产申报等提供资料和咨询服务。市史志办按照市政协的有关要求，积极参与市政协文史馆建设工作；根据市委宣传部要求，为市民文化中心道路命名方案提供相关资料。登封市史志办先后参与“登封市文化名城建设规划”“美丽乡村建设规划”编制工作，参与组织“嵩山道教文化论坛”“二十四节气”申报非物质文化遗产、第十一届中国郑州少林武术节等活动，协助登封市政府组织“嵩山论坛2016年年会”，圆满完成筹备工作；新郑市史志办组织举办了第十届“黄帝文化论坛”；管城区史志办积极参与郑州商都历史文化区项目建设工作。一批史志成果得到挖掘利用，收到较好效果。

法规建设取得新进展。拟定《郑州市地方志工作规定（送审稿）》，报送市法制办。市法制办按程序印发市领导和市有关部门审阅、面向社会征求意见。

【召开全市地方史志工作会议】 3月23日，全市地方史志工作会议在黄河饭店召开。会议的主要任务是贯彻落实市委、市政府总体部署和全省地方史志工作会议精神，总结2015年工作，部署2016年工作。副市长刘东出席会议并作了重要讲话。市直有关单位分管领导、各县（市）区史志机构负责同志及业务骨干、市史志办全体人员参加了会议。

【乡镇志编纂工作】 6月，在登封举办为期3天的乡镇志编纂业务培训班，培训县（市）区乡镇修志骨干95人。同时，积极组织人员参加全省培训。9月，召开县（市）区史志机构负责人工作汇报会，督导乡镇（街道）志编纂工作。强调志书质量，制定郑州市乡镇志审查制度，将质量意识贯穿工作全过程。各县（市）区采取集中培训、以会代训等形式，开展人员培训；通过召开座谈会、实地调研等形式，加强指导督促，全市乡镇（街道）志编纂工作扎实推进。

【郑州市乡镇（街道）图志丛书编纂工作】 选取新密市、中原区为先行试点，根据阶段性工作情况，先后召开论证会、座谈会、样稿研讨会、评稿会等，统一思想认识，解决编纂过程中遇到的业务问题，支持、推动编纂工作开展，新密市、中原区图志分别于2016年5月、6月正式出版。新密市图志、中原区图志分别记述所辖18个乡（镇）街道和12个街道的历史与现状，清晰反映乡（镇）街道的变迁与发展，承载起留存乡村历史文化的重要作用，这项工作符合新型城镇化发展的形势要求。

【部门志、行业志编纂指导工作】 全市各级史志部门积极指导辖区内机关事业单位志书编纂工作，有针对性地培训编写人员，帮助制订篇目结构，依据部门特点提出修改建议，彰显部门志书特色。2016年，市史志办重点指导市十一中、市财政局、市市政工程总公司等单位志书编修工作，指导编纂的《郑州市南水北调和移民志》于2016年3月正式出版，《郑州市国土资源志》于2016年11月完成评审，新密市史志办指导编纂的《新密国土资源志》于2016年4月正式出版，登封市史志办指导编纂的《中岳庙志》于2016年8月正式出版。

【村志、村史编写指导工作】 按照市政府关于做好拆迁改造村庄历史文化保护传承工作的要求，市史志办制订《郑州市拆迁村变迁史编写工作指导意见》，明确拆迁改造村编写村史、支持有条件的村编纂村志。各县（市）区史志机构积极做好宣传指导工作，给予及时指导、帮助，努力推动村志、村史编写工作开展。二七区组织全区28个村开展村志编写工作，郑东新区下发文件要求辖区各村编写志书。截至2016年年底，金水区《杲村村志》《庙李村史》、二七区《郭家咀村志》分别出版，金水区《杨槐村志》已进厂印刷，中原区《桐树王村志》《三王庄村志》完成评审稿。

【年鉴编纂工作】 积极督导县（市）区年鉴编纂工作。举办年鉴编纂业务研讨会，邀请中州古籍出版社社长助理王小方授课，研讨年鉴编纂中存在的问题和改进措施，巩固、提高市、县两级年鉴编纂全覆盖成果。各县（市）区把年鉴编纂工作作为经常性、基础性工作来抓，高标准、高质量做好年鉴编纂工作。积极参加全国地方志系统第三届年鉴质量评比活动，《郑州年鉴（2014）》获得地市级综合年鉴二等奖，《中原区年鉴（2014）》获得县（市）区级一等奖。《郑州年鉴（2016）》于2016年12月底正式出版发行。

【大事月报编纂、上报工作】 2016年，《郑州大事月报》连续编发12期，收录信息809条，共计28.05万字，总期数第64期。市史志办积极主动完成《河南大事月报》稿件报送工作，全年报送稿件500余条，报送和被采用量均位居全省第一。二七区、上街区、中原区、管城区、金水区、惠济区、新郑市、新密市、登封市、荥阳市等10个县（市）区围绕中心工作，规范连续编辑发行大事月报，在供各级领导决策、服务经济社会发展方面起到积极作用。

【《郑州地情活页》编辑发行】 精心办好《郑州地情活页》季刊。通过领导人在郑州、领导人与方志、魅力地标、

《郑州名水》出版发行

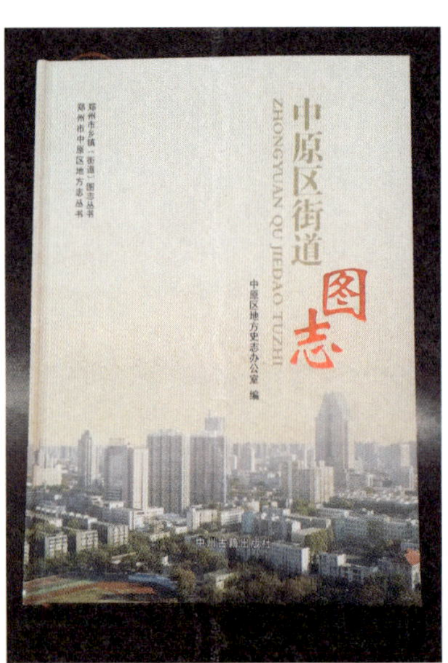

《中原区街道图志》出版发行

文化视窗、文明之根、图说郑州、人物春秋、老城风物、地名由来等十余个栏目，传播历史文化。每季度1期，2016年发行4期，总期数第22期。

【地情资源开发】 郑州市史志系统地情资源开发工作取得新成效。市史志办《郑州名典》系列地情书《名山》分册编辑工作进展顺利，已形成样书；各县（市）区地情资源开发工作持续推进，中原区史志办编辑出版《回眸中原2015》，管城区史志办完成《管城名典》初稿编写工作，新郑市史志办参与编纂《乐天文学》首期发行，登封市史志办参与的《大嵩山》编纂工作进展顺利，同时协助编纂的《会善寺》《嵩岳寺》等地情书正式出版。

【地情资料信息化建设】 及时更新充实市地情数据库，"郑州市情网"收录信息、文章总量达5000余篇，共计1300万字，累计点击量超过80万人次。完成200余部市、县两级志书、年鉴、旧志、地情书的数字化工作，共计1.6亿余字，图片万余幅。依托市地情数据库，开发《郑州地情文献集成》电子书，首批出版600部。11个县（市）区中，二七区、上街区、中原区、管城区、中牟县、新郑市等地建成地情网站，其余县（市）区在政府网站建有网页链接。

【县（市）区督查工作】 2016年，市史志办强化县（市）区史志工作督查，制订下发《关于开展2016年史志工作督查的通知》，抽调业务骨干组成3个督查组，分别由办领导带队，对各县（市）区贯彻《全国地方志事业发展规划纲要（2015—2020年）》情况、修志工作、年鉴月报工作、"一纳入，八到位"落实情况进行督查。督查结束后，由督查组组长向县（市）区史志工作分管领导或相关领导反馈督查情况，着重在重视程度、机构人员经费上提出问题、建议，努力推动各项史志工作落实和"一纳入，八到位"工作机制建设。

5月24，郑州市乡镇（街道）志编纂业务培训班开班

【举办全市乡镇（街道）志编纂业务培训班】 5月24—26日，市史志办在省招生考试学术交流中心举办了全市乡镇（街道）志编纂业务培训班，11个县（市）区史志机构的有关人员以及乡（镇）街道的修志骨干95人参加了培训。这是继2014年、2015年，市史志办举办的第三次全市性乡镇（街道）志编纂业务培训班。

【《中原区街道图志》出版发行】 中原区史志办负责编辑的《中原区街道图志》5月正式出版。该志书属于《郑州市乡镇（街道）图志丛书》中的一部，是郑州市编纂出版的第一部乡镇（街道）图志，是中原区第一部将全部街道融于一体的街道（乡镇）级综合性志书。

【《新密市乡镇（街道）图志》出版发行】 中共新密市委史志办公室编纂的《新密市乡镇（街道）图志》6月由中州古籍出版社出版发行，河南省地方史志办公室主任管仁富为本书作序。该志是《郑州市乡镇（街道）图志丛书》先行试点示范之一，也是"当代河南名片"系列地情书之一。

【举办郑州市地方志业务培训班】 9月4日—10日，郑州市地方史志办公室在中山大学举办郑州市地方志业务培训班。本次培训的目的是深入贯彻落实国务院《地方志工作条例》《河南省地方志工作规定》和《全国地方志事业发展规划纲要（2015—2020年）》的有关精神，切实提高全市史志干部队伍的综合素质和业务能力，推动史志工作深入持续发展。来自县（市）区地方史志机构和市直机关38家单位从事志书、年鉴编纂工作的业务骨干80余人参加了培训。

【《郑州市地方史志事业发展规划（2016—2020年）》印发】 郑州市地方史志办公室根据《国务院办公厅关于印发全国地方志事业发展规划纲要（2015—2020年）的通知》和《河南省人民政府办公厅关于印发河南省地方史志事业发展规划（2016—2020年）的通知》精神，结合郑州市实际，认真拟定了《郑州市地方史志事业发展规划（2016—2020年）》，经征求意见后报请郑州市人民政府印发。9月7日，郑州市人民政府办公厅印发了《郑州市地方史志事业发展规划（2016—2020年）》。

（高 畅）

9月4—10日，中山大学郑州市地方志业务培训

图书发行

【概况】 2016年，郑州市新华书店以“两学一做”专题教育为主题，以图书经营销售为工作中心，以多元化产业发展为纽带，认真做好产业转型升级，科学规划网点布局，积极探索中小门市经营模式，不断强化企业内部管理，全面加强人才队伍建设，有效提高抵御市场风险能力，带动以经营销售为中心的各项工作稳步提升，2016年整体销售额达到3.53亿元，取得较好的经济效益和社会效益。

【重点图书发行和教材发行】 2016年，市新华书店牢固树立高度的政治责任意识，坚持发行工作的宣传导向，及时组织并重点做好《习近平总书记系列重要讲话读本（2016）》《中国共产党党费缴纳手册》《胡锦涛文选》、十八届六中全会系列文件等重点图书的征订发行工作，第一时间印制重点图书书目单，深入机关、学校、企事业单位进行重点图书宣传发行工作，并提供送书上门服务，有效地满足各方学习需求。教材征订发行工作方面，认真领会执行国家相关政策，严格遵守教材发行纪律，不断完善服务手段，挖潜大教育市场，加大短板业务的学习开发力度，确保教材征订发行工作顺利完成。

【营销创新】 2016年，市新华书店“强化大型活动、推进手机营销、扩大品牌宣传”，不断创造活动营销新纪录，持续扩大书店社会影响力。一是以大型签售会为先导，提振卖场效益。全年开展各类新书发布会19场，大型名家讲座签售33场，有效带动卖场人气。二是以多媒体宣传为重点，塑造活力书店形象。通过省、市各级媒体以及市新华书店官方微博、微信、微刊，广泛开展品牌宣传。三是以营销新技术为突破，拓展市场推广渠道。结合卖场重点活动，开展视频现场直播，单场收看人数最高达9万人。市新华书店在全国书店中，第一个为签售会拍摄专门纪录片，有效扩大对卖场和图书的传播效果。同时，与科技公司合作，在国内最大的网络电台“蜻蜓FM”，制作直播读书脱口秀节目《耳朵书房》，打造全国书店第一个直播新媒体，开辟新的流量通道。

【发行网点建设】 2016年，市新华书店积极谋划网点布局，采取多种形式，全面推进网点建设工作。中原万达营业部开业，为市民提供一个集购书、阅读、休闲、会友为一体的综合性景观书店，跻身中国最美书店行列。在建网点方面，市新华书店购置的弘润路店和建业凯旋广场店两个项目主体已完工，进入室内外设备安装阶段；上街书店按计划有序推进，已取得建设用地规划许可证、工程建设规划许可证、不动产权证；惠济万达广场购书中心项目已完成预购协议书的签订工作，进入正式合同的协商和签订阶段。

【文化综合体建设】 2016年，市新华书店继续以打造城市文化综合体为指导思想，全力打造多元化经营业态，不断满足市民一站式文化消费需求。读者俱乐部丰富培训内容和方式，增加场馆内图书品种，增强图书品质，营造出优质的阅读氛围。同时在原有活动项目不减少、活动品质有保障的情况下，陆续开启“心理咨询课堂”“经典诵读”“优秀电影赏析”等多项会员活动，打造与读者相互交流的平台，体现实体书店体验式书城的特色优势。

【人才梯队建设】 2016年，市新华书店不断加强人才队伍建设，加大培养力度。一是为优秀员工晋升疏通渠道。先后组织开展基层管理岗位选拔考试、机关科室人员选拔考试和第十次全员定岗定级考试，通过笔试、面试层层选拔，一批业绩突出、能力拔尖、爱岗敬业、文化素质较高的员工顺利晋级，为各部门选拔出优秀人才。二是市新华书店对新进员工进行专业技能方面的培训，并通过举办理论测试和业务技能比赛，增强新员工的集体荣誉感、自豪感和团队协作意识，帮助新员工顺利完成角色转换。三是加大人才培养力度，开展校企合作培训班。2016年，市新华书店与河南省新闻出版学校联合举办合作订单班春季班，通过对员工的全面培训，为书店的不断发展提供智力支持和人才保障。

（李　菁）

新闻出版与传媒

新闻出版

【概况】 郑州市共有印刷企业690家（不含复印打字），通过年审的印刷企业643家，年工业总产值67.39亿元，年缴税1.64亿元，年利润总额4.42亿元，从业人员2.17万人。全市共有发行单位1460家，从业人员14473人，注册资本43.27亿元，资产总额107.95亿元，销售数量36.83亿册（张盘份），销售总额79.81亿元，营业收入85.45亿，上缴税金1.82亿元，实现利润6.5亿元。印刷行业年度评选表彰活动成功举办，评选出"十佳企业"和一批行业"技术能手"。郑州图书销售额保持9%的增长。版权行业得到进一步发展，全市著作权登记突破800件，全社会保护版权、尊重创作的氛围越来越浓厚。全面完成市、县两级软件正版化督导检查任务，软件正版化工作继续走在全省前列。

【非法出版物集中整治行动】 2016年，郑州市组织开展"秋风""闪电"系列集中整治行动，两会期间出版物印刷发行市场专项整治行动，春季中小学教辅材料印刷、发行专项治理行动，校园周边出版物发行市场专项整治行动，非法出版物集中销毁行动等15次专项行动，出动执法人员16544人次，查办案件64起，收缴非法出版物63.76万册（张）。同时从创新工作机制、建立健全执法监管、"扫黄打非"等一批部门联动机制，与工商、公安、交通等相关单位建立并保持良好互动工作关系，强化职责，以点带面、以点拓面，深挖现代新闻出版市场和新兴领域的大案要案，成功查办一批大要案件，净化全市新闻出版市场经营环境，震慑违法犯罪行为。

【宣传工作】 持续强化各类宣传报道、信息报送工作，同时，利用"4·25"集中销毁活动、"绿书签"系列宣传活动和集中整治行动等有利节点，开展形式多样的系列宣传，通过电视台、电台、报纸、网站、宣传栏等普法阵地，着力宣传新闻出版政策、法律法规，全力提高社会大众和企业单位对依法经营知晓率、认同感和支持度，并引导社会舆论导向，形成全社会齐抓共管、共同参与的良好氛围。

【第十三届绿城读书节】 第十三届绿城读书节突出"互联、互通、惠民"特色，组织开展5大类、29项阅读活动，首次向市民发放的绿城读书券，直接带动图书消费170余万元，图书展销会日均接待市民1.2万人次，销售图书8万余册，"书香家庭"等评选活动直接参与人数达12万人次，各项活动均取得良好效果。省人大、市政协调研全市全民阅读工作，给予高度评价。中国新闻出版研究院发布全国数字阅读排行榜，郑州市位列第三，仅次于北京、上海，连续举办13年的绿城读书节有效推动郑州市全民阅读活动的开展。

郑州市文化广电新闻出版局工作会

【农家书屋】 2016年，郑州市文广新局多次召开农家书屋专题会议，安排部署选书、配书工作，使这项惠民工作落实到位。在2016年暑期读书征文活动中，郑州市推荐的6篇优秀作品均被推荐参加国家新闻出版广电总局"全国农家书屋征文"评奖活动，并取得优异成绩。

【第九届郑州图书交易会】 4月23—25日，第九届郑州图书交易会在郑州市嵩山饭店举行。交易会吸引来自全国22个省市，360多家出版物发行单位参展，展会成交量超过6亿元，参观人流突破3万人次。郑州图书交易会成为全国最具影响力的四大图书交易会之一。

【2016中国（郑州）印刷包装产业博览会】 2016中国（郑州）印刷包装产

9月30日，第十三届绿城读书节启动仪式

业博览会于8月13—15日在郑州国际会展中心举行，展览面积2万余平方米，参会企业600多家，观众突破3万人次。

（薛 特 刘薛娇 陈亚峰 王巧红）

郑州报业集团

【概况】 2016年，郑州报业集团认真学习贯彻落实习近平总书记系列重要讲话精神，积极开展“两学一做”学习教育，积极宣传贯彻落实中央、省、市各项方针政策，在市委的正确领导下，在市委宣传部的有效指导下，按照“宣传全媒体，发展多元化”战略，沿着“做强以党报为旗帜的全媒体宣传矩阵，做大以都市报为龙头的IP资源平台，做活以新媒体为先锋的融媒集群，做优以文创为支撑的多元化产业链条”的“四做”发展路径，以承办中国晚协大会为契机，以打造郑报融媒“新闻超市”为抓手，以中原网新三板上市为引擎，做强新闻主业，转变增长方式，提升影响力，在新闻宣传、媒体融合、经营管理等方面均取得显著成绩。在报业市场低迷的大背景下，连续3年逆势增长，实现资产、收入和利润“三个翻番”。

2016年，郑州报业集团积极贯彻落实中央和省、市精神，大力推进媒体融合发展，打造出在全国产生轰动效应的郑报融媒新闻超市，受到中宣部、中记协的高度关注和肯定，在头条号联合新榜推出的2016年度创新媒体排行榜上，郑报融媒位居第一；承办中国晚报协会第31届年会，较历届年会是到会单位最全、人数最多、层次最高的一届年会；打造日益强大的全媒体矩阵，《郑州日报》新闻客户端《郑州观察》上线，《郑州晚报》新闻客户端《身边》实现升级，中原网运营的“郑州圈儿”和“中原网”两大微信公众号影响力不断提升，在国内多个微信排行榜名列前茅。在《网络传播杂志》评选的中国新闻网站传播力2016年年度总榜中，中原网位居年度城市网站十强。“中原网大数据研究中心”“全景看郑州”两个微信公众号分别获评2016年度“郑州市百佳网站”；不断创新全媒体宣传形式，策划推出大量系列报道和重点报道、系列评论和重磅特刊。

郑州报业集团在占领主阵地、弘扬正能量、做强宣传主业的同时，努力做优做大多元副业，用副业夯实主业，用主业引领副业。创新思维方式，改善经营结构，重点布局金融科技、影视文创、教育养生、旅游地产四大板块，不断开拓新领域，实现新发展。截至2016年年底，郑州报业集团旗下公司达到40多家，多元化收入占比超过60%。

【新闻宣传】 2016年，郑州报业集团不断强化党报媒体集团的责任感和使命感，围绕中心，服务大局，弘扬主旋律，传播正能量，不断创新全媒体宣传形式，策划推出全国两会报道、省市两会报道、王宽家感动中国报道、“三个转变”的郑州探索系列报道、“打赢大气污染防治攻坚战”系列报道、宣传“国际郑”系列报道、拜祖大典报道、投洽会报道等系列报道、重点报道、系列评论和重磅特刊。

2016年全国两会报道，郑州报业集团联合郑州人民广播电台、郑州电视台共同打造郑州全媒体联合报道团队，提前筹划部署，创新报道方式在宣传全国两会工作中实现“全”“新”“快”“好”。2月14日，报业集团旗下媒体最早发掘并持续报道的“王宽家”成功感动中国。这是继2013年大爱仁医胡佩兰、2014年陇海大院爱心集体之后，郑州报业集团连续第三年成功推出“感动中国”人物。同时，郑州报业集团推出《郑州解放68周年》纪念特刊等大批特刊；围绕中心工作推出“学习贯彻十八届六中全会、省十次党代会、市十一次党代会精神 加快迈向国家中心城市”系列评论、“推进新型城镇化建设，加快城市国际化县域城镇化城乡一体化”和“做强产业之基，推动郑州经济社会健康发展”系列评论、“强化‘两个导向’坚持‘十二字’工作方针 持续推进各项重点工作”等大量有深度、有影响力的系列评论。这些报道评论旗帜鲜明，体现党报的强大舆论引导职能。

【推出郑报融媒“新闻超市”】 2016年7月25日，郑州报业集团推出郑报融媒“新闻超市”，将党报、都市报、新闻网站、网络视频、音频、两微一端的采、编、播彻底打通，从体制机制上进行重构。“新闻超市”构建“五大系统”，即新闻发现系统、新闻研判系统、新闻指挥系统、新闻传播系统、新闻反馈系统；实行“三个统一”，即统一身份、统一指挥、统一考核；实现“三个转变”，即记者从单一型向全媒体全技能型转变；工作重心从以报纸为主向做精报纸、做活新媒体转变；工作时序从以夜班为主向全天候转变。郑报融媒“新闻超市”受到中宣部、中记协的高度关注和肯定，在头条号联合新榜推出的2016年度创新媒体排行榜上，郑报融媒力压各媒体位居第一。

【承办中国晚协第31届年会】 2016年8月，郑州报业集团承办中国晚报协会第31届年会，参会代表包括来自全国189家晚报的社长、总编辑。河南省委常委、郑州市委书记马懿参加会议，向与会代表推介郑州，全国数百家主流媒体，全文刊发，并以“郑州向国家中心城市迈进”为主题进行集中报道。会议期间成立“中国晚报协会新媒体发展委员会”，首届新媒体发展委员会主任单位由郑州晚报担任，并发布《中国晚协媒体融合郑州宣言》；启动河南十八省辖市融媒体“新闻云”工作，标志着河南省辖市报业联盟在实现各成员单位新闻资源共享方面迈出实质性步伐；会议期间举办“全国百名社长总编‘走转改’进郑州大型采风活动”，参观郑报融媒“新闻超市”。本次年会较历届年会是到会单位最全、人数最多、层次最高的一届年会。

【中原网新三板上市工作】 5月19日，中原网与河南建业、华谊兄弟、鑫融基、荣智精诚签订协议，完成增资扩股，注册资本增至3000万元，并组建混合所有股份制分司；7月12日，郑州中原网络传媒股份有限公司创立大会成功召开；9月29日，全国中小企业股份转让系统下达受理通知书，正式受理公司的新三板挂牌申请，并于年底收到中原网上市通知。

【文创影视项目】 郑州报业集团2015年投拍的电视系列剧《中华百家姓·起源故事》进展顺利，第一季已经杀青；2015年投拍的警示廉政教育电影《第一大案》，2016年7月16日在北京首映，并获得北京青年影展最佳编剧奖、最佳故事片奖和组委会推荐重点影片三项大奖；郑州报业集团参与拍摄的影片《一句顶一万句》、54集电视连续剧《俺娘田小草》播映后，口碑良好。

【中原网与东阳华海时代影业传媒有限公司签署战略合作协议】 5月11日，郑州报业集团旗下媒体中原网与国内著名影视公司东阳华海时代影业传媒有限公司签署战略合作协议，在网络、传媒、IP版权、影视剧制作宣发、影游互动、动漫衍生品、艺人经纪、主题乐园等领域进行深度合作，打造互联网生态下的泛娱乐化平台，围绕文化传媒产业进行全方位布局。

【签约引进"刘老根大舞台"】 5月18日，郑州报业集团、本山传媒集团与汇艺集团签署战略联盟协议，"刘老根大舞台"正式签约入驻郑东新区汇艺剧院，并于7月1日正式开业。郑州成为"刘老根大舞台"在全国第11个签约城市。

【郑州报业集团与冠英教育集团签订战略合作协议】 7月27日，郑州报业集团与冠英教育集团签订战略合作协议，注资1亿元组建郑报东方冠英教育投资集团，计划在郑州兴办集幼儿园、小学、中学一体化的高标准、高水平的国际教育学校，培养具有"全球视野、中国情怀"、符合国际化趋势的高素质学生。郑州银行、光大银行郑州分行分别向郑报东方冠英教育投资集团授信5亿元。

（史越三）

郑州人民广播电台

【概况】 2016年，郑州人民广播电台在市委、市政府、市委宣传部的正确领导下，坚持团结稳定、正面宣传为主的方针，发挥自身品牌优势，注重与新媒体全方位结合，积极探索新形势下开展电台各项工作的有效路径，推动广播事业健康稳定发展，圆满完成年初制订的宣传报道、经营创收、外宣创优等各项工作任务。

围绕中心，抓重点，做好宣传报道工作。郑州人民广播电台认真贯彻中共十八大、十八届四中、五中、六中全会精神和习近平总书记系列重要讲话精神，牢牢把握正确舆论导向，围绕省、市重大活动，全方位、多角度的为郑州市各项重点工作的顺利推进提供强有力的舆论支持，全年采制新闻稿件近2万多条，没有出现任何政治性、导向性错误。

以节目质量提升工作为抓手，创优工作实现历史性突破。截至2016年年底，郑州人民广播电台有30多件作品在各类省级优稿评比中获奖，其中4篇作品获2015年度河南省新闻奖一等奖，3件作品获得2015年度河南省广播文艺奖、广播剧奖一等奖，2件作品获得单项奖，实现文艺创优工作的新突破。

【新闻宣传】 围绕郑州市委、市政府中心工作，先后策划创作完成《我看郑州这五年》十二五系列访谈录、《最美志愿者》《我爱郑州》《劳模风采》《七一优秀共产党员典型》《喜迎省党代会—凡人善举》等重大系列专题报道数十个，涵盖市委、市政府的全部重点工作，做到重大事件不遗漏、先发声。这些重大报道在传统广播媒体播出的同时，通过微博、微信等新媒体平台多渠道进行推送，扩大重点报道的影响力和传播范围。在省十次党代会期间，郑州人民广播电台5套频率协力推出《看看家乡新变化》专题节目，每期节目在各频率播出的同时，全台17个微信公众号也同时对节目进行推送，阅读量超过115万人次，《今日头条》转发了8条相关报道，引起全国网友的关注。郑州市第十一次党代会期间，精心打造《我爱郑州》系列报道，整组稿件在传统广播中播出同时，以微刊的形式进行推送，在微刊的制作中，加入音频、视频等内容，丰富报道内容，收到良好的宣传效果。

【外宣工作】 2016年前10个月，在中央台中国之声发稿688篇，其中《新闻和报纸摘要》《全国新闻联播》等重点栏目发稿75篇，总分排名列全国省会城市电台前三名，在中国国际广播电台华语台播出《今日郑州》专题20期、共计600分钟。建立中央台、河南台、郑州台3台联席发稿机制，利用微信创建重点稿件策划群，在中央台《新闻和报纸摘要》栏目播发多个头条，向全国展示河南在相关领域的探索经验。其中，郑州人民广播电台主创采写的录音报道《两个农民的进退之路》4月14日头条播出，受到广泛关注，央广网、中国广播网、《河南日报》等媒体进行全文刊发。

在外宣工作方面郑州人民广播电台策划一系列的大型活动收到良好效果。一是举行"中国人权纪实郑州行"全媒体采访活动。来自中国国际广播电台的21位全媒体编辑记者，以及5位分别来自法国、德国、希腊、西班牙、意大利的外国记者通过采访登封垌头村、荥阳李春风爱心超市、感动中国人物"王宽家"等真实故事，向世界全面介绍中国郑州在维护和保障人权方面所做的工作和取得的成绩。二是成功举办郑州市"迎中秋、庆国庆·我们在黄河岸边"文艺演出暨第五届中秋诗会。整场诗会首次尝试使用"知道"Facebook社交平台进行海外同步视频直播，传播效果显著，境外反响强烈，100分钟的直播，覆盖用户近5万人，用户互动3000余次，此次中秋诗会在"知道"Facebook社交平台曝光量达到187万余次，覆盖量182万人，视频观看次数67万次。三是联合中国国际广播电台东南亚中心在郑州启动"丝路名人郑州行暨爱上郑州——2016郑州城市形象海外推广活动"。中国国际广播电台17位全媒体编辑记者，以及分别来自柬埔寨、老挝、缅甸的10位外国记者到郑州、登封、新郑等地，通过深入采访，将自己的所见所闻所感进行多语种传播，向世界展示郑州城市新形象。

【节目质量管控、提升工作】 郑州人民广播电台下大功夫在节目质量管理、提升等方面进行探索和实践，取得显著的成绩。新闻广播不断加强品牌优势，巩固领先地位，为"早新闻"召开专题研讨会，邀请中国之声策划部副主任王巧玲为节目组人员授课，为节目改进出谋划策。进一步完善"新闻+热线"的节目架构，重新规划设计制作节目包装片花。中国新闻出版报刊登《百姓热线》的长篇报道，对该节目进行宣传。频率的品牌栏目《今夜不寂寞》《百姓热线》分别在上海举行研讨会，为进一步提升节目质量和扩大节目影响力奠定坚实的理论基础。在省委宣传部组织的对频率主要品牌节目进行的听评指导中，得到较好的评价。经济广播与市纪委协调合作，创新形式，依托频率联合举办党风廉政建设专题节目《廉政时空—党委书记、纪委书记走进直播间》，受到市纪委有关领导的重视和表扬，最新央视索福瑞的收听率调查显示，该时段收听率较《廉政时空》节目上线之前有较大增长。重点打造频率的品牌栏目《王宁说房》，成立由主持人命名的"王宁房产工作室"，使《王宁说房》这个品牌节目成为省会郑州最具权威性的房产节目。都市广播坚持打造"实时路况郑州品牌"。对郑机城铁开通、农业路高架开通、机场高速施工、地铁二号线开通等重要交通事件进行报道。2016年，都市广播对微信一键路况系统进行升级改版，已实现每15分钟更新一次自动回复。每天接受市民路况咨询2千多人次，小长假及黄金周期间，咨询市民最高达到1.5万人次以上。积极拓展交通品牌影响力，推出春运特别报道"回家路上"，通过连线各地交通记者、直播室对播、共享实时交通信息、大客流景区路况等方式直播呈现。2016年，都市广播共进行3次节目改版提升，推出收听率指数联动节目调整机制，在此机制的保障下对各档节目进行框架调整和内容优化。同时，不断完善应急广播体系建设，都市广播已形成一套较为成熟的应急预案。音乐广播打造“METOO”品牌。3月12日，成功举行了METOO樱花生活季“春风跑”活动，参与的听众达到两万多人。联合好妹妹乐队经纪公司制作完成FM94.4 郑州音乐广播台歌《不如听一首歌》。成功举办2016国庆嘉年华，连续7天的活动，现场总人数过万。开播郑州网络音乐台。918私家车广播以节目为本，活动推动，创新发展。优化节目构架，形成以早、中、晚高峰为依托的《金牌车顾问》《财智精英汇》《大城小爱》为延展的节目系列；坚持《登陆918》最核心稿件的原创，及时策划重大国际事件专题系列连续报道，《登陆918》收听率升至午间第一位。

【举办郑州人民广播电台第六届“十佳栏目”评选活动】 2016年，郑州人民广播电台成功举办第六届“十佳栏目”评选活动，《音乐飞一般》《王宁说房》《金色方向盘》《越夜越高峰》《新闻有话说》《音乐方向盘》《城市热线》《都市早班车》《亲子课堂》《一路飞扬》获得“十佳栏目”称号。《今夜不寂寞》《交通互联网》《郑州早新闻》《百姓热线》《早餐可乐》5个栏目获得“品牌栏目”称号。《流行也经典》《宋玮观天下》《大龙吐槽》3个栏目获得首次设立的“最佳新媒体传播栏目”奖。

【媒体融合发展】 2016年，郑州人民广播电台进一步强化内容建设，推动媒体融合深入发展，取得显著成效。一是蜻蜓河南推出一批有特色的原创节目，网络市场占有率稳步提升。蜻蜓河南推出《豫上美食》《河南旅游宝典》《房产风暴眼》《航空港之声》《中原头条》等20余档新节目，同时在一些重要节日、重要活动期间创建了50余个实时专辑。共制作上传音频1万余条，总收听次数3000余万次，网络市场占有率稳步提升，蜻蜓河南已成为省内成长最快，影响力最大的移动互联网音频新媒体。截至2016年年底，蜻蜓河南页面的专辑总量达523个，日收听次数25万次左右，播放总次数达8000万次。二是推出《会面》App，进一步拓宽广播媒体的传播渠道。郑州人民广播电台与中华网共同建设的新闻客户端“会面”App于2016年4月1日上线，已实现多次升级和优化，解决朋友圈转发不计阅读数、图文直播不能置顶等问题。“会面”App以本地新闻推送为主，与电台最新的采编系统@radio紧密结合，记者采制的稿件、音频、图片都能通过“会面”App及时呈现，没有发稿次数和时间的限制，是郑州人民广播电台微信公众号的有益补充。

【参加2013—2014年度中国广播影视大奖评选活动】 5月，2013—2014年度中国广播影视大奖评选活动在北京举行。郑州人民广播电台新闻评论《有权也不能“任性”》获得中国广播影视大奖广播评论类大奖，广播文艺作品《空谷幽兰四十载 花绽二度分外香——豫剧“活化石”苏兰芳的传奇人生》获得中国广播影视大奖广播文艺类大奖，《让我的眼睛陪你看世界》《东方巨响背后的郑州人》《文如泉涌 心有担当——解读剧作家陈涌泉和他的作品》3件作品获得提名奖。5件作品在同一届中国广播影视大奖中获奖，在郑州人民广播电台尚属首次，实现在国家级评奖中的历史性突破。

【广播剧制作】 录制完成广播剧《刘禹锡》、广播小说连续剧《战争传说》、纪实报告文学《暗战》、广播小说《生命册》，制作完成两部广播微剧《狼》和《娘》，并参加海峡两岸微剧大赛。在完成传统广播剧制作的同时，首次制作完成5集系列动画片《小话西游之商都记》，获得2016年度郑州市“五个一工程”奖和河南省第二届“七个一工程”优秀作品奖。

【创新孵化项目管理】 郑州人民广播电台出台《创新孵化项目管理办法》和《创新孵化项目的考核细则》，从项目申报开始，对创新孵化项目进行严格评审。在项目推进过程中，制订全面细致的过程管控考核措施。通过严谨细致的项目管理，新闻广播微信寻人寻物平台、蜻蜓河南倾听童声代第二季和张明工作室剧场版脱口秀等通过考核入列创新孵化项目。

【市场营销】 6月16日，举办“听在盛夏·广播媒体融合营销论坛”，邀请国内顶级广播营销专家，车语传媒首席运营官周伟做专题营销业务讲座和培训，170名广告公司和广告客户代表参加论坛。6月28日，举办“2016听在盛夏优势节目资源推介会暨听友见面会”，400多名听众及客户代表参加。11月，举办《融赢未来——2017郑州电台广告资源推介会暨签约仪式》。

各频率以形式多样的活动为载体，积极开发、拓展经营项目。新闻广播经营性节目《大咖帮你购》整体出售，由企业负责经营；引入商业元素，“为商丘农民卖梨公益活动”、华丰灯饰界五周年店庆、粉丝购物节等活动突破了电台传统广告营销模式，增加收入。经济广播举办“十一”黄金周特别节目——凤凰城第十届家居建材采购节暨《王宁说房》空中特卖会。912都市广播3月开通视频直播，累计观看人数超过300万人，视频直播中植入的显示屏，每天创收1万元。11月11日，推出“双11”912购物节特别直播，912微商城1天单品销售超36.48万元、互动超过百万人次。2016年，郑州人民广播电台成功完成1.3亿元的创收目标。

【多元化经营】 2016年，郑州广播传媒集团有限公司积极开拓市场，取得显著成绩。一是积极开拓文化演艺市场。集团下属的大贤文化传播有限公司推出迷途樱花季活动，在郑州文化演艺市场初步树立自己的品牌形象。二是打造新能源产业经营平台。集团下属河南润安新能源有限公司，与多家知名国际品牌建立战略合作关系，并与河南省新能源协会、河南省区域新能源协会结成长久战略联盟，与北京城市规划院、河南省城市规划院展开全方位的战略合作，在提供制冷、新风、饮水整体解决方案方面拥有更大的优势和利润，在全省18地市签约近20家加盟商，初步形成覆盖全省的经营网络。三是利用自身优势，推出系列音像制品，传播郑州好声音。郑州广播传媒集团公司挖掘、整理和出版《永远的榜样—焦裕禄》《那些年我们读过的课文》《尘封的记忆寻找梨园失落的声音》等系列音像制品，受到社会各界的好评。同时，集团与上海涛略广告有限公司合作，成立郑州听涛闻略广告有限公司（涛略河南），开发外埠广告业务。与河南豫发集团有限公司签订2016—2017年度广播广告合作协议，将广播媒体资源进行整合，进行一站式服务，为客户提供全方位的投放服务方案。

【技术保障工作】 1月20日，@RADIO系统正式上线，郑州人民广播电台成为继上海文广集团之后第二个拥有“全媒体融合生产平台”的城市电台。在“两会”和拜祖大典等大型活动报道中，@RADIO系统的高效、快捷、易用等特性得到充分的体现。完成西区广播电视发射塔的检测和加固工作。全年实现安全播出时长43800小时，台内停播率小于5秒/百小时，圆满完成全年安全播出任务。

【重点工程建设】 西区建设工作进展顺利，西区新广播中心项目与土地部门签订用地合同，完成建设项目建设场地定界、垃圾清运、场地平整清理、文物勘探、地质勘探等项工作。发射塔建设项目完成环评审批工作，项目可研报告已上报市发改委进行初审，项目的控规、规划选址意见书，建设用地手续报审等项工作按计划有序推进。

【郑州人民广播电台中层正副职竞聘上岗素能测评工作】 郑州人民广播电台不断深化体制改革，5月，组织开展部分中层正副职竞聘上岗素能测评工作，市委宣传部领导对此次竞聘工作十分重视，多次作出重要指示，对职位要求、任职条件、竞聘步骤等提出明确要求。

21名符合竞聘条件的同志参与竞聘，7名同志脱颖而出，走上部门、频率领导岗位。通过此次调整和充实，电台中层干部管理队伍的知识、年龄、资历等层次结构得到进一步优化。

（汤理科 陈天培 张玉华）

郑州电视台

【概况】 2016年，郑州电视台在市委和市委宣传部的正确领导下，深入学习贯彻中共十八大和十八届三中、四中、五中、六中全会精神，深入学习贯彻习近平总书记系列重要讲话精神，高举旗帜、围绕中心、服务大局，牢牢把控舆论导向，全面启动系统性综合改革，加快推动新媒体融合，积极推进文化产业提质增效，全力打造高素质人才队伍。全台上下树立"一盘棋"思想，锐意进取，奋发有为，各项工作取得新进展、新成效。2016年，郑州电视台获得多项荣誉，获上合组织政府首脑（总理）理事会第十四次会议郑州服务保障工作先进单位荣誉称号；在省委宣传部、省文明办主办的"我为正能量代言"主题活动中表现突出，获得传播奖；获黄帝故里拜祖大典筹办工作（2006—2015）集体二等功、市革命老区建设工作先进集体。2016年，全台收入1.28亿元，比上年增长12.3%。驻县（市）记者部、文体频道连续两个年度超额完成目标任务。驻县（市）记者部2016年实际完成利润323万元，超出目标任务74.6%；文体频道2016年实际完成利润978万元，超出目标任务34%。

【舆论引导工作】 重点宣传主题鲜明、成效显著。完成市十一次党代会专题报道；完成刘奇葆等党和国家领导人，谢伏瞻、陈润儿等省领导来郑州视察活动宣传报道；完成马懿、程志明等市委、市政府主要领导活动报道；完成全国"两会"、全市"两会"、黄帝故里拜祖大典、第十一届国际少林武术节等重大活动的宣传报道。精心组织中国共产党建党95周年、中国工农红军长征胜利80周年主题宣传活动。制作"决战大气污染""学习贯彻党代会精神县（市）区委书记专访""聚焦产业集聚区"等40多个专栏。策划拍摄大型系列报道《第一书记扶贫记》。深度访谈栏目《周末面对面》重点做好十二五规划回顾，社会主义核心价值观的弘扬、城市管理建设等方面的宣传报道。

核心价值观引领有力、影响深入。策划"情比金坚"公益婚礼、新密油坊庄村"蜜香杏"义卖活动、"平安放学路"等大型公益活动。坚持聚焦凡人善举，策划《爱心腊八粥 温暖一座城》《爱心早餐卡 温暖环卫工》等报道，共计180多篇。主动开设"文明郑州""身边好人"等专栏，对郑州市获得全国首届文明家庭称号的马昕、方秀云、王宽等文明家庭进行集中展示，持续提升郑州大爱之城、温暖之城的社会影响。

组织承办大型活动、合作共赢。成功举办全市"两学一做"电视知识竞赛，展示队伍过硬的政治素质和业务水平。成功举办全国大城市电视台联盟体年会，这是该年会首次在郑州举行，参会代表包括北京、上海、成都等37个大城市电视台的台长、副台长、频道总监。成功举办"鑫苑杯"梦想星主播——第四届郑州电视台全国主持人大赛，进一步提高郑州电视台作为主流媒体在全省乃至全国的影响力，提升郑州的知名度。承办"2016中国语文朗读大赛郑州赛区活动"，由郑州电视台选送的66名选手在全国总决赛中全部获奖，同时郑州电视台获得全国总决赛优秀组织奖。成功完成首届楚河汉界世界棋王赛事直播任务，直播时长8个多小时，创郑州电视台大型直播时长最长时间纪录。承办第二届职业技能竞赛暨2016导游大赛、"郑州优秀青少年——郑州男孩 郑州女孩"评选活动，"谁是英雄——郑州市职业技能与才艺电视秀"等一系列有影响力的大型活动，充分发挥郑州电视台资源优势，提高资源运营效益，与合作单位实现双赢。

【外宣工作】 2016年，郑州电视台在央视发稿105篇，河南台发稿540篇。黄帝故里拜祖大典宣传报道在央视《新闻联播》《朝闻天下》等各档新闻节目中播出6次。与央视财经频道合作完成了6场直播任务。由市纪委和郑州电视台联合制作的5集大型廉政历史人物电视纪录片《正气贯古今》在央视纪录频道CCTV-9播出。

【节目制作】 （1）节目生产样态多元、拉动创收。配合全市工作大局及市直各局委相关工作，制作《郑州十二五》《巡航十二五》《"益民"在路上》《天地之中 自在登封》《群星璀璨耀中原 非公党建谱华章》等一系列专题片，创收65万元。（2）下沉县（市）区，积极促成各项合作，成功引进汽车软广、活动录播等合作项目，与各县（市）区签订航拍合作协议，拓宽创收渠道，完成创收300多万元。（3）电视剧继续维持低成本状态，排播上新老剧相结合、尽可能压缩成本。（4）继续发挥微电影优势，弘扬主旋律，反腐倡廉微电影《带着良心上路》《软软的信》拜祖大典献礼微电影《回家》等作品得到社会好评，合作客户扩大至全国，与商城县量合作拍摄美丽乡村微电影《八月桂花遍地开》，与蒙牛集团合作制作3期新闻专题片。（5）强化节目编排和包装，做好每日、每周和季度收视分析，对节目工作形成决策参考。组织主播培训沙龙，积极开展主持人社会实践活动，提高主播知名度和业务水平，提升郑州电视台对外形象。

【技术保障工作】 2016年，发射机房安全播出节目14417小时，播出机房安全播出电视节目46976小时，全年停播率每百小时0秒，优于上级规定的每百小时20秒的达标标准。圆满完成系列重大活动直播、转播任务，完成202场节目录制，以及19场大型活动的转播和信号输出。加强演播室技术值班，全天、全程跟踪演播室内节目的直播及录制，实时对节目生产进行技术保障，共计完成5112小时。全年果断处理紧急重大设备险情3次，保证时政新闻的安全生产和播出。严格设备管理和维护，完成4项设备招标采购项目。保障全台空调、动力及照明用电正常工作。开源节流，完成6套在线编辑设备改造，并投入使用，缓解设备不足问题。积极对技术系统各要素进行保养、清洗、维护，杜绝安全隐患，使各技术要素效能发挥至最大化。完成二级缓存改造、地铁二号线播控系统的搭建等重大技术改造项目。

【节目整体改版升级】 郑州电视台启动节目整体改版升级。邀请中国广电实战专家团，对节目改版进行指导。改版后，郑州电视台撤销3个原有自办栏目，新增11个自办新栏目，自办栏目从31个增加至42个，自办节目时长从日均1130分钟，延长到日均1345分钟。

【媒体融合发展】 搭建微信矩阵，促进内容融合。整合各频道各栏目近50个微信公众号，建成郑州电视台微信公众号矩阵，使原有微信端只具有简单新闻发布功能，发展为具有网上互动以及全台8套电视节目微信端直播、点播功能，微信平台技术升级后，实现新媒体在内容上的充分融合。重大活动宣传报道中，利用微信第一时间推出相关报道，在全国"两会"报道中，推送速度居各媒体之首。《郑在收藏》栏目进驻各大门户媒体，包括今日头条、搜狐公众平台、网易号等，各平台总点击量突破过百万。以郑州电视台5个新媒体平台即网站、手机电视、微博、微信、头条号全部运转正常，影响日益扩大。实现了大型活动的电视与网络同步直播，微信直播的启用，大大提高受众覆盖面。新媒体对武术节报道的累计转发量达到60000人次以上；"鑫苑杯"梦想星主播——2016第四届郑州电视台全国主持人大赛在网易平台进行直播，观看参与人数达到13余万人次，其中复赛直播吸引参与人数54762名，获第十期网易城市互动榜评比第二名。微信平台探索经营融合，利用微信平台打造逍遥互动云商城，菏泽、焦作、咸阳等6家电

视台已参与测试。

与大象融媒进行深度战略合作，促进渠道融合。坚持多屏分发，多渠道拓展，将节目内容在智能手机、互联网电视机等移动、互联网终端上进行推送播出，进一步扩大用户覆盖面。在资源共享的基础上，将3套高清节目、7套标清节目纳入大象融媒旗下的IPTV和OTT系统，为广大市民提供了通过网络机顶盒收看和点播郑州电视台节目的覆盖渠道，郑州电视台节目通过三大运营商的宽带网络实现全省覆盖。

筹建新媒体中心和融媒体指挥调度中心，打造“中央厨房”。打破原有部门分割运作方式，建立统一指挥调度的融媒体采编平台，实现新闻信息一次采集、多种生成、多元传播，打造“中央厨房”。全台记者不分频道、不分栏目，统一由融媒体指挥调度中心指挥。记者到达新闻现场后，第一时间采集新媒体素材上传到数据处理中心，处理中心人员全天24小时值班，实现管理扁平化、功能集成化、产品全媒化。

【媒体资源运营】 郑州地铁项目取得实质性突破。确定“郑州地铁文化建设排头兵”发展方向，全力配合轨道公司开展大型活动、活动宣传、新闻报道、特别节目互动，增加地铁电视文化类内容和公益类内容播出比例，为双方新合作模式打下坚实基础。举办首届郑州地铁小小讲解员选拔活动，由小小地铁讲解员录制的“郑州地铁文明乘车系列宣传片”制作完成，网络点击量超过1万次。举办圣诞公益活动，为贫困山区小学生募集圣诞礼物。地铁2号线开通，作为“2号线开通试乘活动”承办方组织活动。2016年11月，郑州突降大雪，郑州地铁电视推出应急播出机制，高峰期全程直播郑州路况，大大提升地铁电视媒体平台的影响力和美誉度。截至2016年年底，地铁电视广告总创收达到490万元。

搭建产业平台促进项目发展。跨境E贸易项目，在和河南航投物流公司合作的“航投臻品”项目基础之上，与澳洲亿佰葩鲜公司合作开展“天猫无人值守店”项目，以网络销售、线下实体店、物流配送模式进行销售。同时计划打造郑州的24小时便利超市。以电梯卫士为载体的智慧社区互联网项目，依托安装在上万部居民楼电梯中的“电梯卫士”监控设备，为社区居民提供全方位智慧服务。“佳家购”电视购物项目，积极向全省其他地市、县台复制该项目，已签订合作单位6家。省会教育联盟平台项目，与郑州市教育协会合作，与50余家机构达成合作意向。联盟成立后将覆盖全市中小学校及幼教园，服务目标人群10万余人。好视购微商城平台项目，将佳家购电视购物、活动营销、教育平台等已有项目向好视购微商城进行导流，把好视购微商城打造成未来移动端融合跨境商品、国产精品、教育培训、生活服务为一体的电商平台，好视购微商城的打造同时也会对以上项目包括电视收视进行反哺，形成良性互动。

大型活动提升品牌价值。（1）郑州电视台首届年货节。与商家积极协商，以媒体推广宣传的附加值为亮点，让商家自己铺货，自带销售人员。年货节7天共计实现销售额458818.7元，利润率19.14%。（2）郑州电视台首届茶叶节。北茶城免费提供场地、柜台、安保等服务，商家各自铺货销售，累计销售将近5万元，实现创收1万多元。（3）郑州电视台国防夏令营，与河南省国防教育基地达成合作，对方提供食宿、场地、教员、课程安排，郑州电视台负责宣传招生，双方利润分成，实现创收67396元。（4）花妖游戏动漫音乐嘉年华活动。与郑州历程科技有限公司合作，郑州电视台提供活动的宣传推广及花妖代言人评选、美食展等活动，合同金额50万元。（5）平舆县第一届住房宜居节及家居建材展。与平舆县合作，实现创收22.4万元。同时开展社区欢乐行、红木直销惠、瑞士名表直销惠、第二届国际皮草博览会等一系列营销活动，大大提高媒体资源的运营效益，提升郑州电视台的品牌价值。

【雁鸣湖野生动物园项目建设】 雁鸣湖野生动物园项目取得重大进展。雁鸣湖野生动物园项目是集世界级野生动物园、文化演艺、主题游乐、精品酒店、体育休闲、养生度假、商业服务等7大核心功能，集16个主要项目于一体的世界级文化旅游综合体。项目计划在6年时间内分3期进行开发建设，总开发面积733.33公顷，总投资金额95亿元。一期项目占地面积约200公顷，由野生动物游览区、主题酒店、国际杂技大马戏剧场、马术俱乐部、室内滑雪场、商业小镇以及配套基础设施等6大板块组成。项目邀请世界一流设计团队完成项目的全方位规划，被列为中牟县2016年十大重点项目。已完成首期项目40公顷建设用地划边定界工作。

【新电视中心项目建设】 新电视中心项目各项前期工作扎实推进，成效显著。项目经市发改委正式立项，项目地块的清表工作在“四中心”区域率先完成，同时完成文物发掘和地质勘探等工作。电视中心设计方案基本确定，可研性报告已经通过专家论证，环评报告、节能评估报告编制工作进展顺利，项目地块已正式签订土地出让合同，土地出让金全部付清。

（汤理科 陈天培 张玉华）

科 技

【概况】2016年，全市科技工作紧紧围绕党中央、国务院和省委、省政府关于创新驱动发展的战略部署，全面贯彻落实全国、全省科技创新大会精神，围绕“四个全面”战略布局，坚持创新、协调、绿色、开放、共享发展理念，按照“三大一中”战略定位，深入实施创新驱动发展战略，以建设郑州国家自主创新示范区为引领，以促进科技与经济紧密结合为重点，以创新创业综合体载体平台建设为切入点，以深化科技体制机制改革为动力，进一步完善推动“大众创业、万众创新”的创业链和创新链，大幅提升自主创新能力，引领支撑全市经济社会发展，取得显著成效。

科技创新综合实力显著提升。截至2016年年底，全市有科技型企业2370家、创新型（试点）企业530家、高新技术企业765家。2016年，郑州市完成高新技术产业产值7498.6亿元，同比增长15.2%；实现高新技术产业增加值1820亿元，同比增长13%。全市专利申请量为3.7万件，同比增长43.6%；专利授权量为1.8万件，同比增长11%；全市万人发明专利拥有量达到8.7件。全市技术合同成交额为150.3亿元，同比增长15.3%。2016年，郑州市获得国家科学技术奖9项，其中国家技术发明奖二等奖1项、国家科技进步奖一等奖1项，二等奖7项；获得河南省科技进步奖187项，其中一等奖10项，占全省一等奖获奖总数的58.8%；获得郑州市科技进步奖99项、专利奖27项。2016年，郑州市科技进步对经济增长的贡献率达到61%。

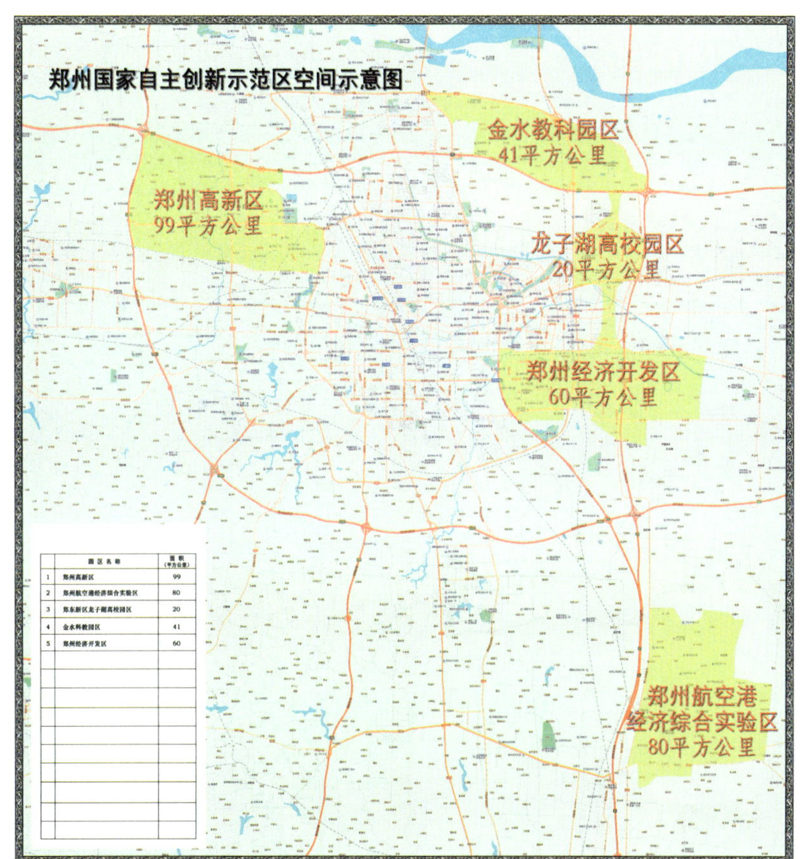

郑州国家自主创新示范区示意图

创新创业服务体系逐步完善。以建设国家促进科技和金融结合试点城市为抓手，完善科技和金融结合服务体系，设立总规模3亿元的郑州市科技发展投资基金；加大财政科技金融资金投入力度，综合运用科技创业投资引导基金等措施，吸引社会资本、金融机构参与科技创新，普斯资本、点亮资本、洪泰基金、中科招商等一批创投机构或创投资本合作项目落户落地；继续实施科技金融资助政策，引导社会资本投资科技型中小企业，郑州市为315家科技型企业补助研发费用1.2亿元。完善科技成果转化服务体系，建设技术转移服务机构、科技公共服务平台，提升科技成果转化的能力和惠及民生的水平。截至2016年年底，郑州市共建各类科技服务机构724家、专业技术转移机构15家、科技公共服务平台37家。加大大型科学仪器共享使用力度，仪器共享使用数量达到5536台套。郑州高新区被认定为国家首批科技服务业试点区域。

创新驱动发展环境更加优化。2016年，郑州市不断优化创新驱动发展的顶层设计，制订出台《中共郑州市委郑州市人民政府关于贯彻落实〈国家创新驱动发展战略纲要〉的实施意见》《中共郑州市委郑州市人民政府关于郑州国家自主创新示范区建设实施方案》《中共郑州市委郑州市人民政府关于加快推进郑州国家自主创新示范区建设的

8月25日，全市科技创新暨国家自主创新示范区建设动员大会召开

若干政策意见》《郑州市人民政府关于促进科技与金融结合的意见》等政策措施，科学编制《郑州市“十三五”科技创新发展规划》《郑州市科技创新三年行动计划》（1+9行动计划），加快编制郑州国家自主创新示范区发展规划，促进科技与经济深度融合，不断优化科技创新发展环境，加快推进创新型城市建设。2016年，郑洛新国家自主创新示范区成功获批，郑州市入列国家促进科技和金融结合试点城市，航空港区被认定为国家“双创”示范基地，高新区获批国家知识产权示范园区，郑州国家知识产权服务业集聚发展试验区通过国家验收并晋级为国家示范区。科技创新支撑引领全市经济社会发展的能力显著增强。

高层次科技创新人才队伍不断壮大。实施“智汇郑州·1125聚才计划”，加快引进一批创新创业高端人才、产业急需高层次科技人才，重点支持国内外带人才、带项目、带技术、带成果的高端人才或团队入驻郑州市，加强与国际组织和国际猎头公司等中介机构合作，深化海外高端人才和国外智力的引进，着力打造一支具有国际化视野、专业化素质、开拓性精神的创新创业领军人才队伍。首批“智汇郑州·1125聚才计划”，入选人才（团队）101个，其中“两院院士” 4人，国家“千人计划”、“万人计划”专家22人，海外领军人才48人。截至2016年年底，全市建立院士工作站79家，引进两院院士13人、“千人计划”专家42人。

【实施创新驱动发展战略】 2016年，郑州市全面贯彻创新、协调、绿色、开放、共享发展理念，深入实施创新驱动发展战略，结合郑州市“十三五”时期发展规划，借鉴吸收外地先进经验，以实现“两个率先”和国际商都建设为目标，制订出台《中共郑州市委郑州市人民政府关于贯彻落实〈国家创新驱动发展战略纲要〉的实施意见》等政策措施，促进科技与经济深度融合，不断优化科技创新发展环境。积极推进郑州国家自主创新示范区建设，研究出台《中共郑州市委郑州市人民政府关于郑州国家自主创新示范区建设实施方案》《中共郑州市委郑州市人民政府关于加快推进郑州国家自主创新示范区建设的若干政策意见》，按照自主创新示范区“一区四园多点”布局，坚持“整体协调、联动发展”，完善创新服务保障体系，强化科技创新政策先行先试、科技资源高效配置，全面提升区域创新体系整体效能，打造开放创新先导区、技术转移集聚区、转型升级引领区、创新创业生态区、创新创业人才密集区、科技与金融结合实验区。围绕郑州市“十三五”时期发展规划和国际商都建设，精心谋划、科学编制《郑州市科技创新“十三五”规划》《郑州市科技创新三年行动计划》（1+9行动计划），加快推进创新型城市建设。

【自主创新体系建设】 加快推进全市创新创业综合体建设和运营，2016年，全市新建创新创业综合体20个，总面积527.6万平方米；全市有各类孵化器和众创空间151家，其中国家级17家、省级23家；已建成各类创新创业载体面积610万平方米；有科技创新创业者6万人；累计培育上市企业及新三板上市企业174家。加强开放创新战略合作，积极引进国内外大院、大所来郑州建立分支机构和新型研发机构，中科院过程所郑州分所正式运行；郑州信大先进技术研究院、郑州大学产业技术研究院建成投运；郑州新世纪材料基因组工程研究院、郑州轻工业学院产业技术创新研究院启动建设；中科院软件所、大连理工大学重大装备制造郑州研究院、华中科技大学郑州智能装备研究院、新华三集团郑州产业技术创新研究院项目签约落地。同时组建产业技术创新研究院8家、产业技术创新战略联盟7家。加强研发中心建设，全市共建各类研发中心2149家，其中国家级研发中心35家、省级研发中心604家。

【郑洛新国家自主创新示范区建设】 2016年4月11日，国务院正式批复同意建设郑洛新国家自主创新示范区，郑州市按照省委、省政府工作部署，对照国家自主创新示范区建设要求，认真谋划、积极作为，召开全市科技创新暨国家自主创新示范区建设动员大会，制订实施方案，出台若干政策意见，强力推进示范区建设的各项任务。郑州市按照“一区四园多点”的架构，建设以郑州高新区为核心区，以郑州航空港经济综合实验区、郑东新区、郑州经济技术开发区、金水区和其他县（市）区创新创

国家技术转移中心

审协河南中心

业综合体为辐射区的自主创新示范区。加快形成示范区核心区和辐射区优势互补、错位发展、特色明显的产业格局。加快示范区发展规划编制工作，委托在国家自主创新示范区规划编制方面具有丰富经验的北京市长城企业战略研究所编制《郑州市建设国家自主创新示范区发展规划》，规划编制已完成初稿。

【大众创业万众创新工作】 加快推进全市创新创业综合体建设和运营，大力发展各类创新型孵化器，积极营造创新创业生态环境。大力推进创新创业综合体建设，按照市委、市政府提出的“边建设、边培育、边运营”的要求，市科技局加大工作推进力度，保障各项工作顺利推进。各县（市）区紧紧抓住供给侧结构性改革的机遇，从制度、规划、政策、高新科技、投融资、人才等多个方面，结合实际，开展引资引智引技等活动，并制定出台各项扶持政策，着力推进以创新创业综合体建设为主的各类创新创业载体及服务体系建设。截至2016年年底，全市创新创业综合体入驻企业2156家，引进创新创业领军人才376名、人才团队368个，已培育新三板上市企业28家，拟上市企业32家。大力发展包括互联网创业平台、科技创业苗圃、众创空间、星创天地、科技企业孵化器、加速器、创新创业综合体在内的梯级创新创业载体，形成适合各类创新创业需求的生态圈，为广大创新创业者提供良好的工作空间、网络空间、社交空间和资源共享空间。成功举办中国（郑州）第二届国际创新创业大会暨跨国技术转移大会。此届大会，中外参会代表阵容大、项目征集数量多、重大项目揭牌或签约质量高，大会共征集1512项国内外创新创业项目，其中国外项目264项、国内项目1248项。超过100个重要创新项目现场签约落地，包含中欧国际技术转移郑州中心、中澳（郑州）创新中心、中澳（郑州）国际创新创业孵化中心、中德（郑州）智能制造孵化中心、中德（郑州）职业教育发展研究院、中德（郑州）国际技术转移中心、中匈（郑州）国际科技园、中国（郑州）创新创业研究院、中国首家国际双创人才实训基地、金水区虚拟现实（VR）产业基地等项目。

【科技型企业培育】 2016年，郑州市加大科技型企业培育力度，制订出台《“十百千万”科技型企业培育三年行动计划》《郑州市科技型中小企业研发费用梯次补贴实施细则》，支持各类市场主体和科技人员在郑州市创办科技型企业，培育一批有影响力、有带动力的科技型企业。2016年，新增科技型企业675家，新增创新型（试点）企业125家，新增高新技术企业159家。加大高新技术企业和创新型企业的支持力度，落实国家优惠政策，不断壮大高新技术产业规模，提高高新技术产业发展水平和效益。做好加计扣除项目鉴定工作，2016年共有1358个项目通过省、市两级的鉴定，加计扣除额17.08亿元。

【积极推进创新资源战略合作】 加强开放创新要素合作，积极引进国内外大院、大所来郑州建立分支机构和研发中心，为郑州市创新创业综合体、科技园区、大学科技园、国际科技城发展引进创新资源。着力推进中科院过程所郑州分所建设，郑州分所在金水区服务外包园区正式挂牌运行，并成立郑州中科新兴产业技术研究院，组建郑州市储能科学与技术重点实验室；新建的郑州信大先进技术研究院已正常运行，科研团队规模130人；组建的郑州新世纪材料基因组工程研究院、郑州轻工业学院产业技术创新研究院均已完成工商注册，并已启动签约后的建设。加快推进中科院软件所、大连理工大学重大装备制造郑州研究院、华中科技大学郑州智能装备研究院、新华三集团郑州产业技术创新研究院项目尽快签约落地。积极谋划中科院电工所、中科院大学双创学院来郑州建立分支机构；推进中国空间技术研究院在郑州建立中国航天郑州转移转化研究院。加强国际科技合作基地（园区）建设，郑州市研究出台《郑州市国际科技合作后补助资金管理办法》，新建国际科技合作基地5家；依托创新创业综合体，积极引进国外科技创新创业团队和科技服务团队，引入国外先进的科技服务理念和管理经验，提升郑州市国际科技合作水平。

【科技服务平台建设】 2016年，郑州市着力于科技服务业发展，制定出台了《郑州市科技公共服务平台认定管理办法》《郑州市科技创新创业券实施管理办法》《郑州市科技服务机构认定管理办法》《郑州市大型科学仪器设施共享实施细则（试行）》等政策，进一步优化科技服务业发展政策环境。依托国家专利河南审协中心和国家技术转移郑州中心等平台，积极推进科技服务业集聚区建设。优化和整合科技资源，谋划在创新、创业综合体内建设、引进科技公共服务平台、技术转移服务机构，促进技术转移成果转化，为创新创业综合体内企业提供技术支撑和服务保障。截至2016年年底，新建技术转移服务机构3家、科技公共服务平台20家。积极促进科技和金融结合，以郑州市被确定为国家促进科技与金融结合试点为契机，出台《郑州市人民政府关于促进科技与金融结合的意见》，细化各项政策措施；创新财政科技投入方式，加大财政投入科技金融资金力度，设立郑州市科技发展投资基金，通过市场化方式运作，引导社会资本重点向科技型中小企业投资，支持科技型中小企业快速成长。

【科技人才队伍建设】 实施“智汇郑州·1125聚才计划”，加快引进一批创新创业高端人才、产业急需高层次科技人才；实施人才“柔性引进”政策，通过讲学指导、有偿租赁、技术入股、项目资金合作等多种方式大力吸引急需的、高层次、专家型人才来郑州市创业创新。加强与国外专家组织、著名大学以及相关国际组织和国际猎头公司合作，深化海外高端人才和国外智力的引进，对国内外带团队、带人才、带项目、带技术、带成果入驻郑州市的高端人才进行重点支持，形成人才集聚、创新创业的热潮。截至2016年年底，全市建立院士工作站77家，引进两院院士12人、“千人计划”专家42人。

【实施科技惠民行动计划】 围绕生物工程与制药、生态环境、现代农业、城镇发展等领域，组织实施科技惠民计划项目9项，推广应用一批先进适用技术和新产品，让科技成果更好地惠及民生。制订郑州市生物医药、节能环保科技型企业培育计划，加强产学研合作，引导企业加大科技创新投入，突破一批重大关键技术，增强企业内生动力和核心竞争力。积极推进都市生态农业、农产品深加工等领域科技创新，培育一批科技创新型龙头企业。加快推进郑州国家农业科技园区建设，形成以农业为主的大型综合体。积极推进河南兴泰、三全食品承担的河南省重大科技专项，形成一批新技术和新产品。

【知识产权服务体系建设】 以完善知识产权服务体系为抓手，以推进国家专利审协河南中心、国家知识产权创意（试点）园区、国家专利导航产业发展实验区、国家知识产权服务业集聚发展试验区、国家知识产权试点园区建设、中国郑州知识产权快速维权中心为载体，围绕国家知识产权示范市建设，制订国家知识产权示范市实施方案，启动实施专利导航产业发展示范工程，积极培育知识产权优势企业和优势区域，促进知识产权创造、运用和保护，加强知识产权宣传，提升综合服务能力。

（肖　建）

教育

综述

【概况】 2016年，郑州市（含巩义）有各级各类中初等教育学校1493所，在校生165.34万人。其中，普通高（完）中118所，在校生188370人；普通初中306所，在校生343980人；中等职业学校（含省属中专学校）123所，在校生287614人，其中全日制在校生275893人；小学932所，在校生831919人；特殊教育学校13所，在校生1421人；工读学校1所，在校生120人。全市各级各类中初等教育学校有教职工101374人，其中专任教师89471人。有幼儿园1516所，在园幼儿368270人，教职工44932人，其中专任教师24059人。

【经费投入】 2016年，全市教育经费总投入为1930811万元，其中，国家财政性教育经费1519768万元，包括公共财政预算教育经费1506510万元、政府性基金预算安排的教育经费12756万元、企业办学中的企业拨款292万元、校办产业和社会服务收入用于教育的经费210万元；民办学校中举办者投入14099万元；社会捐赠经费517万元；事业收入381629万元；其他教育经费14798万元。2016年郑州市公共财政教育经费比2015年增长6.29%，2016年郑州市经常性财政收入比2015年增长11.05%，公共财政教育经费比例比经常性财政收入增长比例低4.76个百分点。全市国家财政性教育经费占GDP的比例，2016年为1.90%，2015年为1.93%，2016年比2015年降低0.03个百分点。全市财政教育经费支出占全市财政支出的比例，2016年为9.94%，2015年为11.17%，2016年比2015年降低1.23个百分点。

【中初等教育主要水平指标】 小学：学龄人口入学率100%，毛入学率103.1%，小学五年级巩固率100.6%。初中：学龄人口入学率100%，毛入学率112.3%，初中三年级巩固率103.7%。

【教职工队伍规模】 全市各类中初等教育学校教职工总数101374人，其中专任教师89471人。普通中学教职工45403人，普通高中专任教师16609人，普通初中专任教师23251人。小学教职工（含小学教学点）40419人，专任教师38040人。中等职业学校教职工15098人，专任教师11161人。特殊教育学校教职工431人，专任教师388人。工读学校教职工23人，专任教师22人。幼儿教育教职工44932人，专任教师24059人。

【专任教师学历达标情况】 普通高中99.62%，普通初中99.40%，小学100%，幼儿园（含学前班）98.3%，中等职业学校89.3%。普通初中专任教师本科以上的比率为84.63%，小学专任教师专科以上比率为97.32%。

【普通中小学每一教师负担学生数】 全市中小学每一教师负担学生数（生师比）分别为：普通高中11.34，普通初中14.79，小学21.87。

【校舍建筑面积】 全市中初等教育校舍建筑总面积1670.72万平方米。其中，普通中学校舍建筑面积827.29万平方米，中等职业学校校舍建筑面积317.62万平方米，小学校舍建筑面积519.40万平方米，特殊教育学校校舍建筑面积6.41万平方米。生均校舍建筑面积：普通高中21.62平方米，普通初中12.2平方米，中等职业学校11.04平方米，小学6.24平方米，特殊教育学校45.08平方米。

【图书资料】 全市中初等学校藏书4150.77万册，其中，普通高中586.53万册，生均31.14册；普通初中971.43万册，生均28.24册；中等职业学校834.62万册，生均29.02册；普通小学1750.43万册，生均21.04册；特殊教育学校7.76万册，生均54.6册。

（王永刚）

1月21日，郑州市2016年教育工作会召开

基础教育

【概况】 （一）学前教育。全市共有独立设置的幼儿园1516所，比上年增加65所。离园（班）幼儿113385人，入园（班）幼儿116381人；在园（班）幼儿368270人，比上年增加10391人。

（二）义务教育。（1）小学。全市共有小学932所，比上年减少3所；毕业生116614人，比上年增加7427人，增长6.8%；招生151875人，比上年增加7083人，增长4.89%；在校生831919人，比上年增加40909人，增长5.17%；小学平均规模892人，平均班额49.31人。

（2）普通初中。全市共有普通初中306所，比上年增加9所，毕业生105879人，比上年增加3827人，增长3.75%；招生120515人，比上年增加8219人，增长7.32%；在校生343980

人，比上年增加16498人，增长5.04%；普通初中平均规模1124.12人，平均班额53.2人。

（三）普通高（完）中。全市共有普通高（完）中118所，比上年增加4所；毕业生59016人，比上年增加323人，增长0.55%；招生64640人，比上年减少504人，减少0.77%；在校生188370人，比上年增加3918人，增长2.12%；普通高中平均规模1596人，平均班额58.32人。

（四）特殊教育和工读学校。全市共有特殊教育学校12所，毕业学生107人，招生278人，在校生1421人；工读学校1所，在校生120人。

【学生德育】 开展社会主义核心价值观宣传教育，综合运用媒体、网站、宣传栏、宣传墙、板报、张贴画等多种载体，全面叫响“24个字”，使核心价值观宣传实现广覆盖，推动社会主义核心价值观进课堂、进头脑。组织未成年人参与网上祭英烈、学习雷锋和优秀童谣征集传唱等活动，开展“爱学习、爱劳动、爱祖国”教育活动和中华优秀传统文化教育活动。开展“我们的节日”主题活动，引导学生积极参加“我们的节日”主题活动，通过诵读经典、观赏民俗、制作节日小报、节日礼物等多种形式，让未成年人成为中华传统文化的传承者。认真做好典型培育和宣传工作。开展“月评文明市民”“争当美德少年”活动，和“郑州教育好人”“道德模范”评比推荐活动。开展“践行价值观 文明我先行”主题系列活动，在全市学校中广泛开展公共文明素养提升工程，重点落实郑州公共文明基本知识普及教育互动、“学礼仪、行礼仪”学习教育活动、先进模范评选宣传活动、法治宣传进校园活动、文明服务、文明交通、文明旅游、文明餐桌、整治校园周边环境等9项互动，引导教育师生做文明人、办文明事，让更多的人成为文明行动的实践者、文明风尚的传播者。开展两创两争活动，在教育系统内开展“争创文明班级，争当文明教师、文明学生”活动。评选、表彰2016年郑州市普通中小学德育创新先进集体184个、先进个人402名；表彰2016年市级优秀班主任300名；评选、表彰2015—2016年度市级三好学生和优秀学生干部近万名。

【心理健康教育】 组织开展第二批市级中小学心理健康教育示范校创建活动，评选出市级示范校39个，同时指导7所学校接受省级示范校评估考察，提升全市中小学心理健康教育水平。

【校园体育】 成立郑州市青少年校园足球工作领导小组办公室裁判发展部，组织校园足球指导员、裁判员专项培训。2016年，组织校园足球培训12次，培训1377人，其中，国家级培训1次，培训77人；省级培训2次，培训123人；市级培训9次，培训1177人。组织2015—2016年郑州市“市长杯”青少年校园足球超级联赛，比赛设7个组别，11个赛点，共52支代表队参赛。参加“省长杯”比赛，取得优异成绩。组织2016—2017年郑州市“市长杯”第一阶段比赛，共有72支队伍参加比赛。组队赴香港、广州和乌鲁木齐参加足球邀请赛。举办2016年中国郑州全国小学生校园足球邀请赛。举办2016 年郑州市青少年校园足球“德比时代”夏令营暨首届校园足球文化节，来自全市122所校园足球特色学校的500余名师生参与活动。前世界足球先生罗纳尔多与经开区教体局成功签约，开展足球深度合作。“一带一路”中国·郑州校园足球文化交流暨国际足球邀请赛于11月举行，12支国内外青少年足球队参与文化交流和足球比赛等活动。

3月31日，郑州市2016年普通中小学德育建设会议召开

【校园美育】 全面启动“学校美育工程”，制订学校美育发展规划、实施方案、评价办法。配套6个子工程：以“培育和践行社会主义核心价值观促进工程”为核心，做好“美育课程体系建设、教研科研提升工程”“美育实践基地建设工程”“美育网络资源建设工程”“学校美育校园文化建设和社会美育资源整合工程”以及“学校美育评价、质量监测和督导制度改进工程”建设。力争用3年时间，整体推进全市学校美育发展，完善学校美育制度建设，提升学校美育工作基础，培育一批美育示范县（市）区和示范校，建设郑州市中小学美育实践基地，打造区域性郑州市学校美育品牌。对全市学校美育工作进行整体部署和安排，制订《郑州市教育局加强和改进学校美育工作实施方案》和评价方法，组织开展督导评价，在全市范围内遴选出美育示范县（市）区 4 个，美育示范学校25所，美育实验学校12所。

【课外、校外教育】 2016年，市教育局开展形式多样的课外、校外教育活动。市教育局与教育电视台合作开办以反映社团建设、学生校园生活为主要内容的青春类专题节目——《花漾社团》。开展为期40天的2016年春运期间关爱外来务工人员志愿服务活动，20所局直属学校的300名师生参加汽车客运东站的志愿服务。开展“雷锋就在我身边”“感恩我身边的老教师”——教育系统学生志愿服务活动，局直属50多所学校志愿服务大队采取社区结对、自主结对等方式开展活动。选择34中周边社区群众为主要人群，以学生暑期家庭教育为内容，开展了免费辅导讲座活动。

【课程建设】 建立《学校课程规划方案》审议机制和《学校课程规划方案》在线审议网络平台，保障课程规划方案审议工作的规范化和常态化，开展郑州市第三届校本课程建设奖评选工作。针对国际理解、家庭教育指导、美育、德育课程建设等方面，建立研究团队，制定研究计划，明确研究方向。

【道德课堂】 开展新一轮道德课堂形态评估与认定工作，总结和提升全市道德课堂建设的经验和水平，研发道德课堂观课评价体系及工具，进一步促进道德课堂理念在学校层面的应用实践。开展道德课堂诊断交流活动，活动分成88个小组对636所学校进行诊断，达到发现成果，分享经验，结合问题，改进实践的目的。

【评价改革】 通过对小学五年级“绿色评价”、小升初“综合素质评价”、初中八年级“绿色评价”、高中招生考试评价、高中“增值评价”和全省学业水平考试评价、全国高校招生考试评价等7组学业质量评价数据的跟踪分析，建构郑州学生的涵盖小学、初中、高中3个阶段的学业质量标准（模型），以更为有效地优化教育过程，提升育人质量。本着“有利于学生全面发展与个性发展相统一、有利于综合素质评价的诚信推进、有利于高中学校多样化发展”的原则，分别召开初中组、高中组、县（市）区组考试招生制度改革工作座谈会，参会代表共计146人，征求意见65份。

【创客教育】 2016年，市教育局下发《关于切实推进中小学创客教育健康发展的指导意见》，对各试点学校的创客教育建设项目进行认真审核，对创客教育课程规划及实施进行把关指导，促进了创客教育与基础教育的有机融合，形成了中小学校创客教育的良好氛围。郑州二中、二七区政府等单位创客教育初具规模、各具特色，起到良好的示范引领作用。

【国际教育】 郑州市教育系统组建国际理解教育项目团队，确保每个县（市）区至少确定1人作为专项责任人，确定中原区互助路小学和伊河路小学为国际理解教育课程基地试点，推动全市国际理解教育发展。市教育局分别与澳大利亚新南威尔士州教育部国际合作中心、加拿大蒙特利尔英语教育局签订合作意向书，促进双方学校间、师生间的教育交流与合作。同时接待意大利佛罗伦萨工商联合会和教育交流协会来郑考察，积极介绍郑州素质教育发展。市教育局进一步推动教师对外交流工作，根据河南省汉办关于外派汉语教师选拔的要求，从中原区、高新区、金水区、二七区选派4名教师赴海外任教；与市外侨办联合，选派中小学教师赴东南亚支教；与英国大使馆文化教育处合作，邀请英国体育教学专家培训郑州中小学一线体育教师。圆满完成第十届新加坡·郑州校长圆桌会议，这项活动已成功举办10届。进一步加强学生国际交流工作，市属学校350余人次分别赴新加坡、韩国、俄罗斯、意大利等国家参与艺术交流、一带一路交流等活动。与澳大利亚100余名师生共同开展“拓展地平线”中澳中小学生文艺展演活动。

【改善贫困地区义务教育薄弱学校基本办学条件】 全面改善贫困地区义务教育薄弱学校基本办学条件。按照规划，郑州市2014—2018年共规划改善贫困地区义务教育薄弱学校基本办学条件建设类项目373个，规划校舍改扩建总面积561106平方米；设备购置类项目70个，规划购置项目资金17003万元。截至2016年年底，郑州市累计为215所中小学校开工建设校舍建筑面积54万平方米，运动场地面积26万平方米；为318所中小学校配备课桌椅32835套、教学实验仪器设备27375台（件、套）、图书33万册，城乡义务教育学校的办学条件得到了显著改善。

【高中教育】 继续推进郑州市21所普通高中多样化试点学校发展，突出顶层设计和统筹规划，尊重学校主体地位，发挥学校首创精神，以创新培养模式为重点，以课程建设为核心，深化教育教学改革，创新教育教学方法，完善政策措施，创新体制机制，提高教育质量，推动普通高中多样化发展，内涵提升。通过试点，积极探索普通高中多样化、特色化发展模式，建成一批办学特色鲜明、文化内涵丰富、课程丰富多样、教学方式灵活、评价科学有效、办学绩效突出的普通高中学校。

【特殊教育】 坚持“以人为本”、“个性教育”的理念。郑州市教育系统对特殊需要儿童有意愿入学者，坚持“轻度残疾儿童就近分配、中度残疾儿童入特殊学校就读、重度残疾儿童送教上门”三原则，确保特殊需要儿童能上学，上好学。郑州市原有盲聋哑学校等10所特殊教育学校，2016年，新建设了郑州市航空港区益智学校，并在金水区天明路小学等学校设立自闭症随班就读试点学校建设资源教室，开展随班就读融合教育。

【民族团结教育】 2016年，郑州市接收新疆、西藏地区普通高中学生533名，内高班在校生总数达到1782人。按照每人每年1000元，共计下拨民族教育专项经费178.2万元至各学校，开展爱国主义教育。按照“稳定+质量”的要求，始终把提高教育教学质量作为内高班的中心工作。在日常管理中对学生进行“三个离不开”“五个认同”教育，不断加强学生的思想政治教育和民族团结教育，增进各民族文化互解互融。

【语言文字工作】 开展了第19届推广普通话宣传周活动。完成对荥阳市三类语言文字城市评估工作。接受省级语言文学示范校的评估并全部通过验收。组织郑州市中小学汉字听写比赛。全年完成普通话水平测试14992人次，其中社会人员852人次。

（王永刚）

中等职业教育和成人社区教育

【中职教育管理】 2016年，郑州市出台《郑州市人民政府关于加快发展现代职业教育的实施意见》。建立强化政府主导、行业企业参与、校企共赢的合作机制，成立汽车、电子商务、电子电工、物流和服装5个由政府有关部门、行业协会、企业、职业院校组成的郑州市行业职业教育校企合作指导委员会。进一步探索职教集团模式，推动组建由行业大型骨干企业参与的、多层次、多功能的职教集团，分别依托郑州职业技术学院、郑州旅游职业学院组建“现代制造业职教集团”和“现代服务业职教集团”。加强专兼职教师队伍建设，面向企事业单位动态聘请高技能人才和能工巧匠到职业学校担任兼职教师；遴选一批优秀企业作为教师培训实践基地，选派中职学校专业教师到企业实践。截至2016年年底，全市共有中等职业学校123所（包含省属中等专业学校），比上年减少6所；毕业生85607人，比上年增加2774人，增加3.35%；招生108848人，比上年减少3072人，减少2.75%；在校生287614人，比上年增加9182人，增长3.3%。

【成人社区教育】 以内涵提升、项目带动、品牌打造为思路，开展社区教育一站式服务中心建设工作。开展社区教育实验基地和技能工作室的遴选建设工作，印发《关于遴选郑州市社区教育实验基地的通知》《关于印发郑州市社区教育名师工作室建设与管理实施意见（试行）的通知》。开展社区教育实验项目工作，初步建成中等职业教育综合管理信息平台。

（王永刚）

高等教育

【地方高等教育规模】 郑州地方学历高校有本科7所，专科13所（包括郑州财税金融职业学院），共计20所。2016年，郑州地方高校学历教育招生74055人，高等学历教育在校生219563人，有教职工15267人，教学科研仪器设备值156885.5万元，有一般图书1917.49万册。

【高等教育管理】 2016年，市教育局加强高等教育管理，各项工作取得突出成效。积极推进品牌示范和特色职业院校及公共实训基地建设，9所项目院校按照省教育厅两年建设期要求，已圆满完成年度建设任务。有效推进地方高校创新创业教育工作，郑州职业技术学院从深圳国泰安公司购入创新创业课程，同时与深圳国泰安公司达成合作意向，拟组建双创学院。引进高瓴资本集团在郑州创办国际高端教育机构项目，完成高效对接并达成合作共识。积极协调推进高端装备制造业职教集团、郑州学前教育集团筹建工作，支持建设郑州学前教育研究院、地方高等教育发展研究中心等科研机构。积极参与郑州协同创新创业中心论证材料起草、修订和呈报工作，创新创业中心领导小组获市政府批准，中心相关机构筹设、组织配套、平

·12月8日，郑州市职业教育工作会议召开

台搭建工作推进有条不紊。组织开展春秋两季安全检查工作。配合组织地方高校征兵工作。组织评选地方高校优秀班干部和三好学生工作。开展地方高校反邪教培训及“五个一”评选工作。配合组织评选地方民办高校十佳办学单位工作。组织省市学术技术带头人和享受省市津贴专家的推荐遴选工作。

（王永刚）

民办教育

【民办教育规模】 2016年，全市共有各级各类民办学校（教育机构）2307所，76.14万人。其中小学67所，4.26万人；初中34所，1.79万人；高中24所，2.58万人；中等学历教育55所，7.20万人；高校11所，10.24万人；培训机构898所，16.72万人；幼儿园1093所，23.11万人。

【优化民办教育环境】 认真贯彻落实国家、省、市关于鼓励民办教育发展的意见，落实民办学校与公办学校同等的法律地位，从资金支持、评优评先、行政审批等方面，支持发展，优化环境。落实民办教育专项资金重在惠民的原则，拨付195万元专项资金对4000名民办学校教师和75000名学生进行体检。落实把民办学校培训工作纳入全市统一教育培训体系精神，对全市民办学校校长进行任职培训，提升民办学校校长整体素质和治校水平。保障义务教育，促进公平，落实国家、省、市关于完善城乡义务教育经费保障机制，贯彻义务教育公平的相关精神，向14所市管义务教育阶段民办学校学生拨付公用经费、免费教科书、免费作业本等2016年城乡义务教育经费保障机制资金，共计872.584万元。优化行政审批，提高效率，编制完成《郑州市教育局行政审批事项便准化办理规程》，同时对行政审批中繁文缛节进行清理取消，取消民办学校设立中“违法犯罪记录证明”事项。

【规范管理】 通过多种形式和渠道对师生进行法治宣传教育，指导学校建立完善学校学生管理、教师管理等内部管理制度，落实法人治理，对董（理）事会章程进行完善并推动以章治校。依法规范学校办学行为，召开会议对学校的退学退费、招生宣传、财务管理等行为进行规范。健全民主管理机制，依法建立学校工会和教职工代表大会并发挥积极作用，建立家长联系制度，定期听取家长意见建议。建立学校安全事故应急处理及报告制度，通过春、秋季安全检查等定期不定期实地检查，对学校安全事故存在问题及应急处理能力进行实地查看，维护校园安全。

【内涵提升】 市教育局组织开展民办学校校园文化建设先进单位评选活动，净化、绿化、美化、亮化校园环境。根据《郑州市民办学校校园文化建设活动实施意见》，组织专家严格按照标准，从办学思想、组织机构、规划方案、制度建设、物质文化、行为文化、精神文化等7个方面，对申报郑州市校园文化先进单位的民办学校进行实地验收，评选出35所校园文化建设先进单位。市教育局要求各民办学校以设置招聘条件、存量排查、严把入口关为载体，提升民办学校校长和教师队伍建设。根据校长岗位职责的认知要求，为提高民办学校校长的业务素质和管理水平，提升民办学校的办学水平和质量，委托郑州师范学院对100名未取得任职资格的校长（园长）进行任职资格培训，培训内容涵盖民办教育现状、个人综合能力提升、办学经验分享等。

师资队伍建设

【教师人事管理】 2016年，市教育局进一步加强教师人事管理，研究制订郑州市教师招录办法，经与市人社局沟通协调，结合全市教育发展实际，将郑州市教师招录办法，以及引进高层次教师办法列入《郑州市事业单位公开招聘工作规程》第四十九条。以直接考核方式招聘，限定范围包括具有高级专业技术职称人员；具有博士学位（中小学可以降低到硕士）人员；省级以上学术带头人；省级以上优秀教师、骨干教师。通过高层次教师引进，郑州市实验高级中学、郑州外国语学校、郑州幼儿师范高等专科学校公开引进具有高学历、高级职称教师8名。根据2016年招聘计划，郑州市第二中学等38所学校公开招聘教师205名。市教育局研究制订《郑州市教育局直属中小学赴国家重点高校公开招聘优秀高校毕业生工作实施方案》，与人社、编办、财政等相关部门沟通，利用高校招聘集中时段，以郑州市第二中学、郑州市第四中学、郑州市第七中学、郑州市第九中学、郑州市第101中学、郑州市第106中学、郑州市实验高级中学等十余所省级示范性高中为试点，直接到教育部直属6所重点师范类大学招聘免费师范毕业生及硕士研究生，通过不同的渠道为教师队伍补充新鲜血液，并逐步扩大试点范围，满足教育人才的有效补充和学校多样化、特色化发展需要。

根据国务院、省政府关于乡村教师支持计划的要求，市教育局结合前期调研材料整理，借鉴外地做法和有关规定建议，专题召开县（市）区主管局长、人事科长、农村学校校长、教师代表参加的座谈会议，根据市政府批示，代拟《郑州市乡村教师支持计划实施细则》，2016年9月，以郑州市人民政府名义下发《郑州市乡村教师支持计划实施细则》，在提高乡村教师生活待遇方面实现重要突破。市教育局完善局直属学校绩效工资发放办法，完成局直属事业单位调整工资标准工作，在此基础上，对涉及工资标准调整、绩效工资核算、事业单位养老保险制度改革等系列工作进行政策的传达和解读，局直属学校分别对教师绩效工资考核方案进行相应调整。

做好岗位设置管理工作。严格按照《事业单位人事管理条例》要求，把握岗位管理原则，建立常态化的岗位管理工作机制，做好相应职务聘任工作。规范职务晋升程序，严格根据单位岗位空缺、结构比例和人员现状等情况做好日常人员岗位调整及聘用。按照岗位聘任条件和标准做好职务晋升、人员转岗等工作，并及时将聘用人员相关材料存档备案。截至2016年年底，教育系统办理新进人员岗位设置389人，变动261

人，减员105人。做好教师职称评审聘任工作，进一步深化职称改革，积极宣传中小学教师职称制度改革变化。完成中小学正高级教师评审申报工作，中小学正高级教师评审通过15人。进一步完善教师业绩库建设，基本实现网上查阅功能。完成职称聘任工作，校级干部聘任46名、教师职称聘任291人。审核上报2016年中小学职称评审结构比例和专设职数。验收中小学中级材料1287份，高校中级材料410份，中等职业学校中级材料104份。

【师德师风建设】 2016年，市教育局进一步丰富师德主题教育活动，大力推进师德建设。做好郑州最美教师评选工作，同郑州市委宣传部、郑州报业集团、郑州市文广新局共同组织开展“河南最美教师”郑州市候选人推荐和“郑州最美教师”评选活动，经过各县（市）区、各级各类学校推荐、初审和终评环节，评选出“郑州最美教师”15名，并在教师节大会上进行表彰。组织教师参与师德征文和演讲比赛活动。推荐选手参加省师德演讲比赛，郑州市向省教育厅推荐10名选手，进入决赛2人，推荐省二等奖3人，推荐省三等奖5人。师德师风案例和师德征文各推荐50篇参加全省终评。举办第四届师德演讲报告会活动，成功举办10场巡回演讲报告会。评选市级师德先进个人468名，号召全市教师向身边的榜样学习，提高自身师德水平。

【健全师德投诉管理机制】 一是进一步畅通投诉渠道，通过网络、电话、书信等形式受理各项师德投诉，规范师德投诉管理机制。二是建立师德投诉责任制，全市教育系统各单位一把手担任师德投诉问题第一责任人。三是完善投诉管理程序，建立师德投诉反馈机制，出现问题必追究。四是对于性质恶劣，投诉较为集中的投诉问题，市教育局将建立暗访机制，进行实地查处。五是建立投诉处理“六步工作法”，从接受投诉到处理完毕有一套具体的步骤和流程，从而保证每一个投诉都能处理得当。六步工作法”，即第一步制发《郑州市师德投诉调查处理通知单》，要求学校组织师德管理人员对投诉内容进行严肃调查处理，并将调查处理结果于5个工作日内以书面形式经校长签字加盖单位公章后上报市教育局；第二步由处室领导和局主管领导在《通知单》上签字，然后由局办公室加盖教育局公章；第三步将加盖公章的《通知单》装在教育局的专用信封里封好，通知被投诉学校相关负责人到教育局领取，并且告知把信封交给校长，不允许其他人私拆信封；第四步在规定的5个工作日内学校将具体的调查报告派专人送到市教育局，师训处根据师德管理规定对处理结果进行审查，确定最终的处理结果；第五步将处理结果对投诉人进行回复，并且征求投诉人的意见建议；第六步投诉处理完成后对投诉进行归档。实行师德一票否决制度。

【教师培训】 进一步培养补充市级中小学幼儿园骨干教师队伍。2016年，继续采取“短期集中培训、教学实践、校本研修”的联合培养模式来遴选培养市级骨干教师，为中小学优秀教师梯级攀升搭建了平台。共培养中小学骨干教师500名，幼儿园骨干教师200名，中学英语骨干教师60名。初中、高中基础学科教师培训体现“三贴近”。为提高中学学科教师的教学能力，在设置培训项目时，更加注重贴近一线教学、贴近课堂、贴近参培教师实际，组织400名初、高中物理、化学、历史、地理学科教师到陕西师范大学和华中师范大学开展集中培训和观摩交流活动。均衡配置城乡教师培训资源，骨干学科教师专业能力提升培训活动丰富开展。按照城乡教师学科能力提升一体化发展理念，针对不同类别、层次、岗位教师的需求，以学科教师施教能力提升为重点，分类别、分层次开展中小学英语教师能力提升培训、“TFU”课程培训、中学英语骨干教师高级研修等市级培训研修活动。同时针对县（市）区和市直学校教师培训负责人举办了1期培训者培训学习班。配合省教育厅组织开展“国培计划”和省级骨干教师培训对象培训，国培集中培训和网络培训，有力促进骨干学科教师专业能力提升和城乡教师教育均衡发展。艺术学科教师培训和班主任心理健康教育培训有力推动全市素质教育教学和管理水平的提升。组织200名美术教师和音乐老师分别到湖北美院、四川音乐学院进行培训；组织200名中学班主任及心理教师在中州大学接受来自国内包括香港地区以及美国的知名心理学专家的培训指导。同时完成全市中小学新任教师培训、中小学新任班主任培训，高中教师继续教育岗位培训等项目，开展省培计划（2015）地方项目集中培训和校本反思实践活动。

【名师队伍建设】 组织开展郑州市第五届名师、第三届杰出教师、第二届终身名师评选活动。第五届名师评选经过报名、初审、笔试和课堂教学考核、答辩、公示等环节，评选出第五届名师108名、杰出教师10 名、终身名师10名。开展第四届名师第二届杰出教师及第一届终身名师专项培训和名师工作室主持人及助理专项培训活动。

【名师与名师工作室管理工作】 一是经费上保障名师与名师工作室的科研经费，名师经费5000元/人/年，名师工作室的经费80000元/人/年。二是要求名师工作室主持人采取师带徒的方法，每个工作室主持人要求带8—10名成员，成员可以是本校的也可是外校的，通过统一教研，定期交流，布置相关任务等形式，收到较好效果。三是组织1次名师送课下乡活动，带动农村一线教师专业成长。

【校长队伍建设】 2016年，市教育局狠抓全市中小学校长队伍建设，加强业务培训有针对性地分层次精心安排授课内容和实践环节，取得良好的效果。（1）委托郑州师范学院举办2016年度第一期小学校长提高培训班和第一期中小学校长任职资格培训班。（2）在信阳师范学院举办第八期青年干部培训班。（3）在四川大学举办市教育局直属单位党组织书记综合能力提升培训班。（4）在陕西师范大学举办副校级干部高级研修班。

【班主任队伍建设】 组织评选郑州市普通中小学“十佳班主任”工作。经各县（市）区教育局、市直各学校初选，市教育局通过材料评审、理论测试、演讲答辩等环节实施综合评定等环节，评选出“郑州十佳班主任”，并进行广泛宣传。组织专家对第一批40个普通中小学名班主任工作室进行届满评审，决定对其中36个工作室继续进行第二周期立项建设。对第二批名班主任工作室进行材料审核、实地查看、综合素质测评，决定对其中24个工作室进行重点建设，12个工作室进行重点培育。为提升班主任的业务能力，组织两批名班主任工作室主持人（助理）共100人赴苏州大学进行培训。

（王永刚）

教育管理

【教育督导与评估】 2016年，市教育局强化教育督导与评估工作。一是加强对县级政府教育工作的督促和指导，对县级政府教育工作开展过程性督导。二是全面开展郑州市幼儿园达标升级工作。对全市申报上等级的幼儿园进行摸底和汇总，对省级示范幼儿园开展过程督导和抽验复评，对市示范性幼儿园开展评估和复评。同时在市督导办的总体安排和具体指导下，各县（市）区认真开展区域内上等级幼儿园的评估工作。2016年，全市申报合格园、二级园、一级园共190所。三是加强督学队伍建设，提升督学业务素养，完成郑州市第三届责任督学和第五届市政府督学聘任工作。四是市教育局直属学校三年发展规划督导评估工作进展顺利，将学校三年发展规划制订及评估纳入市教科所专项课题，指导局直属各学校立足学校三年发展规划的制订与实施，形成一校一课题。

【教育信息化建设】 市教育局制订

3月30日，教育部教育技术标准委员会主任祝智庭为全国智慧教育郑州实验区授牌

《郑州教育信息化提升工程实施方案》，确立直属学校班班通升级改造、教育信息化提升和创建全国智慧教育实验区3项子工程，明确了三年建设目标，制订具体工作计划，规范招标采购流程，工程得以同步推进。同时督促检查郑州教育信息化提升工程各涉及项目，重点对局属学校项目完成结项情况、固定资产入账情况，实际应用效果等进行督查。

【学校布局规划建设】 2016年，市教育局积极协调，加强督导，多措并举推进市区中小学建设。完成市区新建改扩建30所中小学目标任务，同时超计划安排的6所中小学全部开工；加快推进往年市区中小学校项目建设，竣工并投入使用中、小学校24所，超计划完成4所。三环内高中外迁工作开拓新局面，郑州回中港区校区、郑州外国语学校港区校区2所学校的项目建议书已经市发改委批复。郑州一中陇海校区、郑州回中管城校区2所学校的立项请示已经市政府批转发改委。郑州十六中购置郑州工业贸易学校老校区项目，已报请市政府。郑州二中与经开区签订迁建用地协议。

【招生考试工作】 严格落实招生工作制度，义务教育阶段坚持实施以统一划定招生范围、统一审核入学资格、统一发放入学通知书为主要内容的“三统一”招生制度和“相对就近、划片招生、免试入学”的审核原则，普通高中招生坚持“八公开”阳光招生，严格招生范围和程序。2016年，郑州市高中、初中、小学共招收新生32.76万人，其中市区招生16.99万人。持续优化入学政策。优化改革民办初中招生工作，由学校各自测评录取规范为统一测评、自主录取，55所学校共同签订诚信招生承诺书，引入第三方介入综合素质评价，满足家长对优质教育资源的需求，有效缓解择校热现象。小学方面，2016年除航空港区保证6周岁入学外，市内五区及高新区、经开区、郑东新区均保证6岁4个月入学。妥善安排随迁子女入学。坚持把解决农民工随迁子女就学工作作为推进教育公平的重要内容，2016年，全市小学市区招收新生7.67万人，其中进城务工随迁子女2.98万人，占比38.8%。全市初中招收市内五区及高新区、经开区、郑东新区、航空港区新生5.72万人，其中随迁子女2.15万人，占比37.6%。郑州市区报名参加普通高中考试的人数为43503人，实际录取35972人，其中农民工随迁子女8340人，占录取总人数的23.2%。

【校园安全】 2016年，市教育局把“学校安全工作提升工程”列入郑州教育发展17项重大工程，局党组成员按照业务分工，分别承担业务工作中的安全职责，并与局属学校（单位）及各县（市）区签订《郑州市教育系统学校（单位）平安建设目标责任书》；健全教育安全工作制度，印发《学校保安日常考核指导意见》《局直属学校安全工作考核办法》《关于加强中小学生和幼儿公共安全教育指导意见（试行）》等文件；不断优化技防措施，投入4500多万元，对市直学校、直属二级机构及局机关共68个单位的监控设施进行升级改造，为局属学校配齐盾牌、抓捕器、强光手电等“十件套”保安器械；不断强化人防举措，开展局属学校“保安岗位练兵比武”活动，全面推进安全教育进课表、进课堂、进教案、进学生头脑，全市学校每年开展消防、防踩踏、防暴恐等演练共2万余次，同时开展火灾事故防范、校园欺凌治理等专项整治工作。

【依法治教】 规范性文件审核方面，市教育局审查涉法文件64件，提出意见建议7条，其中规范性文件10件，并按时备案。文件审核率备案率达到100%。为严格落实依法治校、依法治教，建立现代学校制度，加快推进和规范全市中小学校章程建设工作，按省教育厅要求，开展规范全市中小学校章程建设工作、第五批省级依法治校示范校创建工作及“学宪法讲宪法”活动。

（王永刚）

卫生 体育

卫生与计划生育

【概况】 2016年，郑州市分级诊疗和医养结合工作稳步推进，医疗服务能力逐步提升，民生实事得到有效落实，实现了“十三五”时期良好开局。分级诊疗工作在全国重点城市医改经验交流会上作典型发言；县域综合医改工作得到刘延东副总理批示肯定；“从片医到家庭签约医生”的郑州基层诊疗模式调研分析报告在新华社通讯刊发并得到省长陈润儿、副省长王艳玲的批示肯定。

【规划布局】 精心编制“十三五”时期卫生与健康事业发展规划、区域卫生规划，确立了总体目标和任务；完善医疗卫生设施用地布局规划，调整优化“一主、三副、五体、十一中心、多位点”的医疗卫生设施布局，加快构建与全面建成小康社会相适应的覆盖城乡的医疗卫生服务体系。制订卫生计生工作“三年行动计划（2016—2018）”，确立“三年新增优质床位5000张，引进100名博士或副高以上高层次人才，引进10个国内外知名医学团队，新创2—3个省级重点学科和15个重点培育学科，建设‘智慧健康’为核心的区域卫生信息平台”等阶段目标，拟制区域性医疗中心、分级诊疗等12项工作专案，有计划、分阶段推动工作落实。研究部署2016年主要任务，明确深化医药卫生体制改革、分级诊疗、健康郑州建设、卫生计生服务资源优化布局、公共卫生服务管理、医疗质量管理、计划生育服务管理、医养结合、人才学科建设、治理能力建设等10项重点工作，分解责任目标，完善推进措施，制订各类方案（措施、意见）40余个，有力推动“十三五”时期规划开好局、起好步。

【医改工作】 在中牟县试点开展县域综合医改，初步形成大数据锁定就诊需求推动分级诊疗的改革经验，被新华社内参、中央改革办内刊专题刊发，刘延东副总理作出批示给予肯定，并在国家卫生计生委例行新闻发布会上作经验介绍。

郑州市被国家确定为分级诊疗工作试点城市，相继出台《郑州市推进分级诊疗制度建设实施意见》及相关配套文件。医联体扩展至7家，成员单位达482家，全年医联体开展双向转诊2.54万例，其中下转9800例。依托医联体建成17个远程诊疗中心，共开展远程诊疗近10万例。郑州市分级诊疗工作在全国医改工作经验交流会上作典型发言，并先后在全省卫生与健康大会、全省卫生计生重点工作推进会和全省卫生计生工作会上作经验交流。

出台《家庭医生签约服务实施意见》《家庭医生签约服务规范》，采取“签约医生+服务团队+支撑平台”的层级化契约服务模式，组建服务团队2824个，签约城乡居民134.3万户。新华社通讯刊发“从片医到家庭签约医生”的郑州基层诊疗模式调研分析报告，得到省长陈润儿和副省长王艳玲的批示肯定。全省城乡居民健康签约服务试点工作推进会在新密市召开，郑州市在会上作经验介绍。

【新农合工作】 深入开展新农合政策监管年和套取新农合资金问题集中整治活动，加强定点医疗机构监管，确保新农合资金专款专用。全市参合农民364.96万人，参合率达99.77%，人均筹资水平提高到540元。全市新农合累计补偿医疗费用13.1亿元，农民大病保险补偿8134.87万元。

【基本药物使用】 持续开展基层医疗卫生机构处方点评，组织基层医疗机构相关人员培训，不断提高基层医药人员合理用药、安全用药水平。全市81个乡镇卫生院、16个社区卫生服务中心和2046个村卫生室全面实施国家基本药物制度，达到每个乡镇、每个村都有1所基层医疗机构实施基本药物制度，平均配备使用国家基本药物269种，全市基层医疗卫生机构基本药物销售金额3.26亿元，门诊量945.47万人次，住院病人16.62万人次，次均门诊费用为56.6元，次均门诊药品费用22.32元，次均住院费用1763.83元，次均住院药品费用848.11元。国家基本药物销售额占基本药物销售比例为83.15%，药品收入占业务收入的比例为42.4%，基本药物配送到位率为97.1%。为实施基本药物制度的村卫生室每所补助3000元，全市共补助经费613.8万元。

【医疗服务管理】 开展市属医疗机构医疗服务重点指标考核，加强医疗质量控制、医疗技术临床应用管理、合理用药及医院感染管理，不断提升医院服务能力。全市二级以上医院药占比35.5%，同比下降0.24个百分点；平均住院日12.35天，同比下降0.25天；总诊疗量达1560万人次，同比增长7.5%。在原有妇女儿童、肝病、器官移植、心血管病、烧伤整形、老年医养、骨科7个中心基础上，规划建设中医药、眼科、肿瘤和头颈医学4个区域医疗中心，进一步完善重点专科布局。郑州儿童医院被省政府确定为国家儿童区域医疗中心主体建设单位，郑州人民医院被省政府纳入国家器官移植区域医疗中心协同建设单位。

【基层卫生服务】 加快基层医疗机构标准化建设。9家县级医院进行新、改、扩建等基础设施升级改造，启动县级医院临床重点专科建设。加快推进基层医疗卫生机构“五个一”标准化建设，安排专项资金1721万元为全市乡镇卫生院和村卫生室配备2242套健康一体机，全市基层医疗卫生机构建设达标率86.6%。推动基层服务能力提升。二七区侯寨中心卫生院、管城区南曹乡卫生院、上街区峡窝镇卫生院、新密市曲梁镇中心卫生院、新郑市辛店中心卫生院、荥阳市广武中心卫生院、登封市卢店镇中心卫生院、中牟县大孟镇卫生院8家乡镇卫生院获评全国“2015—2016年度群众满意的乡镇卫生院”，管城区陇海马路社区卫生服务中心获评全国百强社区卫生服务中心。2016年全市基层总诊疗量达3181万人次，同比增长5%。加强基层卫生人才队伍建设。实施“369基层卫生人才工程”，完成特招医学院校毕业生39名、特岗全科医生7名。对符合条件的免费医学生和特招毕业生纳入人才编制管理。选送近200名卫生专业技术人员和全科医生参加全科医学理论集中培训、临床实践技能转岗培训。新增4家国家级住院医师规范化培训协同基地，郑州市在全省住院医师规培工作推进会和全省科教工作会上作典型发言。积极开展基层公共卫生服务。全面落实13类48项基本公共卫生服务，全市管理0—6岁儿童60.5万、老年人77.6万、高血压病患者42.7万、Ⅱ型糖尿病患者16.5万、严重精神障碍患者1.09万，基本公共卫生服务均等化水平持续提升。中央电视台《新闻联播》对新郑市基层基本公共卫生服务工作进行报道。

【健康促进】 全年开展健康大讲堂3052场次。开展“健康中国行·河南在行动”主题宣传周活动，分别开展“健康中原行·大医献爱心”“健康中原中医行”“健康中原疾控行”三大主题活动，郑州市卫生计生委被国家卫生计生委评为2016年第九届全球健康促进大会筹备工作优秀集体。开展“健康促进医院”和“慢病综合防控示范区”创建活动，市二院、市三院、市七院、市骨科医院和市妇幼保健院获省级“健康促进医院”称号，惠济区顺利通过省级慢病综合防控示范区验收，惠济区和新郑市被确定为国家级健康促进示范试点县（区）。

【医养结合】 以全国医养结合试点城市为契机，出台《关于加快推进医疗卫生与养老服务相结合的实施方案》，推行“以医带养、以养促医”的医养结合服务模式，积极构建“规模适宜、功能互补、综合连续”的医养结合服务网络。市九院牵头成立“河南省老年医养协作联盟”，吸纳省内养老、医疗机构64家，实现医疗、养老服务的无缝对接；市三院与台湾欧安乐龄公司、省老年公寓合作建设的“医养康护”综合服务体项目平稳运行，120张床位的康复医院和100张床位的护理院将相继投入使用；惠济区郑州三院·台湾欧安乐龄“医养康”项目正在加快建设；市中心医院在医联体内探索开展“分层级”社区医养服务模式，取得良好效果；市十五人民医院依托五云山风景区打造的旅游医养项目、市十六人民医院依托登封新建社区打造的地产医养项目都在积极推进。郑州市医养结合工作在全省医养结合工作会议上作典型发言。

【卫生执法监督】 认真贯彻落实医疗卫生监督“五项制度”，建立无证行医黑名单，健全医疗市场监管公示曝光制度，保持惩治无证行医高压态势。全年市级暗访单位328家次，查处无证诊所142家次，向公安机关移送涉嫌非法行医犯罪10人。卫生计生监督执法2例案例被国家卫生计生委评为“优秀典型案例”，在全国综合监督执法会议上作案例评析典型发言，郑州市连续四届获得全省卫生监督知识竞赛暨技能比武团体冠军，连续7年获得全省“千案评比推精品”团体一等奖。对游泳场所、集中消毒餐具等关乎民生的公共卫生信息进行公示，全年发布卫生监督监测信息5期。卫生计生执法机构融合顺利，服务型行政执法示范点培育良好，新郑市卫生监督所等6家单位参与拍摄的执法微电影《使命》被评为优秀作品。郑州市卫生计生委被评为2016年度全省卫生计生监督工作先进集体。

【疾病防控】 有效应对“山东疫苗案件”，进一步加强辖区预防接种门诊的规范化管理，规范与统一疫苗采购渠道，强化对疫苗使用的监督管理，营造安全的疫苗使用环境。认真抓好传染病、地方病和职业病防控，采取多种措施保持国家扩大免疫规划疫苗较高接种率（95%以上），疫苗针对传染病发病率降至历史最低水平。重点抓好学校结核病防治，有效处置3起学校聚集性结核疫情。着力构建市、县、乡三级艾滋病监测检测网络体系，积极实施高危人群综合干预，稳步推进艾滋病防治示范区工作。加强碘缺乏病、地方性氟中毒和布病动态监测，地方病得到有效防控，郑州市被评为全国“十二五”地方病防治工作先进集体。

【妇幼健康管理】 针对全面两孩政策实施，高龄孕产妇、高危新生儿比例增高的问题，调整增扩产科服务，成立危重孕产妇救治中心和危重新生儿救治中心。继续推进妇幼重大公共卫生服务项目，提升婚前医学检查服务质量、规范开展农村孕产妇住院分娩补助和农村孕产妇补服叶酸预防神经管畸形项目工作，全年农村孕产妇住院分娩补助、增补叶酸预防神经管缺陷新增服用人数分别为24.8万人、3.40万人；提升孕优项目质量，拓展服务内容，在全省率先实现目标人群城乡全覆盖，郑州市免费孕前优生健康检查项目工作在全省作典型发言；中原区母子健康手册国家级试点工作顺利推进，共发放手册1.17万本，使用率为95.25%，发放量及使用率居全国15个试点城市前列。

【卫生应急救援】 完善应急预案，加强队伍建设，不断提升应急保障能力。有效处置霍乱和输入性寨卡疫情各1例，成功排除2例高度怀疑中东呼吸综合征的入境发热病例；圆满完成拜祖大典、郑开马拉松等60次重大活动医疗卫生应急保障任务。紧急医疗救援和救治队伍有效处置3人以上突发事件700余起，救治2853人。

【中医药工作】 出台《郑州市加强基层中医药工作三年规划（2016—018年）及实施方案》。健全郑州市中医质控体系，成立3个市级质控中心。强化学科建设，注重“名科”培育，2个临床专科获评河南省中医重点专科。推进全国综合（专科）医院中医药工作示范单位创建，郑州儿童医院、新密市妇幼保健院顺利通过国家验收。投入794万元对60家乡镇卫生院、社区卫生服务中心的中医诊疗区（中医馆）进行升级完善，基层中医药服务条件明显改善。郑州市被评为全国基层中医药工作先进单位。

【人才学科建设】 全年共引进博士、副高以上职称高层次人才555名。全市卫生计生系统共19人确定为市学术技术带头人、1人确定为省学术技术带头人，6名专业技术人员享受市政府津贴，2名专家技术人员拟享受省政府津贴，22名专业技术人员入选“郑州市第十三批专业技术拔尖人才”。

省级医学重点学科由1个增加到21个。下发《郑州市医学重点（培育）学科建设规划（2016—2020年）》和《郑州市医学重点（培育）学科2016—2020年度建设实施方案》，规划建设20个市级医学重点学科、50个市级医学重点培育学科。积极培养重点学科后备人才，选派23名医学重点（培育）学科后备带头人和业务骨干到北京大学8个附属医院进行为期一年的导师制培养。郑州市卫生计生委被评为2016年度河南省卫生计生科教工作先进单位、2016年度河南省卫生计生科技管理先进集体。

省级重点实验室实现零的突破，共获批10个省级重点实验室。获批2016年河南省医学科技进步奖23项，新技术引进奖5项。上报2017年河南省科技厅科技计划项目82项、省医学科技项目187项、省部共建项目13项、科技攻关项目174项。获批市科技进步奖38项，其中一等奖2项、二等奖36项，发明专利1项；科技惠民计划项目3项，补助经费150万。

【卫生信息化建设】 大力推进云计算项目，完成项目硬件设备的安装、连线、加电、调试等工作，开展针对一线工作人员的项目使用培训，为基层医疗机构下发项目需要的电脑、交换机等终端及网络设备，完成项目所需网络设计。

【对外合作交流】 新增对外合作项目

16项。先后与国际应急管理学会医学委员会、墨西哥城卫生厅签署合作协议，与美国加州大学洛杉矶分校深化合作内容，持续拓宽对外合作渠道和领域。推进对外医疗援助，选派5名优秀的专业技术人员参加第18批援赞比亚医疗队。

【全面两孩政策实施】 认真贯彻落实《中共中央国务院关于实施全面两孩政策改革完善计划生育服务管理的决定》《人口与计划生育法》和河南省《人口与计划生育条例》，出台《郑州市关于实施全面两孩政策改革完善计划生育服务管理的意见》，对生育两个以内（含两个）孩子的，取消生育审批，实行生育登记服务制度，引导群众有计划按政策生育。2016年，全市共受理一、二孩生育登记11.3万例，其中二孩6.09万例，占53.7%，审批发放三孩生育证430例，人口出生符合预期。国家卫生计生委先后对郑州市全面两孩政策实施和《人口与计划生育法》贯彻落实情况进行调研，都给予了充分肯定。

【计划生育目标管理】 郑州市委、市政府研究出台《坚持和完善计划生育目标管理责任制实施办法》，继续把计划生育工作纳入党委、政府重大督查范围，坚持"一把手"亲自抓、负总责；对全市36个人口计生领导小组成员单位的职责进行调整完善，与成员单位签订目标责任书，明确各部门承担的任务职责；改革完善目标管理考核办法，在征求各成员单位和县（市）区意见的基础上，印发《郑州市计划生育目标管理责任制考核评估细则》，将乡级计划生育网络建设与队伍稳定情况纳入目标考核内容，引导基层强化服务、夯实基础，注重工作创新和工作效果。精减考核指标，简化考核程序，坚持日常工作监测、数据信息比对与现场考核相结合，减少大规模、突击性考核，充分发挥考核督查的导向作用。

【计划生育优质服务先进单位创建】 印发《郑州市2016年创建全国计划生育优质服务先进单位活动方案》，以新国优创建为载体，贯彻落实国家、省关于新时期计划生育工作的新任务，强化基层计划生育基础工作。经过县级申报、市级推荐、省级评审验收，中牟县、新郑市、二七区获得全国计划生育优质服务先进单位称号。

【促进计划生育家庭发展】 出台《关于进一步完善计划生育扶助保障工作的意见》，完善计划生育扶助保障政策。加大计划生育家庭发展支持力度，进一步提高奖励扶助标准，实现了城乡统筹，城镇独生子女父母奖励扶助金提高到1120元/年。分别为年满60岁的"失独"父母，独生子女三级以上伤、病残父母每人每月发放特别扶助

10月20日，河南省城乡居民健康签约服务试点工作现场推进会议在新密市召开

金1200元（国家标准340元、省定标准680元）、800元（国家标准270元、省定标准540元），为每个"失独"家庭发放一次性救助金1万元，免费为1644名"失独"家庭对象进行健康体检，全市共为80余万计生家庭落实奖励扶助资金3.34亿元。郑州市承担的国家"新家庭计划——家庭发展能力建设"项目受到国家卫计委中期评估组的充分肯定，全省"新家庭计划——家庭能力建设"现场会在郑州中牟县召开，中牟县、中原区作为全国试点在会上作经验介绍。全市卫生计生系统13个市级"敬老文明号"先进单位被命名表彰，市三院、豫欣老年病医院、市九院被评选为省级"敬老文明号"先进单位，市九院被推荐为国家级"敬老文明号"先进单位。召开全市综合治理出生人口性别比工作推进会，组织开展推磨式督查调研，统一组织4次联合执法活动，有效净化生育环境，全市出生人口性别比控制在110.77，达到省定目标。

【流动人口计生服务管理】 出台《关于做好流动人口基本公共卫生计生服务工作的指导意见》，进一步明确各县（市）区、各相关职能部门在保障流动人口基本公共卫生计生服务均等化方面的职责，并将职责落实情况列入责任目标，定期考评。按照常住人口配置服务资源，将流动人口纳入城镇基本公共卫生计生服务范围，实施网络化管理，经费保障、健康服务和妇幼保健等统筹一体，促进社会融合。惠济区"盘活青春健康俱乐部、做流动花朵的健康守护者"健康促进做法，被国家卫生计生委评选为2016年流动人口健康促进典型案例，并在全国流动人口健康促进工作推进会上作典型发言。

【民生实事完成情况】 2016年列入市政府为民十件实事的三项卫生计生工作，都得到有效落实。市六院肝病医学中心项目竣工，市中医院综合病房楼项目建成并投入使用。市一院港区医院、市三院迁建、郑州人民医院宜居健康城医院、市妇幼保健院宜居健康城医院、市骨科医院宜居健康城医院等5个项目主体工程完成验收，实现年初既定目标。免费为具有郑州市户籍的20105名白内障患者实施手术；免费为具有郑州市户籍的适龄（35—64岁）妇女进行宫颈癌筛查102065人、乳腺癌筛查103866人、人类乳头状瘤病毒（HPV）DNA检测50266人；免费为具有郑州市户籍的新生儿进行听力障碍初筛73690人，苯丙酮尿症、先天性甲状腺功能低下症筛查72974人，35种遗传代谢病筛查96876人，耳聋基因筛查109797人；免费为具有郑州市户籍的居民实施结直肠癌筛查与行为干预，共筛查36010例，发现高危患者4588人，大肠癌患者9人。

【卫生计生机构改革】 市、县（市）区两级全部完成卫生、计生机构深度融合。全市卫生计生行政执法机构整合到位，原市卫生监督局进行机构调整，更名为市卫生计生监督局。市计划生育服务中心加入市中心医院医疗集团，挂牌成立"郑州市妇女健康管理中心"，实现卫生计生资源整合。

【法治建设】 2016年共审查市本级和委托执法单位报批的行政处罚案件248起；组织参加行政诉讼6起，行政复议1起。制订下发《2016年推进服务型行政执法建设工作实施方案》和《2016年全面落实行政执法责任制工作方案》，稳步实施服务型行政执法建设工作和行政执法责任制工作。

【政务服务改革】 出台《2016年深化"五单一网"制度改革工作实施方案》及相关配套制度，明确职责，量化任务，进一步健全了单位内部行政权责运行监管机制和工作制度。行政审批推行

"一口受理",拓展服务模式,打造优质服务窗口。

(封 宁)

体 育

【概况】 2016年,郑州市积极落实《全民健身计划2016—2020》《健康中国2030》《竞技体育"十三五"规划》和国务院《关于加快发展体育产业促进体育消费的若干意见》文件精神,抢抓机遇,担当使命,凝心聚力,真抓实干,完成全年各项工作任务。

【全民健身活动】 以国家法定节假日和传统节日为契机,开展社会影响面广、内容丰富多彩、群众喜闻乐见的体育活动。以"元旦万人长跑"活动为引领,精心组织和开展羽毛球、武术、门球、毽球等16个大项的大众健身赛事活动,直接参加活动人数达十万余人,并吸引近百万群众观看。

以5月全民健身活动月和8月8日全民健身日为契机,与市属各单项体协共同开展形式多样的比赛、健身活动及志愿服务活动。先后举办郑开国际马拉松、"相约金沙湖"郑州市家庭乐跑赛、"庆祝建党95周年·长征胜利80周年"郑州市全民一小时健步走活动、第六届"锦鹏"杯毽球锦标赛、第二届河南省城市坐标定向赛、2016中国郑港国际徒步大会、嵩山马拉松等活动。为庆祝中国共产党成立95周年,与市委宣传部等部门联合开展网上重走长征路活动。截至2016年年底,举办各级各类群众体育活动200多项次,市民喜闻乐见,参与度高。

【公共体育设施建设】 进一步加强郑州市全民健身工程建设,努力完善公共体育服务体系。省、市共投资经费1788万元,建设290个农民体育工程、100条健身路径、5个乡镇体育工程、11个社区多功能运动场(笼式篮球场、笼式足球场)、10个社区健身活动中心、2个拼装式游泳池、1个户外全民健身中心。继惠济区省级老年健身示范园开园后,新密市来集镇翟坡社区、牛店镇金泽苑社区、平陌镇涵洧源社区老年健身示范园建成并投入使用,建设内容有笼式足球场、多功能运动场,健身路径、门球场、乒乓球亭、棋牌长廊、儿童乐园、健身步道、健身广场等场地设施,还有3个示范园正在建设中,对郑州市老年体育和全民健身的蓬勃开展起到良好的示范作用。

【国民体质监测工作】 针对各县(市)区开展国民体质监测工作情况,投资53万余元为各县区配齐监测设备。印制2万余册健康宣传手册,利用节假日赴企业、公司、游园等地开展国民体质监测和科普宣传活动及全民健身志愿服务活动,圆满完成全市1万人的监测任务,并及时收集、汇总、分析测定数据,形成监测报告,向社会公布,为郑州市编制《郑州体育事业十三五规划》《全民健身计划2016—2020》提供科学的依据。

【全民健身组织】 健全市、县(市)区、乡镇(街道)三级全民健身协调小组。截至2016年年底,市级有体育总会、25个已注册登记的单项体育协会、4个行业协会和6个人群协会。社会体育指导员总人数达2万余人。2016年开展优秀社会体育指导员"走基层送健康"志愿服务活动。从全市2万余社会体育指导员队伍中选调30多名业务能力突出,具备奉献精神的优秀社会体育指导员,历时3个月,进社区、进公园、进广场、进企事业单位、进特殊人群、进残疾人群体,引领更大范围的群众加入到科学健身队伍中来。

【竞技体育后备人才培养】 用好政策强化训练。根据《2015—2018年郑州市竞技体育后备人才培养工作意见》,对后备人才培养工作进行全面规划和合理布局,重点做好金牌任务分解、责任落实、监督检查。实行每周训练检查制度、每月训练单位工作会议制度、每季度全体教练员训练汇报制度、全年每个教练员一篇论文一篇项目综合分析制度。

完善四级训练体制。四级训练体制初步形成,特别是前三级已经基本完善。第一级为局属训练单位(市体校、少儿体校、水上基地等)和一股社会力量(塔沟武校)。第二级为训练点,包括国家高水平体育后备人才基地2所、国家中长跑单项体育后备人才基地2所、省级单项体育后备人才基地12所、市级单项体育后备人才基地25所。第三级为传统项目学校,包括国家级体育传统项目学校7所、省级体育传统项目学校63所、市级体育传统项目学校143所。第四级为体育俱乐部,包括国家级37个、省级13个、经市体育局审定的体育俱乐部83个。四级训练体系是一个网络,更是提高青少年体育运动水平,促进优秀体育后备人才培养的系统工程。

竞赛训练密切结合。与市教育局联合举办全市青少年篮球、田径等基础项目比赛29项次,超额完成目标任务13项次。举办郑州市苗子运动员选拔赛、田径训练测试赛等突出训练重心的比赛和测试。特别是郑州市苗子运动员选拔赛,首次实行身体素质及形态测试从报名到成统均采用专门软件自动生成,更加科学、客观、准确,通过比赛选拔苗子160人。本周期共完成在河南省确认及新注册人数达6700余人。

【体育产业发展】 积极打造培育体育精品赛事。作为全国银牌赛事的中国郑开国际马拉松赛是河南省一项极具影响力的赛事,已成功举办十届。第十一届中国郑州国际少林武术节,吸引力不断增强,在国际交流与合作方面等发挥重要的作用。此外,每年如期举办的"黄河杯"全国门球赛、城市坐标定向赛、郑港国际徒步大会、嵩山国际马拉松、全国百城市自行车赛等国内外知名的大型体育赛事,办赛水平越来越高,特色越来越突出,影响力越来越广。

加快推进大型体育场馆建设。郑州市积极推进大型综合性体育场馆建设,郑州市西区奥林匹克体育中心项目已经开工;郑州市东区市民健身中心项目绿化园林部分已经建成开放;郑州市北区市民健身中心2016年年底开工建设。

体育彩票销售额再创新高。全年完成销售26亿元,比2015年增加3亿元。

【体育政策措施制订】 编制出台《郑州市体育事业发展"十三五"规划》。提出未来五年郑州市体育事业发展的指

2016嵩山少林国际马拉松赛

第十一届中国郑州国际少林武术节

导思想、基本原则、奋斗目标、重点工作任务和推进措施。

编制《郑州市体育产业“十三五”规划》。根据郑州市体育产业的统计结果，结合郑州市实际情况，编制《郑州市体育产业“十三五”规划》，经过多次征求意见，修改完善，即将出台。

与文广新局、财政局联合制订《关于做好政府向社会力量购买公共文化服务工作的实施细则》，并以市政府办公厅名义下发。

【大型体育活动】 成功举办第十一届中国郑州国际少林武术节。第十一届中国郑州国际少林武术节由国家体育总局武术运动管理中心、河南省体育局、郑州市人民政府主办，于2016年10月16—20日在郑州市举行，共有来自69个国家和地区的196个团队2300余名运动员参加比赛。市体育局共向境外团队和个人邮寄武术节规程、邀请函等1800多套，发送电子邮件1500多封，坚持24小时轮流值班，细致耐心解答境外运动团队的相关疑问，并提供合理建议，积极争取其参赛。其中，“一带一路”沿线20多个国家参赛，在国家数量和人员规模上均实现新突破。在接待过程中，着力突出治安保卫、食品卫生和交通安全三方面的管理，做到细心服务、耐心服务、贴心服务，接待工作受到国内外团队的一致好评。

成功举办郑州市第六届直属机关运动会。5月28日，郑州市第六届直属机关运动会开幕式在郑州市体育场举行。此届运动共设第九套广播体操、篮球等17个项目，有73个市直机关的7200多人次参加，是历届市直机关运动会中规模最大、参与人数最多的一次。各比赛项目在5月—8月期间进行。运动会取得比赛成绩和道德风尚双丰收，向全市人民展示广大干部职工良好的精神风貌，激发干事创业的动力和活力。

【郑州市运动员参加巴西奥运会取得优异成绩】 2016年8月，巴西里约热内卢奥运会赛场，郑州籍运动员董栋夺得银牌，成为在奥运会上获得奖牌最多的蹦床运动员，同时也成就“中国蹦床第一人”。里约奥运会场地自行车女子团体追逐赛，郑州籍运动员敬亚莉、赵宝芳与队友合作，敢打敢拼，获得第七名，创造了中国队在奥运会该项目上的历史最好成绩。

（赵转折）

社会事业

民生工程

【2016年民生“十件实事”完成情况】 2016年，市民生“十件实事”工作于2月29日正式启动实施，涵盖大气污染治理、教育、养老、医疗、文化生活、就业、交通、生态、保障性住房等方面，分别有27个责任单位和15个县、市、区负责落实；计划投入资金178.59亿元，（包括上级中央、省级）转移支付29.99亿元，市本级需安排资金49.93亿元；县（市）区需配套4.77亿元，融资38亿元，其他含企业自筹55.90亿元），截至年底，实际支出资金140.14亿元，27个项目完成26项（含9项超额完成），剩余1项于春节前完成（郑州商都遗址博物院、郑州市文物考古研究院主体完工项目，自3月份开工以来，累计停工145天）。

1. 全面启动新力电力“热电外迁”工程建设，完成主厂房及锅炉钢架吊装、烟囱土建工程，完成投资28亿元，现场施工1#锅炉钢架一层吊装和验收完成，灌浆完成30%；烟囱第三板浇筑完成；2#锅炉回填土开始施工；煤仓间13.7米层以上架体搭设完成50%；冷却塔桩基施工完成5600根。

2. 于11月13日提前2天完成二马路热源厂4台20蒸吨燃煤锅炉“煤改气”改造，按时向火车站地区供暖。

3. 市城建委远程监控中心共计接入建筑工地监控设施580项。通过日间巡查、夜间监控录像回放和违规实时画面抓拍等措施，累计发现问题121条（夜间问题24条），开具问题告知单116份，所发现问题均逐一查实，督促整改。建筑工地文明施工达标率达到100%；各区政府（管委会）购置到位机械化清扫（冲洗）车242台，中心城区快速路以及主、次干道机械清扫化率达到85%以上。

4. 在市区新开工（改扩建）建设小学、中学30所，新增学位3万个；加快推进历年小、中学校项目建设，投入使用20所。

5. 加大资金奖补，对市区小学每新增1个班奖补30万元，初中每新增1个班奖补60万元；对市区小学每新增1个学位奖补1010元，初中每新增1个学位奖补1902元，对小升初超出招生计划的新增班每班奖补45万元。

6. 市六院肝病医学中心项目，建筑面积4.217万平方米，设置床位500张，总投资约19509万元，累计完成投资19451.5万元，11月底投入使用；市中医院新建病房综合楼项目，建筑面积1.38万平方米，设置床位300张，总投资6647万元，累计完成投资6647万元，10月份正式投入使用。

7. 市一院港区医院项目，一期建筑面积11.5万平方米，设置床位800张，总投资49420万元，累计投资24590.84万元；市三院迁建项目，建筑面积11.02万平方米，设置床位1000张，总投资46780万元，累计完成投资34190万元；市骨科医院宜居健康城医院项目，建筑面积7.04万平方米，设置床位500张，总投资32371万元，累计完成投资28071万元；郑州市妇幼保健院宜居健康城医院项目，建筑面积6.7万平方米，设置床位500张，总投资29504.93万元，累计完成投资23501万元；郑州人民医院宜健医院项目，建筑面积95802.73平方米，设置床位600张，总投资40508万元，累计完成投资21009万元。以上项目主体工程均于年内完工。

8. 第八人民医院迁建项目，占地面积77483平方米（净地约7.73公顷），总建筑面积49645平方米，床位编制700张，项目总投资2.6亿元，建设周期为24个月，于12月份全面开工。

9. 郑州市养老服务中心项目，占地5.69公顷，床位1053张，总投资1.617亿元，总建筑面积55615.16平方米（含已建面积17576.88平方米），需新建面积为38038.28平方米，于12月29日开工建设。

10. 新建社区养老服务中心20个。年内有15个示范点具备开业运营条件，5个示范点进一步完善设施中。

11. 免费为具有郑州户籍的全部白内障患者实施复明手术。年初根据往年发病率预估20000例，实际完成20105例。

12. 免费为具有郑州市户籍的35—64岁妇女进行人类乳头状瘤病毒（HPV）DNA检测及宫颈癌、乳腺癌筛查；免费为郑州市户籍的新生儿进行听力障碍初筛及苯丙酮尿症、先天性甲状腺功能低下症、35种遗传代谢病和耳聋基因筛查；免费为具有郑州市户籍的居民实施结直肠癌筛查。

人类乳头状瘤病毒检测：年初制订目标50000例，实际完成50266例；宫颈癌筛查和乳腺癌筛查：年初制订目标各100000例。实际完成宫颈癌筛查102065例、乳腺癌筛查103866例，均超额完成任务。

新生儿听力障碍初筛及苯丙酮尿症、先天性甲状腺功能低下症、35种遗传代谢病和耳聋基因筛查。全市共筛查35种遗传代谢病73925人，耳聋基因筛查88755人，听力障碍初筛73690人，甲状腺功能减低症共筛查72974人。

大肠癌筛查：年初制订目标30000例，实际完成36010例，发现高危患者4588，镜检数1501人，大肠癌患者9人。

13. 全面启动市民公共文化服务区奥体中心、文博艺术中心、市民活动中心、现代传媒中心等“四个中心”建设。

截至2016年年底，地产集团奥体中心项目的消防评审材料已报送消防总队，超限完成评审，累计开挖土方约124万方，占总量的62%，完成试桩作业，正在进行基坑支护。建投集团博物馆项目于10月11日将可研报告报送市发改委审核，正在按专家提出的意见对投资部分进行调整；10月24日召开环评专家论证会，正在按专家意见调整完善；10月15日开始土方开挖，受降雨天气和大气污染管控因素影响，累积开挖土方约7万方，占总量的23%，完成试桩作业，基坑支护完成25%。美术馆及档案史志馆项目初步设计完成，待市发改委审批，11月11日项目用地摘牌；10月10日开始土方施工，累计开挖约10万方，占总量的70%，基坑支护完成18000平方米，约占总量的90%，完成试桩作业，基坑支护完成50%。城建集团大剧院项目初步设计完成，待市发改委审批，消防评审材料报送消防总队，超限完成评审，11月11日项目用地摘牌；现场开挖土方约21万方，占总量的60%；完成试桩作业，正在进行基坑支护作业。市民活动中心项目初步设计完成，待市发改委审批，消防评审材料报送消防总队，超限材料完成编制准备召开评审会，11月11日项目用地摘牌，现场开挖土方约22万方，占总量的40%，正在进行试桩和基坑支护作业。报业集团报业大厦项目现场“7个100%”的扬尘治理通过验收，累计开挖土方量11万方，占总量的33%，正在进行基坑支护作业，完成监理单位招标工作；报业大厦属于自筹资金建设项目，不需要立项审批，备案资料已递交中原区发改委，等待土地手续完善后完成备案工作。两台广电中心项目于10月26日将可研报送市发改委审批，正在核审中；11月11日两台项目用地摘牌；现场准备完成7个100%扬尘治理标准，待可研审批后可先期进行土方施工。郑发集团市政项目开工建设，土方开挖150万方，约占总量42%，完成总体形象进度13%。与市政道路交叉的轨道交通14号线、6号线施工完成施工招标工作，施工单位已进场。

14. 郑州商都遗址博物院、郑州市文物考古研究院项目位于郑州市东大街中心区域，自3月17日开工以来，由于大气污染整治，项目推进困难，工期滞后较多，累计总停工天数达145天，春节前主体结构完工。

15. 郑州市北区市民健身中心项目总占地面积约10.33公顷，总建筑面积为28894平方米，总投资规模2.43亿元，项目于2016年12月20日开工建设。

16. 开展各类以就业为导向的职业技能培训，完成再就业培训3万人、创业培训1万人、农村劳动力职业技能培训5万人、企业职工技能提升培训10万人、高技能人才培训1.85万人、职业院校在校生规模达36万人、“雨露计划”培训5000人、退伍兵技能培训1750人、残疾人就业技能培训9700人。全市实现新增城镇就业13万人，农村劳动力转移就业7万人，城镇“零就业”家庭动态为零。

17. 轨道交通2号线一期工程于8月19日通车试运营；1号线二期工程于10月20日开始试运行。均提前完成目标任务。

18. G107辅道快速化工程高架部分年底前北三环至南三环段建成通车，初步形成市区“井字+环线”快速路体系。

19. 加快市区公共停车场建设，年内市区共新增公共停车泊位91613个，其中独立运营停车泊位63705个、临时停车位27908个。

20. 截至4月30日，全市共完成营造林7.42千公顷，是目标任务的111.3%。

21. 市区新建绿地完成1174.66万平方米。其中：中原区完成82.78万平方米，二七区完成95.13万平方米，金水区完成50.17万平方米，管城区完成89.9万平方米，惠济区完成38.71万平方米，郑东新区完成244.12万平方米，郑州高新区完成71.45万平方米，郑州经开区完成215.1万平方米，郑州航空港实验区完成261.4万平方米，上街区完成25.9万平方米。

新建游园20个。其中：中原区新建游园3个（桐柏路农业路游园、棉纺路游园、农业路嵩山路游园）；金水区新建游园2个（银杏园、茂花路游园）；管城区新建游园1个（双河游园）；惠济区新建游园1个（江山路节点游园）；郑东新区新建游园3个（十七中游园、电子商务游园、平安大道游园）；郑州高新区新建游园2个（IT园、学子园）；郑州经开区新建游园2个（恒大游园、滨河新区游园）；上街区新建游园3个（工业路游园、登封路游园、陇海路游园）；郑州航空港实验区新建游园1个（新港游园）；二七区新建游园2个（杏梁路荆胡路口A、B区游园），并全部开放。

生态廊道任务完成5条（段）、67.67公里，绿化面积520.4万平方米。具体是：一是机场高速（陇海铁路—机场收费站）生态廊道。长27.18公里，规划绿化面积492万平方米。前50米廊道绿化254.3万平方米任务全部完成。二是郑机城铁（郑州东站—新郑机场）生态廊道。长26.69公里，绿化面积150.6万平方米。三是郑新路北段（宇通转盘—南四环）生态廊道。长1.5公里，绿化面积10.5万平方米。四是北三环东延（107辅道—东四环）生态廊道。长2.5公里，绿化面积9万平方米。五是陇海快速路西段（西三环—荥阳界）生态廊道。长9.8公里，绿化面积96万平方米。

22. 全年共为郑州市14238户“低保户”发放用水价格补贴1，708，560.00元；全年共为22933户城市“低保户”和农村“五保户”发放用电价格补贴770，548.80元；全年共为郑州市370户“低保户”发放天然气价格补贴20，787.00元。超额完成任务。

23. 易地扶贫搬迁工作：建成住宅2029套，完成搬迁入住贫困人口2029户7410人，占年度目标任务的100.95%。

整村推进扶贫工作：完成整村推进32个村，占年度目标任务的160%。

24. 棚户区开工任务完成情况：开工建设124123套，完成目标任务（102471套）的121.13%。航空港实验区开工建设20027套，完成目标任务（20027套）的100%。

基本建成任务完成情况：基本建成49468套保障性住房。完成目标任务（45000套）的109.93%。航空港实验区保障性住房建成6130套，完成目标任务（6000套）的102.17%。

25. 农村危房改造开工1082户，开工率106%；竣工1080户，竣工率105.9%；验收453户，资金拨付160户。

26. 建成开业投入运营的社区便利店50家，其中：郑东新区12家、金水区11家、二七区8家、高新区6家、中牟县3家、荥阳市3家、新郑市2家、管城区1家、惠济区1家、中原区1家、上街区1家、经开区1家。

新建（改建）标准化农贸市场30个，分别是：郑东新区4家，经开区3家、高新区2家，中原区3家、二七区8家、金水区7家、管城区2家，惠济区1家。

27. 开展“舞台艺术进乡进社区”文艺演出活动，组织文艺院团深入到乡村、社区进行文艺演出1000余场；放映公益电影放映公益电影22800场，观影人员达372万人。超额完成任务。

（李林晓 陈 琨）

城乡居民生活

【城镇居民收入】 2016年是“十三五”时期开局首年，郑州市委、市政府紧紧围绕“十三五”时期规划的目标任务，积极主动适应经济发展新常态，制定实施一系列政策措施，经济发展总体平稳、稳中有进，在经济发展向好的同时，居民收入稳步提高。2016年，全市城镇居民人均可支配收入达到33214元，较上年增加2115元，增长6.8%，扣除价格因素实际增长4.4%。主要特点是：工资性收入、经营净收入、财产净收入和转移净收入等四项收入来源均呈稳步增长态势。

工资性收入是城镇居民可支配收入的主要来源。2016年，郑州城镇居民人均工资性收入20097元，较上年增长3.9%。工资性收入占可支配收入的比重为60.5%，对城镇居民可支配收入增长的贡献率为36.0%，拉动可支配收入增长2.4个百分点。在四项收入中，工资性收入所占比重最大，是城镇居民可支配收入的主要来源。增长的主要原因：一是政策性工资提高推动城镇居民工资性收入上涨。机关事业单位提高津贴补贴标准、发放公车改革补贴等。二是全市加大民生工程建设，千方百计促进居民就业，特别是促进小微企业吸纳劳动力就业，带动城镇就业人数增加。全年城镇新增就业人员14.9万人。三是企业经济效益逐步好转，最低工资标准进一步提高，企业职工工资和务工人员工资增加。

经营净收入小幅增长。2016年，城镇居民人均经营净收入为4060元，较上年增长1.4%，占城镇居民人均可支配收入的比重为12.2%。

财产净收入成为城镇居民增收新动力。2016年，郑州城镇居民人均财产净收入4130元，较上年增长16.3%，占可支配收入的比重为12.4%，对城镇居民可支配收入增长的贡献率为27.3%，拉动可支配收入增长1.9个百分点。随着城镇居民财富的不断积累，理财能力不断提高，投资渠道日趋多元化，财产性收入呈快速增长趋势。

养老金标准和社会保障补助标准提高，转移净收入大幅增加。2016年，郑州城镇居民人均转移净收入4927元，较上年增长17.1%，增幅居四大项收入之首。转移净收入占可支配收入的比重为14.8%，对可支配收入增长的贡献率为34.1%，拉动可支配收入增长2.3个百分点。增长原因：2016年全市提高离退休人员及城镇基本养老金发放标准，继续提高低保补助标准，扩大养老保险全额补助范围，发放高龄津贴等，社会保障体系的进一步完善，促进城镇居民转移净收入快速增长。2016年，全市退休人员每人每月增加70元，并且提高年满65岁的高龄退休人员基本养老金，最高每人每月增加60元。

【农村居民收入】 2016年，全市各级党委、政府高度重视民生发展，不断增加用于改善民生和社会事业的政府支出比重，着力提升农村居民收入，全市农村居民收入保持稳步增长。2016年，郑州市农村居民人均可支配收入18426元，较上年增加1301元，增长7.6%，扣除价格因素实际增长5.9%。主要特点是：

工资性收入占农民增收主导地位。2016年，全市农村居民人均工资性收入11854元，较上年增长7.5%。工资性收入对农民增收的贡献率达63.4%，拉动农民人均可支配收入增长4.8个百分点。工资性收入仍是农民收入增长的主力支撑。主要是随着经济发展和“三化”进程加快，农村新型社区以及道路、生态廊道等基础设施建设，企业用工需求明显增长，全市农村劳动力转移加快，就业人数有所增加，农民在本乡地域内劳动得到的收入稳定增加。

经营收入为农民增收重要支撑。随着城镇化和土地流转的加快，农民从事多种经营的积极性提高，部分转移出来的劳动力因地制宜的从事批零贸易、住宿餐饮等行业，实现多元就业，广开增收渠道，农村居民经营收入持续增加。2016年，郑州农村居民人均经营净收入4504元，比上年增长9.5%，对农民增收的贡献率30.1%，拉动可支配收入增长2.3个百分点。

财产净收入与上年持平。2016年，郑州市农村居民人均财产净收入1083元，与上年基本持平。

转移净收入增幅最高。随着新型农村养老保险与城镇居民医疗保险实现并轨，离退休金、养老金标准和最低生活保障费的提高，以及城乡社会保障体系的逐步完善，转移收入持续增长。2016年，郑州市农村居民人均转移净收入985元，较上年增长10.1%，在四大项收入中增幅最高。

农村居民收入增幅连续7年超过城镇。2016年，郑州市城镇居民人均可支配收入33214元，较上年增长6.8%；农村居民人均可支配收入18426元，增长7.6%，增幅高于城镇0.8个百分点，是2010年以来连续7年超过城镇居民。城乡居民收入比呈逐年缩小态势，城镇居民人均可支配收入与农村居民人均可支配收入之比，由2010年的2.0：1下降到2016年的1.8：1。

【城镇居民消费】 随着城镇居民收入水平的持续增长，居民消费能力不断提升，同时消费结构得到优化。2016年，城镇居民人均消费性支出23210元，较上年增长9.8%。

吃、穿、用、住等基础生活消费占比下降，体现发展享受型消费的交通通信、教育文化娱乐及医疗保健支出占比上升。2016年，全市城镇居民人均食品烟酒支出6620元，衣着支出2539元，生活用品及服务支出2131元。三者共占消费总支出的48.6%，作为居民消费的刚性支出项，支出规模上升但比重较上年下降4个百分点，三项支出整体增长3.7%。人均居住支出4938元，增长10.1%，占消费总支出的21.3%，为仅次于食品烟酒消费的第二大消费支出项。

医疗服务支出继续保持高位。2016年，城镇居民人均医疗保健支出1408元，比上年增加19元，占人均消费支出的6%，医疗服务支出的增加长体现出居民对自身健康的关注度越来越高，养生保健意识逐步增强。

交通消费支撑交通通信支出快速增长。2016年，人均交通通信支出2584元，比上年增长18.4%，占消费总支出的11.1%。其中，人均交通支出1592元，增长24.6%。随着居民购买能力的增强，购车品质档次逐渐提升，随着私家车拥有量的增加，围绕汽车的消费支出快速增长，人均交通工具使用及维修支出增长23.5%。

子女教育培训、体育健身活动为消费热点。2016年，城镇居民人均教育文化娱乐支出2438元，增长19%。其中，人均教育支出1186元，增长26.3%；人均文化娱乐支出1252元，增长12.9%。城镇居民在子女教育方面始终保持较高热度，尤其体现在子女学前及小学教育阶段，寒假期间各类兴趣班、辅导班、补习班格外火爆，城镇居民家庭在子女课外辅导培训方面的投入较多，增长明显。此外，随着生活水平的提升和健康意识的增强，人们越来越重视身体素质的保持与提高，养生、健身成为热门话题，居民在体育户外用品、体育健身活动等方面的人均消费支出增长强劲。

【农村居民消费】 2016年，市委、市政府认真贯彻落实促进农民增收的各项政策措施，确保全年农村居民收入继续保持稳定增长，为农村居民生活水平进一步提升奠定坚实基础，农村居民的消费潜力有效释放，全年农村居民人均消费性支出13595元，较上年增长12.5%，生活质量得到明显提高。

吃、住、行仍为消费三大主体。从消费结构看，2016年食品烟酒、居住、交通通信支出分别为3060元、3640元和2393元，较上年分别增长6.2%、13.2%和31.6%，占全市农村居民人均生活消费支出的比重分别为22.5%、26.8%和17.6%，以上三类消费合计占总生活消费支出的66.9%，成为拉动消费增长的三大动力，可见农村居民消费仍主要侧重于吃、住、行三方面。

生活用品及服务、其他用品和服务支出稳步增加。2016年，农村居民人均生活及服务支出904元，较上年增长4.5%；其他用品和服务支出398元，增长7.3%。主要原因是家具及室内装饰品同比增长27.5%，此外，个人生活用品同比增长25.8%。

服务性消费成为农村居民生活消费新增长点。随着消费观念逐步发生改变，农村居民家庭消费从重视数量的增加向重视生活质量提高转变，2016年，农村居民消费支出已显现出向服务性消费领域分流态势，家庭服务社会化趋势更加明显，服务性消费需求日趋活跃，蕴含巨大消费升级潜能。一是医疗服务性消费增长。2016年，农村居民人均医疗服务支出878元，成为农村居民服务性消费的第一大项。随着农村医疗保险覆盖面不断扩大和年龄结构变化的双重影响，预防保健、有病就医已经成为广大农村老百姓的共识，医疗服务需求将有较大释放空间。二是在外就餐成为农民消费新亮点。近年来，农村居民消费层次逐步升级，传统家庭聚会式的餐饮方式已经难以满足富裕起来的农村居民追求就餐品味、档次和享受的需求，越来越多的人选择在外就餐，2016年，在外饮食服务支出553元。三是网购消费持续升温。“互联网+”带动电子商务和乡村物流的快速发展，网上购物以其方便快捷和价格优势，冲击着农村居民的消费观念，改变传统的消费模式。农村居民网络消费热情不减，网购支出继续呈现高速增长的态势，并成为释放消费潜力的一大着力点。2016年农村居民人均通过互联网购买的商品和服务支出达到51.9元，增长5.6倍。居民网购主要集中在食品、服装、手机、个人护理用品、家庭日用品等方面，其中在服装鞋帽方面的消费支出最多、增长最快。

（黄 飞）

爱国卫生运动

【概况】 2016年，全市成立3个城市卫生环境检查督导组，共检查样本量6900个，发现问题278728处。继续开展城市“四乱”（车辆乱停乱放、占道经营、环境卫生、小广告）治理工作督导检查，督导检查路段累计5880条，发现问题313628处。结合郑州市城市精细化管理工作督导考核，对各乡（镇、街道办）进行成绩汇总、综合排名，评出“爱国卫生杯”流动红旗83面。组织开展了5次大气污染防治“全城清洁”行动，全市共确定了453个集中行动点，出动人员16283人，出动车辆1799台，清理生活建筑混合垃圾16521立方、小广告35920处、杂物乱堆14014处、卫生死角3572处、杂草505平方、蜘蛛网137处、黄土裸露274处。对全市范围内的无物业管理居民区进行摸底调查，建立相应台账。统计结果显示，郑州市共有居民区4647个，其中有物业管理的居民区1545个，占居民区总数的33.25%；无物业管理的居民区3102个，占居民区总数的66.75%。

【城乡环境卫生整洁行动】 每季度对全市乡镇和卫生村的城乡环境卫生整洁行动开展情况进行督导考核，共评出卫生镇季度“爱国卫生杯”流动红旗32面，并对22个乡镇进行表扬，5个乡镇提出通报批评。集中开展节前城乡环境卫生集中整治活动，对积存垃圾进行检查和清运。积极开展卫生创建活动。2016年，郑州市有国家卫生镇届满复审2个，省级卫生城市届满复审1个，新创省级卫生镇3个和省级卫生镇届满复审12个。2个复审的国家卫生镇顺利通过省爱卫办的暗访考核，15个省级卫生镇通过市级考核验收。

【病媒生物防制工作】 以环境治理为重点，开展季节性病媒生物专项防制工作。始终坚持环境治理为主，药物消杀为辅的原则，积极开展环境卫生治理。结合季节特点，开展集中防制越冬蚊蝇和春季灭鼠活动，把防控寨卡病毒病、登革热、黄热病作为重点，动员各级单位及广大群众开展搬家式大扫除，彻底消除病媒生物藏匿场所。在卫生环境治理的同时，通过悬挂捕蝇笼、布置毒饵站、药物消杀、水池养鱼防制、设置文化防制标语等方式，做到环境防制、化学防制、生物防制、物理防制、文化防制共同实施。组织对“灭鼠灭蟑灭蚊灭蝇先进城区”的指导考核工作。分别对中牟县、新密市等“灭鼠灭蟑灭蚊灭蝇先进城区”进行现场指导，审验了近三年来病媒生物防制工作资料，对灭鼠、灭蚊、灭蝇、灭蟑现场绩效进行复核，现场共察看样本点1240多个，检查并指导整改问题2100多个。病媒生物防制市场化运作有序开展。明确了郑州市2016年度市场化服务的范围、内容、标准，确定了监督以及考评的具体的目标任务和工作要求，全年共投入市场化服务经费200余万元。每月对市管公共环境市场化服务项目各个标段的施工现场进行督导检查，全年共检查210个样本量，发现问题458个，通报3家在当月防制工作中出现突出问题的PCO公司。

【健康教育和宣传工作】 组织开展第28个爱国卫生月宣传活动和第67个世界卫生日宣传活动。全市共制作宣传展板300余个，设立义诊台60余个，印制宣传品240000余份，受教育人数达20000余人。组织开展以“清洁家园、灭蚊防病”为主题的春季爱国卫生运动宣传工作，发放宣传海报2万份、《郑州市健康教育宣传读本》2万册、盒抽纸6万个、纸杯40万个、禁烟标识6万张、扑克牌2万副。在迎接国家督导组对郑州市春季爱国卫生运动检查期间，全市共更新宣传专栏5000余块，制作宣传标语200多条、迎检道旗105杆，城区出租车、公交车以及公共场所电子屏滚动播放宣传标语。开展第29个世界无烟日宣传活动。各单位代表和控烟志愿者等1300多人参加现场宣传活动，现场展出“健康中原”之河南省烟草控烟巡展版面36块、控烟宣传版面30余块，设立控烟咨询义诊台2处，受教育群众达1万余人次。深入开展无烟单位创建活动，全市共有1031个单位被命名为“郑州市无烟单位”。设立吸烟劝阻员95000余名，接收申报新创无烟单位110个，届满复审4个，新申报健康单位46个，收集整理申报资料150余份，新命名“郑州市无烟单位”48个。通过广播、电视、报刊、互联网、短信、微博、微信等形式进行健康教育宣传。河南电视台、郑州市电视台连续报道健康教育相关活动5次；与郑州经济广播711栏目联合举办爱国卫生专题节目，接听市民热线，解决市民关心的卫生问题；在郑州晚报开辟《城市新闻》专栏，结合城市精细化管理工作，宣传爱国卫生运动；在省、市相关媒体播发健康教育新闻20余篇；在爱国卫生网站发表信息40余篇；编发短信、微博、微信150余条；更新单位电子屏内容60余篇。

（卢丽娜）

2016年世界无烟日活动

民 政

【概况】 2016年，全市民政系统牢固树立“民政为民、民政爱民”的工作理念，认真学习贯彻落实党中央、国务院，以及习近平总书记关于民政民生工作的重要论述和决策部署，各项民政政策得到全面落实，各项重点工作取得新的成绩，民政事业呈现出良好的发展态势。

【民生保障】 不断完善社会救助体系建设，提高并落实城乡低保和农村五保供养标准，实现了农村低保标准线与扶贫标准线“两线合一”。将符合条件的贫困对象和重度残疾人，纳入最低生活保障范围或者特困人员供养范围，实现政府兜底脱贫，全年有效保障7.5万多名城乡低保对象、9600多名农村五保对

慈善日活动开幕仪式

象、2.2万多人次因灾困难群众的基本生活。加大医疗救助和临时救助力度，全年资助、救助3.4万多人次。持续开展“寒冬送温暖”“夏季送清凉”等专项救助活动，全年救助流浪乞讨人员1.1万多人次。新郑市积极承担“救急难”试点任务，先行先试，建立社会救助服务信息平台，坚持“救助程序逐级申报和从简” 原则，做到早发现、早救助、早解困，切实起到“救急难”效果。登封市克难攻坚、顶真碰硬，全面开展低保对象审查认证工作，坚决取消不符合条件的“人情保、关系保、信访保”等，取得了明显成效。

【老龄事业发展】 出台养老服务业发展三年行动计划、加快推进医养结合等一系列政策文件，统筹推进养老服务体系建设，加快推进养老服务基础设施建设，积极开展居家养老服务，着力推进医养结合，实现高龄津贴全覆盖，金水、二七、中原、管城、上街等区建立了养老服务补贴、护理补贴制度。截至2016年年底，全市新增社会办养老机构8家、新增养老床位2600多张，新建社区养老服务中心示范点20个，发展医养结合养老机构15家。航空港实验区采取政府搭台社会资本唱戏的模式，委托和昌社区服务中心在启航社区和桂园社区建成规模较大、功能设施较为齐全、辐射带动力较强的社区养老服务中心，为郑州市开展社区公益养老服务供给侧改革提供有益尝试。同时，金水区在全省率先建成了居家养老服务中心。管城区引进社会组织、创新模式，居家养老服务工作走在全市前列。

【社会福利和慈善事业发展】 福利保障方面，认真做好1400多名孤儿、389名“三无”精神病人的救助保障工作；全面落实残疾人两项补贴制度，惠及全市3.6万多名残疾人。荥阳、新密、登封、新郑、中牟、上街6个县级社会福利中心全部建成并投入使用。郑州市县级福利中心运营管理工作意见出台，为推动福利中心由单纯养育型向养、治、康、教等多功能型综合发展提供遵循。慈善事业方面，建立慈善捐助长效机制，设立易善基金、平安出行基金、中原华信慈善基金等爱心基金及冠名基金50余个，成功举办“郑州慈善日”系列活动，各县（市）区也分别举办了系列活动，郑州慈善总会全年共接收募集善款5200多万元，支出5400多万元，救助困难群众30余万人。其中，登封市成立“白坪乡煤窑沟村慈善工作站”；荥阳市入围“中国百强慈善城市”，在全省县级城市排名第一。福彩发行方面，为应对市场形势，建立实施绩效工资考核激励机制，充分保证全市福彩安全平稳有序运营，2016年，全市共发行福利彩票15.13亿元，同比增加5.98%。绩效工资考核办法得到省民政厅的高度评价，并在全省推广。

【双拥优抚安置工作】 双拥优抚方面，建立双拥优抚慰问制度，深化三级服务网络建设，大幅度提高优待金标准，优抚对象资料采集率达到98%以上，优抚对象抽查工作全部完成，郑州市获得“全国双拥模范城”七连冠、“河南省双拥模范城”八连冠。

退役士兵接收安置方面，按照“文化考试、功绩制考核、综合排名、公开选岗”的安置程序，完成了223名重点安置对象的安置工作；组织自主择业退役士兵参加专业技能培训2075人，政策知晓率100%、参训率92%、就业率90%以上；按时足额发放自谋职业一次性补助5900多万元、自主就业一次性经济补助2500多万元。按照部署，组织开展退役士兵权益保障、数据采集工作，确保全市涉军群体大局稳定。特别是金水区探索建立了“1—3—9”（1个社工机构、3位军工领袖、9位小组长）军工服务模式，大大提高服务的针对性和匹配度。中原区广泛开展优抚对象专项医疗困难救助活动，受到辖区群众的一致好评。同时，郑东新区、航空港实验区多方合力、走访摸排，及时传达关爱、解决问题，全年未发生一起退役士兵和涉核参战人员到市、赴京的群体和个人上访问题。

军休服务管理方面，对师职军队退休干部在公务员补助基础上，又研究制订“三补一提一卡”医疗照顾政策，受到民政部和省民政厅领导的充分肯定。同时，投入6500多万元，购置军队离退休干部服务管理机构附属用房5400多平方米，车位25个，为开展丰富多彩军休文化活动提供场所保障。

【基层政权和社区建设】 全市95%的行政村、96.8%的社区修订村规民约（居民公约），城乡社区综合服务设施

党员志愿者进社区打扫卫生

集中学习中共十八届六中全会精神

覆盖率分别达到98%、34%，超出2016年省定目标。金水区的“三社联动”实践工作实现基层社会治理创新横向和纵向的结合，为全市积累了经验借鉴。

【社会工作】 市政府首次投入财政资金515万元，通过公开招投标方式购买16个社会工作岗位和17个社会工作服务项目。同时，积极推动政策创制，建立社会工作专业人才队伍建设联席会议制度和社工机构监督管理机制，出台培育发展民办社工机构的意见、政府购买社会工作服务实施办法等文件，初步建立社会工作政策体系。截至2016年年底，全市共注册成立民办社工机构62家。高新区立足实际、主动探索，积极培育本土民办社会工作机构，着力构建“社区—社工—社会组织”的三社联动新型管理模式。二七区、惠济区建立社区工作人员的报酬标准自然增长机制，不断提高社区工作人员薪资水平，极大激发社区工作人员的工作激情。

【社会组织管理创新】 大力推进社会组织去行政化，行业协会商会脱钩任务全部完成，社会组织“两随机、一公开”抽查审计及年检、评估工作扎实开展。加强社会组织党的建设，全市性社会组织党建率达到85%，年度社会组织审批合法率达到100%。

【婚姻登记和留守儿童关爱保护】 按照民政部和省民政厅统一部署，按期完成所有婚姻登记历史数据补录工作，对农村留守儿童、留守妇女、留守老人进行摸底排查，扎实开展“合力监护、相伴成长”农村留守儿童关爱保护、“关爱保护月”活动。中牟县建立困境未成年人救助保护机制，为全市提供经验借鉴。

【区划地名】 扎实开展全国第二次地名普查工作，完成道路、站点等命名100多个，备案城镇住宅区和建筑物196个，完成市级界线联检170多公里，开展县级界线联检6条，更换界桩13颗。特别是经开区在界线联检工作中，精准定位、指导到位，为边界的和谐稳定奠定良好的基础。同时，二七区、登封市、管城区、中原区行政区划调整工作稳步推进。

市民政局局长谢霜云实地察看社区建设情况

【殡葬服务】 落实惠民政策投入2500多万元，惠及群众3万多人。积极推进绿色殡葬方式，倡导祭扫新理念。继续开展殡葬服务提升年活动，加强医院遗体规范化管理，巩固提升殡葬服务标准化建设成效。新密市加大殡葬服务配套设施建设力度，投资1100余万元，开工建设殡仪服务中心和骨灰堂。中牟县总投资1.1亿元的新殡仪馆建设项目主体完工。上街区殡葬服务设施（福泽园）项目建设全面启动，预计2017年投入使用。

（武勇军）

民族与宗教

【概况】 郑州市是一个典型的少数民族散杂居城市。截至2016年年底，全市有回、满、蒙古、壮、土家等53个少数民族成分（除德昂族和珞巴族），人口15.7万人，约占全市总人口的1.7%。其中回族人口最多，约13.4万人。少数民族流动人口约6万人。全市有1个民族区和1个民族乡，即管城回族区和荥阳市金寨回族乡。少数民族人口在万人以上的县（市）区有6个，即管城回族区、金水区、二七区、中原区、荥阳市、中牟县，千人以上的乡（镇、街道办）50个，百人以上的少数民族村（社区）85个。全市有民族中小学14所，清真食品生产经营单位4000多家。

郑州市五大宗教齐全。信教群众52万余人，其中佛教11万人，道教5.4万人，伊斯兰教 12.1万人，天主教4300余人，基督教23.1万人。经批准登记的活动场所462处，其中佛教活动场所40处，道教活动场所18处，伊斯兰教清真寺111处，天主教活动场所8处，基督教活动场所285处；宗教团体31个，其中市级宗教团体7个（郑州市基督教协会、郑州市基督教三自爱国运动委员会、郑州市天主教爱国会、郑州市天主教教务委员会、郑州市伊斯兰教协会、郑州市佛教协会、郑州市道教协会），县级宗教团体24个。全市有宗教教职人员1373人，其中佛教319人，道教135人，伊斯兰教120人，天主教11人，基督教788人。

2016年，全市民族宗教系统积极适应新常态，开拓新思路，突出服务管理，完善机制举措，较好完成全年工作

3月8日，2016年全市民族宗教工作会召开

任务，有力维护全市民族团结、宗教和睦的良好局面。

【少数民族经济社会事业】 2016年，下拨省、市少数民族发展资金497万元，对涉及少数民族的33个项目进行扶持，进一步完善民族聚居地区的基础设施，解决一批群众关心的实际问题。加强资金、项目跟踪问效。与审计、巡察工作结合，多次召开专项督查会议，实地查看项目落实情况，确保资金和项目落到实处。着力推进民族聚居地区新型城镇化建设。注重做好拆迁群众、清真餐饮单位的思想工作和安置补偿，确保城镇化建设顺利推进，切实改善少数民族群众生产生活条件。不断加大对少数民族社会事业支持力度。市民委投入120万元，为郑州回中、郑州四中、管城区回民二小、新郑市山西乔小学完善教育设施，帮助6所幼儿园建设清真食堂，改善办学条件。与教育部门密切沟通，推动解决内高班教职工专项补贴问题，取得实质性进展。配合做好第十一届全国民族运动会前期筹备工作，协助省民委完成筹备工作初步方案，各项筹备工作有序开展。

【少数民族流动人口服务管理】 深化沟通对接，同乌鲁木齐、昌吉、哈密、海东等地民族工作部门建立沟通对接机制，共同做好流动人口服务管理工作，在少数民族流动人口中开展“争创民族团结模范经营户活动”，在郑州和少数民族流动人口主要输出地都引起强烈反响。加强教育引导，举办全市少数民族流动人口培训班和在郑临夏籍少数民族经营人员培训会，召开代表人士座谈会，引导少数民族流动人口遵纪守法、文明经营。深入开展志愿服务活动。将6月25日设立为为民族团结志愿服务日，组织民族团结志愿者开展助力中考、爱心捐助等志愿活动100多期（次），展示郑州市各族群众手足相亲、守望相助的良好局面。

【民族团结工作】 扎实推进民族团结进步创建活动。指导民族工作系统，以“中华民族一家亲 同心共筑中国梦”为主题，开展一系列宣传讲座、创先争优、交流联谊等活动。创建命名第三批民族团结进步示范单位19个，全市民族团结进步示范单位达到73个，示范带动作用进一步凸显。

积极探索民族团结进步新载体。以少数民族农民工子女为辅导对象，开展“2016益路同行·郑州市民族团结进步读书活动”，在少数民族流动人口中开展“争创民族团结模范经营户活动”，指导金水区开展“爱在郑州——社区少数民族社会工作服务项目”等，积极探索民族工作与社会工作融合新模式，进一步增强各族群众的中华民族共同体意识。

不断强化矛盾纠纷排查机制。坚持定期排查民族宗教领域的矛盾纠纷，积极协调城管、公安等部门，对影响民族宗教关系的不稳定因素进行分析研判，指导基层协调解决涉及少数民族和信教群众的矛盾纠纷30余起。

【宗教事务管理】 深化“和谐寺观教堂”创建活动。以“规范”为主题，以账务管理为重点，细化39条考核标准，推进宗教活动场所和宗教团体的依法管理。创新工作方式，对全市佛、道教场所功德箱进行专项治理，推出二维码标识，实行信息化管理，强化了群众监督。着力打造重点寺观教堂。适应郑州建设国家中心城市的要求，突出特色，深化内涵，将少林寺、中岳庙、北大寺、清华园路天主教堂和长江路基督教堂等五个场所，创建为全市首批示范场所。加强宗教团体人才队伍建设。指导市伊协圆满举办郑州市第七届伊斯兰教卧尔兹比赛。加强天主教后备人才培养力度，重点培养爱国爱教，坚持独立自主、自办教会原则的神职人员。

【清真食品管理】 全面加强执法检查，组织5次集中检查，检查各类清真商户1800多家，取缔违规商户20家，限期整改90家。强化社会监督力量，重新组建210人的清真食品监督员队伍，培训提高其工作能力，依法依规开展监督工作。积极扶持清真食品行业发展。组织清真食品企业参加第十届中国（青海）国际清真食品民族用品展、郑州精品年货博览会等各类展会，签约、销售金额1150万元，进一步打响企业知名度。

【依法行政工作】 严格依法履行行政审批职责。按照“两集中、两到位”的要求，全年共办理公民民族成份变更20件，办理寺观教堂外固定处所审批2件。深入推进优化服务。规范标准和流程，推进行政审批标准化建设工作。启动公民民族成份行政确认市、县（市）区、乡（镇、街道办）、村（社区）四级联动工作，编制受理审核要点和流程，建立“四级联动”跟踪问责制度。着力加强机制建设。建立执法监督和责任追究机制等“五单一网”配套机制，进一步分解权责事项，明确岗位职责，严格落实痕迹化管理、全过程执法记录制度，推动全市民族宗教领域权力运行和行政执法精细化、标准化管理。

（孙龙辉）

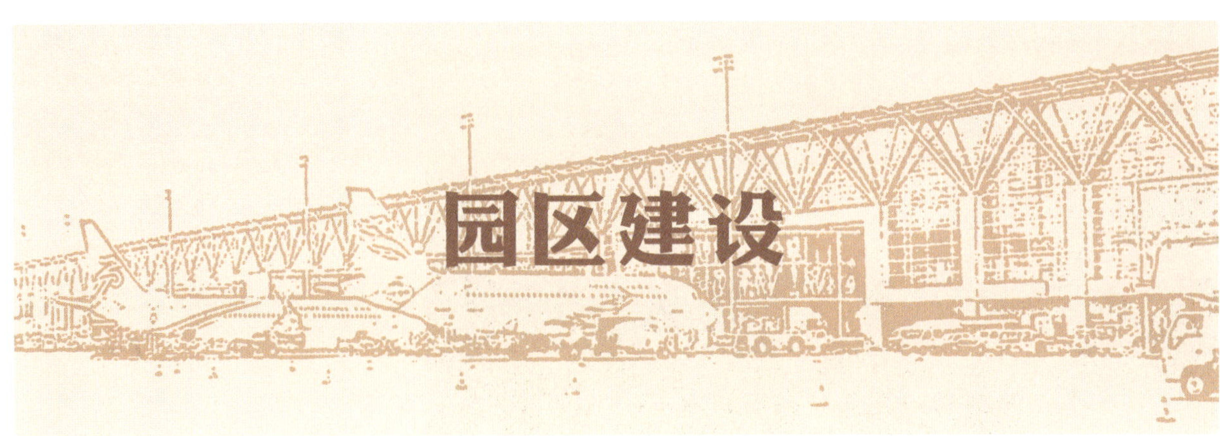

园区建设

郑州航空港经济综合实验区（郑州新郑综合保税区）

【概况】 2016年，航空港实验区全年地区生产总值完成622.5亿元，增长13%，总量排名全市开发区第一，全市增量贡献率达到11.7%；规模以上工业增加值完成360.4亿元，增长13.6%，增速排名全市第一，全市增量贡献率达到27.3%；固定资产投资完成626.2亿元，增长20%，增速排名全市开发区第一；公共预算财政收入完成33亿元，增长18.3%。各项经济指标增速均高于全省、全市平均水平。

【大枢纽建设】 加快推进多式联运体系建设，航空枢纽在"一带一路"中的节点地位进一步提升。机场二期工程全面投用，郑机城铁、城郊铁路投入运营，郑州机场进入"双跑道+双候机楼+双铁"的"三双"时代，实现了"机公铁"无缝衔接。郑州高铁南站开工建设，郑万、郑合和郑济、郑太高铁加快建设，"米"字型高铁大格局基本形成。机场高速改扩建、机西高速、商登高速等外联道路建成投用，省道S102改扩建项目建成通车，G107、四港联动大道与新增京港澳高速出入口等外联道路与设施建设快速推进。郑州机场开通全货运航线34条，其中国际航线29条；开通客运航线187条，其中国际航线26条，主要布局在"一带一路"国家和地区。郑州机场旅客吞吐量首次突破2000万人次，达到2076万人次，增长20%，全国排名再进两位至第15位；货邮吞吐量完成45.7万吨，增长13.2%，全国排名再进一位至第7位；其中，外省货物占比超过50%，国际货物占比超过60%。

【口岸建设】 全力推进口岸建设，口岸体系不断完善，通关便利化水平不断提升。综保区三期封关运行，2016年完成进出口总值3161.1亿元，跃居全国综保区第一名。拥有水果、冰鲜水产品、食用水生动物、鲜活水产品、肉类、澳牛六个进口指定口岸，植物种苗等口岸正在申报，河南省食品、药品、医疗器械检验检测中心项目正在建设。2016年，通过机场口岸进口水果同比增长68%，其中空运进口南美水果全国占比超过70%。美洲龙虾、冷冻水果、鲜切花及鲜切叶等多类产品首次经郑州机场口岸入境。进口货物种类涵盖10大类、30余个品种、12个国家。郑州已成为我国入境高档水果、水产品和肉类等鲜活产品的主要集散地。河南电子口岸"单一窗口"2016版上线运行，通关时间缩短1/3以上；口岸作业区实现"区港联动"，2016年共监管口岸作业货物17.91万吨，货值606.39亿美元；新获内销选择性征税和企业增值税一般纳税人资格两项试点，累计复制推广上海自贸区海关监管制度创新12项、检验检疫监管制度创新8项，政策高地优势进一步凸显，我国内陆对外开放重要门户地位进一步提升。全区完成进出口总额481.58亿美元，全市占比88.3%，全省占比67.6%。

【产业发展】 全力推进"八大产业集群"培育。紧盯龙头、狠抓配套，引资、引技、引智，谋划、跟踪、洽谈。全年新签约项目74个，总投资1042亿元，超额完成"5010"招商目标。全区企业主营业务收入完成约3300亿元，增长8%；新增入库"四上企业"37家，增长19.4%，累计达到174家；规上电子信息业产值完成2863亿元，占全市的80%以上，占全省的70%以上；为航空港实验区进行产业配套的项目已布局到郑州的多个区县，以及南阳、济源、焦作、洛阳等多个省辖市。2016年4月份，被省政府授予"六星级产业集聚区"称号。智能终端（手机）产业"抱团发展、集群引进"效应明显，规模不断壮大。全年新增入区项目超过60家，累计入区企业171家，其中投产运营34家，正在装修及拟进场装修企业24

恩平湖景观亮化工程

园博园A区航拍图

家。富士康项目从单一手机制造拓展到研发、苹果手机翻新和维修等十几个项目，富士康中州技术研发中心新址启用。2016年，全区手机总产量2.58亿部，增长27.5%。其中，苹果手机1.26亿部，下降9.7%；非苹手机1.32亿部，增长1.1倍。智能终端产业一企独大的态势正在快速转变。其余产业集群培育进入快速发展期。航空物流产业集群累计入驻项目35个，总投资280亿元，全部建成运营后预计年营业收入可达500亿元。电子商务产业集群已入驻项目215个，其中跨境电商142家，10个项目正在建设，总投资210亿元；2016年跨境电商共申报进出口209万票，增长163.7%。生物医药产业集群入驻项目67个，80%的项目可在2019年投用，年产值将达100亿。精密机械产业集群入驻项目13个，总投资320亿元，全部建成运营后年营业收入可达800亿元。电子信息产业集群入驻项目10个，总投资185亿元，全部建成运营后年营业收入可达500亿元。航空制造维修产业集群入驻项目13个，总投资320亿元，全部建成运营后年营业收入可达800亿元。现代服务（商贸会展）产业集群入驻项目30个，总投资600亿元，2017年预计完成贸易额600亿元。

【重点项目建设】 2016年，共选定305个重点项目，年度计划完成投资545亿元，实际完成投资550亿元。其中，列入省重点项目130个，年度计划投资368亿元，实际完成投资423.4亿元，超目标15个百分点，开工、投资、审批和综合排名均居全市十五个县（市）区、开发区第一名。尤其是菜鸟骨干网一期建成投用，“双十一”当天实现单量20余万单，全年总量600万单；美泰宝生物制药全球首创的抗艾滋病及肝癌新药已进入三期临床阶段；友嘉精密机械229精加工中心和联同八轴加工中心建设加快推进；兴瑞大宗商品供应链产业园累计入驻企业超过20家；华中冷链港、瀚港进口商品博览中心已投入试运营。

【要素平台支撑能力建设】 退税资金池效能进一步发挥，退税周期由过去的6个月优化为“即出即退”；年富、普路通、商贸通、科泰等多家供应链金融平台入驻运营，全年销售额超过100亿元；手机产业园一至三期48万平方米标准化厂房投入使用，四期54.8万平方米项目同步开工建设。全区土地利用总体规划调整方案及永久基本农田划定方案完成上报，调出基本农田10.3千公顷，“十三五”时期用地空间得到有效拓展；全年完成土地上报1.13千公顷，土地预征收2.64千公顷，供地671.27公顷，超额完成上级下达的目标任务；不动产登记11月1日起全面实现“停旧发新”。公共资源交易中心交易流程更加科学，全年开标248次，累计交易额263.3亿元，节约资金3.1亿元。

【城市承载能力建设】 以“绿地—碧水—蓝天”园林生态城市为目标，生态体系建设加快推进。截至2016年年底，已建成绿化面积约840万平方米，完成投资约55亿元。生态绿化建设快速推进，新开工绿地面积超过1000万平方米、新增绿化面积近300万平方米。梅河生态改造工程增加水面面积约38万平方米；新开工梅河二期、梅河支流及高路河三条水系，总长度约26.6公里，总投资约26亿元，已完成40%总工程量。园博园三区总投资约70亿元，2016年计划投资27亿元，实际完成投资29.5亿元，园林绿化、树木种植约6.3万棵。园博园A区挖湖、堆丘、桥梁等土建工程基本完成；四个入口及配套建筑、轩辕阁、主展馆等设施完成主体建设，正在进行外装。总面积超过15平方公里的双鹤湖海绵新城区建设正在快速推进；包含地下商业、地下停车场和综合管廊在内的地下城市综合体建设完工。全区新增通车道路总里程91公里，累计通车道路303公里，建成桥梁35座，累计投入136亿元。园博园周边配套道路及基础设施建设全力推进，部分道路通车，连接四大片区的主干路网初步成型。

南北互动、两翼齐飞的城市发展格局基本形成。新建变电站6个，全省首个移动变电站在双鹤湖地区投入使用。总投资18亿元电力高压廊道开工建设，建成后将实现高压电力线路全部入地。第二水厂一期即将投用，日处理能力20万吨，达到直饮水标准。总投资1.67亿元的南、北区环卫管养中心项目完成近半工程量，投用后将明显提升全区环卫保障能力。全年完成17个村486万平方米拆迁。新开工村民安置房建设927万平方米，累计开工面积1534万平方米，累计竣工面积270万平方米，累计回迁村民超过5万人，累计置换宅基地为建设用地超过2千公顷，成为河南省最大的棚户区改造区域。城市精细化管理工作效果明显，被评为2016年度郑州市城市管理行政执法先进单位和精细化管理先进单位。

大气污染防治成效显著，社会环境更加和谐。一年来，严格落实环保治理措施，空气质量取得明显改善。全区220个施工工地基本实现“六个到位”“七个百分之百”“两个禁止”标准；燃煤小锅炉专项集中整治全面完成；禁燃区实现建成区全覆盖；道路洒水降尘作业不断强化，投入9446万元，购置环卫车辆150台，道路机械化清扫率达到85.5%。全年实施应急管控12次，有效降低不利气象条件对空气质量的影响。PM10年均浓度137微克/立方米，低于目标数2个单位；PM2.5年均浓度76微克/立方米，低于目标数16个单位；优良天气216天，完成全年目标的113.7%。

【体制机制改革创新】 进一步加快引智创新。作为郑洛新自主创新示范区的重要组成部分，航空港实验区初步确定“四区七园”80平方公里的建设方案，拟定7个方面的政策支持。获批国家“大众创业、万众创新示范基地”，区内推动建设的政策意见已出台。与中科院软件所、浙江大学等机构实现产学研合作；郑州航空大都市研究院正式揭牌成立。大力推进引智工程，引进院士 3名、千人计划专家29名，硕士、博士等高科技人才近600名。2016年，新获批国家级科技企业孵化器1家（手机产业园）、省级众创空间1家（台科创酷），8个创新创业综合体总面积超过300万平方米，建成145万平方米。新培育省科技型中小企业40家，申报市创新型试点企业3家。高新技术企业新增

智能手机产业园

5家，全区高新技术产业产值超过2900亿元。

大幅增强融资能力。兴港、建投两家政府性投资公司资产规模突破千亿，一年净增320亿元，增长47%。通过方式创新，已将资金使用成本由9%降低到6%以下，节约财政资金约18亿元。全年获批授信额度247.96亿元，实际到位138.5亿元，超出年初融资目标的两倍，大幅缓解全区城市建设的资金压力。2016年，获得国开行贷款89亿元，近3年共获国开行贷款348.8亿元，占全市获批额度的44.8%，政策性融资支持力度持续加大。5支产业投资基金落地，总规模221.34亿元，到位178.69亿元。累计上报PPP项目19个，入库项目16个，总投资752亿元。创新“投资+施工”总承包模式，全面引进央企进行基础设施建设，一次性解决4个片区水、电、气、暖、路、污水处理等基础设施建设资金近300亿元，并确保质量和进度。

充分激发市场主体活力。全面实施“五证合一、一照一码”“五单一网”“电子营业执照”和企业登记注册“一站式”办结等创新。2016年，全区市场主体新增4502户，增长20.3%；注册资本新增226.2亿元，增长62.1%。

【医疗、教育、社会保障体系建设】 教育医疗资源配置更加完善。新建续建学校8所，其中3所续建学校全部建成。全区有中小学87所，幼儿园63所，学位总数4.9万个，超出在校生人数3000个，全部取消了大班制教学。英迪、育人2所十二年一贯制国际化学校投用。德国EBG国际语言中心中国总部落户，实现了职业教育零的突破。首个三甲医院河南省省立医院一期开诊，并引进了一批台湾医师注册执业。郑州第一人民医院港区医院拟于2017年3月份开诊。初步形成以三甲医院为中心，以社区医疗机构为支撑的“15分钟就医服务圈”。外籍人士、台籍人士及其子女就学就医环境得到显著改善。

社会保障更加有力。新农合参合率达到99%，医保、低保、居民基本养老金、企业退休人员养老金、优抚对象抚恤标准稳步提高。全年审核城乡低保五保对象近2万人次，发放生活补助金1067.7万元，共为3533名救助对象发放医疗救助金526.9万元。合融养老院主体完工，正在装修；锦绣桂园、启航社区养老服务中心项目投用。脱贫攻坚扎实推进，全区剩余的84户216人全部实现脱贫。

就业创业环境更加优化。区内就业人数最高接近40万，大幅缓解全省转移就业压力。针对区内就业困难人员、城镇失业人员、高校毕业生和进城务工人员实施就业援助，发放创业担保贷款780万元，实现新增城镇就业3491人，失业人员再就业1713人，转移农村劳动力2317人。

社会更加和谐稳定。突出基层“双创”及“平安港区”建设，13个办事处25个新建安置区“双创”合格达标率超过80%。办事处、村（社区）综治中心建成率达到80%。视频监控综合指挥中心建成，基本实现建成区技防设施“全覆盖”。区、办事处、村三级矛盾调解平台体系更加完善，一般矛盾纠纷化解率超过95%，重大矛盾纠纷化解率达到94%。中央巡视组“回头看”期间，省、市交办的信访积案70件、区内自行排查的信访积案23起全部化解完毕。全年信访事项复查按时受理率达到100%，按期办结率达到100%，网上录入率93%。以创建全省食品安全示范区为抓手，认真履行食品安全监管职责，不断夯实药械质量安全监管基础，全区食品药品安全形势持续向好。防范、惩治和处置非法集资工作取得显著成效，实现了非法集资案件零立案、涉及非法集资人员零上访。全区安全生产形势持续平稳，顺利通过国务院巡查组的检查，持续保持零事故、零死亡。

（王　丹）

郑东新区

【概况】 2016年，郑东新区全年地区生产总值完成326亿元，增长13.7%，增速居全市第一，第三产业增加值完成近300亿元，增速居全市第二。全口径财政收入完成219亿元，增长18.3%。金融业增加值149亿元，增长14.4%。实际利用外资完成4.9亿美元，引进域外资金完成132亿元，均超额完成市定目标，排名居各开发区第一。

【产业发展】 2016年，郑东新区金融集聚核心功能区建设势头强劲。全面实施国际化区域金融中心建设三年行动计划，深入抓好金融机构体系完善、要素市场培育、资本市场建设、开放创新、载体拓展、环境优化六大工程，金融业发展的基础进一步夯实，实力显著增强。累计引进各类金融机构千余家，获2016年第十二届北京国际金融博览会唯一“最具投资价值地区奖”。

基本完成传统金融业态的集聚。持续推进“引金入豫”工程。核心区新引进金融机构23家，累计入驻288家。随着进出口银行、浙商银行等一批金融机构的开业，实现传统金融机构引进的圆满收官。

金融业载体建设加快推进。龙湖金融岛内环20栋楼宇全部开工，13栋主体封顶；外环整体开发方案初步确定。中原金融产业园A、B区建成，招商态势良好。金融后台园区集聚中原银行、郑州银行等项目6个，规模居全国前列。签订金融创新集聚区三方战略合作协议，开工建设金融智谷。

新兴金融业态快速发展。加快培育新兴金融业态，打造金融服务升级版。全市首家金融租赁公司——河南九鼎金融租赁公司，全省首家消费金融公司——鼎盛中原消费金融公司相继开业。中原金融资产交易中心获省政府批复。

区域性金融中心的氛围日益浓厚。金融业发展载体纳入河南自贸区范围。成功举办2016中国（郑州）国际期货论坛，全国第六家金融主题博物馆——中原金融博物馆启动过渡场馆筹建工作。资本市场快速发展。发放奖补资金近2000万元，新增挂牌、上市企业6家，累计达到17家。

【科技创新】 2016年，郑东新区创新发展步伐持续加快。龙子湖智慧岛纳入郑洛新国家自主创新示范区范围。九大创新创业综合体建设加快推进，国家专

郑东新区景观

利审查协作河南中心、国家质检中心郑州综合检测基地建成投用。新引进科技“双创”项目8个，启迪控股河南区域总部落户龙子湖智慧岛。新增众创空间8家，累计达到15家，入孵企业305家，服务创客和团队近千人。全年新增高新技术企业10家，累计达到24家。新认定市级工程技术研究中心3家、重点实验室1家。新增科技企业44家，累计达到101家。4家企业被河南省认定为“科技小巨人（培育）”企业。浙江大学郑州技术转移中心被评为河南省产业技术创新平台。华电郑州机械设计研究院获郑州市科技进步一等奖。电商、大数据企业快速集聚。发挥国家电子商务示范基地政策优势，新引进电商企业57家，累计入驻158家，年交易额突破1000亿元。龙子湖大数据产业基地启动建设，浪潮集团牵头组建的中原大数据交易中心、中原众包大数据公司挂牌运营。中原云大数据中心首批300个机柜投入运行，省财政厅等8家省直厅（局）的26家系统入云，获“中国优秀云服务中心奖”。白沙大数据应用企业园集聚企业6家。

【城市建设】 2016年，郑东新区坚持“以建为主、提升品质、扩大成效”，加快城镇化进程，着力提升承载能力。大棚户区改造提质增效。明确责任，攻坚克难，提前6个月完成刘集村拆迁攻坚，围合区域53个行政村95个自然村拆迁圆满收官。统筹安置房建设质量、成本和进度，14个安置房项目全部开工，新开工安置房450万平方米，累计开工1100万平方米。龙源嘉苑等7个项目主体封顶，5个项目竣工回迁群众2.1万人。村志编写及村史馆建设全市领先，大棚户区改造工作全市8次评比中6次位居第一。

重大基础设施工程建设加速推进。以龙湖、白沙等区域为重点，全年新开工项目96个，完成投资80亿元，新增通车里程45公里。龙湖区域“一山四隧六桥七环路”全面收尾，龙湖内环路全线通车，龙湖南区路网基本成型。白沙区域骨干路网全面铺开。龙子湖区域路网基本建成。东站东广场地下道路系统主体完工，地下空间综合利用工程全面开工。

生态体系日益完善。以环城高速绿化、区级综合性公园、生态廊道等为重点，开工森林公园等绿化项目60个，完工39个，十大公园建成开放，高标准完成环城高速300万平方米绿化任务。新增和提升绿化360万平方米，累计绿化29平方公里。园林绿化管养维护工程被中国风景园林协会授予“2016年全国优质园林工程金奖”，园林绿化建设管理被市政府授予“月季花杯”金奖，圃田乡被评为“河南省绿化模范乡（镇）”。积极构建“五湖八河五渠”生态水系系统，龙湖基本达到蓄水高程，龙子湖基本完工，象湖B区成湖蓄水，魏河改线工程全线贯通，率先完成贾鲁河综合治理工程征迁任务。

要素保障坚强有力。白沙园区总体规划获批，编制运河两侧城市设计等各类规划设计124项。累计报批土地397.93公顷，征用土地400公顷，供应土地366.67公顷，实现土地收入214亿元，创历史新高。在全市率先实现不动产统一登记证书“停旧发新”。财税部门克服经济下行、“营改增”、银行降息等叠加因素影响，完成国税收入超百亿元，同比增长9.6%，规模创历史新高，地税部门完成各类收入64.7亿元，在全省县区级征收单位中规模保持第一。通过PPP、银行融资等方式，新增融资173亿元。

城乡一体化进程不断加快。完成连霍以北片区规划编制，沿黄特色小镇建设全球招标正式启动，金光农民花卉创业园开业运营，“郑东水乡”复合型都市农业园区完成立项，列子文化园规划设计有序推进，城乡一体、协调互动的发展格局加快形成。

【城市管理】 2016年，郑东新区城市精细化建设管理水平明显提升。抓好大气污染防治、城市管理、绿色低碳城市建设，着力提升城市建设管理品质，打造环境优美、功能完善、文明和谐的国际化形态风貌。

强力推进大气污染防治攻坚。以中央环保督察组专项督察为契机，落实

12月23日，郑东新区龙子湖产业基地启动仪式举行

"六控"措施，完善工作机构，建立周通报、动态巡查、财政扣款等机制，全力推进大气污染防治攻坚，高标准完成国家环保督察组交办的32批次、47件次问题整改，落后产能淘汰、渣土车和露天烧烤治理等取得初步成效。全年空气优良天数较上年增加35天，空气质量排名位居全市前列。

持续提升城市管理水平。深化城市管理的制度化、规范化、机械化、法治化建设。结合文明城市创建复审，聚焦"四乱"治理，强化工程措施和管理措施，完善数字城管、智慧城管、第三方考评等机制，城市精细化管理长效机制初步建立，城市形象更加靓丽。被评为全市城市管理工作先进单位。

统筹加快绿色低碳城市建设。加快龙湖区域绿色低碳示范区建设，茉莉公馆等12个项目60余栋建筑通过国家绿色建筑二星级审批。启动屋顶与立体绿化试点，完成5个项目1.1万平方米屋顶绿化。推进海绵城市建设，龙湖区域成功申报河南省海绵城市试点。

【民生事业】 2016年，郑东新区坚持"以人为本，民生优先"原则，统筹发展各项民生事业，公共服务体系不断完善。便民服务网络加快构建。高标准推进便民服务中心建设，一期15处便民服务中心全部开工，7处主体封顶，同步启动招商工作，体育公园便民服务中心启动试运营。二期15处完成规划设计，"5—10—15分钟"便民服务圈日臻完善。

教育文化体育医疗事业快速发展。围绕"做有未来的教育"，坚持高起点、高标准、高品位，积极推进教育的均衡化、国际化。成功举办第四届海峡两岸教育发展高峰论坛、首届龙湖杯国际自行车公开赛等系列活动，持续扩大对外交流。加大学校建设力度，开工雁鸣路小学等中小学22所，占全市的"半壁江山"，建成学校6所、新增优质学位1.9万个。国际学校确定合作办学单位。在全市率先提出"建成区中小学外籍教师全覆盖"目标，首批6名外籍教师配备到位。被评为2016年度郑州市教育科研先进单位。实施优质医疗资源倍增工程，郑大一附院郑东院区开诊，阜外（华中）心血管病医院主体封顶。辖区综合性或专科医院达16家，开放医疗床位7800张，千人床位数达到18张，居全省首位。坚持"走出去、引进来"，加快国际优质医疗资源集聚，与美国哈佛大学神经诊疗中心等外国医疗机构达成初步合作意向。社会保障工作扎实开展。推进社会保险扩面征缴，被征地农民基本生活保障参保率达到100%，城镇居民医保与新型农村合作医疗保险实现并轨。积极促进就业创业，新增城镇就业再就业3600人。强化劳动仲裁和监察，累计受理案件261件，裁决结案187件，为劳动者追回工资2700万元。扎实开展"文明东区志愿同行"进社区活动，累计开展志愿服务340余次，服务居民1.6万余人次。

社会治理能力进一步提高。圆满完成重大活动信访保障，全年信访总量和批次实现"双下降"，社会大局保持稳定。扎实开展仓储类建筑规范整治，完成建成小区充电桩建设，安全生产形势基本平稳。省级食品安全区创建和基层食品药品监管机构规范化建设试点工作基本完成。率先建成电梯应急救援处置中心。被确定为国家新型城镇化标准化试点。高标准推进基层综治中心规范化建设，健全矛盾纠纷调处化解机制，严厉惩治各类暴恐违法犯罪活动，人民群众安全感和满意度位于全省前列。

（赵文煜 李 盼）

郑州经济技术开发区

【概况】 郑州经济技术开发区成立于1993年4月，2000年2月获批为河南省首个国家级经济技术开发区。2016年，该区规划控制范围北至陇海铁路、西至机场高速、南至福山路（郑民高速南约1公里）、东至万三公路（新107国道），面积158.7平方公里。辖出口加工区（A、B两区）、国际物流园区两个专业园区，辖区有6个办事处53个行政村（社区），常住和从业人口约40万人。截至2016年年底，该区集聚企业13000余家，其中外商投资企业205家，世界和国内500强企业78家，规模以上企业503家。2014年、2015年、2016年连续三年被评为河南省六星级产业集聚区。

2016年，经开区紧盯建设先进制造业新城和国际物流枢纽目标，强力实施开放创新双驱动战略，谋划推动国际陆港、郑欧班列、跨境电子贸易等开放平台建设，打造汽车及零部件、装备制造、现代物流三个千亿级产业集群，构建"对外开放、现代产业、创新创业、现代城镇、民生保障、现代治理"六个体系，强力实施开放创新双驱动，全面推进"5—125"工程，促进经济社会各项事业健康快速发展，综合实力迈入全国经开区第一方阵，实现了"十三五"时期良好开局。全年地区生产总值完成660亿元，规模以上工业增加值完成356亿元，固定资产投资完成380亿元；社会消费品零售总额180亿元，增长15.5%，增速位于全市前列；财政总收入200亿元，增长20.5%，其中税收收入190亿元，增长20%；公共财政预算收入50亿元，增长50%。财政总收入、税收收入、公共财政预算收入的增速和质量均排名全市首位。引进境内域外资金72亿，合同利用外资13.7亿美元。城镇居民人均可支配收入34500元，农民人均可支配收入21000元，基本实现在全市率先全面建成小康社会的预期目标。

【国家级开放平台建设】 2016年，以经开区为主的河南自贸区、郑州经开综保区、郑州跨境电商综试区三大国家级平台相继获批，全区对外开放进入一个新阶段，在推进郑州国家中心城市建设、实现中原更出彩的进程中站在新的制高点。

跨境电商继续领跑全国。总业务量大突破。全年跨境电商进出口单量突破8300万单，货值64亿元，同比增长65%，进口保税模式走货量全国第一。征收关税6.5亿元，同比增长4倍。出口总量大突破。打通出口关键环节，全年出口单量突破3000万单，同比增长5倍。通关效率大突破。"秒通关"信息化平台持续优化升级，实现24小时无纸化作业、智能化比对，每秒突破500

8月31日，经开区在郑州铁路集装箱中心站海关监管区内举行进境粮食指定口岸项目开工仪式

单，通关效率位居全国前列。企业引进大突破。全年新引进跨境备案企业200家，总数达到1359家，阿里巴巴1688进口货源平台、中邮集团等知名企业在此落地或开展战略合作，搭建较为完善的跨境电子商务产业链和生态链。物流成本持续降低。综合查验中心和保税仓储设施等项目基本建成，保税物流中心“1+6”智能仓库投入使用，物流成本降低20%。跨境产品逐渐多元化。新增海外仓6座，进一步丰富进口货源种类，货物由食品、化妆品为主向电子产品等多元化迈进，物美价廉的进口商品成为常态。同时，首创“O2O”体验中心，线上线下交易融合，实现现场自提服务功能，为顾客带来全新购物体验。

国际陆港高效推进。铁路口岸正式通过验收，全年完成货运吞吐量13万标箱，位居全国前三位，同比增长30%。国际陆港空、铁、公、海“四港一体”多式联运功能日臻成熟，由核心型货物集聚地向自贸型集散中心转变，成为建设“一带一路”现代综合交通枢纽的强力支撑。配套设施建成投用。多式联运监管中心一期通过海关验收。集疏中心公铁仓库、保税仓库等9个单体建筑建成投用。四港联动互通立交桥工程完工，经开十八大街与经北四路连接通车，内外通达、设施完善的路网和配套体系基本形成。口岸建设发展迅猛。汽车整车进口口岸运营顺利，11月18日开通首班进口整车班列，满载整车80辆、货值2亿元，是全国内陆汽车进口口岸单次进口汽车货值最大、数量最多的业务，口岸经济发展和开放平台建设实现又一重大突破。进境粮食指定口岸一期基本竣工，二期具备开工条件。邮政口岸完成往返邮路双向测试。以三大功能口岸为主，与省内外口岸互联互通，逐步构建了口岸大通关体系。

中欧班列（郑州）再创佳绩。全年开行251班（去137班，回114班），开行班数增长61%，总货重12.86万吨，总货值12.67亿美元，成为全国23家开行班列中唯一实现双通道（阿拉山口西通道、二连浩特中通道）、双向常态（每周“去三回三”）运行的班列，总载货量、境内集货辐射地域、境外分拨范围均居中欧班列首位，成为“一带一路”上最活跃的铁路物流载体和陆上贸易通道。辐射范围稳步扩大。向东与沿海港口、韩日等国家和地区开展空铁、海铁联运，向西辐射哈萨克斯坦、蒙古等亚洲国家和波兰、德国等欧洲国家，合作伙伴超过1700家，形成东西“双核心”的物流集疏枢纽，奠定郑州内陆主要货源地节点和铁路枢纽节点“双节点”的城市地位。“运贸一体化”战略全面铺开。创新开展过境中转业务，拓展国际贸易、冷链物流等业务。创新“互联网+”模式，推动“郑欧商城”电商平台和线下实体展销体验中心正式运营，引进50余家企业入驻，实现“线上+线下”运贸一体化。示范带动效果显著。郑欧国际铁路货运班列“一干三支”铁海公多式联运项目获批国家多式联运示范工程。与俄铁、德铁等境外铁路公司直接建立合作关系，成为全国唯一一家“自主操作境内外组货、报关报检、选择物流承运商和境外物流分拨商”的班列。

【现代产业体系建设】 坚持产业集群发展，全年新签约项目54个、总投资570亿元，开工建设美邦医药物流园等项目98个，竣工投产中铁盾构TBM基地等项目20个，初步构建集群化、智能化、生态化的现代产业体系。

汽车产业突飞猛进。全年总产值完成680亿元，增长18%；生产整车46万辆，占全市整车产量的74%，增长36%。东风日产、宇通、海马三大整车企业高歌猛进，产值均同比增长15%以上。其中，东风日产生产整车28万辆，增长35%；海马轿车整车产量达到15万辆，增长40%，产值首次突破100亿元。精益达、东晟等零部件企业发展迅速，产值增长18%。汽车出口业务量同比增长12%，国际影响力不断扩大，国际领先、国内一流的汽车研发生产基地基本形成。

装备制造业稳步提升。全年总产值完成270亿元。其中，中铁装备全年营业额增长70%，自主研发全球首台超大断面马蹄形盾构机，并在蒙华铁路成功运用，成为全国高端制造的典范。海尔100万台空调项目顺利达产，全年产值增长105%。郑煤机收购亚新科集团所属6家子公司，进军零部件产业，实现转型发展。富泰华新产品上市，产销情况实现好转。

现代服务业蓬勃发展。第三产业的比重较上年提高6个百分点。营利性服务业同比增长28.5%，高于全市增速13个百分点，对全区第三产业增长发挥积极作用。现代物流业全年营业收入完成670亿元。引进京东、中海油等5个总部经济项目，谋划的10个精品百亿“园中园”全部启动建设，宇培、宅急送等企业建成投产，国药、九州通等医药物流企业保持10%以上增长速度。国际物流园区成功获批筹建“全国电子商务物流产业知名品牌创建示范区”。全力推动现代综合物流公路港建设，打造与航空港、国际陆港高效衔接、互为补充的国际化平台，成为自贸区建设国际物流枢纽的强力支撑。

新兴产业培育亮点纷呈。积极培育一批光电信息、生物医药、虚拟现实、环保科技等新兴产业，实现5个项目竣工投产，产值达到30亿元，形成新的经济增长点。同时，以双汇、露露、中粮等为代表的健康食品企业保持良好增长态势，产值增幅均在20%以上，全年食品企业工业增加值完成220亿元。

【双创建设】 把创新放在发展全局的核心位置，以郑洛新国家自主创新示范区和全国双创示范基地建设为统领，推进创新创业载体建设，激发企业创新动力，努力构建政企联动的“双创”体系，形成“大众创业、万众创新”浓厚氛围。

政策扶持力度空前。进一步精简审批环节，拓宽投融资政策，研究出台《关于加快发展创新创业载体与培育创新创业主体的实施意见》等10余项创业扶持政策，完善鼓励创新、引导投资和消费等政策，财政投入较上年增加5个百分点。

载体培育效果明显。留学人员创业园产业服务平台、跨境贸易电子商务服务平台等5个创新创业综合体建成运营，建设面积超过60万平方米，位居全市前列。获批省市级众创空间3个，加

11月18日，郑州汽车整车进口专列接车仪式在郑州经开区陆港中心举行

凤河

快中小科技创新企业集聚，在孵企业达到1600余家。

科技创新成果丰硕。全年新认定高新技术企业22家，获批省科技创新产品12项，高新技术产业增加值完成190亿元，同比增长12%。宇通客车等3家企业入选全省2016年度创新龙头企业。中铁装备拥有自主知识产权的“超大断面矩形顶管机”获2016“中国好设计”金奖。安图生物成功上市，汉威光电等4家新三板企业成功挂牌，中小微企业多元投融资成果显著。

人才引进势头良好。成功承办2016“创响中国”郑州站活动，成立国内首个空间遥感大数据院士工作站，率先在全省成立中美创业港、中兴新业港2家创新创业综合体园区科协组织，聚集海外归国人才200余人、“智慧郑州1125聚才计划”人才8人、“国家千人计划”人才5人，形成人才集聚的良好势头。

【新型城镇化建设】 以人的城镇化为核心，突出以建为主、提升品质、扩大成效，加快推进基础配套设施全域覆盖，城市承载能力进一步提升，新型城镇化建设大步迈进。

征迁安置达到预期。全年完成征迁村庄3个约350万平方米，完成拆迁清零村庄25个，已拆村庄基本实现清零扫尾，“拆迁清零攻坚战”达到预期效果。新开工锦祥花园一期、锦程花园二期70万平方米，新增安置房主体58万平方米，交付盛和三期、瑞锦一期50万平方米、4000余套，回迁群众1.6万余人。

基础配套不断完善。财政投入较上年增加8个百分点。路网建设全面提速。配合郑万高铁、G107等国家、省市大型骨干路网建设，按时完成征迁任务。启动“循环路网建设年”活动，掀起道路建设高潮，全年新开工道路35条、续建32条，实现通车150公里，道路绿化80万平方米。公共配套设施逐步到位。新建污水处理项目2个，变电站3个、开闭所8个，建设各种管道里程累计300余公里。物流园区循环路网全线贯通，自来水全域覆盖，全区污水管网成功接入郑州市污水处理系统。

生态建设成效显著。谋划推动全域生态建设，成功创建国家生态工业示范园区，成为全省唯一一家“国字号”生态工业园区。持续开展大气污染防治攻坚战，不断完善和严格落实环保治理措施，实行党政领导带队夜查，全区上下联防联控、标本兼治，完成清理整改环保违法违规项目158个，PM2.5、PM10消减率全市第一，优良天数较上年增加39天，空气质量进一步改善。绿地、水系建设协同推进，开挖荷湖，推进龙渠、凤河二期建设，加快潮河两侧绿化，完成47万平方米蝶湖蓄水、梦湖设计和七里河清障，基本形成金沙湖景观，人均绿地、水域面积同比提高7%和8%。同时，启动故城遗址公园建设，形成一定规模。启动祥云现代城乡示范园区建设，已完成规划设计。

精细化管理水平不断提升。提升公共管理服务水平，加强环卫保洁和背街小巷综合治理，打造畅通整洁有序的市容环境。新增公共停车位5000余个，机非隔离带30余公里，机动车乱停乱放明显减少。基本完成无物业管理小区充电桩建设，进一步规范门头牌匾，加大渣土车沿途遗撒整治力度，购置机械清扫车、洒水车30余辆，机械清扫率达到80%，市容环境进一步改善。

【社会民生事业建设】 统筹推进各项民生事业，“十件实事”完成情况排在全市前列。大力改善群众生活水平，努力实现发展成果全民共享。教育事业发展良好。办学条件不断改善、规模不断扩大，全年新建、续建中小学幼儿园12所，建成4所、新增学位5520个。罗纳尔多校园足球战略合作实验区正式揭牌，海嘉国际双语学校、郑州二中成功入驻。文体活动繁荣开展。承办河南省第六届阳光体育推进会。依托区图书馆、艺术中心等文化机构，开展文化惠民活动53场，受惠群众6万余人次。规划展览馆成功开馆，共接待2万余人次，成为经开区的一张新名片。医疗保障水平不断提高。郑大二附院新院开工建设，新增各类卫生所20余个，新农合参合率达到99.83%，实现了辖区群众大病统筹、就近就医。

（邹 鹏 李志辉 鲁柳村 郭 威）

郑州高新技术产业开发区

【概况】 2016年，是“十三五”时期的开局之年，面对经济下行压力持续的复杂局面，郑州高新区以建设国家自主创新示范区为统揽，紧紧围绕打造北斗云谷·千亿科技城的总目标，突出改革创新引领，克难攻坚，经济社会各项事业都取得长足发展。

全年地区生产总值完成248.2亿元，增长8%；地方公共财政预算收入34亿元，增长21%；固定资产投资359.1亿元，增长12.4%；规模以上工业增加值84亿元，增长5.1%；利用域外资金120.5亿元，增长13.6%；实际利用外资29087万美元，增长6%。

以郑州高新区为核心的郑洛新国家自主创新示范区成功获批，高新区成为河南省第四个国家战略的主承载区，为高新区发展带来前所未有的重大历史机遇。在全国147家国家高新区中综合排名上升至第12名，知识创造和技术创新能力排名上升至第7名，可持续发展能力上升至第7名，孵化培育能力排名第2名，实现历史性突破。全年新注册企业5252家，同比增长69.9%；郑州市“1125聚才计划”入选创新创业领军人才和团队占全市1/4，项目数全市第一；全年新认定高新技术企业118家，占全省的近1/5；成功获批国家知识产权示范园区。

【新型城镇化建设】 安置房建设工作取得新进展。围绕全域城市化目标，全力加快推进大棚户区改造已拆迁村庄的安置房建设和村民回迁。全年安置房建设完成投资100亿元，开工面积达到900万平方米，实现7个村庄整体和部分回迁，回迁面积近150万平方米，回迁村民约9000人。

基础设施建设取得新成绩。围绕出入区口道路瓶颈的破解和基础设施保障能力的提升，全面加快交通道路和供水、供热等市政配套工程建设。出入区道路建设实现突破，池北路、三全路、翠竹街等3条出入区道路建成通车，雪松路北延南延路等一批出入区重点道路工程已进入实质性施工阶段；地铁一号线二期年底前建成投用；全年新建道路80项，开工建设里程79公里，建成通车里程50.8公里，完成投资11.7亿元，争取到国家棚户区道路配套资金3.8亿元。总投资2300万元的智慧热力管控平台框架体系建成，开始试运营；投资1.5亿元新建热力管网42公里，新增120万平方米供暖面积入网；投资8000万元新增供水管线20公里，完成供水应急抢险抢修基地建设及高新第二水厂建设前期准备工作。

市政绿化和生态廊道建设取得新成效。围绕全面提升城市品位，为群众

大学科技园孵化器

生产生活创造优美环境，高新区全力加快主干道路两侧绿化、公园、生态廊道建设。全年投资近3.5亿元实施各类绿化工程项目18项，新增绿化面积370万平方米，特别是高标准完成11.36公里长的高速两侧生态廊道建设项目和贾鲁河综合治理征迁涉及高新区的工作，推进速度和工作标准全市领先；南水北调带状公园主体落成，完成总工程量70%；锦和公园5月底建成开放；铁路沿线景观绿化带建设工程基本完工。

【科技创新】 突出抓好示范区建设的谋划和顶层设计。国家自主创新示范区获批后，高新区管委会委托北京长城战略研究所编制的郑州高新区国家自主创新示范区建设规划和政策研究完成初稿，正在加紧修改完善。

突出抓好高端研发机构的引进和建设。着力加快产业技术研究院、国家重点实验室等高端研发机构的签约、落地和运营，强化发展优势，提升区域创新核心竞争力。新谋划与华中科技大学、郑州轻工业学院合建产业技术研究院相关事宜已达成初步意向；郑州信大先进技术研究院已进入实质操作阶段，办公地点、运营团队到位；三磨所国家重点实验室建设正加快推进；新申报市级以上研发机构51家，新建院士工作站2家，新申报省级工程技术研究中心20家；获批郑州市工程技术研究中心18家，占全市的32%；市级重点实验室8家，占全市的30%。

突出抓好新兴创新创业载体建设。全力加快大学科技园创新创业综合体、智能装备制造创新创业综合体、威科姆创新创业综合体等创新创业载体建设，新投入使用孵化近20万平方米，入驻科技型企业500余家；新增众创空间22家，占全市的55%、全省的30%，其中，国家级众创空间新增3家，汉威电子传感器众创空间入选首批国家专业化众创空间，全省仅有2家，全市仅此1家。

突出抓好企业创新主体作用的发挥。鼓励支持企业加大研发投入、多出创新成果，帮助企业争取省市科技计划和资金支持，助力企业发挥创新主体作用，全面提升创新能力和发展竞争力。全年新申报高新技术企业128家，通过认定118家，占全省近1/5；科技型中小企业备案达到980家，占全省近1/10；申报国家、省、市各类科技计划项目共220余项；获得市级以上科技进步奖26项，超过全市的1/4，其中特等奖4项，占全市4/5；新申请专利达到7000件，同比增长15%；成功获批国家知识产权示范园区。

突出抓好高端创新人才的引进。在全市“1125聚才计划”项目申报中，高新区26个创新创业领军人才和团队入选，占全市入围总数的1/4，获批资金共计8350万元，获批项目和资金数均位列全市各区第一。

【产业发展】 重点项目建设进展顺利。通过定期召开观摩讲评会及现场协调会，集中解决项目建设过程中的问题，全力确保重点项目建设快速推进。年初谋划的31个省市重点项目，完成投资73亿元，项目开工率、立项审批、联审联批和投资额等均完成目标。智能装备产业园、旭鑫国际、移动数据中心、联通二期与石佛艺术公社等项目进展良好。

重点企业培育有力推进。面对经济下行的压力，制订高新区稳增长、调结构、促转型的政策措施；对区内50家重点企业进行分包服务，及时协调企业生产经营过程中的问题；实现30%以上增长的四上企业达到68家；着力解决企业融资难问题，筛选推荐智能水务、加速器产业园（二期）、科慧科技等20个项目进入国家专项建设基金项目库。

招商引资工作成效显著。围绕主导产业“四力”型项目，积极开展大招商活动，全年新签约主导产业重大项目19个，总投资约170亿元；投资15亿元的DHL华中智慧物流综合产业园项目、投资30亿元的亿达科技新城项目、投资30亿元的天安数码城项目、投资30亿元的新华三大数据基地项目等重大项目签约落地；郑州大数据应用产业园、北京盛景网联创新服务高速骨干网项目、合肥三元联创跨境电商产业园项目等一批重大项目正在加紧对接。

上市工作取得新成绩。全年新三板挂牌企业数达到67家，保持在全国高新区的领先地位；新增30家企业完成股改，进一步壮大上市后备力量。

【生态环境建设】 加大污染源整治工作力度。成立空气质量改善示范区污染源治理管控工作专责小组，制订印发管控方案，对辖区空气质量状况进行24小

中铁隧道盾构及掘进技术国家实验室

时监控，积极开展日常巡查排查，年初以来共排查工地875家次，督促整改问题156个，共下发责令整改通知书21份，完成市大气办督导处及专家组交办整改问题4个批次54个，确保辖区空气质量持续改善。

重点做好扬尘综合治理。持续加大施工工地扬尘治理监管力度，坚持每日巡查和严管重罚，79个工地全部达到7个100%的标准；加强拆迁工地扬尘控制，对拆迁工地的裸露土地采取防尘网覆盖、固化喷淋、绿化等措施；加强重点区域及周边主次干道、背街小巷清扫保洁，每天不间断地实施机械化吸尘、清扫、冲洗，保持路面潮湿不起尘。

持续开展专项综合整治。强化全区重点企业环境监管力度，实施一企一档，动态化管理，对存在问题的企业下达整改通知，监督问题整改落实到位，确保重点监控企业污染防治设施稳定运行，主要污染物稳定达标排放；积极推进燃煤污染治理，辖区郑州泰祥电厂2台燃煤机组超低排放改造工作全部完成；加强辖“土小”企业及燃煤小锅炉的排查治理，做到发现一起，关停取缔一起；全面完成市政府下达的黄标车治理任务。

【社会民生事业】 全力加快高品质教育强区建设。朗悦外国语中学等4所学校开工建设，新建成高新区外国语中学等5所学校，新交付使用郑州市创新实验学校等5所学校；郑州财经学院新加坡国际学校等名校签约入驻；新引入北师大优质教育资源。

全力加快配套医疗机构建设。郑州中心医院高新医院（二期）完成土地指标批复及控规、修规，河南省中医院建设高新区分院完成土地征收前的各项工作。

大力营造良好的政务服务环境。持续深化行政审批“两集中、两到位”，加大“放管服”改革创新力度，积极推进37项行政审批事项和11项类审批公共服务事项网上运行，制订郑州高新区行政权责事项运行监督管理办法等11项“五单一网”制度改革配套机制；不断规范行政审批中介服务，全面取消各类繁文缛节和不必要证明，着力营造良好的政务服务环境。

全力做好依法行政和市民文明素质提升工作。全面推进依法治区，强化依法治理、依法行政的意识，积极推进服务型行政执法建设工作，持续加强对各级领导干部的法律教育。制订《高新区公共文明素养提升三年行动方案》，多措并举全力做好市民文明素养提升工作。

全力确保社会大局和谐稳定。加强综合治理基层基础建设，开展信访“积案”化解工作，确保敏感时期信访形势稳定，没有发生重大不稳定事件。妥善处置“5·21”爆燃事故应急相关工作，同时，吸取教训在全区开展安全生产大排查活动，确保安全生产大局稳定。党群工作、城乡就业、宣传工作、文化服务、计生卫生、涉农工作等各项社会事业均有序开展、健康发展。

（鲁华雨）

产业集聚区

【概况】 2016年，产业集聚区、服务业“两区”围绕主导产业谋划项目，以优质项目带动提速提质发展，严格落实“四级三层一统筹”要求，完善重大项目推进机制。电子信息、汽车及零部件、装备制造产业增加值增速分别为13.7%、13.3%和11.8%，分别高出全市平均水平7.7、7.3和5.8个百分点；产业集聚区、服务业“两区”新开工重大项目112个，完成投资2832亿元，实现“四上”企业主营业务收入近万亿元。

强化科技创新驱动。以国家自主创新示范区、全国双创示范基地、国家促进科技和金融结合试点建设为契机，产业集聚区、服务业“两区”设立国家级实验室和技术研发中心28家、省级研发中心364家，孵化器和众创空间85家，引进创新创业领军人才376名、团队368个。科技进步对经济增长的贡献率达到61%。狠抓产业链延链补链招商，2016年共签约重大项目163个，实际利用市外资金800亿元。

以交通路网为带动，加快基础设施建设，发展环境不断优化。2016年，新建道路334公里，新增供电线路261公里，新增供水管网263公里，新增供气管网118公里，累计建成15个污水处理厂，日处理能力达158万吨。

按照“一基本两牵动”的要求，持续巩固提升产业集聚区、服务业“两区”就业创业能力。2016年，就业人员达到102万人，开展人力资源培训超过10万人次，带动大批农业人口实现就地城镇化。产业集聚区、服务业“两区”建成区面积达到247.7平方公里，建成安置房450万平方米。

坚持规划引领，出台《关于加快产业转型升级再造发展新优势的实施意见》《中国制造2025郑州行动纲要》和产业发展“三年行动计划”等系列政策，突出现代服务业主导、先进制造业支撑、融合集聚发展，重点发展电子信息、汽车及装备制造、现代金融商贸物流、文化创意旅游等重大战略产业。2016年，工业七大主导产业产值近1.1万亿元，其中电子信息、汽车及装备制造均突破3000亿元；服务业七大主导产业中，商贸物流增加值1252亿元，现代金融增加值817亿元。

围绕产业链部署创新链，制造业创新体系加快完善，规模以上工业企业研发机构覆盖率达到80%，制造业研发投入占全社会研发投入的75%，工业成为产业创新发展的主领域。口岸平台经济加快发展，进出口总额占全省的77.3%，连续位居中部省会城市第一；中欧班列（郑州）开行251班，载货量和货值均居中欧班列首位；跨境电子商务交易和网络零售快速增长，2016年，全市电子商务交易额4900亿元，增长33%，网络零售交易额735亿元，增长40%。

突出实施重大产业项目建设“三个100”工程。2016年，开工省市重点项目213个、竣工104个，全市固定资产投资突破7000亿元，增长11.3%，其中服务业投资5430.2亿元，占全市比重的77.6%；工业中汽车及装备制造、电子信息等战略性产业比重达到51.8%，服务业中金融业增加值占现代服务业的比重达到20%。围绕产业链精准招商，产业发展补短板有力有效。2016年，签约重大产业项目108个；落地非苹手机整机及配套企业58家，非苹手机产量1.3亿部；汽车核心配套企业累计达150家。

积极破解资金、人才等要素制约，持续完善行政审批、投融资平台等公共服务设施。2016年，小微企业贷款余额2800亿元，为各类企业降本减负近70亿元，市级行政审批事项减至156项。

【郑州航空港产业集聚区】 2016年，选定重点项目305个，总投资3107亿元，年度计划完成投资545亿元，全年累计完成550亿元，超额完成年度目标计划，占全区固定资产投资的87.8%。其中，列入省重点项目共计130个，总投资2500亿元，年度计划投资368亿元，全年累计完成423.4亿元，占年度目标的115%；新开工项目26个，占全市开工总量的28%，185个审批事项全部完成。项目完成投资、开工、信息报送等完成情况均居全市15个县（市）区、开发区第1位。菜鸟智能骨干网项目（一期）竣工并在2016年“双11”提前投用；酷派智能手机产业园一期厂房正在进行二次结构砌筑，河南省移动大数据中心项目三栋楼主体完工，计划2017年一季度正式投用。作为河南省装备制造业的龙头项目——河南友嘉精密机械产业园厂房主体正在施工，计划2017年下半年试生产。新国际会展中心一期8个场馆正在进行墙柱、梁板施工。

2016年4月20日，航空港实验区获批成为国家17个“大众创业、万众创新示范基地”之一。截至2016年年底，该区成功申报国家级科技企业孵化器1家（手机产业园）、省级众创空间1家（台科创酷），集聚创客汇、云之咖啡、UP创客梦想空间等5家被认定为市级孵化器、众创空间，各级孵化平台累计入驻双创项目和创客团队70多个。制

航空港产业集聚区——新港大道跨梅河桥

订出台企业场地租金减免、科技专项资金配套、免征城市基础设施配套费、上市融资奖励、研发投入补助等方面的扶持政策，为中小微企业发展提供资金、研发技术、人才等全方位的保障措施，扶持科技型企业做大做强。

该区以智能终端（手机）、精密机械、生物医药、电子商务、航空物流、航空制造维修、电子信息、现代服务（商贸会展）八大产业集群为抓手，全力推进产业集聚发展，以产业发展拉动城市塑造，以产业发展反推枢纽打造。在智能终端（手机）产业集群方面，签约入驻企业159家，其中已投产企业26家。富士康项目从单一手机制造拓展到后端模组、研发、苹果手机翻新和维修、谷歌智能穿戴产品制造等十几个项目。全球重要的智能终端（手机）研发制造基地已具有一定规模。在精密机械产业集群方面，有友嘉精密机械、北京科锐、天迈科技等建设项目9个。在生物医药产业集群方面，入驻项目67个，在建项目15个，总投资超过20亿元，涉及新药研发、医疗器械、动物疫苗、中药制剂、医药物流等方面。在电子商务产业集群方面，签约入驻企业205家。跨境电商综合试验区建设全面展开，跨境电商信息平台建成投用，日处理能力100万单，入驻跨境电商企业127家。在航空物流产业集群方面，郑州机场货邮吞吐量全国排名第七，2016年新引进中通快递业务基地、准时达航空物流产业园等项目6个。在航空制造维修产业集群方面，加德直升机运营总部、穆尼飞机等5个项目签约入区，正在积极对接卢森堡、南航飞机维修基地等多个项目。在电子信息产业集群方面，有20多家项目签约入驻，朝虹电子建成投产，中移动大数据中心等6个项目正在建设。在现代服务（商贸会展）产业集群方面，有绿地会展城、世葡国贸、欧洲制造之窗等17个项目入区。

【郑州经济技术产业集聚区】 2016年地区生产总值完成660亿元，规模以上工业增加值完成356亿元，固定资产投资完成380亿元；社会消费品零售总额184亿元，增长15.5%；财政总收入200亿元，增长20.5%，其中税收收入190亿元，增长20%；公共财政预算收入50亿元，增长50%。全年引进境内域外资金72亿，合同利用外资13.7亿美元。

河南自贸区于2016年8月份获批，郑州片区规划71平方公里，经开区块41平方公里，占郑州片区总面积的58%。郑州经开综保区于2016年12月6日正式获国务院批复，出口加工区A.B区和河南保税物流中心整合工作全面启动，成为全省对外贸易增长的新引擎。电商继续领跑全国，总业务量大突破。全年跨境电商突破8300万单，货值64亿元，同比增长65%，进口保税模式走货量全国第一。征收关税6.5亿元，同比增长4倍。国际陆港高效推进。铁路口岸正式通过验收，全年完成货运吞吐量13万标箱，位居全国前三位，同比增长30%。中欧班列（郑州）再创佳绩。全年开行251班，开行班数增长61%，总货重12.86万吨，总货值12.67亿美元，成为全国23家开行班列中唯一实现双通道、双向常态运行的班列。

坚持产业集群发展，全年新签约项目54个、总投资570亿元，开工建设美邦医药物流园等项目98个，竣工投产中铁盾构TBM基地等项目20个，初步构建集群化、智能化、生态化的现代产业体系。

汽车产业突飞猛进。全年总产值完成680亿元，增长18%；生产整车46万辆，占全市整车产量的74%，增长36%。东风日产、宇通、海马三大整车企业产值均同比增长15%以上。装备制造业稳步提升，全年总产值完成270亿元，其中，中铁装备全年营业额增长70%。海尔100万台空调项目顺利达产，全年产值增长105%。现代服务业蓬勃发展。第三产业的比重较上年提高6个百分点。营利性服务业同比增长28.5%，高于全市增速13个百分点。现代物流业全年营业收入完成670亿元。新兴产业培育亮点纷呈。积极培育一批光电信息、生物医药、虚拟现实、环保科技等新兴产业，实现5个项目竣工投产，产值达到30亿元，形成新的经济增长点。全年食品企业工业增加值完成220亿元。

该区把创新放在发展全局的核心位置，以郑洛新国家自主创新示范区和全国双创示范基地建设为统领，推进创新创业载体建设，激发企业创新动力，努力构建了政企联动的“双创”体系，形成“大众创业、万众创新”浓厚氛围。政策扶持力度空前。研究出台《关于加快发展创新创业载体与培育创新创业主体的实施意见》等10余项创业扶持政策，完善鼓励创新、引导投资和消费

经济技术产业集聚区——中铁盾构机生产车间

等政策。载体培育效果明显。留学人员创业园产业服务平台、跨境贸易电子商务服务平台等5个创新创业综合体建成运营，建设面积超过60万平方米。科技创新成果丰硕。全年新认定高新技术企业22家，获批省科技创新产品12项，高新技术产业增加值完成190亿元，同比增长12%。

全年完成征迁村庄3个约350万平方米，完成拆迁清零村庄25个，已拆村庄基本实现清零扫尾，"拆迁清零攻坚战"达到预期效果。新开工锦祥花园一期、锦程花园二期70万平方米，新增安置房主体58万平方米，交付盛和三期、瑞锦一期50万平方米、4000余套，回迁群众1.6万余人。

【郑州高新技术产业集聚区】 2016年，郑州高新区在全国147家国家高新区中综合排名上升至第12名，知识创造和技术创新能力排名上升至第7名，可持续发展能力上升至第7名，孵化培育能力排名第2名，实现历史性突破。主要经济指标保持平稳较快增长。全年地区生产总值完成243亿元，增长8.5%；实现规模以上工业增加值81亿元，同比增长6%；完成固定资产投资360亿元，同比增长13%；完成公共财政预算收入34亿元，同比增长21%；完成域外资金119亿元；完成实际利用外资2.9亿美元。

坚持明确主导产业方向，持续强化重大项目引进和建设。依托高新区北斗技术源头和科技创新优势，围绕市定的电子信息主导产业的细化，明确"战略性产业——北斗导航与遥感产业、支柱性产业——信息技术应用和智能装备制造两大产业、驱动型产业—科技服务业"的"121"产业发展格局，着力打造"北斗云谷"和"中国地铁城"两大特色产业品牌。围绕主导产业的发展，引进了亿达科技、郑州大数据应用产业园、联东U谷产业综合体、中国联通中原数据基地等一批超过10亿元的重大项目投资入驻。全年完成投资80亿元，超额完成目标任务。重大项目建设取得突破，年初谋划的31个省市重点项目，全年完成投资84亿元，项目开工率、立项审批、联审联批和投资额等任务均全面完成。招商引资方面再创佳绩，域外资金完成119亿元，实际利用外资2.8914亿美元；全年新签约10个5亿元以上、5个10亿元以上的招商引资项目。高新区新引进产业项目19个，总投资约170亿元。要素保障更加完善，强化土地要素保障，积极探索科学用地方式和弹性供地机制，盘活土地资源，做好用地保障服务工作，着力抓好重大项目用地需求优先保障工作，全年实现供地125.91公顷。产城互动更加紧密，安置房项目建设推进成效突出。全年新开工15个行政村安置房项目，已拆迁村庄除西连河外全部开工，全年完成投资超过100亿元。全区600万立方拆迁垃圾清运工作全部完成，同时打通4条连接市区的出入区口道路。

【郑州市白沙产业集聚区】 2016年，该集聚区规模以上企业营业收入完成213亿元，同比增长126%；增加值完成43亿元，同比增长80%；全部税收完成7.5亿元，同比增长4%；固定资产投资完成158亿元；从业人员达到1.2万人；新增规上企业19家；新入投资库项目31个。

《郑州市郑东新区白沙组团总体规划（2013—2030年）》获市政府批准，为园区可持续发展提供了依据和指引。编制完成《白沙园区"十三五"发展规划纲要》，明确了"十三五"时期发展目标、任务和举措。制订《白沙园区2016—2018三年行动计划》，明确未来三年建设任务。制订《白沙产业集聚区晋星暨经济指标提升工作三年计划》，为白沙产业集聚区实现晋星升级奠定了基础。

全力支持国家级大数据综合试验区建设，加快大数据产业集聚。以河南省中原云大数据集团为引领的国家级大数据综合实验区成功获批，为园区大数据产业发展提供强力政策支撑。中原云大数据中心首批300个机柜投入运行，签约华为、中兴等10家知名合作伙伴，省财政厅、省有色金属地矿局等8家省直厅局的26家系统入云，获"中国优秀云服务中心奖"。

大力推进签约项目落地，加快总部经济发展。河南投资集团总部迁建项目、北京大学河南双创中心等7个签约总部研发类项目完成选址，正在进行土地报批。有色地质科技园挂牌运营，签约项目18家，5家企业已入驻办公。

"五纵七横"骨干道路基本建成，通车里程达160公里。集聚区绿化面积达260万平方米，建成水系工程120万平方米。水、电、气、暖、通信等管网配套工程加快推进，建成热力管网30公里，燃气管网80公里，自来水管网160公里，通讯管网160公里，重点区域配套设施基本到位。

围绕工作目标，将产业集聚区晋星工作纳入职能部门年度目标考核体系，狠抓统计入库，强化指标落实。狠抓"四上"单位入库，为产业集聚区指标提升奠定基础。制订《白沙产业集聚区第四季度晋星工作冲刺计划》，邀请省、市统计局领导和专家实地调研指导，力争晋级省一星级产业集聚区。

【郑州马寨产业集聚区】 郑州马寨产业集聚区是以现代食品制造和装备制造为主导产业的省级重点产业集聚区，地处郑州市区西南6公里，规划面积10.1平方公里，其中建成区面积6平方公里，入驻有康师傅、花花牛乳业等各类企业300余家，培育郑州新大方重工科技有限公司等四家高新技术企业。固定资产投资完成36.48亿元，同比增长28.9%；"四上"企业增加值完成45亿元，同比增长12.5%；全口径税收达到10.5亿元，首次突破10亿元大关；全部从业人员达到2.5万人；实际到位市外资金46.46亿元，实际到位境外资金10800万美元。

招商模式不断创新。已签约郑州帝益生态科技产业园、郑州名扬窗饰、郑州马寨军民融合创新创业综合体等5个投资亿元以上重大项目；引进郑州怡洋食品等25个中小产业项目。

产业集群效应凸显。入驻规模以上现代食品制造、装备制造企业65家，占全部规上工业企业数量的74.7%，主导产业增加值占比达到72.5%，产业集群效应凸显。苏宁物流智慧园项目一期于6月建成并投入运营；花花牛项目二期奶粉及液态奶车间建成；灏宇纸品项目已投产。谋划建设马寨大数据产业

高新技术产业集聚区——格力电器郑州产业园总装车间生产线

马寨产业集聚区——苏宁物流基地厂区配送中心仓库

园，重点打造新兴产业、关键技术及产品研发等7大工程，力争将马寨大数据产业园建设成为全国大数据创新创业示范基地。

闲置资产有效处置。强力实施“腾笼换鸟”计划，用市场机制、法治手段、环保标准约束淘汰落后产能，共整理出土地333.33公顷。

要素破解坚强有力。积极协助辖区企业成功申报省级工程技术研究中心1家、省级工程研究中心1家、市级企业技术中心1家；全年共完成土地上报69.13公顷，土地征收187.73公顷。新镇区一期开发地30.47公顷住宅用地实现出让，改写马寨居住用地招拍挂零的历史；新建道路6条，总长度5公里，铺设各类管网管线累计25公里。

企业服务优质高效。创新服务模式，建立服务企业“两会一课”制度，协助新大方重工科技有限公司等企业争取上级财政补贴资金2940万元；协助恒基耐磨与北京科技大学开展产学研合作；加快集聚区内品牌建设，河南花都柜业成功申报为国家驰名商标、河南省著名商标，并获得区长质量奖。

【郑州上街装备产业集聚区】 郑州上街装备产业集聚区规划面积4.6平方公里，以装备制造为主导产业，主要产品为矿山机械、泵阀及成套设备等。2016年产业集聚区共入驻企业81家，其中规模以上工业企业38家，工业总产值完成164.2亿元，同比增长4%；工业增加值完成32.5亿元，同比增长4.6%；固定资产投资完成26亿元。

强化招商引资促进结构调整。依托智能电气产业园加快产业聚集，引进金龙幕墙、力威实业、江泰机械等5个重点产业项目，促进产业结构调整；持续推动“腾笼换鸟”，通过出台《关于规范产业集聚区工业闲置厂房的通知》，规范企业自建厂房的租赁管理，明确投资强度及税收贡献，采取收购、参股、租赁等方式引进金山游乐、北方机床等9家企业盘活闲置厂房4.8万平方米。

推动项目建设储备发展后劲。完成智能电气产业园3.5万平方米公共标准化厂房和352套职工公寓主体建设；昌煜实业、航宇防爆电机、商都电商仓储物流园等新建、扩建项目实现开工建设；力威管道设备、金龙幕墙等新入驻项目完成土地选址和前期规划设计；河南省水泵产品质检中心投入运营；中力泵阀水泵维修改造项目设备完成安装具备试生产条件；纵三路建设项目竣工通车。

注重企业培育加快转型升级。引导和鼓励铝都阀门、中力泵阀等6家企业加大生产设备投入，用数控机床、自动焊接、切割设备和工业机器人等智能装备替换传统生产设备；鼓励企业加强研发投入，年内海富机电工业机器人项目基本完成研发，进行样机试制，九冶化工公司完成分体式七效两段法节能降膜蒸发器组研发，填补国内外行业空白；中特阀门、新生印务等企业加快“互联网+工业”营销模式的探索，筹建自己的电商平台。

加强企业帮扶提升发展质量。为化解经济下行压力，帮助企业走出困境，上街区管委会先后4次组织企业负责人进行专家授课、企业观摩、座谈交流，转变企业负责人思想观念，解决企业发展难题；引导鼓励企业提高管理水平，逐步推广4S管理理念，郑蝶阀门、新生印务、中力泵阀、铝都阀门等企业实现现场管理的提升，博奥泵业、康泰管道等4家企业实现负责人的新老交替；采取有力措施减缓中小企业融资压力，产业集聚区建设发展公司完成融资5500万元。

【中牟汽车产业集聚区】 中牟汽车产业集聚区规划面积21平方公里，产业定位为整车及零部件制造、汽车后市场，是河南省二星级产业集聚区和2014年度十强产业集聚区，入驻有郑州日产、海马汽车、红宇专汽等8家整车企业和330多家零部件生产及服务企业，已形成集上游汽车研发、中游汽车制造及零部件生产、下游汽车后市场服务为一体的汽车全产业链条。2016年，该集聚区完成总产值1065亿元、完成增加值200亿元、完成固定资产投资160亿元、从业人员达到6万人、生产整车15万辆，创建成为河南省省级高新技术产业开发区、河南省省级智慧园区（二期）、河南省省级和谐园区、河南省基层工会规范化建设示范点。

项目建设强力推进。投产项目9个，设备调试项目2个，厂房建成项目8个，新开工项目25个。汽车生产制造板块：郑州日产20万辆扩能总装车间等9个项目投产，国能电池二期和红宇罐式

中牟汽车产业集聚区——文通路

车扩能项目正在设备调试，汉丰等8个项目厂房建成，占杨物流基地核心区完成拆迁，郑州（东部）环保能源项目签订土地补偿协议，创新创业综合体开始基础施工，心之约等5个项目正在厂房主体施工，济宁高科防爆电动车等25个项目3月16日集中开工建设。汽车后市场服务板块：共签约项目21家，其中，建成汽配市场6家120万平方米，4家企业土地摘牌，5家企业完成土地征收。

基础设施日臻完善。道路桥涵工程：建成道路6条33公里、15条道路20公里完成综合管线施工、6座桥梁通车、2座跨陇海铁路立交桥基本完成施工、6座桥梁完成桩基施工。电力工程：铺设电网65公里、完成3条220千伏电网改线工程、建成开闭所3个、2条电网改造工程正在进行基础施工。廊道绿化工程：完成6条道路46.67公顷廊道绿化。供水及污水处理工程：铺设供水管网35公里、雨污水管网55公里、中牟新城水厂和郑州新区污水处理厂一期投入使用。

招商引资成效显著。在做好传统汽车产业招商引资的基础上，集聚区拓宽招商领域，深入研究国内外新兴产业发展趋势和国家产业政策发展导向，加快发展新一代信息技术、新材料、新能源、节能环保等产业，形成多元化招商格局。全年引进项目28个，协议资金约154亿元，储备项目152个。

新型城镇化全域推进。完成8个村庄拆迁，拆迁面积约135万平方米，12万平方米公租房实现职工入住，5个续建社区主体建成79万平方米，新开工社区4个74万平方米，2所小学实现秋季入学。

要素平台保障有力。行政审批代办服务中心办理各类手续270项，立项备案和审批事项完成率分别达到100%、64%。科技服务中心：省级高新技术产业区和省级智慧园区（二期）获得批复，集聚区进入国家开发区公告目录；在郑州第二届国际创新创业大会上举办新能源及新能源汽车专场，成立院士专家工作服务站及新能源工程研发中心，8个项目、5个创新团队签约；8个项目申报成为市级科技项目，凯雪冷链获得200万省重大科技专项资金，经纬电力获得360万元省先进制造业发展专项资金；大学生“双实双创”计划完成方案制订和宣传片制作；凯雪冷链、伏尔斯2家企业成为省“互联网＋”工业创新示范企业。规划展示服务中心：编制完成生产制造板块控规、后市场服务板块核心区分地块控规以及地下空间等规划，启动陇海铁路以南片区规划编制工作。加大项目规划手续办理指导和服务力度，加大提高项目入驻效率。土地储备服务中心：批回土地349.33公顷，供地484.87公顷。人才培训服务中心：组织30多家企业参加招聘会25场，安排3000余名失地农民就业，培训工人1500余人。投融资服务中心：完成融资50亿元，扶持1家企业在新三板挂牌上市，签约PPP项目1个，完成项目招标32个。公共信息服务中心：建成运营郑州市政务服务网、县政府园区子网站2个平台，发布各类信息400余条。产品检验检测中心：建成中旺机动车检测中心。

【荥阳市产业集聚区】 2016年，荥阳市集聚区完成主营业务收入413亿元，完成固定资产投资99.2亿元，同比增长20.8%；完成全部增加值90亿元，同比增长6.5%，各项经济指标均保持平稳持续增长态势。

招商引资方面。2016年集聚区新签约和达成合作意向的项目共9个，总投资达51.8亿元，其中E电园、金泰制罐、庆余置业、通信电缆4个亿元以上项目签约落地。

工业项目建设方面。2016年，集聚区在建续建产业项目共12个，其中明泰铝业、中车轨道交通造修基地等省重点项目2个，总投资26.3亿元；乔富恒表面技术、高格中央空调、通信电缆等市重点项目10个，总投资80.6亿元。

产城融合发展方面。2016年，产业集聚区范围内已启动拆迁村庄全部大头落地或实现整村清零。在新型社区方面，廿里铺、碾徐、四村联建等7个社区，共115栋、204.9万平方米正在建设。廿里铺、碾徐、翟寨、赵家庄、四村联建等六个社区75.2万平方米主体封顶，石柱岗一期7.5万平方米实现回迁，其他社区安置房正在紧张建设当中。

基础设施建设方面。按照集聚区路网规划，2016年共开工建设织机路、演武路等10条道路，总投资1.66亿元，其中禹锡南二路、泽众路（荥泽大道—三公路）、棋源路、织机路、飞龙路、合欢路、紫荆路、演武路等八条道路建成通车，产业承载能力持续提升。

主导产业集聚方面。以“主业突出、链条式发展”为目标，郑州中车、明泰铝业、郑鸿明柳等主导产业项目先后建成投产，新增规模以上企业20家，产业链条更加完善，集聚区的影响力、辐射力和带动力进一步增强。

创新创业发展方面。总建筑面积14.5万平方米的中原智谷创新创业综合体一期投入运营，引进高层次科技创新团队12个，其中院士1名、国家“千人计划”专家2名，建成创新创业服务平台8个，入驻企业45家。

【新密市产业集聚区】 2016年，新密市产业集聚区固定资产投资完成145亿元，企业营业收入340亿元，从业人员达到30000人。

基础服务设施日趋完善。进一步加大投资力度，加快推进以交通路网为主的水、电、气等基础设施和配套服务设施建设。近年来累计投资近20亿元，按照城市道路标准新建成风尚街、兴业路等骨干路网，道路两侧绿化、亮化工程全部完工，启动建设溱洧大街、溱水河综合治理等工程；污水处理厂、110千伏电站工程建成运行，产业集聚区综合承载能力和配套服务功能进一步提升。

招商引资和项目建设成效显著。发挥产业集聚区区位和政策优势，瞄准国内外500强和行业龙头企业，不断加大招商引资力度，着力提升主导产业集群集聚发展。2016年以来累计开展自主招商引资活动10次，计划投资10亿元的北京中瑞科技有限公司中瑞电力产业园等项目达成合作意向并签约落地。项目建设方面，继续推行领导分包责任制和“保姆式”服务，金盛服装商贸城、陆丰机械以及中澳物流园等续建项目快速推进；中建科技、华亿建材、风尚实业等新开工项目进展顺利；联钢实业、台湾伟仲运动帽及纺织系列产品等项目前

荥阳市产业集聚区——郑州中车四方轨道车辆有限公司首列下线地铁

新密市产业集聚区——建成通车的大学南路

期工作已经就绪，将动工建设。这些项目的相继落地开工建设，为集聚区的快速发展提供强大动力。

主导产业集群效应凸显。装备制造产业方面，深化与浙江大学等高等院校战略合作，着力打造中部地区有影响力的环保装备产业基地。园区集聚了康宁特环保装备、六冶科技重工等一批企业项目，初步形成以大气、水、电子垃圾治理为重点的比较完整的环保装备产业体系。品牌服装产业方面，积极承接沿海产业转移和郑州服装批发市场外迁，着力引进知名度高、产业关联度大、辐射带动能力强的项目，打造集研发设计、生产销售、展览展示于一体的品牌服装产业基地。迅捷服装工业园、中金服装孵化园等续建项目快速推进；名姝服饰、烟花烫服饰等58家自主品牌服装生产企业健康发展。同时，抢抓“互联网+”发展机遇，同赢服装电子商务全省试点、锦荣·衣天下电子商务园建设扎实推进。

推动创新平台建设，实现功能集合构建。加大要素保障。积极破解人才、资金等制约瓶颈，产业集聚区人才分市场为企业输送各类人才近千人，与上海股权托管交易中心建立战略合作关系、成立上海股交所新密企业挂牌上市孵化基地，推动企业融资提速扩面增量。搭建创新平台。投资5亿元建设的集科技企业孵化、创业培育、创新研发、成果化、科技服务、投融资服务、人才集聚和行政、生活服务等功能为一体的环保科技创新创业综合体主体完工，部分投入使用，首期招引入驻科技型企业30家、引进培育5个创新创业领军人才或团队，形成良好创新创业生态环境。积极引导企业加大科技创新投入，不断增强企业竞争力。2016年新创建省级高新技术企业1家，建立院士工作站1个。

【新郑市新港产业集聚区】 2016年，新港产业集聚区全年主营业务收入达600亿元，同比增长10%；“四上”企业增加值实现81亿元，同比增长12.4%，其中主导产业增加值突破42亿元，占比50%；固定资产投资达120亿元，同比增长30%。

集聚区经济建设依然保持着旺盛的势头，龙头企业中储粮油脂、光明乳业、达利食品、雪花啤酒、好想你产销两旺；遂成药业、佳龙食品、中德医疗产业园、瑞孚医疗产业园、IBM智慧城等项目建设如火如荼；恒喜龙食品、冠超食品等大型食品项目建成投产；金星啤酒、新鸿物流、美盈森包装、香祖食用油、有客食品等一大批签约项目将陆续开工，为集聚区今后几年的发展注入强大动力。

科学调整规划，拓宽发展空间。高标准编制《新郑市新港产业集聚区总体发展规划（2016—2020年）》，并于2016年4月份顺利通过省发改委批复，调整后规划面积27.61平方公里，主导产业为食品加工和生物医药。扩区后将北部区域内食品、医药产业有机整合，统一规划管理，进一步做大做强主导产业，提升产业集聚区的承载能力和产业带动能力，为新港产业集聚区的长远发展提供强有力的保障。后续控规和环评稳步推进。

突出招大引强，壮大主产集群。围绕现代食品、生物医药主导产业，重点突出“四个转变”，即由求项目向求效益转变，食品项目向医药项目转变，承接沿海产业向航空港实验区配套产业转变，传统产业向高科技产业转变，实现产业转型升级。按照投资强度不低于300万元/亩，税收强度不低于30万元/亩/年，容积率不低于1.3的招商标准，正式签约项目有雪麦龙、中储粮油脂小包装、美盈森、上海美傲等4个，总投资10亿元。

加快项目建设，提升产业支撑。坚持每周召开大项目周例会，建立领导项目分包责任制和项目协调例会制以及重点项目跟踪服务机制，及时协调解决项目推进中存在的困难和问题。今年以来，光明乳业、好想你、雪花啤酒、峰泰纳米等7个项目投产，总投资额38.2亿元；恒喜龙食品、遂成药业、润弘制药、雏鹰粮油园区、中德产业园等18个项目正在建设，总投资202亿元；有客食品、美盈森、新鸿物流、金星啤酒、百草味电商园区等18个项目拟开工，总投资95亿元。

完善基础设施，提升承载能力。2016年基础设施完成投资6.7亿元，同比增长410%。其中冠超路、冠恒路一期建成通车，龙岗路、华山路等7条道路正在建设，铁西路、永康路即将动工。准备开工建设两个110千伏变电站。西气东输新港支线迁建工程正在加快推进；华润燃气、发展燃气等燃气

新郑新港产业集聚区——华润雪花啤酒项目车间

站正在加快建设。新建成日处理3万吨的污水处理厂一座，日处理5万吨的薛店镇污水处理厂二期扩建工程正在加快推进。

【登封市产业集聚区】 登封市产业集聚区位于登封新区东部、郑少洛、永登高速交汇处，规划面积9.7平方公里，其中发展区5平方公里，控制区4.7平方公里，省定主导产业为铝精深加工及装备制造业。全年实现增加值50亿元，同比增长6%；完成固定资产投资88亿元，同比增长5%；实际到位市外资金16亿元，同比增长17%；从业人员达到2.6万人，较上年新增2000人。

企业建设步伐不断加快。新增规上工业企业12家，累计达到72家，新开工重点项目8个，全年完成投资68亿元。豫云科技数据中心项目正式启动，非晶产业园正在实施，仲景药业、登电银河、联冠SMD晶体谐振器项目投入生产，慧宝源生物医药产业园、亚力山卓家具生产基地项目基本建成。

基础配套设施日趋完善。全年完成投资20亿元，实施基础设施项目13个。其中，实施道路项目8条、总长10.6公里，年底前完工6条；投资9000万元的创新创业科技园综合服务中心、投资5500万元的卢店污水处理厂、投资4.5亿元的产业集聚区水厂二期3万吨扩容工程正在建设；产业集聚区东部110千伏增量配电业务试点（全国103家）通过国家发改委、能源局审批，正在编制电网规划。

招商引资工作成绩显著。按照“选好商、招大商”的工作要求，围绕主导产业，由市主要领导带队，多次赴北京、深圳等地跟踪对接项目，全年共签约重点项目14个，落地项目11个。同时，以第十一届郑州国际少林武术节为契机，邀请50多家企业实地考察洽谈，签订意向协议5家。

要素平台建设不断加强。科技创新平台：区内新增高新技术企业2家、省级公共服务平台1个、院士工作站1个；“河南省百高企业”2家、“郑州市百高企业”5家、“郑州市百强企业”2家、“郑州市创业紧缺人才”1人、郑州市优秀共产党员1人，获得“河南省科技进步三等奖”1项。土地收储平台：全年组卷上报土地17.08公顷，批回土地14.64公顷，收储土地41.83公顷，出让土地7宗、共33.29公顷，为6家企业办理了国有土地使用证。完善环境影响评价平台：为做强制造业，拉长汽车零部件产业链条，突出产业链集群招商，按照（豫环文〔2016〕174号）文件，委托河南建筑材料环境工程研究院启动产业集聚区规划环境影响跟踪评价工作。

（王 琳）

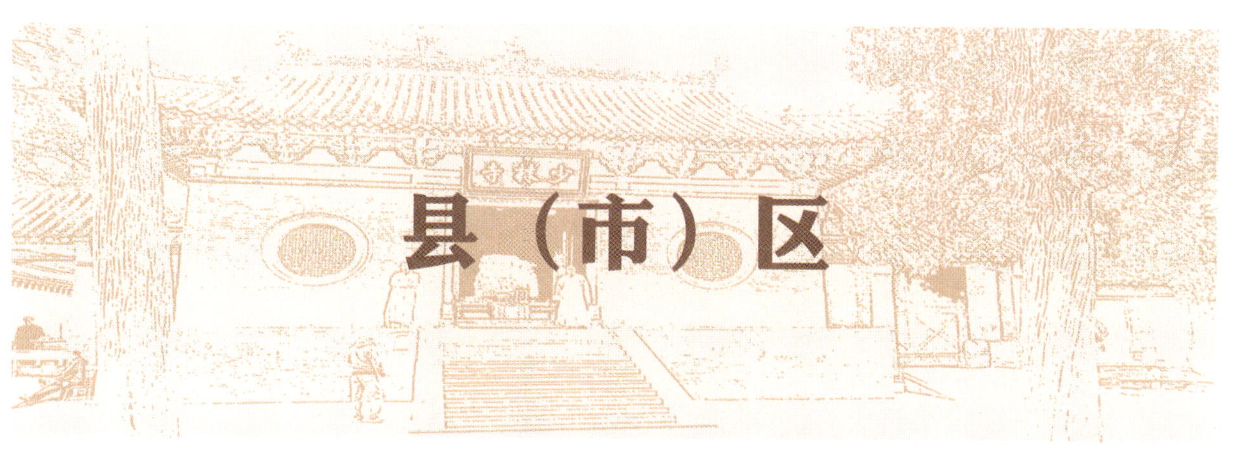

县（市）区

巩义市（河南省直管县）

【概况】 2016年，巩义市总面积1041平方公里。辖15个镇、5个街道办事处，31个居民委员会，288个村民委员会，全市常住人口82.8万人，人口出生率为12.18‰，死亡率为6.15‰，自然增长率为3.03‰，城镇化率达到54.25%。

2016年，巩义市全年地区生产总值完成682.16亿元，较上年增长8.7%。其中第一产业增加值完成11.75亿元，增长4.1%；第二产业增加值完成414.19亿元，增长8.1%；第三产业增加值完成256.22亿元，增长10.1%。三次产业结构为1.7：60.7：37.5。

全市财政总收入49.3亿元，较上年增长6.0%。公共财政预算收入38.4亿元，增长8.2%，其中，税收收入20.4亿元，增长12.6%，税收收入占公共财政预算收入的53.2%。公共财政预算支出58.3亿元，增长15.5%，其中，教育支出8.6亿元，增长12.7%；社会保障和就业支出5.7亿元，增长9.8%；医疗卫生与计划生育支出10.1亿元，增长9.2%。

截至2016年年底，全市金融机构人民币各项存款余额369.1亿元，较上年增长15.0%。其中住户存款余额252.1亿元，增长11.5%。人民币各项贷款余额207.6亿元，增长14%。其中住户贷款44.8亿元，增长29.6%。

截至2016年年底，全市共有6家境内外上市公司，发行股票6只。其中A股4只，境外股票2只。全年再融资募集资金21.1亿元，自发行上市以来累计融资183.8亿元。

全市建筑业完成增加值24.1亿元，较上年增长9.6%。全市共有资质内建筑业企业27家，全市房地产开发投资47.34亿元，较上年增长19.2%。其中，住宅33亿元，增长23.3%。房屋施工面积193.83万平方米，下降6.3%。其中，住宅145.88万平方米，下降12.7%。房屋竣工面积51.26万平方米，下降43.7%。其中，住宅38.5万平方米，下降34.5%。商品房销售面积106.29万平方米，增长8.9%。其中，住宅77.3万平方米，下降4.8%。

全年固定资产投资（不含农户）543.5亿元，增长14.3%。其中，国有及国有控股投资39.03亿元，较上年下降214.1%；民间投资503.5亿元，增长9.3%；港澳台商控股投资3.2亿元。分产业看，第一产业增长65.7%，第二产业增长4.2%，第三产业增长35.9%。

全市工业投资341.4亿元，较上年增长4.2%。其中，高成长性制造业投资132.9亿元，增长3.1%；传统支柱产业投资192.2亿元，增长1.6%；六大高耗能行业投资189.8亿元，增长6.4%。

全年亿元及以上固定资产投资在建项目138个，完成投资417.9亿元，较上年增长40.4%。重大基础设施建设持续加强，S312沿黄快速通道、S235拓宽改造等一批重大项目建成通车，中原路西延快速通道基本具备通车条件；统筹推进新老城区建设，金汇时代广场、人民广场、石河道体育公园等一批重点项目建成投用；商务中心区建设加快，金岭大厦、明泰综合商务楼等重点项目顺利完工；文化旅游业提速发展，嵩顶滑雪度假区、竹林长寿山旅游综合开发等重大项目建设有序推进。

全市两个产业集聚区共完成固定资产投资188.6亿元，较上年增长16.6%，占固定资产投资的34.7%，对全市固定资产投资增长的贡献率为39.5%。

【机构与领导】 中共巩义市委：书记徐相锋（9月免）、袁三军（9月任）；副书记孙淑芳、樊惠林；市委常委：徐相锋（9月免）、袁三军（9月任）、孙淑芳、樊惠林、冯献峰（9月免）、李刚、朱军、景雪萍（女）、南毅强、张学东、梁险峰、贺传伟、史建伟（9月任）、杨新宏（1月任）。

市委工作部门：办公室主任朱军；组织部部长冯献峰（9月免）、景雪萍（女，9月任）；宣传部部长：景雪萍（女，9月免）、史建伟（9月任）；统战部部长贺传伟；政法委书记梁险峰；群工部部长姜占元；市直工委书记张坤霞（女）；党史办主任刘翠霞（女）；老干部局局长徐彦龙；新闻宣传中心主任范谡进（1月免）、孙校辉（1月任）；党校常务副校长田本学；档案局局长王俊欣；督察局局长康新伟（3月任）。

市五届人大常委会：主任李明桢；副主任申新中、闫红涛、范志武、钟西军、崔俊理。

市人大常委会工作机构：办公室主任韩利敏；教科文卫工委主任吴喜玲（女）；财经工委主任马克霞（女）；选工委主任冯晓慈（女）；农工委主任祖振坤（1月免）、李现锋（1月任）；法工委主任曹会婷（女，1月免）；来信来访工作办公室主任张丰海（1月任）。

市人民政府：市长孙淑芳；副市长李刚、赵培丰、史建伟（9月免）、景秀香、陈兆甲、杨红伟、杨新宏（1月任）、刘军杰（7月任）。

市政府工作部门：办公室主任王继锋；发改委主任王向党（1月免）、赵静波（1月任）；统计局局长周占龙、人力资源和社会保障局局长吴建禄（1月免）、肖现军（1月任）；财政局局长袁海昌；审计局局长张庆福（1月免）、王乾玺（1月任）；国税局局长曹永桢、地税局局长路程；工商局局长席新渠；质监局局长祖世泉；监察局局长郑占国（6月免）、逯雨林（6月任）；政务服务中心主任王建设；农委主任赵现才；林业局局长庞国栋；水利局局长李立新；烟草局局长武延华；气象局局长杜光伟；住建局局长王元洪；国土局局长马振杰（4月免）、崔国强（4月任）；执法局局长张丰海（1月免）、曹喜乐（1月任）；交通局局

夹津口镇韵沟村中药材种植基地

长崔志强；环保局局长赵寿涛；电业局局长程旭；园林绿化中心主任刘文生；教育体育局局长李易（女）；卫计委主任段志斌；药监局局长马占福；史志办主任郅笃威；爱卫办主任梁广旭；科工信委主任杨文彪（2月免）、曹明勋（2月任）；城集联社主任杨武宪（1月免）、石景建（1月任）；安监局局长肖现军（1月免）、王耀伟（1月任）；煤炭局局长王东（1月免）、刘宪伟（1月任）；文化广电新闻局局长逯熙鹏、商务局局长刘建伟、供销社主任魏建中（1月免）、崔卫国（1月任）；扶贫办主任王延涛（4月任）；盐业局局长张鹏飞；文物旅游局局长秦文坦；公安局局长陈兆甲；司法局局长贾孟杰；民政局局长王国锋；信访局局长姜占元；机关事务局局长白利亚；邮政局局长梅建宏（10月免）、刘剑峰（10月任）。

政协市五届委员会：主席谈得胜；副主席焦天伟、王红生、焦振福、吴建禄（2月任）。

市政协工作机构：财贸经济委主任王保康（1月免）、康红武（1月任）、提案委主任常成军（1月免）、赵志学（1月免）；社会和法制委主任夏文英（女，1月免）、霍文辉（1月任）；科教文卫委主任张相忠（1月免）、夏文英（女，1月任）；学习文史委主任乔万章（1月免）、魏建中（1月任）。

中共市纪律检查委员会书记：南毅强。

市人民武装部部长：黄柏源；政委张学东。

市人民法院院长：王季（7月免）、郭宝安（7月任）。

市人民检察院检察长：陈宏钧。

市群团工作部门：工会主席范志武；妇联主席张文红（女）；科协主席杨秀芬（女，1月免）、贾伟（1月任）、文联主席邵玉龙、工商联主席王红生、残联理事长李贵卿。

街道、镇：新华街道办事处党工委书记康新伟（5月免）、王国栋（5月任），办事处主任校现伟（1月免）、路向前（1月任）；孝义街道办事处党工委书记张东杰（1月免）、闫龙涛（1月任），办事处主任主任韩润峰（5月免）、焦成举（5月任）；永安街道办事处党工委书记李曙光（5月免）、韩润峰（5月任）；办事处主任李曙光（1月免）、牛锐锋（1月任）；杜甫街道办事处党工委书记杨晓贤，办事处主任孟玉杰（1月免）、曹会婷（1月任）；紫荆街道办事处党工委书记杜鹏懿，办事处主任杜鹏懿（1月免）、校现伟（1月任，5月免）、曹东伟（5月任）；米河镇党委书记王震平，镇长王耀伟（3月免）、李萌轲（3月任）；新中镇党委书记李继锋（1月任），镇长杨少华（1月免）、马廷文（1月任）；小关镇党委书记白东升，镇长张文锋；竹林镇党委书记赵明恩，镇长徐卫平；大峪沟镇党委书记刘亚涛，镇长王国栋（5月免）、朱星理（5月任）；河洛镇党委书记逯雨林（5月免）、李曙光（5月任），镇长李继锋（1月免）、王伟丽（3月任）；站街镇党委书记庞冠峰，镇长曹明勋（1月免）、秦飞（1月任）；康店镇党委书记马海山（5月免）、路少辉（5月任），镇长路少辉（5月免）、张炎杰（5月任）；北山口镇党委书记陈冠彬（5月免）、刘怀威（5月任），镇长刘怀威（5月免）、吴建峰（5月任）；西村镇党委书记侯松强，镇长侯松强（5月免）、刘金刚（5月任）；芝田镇党委书记王跃举，镇长王跃举（1月免）、荆晓锋（1月任）；回郭镇党委书记刘冠勋，镇长赵静波（1月免）、杨少华（1月任）；鲁庄镇党委书记王乾玺（1月免）、王东（1月任），镇长焦成举（1月免）、赵江（1月任）；夹津口镇党委书记张宏杰（1月免）、李争妍（1月任），镇长李争妍（1月免）、李明刚（1月任）；涉村镇党委书记闫龙涛（1月免）、许学辉（1月任），镇长许学辉（1月免）、张朝阳（1月任）。

【农业经济】 全市粮食播种面积43千公顷，较上年下降0.4%。其中，小麦播种面积22千公顷，下降0.4%；玉米播种面积21千公顷，下降0.3%。油料种植面积2.81千公顷，增长0.3%；蔬菜种植面积2.11千公顷，增长55.6%。

全年粮食产量15.8万吨，较上年减少6.6%。其中，夏粮产量8.4万吨，下降10.4%；秋粮产量7.4万吨，下降2.0%。棉花产量663吨，下降13.8%；油料产量4183.7吨，下降20.5%；猪牛羊禽肉总产量2.9万吨，增长12.9%；禽蛋产量1.2万吨，增长10.0%；牛奶产量0.6万吨，增长10.0%。

截至2016年年底，全市农业机械总动力49.57万千瓦，较上年下降16.7%；农用拖拉机1.43万台，下降2.8%；农用运输车12821辆，增长134.5%。

截至2016年年底，全市已发现的矿种21种，已查明资源储量的矿种9种，已开发利用的矿种8种。其中，能源矿产1种，金属矿产2种，非金属矿产5种。全年平均气温为15.7℃。全年共完成营造林2.12千公顷，其中，人工造林414公顷。全市有森林公园4个，森林覆盖率29.5%，全年农作物受灾面积147公顷。

【工业经济】 全市规模以上工业增加值完成385.3亿元，增长8.5%，其中，轻工业增加值完成16.3亿元，增长10%；重工业增加值完成369亿元，增长8.4%；轻、重工业比例为4.2：95.8。产品销售率95.3%。高新技术产业增加值完成195.8亿元，增长10.5%，耐火材料业增加值完成113.8亿元，增长4.3%，铝加工业增加值完成91亿元，增长17.5%，装备制造业增加值完成73.2亿元，增长10.2%。

规模工业增加值居前10位的行业分别是：非金属矿物制品业增长5.5%，占比重40.3%；有色金属冶炼和压延工业增长17.0%，占比重26.0%；专用设备制造业增长13.6%，占比重7.1%；化学原料和化学制品制造业增长1.5%，占比重4.9%；金属制品业增长0.8%，占比重4.1%；电气机械和器材制造业增长11.9%，占比重4.3%；通用设备制造业增长8.6%，占比重2.6%；文教、工美、体育和娱乐用品制造业增长15.4%，占比重2.9%；电力热力的生产和供应业下降2.8%，占比重2.2%；黑色金属冶炼和压延业增长3.1%，占比重2.1%。

规模以上工业主要产品产量中，铝材增长12.6%，电线增长2.6%，钢材下降4.4%。

全社会发电装机容量90万千瓦。其中，火电装机容量90万千瓦，与上年同期持平；发电量71.22亿千瓦，增长0.06%。

全年规模以上工业企业主营业务收入2028.8亿元，较上年增长9.8%；利润总额108.1亿元，较上年增长24.6%。分行业看，28个行业大类中利润总额居前10位的行业分别是：非金属矿物制品业49.2亿元，下降3.9%；有色金属冶炼和压延工业25.6亿元，增长132.5%；专用设备制造业10.1亿元，增长8.6%；化学原料和化学制品制造业6.2亿元，下降20%；电气机械和器材制造业5.1亿元，增长24%；通用设备制造业3.8亿元，增长22.3%；金属制品业2.4亿元，增长37.5%；文教、工美、体育和娱乐用品制造业2亿元，增长24.7%；橡胶和塑料制品业1.8亿元，增长23.6%；黑色金属冶炼和压延工业0.3亿元，下降42%。

全市两个产业集聚区规模以上工业增加值完成172.1亿元，较上年增长17.3%，占全市规模以上工业的44.7%；规模以上工业主营业务收入993.7亿元，增长19.2%，占全市规模以上工业的49%；规模以上工业利润总额35.3亿元，上升112.7%。

【国内贸易和对外经济】 全市社会消费品零售总额276.7亿元，较上年增长11.5%。分城乡看，城镇254.1亿元，增长10.8%；乡村22.67亿元，增长19.2%。分行业看，批发和零售业214.1亿元，增长10.1%；住宿餐饮业62.67亿元，增长16.3%。

全市进出口总值4.59亿美元。其中，出口总值3.93亿美元，增长9.7%；进口总值0.7亿美元，增长10.1%。机电产品出口6902万美元，增长5.1%。

全市实际利用外商直接投资3.2亿美元，较上年增长7.0%。实际利用省外资金71.5亿元，增长7.8%。

【第三产业】 交通运输业。全年运输旅客1523万人，较上年减少11.0%；运输货物2728万吨，增长10.0%。全年共完成旅客周转量6.52亿人公里，较上年增长21%；完成货物周转量60.15亿吨公里，较上年增长7.0%。

邮电通信业。全年共完成邮电业务总量5.85亿元，较上年上升5%。其中，邮政业务总量7376万元，较上年增长12.5%；电信业务总量5.1亿元，上升4%；本地固定电话用户期末数9.54万户，较上年下降13.1%；移动电话用户达到77万户，较上年下降2.7%；互联网宽带接入用户达到16.59万户，较上年增长7.9%。

旅游业。全年共接待海内外游客754.1万人次，较上年增长7.7%。其中入境游客4.1万人次，增长7.6%。旅游总收入12亿元，增长20%。有AAAA级以上景区2处，AAA级景区4处；出境游组团社及国内和入境游旅行社10家。

【科技和教育事业】 全年全市中等职业技术教育招生1195人，在校生3554人，毕业生1019人。普通高中招生5082人，在校生13424人，毕业生4547人。初中招生7852人，在校生24342人，毕业生7683人。小学招生9204人，在校生52106人，毕业生7981人。特殊教育招收残疾儿童4人，在校113人。幼儿园在园幼儿30363人。

省级以上企业技术中心24个，其中国家级1个；省级工程技术研究中心12个。获得省级科技进步奖1项。申请专利696件，增长11.4%。授权专利513件，增长10.8%。

共有产品质量监督检验机构1个，法定计量技术机构1个。22个产品拥有“河南省名牌产品”称号。全年强制检定计量器具33652台件。新建计量标准7项。

共有区域气象观测站27个，卫星数据广播接收系统1个。

明泰铝业公司生产车间

【社会事业】 全市共有艺术表演团体4个，文化馆1个，公共图书馆1个，博物馆1个。全国重点文物保护单位10处。国家级非物质文化遗产名录1个。广播电台1座，电视台1座。

共有卫生机构（含村卫生室）652个。其中，医院、卫生院30个（其中专科医院3个），妇幼保健院1个，疾病预防控制中心1个，卫生监督机构1个。卫生机构病床床位3407张，其中，医院、卫生院3407张。卫生技术人员（含村卫生室）4844人，其中，执业医师和执业助理医师1848人，注册护士2120人，疾病预防控制中心卫生技术人员100人。乡镇卫生院18个，床位571张，卫生技术人员839人。

全市共有体育馆3个，体育场地设施849个。全年组织群体性大型竞赛活动16次，全民健身活动蓬勃开展，学校体育更加活跃，有93.9%的在校中小学生达到国家体质健康标准。

【人民生活】 全市居民人均可支配收入23491元，较上年增长7.5%；居民人均消费支出13674元。按常住地分，农村居民人均可支配收入19459元，增长8.2%；农村居民人均消费支出9282元。城镇居民人均可支配收入27854元，增长6.7%；城镇居民人均消费支出18428元。

【社会保障】 全市全年参加城镇职工基本养老保险人数11.15万人，其中，参保职工8.68万人，参保离退休人员2.47万人。参加城乡居民基本养老保险人数38.7万人。参加城乡基本医疗保险人数66万人，其中，参加城镇职工基本医疗保险人数7.34万人。参加失业保险人数5.7万人，领取失业保险金人数388人。参加工伤保险人数7.9万人。参加生育保险人数4.99万人。

全年共发放城镇居民最低生活保障资金690万元，城镇享受最低生活保障人数1.9万人。发放农村最低生活保障金3260万元，农村享受最低保障人数19.5万人。发放城乡医疗救助资金676.2万元，救助12048人次。

全年城镇新增就业人员11309人，其中，失业人员实现再就业2410人。就业困难人员再就业1003人，城镇登记失业率2.68%。新增农村劳动力转移就业13817人。

【柯岗故居被定为“巩义市青少年爱国主义教育基地”以及“巩义市爱国主义教育示范基地”】 12月30日，“柯岗故居”举行“八路军太行八分区北邙革命纪念地”“巩义市青少年爱国主义教育基地”和“巩义市爱国主义教育示范基地”揭牌仪式。“柯岗故居”位于巩义市康店镇张岭村，是我国现代作家柯岗的出生地，是在对现存旧址修复的基础上建成的，共

黄河湿地

有四个展厅，主要展示内容为历史资料和革命文学作品。

【巩义市首个房产物业社会法庭成立】为有效化解市区物业管理等方面的涉房矛盾纠纷，巩义市法院与市房管中心联合成立房产物业社会法庭。分别在新华路街道和紫荆路街道设立两个房产物业社会法庭，承担着老城区和新区的物业管理及服务合同履约、住房保障、房地产市场等涉房纠纷的受理，以及其他普通债务纠纷和民间纠纷处理。

【巩义市曲士惠家庭获“全国文明家庭”荣誉称号】第一届全国文明家庭表彰大会于12月12日在北京召开。巩义市曲士惠家庭荣获家庭文明建设领域的最高荣誉“全国文明家庭”，受到习近平总书记亲切接见并合影留念。

【巩义市首家耐火材料行业院士工作站揭牌成立】12月14日，河南省巩义通达中原耐火技术有限公司院士工作站揭牌成立。通达中原耐火技术有限公司院士工作站是巩义市首家耐火材料行业院士工作站，中国工程院院士殷瑞钰作为进站院士，主持并带领团队对“新型高炉冷却壁镶砖”和“热风炉用高纯红柱石的研制”等项目进行研究和开发，攻克耐材企业在产品研发中遇到的难题和核心关键技术，为企业创新人才队伍，提高企业研发水平，增强企业自主创新能力提供智力支撑。

【巩义市设立企业应急转贷基金为企业提供转贷支持】为进一步改革和完善巩义市投融资机制，促进巩义市经济及金融稳定健康发展，巩义市设立企业应急转贷基金，该基金由巩义市财政拿出一部分引导资金，通过吸收银行及其他社会资金设立，由第三方机构负责日常转贷工作，由专业的管理人才对企业进行评估和放贷。

【巩义市新增1个AAAA级风景区】根据《2016年批准国家AAAA级旅游景区名单公示》，巩义市竹林长寿山景区确定为国家4A级旅游景区。

【豫联集团转型成为国际化高端铝合金新材料制造企业】11月3日，豫联集团举行年产60万吨高精铝项目投产典礼，标志着该企业由传统铝企业成功转型成为国际化高端铝合金新材料制造企业，该项目是河南乃至中国铝工业转型升级标志性项目。

【中华文化（巩义）论坛暨第五届宋学国际学术研讨会举行】10月18日至20日，由中华文化促进会主办，河南省中华文化促进会、巩义市委、市政府、政协承办的为期3天的“巩义文化（巩义）论坛暨第五届宋学国际学术研讨会”在巩义市举行。共有来自海内外社科界、史学界的知名专家学者以及各省市文促会200多名代表参加论坛。

【巩义市首例国有土地使用权网上挂牌交易成功】2016年6月10日，巩义市首例国有土地使用权网上挂牌交易成功，从而使巩义市国有建设用地交易市场实现了从有形市场到数字化市场的历史性跨越。

【巩义市鲁庄一中参加2016年全国机器人大赛夺冠】巩义市鲁庄一中机器人代表队参加在山东省日照市举行的“2016年中国工程机器人大赛暨国际公开赛”青少年组比赛中取得优异成绩。分别获得青少年组工程越野项目超级轨迹赛冠军，搬运工程项目创新创意赛和工程创意项目关卡创意赛亚军，竞技工程项目竞步窄足赛一等奖，竞技工程项目竞技体操赛等项目二等奖1个、三等奖2个。

【巩义市列入城乡居民健康签约服务试点】2016年3月河南省正式下发《关于开展城乡居民健康签约服务试点的指导意见》，全面启动城乡居民健康签约服务，巩义市被列入试点，此次列入全省试点的有1个省辖市、11个县（市），分别是焦作、新密、巩义、兰考、安阳县、息县、郸城、中牟、宜阳、郏县、睢县、泌阳。

【郭良正家庭获全国“书香之家”称号】“书香之家”的评选工作于2015年9月展开，推荐的候选家庭以基层普通群众家庭为主，经过专家审核、媒体公示等程序，最终确定入选家庭。2016年名单公布，巩义市郭良正家庭名列其中。

（路培育　魏小燕）

新密市

【概况】2016年，新密市总面积1001平方千米，耕地面积45.61千公顷。辖4个街道、12个镇、1个乡、1个风景区（青屏街、新华路、西大街、矿区四个街道，城关、米村、牛店、平陌、超化、苟堂、大隗、刘寨、白寨、岳村、来集、曲梁，袁庄乡，尖山风景区管委会），303个行政村，47个居委会。总人口80.69万人，出生率为11.12‰；死亡率为5.83‰；自然增长率为5.29‰。县域经济居全国百强县（市）第95位，工业经济居全国第34位，被评为河南省生态市、国家新型城镇化综合试点城市。《河南经济蓝皮书》显示，新密市经济发展质量、发展潜力活力、民生幸福指数等均居全省108个县（市）前列。

2016年，新密市全年地区生产总值完成696.73亿元，比上年增长8.1%；其中第一产业增加值20.87亿元，增长4.7%；第二产业增加值371.42亿元，增长6.4%；第三产业增加值304.44亿元，增长10.5%。三次产业结构由上年的3.1：56.2：40.7调整为3.0：53.3：43.7。人均生产总值86519元，增长7.8%。全年财政总收入完成42.86亿元，增长-0.7%。财政一般公共预算收入完成30.8亿元，增长0.6%，其中税收收入15.5亿元，增长-2.7%，税收占财政一般预算收入的比重为50.3%，较上年下降1.3个百分点。一般公共财政预算支出47.8亿元，增长-1.2%。全年全部工业增加值完成391.2亿元，较上年增长6.2%。其中，规模以上工业增加值完成343.47亿元，较上年增长6.6%。全年全社会固定资产投资524.6亿元，较上年增长11.9%，在固定资产投资（不含农户）中，第一产业完成投资15.60亿元，增长62.9%，占投资比重3.1%；第二产业157.27亿元，增长-7.1%，占投资比重30.9%；第三产业336.28亿元，增长22.3%，占投资比重66.0%。城乡居民收入继续增加。全市全体居民人均可支配收入22668元，较上年增长6.8%。农村居民人均可支配收入17460元，较上年增加1218元，增长7.5%。城镇居民人均可支配收入28337元，较上年增加1704元，较上年增长6.4%。农村居民收入增速快于城镇居民收入增速1.1个百分点。社会消费品零售总额280.5亿元。商品出口总额5115万美元。实际利用外资2.1亿美元。

【机构与领导】 中共新密市委：书记蒿铁群；市长张红伟；副书记李芳（女）；市委常委：蒿铁群、张红伟、李芳（女）、薛晓军（6月免）、刘广军（6月任）、付建峰、姚志伟（6月免）、辛绍河、史启新、虎荣鑫（6月免）、曹红学、李婷（女）、张治怀（6月任）、姚志刚（6月任）。

市委工作部门：市委办公室主任虎荣鑫（6月免）、史启新（6月任）；组织部部长李婷（女）；宣传部部长付建峰；统战部部长史启新（6月免）、姚志刚（6月任）；政法委书记姚志伟（6月免）、张治怀（6月任）；监察局局长苏松杰；党校常务副校长王宗福；编办主任宋照；督查室主任梁书灿；巡查办主任尚文法；优化局局长张超峰；外宣办主任王炎军；史志办主任王西林；档案局局长周建军；老干部局局长杨彦秋（5月免）、徐东辉（5月任）；保密局局长赵清江（5月免）；机要局局长李三妹（女）。

市三届人大常委会：主任王玉枝；副主任、许东凡、秦耀堂、徐培林、王敬梅（女）。

市人大常委会工作机构：办公室主任陈国敏；代表工委主任秦红霞（女）；法工委主任范超峰；教工委主任侯丽君（女）；农工委主任蔡璐（女）；财工委主任马爱荣（女）；城工委主任刘群岭；信访室主任靳福生。

市人民政府：市长张红伟；常务副市长辛绍河；副市长王彦国、蒋剑茹（女）、姚志刚（6月免）、姬贤杰、齐智慧、张宏杰。

市政府工作部门：办公室主任屈国强；发展和改革委员会主任张超峰；工业和信息化委员会主任樊公义（5月免）、田建勋（5月任）；科技局局长刘大军；上市办主任杜书伟；创建办主任赵明晓；爱卫办主任钱瑞芳；接待办主任王议唯（女）；工农办主任孙宏伟（女）；机关事务局局长梁宏彬；人防办主任朱青见；文化广电旅游局局长张银灿；农业农村工委主任祖君；行政服务中心主任王建华；教育体育局局长卢长水；民政局局长冯伟东；财政局局长李富安（兼）；人力资源和社会保障局局长虎伟东（回族）；社会保险管理局局长王钊铭；国土资源局局长马卫东（回族）；煤炭局局长王旭康（5月免）、王健（5月任）；安全生产监管局局长樊瑞辉（5月免）、李建军（5月任）；住房和城建局局长陈铁建；房地产管理中心主任梁松辰；园林局局长张海俊；城乡规划局局长宋卫敏；拆迁办主任程柏松；交通运输局局长郑二卿；环保局局长王冰；林业局局长魏颖阳；水务局局长徐绍敏；畜牧局局长张孟丽（女）；气象局局长郭世民；卫生和计生委主任寇海荣（女）；审计局局长刘建军；统计局局长田建勋（5月免）、裴秋云（女，5月任）；行政执法局局长谷宝山；商务局局长张艳艳（女）；盐业局局长张春旺；物价局局长耿爱萍（女，4月免）；农机局局长郑路明；国有资产管理办公室主任崔皓哲；食品安全办主任刘根旺（5月免）；供销社主任郭彦卿；民族宗教局局长郭福珍（女）；台办主任理建中（4月免）；侨联主席杨天俊（4月免）；工商质监局局长冯嵩懿；食品药品监管局局长候德林；烟草专卖局（分公司）局长（经理）刘志伟；国税局局长赵法民；地税局局长刘松涛；电业局局长李新有；邮政局局长豆艳（女、2月任）。

政协市三届委员会：主席桑萌莉（女）；副主席高永森、岳慧玲（女）、李松涛、宋林祥。

市政协工作机构：办公室主任王伟峰（5月免）、楚俊锋（5月任）；提案联络委主任王浩洲；教科文卫委主任孟晓红（女）；经济委主任李现民；学习文史委主任于祥萍；委员联络委主任李毅敏。

中共市纪律检查委员会书记：薛晓军（6月免）、刘广军（6月任）。

市人民武装部部长：董红利；政委：曹红学。

市人民法院院长：刘文斌（4月免）、张志勇（4月任）。

市人民检察院检察长：张东（4月免）、李俊华（4月任）。

市公安局局长：张继军。

市群团组织：总工会主席申慧萍（女，2月免）、李霞（女，2月任）；团市委书记王幸；妇联主席尚书亚（女）；科协主席刘广军（5月免）、朱彦丽（女，5月任）；工商联主席宋林祥；文联主席王镜镔；残联理事长孙明建。

街道、乡镇、管委会机关：西大街街道党工委书记刘彦伟，办事处主任程华民；青屏街道党工委书记邓献村（5月免）、冯玉玺（5月任）；新华路街道党工委书记李春阳，办事处主任张丽祥（女）；矿区街道党工委书记朱丽华（女，5月免）、杨志强（5月任），办事处主任樊建伟；米村镇党委书记袁金伟，镇长陈永建；牛店镇党委书记陈钊利，镇长王健（5月免）、张国辉（5月任）；平陌镇党委书记李晓峰（5月免）、王淑慧（女，5月任），镇长裴晨翔（5月免）、黄尉（5月任）；超化镇党委书记李霞（女，2月免）、刘振敏（5月任），镇长刘振敏（5月免）、刘根旺（5月任）；大隗镇党委书记姚志伟（兼、6月任），镇长周建凯；苟堂镇党委书记李雅（女），镇长谢明勋；刘寨镇党委书记宋光洲，镇长高淑峰（女）；白寨镇党委书记桑勇，镇长王红波（5月任）；曲梁镇党委第一书记李芳（女、市委副书记兼），书记李宏伟；岳村镇党委书记李晓锋（5月任），镇长杨志强（5月免）、樊建平（5月任）；来集镇党委书记李忠敏（5月任），镇长王淑慧（女，5月免）、马锋（5月任）；城关镇党委书记冯玉玺（5月免）、冯俊亚（5月任），镇长冯俊亚（5月免）、魏洪波（5月任）；袁庄乡党委第一书记李松涛（5月任），袁庄乡党委书记李松涛（5月免）、周建伟（5月任），乡长周建伟（5月免）、赵清江（5月任）；尖山风景区管委会书记李忠敏（5月免）、刘宏建（5月任），主任刘宏建（5月免）、王伟峰（5月任）。

伏羲山大峡谷

项目建设

【工业经济】 工业生产稳定增长。全年全部工业增加值完成3912071万元，较上年增长6.2%。其中，规模以上工业增加值完成3434746万元，较上年增长6.6%。分轻重工业看，轻工业完成961336万元，增长16.0%；重工业完成2473409万元，增长3.4%。规模以上工业产品销售率99.1 %。规模以下工业企业及个体增加值477325万元，增长3.7%。

从重点监测行业看，煤炭业完成增加值101178万元，下降12.7%；耐材业1748442万元，增长3.1%；造纸业379385万元，增长1.8%；服装业353997万元，增长18.7%；电力热力燃气业175892万元，增长16.4%。

主要工业产品产量中，耐火材料1235.8万吨，增长–7.5%；服装10972万件，增长8.2%；发电量113.7亿千瓦时，增长14.9%；机制纸及纸板212.8万吨，增长–2.1%；水泥159.4万吨，增长5.1%；煤炭862万吨，增长–24.5%。

全年规模以上工业企业产品销售收入完成15685323万元，较上年增长0.1%；利税总额完成2216707万元，增长–1.9%；其中，利润完成1580181万元，增长–3.0%。

全年产业集聚区（含专业园区）规模以上工业增加值实现195.2亿元，较上年增长3.8%。实现主营业务收入838.7亿元，增长–1.7%；其中，主导产业主营业务收入620亿元，增长0.7%。

全年全社会建筑业增加值248140万元，较上年增长9.1%；建筑业总产值708702万元，增长18.5%，主营业务收入547738万元，增长25.8%；营业利润44280万元，增长49.8%。

【农业与农村经济】 全年实现农林牧渔业增加值211584万元，较上年增长4.7%。粮食总产量211019吨，减产3.5%，其中夏粮总产量113909吨，减产2.5%；秋粮总产量97110吨，减产4.7%。全年油料总产量7227吨，增长–31.7%；蔬菜总产量250769吨，增长–8.2%；水果总产量20072吨，增长–4.8%。

全年粮食种植面积为56.18千公顷，较上年减少12105亩。油料种植面积1.93千公顷，增长–43.0%；蔬菜种植面积4.96千公顷，增长–5.3%；果园种植面积1.32千公顷，增长–4.8%。

全年肉类总产量22108吨，与上年持平；禽蛋产量28455吨，增长–3.4%；奶类产量29383吨，增长–7.7%。

全年水产品产量820吨，水产品养殖面积433公顷。造林面积1.39千公顷，木材产量1955立方米。

全年农田有效灌溉面积15.79千公顷，节水灌溉面积4.81千公顷，其中2016年新增节水灌溉面积600公顷。

全市农业机械总动力88.1万千瓦。农用拖拉机9994台，耕种收综合机械化水平81.3%。农村用电量34908万千瓦时，化肥使用量27482吨。

【第三产业】 交通运输平稳增长。全年交通运输、仓储和邮政业增加值627548万元，较上年增长3.4%。

全市机动车拥有量228048辆，其中大型汽车4956辆，小型汽车132059辆，摩托车66371辆。实有公交汽车723台，城市公交客运量0.21亿人次。年末实有出租汽车台数437台。全市公交线路41条。

全年完成邮政业务总量9394万元，增长13.6%。全市邮政局（所）数26个，邮路总长度450公里。全年累计订销报纸729.7万份、杂志27.2万本。邮政储蓄存款余额40.9亿元。

本地电话用户总数达到903524户，其中固定电话用户81695户，移动电话用户821829户。互联网用户180478户。手机上网人数621311人。新增光缆线路长度1163千米。

全年共接待国内外旅游者337.6万人次，较上年增长237.0%；旅游综合收入达20亿元，增长375.2%。共有13家旅游景区景点，其中AAAA级旅游景区2处、AAA级旅游景区1处。星级饭店2家，星级饭店客房总数800间。国内旅行社35家。郑州市级以上旅游标准化示范单位9家，伏羲山文化旅游度假区被国家旅游局列为全国旅游优选项目，黄帝养生旅游代表郑州市旅游重点项目在世界旅游城市市长论坛上签约，4家农家院被国家旅游局授牌为“金牌农家乐”。

【交通路网体系】 交通路网体系持续加快，新密市突出交通道路的基础性、先导性、决定性作用，干线公路“八纵八横”和县道公路“四纵六横”的大交通格局正逐步形成，路网密度达到每平方公里2.56公里，超出全省平均水平，通车里程稳居全省前列。实施交通项目76个261.3公里，密州大道南延基本具备通车条件，商登高速，焦平高速，国道310、234，省道541、317、233、232、228，郑少高速新密北站互通式立交、商登高速五里堡互通式立交、郑尧高速轩辕丘站，郑登洛城际铁路等工程建设或前期工作进展顺利。县道031、028等34个县、乡、村（社区）道路建设项目有序推进。

【现代产业体系】 创新驱动、持续转型。新密市委、市政府科学把握经济发展新常态，认真落实供给侧结构性改革，使“稳中有进、稳中向好、稳中调优”成为全市经济社会发展的“主旋律”。全市三次产业比重调整为3.0：53.3：43.7。

以项目为抓手，全力推进转型。强化民间投资“主力军”作用，全市255个重点项目完成投资365.9亿元，开工234个。其中省、郑州市重点项目57个，完成投资170亿元。围绕主导产业延链补链强链，全年引进市外资金156.1亿元，实际利用外资额2.1亿美元，签约落地重大招商项目55个，全市新入库“四上”企业达到86家。

强化要素保障，全力推进转型。围绕破解体制机制瓶颈，“两集中两到位”“五单一网”制度改革持续深化，商事登记“五照合一、一照一码”全面实行，营改增、资源税改革全面实施，PPP模式等投融资体制改革持续推进，全市挂牌及上市企业达87家，列入省、市上市后备企业26家，成为全省在资本市场挂牌企业最多的县（市）。8.8亿元的二期城投债成功发行，与国家发改委基础设施投资中心等达成330亿元投融资合作意向，供应土地218.73公顷。

资源型产业链条延伸，非资源型产业异军突起，新密转型发展方阵正在成型。新材料（新型耐材）、家居和品牌服装2个千亿级产业基地扎实推进，节能环保、绿色造纸、文化旅游、商贸物流等8个百亿级产业集群建设初见成效。新型耐材、品牌服装、环保科技等主导产业占全市工业增加值的79.6%，对工业经济的贡献率达75.2%。

特色商业区晋级省一星级服务业“两区”，商贸物流业实现增加值110亿元，电子商务、房地产、金融、养老等现代服务业加快发展，被评为全省电子商务进农村示范县（市）。

产业集聚区、专业园区、乡镇创业园三级园区体系更趋完善，完成固定资产投资234.4亿元，规模工业主营业务收入635亿元。市产业集聚区完成固定资产投资113.6亿元，规模工业主营业务收入218亿元，在建亿元以上项目26个。新密市产业集聚区晋升为河南省“二星级”产业集聚区，获全省“十快”产业集聚区称号。

实施创新驱动。建成院士工作站5家，认定高新技术企业18家、科技型企业108家、创新型试点企业40家、各级各类研发中心127家，完成专利申请620件。环保科技创新创业综合体建设主体完工，培育中心入驻机构单位、项目及人才团队130个，高新技术产业增加值增长26.1%，科技进步对经济增长的贡献率达到56%，成功创建全省首家质量强市示范县（市）。

【新型城镇体系】 成功获批国家新型城镇化综合试点城市。全市城镇化率达到55.86%。

中心城区功能提升。围绕打造“山在城中”特色生态城市景观，着力拉大城市框架。溱水路西延、长乐路等竣工通车，未来大道南北延等14条道路工程正在推进，城市承载功能和中心城区辐射带动能力增强。

镇域规划建设加快。刘寨、白寨等4个中心镇基础建设和产业发展协调推进。实施道路、供水、供气、污水处理等项目35个。米村和盛嘉园创业小镇、尖山伏羲古镇等6个特色小镇启动建设。实施安置房、基础设施、产业发展等项目43个。米村朱家庵、超化黄固寺等4个美丽乡村和来集李堂、米村范村等4个特色村建设初见成效。

群众安置有序推进。以采煤沉陷区搬迁和易地扶贫搬迁为契机，以“五通七有两集中”和“1+25”规范化配套为标准，开工安置房项目60个，建成安置房13610套186.2万平方米，回迁群众7085户2.9万人；累计建成新型社区78个1016万平方米，入住群众17.6万人。

【生态环境体系】 生态环境持续改善，深入推进大气污染防治攻坚战。390家耐材企业354台单双段煤气发生炉全部拆除，305家企业改用天然气清洁能源，拆改燃煤锅炉326台，淘汰黄标车559辆，2家燃煤电厂6台机组和中原环保燃煤锅炉完成超低排放改造，治理“小散乱差”污染问题3433个。全年空气质量优良天数达到237天，建成森林公园和森林体验园15个、绿化生态廊道13条180.7公里，完成生态营造林1.4千公顷，治理河道31.7公里，南水北调“引水入密”工程具备通水条件，溱水河生态湿地公园规划设计加快推进，双洎河治理等工程有序开展，县、乡、村三级污水处理体系基本形成。中心城区、新密新区、9个乡镇和25 个农村连片社区生活污水处理设施相继建成。

深化城乡环境卫生综合整治。规范城乡建设秩序和非煤矿山开发秩序，餐厨垃圾、生活垃圾无害化处理厂规范运行，被评为国家农村生活污水治理示范县（市）、全省秸秆禁烧和综合利用工作示范县（市）、省级生态市。

【社会治理体系】 全年民生支出39.5亿元，民生实事件件圆满落实。

民生事业协调发展。公办高中全部达到省级示范性高中标准，高考本科上线人数历年最高，跃居郑州县（市）首位，启动规划建设13所公办中小学、幼儿园；市中医院新址、公共卫生综合管理服务中心、就业创业服务中心建成投用，城镇居民健康签约服务工作经验全省推广，新密市被评为全国妇幼健康优质服务示范县（市）；乡镇文化基础设施建设、免费送戏、送电影等惠民工程深入推进；各类社会保险累计参保79.3万人次，发放各项社保待遇7.8亿元；深入推进全民创业，开展创业培训20期1200人，发放创业担保贷款7159万元。新增各类创业主体18897家。城镇就业7879人，农村劳动力转移就业21630人。被评为河南省农民工工作先进县（市）、返乡农民工创业示范县（市）。

社会大局和谐稳定。持续健全社会治安防控体系，完善落实接访、下访、“四包一”等工作机制，深入开展煤矿、非煤矿山等专项治理，有效化解金融风险，安全生产总体平稳，群众安全感、满意度进一步提升。

党的建设全面加强。推进全面从严治党向纵深发展。坚持把“两学一做”学习教育向基层延伸，不断把党员经常性教育引向深入。落实意识形态责任，加强道德建设，社会主义核心价值观深入人心。建立市、乡、村三级“党建责任清单”，实施“大党建”综合考核；推行“三重一线六考”机制，实施“万名党员进党校”素质提升工程，2万多名农村党员集训实现全覆盖，被推荐为中组部党员教育创新案例；正确运用监督执纪“四种形态”，创新开展“两抓两挺”“四查四建”工作；举办“廉政大讲堂”、廉政文化“六进”活动；加强依法行政，依法治市水平不断提升。人大、政协坚持围绕中心、服务大局，积极建言献策、履职尽责。统一战线优势充分发挥，工会、共青团、妇联等人民团体扎实工作，军民团结和谐局面进一步巩固。

【全域旅游全面推进】 全年完成旅游基础设施投资27亿元，接待游客337.6万人次，旅游收入20亿。主要旅游景点（区）有伏羲大峡谷（AAAA）、三泉湖（AAAA）、神仙洞森林公园（AAA）、银基国际旅游度假区、豫西抗日纪念园等13处，新密市被评为第二批徐霞客游线标志地。

【脱贫攻坚精准发力】 市财政投入扶贫开发项目资金2.5亿元，3个易地扶贫搬迁项目已建成安置房900套，7个整村推进项目和17个基础设施建设项目基本完工。“三单联动”培训贫困劳动力6538人，实现贫困家庭转移就业960人、贫困村劳动力转移就业3699人，全市完成脱贫2539户9560人，退出贫困村22个。

（杨留洋 王西林）

实施蓝天工程

登封市

【概况】 2016年，登封市总面积1219平方公里，其中耕地面积45.62千公顷；总人口70.14万人，乡村人口32.53万人。人口自然增长率为7.76‰。辖3个街道办事处（嵩阳街道办事处、少林街道办事处、中岳街道办事处）、8个镇（颍阳镇、大金店镇、东华镇、告成镇、卢店镇、大冶镇、徐庄镇、宣化镇）、4个乡（君召乡、石道乡、白坪乡、唐庄乡）、1个工业区（阳城工业区管委会）和1个矿区管委会（送表矿区管委会）。

全年地区生产总值完成566.8亿元，较上年增长8.1%。其中，第一产业增加值17.7亿元，增长4.9%；第二产业增加值324.6亿元，增长6.6%；第三产业增加值224.5亿元，增长10.6%。规模以上工业增加值314.2亿元，增长7%。

粮食总产量19.3万吨，增长-0.7%。财政一般预算收入23.6亿元，财政一般预算支出45亿元。固定资产投资完成额468.4亿元。社会消费品零售总额221.1亿元。进出口总值4434万美元。实际利用外资10728万美元。城镇居民人均可支配收入27333元；农村居民人均纯收入15784元。城乡居民年末储蓄存款余额219.7亿元。

【机构与领导】 中共登封市委：书记郑福林；副书记王鸿勋、马志峰（6月免）、杨金军（6月任）；市委常委：郑福林、王鸿勋、马志峰（6月免）、杨金军（6月任）、李同堂、杜文功、杨戍超、王升建、马宏伟、马素华（6月免）、康红阳、陈耀宗、王超（6月任）。

市委工作部门：办公室主任康红阳；政法委书记杨戍超；组织部部长王升建；统战部部长马宏伟；宣传部部长马素华（6月免）、王超（6月任）；群工部部长刘爱芳；信访局局长郝炳欣；机关事务局局长刘国栋；党校常务副校长郭年凯；市直工委书记卢青；老干部局局长吴桂荣；档案局局长李会卿。

市四届人大常委会：主任赵华敏；副主任王书军、闫新生、杨建勋、董喜年。

市人大常委会工作机构：办公室主任张克彬；财经工委主任王学杰，农工委主任岳继红；人事任免工委主任杨意华；代表联络信访工委主任王红伟；内司委主任郑永红；城建委主任郑建伟；信访室主任高泉廷；科教文卫主任孙红卫。

市人民政府：市长王鸿勋；副市长陈耀宗、张治怀（6月免）、陈治龙、杨国强、杨勇、李力（1月任）、史战胜（1月任）。

市政府工作部门：办公室主任曹红宾（12月免）、张少伟（12月任）；嵩管委副主任弋群立；监察局局长李云敬；人防办主任赵大杰；法制办主任席遂兴；市志办主任吕宏军；扶贫办主任郭少峰；发改委主任闫文定；物价局局长刘效克；粮食局局长徐臣义；工信委主任任永立；科技局局长景松霞（5月免）、董剑飞（5月任）；安监局局长梁跃飞（5月免）、靳建伟（5月任）；卫计委主任冯巧云；财政局局长王建永；公安局长张遂旺；民政局局长范新杰（5月免）、郭亚丽（5月任）；人力资源和社会保障局局长荣二平；住建局局长尚春和；环保局局长郭更森（5月免）、宋剑（5月任）；农工委主任马宗仁；林业局局长刘超杰（5月免）、郑振武（5月任）；水务局局长翟国臣；国土资源局局长韩志刚；工商质监局局长崔东飞；交通运输局局长甄少杰；教体局局长杨飞剑；文物局局长吕伟（12月免）、白金永（12月任）；爱卫办主任李劲飞；统计局局长张健；审计局局长冯颖灿；司法局局长王老康（12月免）、王义民（12月任）；文广新局局长王彩红；宗教局局长白金永；旅游局局长王绍锋；林管分局局长王亚飞；农机中心主任吴英敏；商务局局长毛鹏展；食药监局局长李耀峰；煤炭管理中心主任李怀庆；国资办主任杨意华；供销社主任吴建洪。

政协市四届委员会：主席孟永瑞；副主席常兴文、孟战江、刘白雪、释永信、王丽。

市政协工作机构：办公室主任赵彦铮；提案委主任刘春萍；经济科技委主任张颖钊；文教卫体委主任刘元京；港澳台侨和民族宗教委主任吕富岳；农业委主任刘丹颖；学习文史委主任常松木；社会法制委主任空缺；委员管理联络委主任景松霞（5月任）。

中共市纪律检查委员会书记：李同堂。

市人民武装部部长：邱学川；政委：杜文功。

市人民法院院长：李新（3月免）、赵洪印（3月任）。

市人民检察院检察长：刘文胜。

市群团组织：总工会主席张书凯、书记赵梅玲；团市委书记王磊；妇联主席屈超敏；侨联主席李庆林；文联主席孙晓玲；工商联主席杨志伟；科协主席张松波。

乡镇、街道、区工委：颍阳镇党委书记雷新亚（5月任），镇长雷新亚（5月免）；君召乡党委书记张晓峰（5月任），乡长张晓峰（5月免）、王磊（5月任）；石道乡党委书记段世民，乡长王志鸿（5月免）、温韬（5月任）；大金店镇党委书记陈再文，常务副书记郭建刚，镇长王韶亮；东华镇党委书记董剑飞（5月免）、孙卫杰（5月任），镇长李俊峰；白坪乡党委书记刘洋，乡长刘现伟；卢店镇党委书记周华芳，镇长孔玉峰；唐庄乡党委书记高少雷，乡长杨绍峰；告成镇党委书记何聪道，镇长杨伟平；徐庄镇党委书记宋剑（5月免）、王志鸿（5月任），镇长韩迎旭；大冶镇党委书记程彦宏，常务副书记郑振武（5月免）、王志斌（5月任），镇长王志斌（5月免）、梁跃飞（5月任）；宣化镇党委书记景晓明（5月任），镇长景晓明（5月免），马炎军（5月任）；嵩阳办事处常务副书记吴建伟，主任岳小争；少林办事处党委书记王升建，常务副书记何延木，办事处主任周莉；中岳办事处常务副书记申卫保，办事处主任朱振信；阳城区党委书记孙卫杰（5月免）、孙利锋（5月任），办事处主任孙利锋（5月免）、秦胜永（5月任）；送表矿区管委会党委书记薛少龙，管委会主任吴燕。

郑登快速通道铁炉沟大桥

【产业结构调整】 扩大投资增优势，产业结构调整实现突破。全年开工亿元以上重点项目29个，完成投资31亿元；

登封市宣化镇文惠山庄景区

在建项目82个，完成投资144.3亿元；推进省、郑州市重点项目29个，完成投资107亿元。全年接待游客1200万人次，同比增长9.1%；旅游总收入达到94.8亿元，第三产业占比增加2.6个百分点。全年新材料、装备制造、生物医药完成产值624.8亿元，同比增长12.7%；高新技术产业完成增加值105.8亿元，增长12.1%。现代农业稳中向好，建成现代都市生态农业示范园5个，发展山地特色经济作物1千公顷。新增郑州市级龙头企业3家、农民专业合作社20家。龙头企业产值达到14亿元，农业总产值达到30亿元。成功入选全国第三批农村集体“三资”管理示范县。

【城乡统筹发展】 登封市入选第三批国家新型城镇化综合试点和河南省百城建设提质工程首批试点市。全年实施项目364个，竣工138个，完成投资98.3亿元。中心城区功能提升实现突破，开展书院河、大禹路等骨干路网和重点片区的城市设计，少林大道沿线城市设计方案通过专家评审。投资17.1亿元的大禹路、嵩阳路等12个政府主导投资项目开工建设。完成嵩阳南路跨郑少高速大桥主体工程，登封新区隧道和旅游新城滨河路、碧溪路等7条道路竣工通车。建设农村公路74.6公里，完成投资3877.3万元。安置房建设有序推进，坚持群众安置优先，依法依规推进旧城改造。嵩山广场片区配套安置房完成土地供应，滨河新苑片区配套安置房项目开工建设。启动嵩阳办城南庄等17个安置社区建设，少林办第一社区、韩村安置社区一期、嵩颖苑二期竣工，建成安置房8390套103.6万平方米。投资3650万元，完成卢店镇崔岗、中岳办北高庄郑州市美丽乡村试点项目建设；石道乡李爻等5个村庄成功申报2016年郑州市美丽乡村试点。君召乡石坡窑等12个历史文化风貌特色村和唐庄乡范家门等12个自然生态风貌特色村列入第一批郑州市特色村名录。大冶镇垌头等9个村入选河南省传统村落名录。大冶镇朝阳沟美丽乡村规划入选“全国村庄规划示范名单”。

【开放创新】 “五单一网”制度改革工作按照“6个100%”标准有序推进，实现了“四级联动”；公共资源交易中心、不动产登记中心建成运行。申请专利3732件，授权专利1106件，专利申请量居全省县（市）首位。建立土地收储供应“六统一”机制，推进全市土地指标内部统一流转，全年报批土地443.6公顷，收储土地493.27公顷，出让109公顷。创新政府投融资机制，建投、天中、中鑫公司新增融资51亿元。与绿地集团、恒大集团、中国建筑、建业集团、华彬集团等国内外大型企业集团对接洽谈，投资30亿元的世界功夫中心、30亿元的大冶镇朝阳沟戏曲小镇等项目签约落地。全年引进项目35个，总投资255.9亿元；引进市外资金100.6亿元。

【生态环境保护】 重拳治理大气污染，完成24台燃煤锅炉、92家工业窑炉、8台发电机组改造治理任务；全年空气质量优良天数达到227天。坚持“双水源”战略，加快规划建设南水北调登封供水工程。投资1.4亿元的河门水库主体完工。加强饮用水水源地保护，水质达标率达到98%。落实最严格水资源管理制度，创成省级节水型城市。农村人居环境不断改善，实施大冶镇刘碑社区、白坪乡中心社区农村环境连片综合整治项目，13个农村垃圾处理中心完成规划设计，1个省级生态村、3个郑州市级生态村通过验收。

【社会事业】 投入各类民生资金43.3亿元，占地方财政支出的80%。坚持精准扶贫，完成整村推进项目8个、区域特色经济项目8个、基础设施建设项目42个、农村危房改造305户，易地搬迁637户、2590人，实现14046人稳定脱贫。社会保障持续加强，新增城镇就业6816人，农村劳动力转移就业15712人；发放创业小额担保贷款7105万元，发放城乡低保、五保及各类困难人群救助资金9717万元；社会福利中心一期建成运营；首批机关事业单位养老保险参保登记11900人。完成义务教育薄弱学校改建项目20个，农村薄弱学校校舍维修改造项目22个。君召、东华、白坪、大金店卫生院改扩建工程完工，基层公共卫生服务能力持续提高。不断扩大新农合重大疾病保障范围，新农合实际补偿比达51.2%。强化食品药品监管，查处案件247起，移交司法机关9起。加强文物保护，8个文物保护工程完成投资3640万元。严厉惩治和妥善处置非法集资，立案移交重大案件4起。深入开展“积案化解年”活动，信访存量减少37%；切实保障农民工权益，建立农民工工资“预储金”制度，清欠农民工工资6458万元。

（雷省委 郜悟祺）

新郑市

【概况】 新郑市总面积873平方公里，其中耕地面积50.1千公顷。总人口63.6万人，其中城镇人口35.8万人。人口自然增长率为6.43‰。辖9个镇：辛店镇、观音寺镇、梨河镇、和庄镇、薛店镇、孟庄镇、龙湖镇、郭店镇、新村镇；2个乡：城关乡、八千乡；3个街道办事处：新华路街道办事处、新建路街道办事处、新烟街道办事处；2个管委会：具茨山管委会、新区管委会。

2016年，全年地区生产总值完成651.1亿元，增长9%。地方公共财政预算收入65.3亿元，增长17.7%；税收44.1亿元，增长19.6%；固定资产投资566.2亿元，增长20.8%；主要工业增加值284.4亿元，增长6.2%；社会消费品零售总额233.1亿元，增长17%；城镇和农村居民人均可支配收入分别达到28388元和18367元。县域经济发展质量评价连续3年位居全省首位，全国中小城市综合实力百强县（市）和县域经济基本竞争力百强县（市）排名分别攀升至第43位、49位。

【机构与领导】 中共新郑市委：书记王广国（2月免）、刘建武（6月任）；副书记刘建武（6月免）、马志峰（6月任）、王效光；市委常委：王广国（2月免）、刘建武、马志峰（6月任）、王效光、王俊杰（2月免）、徐卫东（6月任）、苗瑞光、王保军、刘德金（6月免）、黄卫东（6月任）、秦彩霞（女）、赵建武、彭立（6月免）、王智明（6月任）、汤晓义（6月免）、秦洪源（6月任）。

丙申年黄帝故里拜祖大典

市委工作部门：办公室主任汤晓义（6月免）、秦洪源（6月任）；组织部部长刘德金（6月免）、黄卫东（6月任）；宣传部部长王保军；统战部部长秦彩霞（女）；政法委书记赵建武；老干部局局长王燕（女）；信访局局长尚忠（12月免）、党组书记郑国安（12月任）；档案局局长秦成伟（12月免）、韩东伟（12月任）；党校常务副校长王向阳。

市四届人大常委会：主任李书良（7月免）、王俊杰（7月任）；副主任王军生、孙阔、彭德成、郭明熙、王金灿、左建新、杨流、王海亮。

市人大常委会工作机构：办公室主任白春芳（12月免）、齐光辉（12月任）；法工委主任周宏伟；农工委主任谷宏发；代表工委主任歹华民（12月免）、朱秋国（12月任）；老干部科科长孔会成；教科文工委主任歹银花（女）；人事任免科科长刘占有；信访室主任董建红；财工委主任贺立军。

市人民政府：市长刘建武（6月免）、马志峰（6月任）；副市长彭立（6月免）、王智明（6月任）、关民安、缑云峰、乔琳（女）、张富永、周建超、李猛。

市政府工作部门：办公室主任、法制办主任李俊鹏；监察局局长杨献珍；机关事务局局长丁利民；市志办副主任李磊；工商管理和质量技术监督局局长宋雪峰；住房和城乡规划建设局局长齐光辉（12月免）、尚忠（12月任）；交通运输局局长贾桂芬（女、12月免）、戴茂松（12月任）；农业农村工作委员会主任、畜牧局局长李俊岭；林业局局长戴金平（12月免）、郑彩霞（女、12月任）；水务局局长王国良；商贸公司总经理安勇强；财政局局长貊海森；审计局局长周宏超（12月免）；供销社主任李新保；卫生和计划生育委员会主任李长法；文化广电新闻出版局局长刘学敏；环保局局长贾有怀（12月免）、陶永伟（12月任）；旅游文物局局长赵舒琪（女）；发展和改革委员会主任刘红军（12月免）、付建峰（12月任）；商务局局长王燕（女）；统计局局长刘德智；国土资源局局长赵淑梅（女、12月任）；人力资源和社会保障局局长韩东伟（12月免）、夏红燕（女、12月任）；社会保险事业管理局局长赵明；公安局局长朱海新；司法局局长朱秋国（12月免）、陈政玮（12月任）；民政局局长李炎宏；科技局局长付建峰（12月免）；工业和信息化委员会主任仪刚（12月免）；气象局局长闫伟杰；邮政局局长杨俊丽（10月免）、陈元（10月任）；烟草局局长胡贵州；安全生产监督管理局局长马冠亚；轻工公司经理鲁鹏程；供电公司经理王相杰（5月免）、李德栓（5月任）；食品药品监督管理局局长王晓莉；物资公司经理石贵现；黄帝故里景区管委会主任李志强；具茨山国家级森林公园管委会党委书记李军辉（12月免）、薛智强（12月任），主任赵金聚。

政协市四届委员会：主席马国亮；副主席李中俊、王海民、李建国、张全民；秘书长秦汉伟。

市政协工作机构：办公室主任李炎武（12月免）、陈新红（女、12月任）；教科文体卫委主任张瑜（女）；经济委主任史新军；文史资料委主任陈新红（12月免）、刘如江（12月任）；老干部科科长高烨；社会法制工委主任赵明旭；港澳台侨委主任王艳（女、12月免）、秦成伟（12月任）；农委主任刘新轩；提案委主任白宵偲。

中共市纪律检查委员会书记：徐卫东。

市人民武装部部长：胡其宝；政委：苗瑞光（7月免）。

市人民法院院长：王栋。

市人民检察院检察长：李广建。

市群团组织：妇联主席郑彩霞（女、12月免）、郑慧阁（女、12月任）；团市委书记张磊（12月免）；工商联会长刘彩云（女）。

街道、乡镇：新华路街道党工委书记李宗元（12月免）、仪刚（12月任），办事处主任薛智强（12月免）、冯举涛（12月任）；新建路街道党工委常务书记赵敏祥，办事处主任朱郁琦（12月免）、李勇（12月任）；新烟街道党工委书记敬伟民，办事处主任刘志刚（5月免）、马慧萍（12月任）；城关乡党委书记马东亮（5月任），乡长马东亮（5月免）、王鹏（5月任）；辛店镇党委书记戴茂松（12月免）、李军辉（12月任），镇长师俊杰（5月免）、左莉敏（女、5月任）；观音寺镇党委书记冯军辉（5月任），镇长贾伟斌（5月免）、岳明旺（5月任）；梨河镇党委书记刘奎志（12月免）、陈同周（12月任），镇长陈同周（12月免）；和庄镇党委常务书记田延辉（5月免）、唐永刚（5月任），镇长冯军辉（5月免）、马聪锋（5月任）；薛店镇党委书记安广涛，镇长孙现峰；孟庄镇党委书记赵东伟，镇长唐永刚（5月免）、刘志刚（5月任）；龙湖镇党委书记王保军，党委常务副书记胡凯军（12月免）、马绍敏（12月任），镇长马绍敏（12月免）；郭店镇党委书记高红伟，镇长马举增；新村镇党委书记周建超（5月任），党委常务副书记赵淑梅（女、12月免）、周伟杰（12月任），镇长周伟杰（12月免）。

【农业与农村经济】 新流转土地400公顷，新增恢复灌溉面积1.5千公顷，发展节水灌溉面积1.1千公顷，新建设施农业5万亩、特色农业园16个；新增农业龙头企业15家、农民专业合作社35家，全市农业龙头企业达到68家，农民专业合作社达到470家，现代农业示范区入驻企业达到48家。好想你枣业成功并购“百草味”，雏鹰农牧高端火腿项目顺利投产，正兴生态农业在中原股权交易中心挂牌上市，农业龙头企业带动能力进一步增强。积极开展“三品一标”认证工作，新认证无公害农产品12个、绿色有机食品4个，品牌影响力不断扩大。2016年完成第一产业增加值20.2亿元，增长5%。

【工业经济】 出台工业稳增长调结构促转型实施意见和工业经济发展三年行动计划等系列政策措施，开工建设联合聚邦、佳龙食品等项目15个，竣工投产中德国际医疗产业园、鸿丰建材等项目8个，润弘制药、遂成药业等一批重点项目快速推进；申报新入规上工业企业38家，全市规模以上工业企业达300家。食品加工、生物医药主导地位日益凸显，2016年分别完成增加值64.2亿元、12.5亿元。高新技术产业实现增加值66.2亿元，增长14.2%。积极化解煤炭行业过剩产能，依法关闭煤矿3家。

【第三产业】 现代商贸物流业规模迅速扩大，华南城、华商汇营业面积分别突破180万和40万平方米，1.7万户商户入驻经营。旅游业持续升温，郑韩故城墙遗址公园、白居易故里文化园建成开放，车马坑景区和博物馆改造完成，连续18年成功举办“中华枣乡风情游”活动，累计接待游客2100万人次，实现旅游收入56亿元。金融服务业蓬勃发展，13家银行在新郑市设立分支机构，成为全省进驻银行最多县级市；银行存贷款规模分别达619亿元、458亿元，均位居全省县（市）首位，被评为省金融生态建设先进县（市）。2016年完成第三产业增加值295.6亿元，增长14.8%。

【城乡建设和管理】 大力实施新型城镇化新三年行动计划，围绕基础设施建设和棚户区改造，投资28亿元，全面完成黄帝故里景区扩建、双洎河综合治理工程拆迁，累计完成各类拆迁446万平方米。新开建辛店镇和谐佳苑、龙湖镇崔垌等社区6个，建成安置房7800套76.5万平方米；回迁群众5239户、2万人，2015年前拆迁群众安置房建设任务基本完成。积极探索市场化安置新渠道，财政出资14亿元，团购安置房3500套，节约安置过渡费6000万元。持续完善城乡基础设施，新建改造城乡电网319公里、城乡道路70条128公里，莲花路、迎宾街南延等49条道路建成通车；垃圾焚烧发电厂、第二垃圾无害化处理厂及华南城污水处理厂二期、城关污水处理厂快速推进，新港产业集聚区污水处理厂、第二水厂投入运营。全面加快新区建设，学院西路等8条道路和创业路景观大桥建成通车；财富广场主楼、新尚商业综合体等开工建设，弘远路中学主体完工，华祥喜度大厦、华夏国际商务中心等建成投用；少典游园、小李庄遗址公园等4个公园建成开放。不断提升城区功能，打通新烟街南延断头路，综合提升新建路、玉前路等4条主干道，扩宽改造人民路、中华路等干道十字路口4个，中华南路、城区南环路等3条道路和城区3个公共停车场建成投用。强力推进龙湖新城建设，龙湖湿地公园快速推进，紫荆山路南延基本完工，双湖大道人防及休闲广场投入使用，地铁二号线及5条镇区道路竣工通车。

【开放创新】 深入推进简政放权、放管结合、优化服务改革，实现“一口受理”审批事项263项，梳理规范行政审批中介服务事项51项，取消繁文缛节和不必要证明71项。持续推进商事登记制度改革，积极推行企业“五证合一”登记和个体工商户“两证合一”改革，创业准入制度成本不断降低。大力开展重点产业大招商活动，新签约杭萧钢构、郑州一建等项目28个，到位资金170亿元。不断扩大外经外贸，实际利用外资、外贸出口分别达2亿美元和6500万美元。加快创新创业步伐，出台加快创新创业综合体建设、支持创新创业等一系列政策文件，设立5000万元创新创业专项资金；建成电子商务等11家创新创业综合体、众创空间，入驻企业团队200多家，孵化项目50多个；新申请专利1300件，新转化科技成果15项。创新公共资源交易服务，经营性用地全面实行网上交易，被评为全国公共资源交易十佳创新型机构；累计受理业务621宗，总成交金额144.7亿元，为政府增收节支53.4亿元。积极拓宽融资新渠道，成功发行15亿元全省县级市首支PPN定向债，累计完成融资132.5亿元，为黄帝故里景区扩建、双洎河综合治理等重点工程顺利实施提供了坚实资金保障。多措并举破解用地难题，争取用地指标458.5公顷，盘活闲置低效利用土地77.13公顷；全力推进土地卫片执法整治，拆除复耕违法图斑323宗、158.53公顷，顺利通过国土部复审检查。

【生态环境】 重拳整治大气污染，深入开展“清洁城市”和“零点夜查”行动，所有工地按照“七个100%”标准整治达标，城市建成区机械化清扫率达90%，空气质量达到或优于国家二级标准天数达213天。大力实施碧水工程，以海绵城市建设为载体，高标准实施双洎河、黄水河等8条河流整治和景观改造，清理河道10.3公里，启动南水北调调蓄水库建设，关闭自备井157眼。大力推进生态绿化，新建提升西南绕城高速、莲花路等生态廊道13条2001万平方米，新增造林587.4公顷、城市绿地20万平方米，森林覆盖率和城市建成区绿地率分别达29.6%、35.7%。

【社会各项事业】 投入民生资金63亿元，增长30%。优先发展教育事业，新修改建中小学、幼儿园14所，高考成绩连续25年保持郑州市领先位次。全力支持就业创业，新增城镇就业再就业7000人，发放小额担保贷款7280万元。健全完善保障体系，建成村级幸福站、社区托老站18个；城市和农村低保标准分别提高至550元、320元，发放低保金3805万元；为234户住房困难家庭发放住房补贴 65万元；为80岁以上老人、普通高中一线教师、环卫工人发放高龄补贴、就餐补贴等1276万元。持续提升医疗服务能力，市级公立综合医院主体完工，为5.2万名65岁以上老人免费体检，顺利通过全国计划生育优质服务先进市评估验收，基本公共卫生服务工作得到中央电视台、中央人民广播电台等主流媒体宣传报道。大力实施脱贫攻坚，具茨山易地扶贫搬迁社区二期主体完工，1743名贫困人口达到脱贫标准。

【被评为2013—2014年度农田水利基本建设红旗渠精神杯竞赛活动先进集体】 2016年2月19日，新郑市被河南省人民政府评为“2013—2014年度农田水利基本建设红旗渠精神杯竞赛活动先进集体”。

【被评为全国健康城市建设评价试点】 2016年9月5日，新郑市被确定为国家健康城市建设评价试点。

【被评为2014—2016年全国计划生育优质服务先进单位】 2016年12月，新郑市被国家卫计委评为2014—2016年全国计划生育优质服务先进单位。

【被评为2016年度全国公共资源改革十大创新型机构】 截至2016年年底，新郑市公共资源交易中心累计受理业务4138宗，成交总金额725亿元，为政府增收节支284亿元。2016年4月，新郑市公共资源交易中心被评为2016年度全国公共资源改革十大创新型机构。

（王 昱）

十届黄帝文化国际论坛开幕式

荥阳市

【概况】 2016年，荥阳市总面积943平方公里。辖9个镇、3个乡、2个街道、1个风景名胜区，289个村民委员会，2276个村民组。总人口620980人，其中城镇人口332969人。人口出生率为

12.69‰，自然增长率为6.48‰。

2016年，荥阳市全年地区生产总值完成638.2亿元，较上年增长8.5%。其中，第一产业增加值29.3亿元，较上年增长4.8%；第二产业增加值390.3亿元，较上年增长7.5%；第三产业增加值218.7亿元，较上年增长10.9%。公共财政预算收入37.2亿元，增长26.9%；公共财政预算支出56.4亿元，增长38.3%。全社会固定资产投资完成579.3亿元，较上年增长19.9%。年末，全市金融机构各项存款余额362.9亿元，比年初增长35.8%；金融机构各项贷款余额187.3亿元，较年初增长27.4%。城乡居民储蓄存款余额218.2亿元，较年初增长17.2%。社会消费品零售总额256.9亿元，较上年增长15.3%。城镇居民人均可支配收入28465元，较上年增长6.8%。农民人均纯收入17458元，较上年增长7.6%。

【机构与领导】 中共荥阳市委：书记宋书杰；副书记王新亭、张东辉；市委常委：宋书杰、王新亭、张东辉、陶冶（3月免）、滕飞、王素梅（女，1月免）、岳伟（1月任）、程洋（1月免）、李占龙（1月任）、孙建功、方本选、刘建峰（7月免）、李献武（7月任）、王保陆。

市委工作部门：办公室主任刘建峰（7月免）、李献武（7月任）；组织部部长程洋（1月免）、李占龙（1月任）；宣传部部长孙建功，文明办主任陈秀珍；统战部部长王素梅（女，1月免）、岳伟（1月任）；政法委书记方本选；群工部部长李建业；老干部局局长赵喜梅（女）；市直机关工委书记朱玉霞（12月免）；党校常务副校长车永生（3月任）；档案局局长杨柳（女）；党史研究室主任何醒民（3月免）、蔡进宝（3月任）；信访局局长王超峰。

市五届人大常委会：主任张淑霞；副主任张志安、康宁、许其明、赵炎利、饶泽寿。

市人大常委会工作机构：办公室主任史明杰；法工委主任赵春洪（5月免）、刘剑（5月任）；代表联络人事工委主任吴跃勋；科教文工委主任李怀根（3月免）、刘仪（3月任）；农工委主任刘仪（3月免）、曹惠莉（3月任）；城建环保工委主任吴仲信（3月免）、任金箱（3月任）；信访室主任：王永钦（3月免）、齐延峰（3月任）。

市人民政府：市长王新亭；副市长丁文霞、李凤芝、王伟、赵晨阳（7月免）、张宏伟、李云峰、海鸥。

市政府工作部门：办公室主任耿元奇；扶贫（农业综合）开发办公室主任曹惠莉（3月免）、王凤琴（3月任）；发改委主任陈新力；科学技术局局长张保中；工业和信息化委员会主任蒋绍斌；中小企业服务中心主任左宗明；统计局局长李冠顺；交通运输局局长孙魁；电业局局长马小海；轻工联社主任丁铁柱（5月免）、刘艳芳（5月任）；安全生产监督与煤炭管理局局长马鸿超；财政局局长李贵希；国税局局长马小海；地税局局长侯昶；工商管理和技术监督管理局（3月工商局和质监局合并，韩虎4月不担任工商管理局局长）刘长青（4月任）；市场发展中心主任马新献；供销合作社主任乔延民；商贸总公司经理蔡进宝（3月免）、郭玉霞（3月任）；物资总公司经理戴广强；外贸公司总经理（空缺）；粮食局局长马占鳌；审计局局长陈金洲；国资中心主任刘胜勇；人力资源和社会保障局局长王文铎；编办主任范喜昌；住房和城乡建设规划局局长杜文杰；国土资源局局长李本栋；规划设计中心主任苟雷；城市管理局局长车永生（3月免）、张瑞（3月任）；住房保障和房地产中心主任王惠玲（女）；环境保护局局长宋秋忠（4月免）、李凤华（4月任）；民族宗教事务委员会主任杨凤英（女）；民政局局长田军；商务局局长王向东；旅游和文物局局长张海庆；农业农村工作委员会主任苌廷选；林业局局长郭明举；水务局局长张振海；畜牧局局长周文生；农机站站长蒋世忠；移民局局长张舒春；气象局局长王玉岗；烟草局局长陈强；河务局局长杨建增；教体局局长张双利；文化广播电视新闻出版局局长王志忠（3月免）、王星（3月免）；卫生和计划生育委员会主任王玉荣（女）；爱卫办主任李战胜；新闻中心主任付春明；食药局（加挂制品安全委员会牌子）局长赵卫华（女）；盐业局局长；行政审批中心主任魏惠英（女）；公安局局长夏日红；司法局局长贾学军；监察局局长赵卫华（女）；住房公积金管理中心主任秦向阳；郑氏联谊中心主任郑朝阳；文物管理中心主任陈万卿（3月免）、刘其山（3月任）；园林绿化管理中心主任李向阳；特色商业区管理委员会（原东区管委会）主任尚保旺；荥阳健康园区管委会主任王新亭；郑州市新材料产业园区管委会主任方本选。

政协市五届委员会：主席付冬菊（女，3月到龄退休）；副主席范胜利、靳西锋、王殿玉。

市政协工作机构：办公室主任吴敏生；民法委主任周世存（9月免）；提案委主任石永强；文教委主任王燕飞（女）；经科委主任沈青峰；信息文史委主任王港钤；农工委主任王红梅（女）。

中共市纪律检查委员会书记：滕飞（12月任）。

市人民武装部部长：曹俊峰；政委：王保陆。

市人民法院院长：余剑锋。

市人民检察院检察长：李国强。

市群团组织：总工会主席李向亭；团市委书记白栋（3月免）、朱柯鑫（9月任）；妇联主席郭玉霞（女，3月免）、马淑艳（女，12月任）、郭璐（女，12月任）；文联主席韩露（女）；科协主席陈天祥（3月免）、郭俊杰（3月任）；工商联主席马柳琴（女）；侨联主席胡建华（女）；残联主席常维华（女）。

街道、乡镇：索河街道党工委书记李麦玲（女），办事处主任王星（3月免）、雷华文（3月任）；京城路街道党工委书记陈晓瑞（3月免）、张荣耀（3月任），办事处主任张荣耀（3月免）、王书俊（3月任）；城关乡党委书记黄凯歌，乡长赵鹏（5月免）、孙晓丽（5月任）；乔楼镇党委书记鲁晓炜（4月任），常务副书记李继锋（3月免），镇长马胜伟；豫龙镇党委书记滕飞，第一书记付书敏，常务副书记方亚平，镇长司红辉；广武镇党委书记周培山（5月免）、张佳涛（5月任），镇长张佳涛（5月免）、范超杰（5月

索滨公园

任）；高村乡党委书记李占国，乡长朱桓霈（3月免）、张光明（3月任）；王村镇党委书记车玉峰，镇长张光明（3月免）、任燕侠（3月任）；汜水镇党委书记王风琴（3月免）、朱桓霈（3月任），镇长王新文；高山镇党委书记周世军，镇长李静（3月任）；刘河镇党委书记李新军（3月免）、王军伟（3月任），镇长王军伟（3月免）、许国奇（3月任）；崔庙镇党委书记赵国君，镇长：陈志刚；贾峪镇党委书记吉喆，镇长：鲁晓炜（4月免）、赵鹏（5月任）；金寨回族乡党委书记许元甲，乡长赵红星（3月免）、张建东（3月任）；环翠峪风景名胜区党委书记牛新超，主任范超杰（5月免）、张熠（5月任）。

荥阳市城市建设

【工业经济】 2016年，深化“企业服务年”活动，出台骨干企业和重点项目遗留问题处理意见，升级企业“110”服务平台，为182家企业解决各类问题200个，新增规模以上工业企业62家。继续推进“工业技改年”活动，实施百万元以上工业技改项目90个，完成投资37.6亿元；将涂装线、喷漆房纳入技改支持范围，新建喷漆房415个。装备制造、新材料两大主导产业和高新技术产业分别完成增加值197.5亿元和173.7亿元，占规模以上工业增加值的比重达50%和44%，分别提高1.4和4.4个百分点。全市产业集聚区完成固定资产投资185亿元，增长35.5%，高于全市固定资产投资增速15.6个百分点。荥阳产业集聚区获评“河南省二星级产业集聚区”，“荥阳造”首列地铁列车下线投运。新材料产业园区水厂和污水处理厂等设施投入使用，华晶、白鸽等项目设备安装基本完成。五龙产业集聚区金阳电气联合厂房和检测中心基本建成，新引进项目10个。

【第三产业】 2016年，完成增加值218.7亿元，增长10.9%，占生产总值比重提高1.8个百分点。房地产业持续健康发展，实现销售359.8万平方米，收入236.6亿元，分别增长56%和65%。特色商业区获评郑州“五快”专业园区。五洲国际工业品博览城一期全面开业。e电园•郑西电子商务产业园启动运营，新增省级电子商务示范企业4家。成功举办2016中国•荥阳全域旅游产业英雄会，石洞沟村和广武镇分别入选中国传统村落和河南特色景观旅游名镇，丰乐樱花园晋级国家AAAA级景区，星级乡村旅游经营单位新增8家，6个景区上线乐途旅游网。旅游总人次突破1000万，旅游总收入33.5亿元。获评“中国文化休闲旅游城市”。

【“三农”工作】 2016年，建成万亩示范方4个、千亩示范方12个，粮食总产33万吨。633.3公顷的都市生态农业示范园顺利完工，国家现代渔业示范区总规通过评审。培育郑州市级农业产业化龙头企业4家、省级产业化集群1个。完成抗旱应急与河道治理工程4个，广武镇建成农田水利现代化示范乡镇。上海西郊国际农产品展示直销中心荥阳馆、新型农业产业联盟和上海荥优农产品公司“三位一体”特色农产品推广营销体系建立运行。

【城乡建设与管理】 2016年，49个安置房项目进展顺利，新开工164万平方米，完工192万平方米，回迁群众5067户、1.9万人。健康园区“三院”项目主体完工，恒大国际健康未来城项目前期工作扎实推进。新田特色小镇初具规模，汜水村、索坡村、刘沟村等美丽乡村加快建设。《城乡总体规划（2016—2030）》和海绵城市、综合管廊等专项规划编制完成，城区控规实现全覆盖。新改建城区道路11条18公里、农村道路35条75公里，增开公交线路6条，改造候车亭110座。新增供水管网42公里、雨污水管网17公里、燃气管道21公里、供热面积40万平方米。7条骨干道路夜景亮化基本完工。康泰路、中原路等积水点完成改造。城乡环卫一体化初步建立，“户投放、村收集、统一转运、集中处理”新机制试点运行，城乡新增垃圾中转站17座，城区生活垃圾无害化处理率100%。新型农村社区和老旧小区、无主管楼院物业管理全覆盖政策出台。数字化城管二期建设启动。88个社区完成充电桩规范建设。郑上社区、铁龙社区等市民服务中心建成投用。

【改革开放】 “放、管、服”改革持续深化，政务服务中心建成投用，政务服务网开通运行，受理事项20万件，办结率98%以上。“五证合一、一照一码”等商事登记制度改革稳步推进，新登记市场主体5900家。政府机构改革有序落实，党政机关公车改革基本完成。“营改增”全面推开。事业单位分类和不动产登记、农村土地承包经营权确权登记颁证等重点领域改革平稳推进。着力招大引强和项目推进，新引进修正药业等项目35个，总投资190亿元；105个重点项目完成投资183.6亿元，开复工率、竣工率分别达81.8%、43.2%。实际利用外资1.6亿美元，增长5.4%。与世象联、亚象联、欧象联先后签约，合力共建“世界象棋文化之都”。与亚、欧、美三大洲24个国家（地区）的象棋组织和6个国家的孔子学院实现合作互动。成功举办第十九届亚洲象棋锦标赛暨第二届亚洲象棋嘉年华启动仪式、首届楚河汉界世界棋王赛等重大象棋国际活动，网络点击关注超过1亿人次。获评“2016亚洲象棋最具影响力城市”。

【创新创业】 面向城乡群众和在荥企业常态化免费开设创新创业系列公开课52讲、培训1.2万人次。出台创新创业和人才引育鼓励扶持政策，兑现奖补资助360万元，发放创业贷款8159万元。中原智谷依托浙江大学技术转移中心起步运营，获评“河南省级众创空间”。成功举办首届中国青年博士论坛暨青年博士创新创业路演大会。华中博士研究院和郑州新世纪材料基因组工程研究院落户荥阳。引进高层次科技创新领军人才（团队）12个。新培育高新技术企业3家、“小巨人”企业4家、郑州市科技型企业43家。完成专利申请1094件、授权798件。

【环境保护】 突出技术性工程化措施、科学性规范化管理、四融合网格化协同，大力实施“蓝天、碧水、乡村清洁”三大工程。PM10、PM2.5平均浓度分别控制在每立方米118微克、75微克，优于郑州市平均水平。空气质量优良天数216天，超目标任务26天。排污企业行业专项整治扎实开展，主要河流监测断面水质稳定达标，城市集中水源

郑上路生态廊道

地水质达标率100%。农村环境连片综合整治深入推进，治理畜禽养殖企业5家，申报郑州市级以上生态村5个。完成国电荥阳电厂、坛山热力超低排放改造和垃圾电厂节能改造，重点燃煤企业减少煤炭消费量25万吨，高污染燃料禁燃区面积扩大7.5平方公里。单位工业增加值能耗下降11%，规模以上工业综合能源消费量下降3.8%。关闭煤矿企业5家，化解煤炭过剩产能126万吨。

【生态建设】 完成“一环、一渠、两网”绿化1366万平方米，生态林营造1.27千公顷，林业生态市建设通过验收。新增城市绿地399万平方米，创成郑州市级以上园林单位（小区）8个、省级以上园林乡镇3个。综合治理水土流失面积8.2平方公里。地下水压采启动实施，封停自备井76眼。

【民生保障】 财政民生支出44.3亿元，占一般公共预算支出78.6%，72项三级民生实事基本完成。五措并举，脱贫攻坚首战告捷，率先实现建档立卡贫困群众全部脱贫。新增城镇就业6900人，农村劳动力转移就业1.7万人。城镇居民基本医疗保险年度支付限额由6万元提高至10万元。新农合参合率99%，报销补偿194万人次。为1.7万低保对象发放城乡低保金4100万元。为三类残疾人发放特殊生活补贴790万元。配建公租房3750套，发放住房租赁补贴16.5万元。被征地农民社会保障工作全面展开。率先实行农民工实名制工资支付“一卡通”。募集善款1071万元，救助困难群众1.2万余人次，获评“全国慈善百强城市”。

【社会治理】 狠抓“六落实六关键”，持续排查整治安全隐患，安全生产形势稳定好转。落实信访工作“一岗双责”，依法依规按政策化解信访诉求，信访案件平稳下降。落实食品药品县乡村三级监管，全年未发生等级以上食品药品安全事故。社会公共管理信息平台录入信息10.8万条，办结率99.8%。

【社会事业】 深入开展“修身行善明礼守法”全民行动。顺利通过省级文明城市复审。获“全国科普示范县（市）”和“全国象棋之乡”称号。市八小、二中、二幼新建工程投用，改造农村薄弱学校12个。市人民医院一期工程主体封顶，乡镇卫生院增配诊疗设备551台件。市广电中心正式投用，文化馆、档案馆分获国家一级文化馆和国家一类县级档案馆，殡仪馆新馆主体建成。全面二孩生育政策有序实施，兑现计生家庭各类奖励补贴2200万元。文化惠民演出282场。成功举办第三届运动会暨首届全民健身大会。人事、统计、史志、气象、人防、民族宗教、外事侨务、防震减灾、双拥共建、妇女儿童、关心下一代等各项事业取得新成绩。

（张华东）

中牟县

【概况】 2016年，中牟县土地总面积917平方公里，辖10个镇、1个乡、3个街道，273个行政村，总人口47万。全年地区生产总值完成289亿元，同比增长10.1%；一般公共预算收入41.6亿元，同比增长20.9%；规模以上工业增加值完成108亿，同比增长7.5%；固定资产投资完成396亿，同比增长20.9%；城镇居民人均可支配收入25966元，同比增长7%；农民人均可支配收入16561元，同比增长9%；社会消费品零售总额完成106亿元，同比增长12.5%。金融机构存款余额达到517.2亿元，同比增长32.2%，贷款余额达到253.9亿元，增长32.9%，三产比例由2015年年底的8.7：39.5：51.8调整为8.3：34.9：56.8。

获得国家卫生县城、全国科普先进县、全国绿化模范单位等10多项国家荣誉，以及河南省对外开放重点县、全省经济发展环境综合评价“十优县”、河南省园林县城等20余项省级荣誉。连续24届获得省“红旗渠精神杯”。

【机构与领导】 中共中牟县委：书记樊福太；副书记潘开名、楚惠东；县委常委：张书勤（7月免）、李晓亮、王素梅（女）、王朝杰、李长松、任程伟、牛健、张胜利（7月任）、耿志国、赵和平（12月任）。

县委工作部门：办公室主任张书勤（7月免）、张胜利（7月任）；政法委书记牛健；组织部部长王素梅（女）；宣传部部长任程伟；统战部部长耿志国；信访局局长张小马（1月任）；机要局局长冉宁；县直机关工委书记李韶敏（女）；文明办主任贺敏（女）；台办主任曹书杰；老干局局长刘欣；机构编办主任姚保林；档案局局长谢悦（女）；党校常务副校长李虎群；党史研究室主任霍银群。

县十三届人大常委会：主任刘玉玲（女）；副主任王兴林、段长兴、李鸿欣、李五群、李长宝。

县人大常委会工作机构：办公室主任王平（女）；教工委主任王体军（1月免）；法工委主任刘岚（女）；农工委主任李森林；财工委主任李鑫；选工委主任周国富（1月任）；信访室主任周国富（1月免）。

县人民政府：县长潘开名；常务副县长王朝杰；副县长王洪波（女，1月免）、任程伟（9月免）、赵和平（12月任）、张建锋、杨书立、张胜利（9月免）、朱清伟、卢志刚（1月任）、李慧芳（1月任）。

县政府工作部门：办公室主任李有忠；发改委主任於红太；教体局局长王国恩；科技局局长张海献；工信委主任单纪谦；公安局局长朱则军（免）；监察局局长闫志强；民政局局长李晓莉（女）；司法局局长李绍然；财政局局长仇向阳；人社局局长耿鲜明（1月免）、张明科（1月任）；国土资源局局长吴文鑫；住建局局长张伍发；交通运输局局长罗振华；环保局局长兰伟；安全生产监督管理局局长王梦醒；农委主任樊守峰；水务局局长冉章献；林业园林局局长尚会军；文化广电旅游局局长王成立；卫计委主任王进兴；食品药品监督管理局局长马爱国；审计局局长朱明华；统计局局长李广柱；工商质监局局长张绍辉（1月任），商务局局长段文周。

政协县九届委员会：主席李延中；副主席刘海燕、朱怀召、王连宇、申宏尧、梁凌达（女）。

贾鲁河生态治理工程夜景

县政协工作机构：秘书长李季杨；办公室主任吴杰；提案委主任宋羊群；社会法制委主任王瑞芳（女）；文教卫体委主任杨凯（女）；学习文史委主任杨红莉（女）；台港澳侨联络委主任孙海霞（女，1月免）。

中共县纪律检查委员会书记：李晓亮。

县人民武装部部长：李增辉；政委李长松。

县人民法院院长：王炅。

县人民检察院检察长：张捍卫。

县群团组织：总工会主席孙玉霞（女）；团县委书记郭忠强；妇联主席李玲玲（女）；科协主席秦建国；残联理事长李记勤；工商联主席霍新全。

乡镇、街道：青年路街道党工委书记申永强（1月任），办事处主任申永强（1月免）、马振民（1月任）；东风路街道党工委书记陈国岭，办事处主任李军强；广惠街街道党工委书记楚惠东，常务副书记张明科（1月免）、王林祥（1月任），办事处主任王林祥（1月免）、张中锋（1月任）；韩寺镇党委书记乔松伟，镇长郭宏领；官渡镇党委书记李晓亮（5月免）、段长海（5月任），常务副书记段长海（5月免），镇长李三（1月任）；狼城岗镇党委书记路彦伟（1月任），镇长路彦伟（1月免）、胡何林（1月任）；雁鸣湖镇党委书记张书勤（5月免）、刘海玲（女、5月任），常务副书记刘海玲（女、5月免），镇长白钢林；大孟镇党委第一书记卢志刚（1月免）、党委书记冉建军（1月任），镇长姚国森（1月免）、刘海峰（1月任）；万滩镇党委书记张照强，镇长马素萍（女）；刘集镇党委书记王朝杰，常务副书记刘永强，镇长李恒；郑庵镇党委书记张胜利，常务副书记张振中，镇长曹西峰；刁家乡党委书记钱晓坤（回族，1月免）、姚国森（1月任），乡长刘星（1月免）、姬会杰（1月任）；黄店镇党委第一书记谷金福（1月免），党委书记胡光程（1月免）、谷金福（1月任），镇长张小马（1月免）、袁瑞霞（女，1月任）；姚家镇党委书记周国富，镇长郝宏彬。

【汽车产业】 汽车产业开辟发展新路径。聚焦新能源及后市场服务，拓展业态、完善链条，引进新能源产业项目12个，比克、国能实现投产，新能源动力电池年产能力达到15亿安时，海马、比克多款纯电动汽车上市。规划建设50平方公里的汽车服务业博览园，着力发展汽车文化、汽车金融、汽车赛事等产业，单一的汽车制造拓展为集“研发、汽车整车及零部件生产制造、后市场服务”为一体的全链条体系。汽车产业集聚区完成投资165亿元，生产整车15万辆，总产值1065亿元，成为省级高新技术产业开发区、和谐园区、智慧园区，并进入国家级开发区公告目录。

【时尚文化旅游产业】 文化创意产业发展提速，以国际化视野规划建设132平方公里的郑州国际文化创意产业园，成为引领全省文化产业发展的高地。王潮歌“只有”主题实景演出公园等一大批重大项目落地，中华复兴之路、华谊兄弟电影小镇等46个项目加快建设中，杉杉奥特莱斯、海宁皮革城等项目建成运营，完成投资120亿元，实际利用市外资金50亿元。在郑州国际时尚文化创意产业园核心带动下，全域旅游大格局初步形成，乡村旅游、休闲体验旅游蓬勃发展，创建AAAA级景区2家，接待游客860万人次、实现旅游总收入75亿元。

【都市生态农业】 都市生态农业实现复合型发展。传统农业转变为“生态高效、现代物流、休闲观光”的复合型都市生态农业，成为全省农业转型标杆。新增高效节水灌溉面积15.3千公顷，无公害、绿色、有机农产品生产基地达到30千公顷，草莓、大闸蟹等高附加值产品成为农业新名片。新培育市级龙头企业3家，新增家庭农场5家，省、市级示范家庭农场4家，规范合作社35家，刁家万邦千禾农场探索出“互联网+基地”新模式。中牟现代农业示范区建成现代都市生态农业示范园6个，成功举办第三届农业嘉年华和第十二届中牟“西瓜节”。万邦国际物流城交易量达1800万吨、交易额突破850亿元，带动周边业务收入10亿元。“互联网+智慧农业创业园”项目获批，农产品网上营销网络基本形成。

【新型城镇化建设】 规划体系日臻完善。编制完成全省首例县域城乡总体规划。郑州国际文化创意产业园、新农村建设等总体规划通过评审，编制完成综

日产汽车检测线

合交通、综合管廊、基础设施和公共服务设施等专项规划。持续开展“双违”整治，城乡建设秩序进一步规范。社区安置全面启动。累计启动新型社区建设项目57个，新开工安置房380万平方米，在建1200万平方米，建成500万平方米，累计回迁4.8万人，动迁群众安置房实现全面开工，不断完善社区配套，建成基础设施项目19个，公共服务设施项目86个。

【城乡基础设施】 城区承载功能不断提升，新建市政道路130公里、地下综合管网552公里；新城水厂建成投用，14万居民喝上丹江水；集中供热面积达到270万平方米；生活垃圾实现无害化集中处理；实施特色商业区改造和老城区县直机关搬迁，推进老城区改造提升，公共服务能力显著增强。注重基础设施向农村延伸，新建城乡道路680公里，总里程达到2400公里，其中，机西高速二期、G107东移一期、G310南移等4条国省干线加快建设，覆盖县域、串联城乡的交通路网体系初步形成，县域路网密度提升至每百平方公里261公里，居全省各县（市）第1位；新建输变电工程11个，改造农村电网1931公里，天然气管网实现城乡社区全覆盖，能源保障能力显著增强。

【开放创新】 改革步伐不断加快，实施“五单一网”改革，梳理完成权责事项7592项、公共服务事项401项，并通过市级审核。持续提升政务服务效能，实现便民服务网点覆盖率、政府信息资源共享率、政务服务事项网上可申报率“3个100%”；医药卫生体制改革成效显著，在全国率先开展分级诊疗，形成具体化、可操作、真落实的“中牟模本”。“双创”效应不断显现，全面加快2个创新创业综合体建设，已签约8个项目、5个创新团队。新培育高新技术企业5家，全年累计完成高新技术产业增加值8.1亿元。实施“千人聚才计划”，以政府担保、贴息贷款等模式，积极引进各类创业团队，打造大学生“实习实践、创新创业”基地。招商引资成效明显。成功承办郑州第二届创新创业大会暨新能源及新能源汽车专场会。全县登记备案项目206个，新签约郑州中国文谷、砂之船奥特莱斯等项目63个，协议资金820亿元，其中超10亿元项目11个。引进域外境内资金96.6亿元，引进省外境内资金86.3亿元，实际利用外资5630万美元，外贸进出口达2.7亿美元。

【重点项目建设】 将重点项目建设作为稳增长、保态势、促进产业转型升级的主阵地，积极实施“156”重点工程，严格落实“周例会、旬通报、月观摩、季讲评、年考核”工作机制，依托重点工程指挥部和产业项目服务部，重点抓好10个超亿元政府投资工程和20个超10亿元重大产业项目，“156”工程整体推进情况良好，全年完成投资365.5亿元，其中省市重点项目26个，完成投资162.6亿元，占年度计划的112%。全县重点项目145个（含省市重点项目）完成投资248.3亿元，占年度计划的106%。

新型农村社区——春晖社区

【生态建设】 标本兼治，建管并重，全力推进生态环境建设。实施“蓝天”工程。开展大气污染防治活动，拆除燃煤锅炉128台、淘汰黄标车306辆。建成高污染燃料禁燃区16.8平方公里；落实机动车安检环检“两检合一”，加大扬尘污染治理力度，强化PM2.5监测，大气质量排名连续位居郑州市前两位。推进“碧水”工程。编制完成生态水系管护办法，强化生态水系建设，贾鲁河生态水系改造提升工程全面完成。强化饮用水水源地管理，城区集中式饮用水源地水质达标率100%。积极推进污水集中处理，确保水污染物达标排放。推进“绿地”工程。编制完成中牟县域生态基础设施规划，推动生态廊道建设快速推进。完成投资4.1亿元，建设生态廊道17条38公里、新增绿化面积162公顷。营造完成生态林1.13千公顷，完成市级目标任务的149.1%。

【社会民生事业】 加大民生投入，全年民生支出达55亿元，占地方一般公共预算收入的78.9%。投资5.8亿元，建成10所中小学，新增学位2.4万个。整合优化农村教育资源，撤销农村教学点30个。新增城镇就业3665人、农村劳动力转移就业16401人，发放个人小额担保贷款2045万元。医疗卫生体制改革成效初显，做好“先住院后付费”、分级诊疗等工作，新农合参合人数达到44.4万人，参合率达99.98%。开展“舞台艺术进乡村进社区”等活动496场、周末文化广场活动60场；组织举办元宵节民间文艺大赛、庆“五一”等文化活动，受益群众达10万余人次；继续实施图书借阅“一卡通”，接待读者17万人次，借阅图书20.7万册次。

【民生实事工程】 2016年郑州市民生十件实事涉及中牟县7项，中牟县承诺的县级民生实事项目10项，市县民生实事项目全部得到落实，并按要求完成年度建设任务。

郑州市民生十件实事涉及中牟县项目：（1）建筑工地文明施工达标率达到100%。（2）新建1所社区养老服务中心。（3）免费为具有郑州市户籍的35—64岁妇女进行人类乳头状瘤病毒（HPV）DNA检测及宫颈癌、乳腺癌筛查；免费为郑州市户籍的新生儿进行听力障碍初筛及苯丙酮尿症、先天性甲状腺功能低下症、35种遗传代谢病和耳聋基因筛查；免费为具有郑州市户籍的居民实施结直肠癌筛查。（4）开展各类以就业为导向的职业技能培训，完成再就业培训550人，创业培训360人，农村劳动力职业技能培训7500人，高技能人才培训600人。残疾人就业技能培训830人。（5）完成易地扶贫搬迁建档立卡贫困户129户，472人；完成5个贫困村的整村推进任务，其中：省级整村推进3个、市级整村推进2个。（6）开工棚户区改造住房共6191套（户）。基本建成棚户区改造住房4076套。（7）完成1000户以上农村危房改造。

中牟县承诺的县级民生实施项目：（1）实施农村饮水安全工程（水质改善提升工程），中牟新城供水厂实现供水。（2）新建中小学校9所，提供学位1.6万个。（3）新建扩建乡镇卫生院2所、社区卫生服务中心5个。（4）新增公共停车位5000个，缓解城区停车难。（5）实现城镇新增就业3000人、农村

中牟县城乡快速路网

劳动力转移就业1.5万人、农村劳动力职业技能培训7500人，为符合政策的城乡居民发放政府贴息担保贷款5万—10万元。（6）让全县年满60周岁老年人免费乘坐城市公交车。（7）城区新建商贸中心1座；新建平价蔬菜超市15家。（8）城区新建社区便民服务中心3个。（9）为2016年入住新型社区群众免费提供1年有线数字电视信号。（10）城区、园区新增公厕20座。

【中牟汽车产业集聚区成为省高新技术开发区】 中牟汽车产业集聚区是河南省2010年批准成立的省级产业集聚区，总规划面积71平方公里，产业定位整车及零部件制造，是省二星级、十强产业集聚区。集聚区汽车产业集群集聚和创新发展水平显著提升、发展环境不断优化，入驻有郑州日产、海马汽车、红宇专汽等8家整车企业以及青山变速器、飞龙汽车水泵等零部件生产及服务企业300余家。集聚区持续推动产业转型升级，加速现代产业体系构建，形成了集研、产、销为一体的汽车全产业链条，成为了郑州市汽车城的重要组成部分。

2016年11月29日省长陈润儿调研中牟汽车产业时指出“中牟要大力培育引进领军型汽车企业、带动产业向中高端迈进”，按照这一要求，中牟县以汽车产业集聚区为载体，进一步拓宽招商领域，深入研究国内外新兴产业发展趋势和国家产业政策发展导向，加快发展新能源汽车、动力电池、新能源、新材料、节能环保等产业，形成多元化招商格局。同时，突出“整车＋零部件”产业集聚，积极开展延链、补链、强链招商，加快项目建设。着力培育千亿元规模的汽车产业集群。2016年，园区完成总产值1065亿元，同比增长64%；完成增加值190亿元，同比增长65%；完成固定资产投资165亿元，同比增长60%；从业人员达到4.5万人，生产整车15万辆。

2016年，中牟产业集聚区成功申报省级高新技术开发区，被评为省级和谐园区、智慧园区，进入国家级开发区公告目录。

【中牟县连续24届获得“红旗渠精神杯”】 中牟县再次被评为“红旗渠精神杯”农田水利先进县。这是中牟县连续第24届被评为“红旗渠精神杯”农田水利先进县，该县也是全省唯一连续24届夺得“红旗渠精神杯”的先进县。

近年来，中牟县抢抓国家大力投资发展水利的良好机遇，累计完成各项水利建设投资35.09亿元，建成了村村通自来水工程、鹭鸣湖生态水系、中小河流治理、危桥改造、水质净化设施升级改造、农村社区供水管网对接、农村饮水安全水质检测中心等一大批重点水利项目，推动全县水利事业的发展。农田水利建设成效显著。官渡农田水利现代化示范乡镇建设圆满完成，机井升级改造工程稳步推进，新增节水灌溉面积5.57千公顷，新打机井1787眼，配套水泵15774台，改善灌溉面积36.86千公顷；灌区农业水价综合改革顺利完成；改造危桥41座；杨桥现代灌区示范区顺利完成，建设灌区3.33千公顷。

生态水系建设稳步提升。累计投入资金20亿元，先后完成了中牟国家农业公园、鹭鸣湖、中小河流治理及雁鸣湖等生态水系建设任务。其中贾鲁河、绿博水系、三刘寨灌区引黄调蓄等水系工程有序推进。共完成中小河流生态治理长度99公里，全县新增水域面积933公顷。

城乡供排水安全日臻完善。投资1.9亿元，建成南水北调受水区中牟新城供水厂1座，日供水规模达7.5万立方米。完成供水管网改造40.64公里，累计安全供水3543万吨。农村饮水安全工程建设全面完成并实现了供水，解决全县21.88万人农村饮水不安全问题。通过水质净化设备升级改造和强化水质检测管理，农村供水能力和规模得到不断提升，共完成供水量2054万吨。按时完成县政府削减指标，共处理污水3649.3万吨，COD消减量8064.8吨。

（孙湘凯）

金水区

【概况】 2016年，金水区完成地方一般公共预算收入52.5亿元、全社会固定资产投资479.9亿元、社会消费品零售总额720.7亿元；城镇居民人均可支配收入达到39194元、农村居民人均可支配收入达到22199元；地区生产总值增长8%，达到1041.7亿元，率先在全省迈进“千亿元俱乐部”；获批建设自由贸易试验区和自主创新示范区，金水在中部城区竞争中的战略优势持续提升。

【机构与领导】 中共金水区委：书记郑灏东（6月免）、陈宏伟（6月任）；副书记苏建设（6月免）、李晓雷（6月任）；区委常委：郑灏东（6月免）、陈宏伟、苏建设（6月免）、牛晓萌（6月免）、赵惠玲（女，6月任）、杨林、王爱辉（女）、杨洁、李建超（10月免）、李继东、徐卫东（6月免）、时博、李小虎（6月任）。

区委工作部门：办公室主任杨洁（1月任）；机要局局长王建锋；群众工作部（信访局）部长曹可艳，常务副部长、信访局局长刘艳萍（女）；组织部部长时博；机关工委书记段佳荣（女，满族）；宣传部部长杨林；文明办主任赵蔚（女）；统战部部长王爱辉（女）；台办主任王忠（9月去世）、杨洁琛（女，12月任）；工商联会长李江波；民族宗教委主任巴姝靖（女，回族，8月免）、陶建莉（女，回族，8月任）；政法委书记徐卫东（6月免）、李小虎（6月任）；老干部局局长张敏（女）；编办主任宋陆岩（女）。

区委直属事业单位：党校校长苏建设（6月免）、李晓雷（6月任）；档案局局长胡景帅（8月免）、段建飞（8月任）；科协主席贺秀斌（8月免）、冯晓翠（女，8月任）；残联理事长陈玉新（女，8月免）、席秀卿（女，8月任）；绩效办主任周丹（12月任）。

区十二届人大常委会：主任、党组书记薛燕（女）；副主任李贻忠、常新河、许贵舟、燕建华、刘营敏（10月去世）、冯景义、王静（女）、张涛；党组成员杨旗。

区人大常委会工作机构：办公室主任李慧敏（女）；财经工委主任薛文平；法制工委主任林宇峰；城建工委主任陶宏智；代表联络工委主任崔海东；教科文卫工委主任单敬坤；信访办主任

金水区举办“非遗日”宣传活动

王丽（女）；老干部管理办主任邱媛（女）。

区人民政府：区长陈宏伟（7月辞）、魏东（7月任）；常务副区长李建超；副区长王智明（7月辞）、赵高翔、张华、徐雄、赵德武、李小虎（7月辞）。

区政府工作部门：办公室主任竟新宇（9月免）、杨宇峰（9月任）；外侨办主任单丙星（9月任）；法制办主任单红杰（9月任）；人防办主任崔兴周（9月免）、周志伟（9月任）；发展改革和统计局局长崔文修；物价局局长陈玉清（9月免）、王松乾（9月任）；教育体育局局长王珂（7月免）、李正（7月任）；科学技术局局长库晓（女，9月免）、段亚丽（女，9月任）；工业和信息化委员会主任王延军（1月任，9月免）、李敏（女，9月任）；监察局局长刘建伟；民政局局长刘健（9月免）、王金城（9月任）；司法局局长刘耀东（9月免）、郭冰（9月任）；财政局局长袁先锋；人力资源和社会保障局局长鞠卫；国土资源局局长梁新生；安全生产监督管理局局长李怒潮；区住房和城乡建设局局长李敏（女，1月任，9月免）、张遂喜（9月任）；交通运输局局长郭峰；城管执法局局长李国强；城市管理局局长王国安（9月免）、王延军（9月任）；环境保护局局长孙华民（9月免）、张家俭（9月任）；农业农村工作委员会主任赵竞生（回族）；商务局局长刘军；文化旅游局局长杜海营（9月免）、许孔安（9月任）；卫生和计划生育委员会主任张遂喜（1月任，9月免）、李东（9月任）；食品药品监督管理局局长申新生（1月任）；审计局局长司金涛；工商管理和质量技术监督局局长李珉（1月任）。

区政府直属事业单位：城改办主任何守华（9月免）、李长虹（9月任）；爱卫办主任吕志献；征收办主任周玉梅（女）；投资公司经理余志钦；楼宇办主任李保超（9月任）；事管局局长张岚（女）；数字化中心主任陈亚文（女，9月免）、吕馨（女，9月任）；开发公司经理于建勋；科技园区管委会主任张双喜；红十字会会长赵德武；接待办主任徐峰杰（9月免）、谢丹（9月任）；采购中心主任刘琴（女）；投资评审中心主任周保民；粮食管理中心主任李俊勇；综合交通办主任冯新杰；滨水产业带管委会主任郑长林。

政协区八届委员会：主席武建民；党组书记王克勤；副主席王居良、宋红霞（女）、杜艳洁（女）、刘凌云（女，3月任）；党组副书记王爱辉（女）、刘凌云（女）、徐建军；党组成员孙鲜龙（12月退休）、赵海叶（女）、张建民；秘书长张书林。

区政协工作机构：办公室主任张书林（12月免）、张学亮（12月任）；城建环保委主任张竹萍（女，12月免）、彭英（女，12月任）；民主法制委主任刘雷立（12月免）、赵竞生（回族，12月任）；经济科技委主任徐工；学习文史提案委主任王彩虹（女）；港澳台侨委主任邢惠娟（女）；委员管理联络委主任王建伟（女）；文教卫生委主任吴兆强（12月免）；老干部管理办主任连艳丽（女，12月免）、袁永平（女，12月任）。

中共区纪律检查委员会书记：牛晓萌（6月免）、赵惠玲（女，6月任）。

区人民武装部部长：周学军；政委李继东。

区人民法院院长：杨发群。

区人民检察院检察长：梁平。

区群团组织：工会主席李劲松（女，满族）；团区委书记吴昊（8月免）；妇联主席马晓宇（女）。

科教园区管委会主任：王智明（6月免）。

街道：丰庆路街道党工委书记王金城（8月免）、高学峰（8月任），办事处主任郑迎波；杨金路街道党工委书记（空缺），常务副书记郝俊昌（8月免）、齐建立（8月任），办事处主任齐建立（9月免）、秦伟（9月任）；国基路街道党工委书记高学峰（8月免）、孔之见（8月任），办事处主任孔之见（9月免）、孙大志（9月任）；丰产路街道党工委书记刘运泽（8月免）、王展（8月任），办事处主任彭涛（9月免）、袁小培（女，9月任）；南阳路街道党工委书记李力（女，1月免）、李国梁（8月任），办事处主任李国梁（9月免）、吴昊（9月任）；南阳新村街道党工委书记连卿，办事处主任白平坤（回）；花园路街道党工委书记李东（8月免）、彭涛（8月任），办事处主任刘继峰（9月免）、张俊英（女，9月任）；人民路街道党工委书记杨振茂（1月免）、董青丽（女，回族，8月任），办事处主任董青丽（女，回族，9月免）、徐峰杰（9月任）；经八路街道党工委书记周纪斌（8月免）、李华（女，8月任），办事处主任周纪斌（9月免）、赵聪（9月任）；文化路街道党工委书记李长虹（8月免）、王麟乐（8月任），办事处主任王麟乐（9月免）、杨正杰（9月任）；杜岭街道党工委书记秦历源（女，8月免）、花磊（8月任），办事处主任花磊（9月免）、解小杰（9月任）；大石桥街道党工委书记张向奥（1月免）、李迪（8月任），办事处主任李迪（9月免）、李存保（女，9月任）；东风路街道党工委书记张双喜（兼），常务副书记李华（女，8月免）、梁振国（8月任），办事处主任梁振国；未来路街道党工委书记聂思军，办事处主任聂思军（9月免）、汪守景（9月任）；北林路街道党工委书记杨宇峰（8月免）、牛易（8月任），办事处主任牛易（9月免）、石中亮（9月任）；凤凰台街道党工委书记赵伟峰（8月免）、翟俊杰（8月任），办事处主任翟俊杰（9月免）、刘继峰（9月任）；兴达路街道党工委书记刘楠，办事处主任黄涛。

【城镇化建设】 坚持拆迁和安置并重，全面启动并完成剩余庙李等9个村庄的协议签订和房屋搬空工作，累计拆除建筑物1109万平方米，腾出土地559公顷。全区大棚户区改造项目全部完成，彻底告别城中村时代；新启动马李庄等9个项目安置房建设、开工面积233.6万平方米，小孟砦等5个安置区主体建成，顺利完成岗杜、聂庄等3个村回迁。

突出“畅通郑州”工程，全力提

升中心城区承载能力，新增停车泊位35116个，普庆路等4条道路建成通车，经一路等8条道路完成改造提升；轨道交通4号线、郑州商都历史文化区宫殿区工程征迁工作全面启动，基本完成农业路快速通道工程铁路待建项目、轨道交通3号线等市政重点工程涉及的征迁任务。

【产业结构优化】 突出重大项目的引领和支撑作用，攻坚项目增动力，优化结构提能级，产业发展继续向高端化、集群化迈进。

主攻重大项目建设增添产业活力。实行区级领导分包协调、职能部门跟踪服务、台账式管理督促落实，省市区三级重点项目完成投资450亿元，河南新科技市场一期等7个项目顺利建成。同时，成功引进中部科技产业互联网生态孵化园、中国建筑设计研究院中原分院等重大产业项目42个、协议投资额超过530亿元。

狠抓主导产业发展优化产业结构。研究制订《现代服务业发展三年行动计划》，重点发展金融服务、高技术服务等七大产业，新增服务业法人单位6500家，服务业实现增加值935亿元、增长8.1%，占地区生产总值的90.4%、在高基数上再次提高0.5个百分点，其中现代服务业完成增加值680亿元、占服务业的比重超过72%。

加速产业集聚提升产业能级。紧紧围绕产业园区、核心商圈和商务楼宇建设，引导重点产业集聚发展，国家知识产权创意产业试点园区新入驻设计服务类企业94家；河南科技园区汇聚创新活跃的中小企业3000多家，电子信息等主营业务收入突破165亿元；关虎屯商圈等五大商圈交易额超过350亿元。全区形成金融服务、商贸服务、高技术服务等3个增加值超百亿元的产业集群，高端引领、集约集群的发展态势全面彰显。

【载体平台建设】 坚持把创新驱动作为增强核心竞争力的中心环节，大力推进以创新创业综合体为核心的园区建设。金水科教园区迈入省级高新技术产业开发区行列，并成为郑洛新国家自主创新示范区和中国（河南）自由贸易试验区的重要组成部分，河南斯坦得精密仪器等24个高新技术项目实现签约；河南科技园区牵头成立河南省虚拟现实产业联盟，引领虚拟现实产业发展；国家知识产权创意产业试点园区B座大楼正式运营，全国首个以创意产业为主的知识产权快速维权中心顺利挂牌；大学生创业园面积扩大，成功举办第二届“创赢未来”全国大学生创新创业大赛，慧谷咖啡被评为国家级众创空间。依托金融港公共服务平台，先后为489家中小微企业融资21亿元，郑州历程科技等19家企业在“新三板”实现挂牌、总数达24家。全年新增高新技术企业19家、科技型企业125家，其中天信信息技术等27家企业被认定为科技小巨人企业，实现高新技术产业产值超过360亿元、增加值达到105亿元。

【精细化管理机制】 强力推进大气污染防治工作，全区建筑工地实现“七个100%”目标，以两个监测站点周边区域为重点，狠抓扬尘、燃煤、机动车等污染源治理，辖区空气质量持续向好。全面抓好游园绿化工作，强力推进连霍高速林业生态景观带建设，新增绿地50.2万平方米，丰庆路游园和茂花路游园建成开放。全力推进贾鲁河综合治理，清障任务基本完成，沿线全面开工。全面实行以第三方考核为主的城市管理考核新机制，乱停乱放、占道经营、清扫保洁等工作成效显著。

【辖区民生事业】 坚持共建共享、全面覆盖，在推进经济发展的同时，积极构建更加优质均等的公共服务体系。

“三级三类”便民服务设施快速推进。强化督查指导，完善奖补政策，公共医疗卫生服务中心建成投用，青少年公园市民服务中心完成土地征收，市民公共文化服务中心即将动工，15个居住区级便民服务中心开工建设。

社会保障救助更加完善。新增就业再就业31770人，发放小额担保贷款19350万元；购买残障康复等社工服务项目40个、服务岗位50个；发放医疗救助等各类救助金1330万元；新建成公租房1351套、分配1574套，又有一批低收入群众喜迁新居。

各项社会事业均衡推进。黄河路一小顺利竣工，龙门路小学等25所学校正在推进；拨付义务教育经费保障机制资金8773万元，惠及学生11万人。免费筛查新生儿两病等疾病77015人次。举办各类演出74场，放映公益电影480场，成功举办第四届中国（郑州）国际街舞大赛，进一步丰富了群众精神文化生活。

【社会综合治理】 全面推进依法治区进程，“六五”普法深入推进。不断创新基层社会治理方式，深化开展“三官一师”进社区活动、深入推行“八大员”联合接访制度，积极培育专业民调组织，基层矛盾纠纷调解率达到90%以上。深入开展安全生产综合整治百日行动，整改到位各类隐患1391处，安全生产形势持续平稳。严格落实安全生产和食品卫生责任制，构建和完善立体化社会治安防控体系，辖区群众安全感、幸福感、获得感持续提升。积极构建阳光信访新模式，按照省市“互联网+信访”要求，成功打造出以文化路街道俭学街社区、花园路街道通信花园社区为代表的一批网上信访工作特色社区。

（实 凯）

二七区

【概况】 二七区地处郑州市中心偏西南，总面积154.96平方公里，其中耕地面积17.04平方公里，园地面积17.80平方公里，林地面积22.14平方公里，草地面积2.47平方公里。辖14个街道办事处，一个乡、一个镇，115个城市社区（含2个村改居），51个行政村（含13个城中村）。全区年末总人口776762人，男女比例为100.31∶100。人口出生率8.52‰，死亡率2.32‰，自然增长率6.2‰。

2016年，面对错综复杂的外部环境和经济下行压力持续加大的严峻形势，在市委、市政府和区委的坚强领导下，全区上下按照“抢抓机遇、奠定基础、确立地位、走在前列”的要求，坚持长短结合、综合施策、精准发力，经济社会发展呈现总体平稳、稳中向好的态势，主要指标基本完成，实现了“十三五”时期良好开局。全年地区生产总值完成513.5亿元，同比增长9%；一般公共预算收入完成29.5亿元，增长8.5%；规模以上工业增加值完成42.3亿元，增长1%；社会消费品零售总额完成424.9亿元，增长8%；固定资产投资完成364.2亿元；第三产业增加值完成424.6亿元，同比增长10.2%；进出口总值完成1.04亿美元；实际利用外资2.03亿美元；城镇居民可支配收入完成35499元，同比增长6.9%；农民现金纯收入完成20829元，同比增长7.7%。在《2016年度中国中小城市科学发展评价体系研究成果》中，二七区作为河南省唯一市辖区，连续三年被评为全国综合实力、投资潜力“双百强”，并获“全国首批创新创业百强区”称号。

【机构与领导】 中共二七区委：书记：蔡红（女，6月免）、陈红民（6月任）；副书记：陈红民（6月免）、李晓雷（6月免）、苏建设（6月任）、王玉红（女，6月任）、邓英文（6月任）；区委常委：蔡红（女，6月免）、陈红民、李晓雷（6月免）、苏建设（6月任）、王玉红（女）、邓英文（6月任）、张全金（6月免）、高天翼（6月任）、丁文霞（女，1月免）、翟国防（1月任，6月免）、刘德金（6月任）、卢书选（6月免）、刘建峰（6月任）、李峰（1月免）、程洋（1月任，6月免）、姚志伟（6月任）、胡新生、赵吉平（1月免）、袁斌（1月任）、黄卫东（6月免）、刘利（6月任）、唐莉军（女，6月任）。

区委工作部门：办公室主任赵吉

8月30日，二七区招商推介会暨签约仪式举行

平（1月免）、袁斌（1月任）；组织部部长丁文霞（女，2月免）、翟国防（2月任，6月免）、刘德金（6月任）；宣传部部长黄卫东（6月免）、刘利（6月任）；统战部部长王玉红（女，6月免）、唐莉军（女，6月任）；政法委书记卢书选（6月免）、刘建峰（6月任）；群工部部长曹宪武；机关党工委书记杨芳（女）；编办主任董跃武；党校常务副校长冯晶丽（女）；老干部局局长徐建宇（女）；档案局局长牛志宏（女）；信访局局长冯军。

区十五届人大常委会：主任许广佑；副主任张丽英（女）、姚实、郭穆顺、柳建华、兰海、杨明军、周国堂。

区人大常委会工作机构：办公室主任陈庆；城建工委主任任书庆；代表联络工委主任刘德斌；法工委主任李玲（女）；教科文卫工委主任杨录生；信访室主任杨志华；机关老干部科科长雷芙蓉（女）；预算工委主任李新亮；经济工委主任赵建堂；研究室副主任乐凤海（1月任，主持工作）。

区人民政府：区长陈红民（6月辞）、苏建设（7月选）；副区长李峰（1月免）、程洋（2月选，6月辞）、姚志伟（6月任）、于珊（女）、袁斌（1月免）、刘利（9月免）、董治会、唐莉军（9月免）、陈定（2月选）、闫凯（2月选）。

区政府工作部门：政府办公室主任马世锋；地志办主任刘琴（女）；法制办主任吕锋卫；接待办主任刘长海；社管办主任郭向东；食安办主任张晓慧（女）；金融办主任刘亚贞（女）；应急办副主任张靖（女，主持工作）；人防办主任（空缺）；民族宗教局局长吕学斌；监察局局长张军；行政服务中心副主任张斌（主持工作）；商务局局长井燕（女）；工信委主任张建忠；卫生与人口计生委主任王章正；人力资源和社会保障局局长陈卫东；财政局局长王永利；发改和统计局局长时金华；教体局局长刘子科；民政局局长苏连成；农业农村工作委员会主任王国华；粮食局局长靳发宏；审计局局长朱松山；城市管理执法局局长牛军领；科技局局长田培红（女，1月免）、于建业（1月任）；建设局局长秦玉凤（女）；环保局局长冯保强；司法局局长张爱云（女）；交通局局长阴小强；爱卫办主任张新波；建设投资公司总经理王琳（女）；数字化城市管理指挥中心主任王琳（女）；文化旅游局局长肖锋；安监局局长刘少卿；机关事务管理局局长刘长海；物价局局长法建军；住房保障服务中心主任李志刚；房屋征收补偿办主任徐力夫；南水北调办公室主任田喜增；煤矿监管办公室主任牛学峰；土地储备中心主任张艳玲；红十字会常务副会长邵剑勇；新型城镇化建设综合协调办公室主任毛新辉；城市管理行政执法局局长朱继光；食品药品监督管理局局长张晓慧（女）。

政协区八届委员会：主席于广志；副主席陈爱萍、李琳、吴书文、王同超、袁新生、曾平。

区政协工作机构：办公室主任李锦勇（12月免）、崔宗晓（12月任）；老干部科科长翟伟锋；提案委主任田留锁；联络委主任刘来群；农业委主任鲁香敏（女）；经济科技委主任闫宗汉；城建环保委主任黄晓江（11月免）；宣教文卫体委主任刘栋（女）；文史资料办公室主任郭磊；港澳台侨委主任魏兵。

中共区纪律检查委员会书记：张全金（6月免）、高天翼（6月任）。

区人民武装部部长：吕庆星；政委：胡新生。

区人民法院院长：王焰斌（3月免）、李新（3月任）。

区人民检察院检察长：丁铁梅（女）。

区群团组织：总工会主席张新云（女）；团区委书记牛真（女）；妇联主席李素佩（女）；残联理事长侯俊雷；科协主席任随意；工商联党组书记卢学俊（11月免）、党春立（11月任）。

乡镇、街道：马寨镇书记袁斌，常务副书记刘丽红（女，11月免）、张超（11月任），镇长谢金旺；侯寨办事处筹备组组长南中洋（8月任），副组长张庆华（8月任）；金水源办事处筹备组组长赵红林（8月任），副组长魏红利（8月任）；大学路街道办事处书记马建，赵伟（女，1月免），主任崔宗晓（12月免）；五里堡街道办事处书记鲁林林（女，11月免）、王彬（女，11月任），主任魏锋；福华街街道办事处书记岳伟（市下派，1月免）、张振威（11月任），主任张振威；建中街街道办事处书记李景光，主任李振伟；蜜蜂张街道办事处书记张振国（11月免）、魏锋（12月任），主任李青青（女）；铭功路街道办事处书记路军，主任苏丹（女）；一马路街道办事处书记周彪，主任张巧云（女）；解放路街道办事处书记徐建（11月免）、王峰（11月任），主任尚可；德化街街道办事处书记黄卫东（6月免）、唐莉军（女，7月任），常务副书记马遂鑫，主任王志平；淮河路街道办事处书记赵红林，主任秦召玉；嵩山路街道办事处书记张勋，主任冯沛（女）；长江路街道办事处书记黄新宏，主任周松杰；京广路街道办事处书记张祎，主任王晓东；人和路街道办事处书记张超（11月免）、王晓东（11月任），主任魏辉利。

【选商引资】 坚持把选商引资作为推动发展的重要“引擎”，突出“大招商、招大商、选强商”，围绕主导产业，瞄准国内一线品牌企业，成功签约49个重大项目，签约额达828亿元。其中，盛润国际广场等5个“五职”招商项目，均实现当年签约、当年开工。成功承办了中国（郑州）第二届国际创新创业大会暨跨国技术转移大会港澳台项目对接专场会、2016中国创客大会暨第三届中国创客大赛。“U创港”等创新创业综合体建设进展顺利，载体面积突破10万平方米，引进130多个创业团队。累计培育市级创新型企业25家，建成60个省市级工程技术研究中心，全区高新技术产业增加值达到15.91亿元，创新创业活力强劲。

【重点项目建设】 始终把项目建设作为提高区域发展核心竞争力的重要抓手，紧紧牵住项目建设“牛鼻子”，年初从全区230多个项目中梳理、筛选出“个头大、投资大、影响大”的80个重大项目，由区主要领导亲自抓、亲自协调，完善项目例会推进、台账管理、节点控制、全程服务、考核讲评等机制，新开工郑州绿地城、盛润运河城等14个项目，全年共完成投资366亿元。全区36个项目纳入省市重点项目大盘子，投资总量、年度投资额、实际完成投资均位于全市前列，被评为全市重点项目建设工作先进集体。

【规划、融资、土地建设】 始终把规划、融资、土地等工作紧抓在手，作为经济发展的重要保障。发展规划更加完善，《二七区城乡总体规划》通过市规委会审查，田园小镇思路和田园区规划受到市委主要领导多次批示肯定，高标准编制侯寨、马寨总规等73个区域规划和专项规划，形成“一个总规统领、三个规划支撑、具体项目规划全覆盖、专项规划相互补充、多规合一”的规划新格局。土地运作科学有序，坚持把土地作为发展的生命线，开展土地运作年行动，不断创新“报、征、储、供、管”土地运作机制。全年完成土地上报116.61公顷、批回366.3公顷、征收251.32公顷、供应150.73公顷，形成梯次发展、合理配置、节约集约的土地运作模式。资金保障更加得力，积极畅通融资渠道，破解融资瓶颈，深化“借、用、管、还”的融资良性循环机制，共实现融资67亿元，为全区发展提供强有力的资金保障。

【新型城镇化建设】 坚持全域发展、全域城镇化，统筹推进大棚户区改造和安置房建设，在全市8次观摩考核中，6次位居市内六区第一名。

依法依规推进大棚户区改造。按照“四不拆、六确保”的原则，科学有序、依法依规的推进剩余大棚户区改造和遗留拆迁清零，新启动侯寨、八卦庙、杨寨、台郭、郭小寨5个村庄的拆迁，实现了四环以内村庄拆迁基本完成，绕城围合区域拆迁大头落地。健全依法保障下充分协商良性征迁机制，全区34个遗留拆迁项目已签订协议24500户，完成总任务的93%，列入市重点区域和拆迁清零台账上的10个项目基本完成，为重点项目落地奠定坚实基础。

全力以赴做好群众多元安置。将群众安置工作作为新型城镇化建设的重中之重，坚持政府主导，提升安置房建设标准，同步推进安置区周边基础设施、公共配套建设，确保安置房建设质量和品质，已开工安置房1250万平方米，实现回迁600万平方米，3年以上拆迁项目基本实现回迁。新开工8个安置区项目，建筑面积207万平方米，程炉张河、冯庄40万平方米安置区实现回迁，滨河花园一期、刘胡垌一期等60万平方米安置区正在进行竣工验收。同时，积极创新“三购三转”货币化安置模式，实现18个项目货币化安置30万平方米，补偿金额10.5亿元。

基础设施建设全面加快。坚持基础设施先行，加快以道路为带动的水电气暖改造，区域承载力、辐射力进一步增强，城区功能、城区品位进一步提升。新开工市政道路32条，建成通车10条；大学南路、南四环等5条道路辅道建设进展顺利，辅道雨污水等管线已进场施工；横穿二七新区的鼎盛大道、渠南路、双铁路等重要道路建设均取得较大进展；位于马寨新镇区的景中路、椰风路地下综合管廊项目开工建设；侯寨水厂、自来水泵站加紧施工中，黄岗变电站竣工使用，柴郭变、望桥变主体完工；嵩郑线等6条高压线路迁改工作快速推进。

【产业园区发展】 围绕“主导产业做大做强、新兴产业协调发展”的定位，推动资源要素聚集，不断完善产业链条，现代产业结构日趋合理。

二七新区产城融合步伐加快。突出抓好土地运作、项目建设、安置房建设、选商引资、基础设施建设五大重点，居然之家5个重大项目签约落地，万科大都会、鑫苑鑫都汇等14个重大产业项目进展顺利，全年完成固定资产投资306亿元，产业基础不断夯实。交通路网体系基本健全，水电气暖等配套设施逐步完善，实现了“三年打基础，五年出形象”的目标，成为全区经济发展的重要增长极。

马寨产业集聚区综合实力持续增强。规模以上工业总产值完成173.7亿元，全口径税收达到10.5亿元，首次突破10亿元大关。新签约名扬窗饰、帝益生态等4个亿元以上项目，引进郑州精诚电力设备等26个二次招商项目。花花牛年产40万吨乳制品加工项目二期实现开工，苏宁物流园一期、灏宇纸品等一批项目正式投产。马寨老镇区建设加快推进，公安路等“六桥一路”全部建成使用；新镇区“四路一园”项目快速推进。连续2年被评为全省“一星级”产业集聚区。

二七特色商业区品质全面提升。围绕“一街一园一心四节点”建设，深入谋划了亚细亚周边区域改造提升等9个项目，百年德化文化复兴工程等项目签约落地，德化无限城、正弘凯宾城、钱塘大厦等项目开业运营，金博大城扩建、百年德化二期等项目快速推进，商业区产业品质不断提升，连续三年位居全省特色商业区“十强”。

田园区实现高位起步。大力培育旅游、文化、体育、健康、养老“五大幸福产业”，全面推进旅游小镇、足球小镇、禅意小镇和健康小镇等4个田园小镇的开发建设，整体规划方案开始编制，台郭、郭小寨2个村庄已基本完成拆迁，田园区范围内基础设施建设加快推进。

【现代产业体系构建】 抢抓互联网经济变革机遇，中国中部电子商务港、京莎鞋业电商产业园等一批重大电子商务项目进展顺利，河南网商园40家企业“双十一”当天销售额达到5.1亿元，较上年增长约25%。大力发展商贸物流产业，持续加快苏宁物流园等项目建设，与现代服务业相配套的物流服务体系雏形初现。成立全市首家“楼宇之家”服务平台，已投入使用的商务楼宇52栋，汇聚企业总部1670家，全年楼宇经济全口径税收达10.2亿元，区级留成4.1亿元。

【城市精细化管理】 牢固树立“建管并举、城建为民”的思路，紧紧围绕20项重点工作，对城市建设管理服务精雕细琢，城乡发展品质大幅提升。重点区域、路段城市精细化管理成绩显著，完成康复前街、交通路等30条道路25公里硬隔离设施安装，新建游园2个，完成6个游园绿地的绿化提升，补植补栽1.65万平方米，新改建公厕5座，新建中转站1座。枢纽立交、高速公路出入口及接驳道路整治提升工作全面完成，共涉及郑少连接线、大学南路南延、郑尧连接线、郑登快速通道4条道路整治提升，完成拆

二七区2016新年音乐会

迁244万平方米。围合区域道路大中修即将收尾，区管道路曹砦西街、华中路大修完成，道路中小修完成1.5万平方米。亚星茶城、郑州古玩城提档升级和河南超汇实业等3家工业企业外迁顺利完成。新建丹青路农贸超市等5家农贸市场。中心城区架空线缆入地工程进展顺利，华中路等道路地下通信管道铺设完成，清除废弃线缆3200余米，整治凌乱架空线3.9万余米。临街"住改商"治理工作成效显著，完成278家违规商户整治。社区充电桩整治全面完成，其中涉及物业小区179个，无物业楼院705个。中心城区停车场建设进展加快，建成停车场90处，停车泊位25631个，占市定任务的122%。"三级三类"便民服务中心建设进展顺利，滨河花园、程炉便民服务中心主体完工，刘胡垌、新区北安置区便民服务中心加紧建设。扎实开展文明交通、文明服务等"六个文明"整治和全国文明城市届满重创工作，市民文明素养大幅提升。

【大气污染整治】 树立"绿色发展"理念，把生态建设和大气污染防治放在更加突出的位置，积极推进生态环境深化、细化、常态化治理。

空气质量明显好转。深入实施"蓝天工程"，紧紧围绕"两保一争""退五退十"的目标，落实最严格的"控尘、控煤、控排、控企"措施，全力抓好工地扬尘、露天烧烤、渣土车管理、小散污染源等专项治理，整治各类污染源3836处。河医监测点周边3公里区域内污染源得到有效治理，全区各类工地全部达到"七个100%"标准，城区道路基本实现"五净五无"。全区空气质量明显好转，辖区PM10平均浓度136微克/立方米，同比下降17.6%；PM2.5平均浓度76微克/立方米，同比下降19.2%，同比削减率均位于全市第一，被评为河南省大气污染防治攻坚战先进单位。

生态水系治理进展顺利。环城生态水系工程二七段管道基本铺设完工，贾鲁河、金水河、尖岗水库等"三河一渠一库"水源保护工作成效显著，贾鲁河生态水系建设工程二七段附属物完成拆迁清障，河道施工有序开展。

生态绿化工作成绩显著。南水北调生态文化公园示范段56万平方米建成开放，南水北调生态公园郑平路以东段30万平方米及英开体育文化公园6万平方米全部完成；郑登快速通道125万平方米生态廊道完成绿化提升改造；"一环"沿线35.15万平方米绿化种植全部完成。

【民生建设】 加大公共财政向民生领域倾斜，民生领域支出达21.25亿元，占一般公共预算支出的72.68%，各项民生和社会事业进展顺利。

重点民生问题得到有效解决。努力让群众享受更好的教育，深化"六名工程"，新改扩建中小学幼儿园11所，新加坡思德福国际学校、华中师大附中等一批名校落地建设，义务教育品质化、信息化、国际化发展进程加快。努力为群众提供更稳定的工作，新增城镇就业23695人，占全年任务108%，完成各项劳动就业培训6218人。努力让群众享受更高的医疗保障服务，新农合保障水平逐步提升，参保覆盖率达99.84%，人均筹资标准提高到682元，最高报销限额达50万元。全面实施二孩生育政策，持续提升出生人口素质，被评为"全国计划生育优质服务先进区"。努力让群众享受更舒适的住房条件，3240套在建公租房项目进展顺利，全年共分配1779套公租房，发放公共租赁补贴59万元，解决近2000个困难家庭住房难题。努力让群众享受更丰富的文化生活，开展群众性文艺演出活动108场次，免费公益培训312场次。

社会保障更加有力。全面落实低保、优抚等各项基础保障政策，全年累计发放各类生活补贴1311万元，为特殊困难家庭发放临时性救助39.2万元。高度重视养老服务，建成21个"四级养老"服务机构，为1万多名高龄老人提供养老服务，累计发放高龄老人补贴2568万元，为203户"失独"家庭提供政府购买居家养老服务。大力发展社会慈善事业，设立了18个慈善工作站、159个慈善联络站，聘任120名慈善联络员，在2017年的"温暖二七·让爱传递"启动暨捐赠活动现场，接收善款达2600万元，是历年来最多的一次。残疾人事业全面进步，被评为"十二五"期间全国残疾人工作先进单位。

社会大局持续和谐稳定。防范和惩治、处置非法集资工作积极推进，非法集资高发多发态势得到有效遏制；投入3900万元，实现视频巡逻防控覆盖率100%；完善矛盾纠纷多元化解机制，加大处访、接访、下访工作力度，按期办结上三级信访案件121件。扎实开展安全隐患排查治理活动，加大消防、煤矿、建筑、危化品、食品药品监管力度，全区大局持续安全稳定。

（胡　雷）

商都文化特色商业区效果鸟瞰图

管城回族区

【概况】 2016年，管城回族区总面积112.67平方公里，其中城区面积32.88平方公里。辖9个街道办事处，76个社区居委会，1个镇，1个乡，26个行政村，1个农村社区。总人口416002人（含圃田乡），其中回族人口22502人，占全区人口5.4%，全区人口自然增长率为18.2‰。

2016年，全区地区生产总值达314亿元，同比增长9.1%。地方财政一般公共预算收入完成24亿元，增长9.3%。规模以上工业增加值完成31.9亿元，增长10.4%。社会消费品零售总额完成283.6亿元，增长9.5%。全区126个重大项目完成投资499.7亿元，占年度投资目标的132.1%；纳入考核的24个省、市重点项目，完成投资90.7亿元，占年度投资目标的117.5%，项目开工率、审批率100%，总数及投资额均创历史新高。

【机构与领导】 中共管城回族区委：书记王东亮；副书记虎强、武拥军；区委常委：王东亮、虎强、武拥军（6月免）宋少丹（6月任）、赵吉平、张平安（6月免）、姚方海（6月任）、胡俊伟、王晓军（6月免）曹东锋（6月任）、杨洁（女）、柴丹（女）、刘守斌、张艳敏（女）。

区委工作部门：办公室主任刘守斌；组织部部长柴丹；宣传部部长杨洁；统战部部长张平安（6月免）、姚方海（6月任）；政法委书记王晓军（6月免）曹东锋（6月任）；群众工作部部长郭剑锋；机关党工委书记张丽君（女，8月任）；党校常务副校长郭宝生（7月免）杨文秀（7月任）；

老干部局局长马晓红（7月免，女）任慧（7月任）；档案局局长朱红亚；编办主任李鑫（女，7月免）、陈静（女，7月任）。

区人十四届大常委会：主任牛延平；副主任李蝴蝶（女）、刘三修、郑水泉、刘同杰、谢晓东。

区人大常委会工作机构：办公室主任魏峰（7月免）、张红（女，7月任）；教科文卫工委主任赵秋霞（女）；财经工委主任李香梅（女）；城建农村工委主任徐长发；法工委主任巴忠义；代表民族工委主任王立磊；民族宗教工作委员会主任陈瑞兰（女）；信访室主任周福利；老干部管理办公室主任毛松峰。

区人民政府：区长虎强；副区长张艳敏（女）、安惠萍（女）、高和平、罗国君、史伟、耿国志（6月免）、苏莹玺、曹东锋（6月免）。

区政府工作部门：办公室主任张平；人力资源和社会保障局局长杨国华；财政局局长朱宣合；工业和信息化局局长聂晓红（女）；农业农村工作委员会主任马万锋（7月免）、郝碧峰（7月任）；人口和计划生育委员会主任邢惠君（女）；发展改革和统计局局长冯麟（女，7月免）（空缺）；教育文化体育局局长高峰；信访局局长海彦玲（女）；民政局局长周满堂；民族宗教局局长巴晓娟（女）；城乡建设和交通运输局局长赵栓来；环境保护局局长张红（女，7月免）、李旭东（7月任）；卫生局局长张彦军（7月免）李蓉（女，7月任）；司法局局长白刘军；审计局局长贾宝蕴（女，7月免）、刘本勇（7月任）；城市管理执法局局长单书欣；科技局局长吴俊斐（女）；粮食局局长陈宏安；机关事务局局长马建军（7月免）、王文明（7月任）；住房保障服务中心主任张献忠；商务局局长张佰勇（7月免）、刘巍（7月任）；安全生产监督管理局局长魏良平；文化旅游新闻出版局局长李静（女）；文物局局长李金平（女）；人防办主任李惠萍（女，7月免）、张川（7月任）；爱卫办主任陈俊杰；房屋征收与补偿办公室主任胡广宇；南水北调办公室主任郝碧锋（7月免）、郑斌（7月任）；建设综合开发总公司总经理王建伟（6月任）；物资总公司经理王峰；接待办主任乔喜玲（女）；国有资产管理局局长孔艳玲（女）；投资评审中心主任王芳（女）；社区建设服务局局长高山岭；史志办主任周遂枝（女）。

金岱产业集聚区：主任虎强；常务副主任武拥军；副主任杨荣军（主持工作）。

垂直管理部门：国土资源局局长袁涛；工商管理和技术监督局局长李建伟；国税局局长史越；地税局局长李志生（6月免）、王建忠（6月任）；规划分局局长韩杰（8月免）、赵磊（8月任）；食药监督分局局长苏保军；郑州市公安局商城路派出所所长王晓军（兼），政委陈艳芳（女）；郑州市公安局二里岗派出所所长刘冰，政委张峰；郑州市公安局南关派出所所长（空缺），政委顾健；郑州市公安局十八里河派出所所长刘丛德，政委聂学锋；消防大队长李玮峰，教导员王夕。

政协区七届委员会：主席刘霞（女）；副主席韩红伟、陈兵、李雪宁（女）、雷金亮。

区政协工作部门：办公室主任陈孝明（7月免）、刘志峰（7月任）；民族宗教港澳台侨委主任郭海涛（女）；科教文卫委主任张红军；提案委主任冯雅莉（女）；经济委主任庄红梅（女）；城市建设社会法制委主任翟建平；学习宣传文史资料委主任陶丽丽；农业人口环境资源委主任刘坤；联络委主任张志远；老干部管理办主任李行义。

中共区纪律检查委员会书记:赵吉平。

区人民武装部部长:郭兴军；政委:胡俊伟。

区人民法院院长：谢凯歌。

区人民检察院检察长：张东。

区群团组织：总工会主席盛伟；团区委书记王歌（女）；妇联主席孟沛（女）；科协主席郑银铃（女，7月免）张慧云（女，7月任）；残联理事长游东梅（女）；工商联主席韩红伟。

街道、乡镇：北下街街道党工委书记滕方炜，办事处主任马勇；南关街道党工委书记书记沙建武（5月任），办事处主任赵玉（女）；陇海马路街道党工委书记刘本勇（7月免）、马建军（7月任），办事处主任陈瑞勇；二里岗街道党工委书记虎金治，办事处主任李杰（7月免）、张柏勇（7月任）；城东路街道党工委书记柴丹（女，兼），常务副书记刘斌，办事处主任李旭东（7月免）、陈孝明（7月任）；东大街街道党工委书记曹广凤，办事处主任李颖辉；西大街街党工委书记李伟民（1月免）、张海军（5月任），办事处主任张海军（7月免）、魏峰（7月任）；紫荆山南路街道党工委书记李杰（7月任），办事处主任陈新义；航海东路街道党工委书记王永善，办事处主任庞福荣；南曹乡党委书记王传胜，乡长陈慧军；十八里河镇党委书记高建峰（7月免）、王志峰（7月任），镇长王志峰（7月免）、王子慧（7月任）。

【区域经济】2016年，以火车站商圈为核心的传统商贸业持续升级壮大，总投资35亿元的中部大观国际商贸中心开业运营，锦荣商贸城升级改造项目控规完成公示，紫荆山路与东西大街“黄金十字架”区域内黄金珠宝产业全年销售额突破300亿元，河南智盛集团智能手机销售中心年营业额超过27亿元、纳税5300万元。以渠南新区为代表的高端商贸业初具规模，百荣世贸商城成功获批郑州首家智慧市场试点单位，50万平方米的百荣国际鞋城全面开业，110万平方米的百荣国际食品城、百货城主体已建成，招商入驻商户6000余户。以商都商贸物流园为平台的现代物流业加速集聚，郑州传化公路港全面开工，中国储运（郑州）物流产业园进行土地招拍挂。以金岱产业集聚区为主阵地的电子商务等新兴业态蓬勃发展，“保税国际”“云智谷”等项目初具规模；中国邮政郑州跨境电商产业园正式开园，“豫货通天下”有了新渠道。全区电子商务交易额突破163亿元，网络零售额达到1.36亿元。以商都历史文化区起步区为带动的文化创意旅游业迅速崛起，商都遗址博物院和郑州市文物考古研究院项目（一期）主体动工，河南文化大厦竣工投用，国香茶

郑州商代遗址

城商业文化中心项目（一期）完成销售30%，开元寺·塔湾古街、亳都古巷等一批文化旅游产业项目加快谋划实施。

【招商引资】 加大招商引资工作力度，积极参与“郑交会”“拜祖大典”等大型招商活动，围绕全区主导产业定位，与大连万达、招商局地产、宋城集团、太古集团等多家企业对接洽谈，全年新签约项目10个，签约金额161亿元，引进境内域外资金106.7亿元，实际吸收外资1.35亿美元。持续加快科技创新步伐，各类创新创业平台加快建设，中原黄金珠宝文化创新创业综合体即将完工；“中宝联创”众创空间建成运营，输出设计方案300余套；麦芽红色众创空间与红色网络家园党建阵地融合发展，麦芽创业服务中心正式投用。全区高新技术企业达到17家，全年高新技术产业增加值完成55亿元。

【新型城镇化】 启动安置房建设项目30个，开工面积743.9万平方米；弓庄、西堡、紫英佳苑等15个安置房项目实现回迁，回迁面积282.5万平方米、回迁群众2.5万人；站马屯、苏庄、八郎寨、十里铺、“两院”、金岱李等15个项目、共计461.4万平方米加紧建设中。路网体系不断完善，支线路网方面，全年新续建道路20条，二里岗街、刘庄街建成通车，百荣路、峨嵋路等13条道路正在有序推进，霞飞东路、霞飞西路等5条道路加快办理前期手续，城区交通路网体系基本实现全覆盖。南部路网方面，紫辰路、金岱路、豫一路、豫六路、豫十路道路桥梁部分全部通车，通车里程达24.2公里；豫六路、豫一路跨京广铁路隧道工程完成合同签订；豫兴路、宇通路完成规划公示。市政重点工程征迁稳步推进，圆满完成轨道交通2号线、5号线、南四环快速化、郑新路扩宽改造等8个项目的征迁任务。征迁扫尾快速突破，启动柴郭、南曹（后庄）等4个村庄征迁，成为全市首个四环内村庄全部启动改造的城区。用时18天完成刘德城村整村搬迁，17天完成市定攻坚村南小李庄村的搬空动拆，不断刷新“管城速度”。城市管理更加精细，投资1680万元对金城街、二里岗南街等17条道路实施硬隔离，安装护栏1.1万米、阻车桩4440个；新增停车场64处、停车泊位26689个。始终保持对违法占地、违法建设查处的高压态势，拆除违法占地图斑116个64.79千公顷；拆除违法建设66起12.2万平方米。

【社会事业】 全年民生领域支出17.2亿元、占财政支出的71%，为民承诺实事工程全部落实。以大气污染防治为重点的生态建设力度空前，全区空气质量优良天数较上年增加11天，PM10、PM2.5平均浓度同比下降6.2%、18.3%。高污染燃料禁燃区基本实现城区全覆盖。建设机场高速沿线、郑新快速路等生态廊道40.7公里，西吴河公园、南水北调生态文化公园建成开园，累计绿化面积222万平方米。社会事业全面进步，社会保障覆盖面逐步扩大，新增城镇就业再就业21902人；新建成公共租赁住房576套；建成日间照料中心1家、托老站14家。公共服务资源均衡发展，新改扩建中小学幼儿园10所，南曹乡卫生院获得“全国群众满意的乡镇卫生院”称号；建成全市首家区级社区服务中心。社会大局和谐稳定，推行依法逐级走访，完善领导包案、接访等工作制度，全年群众来访批次、人次分别下降17.1%、47.2%，圆满实现国家“两会”、十八届六中全会等重要敏感时期“零非访”。安全生产形势持续稳定向好，全年未发生重大安全生产事故。

（王　忠）

中原区

【概况】 2016年，中原区总面积97.1平方公里。辖须水、西流湖、航海西路、中原西路、林山寨、桐柏路、绿东村、棉纺路、三官庙、建设路、秦岭路和汝河路12个街道，有46个行政村，243个村民小组，91个社区。总人口761628人，人口自然增长率6.97‰。

2016年，中原区全年地区生产总值完成353.4亿元，同比增长8.1%，与2011年相比增长55.2%，年均增长8.1%。其中，第三产业增加值完成257.2亿元，同比增长10.2%。规模以上工业增加值完成47.7亿元，同比增长0.9%。三次产业比为0.1∶27.1∶72.8，服务业较2011年提高9.8个百分点。一般公共预算收入完成28.5亿元，同比增长5.01%，年均增长10.4%（按“营改增”同比口径测算）。社会消费品零售总额完成158.6亿元，同比增长7.6%，年均增长11.7%。固定资产投资完成283.5亿元，同比增长4.1%；全社会固定资产投资累计完成1134亿元，年均增长18.2%。城镇居民人均可支配收入达到34314元，同比增长7%，年均增长9.6%；农村居民人均可支配收入达到19617元，同比增长7.6%，年均增长9.9%。

【机构与领导】 中共中原区委：书记王万鹏；副书记乔耷、苏西刚；区委常委：高天翼（6月免）、王正轩（6月免）、李长义（6月免）、薛晓军（6月任）、魏建民（6月任）、车建伟、陈春梅（女）、程雨笄、成小波、杜建强（1月任）、那磊（6月任）。

区委工作部门：办公室主任杜建强（1月任）；组织部部长李长义（6月免）、魏建民（6月任）；宣传部部长成小波；统战部部长王正轩（6月免）、那磊（6月任）；政法委书记车建伟；群众工作部部长李卫林（1月免）、闫勤智（5月任）；信访局局长闫勤智（5月免）、刘彬（5月任）；精神文明建设指导委员会办公室主任宋伟明；老干部局局长张玲（女）；党校常务副校长杨文毅（5月免）、韩中亮（5月任）；档案局局长曹永祥；机构编制委员会办公室主任谢辉；接待办公室主任张丽娜（女）；巡察办主任赵鹏臣。

区十五届人大常委会：主任陈纪忠；副主任李喜安、郭明立、刘花明（女）、余泽军、吕文。

区人大常委会工作机构：办公室主任徐君伟；法制工作委员会主任苏海涛；城乡建设工作委员会主任任德福；财经工作委员会主任李海亮；代表联络工作委员会主任张学勤；老干部工作科科长马艳红（女）；信访室主任勒红

2016年4月27日，召开中原区楼宇经济发展工作专题协商座谈会

伟；教科文卫工作委员会主任陈玉强（4月任）。

区人民政府：区长乔耸；常务副区长陈春梅（女）；副区长王宏军、王泰峰、陈耀宗（1月免）、杨洋（女）、邵春雨、那磊（6月免）、李卫林（1月任）、符维（1月任）；党组成员秦俊福、王晓伍、李斌、樊立伟、孙玉忠、黑书亮、李景川、崔浩、王海滨、齐永先、王伟宏、付东杰。

郑州中原新区（郑州纺织产业园区）管理委员会主任：乔耸。

郑州中原常西湖新区管理委员会主任：成小波。

郑州中原特色商业区管理委员会主任：樊立伟

区政府工作部门：办公室主任赵启恒；教育体育局局长吴晓昊；民族宗教局局长景明；区直机关事务管理局局长雷海超；人力资源和社会保障局局长宋文广；科技局局长梅琳；发展改革和统计局局长牛振军；商务局局长韩中亮（5月免）、李嵘（女，5月任）；工业和信息化局局长王明党；农业农村工作委员会主任刘季科（5月免）、李红超（5月任）；人民防空办公室主任王新权（5月免）、王培红（女，5月任）；司法局局长李文智（5月免）、刘志伟（5月任）；民政局局长刘专民（5月免）、崔晓（5月任）；城市管理执法局局长杨盘山（5月免）、周岭（5月任）；城市管理行政执法局局长苏保富；财政局局长苏保民；审计局局长李平涛；爱卫办（创建办）主任毛国友；监察局局长秦云鹏；优化经济发展环境局局长秦文清（1月免）；国土资源管理局局长魏瑞民；安全生产监督管理局局长刘志伟（5月免）、王新权（5月任）；文化旅游局局长陈烈；城乡建设局局长张海林；环境保护局局长邢辉（女）；交通运输局局长海宪岭；房管局局长朱永建（5月免）、李文智（5月任）；物价局局长高琪（女）；房屋征收与补偿办公室主任冯铁生；南水北调中线工程建设管理局局长闫超群；地方史志办公室主任王冬梅（女，5月免）、任莉（女，5月任）；城中村改造工作领导小组办公室主任唐炜（女，1月免）；旧城（棚户区）改造工作领导小组办公室主任孙建民（9月免）；城区交通管理办公室主任孙建民（9月任）；合村并城新农村建设工作领导小组办公室主任王金杰（1月免）；粮食局局长海志刚；卫生和计划生育委员会主任马德岭（5月免）、刘专民（5月任）；工商和质量技术监督局局长王建修（6月免）；食品药品监督管理局局长崔金瑞；城市改造办公室主任唐炜（女，1月任）。

政协区八届委员会：主席姚朝社；党组副书记王正轩（兼）；副主席韩根有、韩世日方（女）、苏振文、钟文明、黄乃林、张冠军；秘书长徐斌。

区政协工作机构：办公室主任徐斌；社会法制委员会主任杨百祥；经济科技委员会主任胡青；宣教文卫体委员会主任张红军；港澳台侨民族宗教委员会主任牛淑君（女）；委员联络委员会主任贾春霞（女，4月任）；城建环保委员会主任刘岚（女，2月任）。

中共区纪律检查委员会书记：高天翼（6月免）、薛晓军（6月任）。

区人民武装部部长：付东杰；政委：程雨笋。

区人民法院院长：徐薇（女）。

区人民检察院检察长：王青（女）。

区群团组织：工会主席李艳玲（女）；团委书记李嵘（女，5月免）、杨艺（女，9月任）；妇联主席李娜（女，5月免）、耿淑洁（女，5月任）；科协主席楚菊芬（女）；残疾人联合会理事长任莉（女，5月免）、何太平（5月任）；红十字会常务副会长金红（女）。

街道：须水街道党工委书记苏西刚，办事处主任刘向峰；西流湖街道党工委书记乔富霖（5月免）、侯慧芳（女，5月任）；航海西路街道党工委书记师河龙，办事处主任马卫华；中原西路街道党工委书记崔晓，办事处主任黄涛；林山寨街道党工委书记王东甫，办事处主任侯慧芳（女，5月免）、宋盼峰（5月任）；桐柏路街道党工委书记李红超（5月免）、刘学桢（5月任），办事处主任刘学桢（5月免）、李春节（5月任）；绿东村街道党工委书记赵青（女），办事处主任胡志军；棉纺路街道党工委书记周岭（5月免）、霍小庆（5月任），办事处主任霍小庆（5月免）、高留念（5月任）；三官庙街道党工委书记李卫林（5月免）、樊志锋（5月任），办事处主任樊志锋（5月免）、李娜（女，5月任）；建设路街道党工委书记李红信，办事处主任李建华（女）；秦岭路街道党工委书记王政英（女），办事处主任吴孝刚；汝河路街道党工委书记刘淑霞（女），办事处主任宋盼峰（5月免）、陈峰（5月任）。

【新区和特色商业区建设】 2016年，中原新区批回建设用地318.2公顷，实现供地65.13公顷。基础设施逐步完善，南部片区开工16条道路，其中常州路、玉虹路等10条道路具备通车条件；中部片区有3条道路开工建设；北部片区道路管线综合规划委托市规划院设计。紫藤变电站主体完工。完成11.3公里热力管网铺设和29公里供水管网、天然气管网铺设。泰祥热电厂“引热入郑”工程建成投用。须水河生态水系建设工程一期进场施工，二期正在拆迁和施工图设计。重点项目扎实推进，锦艺国际轻纺城项目一期装修完成、二期正在装修，专业市场开始营业；中国中部纺织服装品牌中心建成运营；金马凯旋家居CBD（一期）建成开业；大中原汽车物流港一期试营业；中机六院高科技产业园项目开工建设。

常西湖新区辖区申请编制控规的地块基本实现全覆盖。秀水河已进场施工，九曲莲湖规划设计方案完成。先后开工建设站前大道、雪松路等15条道路，文绣路、胜利路、兴国路东段（公务员小区段）和凯旋路实现通车，兴国路隧道和市民大道隧道主体完工，地下交通环廊和综合管廊中、北环廊主体完工。“四个中心”项目全面开工。市政务服务中心项目一期封顶。十栋商务楼项目积极推进。

中原区特色商业区，现代产业发展基础进一步夯实。中原互联网创意产业园投入使用，建立企业创意创新服务中心，设立知识产权综合服务平台、技术转移综合服务平台、创新创业综合服务平台等三大服务平台，引进南京航空航天大学郑祥明教授领衔的无人机智能复合防控系统和法国里尔大学王泽峰教授的智能助力骨骼项目入驻。卡莱顿大酒店正式营业。中原区特色商业区被河南省政府授予“2015年度河南省十强服务业两区”称号，在全市率先被评为“河南省三星级服务业两区”。

【新型城镇化建设】 大棚户区改造力度空前。2016年完成三十里铺、须水等剩余6个村庄的拆迁，在市内五区率先实现辖区村庄全部拆迁。至此完成39个行政村、126个自然村的拆迁改造工作，拆迁体量超7000万平方米，腾出土地近6千公顷。

安置房建设有序推进。全年新开工马庄、白寨等10个安置房项目，续建孙庄、林山寨等18个项目，西十里铺、郭闫庄等24个未开工项目前期准备工作快速推进。小岗刘、冉屯、罗庄、三官庙、白庄等10个村已全部或部分实现回迁，累计回迁20679套、261万平方米，安置群众2万余人。中原区连续五年被评为全市新型城镇化建设先进单位。

基础设施不断完善。顺利完成陇海路高架、农业路高架、金水路西延、轨道交通1号线、黄河路西延工程等一批重大市政工程征迁任务。新建、打通道路47条，支线路网进一步畅通。常西湖新区市民大道等15条道路加快建设，主干路网体系基本形成。中原新区新建道路23条，总里程43公里；供水、供热、燃气、管廊等配套设施建设稳步推进。辖区市管道路棉纺北路、伏牛北路、桐柏南路通车，凯旋路、湖西路、电厂西路、长江西路开工建设；区管道路修建洛河西路、朱屯路、平安街、宋庄街、百花路、豫园路，方便市民出行。建设西三环、郑上路、铁路沿线生态廊道。建设东陈伍寨公园、嵩山路与农业路西北角游园。

【城市精细化管理】 2016年，中原区新建公厕15座，大修改造15座；新建中转站2座，增加机位中转站3座。维修果皮箱960个，更新586个；新建环卫道班房10座。投入500余万元，采购载重量25吨的大型冲洗车5辆和洗扫车5辆，全区108条市政道路、清扫面积共517万平方米，机械化清扫（冲洗）作业面积达到440万平方米，机械化清扫率约85%。严格落实“一天两扫，全天保洁”制度和保洁“双十”标准，坚持无尘化清扫，吸尘车、洒水车、扫地车等环卫车辆互相配合、循环作业。快速路、主干道每天冲洗1次、吸尘2次、机扫2次，洒水降尘每两小时1次。次干道、支路每周冲洗2次，每天吸尘1次、机扫2次，洒水降尘每两小时1次。背街小巷每周机扫2次，洒水降尘每天2次。实施以克论净道路检查评价体系，市区道路每平方米积尘不超过5克，保洁周期10分钟。环境卫生做到“五净、五无”（五净：车行道净、人行道净、侧石净、标志线净、树穴净；五无：无积存垃圾、无污泥积水、无烟头痰迹、无浮土积存、无乱贴乱画）。生活垃圾实行统一收集与封闭式清运管理模式，确保垃圾及时进站、及时压缩、及时运输，实现日产日清，垃圾清运率、列管率100%，上门收集覆盖率85%，开放率100%。新增社会对外开放公厕8座，公厕、中转站开放率100%，设施完好率98%以上。完成区管道路文化宫路、伊河路、协作路3条道路改造提升。做好道路日常养护管理，确保区管城市道路病害率低于2平方米/万平方米。全年新增绿地81.38万平方米，其中公共绿地78.88万平方米，附属绿地2.5万平方米。街头游园绿化提升，补栽乔灌木及绿篱植物约10万株、地被花卉5300余平方米、播撒草籽2000平方米；对所有区管公园游园、道路行道树进行病虫害防治；更新维修公园、游园内坐凳67个、果皮箱54个、宣传栏13个。对文化宫路、伊河路、友爱路、欧丽路、颍河路、前进路、工人路加装硬隔离共11967米。整改路灯问题53个。高速公路出入口及接驳道路提升，西三环、中原路、郑上路、航海路等生态廊道全年共补植补栽乔灌木和绿篱植物24.9万株、地被花卉6.5万平方米，播撒草籽1.78万平方米；安装防护栏和侧石各1.5万米。建成停车泊位近2.6万个。整治中心城区架空线缆31286米、危险线杆6根。

【生态文明建设】 生态水系建设全面铺开。中原区围绕“以水系带景观，以景观聚人气，以人气促发展”，深化提升生态水系建设及景观绿化方案，力求实现生态、居住、产业联动发展。2016年秀水河、须水河一期工程进场施工，九曲莲湖规划设计方案完成，其他生态水系项目前期工作加紧推进。高质量完成贾鲁河综合治理工程、石佛沉砂池供水工程涉及中原区的工作任务。大力开展“水清河美”专项整治，治理河道排污口50余处，马寨污水处理厂排水渠全线贯通，常西湖截污工程建成投用，“两纵两横六湖一库”（两纵指须水河、贾鲁河，两横指秀水河、南水北调干渠，六湖指西流湖、市民湖、太极湖、柳湖、九曲莲湖、植物园内湖，一库指常庄水库）生态水系正加速建设。

大气污染防治扎实推进。2016年中原区按照“7个100%”扬尘治理标准，累计投入2.76亿元，完成工地绿化、硬化388万平方米，覆盖防尘网6475万平方米，推行高空喷淋、视频监控、黄土绿化、空地硬化等硬性标准整治工地扬尘，全区各类工地全部整治达标；加强污染企业整治，关停重污染企业30家、环保违法违规企业264家；加大散煤污染源治理，深入推进油气回收改造，淘汰黄标车8600辆，辖区2026家餐饮服务场所全部安装油烟净化装置。建立覆盖全区的空气质量监测发布系统，2016年优良天数达到143天，PM10、PM2.5年均浓度较2015年分别下降16.9%、14%。中原区高污染燃料禁燃区建设范围：西四环以东—五龙口南路以南—嵩山路以西—二七区与中原区区界以北（除郑州新力电力有限公司），实际建成区覆盖面积66.95平方公里，达到全覆盖要求，通过市政府验收。

城市绿化成效明显。2016年陇海快速路生态廊道、南水北调生态文化公园示范段、铁路沿线绿化工程有序推进，全年累计新增绿地81万平方米。对公园游园内的公共设施、苗木管养管护力度加大，棉纺路游园、绚丽星空园和嵩山秋色园3个游园建成开放。城开绿园小区、启福尚都D区、盛润锦绣城小区、昆仑华府和锦艺运河上城小区通过验收并获得市级园林单位（小区）荣誉称号。圆满完成国家森林城市、国家园林城市创建任务，全区绿化覆盖率大幅提高。

2016年6月25日，举办中原区庆祝中国共产党成立95周年文艺汇演

【开放创新】 2016年，中原区招商引资工作强化招大引强，与华侨城集团签订总投资500亿元以上的中原华侨城大型文化旅游项目合作协议，推动河南国创公司与杭州新天地集团签订二砂文创广场项目战略合作协议，引进重庆金科集团开发南部片区，全区全年新签约项目19个，总投资795.9亿元。全区全年引进市外资金172.5亿元，同比增长4.6%；吸收境外资金21136万美元，同比增长21.6%；对外贸易进出口20632万美元，同比增长-27.3%；境外投资额完成7686万美元。着力推进创新创业载体建设，完善人才引进培育政策，通过政府主导、政企合作、政校合作等模式，“引凤筑巢”、放大资源、引领创新，全年建成创新创业载体10个，运营7个，2个被认定为省级众创空间，4个被认定为市级众创空间，全区各类创新创业载体总面积达到2万平方米，入驻企业、团队210家。加大创新人才引进培育力度，引进高成长性创新创业人才，全年引进创业团队38个，其中中国工程院院士张铁岗等6个创新创业团队和个人入选“智汇郑州1125聚才计划”。积极培育扶持科技型企业，鼓励引导领秀服饰等企业成立研发中心、申报高新技术企业。2016年，全区有高新技术企业18家，科技型企业85家，院士工作站7个，工程技术研究中心33个，重点实验室12个，教育科研基地6个，初步形成要素完备的创新体系。

【重大项目建设】 2016年，中原区严格实行“五个一”（即一个项目、一个方案、一名领导、一套班子、一抓到底）工作责任制，按照“四个一批”（即开工一批、续建一批、投产一批、谋划一批）梯次推进格局，推进重点项目早开工、早达产、早见效。23个省、市重点项目，总投资580.82亿元，年度计划投资91.76亿元，全年完成投资107.8亿元，完成年度计划投资的117.5%。56个区重点项目，总投资1865.16亿元，年度计划投资255.69亿元，全年完成投资256.8亿元，完成年度计划投资的100.4%。

省、市重点项目中的国网河南省电力公司计量（培训、实训）中心楼项目、郑州市第六十九中学迁建项目完工准备验收，正在建设和新开工的项目有机械工业第六设计研究院有限公司高科技信息园项目一期、河南维港奥体城游乐中心项目、中原新区须水河以南片区道路工程、郑州金马凯旋家居CBD、锦艺国际轻纺城项目、河南大中原物流港、省会文化设施建设打捆项目、省会“四个中心”道路及地下空间等基础设施建设工程、郑州市民公共文化服务区道路等基础设施建设工程、郑州市桐柏（智德）220千伏输变电工程、郑州1953文化创意园项目、110千伏颍河输变电工程、110千伏紫藤输变电工程、盛世卧龙城市综合体项目、220千伏桐柏变电站110千伏送出工程。前期项目有瑞驰有限公司毛皮深加工项目、河南安德科技产业园建设项目、国网河南省电力公司电力科学研究院计量中心计量试验检测用房扩建项目、“中原时尚”创新创意创业综合体项目、中原文化广场项目、郑州市第五十一中学教学楼及地下车库建设项目。

农贸市场计量检定

【民生建设】 为缓解市区入学难问题，2016年，中原区新建中小学、幼儿园7所，其中外国语小学、伏牛路第四小学和建设路第二小学（西校区）3所投入使用，郑州市第90中学、中原区观澜小学和金田路第二幼儿园主体完工，中原区桐柏路小学完成前期准备工作。新增学位3420个（中学900个、小学2160个、幼儿园360个）。以“名校办新校、强校带弱校”为基本运作模式，优化整合校际间教育资源，通过学校融合、校区拓展、协作帮扶、教育联盟等形式，推进伊河路小学、互助路小学、七十三中学、建设路第二小学、伏牛路小学、淮河路小学六大教育集团工作。各集团从扩大优质教育资源规模、探索集团化发展科学管理等方面进行大胆尝试，2016年运行良好，初步实现“三统一”（统一认识，共谋发展；统一管理，建章立制；统一教研，教学相长）和“四创新”（师徒结对创新、教学模式创新、师生活动创新、国际交流创新）。百花艺术小学、淮河路小学、伏牛路小学、郑州市第八十中学、阎垌小学被评为中原区首批美育示范学校。外国语小学、育才小学、育华小学、华山路小学、建设路第三小学、航海西路小学、秦岭路小学、帝湖小学、须水镇中心小学、须水第六小学被评为第三批体育艺术特色学校。

中原区在再就业培训、农村劳动力转移就业培训、创业培训、高技能人才培训、城镇“零就业家庭”就业等方面下功夫，2016年实施再就业培训6635人，新增城镇就业再就业25659人，城镇失业登记率控制在3.5%；农村劳动力转移就业309人，城镇“零就业家庭”动态为零。

加快医疗养老设施建设，2016年新建桐柏路街道晚晴社区托老互助中心（乐町站）和绿东村街道绿东上大夫社区养老服务中心。两个中心建筑面积各750平方米，均装修完毕。超额完成各项免费健康检查任务，免费为35—64岁妇女进行人类乳头状瘤病毒（HPV）DNA检测3502人，完成宫颈癌筛查7095人、乳腺癌筛查7103人；免费为新生儿进行听力障碍初筛10737人，苯丙酮尿症、先天性甲状腺功能低下症筛查10534人，35种遗传代谢病筛查11059人，耳聋基因筛查13554人；免费为40—69岁居民实施中西医结合结直肠癌高危评估筛查1430人。中原区被国家卫计委确定为开展《母子健康手册》工作试点地区，共发放手册17233本，使用率94.05%，发放量及使用率居全国试点前列。桐柏路街道晶华城社区于2014年被确定为国家首批“新家庭计划——家庭发展能力建设”项目试点社区，2016年10月26日，国家“新家庭计划”专家组对中原区项目开展情况进行中期评估，称赞中原区为全省全面推广该项目提供了可复制、可参照的样本。巩固“河南省公共场所卫生监督示范区”创建成果，公共场所量化分级管理率和公共场所卫生监督监测覆盖率均达100%，位于全市前列。2016年年底，全区21家预防接种门诊中建成省级示范门诊16家，市级规范门诊5家。儿童免疫规划疫苗接种率达95%以上。

加强困难群体救助力度，救助城乡低保家庭1374户1902人，累计发放城乡居民最低生活保障资金1005万元、城乡医疗救助资金196万元。

开展形式多样的惠民文化活动，组织开展14个门类420节培训课程，培训1.3万余人次；依托传统节庆、重大庆典活动和民间文化资源，开展30余场群众文化活动；郑州爱乐轻音乐团继续开展高雅音乐进社区、进学校、进企业和魅力音乐季演出，让群众在家门口免费欣赏高雅音乐，全年演出16场，受益群众1万余人次；开展送文化下基层、为辖区居民义写春联、书画笔会、书法培训等活动。2016年，中原区5个项目入选郑州市非物质文化遗产名录，其总数增至10项，分别是列入“传统技艺”类的“古字画揭裱与修复”“泥绣球制作技艺”，列入“传统美术”类的“剪纸（魏素萍）”“香包”“面塑”，列入“传统体育、游艺与竞技”类的“洗髓功易筋经”，列入“传统医药”类的“李氏膏药”，列入“民间文学”类的“中原区村名传说”，列入“传统舞蹈”类的“龙跷”，列入“民俗”类的“典当商俗”。

【平安建设】 2016年，中原区建立健全区、街道、社区（村）三级安全生产网格化监管体系，强化隐患排查整治，突出高层建筑、人员密集场所、老旧小区等重点区域消防安全监管，全区安全生产形势平稳。

深化平安建设“细胞工程”创建活动，全区115个社区（村）达到“发案少、秩序好、社会稳定、群众满意”的平安社区（村）标准，占全区137社区（村）的83.9%。建立区、街道、社区（村）三级矛盾纠纷调处化解中心，健全党委政府主导、综治协调、各职能部门和社会各方面力量参与的矛盾纠纷多元化解机制，定期分析研判解决处理。全年调解矛盾纠纷3480起，调成3452起，调解率100%，调成率99.2%。累计投资4500万元，新建高清监控2210路，实现视频监控街头路面全覆盖、城乡社区全纳入、单位场所全辐射、重点目标全标定。全区抢劫案件实现零发案目标，抢夺案件同比下降41%，盗窃电动车案件同比下降11%，入室盗窃案件同比下降30.6%。深入推进“一格一警”，全市“一格一警”工作现场推进会在中原区召开。全区侵财类案件较上年同期下降35.6%，特别是在十八届六中全会、省党代会等特殊时期，广大辅警配合辖区街道办事处、社区民警开展重点人员稳控方面发挥重要作用。扎实开展群防群治，严厉惩治“两抢一盗”等违法犯罪行为，群众安全感进一步增强。处置突发事件到位，没有发生在全省、全市有影响的群体性事件。

中原区建立信访工作领导责任督促、督查、督导工作长效机制，完善以落实责任、解决问题、处置前移、减少重访为导向的考核奖惩体系。严格落实党政领导干部接待群众和定期下访制度，确保每天都有区领导信访接待、每月都有区领导下访。全年17位区党政领导共接待处理群众信访问题120起681人，立案交办或移交45起。重要会议期间，中原区赴京上访实现“双零”目标。

（赵志平）

惠济区

【概况】 2016年，惠济区总面积232.75平方公里，其中耕地面积7.03千公顷。总人口29.2万人，其中农村人口7.8万人。人口自然增长率为6.41‰。辖乡（镇）、街道8个。

全年地区生产总值完成117.8亿元，较上年增长8.0 %。其中，第一产业增加值6.0亿元，较上年下降5.7%；第二产业增加值47.7亿元，较上年增长4.2%；第三产业增加值64.1亿元，较上年增长12.6%。规模工业增加值18.1亿元，较上年下降1.3%。粮食总产量2.33万吨，较上年增长-1.33%。地方公共财政预算收入16.3亿元，地方公共财政预算支出14.5亿元。固定资产投资完成额188.1亿元。社会消费品零售总额118.9亿元。商品进出口总额5262万美元。实际利用外资16090万美元。城镇居民人均可支配收入28718元，人均消费性支出20513元；农村居民人均可支配收入21666元，人均生活费支出17965元。

【机构与领导】 中共惠济区委：书记黄钫；副书记马军、彭立（6月任）、杨金军（6月免）；区委常委：钱世哲（6月任）、赵惠玲（女，6月免）、刘宏伟、马少军（6月任）、马素华（女，6月任）、张士先、李伟光、孙梅（女）、焦健（6月任）、王雅伟（6月免）、张卫民（6月免）、崔平（6月免）。

区委工作部门：办公室主任崔平（6月免）、张士先（6月任）；组织部部长王雅伟（8月免）、孙梅（女，8月任）；机关工委书记王浩瞻（10月免）；宣传部部长张卫民（7月免）、焦健（7月任）；文明办主任丁建国；统战部部长孙梅（女，6月免）、马素华（女，6月任）；台办主任高歌（女）；宗教委主任虎林山（10月任）；工商联主席宋国彦；政法委书记张士先（6月免）、马少军（6月任）；编办主任马兆华（10月免）、肖新（10月任）；群工部部长王新生（3月任）；老干部局局长史忠于（女）；档案局局长康卫军；档案馆馆长崔慧清（女，3月免）；党校常务副校长刘培军；监察局局长张根旺。

区二届人大常委会：主任、党组书记禹舜；党组副书记王雅伟（6月任）、崔平（6月任）；副主任、党组副书记陈建峰；副主任刘满仓、宋国彦、李清海、高春生、华新定、袁加军。

区人大常委会工作机构：办公室主任刘勇（3月免）；老干部科科长贾兴起；财经委主任刘治军；代表联络委主任师挺；法制委主任孙正伟，来信来访办主任焦述宏；城建工委主任李建军。

区人民政府：区长、党组书记马军；副区长、党组副书记李伟光；政府党组副书记李文哲；副区长赵风军、杨勇、李文建、郑方燕（女）、李献武（6月免）、戴玉振、赵登义、焦健（6月免）；政府党组成员李凌江、赵鸿年、郑建明、青华山、申慧（女）。

区政府工作部门：办公室主任黄国彦（6月免）；法制办主任宋梅英（女）；人防办主任商桂平（女）；发展改革和统计局局长程国顺（3月任）；科技和工业信息化委员会主任弓永光；教体局局长屈连武；民政局局长付广喜；财政局局长肖丰逸（女）、党组书记弓海军（3月任）；人力资源和社会保障局局长李睿彬；司法局局长宋保平（3月免）、弓继军（3月任）；审计局局长王永忠；住房和城乡建设局局长李福顺（10月免）、牛鸿飞（10月任）；交通运输局局长何景强；卫生和计划生育委员会主任刘博；农业农村工作委员会主任李瑞；城市管理执法局局长禹金丽（女，3月免）、李海亮（3月任）；市政管理中心主任牛鸿飞（10月免）、赵红玲（女，10月任）；文化旅游局局长赵会勇（10月免）、马兆华（10月任）；商务局局长肖新（10月免）、郭秋会（10月任）；林业局局长王锋（10月免）、金艳玲（女，10月任）、党组书记杨敏（女，4月免）；安监局局长弓继军（3月免）、胡斌（3月任）；环保局局长陈增林（3月任；10月免）、副局长马红军（10月任，主持工作）；食品药品监督管理局副局长卢雪华（女，主持工作）；食品安全委员会办公室主任卢雪华（女）；工商管理和质量技术监督局局长石朝伟；机关事务管理局局长弓海军（3月免）、袁玉强（3月任）；行政审批服务中心主任张克文（3月免）、王凯（3月任）；新型城镇化建设办公室主任李随有（3月免）、潘志刚（10月任）、副主任金艳玲（女，3月任，主持工作；10月免）。

政协区二届委员会：主席、党组书记肖国俊；党组副书记孙梅（女，6月免）、马素华（女，6月任）；副主席、党组副书记宋金堂；副主席李新安、谢和平、李建国；党组成员袁春明。

区政协工作机构：办公室主任孙

长兴社区、大河社区开工奠基仪式

惠济区义务兵优待金发放仪式

平安（3月免）、李向阳（10月任）；经济委员会主任韩国林；提案委员会主任魏涛（3月免）、孙平安（3月任）；教文体委主任陈百胜（10月免）、赵会勇（10月任）；社会和法制委员会主任程志强（5月任）；老干部科科长于国彦。

中共区纪律检查委员会书记：赵惠玲（女，6月免）、钱世哲（6月任）。

区人民武装部部长：王保国（6月转业）；政委：刘宏伟。

区人民法院院长：蔡理亮。

区人民检察院检察长：贾佳（女）。

区群团组织：总工会主席劳建新；团区委书记王凯（3月免）；妇联主席弓育红（女）；科协主席王锋（10月任）；残联理事长王润香（女，3月免）、常新丽（女，3月任）；红十字会常务副会长张克文（3月任）。

街道、镇、开发区：刘寨街道党工委书记禹金丽（女，4月任），党工委副书记胡斌（3月免）、王浩瞻（10月任），主任段祥生（11月免）；长兴路街道党工委书记赵登义（11月免）、朱光明（11月任），主任耿建伟（4月免）、夏利东（4月任）；老鸦陈街道党工委书记程嵩峰（2月免）、陈伟森（11月任），主任张铁群；新城街道党工委书记杨金军（8月免）、耿建伟（11月任），主任杨喜军（4月任）；迎宾路街道党工委书记张东辉（2月免）、李向阳（4月任；10月免）、魏涛（10月任），主任孙广斌（4月任）；大河路街道党工委书记贾新杰（4月免）、黄国彦（4月任），主任黄甫海林（4月任）；古荥镇党委书记王春晓（4月免）、王东亮（4月任）；镇长张小海（11月免）、梁俊军（11月任）；花园口镇党委书记刘军杰（4月免）、陈晓丽（女，4月任），镇长张志宏（2月免）、王维翔（4月任）；郑州农业高新技术产业示范区管理委员会主任、党委书记王春晓，副主任李国俊，纪委书记贾新杰；河南惠济经开区管委会主任、党工委书记申任玉；郑州惠济新区主任、党工委书记马军，副主任、党工委委员郭佩军。

【现代服务业】 河南惠济经开区连续被评为全市“五强”“五快”专业园区，惠济特色商业区晋升为河南省一星级服务业“两区”，惠济新区连续被评为全市“两快”组团新区。省规划建设综合电子研发基地、郑州动漫产业基地等一大批项目建成投用，创意设计产业加速集聚。大运河成功申报世界历史文化遗产，惠济的知名度和美誉度大幅提升。

【现代农业】 惠济花卉产业集群成为全省两个涉农产业集群之一，郑州陈寨（双桥）花卉基地发展为中西部地区最大的花卉集散中心。丰乐农庄等3家企业获评全国5星级休闲农业企业，区内休闲观光农业景点达30多个，“惠济区滨河风光揽胜游”被农业部评为休闲农业精品旅游线路。

【现代工业】 三全、思念等速冻食品制造业稳步发展，惠济区先后荣获全市工业经济三年倍增、五年超越工作先进单位和全市新型工业化建设先进单位等荣誉称号。

【新型城镇化建设】 征迁39个行政村3700万平方米，在全市率先实现四环内全域城镇化。开工群众安置房480万平方米，回迁群众4155户1.4万人。古荥镇等4个小城镇规划获批，实现黄河大堤以南125平方公里建设用地法定规划全覆盖。完成土地批回1.2千公顷、征收1.07千公顷、出让733公顷，用地需求得到有力保障，惠济区被市委市政府评为新型城镇化建设先进集体。

【基础配套设施更趋完善】 京广快速路北延等35条道路建成通车，三全路西延等44条道路先后开工，道路建设总里程达134公里。北郊热源厂、110千伏丰产输变电工程先后建成，新建消防队站3处，购置环卫车辆170台，双桥污水处理厂等项目有序推进。扎实开展城市精细化管理，三级三类市民服务中心建设顺利。

【生态环境建设】 完成林业建设任务1.93千公顷，郑州黄河国家湿地公园通过国家林业局验收，惠济中央公园等3个公园建成开园，建成生态廊道12条、72公里，惠济区连续被评为全市生态廊道建设先进单位。贾鲁河综合治理工程开工建设，索须河景观提升工程完工，通济渠（索须河）标准示范段加快实施，黄河水源地保护不断加强，生态水系整治效果初现。

【政务改革】 整合成立科工委、卫计委、住建局、工商质监局等机构，完成食品药品监管体系改革。行政审批“两集中、两到位”顺利实施，“四单一网”改革到位，惠济区“权责清单”被定为郑州市城区样板。扎实推进乡（镇）、街道财政网络支付等财政体制改革，健全完善政府投资评审机制，1527个财政投资项目审减15亿元，审减率达18%。

【工作机制创新】 创新投融资体制，拓宽融资渠道，融资到账143亿元，老鸦陈、张砦、双桥作为首例采用PPP模式运作的棚户区改造项目在全省示范推广。顺利完成市政环卫管理体制改革，“五比五看五加快”等活动扎实开展，有效调动全区上下干事创业的积极性。

【开放创新】 以“四力型”项目为抓手，面向长三角、珠三角、环渤海三大区域开展常态化招商，实施“五职”招商责任制、“三位一体”项目推进机制，5年共引进各类投资项目217个（亿元以上项目106个），引进境内域外资金450亿元，实际吸收外资7亿美元。楼宇经济5年累计实现区级收入3亿元，年均增长16.4%。河南省电子商务创业孵化基地签约入驻企业26家，获得国家电子商务示范基地称号；碧源睿谷创新中心等项目快速推进，“双创”工作长足发展。

【教育文化体育事业建设】 新（改扩）建中小学、幼儿园47所，新增优质学位4.4万个，成功引进郑州市实验高中、郑州四中、郑州市实验初中等名校，3所大专院校成功升本，北区市民

健身服务中心开工建设，51个行政村（社区）配备体育健身器材107套。惠济区获评“河南省全民健身示范城市创建工作先进单位”“河南省义务教育均衡发展先进县”，顺利通过全国义务教育发展基本均衡县评估验收。辖区市级以上重点文物保护单位达到19处；惠济区图书馆被评定为国家二级图书馆。

【医疗卫生体系建设】 总投资4.5亿元的区人民医院新院区建成开诊，6家镇卫生院（社区卫生服务中心）新（改扩）建项目建成投用，郑州市三院建设稳步推进，区公共卫生服务中心项目开工，惠济区获“河南省卫生应急综合示范区”“全国基层中医药工作先进单位”“河南省慢性病综合防控示范区”等称号。

【社会保障体系建设】 累计实现城镇新增就业和农村劳动力转移就业2.5万人，城镇登记失业率控制在4%以内，“零就业”家庭动态为零。建成住宅小区电动车充电车棚121个，开建公租房3913套，轮候配租公租房1502套，回购公租房3339套，发放廉租房补贴287.6万元。实现“五险合一”市级统筹，新农合参合率达99.9%。全面落实养老补贴、“两免一补”、双拥优抚安置等各类惠民政策，城市低保、“五保”供养、大病救助近7万人次，辖区群众得到更多保障。畅通信访渠道，关心群众疾苦，社会治理水平不断提升。安全生产“打非治违”专项整治、企业标准化创建等工作取得实效，实现安全生产零事故、零死亡，惠济区多次被评为“郑州市安全生产先进区”。

（徐玲玲 李 静）

上街区

【概况】 2016年，上街区总面积61.73平方千米。全区耕地面积1.46千公顷，其中粮田面积673公顷，建成区面积16.4平方千米。总人口20万人，其中农村人口1.2万人。人口自然增长率为5.76‰。辖济源路、新安路、中心路、工业路、矿山5个街道和峡窝镇。

全年地区生产总值完成122.9亿元，较上年增长1.4%。其中，第一产业增加值0.4亿元，较上年增长–19%；第二产业增加值74.9亿元，较上年增长–1.7%；第三产业增加值47.6亿元，较上年增长7.3%。工业增加值62.9亿元，较上年增长–3.4%；粮食总产量0.6万吨，较上年增长–18.8%。财政一般预算收入10.4亿元，财政一般预算支出13.3亿元。全社会固定资产投资额完成110.3亿元。社会消费品零售额54.3亿元。商品出口总额3001万美元。实际利用外资8860万美元。城镇居民人均可支配收入38551元，农村居民人均纯收入19160元。城乡居民年末储蓄存款余款90.97亿元。

【机构与领导】 中共上街区委：书记宋洁（女）；副书记：翟晓宾、李新军；区委常委：宋洁（女）、翟晓宾、李新军、钱世哲（6月免）、汤晓义（6月任）、魏建民（6月免）、虎荣鑫（6月任）、崔世英（6月免）、宋双兴（6月免）、赵晨阳（6月任）、徐勇、马少军（6月免）、王新伟、赵敏。

区委工作部门：办公室主任赵敏；组织部部长魏建民（6月免）、虎荣鑫（6月任）；宣传部部长宋双兴（6月免）、赵晨阳（6月任）；统战部部长崔世英；政法委书记马少军（6月免）、杜惠斌（6月任）；巡察办主任丁志强；机要局局长吴永杰；保密局局长王宁；网格办主任冯惠强；政研室主任焦阳（12月任）；档案局局长安青霞（女）；直属机关工作委员会书记李广久；党史办主任（空缺）；人才办主任李显发；目标绩效考核办主任郝斌；文明办主任部锋；外宣办主任蔡旭晓（女）；台湾工作办公室主任胡爱敏（女）；民族宗教局局长虎新伟（回族）；综治办主任臧彬；维稳办主任李怀超（12月免）；群众工作部部长（空缺）；信访局局长陈勇；编办主任张富强；事业登记局局长蔡文勇；老干部局局长樊向阳；关工委主任张虎平；党校校长李红乐（2月免）、李新军（2月任）。

区十二届人大常委会：主任周为国；副主任李华道、马丽（女）、朱书民、马松宝。

区人大常委会工作机构：办公室主任张光斌；财经工作委员会主任张威（12月免）、王晓（12月任）；教科文卫工作委员会主任马丽平（女）；信访室主任张松茂（12月任）；选举任免代表联络工作委员会张玉红（女，12月任）；城乡建设环境保护工作委员会陈广宇；内务司法工作委员会主任魏志强（12月任）。

区人民政府：区长翟晓宾；党组副书记、副区长徐勇；副区长杜惠斌（6月免）、王振慧（6月免）、朱志刚（6月免）、李献民、张向奥、阎胜（1月任）。

区政府工作部门：办公室主任周伟杰；法制办主任张海涛；督查室主任王馨欣（女）；金融办主任（空缺）；史志办主任焦阳；事务局局长陈亚萌（12月免）、张威（12月任）；外侨办主任张华雯（女）；接待办主任祁亚；人防办主任曹铁信；发改委主任何乾坤（12月任）；教体局局长刘玉贞（女）；科技局局长韩中秋（12月免）、王利霞（女，12月任）；工信委主任王玉洁（女，12月任）；公安局局长杜惠斌；民政局局长张俊超；司法局局长韩洪涛；财政局局长牛志甫；人社局局长宋继宾；国土局局长刘铁强（回族）；安监局局长张元恒（12月免）、张海涛（12月任）；住建局局长吕保良；城管局局长杨满坡（12月免）、李智俊（12月任）；环保局局长秦永娜（女，12月免）、高天宝（12月任）；商务局局长王胜利；文广新局局长冯立新（12月免）、杨晓东（12月任）；卫计委主任王百峰；审计局局长史瑞娟（女）；工商管理和质量技术监督局局长陈红伟；食品药品监督管理局局长刘晓辉（12月免）、陈铠（12月任）；房管中心主任何爱琴（女）；不动产登记管理中心主任张丽（女，5月任）；统计局局长王玉洁（女，12月免）；农业农村工作委员会主任张海涛（12月任）；投促中心主任马蕾（女）；粮管中心主任姚民（女）；疾控中心主任马景芳（女）；新型城镇化及城乡一元化办公室主任张立宏（12月免）、邢金聚

河南省第一支契约型基金——郑州上街通航产业发展基金签约仪式

（12月任）；上街通航特色商业区管委会主任孙喜忠；郑州上街职教园区主任翟晓宾；政务服务中心主任许发成（12月免）、赵鹏（12月任）；土地储备中心主任王利霞（女，12月免）、张志贤（12月任）；爱卫办主任吴建伟；国税局局长宋俊民；地税局局长杨慧泉（4月任）；郑州供电公司上街客户服务分中心主任杨凤民；烟草局局长范泓；邮政局局长刘海洋（4月免）、陈元（4月任）。

政协区八届委员会：主席邓书安；副书记崔世英；副主席武家寅、李新廷、吕现州、岳斌、赵文瑛（女）。

区政协工作机构：办公室主任阎光甫；专门委员会办公室主任杨保军（12月免）、何奇志（女，12月任）；学习文史委员会主任路坦坦（女，12月免）、杨保军（12月任）；经济委员会主任闫荡西（12月免）、张元恒（12月任）；提案委员会主任何奇志（女，12月免）、闫荡西（12月任）；教科文卫体委员会主任马秋霞（女，12月免）、王俊杰（12月任）；社会和法制委员会主任陈俊杰（12月免）、许发成（12月任）；港澳台侨和民族宗教委员会主任贾琳（女，12月免）、赵辉（女，12月任）。

中共区纪律检查委员会书记：钱世哲（12月免）、汤晓义（12月任）。

区人民武装部部长：（空缺）；政委：王新伟。

区人民法院院长：彭连城。

区人民检察院检察长：汪新亚。

区群团组织：总工会主席袁家伟；妇联主席苏建华（女，12月免）、王敬群（女，12月任）；团区委书记赵鹏（12月免）；科协主席王淑勤（女）；侨联主席杨月凤（女）；工商联会长薛景霞（女）；残联理事长王敬群（女，12月免）、王淑琴（女，12月任）。

镇、街道：峡窝镇党委书记徐勇（5月免）、张华君（5月任）、副书记丁振江；济源路街道党工委书记李立，办事处主任张海涛；新安路街道党工委书记李超，办事处主任马利伟；中心路街道党工委书记房玉雯（女），办事处主任李智俊（12月免）、程建辉（12月任）；工业路街道党工委常务副书记秦清宇，办事处主任张伟；矿山街道党工委书记王兢，办事处主任秦永娜（女，12月任）。

【工业经济】 2016年，全区实现规模以上工业增加值49.6亿元，同比下降7.2%。完成工业项目备案7个，其中3个新建项目、2个技改项目、2个改扩建项目。纳入市重点监测项目8个，总投资9.68亿元，其中新开工项目2个、在建4个、竣工2个。宏科重工、玛纳房屋装备、固力特新材料、铝都阀门、合宇道路设施、新峰机械、长铝华索机电、中铝碳素等企业入规模以上企业库。与中国建筑材料科学研究总院新材料研究院达成合作，签订总投资1.5亿元的上街绿色装备式建筑产业化示范基地项目合同；与深圳市尚维高科电子科技有限公司对接洽谈年产2.5万台（套）机场互动智能标牌及低空飞行器机舱智能显示屏项目；邀请中国航天科工集团来区考察，促成郑州通航试验区通航飞行服务站（简称：FSS）项目签约。为加大对工业企业的政策支持，解决一批长期困扰企业发展的困难和问题，组织县处级领导调研企业150家次，收集并解决问题46个，为22家企业申请奖补资金884万元。邀请河南理工大学机械与动力工程学院院长荆双喜等10位专家，先后深入金元泵业、长城科工贸、海富机电等区属重点企业进行考察。举办中原工学院电子信息学院与上街区产学研对接座谈会，电子信息学院书记肖俊明等8位专家对近20家企业进行技术指导，累计解决技术难题13项。邀请知名电商平台——世界工厂网专家给园区重点企业负责人进行传统企业电子商务培训；邀请国家知识创意产业园区相关专家学者举办工业设计方面的讲座；组织10余家企业负责人赴中国人民大学培训学习；组织上街区部分规模以上企业负责人赴深圳培训。合力铜业与河南科技大学成立合力新材料研究所，玉发磨料与中科院上海硅酸盐研究所联合成立玉发新材料研究开发中心，欧亚空气炮与中科院热物理研究所联合建立空气炮联合实验室，郑蝶阀门与兰州理工大学建立工程硕士研究中心，万谷机械联合河南工业大学和河南科技大学分别建立研究生协同创新培养基地和研究生实践基地。河南长兴实业有限公司通过郑州市市级企业技术中心认定。

【郑州通航试验区建设】 机场改造一期工程全部完工，初步达到4C等级，成为全国规模最大、设施最好的通航机场；蓝天路、白云路等10余条道路建成通车，形成“十纵五横”路网格局。郑州啸鹰飞机组装试飞基地、河南三和飞行器研发与制造等20余个重大项目落地建设，试验区累计入驻通航企业45家，机队规模达到67架。祥云320四旋翼无人机全球首发，穆尼飞机“郑州1号”填补河南省飞机制造的空白，海王地效翼船成功下水试飞；农林植保、飞行培训、空中游览等业务稳步开展，通航全产业链条逐渐形成。圆满举办郑州航展、第七届中航国际通航发展（郑州）论坛等重大活动，郑州通航成功入选国家首批通用航空产业综合示范区，对上街乃至郑州通航业发展产生深远影响。

【产业集聚区建设】 坚持“四集一转”，强力推进智能电气产业园建设，积极引导装备产业集聚区企业升级改造，加快实施“腾笼换鸟”，累计盘活闲置厂房9.5万平方米，新建标准化厂房25万平方米，引进中海威等项目45个，入驻企业达到81家，国家承压阀门产品质量监督检验中心、河南省水泵检测中心投入运营，先后获得“河南省特色装备制造产业园区”“河南省节约集约利用土地示范产业集聚区”“郑州市五快产业集聚区”等称号。依托中铝优势资源，加快郑州国际陆港第二节点建设，集装箱多式联运中心项目一期投入运营，中铝物流集团信息调度指挥中心项目基本完工，郑州至新疆固定班列实现每月4班运营，入驻物流企业10家。积极实施氧化铝节能减排升级改造项目，淘汰落后产能160万吨，具有行业先进水平的100万吨氧化铝生产线基本建成，初步摆脱2008年以来持续亏损的局面。中铝郑州长城智能产业园完成规划，已入驻企业5家。华索机电等8家企业完成属地化转型。

【新型城镇化建设】 全区30个行政村全部完成拆迁，安置房建设、长铝棚户区改造基本完成，累计投资83亿元，建成安置房490栋409万平方米，回迁群众5万人。率先在全市启动安置房不动产登记办理工作，创新实施城乡居民基本公共服务“十个均等化”政策，顺利完成聂寨等7个村集体经济股份制改革和“村改居”，逐步实现农民向市民身份的转变，新型社区物业管理实现全覆盖，上街区连续两年获得“郑州市新型城镇化建设先进集体”称号。圆满完成10个贫困村1.4万人的精准扶贫任务，在全市最早实现扶贫对象整体脱贫，经验做法全省推广。修编完成上街区总体规划（2015—2030），编制完成停车场等10余项专项规划。新建、改造道路50余条，中原西路、科学大道延伸至上街，内畅外联的路网体系初步形成；集中供热实现历史性突破，新增供暖面积490万平方米，供热能力基本覆盖主城区；南水北调水厂建成投用，丹江水成为主要饮用水源；新建、改造公交站点92个、公共停车泊位4000个、便民充电桩1.3万个，公共配套设施逐步完善；区级市民服务中心开工建设，13个居住区级、居住小区便民服务中心建成投用，基本实现“15分钟便民生活圈”全覆盖。

【生态环境建设】 全力推进大气污染治理，累计投资4700多万元，规范整治建筑工地101家，基本达到“六个100%”整治标准；依法关停重污染企业49家，10蒸吨以下燃煤锅炉全部拆除，淘汰黄标车3500余辆，建成区机械化清扫率达到90%以上；2016年二级以上优良天数达到197天，超额完成市定目标任务。大力实施生态绿化工程，新建、改造14个城市公园、游园，完成中原西路引线、金华路等22条生态廊道建设，新增绿地面积200万平方米，建成区绿地率达到36.2%。扎实开展生态水系建设，“五湖一河一库”工程基本完工，全区水域面积达到233公顷。

【政府体制机制创新】 实施政府机构改革，工商、质监、食药系统由垂直管理调整为属地管理。成功创建郑州市“五单一网”制度改革示范区，搭建“互联网+政务服务”权力运行平台，585项行政处罚事项、193项行政审批服务事项实现入网运行，经验做法得到全国电子政务理事会的充分肯定。深化财税体制改革，全面完成“营改增”，实现“五证合一、一照一码”，服务“大众创业、万众创新”更加便捷高效。推进投融资体制改革，整合投融资平台，组建郑州通航建设发展有限公司，累计融资超过70亿元。积极推动康利达、万谷机械等5家企业在新三板成功上市，力威实业、净天环保等20余家企业在区域性股权托管交易市场挂牌。深入落实“三去一降一补”供给侧结构性改革，出台房地产去库存政策，2016年商品房销售面积达到104万平方米，同比增长83.8%。

【创新能力建设】 推动创新创业综合体建设，中国（郑州）有色金属材料创新创业综合体新增地块展示中心、创客中心两栋楼主体验收完毕。新建的两个项目——易烧结活性氧化铝和新型高温结合材料（ρ氧化铝）投入生产、销售。2016年新筹备建设了中国铝业郑州研究院第一家员工持股的混合所有制试点企业——郑州轻研合金科技有限公司，开工建设两栋材料类试验厂房，约4300平方米。区政府与中铝郑州研究院共建了集科技研发、人才培养、企业孵化、高新技术成果转化等为一体的综合性服务平台——科创港，重点面向广大创业者、科技创新型企业，提供技术、金融、创业辅导等综合性服务。中盟财富中心众创空间完成内部装修，开始对外招商。2016年组织相关企业申报河南省科技型中小企业备案6家，培育认定市级以上科技型中小企业46家。有23项科技计划项目获得市级以上科技奖补，共608万元。组织长兴实业等3家企业申报市级工程技术研究中心，组织华祥耐材等2家企业申报省级工程技术研究中心，截至2016年年底，全区市级以上工程技术研究中心共21家。指导帮助雪山实业等4家企业申报高新技术企业，全区高新技术企业达到11家。积极开展“智汇郑州·1125聚才计划”申报工作，郑州轻研合金科技有限公司肖阳博士团队成功入选郑州市首批创业领军团队。连续两年组织区80余家企业、职能部门负责人参加中国（郑州）国际创新创业大会暨跨国技术转移大会，并与郑州市政府、启迪科技服务集团共同承办2016中国—俄罗斯项目对接专场活动。

【社会事业】 全年民生支出94169万元，占地方财政一般公共预算支出的70%以上。围绕回迁农民就业，全年开展5期专项培训使114名农村劳动力实现就业。组织开展工业、三产服务业用工专场招聘活动，中铝企业分流人员中有2000余人在40余家企业中实现二次就业。全年共检查各类用人单位589家，接待群众举报投诉及咨询519起，为444名劳动者追缴工资403.14万余元，为1123名农民工解决工资2219.7万余元。组织全区70余家企业3650余名职工参加岗前培训和在职技能提升性培训。在河南九冶等用人单位通过“名师带高徒”的方式，培养高技能人才500余人。组织全区56名高级技工参加全省统一组织的高级技师、技师培训班，其中26人获得高级技师资格、30人获得技师资格。

全面落实低保、困难救助等各项保障措施，累计保障城乡低保对象460户8325人次，发放保障金274.75万元，人均补差水平达到330元，实现动态管理下的应保尽保。为全区80周岁以上的老人发放高龄津贴396.21万元。

先后投入3.5亿元，建成投用北大培文学校新校区、朱寨幼儿园，新建、改扩建中小学幼儿园12所，新增学位6840个。成功举办首届青少年运动会和首届“区长杯”校园足球联赛，共吸引1600余名运动员参赛。全面提高中小学生人均经费标准，区财政在上年基础上增加400万元。区委、区政府投入300万元设立教育奖励基金，投入120万元设立教师培训基金。以“打造一流教师队伍”为统揽，优化队伍结构，拓宽成长平台，引进教育部直属院校毕业生50名，公开招聘教师40名。2016年，全区参加高考868人，600分以上10人，一本上线86人。投资400多万元在3所中学建立试点，开设“智慧课堂”试点校和试点班，用信息化手段刷新现代教育理念和方式。投资100多万元建设的3D打印创新实验室和机器人科技创新实验室挂牌成立。新建小学在国际机器人大赛中，获得2个一等奖，被授予2016年全国“海峡两岸青少年机器人教育发展联盟会员校”称号（本年度全国两所），入围美国加州斯坦福大学第三十届ROBO_ONE国际机器人竞赛。

围绕“三级三类”服务中心建设，不断完善公共文化服务基本设施，区图书馆与全市图书馆实现“一卡通”对接，免费开放近12万人受益。成功引进新华书店上街店项目。2016年郑州人民政府公布的首批公共文化服务示范乡镇和示范项目的通报中，中心路街道办事处入选郑州市公共文化服务示范街道，峡窝镇石嘴村、中心路桃园社区被评为公共文化服务示范社区，峡窝镇石嘴书画院被评为郑州市公共文化示范项目。上街区艳阳春戏曲团参加香港紫荆花文艺会演获演出一等奖；上街区辣妈艺术团弹拨乐演出在韩国仁川国际文艺博览会获铜奖。全年圆满完成27场次公益性惠民演出和336场农村公益电影播放任务，艳阳春戏曲团送戏下乡慰问演出32场。完善马固王氏宗祠和马固关帝庙维修加固方案制订工作。方顶村方氏宗祠、关帝庙、火神庙和石寨墙4处传统建筑经省政府公布为河南省第七批文物保护单位；重阳观被省政府公布为河南省第七批文物保护单位。卢医庙大殿维修加固工程完工。方顶村方氏宗祠及赵东阶故居周边古建群已经基本修缮完毕。

（周昱宏 王 柯）

上街区新型城镇化项目—柏庙安置区建设

统计资料

国民经济和社会发展总量及速度指标一览表

表11

指　标	单位	1990	1995	2000	2005	2010	2015	2016	2016比上年±%
人口与面积									
人口	万人	557.8	600.3	665.9	716.0	866.1	956.9	972.4	1.6
建成区面积	平方公里	112.0	108.3	133.2	262.0	342.7	437.6	443.0	1.2
宏观经济									
国民经济核算									
地区生产总值	亿元	116.4	386.4	728.4	1660.6	4040.9	7311.5	8114.0	8.5
第一产业	亿元	14.4	28.5	42.4	72.4	124.6	150.9	156.4	3.0
第二产业	亿元	62.5	203.5	343.3	872.8	2269.9	3604.2	3796.9	5.8
第三产业	亿元	39.5	154.3	342.7	715.4	1646.4	3556.4	4160.7	11.4
固定资产投资									
全社会固定资产投资额	亿元	26.9	165.6	258.4	820.0	2757.0	6371.7	7070.4	11.0
固定资产投资	亿元	20.0	132.4	159.4	610.2	2432.5	6288.0	6998.6	11.3
财政									
地方公共财政预算收入	亿元	10.5	17.1	43.6	136.1	386.8	942.9	1011.2	14.3
地方公共财政预算支出	亿元	6.5	17.8	49.0	136.7	426.8	1106.0	1321.6	19.1
价格总指数									
商品零售价格指数	以上年为100	100.8	110.4	99.1	101.2	102.7	99.0	100.2	0.2
居民消费价格指数	以上年为100	101.8	114.5	99.0	102.4	103.0	101.1	102.3	2.3
外商投资									
利用外资									
合同利用外资额	万美元	1132	21086	12860	63766	191632	125514	426930	240.1
实际利用外资额	万美元	768	15020	9211	33549	190015	382661	403305	5.4
产业									
农业									
农林牧渔业总产值	亿元	24.6	51.5	73.2	126.2	221.4	276.6	285.2	3.0
粮食总产量	万吨	154.2	140.1	158.7	153.0	166.7	168.3	161.0	-4.3
工业									

续表11

指　标	单位	1990	1995	2000	2005	2010	2015	2016	2016比上年±%
工业总产值	亿元	174.4	647.9	1005.3	2411.5	7958.3	14779.6	15531.3	7.1
工业增加值	亿元	39.8	87.1	187.5	569.7	1996.0	3312.3	3215.4	6.0
规模以上工业									
资产总计	亿元	142.3	470.3	749.8	1473.6	3898.8	11296.7	13101.6	15.6
负债合计	亿元	89.6	328.6	477.5	946.3	2134.9	6257.4	7623.1	22.3
主营业务收入	亿元	104.6	307.8	530.9	1673.0	5942.3	13587.5	14158.2	3.5
利税总额	亿元	18.0	37.9	67.2	230.2	1058.1	1539.6	1507.3	-0.9
建筑业									
建筑业总产值	亿元	12.7	45.5	106.0	299.4	1352.3	2714.7	2891.1	6.5
施工房屋面积	万平方米	325	805	1217	2937	8876.9	23205.9	25323.5	9.1
竣工房屋面积	万平方米	148	306	440	765	2601.7	4317.9	4829.4	11.8
交通运输									
旅客周转量	亿人公里	69.3	92.0	125.1	189.6	301.4	279.6	311.9	2.7
#铁路	亿人公里	46.0	53.0	60.0	80.0	113.9	134.5	138.2	4.0
公路	亿人公里	23.3	32.1	56.3	82.7	137.7	79.7	107.7	2.2
航空	亿人公里	1.0	6.8	8.8	26.9	49.8	65.4	65.9	0.8
货物周转量	亿吨公里	196.2	212.9	226.5	287.7	479.8	548.2	686.4	6.1
#铁路	亿吨公里	181.6	181.9	156.2	187.9	199.4	172.7	176.8	2.5
公路	亿吨公里	14.7	30.9	70.1	99.4	279.8	370.0	494.8	7.0
航空	万吨公里	150.0	574	1281	3385	5641	54276	147408	24.2
邮电通信									
邮电业务总量	万元	1.2	8.5	42	108.2	296.3	297.8	427.1	61.5
国内商业									
社会消费品零售总额	亿元	47.4	164.1	381.8	706.7	1702.1	3294.7	3665.8	11.3
批零贸易企业销售额	亿元	44.9	401.0	437.4	1274.3	2339.1	4751.8	6258.5	31.7
对外贸易和旅游									
进出口总值	万美元		16129	19216	110193	452442	5702633	5502878	-3.5
#出口总值	万美元	1119	13072	12313	75659	331272	3124586	3169974	1.5

续表11

指　标	单位	1990	1995	2000	2005	2010	2015	2016	2016比上年±%
旅游外汇收入	万美元			4653	7769	13384	18000	18800	5.6
金融									
金融机构各项存款	亿元	86.3	464.4	1215.4	3116.1	7990.9	16936.3	19000.7	12.2
金融机构各项贷款	亿元	87.0	373.7	881.9	2428.1	5717.5	12650.3	15422.4	21.8
教育									
在校学生数	万人	84.4	114.9	139.7	191.3	222.3	260.2	286.9	10.3
专任教师数	万人	6.2	5.9	7.1	9.4	12.5	15.6	16.2	3.8
人民生活									
城镇居民人均可支配收入	元	1496	4535	5935	10640	18897	31099	33214	6.8
农村居民人均可支配收入	元	692	1555	2912	4774	9225	17125	18426	7.6
城市居民人均居住建筑面积	平方米			15.5	22.3	29.3	36.8	38.2	3.8
农村居民人均居住面积	平方米	21.5	23.8	35.4	43.7	56.0	53.6	55.3	3.2
城乡居民储蓄余额	亿元	56.1	254.2	565.8	1436.1	2911.0	5695.5	6297.6	10.6
工资									
在岗职工年平均工资	元	2126	5226	9017	16694	32779	52987	61149	15.4
卫生									
医疗机构数	个	935	879	688	1637	1347	3922	3964	1.0
卫生技术人员	个	28410	30590	31137	33568	49519	86518	94955	9.7
医疗床位数	张	20937	22122	24472	29295	47094	78242	85929	9.8
市政建设									
自来水供水量	万吨	23037	32506	28783	30448	37724	35181	37259	5.9
城市集中供热面积	万平方米		851	1383	1777	2261	5270	6050	14.8
用气人口	万人	59.5	107.9	149.2	230	439	608	615	1.2
城市道路长度	公里	428	563	684	1131	1338	1809	1932	6.8
公共汽(电)车总数	辆	404	728	1342	3077	4788	6221	6230	0.1

注:1.1990年城市居民人均可支配收入以人均生活费收入代替;2.直接进出口总值、直接出口总值统计范围不包括国家部委及省属进出口公司,1995年、1990年为业务统计数,2000年和2003年以来为海关数;3.2013年邮电业务总量按2010年可比价格计算,2001-2010年按2000年可比价格计算,2000年以前按1990年可比价格计算;4.固定资产投资2010年以前为城镇投资;5.2010年以后,工业总产值和增加值包含河南中烟工业公司和河南电力公司。

年末人口基本情况一览表

表12

（2016年年底）

县(市)区	总户数（户）	总人口（人）			城镇化率（%）
		合　计	#女　性	城镇人口	
全　市	2916623	9723868	4771004	6905891	71.02
中原区	255091	761628	375202	691101	90.74
二七区	270469	792475	394091	713386	90.02
管城区	184170	555149	270580	477373	85.99
金水区	442754	1286457	620602	1175436	91.37
上街区	46118	138359	70519	126377	91.34
惠济区	92257	291531	146564	214013	73.41
中牟县	123765	493198	242160	238412	48.34
巩义市	250349	827897	410638	449134	54.25
荥阳市	176260	620980	307016	332969	53.62
新密市	221819	806921	397247	450746	55.86
新郑市	168974	635790	323427	357505	56.23
登封市	183196	701432	343196	376108	53.62
经开区	82102	246306	115271	209803	85.18
高新区	93479	272032	131936	230547	84.75
郑东新区	189537	623577	299550	408879	65.57
航空港实验区	136283	670136	323005	454017	67.75

人口自然变动情况一览表

表13　　（2016年年底）

县（市）区	年末平均人口（人）	出生人口（人）	死亡人口（人）	出生率（‰）	死亡率（‰）	自然增长率（‰）
全　市	9646402	116436	52476	12.07	5.44	6.63
中原区	756458	8561	3291	11.32	4.35	6.97
二七区	786960	9562	4069	12.15	5.17	6.98
管城区	550572	7287	2692	13.24	4.89	8.35
金水区	1369873	16099	5918	11.75	4.32	7.43
上街区	137572	1683	890	12.23	6.47	5.76
惠济区	288770	3260	1409	11.29	4.88	6.41
中牟县	487278	6272	3123	12.87	6.41	6.46
巩义市	825748	10058	5078	12.18	6.15	6.03
荥阳市	618385	7848	3842	12.69	6.21	6.48
新密市	805303	8955	4695	11.12	5.83	5.29
新郑市	646261	8059	3903	12.47	6.04	6.43
登封市	697874	9812	4397	14.06	6.30	7.76
经开区	233293	2783	970	11.93	4.16	7.77
高新区	259853	2908	1068	11.19	4.11	7.08
郑东新区	547039	6056	2541	11.07	4.65	6.43
航空港实验区	635164	7233	3523	11.39	5.55	5.84

农林牧渔业

表14　（2016 年）

指　　标	全市	中原区	二七区	管城区	金水区	上街区	惠济区	中牟县
农林牧渔业总产值	**2851591**	**7482**	**6352**	**10996**	**15632**	**6675**	**126541**	**434792**
农业	**1632535**	**3891**	**792**	**6085**	**2483**	**3828**	**64336**	**251499**
谷物及其他作物	541108	1090	167	2007	1783	1174	5305	56091
谷物	317018	822	110	1208	1783	1128	4360	31273
#小麦	191370	624	67	859	1091	678	2593	15568
稻谷	214						133	
玉米	114687	198	43	349	692	450	1634	15705
薯类	49136			43		29		5694
油料	83215	209	57	665		17	593	17267
#花生	76208	92	17	597		6	542	17105
油菜籽	5838	117	17	68		8	9	162
豆类	6139						54	1129
棉花	4970							728
烟草	3997							
其他农作物	69538	59		91			298	
蔬菜园艺作物	820534	2801	59	2654	700	939	58055	164459
蔬菜（含菜用瓜）	809057	2801	59	2601	700	280	57079	164442
花卉	3785			42			751	
水果、坚果、饮料和香料作物	268538		566	1424		1715	976	30949
水果（含果用瓜）	207922		566	1424		355	838	30949
#苹果	18754			21		34	111	2888
梨	3602			35		268	111	107
坚果	60077					1360	138	
香料作物	539							
中草药材	2355							
林业	**59365**	**830**	**94**	**122**	**835**	**1**	**4599**	**4132**
林木的培育和种植	51840	794		122	835	1	3949	3182
竹木采运	1787	36	94				650	950
牧业	**920880**	**2110**	**5097**	**4601**	**1128**	**2846**	**36813**	**139400**
牲畜饲养	221920		29	1250	19	68	17901	60066
牛的饲养	52964			195			7250	19165
羊的饲养	12331		29	54	19	68	161	8704
其他牲畜饲养	4182							
奶产品	107696			1001			10490	32197
猪的饲养	372707	1721	1637	2810	520	923	6853	59829
家禽饲养	200810	389	3431	541	589	1855	7728	19505
肉禽	51758	193	220	330	433	105	3723	7071
禽蛋	149053	196	3211	211	156	1750	4005	12434
狩猎和捕捉动物	30000							
其他畜牧业	95443						4331	
渔业	**193843**	**138**	**176**	**72**	**11186**		**20223**	**34367**
鱼类	191707	138	176	72	11186		19353	34367
虾蟹类	121							
其他	1990						870	
农林牧渔服务业	**44968**	**513**	**193**	**116**			**570**	**5394**

总产值一览表

单位：万元

巩义市	荥阳市	新密市	新郑市	登封市	经开区	高新区	郑东新区	航空港实验区
218196	**509687**	**384324**	**342102**	**305242**	**79448**	**9200**	**121139**	**218920**
77184	**286040**	**158742**	**167012**	**133602**	**32430**	**5256**	**41074**	**120441**
38583	77689	61992	70436	70147	17781	5156	18319	50732
29484	62835	38759	49407	43918	13052	4987	16386	20219
18200	37984	24604	29675	26737	3718	3234	3384	12979
11133	24513	14058	19600	17152	2426	1753	3002	7240
2353	5347	3788	3731	20042	1545		84	5965
2410	4645	4234	12696		3184	169	1050	22324
1399	3429	3925	11904		2924	161	522	22071
743	1002		674		260	8	528	219
64	472	1526	982	2748			319	43
1458	93	62	47	684			20	4
2814	4297	13623	3573	2755			460	2177
14620	115502	52898	53471	38417	8934	100	15938	58585
13630	98095	47522	53441	34200	8934	100	15938	58585
700	12030	1376						
23026	92759	31284	43105	25038	5715		6817	11124
13050	88984	11397	42055		5715		6815	11124
5684	1727	1473	1486		341		277	
460	1640	378	263				17	
9635	3259	19696	1050	25038			2	
341	516	191						
955	90	12568						
14232	**8269**	**38994**	**4998**	**44717**	**16100**		**5000**	**3119**
7457	8269	35529	4598	44048	16100		3000	
1037		2268	400	669				
108056	**181238**	**165648**	**165097**	**115204**	**19462**	**3944**	**52612**	**93375**
11383	46510	56575	21344	45039	11141	609	21305	40657
6479	19371	12639	6650	39105	3272		7511	24915
2119	2376	1417	2443	5228	846	4	4488	5124
595		5217	9					
2114	24763	12585	12242	706	1230	605	4486	10618
65531	87081	54410	97136	39632	7178	557	7483	40879
11078	47643	28443	46592	20503	1143	2778	3824	11799
2461	8678	8106	15657	3159	346	148	2996	5208
8618	38965	20337	30935	17344	797	2630	828	6591
		9325						
20064	4	16895	25	10030			20000	40
6516	**29852**	**2448**	**1001**	**6708**	**3706**		**18459**	
6416	29852	1553	1001	4431	3706		18459	
				1600				
100		895		545				
12208	**4288**	**18492**	**3994**	**5011**	**7750**		**3994**	**1985**

农村基本情况及从业人员一览表

表15

(2016 年)

指　　标	单位	总计	中原区	二七区	管城区	金水区	上街区	惠济区	中牟县
乡村人口从业人员									
乡村户数	万户	108.31	2.22	0.76	1.63	0.83	1.09	4.44	10.43
乡村人口数	万人	421.67	7.36	3.22	6.72	3.51	4.10	16.87	42.59
乡村从业人员数	万人	236.93	3.10	1.85	3.15	1.29	1.71	8.90	24.61
按性别分									
#男劳动力	万人	129.05	1.63	0.95	1.69	0.71	0.90	4.85	13.21
女劳动力	万人	107.88	1.48	0.90	1.45	0.58	0.81	4.05	11.39
按行业分									
农业从业人员	万人	91.75	0.03	0.41	1.25	0.33	0.37	4.31	15.67

注:乡镇数不包括县(市)所在地的城关镇。

续表15

指　　标	单位	巩义市	荥阳市	新密市	新郑市	登封市	经开区	高新区	郑东新区	航空港实验区
乡村人口从业人员										
乡村户数	万户	16.27	13.30	15.89	10.91	14.29	2.19	3.95	2.81	7.29
乡村人口数	万人	62.64	49.10	60.94	41.72	57.76	8.78	11.62	12.60	32.16
乡村从业人员数	万人	33.39	31.93	33.33	25.63	34.79	4.52	3.69	5.95	19.10
按性别分										
#男劳动力	万人	18.74	17.07	18.06	13.61	19.26	2.53	2.06	3.35	10.43
女劳动力	万人	14.65	14.86	15.27	12.02	15.53	1.99	1.62	2.60	8.68
按行业分										
农业从业人员	万人	11.48	8.80	8.50	9.28	14.30	2.36	1.22	3.15	10.30

注:乡镇数不包括县(市)所在地的城关镇。

牧业主要产品产量一览表

表16

（2016年）

指　　标	单位	合计	中原区	二七区	管城区	金水区	上街区	惠济区	中牟县
猪当年出栏头数	万头	231.74	0.80	0.60	1.22	0.38	0.45	3.59	33.45
牛当年出栏头数	万头	13.23		0.01	0.05			0.79	1.98
羊当年出栏只数	万只	51.93		0.10	0.17	0.09	0.11	0.28	16.52
禽当年出栏只数	万只	3799.37	15.00	27.80	14.31	34.44	6.86	224.47	459.56
肉类总产量	吨	254473	736	816	1118	708	460	6840	40528
#猪肉产量	吨	178718	603	440	871	284	353	2614	29360
牛肉产量	吨	19681		10	63			1096	3311
羊肉产量	吨	6540		16	17	11	18	33	2060
禽肉产量	吨	47094	133	350	167	413	89	3000	5797
兔肉产量	吨	1444							
奶类总产量	吨	326496	990	280	716			29996	95823
#牛奶产量	吨	320523	990	280	716			29956	95823
山羊毛产量	公斤	15288							
绵羊毛产量	公斤	19618							
蜂蜜产量	公斤	84458							
禽蛋产量	吨	201267	265	3000	352	155	2472	4974	15609

续表16

指　　标	单位	巩义市	荥阳市	新密市	新郑市	登封市	经开区	高新区	郑东新区	航空港实验区
猪当年出栏头数	万头	31.54	40.85	20.55	49.54	22.80	3.76	0.41	1.80	20.01
牛当年出栏头数	万头	0.69	1.98	0.94	0.69	3.04	0.37		0.13	2.57
羊当年出栏只数	万只	3.70	3.54	3.05	4.57	7.32	1.62	0.09	1.19	9.58
禽当年出栏只数	万只	182.91	622.32	461.90	1074.35	300.15	26.36	7.24	10.37	331.33
肉类总产量	吨	29625	43734	22108	49567	27754	3737	411	1849	24482
#猪肉产量	吨	25053	32910	14301	34126	18258	2744	304	1393	15104
牛肉产量	吨	990	2960	1171	1016	4561	500		196	3807
羊肉产量	吨	501	491	335	578	914	200	11	143	1212
禽肉产量	吨	2267	7346	5294	13801	3601	293	96	117	4330
兔肉产量	吨	228	23	947	39	178				29
奶类总产量	吨	6292	74688	29383	36435	2100	3660	336	14196	31601
#牛奶产量	吨	6292	73636	24502	36435	2100	3660	336	14196	31601
山羊毛产量	公斤	11509		1320	753	1706				
绵羊毛产量	公斤	3840		8595	1893	3826				1464
蜂蜜产量	公斤	68971	2191	8255	1415	3626				
禽蛋产量	吨	12196	54013	28455	42872	24497	1125	856	1157	9269

林业生产情况一览表

表17　　(2016 年)　　单位：公顷

县(市)区	当年造林面积	经济林	四旁植树(万株)	育苗面积	森林抚育实际面积
总计	**2481**	**502**	**627**	**3458**	**3150**
中原区	6		50	350	7
二七区	6			3	7
管城区	6		20	14	7
金水区				212	47
上街区				20	7
惠济区	45			1030	55
中牟县	477	142	210	480	360
巩义市	249	249		93	1451
荥阳市	414			461	194
新密市	578	111	47	485	330
新郑市	289		90	280	318
登封市	386		210	30	367

表18

邮电通信行业基本情况一览表

（2016 年）

指标名称	计量单位	本年实际	指标名称	计量单位	本年实际
邮政业网点及邮递线路			#期刊数	万份	745
营业网点	处	245	固定本地电话通话时长	万分钟	185104
#邮政局所	处	245	固定长途电话通话时长	万分钟	33870
邮政信筒信箱	个	535	移动电话通话时长合计	万分钟	4903278
邮路条数	条	363	#去话通话时长	万分钟	2631419
邮路总长度	公里	148844	非漫游	万分钟	3861666
#汽车邮路	公里	89593	国内漫游	万分钟	692990
铁路邮路	公里	6984	国际及港澳台漫游	万分钟	827
航空邮路	公里	52268	移动短信业务量	亿条	34
农村投递线路总长度	公里	17184	移动电话年末用户	户	13733718
城市投递线路总长度	公里	10310	#3G 移动电话用户	户	916720
通信业务量			本年移动电话新增用户	户	1210669
邮电业务总量(2010 年不变价)	万元	4270832	固定本地电话年末用户	户	1954375
邮政业务总量	万元	868954	#公用电话用户	户	297786
电信业务总量	万元	3401877	城市电话用户	户	1399364
函件	万件	4300	#住宅电话用户	户	688524
包裹	万件	42	农村电话用户	户	298033
汇票	万笔	55	#住宅电话用户	户	226046
快递	万件	42375	互联网接入用户数	户	3582202
#国内同城快递	万件	9482	#互联网宽带接入用户	户	2744737
国内异地快递	万件	32428	**电信主要通信能力**		
国际及港澳台快递	万件	465	光缆线路长度	公里	88920
快递业务收入	亿元	52	固定长途电话交换机容量	万门	8
订销报刊期发数	万份	88	局用电话交换机容量	万门	69
#期刊数	万份	34	移动电话交换机容量	万门	2092
订销报刊累计数	万份	12316	移动电话基站	万个	3

规模以上工业总产值、增加值及销售产值一览表

表19 （2016年） 单位：万元

项目	工业总产值	工业增加值	工业销售产值
总计	**155312713**	**32154329**	**150405940**
按轻重工业分			
轻工业	23816107	7556298	24176292
重工业	131496606	24598031	126229648
按登记注册类型分			
国有控股企业	21966929	6688721	21809572
国有企业	14617145	4193618	14612856
集体企业	1180222	251314	1146322
股份合作企业	19682	4283	19350
股份制企业	98290155	21407382	95999099
外商和港澳台商投资企业	35168095	5035491	32789512
其他	6037414	1262241	5838801
按所有制类型分			
公有制	24339644	7193382	24137277
非公有制	130973069	24960947	126268664
按企业规模分			
大型企业	65164874	13470199	62687269
中型企业	38623307	8148239	37411034
小型企业	51385251	10508585	50170303
微型企业	139281	27306	137334

注：本表工业增加值、总产值、销售产值包含河南中烟工业公司和河南电力公司的全口径统计数据。

全社会固定资产投资一览表

（2016 年）

表20　　　　单位：万元、万平方米

指　　标	全社会投资	固定资产投资	房地产开发	农户投资
总　　计	**70703777**	**69986438**	**27789452**	**717339**
住宅投资	20756376	20417649	19163971	338727
按经济类型分				
内资	**67443534**	**67443534**	**27410860**	
国有经济	9395900	9395900	1865570	
集体经济	189866	189866		
股份合作	183531	183531		
其他联营	5000	5000		
国有独资	3819840	3819840	353350	
其他有限责任公司	39307426	39307426	20118039	
股份有限公司	1700397	1700397	391840	
私营	8784653	8784653	4334469	
其他内资	4056921	4056921	347592	
港澳台商投资	**2289633**	**2289633**	**288962**	
合资经营	446400	446400	26000	
独资	1817897	1817897	244126	
股份有限		16177	16177	
其他	9159	9159		
外商投资	**250771**	**250771**	**89630**	
合资经营	178327	178327	34200	
独资	63228	63228	55430	
股份有限	5016	5016		
其他	4200	4200		
个体经营	**719839**	**2500**		**717339**
本年新增固定资产	**28914401**	**28197216**	**5576734**	**717185**
本年施工房屋面积	**17781**	**17274**	**14230**	**507**
#住宅	11029	10544	9604	485
本年竣工房屋面积	**2360**	**1853**	**1455**	**507**
#住宅	1651	1167	1056	484
本年竣工房屋价值	**4956572**	**4580040**	**3961889**	**376532**
#住宅	3558586	3220014	2925040	338572

城市建设用地情况一览表

表21

指　　标	单位	2015 年	2016 年
城市市区面积	平方公里	1010.3	1010.3
建成区面积	平方公里	437.6	443.0
#城市建设用地面积	平方公里	393.3	410.3
#工业	平方公里	35.2	36.7
物流仓储	平方公里	15.8	16.5
交通设施	平方公里	72.7	75.8
居住	平方公里	100.7	105.1
公共管理与公共服务	平方公里	57.5	59.9
公用设施	平方公里	15.8	16.5
绿地	平方公里	81.2	84.8
商业服务业设施	平方公里	14.5	15.2
本年征用土地面积	平方公里	9.3	8.4

市政设施及公共交通一览表

表22

指　　标	单位	2015 年	2016 年
实有铺装道路长度	公里	1809	1932
实有铺装道路面积	万平方米	4720	5125
人行道面积	万平方米	979	1060
实有桥梁数	座	226	243
#立交桥	座	57	60
路灯盏数	盏	93551	97020
排水管道长度	公里	3812	4065
污水年排放量	万立方米	48077	49472
污水处理厂	座	5	7
处理能力	万立方米/日	139	154
污水年处理量	万立方米	46173	48497
公共汽、电车运营车数	辆	6221	6230
标准运营车数	标台	8298.2	8306.4
运营线路网长度	公里	1302.6	1479.9
全年客运总量	万人次	95387	91039
实有出租汽车数	辆	10608	10908

表23　城市供水、供电情况一览表

指　　标	单位	2015 年	2016 年
供　水			
水厂数	个	9	9
自来水综合生产能力	万立方米/日	187	191
#地下水	万立方米/日	42	43
供水管道长度	公里	2997	2997
全年供水总量	万立方米	35181	37259
#生产用水	万立方米	3877	1276
生活用水	万立方米	28692	29763
#家庭用量	万立方米	17381	18192
用水人口	万人	661	661
节约用水			
取水量	万立方米	11258	10387
生产用水重复利用量	万立方米	138227	123188
节约用水量	万立方米	6426	6548
供　电			
公用配电线路长度	公里	23318	19596
全年销售总量	亿千瓦时	352	358
#生活用电	亿千瓦时	53	59
售给居民每千度电售价	元	551.4	542.7

城市燃气及供热一览表

表24

指　　标	单位	2015 年	2016 年
液化石油气			
储气能力	吨	970	970
外购气量	吨	61615	60734
供气总量	吨	61078	60242
#家庭用量	吨	43166	42181
用气家庭户数	户	209601	201467
用气人口数	万人	95	86
天然气			
储气能力	万立方米	240	240
供气总量	万立方米	106894	112864
#家庭用量	万立方米	34280	33813
用气家庭户数	户	1691182	1725216
用气人口数	万人	513	529
输送管道长度	公里	5495	5886
供热能力			
蒸汽	吨/小时	550	390
热水	兆瓦	4023	4099
供热总量			
蒸汽	万吉焦	117	107
热水	万吉焦	1599	1866
管道长度			
蒸汽	公里	91	91
热水	公里	1190	1190
集中供热面积	**万平方米**	**5270**	**6050**
#住宅	万平方米	4370	5017

社会消费品零售总额一览表

表25

（2016 年）

单位：万元

类　别	合　计	限额以上单位	限额以下单位
社会消费品零售总额	**36658275**	**18785568**	**17872707**
按销售单位所在地分			
城镇	33330694	18025196	15305498
乡村	3327581	760372	2567209
按行业分			
批发业	4370178	2339104	2031074
零售业	26443160	15398699	11044461
住宿业	237091	176327	60764
餐饮业	5607846	871438	4736408

对外经济贸易一览表

表26

单位：万美元

项　目	2015 年	2016 年	2016 年比 2015 年±%
全市进出口总值	**5702633**	**5502878**	**-3.5**
#全市进口总值	2578048	2332904	-9.5
全市出口总值	3124586	3169974	1.5
#国内企业	383144	373387	-2.5
外资企业	2741442	2796587	2.0
新批外资企业	58	72	24.0
合同外资额	125514	426930	240.1
实际利用外商直接投资	382661	403305	5.4

表27

财政收入

（2016 年）

单　　位	郑州市	市本级	中原区	二七区	管城区	金水区	上街区	惠济区
一般公共预算收入	**10111833**	**6129260**	**284919**	**295023**	**240825**	**525325**	**103970**	**163262**
税收收入	**7232643**	**4222671**	**263635**	**280292**	**230767**	**479679**	**80259**	**156082**
增值税	1693913	931644	57881	63393	53913	129212	24432	30623
国内增值税	754331	387047	23878	19740	27919	45501	13528	11246
国有企业增值税	68768	40098	8356	591	472	2567	1566	268
集体企业增值税	4775	1409	14	273	447	280	196	122
股份制企业增值税	509044	258843	11083	11210	18567	29050	7294	5969
联营企业增值税	67	27			15	12		
港澳台和外商投资企业增值税	92543	50568	2041	5638	2410	5905	1238	1913
私营企业增值税	16590	7050	8	97	88	547	1394	121
其他增值税	50343	20754	2267	1383	2710	6951	1169	2292
增值税税款滞纳金、罚款收入	2828	1225	58	64	134	576	71	23
残疾人就业增值税退税	-12074	-1922	-231	-331	-66	-1208	-345	-44
软件增值税退税	-9936	-9570	-21	-3		-340		-2
宣传文化单位增值税退税	-3458	-1973		-24		-1461		
资源综合利用增值税退税	-9325	-1886	-1389	-77		-171	-212	-14
其他增值税退税	-771	-409	-9			-114		
免抵调增增值税	14847	7824	454	154	2267	46	654	24
营改增试点国内增值税划出（地方）	-19310	-19310						
营改增试点国内增值税划入（地方）	49400	34319	1247	765	875	2861	503	574
改征增值税（项）	939582	544597	34003	43653	25994	83711	10904	19377
改征增值税（目）	954715	553470	34731	44311	26444	85214	11076	19666
改征增值税税款滞纳金、罚款收入	249	175	5	4	4	21	5	3
改征增值税国内退税	-369	-369						
营改增试点改征增值税划出（地方）	-23629	-17295	-733	-662	-454	-1524	-177	-292
营改增试点改征增值税划入（地方）	8616	8616						
营业税	1296282	823218	36301	45983	32991	58246	13632	24310
金融保险业营业税（地方）	309580	283497		145	8	2450	1211	
一般营业税	1122820	620291	39812	51476	36546	63055	13757	26783
营业税税款滞纳金、罚款收入	2931	1669	202	201	5	101	9	91
营业税划出（地方）	-218497	-161687	-3713	-5839	-3568	-7360	-1345	-2564
营业税划入（地方）	79448	79448						
企业所得税	1249327	842671	30941	38214	38454	75577	7826	23320
个人所得税（款）	344802	233604	16465	11998	17276	26897	1731	3118
个人所得税（项）	344263	233307	16440	11979	17264	26811	1723	3110
储蓄存款利息所得税	17	8					6	1
其他个人所得税	344246	233299	16440	11979	17264	26811	1717	3109
个人所得税税款滞纳金、罚款收入	539	297	25	19	12	86	8	8
资源税	31361			297		1	403	
城市维护建设税	397160	208810	22691	23642	19835	40487	4466	12846
房产税	188567	84143	11120	19193	11622	30936	3337	4262
印花税	129615	68022	7115	7987	5869	16303	1164	4503
城镇土地使用税	197132	60495	8412	11681	10263	11781	7214	7466
土地增值税	700723	258571	57195	56308	40536	89019	6833	45718
车船税（款）	81349	58007				4	2312	
耕地占用税（款）	153830	53578	15514	1596	8	1216	1185	-84
契税（款）	768072	599908					5724	
烟叶税（款）	495							
非税收入	**2879190**	**1906589**	**21284**	**14731**	**10058**	**45646**	**23711**	**7180**
专项收入	1026389	928029	100	40	17	3402	5039	113

一览表

单位：万元

经开区	高新区	郑东新区	航空港实验区	中牟县	巩义市	荥阳市	新密市	新郑市	登封市
504678	**340116**	**770175**	**329620**	**416156**	**383698**	**372152**	**308469**	**653118**	**235656**
415916	**292379**	**722894**	**231871**	**292964**	**204195**	**284418**	**155095**	**441236**	**141350**
81846	63802	98203	29467	67174	63712	57097	65031	99482	50319
62885	35702	13848	5916	16866	53945	23130	52656	36856	42019
5913	616	87	1	1553	3240	1569	3873	1944	2671
84	50	2		40	328	587	278	679	122
46829	30569	9508	2612	7722	39862	20915	46997	26355	25177
						7			6
6542	3871	1531	2691	6229	429	658	1029	3312	11173
40	1349	1683	22	435	3947	207	492	2008	196
180	1548	406	413	1067	4164	1127	1051	2285	3123
56	90	34	5	22	335	79	127	62	52
-12			-9	-384	-2776	-413	-2714	-1032	-608
-45	-4517	-40							
		-244							
-2			-38	-255	-21	-3062	-253	-302	-1683
		-143					-239		
1041	874	525			2331	308	363	422	
2259	1252	499	219	437	2106	1148	1652	1123	1790
18961	28100	84355	23551	50308	9767	33967	12375	62626	8300
19465	28878	84993	24029	50944	9977	34407	12626	63380	8469
6	19	40	4	4	4	4	1	17	2
-56	-129								
-454	-668	-678	-482	-640	-214	-444	-252	-771	-171
27667	32846	119273	37045	40473	17868	64139	25101	94173	19847
8		59019	12	4140	3735	2651	2498	6348	2897
33863	36657	70712	38812	38172	15294	73596	24120	99938	19980
8	56	156	166	87	70	188	113	176	19
-6212	-3867	-10614	-1945	-1926	-1231	-12296	-1630	-12289	-3049
40792	40115	84094	41843	35999	14172	43448	20994	60127	17584
8296	6741	30276	4688	11144	3501	4544	3206	8398	2920
8293	6733	30218	4684	11142	3493	4519	3188	8375	2912
								2	
8293	6733	30218	4684	11142	3493	4519	3188	8373	2912
3	8	58	4	2	8	25	18	23	8
					13444	1268	3950	2672	9326
92259	26640	29032	14299	9635	9366	12874	8295	16998	7215
16107	10044	21806	17745	4441	5611	2298	2128	5934	3542
11692	7289	12657	20568	3014	3753	3320	2214	5124	1227
18901	11740	16174	10329	13447	27214	11336	5288	13665	8870
31469	41004	159176	26821	27431	5682	43123	7825	58469	4013
		680		2384	9577	1357	1783	2036	3889
26854	6334	15163	5227	24177	28221	2393	1969	16909	7148
60033	45824	136360	23839	53645	2074	37221	7311	57234	4955
									495
88762	**47737**	**47281**	**97749**	**123192**	**179503**	**87734**	**153374**	**211882**	**94306**
38640	11265	11090	24970	12156	9359	12398	20323	14523	20890

续表27　　（2016年）

单　　位	郑州市	市本级	中原区	二七区	管城区	金水区	上街区	惠济区
排污费收入(项)	10155	1613					283	
水资源费收入	15452	10554	5	3			114	86
教育费附加收入(项)	178185	140813				17	2012	15
地方教育附加收入	59717	47284					671	
文化事业建设费收入	3931	230	95	36	17	3362	6	1
残疾人就业保障金收入	12877	9572					179	
教育资金收入	433951	420623					953	
农田水利建设资金收入	307925	297263					762	
育林基金收入	338	3		1		23		11
森林植被恢复费	2188							
水利建设专项收入	122							
其他专项收入(项)	1548	74					59	
行政事业性收费收入	403970	165016	5240	6964	6209	21622	4162	2947
公安行政事业性收费收入	33374	31111					11	
法院行政事业性收费收入	72827	33024	2636	5364	3419	13755	648	2071
司法行政事业性收费收入	2811	1108	616		16	362	26	347
外交行政事业性收费收入	6	6						
工商行政事业性收费收入	198							
商贸行政事业性收费收入	360	360						
财政行政事业性收费收入	2108	1773	2	19	2	79	11	12
人口和计划生育行政事业性收费收入	11155	4512	72	408		1939		79
质量监督检验检疫行政事业性收费收入	3698	2023						
安全生产行政事业性收费收入	661	358						
档案行政事业性收费收入	33					33		
人防办行政事业性收费收入	25169	15818					2091	
文化行政事业性收费收入	10	9						
教育行政事业性收费收入	32631	13365	1045	209		1628		287
科技行政事业性收费收入	8	8						
发展与改革(物价)行政事业性收费收入	-13	-13						
国土资源行政事业性收费收入	67545	24634	174	8	5	140	747	2
建设行政事业性收费收入	90670	22847	213	27		1806	326	39
环保行政事业性收费收入	911	489					4	
交通运输行政事业性收费收入	156	38					10	
工业和信息产业行政事业性收费收入	2	2						
农业行政事业性收费收入	153					49		
林业行政事业性收费收入	65							18
水利行政事业性收费收入	463	43						3
卫生行政事业性收费收入	45976	4751	45	354	2557	1578	286	81
食品药品监管行政事业性收费收入	1085	1038						
民政行政事业性收费收入	1563	656	5	10	1	91	2	1
人力资源和社会保障行政事业性收费收入	4661	4263	2	24		108		7
仲裁委行政事业性收费收入	2429	2429						
党校行政事业性收费收入	115	26				46		
其他行政事业性收费收入	3140	338	430	541	209	8		
罚没收入	173020	114299	1370	1979	941	3874	1176	1733
一般罚没收入	173020	114299	1370	1979	941	3874	1176	1733
公安罚没收入	78425	56335					769	

单位：万元

经开区	高新区	郑东新区	航空港实验区	中牟县	巩义市	荥阳市	新密市	新郑市	登封市
			90	1066	1616	1144	1625	714	2094
33		85		703	633	731	1165	85	1373
38591	11259	10992	6034	5769	5008	6207	5126	9022	4196
				1923	1667	2056	1710	3005	1401
16	6	13		96	15	6	3	1	63
				126	416	319	639	1223	403
			9423			1000	5424		5951
			9423			800	4339		4761
				285	4		2	9	
				2188					
									122
						135	290	464	526
36940	4764	4435	12859	12588	8304	67391	19015	77304	7208
				45	1502	152	37	27	489
12991	2260		632	2081	1524	1075	2644	2776	1810
				167	44	28	9	58	30
				198					
15	1	12	5	52	72		44	9	33
3259	207	455	591	3932	33	50	22	100	8
				182	438	208	237	193	417
					82	133		88	
11269	832		1026	2210	829	1370	162	1606	1083
						1			
123	1300	1287	950	1860	1351	3459	2596	4816	2015
			4784	17	669	39513	528	723	385
9270	163	2680	674	1458	996	1675	1205	59875	203
				60	45	5	107	7	194
					27	2	7	72	
				63	2	21	6		12
				2		45			
11		1				4	357		56
			4195	68	168	19509	9597	6815	167
					11			36	
2	1			139	341	130	94	83	10
					170	4	18	20	45
						7			36
			2	54			1345		215
9658	1219	4254	6790	13420	5318	5347	7768	10998	4797
9658	1219	4254	6790	13420	5318	5347	7768	10998	4797
				3825	2003	2043	3540	7547	2363

续表27 （2016 年）

单　位	郑州市	市本级	中原区	二七区	管城区	金水区	上街区	惠济区
检察院罚没收入	670	71	12		2	310		95
法院罚没收入	5610	770	256	459	242	1363	44	105
工商罚没收入	2995	705	36	342	202	110	15	61
新闻出版罚没收入	166	19				138	2	
技术监督罚没收入	269	79	15	19			1	2
海关罚没收入	130	130						
食品药品监督罚没收入	1094	191	13	34	68	206	1	77
卫生罚没收入	357	68	8	2	18	39	7	2
检验检疫罚没收入	29							
交通罚没收入	2697	824	194		1	32	21	
审计罚没收入	926					36		
物价罚没收入	601	235	1			239		
其他一般罚没收入	79051	54872	835	1123	408	1401	316	1391
国有资本经营收入	391096	345797	210	1975		4267		2
利润收入	37158	22087						
股利、股息收入	6603	746	210	1375		4267		
产权转让收入	342533	322964						
其他国有资本经营收入	4802			600				2
国有资源（资产）有偿使用收入	624395	236515	13965	3336	1984	12481	13153	1322
利息收入	40906	18226	361	735	352	1215	2938	238
国库存款利息收入	8185	5056	231	182	112	357	122	176
财政专户存款利息收入	1027							
其他利息收入	31694	13170	130	553	240	858	2816	62
非经营性国有资产收入	54398	18397	12907	2106	397	11266	4279	481
行政单位国有资产出租、出借收入	5669	1648	423	1359		1458	278	480
行政单位国有资产处置收入	7504	2640	1088	5	21			1
事业单位国有资产处置收入	10333	8274	129		376	1255		
其他非经营性国有资产收入	30892	5835	11267	742		8553	4001	
出租车经营权有偿出让和转让收入	6167	6167						
矿产资源专项收入	2077	8						
排污权出让收入	16	16						
其他国有资源（资产）有偿使用收入	520831	193701	697	495	1235		5936	603
捐赠收入	4245	684		372	907			413
其他收入（款）	141315	3532		65			181	650
主管部门集中收入	40							40
其他收入（项）	141275	3532		65			181	610
政府性基金收入	**8358981**	**5966515**					**59271**	
政府住房基金收入	114760	112717	399					
上缴管理费用	5062	5062						
计提公共租赁住房资金	76529	76529						
公共租赁住房租金收入	31599	31126	399					
其他政府住房基金收入	1570							
国有土地使用权出让收入	7358178	5125410					56879	
土地出让价款收入	6926218	4899896					15492	
补缴的土地价款	212355	184469					11914	
划拨土地收入	207819	114163					29473	
缴纳新增建设用地土地有偿使用费	-95939	-74612						
其他土地出让收入	107725	1494						
城市公用事业附加收入	29875	19868						
国有土地收益基金收入	172678	126842						
农业土地开发资金收入	24401	11615						
城市基础设施配套费收入	704081	628411					1930	
污水处理费收入	20948	17702					462	
散装水泥专项资金收入	869	128						
新型墙体材料专项基金收入	43376	32618						
彩票发行机构和彩票销售机构的业务费用	4067	3921						
其他政府性基金收入	508							

单位：万元

经开区	高新区	郑东新区	航空港实验区	中牟县	巩义市	荥阳市	新密市	新郑市	登封市
			71		52	6		68	54
82	63		141	417	732	176	565	411	70
				20	665	201	193	186	259
					7				
				26	22	11	24	20	50
			17						
	20	26	14	10	24	49	177	138	106
	1			101	13	14	7	47	31
						8	21		
				66	519	198	432	213	197
				172	24	540	146		8
				98					28
9576	1135	4228	6547	8685	1257	2101	2663	2368	1631
2964		18037	4050		20951	575	72		17247
		18037	4050						15071
							5		
2964					19502		67		
					1449	575			2176
560	30488	8962	896	83698	117183	1358	6732	103285	29383
190	466	5587	896	6334	2798	1143	1104	3106	2356
178	194	624	434	568	121	795	86	305	74
					391		633		3
12	272	4963	462	5766	2286	348	385	2801	2279
326		3375			22		3831	688	24
287		541			2			8	13
39		6			8		3628	112	1
		2482			12		203	83	1
		346						485	9
					113	215	7		1734
44	30022			77364	114250		1790	99491	25269
	1	96		1	28		1134	224	482
			658	1272	18358	665	96745	5548	14299
			658	1272	18358	665	96745	5548	14299
69811	**65300**	**152653**	**252156**	**1000069**	**26618**	**604140**	**97233**	**515111**	**90024**
		407	47526	57	2		1585		
			16807						
		407	30719	57			17		
					2		1568		
			166387	929937	18994	565554	84757	494799	81848
			163736	907746	9072	547186	75112	396651	75063
			12185	12104	290	186	402	2835	155
			1576	18588	9632	22142	3130	9882	809
			-11110	-12950		-3960	-207	-4075	-135
				4449			6320	89506	5956
	1300			357	3781	2060	900	2108	801
			3975	19101	194	12906	1792	10078	1765
			2705	4055	174	2761	1546	3269	981
69811	64000	152653	79089	43180	2510	17908	6571		3571
				675	597		365	1147	
					110	179	206	152	94
				2764	110	2772	1096	3558	458
					146				
					2				506

财政支出

表28 （2016 年）

单　　位	郑州市	市本级	中原区	二七区	管城区	金水区	上街区	惠济区
一般公共预算支出	**13215255**	**7999731**	**288446**	**294324**	**237831**	**500914**	**133423**	**145295**
一般公共服务支出	**968633**	**342978**	**51819**	**54958**	**46919**	**69099**	**22982**	**26471**
人大事务	10705	3482	895	582	542	582	447	517
政协事务	9514	3255	598	629	449	594	357	463
政府办公厅（室）及相关机构事务	432270	125307	24260	34438	29526	35469	13085	14559
发展与改革事务	20064	10299	444	423	726	287	293	250
统计信息事务	14242	3823	1573	848	249	834	212	687
财政事务	47541	13763	2708	2021	3024	1962	1063	1470
税收事务	7347	4357					562	55
审计事务	16963	6237	460	1506	331	553	316	406
海关事务	394	394						
人力资源事务	21836	10276	1403	866	160	2551	69	536
纪检监察事务	20042	8047	945	954	756	729	395	709
商贸事务	28765	18447	1024	811	672	416	744	1173
知识产权事务	431	362					38	
工商行政管理事务	37356	9303	3603	2457	2473	3607	761	1465
质量技术监督与检验检疫事务	16041	8097	456	333	368	336	152	351
民族事务	1602	1027	108	32	44	10	32	44
宗教事务	977	92	12	109	146	155	16	47
港澳台侨事务	261	123					46	
档案事务	4039	1142	201	220	208	197	103	165
民主党派及工商联事务	2385	1287	12	130	68	122	59	83
群众团体事务	17589	8509	508	672	1275	1205	293	251
党委办公厅（室）及相关机构事务	30518	9387	1156	672	719	1834	637	1827
组织事务	13233	1903	983	1237	1023	2926	783	452
宣传事务	15262	5255	949	1481	513	423	1227	753
统战事务	3487	976	231	245	239	352	101	204
其他共产党事务支出（款）	25141	4263	6569	2256	3408	6023	1191	4
其他一般公共服务支出（款）	170628	83565	2721	2036		7932		
国防支出	9912	1877	475		338	90		280

一览表

单位：万元

经济区	高新区	郑东新区	航空港实验区	中牟县	巩义市	荥阳市	新密市	新郑市	登封市
403373	**356693**	**649021**	**644713**	**700712**	**582699**	**563986**	**478031**	**838414**	**451449**
42227	**30141**	**45025**	**61408**	**52958**	**72806**	**52412**	**39840**	**82335**	**53056**
18	40	12		719	501	672	653	549	564
				588	544	662	523	432	420
36214	17697	23577	15526	34050	19163	23887	17237	44981	16308
417	1335	47	1125	1383	1117	1495	958	1478	911
496	313	328	243	664	1069	1115	956	1316	896
2156	1284	666	2059	3096	3332	5098	3687	4399	1918
1043		1784	758	539			1802		32
	604	2152		1944	618	1760	678	1631	523
			394						
262	870	1220	667	179	2296	771	241	2326	162
128	708	815	919	1764	1130	967	907	1844	895
92	1758	8994	1664	414	1140	911	694	1942	377
					31				
180		120	50	2246	1735	2852	1740	2743	2371
		431	430	649	1104	1443	703	1360	689
		8		28		209	15	43	10
		24		93	18	2	74	76	137
						70	22		
				204	213	523	202	414	247
				36	85	145	54	240	64
505		755	70	777	194	484	643	1944	834
	869	2309	229	1185	3861	2092	1542	2910	2696
		18		1218	198	991	539	497	483
4	3	16	1	819	261	1374	525	1002	680
				238	117	181	127	234	242
483				104			1318		5
229	4660	1749	37273	21	34079	4708	4000	9974	21592
80			182	3054	706	442	210	2130	310

续表28 （2016年）

单　　位	郑州市	市本级	中原区	二七区	管城区	金水区	上街区	惠济区
现役部队（款）	862	862						
国防动员	7862	1015	426			90		280
其他国防支出（款）	1188		49		338			
公共安全支出	531015	310755	8427	8777	9240	13535	8119	7516
武装警察	30404	22051	625			1152	165	455
公安	340984	225037				2005	5587	612
国家安全	244	244						
检察	45301	17551	2853	2288	2494	2761	731	1474
法院	75333	26213	3433	5661	5556	6056	965	3878
司法	22854	6040	1516	808	1190	1539	547	1097
监狱	4459	4459						
强制隔离戒毒	9126	9116						
其他公共安全支出（款）	2310	44		20		22	124	
教育支出	1555258	686348	63684	57612	41496	90590	26157	34160
教育管理事务	21201	4839	565	270	615	136	637	1547
普通教育	1104010	413373	50480	48193	32881	79986	20572	25692
职业教育	173494	144623	18	205	77	13	1530	397
成人教育	687	209		9	4		1	168
广播电视教育	2272	1684						
特殊教育	5596	2857	33	323	297	344		
进修及培训	18784	8634	606	128	277	183	118	468
教育费附加安排的支出	152851	85347	9544	6201	4926	7597	2295	4828
其他教育支出（款）	76363	24782	2438	2283	2419	2331	1004	1060
科学技术支出	217190	157660	2101	2426	4381	10039	2701	691
科学技术管理事务	27219	21624	229	202	365	249	231	127
基础研究	1452	1446		6				
应用研究	268	78			30			
技术研究与开发	141066	106412	1593	1892	2393	5791	2384	438
科技条件与服务	20331	12673	136	150	50	1363		100
社会科学	143	143						

单位：万元

经济区	高新区	郑东新区	航空港实验区	中牟县	巩义市	荥阳市	新密市	新郑市	登封市
80			182	3051	265	442	210	1773	310
				3	441			357	
21495	5245	9746	15302	30467	27995	27065	26102	32981	20036
13839		3594	3335	1175	803	735	652	2000	591
1664		5357	4508	21193	16372	18252	17802	21589	12535
			4						
900	1250	395	3832	3070	2409	2762	2518	2588	1802
4915	3995	400	3464	3651	5803	2687	3866	4509	3055
177			159	1092	1320	2545	1264	2240	1656
					10				
				286	1278	84		55	397
42257	39015	94046	34063	102374	86261	91182	76093	106127	93174
5	771	170	648	6183	813	903	1534	2216	943
20581	26842	83686	22308	85459	73298	77124	63424	71236	62292
				3573	5092	6327	4127	4649	2863
	5			99	174	5	9	9	
						588			
		10		198	233	376	307	404	224
			4	1882	1301	1777	1713	955	742
19722	11245	9903	8486	4552	5008	3797	4377	9022	5357
1949	152	277	2617	428	342	285	602	17636	20753
18966	30494	21476	13186	5831	8107	7452	2925	10307	2569
3	432	19767	5	267	298	308	364	2825	130
	130	8							
	20					160			
10922	25734	1263	1427	5123	3956	1314	2194	6459	1117
1368	606	200	10050		50	5212	20	510	67

续表28 （2016 年）

单　　位	郑州市	市本级	中原区	二七区	管城区	金水区	上街区	惠济区
科学技术普及	4426	2164	107	112	112	176	55	26
科技交流与合作	405	405						
科技重大项目	1210	1210						
其他科学技术支出(款)	20670	11505	36	64	1431	2460	31	
文化体育与传媒支出	126172	56265	1153	1340	1199	3799	820	552
文化	35348	16881	1027	1241	789	2286	383	478
文物	29097	19712	31	4	360	1	122	28
体育	8954	6129		70		20	16	45
新闻出版广播影视	23853	10756	1			95	277	
其他文化体育与传媒支出(款)	28920	2787	94	25	50	1397	22	1
社会保障和就业支出	859040	420512	32719	39368	18853	46445	14530	14992
人力资源和社会保障管理事务	48963	29175	445	511	1653	1154	3649	1095
民政管理事务	60058	12389	8387	8904	5401	6176	2081	1693
财政对社会保险基金的补助	233733	126621	1896	1422	1788	19479		1468
行政事业单位离退休	215148	99256	11611	14660	3056	368	7001	7141
企业改革补助	10878	10868						
就业补助	36668	26701	466	1492	230	1605	58	171
抚恤	57763	7406	4437	4595	3140	7070	757	1912
退役安置	74298	61970	1079	2169	923	3653	94	500
社会福利	32874	14613	2582	2772	1388	3977	328	77
残疾人事业	18306	5347	664	1405	434	723	277	554
自然灾害生活救助	752	124		12	9		4	6
红十字事业	1890	716	79	79	99	101		54
最低生活保障	29662	1801	777	565	358	1050	173	248
临时救助	5481	2448	65	148	154	99	57	16
特困人员供养	6034	450	25	114	15	32	25	26
其他生活救助	1765	8	22	263	69	30	16	26
其他社会保障和就业支出(款)	24767	20619	184	257	136	928	10	5
医疗卫生与计划生育支出	865525	270729	25854	29799	25385	37952	14232	15239
医疗卫生与计划生育管理事务	22365	4780	1881	1106	875	903	680	1086
公立医院	153618	45142			8	2000	5000	175

单位：万元

经济区	高新区	郑东新区	航空港实验区	中牟县	巩义市	荥阳市	新密市	新郑市	登封市
				156	158	393	255	363	349
			1210						
6673	3572	238	494	285	3645	65	92	150	906
875	1528	451	1001	23714	6940	8280	3202	10427	8481
543	1441	210	202	1571	2109	2910	1060	2708	1905
	25	4	787	321	3183	874	735	1820	1906
270	60			105	190	1966	54	246	113
				1445	1241	2471	1244	5579	744
62	2	237	12	20272	217	59	109	74	3813
3717	7664	17093	12885	34974	56599	36321	57749	44414	41564
123	203	244	2492	2111	1237	3018	2574	766	1575
328	124	5166	134	5133	1001	2795	1842	2978	1278
893	472	1462	4274	6793	37377	12627	10154	6484	7624
121			1	8701	3376	2467	26162	18194	13155
	53						10		
658	251	562	34	127	1584	857	1043	1834	500
579	814	2886	1551	4210	5232	4259	5130	4627	4988
71	100	421	137	371	609	765	701	903	561
	282	2147	180	1535	527	1141	1005	1086	1843
139	260	240	804	1035	657	1710	2377	2166	957
		74		36	55	159	129	124	94
	8	2		34	33	54	52	423	166
261	10	466	1064	3204	3481	4882	3825	3299	5999
	46	190	180	413	191	514	596	287	493
96		86	268	335	583	841	1401	805	1382
	4	4		215	145	63	117	268	523
448	5037	3143	1766	721	511	169	631	170	426
7603	10441	19823	23935	64988	101399	85489	69858	75596	49005
156	514	32	1020	2243	448	2377	330	3960	1696
				11197	37573	29686	2335	18197	2305

续表28 （2016年）

单　　位	郑州市	市本级	中原区	二七区	管城区	金水区	上街区	惠济区
基层医疗卫生机构	80063	11084	1599	2625	5952	1590	823	493
公共卫生	101063	25729	5844	5726	5489	9868	1780	2277
医疗保障	417419	163050	9425	13584	8901	13933	4112	8843
中医药	1095	124	117	5	217	109	10	5
计划生育事务	59470	6816	5907	5684	2951	8363	1428	1679
食品和药品监督管理事务	27613	12049	778	1064	951	935	399	661
其他医疗卫生与计划生育支出(款)	2819	1955	303	5	41	251		20
节能环保支出	623943	523632	2751	3899	2927	5076	1031	1680
环境保护管理事务	25845	9388	755	620	504	677	441	1486
环境监测与监察	1815	730			123			
污染防治	193515	158516	1996	3138	2290	4271	137	127
自然生态保护	12499	100		10	10	8		30
退耕还林	3018	12					13	22
能源节约利用(款)	372727	352060		131		120		
污染减排	6995	608						15
可再生能源(款)	3683	2204						
循环经济(款)	845							
能源管理事务	7							
其他节能环保支出(款)	2994	14					440	
城乡社区支出	4667556	3631064	63766	60813	62512	187753	18770	16113
城乡社区管理事务	226692	107593	12719	13412	11738	16251	9674	6419
城乡社区规划与管理(款)	13599	4534	29		179		717	
城乡社区公共设施	3732341	3294791	10423	13262	37039	120941	2131	2666
城乡社区环境卫生(款)	223199	79758	18540	19559	12536	35631	5623	7008
建设市场管理与监督(款)	268	43		46				20
其他城乡社区支出(款)	471457	144345	22055	14534	1020	14930	625	
农林水支出	634535	112631	3215	5647	4457	5901	2230	13556
农业	245990	28593	1076	2230	2092	3051	781	4373
行政运行	9095	2834	699	120	1062	112	401	178
一般行政管理事务	1066	91	33				147	575

单位：万元

经济区	高新区	郑东新区	航空港实验区	中牟县	巩义市	荥阳市	新密市	新郑市	登封市
33	698	1915	6935	5087	14300	11408	14367	9387	1348
233	1905	5215	973	8197	10418	4645	9685	5654	5751
5622	5250	9517	13799	27500	33119	31535	37863	31376	34178
	26			51	38	96	80	15	228
1187	1524	2383		6400	4577	3831	3907	5369	2558
372	514	564	1207	4313	835	1808	1281	1638	901
	10	197	1		91	103	10		40
2332	2397	2422	14357	21424	18226	12489	6927	13336	10545
762	285	350	862	337	1542	3073	3407	1486	2129
30			645	382	580				
1516	1881	2007	10634	3465	5639	2395	2197	5820	3524
				629	865	4431	786	3548	2082
			12	240	1055	220	200	394	862
	231	65		14974	675	1594	337	2088	748
10				134	5226	776			236
			2204	1256	124				99
									845
				7					
14					2520				20
137855	141497	309958	302312	160233	60968	116785	85466	169646	33667
2056	8535	30961	2568	7543	3414	6871	3677	23187	4194
8	799	173	55	2478	1505	2727	1124		306
124571	5927	248889	284901	34110	30673	16769	69656	85032	14848
10930	3464	10055	14465	14232	8796	6172	7997	1024	6323
21					159				
269	122772	19880	323	101870	16421	84246	3012	60403	7996
6135	4380	10434	2142	86489	49816	53979	71493	145244	79877
2572	1244	3464	822	31671	23237	18216	26078	82381	22211
				343	273	414	279	919	1461
				115	35	56			14

续表28 （2016 年）

单　　位	郑州市	市本级	中原区	二七区	管城区	金水区	上街区	惠济区
机关服务	2036							
事业运行	22535	7475		138		790		716
农垦运行	65	65						
科技转化与推广服务	9644	2896			45	163	8	88
病虫害控制	4224	1116	4	25	13	11	3	103
农产品质量安全	5473	4217				301	22	43
执法监管	576	458						75
统计监测与信息服务	214	200					2	
农业行业业务管理	2850	263		21				5
防灾救灾	1281	186	1		8	7	3	15
农业结构调整补贴	119							
农业生产支持补贴	47901	3515	226	2	265	185	11	919
农业组织化与产业化经营	10796	1488		133	535	1167	76	1145
农产品加工与促销	458	20						10
农村公益事业	20986							10
农业资源保护修复与利用	3626	992				112		60
农村道路建设	7254	31		545				
成品油价格改革对渔业的补贴	32					2		
对高校毕业生到基层任职补助	944	3	3		8	31		308
其他农业支出	94815	2743	110	1246	156	170	108	123
林业	74784	15338	220	1256	634	1919	3	7890
行政运行	4878	1516						709
一般行政管理事务	410			2	1			44
机关服务	427							
林业事业机构	9267	5250		34				
森林培育	15817	295		1154	263	1167		719
林业技术推广	85	45						
森林资源管理	1359	1289						
森林资源监测	56	56						
森林生态效益补偿	1783	42						
林业自然保护区	11							

单位：万元

经济区	高新区	郑东新区	航空港实验区	中牟县	巩义市	荥阳市	新密市	新郑市	登封市
							2036		
		57		3035	2951	2550	2468	2412	
485	15	12		1996	563	1312	608	1194	771
21	14	3	28	282	373	260	204	1653	177
133	1	25		177	148	317	38	15	195
				5	2	3	25	3	5
					6			3	3
				689	118	309	363	501	581
20	20	64	80	90	190	233	189	172	187
						119			
762	544	1570	384	8565	4925	7603	7461	7871	6353
35	644	327	301	675	315	997	137	3888	240
		20			428				
				3847	307	1301	4535	2439	8547
5				1016	272	540	95	75	464
31					3216	348	2294		820
				10		17			3
		3			178	202	140		71
1080	6	1383	29	10826	8937	1635	5206	61236	2319
61	6	4372	90	9568	2495	2891	9614	16744	6212
				503	136	398	235	147	1234
				96	68	29	40	50	80
							427		
		3686		143	899	780	293	1126	742
	6	16		2067	722	718	123	8008	581
					6	2		10	22
						30		40	
56									
				18	351	156	553	60	603
					11				

续表28 （2016 年）

单　　位	郑州市	市本级	中原区	二七区	管城区	金水区	上街区	惠济区
动植物保护	52	26						
湿地保护	3117	322						2782
林业执法与监督	687	321						
林业工程与项目管理	14428	4400				55		
林业产业化	1362	95			150			80
林业政策制定与宣传	40	40						
林区公共支出	106	1						
林业贷款贴息	369	369						
成品油价格改革对林业的补贴	4							
林业防灾减灾	1609	504	1	3	7		3	56
其他林业支出	18917	767	219	63	213	697		3500
水利	143676	40186	32	266	277	139	318	633
行政运行	6419	2912			109			371
一般行政管理事务	197	121					40	
机关服务	1807							
水利行业业务管理	1364	163						
水利工程建设	21639	2980						
水利工程运行与维护	13961	13432						
长江黄河等流域管理	345	345						
水利前期工作	182	130						
水利执法监督	72							
水土保持	1254						45	
水资源节约管理与保护	2712	1592						
防汛	2998	639		110	58	10	7	26
抗旱	269	37						
农田水利	39970	1486		105	50		70	222
水利技术推广	1							
江河湖库水系综合整治	269							
大中型水库移民后期扶持专项支出	4691	638					10	

单位：万元

经济区	高新区	郑东新区	航空港实验区	中牟县	巩义市	荥阳市	新密市	新郑市	登封市
			14	4	6	4	4		8
						13			
				63	69	70	114	20	30
						500	6263	2550	660
				175			80	480	302
		1		26			49		30
						4			
5		1	34	401	110	101	21	5	397
		668	42	6072	117	86	1412	4248	1523
338	25	323	202	25875	7195	14699	9076	17846	27134
		90		501	129	412	111	828	1046
			110	5	18				13
					261	1281	265		
				310		5	757		129
147				3076	20	658	30	2120	12755
42					72		356	40	61
						52			
							72		
				32	250	173	490	100	164
				757			363		
10		43	7	164	236	379	1175	130	64
			10	11	12	33	40	50	86
		68		8694	4105	8745	3756	5232	7505
					1				
					269				
				559		1191	384	322	1587

续表28 （2016年）

单　　位	郑州市	市本级	中原区	二七区	管城区	金水区	上街区	惠济区
水资源费安排的支出	5823	1717	12	45	40	2	74	11
水利建设移民支出	8769							
农村人畜饮水	3130	154					72	3
其他水利支出	27804	13840	20	6	20	127		
南水北调	26876	12149	109	143	147		1	
扶贫	54831	721		4	283	3	313	3
农业综合开发	8093	192		18	51	40	83	10
农村综合改革	62455	6786	697	986	596	748	325	616
普惠金融发展支出	12166	5872		159	62		406	31
目标价格补贴	480	12				1		
其他农林水支出（款）	5184	2782	1081	585	315			
交通运输支出	494607	347498	506	849	393	1670	1530	1300
公路水路运输	231087	111274	468	669	393	1008	872	1202
行政运行	4807	1820	386	94	393	55	459	515
一般行政管理事务	1925	798	73				249	150
机关服务	1725			174				
公路新建	3827							
公路改建	63431	14416		52		72	18	43
公路养护	23798	5098	9			352	10	299
公路路政管理	2668	25					43	
公路和运输安全	703	137						
公路运输管理	3832	17		336		378	10	138
公路客货运站（场）建设	605							
航务管理	11	8						
海事管理	318	281				16		6
口岸建设	15000	15000						
取消政府还贷二级公路收费专项支出	1790							
其他公路水路运输支出	106647	73674		13		135	83	51
铁路运输	31486	31486						
民用航空运输	40000	40000						
成品油价格改革对交通运输的补贴	24573	20485					653	

单位：万元

经济区	高新区	郑东新区	航空港实验区	中牟县	巩义市	荥阳市	新密市	新郑市	登封市
1	25		59	523	633	502	706		1558
				8769					
138			16	263	298	829	551		960
		122		2211	891	439	20	9024	1206
				1630		4738		7909	50
9		6	53	7950	6881	2293	10116	11525	14739
				400	1907	3177	724	755	736
936	2639	2257	954	8588	6845	6916	15366	6551	7435
				581	695	1049	509	1530	1272
		12		210	161		10	3	83
2219	466		21	16	400				5
46759	119	89	437	50272	15594	10228	9177	38821	16769
15010	13		407	48418	12798	7922	7179	25246	13638
			158	242	32	344	128	190	149
			90						655
				1		1550			
				2009	784	486			548
	13			31708	5448	1909	1798	933	7034
2				11557	1756	602	1409	2075	631
				680	769		305	846	
			137	24	6				536
			17	881		1005	225		842
					605				
					3				
					5				10
15000									
									1790
8			5	1316	3390	2026	3314	21202	1443
31486									
				626	620	670	1022	195	302

续表28 （2016年）

单　　位	郑州市	市本级	中原区	二七区	管城区	金水区	上街区	惠济区
对城市公交的补贴	21002	18000					435	
对农村道路客运的补贴	423						31	
对出租车的补贴	2555	2480					26	
成品油价格改革补贴其他支出	593	5					161	
邮政业支出	1440	435	38	180		659		81
车辆购置税支出	36581	29628					5	17
车辆购置税用于公路等基础设施建设支出	28389	28011						
车辆购置税用于农村公路建设支出	6543	23						17
车辆购置税用于老旧汽车报废更新补贴支出	380	380						
车辆购置税其他支出	1269	1214					5	
其他交通运输支出(款)	129440	114190				3		
资源勘探信息等支出	386506	284323	10608	2344	2519	11255	1250	641
资源勘探开发	30097	13248	178	180	242	2852	204	111
制造业	15089	13789	1300					
建筑业	248	248						
工业和信息产业监管	55778	30588	5333	983	678	830	277	
安全生产监管	17851	5651	1036	945	822	1038	311	410
国有资产监管	3542	2129			157			
支持中小企业发展和管理支出	136634	106029	761	236	620	6185	458	120
其他资源勘探信息等支出(款)	127267	112641	2000			350		
商业服务业等支出	100685	52250	99	1365	704	1620	5144	1309
商业流通事务	37837	12105	66	549	614	687		488
旅游业管理与服务支出	18168	4660	19	16	88	133		621
涉外发展服务支出	10397	8198	14	100	2	100		
其他商业服务业等支出(款)	34283	27287		700		700	5144	200
金融支出	31749	24985		424			225	
金融部门行政支出	22	17					5	
金融部门监管支出	42	11						
金融发展支出	28375	24757		424				
其他金融支出(款)	3310	200					220	

单位：万元

经济区	高新区	郑东新区	航空港实验区	中牟县	巩义市	荥阳市	新密市	新郑市	登封市
				626	615	221	742	76	287
						392			
						49			
					5	8	280	119	15
263	83	89		12	4	8	4	11	8
	23			338	1218	1628	972	370	2405
					246		73		59
	23			332	972	1628	899	331	2341
				6				39	5
			30	878	954			12999	416
32944	25979	47751	83154	16736	14544	8936	8171	6447	18732
4321	4523	539	3140	535	2926	1675	4747	1281	1918
	1750								
2337	1209			10880		2493	121	2916	679
110	517	657	20	376	1249	2038	851	1769	1355
274						600	401		255
24902	2368		78196	4635	10369	1042	2051	481	3647
1000	15612	46555	1798	310		1088			10878
2490	231	1432	624	1676	8429	1963	907	23425	1794
1800	45	1084	624	675	461	802	621	20367	402
		169		590	6396	1159	136	3008	1342
	100			211	1572		150	50	
690	86	179		200		2			50
114	716		14	500	5126	85	188	59	157
3			14						
11					31				
100	516			500	2210	80	188	59	157
	200				2885	5			

续表28 （2016年）

单　　位	郑州市	市本级	中原区	二七区	管城区	金水区	上街区	惠济区
援助其他地区支出	10433	9868						
国土海洋气象等支出	59962	17782	1511	1257	54	1228	680	997
国土资源事务	58609	16990	1511	1257	54	1228	667	995
地震事务	601	531					13	2
气象事务	752	261						
住房保障支出	484430	290470	18922	14897	10105	11474	9806	6679
保障性安居工程支出	367698	231224	11765	9588	5797	6320	7904	4996
住房改革支出	98270	43715	4754	5309	4308	5154	1887	1683
城乡社区住宅	18462	15531	2403				15	
粮油物资储备支出	24468	12587	836	1031	912	888	110	48
粮油事务	9944	1643	187	451	418	888	110	48
物资事务	234	9			64			
粮油储备	14290	10935	649	580	430			
其他支出(类)	41253	14253		5873	693	111	904	
债务付息支出	522383	431264		1645	4744	2389	2202	3071
政府性基金支出	**7948803**	**3530579**	**545243**	**234607**	**244597**	**477778**	**59615**	**385807**
国家电影事业发展专项资金相关支出	1412	131	160	126	234	321		2
大中型水库移民后期扶持基金支出	3452	5		40				
小型水库移民扶助基金相关支出	1056	47	4					
国有土地使用权出让相关支出	7312963	3010593	544265	233944	243928	477087	57165	385580
城市公用事业附加相关支出	18508	9050						
国有土地收益基金相关支出	77844	47982	54					
农业土地开发资金相关支出	9194	6533						
新增建设用地土地有偿使用费相关支出	9289							
城市基础设施配套费相关支出	478178	435541					1925	
污水处理费相关支出	2574							
大中型水库库区基金相关支出	16							
散装水泥专项资金相关支出	329	324						
新型墙体材料专项基金相关支出	1681	1637					14	
旅游发展基金支出	106		3	16				17
彩票发行销售机构业务费安排的支出	2292	2146						
彩票公益金相关支出	29581	16590	757	481	420	370	511	208
其他政府性基金相关支出	295				15			

单位：万元

经济区	高新区	郑东新区	航空港实验区	中牟县	巩义市	荥阳市	新密市	新郑市	登封市
					565				
86	1439	674	6829	6466	3396	6356	1337	15562	3336
86	1439	674	6829	6413	3153	6313	1250	15508	3270
					31	15	9		
				53	212	28	78	54	66
32747	46181	64169	60125	7431	34242	28800	13799	26209	11596
32514	46181	60470	57790	4966	24981	25635	6893	19740	7889
		3699	2335	2447	8766	3165	6906	6469	3707
233				18	495				
	221			3123	909	1114	972	862	1076
				2757	909	281	972	701	579
								161	
	221			366		833			497
1490	6		12757	12864	12	3269		1039	2235
3201	8999	4432		15138	10059	11339	3615	33447	3470
999348	**421738**	**1099994**	**374562**	**992895**	**51177**	**667424**	**102105**	**565103**	**91873**
		131			131	120	120	60	7
		5		380	675	370	393	405	1184
					168	50	417	150	220
882320	356343	992986	288686	970450	40565	631247	89182	550193	78764
	1300				3598	2060	650	2349	801
44007			3975	8503	194	12906	600	7605	
3828			2705		174	607	1280	600	
				433	623	613	1405	592	5623
69162	63999	106752	79089	10748	2509	17909	6345		3201
				410	597			1567	
					16				
								5	
					15		10	5	
					17	19	34		
					146				
31	96	120	107	1696	1716	1518	1669	1572	2073
				275		5			

全市及县（市）城镇居民家庭基本情况一览表

表29　（2016 年）

指　　标	单位	全市	中原区	二七区	管城区	金水区
调查户数	户	**669**	**99**	**68**	**56**	**107**
期内住户常住成员数	人	**2082**	**286**	**182**	**159**	**333**
常住成员从业人数	人	**1081**	**127**	**98**	**76**	**147**
从业人员成员受教育程度	人	**1081**	**127**	**98**	**76**	**147**
未上过学	人	10	1		1	
小学	人	40	2	4	4	3
初中	人	270	22	17	25	37
高中	人	322	34	33	19	31
大学专科	人	267	34	24	8	52
大学本科	人	155	31	14	17	22
研究生	人	17	3	7	2	2
从事主要行业	人	**1081**	**127**	**98**	**76**	**146**
第一产业	人	72			4	4
第二产业	人	186	23	12	4	16
第三产业	人	823	103	87	68	127
可支配收入	元/人	**33214.00**	**34313.83**	**35499.25**	**33629.40**	**39193.77**
总收入	元/人	**35062.67**	**31620.85**	**38727.16**	**38802.62**	**42406.73**
总支出	元/人	**27780.00**	**24163.24**	**29317.56**	**34709.25**	**28721.72**
消费支出	元/人	**23210.01**	**20015.00**	**22911.72**	**29790.82**	**24454.84**
恩格尔系数	%	**0.29**	**0.31**	**0.25**	**0.36**	**0.27**
年末人均居住面积	平方米/人	**38.16**	**33.28**	**29.97**	**36.21**	**31.86**

续表29　（2016 年）

指　　标	单位	上街区	惠济区	中牟县	巩义市	荥阳市	新密市	新郑市	登封市
调查户数	户	**37**	**48**	**45**	**58**	**28**	**42**	**40**	**40**
期内住户常住成员数	人	**93**	**135**	**174**	**210**	**86**	**154**	**130**	**141**
常住成员从业人数	人	**31**	**81**	**94**	**119**	**54**	**97**	**73**	**84**
从业人员成员受教育程度	人	**31**	**81**	**94**	**119**	**54**	**97**	**73**	**84**
未上过学	人			3					5
小学	人	2		3	2	1	2	12	5
初中	人	6	13	30	31	14	25	29	21
高中	人	13	35	19	39	23	25	21	31
大学专科	人	7	24	20	32	12	32	6	18
大学本科	人	4	9	17	14	4	13	5	4
研究生	人			2	1				
从事主要行业	人	**31**	**81**	**94**	**119**	**54**	**97**	**73**	**84**
第一产业	人		1	23	7		6	18	9
第二产业	人	11	10	7	37	16	13	24	14
第三产业	人	21	70	64	75	38	78	31	61
可支配收入	元/人	**38551.49**	**28717.97**	**25966.25**	**27853.66**	**28464.85**	**28337.35**	**28387.68**	**27332.78**
总收入	元/人	**30290.77**	**46145.01**	**28379.86**	**29596.22**	**30869.48**	**32483.05**	**28290.61**	**25958.53**
总支出	元/人	**24946.96**	**26354.52**	**19285.36**	**22127.21**	**25064.08**	**26806.69**	**30455.00**	**17170.93**
消费支出	元/人	**19681.31**	**20513.00**	**13291.50**	**18428.02**	**18971.33**	**23490.44**	**18793.31**	**14908.52**
恩格尔系数	%	**0.32**	**0.21**	**0.24**	**0.24**	**0.26**	**0.25**	**0.27**	**0.22**
年末人均居住面积	平方米/人	**39.58**	**46.68**	**42.99**	**35.90**	**40.55**	**59.11**	**55.44**	**49.39**

金融机构信贷收支一览表

表30　　（2016年年底）　　单位：万元

项　　目	合计	2016年比年初	2016年比年初±%	市区	中牟县	巩义市	荥阳市	新密市	新郑市	登封市	上街区
各项存款	**190007395**	**20644663**	**12.19**	**164461550**	**5200325**	**3690107**	**3629199**	**3837783**	**6187200**	**3001230**	**1418977**
境内存款	189943772	20644806	12.19	164402056	5200199	3688340	3628997	3837693	6185368	3001119	1418702
住户存款	62976278	6021404	10.57	47005045	3196472	2520624	2181698	2811136	3064382	2196921	909676
活期存款	28021661	3923162	16.28	21494608	1597285	985596	827461	1066398	1294026	756286	356279
定期及其他存款	34954617	2098242	6.39	25510437	1599187	1535028	1354237	1744738	1770356	1440635	553398
非金融企业存款	78685607	6382342	8.83	72003460	1322091	712820	1030051	741810	2333191	542183	394357
活期存款	38082528	5645773	17.41	33225089	964731	423782	833681	632940	1735081	267224	195957
定期及其他存款	40603078	736569	1.85	38778371	357360	289038	196371	108871	598110	274959	198399
广义政府存款	31846375	4417267	16.10	29043918	681627	454817	417247	264814	757917	226035	113658
财政性存款	1822096	−1778390	−49.39	1651228	27987	6704	38189	27897	19054	51036	20390
机关团体存款	30024279	6195657	26.00	27392690	653640	448113	379058	236917	738863	174999	93267
非银行业金融机构存款	16435512	3823792	30.32	16349633	9	80		19932	29879	35980	1011
境外存款	63622	−143	−0.22	59494	126	1767	202	89	1832	111	275
各项贷款	**154223852**	**27629045**	**21.82**	**140056202**	**2538879**	**2075541**	**1873164**	**1776984**	**4582367**	**1320714**	**803200**
境内贷款	154216582	27628092	21.83	140048971	2538867	2075541	1873164	1776958	4582367	1320714	803181
住户贷款	49769896	14481783	41.04	44257517	1286284	447588	1136176	476109	1905407	260814	469341
短期贷款	8808672	−299138	−3.28	7396676	400667	146237	207367	166098	421813	69814	16309
消费贷款	3334660	244163	7.90	3187623	29913	24076	17467	17453	39110	19018	3864
经营贷款	5474012	−543301	−9.03	4209053	370753	122161	189900	148645	382703	50797	12445
中长期贷款	40961224	14780921	56.46	36860842	885617	301351	928809	310011	1483594	191000	453032
消费贷款	36797792	14116972	62.24	33376968	548568	281142	868776	259890	1314267	148182	408556
经营贷款	4163432	663948	18.97	3483874	337049	20209	60033	50121	169326	42818	44476
非金融企业及机关团体贷款	104446686	13156310	14.41	95791454	1252583	1627953	736988	1300848	2676959	1059900	333840
短期贷款	30902911	810684	2.69	26661773	525545	942877	436305	628261	1296118	412033	166682
中长期贷款	67546899	10210719	17.81	63136094	726046	682884	300580	672587	1380842	647866	165408
票据融资	5298762	1615010	43.84	5298762							450
融资租赁	585855	585455	146363.69	585855							
各项垫款	112258	−65558	−36.87	108970	992	2192	104				1300
非银行业金融机构贷款		−10000	−100.00								
境外贷款	7270	952	15.07	7231	12			27			19

中资全国性四家行信贷收支一览表

表31　（2016年年底）　单位：万元

项　　目	合　计	市　区	中牟县	巩义市	荥阳市	新密市	新郑市	登封市	上街区
各项存款	**54724361**	**45719917**	**1241476**	**1729260**	**1218914**	**1646275**	**1945079**	**1223439**	**707235**
境内存款	54686296	45685900	1241350	1727555	1218712	1646187	1943261	1223332	706960
个人存款	25933423	20090978	621391	1155955	832882	1330088	998276	903853	517089
#活期储蓄存款	12736479	10078408	368449	487605	394976	550896	510784	345360	222321
定期储蓄存款	9941905	7363459	195953	541724	357515	654935	391929	436389	248710
结构性存款	123966	110118	1798	3715	2160	3540	1805	830	3470
单位存款	25787518	22716446	619951	570520	385830	296167	915106	283500	188865
#活期存款	13489201	11347656	370337	347173	303783	259206	712101	148945	152466
定期存款	4609253	4245265	102042	92767	22783	14625	93635	38136	11814
保证金存款	1077057	879104	11424	81079	23287	13100	52424	16638	4096
结构性存款	519536	404536	110000		5000				
国库定期存款	247000	246000		1000					
非存款类金融机构存款	2718355	2632476	9	80		19932	29879	35980	1006
境外存款	38065	34017	126	1706	202	88	1819	107	275
各项贷款	**50105615**	**44310612**	**489722**	**1011798**	**925126**	**781117**	**2057441**	**529799**	**501297**
境内贷款	50102402	44307438	489710	1011798	925126	781091	2057441	529799	501278
短期贷款	4609298	3783545	16468	366696	59011	145573	164468	73539	59784
个人贷款及透支	842542	757112	8028	15506	11414	20236	16862	13384	3346
#个人消费贷款	660831	592408	7372	11834	9785	13815	13591	12026	2413
单位贷款及透支	3766756	3026432	8440	351190	47597	125337	147606	60154	56438
经营贷款及透支	3291092	2561950	8440	351190	44597	125337	139425	60154	56438
固定资产贷款	83779	80779			3000				
贸易融资	391885	383704					8181		
中长期贷款	42358428	37391212	473242	643210	866011	635518	1892973	456261	440994
个人贷款	21294196	18922663	326049	233338	623402	183978	903337	101429	351566
#个人消费贷款	20437676	18173172	323557	227433	611524	179433	827559	94999	314810
单位贷款	21064231	18468549	147193	409873	242609	451540	989636	354832	89428
经营贷款	2871797	2619518		37399	23994		50391	140495	2688
固定资产贷款	18057468	15735965	147193	356574	218614	451540	939245	208337	86740
并购贷款	101530	79630		15900				6000	
贸易融资	33436	33436							
票据融资	3117845	3117845							
各项垫款	16832	14836		1892	104				500
境外贷款	3213	3174	12			27			19

教育事业主要综合指标一览表

表32　(2016 年)　单位：所、人

指　标	数　值	指　标	数　值
平均每万人拥有各类学校数(个)	**1.62**	**小学五年巩固率(%)**	**100.60**
高等学校	0.06	**小学学生辍学率(%)**	**0.01**
中等职业学校	0.13	**初中学生毛入学率(%)**	**112.30**
技工学校	0.03	**初中三年巩固率(%)**	**103.70**
普通中学	0.44	**初中学生辍学率(%)**	**110.6**
普通小学	0.96	**初中毕业生升学率(%)**	**109.80**
平均每万人各类学校在校生数(人)	**2950.25**	**平均每万人各类学校教职工数(人)**	**217.58**
高等学校	1155.87	#专任教师	166.56
中等职业学校	295.78	#高等学校	62.53
技工学校	94.10	中等职业学校	15.53
普通中学	547.46	技工学校	3.61
普通小学	855.53	普通中学	46.69
小学适龄儿童净入学率(%)	**100.00**	普通小学	41.57

卫生事业基本情况一览表

表33

（2016 年）

指　　标	机构数（个）	实有床位数（个）	人员数（人）	卫生技术人员（人）	执业（助理）医师	执业医师	注册护士	药师（士）	技师（士）	其他	其他技术人员（人）	管理人员（人）	工勤人员（人）
总　计	**3964**	**85929**	**119051**	**94955**	**33251**	**29824**	**46575**	**4141**	**4933**	**6055**	**5735**	**5643**	**7565**
市区	1375	64391	87444	72695	25060	23658	36988	3067	3575	4005	4476	4252	5401
中原区	221	8120	11844	9971	3687	3404	4856	411	533	484	555	629	607
二七区	244	19904	23917	20875	6968	6737	11504	724	854	825	894	819	1256
管城区	333	6505	10584	8088	3201	2876	3520	325	521	521	673	503	1189
金水区	345	27861	37753	31158	10120	9721	16052	1480	1532	1974	2244	2106	2107
上街区	94	897	1243	1046	429	369	419	59	53	86	21	46	84
惠济区	138	1104	2103	1557	655	551	637	68	82	115	89	149	158
六县（市）	2589	21538	31607	22260	8191	6166	9587	1074	1358	2050	1259	1391	2164
中牟县	362	3161	4300	3057	1098	826	1331	164	183	281	194	95	410
巩义市	652	3407	6348	4844	1848	1395	2120	223	288	365	178	182	424
荥阳市	381	2591	4746	3286	1125	792	1277	151	181	552	129	266	475
新密市	393	4707	5801	4072	1470	1133	1843	222	280	257	187	270	239
新郑市	404	4255	5642	3783	1425	1132	1642	163	177	376	317	390	348
登封市	397	3417	4770	3218	1225	888	1374	151	249	219	254	188	268
医　院	**218**	**76017**	**89391**	**74836**	**24578**	**23272**	**39152**	**3348**	**3765**	**3993**	**4479**	**4579**	**5497**
综合医院	102	48770	57092	48385	15665	14911	25902	1985	2363	2470	2787	2739	3181
中医医院	51	13022	14766	12340	4584	4263	5650	825	583	698	711	727	988
中西医结合医院	4	325	357	260	142	111	79	9	9	21	30	29	38
专科医院	60	13850	17121	13803	4177	3978	7493	527	808	798	950	1081	1287
口腔医院	3	40	321	238	130	120	85	3	2	18	16	38	29
眼科医院	6	520	703	511	168	156	231	20	23	69	50	68	74
耳鼻喉科医院	2	180	215	161	47	41	100	6	8		35	11	8
肿瘤医院	2	3097	3027	2688	796	791	1596	68	132	96	132	70	137
心血管病医院	3	1446	2058	1729	530	510	854	60	71	214	92	167	70
胸科医院	1	1104	1312	1146	352	343	713	45	28	8	80	44	42
妇产（科）医院	6	337	963	537	193	169	284	21	34	5	155	96	175
儿童医院	1	2192	2822	2423	597	592	1335	100	243	148	49	173	177
精神病医院	4	778	598	458	135	130	241	25	27	30	48	56	36
传染病医院	2	1270	1378	1173	313	308	650	55	57	98	38	110	57
皮肤病医院	3	140	177	145	53	44	72	11	9		9	11	12
骨科医院	8	1314	1532	1257	435	407	668	51	67	36	60	67	148
康复医院	4	740	660	524	177	157	225	26	54	42	52	27	57
整形外科医院	1	34	322	95	32	29	59	2	2		58	33	136
美容医院	4	100	291	158	57	45	68	7	11	15	36	44	53
其他专科医院	10	558	742	560	162	136	312	27	40	19	40	66	76
护理院	1	50	55	48	10	9	28	2	2	6	1	3	3
基层医疗卫生机构	**3584**	**6472**	**19919**	**13275**	**6461**	**4547**	**4585**	**611**	**567**	**1051**	**451**	**275**	**765**
社区卫生服务中心（站）	222	1425	4069	3611	1531	1302	1458	185	209	228	129	137	192
社区卫生服务中心	70	1330	3030	2634	1053	861	1003	164	204	210	113	115	168
社区卫生服务站	152	95	1039	977	478	441	455	21	5	18	16	22	24
卫生院	100	4923	5568	4746	1932	1104	1488	285	278	763	320	95	407
乡镇卫生院	100	4923	5568	4746	1932	1104	1488	285	278	763	320	95	407

续表33

(2016年)

指标	机构数（个）	实有床位数（个）	人员数（人）	卫生技术人员（人）	执业（助理）医师	执业医师	注册护士	药师（士）	技师（士）	其他	其他技术人员（人）	管理人员（人）	工勤人员（人）
中心卫生院	27	1744	1787	1574	680	397	483	103	87	221	62	35	116
乡卫生院	73	3179	3781	3172	1252	707	1005	182	191	542	258	60	291
村卫生室	2394		6524	1371	982	359	389						
门诊部	33	124	667	533	259	222	188	27	52	7	2	43	89
综合门诊部	10	120	347	285	120	111	109	16	35	5		15	47
中医门诊部	9		106	78	46	43	15	10	7			8	20
专科门诊部	14	4	214	170	93	68	64	1	10	2	2	20	22
诊所、卫生所、医务室	835		3091	3014	1757	1560	1062	114	28	53			77
诊所	734		2612	2552	1467	1284	918	99	22	46			60
卫生所、医务室	101		479	462	290	276	144	15	6	7			17
专业公共卫生机构	**135**	**3440**	**8713**	**6571**	**2128**	**1948**	**2819**	**177**	**509**	**938**	**648**	**621**	**873**
疾病预防控制中心	16		1601	1030	526	459	100	26	127	251	119	199	253
省属	1		388	274	162	162		4		108	44	26	44
省辖市（地区）属	1		166	96	40	39	3	1	2	50	12	37	21
地辖市属	11		858	546	259	204	85	17	99	86	50	97	165
县属	1		90	58	36	28	6	4	12		3	19	10
其他	2		99	56	29	26	6		14	7	10	20	13
专科疾病防治院（所、站）	2	177	281	208	101	98	45	4	28	30	16	28	29
专科疾病防治所（站、中心）	2	177	281	208	101	98	45	4	28	30	16	28	29
职业病防治所（站、中心）	2	177	281	208	101	98	45	4	28	30	16	28	29
健康教育所（站、中心）	3		31	9	3	2	3			3	7	10	5
妇幼保健院（所、站）	15	3263	4889	4264	1295	1234	2375	130	294	170	251	104	270
省属	1	1652	2248	2000	585	582	1130	48	156	81	108	48	92
省辖市（地区）属	1	610	1133	988	289	289	603	38	53	5	85	3	57
地辖市属	11	801	1298	1098	365	316	534	40	75	84	32	51	117
县属	1	200	210	178	56	47	108	4	10		26	2	4
其他	1												
妇幼保健院	9	3263	4804	4204	1263	1205	2359	130	287	165	250	87	263
妇幼保健所	6		85	60	32	29	16		7	5	1	17	7
急救中心（站）	3		110	61	13	12	38	1		9	8	30	11
采供血机构	1		423	273	28	28	143	1	35	66	44	18	88
卫生监督所（中心）	16		592	382						382	31	124	55
省属	1		72	49						49	10	6	7
省辖市（地区）属	1		72	71						71			1
地辖市属	13		420	244						244	21	111	44
县属	1		28	18						18		7	3
计划生育技术服务机构	79		786	344	162	115	115	15	25	27	172	108	162
其他卫生机构	**27**		**1028**	**273**	**84**	**57**	**19**	**5**	**92**	**73**	**157**	**168**	**430**
医学科学研究机构	4		109	45	4	4				41	46	10	8
医学在职培训机构	4		98	64	33	25	12	3	4	12	9	8	17
临床检验中心（所、站）	2		600	129	30	24			87	12	74	18	379
统计信息中心	1		13	1	1	1					7	5	
其他	16		208	34	16	3	7	2	1	8	21	127	26

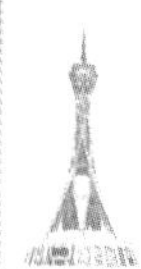

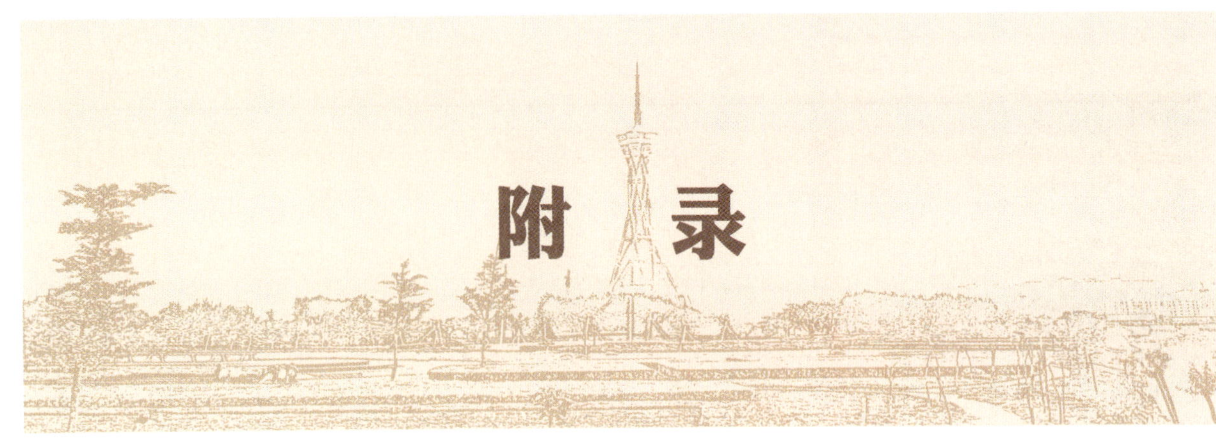

附录

人物 荣誉榜

2016年全国“五一劳动奖状”获得集体

国网河南省电力公司电力科学研究院 该院成立于1958年，是省内唯一一家同时为发电企业和电网企业提供全业务支撑的技术密集型电力研究机构，具备“火电工程类特级”“送变电工程类特级”等22项国家级、省部级专业资质，在2015年全国26家省级电科院同业对标中，综合排名位列第五，科技获奖指数排名第一。先后获得“全国模范职工之家”、“河南省五一劳动奖状”等14项地市级及以上荣誉。

该院以科技创新和优质技术服务促进电网和电厂安全、经济、技术水平提升及节能节水减排，取得显著经济和社会效益，为其赢得了一流的业绩和专业美誉度。

牵头编制《河南电力工业“十二五”节能减排技术路线图》，在火力发电厂节水及污染物减排等方面取得多项突破。依托河南省政府命名的“发电企业碳及污染物减排技术实验室”，自主研发燃煤机组减排技术，成功应用于省内40余台大容量机组，实现年节约标煤22.8万吨，减排二氧化碳59.7万吨、二氧化硫4500吨。火电厂水务管理系统推广应用近十年，创造性地实现火电厂废水零排放，累计节水约29亿立方米。

“十二五”期间，共承担科技项目182项，获得省部级奖67项，其中河南省政府颁发的科技成果奖励39项。成功建设6个省部级实验室，获得专利受理授权共计679项，出版专著20部，编制国家及行业标准46项。获得省部级以上管理创新奖7项，《基于精细化气象信息的电网设备风险管理》项目获得2015年国家级管理创新二等奖。拥有教授级高级工程师14人，培养各级专家人才62人。“张科劳模工作室”2015年获河南省首批百家“劳模创新工作室”荣誉称号。

围绕国家“十二五”期间疆电外送的重要通道哈密南—郑州±800千伏特高压直流工程，加大技术投入，开展换流站故障树分析等数十项技术攻关，建立了特高压联网背景下大电网安全稳定自动诊断系统。快速反应，深入分析乌克兰国家电网遭遇黑客攻击事件，牵头编制国家电网公司“电网工控安全检查方案”，1名员工成功入选国家电网公司信息安全联合红队。

建立完善的平等协商源头维护机制，营造和谐的劳动环境，获评河南省劳动关系和谐模范企业，被河南省总工会推荐申报全国“安康杯”竞赛优胜单位。实施“员工安康计划”，创造良好的组织环境和文化氛围，创立“心灵成长工作坊”，以名家讲座、微信群、定期沙龙活动等形式，帮助员工释放心理压力，塑造阳光心态，被《国家电网》《河南电力》等多家媒体专题报道。

2016年全国“五一劳动奖章”获得者

王永伟 男，汉族，河南郑州人，1969年11月出生，1990年9月参加工作，中共党员，本科，中国铝业河南分公司氧化铝厂班长。2016年，获得全国“五一劳动奖章”。

王永伟所在的格子磨岗位是氧化铝生产的龙头，负责氧化铝生产所需的原矿浆制备。指标较多难以把握，而且产量、指标受矿石质量的制约较为严重，他虚心向老师傅们学习，总结出《格子磨“三勤一控”操作法》，推广后平均每月减少摇磨时间60余小时，减少备品备件消耗及电耗30.2万元。该操作法于2009年6月被氧化铝厂命名为“王永伟格子磨‘三勤一控’操作法”。

他采用数据对比排查问题以及微调的方式对矿浆细度指标进行跟踪并分析结果，总结出适合于原料车间现有设备、工艺的《王永伟矿浆细度优化调控法》，该方法2013年12月推行以来，在磨机生产率由50T/H逐步提高到57T/H的情况下，矿浆60#、170#细度仍然呈现出降低趋势，合格率分别提高了7个和10个百分点，为氧化铝系统指标的稳定和优化发挥了关键作用。

二十多年来，他根据自己的经验和生产实际情况，先后提出多项合理化建议。

2011年3月，他提出的《改造给料器“S”型板，避免给料器堵塞》建议，解决了给料器容易堵塞的问题，每年可多磨矿2万余吨，节约电耗2.9万度；延长使用寿命30%—35%。

《溢流型磨机筛算缝隙制成“V”字型》的建议，避免筛箅缝隙易卡碎球及矿石块的现象，保证磨机的出料畅通，消除磨机的跑、冒、滴、漏问题。

2012年7月，他根据液碱与纯碱价格存在较大差距的情况，建议生料浆系统多增加一条散碱卸车管道，尽可能多地利用散碱、少用液碱，以达到降本增效目的。投用后，全年降低综合成本240万元。

2013年3月，他针对格子磨矿浆泵由于水压不稳导致的经常性漏水、漏料状况，提出并实施了机封水自循环加压改造项目，做到机封水路循环不流失。每天节约新水386吨，年降低成本达28万元。其中，减少因机封跑混造成的非生产水进入流程而产生的节汽效益高达262.8万元。

2013年4月，氧化铝厂决定盘活两台闲置的磨机，但经过重新组装，开启后发现指标波动较大。王永伟对原有工艺流程提出17项改造建议，试车期间3天3夜守候在现场。最终，磨机各项指标得到大幅改善，单台磨机台时产能由35吨提升至55吨，-200号细度指标趋于稳定，合格率达到88%。

2015年11月份，氧化铝厂实施节能减排升级改造项目，王永伟发扬劳模精神，充分利用《王永伟技术创新工作室》这个平台，结合新项目预装磨机的规格参数，积极摸索新项目建成后适宜的操作方法并积累大量翔实的数据，提前为新项目做充分准备。2016年年初，新项目的第一个子项老系统4#管磨拆除移建至新系统配料车间项目正式实施，他主动承担磨机移建、安装及试车指导工作。试车过程中他提出对磨机进、出料流程配置优化改造方案，将管磨产能定位在由原来的80吨/小时左右提高到90吨/小时以上，磨机运转率由原来的70%左右提高到80%以上，为氧化铝节能减排升级改造项目的顺利实施发挥重要作用。

王永伟始终坚持传、帮、带的工作方式，积极参加导师带徒活动，并利用业余时间总结整理编写《磨工常见问题分析指南》供大家学习。在2012年举办的郑州市第九届职工技术运动会氧化铝制取工技能竞赛中，他的3名徒弟分别获得第一名、第二名、第四名的好成绩。

李会东 男，汉族，河南睢县人，1986年10月出生，2005年9月参加工作，中共党员，大专，恒天重工股份有限公司机加工部钳工班钳工。

李会东曾多次代表恒天重工、郑州市、河南省参加过各类钳工技能大赛，取得许多优异成绩。先后获得“恒天集团技术能手”“河南省技术能手”“河南省技术标兵”称号，并从中级工破格晋升为技师；2010年获得“河南省五一劳动奖章”；2009年、2010年，连续两年获得集团公司“五一劳动奖章”。2012年6月，获得“郑州市突出贡献高技能人才”称号。2012年7月，获得全国职工职业技能大赛河南省选拔赛钳工第一名。同年被评为“全国中央企业技术能手”。2013年9月，获得“河南省第四届职工技术运动会”第一名。2014年4月，被国务院国资委评为“中央企业劳动模范”。2016年，获得全国“五一劳动奖章”。

2005年参加工作以来，李会东一直在郑州恒天重型装备有限公司机加工部钳工班工作。他兢兢业业，尽心尽责，思路开阔，善于学习，勤于思考，虚心向老同志学习技能，默默无闻奋战在钳工工作的第一线，以高涨的工作热情、踏实的工作作风，在学习和实践中锻炼自己，逐渐成为了一名优秀的技能型人才，多次攻破技术难题和解决工作中的疑难问题，在普通的岗位上取得不平凡的业绩。

自调匀整装置是公司主导产品梳棉机的关键部件，其装配质量的好坏直接影响棉条条干不匀率，为提高该装置质量一致性，李会东与钳工班同志们一起，针对批量装配工艺重点与难点，开发系列装配工艺装备和过程检验器具，保证了装配质量和效率，使该部件良品率始终保持在99.5%以上。

液压摆动马达是公司舰载武器产品的核心部件，可靠性要求很高。在该产品试制阶段，李会东经过反复摸索，发现了设计缺陷，提出了可靠的解决方案，取得了用户一致好评，该产品已批量装备于海军主战舰艇。

牛雪平 男，汉族，河南汝州人，1977年11月出生，1996年10月参加工作，中共党员，大专，郑州飞机装备有限责任公司机加一厂数控Ⅰ工段加工中心班长。

牛雪平是机加一厂的一名加工中心操作工高级技师。作为一名共产党员和生产骨干，他承担公司多种型号骨架加工和新品零件研制任务，擅长HEIDENHAIN五轴系统编程操作，精通宏程序编制，善于加工一些大型易变形、精度要求高的零件。多次获得公司级劳动模范、公司级先进；曾被授予“中航工业航空特级技能专家”荣誉称号、“中航工业首席数控技能专家”称号、“中航工业技能手”称号；近年来每年均完成工时约10000小时；每年加班都在800小时以上，并保持无超差、无废品的好成绩。2016年，获得全国“五一劳动奖章”。

在技术创新、先进操作方法创造方面，他带领团队开发突破设备行程限制，拓展五轴加工范围的新方法。成功解决了在工作台为1米的五轴加工中心设备上加工长度为1.482米某重点型号系列飞机配套关键架体类零件；有效拓展五轴设备加工空间达1.4倍，该项技术经实际验证，攻克了类似结构的复杂、高精度架体类零件加工的技术瓶颈，使得五轴设备综合效益提高30%—40%，有效降低了先进设备的投入成本，提高了五轴设备的性能、优势和利用率，在国内处于行业领先水平。应用此项技术加工此类架体零件达500多件，直接为工厂创造产值约10180万元，取得了良好的经济效益。

在技术攻关、技术革新、促进科技成果转化方面，他带领的五轴加工团队，解决了某左、右转接梁的变形、断裂问题，该项目获得公司技术革新一等奖，为公司取得年经济效益120万元。“优化工艺方法解决某前、后接头吊耳变形问题”项目获得公司技术革新奖，为公司取得年经济效益近50万元；五轴加工中心技术攻关项目中，“开发使用五轴功能”获公司技术革新奖，使五轴加工中心得以顺利应用到实际加工。

在技术交流、技能人才培养平台的搭建方面，2014年，他在公司和上级领导的大力支持下创建牛雪平创新工作室。该工作室完成公司级技术革新8项，获得公司级二等奖1项、三等奖1项、四等奖2项、鼓励奖4项；完成公司级二类工装3项，1项获得二等奖，2项获得鼓励奖；郑飞通讯发表有关工作室相关文章12篇。创新工作室成员相互合作，以项目、课题研究与应用为载体，以降本增效、技术革新、技能创新等为主题，组织开展技术攻关、技能培训、现场技术难题攻关等活动，推广创新理念、技术和工作方法。该团队已成为公司数字化制造核心竞争力的中坚力量。

在带领团队、人才培养和创新工匠精神传承方面，他把自己掌握的操作技能以及加工技巧毫不保留地传授给团队的每一位成员。经他所带领的技术实习生23人，均已获得工程师资格；带领的加工中心操作工学徒19人，4人已获技师资格，其余15人获得高级工资格；带领的9名操作工成为技术骨干，为公司打造一支代表先进制造能力的尖兵团队。

刘文英 女，汉族，河南新郑人，1980年12月出生，2000年6月参加工作，中共党员，本科，中国移动通信集团河南有限公司郑州分公司港区分公司营销室主任。

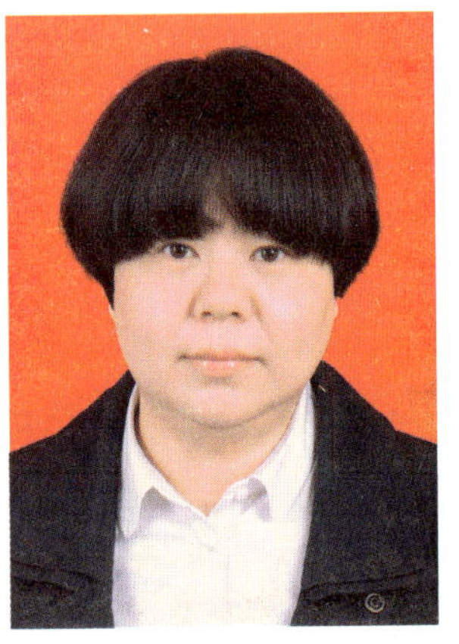

2004年4月，刘文英开始在郑州移动从事市场营销工作。她常说："我是一颗平凡的螺丝钉，但一样能凝聚卓越的品质，我要做一颗最优秀的螺丝钉"。正是靠着这一执着的信念。她从一名乡镇客户代表，到项目经理，到分公司营销室主任，并先后获得"先进工作者""班组建设先进个人""郑州市技术标兵""奉献移动感动你我先进人物""河南移动岗位技术能手"以及河南省"五一劳动奖章"等称号和荣誉。2016年，获得全国"五一劳动奖章"。

在工作中，刘文英始终本着"一切从客户出发、一切为客户着想、一切让客户满意"的原则。2007年5月在重点项目推进过程中，因为右臂肘关节鹰嘴骨折，原本可以请假的她，为了不影响工作进度，做完手术后依然回到工作岗位上，抱着打着石膏的胳膊多次往返于集团客户和单位之间，项目顺利完成签约工作，她的敬业精神也深深赢得了客户的赞许。2008年"5·12"四川大地震，她的爱人作为一名警察被派赴四川江油参加救灾，家里只剩下她和不到两岁的孩子。作为一位母亲和妻子，她一方面承担着家庭的责任，同时还要和同事们一起到集团单位走访客户，虽然牵挂着爱人和孩子，但她还是全身心地投入到工作当中，二季度劳动竞赛取得了优异的成绩。

2011年，刘文英和她们富士康小组人员开始现场迎新工作。现场到处都是正在建设的工地和废墟，尘土飞扬，从大雪纷飞的冬天，到烈日炎炎的酷暑，他们在这么艰苦的条件下整整坚持了200多天。从周一到周日，从早6点到晚上12点，在这200多天，她和她的团队用辛勤的汗水换来了新增市场阶段性的胜利。

刘文英立足本职工作，和同事们一起针对短板问题，想方法找措施，克服一切困难，她负责的相关指标提升明显。2015年累计新增份额65.3%，全区排名第一；4G用户到达134，766户，手机端用户占比47.55%，全区排名第二；4G套餐占比55.98%，全区排名第一；中高端4G客户渗透率71.09%，全区排名第一；手机上网普及率87.32%，全区排名第一。

2016年全国"工人先锋号"获得集体

河南中烟工业有限责任公司黄金叶生产制造中心制丝车间维修班组 该班组是车间负责设备安装、调试、巡检、维修一体的综合性班组，现有职工82人，其中高级技师13人、技师18人、高级工36人担负着车间生产设备的管理与维修工作，秉承专注专业、一丝不苟、精雕细琢、持久坚韧的工匠精神，突出精益管理理念，强化班组管理，积极开展工作。出色完成了中心和车间下达的各类年度目标任务。

建立完善基于质量导向的设备预知性精益维保模式，设备保工艺、保效率水平持续提升。开拓创新、打破固有模式，夯实班组管理基础，不断改进工作方法及工作模式，在工作中总结经验，为生产计划的顺利实施提供了强有力的保障，实现全年设备故障停机率0.08%，位列全国百万箱卷烟工业企业第3名。

持续开展技术创新活动。班组人员刻苦钻研技术，大胆探索，勇于创新，通过技术革新节约了大量维修费用，取得了良好的经济效益。全年围绕制丝工艺、操作、节能降耗、优化环境、提高效率等方面实现技术革新48项、QC活动9项（获国优称号5项），申报专利39项，TPRS项目摘牌8项，取得经济效益1200余万元。

以"问题拉动"为抓手，提升事中控制和事后改进水平。通过问题的及时有效解决和深入分析改进，促进精益设备维保体系的不断优化提升，使制丝设备管理工作步入良性循环的轨道。2015年，通过"问题拉动"工作模式，共计解决设备隐患问题200多项，有效提升了设备工作效率。

以打造学习型班组为目标，不断提升本班组员工的技术水平。在维修班的队伍里，作为班组长懂得带领大家学习钻研技术；班组长和技术高手在"传教、授业、解惑"等方面狠下功夫，使员工凝心聚力、业务素质提升，形成了一个良好的和谐班组，并通过实施"班组素养"升级工程，创建"金丝创客空间"高技能人才工作室，采取"师带徒""老带新"、OPL单点课等一系列形式开展技术、技能素质提升活动，强化激励机制建设，这使维修团队成为制丝车间克难攻坚的中流砥柱。

强化维修工"客户服务"意识，不断提升服务操作、服务质量、服务生产的水平。全年生产卷烟122万箱，计划完成率100%；制造过程西格玛水平达到4.05，居行业第7位；单箱耗烟叶33.16公斤，居行业百万箱卷烟工厂第9位。

荥阳市地方税务局税政科 该科自2015年起，通过税企QQ群、微信平台和举办"纳税人学堂"、上门开展政策宣传等，共发布税收政策解答、税企互动涉税咨询交流等信息1600余条，发放宣传页3100余份，面对面开展政策辅导230余人次。全年纳税人通过电子评价仪评价涉税服务，月平均满意率达99.3%，纳税申报率达100%。

创新二手房交易税收管理，堵塞"阴阳合同"。税政科充分依托房地产一体化管理系统，通过多点、定期采集录入房屋价格信息，在郑州市率先实现房屋价格自动评估系统上线运行，杜绝二手房交易中的"阴阳合同"现象，堵塞税收漏洞，实现应收尽收。

创新契耕两税管理，规避执法风险。针对长期以来，全省普遍存在的农用地转用审批文件中未标明建设用地人的耕地占用税和城市建设配套费契税征收管理难题，税政科认真研究税收政策，积极寻找对策，在政府的大力支持下，实现了耕地占用税依规由政府缴纳，城市建设配套费契税实行"先税后证"，由土地、建设等部门联合把关，凭完税证明办理建设许可证。在全省地税系统率先破解土地税收中的两大征管难题，受到省市地税局的通报表彰，并在全省进行经验交流。

创新特殊房源税收管理，消除税收盲点。针对长期以来全国普遍存在的城中村改造、新农村建设、小产权房等特殊房源，因开发建设情况复杂、信息不畅、项目不清、纳税人难找等造成的税收盲区，税政科认真分析研究税收政策，找准征管抓手与对策，创新征管模式，即：由政府支付代建费用的城中村改造项目一律由政府财政部门代扣代缴，对于代建费全部支付完的项目由企业自行申报缴纳，以提高征管质效。2015年，共对63个特殊房源项目征收入库各项税款1.32亿元。其中，新农村建设安置房项目实现销售不动产营业税入库1557万元，更是在全省地税系统率先实现零的突破。

认真落实优惠政策，力助小微企业及高新产业发展。2015年，共为符合条件的3500余户小型微利企业、高新技术企业及环保企业、文化产业改制企业累计减免企业所得税1200余万元，减免营业税6300余万元。

中国铝业河南分公司氧化铝厂分解车间新系统班组 分解车间，素有氧化铝生产过程中的“主战场”之称，承担着氧化铝晶种分解的关键生产环节。在外围优胜劣汰残酷竞争的市场大潮中，氧化铝产品质量的保证，就取决于分解车间的关键工序中。其中砂状粒度指标在晶种分解中尤为突出，而中国铝业河南分公司氧化铝厂分解车间的新系统班组，就像一面鲜红的先锋旗帜，引领着分解车间整体有机协调，高效稳定地运行。

他们坚持不断地用理论武装自己，并从生产实际入手，加强业务素质和技能提升。各轮班在生产调控中，相互学习和借鉴，充分发挥优良传统，展现个人聪明才智，无时无刻为车间精益生产保驾护航。

在新系统班组主控室岗位，集中了车间所有设备与工艺流程的监控画面。班组主控操作人员不仅负责生产运行的监控，还要兼顾生产指标的优化调整。因此主控室下达各岗位的指令都与生产稳定高效息息相关。如此核心重要的地位，练就了一批能征善战的精锐员工，每位员工都能从车间全局出发，结合氧化铝系统液量变化提前做好预判，准确把握生产运行趋势，合理做到液量分配，从而优化各项生产指标，班组员工在与主控室的协作下最终完成车间生产任务。

各班组紧盯影响指标的关键因素，倡导“向指标要平衡、向指标要产量、向指标要效益、从指标看管理”的观念，用发展的眼光，用“只有停止不前的观念，没有停滞不前的指标”的理念来看待生产和指标，从设备管理、质量管理、技术创新、指标优化、安全生产、缺陷管理、群众性合理化建议等多方面入手，真抓实干，挖掘潜力，班组之间比指标，员工之间比贡献，最终达到指标优化、提产降本、增产增效的目的。通过大家的共同努力，车间生产指标从2014年开始逐步稳定向好，平均分解率跨上了厂部要求的51.5%，母液浮游物1.0以下，浓缩系数<0.97。在主控室的墙壁上挂有中铝各分公司的分解生产指标，每月进行更新，通过对标，寻找自身差距，为厂部年度生产目标作出最大的贡献。

2016年河南省“五一劳动奖章”获得者名单

申学清	郑州银行股份有限公司
李劲松（女）	郑州市金水区总工会
刘宏业	郑州市地方税务局直属税务分局
袁文周	郑州航空港经济综合实验区滨河办事处
崔　洁（女）	郑州市农产品质量检测流通中心
穆　禾	郑州外国语学校
郭文治	郑州大学第一附属医院肝胆胰外一科
陈　馈	中铁隧道集团盾构及掘进技术国家重点实验室
黄浩军	国网河南省电力公司郑州供电公司带电一班
刘成晓（女）	郑州市公安局商城路分局案件侦办大队
柳敬元	郑州航空港区兴港投资集团有限公司
王建亭	河南省第一建筑工程集团有限责任公司
罗　浩	河南华豫兄弟动画影视制作有限公司
何术春	河南华豫兄弟动画影视制作有限公司加工部

2016年河南省“五一劳动奖状”获得单位名单

郑州领秀梦舒雅服饰有限公司
河南新郑农村商业银行股份有限公司
郑州华威耐火材料有限公司
郑州市管城区国家税务局
郑州市中原区人民检察院
中原环保股份有限公司

2016年河南省“工人先锋号”获得集体名单

郑州交运中原大厦前厅部天鹅班组
国网河南登封市供电公司唐庄供电所
河南省烟草公司郑州市公司南城区分公司
郑州市公共交通总公司四公司46路
富士康科技集团郑州科技园iPEG策略制造总处加工区制造二处表面一厂生产一部
河南黑马实业有限公司成装车间金工班
郑州宇通客车股份有限公司生产处生产管理模块
郑州东工实业有限公司车体涂装车间电泳班组
郑州市管城回族区东关小学四年级工会小家
郑州市热力总公司东区供热分公司
恒天重工股份有限公司化纤工程事业部设计三室

（华　颖）

郑州市人民代表大会常务委员会公告

〔十四届〕第十五号

《郑州市建筑市场管理条例》已经郑州市第十四届人民代表大会常务委员会第十九次会议于2016年6月30日通过，河南省第十二届人民代表大会常务委员会第二十三次会议于2016年7月29日批准，现予公布，自2016年10月1日起施行。

特此公告。

郑州市建筑市场管理条例

（2016年6月30日郑州市第十四届人民代表大会常务委员会第十九次会议通过 2016年7月29日河南省第十二届人民代表大会常务委员会第二十三次会议批准）

第一章 总 则

第一条 为了规范建筑市场管理，维护建筑市场秩序，保证建设工程的质量和安全，保障公民、法人和其他组织的合法权益，促进建筑行业健康发展，根据《中华人民共和国建筑法》和有关法律、法规，结合本市实际，制定本条例。

第二条 在本市行政区域内从事建筑市场活动，实施建筑市场监督管理，适用本条例。

第三条 建筑市场活动应当遵循依法、诚信、有序竞争的原则。禁止以任何形式扰乱建筑市场秩序。

建筑市场管理应当坚持统一、开放、公平、公正的原则。

第四条 市城乡建设行政主管部门负责本市建筑市场监督管理工作。县（市）、区城乡建设行政主管部门在市城乡建设行政主管部门指导下，按照职责分工负责本辖区建筑市场的监督管理工作。

发展和改革、住房保障和房地产管理、城市管理、工商行政管理、人力资源和社会保障、公安、质量技术监督、城乡规划、国土资源、环境保护、安全生产监督、消防及其他有关部门和单位，应当在各自职责范围内共同做好建筑市场监督管理工作。

第五条 建筑市场相关行业协会应当按照法律、法规规定实行行业自律，引导行业健康发展。

第二章 发包承包

第六条 建设工程的发包单位与承包单位应当依法订立书面合同，明确双方的权利和义务；发包单位应当将建设工程发包给具有相应资质等级的承包单位，承包单位应当在其资质等级许可的业务范围内承揽工程。

第七条 建设工程按照国家和省有关规定实行招标发包或者直接发包。

建设工程发包应当具备下列条件：

（一）发包单位为依法成立的法人或者其他组织；

（二）依法办理工程立项审批、核准或者备案手续；

（三）依法取得建设用地规划许可证或者土地使用权证；

（四）法律、法规规定的其他条件。

建设单位在取得建设工程规划许可证后，方可进行施工发包和监理发包。

第八条 建设工程依法实行招标发包的，招标人不得以下列不合理的条件限制、排斥潜在投标人或者投标人：

（一）要求投标人缴纳超出国家规定标准投标保证金的；

（二）要求投标人的资质、资格、技术、商务条件等超出工程项目实际需要的；

（三）要求投标人出具与合同履行无关证明材料的；

（四）按照某一个或者特定几个投标人的资质、规模、业绩等条件编制招标文件的；

（五）法律、法规规定的其他情形。

第九条 建设工程有下列情形之一的，可以直接发包：

（一）非国有资金投资工程按照国家、省有关规定可以直接发包的；

（二）建筑企业自建自用的工程，且该企业资质等级符合工程要求的；

（三）在建工程依法追加的附属小型工程或者主体加层工程，由其他人承担将影响施工或者功能配套要求，且原承包单位具有相应资质等级的；

（四）已通过招标方式选定的特许经营项目投资人依法能够自行建设的；

（五）停建或者缓建后恢复施工，发包单位发生变更但承包单位未发生变更的；

（六）法律、法规规定的其他情形。

第十条 建设单位需要在施工总承包范围内另行选择特殊专业工程分包单位或者特殊建设工程材料、设备供应单位的，应当在招标文件中明示，或者事先与施工总承包单位进行协商，并在施工总承包合同中约定。经依法确定的特殊专业工程分包单位或者特殊建设工程材料、设备供应单位，应当与施工总承包单位签订书面合同，接受施工总承包单位的管理，并由施工总承包单位进行相关工程款项的结算和支付。

建设单位需要将施工总承包范围外的专业工程另行发包的，应当事先与施工总承包单位书面约定施工现场管理方式。

采取前两款发包方式的，建设单位与施工总承包单位的承包合同应当明确建设单位的责任。

第十一条 禁止下列发包行为：

（一）建设单位将工程合同范围内的单位工程或者分部分项工程另行发包；

（二）建设单位要求承包单位选择其指定分包单位；

（三）法律、法规禁止的其他发包行为。

第十二条 禁止承包单位有下列行为：

（一）将建设工程主体的勘察、设计分包给其他单位，或者未经发包单位书面同意，将建设工程非主体部分的勘察、设计分包给其他单位；

（二）将专业工程中非劳务作业部分再分包；

（三）将全部工程转给其他单位或者个人，或者以合作、联营等形式变相将其承包的全部工程转给其他单位或者个人；

（四）将全部工程肢解以后，以分包的名义转给其他单位或者个人；

（五）将建设工程的主要建筑材料、周转材料和大中型施工机械设备交由施工劳务单位采购或者租赁，并与其进行相关费用结算；

（六）未在施工现场设立项目管理机构或者未派驻项目负责人、技术负责人、质量管理负责人、安全管理负责人等主要管理人员，不履行管理义务；

（七）法律、法规禁止的其他行为。

第十三条 使用国有资金投资的建设工程，应当采用工程量清单计价；非国有资金投资的建设工程，鼓励采用工程量清单计价。

采用工程量清单计价招标的，招标人应当按照国家和省工程计价的有关规定设定最高投标限价。招标人应当公布最高投标限价及其成果文件，并按照规定报城乡建设行政主管部门备案。

第三章 施工管理

第十四条 建设工程依法实行施工许可制度。建设工程开工前，建设单位应当按照国家有关规定申请领取施工许可证。

未取得施工许可证擅自施工的，城乡建设行政主管部门应当责令停止施工，依法进行处罚，并对行政处罚决定的履行、施工质量、工程纠纷等情况进行核查。对符合规定条件的，依法补办施工许可证。

依法办理开工报告批准手续的建设工程，不再领取施工许可证。

第十五条 在建的建设工程不得无故停工，确需停工的，实行停工复工报告制度。

在建的建设工程因故中止施工的，建设单位应当自中止施工之日起一个月内，向发证机关报告，并按照规定做好建设工程的维护管理工作。

建设工程恢复施工时，建设单位应当向发证机关报告；中止施工满一年的，应当报发证机关核验施工许可证。经核验，不具备恢复施工条件的，原施工许可证自行作废，由建设单位重新申请领取施工许可证后，方可恢复施工。

第十六条 需要重新申请或者变更施工许可证的，应当符合施工许可证发放所规定的条件。变更情况应当作出书面说明。

第十七条 建设工程未取得施工许可证擅自施工的，监理单位应当及时向城乡建设行政主管部门报告。

第十八条 施工合同双方当事人应当约定工程合同价款，明确预付款、进度款、竣工结算款的支付方式、时间等，并按照合同约定履行。

建设工程竣工结算应当在工程竣工时同步完成，不得无故拖延。

第十九条 建设工程应当实行施工现场标准化管理，施工现场管理标准由市城乡建设行政主管部门组织编制。

第四章 质量管理

第二十条 建设工程质量实行企业负责、社会监理、政府监督的管理体制。

建设、勘察、设计、施工、监理等建设工程相关单位应当按照法律、法规、工程建设标准和合同约定从事工程建设活动，承担相应质量责任。

城乡建设行政主管部门和其他有关部门应当明确工程质量监督的内容和程序，健全建设工程质量监督管理体系和责任追溯制度。

第二十一条 建设工程实行终身质量责任制。

建设、勘察、设计、施工、监理等建设工程相关单位法定代表人、项目负责人应当依法签署工程质量终身责任承诺书。参与工程质量管理的人员落实质量责任制。

第二十二条 建设单位应当委托具有相应资质的检测机构对工程质量进行检测。

建筑材料、构配件等质量检测，由施工单位取样、封样、送样，建设单位或者监理单位见证。

检测机构应当对其检测数据和检测报告的真实性负责。任何单位和个人不得篡改或者伪造检测报告。

第二十三条 建设工程使用的成品或者半成品生产企业应当按照国家规范、标准和环保要求进行绿色生产。

预拌混凝土、沥青混合料等非施工现场生产的半成品实行交货检验或者进场检验制度，并依法实施监理。

第二十四条 建设工程完工后，建设单位应当按照有关规定组织竣工验收。未经竣工验收或者经竣工验收不合格的，不得交付使用；擅自交付使用的，由建设单位承担责任。

城乡建设行政主管部门工程质量监督机构依法对建设工程竣工验收实施监督。

市政基础设施工程竣工验收合格后应当及时交付使用，其管理责任相应转移。

第二十五条 建设工程竣工验收合格后，建设单位应当按照规定报城乡建设行政主管部门或者其他有关部门备案。

城乡建设行政主管部门或者其他有关部门收到建设单位报送的竣工验收备案文件，验证文件齐全后，应当在工程竣工验收备案表上签署文件收讫。

城乡建设行政主管部门或者其他有关部门发现建设单位在竣工验收过程中有违反国家有关建设工程质量管理规定行为的，责令停止使用，重新组织竣工验收。

第五章 劳动用工

第二十六条 建设工程相关单位应当依法订立劳务分包合同。

施工总承包单位、专业承包单位对其所承包工程的建筑业劳动用工活动负总责，应当设立专门的部门或者专职人员进行管理服务；对其所直接聘用的劳动者承担直接管理服务责任。

施工劳务单位对其所聘用的劳动者承担直接管理服务责任。

第二十七条 在建筑领域，劳动用工实行实名制管理。

用人（工）单位应当核实聘用劳动者的身份，建立用人（工）档案，如实记录劳动用工情况。

第二十八条 建设工程实行工资专用账户制度。

施工总承包单位应当在工程所在地银行开设工资专用账户，并通过专用账户向劳动者支付工资。

建设单位应当按照工程进度向工资专用账户拨付资金。

开户银行发现账户资金不足、被挪用等情况，应当及时向城乡建设行政主管部门或者其他有关部门报告。

施工总承包单位、专业承包单位、施工劳务单位应当按月核定劳动者工资，并予以公布。

第二十九条 建设工程实行工资保障金制度。

建设工程开工前，建设单位和施工总承包单位应当按照规定缴纳工资保障金，存入当地政府指定的监管账户。

工资保障金按照企业信用等级实行差别化管理。

第三十条 施工劳务单位应当在其资质等级许可的范围内承揽工程业务，不得承揽主要建筑材料和周转材料的采购、大中型机械设备租用等非劳务作业业务。

第三十一条 人力资源和社会保障行政部门、城乡建设行政主管部门及其所属的建筑企业管理机构按照各自职责进行劳动用工监督检查时，有权采取下列措施：

（一）进入施工现场核查劳动用工情况；

（二）核查劳动者技能培训、岗位资格、实名登记等信息；

（三）检查有关劳动用工合同、工资支付等情况，查阅、复制有关资料；

（四）检查劳务分包合同订立、履行情况；

（五）依法可以采取的其他措施。

对违反劳动用工管理或者劳务管理规定的行为，应当当场纠正或者责令限期改正。

第三十二条 有下列情形之一的，由城乡建设行政主管部门或者其他有关部门记入企业信用档案，并予以公示：

（一）发包单位无正当理由不按照合同约定支付工程进度款或者不进行工程竣工结算，造成用人（工）单位无力支付劳动者报酬的；

（二）用人（工）单位拒不支付劳动报酬，或者欠薪时间超过双方约定期限或者法律规定期限的；

（三）用人（工）单位拒不提供或者提供虚假的职工名册、工资支付记录、考勤记录、工资发放公示等与劳动报酬相关材料的；

（四）建设单位和施工总承包单位未按照规定缴纳工资保障金的。

第六章 服务与监督

第三十三条 市、县（市）、区城乡建设行政主管部门及其他有关部门应当建立建设工程信息公开制度，规范行政审批，强化服务监督，为建设工程信息查询、社会监督提供便利。

第三十四条 市城乡建设行政主管

部门建立建筑市场信用信息系统，纳入全市社会信用信息平台，实现信用信息互联共享。

城乡建设行政主管部门和其他有关部门应当及时完整地记载建筑市场活动中各单位、执业人员的信用信息，并向社会公布。

第三十五条 建筑市场信用信息应当按照规定用于市场准入、资质资格管理、招标投标、保证金缴纳、创优评先等差别化管理。

政府投资和国有资金占主导地位的建设工程，应当将信用信息作为选择勘察、设计、施工、工程监理、工程质量检测、招标代理、造价咨询等有关单位的依据。

第三十六条 市城乡建设行政主管部门负责权限范围内的建筑企业资质许可。注册地在其他省、市的建筑企业在本市从事建筑市场活动，应当向市城乡建设行政主管部门报送相关企业信息，纳入建筑市场信用体系。

市城乡建设行政主管部门及其所属的建筑企业管理机构应当对已取得资质、资格的建筑企业和个人实行动态管理，加强监督检查。对不符合法定资质、资格条件的，依法予以处理。

第三十七条 市城乡建设行政主管部门应当建立工程造价信息数据库，定期测算、发布建设工程市场价格信息和建设工程造价指标，测算并编制补充定额缺项子目。

第三十八条 市、县（市）、区人民政府应当组织城乡建设、城乡规划、国土资源、住房保障和房地产管理、公安等相关部门，建立违法建设查处协调联动机制，共同做好建筑市场执法工作。

乡、镇人民政府和街道办事处应当对本辖区内的建设工程进行监督检查，发现未取得建筑工程施工许可证施工的，应当及时报告并协助城乡建设行政主管部门处理。

第七章 法律责任

第三十九条 违反本条例规定的行为，有关法律、法规有处罚规定的，从其规定。

第四十条 违反本条例第八条规定，以不合理条件限制、排斥潜在投标人或者投标人的，由城乡建设行政主管部门责令改正，可以处一万元以上五万元以下罚款。

第四十一条 违反本条例第十一条第（一）项规定的，由城乡建设行政主管部门责令限期改正，处工程合同价款百分之零点五以上百分之一以下罚款；违反本条例第十一条第（二）项规定的，由城乡建设行政主管部门责令限期改正，处十万元以上二十万元以下罚款。

第四十二条 违反本条例第十二条规定的，由城乡建设行政主管部门责令改正，按照下列规定处罚：

（一）有第（一）项行为的，没收违法所得，并处合同约定的勘察费、设计费百分之二十五以上百分之五十以下罚款；

（二）有第（二）项、第（三）项、第（四）项、第（五）项、第（六）项行为之一的，没收违法所得，并处工程合同价款百分之零点五以上百分之一以下罚款。

有前款行为的，可以建议发证机关责令停业整顿、降低资质等级或者吊销资质证书。

第四十三条 违反本条例第十七条规定，监理单位未向城乡建设行政主管部门报告的，由城乡建设行政主管部门责令改正，给予警告，并处一万元以上三万元以下罚款。

第四十四条 违反本条例第二十二条规定的，由城乡建设行政主管部门按照下列规定处罚：

（一）违反第一款规定，建设单位未依法委托检测机构的，由城乡建设行政主管部门责令改正，处一万元以上三万元以下罚款；

（二）违反第二款规定，施工、建设和监理单位未履行相应义务的，责令改正，处十万元以上二十万元以下罚款；

（三）违反第三款规定，篡改或者伪造检测报告的，处十万元以上二十万元以下罚款。

前款第（二）项、第（三）项行为情节严重的，建议发证机关责令停业整顿、降低资质等级或者吊销资质证书；造成损失的，依法承担赔偿责任。

第四十五条 违反本条例第二十八条第二款、第三款规定，未建立工资专用账户、不通过专用账户支付工资，或者未按照工程进度向工资专用账户拨付资金的，由城乡建设行政主管部门责令限期改正；逾期不改正的，处十万元以上二十万元以下罚款。

第四十六条 违反本条例第三十条规定，施工劳务单位承揽主要建筑材料和周转材料的采购、大中型机械设备租用等非劳务作业业务的，由城乡建设行政主管部门责令改正，没收违法所得，并处工程合同价款百分之二以上百分之四以下罚款。

第四十七条 城乡建设行政主管部门、其他有关部门和单位及其工作人员，有下列行为之一的，依法给予处分；构成犯罪的，依法追究刑事责任：

（一）违法实施行政许可或者行政处罚的；

（二）违法干预建设工程的发包和承包的；

（三）在监督检查工作中索取、接受他人财物，或者谋取其他利益的；

（四）发现违法行为不查处，或者包庇、纵容违法行为的；

（五）其他滥用职权、徇私舞弊、玩忽职守的行为。

第四十八条 有下列情形之一，造成工程质量事故、安全事故或者不良社会影响的，由行为人承担相应责任：

（一）建设工程相关单位或者个人阻碍城乡建设行政主管部门和其他相关部门执法的；

（二）建设工程相关单位或者个人弄虚作假，经监管部门查处拒不改正的；

（三）停工期间，建设工程相关单位未尽管理维护责任的。

第八章 附 则

第四十九条 本条例所称建筑市场活动，是指在建设工程新建、扩建、改建过程中，各方主体进行发包、承包、中介服务，订立并履行合同等活动。

本条例所称建筑企业，是指从事或者参与建设工程新建、扩建、改建等建筑活动的企业和提供中介服务的机构，包括：勘察、设计、施工等企业，监理、施工图设计文件审查、招标代理、造价咨询、工程质量检测等中介服务机构。

第五十条 依法办理开工报告批准手续的建设工程，由市人民政府确定的管理部门依照本条例实施监督管理。

第五十一条 水利、交通、电力等专业工程和城市园林绿化工程的监督管理，法律、法规另有规定的，从其规定。

抢险救灾及其他临时性房屋建筑、军用建筑工程、保密工程、农民自建低层住宅工程的监督管理，不适用本条例。

第五十二条 郑州航空港经济综合实验区、郑州高新技术产业开发区、郑州经济技术开发区、郑东新区的建筑市场管理，适用本条例。

第五十三条 本条例自2016年10月1日起施行。1995年8月25日郑州市第十届人民代表大会常务委员会第十三次会议通过，1995年12月8日河南省第八届人民代表大会常务委员会第十七次会议批准的《郑州市建筑市场管理条例》同时废止。

重要文件目录

中共郑州市委文件

中共郑州市委　郑州市人民政府关于认真学习贯彻落实谢伏瞻省长在参加省十二届人大五次会议郑州代表团审议时的讲话精神的通知

（郑发〔2016〕1号）

（2016年1月29日）

中共郑州市委　郑州市人民政府关于深入贯彻落实谢伏瞻省长参加省十二届人大五次会议郑州代表团审议时重要讲话精神的意见

（郑发〔2016〕2号）

（2016年2月3日）

中共郑州市委　郑州市人民政府关于深入推进精准扶贫打赢脱贫攻坚战的实施意见

（郑发〔2016〕3号）

（2016年3月19日）

中共郑州市委　郑州市人民政府关于落实环境保护党政同责一岗双责的意见

（郑发〔2016〕5号）

（2016年3月29日）

中共郑州市委　郑州市人民政府关于做好2016年经济工作的实施意见

（郑发〔2016〕6号）

（2016年3月29日）

中共郑州市委　郑州市人民政府关于进一步深化国有企业改革的意见

（郑发〔2016〕7号）

（2016年5月4日）

中共郑州市委　郑州市人民政府关于印发《陈润儿省长在郑州调研座谈会上的讲话》的通知

（郑发〔2016〕8号）

（2016年5月9日）

中共郑州市委　郑州市人民政府关于深入推进新型城镇化建设的意见

（郑发〔2016〕9号）

（2016年7月19日）

中共郑州市委　郑州市人民政府关于加强城市规划建设管理工作的实施意见

（郑发〔2016〕10号）

（2016年7月19日）

中共郑州市委　郑州市人民政府关于加快产业转型升级再造发展新优势的实施意见

（郑发〔2016〕11号）

（2016年8月3日）

中共郑州市委　郑州市人民政府关于加快推进郑州国家自主创新示范区建设的若干政策意见

（郑发〔2016〕12号）

（2016年8月17日）

中共郑州市委　郑州市人民政府关于贯彻落实《国家创新驱动发展战略纲要》的实施意见

（郑发〔2016〕13号）

（2016年8月17日）

中共郑州市委　郑州市人民政府关于印发《郑州国家自主创新示范区建设实施方案》的通知

（郑发〔2016〕14号）

（2016年8月17日）

中共郑州市委　郑州市人民政府关于进一步扩大对外开放全面提升国际化水平的意见

（郑发〔2016〕15号）

（2016年8月31日）

中共郑州市委关于印发《中共郑州市第十届委员会工作报告》的通知

（郑发〔2016〕16号）

（2016年9月29日）

中共郑州市委　郑州市人民政府关于进一步完善市级重点工作推进机制的通知

（郑发〔2016〕17号）

（2016年10月11日）

中共郑州市委　郑州市人民政府转发《市委宣传部　市司法局关于在公民中开展法治宣传教育的第七个五年规划（2016—2020年）》的通知

（郑发〔2016〕18号）

（2016年10月21日）

中共郑州市委　郑州市人民政府关于实施全面两孩政策改革完善计划生育服务管理的意见

（郑发〔2016〕19号）

（2016年10月28日）

中共郑州市委关于印发《中国共产党郑州市委员会工作规则》《中共郑州市委常委会议事决策规则》的通知

（郑发〔2016〕20号）

（2016年11月9日）

中共郑州市委关于加强和改进新形势下党校工作的实施意见

（郑发〔2016〕22号）

（2016年12月7日）

中共郑州市委　郑州市人民政府关于构建和谐劳动关系的实施意见

（郑发〔2016〕23号）

（2016年12月11日）

中共郑州市委　郑州市人民政府关于印发《市十一次党代会目标任务责任分解》的通知

（郑发〔2016〕26号）

（2016年12月15日）

（刘跃亭　朱必洋　马焱　翟景伟　左雨龙）

郑州市人大常委会文件

郑州市人民代表大会常务委员会关于河南省第十二届人民代表大会代表陈小江、孙建中调离河南省行政区的报告

（郑人常〔2016〕1号）

（2016年1月11日）

郑州市人民代表大会常务委员会关于补选杨伟军、岳中明为河南省十二届人民代表大会代表的报告

（郑人常〔2016〕2号）

（2016年1月11日）

郑州市人民代表大会常务委员会关于接受张义德辞去市十四届人民代表大会常务委员会委员职务的决定

（郑人常〔2016〕3号）

（2016年2月20日）

郑州市人大常委会关于印发《郑州市人民代表大会常务委员会关于批准郑州市2016年政府投资项目计划的决议》的通知

（郑人常〔2016〕4号）

（2016年3月10日）

郑州市人大常委会关于印发《郑州市人大常委会2016年度地方立法计划》的通知

（郑人常〔2016〕5号）

（2016年3月22日）

郑州市人大常委会关于办理市十四届人大三次会议代表议案的通知

（郑人常〔2016〕6号）

（2016年3月23日）

郑州市人大常委会关于印发《郑州市人

大常委会2016年工作要点》的通知

（郑人常〔2016〕7号）

（2016年3月29日）

郑州市人大常委会关于印发《2016年郑州市人大常委会会议、主任会议议题安排意见》的通知

（郑人常〔2016〕8号）

（2016年3月29日）

郑州市人大常委会关于印发《郑州市人大常委会2016年监督计划》的通知

（郑人常〔2016〕9号）

（2016年3月29日）

郑州市人大常委会关于对《郑州市中级人民法院关于设立郑州经济技术开发区人民法院的请示》的答复

（郑人常〔2016〕10号）

（2016年4月12日）

郑州市人民代表大会常务委员会关于接受鲁轶辞去河南省第十二届人民代表大会代表职务的决议

（郑人常〔2016〕11号）

（2016年5月13日）

郑州市人民代表大会常务委员会关于接受鲁轶辞去河南省第十二届人民代表大会代表职务的报告

（郑人常〔2016〕12号）

（2016年5月13日）

郑州市人民代表大会常务委员会关于任命程志明为郑州市人民政府副市长、代理市长职务的决定

（郑人常〔2016〕13号）

（2016年5月30日）

郑州市人民代表大会常务委员会关于接受马懿辞去郑州市人民政府市长职务的决定

（郑人常〔2016〕14号）

（2016年5月30日）

郑州市人大常委会关于提请审议批准《郑州市建筑市场管理条例》的报告

（郑人常〔2016〕15号）

（2016年7月4日）

郑州市人民代表大会常务委员会关于许可对郑州市第十四届人大代表李学章采取强制措施的决定

（郑人常〔2016〕16号）

（2016年8月5日）

郑州市人大常委会关于组织实施《郑州市建筑市场管理条例》的通知

（郑人常〔2016〕17号）

（2016年8月12日）

郑州市人大常委会关于印发《郑州市人大常委会关于批准2015年市级财政决算的决议》的通知

（郑人常〔2016〕18号）

（2016年8月30日）

郑州市人大常委会关于印发《郑州市人大常委会关于批准郑州市2016年市级预算调整方案的决议》的通知

（郑人常〔2016〕19号）

（2016年8月30日）

郑州市人大常委会关于印发《郑州市人大常委会关于批准郑州市地方政府债务限额的决议》的通知

（郑人常〔2016〕20号）

（2016年8月30日）

郑州市人民代表大会常务委员会关于接受孙金献、薛云伟辞去郑州市人民政府副市长职务的决定

（郑人常〔2016〕21号）

（2016年10月12日）

郑州市人大常委会关于报送《郑州市人大常委会2017年度地方立法计划》的报告

（郑人常〔2016〕23号）

（2016年11月21日）

郑州市人大常委会关于印发《郑州市人民代表大会常务委员会关于全市县乡两级人民代表大会换届选举时间的决定》的通知

（郑人常〔2016〕24号）

（2016年11月25日）

郑州市人大常委会关于贯彻执行《郑州市人民代表大会常务委员会关于在全市开展第七个五年法治宣传教育的决议》的通知

（郑人常〔2016〕25号）

（2016年11月29日）

郑州市人民代表大会常务委员会关于河南省第十二届人民代表大会代表乔桂玲调离河南省行政区的报告

（郑人常〔2016〕26号）

（2016年12月27日）

郑州市人民代表大会常务委员会关于补选刘新、焦豫汝为河南省十二届人民代表大会代表的报告

（郑人常〔2016〕27号）

（2016年12月29日）

郑州市人民代表大会常务委员会关于接受高建慧、张春阳辞去河南省第十二届人民代表大会代表职务的报告

（郑人常〔2016〕30号）

（2016年12月29日）

郑州市人民代表大会常务委员会关于接受高建慧、张春阳辞去河南省第十二届人民代表大会代表职务的决议

（郑人常〔2016〕31号）

（2016年12月29日）

（胡凯林）

郑州市人民政府文件

郑州市人民政府关于下达2016年度郑州市重点建设项目的通知

郑政〔2016〕1号

2016年1月11日

郑州市人民政府关于印发郑州市2016年水生态文明建设实施方案的通知

郑政〔2016〕2号

2016年2月2日

郑州市人民政府关于印发2016年郑州市碧水工程实施方案的通知

郑政〔2016〕3号

2016年2月5日

郑州市人民政府关于加强城镇基础设施建设管理的实施意见

郑政〔2016〕4号

2016年1月15日

郑州市人民政府关于对上海合作组织政府首脑（总理）理事会第十四次会议郑州市服务保障工作作出突出贡献个人记二等功的决定

郑政〔2016〕5号

2016年1月8日

郑州市人民政府关于印发郑州市地下水压采实施方案的通知

郑政〔2016〕6号

2016年1月10日

郑州市人民政府关于印发郑州市“互联网+”行动实施方案的通知

郑政〔2016〕7号

2016年1月15日

郑州市人民政府关于印发2016年郑州市蓝天工程实施方案的通知

郑政〔2016〕8号

2016年2月5日

郑州市人民政府关于印发郑州市降成本优供给推进实体经济持续健康快速发展的若干意见的通知

郑政〔2016〕9号

2016年3月2日

郑州市人民政府关于进一步加强审计工作的实施意见

郑政〔2016〕10号

2016年3月4日

郑州市人民政府关于加快推进大围合区域市场外迁工作的实施意见

郑政〔2016〕11号

2016年3月8日

郑州市人民政府关于进一步规范政务服务体系建设的实施意见

郑政〔2016〕12号

2016年3月9日

郑州市人民政府关于进一步做好新形势下就业创业工作的实施意见

郑政〔2016〕13号

2016年3月10日

郑州市人民政府关于进一步深化商事制度改革释放经济发展活力的意见

郑政〔2016〕14号

2016年3月24日

郑州市人民政府关于印发郑州市海绵城市国有建设用地使用权招标拍卖挂牌出让规定的通知

郑政〔2016〕15号

2016年4月1日

郑州市人民政府关于落实最严格耕地保护制度的通知

郑政〔2016〕16号

2016年5月6日

郑州市人民政府关于印发郑州市完善社会保险五险合一市级统筹工作实施办法的通知

郑政〔2016〕17号

2016年5月20日

郑州市人民政府关于促进慈善事业健康发展的实施意见

郑政〔2016〕18号

2016年6月15日

郑州市人民政府关于印发郑州市国民经济和社会发展第十三个五年规划纲要的通知

郑政〔2016〕19号

2016年6月20日

郑州市人民政府关于印发郑州市2016年国民经济和社会发展计划的通知

郑政〔2016〕20号

2016年6月20日

郑州市人民政府关于印发郑州市生态环境治理三年行动计划（2016—2018年）的通知

郑政〔2016〕21号

2016年7月19日

郑州市人民政府关于进一步优化中等职业学校布局提升办学水平的实施意见

郑政〔2016〕22号

2016年7月25日

郑州市人民政府关于加快发展现代职业教育的实施意见

郑政〔2016〕23号

2016年7月25日

郑州市人民政府关于全面落实粮食安全省长责任制的实施意见

郑政〔2016〕24号

2016年8月1日

郑州市人民政府关于印发郑州市市长质量奖管理办法的通知

郑政〔2016〕25号

2016年8月5日

郑州市人民政府关于促进科技和金融结合的意见

郑政〔2016〕26号

2016年8月16日

郑州市人民政府关于加强快国家区域性会展中心城市建设的意见

郑政〔2016〕27号

2016年8月18日

郑州市人民政府关于扶持小微企业加快发展的意见

郑政〔2016〕28号

2016年8月26日

郑州市人民政府关于印发郑州市建设中国制造强市若干政策的通知

郑政〔2016〕29号

2016年9月9日

郑州市人民政府关于印发郑州市鼓励新能源汽车推广应用若干政策的通知

郑政〔2016〕30号

2016年9月9日

郑州市人民政府关于推进分级诊疗制度建设的实施意见

郑政〔2016〕31号

2016年9月14日

郑州市人民政府关于全面推进现代公共文化服务体系建设的实施意见

郑政〔2016〕32号

2016年10月10日

郑州市人民政府关于印发郑州市促进大数据发展行动计划的通知

郑政〔2016〕33号

2016年12月8日

郑州市人民政府关于印发郑州市“十三五”电动汽车充电基础设施发展规划的通知

郑政〔2016〕34号

2016年12月19日

郑州市人民政府关于建立基层证明清单制度方便群众办事的通知

郑政〔2016〕35号

2016年12月24日

郑州市人民政府关于公布实施郑州市矿山地质环境保护与治理规划（2016—2020年）的通知

郑政〔2016〕36号

2016年12月29日

郑州市人民政府关于推行政府法律顾问制度的实施意见

郑政〔2016〕37号

2016年12月30日

郑州市人民政府关于印发郑州市全民建设实施计划（2016—2020年）的通知

郑政〔2016〕38号

2016年12月30日

郑州市人民政府印发郑州市精神卫生工作规划（2016—2020年）的通知

郑政〔2016〕39号

2016年12月26日

（李林晓 陈 琨）

索引

说明：

本索引为分类索引，包括主题词索引、表格和示意图索引、彩图插页索引。

主题词索引标目按汉语拼音音序排列，标目后数字为页码，页码后a、b、c分别表示为该页的左、中、右栏。

表格和示意图索引、彩图插页索引按页码顺序编排。

主题词索引

A

B

C

E

F

G

H

J

K

L

M

N

O

P

Q

R

S

T

W

X

Y

Z

表格和示意图索引

彩图插页索引

国家中心城市建设

区域新貌

部门亮点

企业新姿 基层风采

区域新貌

部门亮点

企业新姿 基层风采

郑州航空港经济综合实验区（郑州新郑综合保税区）管理委员会

2016年4月8日，在第十届投洽会上航空港实验区签约4个重点项目

2016年7月11日，年富集团与郑州航空港实验区签署智能终端供应链金融平台及生产项目合作协议

2016年11月5日，北京常春藤医学高端人才联盟与郑州航空港实验区管委会签署成立北京常春藤医学高端人才联盟河南分部合作协议

建设中的郑州市第一人民医院航空港区医院

兰河生态水系廊道

郑州航空港经济综合实验区（郑州新郑综合保税区）管理委员会

2016年6月21日，澳大利亚进口活牛口岸启用，这也是中部地区启用的第一个活牛口岸

2016年11月11日，四川航空公司执飞的郑州至温哥华航线正式开通，该航线是郑州新郑国际机场开通的第一条洲际直飞航线

2016年11月22日，河南进口商品展览会开幕式在郑州新郑国际机场T1航站楼举行

建设中的恒丰创业中心

建设中的民俗文化园

建设中的友嘉精密机械产业园

建设中的郑万高铁航空港实验区段

梅河生态水系公园1号湖

建设中的智能手机产业园四期

郑东新区管理委员会

郑东新区龙子湖产业基地启动

举办建党95周年文艺汇演

海峡两岸教育发展论坛在郑东新区举行

2016年9月9日，国际期货论坛在郑东新区举行

东区CBD景观

郑东新区如意湖

郑东新区龙湖金融岛

郑东新区夜景

郑东新区高空全景图

郑东新区外环楼宇建筑群

郑州经济技术开发区管理委员会

2016年5月19日中欧政党高层论坛嘉宾到经开区参观考察

2016年9月6日德国工商界代表团和德国商报总编辑汉斯-尤尔根·雅格布斯一行走访郑州经开区

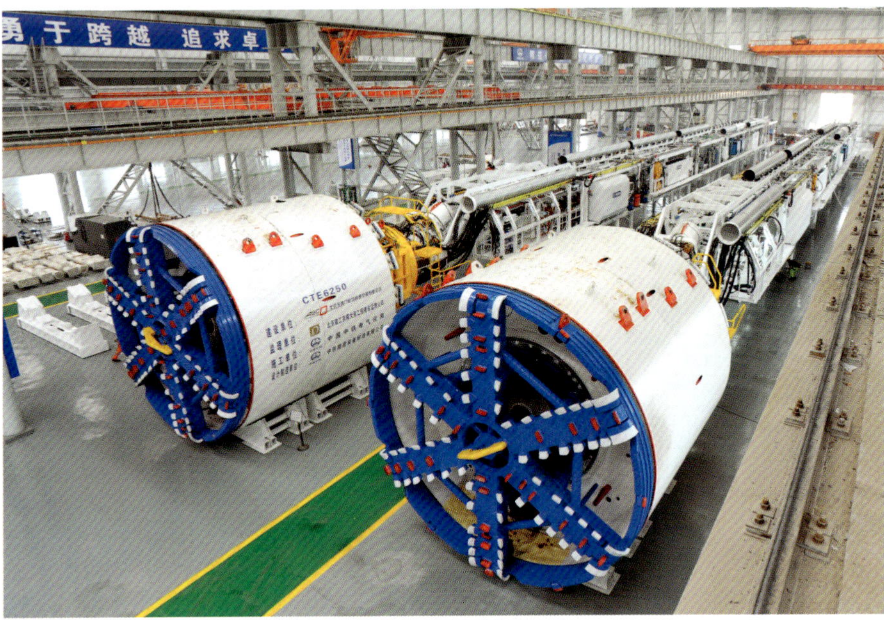

中铁工程装备集团有限公司车间

经开区文化艺术中心

郑州国际物流园区

郑欧班列抵达郑州国际陆港

郑州国际陆港联检中心

郑州经济技术开发区管理委员会

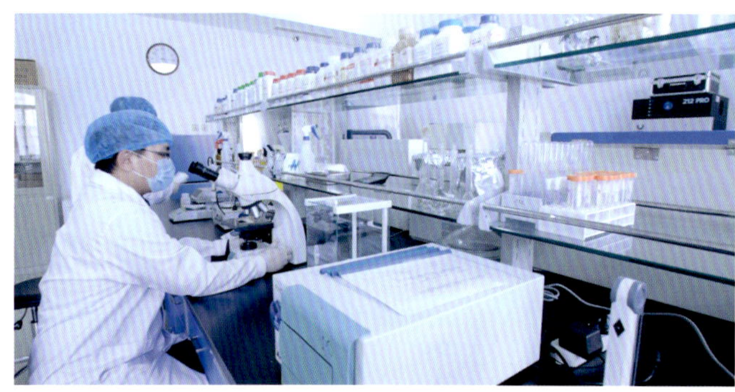
留学生创业园内格然林医药科技有限公司的专业实验室

国家郑州市高新技术创业中心

郑州出口加工区B区

宇通新能源工厂

金沙湖

廊道建设

滨河新城秋景

实验小学

郑州市第七人民医院

自助图书馆

中共登封市委登封市人民政府

嵩山论坛2016年会在登封举行

登封市嵩阳办事处嵩颍苑安置小区一期工程

登封市宣化镇扶贫安置小区主体建设完成

登封市白坪乡中心社区绿化工程

登封市石道乡雨露花园服务中心

建设中的嵩山广场和嵩阳办事处嵩阳中心社区

河门水库施工现场

建设中的嵩阳办事处中天广场

郑州经济技术开发区管理委员会

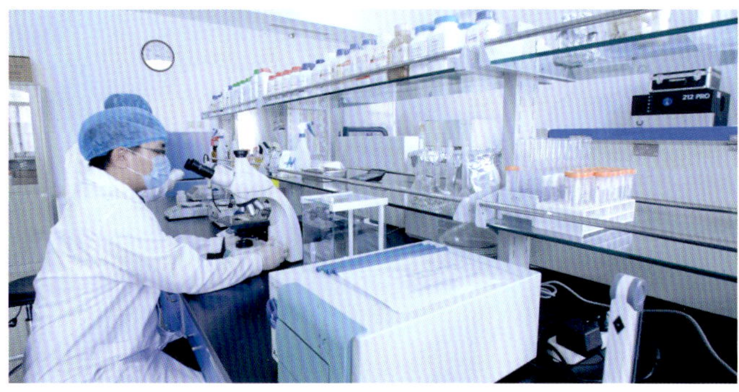

留学生创业园内格然林医药科技有限公司的专业实验室

国家郑州市高新技术创业中心

郑州出口加工区B区

宇通新能源工厂

金沙湖

廊道建设

滨河新城秋景

实验小学

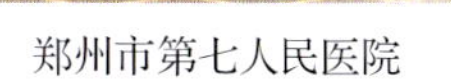

郑州市第七人民医院

自助图书馆

郑州高新技术产业开发区管理委员会

2016年8月31日，高新区召开自主创新示范区建设大会

2016年2月16日，高新区项目集中开工

2016年12月26日，高新区12个项目集中签约

未来科技创新城

大学科技园孵化器

国家大学科技园东区

郑州高新技术产业开发区管理委员会

郑州大学

高新区管委会

郑州高新区全景图

高新区生态水系和安居房工程

管委广场

绿道

安居房建设

河南郑州出口加工区管理委员会

2016年8月10日，经开区党工委副书记李雪生在出口加工区组织召开领导干部会议

2016年9月6日，出口加工区B区正式通过验收

2016年12月22日，内蒙古自治区考察团在出口加工区参观考察

召开庆祝中国共产党95周年表彰大会

河南郑州出口加工区管理委员会

E贸易仓库

红酒保税展示

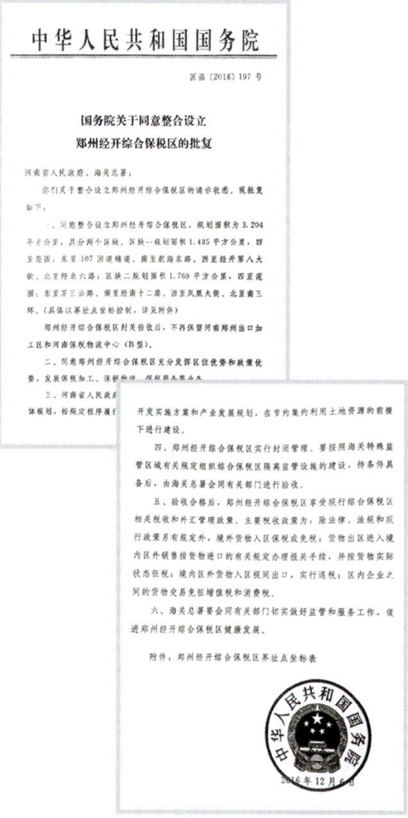

中华人民共和国国务院

国函〔2016〕197号

国务院关于同意整合设立
郑州经开综合保税区的批复

河南省人民政府、海关总署：

你们关于整合设立郑州经开综合保税区的请示收悉。现批复如下：

一、同意整合设立郑州经开综合保税区，规划面积为3.204平方公里，共分两个区块。区块一规划面积1.435平方公里，四至范围：东至107国道辅道、南至航海东路、西至经开第八大街、北至经北六路；区块二规划面积1.769平方公里，四至范围：东至万三公路、南至经南十二路、西至凤凰大街、北至南三环。（具体以界址点坐标控制，详见附件）

郑州经开综合保税区封关验收后，不再保留河南郑州出口加工区和河南保税物流中心（B型）。

二、同意郑州经开综合保税区充分发挥区位优势和政策优势，发展保税加工、保税物流、保税服务等业务。[illegible]

三、河南省人民政府[illegible]体规划，按规定程序履行[illegible]开发实施方案和产业发展规划，在节约集约利用土地资源的前提下进行建设。

四、郑州经开综合保税区实行封闭管理。要按照海关特殊监管区域有关规定组织综合保税区隔离监管设施的建设，待条件具备后，由海关总署会同有关部门进行验收。

五、验收合格后，郑州经开综合保税区享受现行综合保税区相关税收和外汇管理政策。主要税收政策为：除法律、法规和现行政策另有规定外，境外货物入区保税或免税；货物出区进入境内区外销售按货物进口的有关规定办理报关手续，并按货物实际状态征税；境内区外货物入区视同出口，实行退税；区内企业之间的货物交易免征增值税和消费税。

六、海关总署要会同有关部门切实做好监管和服务工作，促进郑州经开综合保税区健康发展。

附件：郑州经开综合保税区界址点坐标表

中华人民共和国国务院
2016年12月6日

2016年12月6日，郑州经开综合保税区正式获国务院批复

组织开展职工运动会

中共巩义市委巩义市人民政府（河南省直管县）

2016年12月14日，巩义市委书记袁三军到中原路西延快速通道（巩义段）工地现场调研

2016年12月9日，巩义市委书记袁三军和市长孙淑芳到中原路西延快速通道（巩义段）工地现场调研

2016年6月12日，巩义市市长孙淑芳视察唐三彩路、南环路建设

中原路西延快速通道（巩义段）

明泰铝业公司生产车间

爱上阅读

滑雪场

园林工人剪枝作业

现代化无人机喷洒作业

中共巩义市委巩义市人民政府（河南省直管县）

石河道公园

丰收在望

夹津口镇韵沟村中药材种植基地

烂漫秋色

黄河湿地

伊洛河风光

中共新密市委新密市人民政府

2016年10月11日，新密市委书记蒿铁群指导密州大道南延建设

2016年5月6日，新密市市长张红伟参加新密市企业集中在中原股权交易中心挂牌仪式

脱贫攻坚，尖山杏苑社区

长乐路南延

新密市产业集聚区入选全省“十快”，晋升省二星级

祥和桧树亭社区

中共新密市委新密市人民政府

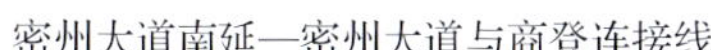

密州大道南延—密州大道与商登连接线

溱水路西延

大学路南延新密产业集聚区段

醉美杏花村

杏花飘香伏羲山

中共登封市委登封市人民政府

嵩山论坛2016年会在登封举行

登封市嵩阳办事处嵩颍苑安置小区一期工程

登封市宣化镇扶贫安置小区主体建设完成

登封市白坪乡中心社区绿化工程

登封市石道乡雨露花园服务中心

建设中的嵩山广场和嵩阳办事处嵩阳中心社区

河门水库施工现场

建设中的嵩阳办事处中天广场

中共登封市委登封市人民政府

东大复合肥项目在建厂房

登封市宣化镇文惠山庄景区

郑登快速通道铁炉沟大桥

风光宜人的Y060旅游公路

登封市西区道路建设

登封市宣化镇北部山区风景

新建成的豫西抗日先遣支队司令部驻地展览馆

中共新郑市委新郑市人民政府

2016年8月2日，新郑市委书记刘建武调研企业发展

2016年2月20日，新郑市委书记刘建武一行到城关乡老工业园区拆迁现场观摩

2016年11月2日，新郑市市长马志峰督导项目建设

省监察厅调研新郑市行政审批服务中心

2016年枣乡风情游暨好想你红枣文化节开幕式

社会各界参观“十二五”成就回顾展

中共新郑市委新郑市人民政府

全国少儿版画巡展新郑站开展

第十届黄帝文化国际论坛开幕式

丙申年黄帝故里拜祖大典

“释放激情·畅跑未来”全民健身跑活动

“颂歌献给党·出彩新郑人”文艺汇演

郑州市第三届群众文化艺术节及颁奖仪式

遂成药业生产车间

新郑市电子商务创新创业综合体

雪花啤酒全自动化生产线

黄水河生态景观

轩辕湖湿地公园

中共荥阳市委荥阳市人民政府

2016年10月16日，荥阳市委书记宋书杰、市长王新亭陪同霍震霆等嘉宾参观鸿沟

2016年10月12日，首届楚河汉界世界棋王赛在北京中国棋院举行新闻发布会

第二届世界象棋公开赛体现出中国荥阳元素

荥阳市百姓宣讲直通车基层巡演

在崔庙镇开展“修身行善 明礼守法 百姓宣讲直通车进基层”活动

荥阳图书馆

中共荥阳市委荥阳市人民政府

新型城镇化建设

新型城镇化建设

忆江南小区

风景如画的美丽乡村

荥阳植物园

高铁郑州西站广场

环翠峪贤孝文化基地

瀚宇天悦湾

柿子丰收

中共中牟县委中牟县人民政府

2016年1月28日，县委书记樊福太慰问困难群众

2016年1月29日，县长潘开名慰问困难群众

中牟县脱贫攻坚冲刺会

广惠街跨陇海铁路立交

汽车产业

群众回迁

文博路小学

商都大道

中共中牟县委中牟县人民政府

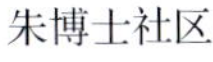

朱博士社区

城区新貌

华谊兄弟电影小镇

贾鲁河生态治理工程

农业生产

贾鲁河夜景

官渡黄河大桥

雁鸣水乡

中共金水区委金水区人民政府

开展“冬至送温暖，饺香暖人心”活动，免费为环卫工人提供饺子和饭菜

食品卫生检查

金水区承办的第八届全国学校体育联盟（教学改革）现场展示活动

暖冬公益行动

“金水杯”第三届全国教师合唱节

社区文化活动

陈砦花卉市场

金水区获得郑州市2016年华夏优秀传统民间文化展演三个一等奖

中共金水区委金水区人民政府

纬五路一小获得第九届世界合唱比赛童声组冠军赛金奖

金水区承办的2016年全国啦啦操创意展示大会

郑州慈善日捐赠仪式

开展温暖空巢老人活动

世界读书日系列活动

2016年投入使用的郑州丽水外国语学校

新科技市场

郑州金水科教园区

中共二七区委二七区人民政府

2016年7月22日，区委书记陈红民调研辖区城市防汛及生态文化公园建设情况

2016年7月28日，区委书记陈红民、区长苏建设慰问辖区部队

2016年8月10日，区委书记陈红民、区长苏建设到二七新区调研项目建设情况

2016年12月20日，区长苏建设夜查大气污染防治工作

2016年9月19日，区委副书记王玉红到马寨镇视察安置区建设项目

2016年1月6日，区人大常委会主任许广佑调研水磨社区城中村改造工作

2016年7月22日，区政协组织省市区三级政协委员视察环境保护专项工作

2016年7月7日，中国共产党郑州市二七区第十一次代表大会召开

召开新型城镇化建设暨大气污染防治攻坚工作会

二七区招商推介会暨签约仪式

中共二七区委二七区人民政府

区委宣传部举办“寻城市记忆 讲二七故事”道德模范故事汇

2016年2月15日，二七区项目集中开工仪式

全国最美家庭

“温暖二七 让爱传递”启动暨慈善捐赠活动仪式

绿城广场

高砦城中村改造项目

红星美凯龙项目建设

2016郑州市“慈善暖冬行 郑州在行动”市区两级联动救助困难群众活动在升龙广场举行

二七新区建设初具规模

创新创业综合体创客工厂

中共管城回族区委管城回族区人民政府

2016年6月13日，区委书记王东亮带队赴紫荆山南路街道办事处调研

2016年6月8日，区委书记王东亮带领市政、农委、人防等职能部门主要负责人实地督导防汛工作

2016年3月3日，区委书记王东亮、区长虎强实地调研生态廊道、公园建设工作

2016年6月24日，区委书记王东亮、区长虎强带领相关委局主要负责人，实地督导棚户区改造及大气污染防治工作

2016年9月5日，区委书记王东亮、区长虎强深入夕阳楼、书院街及商都博物院三大片区，实地察看商都历史文化区起步区征迁工作

2016年5月4日，区长虎强到南曹乡观摩苏庄合村并城项目建设情况

2016年5月24日，区长虎强实地察看精细化管理、大气污染防治、三夏、防汛工作

2016年3月24日，管城回族区重点建设项目集中开工仪式

2016年1月20日，管城回族区与韩国青松郡缔结友好关系签约仪式

中共管城回族区委管城回族区人民政府

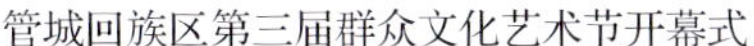
管城回族区第三届群众文化艺术节开幕式

管城区开展关爱农民工志愿服务活动

东西大街周边夜景

商代城墙一角

郑州商代遗址

郑州城隍庙

开元寺鸟瞰效果图

书院街片区鸟瞰效果图

商都博物院片区鸟瞰效果图

商都文化特色商业区鸟瞰效果图

中共中原区委中原区人民政府

2016年7月5日，省高院院长张立勇到中原区法院调研

2016年8月12日，省妇联主席郜秀菊到风和日丽社区调研社区妇联基层组织建设工作

2016年5月1日，省国税局局长孙荣洲、市国税局局长刘峰到中原区国税局督导工作

2016年12月30日，省检察院副检察长王广军与全国、省人大代表一行到区检察院视察工作

2016年10月26日，国家卫计委新家庭计划中期评估专家组督导桐柏路街道晶华城社区新家庭计划工作

2016年10月12日，深圳宝能集团与区政府签署合作意向书

2016年2月27日，“2016魅力中原音乐季Ⅲ”——“邀舞”专场音乐会在郑州市青少年宫举行

2016年3月10日，中原新区三十里铺片区改造动员会召开

全省首家“幸福婚姻家庭咨询指导服务基地”落户馨怡家园社区

中共中原区委中原区人民政府

中原华侨城大型文化旅游项目签约

2016年3月25日，中原区重点项目集中开工

中原区举办优质教育集团授牌仪式

中原区庆祝中国共产党成立95周年文艺汇演

社区大舞台

地铁1号线五一广场站

机械化清扫

市民公共文化服务区“四个中心”项目建设

中共惠济区委惠济区人民政府

2016年4月26日，区委书记黄钫调研拆迁遗留问题和“两违”整治工作

2016年2月29日，区委书记黄钫、区长马军视察江山路南段绿化

2016年3月20日，区委书记黄钫、区长马军视察环道拆迁和生态廊道建设进展

2016年3月17日，市规划局局长杨东方到惠济区调研

2016年7月12日，全国人大环保督导检查组视察惠济区生态廊道及环保工作

2016年6月15日，省政协组织开展大运河调研活动

2016年6月15日，开封市党政考察团参观普兰斯薰衣草庄园

北四环沿线绿化带景观设计研讨会

长兴社区、大河社区开工奠基仪式

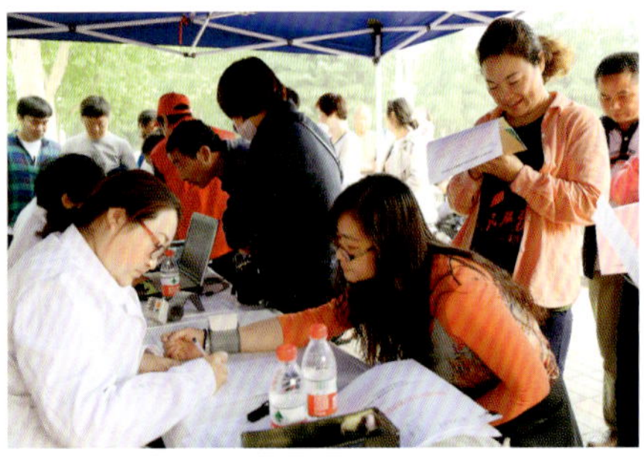

惠济区红十字会组织献血活动

惠济区人民医院新院区开诊公益活动

中共惠济区委惠济区人民政府

“惠济桥”文化遗产保护

“纪公庙”文化遗产保护

花园口镇民间艺术节

大河广场书画义卖展

丰乐农庄金地人家农业园项目

中共上街区委上街区人民政府

2016年3月3日，区委书记宋洁调研智能电器产业园、养老产业和通航试验区等重点项目建设

2016年5月28日，区长翟晓宾带领部分职能部门负责人参加中国（郑州）第二届国际创新创业大会暨跨国技术转移大会

中国平安财产保险河南运营中心落户上街区

河南省第一支契约型基金——郑州上街通航产业发展基金签约仪式

上街区政府与中信国安置业有限公司签约生态健康养老产业园项目

上街区举行优秀企业集体挂牌仪式

上街区汇才社区光明舞蹈队演出的豫剧《朝阳沟》选段《亲家母对唱》获香港紫荆花奖音乐舞蹈大赛金奖

中共上街区委上街区人民政府

河南宏科重工机械装备建设项目竣工并投产

衡山路、汉江路和湘江路2016年全面建成通车

郑新铁路货运班列开通，起点上街车站，直达新疆乌鲁木齐三葛庄站，编组50辆，每周一班

建设中的河南863科技创业园

总投资6亿元的中鹏俱乐部项目建成后，将提供航空培训、飞行运动、医疗救援、空中护林等社会服务

新型城镇化建设项目二十里铺安置区建成

上街腾达公交公司40台宇通新能源纯电动空调车投入运营

2016年生态水系重点项目太溪湖全面完成蓄水景观绿化工程

郑州市公安局

全省“上合”组织总理会议安保表彰会上，郑州市公安局荣立集体一等功

全省“上合”组织总理会议安保表彰会召开

举办“七一”表彰会暨合唱比赛

举办第三届“嵩山论坛”

省公安厅在新郑召开一村（格）一警现场会

全市公安工作会召开

全市视频监控平台建设现场会召开

郑州市公安局

市局“两学一做”动员会召开

郑州交警周水斌被评为感动中原人物

1. 郑州市一格一警中原现场会召开
2. 刑侦民警获评感动中原人物
3. 郑州警方开展地铁反暴恐及大客流应急处置演练
4. 郑州警方打掉一盗销手机犯罪团伙，查获被盗手机百余部

郑州市人民检察院

2016年12月12日，省检察院检察长蔡宁在郑调研

2016年4月26日，最高人民检察院办公厅副主任张红生带领18名全国人大代表到登封市视察

2016年8月24日，省检察院副检察长周新萍在郑调研刑事执行工作

2016年2月26日，在郑州市十四届人大会上，市检察院检察长刘建国作工作报告

2016年3月5日，郑州市政协副主席、郑州市检察院副检察长朱专兴出席全国政协会议

2016年11月4日，市检察院副检察长赵光南到企业调研

郑州市人民检察院

2016年4月26日，全国人大代表视察河南检察工作，在登封市视察时与群众代表座谈

检察开放日活动中，人大代表参观市检察院控申举报大厅

举办刑事实务疑难问题研讨会

开展扶贫工作

开展未成年人工作

送法进机关—扶贫专场

送法进机关—走进航空港区

郑州市中级人民法院

2016年9月21日，最高人民法院纪检组组长刘海泉视察郑州中院

2016年8月12日，郑州市中院院长于东辉赴新密调研扶贫工作

举办送法进军营活动

推行院（庭）长办案制改革，2016年4月8日，市中院院长于东辉任审判长审理一起知识产权案件

全市法院系统举行基本解决执行难誓师大会

少审庭法官到登封武校开展送法进校园活动

市中院举办党组织书记培训班

郑州市中级人民法院

开展执行风暴活动，集中打击“老赖”

市中院为宇通公司发放2.8亿元执行款

市中院向当事人发放执行款

市中院组织开展关爱环卫工人志愿服务活动

举行司法关爱未成年人系列活动

中央电视台报道郑州法院破解执行难工作

郑州市城乡建设委员会

2016年2月15日，召开工作汇报会议

市文明办到建委指导文明城市创建工作

组织记者参观107快速路建设

散装水泥宣传周活动

文明施工 扬尘覆盖

拆迁工地现场喷淋降尘

在绿城广场宣传绿色建筑，推广节能理念

在建筑工地普遍设置车辆冲洗设施减少施工扬尘污染

郑州市城乡建设委员会

北三环——中州大道互通立交

陇海路——西三环互通立交

107辅道——连霍高速

107辅道——南四环互通立交

2016年1月26日，农业路快速通道工程南阳路以东高架主线桥通车

2016年1月26日，三环路快速化北三环桥梁等4项工程获“全国市政金杯示范工程”奖

2016年4月9日，京广快速路二期南延工程高架主线桥通车

三环快速化南三环

北三环东延隧道

郑州市人民政府国有资产监督管理委员会

2016年6月23日，市国资委党委书记、主任李秀山到陈三桥污水处理厂督导

全市国有企业改革发展暨国资监管工作会议召开

中共郑州市国资委党员代表会议召开

市国资委到五里堡社区进行走访慰问

市国资委赴陕西省宝鸡市进行第十一届中国（郑州）国际园林博览会邀展工作

市国资委荣获第六届直属机关运动会广播操项目冠军

郑州市人民政府国有资产监督管理委员会

市国资委走进廉政时空直播间

市国资系统召开庆祝中国共产党成立95周年大会

在小浪底爱国主义教育基地重温入党誓词

市国资委党委召开“两学一做”学习教育工作会议

郑州市第二届职业技能竞赛焊工大赛决赛开幕

郑州市国资系统“学党章党规 学系列讲话 做合格党员”知识竞赛

郑州市卫生和计划生育委员会

2016年7月8日，在五一公园开展中医药保健宣传活动

2016年6月23日，举办郑州市卫生计生系统纪念建党95周年表彰暨“红心向党”合唱比赛

2016年7月18日，举办“服务百姓健康行动”大型义诊活动

郑州市卫生和计划生育委员会

2016年7月2日，以“感动中国2013年度人物”——郑州市建中街社区卫生服务中心医生胡佩兰老人为原型的电影《仁医胡佩兰》首映式举行

医务人员上门为家庭医生签约老人健康体检

2016年5月10日，举办2016年郑州市“5.12国际护士节”纪念活动暨表彰大会

2016年9月20日，市卫生计生委直属机关第一次代表大会召开

2016年8月18日，郑州健康大讲堂向学校师生普及健康急救知识

领导批示

郑州市人力资源和社会保障局

2016年1月15日，省检查组到郑检查农民工工资支付情况

“创天下赢未来”河南省2016大学生创业服务进校园活动在郑启动

庆祝中国共产党成立95周年代表大会 重温入党誓词

全市城乡就业工作会议召开

全市工伤保险案例分析研讨会召开

全市转移就业脱贫工作推进会召开

社会保险基金监督暨规范定点医疗机构支出工作会议召开

郑州市人力资源和社会保障局

全市人力资源和社会保障信访维稳暨平安建设工作会议召开

市人社局在绿城广场参加大爱无疆公益活动

市人社局召开“两学一做”学习教育工作会议

市人社局召开党风廉政建设暨“两创一评”工作会议

郑州市人社系统服务型行政执法工作现场会召开

全市人力资源和社会保障工作会议召开

市人社局获全国农民工工作先进集体

2016年全民技能振兴工程成果展暨技能人才启动仪式

市人社局获郑州市2016“移动政务服务十佳”奖项

中国共产党郑州市人力资源和社会保障局直属机关第一次代表大会

郑州市环境保护局

2016年4月1日，全市2016年环境保护工作会议召开

2016年10月29日，全市冬季大气污染防治工作会议召开

市环保局局长潘冰督察蓝天工程完成情况

开展郑州环保世纪行活动，市环保局联合多部门对施工工地非道路移动机械使用情况进行执法抽查

召开“两学一做”学习教育动员大会

郑州市环境保护局

巡检环境空气质量检测仪器

清理取缔“小散乱差”企业

小学生在郑州市环保局12369环保热线参观

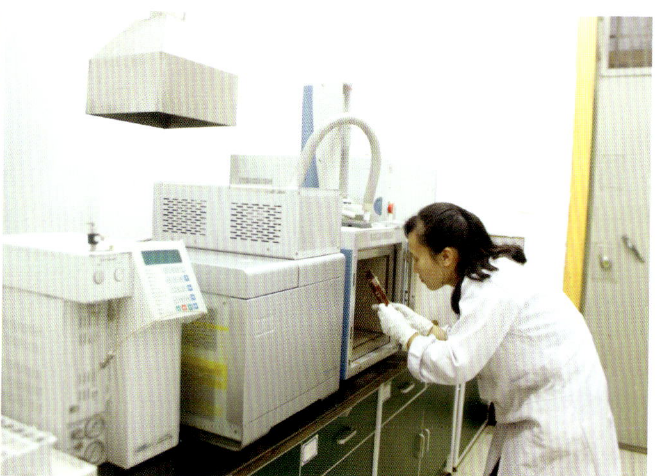

饮用水水源地水质样品化验分析

燃煤锅炉实施拆除

突发环境事件应急处置现场

郑州市住房保障和房地产管理局

2016年7月14日，局长李德耀陪同省住建厅领导视察中牟、荥阳保障房项目

2016年8月25日，局长李德耀做客FM98.1廉政时空

2016年2月25日，党组副书记宋建伟陪同市财政局领导参观郑州市房地产业“十二五”建设成就展

2016年4月15日，副局长杨智威带领驻村工作队赴港区分包贫困村开展工作

“两学一做”学习教育会议召开

进一步完善公租房保障制度新闻通气会召开

上半年郑州市房地产市场运行分析专家座谈会召开

市房管局便民服务车进小区开展服务

市政协提案办理意见征集会召开

郑州市住房保障和房地产管理局

利海托斯卡纳2期业主给房管局送锦旗

媒体采访春节后房管局办事大厅上班情况

中央电视台采访报道郑州市房地产调控政策

举办慈善日捐款

举办信访知识培训

全面从严治党主体责任述责述廉会议召开

郑州市维修基金管理中心在小区开展政策宣传和便民服务

郑州市租赁市场管理处向市民发放房屋租赁宣传资料

郑州市工商行政管理局

2016年11月25日，国家工商总局到郑州考察调研非公党建工作

2016年8月25日，国家工商总局到经开区中大门调研

省工商局局长马林青调研好想你枣业

市工商局局长吴凤军深入马寨工业园区调研商标工作

市工商局主要部门参加郑州新闻综合广播新闻直通车栏目

省散煤办督导调研郑州市散煤治理工作

市工商局“3.15”活动现场

2016年3月1日，郑州市工商局与河南省工商银行举行助推小微企业发展签字仪式

2016年11月23日，郑州市工商局与河南省建设银行签订支持“双创”战略协议

郑州市工商行政管理局

举办道德讲堂活动

举行慈善日捐款活动

庆祝建党95周年暨表彰大会

参加全市科技文化“三下乡”活动

服务河南自贸区郑州片区综合服务中心商事登记窗口座谈会召开

万国优品为市工商局送锦旗

中秋节慰问交警

组织参加第六届市直机关运动会

组织到荥阳义务植树

组织“三八”妇女节健步走活动

郑州市林业局

黄河大堤防护林

森林生态——涵养水源

邙岭混交森林

盛开的郁金香

树木园——健康步道

树木园——银杏林

郑州市林业局

绿博园百合齐放

绿博园牡丹

绿博园全景

绿博园秋景

绿博园雪景如画

古树林

四港联动大道

新郑轩辕湖

郑州市文物局

“走向世界、走向未来的中国考古学”——首届中国考古学大会（2016·郑州）

2016年5月21日至23日，首届中国考古学大会在郑州举办

德国考古研究院欧亚考古研究所副所长王睦作大会发言

首届中国考古学大会开幕式分会场

金鼎奖颁奖

田野考古奖颁奖

郑州市文物局

“中国考古学的发展走向”青年学者圆桌会议

“国际视野下的中国考古学”国外专家座谈会

植物考古专业学术讨论会

外国专家体验考古实验车馆

专家学者参观郑州市大河村遗址博物馆

公众考古公益讲座

专家学者参观郑州东赵遗址，了解我市新型考古设备

郑州市总工会

2016年1月13日，市总工会主席赵新中为郑飞公司牛雪平创新工作室颁发奖牌

2016年6月21日，市总工会主席赵新中在市总工会召开的庆祝建党95周年表彰大会上讲专题党课

2016年8月26日，市总工会常务副主席赵顺舟主持全市工会干部素质提升高端讲座

市总工会班子成员带队深入一线开展“送清凉”活动

组织郑州市劳动模范先进事迹巡回报告会

组织2016年金秋助学活动中的部分优秀大学新生参观郑东新区

全市第十三届职工技术运动会

市总工会、市人社局联合举办化解过剩产能企业就业援助招聘会暨送温暖活动

郑州市总工会

2016年10月12日，全国城市工会资产监督管理工作经验交流会在郑州召开

举办郑州市新的社会阶层人士（“两新”组织负责人）、非公企业经营者工会知识培训班

市总工会党员干部参加“不忘初心 重温入党誓词”活动

第二届郑州市职工法律援助律师团成立

“情动中原 缘聚绿城”2016第二届郑州市职工集体婚礼在郑州市职工之家举行

企事业单位开展工会卡现场激活活动

市总工会举办“光荣与梦想”全市职工迎“五一”文艺演出

2016年4月29日，获得市“五一”劳动奖状（奖章）的先进代表合影留念

郑州市妇女联合会

2016年8月12日，河南省妇联主席郜秀菊来郑调研妇女工作

2016年3月2日，郑州市12338妇女儿童维权服务站正式成立挂牌仪式

2016年3月4日，郑州市妇联举办2016年“庆三八·春风送岗位”女性专场招聘会

2016年3月5日，郑州市妇联举办商都女性大讲堂首场讲座

2016年3月6日，郑州市妇女儿童发展规划（2011-2020年）暨“三八”妇女维权月集中宣传活动在绿城广场举办

2016年3月7日，郑州市妇联举办“讲最美故事 展巾帼风采”——2016年庆“三八”出彩郑州主题活动

2016年3月31日，郑州市妇联召开第十五届八次执委（扩大）会议

2016年4月24日，郑州市妇联举办“相约金沙湖 家庭乐跑”活动

郑州市妇女联合会

2016年4月29日，郑州市妇联举办“书香万家”活动“名家来身边”之领导干部语言艺术养成专题报告会

2016年5月7日，郑州市妇联举行“最美母亲”如花绽放——郑州市十大“最美母亲”表彰会

2016年5月11日，郑州市妇联举办2016年“法进万家”——“建设法治郑州·巾帼在行动”暨百场普法大讲堂巡讲启动仪式

2016年5月12日，郑州市妇联举办2016年“业安万家”活动启动暨“创客丽人”项目推介培训会

2016年5月27日，郑州市妇联举办“童心护绿 爱满家园”——郑州市庆“六一”儿童成果展演活动

2016年6月4日，郑州市妇联举行2016年“花儿朵朵开”公益慈善项目启动暨“花儿庇护中心”揭牌仪式

2016年10月9日，郑州市妇联举办郑州市“最美婆婆、最美媳妇、最美子女”表彰暨“最美家庭”巡回报告会

2016年12月23日，郑州市召开实施巧媳妇工程推动巾帼脱贫工作会议

郑州市地方史志办公室

全市地方史志工作会议召开

郑州市地方史志工作座谈会召开

举办全市乡镇（街道）志编纂业务培训班

在中山大学举办郑州市地方志业务培训班

市史志办举办“十二五”成就回顾展

《中原区街道图志》出版发行

《郑州名水》出版发行

郑州市地方史志办公室

参加郑州市元旦长跑健身活动

在荥阳市万山义务植树基地开展义务植树活动

开展以“快乐史志魅力女性”为主题的纪念活动

开展庆祝建党95周年集体“党日”活动

参加市直机关第四届健步走活动

市史志办群众工作队走访慰问郑东新区龙湖镇花沟王村困难群众

市史志办承办的郑州市第26期公务员培训大讲堂开讲

中共郑州市委党校

党校学员在会场认真听记

秋季学期开学典礼

2016年9月30日，省委党校副校长尹书博到郑州市委党校讲学

全市党校工作会议召开

春季学期开学典礼

统战班开班典礼

中央党校在职研究生毕业典礼

优秀党员井冈山学习培训

郑州市工业和信息化委员会

2016年7月19日，工信部在郑煤机开展调研活动

2016年5月16日，市工信委组织的郑州市重点工业企业运营专题研修班在浙江大学开班

2016年全市工信系统党风廉政建设暨纪检监察工作会召开

市工信委组织省政策宣传进万企郑州活动

省政府督导组到荥阳督导工业稳增长工作

市工信委党员干部赴红旗渠开展革命传统教育活动

参加郑州市第六届直属机关运动会开幕式

郑州市农业农村工作委员会

2016年8月18—19日，省委农办常务副主任申延平到郑州市调研农业农村工作

郑州市农产品质量安全检测人员在超市抽检蔬菜样品

孤柏渡樱花园

高标准粮田

黄河生态湿地

农业产业化龙头企业雏鹰集团的高端发酵火腿车间

黄河鲤鱼

美丽乡村——泰山村

郑州市文化广电新闻出版局

2016年9月30日，由市文广新局主办的第十三届绿城读书节在郑州人民广播电台演播厅启动

2016年11月，郑州市政府代表团参加在福建省厦门市举办的第九届海峡两岸（厦门）文化产业博览会

市文广新局党组成员听取机关相关处室负责人汇报工作

中心组学习活动

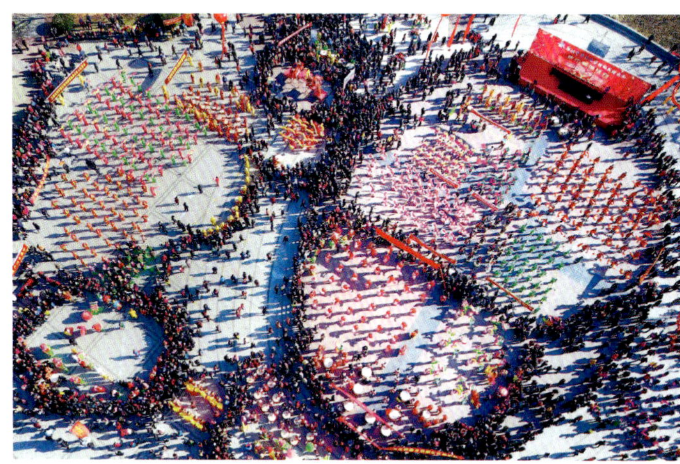

华夏优秀民间文化展演在绿城广场举行

郑州歌舞剧院艺术团赴日本大分市演出《欢天喜地》

郑州市民政局

省会各界2016年烈士纪念日公祭活动

省民政厅厅长王战营在郑州市低收入家庭认定中心调研

市民政局局长谢霜云到贫困帮扶村慰问贫困户

党员志愿者“七一”慰问困难党员

市民政局党组集体学习十八大六中全会精神

开展郑州慈善日活动

在市社会福利院开展慰问活动

郑州市地震局

中国地震局在郑州市调研防震减灾工作

九三学社中央调研组调研郑州市防灾避难场所

组织召开郑州市"十三五"防震减灾规划评审会

召开"七一"党的生日庆祝表彰大会

开展全市防震减灾系统应急演练

深入社区开展防震减灾演习宣传活动

组织开展到乡村学校赠书志愿服务活动

组织全局干部职工参加义务植树

郑州市农业机械管理局

局党委书记王得华带领干部职工清扫道路积雪

召开“两学一做”教育活动推进会

组织到郑东新区国际会展中心参观农业机械展

组织召开郑州市“三夏”农机管理暨禁烧工作会议

组织消防安全知识讲座

组织进行公共文明基本常识学习

“三夏”机收服务

新密市“三夏”机收开镰

组织全体干部职工到荥阳义务植树

河南黄河河务局郑州黄河河务局

2016年6月14日，河南黄河河务局局长司毅铭在郑州河务局调研

2016年6月2日，黄委会副主任李春安调研郑州河务局水政监察工作

在黄河边开展水法宣传活动

黄河防总在郑检查黄河防汛工作

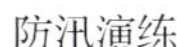

防汛演练

郑州黄河花园口将军坝

郑州黄河堤防

郑州市红十字会

2016年博爱送万家活动现场

市红十字志愿者座谈会

2016年世界急救日活动

青少年应急救护知识与技能大赛

在长途客运西站开展志愿服务活动

召开我的政治生日座谈会

市红十字会党员与社区群众共度“我们的节日”

市红十字会全体党员赴红旗渠重温入党誓词

市红十字青少年夏令营

2016年世界红十字博爱周活动现场

郑州市科学技术协会

2016“创响中国”巡回接力郑州站活动

河南省暨郑州市防范邪教宣传月活动启动仪式

举办《科技领军人物风采录》开播音乐会

科技创新大讲堂活动

在登封市君召乡黄城村举行“精准扶贫科技在行动”启动仪式

全国科普日活动启动仪式

在商都遗址公园举行“低碳行健步走”活动

郑州市少年儿童优秀科幻画作品展

郑州市轨道交通有限公司

2号线变电工程施工

2号线设备调试

城郊铁路一期工程高架区间建设场景

工匠精神铸就百年工程

建设中的郑州地铁2号线

2号线东大街站施工

2号线关虎屯站文化墙

城郊铁路一期工程创新采用横跨两片U梁设置全封闭声屏障方案

城郊铁路一期工程是郑州市首条含有高架区间的地铁线路

郑州市轨道交通有限公司

2016年5月16日，2号线一期空载试运行

城郊铁路一期工程新郑机场站

2号线一期东风路站

乘客在拍摄1号线二期龙子湖站《书院文化》文化墙

机电安装严格对标德国布线

紫荆山站换乘大客流

郑州市公共住宅建设投资有限公司

2016年7月1日，党委书记赵兰带领党员重温入党誓词，庆祝建党95周年

2016年1月，成都市社科联主席、经济学博士、教授杨继瑞为员工授课

公司金光花苑项目为确保工程质量，组织交叉施工，按期完成任务

公司金光花苑项目临时党支部成立

郑州市公共住宅建设投资有限公司

组织员工在服务小区进行消防演练

公司综合服务大厅集中办理管城回族区永恒理想广场公租房交房工作

开展郑州市保障房项目1172套公租房的接管工作

公司工作人员与管城回族区住房保障部门工作人员为百岁高龄公租房租户提供上门服务

组织部分员工赴红旗渠学习培训

国网河南省电力公司郑州供电公司

2016年9月7日，省电力公司与郑州市政府签署"十三五"电网发展合作框架协议

郑州供电公司与经开区签订合作协议

郑州供电公司与惠济区签订电力保障框架协议

河南省首座移动变电站—110千伏鹤园移动变电站投入运行

做好高考供电工作

赶赴新乡受灾现场运送抢修设备

冒雪抢修供电设备

农网改造

打造安全耐用的机井供电设施

220千伏红旗变吊装电缆

220千伏红旗变敷设电缆

中原银行总行营业部

2016年7月19日，中牟支行开业仪式举行

2016年11月8日，花园路支行开业仪式举行

郑州十一家支行开业仪式暨银证、银企战略签约仪式举行

总行营业部“中原一起跑，欢动燃青春”大型跑步活动

总行营业部参加2016“郑州慈善日”活动仪式并捐赠10万元

总行营业部举办“心服务·新未来”首届员工服务礼仪风采大赛

郑州银行股份有限公司

2016年2月23日，省政府金融服务办公室主任孙新雷到郑州银行调研

2016年3月4日，中组部在郑州银行调研国企党建情况

2016年1月28日，郑州银行在郑州国际会展中心举办成功上市暨成立20周年总结表彰大会

2016年2月24日，郑州银行联合中国人民银行征信中心举办在线供应链金融业务模式启动仪式

2016年2月26日，郑州银行首家控股子公司——河南九鼎金融租赁股份有限公司开业

2016年3月10日，郑州银行发布简单派品牌

2016年9月20日，郑州银行濮阳分行开业

2016年10月24日，郑州银行贸易融资资产支持证券在上海证券交易所挂牌

2016年12月6日，郑州银行首单主承销债券发行

郑州烈士陵园

“历史记忆 永远丰碑”大型浮雕

英雄广场上的雕塑“前赴后继”

中原英烈纪念馆狼牙山五壮士雕塑

杨靖宇纪念碑亭前鲜花盛开、绿草成荫

集游览、休憩、观赏为一体的陵园绿化环境

中原英烈纪念馆综合艺术景观“京汉铁路大罢工”

郑州旅游职业学院

学院党委书记李书峰、院长樊豫陇等视察新校区建设情况

郑州旅游职业学院院长樊豫陇教授在河南省旅游协会旅游教育分会换届大会上当选分会会长

市委巡察办对郑州旅游职业学院落实市委第二巡察组整改意见的情况进行巡察整改督查

市委检查组到郑州旅游职业学院监督检查全面从严治党主体责任深化年工作

市总工会规范化建设示范点检查组到郑州旅游职业学院开展观摩交流

省教育厅、市教育局督导组视察新校区项目建设

郑州旅游职业学院

南京旅游职业学院党委书记王海平一行到郑州旅游职业学院考察交流

扬州大学到郑州旅游职业学院开展访问交流活动

郑州旅游职业学院举办台湾青年学生河南修学交流活动

郑州旅游职业学院获河南省“诚信校园行”短剧大赛决赛一等奖

秦腔现代戏《西京故事》专场演出

郑州市大项目办到郑州旅游职业学院督导新校区建设项目进展情况

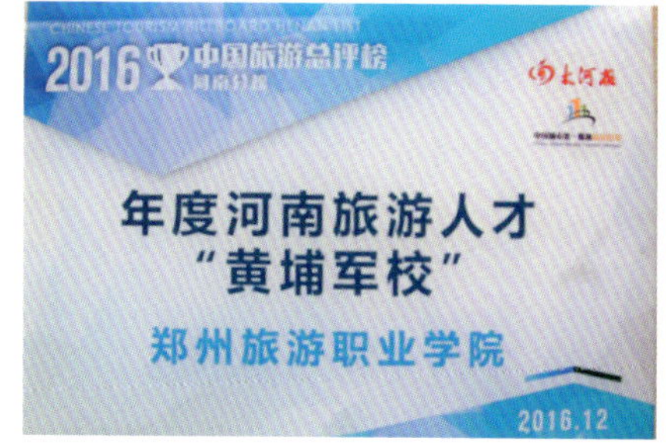

郑州旅游职业学院获2016年度河南旅游人才“黄埔军校”称号

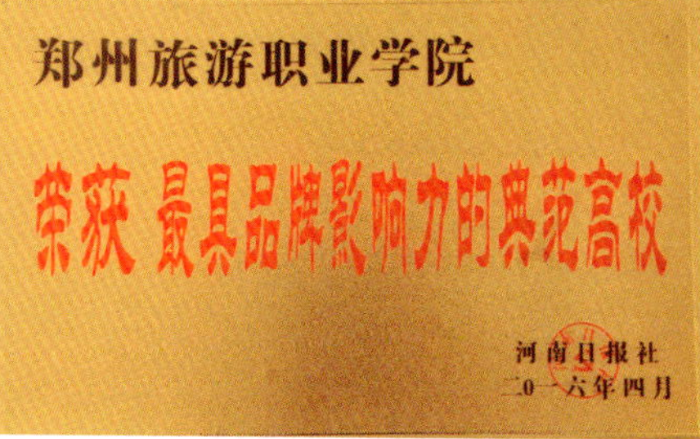

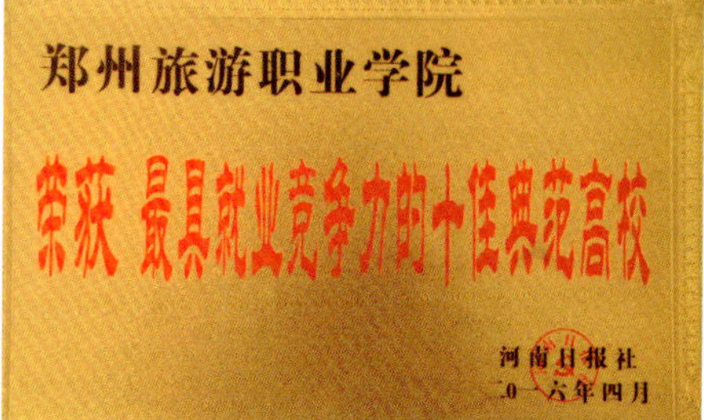

获得荣誉

郑州幼儿师范高等专科学校

校 长 王霄鹂

郑州市“两学一做”办公室主任黄开厚为获得“两学一做”一等奖的代表队颁发证书

参加市政协教育界别委员会议

郑州幼专召开国家级立项规划课题开题报告会

学前融合教育试点工作推进会暨学前融合教学宣传周启动仪式

郑州市学前教育集团、郑州市学前教育研究院在郑州幼专成立

郑州幼儿师范高等专科学校

举行学习贯彻十八届六中全会精神暨开展“两学一做”活动知识竞赛

参赛队员与国际及亚洲体操联合会大众体操委员会主席Margaret女士、荒木达雄先生合影

参加2016亚洲大众体操节暨第五届全国全民健身操舞大赛总决赛、有氧轻器械比赛

参加2015–2016年全国啦啦操联赛总决赛暨中国啦啦之星总决赛

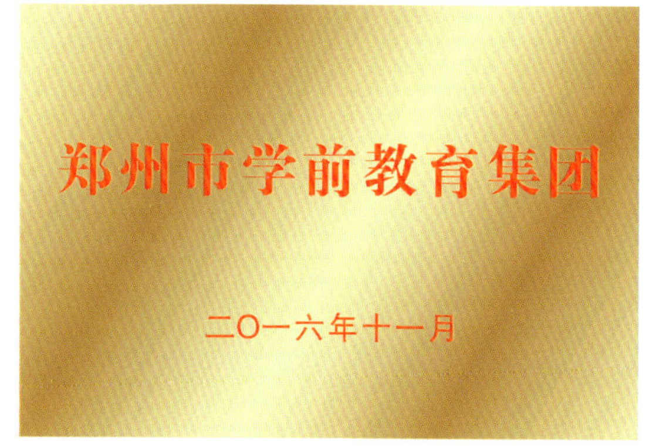

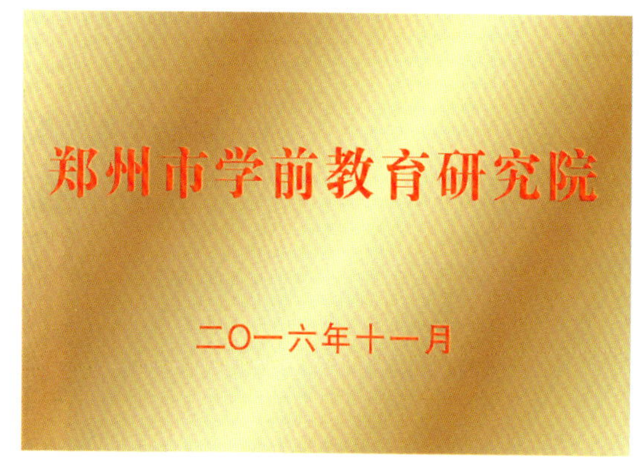

郑州市二七区福华街街道办事处

河南省委非公办主任耿旻一行到辖区路华大厦调研城市基层党建工作

郑州慈善总会会长姚待献参加“慈善暖冬行”爱心基金捐赠活动

二七区委书记陈红民视察辖区党群服务中心建设工作

二七区区长苏建设带队观摩辖区重点项目建设

二七区委副书记王玉红到辖区参加“3·5学习雷锋日”志愿者服务活动

二七区委常委、组织部部长刘德金视察辖区重点项目建设

郑州市二七区福华街街道办事处

举行中层干部竞争上岗活动

开展深化“两学一做”暨“强理念、抓主业、夯基础、求提升”活动

福华街办事处在“寻城市记忆，讲二七故事”中表演音乐情景剧，抗战英雄杨靖宇的儿媳方秀云与演员合影

福华街办事处在“温暖二七 道德高地”中表演情景剧《爱的勋章》，“最美家乡人”崔晓春一家与演员合影

“传承雷锋精神 增辉温暖二七”——“3·5学习雷锋日”志愿者服务活动

组织开展庆“七一”广场文化活动

市重点项目金盛国际商贸中心项目效果图

河南省文明单位

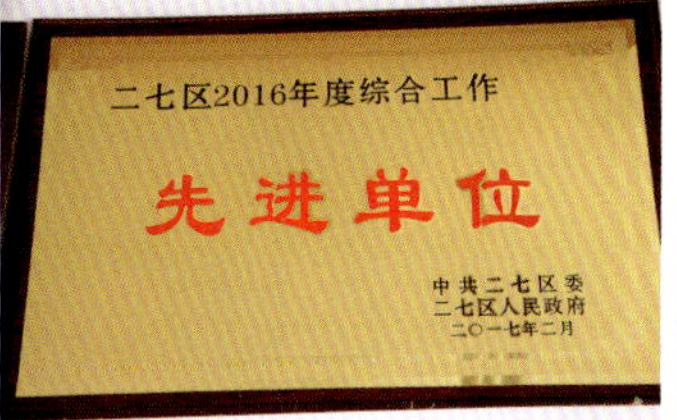

二七区2016年度综合工作先进单位

二七区先进基层党组织

2016年度信访工作优秀单位

郑州高新技术产业开发区梧桐办事处

高新区管委会主任王新亭、常务副主任李金勇，梧桐办事处党工委书记徐鸿科，以及各局办领导到贾庄安置房项目实地观摩

梧桐办事处党工委书记徐鸿科陪同杜岭街办事处领导参观梧桐办事处廉政长廊

梧桐办事处党工委书记徐鸿科参加办事处述职述廉工作会议

梧桐办事处党工委书记徐鸿科、办事处主任王玉坤、党工委副书记郭五香、党工委副书记宋卫录、办事处副主任栗嘉参加2016全年工作推进会

梧桐办事处主任王玉坤、党工委副书记宋卫录参加创建文明单位动员大会

梧桐办事处联合公安部门召开专题会议

郑州高新技术产业开发区梧桐办事处

高新区梧桐办事处

高新区秦庄已建成的安置房

举办庆“三八”妇女节专项活动

中原区十六届人民代表大会换届选举梧桐办事处会场

梧桐办事处工作人员在红色家园教育基地学习

梧桐办事处全体工作人员

举办梧桐办事处运动会

郑州高新技术产业开发区管委会教育体育局

高新区管委会副主任姚五洲深入科学幼儿园课堂

局长田鸿鹏率团考察郑州中学加拿大维多利亚分校并会见布兰福特市议员John Utley先生

教育部基础教育课程改革示范实验区签约落户郑州高新区

高新区教体局与加拿大兰里市教育局签署教育交流合作协议

高新区教体局与复旦中学就合作办学签约

省实验幼儿园万和城校区入驻高新区

郑州高新技术产业开发区管委会教育体育局

郑州高新区中小学生校外教育基地揭牌

最高检法治进校园活动走进郑州高新区

高新区教体局坚决打赢教育发展意识形态提升攻坚战暨课程改革发展中心成立大会

高新区教体局与陕西师范大学签约毕业生就业实习基地

郑州高新区教体局赴国家部属师范院校招聘教师宣讲会现场

管城回族区十八里河镇人民政府

2016年3月3日，区委书记王东亮到十八里河镇实地察看公园及生态廊道建设

2016年8月1日，区委书记王东亮到十八里河镇督导大气污染防治和柴郭村合村并城工作

2016年7月5日，区长虎强到十八里河镇调研大气污染防治

2016年9月8日，区长虎强参加十八里河镇合村并城工作专题会

2016年10月19日，区政协主席刘霞带队到十八里河镇调研

2016年7月25日，镇党委书记王志锋主持召开十八里河镇大气污染防治工作推进会

2016年7月30日，镇党委书记王志锋领取管城区2015年度新型城镇化先进单位荣誉奖牌

2016年12月18日，十八里河街道办事处（原十八里河镇）人大换届选举动员会召开

十八里河镇党风党纪专题民主生活会召开

管城回族区十八里河镇人民政府

镇党委书记 王志锋

镇 长 王子慧

管城回族区“五比五看五加快”十八里河站观摩活动

十八里河镇庆祝第32个教师节表彰大会召开

十八里河镇在管城回族区第三季度“五比五看五加快”评比中获一等奖

十八里河镇召开“七一”表彰大会

组织学习党的十八届五中全会精神

获得的荣誉奖牌

管城回族区南曹乡人民政府

◀ 2016年3月12日，区委书记王东亮、区政协主席刘霞、副区长高和平到南曹乡参加义务植树活动

▶ 2016年4月12日，区长虎强到南曹乡调研新型城镇化建设

◀ 2016年4月16日，区长虎强，副区长高和平、耿志国到南曹乡七里河调研机场高速沿线绿化工作

▶ 2016年5月4日，区长虎强到南曹乡观摩刘德城安置区建设工作

管城回族区南曹乡人民政府

2016年5月4日，区长虎强到南曹乡观摩苏庄合村并城项目建设

2016年5月5日，区长虎强到南曹乡调研小姚庄安置区建设

南曹乡党委领导班子召开“两学一做”专题讨论会

南曹乡党政领导班子召开“三严三实”民主生活会

南曹乡党政领导班子召开党风党纪民主生活会

南曹乡在阳光城社区开展平安建设宣传

郑州经济技术开发区社区管理服务局

局领导向扶贫帮扶驻村人员了解贫困村情况，并实地研讨下步帮扶方案

局全体班子成员到办事处针对局分管各项事务工作开展情况进行座谈调研

局扶贫帮扶队员入户调查了解分包户家庭情况

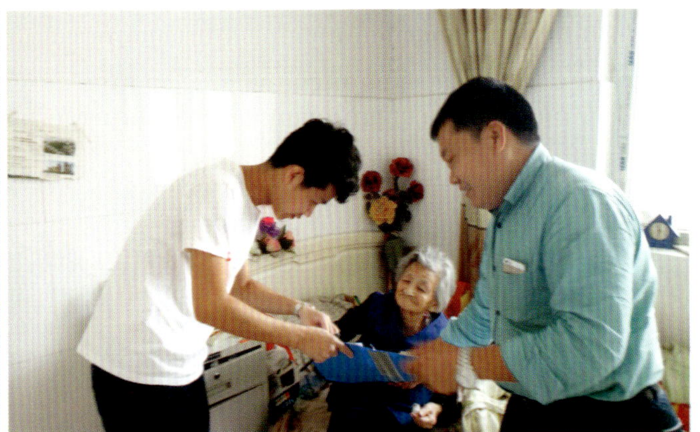

重阳节期间给辖区养老院寄养老人送去慰问品

组织开展"一米阳光"爱心助学活动

局党支部举办"两学一做"学习教育专题党课

局党支部组织开展"重温党史、继承传统、不忘初心、逐步前行"党员红色教育学习活动

组织专家为辖区中小学生上卫生知识宣传课

对辖区市政供电设施进行维修

市政工人对辖区路面进行抢修

郑州市艺术工程学校

2016年5月9日，郑州市艺术工程学校举办“校园之春”专场音乐会

郑州市艺术工程学校获得河南省职业教育特色学校称号

2016年，经市教育局批准，郑州市艺术工程学校设立普通高中音乐特长班。图为学生军训

郑州市艺术工程学校选手参加河南省中等职业学校学生素质能力大赛9个项目的比赛，共获一等奖8个、二等奖2个

郑州市艺术工程学校悠扬合唱团获第五届全国中小学生艺术展演一等奖

被评为2016年度河南省文明学校

被评为郑州市首批中小学美育示范学校